LOIS, DÉCRETS,

ORDONNANCES, RÉGLEMENS,

AVIS DU CONSEIL-D'ÉTAT.

TOME VINGT-TROISIÈME.

DE L'IMPRIMERIE DE A. GUYOT,

IMPRIMEUR DU ROI, DE LA MAISON D'ORLÉANS,

ET DE L'ORDRE DES AVOCATS AUX CONSEILS DU ROI ET A LA COUR DE CASSATION,

Rue Neuve-des-Petits-Champs, N° 37.

COLLECTION COMPLÈTE

DES

LOIS,

Décrets, Ordonnances, Réglemens,

AVIS DU CONSEIL-D'ÉTAT,

PUBLIÉE SUR LES ÉDITIONS OFFICIELLES DU LOUVRE; DE L'IMPRIMERIE NATIONALE,
PAR BAUDOUIN; ET DU BULLETIN DES LOIS;

(Depuis 1788, par ordre chronologique),

Avec un choix d'*Actes inédits,* d'*Instructions ministérielles,* et des Notes sur chaque Loi
indiquant : 1° les lois analogues; 2° les *Décisions* et *Arrêts* des Tribunaux et du Conseil-
d'État; 3° les *Discussions* rapportées au Moniteur;

SUIVIE D'UNE TABLE ANALYTIQUE ET RAISONNÉE DES MATIÈRES,

Par J. B. DUVERGIER,

Avocat à la Cour royale de Paris.

TOME VINGT-TROISIÈME.

>=>=>=<=<=<

Deuxième Édition.

=>=>=<=<=

PARIS,

CHEZ A. GUYOT ET SCRIBE, LIBRAIRES-ÉDITEURS,

RUE NEUVE-DES-PETITS-CHAMPS, N° 37.

1838.

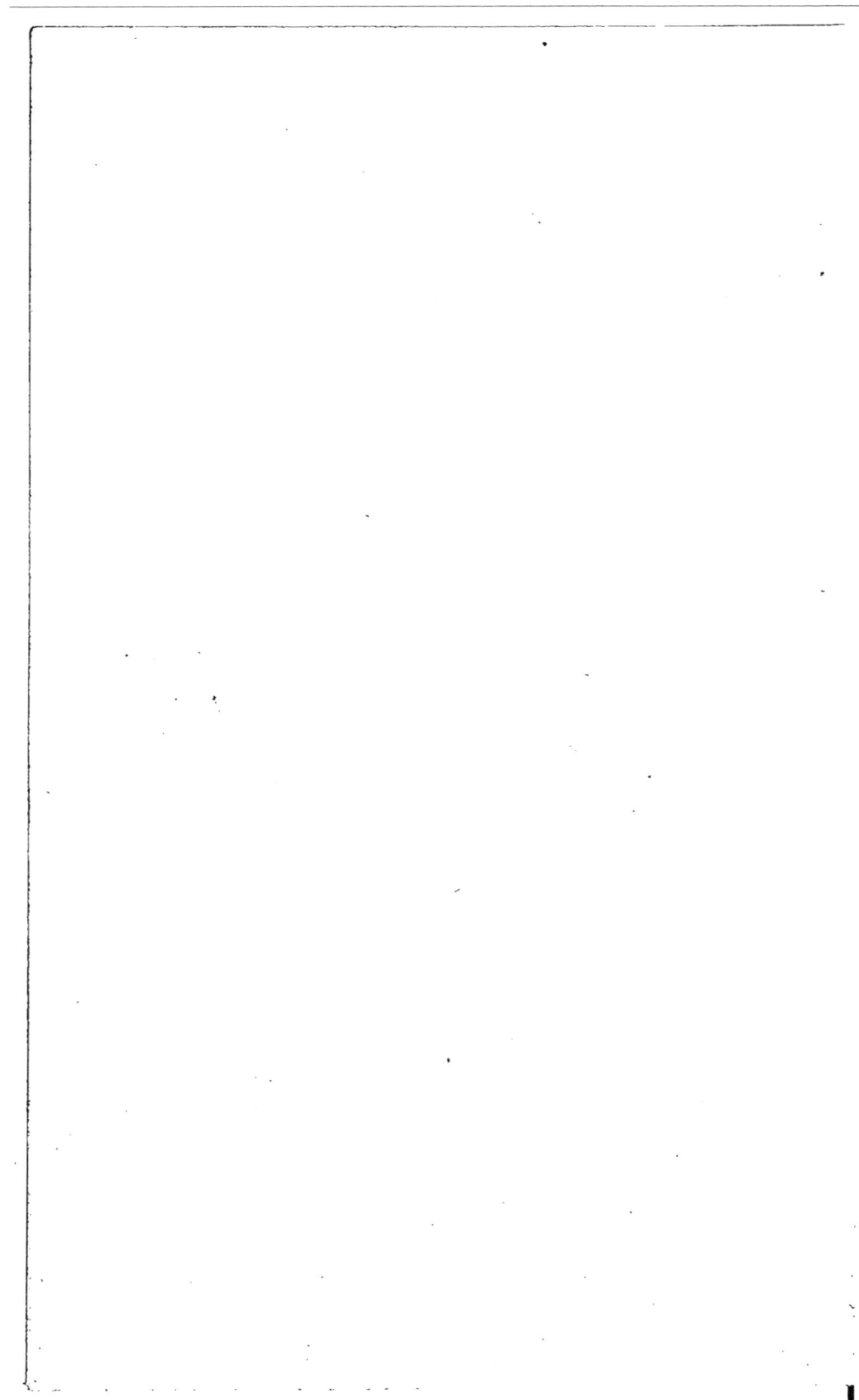

COLLECTION COMPLETE

DES

LOIS, DÉCRETS,

ORDONNANCES, RÉGLEMENS,

ET

AVIS DU CONSEIL-D'ETAT,

DEPUIS 1788 JUSQU'A 1830.

GOUVERNEMENT ROYAL.

(SECONDE RESTAURATION.)

1ᵉʳ JUIN 1820. — Ordonnances du Roi qui autorisent l'acceptation de dons et legs faits aux fabriques des églises de Saint - Cassien , de Montreuil , de Neuveville, de Plouer, de Sourdeval , de Sault , de Varize , de Saint-Martin-de-la-Cluze , de Négresser , d'Albinhac , de Montierender , de Gérardmer , de Cellé , de Fontaine et d'Aumetz , et à la congrégation hospitalière de l'instruction chrétienne de Troyes établie à Noyers. (7, Bull. 390.)

2 JUIN 1820. — Ordonnance du Roi qui accorde une pension au sieur Billard. (7, Bull. 380.)

3 JUIN 1820. — Ordonnance du Roi qui permet au sieur Langlois , marquis du Bouchet , de substituer à son nom de Langlois celui de Mautheville , et au sieur Le Boucq , d'ajouter à son nom celui de Castro. (7, Bull. 377.)

3 JUIN 1820. — Ordonnance du Roi qui permet au sieur Lafont d'ajouter à son nom celui de La Vernède. (7, Bull. 377.)

3 JUIN 1820.—Ordonnance du Roi qui admet les sieurs Brichnatsch , Schoëps, Kewe et Lucia-Horta , à établir leur domicile en France. (7, Bull. 377.)

3 JUIN 1820. — Ordonnance du Roi qui admet les sieurs Reichenbach , Franco , Grob et Beloqui, à établir leur domicile en France. (7, Bull. 377.)

3 JUIN 1820. — Ordonnance du Roi portant liquidation de douze soldes de retraite. (7, Bull. 378.)

3 JUIN 1820. — Ordonnances du Roi qui accordent des lettres de déclaration de naturalité

aux sieurs Gaime et Hentz. (7, Bull. 382 et 455.)

3 JUIN 1820. — Ordonnance du Roi qui permet au sieur Warin de continuer à résider à Wolwich en Angleterre, et à exercer les fonctions de professeur de la langue française à l'école royale de cette ville. (7, Bull. 419.)

7 = Pr. 9 JUIN 1820. — Loi sur les douanes (1). (7, Bull. 374, n° 8805.)

Voy. notes sur la loi du 17 DÉCEMBRE 1814, ordonnance du 11 AOUT 1819, loi du 27 JUILLET 1822, ordonnance du 13 JUILLET 1825, et loi du 17 MAI 1826.

TARIF.

Droits de douanes à l'entrée.

Art. 1er. Les droits d'entrée seront, à l'égard des marchandises dénommées au présent article, établis ou modifiés de la manière suivante :

Acier. .	forgé, de toute sorte.	60f	
	fondu, en tôle ou carreaux.	100	
Faux. .		100	
Outils. .	de fer rechargé d'acier, y compris les scies ayant un mètre quarante-six centimètres de longueur ou plus, mais d'épaisseur d'usage.	140	par 100 kilogr.
	de pur acier, y compris les scies au-dessous de la dimension ci-dessus.	200	
Limes et râpes	à grosse taille, dites communes (1).	80	
	à polir, dites fines (2) — de dix-sept centimètres de longueur et au-dessus.	200	
	ayant moins de dix-sept centimètres de longueur.	250	

(1) On comprendra sous cette dénomination les limes à queue non polies, dont chacune ne pèse pas moins d'un hectogramme, qui, empaillées et sans papier, sont en paquets de six au plus, et se vendent au poids dans le commerce.

(2) Se distinguent des limes communes par les caractères opposés à ceux décrits ci-dessus : la taille en est plus serrée et plus régulière ; le morceau d'acier dont chacune est formée ayant été poli avant qu'on ne le poinçonnât, la partie inférieure qui sert d'emmanchement est lisse et régulièrement évidée. Elles sont, à moins de fraude, enveloppées de papier, et se vendent au pouce.

Les longueurs ne se mesureront que sur la partie de la lime qui est taillée ou poinçonnée, sans comprendre la partie réservée pour l'emmanchement.

Instrumens d'optique, de calcul et d'observation. . . . . — Même droit que les machines à vapeur, sur une valeur qui sera réglée selon le mode déjà prescrit pour l'évaluation des machines importées.

Ferblanc. . . . . 70 fr. par 100 kil. L'entrée du ferblanc ne s'effectuera que par les bureaux principaux.

Tissus de soie ou d'écorce, purs ou mélangés, provenant de l'Inde, ou dont l'origine d'Europe ne sera pas certaine. . . . . prohibés.

Les tissus de soie qui seront encore admis d'après l'art. 2 de la présente loi continueront à payer. . . . . 45f 00c par kil.

Chicorée	en racine	verte.	00 50	par 100 kilogr.
		sèche, non torréfiée.	2 50	
	moulue, ou faux café.			Prohibée.

Oxide de zinc, dit tutie ou cadmie, mêmes droits que la pierre calaminaire.

Graines de lin apportées en droiture des ports de la Baltique ou de la mer Blanche. . . . . 1f par 100 kil.

(1) Présentation à la Chambre des députés le 14 janvier 1820 (Mon. du 16); rapport de M. Morgan de Belloy le 18 avril (Mon. du 22); discussion le 22 avril (Mon. du 26)); adoption le 9 mai (Mon. du 10).

Présentation à la Chambre des pairs le 13 mai (Mon. du 15); rapport de M. le comte de Sussy le 29 mai (Mon. du 16 juin); discussion et adoption le 31 mai (Mon. du 17 juin).

	DROITS	
	par navires français.	par navires étrangers ou par terre.

Tartre brut destiné aux raffineries et à la réexportation en crème de tartre. 00 50 | 02 00

Dérivés du salpètre, dont les droits doivent être augmentés en vertu de la loi du 10 mars 1819.

Acide { sulfurique et muriatiq.	droits actuels.	
nitrique.	98 60	98 60
calciné.	89 40	97 20
Alun. . { de toute autre espèce. .	25 00	28 00
Soudes de toute sorte.	11 50	12 60
Natrons.	6 50	7 10

par 100 kilogr.

Toiles à blutoir sans couture. 200 00

Sucre

de l'Inde, par navires français. . . . . . .
brut provenant du cru de l'île Bourbon. 37 50
terré, de toute nuance, provenant du cru de l'île Bourbon. 60 00
brut blanc et terré { des établissem. français. . . 70 00
autre que blanc. } des comptoirs étrangers. . . 75 00
terré blanc. . . . { des établissem. français. . . . 90 00
} des comptoirs étrangers. . . 95 00

par 100 kilogr.

brut de toute autre provenance que des colonies françaises, si le droit n'est déjà modifié ci-dessus.
par navires français. . . . . . . { des pays hors d'Europe. . . } droits actuels, augmentés de cinq francs.
par navires étrangers, de quelque pays que ce soit. . . . . { des entrepôts. } droits actuels, augmentés de dix francs.

Cochenille. . . . . 1 50 par kilogr.
Extraits de bois de teinture. prohibés.
Grandes peaux brutes sèches, provenant des établissemens français en Afrique, par navires français. . . . . 1 00 par 100 kil.
Rum et tafia des colonies françaises. . . . . { Le droit actuel sera augmenté d'un dixième par chaque degré excédant 22 degrés.

Salep. . . . . 80 } par 100 kilogr.
Toile mi-blanche de chanvre ou de lin ayant moins de huit fils en chaîne par cinq millimètres. 80
Tissus de vannerie autres que les nattes ou tresses en bois, paille, etc. . . . . 45 centimes par mètre carré.
Soies et bourres de soie écrues de toute sorte. . . . . { La réduction des droits, prononcée par l'ordonnance du 22 juillet 1818, ne cessera qu'au 1er septembre 1820.

Tabac

en feuilles.
pour la régie. { par navires français. . { des pays hors d'Europe. . exempt. | des entrepôts 5 } par 100 kilogr.
par navires étrangers ou par terre. 10
pour compte particulier. . . . . prohibé.
fabriqué. — Prohibition maintenue, sauf les petites provisions de tabac de

1.

santé ou d'habitude, dont le ministre des finances autorise spécialement l'entrée ; elles paieront, savoir :

Tabacs ordinaires. . . . . 10f ⎫ par kilogramme, et seulement jus-
Poudres de Séville et tabacs dits Kanaster,   ⎬ qu'à la concurrence de 10 kilo-
Porto-ricco et Varinas. . . . . 15 ⎭ grammes.

Cigares de la Havane et des Indes. . . . . . 40 ⎫ le mille en nombre, et seulement
          ⎬ jusqu'à la concurrence de deux
          ⎭ mille.

Marbre. . . ⎧ brut, simplement écarri, et marbre blanc statuaire
    ⎪ ébauché. . . . . ⎫
    ⎪ scié, sans aucune autre ⎫ dix centimètres et plus. . . . ⎬ 2 ⎫
    ⎨ main-d'œuvre, ayant ⎬ moins de dix centimètres. . . . 3 ⎬ par 100
    ⎪ d'épaisseur. . . . . . ⎭   ⎭ kilogr.
    ⎩ sculpté, moulé ou poli (sauf les billes, qui restent assu-
      jéties au droit actuel). . . . . 40 ⎫
Albâtre sculpté, moulé ou poli . . . . 40 ⎭

Les sculptures qui seront l'ouvrage de Français attachés à l'école de Rome paieront comme objets d'arts.

Schals et tissus de cachemire. . . . . prohibition maintenue.
Tissus de bourre de soie, façon cachemire. . . . . prohibés.

Acajou brut ou simplement écarri ⎧ par navires ⎫ ⎧ des colonies fran-
à la hache et les pièces sciées ⎨ français. ⎬ ⎪ çaises. . . . . . 25 00 ⎫
ayant plus de trois décimètres ⎩   ⎭ ⎨ des pays hors ⎪
d'épaisseur. . . . .   ⎪ d'Europe. . . . 30 00 ⎬
              ⎩ des entrepôts. . . 37 50 ⎪ par 100
         par navires étrangers. . . . . . 42 50 ⎭ kilogr.
Crins. . . . . ⎧ bruts. 5 00
         ⎩ frisés. 10 00
Huile de palme. 15 00
Dégras de peaux. 45 00
Houblon. 30 00 (1)
Cassia-lignea du cru de Caïenne, importé par navires français. . . . . . 50ᶜ par kilog.
Dentelles de fil. . . . . 5 pour 100 de la valeur.
Huile d'olive importée par navires étrangers et fine. . . . . . . 28f ⎫
 par terre. commune. . . . . 18 ⎬ par 100
Poterie de grès commun. . ⎧ Ustensiles d'arts et métiers, cruches, ⎫   kilogr.
        ⎨ bouteilles et creusets. . . . . . . 10 ⎬
        ⎩ Vaisselle de table ou de cuisine. . . . 15 ⎭

Nankins.. . ⎧ apportés en droiture par bâtimens français des con-⎫ 5 par kilogr.
    ⎨ trées situées au-delà du cap de Bonne-Espérance. ⎬
    ⎩ Tous autres. prohibés.

Grains (2). ⎧ par navires ⎫ venant des pays de production. . . . . . 0f 25ᶜ ⎫
   ⎪ français. ⎬ venant d'ailleurs que des pays de pro- ⎪
   ⎪   ⎭ duction. . . . . 1 25 ⎪ par
   ⎨ par navires ⎧ lorsqu'il y a lieu à la perception du ⎬ hectolitre
   ⎪ étrangers. ⎨ droit proportionnel. . . . . 2 50 ⎪
   ⎩   ⎩ lorsqu'il n'y a pas lieu à la perception ⎪
         du droit proportionnel. . . . . . . 1 25 ⎭

Farines (3). ⎧ par navires ⎫ venant des pays de production. . . . . . 0 50 ⎫
    ⎪ français. ⎬ venant d'ailleurs que des pays de pro- ⎪
    ⎪   ⎭ duction. . . . . 2 50 ⎪
    ⎨ par navires ⎧ lorsqu'il y a lieu à la perception du ⎬ par 100
    ⎪ étrangers. ⎨ droit proportionnel. . . . . 5 00 ⎪ kilogr.
    ⎩   ⎩ lorsqu'il n'y a pas lieu à la perception du ⎪
         droit proportionnel. . . . . . . 2 50 ⎭

Charbon de terre introduit par le département de la Moselle. . . 0 10
Cotons provenant de la Guyane française et importés directement
 par navires français. 5 00

   La durée de cette réduction est limitée à deux ans.

_____

(1) Lisez 45, en vertu d'une ordonnance rectificative en date du 2 août 1820.
(2) Voy. ordonnances du 23 octobre 1820 et du 17 septembre 1823.
(3) Voy. ordonnance du 23 octobre 1820.

Fromages.			15 00	
Laines . . .	fines	lavées	60 00	par 100
		en suint	20 00	kilogr.
	communes. .	lavées	15 00	
		en suint.	5 00	
Béliers mérinos et métis.			1 00	
Brebis et moutons *idem*			0 75	par tête.
Agneaux *idem*			0 50	

2. Les augmentations de droits établies par l'article précédent, et les prohibitions, ne s'appliqueront pas aux marchandises qui pourront être rapportées en droiture des deux Indes par des bâtimens français partis avant le 15 janvier 1820.

Les taxes réduites ne s'appliqueront que trois mois après la publication de la présente loi.

A l'avenir les ordonnances du Roi qui seront rendues en matière de douanes, en vertu de l'art. 34 de la loi du 17 décembre 1814, détermineront, suivant les prove-

nances, l'époque à laquelle devront commencer à être appliquées les augmentations ou diminutions des droits ainsi que les prohibitions qu'elles auront prononcées.

Ces ordonnances et les décisions qui seront rendues en vertu du même article, ne seront exécutoires qu'après leur insertion au Bulletin des Lois.

Droits de douanes à la sortie.

3. Les droits de sortie seront, à l'égard des marchandises dénommées au présent article, établis ou modifiés comme il suit :

Peaux brutes d'agneaux et de chevaux du pays . . .	fraîches . . .	46f 00c	
	sèches . . .	8 00	
Crème de tartre.		00 50	par 100 kilogr.
Alquifoux		00 25	
Pierres à plâtre, par les départemens du Rhin.		00 46	
Sulfates		00 25	

Bijouterie en or, argent ou vermeil, autrement ornée qu'en pierres ou perles fines, 2 fr. par kilogr.

Mine de fer chromatée, par les bureaux de Briançon, St.-Tropez, Cavalaire et Marseille.		5 00	
Crins.	bruts	150 00	par 100 kilogr.
	frisés	00 25	
Regrets d'orfèvre		50 00	

Écorce à tan.	non moulues	2 50	par 100	par les points pour
	moulues	4 00	kilogr.	lesquels le Gou-
Charbon de bois.		1 00		vernement sus-
Perches.	à houblon	50 00	le mille	pendra la prohi-
	de la Waire.	33 00	en	bition (1).
	du Waerettes.	16 00	nombre.	

Bois de sapin. — Le ministre des finances en pourra autoriser la sortie temporaire et locale d'après l'avis des ministres de l'intérieur et de la marine, et après avoir entendu l'administration des domaines et forêts ; et ce, moyennant les droits fixés par le tarif des douanes.

Orseille de toute sorte. . . . . 2 50 par 100 kilogr.

Vins et eaux-de-vie. . . . Les droits de sortie d'un franc ou au-dessus seront réduits du quart.

Chapeaux de feutre. . . . . : 0 05 la pièce.

Mules et mulets. . . . . 5 00 par tête.

Jumens. . . . . prohibées.

Laines.	fines.	lavées	0 25	
		en suint	0 50	
	communes . . .	lavées	0 50	par 100 kilogr.
		en suint	1 00	
Déchets de laine.			0 25	
Béliers mérinos et métis.			1 00	
Brebis et moutons *idem*			0 75	par tête.
Agneaux *idem*			0 50	

Primes d'exportation.

4. La prime de sortie des sucres de canne

raffinés sera portée de quatre-vingt-dix à cent dix francs pour les pains entiers de six kilogrammes et au-dessous ; et de soixante

(1) *Voy.* ordonnance du 22 février 1821.

à quatre-vingts francs pour ceux au-dessus de six kilogrammes et pour le sucre candi.

5. Conformément à la loi du 10 mars 1819, il sera accordé pour l'exportation des acides nitrique et sulfurique une prime qui sera réglée de la manière suivante :

Pour les premiers, 53 f. 00 c. ⎰ par 100 ki-
Pour les seconds. . 3 50 ⎱ logr. net.

Pour obtenir ces primes, les acides devront être expédiés directement des fabriques françaises sur l'un des bureaux désignés en l'ordonnance du 23 septembre 1818 relatives aux cotons, et ce, avec des certificats d'origine confirmés par les autorités locales.

6. Il sera accordé pour l'exportation, et aux conditions déjà établies à l'égard du sucre, une prime de douze francs par cent kilogrammes net de mélasse ou résidu du sucre de canne.

7. Il sera accordé pour la sortie des meubles neufs en acajou massif, à titre de remboursement de droit d'entrée, une prime de trente-cinq francs par cent kilogrammes.

Cette prime s'étendra aux feuilles de placage.

8. Trois mois après la mise à exécution de la présente loi, il sera accordé à la sortie des tissus de laine une prime, savoir (1) :

Pour les draps ⎰ que, par le dépôt des factures accompagnées d'échantillons, on établira valoir plus de 25 fr. le mètre. . . . . 90 00 ⎰ par 100 kilogr.
⎱ dont le prix ne sera pas déclaré. . . . . . 56 25 ⎱

Pour toutes les autres étoffes de pure laine. 22 50
Pour les étoffes mélangées de laine et d'autres matières.. . . . 45 00

9. Le droit du sel employé à la salaison des viandes de bœuf et de porc exportées par mer sera remboursé d'après un taux moyen que le Gouvernement déterminera pour chaque espèce de salaison (2).

Les dispositions de l'art. 55 de la loi du 24 avril 1806 restent applicables aux sels employés aux salaisons de la marine royale.

10. Les primes d'exportation, sauf celles des sucres et des mélasses, s'appliqueront aux objets expédiés pour les colonies.

Bureaux d'entrée et de transit

11. Les ports de Saint-Raphaël, Quimper et de Marans, et les bureaux de Dunkerque par Zuidcoote, Jougne, l'Arche, Bedous, par Urdos, sont ajoutés à ceux désignés par l'art. 20 de la loi du 28 avril 1816, pour l'importation des marchandises payant plus de vingt francs par cent kilogrammes.

12. Le port de Mucinajo est ajouté aux ports désignés par l'art. 5 de la loi du 21 avril 1818, relatif au régime spécial des douanes en Corse.

L'importation des marchandises désignées en l'art. 22 de la loi du 28 avril 1816 pourra, par ces seuls bureaux, s'effectuer sur bâtimens de vingt tonneaux et au-dessus.

13. Les bureaux de Bedous et de Dunkerque par Zuidcoote seront ouverts au transit des denrées et marchandises étrangères, établi par les lois des 17 décembre 1814, 27 mars 1817 et 21 avril 1818.

Cabotage.

14. Les marchandises dont le droit de

sortie n'excède pas cinquante centimes par cent kilogrammes, ou un quart pour cent de la valeur, et qui, d'après les réglemens en vigueur, ne sont pas assujéties au plombage, seront expédiées, d'un port à l'autre, par simple passavant. Celles qui, non comprises dans cette exception, devront continuer à être expédiées par acquit-à-caution ne seront soumises qu'aux règles établies par le titre III de la loi du 22 août 1791. L'art. 1ᵉʳ du titre VII de la loi du 4 germinal an 2 est abrogé.

Passavans de circulation.

15. Si, à la vérification des objets présentés en douane pour obtenir un passavant de circulation, on découvre un manque d'identité en nature ou en espèce, les objets seront saisis en garantie de l'amende de cinq cents francs, qui, en cas d'insuffisance de valeur, sera recouvrée par voie de contrainte, et après jugement. Si l'objet présenté n'était qu'un simple simulacre, sans valeur aucune, et que le déclarant n'eût pas de domicile connu ou ne pût fournir caution, celui-ci serait traduit, à l'instant même, par-devant le procureur du Roi, ou autre magistrat chargé de la police judiciaire, qui le ferait conduire devant le juge d'instruction, lequel aurait à décider si, pour garantie de l'amende encourue, il y a lieu de s'assurer de sa personne, et de décerner contre lui un mandat de dépôt; et, dans le cas où le mandat aurait été décerné, le déclarant sera traduit au tribunal correctionnel, et condamné en ladite amende de cinq cents francs, pour le paiement de laquelle il pourra, comme

_____

(1) Voy. ordonnance du 28 août 1820.

(2) Voy. ordonnance du 22 juin 1820.

en toute autre matière de délit, être retenu pendant le temps déterminé par la loi.

7 = Pr. 29 JUIN 1820. — Ordonnance du Roi relative au recrutement de la garde royale. (7, Bull. 378, n° 8882.)

Voy. ordonnance du 1er SEPTEMBRE 1815.

Louis, etc. ayant à régler le mode de recrutement de notre garde royale, conformément à l'art. 8 de son ordonnance de création, et voulant faire jouir les sous-officiers et soldats des légions et des régimens de la ligne des avantages qu'ils peuvent obtenir de leur admission dans les régimens de notre garde, sans néanmoins nuire à la bonne composition des corps de notre armée, et sans nous priver des bons services qui nous sont offerts par ceux de nos sujets qui demandent à faire partie de notredite garde à titre d'engagés volontaires; sur le rapport de notre ministre secrétaire d'Etat au département de la guerre, nous avons ordonné et ordonnons ce qui suit :

Art. 1er. Le recrutement de notre garde sera, pour l'avenir, effectué de la manière suivante, savoir :

1° Par les rengagemens contractés soit par des hommes qui font actuellement partie des corps qui composent notredite garde, soit par les sous-officiers des légions et régimens de la ligne, qui demanderont à y être admis;

2° Par les désignations qui seront faites dans les corps de la ligne, sur la présentation des colonels, avec l'approbation des inspecteurs généraux, dans les formes qui seront déterminées par notre ministre de la guerre, les hommes ainsi désignés devant avoir au moins un an révolu de service effectif et trois ans de service à faire dans la garde;

3° Par les engagemens volontaires contractés devant les officiers de l'Etat civil, conformément aux réglemens en vigueur;

4° Enfin, et en cas d'insuffisance des moyens ci-dessus indiqués, par des hommes faisant partie des contingens appelés en vertu de la loi du 10 mars 1818, sur le recrutement de l'armée.

2. Les soldats de chacun des corps de notre garde seront, quant à leur recrutement, divisés en deux classes.

La première comprendra les grenadiers et voltigeurs au nombre de quatre-vingt-dix par compagnie; les fusiliers, les cavaliers de toute arme, canonniers et soldats du train de l'artillerie ayant accompli deux ans de service effectif.

La seconde classe se composera des hommes qui entreront dans la garde, soit par des engagemens volontaires, soit par des désignations faites dans les corps de la ligne, soit par des appels en vertu de la loi du 10 mars 1818, et qui n'auront pas accompli les deux ans de service voulus pour être admis dans la première classe.

3. Le recrutement de la première classe aura lieu de la manière suivante, savoir :

Dans l'infanterie.

Pour les compagnies de grenadiers et voltigeurs, une moitié sera prise dans la garde même, soit par le rengagement des hommes faisant déjà partie de ces compagnies, soit par des soldats des compagnies de fusiliers ayant trois ans de service effectif, et désignés pour les compagnies d'élite, conformément à l'art. 268 de l'ordonnance du 13 mai 1818.

La seconde moitié sera réservée :

1° Aux sous-officiers des corps de la ligne qui demanderaient à passer dans la garde comme soldats;

2° Aux caporaux des mêmes corps ayant au moins un an de grade ou deux ans de service dans une des compagnies d'élite;

3° Aux grenadiers et voltigeurs de la ligne ayant au moins quatre ans de service :

Lesquels sous-officiers, caporaux, grenadiers et voltigeurs, choisis parmi ceux que leur bonne conduite rend les plus recommandables, seront présentés par les colonels des légions, et admis par les inspecteurs généraux d'armes, sous la condition qu'ils consentiront à contracter un rengagement, de manière à servir au moins quatre ans dans la garde.

Pour les soldats des compagnies de fusiliers faisant partie de la première classe :

1° Par les fusiliers de la seconde classe de la garde qui auront atteint deux années de service effectif;

2° Par les soldats de la ligne qui demanderont à contracter un rengagement pour la garde, conformément à l'instruction du 3 décembre 1818, et qui seront admis aux mêmes conditions et avec les mêmes formalités indiquées ci-dessus pour les grenadiers et voltigeurs;

3° Par ceux des soldats de la ligne qui, ayant deux années révolues de service effectif, pourront être compris dans les désignations prévues par l'article 1er de la présente ordonnance, s'ils consentent à contracter un rengagement de manière à compléter le temps exigé par la loi du 10 mars pour les engagemens volontaires dans les corps spéciaux.

Dans la cavalerie.

Pour tous les cavaliers de première classe :

1° Par les cavaliers de la garde, soit qu'ils contractent des rengagemens, soit à mesure qu'ils auront accompli deux années de service ;

2° Par ceux venant des corps de la ligne par suite de rengagement ou de désignation, et qui auront également au moins deux ans de service effectif.

Dans l'artillerie.

Pour la portion de la première classe comprenant les artificiers et ouvriers, d'après le mode spécial qui sera déterminé par notre ministre de la guerre.

Pour la portion comprenant les canonniers à pied et à cheval et les soldats du train ayant plus de deux ans de service :

1° Par les canonniers et les soldats du train de la garde qui arriveront à compléter les deux années de service ;

2° Par les soldats des divers régimens de l'artillerie et des escadrons du train d'artillerie de la ligne, qui seront admis dans la garde, soit au moyen des rengagemens qu'ils contracteront à cet effet, soit par suite des désignations après deux ans de service.

Le rang à prendre dans l'artillerie de la garde par les hommes qui arriveront ainsi des corps de la ligne sera déterminé par leur ancienneté.

4. Le recrutement de la seconde classe dans toutes les armes de la garde aura lieu :

1° Par ceux des soldats désignés dans les corps de la ligne qui n'auront pas deux années de service effectif :

Ces hommes, s'ils ne consentent à contracter des rengagemens aux époques fixées par les réglemens militaires, ne seront tenus à compléter dans la garde que le temps de service auquel ils sont assujétis par la loi ;

2° Par des engagemens volontaires contractés suivant les formes voulues par l'instruction approuvée par nous le 20 mai 1818, en y ajoutant toutefois que, dans le cas où les certificats d'aptitude ne pourront pas être délivrés par les chefs ou les officiers supérieurs des corps, conformément à l'article 7 de ladite instruction, ils le seront par les maréchaux-de-camp commandant les subdivisions ;

3° Et, dans le cas d'insuffisance prévu par la loi du 10 mars 1818, par des hommes provenant des appels annuellement faits dans les départemens du royaume et déjà portés sur une liste de mise en activité.

5. Les compagnies de grenadiers et de voltigeurs seront, autant qu'il sera possible, portées au complet qui leur est fixé.

Dans le cas où le passage de la ligne dans la garde ne suffirait pas pour recruter la moitié de ces compagnies, notre ministre de la guerre y pourvoirait en autorisant l'admission d'un nombre d'hommes à pren-

dre dans les compagnies de fusiliers de la première classe, sur la proposition qui lui en serait faite par les inspecteurs généraux de la garde.

6. Les soldats reçus dans les compagnies de grenadiers et de voltigeurs de notre garde pourront, par voie de punition, être replacés dans les compagnies de fusiliers ; mais leur renvoi des compagnies d'élite ne pourra être prononcé qu'avec les formalités voulues pour casser les caporaux, et avec l'approbation de l'inspecteur général de l'arme.

Les soldats de toutes armes sortis de la seconde classe par l'accomplissement des deux années de service exigées ne pourront y être reportés pour aucun motif.

7. Une solde spéciale sera déterminée pour les hommes qui entreront à l'avenir dans la seconde classe de notre garde, à l'effet d'établir une différence entre la première et la seconde classe.

8. Les engagemens volontaires pour l'infanterie de la garde continueront à être reçus à la taille d'un mètre six cent soixante-dix-neuf millimètres (cinq pieds deux pouces). La taille à exiger des soldats provenant soit des rengagemens, soit des désignations à faire dans les légions ou régimens de la ligne, sera déterminée par un tableau général des tailles pour tous les corps de l'armée.

Ce tableau sera fait de manière à concilier, autant que possible, la nécessité de conserver aux corps de notre garde l'élévation de taille qui sera reconnue convenable pour le bien de notre service, avec le désir que nous éprouvons de donner aux soldats de la ligne, et particulièrement à ceux des compagnies de voltigeurs qui désireront y servir, la facilité d'y être admis.

9. Les inspecteurs généraux d'armes de notre garde constateront chaque année quels sont les besoins que les régimens éprouveront pour leur recrutement ; l'état détaillé en sera adressé à notre ministre secrétaire d'État de la guerre, qui réglera le nombre des désignations dans les corps de la ligne, et ordonnera la répartition à faire, s'il y a lieu, sur les contingens provenant des appels.

Les désignations seront calculées sur la force, l'élévation des tailles et la situation particulière des légions ou régimens ; elles ne pourront, dans aucun cas, excéder le centième de l'effectif des armes qui concourent au recrutement de la garde.

Les répartitions seront faites en raison des ressources en hommes de taille qu'offrent les contingens pour la garde, concurremment avec les corps de la cavalerie, de l'artillerie et du génie.

10. Les hommes provenant des corps de la ligne seront répartis de la manière sui-

vante dans les différentes armes de la garde royale, savoir :

Pour l'infanterie de la garde, les soldats sortant de l'infanterie de la ligne;

Pour les huit régimens de cavalerie, les hommes choisis sur toute l'arme de la cavalerie indistinctement ;

Pour l'artillerie à pied et à cheval, les hommes provenant des douze régimens de ligne ;

Pour les ouvriers, ceux pris dans douze compagnies des ouvriers de l'artillerie;

Pour le régiment du train, les soldats venant des escadrons du train d'artillerie de la ligne.

11. Les hommes dirigés sur les corps de la garde royale, de quelque source qu'ils proviennent, ne seront considérés comme en faisant définitivement partie que lorsqu'ils auront été admis par les inspecteurs généraux de la garde royale.

Les engagés volontaires qui ne réuniront pas toutes les qualités voulues seront autorisés à rentrer dans leurs foyers, s'ils ne consentent pas à servir dans les corps de la ligne.

Les inspecteurs généraux examineront également les soldats provenant soit des rengagemens, soit des désignations dans les corps, soit des appels, et adresseront à notre ministre de la guerre un état motivé, indiquant ceux qui n'auront pas été jugés susceptibles d'être définitivement admis; le ministre prononcera sur la destination qu'ils devront recevoir.

L'admission ou le rejet devra être prononcé dans les deux mois qui suivront l'arrivée des hommes; après ce terme, aucun renvoi ne pourra avoir lieu que sur un ordre spécial du ministre de la guerre.

12. Notre ministre au département de la guerre est chargé de l'exécution de la présente ordonnance.

---

7 JUIN — PR. 1ᵉʳ JUILLET 1820. — Ordonnance du Roi qui fait quelques changemens dans l'organisation du conseil de prud'hommes établi à Mulhausen, département du Haut-Rhin. (7, Bull. 380, n° 8924.)

Louis, etc. sur le rapport de notre ministre secrétaire d'État au département de l'intérieur ; vu le décret du 7 mai 1808 relatif à l'établissement d'un conseil de prud'hommes dans la ville de Mulhausen, département du Haut-Rhin, les représentations qui nous ont été faites au nom du commerce de cette ville, et qui ont pour but d'obtenir dans l'organisation dudit conseil quelques changemens nécessités par l'intérêt actuel de l'industrie du pays, nous avons ordonné et ordonnons ce qui suit :

Art. 1ᵉʳ. A dater de l'époque du prochain renouvellement des membres du conseil de prud'hommes de la ville de Mulhausen, le nombre des membres de ce conseil, qui précédemment avait été fixé à cinq, savoir : trois marchands-fabricans et deux chefs d'atelier ou ouvriers patentés, sera porté à sept, en conservant les mêmes proportions de moitié moins un dans le nombre des chefs d'ateliers ou ouvriers patentés, comparé à celui des marchands-fabricans.

2. Les diverses branches d'industrie ci-après désignées concourront à la formation dudit conseil, de la manière et dans les proportions suivantes :

Les manufactures d'impression sur toiles de coton nommeront trois membres marchands-fabricans ;

Les établissemens de filature et de tissage de coton, deux membres, dont l'un, marchand-fabricant, et l'autre, chef d'atelier ou ouvrier patenté;

Les fabriques d'étoffes de laine, un membre chef d'atelier ou ouvrier patenté;

Les teinturiers, tanneurs, mécaniciens, charpentiers et menuisiers, un membre chef d'atelier ou ouvrier patenté :

Total, sept membres.

3. Indépendamment des sept membres dont il est question dans l'article précédent, il sera attaché au conseil deux suppléans, qui seront, l'un, marchand-fabricant, et l'autre, chef d'atelier ou ouvrier patenté.

Ces suppléans, qui pourront être pris indistinctement dans les différentes branches d'industrie spécifiées ci-dessus, remplaceront ceux des prud'hommes que des motifs quelconques empêcheraient d'assister aux séances, soit du bureau particulier, soit du bureau général du conseil.

4. Il n'est rien changé aux dispositions du décret du 7 mai 1808 concernant la juridiction, la tenue et les dépenses du conseil de prud'hommes de la ville de Mulhausen.

5. L'élection et le renouvellement de ses membres auront lieu d'après le mode qui a été réglé par le décret du 11 juin 1809, rectifié le 20 février suivant. Les marchands-fabricans et chefs d'atelier ou ouvriers patentés appelés à faire partie du conseil se conformeront, dans l'exercice de leurs fonctions, aux dispositions établies tant par ce décret que par la loi du 18 mars 1806 et par le décret du 3 août 1810.

6. Nos ministres de la justice et de l'intérieur sont chargés de l'exécution de la présente ordonnance.

---

7 JUIN 1820 — Ordonnances du Roi qui autorisent l'acceptation de legs faits aux fabriques des églises de Visembach et d'Arudy. (7, Bull. 390.)

7 JUIN 1820. — Ordonnances du Roi qui autorisent l'acceptation de legs faits aux fabriques des églises d'Audun-le-Roman et de Besançon. (7, Bull. 397.)

_____

7 JUIN 1820. — Ordonnance du Roi qui autorise l'érection en chapelle de l'église de Ney, réunie à la cure de Champagnolle, département du Jura. (7, Bull. 398.)

_____

7 JUIN 1820. — Ordonnance du Roi qui autorise l'acceptation d'un legs fait au séminaire de Montpellier. (7, Bull. 398.)

_____

8 JUIN — Pr. 1ᵉʳ JUILLET 1820. — Ordonnance du Roi portant établissement d'un péage pour subvenir aux frais de construction d'un pont sur le canal de Cornillon, à l'entrée de la ville de Meaux. (7, Bull. 380, n° 8925.)

Louis, etc. sur le rapport de notre ministre secrétaire d'Etat de l'intérieur ; vu le projet de reconstruction d'un pont d'une seule arche en pierre, à établir sur le canal de Cornillon, à l'entrée de la ville de Meaux, route royale n° 42, de Soissons à Fontainebleau, au moyen d'un péage à concéder à l'adjudicataire des travaux ; vu l'avis du conseil municipal de Meaux, en date du 1ᵉʳ octobre 1819 ; vu l'article 5 de la loi de finances du 17 juillet de la même année ; notre Conseil-d'Etat entendu, nous avons ordonné et ordonnons ce qui suit :

Art. 1ᵉʳ. Il sera établi un péage pour subvenir aux frais de construction d'un pont en pierre sur le canal de Cornillon, à l'entrée de la ville de Meaux, département de Seine-et-Marne, route royale n° 42, de Soissons à Fontainebleau, suivant les projets approuvés par notre directeur général des ponts-et-chaussées.

2. Les droits de péage sont fixés conformément au tarif suivant : (Suit le tarif.)

Seront exempts du droit de péage :

1° Les préfets et sous-préfets en tournée dans le département, les maires de l'arrondissement de Meaux, les juges-de-paix, les ingénieurs, conducteurs et piqueurs des ponts-et-chaussées, les inspecteurs de la régie des contributions indirectes, et les agens de l'administration forestière, lorsqu'ils se transporteront pour raison de leurs fonctions respectives ; les malles-postes, et les voitures, chargées ou non chargées, employées à l'exécution des travaux publics ;

2° Les trains d'artillerie, c'est-à-dire les bouches à feu et caissons militaires, ainsi que les militaires et conducteurs qui les accompagnent ;

3° Les gendarmes en tournée et les militaires voyageant à pied ou à cheval, en corps ou séparément, à la charge de représenter soit une feuille de route, soit un ordre de service ; les employés des contributions indirectes et les receveurs des contributions, s'ils sont obligés de passer sur le pont ;

4° Les généraux, officiers, intendans et sous-intendans militaires, et généralement les militaires, de quelque grade qu'ils soient, ainsi que leurs équipages et le nombre de chevaux alloué à leur grade ;

5° Tous les habitans de la ville et des faubourgs de Meaux, passant à pied, et leurs chevaux et voitures de travail, lorsque ces voitures et chevaux ne seront pas employés au gros roulage et ne serviront qu'au transport des produits du sol, à l'exploitation des terres et carrières, et à l'approvisionnement de la ville ou à l'enlèvement de ses immondices, et au débouché des produits de son industrie ; mais ces mêmes habitans seront soumis au tarif, lorsqu'ils passeront, soit à cheval, soit dans une voiture suspendue.

3. Ce péage est concédé à l'adjudicataire des travaux de ce pont, aux clauses et conditions de l'adjudication qui lui en a été passée en conseil de préfecture, par le préfet du département de Seine-et-Marne, le 31 décembre 1819, et pour huit années.

4. Notre ministre de l'intérieur est chargé de l'exécution de la présente ordonnance.

_____

8 JUIN 1820. — Ordonnances du Roi qui autorisent l'acceptation de dons et legs faits aux pauvres des 3ᵉ et 4ᵉ arrondissemens de Paris, de Dinan, de Valcivières, d'Arbois, du Grand-Abergement, de Bersaillin, de Biefmorin, de Braissans, de Colonne, de Grozon, de Montholier, de Neuvilley, d'Oussières, de Souvans, de Vaigres, de Villette, de Villers-les-Bois, de Nogent, du Grand et du Petit-Auverné ; aux hospices de Fontenay, de Hazelbrouck, de La Rochelle, d'Albi, du Mans et de Paris, et à ceux des Ménages et des Incurables de cette ville ; aux communes de Seyssel, de Vinsobres, de la Chapelle-Saint-Sauveur, d'Avise, de Villars-le-Paulet, de Fresnoy-au-Val et de Mondane. (7, Bull. 398.)

_____

8 JUIN 1820. — Ordonnance du Roi portant que la route départementale de l'Aube, de Brienne à Clairvaux est prolongée jusqu'à Vitry, sous la dénomination de route départementale de Vitry à Dijon. (7, Bull. 380.)

_____

8 JUIN 1820. — Ordonnance du Roi qui autorise l'acceptation d'un legs fait à la commune de Marcoux. (7, Bull. 399.)

_____

8 JUIN 1820. — Ordonnance du Roi qui autorise

l'acceptation de l'offre faite à la ville de Tours par le sieur Febvotte. (7, Bull. 402.)

_____

17 JUIN = Pr. 8 JUILLET 1820. — Ordonnance du Roi portant que deux des juges suppléans du tribunal de première instance de Paris y rempliront temporairement les fonctions de juges d'instruction. (7, Bull. 381, n° 8958.)

_____

Louis, etc., vu les articles 36, 37, 38 et 39 de la loi du 20 avril 1810; vu les art. 55, 56 et 58 du Code d'instruction criminelle; vu le décret du 25 mai 1811; considérant qu'il importe que l'instruction des affaires criminelles n'éprouve dans le département de la Seine aucun retardement; que le nombre des juges d'instruction, fixé d'abord à six par le Code d'instruction criminelle, et porté ensuite à neuf, est insuffisant, soit à raison de l'état d'infirmité et de mauvaise santé dans lequel se trouvent en ce moment quelques-uns de ces magistrats, soit par l'effet des mesures que nous avons prescrites et d'après lesquelles toute personne arrêtée à Paris est interrogée dans les vingt-quatre heures par les magistrats, conformément à l'article 93 du Code d'instruction criminelle; considérant que, suivant les articles 38 et 39 de la loi du 20 avril 1810, les juges suppléans sont susceptibles d'être appelés temporairement par nous à remplir toutes les fonctions attribuées aux juges titulaires; sur le rapport de notre garde-des-sceaux, nous avons ordonné et ordonnons ce qui suit:
Art. 1er. Jusqu'à ce qu'il en soit par nous autrement ordonné, deux des juges suppléans du tribunal de première instance de Paris rempliront les fonctions de juges d'instruction, et feront leurs rapports à celle des Chambres à laquelle ils sont attachés.
2. Notre garde-des-sceaux, ministre de la justice, est chargé de l'exécution de la présente ordonnance.

_____

17 JUIN = Pr. 11 JUILLET. 1820. — Ordonnance du Roi qui détermine la condition sans laquelle nul ne pourra à l'avenir être élu membre de la chambre des avoués près la Cour royale de Toulouse. (7, Bull. 382, n° 8967.)

Louis, etc., voulant assurer parmi les avoués près la Cour royale de Toulouse le maintien d'une exacte discipline; sur le rapport de notre garde-des-sceaux, ministre secrétaire d'Etat au département de la justice, nous avons ordonné et ordonnons ce qui suit:

Art. 1er. A l'avenir, nul ne pourra être élu membre de la chambre des avoués de la Cour royale de Toulouse, s'il n'exerce depuis plus de huit ans les fonctions d'avoué.
2. Notre garde-des-sceaux, ministre de la justice, est chargé de l'exécution de la présente ordonnance.

_____

17 JUIN 1820. — Ordonnance du Roi portant que MM. Hemard et Gobet, juges suppléans du tribunal de première instance de Paris, y exerceront temporairement les fonctions de juge d'instruction. (7, Bull. 381.)

_____

17 JUIN 1820. — Ordonnance du Roi qui permet au sieur de Lestrade d'ajouter à son nom ceux de Rémond-Dudognon. (7, Bull. 381.)

_____

17 JUIN 1820. — Ordonnance du Roi qui admet les sieurs Schoenmetzel, Gemeiner, Bauer et Weber, à établir leur domicile en France. (7, Bull. 381.)

_____

17 JUIN 1820.— Ordonnances du Roi qui accordent des lettres de déclaration de naturalité aux sieurs Georgi dit George, Ardissoni, d'Huart, Moëne et Bogey. (7, Bull. 396, 401, 427, 657 et 677.)

_____

22 JUIN = Pr. 8 JUILLET 1820. — Ordonnance du Roi relative au mode de remboursement du droit sur le sel employé à la salaison des viandes exportées par mer. (7, Bull. 381, n° 8960.)

Louis, etc., vu l'article 9 de la loi sur les douanes du 7 du présent mois, qui porte que le droit du sel employé à la salaison des viandes de bœuf et de porc exportées par mer, sera remboursé d'après un taux moyen que le Gouvernement déterminera pour chaque espèce de salaison; considérant que la quantité de sel employé aux salaisons ci-dessus varie selon l'espèce de viande et leur destination; sur le rapport de notre ministre secrétaire d'Etat au département des finances, nous avons ordonné et ordonnons ce qui suit:
Art. 1er. Les viandes salées ayant droit, dans le cas d'exportation, au remboursement du droit du sel, selon l'article 9 de la loi du 17 juin (1) 1820, sont rangées en deux classes pour la quotité du droit à restituer.
La première classe comprend les viandes qui seront embarquées, soit comme cargaison, soit comme provisions de bord sur les navires en partance pour les colonies

_____

(1) Lisez 7 juin.

françaises ou pour les pays étrangers hors d'Europe.

Dans la seconde classe seront rangées les viandes qui seront embarquées pour les pays étrangers hors d'Europe, et pour la nourriture des équipages des navires ayant cette destination ou expédiés pour la pêche de la morue.

2. La restitution du droit aura lieu pour chaque classe dans les proportions suivantes, savoir :

Sur les salaisons de première classe, pour cent kilogrammes net de bœuf ou porc, le droit de quarante kilogrammes de sel ;
    Pour cent kilogrammes de jambon, le droit de trente kilogrammes de sel ;
    Pour cent kilogrammes de lard en planches, le droit de trente - deux kilogrammes de sel.

Sur les salaisons de la seconde classe, pour cent kilogrammes net de bœuf ou porc, le droit de trente kilogrammes ;
    Pour cent kilogrammes de jambon, le droit de vingt-cinq kilogrammes.
    Pour cent kilogrammes de lard en planches, le droit de vingt-sept kilogrammes.

3. Pour établir le poids net des salaisons, il sera fait déduction du poids des futailles dans lesquelles elles seront contenues, en prenant le poids effectif des futailles vides de même forme et capacité.

Chaque restitution du droit sera autorisée par l'administration des douanes, mais seulement sur la production de pièces justificatives de la bonne confection des salaisons embarquées, de leur exportation.

4. Les viandes que l'on aurait salées dans des lieux situés dans l'enceinte des marais salans ou enclavés dans leur circonscription ne jouiront, à la sortie, du remboursement du droit de sel selon les proportions déterminées dans l'article 2, que sur la représentation préalablement faite, 1° des acquits de paiement du droit du sel employé auxdites fabrications ; 2° d'un certificat du saleur qui aura préparé les viandes, ledit certificat légalisé par le maire de la commune où seront placés les ateliers de salaison.

5. Toute quantité de viande salée en France ayant joui de la restitution du droit, aux termes des articles précédens, et qui serait réimportée sous un prétexte quelconque, ne pourra être mise en consommation dans le royaume qu'en supportant les droits d'entrée du tarif comme viande salée importée de l'étranger.

6. Notre ministre des finances est chargé de l'exécution de la présente ordonnance.

---

22 JUIN 1820. — Ordonnance du Roi qui accorde une pension à un ex-contrôleur au bureau de garantie à Amiens. (7, Bull. 381.)

---

22 JUIN 1820. — Ordonnance du Roi qui accorde une pension à la veuve d'un contrôleur principal au bureau de garantie de Paris. (7, Bull. 382.)

---

22 JUIN 1820. — Ordonnance du Roi qui accorde une pension à la veuve d'un référendaire de seconde classe à la cour des comptes. (7, Bull. 382.)

---

22 JUIN 1820. — Ordonnance du Roi qui autorise l'inscription au Trésor royal de vingt-huit soldes de retraite. (7, Bull. 382.)

---

22 JUIN 1820. — Ordonnance du Roi qui autorise l'inscription au Trésor royal de quatre cent trente-sept pensions. (7, Bull. 387.)

---

23 JUIN 1820. — Ordonnance du Roi relative aux routes départementales de la Lozère. (7, Bull. 383.)

---

23 JUIN 1820. — Ordonnance du Roi qui autorise l'acceptation d'une donation faite à l'hospice de Valensole. (7, Bull. 399.)

---

23 JUIN 1820. — Ordonnances du Roi qui autorisent l'acceptation de dons et legs faits aux hospices de Tournon, de Beaune, de Lannion, d'Etoile de Bernày, de Bourges, de Bagnols, de Nîmes, de La Réole, de Toulouse, d'Allauch, de Falaise, de Forcalquier, de Lectoure, d'Alize-Sainte-Reine et de Clermont ; aux pauvres de Pontarlier, de Mournède, d'Anjau, de Bassoues, de Beaune, d'Honfleur, d'Albignac, de Nigreserre, de la Réole, de Troyes, de Besançon, de Toulouse, de Clermont, d'Ecrainville, de Chambon, de Tarantaize, de Niviliers, de Cruzy et de Grezolles ; à la fabrique de l'église de Rening, et à la commune de Deux-Evailles. (7, Bull. 402.)

---

23 JUIN 1820. — Ordonnances du Roi qui autorisent l'acceptation de dons et legs faits aux fabriques des églises de Saint-Philippe-du-Roule de Paris, de Vieux-Reng, de Tolairan, de Vallençay, de Messy, de Châtenay, de Chaillau du Plantay, d'Avernes-Saint-Gougon, de Prunay, de Saint-Priest-en-Murat, de Rioccand de Villefranche et d'Andlau ; aux séminaires de Bordeaux, de Bayonne, de Dijon, de Langres, de Séez et d'Avignon, et à la commune d'Avernes Saint-Gourgon. (7, Bull. 403.)

23 JUIN 1820. — Ordonnance du Roi qui autorise le sieur Brothier à construire dans le domaine de Castelnau-de-Mesmes, commune de Saint-Michel, arrondissement de Bazas, département de la Gironde, un haut-fourneau à fondre le minerai de fer et un feu d'affinerie. (7, Bull. 403.)

---

29 JUIN = Pr. 30 JUIN 1820. — Loi sur les élections (1). (7, Bull. 379, n° 8910.)

Voy. notes sur les art. 35 et suivans de la Charte, et sur la loi du 5 FÉVRIER 1817; ordonnances des 30 AOUT, 4 SEPTEMBRE et 11 OCTOBRE 1820; lois du 16 MAI 1821; ordonnances des 1er AOUT 1821, 18 MARS, 17 AVRIL et 9 OCTOBRE 1822; et loi du 2 MAI 1827, du 2 JUILLET 1828 et 19 AVRIL 1831. *Voy.* aussi éclaircissemens ministériels des 29 AOUT et 4 SEPTEMBRE 1820; circulaires des 27 JUILLET, 31 AOUT, 5 et 15 SEPTEMBRE, 18 et 24 OCTOBRE, 1er et 17 NOVEMBRE 1820 et 2 SEPTEMBRE 1822.

Art. 1er. Il y a dans chaque département un collége électoral de département et des colléges électoraux d'arrondissement.

Néanmoins tous les électeurs se réuniront en un seul collége dans les départemens qui n'avaient, à l'époque du 5 février 1817, qu'un député à nommer; dans ceux où le nombre des électeurs n'excède pas trois cents, et dans ceux qui, divisés en cinq arrondissemens de sous-préfectures, n'auront pas au-delà de quatre cents électeurs.

2. Les colléges du département sont composés des électeurs les plus imposés, en nombre égal au quart de la totalité des électeurs du département (2).

Les colléges du département nomment cent soixante-douze nouveaux députés, conformément au tableau annexé à la présente loi. Ils procéderont à cette nomination pour la session de 1820 (3).

La nomination des deux cent cinquante-huit députés actuels est attribuée aux colléges d'arrondissemens électoraux à former dans chaque département en vertu de l'article 1er, sauf les exceptions portées au paragraphe deux du même article.

Ces colléges nomment chacun un député. Ils sont composés de tous les électeurs ayant leur domicile politique dans l'une des communes comprises dans la circonscription de chaque arrondissement électoral. Cette circonscription sera provisoirement déterminée pour chaque département, sur l'avis du conseil général, par des ordonnances du Roi, qui seront soumises à l'approbation législative dans la prochaine session (4).

Le cinquième des députés actuels qui doit être renouvelé sera nommé par les colléges d'arrondissement.

Pour les sessions suivantes, les départemens qui auront à renouveler leur députation la nommeront en entier d'après les bases établies par le présent article.

3. La liste des électeurs de chaque collége sera imprimée et affichée un mois avant l'ouverture des colléges électoraux. Cette liste contiendra la quotité et l'espèce des contributions de chaque électeur, avec l'indication des départemens où elles sont payées (5).

4. Les contributions directes ne seront comptées, pour être électeur ou éligible, que lorsque la propriété foncière aura été possédée, la location faite, la patente prise et l'industrie sujette à patente exercée, une année avant l'époque de la convocation du collége électoral. Ceux qui ont des droits acquis avant la publication de la présente loi, et le possesseur à titre successif, sont seuls exceptés de cette condition (6).

---

(1) Présentation à la Chambre des députés le 17 avril (Mon. du 18); rapport de M. Lainé le 6 mai (Mon. du 8); discussion générale le 15 mai (Mon. du 15 au 16); discussion article par article le 26 mai (Mon. des 27, 28, 29 mai et 14 juin); adoption le 12 juin (Mon. du 13).

Présentation à la Chambre des pairs le 14 juin (Mon. du 18); rapport de M. le marquis de Fontanes le 22 juin (Mon. des 23 et 24); discussion le 24 juin (Mon. du 29); adoption le 28 juin.

(2) *Voy.* 1re et 2e question des éclaircissemens ministériels du 29 août 1820.

(3) *Voy.* circulaire du 5 septembre 1820.

(4) *Voy.* ordonnance du 30 août 1820; circulaires des 31 août et 5 septembre 1820; loi du 16 mai 1821.

(5) *Voy.* ordonnance du 30 décembre 1823 à

sa date; nous l'avons citée sous l'art. 3 de la loi du 5 février 1817.

(6) *Voy.* 3e, 6e à 12e question des éclaircissemens du 29 août 1820; circulaires des 27 juillet, 2 septembre et 17 novembre 1820.

Pour être électeur, il faut que la capacité électorale, et notamment la possession annale, soit acquise au jour de l'ordonnance de convocation. Il ne suffit pas qu'elle soit acquise le jour de la réunion des colléges (5 juillet 1830; Cass. S. 30, 1, 359; D. 30, 1, 272; *id.* 14 juin 1830, Bourges; S. 30, 2, 330; D. 30, 2, 206).

Jugé en sens contraire (14 juin 1830, Nancy; 17 juin 1830, Bordeaux; S. 30, 2, 328; D. 30, 2, 202).

La possession annale ne peut être exigée pour l'augmentation de la patente, lorsque cette augmentation résulte de l'augmentation de valeur

5. Les contributions foncières payées par une veuve sont comptées à celui de ses fils, à défaut de fils à celui de ses petits-fils, et à défaut de fils et petit-fils à celui de ses gendres qu'elle désigne (1).

6. Pour procéder à l'élection des députés,

locative des ateliers à raison desquels la patente est payée. Mais la possession annale est nécessaire si l'augmentation est fondée sur ce que le négociant occupe de nouveaux ateliers distincts des premiers (14 juin 1830, Bourges ; S. 30, 2, 330 ; D. 30, 2, 206).

Un citoyen ne peut compter pour compléter son cens électoral la patente délivrée à un tiers, bien qu'il ait succédé à l'industrie et acquis la fabrique de ce tiers (16 juin 1830, Nancy ; S. 30, 2, 319 ; D. 30, 2, 203).

On ne peut considérer comme acquis à titre successif l'*usufruit* des biens dont un père a fait le partage entre ses enfans *par acte entre-vifs*, et dont il leur a abandonné immédiatement l'usufruit (Ordonnance du 14 octobre 1827 ; Mon. du 31 octobre 1827).

Les donations en avancement d'hoirie faites par les pères et mères à leurs enfans sont un *titre successif* dans le sens de la loi (11 septembre 1829, Douai ; S. 29, 2, 282 ; D. 29, 2, 300.—23 avril 1826, Rouen ; S. 28, 2, 204 ; D. 2, 92 ; 17 avril 1828, Montpellier ; S. 28, 2, 203 ; D. 28, 2. 176, p. 46, 5768 ; 13 juillet 1830, Cass. S. 30, 1, 359 ; D. 1830, 1, 269).

Décidé en sens contraire, qu'une donation faite en avancement d'hoirie, par un père à son fils, sous l'obligation de rapport, n'est point un *titre successif* dans le sens de cet article, puisque le donataire peut en renonçant devenir étranger à la succession et cependant retenir le don (25 août 1829, Paris ; S. 29. 2, 249 ; D. 29, 2, 299 ; P. 45, 375 ; 19 janvier 1829, Caen ; S. 29, 2, 73 ; D. 29, 2, 118 ; P. 47, 259).

Les enfans au profit desquels leurs père et mère ont fait, par acte entre-vifs, un partage anticipé, sont réputés jouir à *titre successif* des *revenus* comme de la *nue-propriété* des biens compris au partage (20 mars 1829, Angers ; S. 29, 2, 250 ; D. 29, 2, 119).

Le cohéritier peut aussitôt après le partage fait avec ses cohéritiers, ou la vente que ceux-ci lui ont consenti de leurs droits successifs, se prévaloir, pour former son cens électoral, de la totalité des contributions payées par les immeubles dont il se trouve propriétaire, bien qu'il ne possède que depuis moins d'un an (27 novembre 1828, Nancy ; S. 29, 2, 155 ; D. 29, 2, 118 ; 13 décembre 1828, Rouen ; S. 29, 2, 22 ; D. 29, 2, 48).

Le copropriétaire d'un immeuble indivis peut, aussitôt après le partage qui lui attribue l'usufruit de cet immeuble en totalité, se prévaloir, pour former son cens électoral de la totalité des contributions dont il se trouve tenu par l'effet du partage, si d'ailleurs ses droits dans l'immeuble indivis remontaient à plus d'un an (11 décembre 1828, Amiens ; S. 29, 2, 21 ; D. 29, 2, 48).

Celui qui a reçu la nue-propriété d'un immeuble à titre successif peut se servir des contribu-tions assises sur cet immeuble, pour former le cens électoral, du jour où l'usufruit s'est réuni dans ses mains à la nue-propriété ; peu importe que cette réunion n'ait eu lieu que par la renonciation volontaire du père usufruitier ; la possession annale ne peut être exigée en un tel cas (18 juin 1830, Bordeaux ; S. 30, 2, 327 ; D. 30, 2, 194).

Le citoyen dont la radiation de la liste électorale a été réclamée sur le motif qu'il ne payait pas le cens requis peut obtenir son maintien sur la liste au moyen de partages faits même depuis la demande en radiation (14 janvier 1829, Orléans ; S. 29, 2, 74 ; D. 29, 2, 119 ; P. 43, 285).

La possession annale est nécessaire encore que les biens à raison desquels l'électeur réclame son inscription aient été acquis par voie d'échange, que l'électeur eût la possession annale des biens échangés, et qu'enfin les contributions soient les mêmes sur les biens aliénés et sur les biens acquis (12 juillet 1830, Cass. S. 30, 1, 361 ; D. 30, 1. 274 ; P. 48, 323).

(1) *Voy.* 12ᵉ à 20ᵉ question des éclaircissemens du 29 août 1820 ; 35ᵉ, 36ᵉ, 40ᵉ à 44ᵉ question des éclaircissemens du 4 septembre 1820.

Cette faculté n'appartient ni à la femme divorcée et non remariée ni à la femme dont le mari a encouru la mort civile ; car elles ne sont pas *veuves*, dit M. *de Cormenin*, verbo *élections*. Nous nous permettrons d'observer que, si la femme dont le mari est mort civilement n'est pas *veuve naturellement*, elle est *veuve civilement*.

La femme *divorcée* n'est pas, quoique non *remariée*, *veuve* dans le sens de la présente loi (3 octobre 1829, Bourges ; S. 29, 2, 320 ; D. 29, 2, 304 ; 25 janvier 1830, Cass. S. 30, 1, 42 ; D. 30, 1, 91 ; P. 46, 245. *Voy.* art. 8 de la loi du 19 avril 1831.

Décidé en sens contraire, que la femme divorcée et non remariée est réputée veuve dans le sens de cette loi (8 décembre 1826, Rennes ; S. 29, 2, 12 ; D. 29, 2, 45).

Une veuve remariée ne peut, même avec le consentement de son second mari, déléguer à son fils du premier lit les contributions d'un bien dont elle est usufruitière, et dont le fils a la nue-propriété (art. 2 de la loi du 5 février 1817).

Pareillement, elle ne peut déléguer les contributions des biens de ses enfans mineurs dont elle jouit comme tutrice.

Les veuves ayant des enfans de plusieurs lits, ne peuvent déléguer proportionnellement les contributions des biens dont elles jouissent par usufruit, et dont le fils de chaque lit a la nue-propriété ; elles ne peuvent que déléguer tout à l'un des fils (*M. de Cormenin*).

La délégation faite par une veuve à son gendre de moitié des contributions assises sur des biens qui ont été possédés par son mari doit être admise, bien qu'il ne soit pas prouvé par titres que ces biens étaient des acquêts ; il suffit au

chaque électeur écrit secrètement son vote sur le bureau, ou l'y fait écrire par un autre électeur de son choix, sur un bulletin qu'il reçoit à cet effet du président ; il remet son bulletin, écrit et fermé, au président, qui le dépose dans l'urne destinée à cet usage.

7. Nul ne peut être élu député aux deux premiers tours de scrutin, s'il ne réunit au moins le tiers plus une des voix de la totalité des membres qui composent le collège, et la moitié plus un des suffrages exprimés.

8. Les sous-préfets ne peuvent être élus députés par les colléges d'arrondissemens électoraux qui comprennent la totalité ou une partie des électeurs de l'arrondissement de leur sous-préfecture.

9. Les députés décédés ou démissionnaires seront remplacés chacun par le collége qui l'aura nommé.

En cas de décès ou démission d'un des membres actuels de la Chambre avant que le département auquel il appartient soit en tour de renouveler sa députation, il sera remplacé par un des colléges d'arrondissement de ce département.

La Chambre déterminera par la voie du sort l'ordre dans lequel les colléges électoraux d'arrondissement procèderont aux remplacemens éventuels jusqu'au premier renouvellement intégral de chaque députation.

10. En cas de vacance par option, décès, démission, ou autrement, les colléges

délégataire d'invoquer la présomption de l'article 1402, Code civil, qui, jusqu'à preuve contraire, répute tous les immeubles acquêts de communauté (7 juillet 1830, Cass. S. 30, 1, 360; D. 30, 1, 274. Voy. art. 8, loi du 19 avril 1831).

Une veuve peut déléguer ses contributions à son gendre, bien qu'elle ait des fils ou des petits-fils, si ces fils ou petits-fils sont incapables d'exercer le droit électoral.

Au surplus, la question est de la compétence des Cours royales (13 septembre 1827, Limoges; 27, 2, 233, Amiens; 28 septembre 1827, Rennes; S. 27, 2, 233 236; D. 28, 2, 16).

Le conflit a été élevé par plusieurs préfets : le Conseil-d'Etat a donc eu à statuer sur la question de compétence; mais une question préjudicielle se présente, celle de savoir si le conflit peut être levé après un arrêt de la Cour royale.

Plusieurs Cours ont décidé que le conflit ne pouvait être élevé en matière d'élections; il est évident que cette partie de notre législation est obscure, insuffisante et vexatoire.

Voy. les notes sur l'arrêté du 13 brumaire an 10, et ordonnance du 1er juin 1828.

Quant au fond, c'est-à-dire sur le point de savoir si la veuve peut faire une délégation à son gendre, au cas d'incapacité de ses fils et petits-fils, M. de Cormenin dit expressément que la veuve ne peut déléguer ses contributions à son gendre alors même que ses fils ou petits-fils seraient mineurs ou privés des droits civils et politiques, et il cite les ordonnances des 22 et 27 octobre et 2 novembre 1820, 6 avril et 15 juillet 1821.

Enfin, une ordonnance du 14 octobre 1827 décide de nouveau que la veuve qui a un fils incapable ne peut déléguer ses contributions à son gendre (Mon. du 31 octobre 1827).

Mais divers arrêts ont décidé en sens contraire que le gendre avait la faculté de se faire attribuer les contributions de sa belle-mère, lors même qu'elle avait un fils, si ce fils était incapable d'être électeur (13, 27 et 28 septembre 1827, Limoges, Amiens, Rennes; S. 27, 2, 233; D. 27, 2, 15, 16; 2 avril 1828, Montpellier; S. 28, 2, 204; D. 28, 2, 177, p. 45, 376; 14 no-

vembre 1828, Agen; S. 29, 2, 4; D. 29, 2, 4). Voy. article 8 de la loi du 29 avril 1831.

La faculté accordée à la veuve de déléguer ses contributions à son gendre continue d'exister, bien que le gendre ait, après le décès de son épouse, contracté un second mariage, alors qu'il existe un enfant issu de la première union (21 octobre 1829, Paris; S. 30, 2, 94; D. 30, 2, 60; P. 46, 57).

La veuve ne peut, à défaut de fils, petit-fils ou gendre, déléguer ses contributions à son arrière-petits-fils, ou au mari de sa petite-fille, ou de son arrière-petite-fille (Ordonnance du 11 février 1824).

La loi ne s'oppose pas à ce que le même individu cumule les contributions que lui délèguent deux ou plusieurs veuves, par exemple, sa mère et sa belle-mère, ses aïeules paternelle et maternelle.

La délégation de contributions par une femme veuve en faveur de son gendre, n'a d'effet qu'autant qu'il est allégué et prouvé que la veuve n'a ni enfans ni petits enfans (22 juin 1830, Bordeaux; S. 30, 2, 327; D. 30, 2, 202).

Décidé en sens contraire, que la délégation doit avoir tout son effet, sans qu'on puisse exiger du gendre la preuve que sa belle-mère n'a ni fils ni petit-fils. — Pour anéantir l'effet de la délégation, il faudrait prouver contre le gendre l'existence d'un fils ou d'un petit-fils (6 juillet 1830, Cass. S. 30 1,362; D. 30, 1, 274).

La délégation n'a pas besoin d'être renouvelée à chaque élection.

Elle cesse, soit de droit, soit par la volonté de la veuve; elle cesse de droit, 1° quand la veuve se remarie; 2° quand étant faite au profit du gendre, il vient à naître un petit-fils, soit enfant soit neveu du gendre; 3° quand le gendre devenu veuf se remarie, soit qu'il reste ou non des filles de son premier mariage.

Mais quand le gendre devient veuf sans enfans, ou quand après son veuvage il perd les filles qu'il avait eues de son premier mariage, il n'en conserve pas moins le bénéfice de la délégation faite par sa belle-mère (M. de Cormenin, verbo élections).

électoraux seront convoqués dans le délai de deux mois pour procéder à une nouvelle élection.

11. Les dispositions des lois des 5 février 1817 et 25 mars 1818 auxquelles il n'est pas dérogé par la présente continueront d'être exécutées, et seront communes aux colléges électoraux de département et d'arrondissement (1).

Tableau du nombre des députés à élire par les colléges électoraux de département.

Ain, deux; Aisne, deux; Allier, deux; Alpes (Basses), un; Alpes (Hautes), un; Ardèche, un; Ardennes, un; Arriége, un; Aube, un; Aude, deux; Aveyron, deux; Bouches-du-Rhône, deux; Calvados, trois; Cantal, un; Charente, deux; Charente-Inférieure, trois; Cher, deux; Corrèze, un; Corse, zéro; Côte-d'Or, deux; Côtes-du-Nord, deux; Creuse, un; Dordogne, trois; Doubs, deux; Drôme, un; Eure, trois; Eure-et-Loir, deux; Finistère, deux; Gard, deux; Garonne (Haute), trois; Gers, deux; Gironde, trois; Hérault, deux; Ille-et-Vilaine, trois; Indre, un; Indre-et-Loire, deux; Isère, deux; Jura, un; Landes, un; Loiret-Cher, un; Loire, deux; Loire (Haute), un; Loire-Inférieure, deux; Loiret, deux; Lot, deux; Lot-et-Garonne, deux; Lozère, un; Maine-et-Loire, trois: Manche, trois; Marne, deux; Marne (Haute), deux; Mayenne, deux; Meurthe, deux; Meuse, deux; Morbihan, deux; Moselle, trois; Nièvre, deux; Nord, quatre; Oise, deux; Orne, trois; Pas-de-Calais, trois; Puy-de-Dôme, trois; Pyrénées (Basses), deux; Pyrénées (Hautes), un; Pyrénées-Orientales, un; Rhin (Bas), deux; Rhin (Haut), deux; Rhône, deux; Saône

(Haute), un; Saône-et-Loire, trois; Sarthe, trois; Seine, quatre; Seine-Inférieure, quatre; Seine-et-Marne, deux; Seine-et-Oise, trois; Sèvres (Deux), un; Somme, trois; Tarn, deux; Var, deux; Tarn-et-Garonne, deux; Vaucluse, un; Vendée, deux; Vienne, deux; Vienne (Haute), deux; Vosges, deux; Yonne, deux. Total, cent soixante-douze.

30 JUIN 1820. — Tableau des prix moyens régulateurs de l'exportation et de l'importation des grains, dressé et arrêté conformément aux art. 6 et 8 de la loi du 16 juillet 1819. (7, Bull. 380.)

30 JUIN 1820. — Ordonnance du Roi relative à la convocation des conseils d'arrondissement et des conseils généraux de département (7, Bull. 383.)

30 JUIN 1820. — Ordonnance du Roi qui autorise l'acceptation d'un legs fait au séminaire de Saint-Guillaume de Strasbourg. (7, Bull. 402.)

1er JUILLET 1820. — Ordonnance du Roi sur la retenue à exercer sur les traitemens des employés de la guerre pour former un fonds de retraite. (*Journal militaire officiel*, 2e semestre, p. 213.)

Louis, etc. vu : 1° le décret du 2 février 1808 sur les retenues à exercer pour les pensions à accorder aux employés des bureaux de la guerre; 2° la loi du 25 mars 1817 et celle du 15 mai 1818; 3° la loi du 27 fructidor an 5 (13 septembre 1798), l'arrêté du 10 prairial an 11 (30 mai 1803), et le décret du 22 janvier 1808 sur les pensions des agens et ouvriers de l'adminis-

---

(1) Une ordonnance du 31 octobre 1822, citée par M. de Cormenin, porte qu'aux termes de l'art. 3 de la loi du 5 février 1817, déclaré applicable aux colléges d'arrondissement et de département par l'art. 11 de la loi du 29 juin 1820, la translation du domicile réel ou politique ne donne droit à l'exercice du droit électoral qu'à celui qui ne l'a pas exercé dans un autre département, dans les quatre années antérieures, c'est-à-dire dans les quatre années qui ont précédé le jour de l'élection, et non pas dans les quatre années écoulées avant le 1er janvier de celle où l'élection a lieu. Telle est aussi l'opinion émise dans une circulaire ministérielle du 18 octobre 1820.

Les électeurs autorisés par la loi de 1817 (art. 3), à transférer leur domicile politique d'un département dans un autre, peuvent, depuis que la présente loi a établi des colléges d'arrondisse-

ment, transférer leur domicile politique d'un arrondissement électoral dans un autre arrondissement électoral du *même* département (20 novembre 1829, Amiens; S. 30, 2, 9; D. 30, 2, 133). *Voy* art. 10 de la loi du 19 avril 1831.

Nous avons rapporté, sous l'art. 2 de la loi du 5 février 1817, une ordonnance du 15 février 1821 qui a décidé qu'on ne peut pas admettre dans la composition du cens électoral les contributions à raison de maisons nouvellement construites, et qui, aux termes de l'art. 88 de la loi du 3 frimaire an 7, sont pendant un certain laps de temps, affranchies de la contribution foncière. Il faut ajouter que le propriétaires de ces maisons ne pourraient pas renoncer au [bénéfice de l'exemption, et devenir électeurs, même en consentant à payer les contributions dont ils sont momentanément affranchis (Ordonnance du 11 février 1824, rapportée par M. de Cormenin).

tration des poudres et salpêtres ; 4° les ordonnances du 25 février 1816, sur les pensions des instituteurs et professeurs des écoles de l'artillerie et du génie, et celles des contrôleurs et receveurs des manufactures d'armes et des fonderies ; considérant l'insuffisance des ressources desdites caisses de retenues, et la nécessité de les accroître, en élevant la retenue à un taux convenable, et égal à celui qui existe déjà pour plusieurs administrations ; sur le rapport de notre ministre de la guerre, nous avons ordonné et ordonnons ce qui suit :

Art. 1ᵉʳ. La retenue de trois centimes par franc qui s'exerce sur les appointemens des employés des bureaux du ministère de la guerre pour former un fonds de pensions, en vertu de l'article 1ᵉʳ du décret du 2 février 1808, est portée à cinq centimes par franc à dater du 1ᵉʳ juillet 1820.

2. Les dispositions de l'article 14 dudit décret, qui admet les militaires ou fonctionnaires militaires employés dans les bureaux aux mêmes charges et droits que les employés du ministère, sont abrogées, sans préjudice, toutefois, des droits acquis par ceux qui supportent en ce moment la retenue, et qui continueront à subir celle des cinq centimes par franc, établie par l'article précédent.

3. Sont également portées au taux de cinq centimes par franc, à compter du 1ᵉʳ juillet 1820 :

1° La retenue de quatre centimes par franc, qui s'exerce pour former un fonds de pensions, sur le traitement des agens et ouvriers de service des poudres et salpêtres, en vertu de l'arrêté du 10 prairial an 11 et du décret du 22 janvier 1808;

2° La retenue de trois centimes que supportent pour le même objet les traitemens des instituteurs, professeurs et répétiteurs des écoles d'artillerie et de génie, ainsi que ceux des contrôleurs et réviseurs des manufactures d'armes, et des contrôleurs des forges et fonderies, en vertu de notre ordonnance du 25 février 1816.

4. Nos ministres de la guerre et des finances sont chargés de l'exécution de la présente ordonnance.

1ᵉʳ JUILLET 1820. — Ordonnance du Roi qui prescrit des rectifications dans plusieurs ordonnances portant liquidation de soldes de retraite. (7, Bull. 383.)

1ᵉʳ JUILLET 1820. — Ordonnance du Roi portant que la commune de Jouy-le-Pothier est distraite du canton de la Ferté-Saint-Aubin, arrondissement d'Orléans, et sera réunie au canton de Cléry, même arrondissement. (7, Bull. 383.)

1ᵉʳ JUILLET 1820. — Ordonnance du Roi portant liquidation d'une solde de retraite payable sur les crédits antérieurs à 1819. (7, Bull. 386.)

1ᵉʳ JUILLET 1820. — Ordonnance du Roi portant liquidation de quatre-vingt-dix-neuf soldes de retraite. (7, Bull. 387.)

1ᵉʳ JUILLET 1820. — Ordonnance du Roi portant liquidation de quarante-huit soldes de retraite. (7, Bull. 387.)

1ᵉʳ JUILLET 1820. — Ordonnance du Roi qui autorise le sieur Pons à établir un feu de forge à la catalane à Mitja-Ribera, commune de Masos, arrondissement de Prades, département des Pyrénées-Orientales. (7, Bull. 403.)

1ᵉʳ JUILLET 1820. — Ordonnances du Roi qui autorisent l'acceptation de dons et legs faits aux fabriques des églises d'Yvory, de Vauréal, des Aydes, de Dahlenheim, d'Isviller, de Lambres, d'Amiens, de Saint-Usuges, de Valognes, de Riedwihr, de Locmariaquer et de Seyssinet ; au séminaire de Troyes, et à la commune de Hesches. (7, Bull. 403.)

1ᵉʳ JUILLET 1820. — Ordonnance du Roi qui autorise les sieurs Jobez et Mounier, propriétaires des usines de Siam, département du Jura, à changer en une affinerie la platinerie établie dans ces usines, etc. (7, Bull. 403.)

2 JUILLET 1820. — Ordonnance du Roi qui permet au sieur le Payen d'ajouter à son nom celui de Flacourt. (7, Bull. 386.)

2 JUILLET 1820. — Ordonnance du Roi qui admet les sieurs Huber et Pfyffer à établir leur domicile en France. (7, Bull. 386.)

2 JUILLET 1820. — Ordonnances du Roi qui accordent des lettres de déclaration de naturalité aux sieurs Trouillet, Philipponi, Lapierre, Platz, Delobel, Rozensiveïg, Granaly, Berg, Fol et Bollen. (7, Bull. 396, 401, 402, 431, 435, 436, 455.)

3 JUILLET 1820. — Ordonnance du Roi qui nomme M. Raimond-Delaître préfet du département de l'Eure. (7, Bull. 383.)

3 JUILLET 1820. — Ordonnance du Roi qui nomme M. le comte de Goyon préfet du département de Seine-et-Marne. (7, Bull. 383.)

4 — Pr. 8 JUILLET 1820. — Loi sur le partage des bénéfices de la Banque mis en réserve (1). (7, Bull. 381, n° 8956.)

Voy. lois des 24 GERMINAL an 11, et 22 AVRIL 1806; ordonnance du 13 SEPTEMBRE 1806.

Art. 1er. Les bénéfices de la Banque acquis aux actionnaires et mis en réserve jusqu'au 31 décembre 1819, en exécution de la loi du 22 avril 1806, lesquels, déduction faite de la somme de trois millions huit cent soixante-quinze mille quatre cent soixante-douze francs quatre centimes pour l'acquisition de l'hôtel de la Banque et des dépendances, s'élèvent à la somme de treize millions sept cent soixante-huit mille cinq cent vingt-sept francs quatre-vingt-seize centimes, seront répartis aux propriétaires des soixante-sept mille neuf cents actions actuellement en circulation.

2. Les bénéfices mis en réserve en exécution de la loi du 24 germinal an 11 (14 avril 1803), montant à la somme de sept millions sept cent soixante mille six cent cinquante francs soixante-seize centimes, dont l'emploi a été fait conformément aux dispositions de cette loi, continueront provisoirement de rester en réserve.

———

5 — Pr. 8 JUILLET 1820. Ordonnance du Roi concernant les facultés de droit et de médecine. (7, Bull. 381, n° 8957.)

Voy. ordonnances des 24 MARS 1819, 27 FÉVRIER 1821, 6 SEPTEMBRE et 21 NOVEMBRE 1822, 2 FÉVRIER 1823, et 12 DÉCEMBRE 1824.

Louis, etc., sur ce qui nous a été exposé touchant l'insuffisance des réglemens existans relatifs à la conduite et à l'assiduité des étudians près les facultés et les écoles secondaires de médecine de notre Université; vu la loi du 10 mai 1808 et les décrets et ordonnances concernant l'instruction publique; sur le rapport de notre ministre secrétaire-d'État au département de l'intérieur; notre Conseil-d'État entendu, nous avons ordonné et ordonnons ce qui suit:

Art. 1er. A compter du 1er janvier 1821, nul ne pourra être admis à prendre sa première inscription dans les facultés de droit et de médecine, s'il n'a obtenu le grade de bachelier ès-lettres.

2. A compter du 1er janvier 1822, nul ne sera admis à l'examen requis pour le grade de bachelier ès-lettres, s'il n'a suivi, au moins pendant un an, un cours de philosophie dans un collége royal ou communal ou dans une institution où cet enseignement est autorisé.

3. A compter du 1er janvier 1823, nul ne sera admis audit examen, s'il n'a suivi, au moins pendant un an, un cours de rhétorique, et, pendant une autre année, un cours de philosophie, dans l'un desdits colléges ou institutions (2).

4. A compter du 1er janvier 1823, nul ne sera admis à s'inscrire dans les facultés de médecine, s'il n'a obtenu le grade de bachelier ès-sciences. D'ici à cette époque, l'instruction requise pour ce grade, ainsi que pour les grades supérieurs de la faculté des sciences, sera réglée de nouveau, et de manière que le grade de bachelier n'exige de ceux qui se destinent à la médecine que les connaissances scientifiques qui leur seront nécessaires.

5. A compter du 1er novembre prochain, tout étudiant qui se présentera pour prendre sa première inscription dans une faculté ou dans une école secondaire de médecine sera tenu de déposer:

1° Son acte de naissance;

2° S'il est mineur, le consentement de ses parens ou tuteur à ce qu'il suive ses études dans la faculté ou dans l'école: ce consentement devra indiquer le domicile actuel desdits parens ou tuteur;

3° Enfin, dans les facultés de droit et de médecine, et après les époques indiquées ci-dessus, le diplôme exigé par les articles précédens.

6. A compter du même jour 1er novembre prochain, nul ne sera admis à prendre d'inscription dans une faculté ou dans une école siégeant dans une ville autre que celle de la résidence de ses parens et tuteur, s'il n'est présenté par une personne domiciliée dans la ville où siége ladite faculté ou école, laquelle sera tenue d'inscrire elle-même son nom et son adresse sur un registre ouvert à cet effet.

L'étudiant sera censé avoir son domicile de droit, en ce qui concerne ses rapports

———

(1) Proposition à la Chambre des pairs, le 6 mai (Mon. du 9). Rapport de M. le comte de Marescot, le 9 mai (Mon. du 15). Adoption le 25 mai (Mon. des 26 mai et 15 juin). Proposition à la Chambre des députés, le 1er juin (Mon. du 2). Rapport de M. Laffitte, le 16 juin (Mon. du 20). Adoption, le 1er juill. (Mon. du 5).

(2) *Voy.* ordonnance du 17 octobre 1821.

avec les facultés ou écoles, chez cette personne, à laquelle seront adressés, en conséquence, tous les avis et toutes les notifications qui le concerneront. En cas de mort ou de départ de ladite personne, l'étudiant sera tenu d'en présenter une autre : faute par lui de le faire, toutes les inscriptions qu'il aura prises depuis le décès ou le départ de la personne domiciliée par laquelle il avait été présenté pourront être annulées.

7. L'étudiant est, en outre, tenu de déclarer, en s'inscrivant, sa résidence réelle, et, s'il vient à en changer, d'en faire une nouvelle déclaration.

Ces déclarations seront inscrites sur le registre dont il est question dans l'article précédent. Toute fausse déclaration, ou tout défaut de déclaration en cas de changement de domicile, pourra être puni comme il est dit en l'article précédent. Ces punitions seront infligées par délibération de la faculté.

8. Le registre dont il est question dans l'article 7 sera, ainsi que le registre des inscriptions, coté et paraphé par le recteur de l'académie, qui les clora tous deux le quinzième jour de chaque trimestre ; ils seront portés chez lui, à cet effet, par le secrétaire de la faculté ou de l'école.

9. Dans les villes où le recteur ne réside pas, il commettra un fonctionnaire de l'Université pour remplir les formalités indiquées par l'article précédent, et pour le représenter auprès de la faculté ou de l'école dans tous les autres cas où sa présence pourrait être exigée.

A Paris, la commission de l'instruction publique chargera spécialement un de ses membres, ou, sous lui, un inspecteur général, de cette partie des fonctions rectorales.

10. Tout étudiant convaincu d'avoir pris sur le registre une inscription pour un autre étudiant perdra toutes les inscriptions prises par lui, soit dans la faculté où le délit aura été commis, soit dans toute autre, sans préjudice des peines prononcées pour ce cas par le Code pénal. La punition sera décernée par une délibération de la faculté : elle sera définitive.

11. Tout professeur de faculté ou d'école secondaire de médecine est tenu de faire, au moins deux fois par mois, l'appel des étudians inscrits et qui doivent suivre son cours en vertu des réglemens.

Si le nombre de ces étudians est trop considérable pour que l'appel puisse être général, le professeur fera chaque jour des appels particuliers, de manière, cependant, que chaque étudiant soit appelé au moins deux fois par mois, et qu'aucun d'eux ne puisse prévoir le jour où il sera appelé.

12. Les doyens et les chefs des écoles sont tenus de veiller de temps en temps par eux-mêmes à l'exécution de l'article précédent. Les recteurs pourront également y veiller en personne, ou par un inspecteur d'académie qu'ils enverront à cet effet.

13. Tout étudiant convaincu d'avoir répondu pour un autre perdra une inscription.

14. Tout étudiant qui aura manqué à l'appel deux fois dans un trimestre et dans le même cours, sans excuse valable et légitime, ne pourra recevoir de certificat d'assiduité du professeur dudit cours.

15. Il ne sera délivré de certificat d'inscription que pour les trimestres où les étudians auront obtenu des certificats d'assiduité pour tous les cours qu'ils devaient suivre pendant ce trimestre d'après les réglemens. Il sera fait mention de ces certificats sur le certificat d'inscription.

16. Nul ne sera admis à faire valoir dans une faculté ou dans une école secondaire de médecine les inscriptions prises dans une autre, s'il ne présente un certificat de bonne conduite délivré par le doyen de la faculté ou le chef de l'école secondaire d'où il sort, et approuvé par le recteur.

En cas de refus du doyen ou du recteur, l'étudiant aura la faculté de se pourvoir près du conseil académique.

17. Tout manque de respect, tout acte d'insubordination, de la part d'un étudiant envers son professeur ou envers le chef de l'établissement, sera puni de la perte d'une ou de deux inscriptions ; la punition sera prononcée, dans ce cas, par une délibération de la faculté, qui sera définitive.

La faculté pourra, néanmoins, prononcer une punition plus grave à raison de la nature de la faute ; mais alors l'étudiant pourra se pourvoir par-devant le conseil académique.

En cas de récidive, la punition sera l'exclusion de la faculté pendant six mois au moins et deux ans au plus ; elle sera prononcée par délibération de la faculté, et sauf le pourvoi devant le conseil académique.

La même punition sera appliquée dans la même forme à tout étudiant qui sera convaincu d'avoir cherché à exciter les autres étudians au trouble ou à l'insubordination dans l'intérieur des écoles. S'il y a eu quelque acte illicite commis par suite desdites instigations, la punition des instigateurs sera l'exclusion de l'académie ; elle sera prononcée par le conseil académique.

2.

18. Tout étudiant convaincu d'avoir, hors des écoles, excité des troubles ou pris part à des désordres publics ou à des rassemblemens illégaux, pourra par mesure de discipline et à l'effet de prévenir les désordres que sa présence pourrait occasionner dans les écoles, et suivant la gravité des cas, être privé de deux inscriptions au moins et de quatre au plus, ou exclu des cours de la faculté et de l'académie dans le ressort de laquelle la faute aura été commise, pour six mois au moins et pour deux ans au plus. Ces punitions devront être prononcées par le conseil académique. Dans le cas d'exclusion, l'étudiant exclu pourra se pourvoir devant la commission de l'instruction publique, qui y statuera définitivement.

19. En cas de récidive, il pourra être exclu de toutes les académies, pour le même temps de six mois au moins et de deux ans au plus. L'exclusion de toutes les académies ne pourra être prononcée que par la commission de l'instruction publique, à laquelle l'instruction de l'affaire sera renvoyée par le conseil académique. L'étudiant pourra se pourvoir contre le jugement devant notre Conseil-d'Etat.

20. Il est défendu aux étudians, soit d'une même faculté, soit de diverses facultés du même ordre, soit de diverses facultés de différens ordres, de former entre eux aucune association, sans en avoir obtenu la permission des autorités locales et en avoir donné connaissance au recteur de l'académie ou des académies dans lesquelles ils étudient. Il leur est pareillement défendu d'agir ou d'écrire en nom collectif, comme s'ils formaient une corporation au association légalement reconnue.

En cas de contravention aux dispositions précédentes, il sera instruit contre les contrevenans par les conseils académiques, et il pourra être prononcé les punitions déterminées par les articles 19 et 20, en se conformant à tout ce qui est prescrit par ces mêmes articles.

21. Les sommes payées pour les inscriptions seront rendues à ceux qui auront perdu ces inscriptions en vertu des articles ci-dessus.

22. Le recteur fera connaître, dans la semaine, à la commission de l'instruction publique, les punitions qui auront pu être infligées en vertu de la présente ordonnance, soit par les facultés, soit par les écoles secondaires de médecine, soit par les conseils académiques.

23. Tout arrêté portant exclusion de toutes les académies, ou même d'une seule, sera transmis par la commission de l'instruction publique, avec les motifs qui l'auront déterminée, à notre ministre de l'intérieur, et communiqué par lui à nos autres ministres, pour y avoir tel égard que de raison dans les nominations qu'ils auront à nous proposer.

24. Les punitions académiques et de discipline établies par la présente ordonnance auront lieu indépendamment et sans préjudice des peines qui sont prononcées par les lois criminelles, suivant la nature des cas énoncés.

25. Notre ministre de l'intérieur est chargé de l'exécution de la présente ordonnance.

5 — Pr. 27 JUILLET 1820. — Ordonnance du Roi portant proclamtaion des brevets d'invention, de perfectionnement et d'importation délivrés pendant le second trimestre de 1820, aux sieurs Donat, Bourdel, Gaudet, Thivile, Caron, Despiau, Lefèvre fils aîné, Portail, Chedebois, Beauvisage, Tombini, Lartigue, Loze, Collins, Magendie, Delpont, Heathcoat, Poupart, dame Delacourt née Rodrigue, Bacheville, Dartigues, Aarnet, Humphrey Edwards, Manicler, Capron, Giraudy de Bouyon, Cazeneuve, Gluxbert frère et sœur, Jalabert, Paulmier, Saint-Martin, Merijot, Pierre, Binet, Gensse-Duminy et compagnie, Jordis, Montagne, Baruch-Weil frères, Léa-Naquet, Rabier, Arpin et compagnie, Guemal et Veyrat. (7, Bull. 386, n° 9091.)

5 JUILLET 1820. — Ordonnance du Roi qui autorise l'acceptation d'une donation de sept mille francs faite à l'académie des sciences de Paris. (7, Bull. 383.)

5 JUILLET 1820. — Ordonnances du Roi qui autorisent l'acceptation de dons et legs faits aux hospices de Salins, etc. (7, Bull. 404.)

6 — Pr. 11 JUILLET 1820. — Loi relative au traitement des membres de la Légion-d'Honneur (1). (7, Bull. 382, n° 8965.)

Voy. notes sur l'art. 72 de la Charte, loi du 15 MARS 1815, ordonnances des 3 AVRIL 1821, et 26 MAI 1824.

Art. 1er. Tous les membres de l'ordre

---

(1) Proposition à la Chambre des députés, le 24 avril (Mon. du 25). Rapport de M. Beugnot, le 27 juin (Mon. du 29). Discussion et adoption, le 29 juin (Mon. du 30).

Proposition à la Chambre des pairs, le 1er juillet (Mon. du 8). Discussion et adoption, le 4 juillet (Mon. du 11).

royal de la Légion-d'Honneur qui, antérieurement au 6 avril 1814, recevaient un traitement de deux cent cinquante francs sur les fonds de cet ordre, et les militaires des armées de terre et de mer, soit retirés, soit en activité de service, qui, étant sous-officiers et soldats, ont été nommés chevaliers depuis la même époque, recevront, à partir du second semestre de 1820, sur les fonds du Trésor, une somme de cent vingt-cinq francs par an, pour compléter leur traitement et le porter au taux annuel de deux cent cinquante francs.

2. Un fonds d'un million sept cent mille francs est spécialement affecté à la dépense de ce supplément pour 1820, et sera compris, à cet effet, dans le budget du ministère des finances, pour l'exercice de la même année.

3. Une somme de trois millions quatre cent mille francs sera portée dans le même budget, d'année en année, afin de pourvoir tant à la même dépense qu'à celle qui sera indiquée ci-après.

4. Les fonds qui deviendront libres par l'effet des extinctions dans les différens grades de la Légion-d'Honneur, à partir du 1er janvier 1820, serviront d'abord à payer le traitement de légionnaire aux officiers amputés qui, depuis le 6 avril 1814 jusqu'au 20 mars 1815, ont été nommés membres de l'ordre.

Ces fonds seront ensuite successivement employés à compléter les traitemens des officiers, commandeurs, grands-officiers et grand's-croix de cet ordre, nommés antérieurement au 6 avril 1814, de manière que tous les membres de l'ordre, officiers à cette époque, reçoivent d'abord annuellement chacun mille francs; puis tous les commandeurs, deux mille francs chacun; ensuite chaque grand-officier, cinq mille francs; et enfin chaque grand'croix, cinq mille francs, ou le traitement qui lui avait été spécialement attribué.

Le tout à compter de l'époque où chaque grade participera aux fonds provenant des extinctions.

5. Il sera rendu, à la session de 1821, un compte particulier de l'emploi du fonds d'un million sept cent mille francs; et à chacune des sessions suivantes, de l'emploi des trois millions quatre cent mille francs. Seront présentés en même temps le compte de la dotation tant en recettes qu'en dépenses, et celui des extinctions qui seront survenues dans les différens grades de l'ordre.

6. Après que les traitemens annuels auront été complétés, ainsi qu'il est réglé par l'article 4, les fonds devenant libres par les extinctions ultérieures seront imputés sur l'allocation annuelle de trois millions qua-tre cent mille francs, laquelle sera diminuée d'autant dans le budget de l'Etat.

7. Toutes les dispositions des lois, décrets ou ordonnances rendus antérieurement, concernant la fixation des traitemens à payer aux membres de la Légiond'Honneur et contraires à la présente loi, sont abrogées.

———

6 = Pr. 27 JUILLET 1820. — Ordonnance du Roi qui prescrit la publication des bulles d'institution canonique des évêques de Bayonne, de Saint-Flour et de Dijon, et des brefs adressés à ces prélats. (7, Bull. 386, n° 9092.)

Louis, etc., sur le rapport de notre ministre secrétaire d'Etat au département de l'intérieur, notre Conseil-d'Etat entendu, nous avons ordonné et ordonnons ce qui suit:

Art. 1er. Les bulles ci-après désignées, savoir:

La première, donnée à Rome, à Sainte-Marie-Majeure, le 4 des calendes de juin de l'année 1820, et portant institution canonique de M. Paul-Thérèse-David d'Astros, ancien évêque de Saint-Flour, nommé par nous à l'évêché de Bayonne;

La seconde, donnée à Rome, à Sainte-Marie-Majeure, le même jour, et portant institution canonique de M. Louis-Siffren-Joseph de Salamon, ancien évêque d'Orthosie in partibus, nommé par nous à l'évêché de Saint-Flour;

La troisième, donnée à Rome, à Sainte-Marie-Majeure, le même jour, et portant institution canonique de M. Jean-Baptiste Dubois, ancien vicaire général à Metz, nommé par nous à l'évêché de Dijon;

Ensemble les trois brefs adressés auxdits évêques, sous la date du 29 mai 1820, et qui leur prescrivent d'exercer leurs fonctions dans les limites de leurs diocèses respectifs, telles qu'elles étaient déterminées avant le 17 juillet 1817, et de reconnaître les mêmes métropolitains dont leurs sièges étaient dépendans avant la même époque,

Sont reçus et seront publiés dans la forme accoutumée, sans qu'on puisse induire desdites bulles et desdits brefs que la bulle de circonscription donnée à Rome le 27 juillet 1817 soit reçue dans le royaume.

2. Lesdites bulles d'institution canonique et lesdits brefs sont reçus sans approbation des clauses, formules ou expressions qu'ils renferment et qui sont ou pourraient être contraires à la Charte constitutionnelle, aux lois du royaume, aux franchises, libertés et maximes de l'église gallicane.

3. Lesdites bulles et lesdits brefs seront

transcrits en latin et en français sur les registres de notre Conseil - d'État : mention sera faite desdites transcriptions sur les originaux par le secrétaire-général du Conseil.

4. Nos ministres de la justice et de l'intérieur sont chargés de l'exécution de la présente ordonnance.

6 JUILLET 1820. — Ordonnance du Roi qui élève au rang des routes royales de 3ᵉ classe les routes départementales de Seine-et-Oise y désignées. (7, Bull. 387.)

6 JUILLET 1820. — Ordonnance du Roi qui autorise l'acceptation d'un legs fait à la fabrique de l'église de Peujard. (7, Bull. 403.)

6 JUILLET 1820. — Ordonnances du Roi qui autorisent l'acceptation de donations faites aux fabriques des églises de Brouvelieures, de Narbonne, de Rodalbe, de Nancy, de Châtellerault, de Pluherlin, d'Eclimeux, du Saint-Esprit, de Guilberville, de Plouvien et d'Amanlies et au séminaire de Troyes. (7, Bull. 404.)

8 JUILLET 1820. — Ordonnance du Roi portant liquidation de vingt-deux soldes de retraite payables sur le crédit spécial d'inscription de 1819. (7, Bull. 386.)

8 JUILLET 1820. — Ordonnance du Roi portant liquidation de soixante-onze soldes de retraite, payables sur le crédit affecté par la loi du 14 juillet 1819. (7, Bull. 387.)

8 JUILLET 1820. — Ordonnance du Roi portant liquidation de quatre-vingt-dix soldes de retraite, payables sur le crédit affecté par la loi du 14 juillet 1819. (7, Bull. 387.)

9 JUILLET 1820. — Ordonnance du Roi qui autorise les sieurs de Louvel à substituer à leur nom ceux de Dault-Dumesnil. (7, Bull. 383.)

9 JUILLET 1820. — Ordonnances du Roi qui accordent des lettres de déclaration de naturalité aux sieurs Ploïnées, Jacques et Marchand (7, Bull. 427 et 602.)

9 JUILLET 1820. — Ordonnance du Roi qui permet au sieur Lelièvre de Saint-Remy de continuer sa résidence et son service en Angleterre. (7, Bull. 427.)

10 == Pr. 15 JUILLET 1820. — Loi relative à une imposition additionnelle pour l'achèvement de la Bourse de Paris (1). (7, Bull. 383, n° 8988.)

Il sera perçu pendant huit années une imposition additionnelle de quinze centimes par franc au droit fixe des patentes de la ville de Paris, depuis les patentes de cinq cents francs jusqu'à celles de quarante francs inclusivement, et dont seront toutefois exceptés les agens de change et les courtiers de commerce, à raison des cotisations volontaires qu'ils ont offert de réaliser.

Le produit de cette imposition sera appliqué au paiement des dépenses qui restent à faire pour l'achèvement des travaux de la Bourse de cette ville.

11 JUILLET 1820. — Lettres - patentes portant érection de majorats en faveur de MM. d'Albon, de Carrière et du Teissier. (7, Bull. 385.)

11 JUILLET 1820. — Lettres-patentes portant institution de titres de pairie en faveur de MM. Collin de Sussy et Bastard d'Estang, sous le titre de barons. (7, Bull. 420.)

12 JUILLET == Pr. 5 AOUT 1820. — Ordonnance du Roi portant autorisation, conformément aux statuts y annexés, de la société anonyme formée à Paris sous le nom de Caisse hypothécaire. (7, Bull. 391, n° 9234.)

Art. 1ᵉʳ. La société anonyme formée à Paris sous le nom de *Caisse hypothécaire*, d'abord constituée par un acte public du 22 juin 1818, et définitivement reconstituée par acte passé par-devant Boilleau et son collègue. notaires à Paris, les 2, 3, 4, 5, 6, 7, 8, 9, 10, 11 et 12 juin 1820, est autorisée conformément à ce dernier acte, qui est annexé à la présente et contient les statuts de la société, lesquels sont approuvés.

2. Ladite approbation est accordée sauf les réserves suivantes :

10. Nonobstant l'article 75 des statuts, chaque administrateur sera tenu de dépo-

---

(1) Proposition à la Chambre des députés, le 27 juin (Mon. du 28). Rapport de M. Delessert, le 3 juillet (Mon. du 4).

Proposition à la Chambre des pairs, le 6 février (Mon. du 9). Discussion et adoption, le 8 juillet (Mon. du 13).

ser cent actions, au lieu de cinquante, à titre de cautionnement ;

2° On ne pourra inférer aucune dérogation au droit commun de l'avant-dernier paragraphe du même article 75 et de l'article 77, concernant les cautionnemens demandés aux employés de l'établissement, ni de l'article 51, en ce qui se rapporte dans cet article à la garantie de chaque obligation sur les annuités dues par les emprunteurs.

3. Nous nous réservons de révoquer la présente autorisation en cas de non-exécution ou de violation des statuts par nous approuvés, le tout sauf les droits des tiers, et sans préjudice des dommages-intérêts qui seraient prononcés par les tribunaux.

4. Notre ministre secrétaire-d'État au département de l'intérieur nommera un commissaire près ladite société, lequel sera chargé de prendre connaissance de ses opérations et de l'observation de ses statuts, pour en rendre compte spécialement par un rapport qu'il adressera, tous les six mois, à notre ministre de l'intérieur.

Le commissaire pourra suspendre provisoirement celles des opérations de la caisse hypothécaire qui lui paraîtraient contraires aux lois et aux statuts, et ce, jusqu'à décision des autorités compétentes.

4. La société sera tenue de remettre, tous les six mois, copie de son état de situation au préfet de police, au greffe du tribunal de commerce et à la chambre de commerce de Paris.

6. Notre ministre secrétaire d'État de l'intérieur est chargé de l'exécution de la présente ordonnance, qui sera insérée au Bulletin des Lois, avec l'acte annexé : pareille insertion en sera faite au Moniteur et dans le journal destiné aux annonces judiciaires du département de la Seine, sans préjudice des affiches ordonnées par l'article 45 du Code de commerce.

Acte de société anonyme sous le nom de Caisse hypothécaire.

Par-devant M.ᵉˢ Jean-Louis Boilleau et Augustin-Louis Gilbert, notaires royaux à Paris, soussignés, furent présens :

(Suivent les noms.)

Tous membres composant le conseil général de la société anonyme établie sous le nom de Caisse hypothécaire par acte reçu par lesdits M.ᵉˢ Boilleau, qui en a gardé la minute, et Gilbert, notaires à Paris, le 22 juin 1818, enregistré le 24, nommés par délibération dudit jour 22 juin et du 10 juillet de la même année, devant les mêmes notaires, et dont les minutes sont en suite de celle dudit acte de société ;

Lesquels ont dit que, n'ayant pu obtenir l'autorisation de sa majesté aux statuts contenus en l'acte du 22 juin 1818, qui constituaient ladite caisse hypothécaire, et cet acte se trouvant conséquemment sans effet, ils ont rédigé de nouveaux statuts, qui doivent faire la base de la société, à laquelle seront invités à concourir les membres de l'ancienne société et toutes les autres personnes qui voudront en faire partie ; et à la réquisition desdits comparans, ces statuts ont été transcrits ainsi qu'il suit :

Art. 1ᵉʳ. La caisse hypothécaire est une société anonyme par actions.

2. La société se compose de tous les propriétaires d'actions, lesquels, en cette qualité, sont soumis, comme s'ils les avaient signés, à l'acte constitutif et aux statuts approuvés par le Gouvernement.

3. Le domicile social est à Paris.

4. La durée de la société sera de trente ans à dater du jour de l'ordonnance royale qui autorisera l'établissement.

5. La société a trois objets : 1° De prêter sur hypothèque ; 2° d'assurer les prêts faits et à faire par d'autres contrats ; 3° de prêter sur titres hypothécaires avec subrogation.

6. Le fonds social se compose de cinquante millions divisés en cinquante mille actions de mille francs chacune.

Les cinquante millions seront payés par dixièmes : le premier quarante jours après l'ordonnance d'autorisation ; les autres, au commencement de chaque semestre suivant.

Tout appel de fonds sur les actions est interdit.

7. Les actions seront facultativement nominatives ou au porteur.

Les actions nominatives pourront être changées contre des actions au porteur et vice versâ.

Le transfert des actions nominatives s'opérera pas acte public mentionné sur les registres de la caisse, ou par l'entremise d'agens de change.

8. Tout actionnaire en retard devra l'intérêt à six pour cent, à compter du jour où son versement aurait dû s'effectuer, et sera privé du dividende du semestre commencé, qui appartiendra à la réserve.

Si, dans les deux premiers mois du semestre suivant, il n'a pas réalisé les mises alors échues, les actions qu'il aurait dû lever seront vendues sur décision du conseil d'administration, sans qu'il soit besoin de poursuite ni d'autorisation. Le retardataire perdra le dixième de sa soumission, représenté par la dernière promesse d'actions qui lui aura été délivrée, laquelle sera acquise à la société et fera partie de la réserve.

9. A chaque versement, il sera délivré en

proportion de la somme versée, des promesses d'actions échangeables, au versement suivant, contre des actions nominatives ou au porteur.

Ces promesses d'actions pourront néanmoins être échangées contre des actions, en anticipant le versement, ou en déposant à la caisse, en valeurs agréées par l'administration, une somme égale à celle à verser.

10. Les actions seront, ainsi que les promesses d'actions, détachées d'un registre à souche, signées par le caissier général, le directeur général, et visées par un administrateur.

11. Les fonds provenant des actions seront déposés dans une caisse à trois serrures différentes, dont une clé sera entre les mains du président de l'administration, et, à son défaut, du vice-président, une en celles du directeur général, et la troisième en celles du caissier général.

La même caisse renfermera les planches, filigranes et timbres servant à la confection des actions, des promesses d'actions et des obligations de la caisse hypothécaire.

12. Les fonds provenant des actions seront spécialement affectés au paiement et à l'escompte des obligations de la caisse hypothécaire.

Les obligations escomptées remplaceront immédiatement les sommes extraites de la caisse; elles ne pourront en être retirées qu'en rétablissant dans la caisse une somme égale à leur montant.

13. Le placement des fonds oisifs sera fait d'après décision du conseil d'administration, en rentes ou autres valeurs productives, toujours réalisables immédiatement.

14. Les assemblées générales seront composées des actionnaires propriétaires de vingt actions au moins.

Les délibérations de ces assemblées seront prises à la majorité absolue des membres présens; elles engageront tous les sociétaires ou porteurs d'actions.

Pour être admis à l'assemblée générale, il faudra être propriétaire des actions nominatives ou au porteur, depuis trois mois au moins.

Le dépôt de ces actions sera, en conséquence, fait au caissier de l'administration sur récépissé motivé du directeur général, et visé par un administrateur.

15. Il y aura une assemblée générale dans le mois de mars de chaque année.

Le jour et le lieu seront indiqués un mois d'avance.

16. Une première assemblée générale aura lieu cinquante jours après l'ordonnance d'institution de la caisse hypothécaire, pour nommer les administrateurs et les censeurs.

Tous les souscripteurs seront admis à cette première assemblée en justifiant du versement du premier dixième de leurs soumissions.

17. Les assemblées générales annuelles auront pour objet d'entendre les comptes de l'administration et les rapports des censeurs.

Elles nommeront aux places vacantes des membres de l'administration et des censeurs.

Les suffrages ne pourront être donnés qu'à des actionnaires, soit français, soit étrangers, ayant en France la jouissance des droits civils.

Les élections seront faites sur bulletins de liste contenant autant de noms qu'il y aura de nominations à faire.

Nul ne sera élu au premier tour de scrutin, s'il ne réunit la majorité absolue des suffrages des actionnaires présens à l'assemblée.

Après le second tour du scrutin, s'il reste des nominations à faire, il y aura entre les candidats qui, à ce second tour, auront obtenu le plus de suffrages un ballotage qui se terminera par le choix de la majorité relative.

18. Le droit de voter dans l'assemblée générale sera personnel : nul ne pourra s'y faire représenter par procuration.

Quel que soit le nombre d'actions appartenant à un actionnaire, il n'aura qu'une voix aux assemblées générales.

19. Les assemblées générales seront présidées par le président de l'administration; en son absence, par le vice-président, qui choisira le secrétaire parmi les actionnaires présens.

Les quatre plus forts actionnaires présens à l'assemblée rempliront les fonctions de scrutateurs.

20. La caisse hypothécaire sera administrée par neuf administrateurs nommés par l'assemblée générale.

De la cinquième année jusqu'à la treizième inclusivement, le sort désignera l'administrateur qui devra être remplacé.

Après la treizième, l'assemblée pourvoira annuellement au remplacement du plus ancien administrateur.

Les membres sortant pourront être réélus.

En cas de retraite ou de décès d'un ou de plusieurs membres, les autres pourvoiront provisoirement à leur remplacement, jusqu'à la prochaine assemblée générale, qui procédera à la nomination définitive pour le temps qui restera à courir de l'exercice des remplacés.

Les choix provisoires de l'administration seront faits parmi les possesseurs d'actions nominatives.

21. Les délibérations de l'administration ne seront valables qu'autant qu'elles auront été prises par cinq administrateurs au

moins, et à la majorité des voix ; en cas de partage, la voix de la personne qui aura présidé comptera pour deux.

22. Les administrateurs ne contractent aucune obligation, ni solidaire, ni personnelle, à raison de leur gestion, relativement aux engagemens de la société, pour laquelle ils n'agissent que comme mandataires.

Ils sont responsables, envers la société, de l'exécution de leur mandat pendant la durée de leur gestion.

23. L'administration se réunira en conseil général extraordinaire, lorsque cette réunion sera provoquée par cinq membres du conseil d'administration.

Ce conseil sera composé de tous les membres de l'administration, des censeurs et du directeur général.

Tous y auront voix délibérative.

Ce conseil sera réuni dans la quinzaine de la provocation, par le président de l'administration, et en son absence, par le vice-président.

Il ne pourra délibérer qu'autant que les trois quarts au moins des membres convoqués seront présens.

Les délibérations seront prises à la majorité absolue des suffrages.

24. Les administrateurs nomment, tous les ans, le président et le vice-président de l'administration : ils pourront être réélus sans intervalle.

Le président de l'administration préside les séances du conseil général extraordinaire et celles de l'assemblée générale des actionnaires : le vice-président préside en son absence.

25. Les administrateurs dressent le tableau des répartitions qui doivent être faites tous les ans aux actionnaires.

26. L'administration présente au comité des censeurs, au mois de janvier et juillet de chaque année, le compte des opérations du semestre précédent, avec les pièces justificatives, pour être vérifié et arrêté par ce comité.

Cette délibération opère la décharge de l'administration envers les actionnaires.

27. Indépendamment du compte que l'administration rendra à chaque semestre au comité des censeurs, elle présentera annuellement à l'assemblée des actionnaires un rapport général des opérations de l'année. Ce rapport et celui des censeurs seront rendus publics.

28. Il sera réparti entre les administrateurs, à titre d'indemnité, deux pour mille du montant des prêts.

Cette indemnité fera partie des frais d'administration, dont le directeur sera chargé.

Les administrateurs recevront de plus des jetons de présence.

29. Les comptes de l'administration seront examinés et arrêtés par cinq censeurs nommés par l'assemblée générale des actionnaires.

De la cinquième à la neuvième année inclusivement, le sort désignera, chaque année, le censeur qui devra être remplacé.

L'assemblée générale pourvoira ensuite annuellement au remplacement du plus ancien censeur.

Le membre sortant pourra être réélu.

En cas de retraite ou de décès d'un ou de plusieurs censeurs, les autres pourvoiront provisoirement à leur remplacement jusqu'à la prochaine assemblée générale, qui procédera à la nomination définitive pour le temps qui restera à courir de l'exercice des remplacés.

Chaque censeur devra être propriétaire de vingt actions nominatives au moins, pendant la durée de sa gestion.

Le comité des censeurs aura le droit de vérifier les caisses, de se faire remettre les états de situation, et de prendre connaissance de tous les actes et écritures de l'administration.

30. Les censeurs assisteront au conseil général extraordinaire avec voix délibérative, conformément à l'article 23.

31. Les censeurs feront à chaque assemblée annuelle des actionnaires, un rapport sur la situation générale de la caisse hypothécaire.

32. Les censeurs recevront des jetons de présence.

33. Toutes les opérations de la caisse hypothécaire seront dirigées par un directeur général, qui se conformera aux statuts, ainsi qu'aux réglemens et délibérations de l'administration.

Le directeur général est nommé et révocable par le conseil d'administration ; il assiste aux délibérations du conseil avec voix consultative seulement.

Le chevalier Deleuze exercera les fonctions de directeur général, avec voix délibérative au conseil d'administration, pendant les quinze premières années, conformément à l'article 22 de l'acte constitutif du 22 juin 1818 : il pourra être réélu.

34. Le chevalier Deleuze, faisant partie du conseil d'administration, ne pourra, ainsi que les administrateurs, être révoqué que par l'assemblée générale des actionnaires, et aux deux tiers des suffrages.

35. Le directeur général pourra s'adjoindre un sous-directeur, qu'il devra faire agréer par l'administration.

Ce sous-directeur pourra être révoqué par l'administration, ou par le directeur général, qui répondra de sa gestion.

Le sous-directeur, en l'absence du directeur général, aura voix consultative dans la séance de l'administration, lorsqu'il y sera appelé.

36. Le directeur général aura la direction de tous les bureaux de l'administration.

Le secrétaire général sera nommé par l'administration, sur la présentation du directeur général.

La première organisation des bureaux sera soumise au conseil général actuel, représentant l'administration, qui veillera à ce que le nombre et les traitemens des employés soient toujours proportionnés à l'étendue et à l'importance des travaux.

Le directeur général qui remplace le chevalier Delcuze (nommé directeur général par l'article 33 en sa qualité de fondateur de l'établissement), sera tenu de soumettre toutes les nominations, sans exception, à l'approbation du conseil d'administration.

37. Pour préparer les opérations de la compagnie, il sera formé des chambres de garantie dans les lieux où l'administration le jugera convenable; leur mission sera déterminée par le conseil d'administration.

L'arrondissement des chambres de garantie sera déterminé par l'administration, d'après la circonscription des bureaux d'hypothèques.

Une chambre pourra réunir dans son arrondissement plusieurs bureaux d'hypothèques.

Il n'y aura pour le département de la Seine qu'une seule chambre de garantie.

38. Chaque chambre sera composée de cinq membres au moins.

Leur nombre définitif sera fixé par l'administration, sans pouvoir néanmoins dépasser celui des justices de paix de l'arrondissement de chaque chambre.

Le nombre des membres de la chambre de garantie du département de la Seine sera égal à celui des justices de paix de ce département.

Les chambres se formeront par adjonctions successives, confirmées par l'administration.

39. Les chambres de garantie fourniront un cautionnement qui sera déterminé pour chacune par le conseil d'administration.

Les cautionnemens seront fournis en actions de la caisse hypothécaire, en rentes ou en immeubles. Le *minimum* pour chaque membre sera de dix mille francs; et le *maximum*, de cent mille francs.

40. Les cautionnemens réunis de chaque chambre de garantie répondront à la caisse hypothécaire de la valeur donnée par leurs estimations aux immeubles qui seront hypothéqués pour sûreté des paiemens des annuités dues par les emprunteurs.

41. Il sera alloué à chaque chambre de garantie une prime d'un quart pour cent par an du montant des prêts faits par sa médiation.

Il lui sera pareillement alloué un dixième de la somme qu'elle percevra pour chaque escompte des obligations remises aux emprunteurs.

Les sommes qu'elle aura employées à ces escomptes lui seront remboursées de suite par l'administration, avec remise du dixième du demi pour cent par an perçu pour escompte.

42. Tout membre de la première formation des chambres de garantie aura le droit de présenter son successeur; mais il ne pourra être reçu qu'autant qu'il aura obtenu l'assentiment de la chambre de garantie et la confirmation de l'administration.

43. Les chambres de garantie pourront être révoquées en tout ou en partie par l'administration.

La délibération qui prononcerait cette révocation devra être prise en conseil général extraordinaire.

44. Un commissaire du Roi surveillera l'exécution des statuts.

Son traitement fera partie des frais d'administration.

45. La caisse hypothécaire prêtera aux propriétaires fonciers, sur des immeubles libres de toute hypothèque légale et conventionnelle, les capitaux qu'ils demanderont, jusqu'à concurrence de la moitié de la valeur de ces immeubles estimés par une chambre de garantie.

Elle prêtera dix mille francs sur hypothèque d'un immeuble évalué vingt mille francs.

46. Les prêts seront faits pour vingt ans.

Les intérêts des vingt années, à quatre pour cent par an, seront joints au capital prêté, et formeront, avec ce capital, le montant de l'obligation hypothécaire.

Elle sera de dix-huit mille francs pour un prêt de dix mille francs.

47. Le montant intégral de l'obligation sera remboursé par annuités égales, chacune du vingtième de la somme y portée (neuf cents francs pour le vingtième de dix-huit mille francs).

48. Les capitaux seront fournis en obligations de la caisse hypothécaire, auxquelles des primes seront jointes, et dont le paiement sera déterminé par le sort.

49. La caisse hypothécaire paiera, chaque année, un vingtième de ces obligations et les primes y jointes.

Les primes seront:

De dix pour cent, pour chacune de celles qui sortiront la première année;

De quatorze pour cent, pour celles qui sortiront la deuxième année;

Ainsi de suite, en augmentant de quatre pour cent, pour chacune de celles qui sortiront dans les années suivantes jusqu'à la vingtième, dont la prime sera alors de quatre-vingt-six pour cent du capital porté dans chaque obligation.

50. L'emprunteur qui voudra échanger es obligations contre espèces en recevra le montant ou de la chambre de garantie ou de l'administration, moyennant l'escompte de demi pour cent par an du capital porté dans chaque obligation, ou autrement dix pour cent sur la totalité du prêt.

Cette faculté lui est conservée pendant es trois mois qui suivront la date de son engagement.

51. Le paiement de chaque obligation era garanti par le fonds social de la caisse hypothécaire et par les annuités dues par emprunteur (1).

52. L'emprunteur aura la faculté de se libérer par anticipation, en rendant seulement le capital restant dû à l'instant du remboursement :

Cinq mille francs pour moitié de l'emprunt de dix mille francs, s'il se libère après dix ans ; deux mille cinq cents francs pour le quart, s'il se libère après quinze ns.

L'emprunteur libéré du capital sera quitte des intérêts ultérieurs, et l'inscription prise pour la caisse sera rayée.

53. Dans le cas de la libération par anticipation, la caisse devra placer les capitaux qui lui seront remboursés en d'autres prêts hypothécaires, pour lesquels il ne sera pas créé de nouvelles obligations, s annuités des nouveaux emprunteurs demant le gage des obligations qui restent payer du contrat pour lequel la libération aurait eu lieu.

54. Les obligations de la caisse seront traites d'un registre à talon, sur lequel ront inscrits la substance du contrat par quel elles seront créées, le nom de l'emprunteur, et celui du notaire dépositaire de minute.

Le commissaire du roi apposera son eau sur le registre, de manière qu'une rtie de l'empreinte porte sur le talon nservé, et l'autre partie sur les obligations qui en seront extraites.

Le commissaire du Roi signera le registre aux premier et dernier feuillet.

Les obligations seront numérotées et par ·ies.

Elles seront conformes aux modèles appuvés par le Gouvernement.

Elles seront signées par le directeur général, le caissier, et visées par un administrateur.

55. Dans le cas de libération par anticipation (article 53), il sera fait mention de te libération sur le registre à talon, à ·ticle y relatif, avec désignation des nouveaux prêts dont elle sera suivie, et pour quels il ne sera pas créé de nouvelles obligations, les premières en tenant lieu.

Il sera également fait mention de l'article du registre où ces nouveaux prêts seront portés.

56. Il y aura, chaque année, quatre tirages des obligations de la caisse hypothécaire.

Le premier se fera le 1er mars ; le deuxième, le 1er juin ; le troisième, le 1er septembre ; le quatrième, le 1er décembre.

Le premier formera une série qui comprendra toutes les obligations créées dans le premier trimestre de l'année précédente ; le second formera une seconde série, qui comprendra toutes celles créées dans le second trimestre ; ainsi de suite.

57. Le tirage se fera publiquement dans une des salles de l'hôtel de l'administration de la caisse, en présence des administrateurs, de censeurs et du commissaire du Roi.

58. Quel que soit le nombre des obligations créées dans le courant d'un trimestre, il en sortira un vingtième au premier tirage de l'année suivante, un dix-neuvième au tirage de la seconde année, un dix-huitième à celui de la troisième ; ainsi de suite jusqu'à celui de la dix-neuvième inclusivement.

Les obligations restantes seront payées dans la vingtième année, à l'époque où le tirage aurait eu lieu.

Pour garantie de ces différens paiemens et obvier au défaut d'exactitude des emprunteurs d'acquitter leurs annuités, la société gardera toujours en caisse un vingtième en espèces et deux vingtièmes en valeurs réalisables du montant total des obligations mises en circulation.

59. La caisse hypothécaire assurera aux capitalistes qui en feront la demande, le paiement en capitaux et intérêts des créances hypothécaires dont ils seront propriétaires, après examen de leurs titres et de la nature des propriétés.

60. Pour l'exécution de cette convention, le créancier assuré constituera son débiteur en retard de paiement, soit des intérêts, soit du capital, par un commandement.

Huit jours après la notification de ce commandement la caisse paiera au créancier soit les intérêts soit le capital qui seront dus, sur remise des titres et pièces, avec subrogation par un acte dont les frais seront à la charge de ce créancier.

61. La prime de cette assurance sera d'un à trois pour cent, selon la nature de la créance et les risques à courir.

62. La société prêtera, avec subrogation, sur créances hypothécaires, jusqu'à con-

_____

1) Voy. art. 2 de l'ordonnance.

currence des trois quarts des capitaux portés dans les contrats qui lui seront offerts pour gages, après examen de ces contrats et renseignemens fournis par les chambres de garantie sur tout ce qui sera relatif à ces créances.

63. Les conditions de ces prêts seront réglées entre la société et les emprunteurs, suivant la nature des créances proposées.

64. La caisse hypothécaire pourra acheter la totalité des créances qui lui seront offertes, aux conditions dont elle conviendra avec leurs propriétaires, lorsqu'elles ne seront primées par aucune inscription antérieure, et qu'elles seront affectées sur des immeubles de valeur double.

Ces sortes d'opérations, ainsi que celles concernant l'assurance des prêts hypothécaires, ne pourront avoir lieu que sur les fonds excédant les trois vingtièmes mis en réserve, ainsi qu'il a été dit à l'article 58, pour la garantie du paiement des obligations.

65. La caisse hypothécaire ne traitera sur propriétés bâties qu'autant qu'elles seront assurées contre l'incendie.

66. Les bénéfices bruts de la société se composent :

1° Des différences entre les annuités fixées par chaque contrat du prêt sur hypothèques et les obligations créées par la caisse au profit de l'emprunteur ;

2° Des escomptes des obligations de la caisse ;

3° Des primes d'assurance des créances hypothécaires ;

4° Des intérêts des sommes qui seront prêtées sur contrats hypothécaires ;

5° Des bénéfices que pourront procurer les achats des créances ;

6° Des retenues autorisées par l'art. 8.

67. Les frais généraux de l'administration seront fixés à forfait avec le directeur général, pour les quinze premières années :

1° A trois quarts pour cent par an du montant de tous les prêts qui seront faits par la caisse hypothécaire ;

2° A douze pour cent du montant des primes d'assurance des créances hypothécaires.

La société reconnaissant que l'abonnement ci-dessus des frais généraux d'administration ne peut faire rentrer le directeur général dans ses avances et lui devenir profitable qu'après que l'établissement aura opéré pendant plusieurs années, il est convenu qu'en cas de mort du chevalier Deleuze, ou de révocation dans la forme prescrite par l'article 34, ses héritiers ou ayant-cause, ou lui-même, conserveront l'entreprise des frais généraux jusqu'à l'expi-

ration des quinze premières années, aux mêmes charges et conditions.

Dans ce cas, les honoraires de son successeur, ainsi que tous les frais généraux ci-dessus indiqués, seraient à la charge des héritiers ou payés par lui-même jusqu'à la fin de la quinzième année, à raison d'un pour mille sur toutes les opérations de l'année qui seraient faites par la caisse ou suivant la fixation qui en serait faite par l'administration.

A partir de la seizième année, toutes les dépenses seront au compte de la société et réglées par le conseil d'administration.

68. Après le prélèvement des frais généraux fixés ci-dessus, et les rétributions allouées aux chambres de garantie, le surplus formera le bénéfice net da la société.

69. Il sera payé aux actionnaires, à chaque semestre, un premier dividende de trois pour cent.

70. Dans la première quinzaine de janvier de chaque année, le conseil d'administration déterminera la portion du bénéfice restant qui devra être distribuée aux actionnaires pour second dividende, et celle qui devra être mise en réserve.

Cette réserve n'aura lieu que pendant les dix premières années : elle sera employée de la manière la plus avantageuse à la société.

Dans les années suivantes, la totalité du bénéfice net sera répartie entre les actionnaires.

71. La cessation de la société ayant lieu, soit à son terme, soit avant, il sera procédé de suite à sa liquidation.

72. La liquidation sera faite par les administrateurs et le directeur général.

Le mode à suivre sera soumis à l'assemblée générale des actionnaires.

73. Dans les dix semestres qui suivront la cessation de la société, la réserve sera répartie par dixièmes entre les actionnaires.

74. Si la cessation de la société a lieu avant qu'il ait été fait aucune opération, les fonds versés par les actionnaires leur seront immédiatement rendus.

75. Les administrateurs, le directeur général et le caissier général fourniront les cautionnemens suivans :

Chaque administrateur, cinquante actions ;

Le directeur général, cinquante actions ;

Le caissier général : son cautionnement pourra être porté à cinquante actions.

L'administration pourra assujétir à un cautionnement ceux des employés dont les fonctions paraîtront exiger cette garantie.

Elle déterminera la quotité de ce cautionnement (1).

_____

(1) *Voy.* art. 2 de l'ordonnance.

76. Les actions fournies en cautionnement seront déposées dans la caisse à trois clés.

Elles seront estampillées, pour qu'elles ne puissent être mises en circulation.

77. Tout cautionnement garantit par privilége la gestion du titulaire (1).

78. Les cautionnemens seront rendus après cessation des fonctions et libération des titulaires, sur décision du conseil d'administration.

79. A la restitution des cautionnemens, les actions estampillées seront annulées et remplacées par d'autres portant le même numéro.

80. Il y aura près de l'administration un conseil judiciaire.

81. Pour tous les cas non prévus par les statuts, il sera pris par le conseil général extraordinaire les délibérations qu'il croira les plus conformes à l'esprit de ces statuts, à l'intérêt des actionnaires et des porteurs des obligations de la caisse hypothécaire.

Tous les réglemens d'exécution seront faits par le conseil d'administration.

A ce furent présens et sont intervenus :

(*Suivent les noms.*)

Lesquels, ainsi que lesdits sieurs chevalier Delcuze, duc de Choiseul, Delamarre, Jourdan, Lapeyrière, Desaintmartin, de Sussy, de Chalandray, Dumanoir, Berryer, Pasquier et Briot, tous membres du conseil général de la caisse hypothécaire, ont dit qu'ils se constituent en société anonyme, conformément aux statuts qui précèdent, et dont ils consentent à leur égard la pleine et entière exécution.

Lesdits comparans déclarent en outre qu'ils souscrivent pour le nombre d'actions ci-après indiqué, savoir.....

Dont acte fait et passé à Paris, les 2, 3, 4, 5, 6, 7, 8, 9, 10, 11 et 12 juin de l'an 1820.

---

12 JUILLET = Pr. 21 AOUT 1820. — Ordonnance du Roi portant autorisation, conformément aux statuts y annexés, de la société d'assurances mutuelles sur la vie des hommes, formée à Paris. (7, Bull. 394, n° 9263.)

Voy. ordonnance du 17 JUILLET 1822.

Louis, etc. sur le rapport de notre ministre secrétaire d'Etat au département de l'intérieur; vu l'avis du Conseil-d'Etat, approuvé le 1er avril 1809, sur les associations de la nature des tontines; notre Conseil-d'Etat entendu, nous avons ordonné et ordonnons ce qui suit :

Art. 1er. La société d'assurances mutuelles sur la vie des hommes, formée à

Paris par acte passé par-devant Gilbert et son collègue, notaires à Paris, les 16, 20 et 22 juin 1820, est autorisée, et ses statuts approuvés, tels qu'ils sont contenus audit acte, lequel restera annexé à la présente ordonnance.

2. Nous nous réservons de révoquer la présente autorisation en cas de non-exécution des statuts par nous approuvés, le tout sauf les droits des tiers, et sans préjudice des dommages-intérêts qui seraient prononcés par les tribunaux.

3. Notre ministre secrétaire d'Etat de l'intérieur nommera un commissaire auprès de ladite société, lequel sera chargé d'en surveiller la marche et d'en rendre compte. Il pourra suspendre provisoirement celles des opérations qui lui paraîtraient contraires aux lois et statuts, ou dangereuses pour la sûreté publique, et ce, jusqu'à la décision des autorités compétentes.

4. La société remettra tous les six mois l'état de sa situation au préfet du département de la Seine, au greffe du tribunal de commerce et à la chambre de commerce de Paris.

5. Notre ministre secrétaire d'Etat de l'intérieur est chargé de l'exécution de la présente ordonnance, qui sera insérée au Bulletin des Lois, dans le Moniteur, et dans le journal des annonces judiciaires du département de la Seine, conjointement avec l'acte annexé, sans préjudice des affiches prescrites par la loi.

STATUTS.

CHAPITRE Ier. Fondation de la société.

Art. 1er. Il y a société anonyme pour les assurances mutuelles sur la vie entre les personnes soussignées et toutes celles qui adhéreront aux présens statuts, ou qui successivement, à l'avenir, feront avec ladite société une assurance quelconque.

2. Cette société sera qualifiée *Société d'Assurance mutuelle sur la vie.*

3. Par l'effet de la présente association, tous les associés sont également et inévitablement assureurs les uns envers les autres, de telle sorte que chacun des paiemens qui, par suite d'une assurance, tomberont à la charge de la société sera garanti par tous les autres sociétaires, mais seulement dans la proportion et jusqu'à concurrence de la quotité de leurs intérêts respectifs.

4. Chaque assuré est sociétaire et assureur, durant tout le temps pour lequel son assurance a été fondée, à partir du jour où la police lui en a été délivrée.

Il participe, de la même époque et du-

---

(1) *Voy.* art. 2 de l'ordonnance.

rant le même laps de temps, à toutes les charges et à tous les bénéfices de l'association, les uns et les autres dans la même proportion, du montant de son assurance.

La société consent les assurances qui lui sont requises pour une seule et pour tel autre nombre d'années que ce soit, et également pour la vie entière.

5. Tout particulier dont l'assurance a cessé n'est plus tenu à aucune charge, et n'a plus droit aux bénéfices de l'association ; le *prorata* de son compte est réglé, sous l'un et l'autre de ces rapports, dans la proportion du temps durant lequel il a fait partie de l'association, eu observant les conditions qui précèdent.

6. La durée de la société sera de quatre-vingt-dix-neuf années.

7. La présente association aura son effet, l'autorisation de sa majesté obtenue, aussitôt que les souscripteurs s'élèveront au nombre de mille, et que le capital de leurs assurances produira deux cent mille francs de primes annuelles.

Quant à celles de ces assurances qui seront fondées moyennant un prix une fois payé, on évaluera ce prix en primes annuelles que l'on fera concourir à la formation des deux cent mille francs exigés par le paragraphe précédent.

8. Il a été étabi, pour condition fondamentale, que le remboursement de toute assurance exigible n'aura lieu qu'un an après l'accomplissement des formalités voulues par l'article 37.

9. La société des assurances mutuelles sur la vie étant conçue dans un esprit de philantropie et de bienfaisance dont elle a le désir de voir s'étendre les bienfaits sur toutes les classes de citoyens, détermine que dix pour cent de ses bénéfices nets seront, durant toute sa durée, et à l'époque de chaque dividende, appliqués à fonder des assurances en faveur des enfans-trouvés, sans père ni mère connus, qui seront désignés à l'administration de la société par son excellence le ministre de l'intérieur.

CHAPITRE II. Objet et opérations de la société.

SECTION Ire. *Assurances sur la vie depuis huit ans jusqu'à soixante-dix ans, ou à terme fixe.*

10. On peut assurer sur la vie d'un individu, depuis l'âge de huit ans jusqu'à celui de soixante-dix ans, pour un an, pour tel nombre d'années, ou pour toute la durée de la vie, moyennant une somme qui sera payée comptant, une fois pour toutes, ou moyennant une prime annuelle.

11. Les assurances peuvent avoir pour objet toutes sommes en capital, depuis cinq cents francs jusques et compris celle de cent mille francs, ou les intérêts via-gers de ces mêmes sommes, au profit des institués.

Ce *maximum* de cent mille francs ne peut être dépassé par aucun sociétaire, soit en une seule, soit par le cumulation de diverses assurances prises sur sa propre vie ; les avantages de l'institution, de même que les risques qu'elle peut courir, devant être répartis et divisés convenablement, cette limitation pourra, dans la suite, être étendue par l'assemblée générale des sociétaires.

12. Les primes annuelles, pour les assurances qui seront contractées sous ce mode particulier, seront payées avec exactitude à époque fixe, d'année en année.

Le sociétaire qui manquerait à l'un de ces paiemens dans le mois qui suivra l'échéance de sa prime annuelle, malgré l'appel qui lui en sera fait au nom de la société, perdra la qualité de sociétaire, tous les droits qui y seront attachés, et le montant des primes qu'il aura payées jusque-là sera acquis à la société.

Tout sociétaire ayant encouru ce renvoi pourra cependant en être relevé par le conseil d'administration de la société, s'il se présente dans les six mois de l'échéance de sa prime, et lui justifie suffisamment que sa santé ne s'est pas détériorée d'une manière sensible, mais il sera tenu, en réparation de son retard, au paiement d'un pour cent du montant en capital de son assurance, en sus de tous autres droits par lui dus jusque-là.

13. Toute assurance d'une somme en capital, ou d'une rente qui vient à échoir par la mort de l'assuré, dans le mois qui suit le jour où il aurait dû payer sa prime annuelle relative à ladite assurance, s'il a négligé de faire ce paiement, ne sera cependant pas perdue pour ceux en faveur de qui l'institution en a été faite.

Mais ce capital ou cette rente ne seront délivrés qu'à la charge par le ou par les institués de souffrir la retenue de la prime laissée en souffrance par l'instituant décédé, et des accessoires relatifs ; si la mort de cet assuré retardataire d'acquitter sa prime annuelle ne survient qu'après que le mois de grace est écoulé, l'institué est privé du droit de demander le paiement du montant de l'assurance, soit en capital, soit en rente.

14. La société assure sur la vie de tout particulier qui veut laisser, en cas de mort, un capital ou une rente à ses héritiers, ou nominativement à une personne quelconque.

Si cette assurance n'est faite que pour un temps, et que l'assuré meure avant le terme fixé, les héritiers recevront le capital ou la rente assurée ; mais, si la vie dépasse l'échéance du contrat, ce dernier devient nul, et l'assuré, pour acquérir de nouveaux droits, aura besoin de faire une autre assurance.

Si l'assurance, au contraire, a, par lui, été établie sur la vie entière, à quelque époque que la mort surprenne l'assuré, les conditions de la police seront remplies.

Elle assure sur la vie d'une personne à l'existence de laquelle une autre est intéressée.

Elle assure aussi un capital ou une rente en faveur de deux individus qui, sur leurs vies réunies, désirent fonder cette assurance au profit du dernier vivant, indistinctement, ou bien de celui des deux qui aura été désigné d'avance.

La société assure également sur la vie entière d'une personne à qui il sera agréable de fonder un capital payable après elle, ou pour faire partie de sa succession.

Tout sociétaire, au lieu d'une assurance exigible en capital à l'époque de sa mort, pourra instituer une rente viagère au profit l'une personne désignée.

La société assurera également un capital ou une rente payable au sociétaire lui-même à une époque qui aura été déterminée dans sa police d'assurance; en cas de mort avant l'époque stipulée dans la police, l'assuré se trouve, quant à cette nature de contrat, avoir fait à la société l'abandon des sommes partielles qu'il a payées annuellement, et de leurs intérêts.

Elle donnera à tout débiteur d'une rente viagère précédemment instituée l'assurance qu'elle se charge de la servir elle-même en en acquit, à compter de l'époque où son créancier aura atteint tel ou tel âge qui sera indiqué et convenu.

La société assurera la durée, pour le nombre d'années qui sera fixé, et en faveur de telle ou telle personne désignée, d'un usufruit, d'une pension viagère, d'un traitement.

SECTION II. Assurances sur la vie des enfans depuis leur naissance.

15. Par extension de ce qui est porté à l'article 10 des présens statuts, et la société voulant qu'aucune période de la vie humaine ne soit privée des avantages que les hommes réunis peuvent offrir à l'homme isolé, nent pris, elle a déterminé de ne point exclure les premières années de la vie, à compter du moment de la naissance de chaque individu, du bénéfice de l'assurance mutuelle.

En conséquence, la société reçoit les assurances sur la vie des enfans, à quelque époque que ce soit, du moment de leur naissance et avant l'âge de huit ans.

Ces assurances reposeront sur une base inverse de celle qui sert de règle aux autres opérations de la société; les père et mère

qui, à la naissance ou à une époque quelconque des huit premières années de la vie de leurs enfans, voudront fonder en leur faveur l'assurance d'une dotation payable à une époque indiquée, consentent à ce qu'en cas de mort avant l'échéance de l'assurance, les prix ou les primes qu'ils auront payés jusque là soient acquis à la société.

Le *maximum* des assurances de ce genre sera le même que celui établi pour les autres opérations de la société; mais, à raison de ce qu'il peut être satisfaisant pour un père de famille de répartir également sur ses enfans, s'il en a plusieurs la somme de cinq cents francs en capital, qui est le *minimum* possible d'une assurance sur la vie, cette division sera admise, par exception, pour ce cas particulier.

Une assurance pourra avoir lieu en faveur d'un enfant, moyennant une prime annuelle relative à l'âge du fondateur combiné avec celui de l'enfant même.

La prime cessera, et toutes celles qui auront été payées seront acquises à la société, si l'enfant meurt avant d'avoir atteint sa majorité.

La prime cessera également, si c'est le fondateur qui prédécède l'enfant; mais, dans ce dernier cas, celui-ci n'en recevra pas moins la somme assurée, dès qu'il aura acquis la majorité de vingt-un ans.

La société garantira une rente pour servir à l'éducation d'un enfant, dans le cas où, encore en bas âge, il viendrait à perdre ses parens.

SECTION III. Caisse provisoire de souscription.

16. La société, se proposant également d'étendre les avantages de son institution mutuelle sur toutes les classes de citoyens, établit à cet effet dans son sein une caisse provisoire de souscription.

17. Cette caisse recevra toutes les sommes qui lui seront versées, à quelque époque que ce soit, mais qui ne pourront être moindres d'un franc.

Les personnes qui feront ces versemens en seront créditées sur les livres de la société, ainsi que sur un livret dont chacune d'elles devra être munie.

18. Aussitôt que ces sommes, par leur accumulation, seront arrivées au montant du prix d'une assurance de cinq cents francs en capital, ce montant sera versé dans la caisse de la société mutuelle: le propriétaire, devenant ainsi sociétaire, fera connaître les conditions de son adhésion; la police d'assurance sera libellée en conséquence et lui sera délivrée.

19. Jusqu'à ladite époque, le contribuant à la caisse provisoire de souscription profitera d'un intérêt annuel des sommes qu'il aura comptées et qui seront reçues, quel

que soit l'intervalle de temps entre un versement et l'autre.

Cet intérêt sera d'un quart pour cent par mois, et il sera bonifié en compte au déposant sur toute somme d'un franc, deux francs, et autres multiples pareils ou correspondans, à compter du premier du mois qui suivra le versement.

L'intérêt des sommes ainsi versées à la caisse provisoire de souscription de la société sera capitalisé chaque trimestre, au profit du propriétaire, qui, par ce moyen, recevra l'intérêt de l'intérêt des trois premiers mois, et successivement, jusqu'au moment où le tout, cumulé à cet effet, pourra fonder pour lui une assurance, et lui donnera droit aux dividendes.

20. Si le propriétaire de fonds versés à la caisse provisoire de souscription vient à décéder avant que d'être devenu sociétaire, les sommes qu'il se trouvera avoir ainsi déposées, ensemble leurs intérêts accumulés jusqu'au jour du décès, seront remboursées par la société à ses ayant-droit, sur leur demande, et moyennant la justification suffisante de leur qualité.

Toute personne qui voudra seulement faire usage de la faculté de payer une prime d'assurance par petites sommes et à des époques indéterminées pourra le déclarer lors de son premier versement à la caisse de souscription ; comme aussi elle pourra manifester qu'étant dans le cas de parfaire, chaque année, le montant total de telle ou telle prime d'assurance qu'elle désignera, elle entend, sans aucune remise, faire partie de la société mutuelle.

21. Dans ce cas, la police d'assurance lui sera délivrée. Cet associé sera tel, dès cette époque, à l'instar de tous les autres ; il n'empruntera à la caisse provisoire de souscription que la faculté de payer sa prime par fractions, et à tel moment de l'année qu'il voudra. Il aura part, comme sociétaire, au dividende ; mais il ne recevra pas l'intérêt de trois pour cent ci-dessus attribué aux sommes versées à la caisse provisoire de souscription, et il se trouvera exposé à perdre, comme les autres assurés, au profit de la société, tant les primes payées pour les années écoulées que les sommes par lui mises en accumulation pour l'année courante, s'il venait à ne pas continuer les prestations dans une proportion suffisante et assez à temps, d'après sa police, pour l'acquittement de sa prime entière de l'année courante.

SECTION IV. Dispositions relatives aux engagemens des assurés et aux effets des assurances.

22. Le mode des assurances, les prix ou les primes annuelles à payer sont déterminés par les tableaux qui sont annexés au présent acte, et qui ont été dressés et calculés d'après les probabilités connues.

23. Ces tableaux forment la base invariable des opérations, et la société ne pourra, en aucun cas, s'en écarter.

24. Indépendamment des sommes à payer pour les assurances, toute personne qui réclame une assurance doit payer de suite à la société, et pour la première année seulement, à titre de droit d'inscription, demi pour cent de la somme qu'elle veut faire assurer.

L'assurance elle-même devra être réalisée dans le mois qui suivra ledit paiement et l'inscription de la demande d'assurance, qui en sera la conséquence ; faute de quoi, le droit susdit reste acquis à la société.

Si l'assurance n'avait pas lieu par le refus que la société ferait de la concéder, à défaut de convenance, refus qu'il est libre, dans ce cas, au conseil d'administration d'exercer, la somme avancée à titre de droit d'inscription sera restituée à la partie.

Au moment où la personne inscrite réalisera son assurance, elle sera, en outre, tenue de payer, une fois pour toutes, à titre de droit d'entrée, en sus du prix ou de la prime de sadite assurance, et du droit d'inscription, un second demi pour cent de la somme assurée.

25. Les polices d'assurance deviennent nulles à l'égard des personnes assurées qui meurent hors des limites de l'Europe ou sur mer, à moins qu'elles n'aient déclaré, avant leur départ, l'intention de faire des voyages maritimes et de long cours, et qu'elles n'aient obtenu du conseil d'administration une police spéciale pour le temps qu'elles auront voulu y consacrer.

L'effet et le renchérissement de cette police spéciale cesseront un an après que l'assuré aura manifesté à l'administration son retour en Europe.

26. Tout assuré qui, à raison d'un voyage de long cours qu'il se propose d'entreprendre, ou par une raison de simple convenance, désire payer en une seule fois les primes de plusieurs années, sera admis à user de cette faculté ; et, à raison de ce, il lui sera bonifié un intérêt de cinq pour cent par an sur le montant des primes qui par lui seront payées en anticipation.

Advenant le cas de mort dudit assuré, celles de ces primes qui ne se trouveraient pas encore acquises à la société au moment de cette mort seront remboursées à l'institué en même temps que la somme, si c'est un capital, ou avec le premier semestre, si c'est une rente qui a été l'objet de l'assurance.

27. Les polices des personnes assurées sur leur propre vie deviennent pareillement nulles, si les assurés meurent par suicide, en duel ou par suite d'un duel, en campagne comme militaires, dans un siège

ou une bataille, ou enfin par condamnation judiciaire.

Dans aucun des cas qui précèdent, la société n'est tenue à rendre les prix ou les primes qu'elle a reçus.

28. Les assurés qui appartiennent à la profession militaire peuvent, au moment de leur entrée en activité de service, en temps de guerre, conserver à leur contrat d'assurance toute sa valeur, en demandant une police spéciale, dont l'effet et le prix plus élevé cessent pour eux aussitôt la paix, s'ils reviennent de leurs campagnes sans blessures ni infirmités sensibles.

Dans tous les cas, ils sont soumis à payer, sur le prix ou sur la prime de leur assurance, onze pour cent au-dessus de ce qui est porté par les tables.

29. Toutes personnes qui n'ont pas eu la petite vérole, ou qui n'ont pas été vaccinées; celles qui ont eu la goutte, ou qui sont sujettes à l'asthme, ainsi qu'à d'autres infirmités particulières et habituelles, sont soumises, en fondant une assurance, à payer en sus des tarifs un surcroît de prix ou de prime, tel que les médecins de la société le fixeront d'après l'état de santé du sujet, et qui, dans aucun cas, ne pourra excéder onze pour cent.

30. Tout individu qui désire faire une assurance avec la société, signera, ou fera signer par son procureur fondé, une déclaration indiquant son âge, la santé habituelle dont il jouit, sa résidence, sa profession, ses occupations journalières, s'il est ou non célibataire, et toutes les autres circonstances relatives à la manière d'être de la personne qui réclame l'assurance.

Quand l'assurance est faite sur la vie de toute autre personne que l'assureur lui-même, celui-ci doit manifester quel degré d'intérêt, quelle liaison de parenté ou d'affinité existe entre eux, et justifier du consentement écrit de celui sur la vie de qui se fait cette assurance; cette déclaration et ce consentement deviennent les bases du contrat entre la société et la personne qui fait l'assurance.

Cette dernière ne pourra transférer ladite assurance sans rapporter un nouveau consentement par écrit de la part de celui sur la vie de qui elle est fondée.

Ce consentement énoncera qu'on lui a fait connaître le cessionnaire, et qu'il ne répugne pas à ce que le transfert de l'assurance lui soit passé; un pareil consentement sera requis et renouvelé successivement chaque fois qu'il y aura lieu de transférer de nouveau la même assurance.

Un consentement par écrit de la part de toute personne qui aura transféré une assurance fondée sur sa propre vie sera pareillement requis, si le premier cessionnaire veut la transmettre à un second, et toutes les fois qu'ensuite la même assurance viendra à être cédée.

Dans le cas de toute assurance à fonder sur la vie d'une personne qui, à raison de son âge, ou de toute autre incapacité, est inhabile à contracter, le consentement exigé sera donné par les père, mère, tuteur ou curateur, et, à leur défaut, par l'autorité publique compétente.

Les consentemens requis pour les divers cas que contemple le présent article ne peuvent être suppléés. Il en sera justifié, sous peine de nullité de toute assurance, cession ou transfert, à l'appui desquels ils n'auraient pas été produits.

31. Les polices d'assurance sont susceptibles d'être transmises par un transfert régulier, qui sera manifesté sans frais à l'administration, laquelle en fera constater sur ses registres.

Le cessionnaire d'une assurance fondée sur la vie pourra s'affranchir des risques réservés en faveur de la société par les articles 25 et 27 des statuts, en se soumettant envers elle, au moment du transfert, à lui servir annuellement, en cas de mort du cédant par l'une des causes spécifiées auxdits articles 25 et 27, la prime relative à l'assurance par lui fondée, jusqu'au terme probable de la vie indiqué par la loi de mortalité pour tout individu de l'âge du cédant, au moment où la police d'assurance lui a été délivrée, ou en se soumettant à ne réclamer qu'à ladite époque le montant de l'assurance, si elle a été établie par le cédant moyennant le paiement du prix.

Le montant de cette assurance avec les bénéfices, dans les deux cas, ne sera donc exigible de la part du cessionnaire ou de ses ayant-droit qu'à l'époque indiquée du terme probable.

Cet engagement de la part du cessionnaire restera essentiellement limité aux cas contemplés par les art. 25 et 27 des statuts.

32. Un réglement particulier, qui sera soumis à la sanction de la première assemblée générale, déterminera le mode à suivre pour faire participer à l'association les habitans des départemens de la France.

La société aura, à cet effet, des succursales dans les villes de France où elle le jugera utile.

Un réglement spécial, également approuvé en assemblée générale, déterminera les conditions auxquelles les étrangers pourront être admis à l'association.

L'un et l'autre de ces réglemens seront soumis à l'approbation de son excellence le ministre de l'intérieur.

33. La déclaration fournie par l'assuré, constatant son âge, le lieu de sa résidence, sa profession, et l'état habituel de sa santé,

sert de base à tout contrat d'assurance. Il serait annulé, si cette déclaration contenait des faits controuvés, dans le but de surprendre un engagement à la société, au profit de laquelle toutes les sommes payées restent, dans ce cas, définitivement acquises.

34. Tout individu qui veut contracter une assurance avec la société, en devenant membre, prend, par cela seul, l'engagement de se conformer à ses statuts, réglemens et arrêtés.

Dans ce cas, il doit produire son acte de naissance, ou bien celui de la personne sur la vie de laquelle reposera le sort de l'assurance demandée.

Il doit fournir également toute pièce qui pourra lui être indiquée, propre à donner la justification des diverses circonstances relatives à l'assurance requise, et notamment des attestations d'où résulte s'il a eu la petite vérole, ou s'il a été vacciné, et, en général, de quel état habituel de santé il jouit. Ces dernières attestations pourront être fournies par le médecin de la personne qui propose l'assurance; mais l'un des docteurs attachés à l'administration devra nécessairement s'adjoindre à lui et signer aussi le certificat.

Section V. Mode de paiement des assurances.

35. Les assurances fondées à terme fixe sont payées sur les mandats d'administration contresignés par le directeur, à l'échéance du terme, et lors de l'accomplissement des conditions de l'assurance.

36. Les assurances fondées sur la vie sont payées par le caissier, sur pareils mandats, conformément à l'art. 8.

37. Venant le cas de tout remboursement à faire par la société, la personne qui réclame de sa part le paiement du montant d'une assurance échue doit produire à l'administration :

1° Un acte justifiant péremptoirement son individualité ;

2° Le titre d'après lequel il réclame le paiement de la somme assurée ;

3° L'acte de décès du sociétaire fondateur de l'assurance.

Si le cas le comporte, il peut être tenu à produire toutes autres justifications nécessaires.

CHAPITRE III. Administration des affaires de la société.

Section Ire. De la direction.

38. L'ensemble des affaires de l'association sera géré par un directeur général à Paris, et, dans les départemens, par les directeurs divisionnaires que l'assemblée générale des sociétaires jugera nécessaires à cet effet, tous révocables, et qui par elle seront nommés, aux termes de l'article 31 du Code de commerce.

39. La société élira, pour assurer d'autant mieux sa propriété, un mathématicien conseil, qui sera choisi parmi les savans le plus spécialement voués à la science des calculs.

40. Les directeurs doivent être sociétaires : leurs principaux devoirs sont de diriger, et de faire exécuter avec le plus grand soin, ce qui, dans toutes les parties, peut concourir à l'intérêt de l'association, à l'avantage et à la régularité de ses opérations; de surveiller et d'éclairer toutes les branches du service; d'en assurer l'exactitude, d'en coordonner la marche : à cet effet, le directeur général sera tenu d'habiter, à Paris, le local qui lui sera fourni dans le lieu de sa résidence. La première nomination de ce directeur, comme celle des administrateurs et des censeurs, est faite comme on le verra ci-après.

41. Le devoir du directeur général est aussi de porter à la connaissance du conseil d'administration, chaque fois qu'il se réunira, tout ce qui intéresse la société ;

De présenter à ce conseil des rapports signés sur tous les objets qui doivent donner lieu à une délibération de sa part ;

De lui soumettre pareillement, semaine par semaine, l'état de la comptabilité et de la situation des caisses ;

De diriger la correspondance ;

De convoquer les assemblées générales des sociétaires, avec l'autorisation du conseil d'administration et, le cas d'utilité advenant, les réunions extraordinaires du conseil d'administration ;

De contresigner les polices d'assurances, les bons, les mandats, et toutes autres expéditions qui sont signées et délivrées par et au nom des administrateurs ; de présenter et de certifier, toutes les fois qu'il en sera requis par le conseil d'administration, ou par l'assemblée générale, les états de situation de la société, tant en finance qu'en comptabilité.

42. Son devoir est encore de présenter à ladite assemblée générale des sociétaires, lors de sa réunion, ce même état de situation des affaires sociales, celui des opérations de l'année précédente ; de lui donner, de même qu'à ses membres, tous les renseignemens qu'ils peuvent demander ; de leur communiquer les registres des délibérations et des arrêtés de l'administration.

Les directeurs de la société sont spécialement tenus de l'exécution des présens statuts, et ne peuvent s'en écarter en quoi que ce soit.

Le directeur général sera chargé de la tenue et de l'ordre des bureaux, des rapports de la société avec les autorités ; de suivre, avec l'approbation du conseil d'administration, toute action contentieuse devant les tribunaux, s'il ne peut la faire vider par voie d'arbitrage : ce que, dans tous les cas, il lui est indiqué de préférer.

Enfin, il reste chargé de l'exécution et de la suite de tout ce qui a trait aux intérêts de l'association.

43. Ce directeur présentera à la nomination qui en sera faite par le conseil d'administration les sujets qu'il croira les plus capables de remplir les emplois qui auront été jugés utiles à instituer.

Le caissier sera aussi, sur sa présentation, nommé par le conseil d'administration, qui discutera et admettra son cautionnement.

Nul ne pourra être admis, par le directeur général, ni par les directeurs divisionnaires, comme employé dans les bureaux de l'administration, s'il n'est sociétaire.

44. Pierre-Joseph Louis-Madeleine Debezieux, ancien magistrat, demeurant à Paris, rue Ticquetonne, n° 14, fondateur de l'établissement, en est nommé directeur.

SECTION II. Du conseil d'administration.

45. L'administration de la société réside essentiellement dans ce conseil.

46. Les administrateurs sont au nombre de quinze ; ils seront choisis, la première nomination exceptée, par l'assemblée générale des sociétaires, parmi les cent plus forts assurés domiciliés à Paris.

47. Ces quinze administrateurs se divisent en trois sections, et chacune d'elles élit son président, lorsqu'elle entre en fonctions, et pour le temps que dure son exercice.

Chaque section de cinq membres gère, l'une remplaçant l'autre, les affaires de la société, pendant quatre mois de l'année.

A la dernière séance de la section sortante, elle se réunit avec celle qui la remplace, pour délibérer en commun, et lui remettre le courant des opérations.

Cependant, deux de ces administrateurs qui ont géré pendant les quatre mois précédens doivent gérer avec les cinq nouveaux administrateurs de service pendant les quatre mois suivans, en sorte qu'il y ait toujours en fonctions, pendant chaque période de quatre mois, deux administrateurs ayant exercé pendant les quatre mois précédens.

Ce service se règle au gré des administrateurs, ou par la voie du sort.

48. Les quinze administrateurs sont libres de prendre part, pendant toute l'année, aux séances du conseil d'administration ; ils ne sont formés en sections alternatives que pour alléger leurs travaux : mais la société sera reconnaissante du zèle et de l'assiduité qu'ils voudront bien consacrer à la chose commune.

49. Les séances du conseil d'administration auront lieu une fois au moins par semaine ; les administrateurs ont droit à un jeton de présence.

50. Les membres du conseil d'administration sont renouvelés par tiers tous les cinq ans, sauf le cas où l'assemblée générale des sociétaires aurait jugé convenable de les révoquer plus tôt ; ils peuvent être réélus : les premiers sortans sont désignés par le sort, s'il n'y a pas eu des morts, des démissions ou des révocations qui dispensent de cette mesure.

51. Le directeur général et les directeurs divisionnaires, lorsqu'ils se trouvent à Paris, peuvent être appelés aux séances de l'administration et prendre part à ses délibérations ; ils auront simple voix consultative.

52. Il sera attaché à l'administration un secrétaire général, qui sera nommé par elle, sur la présentation du directeur général.

53. L'administration formera auprès d'elle, sur la présentation de ce directeur, un conseil composé d'avocats, notaires, avoués, agens de change et médecins, qu'elle appellera à ses délibérations, quand elle le jugera à propos.

Les membres de ce conseil n'auront que voix consultative ; ils auront droit à des honoraires convenables.

54. Le conseil d'administration convoque aussi l'assemblée générale des sociétaires, lorsqu'il le trouve nécessaire, et pour des circonstances graves.

55. Le conseil d'administration délibère sur toutes les affaires de la société, et les décide par des arrêtés qui sont consignés sur des registres tenus à cet effet ; les directeurs sont tenus de s'y conformer.

Le principal objet de sa sollicitude doit être l'emploi des fonds et des valeurs de la société, dont il sera parlé ailleurs.

Les administrateurs ne peuvent, par leurs arrêtés, contrevenir aux présens statuts, ni modifier, en quoi que ce soit, le sort des sociétaires.

Les décisions du conseil d'administration sont prises à la majorité absolue des suffrages.

La majorité des administrateurs ci-après nommés fixera les honoraires, les traitemens et les indemnités.

Elle déterminera le nombre et la nature des emplois principaux, nécessaires pour assurer la marche des opérations de la société.

Si elle le juge convenable et utile à son

3.

intérêt, elle fera un abonnement à forfait pour les frais d'administration.

Elle réglera la somme qui sera appliquée aux frais de premier établissement.

56. Les membres du conseil d'administration, et les directeurs de la société, sous leur surveillance, ne contractent aucune obligation solidaire ni personnelle relativement aux affaires sociales, par rapport auxquelles ils ne se trouvent pas plus engagés que les autres intéressés ; mais ils seront tenus, comme mandataires, de tout ce qui dérive de droit de ladite qualité.

57. Sont nommés administrateurs de la société : (Suivent les noms.)

SECTION III. Des censeurs.

58. Il y aura trois censeurs chargés de surveiller les opérations de l'administration.

Ils seront nommés, la première élection exceptée, par l'assemblée générale, et renouvelés par tiers tous les cinq ans.

Ils pourront être réélus immédiatement après la cessation de leurs fonctions.

59. Les censeurs prennent part, quand ils le jugent convenable, aux délibérations du conseil d'administration ; ils reçoivent alors un jeton de présence.

Ils sont chargés de rendre compte à l'assemblée générale des observations qu'ils ont pu faire, dans l'année, sur ce qui a trait aux intérêts des intéressés.

Ils peuvent, tous les trois réunis, vérifier les caisses, en présence, au moins, d'un administrateur et du directeur général, comme aussi du commissaire du Gouvernement, et en arrêter la situation conjointement avec eux, s'ils le jugent convenable.

Ils peuvent convoquer une assemblée générale.

L'assemblée générale, ouï le rapport de ses censeurs sur tout ce dont ils estiment utile de lui rendre compte, ensemble les observations du conseil d'administration, et celles du directeur sur les opérations de l'année, statue sur le tout.

60. Sont nommés censeurs de la société, MM. Auguste-Simon-Louis Berard, chevalier de l'ordre royal de la Légion-d'Honneur, maître des requêtes au Conseil-d'Etat, rue du Helder, n° 13 ; le vicomte Chaptal, chevalier de la Légion-d'Honneur, l'un des présidens du tribunal de commerce du département de la Seine, négociant, rue des Jeûneurs, n° 14 ; Théodore Martin, propriétaire, ancien administrateur, rue Duphot, n° 19.

SECTION IV. Du commissaire du Gouvernement.

61. Son excellence le ministre de l'inté-

rieur sera prié de déléguer à un commissaire du Gouvernement le soin de prendre connaissance des délibérations du conseil d'administration, en même temps qu'il surveillera la répartition des dix pour cent dans les bénéfices de l'institution, qui sont affectés à des dotations pour les enfans-trouvés, ainsi que tout ce qui, dans l'ensemble des affaires de l'association, pourrait se rapporter à l'intérêt de ses membres, ou à l'ordre public.

Le commissaire du Gouvernement aura un traitement honoraire, qui sera fixé par son excellence le ministre de l'intérieur conjointement avec l'administration de la société ; cette dernière reste chargée d'acquitter ce traitement. Le commissaire du Gouvernement assiste, s'il le juge convenable, aux assemblées générales des sociétaires et aux séances du conseil d'administration.

SECTION V. Assemblée générale des sociétaires.

62. Une assemblée générale des sociétaires a lieu tous les ans dans le mois de janvier ; elle se compose de deux cent cinquante des plus forts assurés présens ou légalement représentés à Paris, qui sont convoqués à cet effet ; elle est présidée par un de ses membres, élu à la majorité des suffrages.

La première assemblée générale qui suivra la mise en activité de la société arrêtera définitivement ses réglemens généraux, lesquels seront soumis à la sanction de son excellence le ministre de l'intérieur, de même que tous ceux d'administration auxquels il pourra y avoir lieu par la suite.

CHAPITRE IV. De la comptabilité.

63. Il y a près de la direction un caissier nommé par l'administration : il devra fournir un cautionnement de la somme de cinquante mille francs, valablement garantis par des immeubles ou des rentes sur l'Etat.

L'inscription hypothécaire sur ces biens, si le cautionnement est en immeubles, est prise et renouvelée par le directeur, au nom et pour le compte de la société.

La main-levée n'en peut être donnée et la radiation consentie qu'après l'apurement de ses comptes, et sur la présentation d'un *quitus* délivré par le conseil d'administration, et visé par le commissaire du Gouvernement, par les censeurs, par le président du conseil d'administration, et par le directeur général.

64. L'entrée et la sortie des fonds sont constatées par tous les moyens que le conseil d'administration juge prudent d'adopter.

Ce conseil veille attentivement à ne laisser dans les caisses que les fonds indispensablement nécessaires pour les besoins du service courant ; le surplus en sera journellement réalisé en inscription de rentes sur le grand-livre de la dette publique, au mieux des intérêts de la société, et comme il va être dit à l'article 66.

65. Le caissier tiendra sa comptabilité constamment à jour, sous la surveillance du directeur général ; mais il ne sera fait aucune disposition de fonds que sur bordereaux ordonnancés par le conseil d'administration et contresignés par ce directeur.

Il lui sera fourni, comme au directeur, le logement dans le local de l'administration, pour qu'il puisse surveiller constamment les caisses et ses écritures.

CHAPITRE V. De l'emploi des fonds de la société et du dividende.

66. La société, éprouvant le besoin et reconnaissant que c'est pour elle un devoir de manifester la juste confiance qu'elle a et qu'on doit avoir généralement aux valeurs qui constituent la dette publique, statue et arrête que tous les fonds qui se trouveront successivement à la disposition de son administration seront employés à son profit en acquisition de rentes sur l'Etat, lesquelles ne seront ensuite réalisées qu'à mesure de ses besoins.

Les inscriptions desdites rentes seront déposées par l'administration dans une caisse fermant à trois clefs, dont l'une restera dans les mains de son président, l'autre aux mains du commissaire du Gouvernement, et la troisième sera tenue par le directeur général.

Le conseil d'administration détermine le moment où il est plus utile à l'Etat et à la société de faire l'acquisition des inscriptions sur le grand-livre de la dette publique.

67. Les bénéfices qui peuvent advenir à la société par l'emploi de ses fonds ou par le développement des chances sur les assurances, sont reconnus et totalisés tous les sept ans ; prélèvement fait des dix pour cent réservés aux enfans-trouvés et des frais d'administration, on fixe le dividende compétent aux sociétaires dans la proportion des assurances contractées par chacun d'eux.

Le tiers de ce dividende est laissé, à titre de réserve, dans la caisse sociale, pour faire face aux remboursemens qui pourraient s'ouvrir, et pour être employé utilement à préparer un plus fort dividende pour le terme de la période suivante de sept années.

Les deux autres tiers des bénéfices sont alloués à chaque membre, dans la proportion de sa participation ; ils sont ajoutés à la somme stipulée dans chaque contrat d'assurance, pour être remboursés avec elle aux ayant-droit.

Toute assurance devenue exigible par la mort d'un sociétaire avant l'époque où se fait la répartition du dividende sera payée sur le pied de la somme totale où ladite assurance fut portée lors du dividende précédent, en y ajoutant la différence dont il va être parlé à l'article suivant.

Il sera fait un décompte particulier et spécial pour chacune des assurances qui deviendront exigibles dans le cours des sept premières années d'existence de la société, qu'aucune répartition de bénéfices ne saurait précéder.

68. La société, à chaque époque septennale de la fixation du dividende, établira, d'après la situation de ses affaires, la valeur, alors présente, de chacune des assurances, ainsi que la différence dont elles seront susceptibles, si elles viennent à échoir dans le cours de la période des sept années suivantes.

CHAPITRE VI. Dispositions générales.

69. Tout appel de fonds aux sociétaires est interdit.

En conséquence, dans aucun cas et pour quelque cause que ce soit, un sociétaire ne pourra être tenu de payer à la société au-delà du prix ou de la prime annuelle par lui dus pour son assurance.

Mais, s'il arrivait quelque événement imprévu qui rendît les rentrées annuelles et ordinaires de la société insuffisantes, elle prendra, pour faire les remboursemens, d'abord sur le tiers des bénéfices laissé en réserve, et ensuite, si cela est nécessaire, sur le capital du compte de chacune des assurances, tel qu'il se trouvera avoir été réglé lors du précédent dividende.

Ces dispositions, au surplus, devront, dans tous les cas, être arrêtées en assemblée générale des sociétaires, à la majorité des voix.

70. La dissolution de la société aura lieu, sans qu'il soit besoin d'aucune formalité, au terme indiqué de sa durée.

Elle aurait lieu également dans le cas où sa majesté trouverait bon de révoquer son ordonnance d'autorisation.

Elle pourrait également avoir lieu sur la demande patente et valablement motivée de la moitié, plus un, des sociétaires existant à une époque quelconque.

Elle aurait pareillement lieu si, à une période, quelle qu'elle soit, de sa durée, le nombre des assurés et la somme des assurances se trouvaient réduits au-dessous de leur *minimum* fixé par les présens statuts.

71. Le cas de dissolution de la société advenant par l'une des causes spécifiées à l'ar-

ticle précédent, il sera procédé à la liquidation des affaires sociales, et, à cet effet, l'assemblée générale des sociétaires sera convoquée extraordinairement et nommera une commission de liquidation.

Cette commission sera composée de cinq membres, et remplacera le conseil d'administration, qui se trouvera dès lors révoqué de plein droit.

Les opérations de la commission de liquidation auront lieu en présence du commissaire du Gouvernement.

Les assemblées des sociétaires continueront d'avoir lieu, comme par le passé, pendant le temps que dureront lesdites opérations.

72. La commission de liquidation, formée en vertu du précédent article, procédera à cette liquidation d'après les principes suivans :

Au jour fixé pour la liquidation, tous les comptes seront arrêtés ;

Toute assurance cessera dans ce moment d'être reçue ;

Les assurances échues seront remboursées dans l'état où elles se trouveront au compte des différens sociétaires qui les auront formées.

73. Il sera dressé un inventaire général. Cet inventaire sera renouvelé à la fin de chaque année, jusqu'à ce que la liquidation soit entièrement terminée. Le résultat de chaque inventaire sera réparti comme précédemment, et la portion réservée aux enfans-trouvés sera payée comptant année par année.

74. Les assurances qui viendront à échoir seront remboursées également d'après les principes antérieurement suivis ; et, à cet effet, les valeurs de toute nature formant l'actif de la société lors du premier inventaire, de même que toutes les primes qui viendront à être payées par les sociétaires, seront mises à la disposition de la commission de liquidation, qui en suivra l'emploi d'après les règles qui se trouveront alors établies.

75. La commission de liquidation aura le soin de réduire les frais d'administration, au fur et à mesure de la diminution des travaux.

76. Du moment qu'il n'existera plus aucune assurance susceptible d'être remboursée, la liquidation sera terminée et la société entièrement dissoute.

Les fonds qui se trouveront alors en caisse seront remis au Gouvernement, pour accroître la réserve instituée en faveur des enfans-trouvés.

77. En cas de contestation entre l'assuré et la société sur l'exécution des présens statuts, elle sera jugée par deux arbitres choisis, l'un par la société, l'autre par l'assuré ou ses ayant-droit, et, à leur défaut, par

le tribunal de commerce de Paris. Les arbitres sont autorisés, en cas de partage, à s'en adjoindre un troisième ; et, en cas de dissentiment sur le choix du tiers-arbitre, il sera également nommé par le tribunal de commerce.

Les jugemens des arbitres sont souverains, les parties renonçant formellement à tout appel ou recours en cassation ; ils sont dispensés de toute forme de justice.

Au moyen des présentes, l'acte reçu par M. Gilbert et son confrère, le 27 avril 1819, enregistré, qui a constitué la société sur d'autres bases, et ceux des 25 octobre et 27 décembre 1819, qui modifiaient ce premier acte, sont considérés comme non avenus.

Dont acte, pour l'exécution duquel les parties font élection de domicile chacun en sa demeure respective.

Fait et passé à Paris, en l'étude, l'an 1820, les 16, 20 et 22 juin, et ont lesdites parties signé avec les notaires, lecture faite.

(*Suit la teneur des tableaux.*)

12 JUILLET 1820. — Ordonnance du Roi qui nomme M. Froc de la Boulaye conseiller-d'Etat en service ordinaire. (7, Bull. 384.)

12 JUILLET 1820. — Ordonnance du Roi qui nomme MM. de Crouseilhes et Masson maîtres des requêtes en service extraordinaire (7, Bull. 384.)

13 JUILLET = Pr. 2 AOUT 1820. — Ordonnance du Roi qui impose aux veuves de militaires résidant en pays étranger la retenue d'un tiers sur leurs pensions. (7, Bull. 390, n° 9207.)

Voy. ordonnance du 5 JUIN 1816, et notes.

Louis, etc., vu nos ordonnances des 5 juin et 7 décembre 1816 concernant les militaires français ou naturalisés qui, jouissant de soldes de retraite sur la France, éprouvent le besoin de résider à l'étranger, et notamment l'article 12 de celle du 5 juin 1816, qui leur impose l'obligation d'en obtenir de nous l'autorisation ; l'article 1er de celle du 7 décembre suivant, qui les assujétit à la retenue du tiers de leurs pensions ; considérant qu'à l'égard des veuves de militaires jouissant de pensions à la charge des fonds généraux du Trésor, il n'a encore été pris aucune mesure pour les cas où, nées à l'étranger ou mariées à des étrangers, elles demandent à jouir de leurs pensions hors du royaume, et qu'il n'y a pas de motifs pour ne pas leur faire l'application des dispositions prescrites par l'article 12 de notre ordonnance du 5 juin 1816 et l'article 1ᵉʳ de celle du 7 décembre suivant; sur le rapport de notre ministre secrétaire d'État des finances, nous avons ordonné et ordonnons ce qui suit :

Art. 1ᵉʳ. Les étrangères veuves de militaires français ou naturalisés, et les femmes françaises veuves de militaires devenus étrangers par suite des traités des 30 mai 1814 et 20 novembre 1815, lors même que leurs maris auraient été naturalisés Français, ne pourront jouir de leurs pensions hors du royaume qu'autant qu'elles en auront obtenu de nous la permission, ainsi qu'il est prescrit à l'égard des militaires retraités par l'article 12 de notre ordonnance du 5 juin 1816.

2. Les mêmes veuves qui ont été ou seront autorisées par nous à jouir de leurs pensions hors du royaume n'en toucheront que les deux tiers pendant toute la durée de leur séjour en pays étranger.

3. Les exceptions faites par nos ordonnances précitées en faveur des militaires suisses qui ont obtenu leur retraite dans les régimens suisses capitulés seront applicables à leurs veuves.

4. La retenue du tiers des pensions, prescrite par la présente ordonnance, ne sera néanmoins exercée qu'à compter du semestre courant.

5. Notre ministre des finances est chargé de l'exécution de la présente ordonnance.

_____

15 JUILLET 1820. — Ordonnance du Roi qui charge M. le comte Portalis, en l'absence de M. le garde-des-sceaux ministre de la justice, du portefeuille de ce département. (7, Bull. 384.)

_____

15 JUILLET 1820. — Ordonnance du Roi qui permet au sieur Maire de substituer à son nom ceux de Lemaire de Mirville. (7, Bull. 386.)

_____

15 JUILLET 1820. — Ordonnances du Roi qui accordent des lettres de déclaration de naturalité aux sieurs de Rendinger et Porret. (7, Bull. 435.)

_____

16 = Pr. 27 JUILLET 1820. — Ordonnance du Roi portant que des maîtres des requêtes en service extraordinaire pourront être attachés aux divers comités du conseil-d'État. (7, Bull. 386, n° 9088.)

_____

Louis, etc., instruit que des travaux multipliés rendent nécessaire, dans quelques-uns des comités de notre Conseil-d'État, le concours de nouveaux collaborateurs; voulant concilier les devoirs d'une stricte économie avec les besoins du service; sur le rapport de notre garde-des-sceaux, ministre secrétaire-d'État au département de la justice, nous avons ordonné et ordonnons ce qui suit :

Art. 1ᵉʳ. Sur le compte qui nous en sera rendu par notre garde-des-sceaux, ministre secrétaire-d'État au département de la justice, des maîtres des requêtes en service extraordinaire pourront être attachés aux divers comités de notre Conseil-d'État, pour y instruire toutes affaires et y faire tous rapports dont nos ministres respectifs ou les présidens des comités voudront les charger.

2. Notre garde-des-sceaux, ministre de la justice, est chargé de l'exécution de la présente ordonnance.

_____

16 JUILLET 1820. — Ordonnance du Roi contenant le tableau des conseillers-d'État et maîtres des requêtes en service ordinaire. (7, Bull. 386.)

_____

16 JUILLET 1820. — Ordonnance du Roi qui nomme MM. Royer-Collard et Camille Jordan conseillers-d'État honoraires. (7, Bull. 386.)

_____

16 JUILLET 1820. — Ordonnance du Roi qui attache à divers comités du Conseil-d'État les maîtres des requêtes y dénommés. (7, Bull. 386.)

_____

17 JUILLET == Pr. 17 AOUT 1820. — Ordonnance du Roi qui approuve, sous la réserve et exprimée, les articles supplémentaires aux statuts de la compagnie d'assurances mutuelles contre l'incendie dans le département du Haut-Rhin. (7, Bull. 393, n° 9257.)

_____

Louis, etc., vu notre ordonnance du 20 mai 1818, portant autorisation de la société d'assurances mutuelles contre l'incendie dans le département du Haut-Rhin, et les statuts annexés, par nous approuvés; vu la délibération du conseil général de ladite compagnie, en date du 13 septembre 1819, déposée aux actes d'Ebersol, notaire à Mulhausen le 29 mai 1820, ladite délibération prise en vertu de l'article 33, chapitre IV, des statuts de la société, et portant des modifications ou articles supplémentaires auxdits statuts; sur le rapport de notre ministre secrétaire-d'État de l'intérieur; notre conseil-d'État entendu, nous avons ordonné et ordonnons ce qui suit :

Art. 1ᵉʳ. Les articles supplémentaires aux statuts de la compagnie d'assurances mutuelles contre l'incendie dans le département du Haut-Rhin, arrêtés le 13 septembre 1819, et dont expédition, délivrée par le notaire Ebersol, restera annexée à la présente ordonnance, sont approuvés sous la réserve ci-après.

2. Sont exceptés de notre approbation les articles 1 et 2 de ladite délibération, le premier comme n'ayant plus d'objet, et le second comme ne contenant, en ce qui concerne la compagnie, aucune disposition supplémentaire. L'article 20 est approuvé, non comme disposition nouvelle et contraire à l'article 5 des statuts, ainsi que le suppose la rédaction, mais comme conséquence de droit et comme mode d'exécution de l'obligation portée à l'article 1er desdits statuts, en vertu de laquelle tous les associés sont tenus de l'indemnité du sociétaire incendié avant leur retraite; enfin comme étant en harmonie avec ledit article 5, en ce que la retraite fait cesser le bénéfice et les charges futures, sans déroger aux effets de la responsabilité, que cet article déclare maintenue jusques et y compris le dernier jour de l'engagement.

3. Notre ministre secrétaire d'Etat de l'intérieur est chargé de l'exécution de la présente ordonnance, qui sera publiée au Bulletin des Lois, et de plus insérée au Moniteur et dans le journal des annonces judiciaires du département du Haut-Rhin, avec l'acte annexé.

Articles supplémentaires à ajouter aux statuts, en exécution de l'art. 33, chapitre 4, arrêtés par le conseil général des sociétaires dans son assemblée du 13 septembre 1819.

Art. 1er. Pourront être admis à se faire assurer par la société mutuelle du Haut-Rhin les propriétaires du Bas-Rhin qui demanderont leur adhésion à ladite société, à quel effet on sollicitera l'autorisation nécessaire du Gouvernement.

2. L'assurance mutuelle continuera à s'étendre aux bâtimens communaux et autres édifices publics, aux conditions spéciales réglées par l'administration supérieure départementale.

3. Les classes établies provisoirement par l'article 4 des statuts restent déterminées telles qu'elles l'ont été.

La troisième classe, créée par le conseil d'administration pour les étendages à chaud des manufactures d'indiennes, et qui est imposée au double de la première, est définitivement établie. Le conseil d'administration pourra désigner par la suite, sous l'approbation du comité des sociétaires, d'autres objets qui seraient de nature à devoir être compris dans cette classe.

4. Si, dans l'intervalle des cinq ans pendant lesquels, d'après l'article 5 des statuts, le sociétaire est engagé dans l'assurance, un bâtiment éprouve un changement dans la nature de sa construction ou dans sa destination, il sera, s'il y a lieu, placé dans une autre classe; et, à la première répartition ou au premier appel de fonds, le sociétaire sera imposé relativement au nouveau classement.

5. Sont compris dans l'exclusion prononcée par l'article 9 des statuts les salles de spectacles, les fours de tuilerie et les bâtimens situés à moins de dix mètres de ces fours, les maisons dont les cheminées ne vont que jusqu'aux greniers sans dépasser le toit, et les bâtimens couverts en bardeaux.

Néanmoins, le conseil d'administration, qui avait déjà prononcé provisoirement les trois premières exclusions, pourra plus tard modifier les exclusions précitées, ou même les rapporter, selon que la situation de la société le permettra.

6. L'exception que prononce le dernier paragraphe de l'article 9 des statuts à l'égard des propriétés assurées situées dans les places fortes et dans le rayon d'une lieue, ne doit commencer son effet que du moment où le département même sera le théâtre de la guerre, et du moment où ces places fortes seront déclarées en état de siége ou qu'elles seront investies ou bloquées. Aussi long-temps que durera la suspension de l'assurance pour les immeubles ci-dessus indiqués, leurs propriétaires ne pourront être tenus de contribuer ni au paiement d'indemnités dues pour des événemens d'incendie qui seront arrivés postérieurement à ladite suspension, ni à un nouvel appel de fonds : leurs cotisations d'assurances seront gardées en réserve jusqu'à ce que la suspension soit levée.

Le temps de la suspension comptera dans la période de cinq ans, à l'expiration de laquelle l'assurance doit être renouvelée.

7. Les dispositions de l'article 15 des statuts sont déclarées communes à tous les événemens d'incendie, qu'ils proviennent du fait de la guerre ou des causes ordinaires qui les produisent. Ces dispositions, modifiées en ce sens, seront applicables dès qu'un point du département se trouvera être le théâtre de la guerre, et sans qu'il soit besoin d'en prévenir d'avance les sociétaires.

Dans la même position, les indemnités à payer à des sociétaires pour des événemens d'incendie ne le seront point dans les délais fixés par l'article 19 des statuts : la répartition entre les ayant-droit et les paiemens se feront après que le département ne sera plus le théâtre de la guerre, et au marc le franc sur la masse des incendies.

8. Les fonds provenant des parts contributives prélevées en exécution des articles 14 et 15 des statuts, de même que les fonds

créé par l'article 38, seront utilisés au profit de la société, et en déduction de la contribution aux frais d'administration, exigible d'année en année.

Une commission gratuite, composée de trois membres choisis dans le sein du conseil d'administration par le conseil des sociétaires, et qui se renouvellera tous les ans par tiers, fera valoir ce fonds en escomptant du papier de commerce à trois signatures connues et réputées solvables, à cent jours au plus d'échéance, et négociable sur place.

Le comité des sociétaires, réuni au conseil d'administration, ayant, en vertu de l'article 14 des statuts, la gestion des fonds de la société, il sera rendu compte au comité, tous les six mois, des opérations de la commission financière.

9. Lorsqu'un créancier hypothécaire qui aura fait assurer l'immeuble qui lui sert de garantie, ainsi que l'y autorise l'article 16 des statuts, aura perdu, dans l'intervalle des cinq ans d'assurance, ses droits sur le même immeuble, le propriétaire de cet immeuble prendra à son compte les droits et charges qu'entraîne l'assurance.

Si le propriétaire s'y refusait, le créancier hypothécaire serait considéré comme sociétaire sortant, et son compte serait arrêté et liquidé comme dans le cas prévu par l'article 45 des statuts.

10. La dénonciation d'un fait d'incendie, imposée au propriétaire assuré par l'article 17 des statuts, si elle n'est faite au secrétariat de la direction même, devra l'être entre les mains de l'agent du canton où la propriété incendiée sera située.

Cette déclaration devra être faite au plus tard dans les deux fois vingt-quatre heures.

11. Dans le cas de guerre spécifié par l'article 15 des statuts, modifié par l'article 7 ci-dessus, le mode de constater les dommages pouvant éprouver des obstacles, le conseil d'administration y pourvoira, aussitôt que les circonstances le permettront, par voie de déclaration des autorités constituées, de notoriété publique, de rapport des sociétaires voisins, ou de tout autre moyen légal.

12. Lorsqu'à l'occasion d'un événement d'incendie qui aura mis en danger une propriété assurée, un ou plusieurs pompiers ou d'autres individus se seront signalés par leur courage, ou lorsqu'ils auront d'une autre manière rendu un service marquant, le conseil d'administration pourra leur accorder une récompense par forme de prime d'encouragement.

13. Si, dans le cas indiqué au dernier paragraphe de l'article 18 des statuts, une propriété assurée cesse d'exister par une cause autre que par le fait d'un incendie, le compte du sociétaire sera arrêté et liquidé d'après le mode prescrit par l'article 45 des statuts pour les sociétaires sortans.

14. Le compte de la contribution des sociétaires, à raison des événemens d'incendie survenus, sera établi par trimestre pour être soumis au comité, au lieu de l'être seulement par semestre ainsi que le portait l'article 20 des statuts.

15. Au lieu de vérifier et d'arrêter seulement tous les ans les comptes de l'administration ainsi que le porte l'article 26 des statuts, le comité des sociétaires procèdera à cette opération dans chacune de ses réunions de semestre déterminées par les articles 20 et 35 des statuts. Lorsque, conformément au même article 26, le comité des sociétaires jugera utile au bien de la société de faire convoquer extraordinairement les membres du conseil général, il ne sera pas nécessaire, comme le voulait le susdit article, qu'il le fasse de concert avec le conseil d'administration.

16. Le suppléant que s'adjoint, suivant l'article 27 des statuts, chacun des membres du conseil d'administration devra être choisi parmi les soixante plus forts sociétaires.

Il y a incompatibilité entre les fonctions de membre ou de membre suppléant du conseil d'administration et celles de membre du comité des sociétaires.

17. Les réunions du conseil général ne devant avoir lieu que tous les cinq ans, le comité des sociétaires procèdera, dans ses assemblées de semestre, au remplacement provisoire des membres du conseil d'administration qui manqueront par l'une des causes prévues par l'article 28 des statuts.

Si, dans l'intervalle des cinq ans, le comité des sociétaires devient incomplet, ce comité procède, dans sa plus prochaine réunion, au remplacement du membre manquant.

18. Ainsi que le porte l'article 38 des statuts, chaque nouveau sociétaire paiera, au moment de son admission, outre sa quote-part au capital permanent, la première contribution d'un par mille au fonds pour frais d'administration.

Pour les années suivantes, le comité des sociétaires, après avoir vérifié et arrêté le compte des recettes et dépenses pour frais d'administration, déterminera pour l'année la contribution de chaque sociétaire aux frais ci-dessus; cette contribution sera prélevée sur ceux des sociétaires dont l'année d'assurance sera révolue à l'époque où la décision du comité aura été prise: elle ne pourra, dans aucun cas, excéder la première mise d'un par mille.

19. Le prélèvement de la contribution pour frais d'administration se fera d'après le même mode que celui prescrit par l'article 20 des statuts pour le prélèvement

des nouvelles cotisations au capital permanent, et les sociétaires retardataires seront passibles des poursuites et du paiement de l'indemnité par forme d'amende, réglés par le susdit article.

20. Lorsque, dans l'un et l'autre cas réglés par les articles 45 et 46 des statuts, le compte des sociétaires sortans restera grevé de quelque charge, ces sociétaires seront tenus de s'en libérer aux conditions et dans les délais fixés par les statuts, quoique l'assurance ait cessé d'avoir son effet, et nonobstant les stipulations portées par le dernier paragraphe de l'article 5 des statuts.

21. Conformément à une instruction du ministère de l'intérieur du 11 juillet 1818, il sera dressé, tous les six mois, un état de situation de la société, dont une copie sera remise au greffe du tribunal de commerce de Mulhausen, et une autre copie adressée à M. le préfet du département.

---

17 JUILLET 1820. — Ordonnance du Roi relative aux routes départementales du Haut-Rhin et du Calvados. (7, Bull. 393.)

---

17 JUILLET 1820. — Ordonnances du Roi qui autorisent l'acceptation de dons et legs faits aux fabriques des églises de Vern, etc. (7, Bull. 404 et 405.)

---

19 = Pr. 20 JUILLET 1820. — Loi relative à la fixation du budget des dépenses de 1820 (1). (7, Bull. 384, n° 9038.)

Voy. lois des 14 JUILLET 1819, 31 JUILLET 1821, et notes sur la loi du 23 SEPTEMBRE 1814.

TITRE Iᵉʳ. Dispositions relatives aux pensions.

Art. 1ᵉʳ. Les pensions militaires accordées ou restant à accorder par suite de la conversion des traitemens de non-activité en solde de retraite, autorisée par l'article 21 de la loi du 15 mai 1818, seront inscrites au Trésor, à compter du 1ᵉʳ janvier 1820 jusqu'à concurrence d'une somme de deux millions six cent mille francs.

2. L'inscription aura lieu d'après les ordonnances de concession qui ont été et seront adressées au ministre des finances par le ministre de la guerre, et suivant les formalités prescrites par les articles 24 et 25 de la loi du 25 mars 1817.

3. Du moment où cette somme de deux millions six cent mille francs aura été atteinte par les inscriptions effectives, les pensions militaires qui seront ultérieurement accordées par la conversion des traitemens de non-activité en soldes de retraite seront imputées sur le crédit annuel d'inscription fixé par l'article 5 de la loi du 14 juillet 1819.

TITRE II. Fixation des charges et dépenses de l'exercice 1820.

§ Iᵉʳ. *Budget de la dette consolidée.*

4. Les dépenses de la dette consolidée et de l'amortissement sont fixées, pour l'exercice 1820, à la somme de deux cent vingt-huit millions trois cent quarante un mille deux cents francs, conformément à l'état A ci annexé.

§ II. Fixation des dépenses générales du service.

5. Des crédits sont ouverts jusqu'à concurrence de cinq cent neuf millions soixante-onze mille francs, pour les dépenses générales du service de l'année 1820, conformément à l'état B ci-annexé.

6. Il sera pourvu au paiement des dépenses mentionnées dans les articles 4 et 5 de la présente loi et dans les tableaux y annexés, par les voies et moyens de l'exercice 1820.

7. Les comptes de chaque exercice seront toujours établis avec les mêmes distributions que l'aura été le budget dudit exercice, sauf les dépenses imprévues qui n'y auraient pas été mentionnées, et pour lesquelles il sera fait des articles ou des chapitres additionnels et séparés.

8. L'ordonnance du 5 août 1818, portant concession à la ville de Paris du privilége de l'exploitation des jeux, continuera d'être exécutée, sauf la modification suivante.

L'obligation imposée à ladite ville, de prendre à sa charge et de payer annuellement, pour prix de cette concession, les dépenses énoncées dans l'état annexé à la susdite ordonnance, et montant à cinq millions cinq cent mille francs, sera convertie, à dater du 1ᵉʳ janvier prochain, en une obligation de verser annuellement au Trésor royal la susdite somme, payable par douzième chaque mois.

Le budget de l'état pour l'année 1821 sera, en conséquence, augmenté, en recette, des cinq millions cinq cent mille francs qui seront versés par la ville de Paris ; et en dépense, des sommes équivalentes qu'elle devait acquitter en vertu de cette ordonnance, et qui cesseront d'être à sa charge.

---

(1) Proposition à la Chambre des députés, le 22 janvier (Mon. du 23). Rapport de M. Beugnot, le 12 mai (Mon. du 14). Discussion le 15 juin (Mon. du 15 juin au 1ᵉʳ juillet). Adoption le 1ᵉʳ juillet (Mon. du 3).

Proposition à la Chambre des pairs le 4 juillet (Mon. du 5). Rapport de M. le marquis Garnier le 11 juillet (Mon. du 17). Discussion le 15 juillet (Mon. du 23). Adoption le 17 juillet (Mon. du 24).

BUDGET GÉNÉRAL DES DÉPENSES ET SERVICES

POUR L'EXERCICE 1820.

ÉTAT A.   *Budget de la dette consolidée et de l'amortissement.*

Intérêts des reconnaissances de liquidation.	{ délivrés au 1er janvier 1820.	12,005,818	15,000,000
	à délivrer ultérieurement (par estimation)...	2,994,182	
Intérêts de cinq pour cent consolidés.	{ inscrits au 1er janvier 1820.	172,784,838	173,341,200
	à inscrire ultérieurement.	556,362	
Dotation de la caisse d'amortissement.			40,000,000
		Total. . . .	228,341,200

ÉTAT B.   *Budget général des dépenses et service.*

DÉSIGNATION DES DÉPENSES ET SERVICES.				MONTANT des dépenses à acquitter sur le produit net à verser au trésor royal.
Liste civile.			25,000,000	34,000,000
Famille royale.			9,000,000	
Ministères.				
Présidence du conseil des ministres (Traitemens et frais de bureau). .				155,000
Justice.				17,895,500
Affaires étrangères.				7,570,000
Service ordinaire.			10,929,600	104,329,600
Cultes. .	Clergé (non compris 4,400,000 f. payés par le Trésor à titre de pensions faisant partie des traitemens ecclésiastiques). .	22,600,000	23,250,000	
	Cultes non catholiques. . . .	650,000		
Travaux publics.	Ponts-et-chaussées et mines, y compris les fonds spéciaux. .	30,000,000	34,010,000	
	Travaux d'intérêt général. . . { à Paris.	1,680,000		
	dans les départemens.	2,330,000		
Dépenses départementales. . . . . . { fixes.		12,210,000		
	variables.	21,976,000		
Secours pour grêle, incendies et autres cas fortuits (un centime sur les fonds de non-valeurs). . . .		1,954,000		
Service actif.			168,198,150	180,024,350
Dépenses temporaires.	Solde de non-activité	7,927,000	11,203,000	
	Traitem. de réforme.	2,216,000		
	Secours.	1,060,000		
	Frais de liquidation de l'arriéré.	623,000	11,826,200	
Service général.			43,930,000	50,000,000
Colonies.			6,070,000	
		A reporter. .		393,974,450

DÉSIGNATION DES DÉPENSES ET SERVICES.				MONTANT DES DÉPENSES à acquitter sur le produit net à verser au trésor royal
			Report. . . .	393,974,45c
Dette viagère.		11,400,000		
Pensions	civiles.	2,289,534		
	militaires (y compris 2,600,000 fr. pour les demi-soldes convertis en pensions).	51,587,776	66,352,650	
	ecclésiastiques. . . .	10,712,690		95,256,950
	Supplément au fonds de retenues des divers ministères.	1,762,650		
Intérêts de cautionnemens.		8,000,000		
Intérêts de la dette flottante. . .		6,500,000		
Intérêts du 1ᵉʳ juin au 31 décembre 1820, de cent millions de bons à remettre aux étrangers, contre 6,615,944 francs de rente cinq pour cent. . .		3,004,300	9,504,300	
Chambre des pairs.		2,000,000		
Chambre des députés.		730,000		115,096,55c
Légion-d'Honneur.	Rente payable sur les produits de l'enregistrement et des domaines.	240,000	4,670,000	
	Supplément à la dotation pour le second semestre de 1820. .	1,700,000	1,940,000	
Cour des comptes.		1,242,600		
Administration des monnaies.		520,000	3,853,600	
Commission de liquidation française. . .		91,000		
Cadastre.		2,000,000		
Service ordinaire du ministère.			6,420,000	
Frais de service et de négociations de la trésorerie. . .			4,896,000	
			TOTAL.	509,071,000

RÉCAPITULATION DES DÉPENSES.

Dette consolidée et amortissement. . . .		228,341,200
Service général		509,071,000
Montant des dépenses propres à l'exercice 1820.		737,412,200
Dépenses pour ordre.		
Dépenses de l'instruction publique.	1,994,400	
Direction générale des poudres et salpêtres.	3,154,340	5,148,740
TOTAL général. . . .		742,560,940

JUILLET = Pr. 14 AOUT 1820. — Ordonnance du Roi concernant la composition du conseil de discipline dans la compagnie des gardes à pied ordinaires du corps du Roi, et le mode à suivre pour l'envoi d'un garde de la ligne française dans une compagnie de discipline. (7, Bull. 392, n° 9240.)

Voy. ordonnances des 1er AVRIL 1818 et 5 JANVIER 1820.

Louis, etc., vu nos ordonnances des 21 juillet 1817 et 1er avril 1818 sur l'organisation de la compagnie de nos gardes à pied linaires du corps et la formation des compagnies de discipline ; sur le rapport de notre ministre secrétaire d'État de la guerre, nous avons ordonné et ordonnons ce qui suit :

Art. 1er. Lorsqu'il y aura lieu à proposer l'envoi d'un de nos gardes à pied ordinaires du corps, né Français, dans une des compagnies de discipline créées par notre ordonnance du 1er avril 1818, le colonel-lieutenant commandant la ligne française, après avoir pris les ordres du capitaine de ladite compagnie, convoquera un conseil de discipline.

2. Le conseil sera composé de cinq officiers de ladite ligne française, pris hors de l'escouade à laquelle appartiendra le garde inculpé ; l'officier le plus élevé en grade, ou, à grade égal, le plus ancien de service, présidera le conseil.

3. Le conseil de discipline entendra le commandant de l'escouade du garde, et, dès que cet officier se sera retiré, il fera comparaître l'inculpé et l'entendra dans ses défenses : il rédigera ensuite un avis motivé qui sera remis à notre capitaine des gardes à pied ordinaires, avec un relevé du registre-matricule et du livre des punitions.

4. Si notre capitaine des gardes à pied linaires approuve la proposition du conseil de discipline, il transmettra les pièces indiquées dans l'article précédent à notre ministre secrétaire d'État de la guerre, qui prononcera, s'il y a lieu, la cassation du militaire inculpé, et son envoi dans une compagnie de discipline.

5. Notre ministre de la guerre est chargé de l'exécution de la présente ordonnance.

JUILLET = Pr. 21 AOUT 1820. — Ordonnance du Roi portant autorisation, conformément aux statuts y annexés, de la société d'assurances mutuelles contre l'incendie dans la ville de Metz, département de la Moselle. (7, Bull. 394, n° 9264.)

JUILLET 1820. — Ordonnance du Roi portant liquidation de vingt-huit soldes de retraite,

payables sur le crédit de l'année 1820. (7, Bull. 389.)

19 JUILLET 1820. — Ordonnances du Roi qui accordent des pensions à trente-une veuves de militaires. (7, Bull. 389.)

19 JUILLET 1820. — Ordonnance du Roi portant nomination à diverses préfectures. (7, Bull. 391.)

19 JUILLET 1820. — Ordonnance du Roi qui autorise l'acceptation d'un legs fait aux académies française et des inscriptions et belles-lettres. (7, Bull. 392.)

19 JUILLET 1820. — Ordonnances du Roi qui autorisent l'acceptation de dons et legs (7, Bull. 405 et 406.)

22 JUILLET = Pr. 5 AOUT 1820. — Ordonnance du Roi qui porte à sept le nombre des membres de la commission de l'instruction publique. (7, Bull. 391, n° 9231.)

Voy. ordonnance du 1er NOVEMBRE 1820.

Louis, etc., sur le compte qui nous a été rendu de l'étendue des travaux qu'embrasse l'administration de l'instruction publique dans notre royaume ; voulant porter la commission qui en est chargée au nombre de membres nécessaire pour la plus prompte et la meilleure expédition des affaires ; vu la loi du 10 mai 1806 et les décrets et réglemens concernant l'Université de France, nommément notre ordonnance du 15 août 1815 ; sur le rapport de notre ministre secrétaire d'État de l'intérieur, nous avons ordonné et ordonnons ce qui suit :

Art. 1er. La commission de l'instruction publique sera désormais composée de sept membres.

2. Notre ministre de l'intérieur est chargé de l'exécution de la présente ordonnance.

22 JUILLET 1820. — Proclamation du Roi relative à la clôture de la session de 1819 de la Chambre des pairs et de la Chambre des députés. (7, Bull. 391.)

22 JUILLET 1820. — Ordonnance du Roi portant nomination de membres de la commission d'instruction publique. (7, Bull. 391.)

23 = Pr. 23 JUILLET 1820. — Loi relative à la

fixation du budget des recettes de 1820 (1).
(7. Bull. 385, n° 9043.)

Voy. lois des 17 JUILLET 1819, 31 JUILLET 1821, et notes sur la loi du 23 septembre 1814.

TITRE Iᵉʳ. Divers droits et perceptions (2).

Art. 1ᵉʳ. Les dispositions des lois auxquelles il n'est pas dérogé par la présente et qui régissent actuellement la perception des droits d'enregistrement, de timbre, de greffe, d'hypothèque, de passeport et permis de port d'armes; des droits de douanes, y compris celui sur les sels; des contributions indirectes, des postes, des loteries, des monnaies et droits de garantie, de la taxe des brevets d'invention, des droits de vérification des poids et mesures, du dixième des billets d'entrée dans les spectacles, d'un quart de la recette brute dans les lieux de réunion et de fête où l'on est admis en payant, et d'un décime pour franc sur ceux de ces droits qui n'en sont point affranchis, sont et demeurent maintenus.

La loi du 29 mars 1798 (9 germinal an 6) sur la loterie, continuera d'être exécutée selon sa forme et teneur.

2. Les droits et remises attribués aux greffiers des tribunaux civils et de commerce par la loi du 21 nivose an 7 (3) seront perçus par eux directement des parties qui en sont tenues; mais les receveurs de l'enregistrement mentionneront désormais en toutes lettres, dans la relation au pied de chaque acte: 1° le montant des droits de greffe appartenant au Trésor; 2° le montant de la remise qui revient au greffier pour l'indemnité qui lui est allouée par la loi.

3. Dans les communes qui, en vertu de l'article 152 de la loi du 28 avril 1816, ont été ou seront soumises à un octroi de banlieue, les boissons seront admises en entrepôt, aux mêmes conditions que dans l'intérieur de la ville.

Dans la banlieue de Paris, les entrepositaires et marchands en gros d'eau-de-vie, esprits et liqueurs, seront soumis à l'exercice de détail; mais ils jouiront des déductions portées en l'article 87 de la loi du 25 mars 1817.

4. Le droit de fabrication sera restitué sur les bières qui seront expédiées à l'étranger ou pour les colonies françaises.

5. Indépendamment du droit de timbre auquel les journaux sont assujétis par l'article 70 de la loi, sur les finances, du 21 avril 1816 (4), il continuera d'être perçu un centime et demi par feuille sur ceux qui sont imprimés à Paris, et un demi centime sur ceux qui sont imprimés dans les départemens.

6. Le Gouvernement continuera, pendant une année, d'être autorisé, conformément à la loi du 4 mai 1802 (14 floréal an 10), à établir des droits de péage, dans le cas où ils seront reconnus nécessaires pour concourir à la construction ou à la réparation des ports, écluses ou ouvrages d'art à la charge de l'État, des départemens et des communes; il en fixera les tarifs et le mode de perception, et en déterminera la durée, dans la forme usitée pour les réglemens d'administration publique.

7. Continueront d'avoir lieu pour l'année 1820, sur le même pied que pour les six derniers mois de 1819, les retenues proportionnelles sur les traitemens, remises et salaires, qui ont été prescrites par les articles 78 et 79 de la loi du 28 avril 1816 et par l'article 136 de la loi du 25 mars 1817 (5).

8. Sont néanmoins exemptés de ladite retenue les traitemens des agens du ministère des affaires étrangères pendant leur résidence hors du royaume.

9. Les redevances sur les mines continueront à être perçues conformément aux lois existantes.

10. Les entreposeurs des poudres en Corse, et les garde-magasins des poudres de Paris et à Lyon, fourniront un cautionnement en numéraire pour la sûreté de leur gestion. Ce cautionnement est réglé à trois mille francs pour chacun des entreposeurs et pour chacun des garde-magasins.

11. Continueront d'être perçues les contributions spéciales destinées à subvenir aux dépenses des bourses et chambres du commerce, ainsi que les revenus spéciaux accordés auxdits établissemens et aux établissemens sanitaires.

12. Celles des contributions ci-dessus

---

(1) Proposition à la Chambre des députés, le 29 juin (Mon. du 30). Rapport de M. Ganilh, le 3 juillet (Mon. du 4). Discussion le 3 juillet (Mon. du 4 au 16). Adoption le 10 juillet (Mon. du 11).
Proposition à la Chambre des pairs, le 13 juillet (Mon. du 14). Rapport de M. le marquis de Marbois, le 20 juillet (Mon. du 26). Adoption le 21 juillet (Mon. du 27).

(2) *Voy.* notes sur la loi du 21 décembre 1814.
(3) 21 ventose an 7, erratum, Bull. 393.
(4) *Voy.* notes sur cet article.
(5) *Voy.* loi du 31 juillet 1821, article 8.

qui sont à la charge des patentables seront réparties sur ceux de première et deuxième classe, et sur tous ceux qui, étant placés hors de classe, paieront un droit fixe de patente égal ou supérieur à celui desdites classes.

Les associés des maisons de commerce qui, aux termes de l'article 69 (1) de la loi du 25 mars 1817, ne paient qu'un demi-droit fixe, les associés des fabricans à métier et filatures de laine et de coton, qui, d'après la même loi, ne sont assujètis qu'à un droit proportionnel, contribueront aux frais des chambres de commerce, lorsque le droit fixe de patente de l'associé principal sera égal ou supérieur à celui de la deuxième classe.

13. Dans un département où il n'y aura qu'une chambre de commerce, le rôle comprendra les patentables de tout le département désignés en l'article 12 ci dessus.

S'il y a dans le même département plusieurs chambres de commerce, le rôle de chacune d'elles comprendra les patentables également désignés en l'article 12 qui font partie de l'arrondissement dans lequel elle est située.

Néanmoins, sur les observations des chambres de commerce, la circonscription de chacune d'elles sera fixée par des ordonnances royales.

Une ordonnance royale déterminera pareillement la circonscription d'une chambre de commerce qui sera commune à des parties de plusieurs départemens.

14. Le rôle relatif aux frais d'une bourse de commerce ne comprendra que les patentables de la ville où elle est établie, désignés en l'article 12 de la présente loi.

15. La taxe pour le paiement des frais des chambres et bourses de commerce portera sur le principal de la cote de patente, consistant dans le droit fixe et le droit proportionnel. Il sera ajouté cinq centimes à cette taxe pour subvenir aux non-valeurs.

16. Des ordonnances royales fixeront, chaque année, les sommes à imposer pour subvenir aux dépenses des chambres et bourses de commerce.

Cette fixation aura lieu, savoir : sur la proposition des chambres de commerce pour leurs frais, et sur la proposition desdites chambres, ou, à leur défaut, sur la proposition des conseils municipaux, pour les frais des bourses de commerce. Des ordonnances royales régleront la forme de la comptabilité et de la vérification de l'emploi des deniers.

17. Continueront également d'être perçus :

1° Les droits établis par l'article 16 des lettres-patentes du 10 février 1780 et par l'article 42 de l'arrêté du Gouvernement, du 25 thermidor an 11 (13 août 1803), pour les frais de visite chez les pharmaciens, droguistes et épiciers (2).

Ne seront pas néanmoins soumis au paiement du droit de visite les épiciers non droguistes chez lesquels il ne serait pas trouvé des drogues appartenant à l'art de la pharmacie;

2° Les diverses rétributions imposées en faveur de l'Université sur les établissemens particuliers d'instruction et sur les élèves qui fréquentent les écoles publiques, à l'exception du droit décennal établi par l'article 27 du décret du 17 septembre 1808, lequel demeure supprimé;

3° Les taxes imposées, avec l'autorisation du Gouvernement, pour la conservation et la réparation des digues et autres ouvrages d'art intéressant les communautés de propriétaires et d'habitans, et les taxes pour les travaux de dessèchement autorisées par la loi du 17 septembre 1807 ;

4° Les sommes réparties sur les Israélites de chaque circonscription pour le traitement des rabbins et autres frais de leur culte, après néanmoins que les rôles, dressés en la forme prescrite par le décret du 10 décembre 1806, auront été rendus exécutoires par le préfet de chaque département.

18. Les contributions, taxes et droits maintenus par le présent titre continueront d'être perçus jusqu'au 1er avril 1821, sans préjudice de l'exécution des lois qui ont établi la fabrication et la vente exclusives des poudres et des tabacs.

Les poudres continueront également d'être vendues jusqu'au 1er avril 1821 aux prix fixés par la loi du 16 mars 1819.

TITRE II. Contributions directes.

19. La contribution foncière, la contribution personnelle et mobilière, la contribution des portes et fenêtres, et les patentes, seront perçues, pour 1820, en principal et centimes additionnels, sur le même pied qu'en 1819, et conformément à l'état A ci-annexé.

20. Le contingent de chaque département dans les contributions foncière, personnelle et mobilière, et des portes et fenêtres, est fixé aux sommes portées dans l'état B de répartition générale annexé à la présente loi.

21. Le montant de la contribution fon-

---

(1) Lisez 67.

(2) Voy. ordonnance du 20 septembre 1820.

cière mise par des rôles particuliers, en
1819, sur les bois qui ont cessé, à quelque titre que ce soit, de faire partie des
domaines de l'Etat, sera, pour 1820, ajouté
au contingent de chaque département, de
chaque arrondissement et de chaque commune.

22. Les bois et autres propriétés qui
n'auraient pas été compris dans les rôles
particuliers de 1819 et qui cesseraient
ultérieurement de faire partie du domaine
de l'Etat, ou deviendraient imposables
pour toute autre cause, seront, d'après
une matrice particulière rédigée dans la
forme accoutumée, cotisés comme les autres bois et propriétés de même nature, et
accroîtront le contingent de chaque département, de chaque arrondissement et
de chaque commune.

23. A l'égard des propriétés de toute nature qui, ayant appartenu à des particuliers, passent dans le domaine de l'Etat
ou sont entrées dans la dotation de la
couronne, et des propriétés bâties qui, pour
toute autre cause, cessent d'être imposables,
et deviennent, à ce titre, libres de la contribution foncière, les communes, arrondissemens et départemens où elles sont
situées seront dégrevés de la contribution jusqu'à concurrence de la part que
lesdites propriétés prenaient dans leur matière imposable.

24. L'état des nouvelles cotisations et
des dégrèvemens qui sont mentionnés dans
les trois articles précédens sera annexé au
budget de chaque année.

L'état des cotisations et des dégrèvemens
effectués, depuis la restauration, par départemens, cantons et communes, sera
annexé au budget de 1821.

25. La nouvelle répartition entre les
cantons cadastrés, ordonnée par l'article
37 de la loi du 15 mai 1818 est suspendue
pour 1820.

26. La loi du 25 avril 1803 (5 floréal an
11), pour la contribution foncière des canaux navigables, sera désormais applicable à tous les canaux de navigation existans, comme à ceux qui seraient construits par la suite.

Les communes, arrondissemens et départemens que traversent les canaux existans seront dégrevés de la contribution
foncière jusqu'à concurrence de la somme
dont cette opération diminuerait le contin-

gent actuellement attribué à ces canaux.

27. Le contingent en contribution personnelle de chaque arrondissement et de
chaque commune sera fixé, par le conseil
général du département et par les conseils
d'arrondissement, d'après le nombre des
contribuables passibles de cette contribution multiplié par le prix de trois jour-
nées de travail.

28. La valeur de la journée de travail ne
pourra, conformément à l'article 5 de la
loi du 23 décembre 1798 (3 nivose an 8),
être au-dessous de cinquante centimes, ni
au-dessus d'un franc cinquante centimes.

Elle sera de nouveau réglée dans toutes
les communes, à raison de leur importance et des avantages dont elles jouissent,
par les conseils généraux de département,
sur la proposition des préfets.

29. L'article 9 de la loi du 23 décembre
1798 (3 nivose an 7), qui veut que le contingent mobilier des arrondissemens et des
communes soit fixé, un tiers en raison de
la population, et les deux autres tiers au
centime le franc de toutes les patentes de
chaque commune, est abrogé.

Le contingent des départemens, des arrondissemens et des communes, sera, à
partir de 1821, fixé d'après les valeurs
locatives d'habitation.

30. Les officiers sans troupe, officiers
d'état-major, officiers de gendarmerie, et
généralement tous ceux qui, en vertu de
décrets et d'arrêtés, ont jusqu'à présent
payé la contribution personnelle et mobilière en raison de leur traitement ou
de leur indemnité de logement, seront imposés d'après le mode et dans la proportion
arrêtés pour les autres contribuables.

31. Les prisées et ventes publiques des
meubles des contribuables en retard seront faites par les commissaires priseurs,
dans les villes où ils sont établis; dans ce
cas, comme dans tous les autres, les vacations des commissaires-priseurs seront
taxées par les tribunaux : mais, si les opérations ont lieu pour le recouvrement des
contributions directes, les tribunaux se
conformeront aux réglemens faits par les
préfets et arrêtés par le Gouvernement (1).

32. Jusqu'à ce que les rôles de l'exercice
1820 aient pu être terminés, la perception
continuera d'avoir lieu sur ceux de 1819,
ainsi qu'il a déjà été prescrit pour les six

---

(1) Il y a empiétement sur le pouvoir législatif et contravention aux lois sur la taxe des frais
dus aux commissaires-priseurs dans le réglement
que fait un tribunal, tant pour le présent que
pour l'avenir des droits à payer aux commissaires-
priseurs, à l'occasion des prisées et ventes de

meubles faites ou à faire pour eux. Cet article ne
doit s'entendre que d'une *taxe particulière* chaque fois qu'il y a lieu, d'après les tarifs existans,
et non d'un *réglement général* (13 mai 1829,
Cass. S. 29, 1, 230; D. 29, 1, 392).

premiers mois par la loi du 29 décembre dernier.

TITRE III. Fonds destinés aux dépenses départementales.

33. Sur les centimes additionnels à la contribution foncière et à la contribution personnelle et mobilière, il sera prélevé dix-sept centimes et demi pour les dépenses départementales fixes, communes et variables.

Ces centimes seront divisés de la manière suivante :

1° Six centimes et quart seront versés et centralisés au Trésor royal, pour être tenus en totalité à la disposition du ministre de l'intérieur, et être employés au paiement des dépenses fixes ou communes à plusieurs départemens, ci-après désignées, savoir :

Traitemens des préfets, sous-préfets, et conseillers de préfecture ;

Abonnemens des préfectures et des sous-préfectures ;

Dépenses des maisons centrales de détention, et indemnités aux départemens, à raison des dépenses des condamnés à un an et plus d'emprisonnement, qui, existant dans les prisons départementales, ne pourraient être admis dans les maisons de détention ;

Bâtimens des cours royales ;

Dépenses du clergé à la charge des départemens composant les diocèses, autres que le personnel des ministres de la religion ;

Etablissemens thermaux et sanitaires.

2° Six centimes et quart seront versés dans les caisses des receveurs généraux de département, pour être tenus à la disposition des préfets, et être employés, sur leurs mandats, aux dépenses variables ci-après, savoir :

Loyers des hôtels de préfecture, contribution, acquisition, entretien et renouvellement du mobilier ;

Dépenses ordinaires des prisons, dépôts, secours et ateliers, pour remédier à la mendicité ;

Casernement de la gendarmerie ;

Loyers, mobilier et menues dépenses des cours et tribunaux ;

Travaux des bâtimens des préfectures, tribunaux, prisons, dépôts, casernes et autres édifices départementaux ;

Travaux des routes départementales et autres d'intérêt local, non compris au budget des ponts-et-chaussées ;

Enfans trouvés et enfans abandonnés, sans préjudice du concours des communes, soit au moyen d'un prélèvement proportionnel à leur revenu, soit au moyen d'une répartition qui sera proposée par le conseil

général, sur l'avis du préfet, et approuvée par le ministre de l'intérieur ;

Encouragement et secours pour les pépinières, sociétés d'agriculture, artistes vétérinaires, cour d'accouchement et autres ;

Complément des dépenses faites et non payées sur les exercices précédens ;

Dépenses diverses de toute nature.

Les dépenses variables ci-dessus seront établies dans un budget dressé par le préfet, voté par le conseil général, et définitivement approuvé par le ministre de l'intérieur.

Les cinq centimes restans seront versés au Trésor royal, pour, à titre de fonds commun, être tenus à la disposition du ministre secrétaire d'Etat de l'intérieur, et venir au secours des départemens dont les dépenses variables excéderont le produit des six centimes et quart ci-dessus.

34. Les conseils généraux de département pourront, en outre, et sauf l'approbation du Gouvernement, établir, pour les dépenses d'utilité départementale, des impositions dont le montant ne pourra excéder cinq centimes du principal des contributions foncière, personnelle et mobilière de 1820, et dont l'allocation sera toujours conforme au vote du conseil général.

35. Les produits de ces contributions extraordinaires seront recouvrés par les receveurs des contributions directes, et versés dans les caisses des receveurs généraux de département, qui les tiendront à la disposition des préfets, pour être employés conformément aux votes des conseils généraux, approuvés par le Gouvernement.

36. L'état de distribution du fonds de non-valeurs sera communiqué par les préfets aux conseils généraux de département et aux conseils d'arrondissement.

TITRE IV. Fonds affectés au service de la dette constituée et de l'amortissement.

37. Les produits nets de l'enregistrement, du timbre et autres droits accessoires, ceux des domaines et des forêts, les produits nets des douanes, des droits sur les sels, sont spécialement affectés au service de la dette constituée et de l'amortissement.

38. La portion des produits nets ci-dessus qui restera libre après l'acquittement de toutes les charges relatives au service de la dette constituée, sera jointe aux autres produits des revenus ordinaires, pour concourir à l'acquittement des dépenses générales de l'Etat.

TITRE V. Fixation des recettes de l'exercice 1820.

TITRE VI. Dispositions générales.

.39. Le budget des recettes est fixé, pour l'exercice 1820, à la somme totale de. . . . . 877,437,880 conformément à l'état C ci-annexé.

Ladite somme sera, conformément audit état, applicable, savoir :

Aux dépenses votées par la loi du 19 juillet 1820, ci   737,412,200

Aux non-valeurs des quatre contributions directes, ci   5,361,375

Aux frais d'assiette et de recouvrement des contributions directes.   24,764,845

Et aux frais de régie, d'exploitation, de perception des autres contributions   108,262,210

Total. 875,800,630

Excédant des recettes sur les dépenses. 1,637,250

Somme égale. . . 877,437,880

40. Les charges et frais inhérens à la réalisation des impôts et revenus bruts de l'Etat seront définitivement ordonnancés par le ministre des finances.

41. Toutes contributions directes ou indirectes autres que celles autorisées par la présente loi, à quelque titre et sous quelque dénomination qu'elles se perçoivent, sont formellement interdites, à peine, contre les autorités qui les ordonneraient, contre les employés qui confectionneraient les rôles et tarifs, et ceux qui en feraient le recouvrement, d'être poursuivis comme concussionnaires, sans préjudice de l'action en répétition, pendant trois années, contre tous receveurs, percepteurs ou individus qui auraient fait la perception, et sans que, pour exercer cette action devant les tribunaux, il soit besoin d'une autorisation préalable. Il n'est pas néanmoins dérogé à l'exécution des articles 4 et 6 de la loi du 28 avril 1816, relatifs aux contributions extraordinaires pour remboursement des dépenses de l'occupation militaire de 1815, et des articles 39, 40, 41, 42 et 43 de la loi du 15 mai 1818, relatifs aux dépenses extraordinaires des communes.

ÉTAT A. *Tableau des contributions directes à imposer en principal et centimes additionnels pour...*

DESTINATION DISTINCTE DES PRODUITS.	MONTANT DE CHAQUE CONTRIBUTION.								TOTAUX.	OBSERVATIONS.
	FONCIÈRE.		PERSONNELLE ET MOBILIÈRE.		PORTES ET FENÊTRES.		PATENTES.			
	Nombre de centimes additionnels.		Nombre de centimes additionnels.		Nombre de centimes additionnels.		Nombre de centimes additionnels.			
Produits généraux.										
Principal des quatre contributions, sans affectation spéciale.	25 1/2	168,127,716	30 1/2	27,161,023	50	12,812,469		(A) 17,531,240	225,632,448	(A) Le produit annuel des patentes est présumé de. . . 19,055,700
pour dépenses départementales fixes communes à plusieurs départemens. 6 1/4		43,872,568	18 1/2	8,284,116		6,406,234			57,562,918	A déduire pour non-valeurs et attributions aux communes, 9 pour 100. . . 1,524,460
pour dépenses variables des départemens. . . 6 1/4										Reste. . . . 17,531,240
pour fonds communs des mêmes départemens. 5	18 1/2	31,103,630		5,024,788					36,128,418	
pour secours, grêles, incendies.										
Centimes additionnels facultatifs à voter par les conseils généraux (maximum, 5 centimes). . . .	«	*Mémoire.*	«	*Mémoire.*	«		«		*Mémoire.*	
Produits affectés aux non-valeurs, dépenses des communes, réimpositions et frais de perception.										
pour non-valeurs et dégrèvemens.	1	1,681,277	1	271,611	10	(B) 1,281,247			3,234,135	(B) y compris environ 350,000 francs pour frais de confection de rôles.
pour *idem* et attributions aux communes sur les patentes. . . .	«		«		«		5	(C) 952,780 (C) 1,524,460	2,477,240	(C) Cette somme de 1,524,460 francs fait partie du principal des patentes, et en a été déduite plus haut.
pour dépenses ordinaires des communes (5 centimes). . . .	«	*Mémoire.*	«		«		«		*Mémoire.*	
pour dépenses extraordinaires des communes.	«		«		«		«		*Mémoire.*	
pour réimpositions. . . .	«		«		«		«		*Mémoire.*	
Total (non compris les pour mém.)	45	243,785,191	50	40,741,538	60	20,499,950	5	20,008,480	325,035,159	
Centimes additionnels sur principal et centimes réunis. { Traitemens et taxations des receveurs généraux et particuliers (par évaluation).	2 à 5	1,900,000	2 à 5	350,000	2 à 5	170,000	2 à 5	80,000	2,500,000	(b) Non compris environ 24 millions pour les articles portés pour mémoire.
Remises des perceptions.		10,923,000		1,966,000		848,841		627,000	14,364,841	
TOTAUX GÉNÉRAUX. . .	2 à 5	256,608,191	2 à 5	43,057,538	2 à 5	21,518,791	2 à 5	20,715,480	(b)354,900,000	

Suivent les autres états.

4.

ÉTAT C.   *Budget général des revenus de l'État pour l'exercice 1820.*

DÉSIGNATION DES REVENUS ET IMPÔTS.	PRODUITS bruts présumés.	FRAIS de régie, de perception, d'exploitation, non-valeurs, etc.	PRODUITS nets à verser au Trésor royal.
Produits affectés à la dette consolidée.			
Enregistrement, timbre et domaine. . . .	158,986,500	11,986,500	147,000,000
Coupes de bois.	17,047,400	3,047,400	14,000,000
Douanes et sels (y compris, pour ordre, en recette et en dépense, 2,000,000 fr., montant présumé des amendes et confiscations attribuées en entier aux frais de procédure, à la caisse des retraites et aux saisissans).	111,013,000	25,676,300	85,336,700
TOTAUX.	287,046,900	40,710,200	246,336,700
Produits affectés aux dépenses générales de l'État.			
Excédant éventuel des produits ci-dessus sur le service de la dette consolidée.	»	»	Mémoire.
Contributions indirectes (y compris, pour ordre, en recette et en dépense, 1,350,000 fr. montant présumé de la portion des amendes et confiscations attribuée aux frais de procédure, à la caisse des retraites et aux saisissans).	189,666,300	49,666,300	140,000,000
Postes.	23,790,710	11,693,710	12,097,000
Loterie.	14,000,000	5,000,000	9,000,000
Retenues sur les traitemens.	5,600,000	»	56,00,000
Produits divers. { Recettes diverses et intérêts de fonds publics appartenant au Trésor. . . 11,574,670 / Arrérages du 1er juin au 31 décemb. 1820, des 6,615,944 fr. de rentes rétrocédées par les étrangers. 3,859,300	15,433,970	1,192,000	14,241,970
Contributions directes.	341,900,000	30,126,220	311,773,780
TOTAUX.	590,390,980	97,678,230	492,712,750
Récapitulation des recettes.			
Produits affectés { à la dette consolidée.	287,046,900	40,710,200	246,336,700
{ aux dépenses générales de l'État. .	590,390,980	97,678,230	492,712,750
Montant présumé des produits propres à l'exercice 1820.	877,437,880	138,388,430	739,049,450
Recette pour ordre. { Revenus de l'instruction publique.		1,994,400	5,148,740
{ Direction générale des poudres et salpêtres. .		3,154,340	
TOTAL GÉNÉRAL.			744,198,190

Certifié conforme :

Le ministre secrétaire d'État au département des finances, signé ROY.

24 = Pr. 28 JUILLET 1820. — Loi relative à l'exécution d'un engagement conclu entre la France et la régence d'Alger (1). (7, Bull. 388, n° 9177.)

Article unique. Le ministre des finances est autorisé à prélever, sur le crédit en rentes affecté par la loi du 15 mai 1818 au paiement de l'arriéré de 1801 à 1810, la somme nécessaire pour acquitter celui de sept millions en numéraire, dont le paiement a été stipulé par l'arrangement conclu le 28 octobre 1819, pour l'exécution du traité du 17 décembre 1801 entre la France et la régence d'Alger.

---

26 = Pr. 28 JUILLET 1820. — Ordonnance du Roi relative au droit de tonnage à percevoir sur les navires américains. (7, Bull. 388; n° 9178.)

Voy. Ordonnances des 23 AVRIL 1821, et 3 SEPTEMBRE 1822.

Art. 1er. A dater de la publication de la présente ordonnance, les droits de tonnage qui se perçoivent sur les navires étrangers, à l'entrée des ports de notre royaume situés en Europe, seront remplacés, pour les navires appartenant aux États-Unis d'Amérique, par un droit spécial de quatre-vingt-dix francs par tonneau, sans préjudice du décime additionnel.

2. Les navires américains qui justifieront être partis des ports de l'Union et directement pour un port de France, avant le 15 juin dernier, époque à laquelle l'acte du congrès, en date du 15 mai, a dû être connu dans toute l'Union, ne seront assujétis qu'aux droits de tonnage ordinaire.

3. Les dispositions de la présente ordonnance ne seront point applicables aux navires de l'Union qui viendront *sur lest* dans les ports de France.

Elles cesseront de droit, si l'acte du congrès du 15 mai vient à être annulé, et du moment où la connaissance officielle de cette annulation sera parvenue en France.

4. Notre ministre secrétaire d'État des affaires étrangères et notre ministre secrétaire d'État des finances sont chargés de l'exécution de la présente ordonnance, qui sera insérée au Bulletin des Lois.

---

26 = Pr. 28 JUILLET 1820. — Ordonnance du

Roi qui accorde une prime sur les cotons des deux Amériques qui sont importés en France par des navires français. (7, Bulletin 388, n° 9179.)

Voy. ordonnances des 10 JANVIER, 3 FÉVRIER, 20 JUIN et 26 OCTOBRE 1821.

Art. 1er. A dater du 15 octobre prochain, et jusqu'au 31 mars 1821 inclusivement, il sera accordé sur les cotons des deux Amériques, chargés, soit dans nos colonies, soit dans les ports étrangers ou colonies étrangères, situés hors d'Europe, et autres que ceux et celles de l'Union, par des navires français qui les importeront en France, une prime de dix francs par cent kilogrammes.

Cette prime sera payée au moment de la déclaration de ces cotons pour la consommation.

2. La même prime sera payée pour les cotons qui seront introduits en France, avant le 15 octobre, par des bâtimens français qui auront supporté dans les ports des États-Unis le droit de tonnage établi par l'acte du congrès en date du 15 mai dernier.

3. Notre ministre des finances est chargé de l'exécution de la présente ordonnance.

---

26 JUILLET = Pr. 2 AOUT 1820. — Ordonnance du Roi qui fixe le traitement des maréchaux de France sans fonctions, et celui des maréchaux de France, majors généraux de la garde royale. (7, Bull. 390, n° 9205.)

Art. 1er. A partir du 1er août prochain, le traitement annuel des maréchaux de France sans fonctions est fixé à quarante mille francs, sans aucun accessoire ou allocation supplémentaire.

2. Les maréchaux de France majors généraux de notre garde royale jouiront, en outre, d'un traitement de fonctions fixé à quarante mille francs par an, sans autres allocations ou indemnités accessoires.

3. Notre ministre de la guerre est chargé de l'exécution de la présente ordonnance.

---

26 JUILLET = Pr. 2 AOUT 1820. — Ordonnance du Roi qui supprime aux officiers sans troupe qui ne font point partie des services des états-majors et directions y désignés, diverses allocations supplémentaires de solde et d'indemnité connues sous le titre de supplément de Paris. (7, Bull. 390, n° 9206.)

---

(1) Proposition à la Chambre des députés le 20 juin (Mon. du 21). Rapport de M. Sapey-le 8 juillet (Mon. du 13). Discussion et adoption le 12 juillet.

Proposition à la Chambre des pairs le 14 juillet (Mon. du 20). Rapport de M. le marquis de Latour-du-Pin le 21 juillet (Mon. du 26). Adoption le 21 juillet (Mon. du 27).

Art. 1ʳ. A partir du 1ᵉʳ août prochain, les allocations supplémentaires de solde et d'indemnités de logement accordées par les réglemens et tarifs en vigueur, à titre de *Supplément de Paris*, aux officiers sans troupe et employés y assimilés en service à Paris, cesseront d'être payées à ceux qui, bien que placés à Paris, n'appartiendront à aucun des services ci-après désignés, savoir :

1° État-major de la garde royale (y compris les aides-de-camp des officiers généraux de cette garde);

2° État-major général de la 1ʳᵉ division militaire ;

3° État-major de la place de Paris ;

4° Direction du génie à Paris (service territorial);

5° Direction de l'artillerie à Paris (service territorial).

2. Notre ministre de la guerre est chargé de l'éxécution de la présente ordonnance.

___

26 JUILLET 1820. — Ordonnance du Roi portant concession de pensions à trente veuves de militaires. (7, Bull. 392.)

___

26 JUILLET 1820. — Ordonnance du Roi portant concession de cent vingt-huit soldes de retraite. (7, Bull. 392.)

___

26 JUILLET 1820. — Ordonnance du Roi qui autorise l'inscription au Trésor de huit cent trente-deux pensions (1). (7, Bull. 389 bis.)

___

26 JUILLET 1820. — Ordonnances du Roi qui autorisent l'acceptation de dons et legs. (7, Bull. 406.)

___

26 JUILLET 1820. — Ordonnances du Roi relatives aux foires des communes de Brehou-Loudeac, de Billiu, de Plumelec, d'Augan, de Chatain, de Rioux, de Marigné, de Brassac, de Vidaubau, de Monsols et de Viels-Maisons. (7, Bull. 406.)

___

27 JUILLET 1820. — Avis du Conseil-d'Etat sur la question de savoir si on peut se pourvoir contre les décisions des conseils de révision en matière de recrutement. (*Journal militaire officiel*, 2ᵉ semestre, pag. 221.)

Voy. notes sur l'art. 13 de la loi du 10 mars 1818.

Le Conseil-d'État, sur le renvoi qui lui a été fait par le garde-des-sceaux, ministre de la justice, d'un projet d'ordonnance adopté par les comités réunis de la législation et de la guerre, tendant à autoriser le recours au Roi en son conseil contre les décisions des conseils de révision créés par la loi du 10 mars 1818 sur le recrutement de l'armée, lorsque ces décisions seront susceptibles d'être attaquées pour incompétence ou pour violation de la loi;

Vu ledit projet d'ordonnance ; vu le rapport au Roi contenant l'exposé des motifs dudit projet ; vu le rapport fait sur le même projet, comparé aux réglemens du conseil en matière contentieuse; vu la loi du 10 mars 1818; délibérant sur cette question préliminaire « le recours au Roi contre « les décisions des conseils de révision, « pour incompétence, ou violation de la « loi, est-il admissible dans l'état actuel « de la législation, ou ne peut-il être au- « torisé que par une loi ? » considérant qu'il importe, pour simplifier la question, de distinguer d'avec les décisions rendues par les conseils de révision les conflits qui auraient pour objet de revendiquer en leur faveur des questions portées devant les tribunaux, ou de décider à qui des tribunaux ou des conseils appartient le jugement des questions sur lesquelles ils se seraient également déclarés incompétens ; qu'il ne peut y avoir aucun doute sur le droit du Roi, de régler dans l'un et l'autre cas, l'ordre des juridictions, et qu'il n'y a, sur ce point, aucune règle nouvelle à établir ; considérant que les décisions rendues par les conseils de révision, que le dernier paragraphe de l'article 13 de la loi du 10 mars 1818 est conçu en ces termes : « hors « le cas prévu par l'article 16, les déci- « sions des conseils de révision sont défi- nitives ; » considérant que l'article 16 fait dépendre les décisions des conseils de révision des jugemens des tribunaux, dans le cas seulement où les réclamations donnent à résoudre des questions judiciaires relatives à l'état ou aux droits civils des réclamans ; mais qu'aux termes de l'art. 17, le conseil, d'après le jugement des tribunaux, prononce définitivement la libération, soit des réclamans, soit des jeunes gens appelés éventuellement à les suppléer comme tels, inscrits conditionnellement sur la liste du contingent cantonnal; qu'aux termes du même article 17, après que le conseil a définitivement arrêté la liste du

___

(1) C'est à partir de cette époque que les ordonnances relatives aux pensions ont commencé à être publiées séparément dans des numéros *bis* dont la pagination est distincte de celle des autres numéros. *Voy.* ci-après ordonnance du 2 août 1820.

contingent cantonnal, il déclare que les jeunes gens qui ne sont pas inscrits sur cette liste sont définitivement libérés; qu'il résulte de ces divers articles que la loi a donné un caractère semblablement définitif, soit à l'inscription sur la liste du contingent cantonnal, soit à la libération générale, soit aux libérations individuelles qu'on ne peut distinguer des actes, également déclarés définitifs par les articles 13 et 17 de la loi, ni admettre un recours contre l'inscription en le rejetant, à l'égard des délibérations, sans donner une double acception à une seule et même expression, employée dans le même article de la loi; qu'il faut donc reconnaître que l'intention de la loi du 10 mars 1818, en déclarant définitifs les divers actes des conseils de révision, a été de rendre également irrévocables toutes les opérations desdits conseils, après qu'ils ont prononcé la libération générale et les libérations individuelles; d'où il suit que les dispositions de la loi du 10 mars 1818 ne comportent aucun recours contre les décisions rendues par les conseils de révision qu'elle institue; considérant que s'il parait indispensable, dans l'intérêt de l'État et des familles, d'admettre un recours quelconque contre les décisions, afin de remédier aux inconvéniens inséparables de leur divergence et prévenir les funestes effets de l'arbitraire qui peut s'y glisser, tant qu'elles ne seront sujettes à aucun recours, même pour violation manifeste de la loi, ce recours ne peut être établi que par une disposition législative qui modifie la loi existante:

Est d'avis 1° que les conflits auxquels l'exécution de la loi de recrutement pourrait donner lieu doivent être admis, instruits et jugés comme les autres conflits, et qu'il n'y a sur ce point aucune règle nouvelle à établir; 2° que le recours contre les décisions rendues par les conseils de révision ne peut être admis que par une loi qui modifierait, en ce point, les articles 13 et 17 de la loi de recrutement.

---

27 JUILLET 1820. — Circulaire ministérielle sur les élections (n° 57 extrait).

Voy. loi du 29 JUIN 1820.

La réserve en faveur des droits acquis s'applique à la propriété possédée, à la location faite, à la patente prise, à l'industrie exercée antérieurement à la publication de la nouvelle loi dans chaque département. En effet, sous la législation qui avait précédé, le droit d'élire et d'être élu commençait avec le paiement de la contribution qui le conférait : c'est ce qu'on a voulu respecter, en ne donnant point d'effet rétroactif aux précautions désormais demandées.

Ces nouvelles dispositions sur les formes et sur les conditions électorales exigent des listes plus complètes, plus développées dans leurs renseignemens, et rendent indispensables les pièces authentiques et régulières, soit pour bien reconnaître quels sont les électeurs plus imposés auxquels la loi confère un nouveau droit, soit pour prévenir et pour juger les contestations qui naîtront du classement.

Il devient donc plus que jamais nécessaire de constituer les électeurs en demeure, par un avis publié et affiché dans chaque commune, pour qu'ils aient à justifier de la totalité de leurs contributions. Ils devront produire des extraits des rôles délivrés par le percepteur, et certifiés par le maire de la commune où sera la propriété, où aura lieu la location, où s'exercera l'industrie.

Le même fonctionnaire devra certifier en même temps que la possession de la propriété, que la location, que le paiement de la patente et l'exercice de l'industrie, datent du délai exigé par l'article 4, et qu'il n'y a pas eu d'interruption.

Vous sentirez que la loi du 29 juin ne permet plus de laisser, comme on le faisait précédemment, ouverture aux réclamations jusqu'au moment du vote; qu'on ne peut se dispenser de fixer un terme après lequel les listes devront être closes, afin qu'il n'y ait plus incertitude ni variation dans le nombre et les droits des électeurs, et qu'on puisse, par conséquent, déterminer définitivement, avant l'ouverture des colléges, le quart de ce nombre qui doit former le collége départemental, et les plus imposés qui doivent en faire partie.

Les électeurs constitués en demeure par l'avis publié et affiché dans les communes auront, pour justifier de leurs droits, non-seulement le temps qui s'écoulera entre la publication de cet avis et la publication des listes, mais encore le mois assigné par la loi à la durée de cette dernière publication, la clôture ne pouvant avoir lieu qu'après l'expiration de ce mois, et à une époque aussi rapprochée qu'il sera possible de l'ouverture des colléges : c'est ce qui sera réglé par une ordonnance royale. En attendant, ayez soin de prévenir les électeurs, dans l'avis dont il s'agit, qu'ils ne pourront plus être admis à présenter ni pièces ni réclamations postérieurement à l'expiration du mois de la publication des listes.

N'induisez point de ce qui précède qu'on doive renoncer désormais aux inscriptions d'office : elles continueront à être nécessaires pour éviter que la négligence des électeurs ne prive un grand nombre d'entre eux de l'exercice de leurs droits, et ne nuise aux opérations électorales; mais cette inscription d'office ne saurait avoir lieu sur un simple dépouillement de rôles fait par le directeur des contributions : vous devrez les appuyer de mêmes extraits de rôles et de mêmes certificats délivrés par les maires; seulement ces extraits et ces certificats pourront vous être fournis collectivement pour les électeurs d'une même commune qui offriraient des circonstances semblables.

Notre système électoral, dont la loi du 29 juin n'a point changé les bases, est en vigueur depuis assez long-temps pour que, dans chaque commune, l'administration municipale ait, sur chaque électeur qui y a son domicile, assez de notions pour pouvoir se procurer dans cette commune, et demander dans les autres où un ou plusieurs de ces électeurs paieraient des impôts, les pièces qu'elle devra vous transmettre.

D'ailleurs, les listes électorales déjà formées vous fourniront la plupart des indications dont vous aurez besoin pour provoquer vous-même, soit auprès des maires, soit auprès des préfets d'autres départemens où des électeurs du vôtre auraient des propriétés, la transmission de ces documens. Je dois même présumer que ces listes, déjà existantes, ont été faites avec assez de soin pour que vous n'ayez plus qu'à les perfectionner.

Vous sentirez que votre avis aux électeurs devra être conçu de la manière que vous croirez devoir le plus stimuler leur zèle, et qu'il devra demander les autres renseignemens dont vous aurez besoin, soit des extraits de naissance pour constater l'âge des électeurs non encore portés sur les précédentes listes, soit, lorsqu'il y aura transmission de contributions d'une veuve, en vertu de l'article 5 de la loi du 29 juin, l'acte de cette transmission, qui devra toujours être un acte notarié, et un certificat du maire attestant qu'elle n'a point de fils, si la transmission est faite au petit-fils, et qu'elle n'a point de fils ni petit-fils, si la transmission est faite à son gendre.

J'observe toutefois que si l'administration, afin de porter de la régularité dans les opérations qui peuvent le moins s'en passer, est obligée de demander des pièces et des renseignemens pour reconnaître les faits et constater les droits, il y aurait d'autant plus d'inconvénient à multiplier ces demandes sans nécessité que précédemment on y était moins habitué. Sans doute la loi du 29 juin exige plus que n'exigeait la loi du 5 février; mais, plus elle exige, et plus il serait fâcheux d'exagérer cette exigence (1).

Après que vous aurez ainsi complété la liste générale des électeurs, qu'il conviendra de classer, afin de rendre les opérations subséquentes plus faciles et plus claires, par canton, et dans chaque canton par ordre alphabétique, il vous restera à en extraire les listes partielles d'arrondissement et de département : elles devront être conformes au modèle ci-annexé. Une ordonnance royale fixera l'époque de leur publication ; toutefois, afin que vous ne soyez point surpris par le temps, je vous engage à faire en sorte qu'elles soient prêtes à être imprimées et publiées du 10 au 15 septembre prochain.

Quelques soins que vous ayez pris pour recueillir les élémens nécessaires à leur formation, je ne me dissimule point qu'elles seront plus ou moins imparfaites lors de leur publication; j'observe seulement que plus vous serez parvenu à diminuer l'imperfection, et plus vous aurez abrégé des difficultés et des inconvéniens bien plus multipliés, bien plus fâcheux depuis la loi du 29 juin qu'ils ne l'étaient auparavant, puisque toute addition, tout retranchement dans une des listes peut influer sur le nombre des électeurs du collège de département fixé par la loi au quart de la totalité, et que ce collège peut également éprouver des variations parmi ses membres, par suite des changemens survenus dans la quotité des contributions des uns ou des autres électeurs.

Les mutations dans les listes, postérieurement à leur publication, devront être prononcées par vous, conformément à l'article 5 de la loi du 5 février, et sauf le recours réservé par l'article 6. Les arrêtés que vous prendrez à cet effet devront être imprimés et affichés; ils serviront de listes supplémentaires.

Les arrondissemens électoraux ne sont

---

(1) Il est des cas où la notoriété est tellement évidente, qu'il serait superflu d'exiger l'extrait de naissance, même pour des citoyens qui ne seraient pas inscrits sur les précédentes listes : cette notoriété existe pour des titulaires de fonctions qu'on ne peut exercer avant trente ans, etc.

Si toutes les pièces demandées n'étaient point parvenues ou n'avaient point été produites au moment où les listes devront être publiées, il n'y aurait lieu d'en écarter les individus que ces pièces concerneraient qu'autant qu'on n'aurait point une présomption suffisante de la légitimité de leurs droits ; mais il serait nécessaire de réitérer les instances, soit par un nouvel avis aux électeurs, soit par de nouvelles demandes administratives, afin d'obtenir ces documens dans le courant du mois restant à écouler avant la clôture.

pas encore formés, mais les conseils généraux vont s'en occuper; et l'ordonnance royale qui les fixera, suivra de près les propositions de ces conseils.

Vous devez porter sur la liste de chacun de ces colléges les électeurs domiciliés dans les communes que sa circonscription embrasse. Conformément à la loi du 5 février, chaque électeur a pour domicile politique son domicile réel, ou celui qu'il a légalement choisi; c'est ce domicile déjà possédé ou déjà acquis qui doit déterminer la commune, et par suite l'arrondissement électoral dont il doit faire partie : d'où il suit qu'un électeur n'a pu et ne pourrait changer le domicile qu'il avoit lors de la publication de la loi du 29 juin, qu'au moyen de la déclaration prescrite par l'art. 3 de la loi du 5 février, et dans le délai qu'il a fixé.

Avant comme depuis cette loi, le domicile a dû être établi par commune : les circulaires des 18 février et 18 avril 1817 n'ont pu vous laisser aucun doute à ce sujet. Néanmoins l'électeur qui, n'ayant point son domicile réel dans votre département, aurait, par une déclaration en forme, mais sans désignation de commune, usé du droit de l'y transférer que lui donnait l'article 3 de la loi du 5 février, devrait, s'il payait des contributions dans plusieurs, être admis à désigner, par un supplément de déclaration, celles de ces communes où il voudrait l'établir: et cette déclaration, le délai de six mois après la première étant expiré, suffirait pour qu'il exerçât ses droits politiques dans le collége de l'arrondissement dont cette commune ferait partie, sauf l'exception prononcée par le second paragraphe du même article 3.

Je vous donne ces directions sur le domicile, afin seulement qu'elles puissent vous servir de guide pour la confection des listes : bien entendu que vous ne devrez point les considérer comme des décisions, et que, s'il s'élève des difficultés, elles seront jugées ainsi que l'ont réglé les articles 5 et 6 de la loi du 5 février.

La liste du collége départemental étant déduite des électeurs formant les colléges d'arrondissement, et devant être en harmonie avec les listes de ces derniers colléges il sera convenable qu'elles soient publiées en même temps, pour qu'elles puissent se servir mutuellement de contrôle.

Vous recevrez des ordres ultérieurs, etc.

---

28 JUILLET = Pr. 14 AOUT 1820. — Ordonnance du Roi portant fixation du nombre des avoués près la cour royale de Colmar, et de ceux près les tribunaux de première instance du ressort de la même cour. (7, Bull. 392, n° 9245.)

Voy. préambule de l'ordonnance du 19 JANVIER 1820.

Art. 1er. Le nombre des avoués attachés à la cour royale de Colmar, et de ceux attachés aux tribunaux de première instance du ressort de la même cour, est fixé ainsi qu'il suit :

Haut-Rhin : Colmar (siége de la cour royale), dix; Colmar, dix; Altkirch, huit; Belfort, huit.

Bas-Rhin : Strasbourg, douze; Wissembourg, huit; Saverne, huit; Schelestatt, huit.

2. Jusqu'à ce que les titres actuellement existans aient été réduits au nombre ci-dessus déterminé, il ne sera présenté à notre nomination aucun candidat qui ne soit porteur de deux démissions ou présentations, soit de la part des titulaires, soit de celle de leurs ayant-cause, aux termes de l'art. 91 de la loi de finances du 28 avril 1816.

3. Ceux des officiers ministériels qui auront encouru la déchéance pour n'avoir pas versé les cautionnemens ou supplémens de cautionnemens exigés seront, comme ceux qui auraient encouru la destitution, privés du droit de présenter leur successeur.

4. Notre sous-secrétaire d'État au département de la justice est chargé de l'exécution de la présente ordonnance.

---

28 JUILLET = Pr. 14 AOUT 1820. — Ordonnance du Roi portant fixation du nombre des huissiers près les tribunaux de première instance dans le ressort de la cour royale de Colmar. (7, Bull. 392, n° 9246.)

Voy. préambule de l'ordonnance du 19 JANVIER 1820.

Art. 1er. Le nombre des huissiers attachés aux tribunaux de première instance ci-après désignés est fixé ainsi qu'il suit :

Haut-Rhin : Colmar, quarante-six; Altkirch, vingt-cinq; Belfort, trente.

Bas-Rhin : Strasbourg, trente-quatre; Wissembourg, dix-sept; Saverne, dix-neuf, Schelestatt, vingt-un.

2. Jusqu'à ce que les titres actuellement existans aient été réduits au nombre ci-dessus déterminé, il ne sera présenté à notre nomination aucun candidat qui ne soit porteur de deux démissions ou présentations, soit de la part des titulaires, soit de celle de leurs ayant-cause, aux termes de l'art. 91 de la loi de finances du 28 avril 1816.

3. Ceux des officiers ministériels qui auront encouru la déchéance pour n'avoir pas

versé les cautionnemens ou supplémens de cautionnemens exigés seront, comme ceux qui auraient encouru la destitution, privés du droit de présenter leur successeur.

4. Il n'est point dérogé aux dispositions des art. 5, 6 et 7 du décret du 14 juin 1813.

5. Notre sous-secrétaire d'Etat au département de la justice est chargé de l'exécution de la présente ordonnance.

28 JUILLET = Pr. 14 AOUT 1820. — Ordonnance du Roi qui accorde un nouveau délai aux greffiers, notaires et autres officiers ministériels de de l'ile de Corse, pour verser les cautionnemens exigés par la loi de finances du 28 avril 1816. (7, Bull. 392, n° 9251.)

Louis, etc. vu l'article 95 de la loi de finances du 28 avril 1816, relatif au cautionnement des officiers ministériels, nos ordonnances des 1er mai 1816, 19 février 1817 et 12 janvier 1820; étant informé que le recouvrement des cautionnemens éprouve de graves difficultés dans l'île de Corse; que les officiers ministériels appelés à les fournir ne peuvent être comparés, sous le rapport de leur position, à ceux du continent, et qu'il peut y avoir lieu de modifier, à leur égard, les dispositions de la loi du 28 avril 1816; mais voulant mûrir par un examen plus approfondi, en appelant le temps à notre secours, les dispositions que cet état de choses peut rendre nécessaires; sur le rapport de notre garde-des-sceaux, ministre secrétaire d'Etat au département de la justice, nous avons ordonné et ordonnons ce qui suit:

Art. 1er. Le greffier de la cour royale de Corse, ceux des tribunaux de première instance, de commerce et des justices de paix de son ressort, les notaires, avoués et huissiers de la même île, auront un nouveau délai d'une année pour verser les cautionnemens et supplémens de cautionnemens exigés d'eux par la loi de finances du 28 avril 1816.

2. Notre sous-secrétaire d'Etat au département de la justice est chargé de l'exécution de la présente ordonnance.

28 JUILLET 1820. — Ordonnance du Roi qui permet au sieur Marion d'ajouter à son nom celui de la Brillantais. (7, Bull. 392.)

28 JUILLET 1820. — Ordonnance du Roi qui permet au sieur Vautrin de substituer à son nom celui de Barbillat, et au sieur et dame Louvel de substituer à leur nom celui de Laffitte. (7, Bull. 396.)

28 JUILLET 1820. — Ordonnance du Roi qui admet les sieurs Schlachter, Boxler, Englert, Eiseuman, Pfeiffer, Kiefer et Gluntz, à établir leur domicile en France. (7, Bull. 396.)

28 JUILLET 1820. — Ordonnances du Roi qui accordent des lettres de déclaration de naturalité aux sieurs Simons, Masgana, Feraut, Michel, Metzger, Pheiffer, Maythiat et Tarrezane. (7, Bull. 400, 427, 444, 447, 494, et 668.)

31 JUILLET 1820. — Tableau des prix moyens régulateurs de l'exportation et de l'importation des grains, dressé et arrêté conformément aux art. 6 et 8 de la loi du 16 juillet 1819. (7, Bull. 389.)

1er AOUT = Pr. 22 SEPTEMBRE 1820. — Ordonnance du Roi qui rapporte l'ordonnance du 9 avril 1817, par laquelle les secrétaires généraux de préfecture ont été supprimés, et celle du 6 novembre suivant, qui réduit le nombre des membres des conseils de préfecture. (7, Bull. 399, n° 9338.)

Art. 1er. L'ordonnance du 9 avril 1817, par laquelle les secrétaires généraux de préfecture ont été supprimés, et celle du 6 novembre suivant, qui réduit à trois membres les conseils de préfecture, jusqu'à ce qu'il en soit autrement ordonné, sont rapportées.

2. Les secrétaires généraux pourront, avec l'autorisation de notre ministre secrétaire d'Etat de l'intérieur, et sous la direction des préfets, être chargés de l'administration de l'arrondissement du chef-lieu.

3. Notre ministre de l'intérieur est chargé de l'exécution de la présente ordonnance.

2 = Pr. 5 AOUT 1820. — Ordonnance du Roi qui prescrit la rectification d'une erreur d'expédition dans la loi du 7 juin 1820, sur les douanes, à l'article du droit d'entrée sur le houblon. (7, Bull. 391, n° 9235.)

Louis, etc. Nous avons fait présenter à la Chambre des députés, le 15 janvier dernier, un projet de loi sur les douanes, par lequel le droit d'entrée du houblon était porté à quarante-cinq francs par quintal métrique.

La Chambre des députés a adopté cette proposition dans sa séance du 27 avril, après une délibération spéciale.

Notre intention et celle de la Chambre des pairs n'a été autre que d'adopter la résolution de la Chambre des députés.

Néanmoins, par une erreur d'expéditions successives, la loi que nous avons promul-

juée le 7 juin ne porte le droit sur le houblon qu'à trente francs.

Voulant tout ensemble faire disparaître
cette erreur, préjudiciable à l'agriculture,
et ménager les intérêts de ceux dont les
demandes à l'étranger auraient pu être faites sur la combinaison d'une taxe qui a été
également mise en vigueur ;

Sur le rapport de notre ministre secrétaire d'Etat des finances, notre Conseil-
l'Etat entendu, nous avons ordonné et ordonnons ce qui suit :

Art. 1er. A dater du 1er septembre prochain, le houblon étranger paiera, à son
entrée dans le royaume, quarante-cinq
francs par cent kilogrammes.

2. Notre ministre des finances est chargé
de l'exécution de la présente ordonnance.

2 = Pr. 14 AOUT 1820. — Ordonnance du Roi
portant fixation du nombre des avoués près la
cour royale de Bourges, et de ceux près les
tribunaux de première instance du ressort de
la même cour. (7, Bull.392, n° 9247.)

Voy. préambule de l'ordonnance du 19 JAN-
VIER 1820.

Art. 1er. Le nombre des avoués attachés
à la cour royale de Bourges, et de ceux attachés aux tribunaux de première instance
du ressort de la même cour, est fixé ainsi
qu'il suit :

Cher : Bourges (siége de la cour royale),
dix ; Bourges, sept ; Sancerre, cinq ; Saint-
Amand, six.

Indre : Châteauroux, huit ; Issoudun,
six ; La Châtre, six ; Leblanc, sept.

Nièvre : Nevers, neuf ; Cosne, sept ;
Clamecy, huit ; Château-Chinon, sept.

2. Jusqu'à ce que les titres actuellement
existans aient été réduits au nombre ci-dessus déterminé, il ne sera présenté à notre
nomination aucun candidat qui ne soit
porteur de deux démissions ou présentations, soit de la part des titulaires, soit de
celle de leurs ayant-cause, aux termes de
l'article 91 de la loi de finances du 28 avril
1816.

3. Ceux des officiers ministériels qui
auront encouru la déchéance pour n'avoir
pas versé les cautionnemens ou supplémens
de cautionnemens exigés seront, comme
ceux qui auraient encouru la destitution,
privés du droit de présenter leur successeur.

4. Notre sous-secrétaire d'Etat au département de la justice est chargé de l'exécution de la présente ordonnance.

2 = Pr. 14 AOUT 1820. — Ordonnance du Roi por-

tant fixation du nombre des huissiers près les
tribunaux de première instance dans le ressort
de la cour royale de Bourges. (7, Bull. 392,
n° 9248.)

Voy. préambule de l'ordonnance du 19 JAN-
VIER 1820.

Art. 1er. Le nombre des huissiers attachés aux tribunaux de première instance
ci-après désignés est fixé ainsi qu'il suit.

Cher : Bourges, vingt-huit ; Sancerre,
quinze ; Saint-Amand, vingt-quatre.

Indre : Châteauroux, vingt-sept ; Issoudun, douze ; La Châtre, dix-sept ; Leblanc,
dix-huit.

Nièvre : Nevers, vingt-neuf ; Cosne,
seize ; Clamecy, vingt-huit ; Château-Chinon, vingt.

2. Jusqu'à ce que les titres actuellement
existans aient été réduits au nombre ci-dessus déterminé, il ne sera présenté à notre
nomination aucun candidat qui ne soit
porteur de deux démissions ou présentations ; soit de la part des titulaires, soit de
celle de leurs ayant-cause, aux termes de
l'article 91 de la loi des finances du 28 avril
1816.

3. Ceux des officiers ministériels qui
auront encouru la déchéance pour n'avoir
pas versé les cautionnemens ou supplémens
de cautionnemens exigés seront, comme
ceux qui auraient encouru la destitution ;
privés du droit de présenter leur successeur.

4. Il n'est point dérogé aux dispositions
des articles 5, 6 et 7 du décret du 14 juin
1813.

5. Notre sous-secrétaire d'Etat au département de la justice est chargé de l'exécution de la présente ordonnance.

2 = Pr. 14 AOUT 1820. — Ordonnance du Roi
portant fixation du nombre des avoués près la
cour royale de Dijon, et de ceux près les tribunaux de première instance du ressort de la
même cour. (7, Bull. 392, n° 9249.)

Voy. préambule de l'ordonnance du 19 JAN-
VIER 1820.

Art. 1er. Le nombre des avoués attachés
à la cour royale de Dijon, et de ceux attachés aux tribunaux de première instance
du ressort de la même cour, est fixé ainsi
qu'il suit :

Côte d'or : Dijon (siége de la cour royale),
quatorze ; Dijon, Douze ; Beaune, huit ;
Châtillon, six ; Semur, six.

Saône-et-Loire : Châlons-sur-Saône, qua-

(1) *Voy.* ordonnance du 2 juin 1824.

torze; Mâcon, quinze ; Autun, huit ; Charolles, huit; Louhans, six.

Haute-Marne : Chaumont, huit ; Langres, sept (1); Wassy, cinq.

2. Jusqu'à ce que les titres actuellement
existans aient été réduits au nombre ci-dessus déterminé, il ne sera présenté à notre
nomination aucun candidat qui ne soit
porteur de deux démissions ou présentations, soit de la part des titulaires, soit de
celle de leurs ayant-cause, aux termes de
l'art. 91 de la loi de finances du 28 avril 1816.

3. Ceux des officiers ministériels qui auront encouru la déchéance pour n'avoir pas
versé les cautionnemens ou supplémens de
cautionnemens exigés seront, comme ceux
qui auraient encouru la destitution, privés
du droit de présenter leur successeur.

4. Notre sous-secrétaire d'État au département de la justice est chargé de l'exécution de la présente ordonnance.

2 — 14 AOUT 1820. — Ordonnance du Roi portant fixation du nombre des huissiers près les
tribunaux de première instance dans le ressort
de la cour royale de Dijon. (7, Bull. 392,
n° 9250.)

Voy. préambule de l'ordonnance du 19 JAN-
VIER 1820.

Art. 1er. Le nombre des huissiers attachés aux tribunaux de première instance
ci-après désignés est fixé ainsi qu'il suit :

Côte-d'Or : Dijon, quarante-cinq; Beaune,
trente; Châtillon, dix-huit ; Semur, vingt.

Saône-et-Loire : Châlons-sur-Saône,
trente-six ; Mâcon, trente-six ; Autun,
vingt-cinq ; Charolles, trente-quatre ; Louhans, vingt-quatre.

Haute-Marne : Chaumont, vingt-huit ;
Langres, trente ; Wassy, vingt-deux.

2. Jusqu'à ce que les titres actuellement
existans aient été réduits au nombre ci-
dessus déterminé, il ne sera présenté à
notre nomination aucun candidat qui ne
soit porteur de deux démissions ou présentations, soit de la part des titulaires,
soit de celle de leurs ayant-cause, aux termes de l'article 91 de la loi de finances du
28 avril 1816.

3. Ceux des officiers ministériels qui auront encouru la déchéance pour n'avoir pas
versé les cautionnemens ou supplémens de
cautionnemens exigés seront, comme ceux
qui auraient encouru la destitution, privés
du droit de présenter leur successeur.

4. Il n'est point dérogé aux dispositions
des art. 5, 6 et 7 du décret du 14 juin 1813.

5. Notre sous-secrétaire d'État au dépar-

tement de la justice est chargé de l'exécution de la présente ordonnance.

2 = Pr. 14 AOUT 1820. — Ordonnance du Roi
relative à la publication des ordonnances de
concession de pensions rendues à compter du
1er juillet 1820. (7, Bull. 392, n° 9252.)

Voy. supra, la note de la page 76.

Louis, etc. vu le titre IV de la loi du
25 mars 1817 et l'ordonnance du 20 juin
suivant concernant les pensions ; considérant que la disposition de cette loi qui
prescrit l'insertion au Bulletin des Lois des
ordonnances relatives aux pensions n'a pas
été exécutée jusqu'à ce jour d'une manière
uniforme, et qu'il importe à la célérité et
au bien du service que les ordonnances de
concession des pensions qui indiquent essentiellement les bases légales de leur fixation soient insérées à ce Bulletin, de préférence aux ordonnances d'inscription, qui
ne sont que la conséquence des premières ;
sur le rapport de notre ministre secrétaire
d'État des finances, nous avons ordonné et
ordonnons ce qui suit :

Art. 1er. Toutes les ordonnances de concession de pensions rendues, à compter du
1er juillet 1820, sur la proposition des différens ministres, seront successivement insérées au Bulletin des Lois.

Ces ordonnances contiendront, avec toutes les indications prescrites par l'article
33 de la loi du 25 mars 1817, la date des
lois, décrets ou ordonnances réglementaires en vertu desquels la pension aura été
liquidée.

2. Ces ordonnances indiqueront expressément que les diverses fixations qu'elles
contiennent ont été soumises aux révisions
prescrites par les articles 25 et 26 de la loi
du 25 mars 1817 et l'article 3 de notre ordonnance du 20 juin suivant, ainsi que la
date de l'avis du ministre des finances, sur
la communication préalable qui lui en aura
été faite.

3. Nos ministres sont chargés de l'exécution de la présente ordonnance.

2 AOUT = Pr. 1er SEPTEMBRE 1820. — Ordonnance
du Roi qui détermine la circonscription de la
chambre de commerce de Bayonne. (7, Bull.
396, n° 9272.)

Louis, etc. sur le rapport de notre ministre secrétaire d'État au département de
l'intérieur ; vu l'article 13 de la loi du 23
juillet dernier, et la convenance de déterminer la circonscription de la chambre de

(1) *Voy.* ordonnance du 2 juin 1824.

mmerce de Bayonne, nous avons or-
nné et ordonnons ce qui suit :

Art. 1er. La circonscription de la cham-
ʙ de commerce de Bayonne comprendra
département des Basses-Pyrénées et le
ritoire de la ville de Saint-Esprit, dépar-
ɥent des Landes.

ɩ. Nos ministres de l'intérieur et des fi-
ɴces sont chargés de l'exécution de la
ʟsente ordonnance.

OUT = Pr. 5 SEPTEMBRE 1820. — Ordon-
ɴance du Roi qui fixe les dépenses des cham-
ʙres de commerce de Bayonne, Besançon, Saint-
Mâlo et Reims. (7, Bull. 397, n° 9298.)

ʟouis, etc. vu les articles 11, 12, 13, 14,
et 16 de la loi du 23 juillet dernier, et
proposition des chambres de commerce
Bayonne, Besançon, Saint-Mâlo et
ɪms; sur le rapport de notre ministre
ʀétaire d'Etat de l'intérieur, nous avons
onné et ordonnons ce qui suit :

ɪrt. 1er. Les dépenses de la chambre de
ɪmerce de Bayonne, pour l'exercice 1820,
t fixées, conformément au budget ar-
ɪ par notre ministre secrétaire d'Etat de
ɪérieur, à la somme de trois mille neuf
ɪs francs.

ette somme de trois mille neuf cents
ɪcs, plus cinq centimes par franc pour
ɪvenir aux non-valeurs et aux frais de
ɪeption, sera, en 1820, répartie au
ɪc le franc, suivant les dispositions
a loi du 23 juillet dernier, sur les pa-
és désignés à l'article 12, de tout le
ɪrtement des Basses-Pyrénées, et sur
ɪ du territoire de la ville du Saint-Es-
, département des Landes, territoire
ɪait partie de la circonscription de la
ɪbre de commerce de Bayonne.

Les dépenses de la chambre de com-
ce de Besançon, pour l'exercice 1820,
. fixées, conformément à son budget
ɪé par notre ministre secrétaire d'Etat
ɪntérieur, à la somme de deux mille
ɪcs.

ette somme de deux mille francs, plus
ɪ centimes par franc pour subvenir aux
ɪvaleurs et aux frais de perception, sera,
ɪ820, répartie au marc le franc, sui-
les dispositions de la loi du 23 juillet
ɪer, sur les patentés désignés à l'ar-
ɪ2, de tout le département du Doubs.

Les dépenses de la chambre et de la
ɪse de commerce de Saint-Mâlo sont
ɪs, conformément au budget arrêté par
ɪ ministre secrétaire d'Etat de l'inté-
ɪr, à la somme de sept cent cinquante
ɪs, savoir : pour la chambre, six cents
ɪs; pour la Bourse, cent cinquante
ɪs.

ɪtte somme de sept cent cinquante
ɪs, plus cinq centimes par franc, pour

subvenir aux non-valeurs et aux frais de
perception, sera répartie, en 1820, au
marc le franc, suivant les dispositions de
la loi du 23 juillet dernier, savoir : six
cents francs sur les patentés désignés à
l'article 12 de la susdite loi, de tout le
département d'Ille-et-Vilaine, et cent
cinquante francs sur les mêmes patentés,
mais de la ville de Saint-Mâlo seulement.

4. Les dépenses de la chambre de commerce de Reims sont fixées, conformément
au budget arrêté par notre ministre secrétaire d'Etat de l'intérieur, à la somme de
dix-sept cents francs.

Cette somme de dix-sept cents francs,
plus cinq centimes par franc pour subvenir
aux non-valeurs et aux frais de perception,
sera répartie, en 1820, au marc le franc,
suivant les dispositions de la loi du 23
juillet dernier, sur les patentés désignés en
l'article 12 de la susdite loi, de tout le département de la Marne.

5. Les sommes provenant de ces perceptions seront mises, sur les mandats des
préfets, à la disposition de chacune des
chambres de commerce, qui rendront
compte, à la fin de chaque exercice, de
l'emploi des deniers, à notre ministre secrétaire d'Etat de l'intérieur, qui réglera
et approuvera les comptes.

6. Nos ministres de l'intérieur et des finances sont chargés de l'exécution de la
présente ordonnance.

2 AOUT = Pr. 5 SEPTEMBRE 1820.—Ordonnance
du Roi contenant règlement sur les comités
gratuits et de charité établis dans chaque canton pour la surveillance des écoles primaires.
(7, Bull. 397, n° 9299.)

Voy. ordonnance du 4 AVRIL 1824, titre 5.

Louis, etc. sur le compte qui nous a été
rendu des avantages qui sont résultés, pour
l'instruction du peuple de notre royaume,
des dispositions prescrites par notre ordonnance du 29 février 1816, et notamment
de la surveillance qui est exercée sur les
écoles primaires par les comités gratuits
et de charité établis dans chaque canton;
considérant qu'il importe d'encourager le
zèle de ces comités et de faciliter la réunion des membres qui les composent; sur
le rapport de notre ministre secrétaire d'E-
tat de l'intérieur; notre Conseil-d'Etat entendu, nous avons ordonné et ordonnons
ce qui suit :

Art. 1er. Les recteurs se concerteront
avec les préfets pour porter chacun de ces
comités au nombre de membres propor-
tionné à la population du canton, ainsi
qu'au nombre et à l'importance des écoles
qui y sont établies; toutefois, ce nombre
ne pourra être porté au-delà de douze.

2. Lorsque le sous-préfet ou le procureur du Roi assiste aux séances des comités de son arrondissement, il en prend la présidence : en cas de concurrence, la présidence est dévolue au sous-préfet.

3. A Paris, les maires jouissent à cet égard de la prérogative des sous-préfets.

4. En l'absence du président de droit, le comité est présidé par celui des membres présens qui est placé le premier sur le tableau.

5. Chaque comité choisit un secrétaire pris parmi ses membres, dont les fonctions sont incompatibles avec celles du président; en son absence, il est remplacé par le plus jeune des membres présens.

6. Le comité tient une séance par mois, à la fin de laquelle il fixe et inscrit à son procès-verbal l'époque de la séance du mois suivant, ou d'une séance plus rapprochée, s'il le juge nécessaire.

7. La séance ainsi indiquée a lieu sans qu'une convocation spéciale soit nécessaire.

8. Le curé cantonnal, président, ou, à son défaut, le juge-de-paix, et le membre inscrit après eux, ont le droit de convoquer des séances extraordinaires, lorsqu'une circonstance imprévue les rend nécessaires.

9. Ce droit appartient également au sous-préfet et au procureur du Roi, et aux inspecteurs d'académie en tournée.

10. Le préfet et le recteur peuvent aussi ordonner à un comité de se réunir extraordinairement pour délibérer sur un objet déterminé; l'un et l'autre doivent veiller à ce que les séances ordinaires se tiennent exactement.

11. Toute séance extraordinaire doit être indiquée par un billet à domicile.

12. Dans une séance ordinaire précédemment indiquée au procès-verbal, ou dans une séance indiquée ou prescrite par l'un des fonctionnaires désignés ci-dessus, et notifiée à domicile, il suffit de la présence de trois membres pour qu'une délibération soit valable.

13. Tout membre d'un comité qui, sans avoir justifié d'une excuse valable, n'aura point paru aux séances pendant un an sera censé avoir donné sa démission, et remplacé dans les formes ordinaires.

14. Tous les ans, à l'époque où les recteurs s'occupent du tableau des instituteurs de leur académie, prescrit par l'article 33 de l'ordonnance du 29 février, ils s'occuperont aussi de vérifier l'état des comités cantonaux, de compléter ceux où il y aurait des vacances, de renouveler ceux qui n'auraient pas rempli les fonctions qui leur sont confiées, sans préjudice des remplacemens qui pourront avoir lieu dans le cours de l'année.

15. La communication des registres des comités ne pourra être refusée aux fonctionnaires qui ont le droit de les convoquer.

16. Pour jouir du droit accordé par l'article 18 de l'ordonnance du 29 février aux personnes et aux associations qui auront fondé des écoles, d'en présenter les maîtres, il sera nécessaire que ces personnes ou associations contractent l'engagement légal d'entretenir l'école au moins pendant cinq ans.

17. Le droit de révoquer un instituteur légalement établi n'appartient qu'au recteur, lequel est tenu d'observer les formes prescrites par les articles 25 et 26 de notre ordonnance du 29 février.

18. Notre ministre de l'intérieur est chargé de l'exécution de la présente ordonnance.

———

2 AOUT 1820. — Ordonnances du Roi qui nomment MM. Labrouste et Lemonnier administrateurs des cautionnemens et des monnaies. (7, Bull. 393.)

———

2 AOUT 1820. — Ordonnances du Roi portant concession de cent quarante-huit soldes de retraite. (7, Bull 393.)

———

2 AOUT 1820. — Ordonnance du Roi qui nomme aux préfectures des départemens de la Charente-Inférieure et de la Sarthe. (7, Bulletin 392.)

———

2 AOUT 1820. — Ordonnance du Roi qui permet au sieur Coignard de substituer à son nom celui de Bélouze. (7, Bull. 393.)

———

2 AOUT 1820. — Ordonnance du Roi qui admet les sieurs de Lagerstrom et Berger à établir leur domicile en France. (7, Bull. 395.)

———

2 AOUT 1820. — Ordonnances du Roi qui autorisent l'acceptation de dons et legs faits aux fabriques des églises de Saint-Gildas, de la Croix-Héléan, de Chaudeyrolles, de Tourny, de Véslaines-en-Hayes, de Villers-Bretonneaux et de Fréjus ; aux séminaires du Mans et de Bayeux. (7, Bull. 406.)

———

2 AOUT 1820. — Ordonnance du Roi qui accorde des lettres de déclaration de naturalité au sieur Ros. (7, Bull. 419.)

———

9 = Pr. 24 AOUT 1820. — Ordonnance du Roi relative à l'admission des officiers des troupes de terre et de mer dans l'ordre royal et militaire de Saint-Louis. (7, Bull. 395, n° 9266.)

Louis, etc. voulant déterminer d'une manière uniforme et invariable les règles de l'admission des officiers de nos armées de terre et de mer dans l'ordre royal et militaire de Saint-Louis; sur le rapport de los ministres secrétaires d'Etat de la guerre t de la marine, avons ordonné et ordonnons ce qui suit :

TITRE Ier. Dispositions générales, communes aux armées de terre et de mer.

Art. 1er. Les officiers de terre et de mer ont susceptibles de recevoir la croix de ordre royal et militaire de Saint-Louis à tre de récompense, soit pour des actions 'éclat, soit pour la durée et la distinction e leurs services.

2. Lorsque la croix de Saint-Louis n'est is accordée pour des actions d'éclat, elle e peut être donnée aux officiers de tout 'ade qu'après vingt-quatre années de serce calculées d'après les règles prescrites ir la présente ordonnance.
Pour être susceptible d'être nommé comandeur, il est indispensable qu'un che-lier réunisse six années d'ancienneté dans : dernier grade;
Et pour être nommé grand'-croix, qu'un mmandeur soit pourvu de ce titre depuis iatre ans au moins.

3. Les services militaires rendus dans un ade inférieur à celui d'officier sont cal-lés d'après les mêmes règles que ceux s officiers; mais ils ne comptent que ur moitié.

4. Sont comptés doubles aux officiers de re et de mer :
1° Les services pendant les campagnes guerre;
2° Pour les officiers de l'armée de terre, services dans les colonies, soit en temps paix, soit en temps de guerre, à dater jour de l'embarquement jusqu'à celui de ir débarquement en Europe;
3° Pour les officiers de la marine, le rvice, soit à bord des bâtimens, soit ns les colonies, sera compté double en mps de guerre; et en temps de paix, pour iitié en sus de la durée, à dater du jour l'embarquement jusqu'à celui de leur barquement.

5. Lorsque, pendant une campagne, un icier est forcé de quitter l'armée ou son isseau par suite de blessures, les services nt comptés comme si la campagne d'une née était terminée.

6. Le temps passé en réforme ne peut e admis pour la croix de Saint-Louis.
Sont exceptés les officiers auxquels le nps de réforme sera compté pour l'avanment ou l'admission à la retraite.

7. Les services rendus dans les administions civiles et autres dont il n'est pas fait mention dans la présente ordonnance ne sont pas comptés pour la croix de Saint-Louis.

8. Les officiers qui seront admis à la retraite à dater de la présente ordonnance ne seront plus susceptibles d'obtenir la croix de Saint-Louis lorsqu'ils n'auront pas été proposés pour cette récompense dans le courant de l'année qui suivra leur admission à la pension de retraite.

9. Les services des officiers de l'armée de terre mis provisoirement à la disposition du ministère de la marine, et réciproquement, sont comptés suivant les règles prescrites pour les officiers de l'armée dans laquelle les services sont rendus.

TITRE II. Dispositions particulières aux officiers de l'armée de terre.

10. Sont susceptibles d'obtenir la croix de Saint-Louis dans l'armée de terre les officiers de tous grades et de toutes armes et ceux du corps de l'intendance militaire.

11. Est considéré comme service de campagne le temps pendant lequel les officiers font partie d'un corps d'armée sur le pied de guerre.

12. Les services dans l'armée de terre ne sont comptés qu'à partir de l'âge déterminé par la loi; toutefois, en cas de blessures reçues en combattant avant cet âge, les services sont admis à dater du jour de la blessure.

TITRE III. Dispositions particulières à l'armée de mer.

13. Sont susceptibles d'obtenir la croix de Saint-Louis dans les armées de mer :
1° Les officiers de vaisseau de tout grade entretenus;
2° Les officiers d'artillerie et des troupes de la marine;
3° Les ingénieurs-constructeurs, depuis le grade d'inspecteur général jusqu'à celui d'ingénieur;
4° Les officiers d'administration, depuis le grade d'intendant jusqu'à celui de commissaire inclusivement, ainsi que les contrôleurs de première et de seconde classe;
5° Les sous-ingénieurs-constructeurs, les sous-contrôleurs et les sous-commissaires de marine qui, après dix ans d'activité dans l'un de ces grades, obtiendront, à titre de récompense, le grade honorifique d'ingénieur ou de commissaire au moment de leur admission à la retraite.

14. Dans l'armée de mer, les services sont comptés depuis l'âge de seize ans. Ceux des élèves de la marine sont admis, par exception, à dater de leur nomination d'élèves de seconde classe.

Dans le cas de blessures reçues en combattant avant l'âge de seize ans, les services sont comptés aux officiers de tout grade depuis le jour de la blessure.

15. Sont comptés comme services d'officiers dans la marine :

1° Aux ingénieurs-constructeurs, ceux à dater de leur admission comme élèves du génie ;

2° Aux officiers d'administration, ceux depuis leur admission comme entretenus, d'après une commission de notre ministre de la marine.

16. Les services rendus par les officiers auxiliaires sont comptés pour le temps de leur durée comme ceux des officiers entretenus.

17. Lorsque les officiers d'administration de la marine auront été embarqués sur les bâtimens avant d'être entretenus, leurs services, s'ils ont fait partie de l'état-major du bâtiment, seront comptés pour le temps de leur durée comme ceux des entretenus.

18. Nos ministres de la guerre et de la marine sont chargés de l'exécution de la présente ordonnance.

9 — Pr. 24 AOUT 1820. — Ordonnance du Roi qui met à la disposition des préfets un tiers du centime qui est attribué au ministre des finances, pour les remises, modérations et non-valeurs, sur les contributions directes de l'année 1820. (7, Bull. 395, n° 9267.)

Louis, etc. vu l'état A annexé à la loi de finances du 23 du mois dernier, duquel il résulte qu'il est imposé additionnellement au principal des contributions foncière, personnelle et mobilière de 1820, deux centimes dont un à la disposition de notre ministre des finances pour couvrir les remises, modérations et non-valeurs, et l'autre à celle de notre ministre de l'intérieur pour secours effectifs à raison de grêles, orages, incendies, etc. ; et voulant déterminer la portion du centime mis à la disposition de notre ministre des finances dont les préfets pourront dès à présent faire jouir les administrés ; sur le rapport de notre ministre secrétaire d'État des finances, nous avons ordonné et ordonnons ce qui suit :

Art. 1er. Le produit du centime du fonds de non-valeurs à la disposition de notre ministre des finances sera réparti de la manière suivante :

Un tiers de ce centime est mis à la disposition des préfets ;

Les deux autres tiers resteront à la disposition du Gouvernement.

2. Ce centime sera exclusivement employé à couvrir les remises et modérations à accorder sur les contributions foncière, personnelle et mobilière, et les non-valeurs qui existeraient sur ces deux contributions en fin d'exercice.

3. Si dans un département, la somme mise à la disposition du préfet et celle qui lui serait accordée par le Gouvernement ne se trouvaient pas totalement employées, l'excédant accroîtra le fonds de non-valeurs de l'année suivante.

4. Notre ministre des finances est chargé de l'exécution de la présente ordonnance.

9 AOUT 1820. — Ordonnance du Roi qui accorde des pensions de retraite à cent soixante-treize militaires. (7, Bull. 396.)

9 AOUT 1820. — Ordonnance du Roi qui accorde une pension au sieur de Jouffrey, chevalier de l'ordre de Saint-Jean de Jérusalem. (7, Bull. 396.)

9 AOUT 1820. — Ordonnance du Roi qui admet les sieurs Baumgartner, Ruhstaller, Beringer, Locher, Wentz, Jungmann, Edelmann, Biermann, Oberbey, Hertzog, Beyer, Voss, Ritter et Schnetzer, à établir leur domicile en France. (7, Bull. 397.)

9 AOUT 1820. — Ordonnances du Roi qui accordent des lettres de déclaration de naturalité aux sieurs Delescailles, Steffen, Saive, Lorge et Maniglier, (7, Bull. 401, 419, 427, 431 et 494.)

10 AOUT = Pr. 1er SEPTEMBRE 1820. — Ordonnance du Roi relative à la construction du pont établi sur la rivière de la Mortagne, entre les communes de Mont et de Mortagne (Meurthe), ainsi que de deux autres ponts adjacens, (7, Bull. 396, n° 9275.)

Voy. ordonnance du 19 MARS 1823.

Louis, etc. sur le rapport de notre ministre secrétaire d'État au département de l'intérieur ; notre Conseil-d'État entendu, nous avons ordonné et ordonnons ce qui suit :

Art. 1er. Le pont établi sur la rivière de la Mortagne, entre les communes de Mont et de Mortagne, département de la Meurthe, ainsi que les deux autres ponts adjacens, servant à faciliter l'évacuation des eaux surabondantes, seront reconstruits.

2. Les travaux seront donnés, par adjudication publique, au rabais, selon les formes accoutumées, et exécutés suivant les plans et devis rédigés le 10 décembre 1817, qui en évaluent la dépense à seize mille cinq cents francs.

3. Il sera perçu par l'adjudicataire, et à son profit, un droit de péage sur lesdits ponts, conformément au tarif ci-après.
(Suit le tarif.)

4. Les produits de la taxe tiendront lieu à l'adjudicataire du remboursement de ses avances et de toutes répétitions ou indemnités relatives à la construction et à l'entretien des ponts.

5. L'adjudication se fera sur le cahier des charges, qui sera réglé par le préfet sur une mise à prix de douze années de jouissance, au-delà ou en-deçà de laquelle des offres pourront être faites.

6. L'adjudicataire jouira de la taxe pendant le temps qui sera fixé par le procès-verbal d'adjudication, à dater du jour où le passage aura été livré au public. Il entretiendra les ponts dans le meilleur état pendant sa jouissance, et les remettra de même à l'expiration de ce délai.

7. Ne seront pas sujets à la taxe les fonctionnaires publics dans l'exercice de leurs fonctions, passant sur les ponts à cheval ou en voiture; les militaires voyageant avec feuille de route ou porteurs d'ordre; les trains d'artillerie ou caissons militaires; les piétons de la sous-préfecture de l'arrondissement, munis de leur feuille de route; enfin, les bestiaux des communes de Mont et de Mortagne allant au pacage ou à l'abreuvoir, et les voitures chargées d'engrais ou de récoltes.

8. Notre ministre de l'intérieur est chargé de l'exécution de la présente ordonnance.

10 AOUT = Pr. 1ᵉʳ SEPTEMBRE 1820. — Ordonnance du Roi qui autorise une imposition extraordinaire dans la commune d'Orgeville, département de l'Eure, pour le paiement des frais d'un procès dans lequel cette commune a succombé. (7, Bull. 396, n° 9277.)

Louis, etc. sur le rapport de notre ministre secrétaire d'État de l'intérieur; vu les jugemens rendus contre la commune d'Orgeville par le tribunal de première instance de la ville d'Evreux, département de l'Eure, les 22 août 1816 et 22 janvier 1819, à la diligence du maire de ladite ville et du préfet du département; vu pareillement les délibérations négatives du conseil municipal et des plus forts contribuables, des 1ᵉʳ juin et 19 septembre 1819; ensemble l'arrêté du 25 septembre suivant, et le budget de la commune d'Orgeville; vu les deux exécutoires de dépens décernés par le président du tribunal, les 27 avril et 25 mai de la même année, non compris la taxe des dépens du jugement du 28 août 1816; notre Conseil-d'État entendu, nous avons ordonné et ordonnons ce qui suit :

Art. 1ᵉʳ. Il sera pourvu, à la diligence du maire de la commune d'Orgeville, département de l'Eure, et du préfet du département, au paiement d'une somme de neuf cent soixante-dix-sept francs due par cette commune pour les frais d'un procès dans lequel elle a succombé, par la voie d'une imposition extraordinaire de pareille somme, dont la répartition sera faite, à compter de 1820, en cinq années, par addition au principal des contributions foncière, personnelle et mobilière de la commune.

2. L'imposition autorisée par l'article qui précède sera portée par le directeur des contributions aux rôles des contributions foncière, personnelle et mobilière de 1820 et des années suivantes, et perçue par le percepteur de la commune, le tout jusqu'à concurrence et dans les proportions ci-dessus déterminées.

3. Nos ministres de l'intérieur et des finances sont chargés de l'exécution de la présente ordonnance.

10 AOUT 1820. — Ordonnance du Roi qui établit un courtier de marchandises dans le canton de Carbon-Blanc, département de la Gironde. (7, Bull. 396.)

10 AOUT 1820. — Ordonnances du Roi qui autorisent l'acceptation de dons et legs. (7, Bull. 406 et 407.)

14 AOUT = Pr. 1ᵉʳ SEPTEMBRE 1820. — Ordonnance du Roi qui autorise l'acceptation de l'offre faite par M. le duc de Richelieu d'appliquer le produit du majorat qui lui a été conféré, à la construction d'un hôpital à Bordeaux, et à l'établissement d'autres objets d'utilité publique dans cette ville. (7, Bull. 396, n° 9278.)

Art. 1ᵉʳ. Le maire et les administrateurs des hôpitaux de notre bonne ville de Bordeaux, département de la Gironde, sont autorisés, chacun en ce qui le concerne, à accepter, dans l'intérêt de la ville et de celui des hospices, l'offre faite par notre cousin le duc de Richelieu, d'appliquer, chaque année, le produit du majorat que nous lui avons conféré par notre ordonnance du 4 août 1819, en vertu de la loi du 2 février précédent, à la construction d'un hôpital destiné à remplacer celui qui existe, ou aux augmentations et dispositions à faire aux bâtimens qui pourraient être assignés pour cette destination, et successivement à la conduite et distribution des eaux dans les parties qui en manquent, à l'établissement d'une fontaine sur la promenade qui remplace le Château-Trompette, et à d'autres objets d'utilité publique.

2. Les plans et devis de l'hôpital à cons-

23. 5

truire, ou des augmentations et dispositions à faire aux bâtimens qui pourraient
être assignés pour cette destination, seront
préparés par les soins et à la diligence de
la commission administrative des hospices, et soumis par elle à l'agrément du
conseil municipal et à l'approbation du
préfet. Elle ne pourra, toutefois, procéder
à l'adjudication des travaux qu'après que
les plans auront été approuvés par le donateur, et qu'il aura été par nous statué sur
leur adaptation et sur les autres fonds qui
pourront être faits chaque année à l'effet
de concourir, avec les produits de la donation, aux dépenses qui devront en résulter.

3. En attendant, le produit des revenus
du majorat qui font l'objet des offres dont
l'acceptation est autorisée par l'article 1er
de notre présente ordonnance, sera versé
par les agens et préposés du donateur dans
la caisse des dépôts volontaires, pour,
avec les intérêts accumulés des fonds qui
seront successivement par eux déposés dans
cette caisse, recevoir la destination prescrite par le donateur, sur les demandes
de la commission, et d'après les propositions qui en seront faites par le préfet.

4. Notre ministre de l'intérieur est
chargé de l'exécution de la présente ordonnance.

14 AOUT 1820. — Ordonnances du Roi qui autorisent l'acceptation de donations. (7, Bull. 407
et 408.)

16 AOUT 1820. — Ordonnance du Roi qui nomme
M. Flaugergues maître des requêtes en service
ordinaire. (7, Bull. 396.)

16 AOUT 1820. — Ordonnance du Roi portant
que M. de Blaire, conseiller d'Etat en service
extraordinaire, est appelé au service ordinaire.
(7, Bull. 396.)

16 AOUT 1820. — Ordonnance du Roi qui accorde des pensions à cinq veuves de militaires.
(7, Bull. 396.)

16 AOUT 1820. — Ordonnance du Roi qui fixe à
quarante-quatre jours, pour cette année, la
durée des vacances de la cour des comptes, et
institue une chambre des vacations pendant cet
intervalle. (7, Bull. 396.)

16 AOUT 1820. — Ordonnance du Roi qui admet
les sieurs Baersch, Schade, Haeussler, Felsner,
Schwer, Tratz, Straté, Goldmann, Horlacher,
Loeffler, Kraetzler, Muller, Hennemann et
Schmidt, à établir leur domicile en France. (7,
Bull. 396.)

16 AOUT 1820. — Ordonnance du Roi qui accorde
des lettres de déclaration de naturalité au
sieur Coupez. (7, Bull. 435.)

18 AOUT 1820. — Ordonnances du Roi qui autorisent l'acceptation de dons et legs faits aux
fabriques des églises d'Amance, d'Ardes, de
Cussey-Loignon, de Fontenay-sous-Bois, de
Saint-Jean-des-Champs, de Lodève et de Sens,
et aux pauvres de Cussey-Loignon. (7, Bull.
408.)

21 = Pr. 24 AOUT 1820. — Ordonnance du Roi
portant convocation de la Cour des pairs. (7,
Bull. 395, n° 9265.)

Voy. notes sur l'art. 33 de la Charte (1).

Louis, etc. vu l'article 33 de la Charte
constitutionnelle qui attribue à la Chambre des pairs la connaissance des crimes
de haute trahison et des attentats à la sûreté de l'Etat qui seront définis par la loi;
vu les articles 87, 88 et 89 du Code pénal,
notre Conseil entendu, nous avons ordonné
et ordonnons ce qui suit :

Art. 1er. La Cour des pairs est convoquée.
Les pairs absens de Paris seront tenus
de s'y rendre immédiatement, à moins
qu'ils ne justifient d'un empêchement légitime.

2. Cette Cour procédera sans délai au
jugement des individus arrêtés à Paris, le
19 août au soir, comme prévenus des crimes prévus par les articles 87, 88 et 89 du
Code pénal, et de tous autres individus
qui seraient prévenus d'être auteurs, fauteurs ou complices des mêmes crimes.

3. Elle se conformera, pour l'instruction
et le jugement, aux formes qui ont été
suivies par elle jusqu'à ce jour.

4. Le sieur Ravez, conseiller d'Etat,
remplira les fonctions de notre procureur
général près la Cour des pairs.
Il sera assisté des sieurs Jacquinot-Pam-
pelune, maître des requêtes en notre Conseil-d'Etat, faisant les fonctions d'avocat
général et chargé de remplacer le procureur général en son absence, et des sieurs
Mars et Gossin, faisant les fonctions de
substituts du procureur général, lesquels,
composeront avec lui le parquet de notre
Cour des pairs.

5. Le garde des archives de la Chambre
des pairs et son adjoint rempliront les

(1) Voy. notamment la protestation de plusieurs pairs, insérée dans ces notes.

oifonctions de greffier près notre Cour des sqpairs.

6. Notre président du conseil des ministres, et notre ministre de la justice, sont fo chargés de l'exécution de la présente ordon- in nance.

---

ic 23 AOUT = Pr. 30 SEPTEMBRE 1820. — Ordonnance du Roi portant approbation de deux délibérations de la compagnie d'assurances mutuelles contre l'incendie dans le département de la Loire-Inférieure. (7, Bull. 400, n° 9354.)

Louis, etc. vu l'article 2 de notre ordonnance du 25 septembre 1819 portant autorisation d'une compagnie d'assurances mutuelles contre l'incendie dans le département de la Loire-Intérieure, lequel article fixe le *minimum* des valeurs associées à l'assurance nécessaire pour la mise en activité de la société à la somme de quinze millions, et à celle de cent vingt mille francs le *maximum* de la valeur de chaque propriété assurée; vu deux délibérations de l'administration de ladite société des 5 juin et 7 août 1820, tendant à changer l'article 6 des statuts en ce qui se rapporte au *minimum* des valeurs associées et au *maximum* de chaque risque; sur le rapport de notre ministre secrétaire d'État de l'intérieur, notre Conseil-d'État entendu, nous avons ordonné et ordonnons ce qui suit :

Art. 1er. Les délibérations de la compagnie d'assurances mutuelles contre l'incendie dans le département de la Loire-Inférieure, dont il a été passé acte, les 5 juin et 7 août 1820, par-devant Brager et son collègue, notaires à Nantes, lesquelles délibérations resteront annexées à la présente, sont approuvées. En conséquence, il est permis à ladite société de se mettre en activité aussitôt qu'elle aura réuni neuf millions de valeurs associées à l'assurance : ladite somme suffira de même pour la continuation de la société à ses renouvellemens périodiques de cinq ans en cinq ans.

2. Aucune propriété ne pourra être admise à l'assurance pour une valeur de plus de quatre-vingt-dix mille francs, tant que la masse des valeurs assurées n'aura pas excédé neuf millions : à mesure que cette masse augmentera, le *maximum* de chaque risque pourra s'accroître proportionnellement, sans que la valeur admise pour quelque propriété que ce soit puisse jamais excéder un pour cent de la masse totale.

3. La présente ordonnance, avec les délibérations annexées, sera publiée au Bulletin des Lois, insérée au Moniteur et dans le journal des annonces judiciaires du département de la Loire-Inférieure.

4. Notre ministre de l'intérieur est chargé de l'exécution de la présente ordonnance.

Par-devant Me Brager et son collègue, notaires royaux à la résidence de Nantes, soussignés, furent présens :

(*Suivent les noms.*)

Tous lesdits sieurs comparans, membres du conseil d'administration de la compagnie d'assurance mutuelle contre l'incendie provisoirement constituée pour le département de la Loire-Inférieure;

Lesquels ont dit et fait ce qui suit :

Par ordonnance rendue au château des Tuileries, le 15 septembre 1819, sa majesté a bien voulu autoriser pour tout le département de la Loire-Inférieure la société d'assurance mutuelle contre l'incendie, provisoirement constituée à Nantes, conformément aux statuts arrêtés par les actes au rapport de Me Brager et son collègue, notaires à Nantes, des 7, 8 et 9 juin et du 17 août 1819.

Cette ordonnance porte, par modification aux statuts référés ci-dessus, qu'il « sera permis à la société de commencer « ses opérations sitôt que la valeur des « propriétés engagées dans l'assurance mu- « tuelle s'élèvera à la somme de quinze « millions de francs, mais sous la condi- « tion expresse que le *maximum* de la va- « leur séparée de chaque propriété admise « n'excédera pas cent vingt mille francs, « et que ce *maximum* pourra être aug- « menté dans la proportion de l'accroisse- « ment de la masse des propriétés assurées, « en conservant entre les deux quantités « les rapports déterminés ci-dessus. » Comme le montant des propriétés actuellement engagées à l'assurance mutuelle ne s'élève qu'à environ huit millions, les comparans, désirant ne pas retarder l'époque à laquelle leurs concitoyens et eux pourront jouir des bienfaits d'un établissement aussi utile, se sont déterminés à solliciter de sa majesté l'autorisation de mettre en activité la compagnie, aussitôt qu'elle présentera une masse de neuf millions de propriétés associées; mais, pour donner à leur demande un caractère plus authentique, mesdits sieurs comparans, en vertu des pouvoirs qui leur ont été délégués par l'acte social et par les souscripteurs qui ont adhéré à cet acte, changent, par ces présentes, de la manière ci-après, l'article 6 des statuts qu'il contient :

Nouvel article 6. L'association mutuelle contre l'incendie ne peut avoir d'effet que du moment où, par suite des adhésions à ces statuts, il se trouve pour une somme de neuf millions de propriétés engagées à l'assurance. L'accomplissement de cette

5.

condition sera constaté par le conseil d'administration, qui en donnera avis à chaque sociétaire. Cette somme de neuf millions n'est pas limitative.

Changement à l'article : « La condition « de l'existence de quinze millions pour la « continuation de la société est remplacée « par celle de l'existence de neuf millions « seulement. »

Les comparans autorisent M. Henri Groullin de la Brosse, directeur de l'établissement, à remplir toutes les formalités nécessaires pour obtenir de sa majesté l'approbation des changemens apportés ci-dessus à l'acte constitutif de la société.

Fait et passé à Nantes, en l'étude de Brager, notaire, son confrère présent, ce jour 5 juin de l'an 1820, sous nos seings et ceux des comparans, après lecture.

Devant Brager et son collègue, notaires royaux à la résidence de Nantes, département de la Loire-Inférieure, soussignés, furent présens :

(Suivent les noms.)

Membres du Conseil d'administration de la compagnie d'assurance mutuelle contre l'incendie du département de la Loire-Inférieure;

Lesquels, en conformité de la lettre de son excellence monseigneur le ministre de l'intérieur, en date du 27 juillet 1820, à M. le préfet de ce département, relative à la fixation à neuf millions du *minimum* de la masse des valeurs assurées, requis pour mettre la société en activité, *minimum* aujourd'hui fixé à quinze millions, ont déclaré constater et arrêter au besoin qu'au moyen de la réduction à neuf millions des valeurs assurées pour la mise en activité de la société, cette société ne pourra admettre à l'assurance aucune propriété au-dessus d'une valeur de quatre-vingt-dix mille francs, sauf à élever par la suite la valeur de chaque propriété assurée séparément en proportion de l'augmentation du fonds social, de manière que chaque répartition pour les dommages d'incendie ne puisse excéder un pour cent des valeurs associées à l'assurance.

Dont acte fait et passé à Nantes, étude et au rapport de Me Brager, l'un de nous, son confrère présent, ce jour 7 août 1820 ; et, lecture faite, etc.

———

23 AOUT 1820. — Ordonnance du Roi qui nomme M. Bluget de Val de Nuit préfet du département de la Charente. (7, Bull. 397.)

———

23 AOUT 1820. — Ordonnance du Roi qui accorde une pension au sieur Jourdan de Villiers, chevalier de l'ordre de Saint-Jean de Jérusalem. (7, Bull. 399.)

———

23 AOUT 1820. — Ordonnance du Roi qui autorise l'acceptation de dons et legs faits aux fabriques des églises de Valgnes, de Mondidier, de Privas, de Sebrazac, de Lauzach, de Bayonne, de Plestin et de Bonne-Nouvelle de Paris ; à l'évêché de Bayonne et au séminaire de Metz. (7, Bull. 408.)

———

23 AOUT 1820. — Ordonnance du Roi qui autorise l'acceptation de legs faits à l'archevêché de Paris et aux congrégations des missions étrangères et de Saint-Lazare. (7, Bull. 409.)

———

23 AOUT 1820. — Ordonnances du Roi relatives aux foires des communes de Moncontour, de Versoud, de Saint-Maurice, de Fabrègues et de Château-Garnier. (7, Bull. 409.)

———

23 AOUT 1820. — Ordonnances du Roi relatives aux foires des communes d'Allos, d'Envermeu, de Tourtoirac, de Sainte-Marie-la-Blanche et de Fontenay. (7, Bull. 410.)

———

28 AOUT = Pr. 1er SEPTEMBRE 1820. — Ordonnance du Roi relative à l'application de la prime de sortie sur les tissus de laine de fabrication française. (7, Bull. 396, n° 9271.)

Voy. ordonnance du 31 octobre 1821.

Louis, etc. vu la loi du 7 juin dernier, qui établit une prime de sortie pour les tissus de laine de fabrication française ; voulant déterminer les conditions auxquelles cette prime doit être subordonnée, pour ne pas donner lieu à des abus ; sur le rapport de notre ministre secrétaire d'Etat des finances ; notre Conseil entendu, nous avons ordonné et ordonnons ce qui suit :

Art. 1er. Les exportations de tissus de laine pour lesquelles on entendra se réserver le bénéfice de la prime établie par l'article 8 de la loi du 7 juin dernier devront s'effectuer exclusivement par l'un des ports d'entrepôt ou par l'un des bureaux de terre ouverts au transit par les lois des 17 décembre 1814 et 21 avril 1818.

2. Les déclarations de sortie, présentant séparément le contenu de chaque ballot, seront faites à l'une des douanes ci-dessus désignées, à moins qu'il ne s'agisse d'une expédition faite d'une ville de l'intérieur où se trouve un bureau de douane.

3. Ces déclarations contiendront l'indication exacte du poids net des tissus, du nombre de pièces renfermées dans chaque

ballot, ainsi que de la dimension et du poids brut de ceux-ci.

4. Soit au bureau de l'intérieur, soit à celui de l'extrême frontière, désigné ci-dessus, on procédera à la vérification effective et détaillée du poids net et de l'espèce des tissus déclarés.

5. Dans le cas où l'expédition aura été faite par une douane de l'intérieur, les bureaux frontières par lesquels l'exportation définitive aura lieu ne procéderont, à moins de motifs particuliers dont ils n'auront pas à rendre compte, qu'à une vérification purement extérieure des colis.

Cette vérification aura pour objet de reconnaître l'état des colis et des plombs, l'identité des marques, du poids et des dimensions des ballots.

6. La prime de vingt-deux francs cinquante centimes, commune à tous les tissus de pure laine; celle de cinquante-six francs vingt-cinq centimes pour les draps communs, et celle de quarante-cinq francs pour les tissus mélangés, n'exigeront d'autre vérification que celle de l'espèce et du poids net.

7. Celle de quatre-vingt-dix francs, allouée aux draps dont le mètre vaut plus de vingt-cinq francs, entraînera la reconnaissance de la *qualité*, qui aura d'ailleurs dû être expressément déclarée et prouvée d'avance par des factures et des échantillons, ainsi qu'il est prescrit par la loi. Ces factures et échantillons seront joints aux certificats de passage à l'étranger, pour motiver les ordonnances de paiement.

8. En cas de doute sur la qualité et la valeur des draps pour lesquels la prime de quatre-vingt-dix francs sera demandée, le directeur général des douanes en provoquera l'expertise par le comité consultatif des arts et fabriques, institué près le ministère de l'intérieur.

9. Les fausses déclarations seront poursuivies et réprimées conformément à l'article 17 de la loi du 21 avril 1818.

10. Notre ministre des finances est chargé de l'exécution de la présente ordonnance.

---

19 AOUT 1820. — Eclaircissemens sur des difficultés relatives à l'exécution de la loi du 29 juin 1820, donnés par M. Siméon, ministre de l'intérieur (1re partie).

Voy. la 2e partie à la date du 4 SEPTEMBRE 1820, et notes sur la loi du 29 JUIN 1820.

Questions relatives à la formation des listes.

1re *Question*. Le quart de tous les électeurs d'arrondissement devant former le collège départemental, doit-il être établi avec ou sans égard aux fractions?

Si le nombre des électeurs d'arrondissement n'excède que d'une unité un multiple de 4, il ne faut tenir nul compte de la fraction. S'il excède de 2 ou 3 unités un multiple de 4, on doit prendre le quart du multiple de 4 immédiatement supérieur. Par exemple, pour 121, le quart sera 30; pour 122 et 123, le quart sera 31.

La raison en est que 121 et 123 sont plus près, le premier de 120 que de 124, le second de 124 que de 120. Quant à 122, qui diffère également de ces deux multiples de 4, le doute qui s'établit semble devoir être résolu dans le sens qui favorise les intérêts d'un plus grand nombre d'individus, et qui augmente la force des collèges départementaux.

2e Quel parti faut-il prendre, quand deux électeurs payant la même contribution sont en concurrence pour être inscrits sur la liste du collège départemental?

La préférence doit être donnée au plus âgé, conformément à ce qui se pratique lorsque deux candidats obtiennent dans un scrutin un même nombre de suffrages.

3e Faut-il inscrire sur les listes électorales, soit d'arrondissement, soit de département, les contribuables qui, à l'époque de la publication des listes, n'auraient pas encore accompli leur trentième année, ou l'année de possession, etc., exigée par l'article 4, de la loi du 29 juin, mais qui accompliraient cet âge ou cette époque avant l'ouverture du collège électoral?

En principe général, tous ceux qui ont des droits acquis avant l'ouverture du collège électoral sont électeurs et ont droit de voter. Mais les époques de convocation des divers collèges ne sont pas les mêmes; et la liste électorale de département est déduite de celles d'arrondissement, il est nécessaire qu'elles soient toutes arrêtées en même temps pour concorder ensemble. Il doit donc y avoir un terme passé lequel ceux qui acquerraient le droit électoral ne peuvent l'exercer.

Les contribuables qui, au moment de la publication des listes, ne remplissent pas encore les conditions d'âge ou de possession, d'habitation, d'industrie, mais qui les rempliront avant le terme dont il vient d'être parlé, peuvent être inscrits comme électeurs.

Maintenant, comment ce terme doit-il être fixé?

Les listes restent affichées pendant un mois (art. 3 de la loi du 29 juin 1820); et attendu qu'un délai est nécessaire après ce terme pour statuer sur les réclamations qui restent à juger, et pour clore définitivement les listes, on ne peut admettre moins de cinq jours pour les opérations qui doivent précéder l'ouverture du collège convoqué le premier. Il paraît donc convenable d'inscrire sur les listes électorales les contribuables qui, dans les 35 jours depuis celui de la publication des listes, accompliraient leur 30ᵉ année ou l'année de possession, d'habitation, d'industrie, exigée par l'article 4 de la loi du 29 juin.

Questions relatives au domicile.

4ᵉ Les électeurs qui, en transférant leur domicile politique dans un autre département, y jouiraient du double vote, peuvent-ils être dispensés du délai de six mois pour profiter du bénéfice de cette translation ?

La loi du 5 février 1817 n'admet aucune exception à l'obligation du délai de six mois pour translation de domicile politique; celle du 29 juin dernier n'accorde le double vote que dans le département où l'électeur avait son domicile politique lorsqu'elle est devenue exécutoire, et il ne peut le transférer dans un autre département qu'en se conformant à la loi du 5 février, qui continue à régir les questions de domicile.

5ᵉ L'électeur qui, dans les années 1816 à 1819, a voté dans le département A, qui depuis a transféré et acquis son domicile dans le département B, peut-il prendre part, en 1820, aux opérations du collège départemental du département B ?

Suivant l'art. 3 de la loi du 5 février 1817, l'électeur dont il s'agit ne peut voter dans un des collèges d'arrondissement du département B; mais on a prétendu qu'il le peut dans le collège des plus imposés, par le motif que ce collège nomme, *pour la première fois*, des députés nouvellement créés, et que les effets, quant au droit d'élire, de cette augmentation du nombre des députés, doivent être assimilés aux effets de la dissolution de la Chambre.

Ce motif n'est pas admissible. Les dispositions de l'article 3 de la loi du 5 février 1817 sont formelles.

Elles portent que la translation du domicile ne donne l'exercice du droit électoral qu'à celui qui, dans les quatre années antérieures, ne l'a point *exercé dans un autre département*, et ne font exception à ce délai que dans le cas où la Chambre a été dissoute. La nomination des 172 nouveaux députés ne peut être assimilée à une réélection générale par suite de dissolution de la Chambre, parce que la loi n'a prononcé explicitement ni implicitement une telle assimilation.

On peut ajouter, pour écarter toute induction appliquée à un cas qui diffère entièrement de l'autre, que l'électeur qui aurait nommé, depuis 1816, dans le département A, des députés restés membres de la Chambre, se trouverait, en nommant dans le département B une partie des 172 députés nouvellement créés, avoir pris part à l'élection des députations de deux départemens différens, siégeant simultanément à la Chambre, ce qui serait contraire au texte et à l'esprit de la loi. Il suit de là que le concours aux élections du département A, depuis 1816, prive l'électeur aujourd'hui domicilié dans le département B, du droit d'y prendre part aux opérations électorales de 1820, sauf le cas où il y aurait, avant ces opérations, dissolution de la Chambre.

Il ne peut pas d'avantage concourir, cette année, dans le département A, à la première élection des nouveaux 172 députés, puisqu'il n'y a plus son domicile politique.

Questions relatives à l'exécution de l'article 4 de la loi du 29 juin.

6ᵉ L'héritier testamentaire, le légataire ou donataire après décès ne doit-il pas être considéré comme possesseur à titre successif, et excepté par conséquent de la condition d'une année de possession, exigée par l'article 4 de la loi du 29 juin 1820 ?

Oui, car, dans ces différens cas, il ne peut y avoir soupçon de fraude ou de simulation, et la propriété est acquise irrévocablement à l'héritier, ou donataire, ou légataire, par le décès du testateur.

7ᵉ Le mari, quand son mariage n'a pas encore un an de date, ne doit-il pas profiter des contributions payées par sa femme sur les biens qu'elle possédait depuis un an ou qu'elle a reçus de ses parens pour cause de mariage ?

Dès que le mariage est célébré, le mari exerce sur les biens de sa femme les droits qui lui sont attribués par le Code. Par suite du même principe, il doit, dès ce moment même, commencer à profiter des contributions de sa femme, pour l'exercice du droit électoral. On ne peut assimiler un engagement irrévocable et aussi sacré que le mariage à un acte fait comme une spéculation et dans l'intention d'éluder la loi. Ainsi l'époque récente du mariage ne doit pas empêcher de compter au mari les contributions que sa femme payait pour les biens possédés ou pour l'industrie exercée par elle depuis plus d'un an, ou pour les propriétés qu'elle a reçues à titre successif, ou même pour celles qu'elle a reçues en dot de ses parens. Celles-ci sont, à quelques égards, une portion d'héritage qui lui échoit.

8ᵉ La condition d'une année de possession, de location ou d'industrie, exigée de l'électeur, doit-elle l'être pour les biens, l'habitation ou l'industrie de sa femme, et pour les biens de ses enfans mineurs ou de son ascendante, dont les contributions lui sont comptées ?

Oui ; sans cela la garantie exigée par l'article 4 de la loi du 29 juin 1820 serait éludée au moyen d'acquisitions, locations ou industries simulées, de la part des parens désignés dans l'article 2 de la loi du 5 février 1817 et dans l'article 5 de la loi du 29 juin.

9° La donation faite par le père ou tout autre ascendant doit-elle être considérée comme conférant la propriété à titre successif ?

Oui, car on ne peut admettre le soupçon de fraude de la part d'un père ou d'un ascendant, lorsqu'il dispose d'une partie de ses propriétés en faveur d'un de ses enfans. De pareilles dispositions doivent être considérées comme avancement d'hoirie.

10° Un père a cédé à son fils la propriété d'un bien dont il s'est réservé l'usufruit. Il renonce ensuite à cet usufruit en faveur de son fils. La condition d'une année d'usufruit doit-elle être exigée pour que le fils soit admis à jouir du droit électoral ?

Puisque, d'après la solution précédente, le fils n'aurait pas besoin d'une année de possession pour être électeur, cette année ne doit pas être exigée pour l'usufruit. L'hypothèse est même plus favorable, puisque le père ne fait que compléter entre les mains de son fils une possession que celui-ci avait déjà partiellement.

11° A partir de quelle époque doit être comptée l'année exigée pour la possession, l'habitation ou l'industrie qui confère le droit électoral ?

S'il s'agit d'une propriété, l'année de possession doit être comptée à partir du jour de l'enregistrement de l'acte de vente ou de donation. Cette date seule fixe d'une manière authentique l'époque de la transmission de la propriété.

L'année d'habitation doit être comptée à partir de l'entrée en jouissance de l'appartement ou de la maison qui fait l'objet de la location.

Celle d'exercice de l'industrie, à partir de la délivrance de la patente, pourvu qu'il y ait eu exercice réel de commerce ou d'industrie.

Questions relatives à l'exécution de l'article 5 de la loi du 29 juin.

12° La veuve privée de quelqu'un des droits civils ou déclarée faillie peut-elle user de la faculté accordée par l'article 5 de la loi du 29 juin 1820 ?

Comme il ne s'agit pas de l'exercice d'un droit personnel, mais d'une simple désignation sur une propriété, la veuve ne peut être privée de la faculté dont il s'agit que quand elle ne peut contracter.

À l'égard de la veuve qui est en état de faillite, elle ne possède plus ses biens, qui sont devenus la propriété des créanciers. Elle ne peut donc faire profiter son fils, petit-fils ou gendre, des contributions assises sur ces biens.

13° La femme divorcée peut-elle, comme la veuve, attribuer à l'un de ses descendans ses contributions pour lui conférer le droit d'électeur ?

La loi n'accorde ce droit qu'à la veuve. Ce texte formel, auquel on ne peut rien ajouter, exclut la femme divorcée, qui semble être pourtant dans une position analogue à la veuve.

Il suit de là que la faculté dont il s'agit ne peut être exercée par la femme dont le mari a encouru la mort civile, ni par la mère adoptive, si ce n'est quand elle est veuve, et en faveur des individus devenus ses fils, petit-fils ou gendres, par suite de l'adoption qu'elle aurait faite conjointement avec son mari défunt.

14° Le même individu peut-il profiter des désignations faites à la fois en sa faveur par deux ou plusieurs veuves, ascendantes (sa mère, sa belle-mère, ses aïeules paternelle et maternelle) pour que leurs contributions lui soient comptées dans le calcul électoral ?

La loi ne défend pas de cumuler ces contributions ; elle n'impose de restriction qu'à l'égard de la faculté de désigner, laquelle ne peut s'exercer qu'en faveur d'un seul des fils, petits-fils ou gendres. Mais elle n'en impose aucune à la faculté de recevoir une semblable désignation. Un même individu peut donc en même temps être désigné par plusieurs de ses ascendantes, en vertu du droit attribué à chacune d'elles, et profiter par conséquent de leurs contributions.

15° La désignation faite par une veuve n'a-t-elle de valeur que pour l'élection immédiatement suivante, ou subsiste-t-elle jusqu'à révocation formelle ?

La désignation faite par une veuve n'a pas besoin d'être renouvelée à chaque élection. Elle subsiste tant qu'elle n'est pas révoquée formellement, sauf les exceptions portées aux solutions 18 et 19. Seulement l'électeur devra justifier, à chaque élection, que les propriétés sur lesquelles portent les contributions dont il profite sont toujours possédées par la veuve ; ou, s'il y a eu mutation de propriété, qu'elles sont possédées depuis le temps requis par la loi, attendu que la transmission dont il s'agit n'exempte, dans aucun cas, de la durée de la possession.

16° La veuve, après avoir désigné un de ses fils, petits fils ou gendres, pour profiter de ses contributions, peut-elle annuler cette désignation, et même en faire une nouvelle en faveur d'un autre descendant du même degré?

La désignation faite par une veuve en faveur d'un de ses descendans n'est pas irrévocable. Elle cesse dans les circonstances indiquées aux solutions 18 et 19. Elle cesse aussi quand la veuve se remarie. La loi du 29 juin ne donne d'ailleurs à la veuve qu'une faculté dont elle peut user ou ne pas user. Si des motifs qui l'eussent déterminée à ne point en user ou à en faire profiter un autre descendant viennent à se présenter après la désignation, pourquoi la veuve ne pourrait-elle pas l'annuler? La révocabilité de la désignation est, sous certains rapports, une mesure morale, propre à renforcer la puissance maternelle; elle doit être considérée comme un acte de la libre volonté de celle qui l'exerce. Seulement, la veuve qui aurait transmis ses contributions en tout ou en partie à un de ses descendans, lequel aurait, en vertu de cette transmission, concouru à élire une députation, ne pourrait, sauf le cas de la dissolution de la Chambre, les transmettre à un autre de ses descendans qu'après le délai assigné par la loi au renouvellement de cette députation. Cette manière de voir résulte des motifs qui ont dicté le paragraphe 2 de l'article 3 de la loi du 5 février.

17ᵉ Une veuve a des fils ou petits-fils âgés de moins de trente ans, ou privés des droits civils ou politiques, et des gendres qui ont plus de trente ans, ou qui jouissent de ces droits, peut-elle désigner un de ses gendres pour profiter de ses contributions au préjudice de ses fils ou petits-fils?

La loi appelle les fils, petits-fils et gendres dans cet ordre et à l'exclusion les uns des autres. Elle n'a fait aucune exception. Ainsi, tant qu'il y a un fils ou un petit-fils, même incapable de jouir de cet avantage, elle exclut les petits-fils ou gendres qui auraient la capacité requise.

18ᵉ La désignation en faveur du gendre cesse-t-elle par la naissance d'un petit-fils, soit enfant, soit neveu du gendre?

Oui, d'après le principe énoncé ci-dessus, fondé sur le texte formel de la loi.

19ᵉ La désignation faite par une veuve en faveur de son gendre cesse-t-elle quand il devient veuf sans enfans de son mariage, ou quand il se remarie (ayant des enfans de son premier mariage)?

Le gendre, lorsqu'il devient veuf, même sans enfans, ne doit point perdre le bénéfice de la désignation, mais il le perd s'il se remarie.

29 AOUT 1820. — Ordonnances du Roi qui autorisent l'acceptation de dons et legs. (7, Bull. 409 et 410.)

_____

30 AOUT — Pr. 13 SEPTEMBRE 1820. — Ordonnance du Roi qui autorise la commune de Sept-Moncel (Jura), à exporter annuellement une quantité déterminée d'écorce de sapin non moulue, provenant de sa banlieue. (7, Bull. 398, n° 9310.)

Louis, etc. vu la loi du 7 juin dernier, qui autorise le Gouvernement à suspendre localement la prohibition de sortie des écorces à tan d'après les besoins de l'industrie, et qui détermine les droits applicables en pareil cas; vu la délibération par laquelle le conseil municipal de Sept-Moncel, canton et arrondissement de Saint-Claude, département du Jura, demande à pouvoir exporter annuellement à l'étranger cent cinquante mille kilogrammes d'écorce de sapin; vu l'avis de notre ministre secrétaire d'Etat de l'intérieur, sur le rapport de notre ministre secrétaire d'Etat des finances, nous avons ordonné et ordonnons ce qui suit:

Art. 1ᵉʳ. La commune de Sept-Moncel, canton et arrondissement de Saint-Claude, département du Jura, est autorisée à exporter annuellement à l'étranger cent cinquante mille kilogrammes d'écorce de sapin non moulue, provenant de sa banlieue.

2. Cette origine devra être établie par certificat du maire.

3. La sortie s'effectuera par la douane de Mijoux, et moyennant le droit de deux francs cinquante centimes par cent kilogrammes.

4. Notre ministre des finances est chargé de l'exécution de la présente ordonnance.

_____

30 AOUT — Pr. 12 OCTOBRE 1820. — Ordonnance du Roi portant autorisation, conformément aux statuts y annexés, de la société d'assurances mutuelles contre l'incendie dans le département du Cher. (7, Bull. 404, n° 9466.)

Art. 1ᵉʳ. La société d'assurances mutuelles contre l'incendie dans le département du Cher, formée à Bourges par acte passé par-devant Vergne et son collègue, notaires à ladite résidence, les 25, 26, 27 et 28 mars 1820, est autorisée; ses statuts sont approuvés ainsi qu'ils sont contenus tant audit acte qu'en celui passé par-devant les notaires le 29 juillet suivant, et en la délibération des sociétaires le 3 juin 1820, lesquels actes et délibération resteront annexés à la présente ordonnance.

2. La présente autorisation étant accordée à ladite société à la charge par elle de

se conformer aux lois et à ses statuts, nous nous réservons de la révoquer dans le cas où ces conditions ne seraient pas accomplies, sans préjudice des actions à exercer par les particuliers devant les tribunaux, à raison des infractions commises à leur préjudice.

3. La société sera tenue de remettre, tous les six mois, copie en forme de son état de situation au préfet du département du Cher et au greffe du tribunal de commerce de Bourges.

4. Notre ministre secrétaire d'Etat de l'intérieur nommera un commissaire auprès de ladite compagnie : il sera chargé de prendre connaissance de ses opérations et de l'observation des statuts ; il rendra compte du tout à notre ministre de l'intérieur.

Il informera le préfet du département de tout ce qui, dans les opérations de ladite compagnie, pourrait intéresser l'ordre et la sûreté publique. Il le préviendra de la tenue du conseil général des sociétaires.

Il pourra suspendre provisoirement celles des opérations de la compagnie qui lui paraîtraient contraires aux lois et statuts, ou dangereuses pour la sûreté publique, et ce, jusqu'à décision à intervenir de la part des autorités compétentes.

5. Notre ministre secrétaire d'Etat de l'intérieur est chargé de l'exécution de la présente ordonnance, qui sera insérée au Bulletin des Lois avec les actes annexés : pareille insertion aura lieu dans le Moniteur et dans le Journal des annonces judiciaires du département du Cher, sans préjudice de toute autre publication requise.

Statuts de la société d'assurance mutuelle du département du Cher.

Par-devant M⁽ᵉˢ⁾ François-Silvain Vergne et son confrère, notaires royaux résidant à Bourges, soussignés, sont comparus :
(*Suivent les noms.*)
Tous propriétaires demeurant en cette ville de Bourges, sections d'Auron, Bourbonnoux, Saint-Sulpice et Saint-Privé;

Lesquels, dans l'intention de resserrer encore, s'il est possible, les liens qui existent entre tous les habitans du département du Cher, mus d'ailleurs par l'exemple et encouragés par l'expérience de plusieurs départemens de la France, se sont réunis pour former le centre d'une compagnie d'assurance mutuelle contre l'incendie. En conséquence, les soussignés ont fait et arrêté ce qui suit :

CHAPITRE Iᵉʳ. Fondation.

Art. 1ᵉʳ. Il est formé par le présent acte une société anonyme d'assurance mutuelle entre les propriétaires susnommés de maisons et bâtimens situés dans le département du Cher qui adhéreront aux présens statuts.

Cette société exclut toute solidarité entre les sociétaires, dont chacun, en tout état de cause, ne peut supporter que la part dont il est tenu dans la contribution à laquelle le dommage peut donner lieu, selon les états de répartition rendus exécutoires par le conseil d'administration.

2. La présente association ne peut avoir d'effet que du moment où, par suite des adhésions aux présens statuts, il se trouvera pour une somme de cinq millions de propriétés engagées à l'assurance mutuelle : l'accomplissement de cette condition sera constaté par un arrêté du conseil d'administration, dont il sera donné connaissance par le directeur à chaque sociétaire, et qui déterminera le jour de la mise en activité de la société. Ladite somme de cinq millions n'est pas limitative : le nombre des sociétaires est indéfini, la compagnie admettant à l'assurance mutuelle tous les propriétaires de maisons et bâtimens dans le département du Cher.

3. La durée de la société est de trente ans, sauf l'effet de l'article 6, relatif à chacun des associés, pourvu qu'à l'expiration de chaque période de cinq années il se trouve toujours cinq millions de propriétés engagées à l'assurance.

CHAPITRE II. But et organisation de la société.

4. Cette société a pour objet de garantir mutuellement ses membres des dommages que pourraient causer l'incendie et même tout feu du ciel et des cheminées aux maisons, bâtimens, usines et édifices de toute espèce qui participent aux bienfaits de l'assurance.

Ne sont pas compris dans la présente assurance, et ne pourront donner lieu à aucun paiement de dommages, tous incendies provenant soit d'invasion, soit de commotion ou émeute civile, soit de force militaire quelconque ou explosion de moulins et magasins à poudre.

La police d'assurance devient nulle dans ses effets actifs et passifs, si la propriété cesse d'exister par d'autres causes que par celles d'incendie.

5. Il sera apposé sur chaque propriété assurée, et dans la quinzaine au plus tard de l'engagement du propriétaire, une plaque indicative de l'assurance, portant les lettres initiales A. M. (assurance mutuelle). Le prix des plaques sera fixé par le conseil d'administration, et payable par l'assuré

au moment où la police d'assurance sera signée.

6. Chaque sociétaire est assureur et assuré pour cinq ans à partir du premier jour du mois qui suit celui dans lequel il est devenu sociétaire; trois mois avant l'échéance des cinq ans, il fera connaître, par une déclaration consignée sur un registre tenu à cet effet, s'il entend continuer de faire partie de ladite société, ou s'il y renonce.

Par le seul fait du défaut de déclaration à l'époque donnée, on lui supposera l'intention de demeurer attaché à la société, et il continuera d'en faire partie.

S'il continue, toutes les conditions de l'assurance, une nouvelle expertise même, s'il y a lieu, doivent être remplies avant l'échéance du terme de l'engagement.

S'il renonce, son immeuble est dégagé de toute charge sociale, comme il cesse de profiter de tout bénéfice de garantie, à partir de l'échéance dudit terme et son dernier jour compris.

Le présent article sera exécutoire tant contre l'assuré que contre ses héritiers et ayant-cause, et même contre ses acquéreurs en cas de vente.

Le propriétaire assuré s'interdit le droit de faire assurer les mêmes biens par une autre compagnie.

Celui qui aurait déjà fait assurer une partie de ses maisons et bâtimens ne pourra être sociétaire, même pour les biens qui ne seraient point assurés par d'autres sociétés.

7. La valeur des maisons et bâtimens est établie d'après la déclaration du propriétaire, sauf la vérification que le conseil d'administration se réserve de faire faire dans les trois mois de la déclaration, s'il le juge convenable; et dans le cas où, par cette vérification, il serait convenu que le propriétaire a donné à son immeuble une valeur d'un quart en sus de sa valeur réelle, les frais auxquels aura donné lieu l'expertise, seront à sa charge.

8. L'évaluation doit porter séparément sur chacun des bâtimens composant l'ensemble de la propriété assurée : elle est constatée tant par le registre de la société que par la police d'assurance donnée à chaque sociétaire.

Le montant de cette estimation ne comprend pas la valeur du sol : elle forme le capital à assurer; et ce capital est la base de la somme à laquelle le propriétaire assuré aura droit en cas d'incendie, comme il est la base de la somme pour laquelle il doit concourir au paiement des dommages audit cas.

Si des changemens quelconques opérés ultérieurement dans une propriété bâtie et assurée lui donnaient une valeur plus ou moins grande, une nouvelle déclaration en sera faite par le propriétaire, sauf la vérification que le conseil d'administration aura le droit de faire faire, ainsi qu'il est dit ci dessus.

9. Les fermiers ou locataires principaux ou particuliers, soit ensemble, soit séparément, sont admis à devenir membres de la présente société en satisfaisant, comme s'ils étaient propriétaires, aux dispositions des présens statuts.

Tout fermier, locataire principal ou particulier de maisons et bâtimens assurés, en état de justifier par acte authentique ou ayant une date certaine, qu'il concourt avec son propriétaire aux statuts d'assurance pour la maison et bâtimens qu'il habite ou dont il a jouissance, jouit des mêmes avantages que le propriétaire lui-même, et est affranchi, envers la compagnie, de la responsabilité que lui impose l'art. 1733 du Code civil.

Le bénéfice de cette assurance n'aura lieu en faveur du fermier ou locataire qu'autant que par l'événement il sera tenu lui-même à une indemnité envers son propriétaire : l'effet de l'assurance cessera avec le bail.

Tout créancier hypothécaire est également admis, si le propriétaire ne l'a pas fait, à faire assurer l'immeuble qui lui sert de garantie, en satisfaisant, comme s'il était propriétaire, aux conditions de l'assurance : ce créancier ainsi assuré sera payé par la société du montant de sa créance seulement, pourvu toutefois que l'immeuble assuré soit d'une valeur égale au moins à sa créance.

L'usufruitier peut, comme le créancier hypothécaire, assurer l'immeuble dont il a l'usufruit, en satisfaisant aussi, comme s'il était propriétaire, aux conditions de l'assurance.

10. En sa qualité d'assureur, tout sociétaire est tenu de fournir à la compagnie une garantie pour le paiement de ses portions contributives auxquelles l'assujétit le présent système d'assurance mutuelle; cette garantie est de un pour cent de la valeur assurée.

Elle se réalise dans l'acte d'adhésion, au moyen d'une affectation d'hypothèque par privilège, aux termes de l'article 2085 du Code civil, et jusqu'à due concurrence, sur les revenus de l'immeuble assuré.

Ou bien il sera libre à l'assureur de fournir à la société, à titre de cautionnement, le paiement d'un pour cent du montant des sommes pour lesquelles il aura assuré ses biens; et, dans le cas où il aura fourni ce cautionnement en argent, il lui sera payé par la société l'intérêt du capital qu'il représentera, à raison de quatre pour cent par an.

Le sociétaire qui aura fourni un cautionnement en argent, sera libre de le retirer, en avertissant le directeur trois mois d'avance, et en fournissant en remplacement hypothèque sur un immeuble.

Lorsque le propriétaire aura fait son acte d'adhésion, il sera exécutoire contre lui : il fournira en outre son engagement personnel de verser, au premier appel, les portions contributives auxquelles il pourra être tenu par la suite.

11. Tout fait d'incendie est dénoncé, au moment même où il se manifeste, par le propriétaire assuré, ou par toute autre personne qu'il est tenu de charger expressément de ce soin, au bureau de la direction, qui le fait vérifier et constater de suite.

La déclaration du propriétaire ou de son représentant est consignée sur un registre à ce destiné, et signée du déclarant, auquel il en est donné copie.

12. Vingt-quatre heures après l'événement constaté, trois experts procèdent à l'estimation du dommage causé par l'incendie à la propriété assurée : l'un de ces experts est nommé par la compagnie ; l'autre, par le propriétaire incendié ; et le troisième, par les deux premiers. Les frais d'estimation seront supportés, moitié par la société, et l'autre moitié par le propriétaire incendié.

La base de l'estimation est la valeur de la portion incendiée, et non le prix de la reconstruction ; si la propriété est entièrement consumée, c'est l'estimation première qui doit servir de base, si ce n'est pour les matériaux restans. L'effet de la police d'assurance est suspendu jusqu'à sa reconstruction, et le sociétaire est, pendant ce même temps, affranchi des charges sociales.

Les matériaux qui ont résisté en tout ou en partie à l'incendie seront repris par le propriétaire d'après une estimation contradictoire qui en sera faite, et leur valeur viendra en diminution du montant du paiement des pertes que le propriétaire assuré aura éprouvées.

13. Quatre mois après la clôture du procès-verbal des experts, la somme à laquelle le dommage aura été fixé sera payée à l'ayant-droit sur l'ordre exprès du conseil d'administration.

Les paiemens seront faits à la charge de subroger la société, et jusqu'à concurrence seulement de l'indemnité par elle payée, aux droits et actions que le propriétaire incendié aurait contre la personne du fait de laquelle l'incendie serait provenu : mais, néanmoins, cette subrogation n'aura lieu qu'autant que le propriétaire incendié aura été totalement indemnisé de ses pertes, tant par l'indemnité que lui aurait payée la société, que par celle qu'il aura pu obtenir contre l'incendiaire pour le surplus des dommages que lui aurait occasionnés l'incendie.

14. Pour l'exécution de l'article qui précède, le directeur établit toutes les fois qu'il y a un incendie, le compte de la contribution des sociétaires à raison des dégâts qui ont eu lieu, d'après la proportion établie en l'article 36 pour la cotisation annuelle.

Le conseil d'administration vérifie ce compte, et en arrête définitivement la répartition ; le directeur receveur est chargé d'en poursuivre le recouvrement.

Il en est donné avis aux sociétaires, qui viennent en prendre connaissance au bureau de l'administration, et versent entre les mains du directeur, qui leur en donne un reçu, le montant de la part dont ils sont respectivement tenus dans ladite contribution.

A défaut de paiement, cet avis est renouvelé ; et, quinze jours après ce dernier avertissement, l'assureur en retard est poursuivi à la diligence du directeur et par toutes voies de droit, pour le paiement de la somme dont il se trouve débiteur : les frais de poursuites restent à sa charge.

15. S'il arrivait, par suite de plusieurs incendies survenus à diverses époques, que le fonds de garantie, déterminé à un pour cent, atteignît, malgré les mesures conservatrices qui seront prises, le vingtième de la valeur des immeubles engagés à l'assurance mutuelle, alors, tout sociétaire aurait le droit, en le notifiant à la compagnie dans le mois qui suivrait la date du dernier appel, et après y avoir satisfait, de se dégager de l'assurance.

A défaut de cette notification dans le délai sus-indiqué, il continuera de participer aux bienfaits de l'assurance mutuelle, et d'en supporter les charges.

16. La compagnie se réserve, pour la plus grande prospérité, de pourvoir, par les voies que sa prudence et son expérience lui suggéreront, aux moyens de préserver de l'incendie les immeubles engagés à l'assurance, et particulièrement de veiller à ce que les lois et ordonnances de police sur le ramonage et la construction des cheminées, fours et fourneaux à faire, soient rigoureusement observées dans les maisons garanties par l'assurance.

CHAPITRE III. Administration de la société.

17. La compagnie est administrée par un conseil général, un conseil d'administration et un directeur.

CHAPITRE IV. Conseil général des sociétaires.

18. Il y a une assemblée des sociétaires sous la dénomination de *conseil général*.

Le conseil général est composé de quarante cinq sociétaires, dont quinze sont pris dans la classe des propriétaires qui ont affecté à l'assurance des immeubles pour soixante-dix mille francs et au-dessus, quinze parmi ceux qui en ont affecté de trente à soixante-dix mille francs; et, enfin, quinze parmi ceux qui en ont affecté pour une somme au-dessous de trente mille francs. (Il est désigné pour la première fois par le conseil d'administration provisoire, lesquels membres nommeront ensuite ceux qui viendraient à cesser d'être sociétaires.) Il est présidé par un des membres, élu à majorité des suffrages; il se réunit une fois par année : sa première séance a lieu six mois après la mise en activité de la société.

19. Le conseil général nomme les membres du conseil d'administration et en détermine le nombre.

Le conseil général choisit dans son sein deux censeurs chargés de surveiller, pendant le cours de l'année, toutes les opérations de l'administration. Ils rendent compte au conseil général des observations qu'ils ont pu faire pendant l'année, et proposent les améliorations qu'ils jugent convenables.

Le conseil général, après avoir délibéré sur le rapport des censeurs, statue sur leurs observations.

En cas d'urgence, sur la demande du conseil d'administration, le président du conseil général pourra convoquer des assemblées extraordinaires de ce conseil.

20. Le conseil d'administration est composé de neuf membres et neuf suppléans. Les membres du conseil d'administration sont nommés à la majorité des suffrages; ils peuvent être pris hors même du conseil général : mais néanmoins il ne peut en être pris plus d'un tiers parmi les membres du conseil général.

21. Le conseil général, sur la proposition du conseil d'administration, déterminera les primes à accorder à ceux qui se seront distingués en cas d'incendie, et le mode de distribution.

CHAPITRE V. Conseil d'administration.

22. Le conseil d'administration est composé, pour parvenir à la formation de l'institution, des neuf sociétaires dont les noms suivent :

M. le vicomte de Fussy, maire de Bourges;
M. Dubois, propriétaire;
M. Lubin, propriétaire;
M. Félix Tourangin, fabricant de draps;
M. Porcheron-Grassoreille, propriétaire;
M. Anjorrand, propriétaire;
M. Courtier, ancien inspecteur des contributions directes;
M. Butet, inspecteur des contributions directes;

Et M. Clouet, architecte de la ville de Bourges.

Le conseil d'administration choisit son président, et il a nommé M. le vicomte de Fussy.

23. Les membres du conseil d'administration sont renouvelés par tiers tous les ans : les premiers sortans sont déterminés par le sort.

Les censeurs et les suppléans des membres du conseil d'administration seront nommés à la prochaine séance du conseil général, qui s'assemblera ainsi qu'il est dit.

Les fonctions des censeurs, qui auront voix consultative aux séances du conseil d'administration, cesseront à la deuxième assemblée du conseil général, lors de laquelle il sera procédé à leur remplacement, ou à leur réélection, à la majorité des membres présens, pour un an. Tout membre du conseil d'administration et tout censeur doivent avoir au moins trente mille francs de propriétés engagées à l'assurance mutuelle.

Le conseil d'administration a nommé pour avocat, notaire, avoué et architecte de la compagnie, MM. Mater, avocat; Vergne, notaire; Zevort, avoué; Royer fils, architecte.

24. Les avocat, notaire, avoué et architecte de la compagnie, doivent être appelés aux délibérations du conseil d'administration; ils auront voix consultative.

25. En cas de démission ou de décès de l'un des membres du conseil d'administration, il sera remplacé de droit par un suppléant, jusqu'à ce qu'il ait été pourvu à son remplacement par le conseil général.

En cas de démission ou de décès de l'un des censeurs, il est remplacé, jusqu'à la première assemblée du conseil général, par un des membres de ce conseil, élu par le conseil d'administration à la majorité des suffrages, et ce membre du conseil sera remplacé par un suppléant.

26. Les membres du conseil d'administration et les censeurs peuvent être réélus après l'expiration de la durée de leurs fonctions.

27. Le conseil d'administration se réunit d'obligation une fois par mois : il ne peut délibérer qu'autant que cinq de ses membres sont présens, ou représentés par leurs suppléans. En cas de partage des voix lors des délibérations, celle de M. le président sera prépondérante.

Le directeur tient la plume, et remplit les fonctions de secrétaire.

28. Les membres du conseil d'administration, ceux du conseil général, ainsi que les sociétaires, ne sont responsables que de l'exécution du mandat qu'ils ont reçu. Ils ne contractent, à raison de leur ges-

tion, aucune obligation personnelle ni solidaire, relativement aux engagemens de
la société.

29. Le conseil d'administration nomme,
pour la première fois seulement, le directeur, et les autres employés, sur la présentation de ce dernier : à l'avenir, ils seront
nommés par le conseil général.

Il nomme également MM. les avocat,
notaire, avoué et architecte.

Il peut provoquer et poursuivre la révocation du directeur près le conseil général,
convoqué extraordinairement à cet effet.

Le conseil général ne peut délibérer
qu'au nombre de trente membres, et la
révocation ne peut être prononcée qu'à la
majorité de deux tiers.

Le directeur est entendu en ses moyens
de défense ; la décision du conseil général
est sans appel.

Le conseil d'administration, sur le rapport du directeur, peut révoquer les autres
employés par lui présentés ; il délibère sur
toutes les affaires de la société : il décide
par des arrêtés consignés sur des registres
tenus à cet effet ; le directeur est tenu de
s'y conformer.

Il ne peut prendre aucun arrêté qui, en
contrevenant aux présens statuts, tende à
grever ou à changer le sort des sociétaires :
ses décisions sont prises à la majorité des
suffrages ; elles sont exécutoires pour toute
la compagnie.

30. Un commissaire du Gouvernement,
désigné par son excellence le ministre de
l'intérieur, peut prendre connaissance des
arrêtés du conseil d'administration, et en
suspendre l'exécution, s'il les trouve contraires aux lois et en opposition avec les
réglemens de police.

CHAPITRE VI. Direction.

31. Il y a un directeur, qui, à ce titre,
et sous les ordres et la surveillance du
conseil d'administration, dirige et exécute toutes les opérations de la société.

Il assiste, avec voix consultative, aux
assemblées du conseil d'administration ; il
convoque les assemblées du conseil général des sociétaires, aux époques et dans les
cas prévus.

Il convoque également, lorsque les cas
l'exigent, les assemblées extraordinaires du
conseil d'administration, et en donne avis
aux censeurs.

32. Le directeur met sous les yeux du
conseil général des sociétaires, lors de sa
réunion, l'état de situation de l'établissement, celui des recettes et dépenses de
l'année précédente, et le compte détaillé
de tout ce que la compagnie a été dans le
cas de rembourser pour cause d'incendie.

Il donne également à chaque sociétaire
tous les renseignemens dont il peut avoir
besoin.

33. Il donne aux censeurs toutes les communications qu'ils jugent convenable de
demander ; il leur représente le registre des
délibérations et arrêtés de l'administration,
les états de situation de l'établissement,
et leur procure tous les renseignemens que
l'intérêt de leurs commettans exige.

34. Le directeur, dans les cas prévus
par l'article 7, fait procéder, toutes les
fois qu'il est ordonné par le conseil d'administration, à l'estimation des maisons
et bâtimens engagés à l'assurance ; il prend
en sa qualité, pour la compagnie, toutes
les inscriptions nécessaires, le cas échéant ;
il est chargé de la délivrance des polices
d'assurance, de la tenue et de l'ordre des
bureaux, des rapports de la société avec
les autorités, de la correspondance, enfin
de la confection comme de la suite et de
l'exécution de tous les actes qui peuvent
concerner l'établissement.

35. Le directeur, chargé de l'exécution
des présens statuts, ne peut s'en écarter
en aucune des opérations qui en sont
l'objet.

En conséquence, il est tenu non-seulement d'avoir les registres nécessaires au
conseil général et au conseil d'administration pour leurs délibérations et arrêtés,
mais encore d'avoir un journal qui offre,
dans l'ordre jugé convenable, les noms
des sociétaires, la valeur de leur assurance et le compte ouvert à chacun d'eux,
enfin les registres relatifs aux déclarations
d'incendie, aux évaluations des dommages et à la correspondance.

36. Tous frais de bureau, de loyer et de
correspondance, tous traitemens d'employés, droits d'enregistrement, honoraires
du notaire pour les actes d'administration,
enfin, toutes dépenses, soit d'établissement, soit de gestion, sont et demeurent
à la charge de la direction.

A cet effet, et pour faire face tant à ces
dépenses que pour fournir et alimenter le
fonds de réserve dont il va être parlé ci-
après, les maisons, bâtimens, usines et
édifices de toute espèce soumis à l'assurance, sont divisés en trois classes :

La première, sous le titre de *simples risques* ;

La deuxième, sous le titre de *doubles
risques* ;

La troisième, sous celui de *triples
risques.*

Iʳᵉ CLASSE. Simples risques.

Les bâtimens et maisons construits en
pierre de taille, brique ou moellon, séparés des maisons adjacentes par un mur ou

pan de bois, ayant des cheminées en brique ou plâtre, couverts en tuile, ardoise ou métaux, et dans lesquels on n'exerce aucune profession dangereuse.

IIe CLASSE. Doubles risques.

Les maisons et bâtimens construits en plâtre et terre, couverts en chaume; ceux construits et couverts en bois ou torchis, ayant les uns et les autres des cheminées; les maisons habitées par des pâtissiers, celles occupées par des charrons.

IIIe CLASSE. Triples risques.

Les usines de toute espèce et les maisons occupées par des boulangers.

Les maisons énoncées dans la première classe paieront à raison de *cinquante centimes* par mille francs du prix de l'estimation de l'objet assuré.

Les maisons et bâtimens désignés dans la seconde classe paieront soixante-cinq centimes par mille francs.

Les usines et maisons désignées dans la troisième classe paieront un franc par mille francs.

Le paiement de ces droits est exigible au renouvellement de chaque année, et se paie par avance.

Ces recettes et dépenses forment entre la compagnie et le directeur l'objet d'un traité à forfait, dont la durée est fixée à cinq ans.

Le fonds de réserve se compose de l'excédant des sommes versées par chaque sociétaire, à raison de la nature des bâtimens assurés, prélèvement fait du traitement alloué au directeur et aux employés sous ses ordres.

Le conseil d'administration demeure chargé sous sa responsabilité, du placement de ces fonds de réserve; et, dans le cas d'incendie, il devra disposer tant du capital que des intérêts, avant que de faire aucun appel de fonds, après toutefois s'être pourvu de tous les ustensiles à incendie dont il aura reconnu la nécessité.

Le conseil d'administration pourra aussi, si ses facultés le lui permettent, disposer d'une partie des fonds de réserve pour acheter des pompes ou machines à incendie, afin de les placer dans les lieux où il jugerait qu'elles sont le plus utiles.

37. Toute action judiciaire à laquelle pourrait donner ouverture tout autre objet que le simple recouvrement, soit des cotisations annuelles, soit des portions contributives, ne pourra être engagée ou soutenue par le directeur, en sa qualité et aux frais de l'administration, que d'après l'avis du conseil d'administration, l'avocat et l'avoué de la compagnie entendus.

38. Le directeur est responsable de l'éxécution du mandat qu'il reçoit.

39. M. Bon-Thomas-Eléonore-Mignot est nommé directeur.

CHAPITRE VII. Comptabilité.

40. Les sociétaires n'étant tenus à aucune garantie en numéraire, il n'y a point de caissier. Le directeur prend aussi le titre de receveur, et en remplit les fonctions; il fournit un cautionnement en immeubles de dix mille francs au moins.

Les inscriptions nécessaires sont prises sur ses biens par le conseil d'administration, au nom de la société; il ne peut en être donné main-levée, ni consenti la radiation, qu'après l'apurement de ses comptes et leur exactitude reconnue.

41. pour la sûreté des fonds que le conseil sera dans le cas d'avoir en réserve jusqu'au moment de leur placement, il sera établi une caisse à trois clefs, dans laquelle le directeur remet, le dernier jour de chaque mois, le montant des fonds qui ont été versés entre ses mains, à quelque titre que ce soit: ces fonds n'en sont tirés qu'au fur et à mesure des besoins de la direction. Les trois clefs sont conservées par les personnes ci-après désignées:

La première, par M. le président du conseil d'administration, ou son délégué;

La seconde, par l'un des censeurs désignés par le conseil général;

Et la troisième, par le directeur.

42. La comptabilité journalière sera tenue par le directeur sous le contrôle immédiat du conseil d'administration, sans l'autorisation duquel il ne sera fait aucun paiement.

CHAPITRE VIII. Dispositions générales.

43. S'il survient quelque contestation au civil entre la compagnie, comme chambre d'assurance, et un ou plusieurs des assurés, elle est jugée, à la diligence du directeur pour la société, par trois architectes, dont deux sont nommés par les parties respectives, et le troisième par le tribunal de première instance à Bourges.

44. Le domicile de la compagnie est élu à Bourges, dans le local de la direction.

Chaque sociétaire est tenu d'élire domicile à Bourges.

Fait et passé à Bourges, hôtel de la mairie, l'an 1820, le 25 mars, à l'égard des membres composant le conseil d'administration; et, à l'égard des autres dénommés, les 26, 27 et 28 mars. Lecture faite, tous les susnommés ont signé avec nous notaires.

Addition aux statuts de l'assurance mutuelle.

Par-devant Mes François-Silvain Vergne

et son confrère, notaires royaux, résidant à Bourges, soussignés, furent présens :

MM. Alexandre-Marie Gassot, vicomte de Fussy, maire de la ville de Bourges; André Clouet, architecte; André-Charles de Dubois; François Porcheron-Grasso-reille; Louis-François-Zevort, avoué; Félix Tourangin, négociant, demeurant en cette ville de Bourges, section d'Auron et Bourbonnoux;

Tous membres composant le conseil d'administration de l'assurance mutuelle du département du Cher, réunis en l'hôtel de la mairie, d'après la convocation de M. le maire, président dudit conseil d'administration.

Il a été exposé par M. le président que, pour parvenir à obtenir l'ordonnance de sa majesté portant approbation des statuts de ladite société, tels qu'ils ont été rédigés par acte reçu devant M⁰ Vergne et son confrère, notaires à Bourges, les 25, 26, 27 et 28 mars dernier, il a été demandé : 1° que, par un acte additionnel au paragraphe premier de l'art. 10 desdits statuts, le fonds de garantie, qui avait été fixé à un pour cent de la valeur de la propriété assurée, pour servir au paiement de la portion contributive de chaque assuré, fût gradué d'après les risques que présentait la propriété présentée à l'assurance; que, d'après l'art. 36 des mêmes statuts, les propriétés ayant été divisées en trois classes, le fonds de garantie que doit présenter chaque assureur, devait être fixé en raison de la classe à laquelle les bâtimens présentés à l'assurance se trouvent appartenir;

2° Qu'il fût dit à la suite de l'art. 15 des mêmes statuts, ainsi conçus :

« S'il arrivait, par suite de plusieurs « incendies survenus à diverses époques, « que le fonds de garantie, déterminé à un « pour cent, atteignît, malgré les mesures « conservatrices qui seront prises, le ving- « tième de la valeur des immeubles enga- « gés à l'assurance mutuelle, alors tout « sociétaire aurait le droit, en le notifiant « à la compagnie dans le mois qui suivrait « la date du dernier appel, et après y avoir « satisfait, de se dégager de l'assurance.

« A défaut de cette notification dans le « délai susindiqué, il continuera de parti- « ciper aux bienfaits de l'assurance mu- « tuelle et d'en supporter les charges. »

Lorsque, par l'effet des notifications qui seront faites à la compagnie par les proprié-taires qui voudront dégager leurs propriétés, la valeur des propriétés se trouvera réduite au minimum de cinq millions, les dégage-mens ne pourront plus avoir lieu qu'à l'expi-ration des cinq ans, ainsi qu'il est dit art. 6 des mêmes statuts:

Le conseil considérant : 1° que le change-ment proposé au paragraphe premier de l'article 10 des statuts est de toute justice, attendu que le fonds de garantie que doit fournir tout assuré doit être gradué selon la nature des risques que présente sa propriété, arrête que le fonds de garantie qui a été fixé par le paragraphe premier de l'article 10 à un pour cent, sera fixé ainsi qu'il suit :

1° Pour les maisons et bâtimens compris dans la première classe ou simples risques, à un pour cent de la valeur de la propriété assurée;

2° Pour les maisons et bâtimens compris dans la deuxième classe, ou doubles ris-ques, à un franc trente centimes pour cent;

3° Pour les maisons et bâtimens compris dans la troisième classe, ou triples risques, à deux francs pour cent;

4° Que la modification demandée à l'ar-ticle 15 des statuts ne déroge en aucune manière à l'article 6, qui permet de cesser de faire partie de la société à l'expiration des cinq ans pour lesquels on s'oblige, en avertissant la compagnie trois mois d'a-vance, arrête que l'art. 15 des statuts sera conçu en ces termes :

« S'il arrivait, par suite de plusieurs in- « cendies survenus à diverses époques, que « le fonds de garantie, fixé par le présent « acte d'addition d'après les différens ris- « ques que présentent les propriétés, attei- « gnît, malgré les mesures conservatrices « qui seront prises, le vingtième de la va- « leur des immeubles engagés à l'assurance « mutuelle, alors tout sociétaire aurait le « droit, en le notifiant à la compagnie « dans le mois qui suivrait la date du der- « nier appel, et après y avoir satisfait, « de se dégager de l'assurance.

« Néanmoins, lorsque, par l'effet des « notifications qui seront faites à la com- « pagnie, la valeur des propriétés soumi- « ses à l'assurance se trouvera réduite au « *minimum* de cinq millions, les dégage- « mens ne pourront plus avoir lieu qu'à « l'expiration des cinq ans, ainsi qu'il est « dit article 6 des mêmes statuts.

« A défaut de notification de la part « des propriétaires dans le délai sus indi- « qué, ils continueront de participer aux « bienfaits de l'assurance mutuelle et d'en « supporter les charges. »

Fait et passé à Bourges, hôtel de la mai-rie, l'an 1820, le 29 juillet. Lecture faite, MM. les membres composant le conseil d'administration ont signé avec nous, no-taires.

Aujourd'hui, 3 juin 1820, le conseil d'administration provisoire de la société d'assurance mutuelle contre l'incendie, spéciale au département du Cher, réuni dans une des salles de la mairie sur l'invitation de M. Gassot de Fussy, président dudit conseil,

Lecture a été donnée d'une lettre adressée le 31 mai dernier par M. le préfet du Cher à M. le président du conseil, par laquelle des explications sont demandées sur les dispositions des articles 14 et 36 du contrat de société. M. le président a invité le conseil à prendre une délibération sur les explications demandées. Le conseil, après en avoir délibéré avec l'avocat, le notaire et l'avoué de la société, a été unanimement d'avis :

Que la société a entendu, par les dispositions de l'article 36, que le montant de tous frais administratifs sera réglé à forfait avec le directeur, son traitement compris ; que cet arrangement doit durer cinq ans ; que la somme convenue pour cet objet sera annuellement prise sur la rentrée du fonds de réserve, et que le surplus de ce fonds sera géré et placé par le conseil d'administration pour servir aux indemnités ;

Que la présente délibération sera adressée à M. le préfet par M. le président, pour répondre aux explications demandées par la lettre ci-dessus datée.

———

30 AOUT = Pr. 5 SEPTEMBRE 1820.—Ordonnance du Roi contenant le tableau des circonscriptions des collèges électoraux d'arrondissement dans les départemens y dénommés. (7, Bull. 397, n° 9297.)

Voy. ordonnances des 4 SEPTEMBRE 1820, n° 9340, et 13 SEPTEMBRE 1820 et loi du 16 MAI 1821.

———

30 AOUT = Pr. 12 NOVEMBRE 1820. — Ordonnance du Roi portant autorisation de la société d'assurances mutuelles contre l'incendie pour les machines et mécaniques des manufactures dans les départemens de la Seine-Inférieure et de l'Eure, (7, Bull. 416, n° 9813.)

———

30 AOUT 1820. — Ordonnance du Roi qui accorde une pension au sieur Fourmentin, ex-conseiller référendaire à la cour des comptes. (7, Bull. 398.)

———

30 AOUT 1820. — Ordonnance du Roi qui autorise l'inscription au trésor royal de cinq cent cinquante-sept pensions militaires. (7, Bull. 398.)

———

30 AOUT 1820.—Ordonnance du Roi qui permet aux sieurs Louvel de Fresne père et fils de substituer à leur nom de Louvel celui de Cacheleu ; au sieur Louvel de Maisonneuve, de supprimer le nom de Louvel de ceux qu'il porte ; et au sieur Sourier, d'ajouter à son nom celui de Bazelle. (7, Bull. 399.)

———

30 AOUT 1820. — Ordonnance du Roi qui admet les sieurs Boëhm et Cane à établir leur domicile en France. (7, Bull. 399.)

———

30 AOUT 1820. — Ordonnances du Roi qui accordent une pension au sieur Chabanon, et une au sieur marquis de Charnacé. (7, Bull. 403.)

———

30 AOUT 1820. — Ordonnance du Roi portant autorisation de la société d'assurances mutuelles contre l'incendie dans le département du Cher. (7, Bull. 404.)

———

30 AOUT 1820. — Ordonnances du Roi qui autorisent l'acceptation de legs. (7, Bull. 410, 411, 412 et 413.)

———

30 AOUT 1820. — Ordonnances du Roi qui accordent des lettres de déclaration de naturalité aux sieurs Massabo, Pesson, Vandenberghen, Pesch, Marchetti, Sonino et Pignarre. (7, Bull. 417, 431, 435 et 459.)

———

30 AOUT 1820. — Ordonnance du Roi portant concession de pensions de retraite aux cent cinquante-un militaires y dénommés, payables sur les crédits antérieurs à 1819. (7, Bulletin 401 *bis*, n° 1.)

———

30 AOUT 1820. — Ordonnance du Roi portant concession de pensions de retraite aux vingt-un militaires y dénommés, payables sur le crédit spécial de 1819. (7, Bull. 401 *bis*, n° 2)

———

30 AOUT 1820. — Ordonnance du Roi portant concession de pensions de retraite aux cent vingt-une veuves de militaires y dénommées sur les crédits antérieurs à 1819. (7, Bulletin 401 *bis*, n° 3.)

———

31 AOUT 1820. — Circulaire ministérielle au sujet de l'ordonnance du 30 août , sur la circonscription des arrondissemens électoraux.

Voy. la première note sur l'ordonnance du 30 AOUT 1820.

———

31 AOUT 1820. — Tableaux des prix moyens régulateurs de l'exportation et de l'importation des grains, dressé et arrêté conformément aux art. 6 et 8 de la loi du 16 juillet 1819. (7, Bull. 396.)

M ═ Pr. 13 SEPTEMBRE 1820. — Ordonnance du Roi concernant la publication et l'affiche des listes électorales dans tous les départemens du royaume. (7, Bull. 398, n° 9309.)

Voy. notes sur la loi du 29 JUIN 1820, et ordonnance du 1ᵉʳ AOUT 1821.

Louis, etc., vu l'article 2 de la loi du 29 juin dernier, lequel fixe au quart de la totalité des électeurs le nombre de ceux qui doivent composer les colléges départementaux ; considérant qu'afin de pouvoir régler définitivement la composition de ces colléges, il est nécessaire de déterminer une époque après laquelle le nombre des électeurs inscrits dans chaque département ne pourra plus subir de variations ; vu l'article 3 de la même loi, portant que les listes électorales seront affichées un mois avant la convocation des colléges ; sur le rapport de notre ministre secrétaire d'Etat de l'intérieur, nous avons ordonné et ordonnons ce qui suit :

Art. 1ᵉʳ. Les listes électorales seront publiées et affichées, le 20 du présent mois, dans tous les départemens du royaume.

Elles seront dressées par canton ; pour chaque canton, par ordre alphabétique ; et auront un même ordre de numéros pour chaque liste.

2. Il ne pourra être fait de retranchement ni d'addition aux listes affichées que par un arrêté du préfet pris en conseil de préfecture. Ces décisions, ainsi que toutes autres décisions attribuées, par l'article 5 de la loi du 5 février 1817, aux préfets en conseil de préfecture, seront rendues dans les cinq jours de la remise des pièces, et immédiatement notifiées aux parties intéressées (1).

3. Tous les dix jours, pendant que les listes resteront affichées, les préfets feront publier un relevé, certifié par eux, des retranchemens et additions ordonnés comme il est réglé par l'article précédent, lesquels relevés porteront les numéros des individus retranchés et les noms des individus ajoutés.

4. Cinq jours avant l'ouverture des colléges, et, là où les colléges de département et d'arrondissement devront se réunir, cinq jours avant l'ouverture des colléges les premiers convoqués, les préfets procéderont, en conseil de préfecture, à la vérification définitive et à la clôture des listes.

L'arrêté pris pour clore chaque liste sera transcrit au bas de chacune d'elles, et exprimera le nombre des électeurs. Si c'est une liste départementale, il exprimera, en outre et séparément, le nombre des électeurs portés sur chaque liste d'arrondissement (2).

5. La liste de chaque collége, arrêtée ainsi qu'il vient d'être dit, sera transmise au président et, pour les colléges divisés en plusieurs sections, au président de chaque section. Une expédition en sera affichée, dès l'ouverture, dans le lieu de chaque réunion.

6. La division des colléges en plusieurs sections, prescrite par l'article 9 de la loi du 5 février 1817, sera faite par le préfet en conseil de préfecture, en suivant l'ordre des numéros.

7. Des cartes individuelles seront, à la diligence des préfets et des maires, adressées, avant l'ouverture, au domicile de chaque électeur : elles porteront le jour et le lieu de la réunion (3).

8. Notre ministre de l'intérieur est chargé de l'exécution de la présente ordonnance.

———

4 ═ Pr. 22 SEPTEMBRE 1820. — Ordonnance du Roi relative à la circonscription des colléges électoraux d'arrondissement dans le département des Basses-Pyrénées. (7, Bulletin 399, n° 9340.)

Voy. ordonnance du 30 août 1820.

Vu les articles 1ᵉʳ et 2 de la loi du 29 juin dernier, portant qu'il sera formé des colléges électoraux d'arrondissement, et que la circonscription en sera provisoirement déterminée par des ordonnances royales, sur la proposition des conseils géné-

(1) Nous avons omis, dans les notes placées sous l'art. 5 de la loi du 5 février 1817, de faire remarquer que la disposition de cet article portant que le préfet statuera provisoirement *en conseil de préfecture* sur les difficultés, etc., doit s'entendre en ce sens, que ce n'est pas le conseil de préfecture qui statue sous la présidence du préfet, que c'est le préfet seul qui prononce, à la vérité, après avoir consulté le conseil de préfecture. Cette interprétation a été critiquée comme contraire à l'intention du législateur, et à la marche habituelle des affaires administratives contentieuses. Voici comment s'expriment les considérans d'une ordonnance insérée dans une

circulaire du ministre de l'intérieur du 24 octobre 1820 : « Considérant, quant à la forme, « que les réclamations, en matière d'inscription « sur les listes électorales, doivent être jugées « *par le préfet, en conseil de préfecture*, et *non* « *par le conseil de préfecture* ; que, par consé- « quent, la décision est rendue *par le préfet* « *seul*, *mais après qu'il a entendu nécessaire- « ment le conseil*, et s'est éclairé de son opi- « nion. »

Voy. M. de Cormenin, *verbo Elections*, dans ses Questions de droit administratif, 3ᵉ édition ; il cite une ordonnance du 11 février 1824.

(2 et 3) *Voy.* circulaire du 15 septembre 1820.

raux ; considérant que, d'après la liste d'é-
lecteurs provisoirement dréssée, le 6 décembre 1819, par le préfet des Basses-
Pyrénées, ce département se trouverait
compris dans la troisième des exceptions
prévues par le deuxième paragraphe de
l'article 1er de la loi du 29 juin, mais qu'il
est possible qu'avant les prochaines élections le nombre d'électeurs, qui est de
près de quatre cents, s'élève au-dessus de
ce nombre, ce qui ferait cesser l'exception,
et nécessiterait la formation de colléges
d'arrondissement et d'un collége départemental ; vu la délibération prise, dans
cette hypothèse, par le conseil général du
département des Basses-Pyrénées ; sur le
rapport de notre ministre secrétaire d'Etat
de l'intérieur, nous avons ordonné et ordonnons ce qui suit :

Art. 1er. La circonscription des colléges
électoraux d'arrondissement, s'il y a lieu
d'en former dans le département des Basses-Pyrénées, sera provisoirement fixée
ainsi qu'il est indiqué ci-dessous :

1er *Arrondissement :* tous les cantons de
l'arrondissement de Pau ; tous les cantons
de l'arrondissement d'Oloron.

2e *Arrondissement :* tous les cantons de
l'arrondissement de Mauléon ; tous les
cantons de l'arrondissement d'Orthez.

3e *Arrondissement :* tous les cantons de
l'arrondissement de Bayonne.

2. Notre ministre secrétaire d'Etat de
l'intérieur est chargé de l'exécution de la
présente ordonnance.

---

4 SEPTEMBRE 1820. — Eclaircissemens sur les
difficultés relatives à l'exécution de la loi du
29 juin 1820, donnés par le ministre de l'intérieur (2e partie).

Voy. 1re partie à la date du 29 AOUT 1820,
et notes sur la loi du 29 JUIN 1820.

Questions relatives à la qualité d'électeur.

20e *Question.* Le préfet peut-il rayer
d'une liste d'électeurs les noms des individus qui déclarent ne pas vouloir exercer
le droit électoral ?
Nul ne peut renoncer au droit électoral :
chacun est libre d'en user ou de n'en pas
user. Mais le préfet ne peut, sur la déclaration faite par un électeur qu'il ne votera
pas, rayer cet électeur de la liste.
21e. Le préfet peut-il rayer les noms des
électeurs âgés, infirmes et hors d'état de
pouvoir voter ?
L'âge et l'état d'infirmité ne privent pas
un électeur de ses droits. Ces circonstances
ne peuvent donc autoriser le préfet à rayer
un citoyen qui réunit encore les conditions
nécessaires pour voter.
22e Le père peut-il céder à son fils le
droit électoral ?
Non : les droits politiques sont personnels et ne sont pas susceptibles d'être cédés ni aliénés.
23e Quelles sont les peines qui privent
de la qualité d'électeur ?
Suivant l'article 4 de la loi du 22 frimaire an 8 (13 décembre 1799), loi qui,
au défaut de nouvelles dispositions législatives, est restée en vigueur, les droits
politiques se perdent par la condamnation
à des peines afflictives ou infamantes. Les
peines ainsi qualifiées sont définies art. 7
et 8 du Code pénal. Elles ont cet effet,
même quand elles ne sont que temporaires.
La loi n'a pas établi de distinction ; et les
articles 28 et 34 du Code pénal privent
ceux qui ont subi de pareilles condamnations, de droits bien moins importans que
ceux de citoyen.
Certaines peines correctionnelles privent
aussi de la qualité d'électeur, par cela seul
qu'elles privent d'une partie des droits civils, et que pour exercer le droit électoral,
il faut jouir de tous les droits *civils* et politiques.
Le renvoi sous la surveillance de la
haute police, que les tribunaux peuvent
aussi prononcer en matière correctionnelle,
ne laisse pas ceux qui y sont soumis dans
l'intégrité de leurs droits civils. Ils ne peuvent donc, tant qu'ils sont assujétis à cette
surveillance, exercer le droit électoral.
24e Un failli qui a fait un concordat
avec ses créanciers, et qui a été déclaré
excusable par les tribunaux, est-il suspendu de l'exercice de ses droits politiques ?
L'art. 5 de la loi du 22 frimaire an 8 est
conçu en ces termes :
« L'exercice des droits de citoyen fran-
« çais est suspendu par l'état de débiteur
« failli, ou d'héritier immédiat, détenteur
« à titre gratuit de la succession totale ou
« partielle d'un failli ;
« Par l'état de domestique à gages, at-
« taché au service de la personne ou du
« ménage ;
« Par l'état d'interdiction judiciaire,
« d'accusation ou de contumace. »
Cet article n'établit aucune distinction
entre les *faillis.* Il doit donc s'appliquer
à ceux qui ont traité avec leurs créanciers, comme à ceux qui ont été déclarés
par un jugement *banqueroutiers simples,*
tant que les uns et les autres n'ont pas
été réhabilités.
(*Les banqueroutiers frauduleux* sont atteints par la disposition sur l'effet des peines infamantes.)

Questions relatives au domicile.

25° Un électeur a nommé en 1816 les députés du département A, appartenant à l'une des quatre premières séries, et dont, par conséquent, les pouvoirs ont cessé en 1817, 1818, ou 1819, ou vont cesser en 1820; depuis il a, soit par le changement de son domicile réel, soit par une translation de domicile politique régulièrement faite, acquis ce dernier domicile dans le département B. Peut-il voter en 1820 dans le département B, quoique ayant voté ailleurs dans les quatre années antérieures, savoir en 1816?

Le but de la restriction établie par la loi du 5 février (article 3, § 2) a été d'empêcher qu'un même électeur ne concourût à la nomination de deux députations siégeant simultanément à la Chambre pour deux départemens différens. Sous ce point de vue, la solution devrait être affirmative; mais le texte de l'article 3 de la loi du 5 février est formel, et ne permet pas cette interprétation.

26° A partir de quelle époque doit-on compter le délai de six mois exigé pour la translation du domicile politique?

La translation de domicile exigeant deux déclarations, l'acte n'est complet que lorsque l'une et l'autre ont été faites; par conséquent les six mois ne doivent compter qu'à dater de la dernière.

27° Peut-on admettre, attendu la bonne foi, la déclaration de translation de domicile politique faite devant le maire, suivant les formes usitées de 1806 à 1817, quoique la loi exige qu'elle ait lieu devant le préfet?

Avant la loi du 5 février 1817, la formalité exigée pour la translation du domicile politique était une déclaration devant le maire (Décret du 17 janvier 1806). Il est arrivé souvent que des électeurs, croyant cette formalité suffisante, ont fait leur déclaration devant leur maire, et non devant le préfet, comme la loi l'exige. Quoiqu'ils aient agi de bonne foi, et que leur erreur puisse être attribuée en partie à la négligence du maire, qui aurait dû les avertir, on peut cependant contester la validité de la déclaration, attendu le texte de la loi, qui veut qu'elle soit faite devant le préfet.

28° Les présidens et vice-présidens des collèges électoraux, nommés par le Roi, sont-ils membres de ces collèges pour la session seulement qu'ils sont appelés à présider, ou bien le sont-ils à perpétuité?

Dans la première hypothèse, leur vote comme présidens les empêche-t-il de voter, avant cinq ans, dans le collège ou les collèges auxquels ils appartiennent à raison de leur domicile?

1° L'article 41 de la Charte porte qu'ils sont de droit membres des collèges qu'ils président, mais ne dit pas que c'est à perpétuité.

Les présidens sont quelquefois choisis parmi les personnes étrangères au département, et qui n'y paient aucune contribution. La loi du 5 février 1817 établit (article 3) que l'on ne peut prendre domicile politique que dans un département où l'on paie déjà des contributions. Si la nomination du Roi conférait à perpétuité le droit de voter dans un collège électoral, il s'ensuivrait que, dans certains cas, elle fixerait le domicile politique d'un électeur dans un département où il ne paierait aucune contribution. Il semble plus conforme aux principes de considérer la présidence comme une commission temporaire, qui donne à celui qui en est investi le droit de voter dans la session qu'il préside; mais cette session finie, le président cesse de faire partie du collège, s'il n'en était déjà membre, et il reprend l'exercice de ses droits politiques là où il les avait précédemment.

2° Le président qui ne vote qu'en cette qualité, n'exerce pas son propre droit; il n'exerce qu'un droit conféré, droit qui cesse avec la présidence, et auquel on ne saurait, par conséquent, appliquer l'exception portée au paragraphe deux de l'article 3 de la loi du 5 février. Il doit donc pouvoir exercer son propre droit et voter dans le collège ou les collèges de son département dont il est membre, quelle que soit l'époque de leur convocation, et sans que le vote qu'il a émis comme président puisse y faire obstacle (1).

Questions relatives à la formation de la liste d'éligibles.

29° Dans un département où il n'y a pas cinquante contribuables payant mille francs, la liste des cinquante plus imposés peut-elle contenir des citoyens payant, dans ce département, plus de mille francs, mais n'y ayant pas de domicile politique?

La liste des éligibles de chaque département ne doit comprendre que des citoyens y ayant leur domicile. C'est dans cette liste que doit être choisie la portion des députés qui doit être prise *dans le département*. Tout contribuable non domicilié, s'il réunit les autres conditions requises,

(1) *Voy.* circulaire du 18 octobre 1820.

6.

peut également y être élu, mais pour la portion de députés que la Charte permet de choisir hors du département; il ne peut donc pas, s'il n'y est domicilié, quoiqu'il y paie des contributions, faire partie de la liste des éligibles du département.

3o° S'il n'y a pas cinquante éligibles payant plus de mille francs, faut-il, pour compléter la liste au moyen des plus imposés, ne compter que les contributions dans le département, ou celles qui sont payées dans le département et ailleurs ?

L'article 2 de la loi du 5 février porte que, pour former la masse des contributions nécessaires à la qualité d'électeur ou d'éligible, on doit compter les contributions directes payées dans tout le royaume. Ainsi chaque contribuable profite, dans le lieu de son domicile politique, des droits que lui donne la totalité de ses contributions directes.

Il suit de là que, pour compléter la liste de cinquante éligibles, il faut prendre tous les contribuables ayant domicile politique dans le département qui, par le montant de leurs contributions directes dans tout le royaume, sont les plus imposés au-dessous de mille francs.

Ainsi le contribuable qui paie quarante francs de contributions dans le département A (où il n'y a pas cinquante éligibles payant mille francs), et huit cents francs dans d'autres départemens, passe avant celui qui paie huit cent vingt francs dans le département A, et l'exclut de la liste des cinquante éligibles, s'il y en a quarante-neuf avant eux.

Questions relatives aux contributions.

31° A qui, du preneur ou du bailleur d'un bien donné en locatairie perpétuelle, doit-on compter les contributions assises sur ce bien ?

La loi du 18 décembre 1790 a déclaré *rentes foncières* les rentes ou redevances que les preneurs de ces biens paient aux bailleurs. Il suit de ce principe, confirmé par un grand nombre d'arrêts judiciaires et de décisions administratives, que les biens donnés en locatairie *perpétuelle* sont la propriété des preneurs, et que c'est à ceux-ci que doivent profiter, pour la jouissance des droits électoraux, les contributions assises sur ces biens.

32°. — A qui, du vendeur ou de l'acquéreur, doit-on compter les contributions, dans le cas de vente à réméré ?

Ce doit être à l'acquéreur : il est véritablement propriétaire, sauf une condition éventuelle qui, lorsqu'elle s'accomplit, opère une nouvelle transmission de la propriété. L'acquéreur jouit comme possesseur du bien vendu à réméré : il en *paie les contributions* : dernière considération, qui, en général,

sert à résoudre les difficultés de cette nature.

33° A qui, du débiteur ou du créancier, doit-on compter les contributions, dans le cas d'un bien engagé par antichrèse?

L'antichrèse n'est qu'un contrat de nantissement par lequel le débiteur, au lieu d'assigner à son créancier le paiement des intérêts qu'il lui doit sur le revenu d'un bien, lui abandonne la jouissance de ce bien, mais sans aucun transport de propriété.

Ainsi le créancier engagiste n'est point propriétaire, quoiqu'il ait la jouissance du bien : il ne peut être assimilé à un usufruitier, mais à un créancier saisissant.

C'est donc au débiteur, tant qu'il n'est pas exproprié, que doivent être comptées les contributions du bien soumis à l'antichrèse.

34° Comment justifier que l'on paie telle quotité dans l'impôt des portes et fenêtres ?

Par une déclaration du propriétaire : si le maire a des doutes sur l'exactitude de cette déclaration, il peut demander à l'administration des contributions de faire vérifier le nombre des portes et fenêtres appartenant à la location de l'électeur.

35° Le père peut-il céder à son fils une partie de ses contributions ?

Non : la loi n'attribue ce droit qu'aux veuves, et sous les conditions exprimées dans l'article 5 de la loi du 29 juin.

36° Le père et le fils vivant ensemble et jouissant en commun de leurs biens peuvent-ils réunir leurs contributions sur une seule tête pour l'exercice du droit électoral?

Nul ne peut profiter de contributions payées par autrui, si ce n'est le mari, le père ou le descendant d'une veuve, dans les cas prévus par l'article 2 de la loi du 5 février 1817, et l'article 5 de la loi du 29 juin 1820. Il faut donc que le père et le fils justifient des biens particuliers appartenant à chacun (*voy.* le n° 15 des éclaircissemens publiés en 1817.)

37° Les contributions des biens des enfans d'une veuve remariée, dont cette veuve est tutrice, doivent-elles être comptées au second mari ?

Suivant l'article 386 du Code civil, la mère remariée perd la jouissance des biens de ses enfans mineurs. Quand elle reste tutrice, elle n'a donc d'autres droits sur ces biens que ceux qu'aurait un tuteur : or, un tuteur n'est pas un usufruitier, et ne profiterait pas des contributions de ses pupiles. Les contributions des biens des enfans du premier lit ne peuvent donc pas être comptées au mari, puisque, aux termes de la loi du 5 février (article 2), il ne profite que des *contributions de sa femme.*

38° Le grand-père maternel qui gère et

administre, en qualité de tuteur, des biens de ses petits-enfans mineurs peut-il, comme le père, en réunir les contributions aux siennes?

La loi n'accorde qu'au père le droit de profiter des contributions des biens de ses enfans mineurs dont il a la jouissance. Le grand-père, soit paternel, soit maternel, ne fait qu'administrer, comme tuteur, les biens de ses petits-enfans mineurs, et ne peut pas plus en profiter que tout autre tuteur qui ne serait pas leur ascendant.

39° La donation entre vifs faite par une belle-mère à son gendre doit-elle être considérée comme transmettant la propriété à titre successif?

Le gendre n'a point par lui-même de droit sur la succession de sa belle-mère. Il ne peut donc être considéré comme son héritier, et la donation qu'il reçoit d'elle ne lui transmet pas la propriété à titre successif.

Mais, s'il est marié sous le régime de la communauté, et si la donation est faite à la communauté, la donation, étant un avancement d'hoirie en ce qui concerne la femme, peut, dans son ensemble, être mise au rang des transmissions faites à titre successif.

Questions relatives à la faculté accordée aux veuves par l'art. 5 de la loi du 29 juin.

40° La disposition de la circulaire du 27 juillet portant que l'acte de désignation fait par une veuve en vertu de l'article 5 de la loi du 29 juin doit être un acte notarié, n'est-elle pas contraire à la décision royale du 7 mai 1817, suivant laquelle les actes relatifs aux élections doivent être sur papier libre?

La décision du 7 mai 1817 s'applique plus particulièrement aux registres, listes d'électeurs, etc., déclarations de changemens de domicile, etc.; elle ne dispense pas de présenter des actes authentiques ou notariés, quand il est nécessaire d'en produire. Ainsi, l'électeur qui fait, par un fondé de pouvoirs, sa déclaration de translation de domicile, est obligé de donner une procuration devant notaire.

On a donc pu exiger un acte notarié pour l'exécution de la faculté attribuée aux veuves par l'article 5 de la loi du 29 juin 1820.

41° Faut-il que le fils en faveur duquel sa mère fait une désignation paie déjà quelque contribution par lui-même, pour exercer le droit d'électeur?

Cette condition n'est pas nécessaire, puisque la loi ne l'exige pas.

42° Est-il nécessaire que la veuve paie trois cents francs de contributions foncières, pour user de la faculté que lui donne l'article 5 de la loi du 29 juin 1820?

La loi n'exige point cette condition. Quelle que soit la quotité des contributions payées par une veuve, elle peut en faire profiter son fils, petit-fils ou gendre, comme le mari ou le père profite des contributions de sa femme ou de ses enfans mineurs, aux termes de l'article 2 de la loi du 5 février 1817.

43° Une veuve peut-elle comprendre dans ces contributions foncières dont elle dispose en faveur de son fils, petit-fils ou gendre, celles des biens d'autres de ses enfans mineurs, et dont elle jouit comme tutrice?

Non: car la loi ne lui permet de disposer que de ses *contributions foncières*. Or, c'est comme *tutrice*, et non comme *usufruitière*, qu'elle paie les contributions des biens de ses enfans mineurs. Ces contributions ne sont attribuées au père, pour l'exercice du droit électoral, qu'en vertu d'une disposition formelle (art. 2 de la loi du 5 février). Il n'existe pas de pareille disposition en faveur de la mère. Les contributions dont il s'agit ne peuvent donc être considérées comme payées par elle, et elle n'a pas le droit de les faire compter à un de ses fils, petits-fils ou gendres.

---

5 SEPTEMBRE 1820. — Circulaire n° 69, sur l'ordonnance du 4 du même mois, relative aux élections (Extrait).

Voy. circulaire du 15 SEPTEMBRE 1820.

L'article 2 de la loi du 29 juin ayant conféré un nouveau droit aux électeurs les plus imposés; l'article 3 ayant voulu que les nouvelles listes exprimassent la quotité et l'espèce des contributions de chaque électeur, et les départemens où elles sont payées; enfin l'article 4 exigeant la justification d'un temps déterminé de possession de la propriété, de location, de paiement de la patente et d'exercice de l'industrie, de nouveaux renseignemens, de nouvelles pièces étaient nécessaires, soit pour déterminer parmi les électeurs ceux qui devaient jouir du nouveau droit, soit pour satisfaire aux sages précautions désormais imposées.

C'était sans doute aux électeurs à produire eux-mêmes ces diverses justifications: mais la nouvelle loi s'exécutant pour la première fois, et l'administration ayant, par ce qui avait eu lieu précédemment, la conviction des retards et des négligences qu'éprouverait cette exécution, si elle était livrée à la seule intervention des électeurs, a dû faire coïncider avec cette intervention les inscriptions et les justifications d'office.

Vous vous êtes sûrement conformé, pour toutes ces dispositions, aux ordres et aux instructions contenus dans ma circulaire du 27 juillet, qui vous engageait aussi à ne point mettre une inutile exigence dans les demandes de pièces, à profiter, sauf rectification, des listes déjà formées, à toujours présumer la bonne foi, et à vous contenter de la notoriété toutes les fois que cela se pourrait sans blesser les prévoyances de la loi et les garanties des élections.

Je dois donc croire que, lorsque cette lettre vous parviendra, vos listes seront prêtes à être affichées. Il est à désirer qu'elles renferment peu d'imperfections : toutefois, le principal motif de la publication étant de les soumettre à une sorte de contrôle public, afin d'accroître les moyens de rectification, vous ajouterez à ces moyens en renouvelant en même temps, comme je vous l'ai déjà prescrit, vos instances auprès des électeurs et auprès des maires, afin d'obtenir les renseignemens et les titres non encore produits et nécessaires pour la vérification définitive, qui, en vertu de l'ordonnance que je vous transmets, doit suivre la publication et précéder la clôture. Je crois même devoir vous engager à ne point vous borner à un nouvel avis, et à écrire circulairement à tous les électeurs en retard. Après que l'administration aura ainsi accumulé les précautions, ils ne pourront point se plaindre, s'ils se privent eux-mêmes de l'exercice de leurs droits.

Vous remarquerez, dans les art. 2 et 3 de l'ordonnance ci-jointe, une nouvelle preuve de la constante attention du Gouvernement à concilier les intérêts publics avec les intérêts particuliers, à toujours donner à ces derniers sécurité et satisfaction. Plus vous mettrez de soin et d'activité à vous en occuper, à reconnaître leurs droits, à accueillir et à juger leurs réclamations, et mieux vous accomplirez les volontés royales.

Les relevés des retranchemens et additions prononcés en conseil de préfecture, que vous devez publier tous les dix jours, remplaceront désormais les listes supplémentaires précédemment en usage, et ce moyen, d'ailleurs déterminé par les nouvelles combinaisons de la loi du 29 juin, offrira bien plus de régularité et de certitude que n'en pouvaient offrir ces listes, puisqu'il exprimera les résultats d'examens et de décisions juridiques.

Les considérans de l'ordonnance font suffisamment connaître les raisons qui commandaient de clore les listes à une époque déterminée, avant toute opération des collèges; l'exécution de la nouvelle loi n'eût-elle point exigé cette mesure, elle aurait été conseillée par la nécessité de faire cesser les inconvéniens qui résultaient précédemment de ce que les listes continuaient à rester ouvertes pendant qu'on procédait aux élections. Sans doute on ne saurait environner de trop de facilités l'exercice du premier de nos droits politiques ; mais il ne faut point que ces facilités, poussées trop loin, exposent à des fraudes, à des surprises, et rendent illusoires les précautions les plus indispensables.

———

6 = Pr. 22 SEPTEMBRE 1820. — Ordonnance du Roi qui révoque l'autorisation accordée, par l'ordonnance du 10 mars 1819, à l'institution désignés sous le nom d'institution dotale et de secours mutuels de recrutement. (7, Bull. 399, n° 9341.)

Louis, etc. sur le rapport de notre ministre secrétaire d'Etat de l'intérieur ;

vu notre ordonnance du 10 mars 1819, qui autorise l'institution désignée sous le nom d'*Institution dotale de secours mutuels de recrutement;* vu l'article 4 de ladite ordonnance, lequel porte :

« Nous nous réservons de révoquer la
« présente autorisation en cas de violation
« ou de non-exécution des statuts par nous
« approuvés, le tout sauf les droits des
« tiers et sans préjudice des dommages-
« intérêts qui seraient prononcés par les
« tribunaux contre les auteurs des contra-
« ventions ; » vu le rapport adressé, le 7 février 1820, à notre ministre secrétaire d'Etat de l'intérieur, par le préfet de la Seine, et duquel il résulte, entre autres faits, que les administrateurs n'ont point fourni le cautionnement auquel ils étaient obligés par l'article 66 des statuts ; notre Conseil-d'Etat entendu, nous avons ordonné et ordonnons ce qui suit :

Art. 1ᵉʳ. L'autorisation accordée par notre ordonnance du 10 mars 1819 à l'institution désignée sous le nom d'*Institution dotale et de secours mutuels de recrutement,* est révoquée.

2. La présente révocation est prononcée sans préjudice, contre les administrateurs, des droits des tiers et de tous dommages-intérêts.

3. Notre ministre de l'intérieur est chargé de l'exécution de la présente ordonnance.

———

6 = Pr. 30 SEPTEMBRE 1820. — Ordonnance du Roi qui annulle, pour cause d'incompétence, un arrêté du conseil de préfecture du département de la Seine-Inférieure. (7, Bull. 400, n° 9352.)

Louis, etc. vu la requête à nous présentée au nom du sieur Gounou, marchand briquetier au Havre ; ladite requête enregistrée au secrétariat général de notre Conseil-d'Etat le 13 mars 1820, et tendant à ce qu'il nous plaise annuler un arrêté du conseil de préfecture du département de la Seine-Inférieure, du 26 janvier précédent : ce faisant, autoriser l'exposant à former devant tous tribunaux, contre le maire de la ville du Havre, en sadite qualité, la demande en paiement, tant du mandat de trois mille neuf cent cinquante-sept francs trente-cinq centimes, accepté par lui le 21 août 1818, que de toutes autres sommes qui lui sont dues pour fournitures de briques nécessaires à la construction de la salle de spectacle de la ville du Havre, et prendre au surplus, ét à fin dudit paiement, toutes autres conclusions qu'il lui conviendra, même contre le maire personnellement; vu l'ordonnance de soit communiqué; vu le mémoire en défense pour le sieur Sery, maire de la ville du Havre, enregistré audit secrétariat général le 21 juillet 1820, et tendant au maintien de l'arrêté attaqué; vu la réplique du sieur Gounou, enregistrée audit secrétariat général le 2 août suivant, par laquelle il persiste dans ses précédentes conclusions; vu l'arrêté attaqué; vu le bon de trois mille neuf cent cinquante-sept francs trente-cinq centimes, que le sieur Fossard, entrepreneur de la construction de la salle de spectacle de la ville du Havre, avait donné au sieur Gounou, marchand briquetier, pour fournitures par lui faites relativement à ladite construction, et l'acceptation souscrite par le sieur Sery, maire du Havre, au bas dudit bon; vu le jugement du tribunal de commerce de la ville du Havre, du 20 octobre 1818; vu le certificat du greffier en chef dudit tribunal, attestant que la faillite du sieur Fossard a été déclarée ouverte à dater du 31 octobre 1818, ensemble toutes les pièces produites; — Considérant que l'obligation imposée aux créanciers des communes, de s'adresser à l'administration avant d'intenter une action judiciaire, n'a pour objet que d'assurer à l'administration le moyen d'empêcher une commune de soutenir un procès injuste et onéreux, mais qu'il n'en résulte pas que l'administration soit compétente pour statuer sur le fond litigieux, en refusant au demandeur l'autorisation de plaider contre la commune (1); considérant, dans l'espèce, que le conseil de préfecture n'était pas compétent pour prononcer sur la validité de la créance du sieur Gounou, et que si elle lui paraissait mal fondée, il aurait dû se borner à autoriser la commune du Havre à ester en jugement contre le requérant; notre Conseil-d'État entendu, nous avons ordonné et ordonnons ce qui suit :

Art. 1er. L'arrêté du conseil de préfecture du département de la Seine-Inférieure, en date du 26 janvier 1820, est annulé.

2. Le sieur Gounou est renvoyé à se pourvoir devant les tribunaux pour y faire statuer sur ces prétentions.

3. Les dépens sont réservés pour être supportés par la partie qui succombera dans le jugement à intervenir.

4. Nos ministres de la justice et de l'intérieur sont chargés, chacun en ce qui le concerne, de l'exécution de la présente ordonnance.

———

6 SEPTEMBRE = Pr. 1er OCTOBRE 1820. — Ordonnance du Roi qui indique les bases d'après lesquelles seront liquidées les pensions de retraite des employés des établissemens de charité. (7, Bull. 401, n° 9363.)

Art. 1er. Lorsque les administrations des hospices et établissemens de charité croiront devoir demander qu'il soit accordé des pensions aux employés de ces établissemens, la liquidation en sera faite d'après les bases fixées par les articles 12 et suivans jusqu'à 22 inclusivement du décret du 7 février 1809, relatif aux pensions de retraite des administrateurs et des employés des hospices et secours de notre bonne ville de Paris.

2. Notre ministre de l'intérieur est chargé de l'exécution de la présente ordonnance.

———

Extrait du décret rendu le 7 février 1809, sur le rapport du ministre de l'intérieur et le Conseil-d'Etat entendu, portant fixation à deux centimes par franc de la retenue à faire sur les traitemens des employés des hospices de Paris, pour former un fonds de pension de retraite.

Art. 12. Les droits à une pension de retraite ne pourront être réclamés qu'après trente ans de service effectif, pour lequel on comptera tout le temps d'activité dans d'autres administrations publiques qui ressortissaient au Gouvernement, quoique étrangères à celle dans laquelle les postulans se trouvent placés, et sous la condition qu'ils auront au moins dix ans de service dans l'administration des hospices.

La pension pourra cependant être accordée avant trente ans de service à ceux que des accidens, l'âge ou des infirmités rendraient incapables de continuer les fonctions de leurs places, ou qui, par le fait de la suppression de leur emploi, se trouveraient réformés après dix ans de service et au-dessus, dont cinq ans dans l'administration des hospices, et les autres dans les administrations publiques qui ressortissaient au Gouvernement.

13. Pour déterminer le montant de la pension, il sera fait une année moyenne du traitement fixe dont les réclamans au-

———

ront joui pendant les trois dernières années de leur service.

Les indemnités pour logement, nourriture et autres objets de ce genre (les gratifications exceptées), seront considérées comme ayant fait partie du traitement fixe, et évaluées en conséquence pour former le montant de la pension et des retenues.

14. La pension accordée après trente ans de service sera de la moitié de la somme réglée par l'article précédent.

Elle s'accroîtra du vingtième de cette moitié pour chaque année de service au-dessus de trente ans.

Le *maximum* de la retraite ne pourra excéder les deux tiers du traitement annuel du réclamant, calculé, comme il est dit dans l'article qui précède, sur le terme moyen des trois dernières années de son service.

15. La pension accordée avant trente ans de service, dans le cas prévu par le deuxième paragraphe de l'article 12, sera d'un sixième du traitement pour dix ans de service et au-dessous.

Elle s'accroîtra d'un soixantième de ce traitement pour chaque année de service au-dessus de dix ans, sans pouvoir excéder la moitié du traitement.

16. Les pensions et secours aux veuves et orphelins ne seront accordés qu'aux femmes et aux enfans des administrateurs et employés décédés en activité de service avec droit acquis à une pension de retraite ou jouissant déjà de cette pension.

Les veuves ne pourront y prétendre qu'autant qu'à l'époque du décès de leurs maris, elles se trouveraient dans la cinquième année de leur mariage, et n'auraient pas divorcé: elles perdront leurs droits à la pension en contractant un nouveau mariage.

La quotité des secours annuels accordés aux veuves et orphelins sera fixée d'après les règles suivantes :

17. Les pensions des veuves des administrateurs et employés décédés sans aucun enfant au-dessous de l'âge de quinze ans seront du quart de la retraite dont jouissaient leurs époux, ou à laquelle ils avaient droit à l'époque de leur décès.

Dans le cas où le décédé aurait laissé à la charge de sa veuve un ou plusieurs enfans au-dessous de quinze ans, la pension pourra être augmentée, pour chacun de ces enfans, de cinq pour cent de la retraite qui aurait été réglée pour le décédé, et sans toutefois que la totalité de la somme à accorder à la veuve, tant pour elle que pour ses enfans, puisse jamais excéder le double de celle qu'elle eût obtenue dans la première hypothèse.

Si le décédé laisse, outre sa veuve et les enfans qu'il a eus de son union avec elle,

des enfans nés de précédens mariages, il pourra être accordé à ces derniers, pour le temps déterminé par les articles suivans, des pensions et secours proportionnés à leur état d'isolement ; mais, dans ce cas, les pensions assignées tant à la veuve et à ses enfans qu'aux enfans des autres lits, seront calculées de manière à ne pouvoir outre-passer la moitié de la pension dont aurait joui le père de famille.

18. Si la veuve décède avant que les enfans provenant de son mariage avec son défunt mari aient atteint l'âge de quinze ans, la pension sera reversible à ses enfans, qui en jouiront, comme les autres orphelins jouiront de la leur, par égale portion, jusqu'à l'âge de quinze ans accomplis, mais sans reversibilité des uns aux autres enfans.

19. Si les administrateurs et employés ne laissent pas de veuves, mais seulement des orphelins, il pourra être accordé à ces derniers des pensions de secours jusqu'à ce qu'ils aient atteint l'âge de quinze ans : la quotité des secours sera fixée pour chacun à la moitié de ce qu'aurait eu leur mère si elle avait survécu à son mari, et ne pourra excéder pour tous les enfans ensemble la moitié de la pension à laquelle leur père aurait eu droit ou dont il jouissait.

La pension qui pourrait revenir, d'après les précédentes dispositions, à un ou plusieurs de ces enfans, leur sera conservée pendant toute leur vie, s'ils sont infirmes, et, par l'effet de ces infirmités, hors d'état de travailler pour subvenir à leurs besoins.

20. Les employés élevés dans les hospices ne pourront faire valoir leurs services qu'à compter de l'âge de vingt-un ans révolus, et du moment où ils auront été pourvus d'un emploi avec jouissance d'un traitement de mille francs et au-dessus ; tant en argent qu'en logement et nourriture.

21. En cas de concurrence entre plusieurs réclamans, la pension, l'âge et les infirmités d'abord, et ensuite l'ancienneté de service, donneront droit à la préférence.

22. L'absence pour service militaire par l'effet de la réquisition ou de la conscription, n'est pas considérée comme interruption du service pour les employés qui ont déjà rempli ou remplissent encore ce devoir, ou qui y seraient appelés par la suite.

Les années de service militaire ne sont, comme celles passées dans tout autre emploi, comptées chacune que pour une année.

6 SEPTEMBRE = Pr. 6 OCTOBRE 1820. — Ordonnance du Roi qui substitue un nouveau tableau au troisième annexé à l'ordonnance du 22 décembre 1819 portant autorisation de la compagnie d'assurances générales sur la vie des hommes. (7, Bull. 403, n° 9424.)

Louis, etc., vu notre ordonnance du 22 décembre 1819 portant autorisation de la compagnie générale des assurances sur la vie des hommes; vu le troisième tableau joint à l'acte constitutif de la société, annexé à notredite ordonnance, sous le titre de *Tableau des valeurs d'une assurance différée*, etc.; vu notre ordonnance du 30 mai 1820 autorisant ladite entreprise à comprendre la rente viagère parmi ses opérations, et approuvant, pour y servir de base, un tableau arrêté par la compagnie, lequel est annexé à ladite ordonnance; vu la délibération de la même compagnie, prise les 10, 11 et 12 juillet 1820, par devant Lequesne et son confrère, notaires à Paris, portant que les assurances différées sont établies à l'avenir sur des bases égales à celles qui ont été approuvées pour les rentes viagères, attendu l'analogie des deux opérations, d'autant que ces nouvelles bases sont plus favorables aux assurés; sur le rapport de notre ministre secrétaire-d'Etat au département de l'intérieur; notre conseil d'Etat entendu, nous avons ordonné et ordonnons ce qui suit :

Art. 1er. La délibération de la compagnie d'assurances générales sur la vie des hommes, en date des 10, 11 et 12 juillet 1820, portant un nouveau tableau pour la règle des assurances différées, annexée à la présente ordonnance, est autorisée; ledit tableau est substitué à celui qui était compris pour le même effet dans les actes annexés à notre ordonnance du 22 décembre 1819.

2. Notre ministre secrétaire d'Etat de l'intérieur est chargé de l'exécution de la présente ordonnance, qui sera publiée au Bulletin des Lois avec la délibération annexée, insérée au Moniteur et au journal des affiches judiciaires du département de la Seine.

Art. 1er. Les sommes à payer pour prix d'une assurance dans la classe de celles définies à l'art. 6 des statuts, sous le titre d'*assurances différées*, seront déterminées d'après un nouveau tarif.

Ce tarif sera calculé d'après la loi de mortalité de Deparcieux et l'intérêt annuel de cinq pour cent, la compagnie se réservant toutefois la faculté de le réduire par la suite jusqu'à quatre pour cent.

En conséquence, le troisième tableau joint à l'acte passé devant ledit Me Lequesne, qui en a gardé la minute, et son

collègue, le 17 décembre 1819, enregistré, est annulé, et remplacé par le susdit tarif, lequel, écrit sur une feuille de papier au timbre d'un franc vingt-cinq centimes, et représenté par les comparans, est, à leur réquisition, demeuré ci-annexé, après avoir été d'eux signé et paraphé en présence des notaires soussignés.

3. Le présent acte sera soumis à l'approbation du Gouvernement.

Fait et passé à Paris, savoir : pour MM. Basterrèche, Turet, et Ternaux-Rousseau, en leur demeure; et pour les autres comparans, au domicile de la compagnie d'assurances générales, rue de Provence n° 19, les 10, 11 et 12 juillet 1820; et, après lecture, tous les comparans ont signé avec les notaires.

6 SEPTEMBRE 1820. — Ordonnance du Roi qui accorde des pensions de retraite à cent cinquante-deux militaires. (7, Bull. 402 *bis*, n° 1.)

6 SEPTEMBRE 1820. — Ordonnance du Roi qui accorde à la dame veuve Bertrand une pension de mille francs sur le Trésor royal. (7, Bull. 399.)

6 SEPTEMBRE 1820. — Ordonnance du Roi qui autorise l'acceptation d'un legs fait aux orphelins de l'église réformée de Montpellier. (7, Bull. 413.)

11 SEPTEMBRE 1820. — Lettres-patentes portant érection de majorats en faveur de MM. de Chassepot de Pissy, de Caïla et Bourlier d'Ailly. (7, Bull. 400.)

13 = Pr. 22 SEPTEMBRE 1820. — Ordonnance du Roi concernant la circonscription des colléges électoraux d'arrondissement du département de la Loire. (7, Bull. 399, n° 9343.)

13 = Pr. 22 SEPTEMBRE 1820. — Ordonnance du Roi portant fixation du nombre des avoués près la cour royale de Besançon, et de ceux près les tribunaux de première instance du ressort de la même cour. (7, Bull. 399, n° 9345.)

Louis, etc. vu l'article 114 du décret du 6 juillet 1810 portant que, sur l'avis des cours royales, il sera pourvu à une nouvelle fixation du nombre d'avoués nécessaire pour le service des tribunaux; vu la délibération de notre cour royale de Besançon en date du 29 mars 1820, nous avons ordonné et ordonnons ce qui suit :

Art. 1er. Le nombre des avoués attachés

à la cour royale de Besançon, et de ceux attachés aux tribunaux de première instance du ressort de la même cour, est fixé ainsi qu'il suit, savoir :

Doubs : Besançon (siége de la cour royale), dix; Besançon, dix; Baume, six; Montbelliard, six; Pontarlier, six;

Jura : Lons-le-Saulnier, dix; Dôle, huit; Arbois, huit; Saint-Claude, sept.

Haute-Saône : Vesoul, dix; Lure, huit; Gray, huit.

2. Jusqu'à ce que les titres actuellement existans aient été réduits au nombre ci-dessus déterminé, il ne sera présenté à notre nomination aucun candidat qui ne soit porteur de deux démissions ou présentations, soit de la part des titulaires, soit de celle de leurs ayant-cause, aux termes de l'article 91 de la loi des finances du 28 avril 1816.

3. Ceux des officiers ministériels qui auront encouru la déchéance pour n'avoir pas versé les cautionnemens ou supplémens de cautionnemens exigés seront, comme ceux qui auraient encouru la destitution, privés du droit de présenter leur successeur.

4. Notre sous-secrétaire d'État au département de la justice est chargé de l'exécution de la présente ordonnance.

13 = Pr. 22 SEPTEMBRE 1820. — Ordonnance du Roi portant fixation du nombre des huissiers près les tribunaux de première instance dans le ressort de la cour royale de Besançon. (7; Bull. 399, n° 9346.)

Louis, etc. vu l'article 120 du décret du 6 juillet 1810 et l'article 8 du décret du 14 juin 1813, d'après lesquels, sur l'avis des cours royales, il doit être pourvu à une nouvelle fixation du nombre d'huissiers nécessaire pour le service des tribunaux; vu la délibération de notre cour royale de Besançon en date du 27 juin 1820, nous avons ordonné et ordonnons ce qui suit :

Art. 1er. Le nombre des huissiers attachés aux tribunaux de première instance ci-après désignés est fixé ainsi qu'il suit, savoir : *Doubs* : Besançon, vingt-huit; Baume, dix-sept; Montbelliard, seize; Pontarlier, douze.

Jura : Lons-le-Saulnier, vingt-six; Dôle, vingt-un, Arbois, dix-sept; Saint-Claude, treize.

Haute-Saône : Vesoul, vingt-cinq; Lure, vingt-deux; Gray, dix-sept.

2. Jusqu'à ce que les titres actuellement existans aient été réduits au nombre ci-dessus déterminé, il ne sera présenté à

notre nomination aucun candidat qui ne soit porteur de deux démissions ou présentations, soit de la part des titulaires, soit de celles de leurs ayant-cause, aux termes de l'article 91 de la loi des finances du 28 avril 1816.

3. Ceux des officiers ministériels qui auront encouru la déchéance pour n'avoir pas versé les cautionnemens ou supplémens de cautionnemens exigés seront, comme ceux qui auraient encouru la destitution, privés du droit de présenter leur successeur.

4. Il n'est point dérogé aux dispositions des articles 5, 6, et 7 du décret du 14 juin 1813.

5. Notre sous-secrétaire d'État au département de la justice est chargé de l'exécution de la présente ordonnance.

13 = Pr. 30 SEPTEMBRE 1820. — Ordonnance du Roi concernant la réserve des actions de la Banque de France affectées à des majorats et à des dotations. (7; Bull. 400, n° 9353.)

Louis, etc. vu les statuts du 1er mars 1808, le décret du 4 juin 1809, la décision du 8 février 1810, le décret du 14 octobre 1811, l'article 95 de la loi du 15 mai 1818, et la loi du 4 juillet dernier, qui autorise le remboursement du produit de la réserve des actions de la Banque de France; voulant fixer le mode de placement de la réserve de celles desdites actions qui sont affectées à des majorats; sur le rapport de notre garde des sceaux, ministre secrétaire d'État au département de la justice, nous avons ordonné et ordonnons ce qui suit :

Art. 1er. Le produit de la réserve des actions de la Banque de France affectées à des majorats sera versé à la caisse des consignations.

2. Le produit de la réserve de celles des actions de la Banque qui sont affectées à des dotations provenant du domaine extraordinaire, sera, dans le plus bref délai et sur l'ordre du ministre des finances, employé en acquisition d'inscriptions cinq pour cent consolidés, qui seront immobilisées en accroissement de ces dotations, conformément aux règles établies par le décret du 4 juin 1809.

3. A l'égard des titulaires qui ont fourni sur leurs propres biens la dotation de leurs majorats, il leur sera, aussi dans le plus bref délai et à la diligence de notre commissaire au sceau, donné connaissance du dépôt de la réserve faite sur ladite dotation à la caisse des consignations, avec sommation de déclarer à notredit commissaire, dans le délai de deux mois, leur choix pour l'emploi de cette réserve, soit

ton actions de la Banque, soit en inscriptions cinq pour cent consolidés.

4. Ces inscriptions ou actions seront immobilisées dans la forme ordinaire, et portées en un compte particulier d'accroissement des majorats, qui sera ouvert à cet effet par le directeur du grand-livre et par le gouverneur de la Banque de France, conformément aux règles établies par le Décret du 4 juin 1809.

5. L'option dont est question ne sera donnée aux titulaires de majorats que dans le cas où le produit de la réserve à eux relative sera suffisant pour l'acquisition, soit d'inscriptions cinq pour cent consolidés, soit d'actions de la Banque indistinctement.

6. Dans le cas où la réserve sera suffisante pour son emploi en inscriptions cinq pour cent consolidés, mais non en actions de la Banque, notre commissaire au sceau en requerra le placement en acquisition d'inscriptions.

7. Si la réserve est insuffisante pour acheter soit des actions de la Banque, soit des inscriptions cinq pour cent consolidés, elle restera en dépôt à la caisse des consignations, jusqu'à ce que l'accumulation des intérêts mette le titulaire en état d'acheter une inscription sur le grand-livre, ou une action de la Banque.

8. A défaut par les titulaires d'avoir déclaré leur option dans le délai de deux mois, aussitôt après son expiration, notre commissaire au sceau requerra l'emploi de cette réserve en acquisition, soit d'actions de la Banque, soit d'inscriptions cinq pour cent consolidés, ainsi qu'il est prescrit par les précédens articles.

Nos ministres de la justice et des finances sont chargés de l'exécution de la présente ordonnance.

13 SEPTEMBRE 1820. — Ordonnance du Roi qui augmente le nombre des routes départementales de la Seine-Inférieure. (7, Bull. 399.)

13 SEPTEMBRE 1820. — Ordonnance du Roi qui permet au sieur comte de Louvel, et aux dames de Louvel de Thury, de Vigneral et de Lamyre, de substituer à leur nom de Louvel celui de Lupel. (7, Bull. 399.)

13 SEPTEMBRE 1820. — Ordonnance du Roi qui permet au sieur Serres d'ajouter à son nom celui de Gauzy. (7, Bull. 400.)

13 SEPTEMBRE 1820. — Ordonnance du Roi qui admet les sieurs Abramson, Jenny, Lazare et Storck, à établir leur domicile en France. (7, Bull. 402.)

13 SEPTEMBRE 1820. — Ordonnances du Roi qui autorisent l'acceptation de dons et legs faits au séminaire de La Rochelle, etc. (7, Bull. 413, 414 et 415.)

13 SEPTEMBRE 1820. — Ordonnance du Roi qui concède les mines de houille situées dans l'étendue des communes de Saint-Lazare et de Beauregard, canton de Terrasson, arrondissement de Sarlat, département de la Dordogne. (7, Bull. 415.)

13 SEPTEMBRE 1820. — Ordonnance du Roi qui autorise le sieur Henry à établir une fabrique de magnats dans la commune de Berlancourt-Epourdon, département de l'Aisne. (7, Bull. 415.)

13 SEPTEMBRE 1820. — Ordonnance du Roi qui autorise le sieur Molin à établir une fabrique de magnats dans la commune de Chavignon, département de l'Aisne. (7, Bull. 416.)

13 SEPTEMBRE 1820. — Ordonnance du Roi qui autorise le sieur Bernaille à maintenir en activité l'usine à fer dite la vieille forge d'Anor, arrondissement d'Avesnes, département du Nord. (7, Bull. 416.)

13 SEPTEMBRE 1820. — Ordonnance du Roi qui autorise le sieur Poschet à maintenir en activité la forge de Lobiette qu'il possède dans la commune d'Anor, canton de Trelon, département du Nord. (7, Bull. 416.)

13 SEPTEMBRE 1820. — Ordonnance du Roi qui autorise le sieur Dormans à établir un marteau à parer le fer dans la commune de Tarascon, département de l'Ariége, sur la rivière de Vic-Dessos, au lieu dit le Fongas de Lucantes. (7, Bull. 416.)

13 SEPTEMBRE 1820. — Ordonnance du Roi qui autorise le sieur Sans à établir à Pamiers, département de l'Ariége, un fourneau pour la cémentation du fer, et une usine composée de sept feux, sept martinets, etc. (7, Bull. 416.)

13 SEPTEMBRE 1820. — Ordonnance du Roi qui fait concession des mines de houille de Grigues et de la Taupe, situées commune de Vergonglion, arrondissement de Brioude, département de la Haute-Loire. (7, Bull. 416.)

13 SEPTEMBRE 1820. — Ordonnances du Roi qui accordent des lettres de déclaration de naturalité aux sieurs Maurer dit Macon, Vacle, Horbert, Bayon, Cardon, Merlo, Falcoz dit Falques, Spacke dit Spacky, Fournier, Malacarne, Parizot et Negre. (7, Bull. 419, 427, 431, 436, 444, 455, 457, 459, 509 et 647.)

13 SEPTEMBRE 1820. — Ordonnance du Roi qui approuve la liquidation de trente-neuf pensions ecclésiastiques. (7, Bull. 402 bis, n° 2.)

15 SEPTEMBRE 1820. — Circulaire, n° 73, sur les élections.

Voy. loi du 29 JUIN 1820.

M. le préfet, je crois utile d'ajouter quelques explications à ma circulaire du 5 de ce mois.

Je dois être convaincu que chaque préfet, ayant à exécuter, en ce qui le concerne, la loi du 29 juin 1820, s'est bien pénétré de ses dispositions, des antécédens auxquels elles se rapportent, de l'esprit dans lequel elles ont été faites, des moyens de les accomplir et de surmonter les difficultés qu'elles peuvent rencontrer, s'exécutant pour la première fois et après les habitudes laissées aux électeurs, sous la loi du 5 février 1827, de ne produire que peu de pièces et de ne déclarer qu'une partie de leurs contributions; que chacun s'est aussi pénétré du peu de temps que l'obligation de convoquer les Chambres dans les premiers jours de décembre au plus tard, laissait aux opérations assez compliquées, prescrites par la nouvelle loi, et par conséquent de la nécessité où l'on était d'abréger tous les délais, de procéder avec une grande célérité.

Si cet examen a eu lieu avec toute l'attention et la prévoyance qu'il exigeait, l'intelligence des ordres et des instructions que j'ai successivement transmis aura été facile : il en sera de même de leur application; et les préfets auront pu remarquer dans mes circulaires du 27 juillet et du 5 septembre, que, convaincu des difficultés inséparables d'une première exécution des dispositions dont il s'agissait, j'avais voulu leur laisser assez de liberté et de latitude dans les moyens, pour toutes les opérations qui n'exigeaient pas une précision rigoureuse, afin de ne point les placer au milieu de trop d'embarras et de trop de gêne; que, par exemple, lorsque j'ai dit qu'on pourrait, dans certains cas, se contenter de la notoriété, à défaut de pièces produites, et continuer à inscrire d'office les électeurs qui ne se présenteraient point eux-mêmes, chaque préfet a

dû sentir qu'étant juge des cas où il pourrait se contenter de la notoriété, comme des inscriptions d'office, il pourrait étendre ou restreindre les facilités ou l'exigence, selon qu'il le croirait utile à l'intérêt de la loi, aux garanties, au succès des élections, et sans qu'aucun de ceux qui se trouveraient écartés ou omis, faute d'avoir, ainsi qu'ils y étaient tenus, fait leur déclaration ou produit leurs titres, eût aucun droit de se plaindre d'une privation qu'il ne pourrait imputer qu'à lui-même, n'ayant point fait ce qui lui était prescrit pour l'éviter, et l'administration n'ayant pu suppléer à sa négligence.

Le délai de cinq jours, relatif à la clôture des listes, tel qu'il a été fixé par l'art. 4 de l'ordonnance du 4 septembre, aura pu vous paraître court; mais il ne vous aura pas échappé que cette brièveté était commandée par la brièveté du temps dont on pouvait disposer; qu'elle l'était par le soin qu'on devait avoir de ne pas trop s'écarter de l'usage précédemment établi de laisser les listes ouvertes jusqu'au moment du vote; de ne point, par cela même, les clore cette année à une distance de l'ouverture des colléges qui pût exciter des plaintes et nuire aux droits des électeurs qui ont à justifier de l'accomplissement des trente ans. Vous aurez d'ailleurs observé que rien, dans l'ordonnance ni dans mes instructions, ne dit que les colléges doivent être convoqués cinq jours après l'expiration du mois consacré à la publication des listes, et que les électeurs étant prévenus par vous, ainsi que vous le prescrivait ma circulaire du 27 juillet, ne seraient plus admis à faire des réclamations, ni à produire des pièces après ce terme : il suffira, par exemple, que la convocation ne soit fixée qu'au 28 ou 30 octobre, pour que les quelques jours que vous aurez de plus vous donnent le temps tout nécessaire, procédant néanmoins avec rapidité, mais non avec une trop fâcheuse précipitation.

Enfin, vous aurez aperçu que l'envoi des cartes *au domicile des électeurs*, prescrit par l'article 7 de l'ordonnance du 4 septembre, est un moyen de plus d'obtenir qu'ils se rendent aux élections, et que ces sortes d'invitations individuelles laisseront bien moins de prétexte à la négligence qu'un avis général, dont d'ailleurs tous pourraient ne pas avoir toujours connaissance : avis qu'il ne sera pas moins utile de publier immédiatement après l'ordonnance de convocation, afin de n'omettre aucun moyen. Vous remarquerez aussi que rien ne vous oblige à ne commencer l'envoi des cartes qu'après la clôture des listes; que le plus grand nombre de réclamations et de rectifications individuelles étant jugées et terminées avant l'expiration du mois de publication, vous aurez pu, avant cette époque, remplir et transmettre au plus grand nombre des électeurs les cartes les concernant, et dans lesquelles il n'est nullement nécessaire de porter le numéro assigné à chacun d'eux dans les listes définitives; qu'ainsi, n'ayant plus à envoyer au dernier moment qu'un petit nombre de ces cartes, vous aurez le temps rigoureusement nécessaire pour accomplir cette utile disposition.

Je croirais superflu de porter plus loin ces explications. Tous les délais ayant été calculés, toutes les opérations prévues par le Gouvernement, je dois compter assez sur votre zèle et sur votre discernement, pour n'avoir pas besoin de vous donner d'autres directions avant la convocation des colléges, époque à laquelle vous recevrez les ordres et les instructions nécessaires pour les opérations subséquentes.

---

20 = Pr. 30 SEPTEMBRE 1820. — Ordonnance du Roi portant formation d'un section temporaire au tribunal de première instance de l'Argentière, conformément à l'art. 39 de la loi du 20 avril 1810. (7, Bull. 400, n° 9355.)

Voy. ordonnance du 19 SEPTEMBRE 1821.

Louis, etc. sur le rapport de notre garde-des-sceaux, ministre secrétaire d'Etat au département de la justice, nous avons reconnu qu'il existait un nombreux arriéré dans les affaires soumises au tribunal de première instance de l'Argentière, département de l'Ardèche. Voulant le faire vider incessamment, et pourvoir à ce que le cours de la justice n'éprouve aucune interruption, nous avons ordonné et ordonnons ce qui suit :

Art. 1er. Il y aura à ce tribunal une section temporaire ; conformément à l'art. 39 de la loi du 20 avril 1810.

2. Cette section sera composée des sieurs Rieux de Montvaillant et Frachon, conseillers auditeurs près la cour royale de Nimes, et du sieur Cartier (Henri), avocat à Tarascon, que nous nommons aux fonctions de juge-auditeur.

3. Le sieur Rieux de Montvaillant la présidera ; les fonctions de juges y seront remplies par les sieurs Frachon et Cartier. Notre procureur près le même tribunal est chargé de régler près des deux sections le service du ministère public ; les suppléans pourront être appelés à l'une et à l'autre indistinctement.

4. La section temporaire entrera en activité à la rentrée des tribunaux ; et son service sera d'une année, à l'expiration duquel terme elle sera dissoute de droit,

5. Pendant tout le temps de son service, le traitement des deux-conseillers auditeurs sera porté à douze cent cinquante francs, affectés à la place de juge au même tribunal ; le sieur Cartier, juge auditeur, aura droit au même traitement.

6. A la dissolution de la section temporaire, le sieur Cartier continuera de rester attaché au tribunal en qualité de juge auditeur.

7. Notre ministre de la justice est chargé de l'exécution de la présente ordonnance.

---

20 SEPTEMBRE = Pr. 5 OCTOBRE 1820. — Ordonnance du Roi qui rectifie celle du 30 août 1820, ce qui concerne la circonscription des colléges électoraux d'arrondissement dans le département de l'Eure. (7, Bull. 402, n° 9373.)

Louis, etc. considérant qu'il s'est glissé une erreur dans la circonscription électorale du département de l'Eure, telle qu'elle est portée dans notre ordonnance du 30 août dernier, erreur qui consiste en ce que le canton de Tourville est porté comme faisant partie de l'arrondissement électoral n° 2, tandis que notre intention a été de le comprendre, ainsi que l'avait proposé le conseil général, dans l'arrondissement n° 4 ; sur le rapport de notre ministre secrétaire d'Etat de l'intérieur, nous avons ordonné et ordonnons :

Art. 1er. La circonscription des colléges électoraux d'arrondissement dans le département de l'Eure est provisoirement fixée ainsi qu'il suit :

1er *Arrondissement* : tous les cantons de l'arrondissement d'Evreux.

2e *Arrondissement* : tous les cantons de l'arrondissement de Pont-Audemer ; Louviers, Neubourg (Cantons de l'arrondissement de Louviers).

3e *Arrondissement* · tous les cantons de l'arrondissement de Bernay.

4e *Arrondissement* : tous les cantons de l'arrondissement des Andelys ; Gaillon, Pont-de-l'Arche, Tourville (Cantons de l'arrondissement de Louviers).

2. Notre ministre de l'intérieur est chargé de l'exécution de la présente ordonnance.

---

20 SEPTEMBRE = Pr. 5 OCTOBRE 1820. — Ordonnance du Roi qui considère comme drogues médicinales les substances énoncées dans le tableau y annexé, et assujétit les épiciers chez lesquels se trouvera quelqu'une de ces substances, au droit de visite, maintenu par la loi du 23 juillet 1820. (7, Bull. 402, n° 9374.)

Louis, etc. sur le rapport de notre ministre secrétaire d'Etat de l'intérieur ; vu le 1ᵉʳ paragraphe de l'article 17 de la loi du 23 juillet 1820 relative à la fixation du budget des recettes de 1820, lequel paragraphe est ainsi conçu :

« Continueront également d'être perçus « les droits établis par l'article 16 des let-« tres-patentes du 10 février 1780 et par « l'article 42 de l'arrêté du Gouvernement « du 25 thermidor an XI, pour les frais « de visite chez les pharmaciens, droguis-« tes et épiciers.

« Ne seront pas néanmoins soumis au « paiement du droit de visite les épiciers « non droguistes chez lesquels il ne serait « pas trouvé de drogues appartenant à l'art « de la pharmacie. »

Voulant prévenir les difficultés qui pourraient résulter de cette dernière disposition, si les substances qui doivent être réputées drogues n'étaient pas nominativement désignées; notre Conseil-d'Etat entendu, nous avons ordonné et ordonnons ce qui suit :

Art. 1ᵉʳ. Les substances énoncées dans l'état annexé à la présente ordonnance seront considérées comme drogues, et les épiciers chez lesquels il se trouvera quel-qu'une de ces substances seront assujétis au paiement du droit de visite maintenu par l'article 17 de la loi du 23 juillet 1820.

2. Notre ministre de l'intérieur est chargé de l'exécution de la présente ordonnance.

Tableau des substances qui doivent être considérées comme drogues médicinales.

Drogueries.

Acide muriatique à 23°, acide nitrique à 35°, acide sulfurique à 36°, aloès suc-cotrin, ammi, amome, antimoine régule, arsenic blanc, assa fœtida, baume de Copahu, baume de Pérou noir, baume de Tolu, benjoin amygdaloïde, berberis (semences), bismuth, bitume de Judée, bourgeons de sapin du Nord, bois de gaïac râpé, bol d'Arménie, borax purifié, cachou brut, camphre raffiné, capillaire du Canada, cardamome, carvi, casse en bâton, castoréum vrai, cantharides, céva-dille, cloportes, coloquinte, coques du Levant, coriandre, cornes de cerf râpées, cornichons de cerf, crème de tartre entière, écorce de cascarille, écorce de garou, écorce de simarouba, écorce de win-tier, euphorbe, fenouil, fleurs d'arnica, fleurs de camomille, follicules de séné, galbanum, gomme adragante, gomme ammoniaque, ipécacuanha, jalap, kinna, kermès, lichen d'Islande, litharge anglaise, magnésie blanche, mastic, manne en larmes, manne en sorte, myrobolans, musc

tonquin, mousse de Corse, myrrhe, noix vomique râpée, oliban, opopanax, oxide de manganèse, opium, polygada de Virginie, quinquina gris fin roulé, quinquina jaune royal, quinquina rouge roulé, racine d'angélique de B., racine d'asclépias, racine de bistorte, racine de colombo, racine d'ellébore blanc, racine noire, racine de gingembre, racine d'iris de Florence, racine de pareira brava, racine de pyréthre, racines de quassia amara, racines de ra-thania, racines de salep, racines de tor-mentille, racines de turbith, racines de zédoaire, résine de gaïac, résine d'élémi, résine de turin, réglisse d'Espagne, rhu-barbe de Chine, rhubarbe de Moscovie, salsepareille d'Honduras, sassafras râpé, safran du Gâtinais, sagapenum, sang de dragon fin, santal citrin râpé, scammonée d'Alep, scilles vertes, serpentaire de Virginie, squine, sel ammoniac blanc, sel duobus, sel d'Epsom anglais, sel de Saturne, sel de soude desséché, sel d'oseille, semen-contra, semences de phellandrium, séné, séséli de Marseille, staphisaigre, styrax liquide, suc d'acacia, suc de réglisse, sulfure d'antimoine, succin, sulfate de baryte, sulfate de cuivre, sulfate de zinc, tamarin, tartre rouge, thlaspi, tutie, turbith minéral, térébenthine de Venise, térébenthine de suisse, terre sigillée, ver-det cristallisé, verre d'antimoine, vipères sèches, yeux d'écrevisses.

---

20 SEPTEMBRE 1820. — Ordonnance du Roi qui permet aux sieurs Louvel de substituer à leur nom celui de Delorisse, et au sieur Noirvarbe d'ajouter à son nom celui de Derville. (7, Bull. 400.)

20 SEPTEMBRE 1820. — Ordonnance du Roi qui permet au sieur Gardanne d'ajouter à son nom celui de Vaulgrenand. (7, Bull. 401.)

20 SEPTEMBRE 1820. — Ordonnance du Roi qui admet les sieurs Hockinski, Sciama et Schlach-ter, à établir leur domicile en France. (7, Bull. 402.)

20 SEPTEMBRE 1820. — Ordonnance du Roi concernant la mise en activité des jeunes soldats de la classe de 1818 qui se trouvent disponibles dans leurs foyers. (7, Bull. 404.)

20 SEPTEMBRE 1820. — Ordonnance du Roi qui autorise l'acceptation d'une donation faite aux pauvres des 1ᵉʳ, 2ᵉ, 6ᵉ et 8ᵉ arrondissemens de Paris. (7, Bull. 408.)

20 SEPTEMBRE 1820. — Ordonnance du Roi qui autorise le sieur Poschet à maintenir en activité l'usine à fer dite forge neuve d'Anor, arrondissement d'Avesnes, département du Nord. (7, Bull. 416.)

20 SEPTEMBRE 1820. — Ordonnances du Roi qui autorisent l'acceptation de legs. (7, Bull. 415.)

20 SEPTEMBRE 1820. — Ordonnance du Roi qui concède le droit d'exploiter les mines de houille découvertes et à découvrir sur le territoire des communes de Forbach et de Petite-Rosselle, arrondissement de Sarguemines, département de la Moselle. (7, Bull. 416.)

20 SEPTEMBRE 1820. — Ordonnances du Roi qui accordent des lettres de déclaration de naturalité aux sieurs Gæden, Adam, Maccario et Schmidt. (7, Bull. 417, 427, 436 et 444.)

20 SEPTEMBRE 1820. — Ordonnance du Roi qui accorde des pensions de retraite à soixante-trois militaires. (7, Bull. 402 *bis*, n° 3.)

10 SEPTEMBRE 1820. — Ordonnance du Roi qui accorde des secours à six orphelins de militaires. (7, Bull. 402 *bis*, n° 4.)

23 SEPTEMBRE = Pr. 5 OCTOBRE 1820. — Ordonnance du Roi qui prescrit la publication des bulles d'institution canonique des archevêques de Bourges et de Toulouse, et de l'évêque de Soissons, et des brefs adressés à ces prélats. (7, Bull. 402, n° 9375.)

Art. 1er. Les bulles ci-après désignées, à savoir:

La première donnée à Rome à Sainte-Marie-Majeure, le 5 des calendes de septembre de l'année 1820, portant institution canonique de M. Jean-Marie de Fonenay, précédemment nommé par nous à l'évêché de Nevers, et depuis nommé à l'archevêché de Bourges;

La seconde, donnée à Rome à Sainte-Marie-Majeure, le 5 des calendes de septembre 1820, portant institution canonique de M. Anne-Antoine-Jules de Clermont-Tonnerre, ancien évêque de Châlons-sur-Marne, nommé par nous à l'archevêché de Toulouse;

La troisième, donnée à Rome à Sainte-Marie-Majeure, le 5 des calendes de septembre de l'année 1820, portant institution canonique de M. Guillaume-Aubin de Villèle, précédemment nommé par nous à l'évêché de Verdun, et depuis nommé à l'évêché de Soissons;

Ensemble les trois brefs adressés sous la date du 29 août 1820 auxdits archevêques et évêque, et qui leur prescrivent d'exercer leurs fonctions dans les limites de leurs diocèses respectifs, telles qu'elles étaient déterminées avant le 17 *juillet* 1817, et avec les mêmes rapports de métropolitains et de suffragans qui existaient auparavant pour leurs siéges,

Sont reçus et, seront publiés dans la forme accoutumée, sans qu'on puisse induire desdits bulles et brefs que la bulle de circonscription donnée à Rome le 27 juillet 1817 soit reçue dans le royaume.

2. Lesdites bulles d'institution canonique et lesdits brefs sont reçus sans approbation des clauses, formules ou expressions qu'ils renferment et qui sont ou pourraient être contraires à la Charte constitutionnelle, aux lois du royaume, aux franchises, libertés et maximes de l'église gallicane.

3. Lesdites bulles et lesdits brefs seront transcrits en latin et en français sur les registres de notre Conseil-d'Etat; mention desdites transcriptions sera faite sur les originaux par le secrétaire général du conseil.

4. Nos ministres de la justice et de l'intérieur sont chargés de l'exécution de la présente ordonnance.

27 SEPTEMBRE = Pr. 16 OCTOBRE 1820. — Ordonnance du Roi qui détermine la nouvelle composition du corps de l'intendance militaire, et contient réglement relatif à ce corps. (7, Bull. 406, n° 9551.)

Voy. ordonnances des 29 JUILLET 1817 et 18 SEPTEMBRE 1822.

SECTION Ire. De la nouvelle composition du corps des intendans militaires.

Art. 1er. A compter du 1er janvier prochain, le corps des intendans militaires, constitué par notre ordonnance du 29 juillet 1817, sera composé conformément au tableau ci-après:

GRADES.	CLASSES.	NOMBRE	
		par classe.	par grade.
Intendant.	"	"	35
Sous-intendans.	1ʳᵉ	66	
	2ᵉ	67	200
	3ᵉ	67	
Adjoints.	"	"	40
Élèves.	"	"	20
		TOTAL. . . .	295

2. Pour l'exécution de l'article précédent, les deux premières classes actuelles des sous-intendans militaires seront réunies dans une seule, qui prendra le n° 1ᵉʳ : la troisième classe prendra le n° 2 ; et la quatrième, le n° 3. Les deux classes d'adjoints seront également réunies dans une seule : néanmoins, les quinze sous-intendans et les quinze adjoints qui forment aujourd'hui les premières classes de leurs grades conserveront leur rang et leur traitement actuel.

3. En conséquence de l'article 1ᵉʳ, et pour élever l'effectif du corps au nouveau complet que détermine cet article, il sera nommé par nous, sur la proposition de notre ministre secrétaire d'État de la guerre, savoir :

Vingt sous-intendans : six de première classe, sept de deuxième, sept de troisième ; cinq adjoints, et dix élèves.

Toutes ces nominations seront faites à notre choix, d'après les règles suivantes :

4. Les vingt places de sous-intendant auxquelles il doit être nommé en vertu de l'article qui précède seront données, savoir :

Six de première classe : quatre aux sous-inspecteurs de première ou de deuxième classe ; deux aux commissaires des guerres de première classe.

Sept de deuxième classe : deux aux sous-inspecteurs de deuxième ou de troisième classe, cinq aux commissaires des guerres de première ou deuxième classe.

Sept de troisième classe : quatre aux commissaires des guerres de première ou deuxième classe ; une aux adjoints de première classe à l'inspection ; deux aux adjoints d'intendance ayant eu le grade de commissaire des guerres.

5. Les cinq places d'adjoint auxquelles il doit être nommé en vertu de l'article 3, et les deux qui deviendront vacantes d'après l'article 4, seront données, savoir :

Une aux adjoints de deuxième classe à l'inspection, quatre aux adjoints aux commissaires des guerres ; deux aux élèves d'intendance ayant été adjoints aux commissaires des guerres.

6. Les seuls membres des anciens corps de l'inspection aux revues et du commissariat qui pourront concourir pour les nominations à faire d'après les deux articles précédens, sont ceux qui, jouissant de la solde de non-activité, n'auront pas, à l'époque du 1ᵉʳ janvier prochain, trente années effectives de service.

7. Les dix places d'élèves auxquelles il doit être nommé en vertu de l'article 3, et les deux qui deviendront vacantes en conséquence de l'article 5, seront données, savoir :

Six au plus, à ceux des adjoints aux commissaires des guerres, soit titulaires, soit provisoires, qui n'auront pas plus de vingt-six ans d'âge, et qui auront demandé à être employés comme élèves ;

Six au moins, à des jeunes gens qui rempliront les conditions exigées ci-après, art. 32.

8. Les sous-intendans, les adjoints et les élèves d'intendance, qui auront été nommés en exécution des articles ci-dessus, prendront rang à la suite de leurs classes ou grades respectifs dans l'ordre de leur nomination.

SECTION II. Du traitement des officiers de l'intendance.

9. Le traitement de fonctions des officiers du corps des intendans militaires restera tel qu'il est déterminé par l'ordonnance constitutive du 29 juillet 1817, sauf les modifications ci-après.

10. Les sous-intendans de première classe recevront la solde fixée par ladite ordonnance pour la deuxième classe ;

Les sous-intendans de deuxième classe recevront la solde fixée pour la troisième classe ;

Les sous-intendans de troisième classe recevront la solde fixée pour la quatrième;

Et les adjoints, la solde fixée pour les adjoints de deuxième classe.

11. Les élèves d'intendance recevront le même traitement que les élèves du corps royal d'état-major.

12. Les membres du corps de l'intendance, autres que les élèves, qui ne seront pas pourvus de lettres de service, recevront le traitement de disponibilité, conformément à notre ordonnance du 16 août dernier.

Section III. De la formation d'un cadre auxiliaire à la suite du corps des intendans militaires.

13. Il sera formé, à la suite du corps des intendans militaires constitué par notre ordonnance du 29 juillet 1817, un cadre auxiliaire et temporaire, composé de quinze intendans, soixante-neuf sous-intendans, et seize adjoints : total, cent officiers.

14. Les officiers qui devront composer ce cadre auxiliaire seront nommés par nous, sur la proposition de notre ministre secrétaire d'État de la guerre, et choisis parmi ceux des membres des anciens corps de l'inspection aux revues et du commissariat des guerres, jouissant de la solde de non-activité, qui, à l'époque du 31 décembre prochain, n'auront pas accompli leur trentième année de service.

15. Les membres des anciens corps de l'inspection aux revues et du commissariat des guerres devront concourir pour la formation du cadre auxiliaire d'après les règles et les proportions suivantes, savoir :

Les inspecteurs aux revues, pour un tiers des places d'intendant; et les commissaires-ordonnateurs, pour les deux autres tiers;

Les sous-inspecteurs aux revues, avec les adjoints de première classe à l'inspection, pour un tiers des places de sous-intendant; et les commissaires des guerres, pour les deux autres tiers;

Les adjoints de deuxième classe à l'inspection, pour un quart des places d'adjoints; et les adjoints aux commissaires des guerres, pour les trois autres quarts.

16. L'ordonnance portant nomination des officiers du cadre auxiliaire devra indiquer, pour chacun de ces officiers, celui des anciens corps auquel il appartenait, le grade et la classe qu'il y occupait, et enfin la date de sa nomination à ce grade et cette classe.

17. Les officiers du cadre auxiliaire auront la même dénomination, le même rang et le même uniforme, l'écharpe exceptée, que les membres du corps de l'intendance militaire.

18. Lesdits officiers continueront toutefois

d'être soumis aux dispositions de l'ordonnance du 20 mai 1818, et la quotité de leur solde de non-activité restera la même, tant qu'ils n'auront pas été placés dans le corps de l'intendance.

19. En conséquence, ceux des officiers du cadre auxiliaire qui, d'après ladite ordonnance du 20 mai, ont été classés pour jouir de la solde de non-activité pendant un nombre d'années déterminé, cesseront, à l'expiration desdites années, de faire partie de ce cadre; et ceux qui ont été classés comme devant jouir de la solde de non-activité durant le temps qui leur est nécessaire pour compléter trente années de service, seront mis à la retraite, à l'expiration de ces trente années.

20. Toutefois, les soldes de retraite accordées aux officiers du cadre auxiliaire seront réglées sous le titre et d'après le grade qu'ils auront obtenus dans ce cadre, conformément aux bases fixées par l'article 16 de l'ordonnance du 29 juillet 1817.

21. Les places qui viendront à vaquer dans le cadre auxiliaire seront conférées par nous, sur la proposition de notre ministre de la guerre, aux membres des anciens corps de l'inspection aux revues et du commissariat des guerres qui resteront en jouissance de la solde de non-activité, à l'exclusion des sujets qui, par motif de santé ou toute autre cause, ne seraient pas jugés capables, de servir utilement.

22. Les règles, et, autant que possible, les proportions déterminées par l'article 15, seront observées dans les propositions que nous fera le ministre de la guerre, en vertu de l'article 21 ci-dessus.

23. Le cadre auxiliaire, lorsqu'il ne pourra plus se recruter par le moyen indiqué à l'article 21, se réduira et s'éteindra successivement pour chaque grade, par l'effet de l'admission de ses membres dans le corps des intendans militaires, ou de l'extinction de leur solde de non-activité, ou de leur mise à la retraite, ou de leur décès, ou de toute autre cause équivalente.

Section IV. De l'admission des officiers du cadre auxiliaire dans le corps de l'intendance.

24. A compter du jour de la formation du cadre auxiliaire, et jusqu'à son extinction pour chaque grade, les officiers de ce cadre auront droit à la première moitié des places qui viendront à vaquer dans le corps de l'intendance militaire; l'autre moitié de ces places continuera d'être donnée par avancement aux membres dudit corps.

25. Les places dans le corps de l'intendance qui, d'après l'article précédent, sont dévolues aux officiers du cadre auxiliaire seront conférées par nous, sur la proposition de notre ministre de la guerre, savoir:

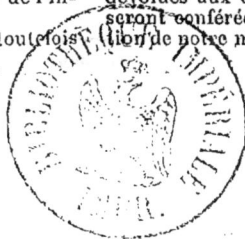

Pour le grade d'intendant, en totalité au choix ;

Pour chacun des deux autres grades, la première moitié à l'ancienneté, soit du grade de sous-inspecteur, soit du grade de commissaire des guerres, soit du grade d'adjoint à l'inspection, soit du grade d'adjoint au commissaire des guerres : la deuxième moitié au choix.

26. Néanmoins, pour les grades de sous-intendans et d'adjoints, les officiers appelés à passer du cadre auxiliaire dans le corps de l'intendance devront être pris, autant que possible, savoir :

Pour les places de sous-intendant de première classe, parmi les anciens sous-inspecteurs de première ou de deuxième classe et les anciens commissaires des guerres de première classe ;

Pour les places de sous intendant de deuxième classe, parmi les anciens sous-inspecteurs de deuxième ou de troisième classe et les anciens commissaires des guerres de première ou deuxième classe ;

Pour les places de sous-intendant de troisième classe, parmi les anciens commissaires des guerres de première ou de deuxième classe et les anciens adjoints de première classe à l'inspection ;

Pour les places d'adjoint d'intendance, parmi les anciens adjoints de deuxième classe à l'inspection et les anciens adjoints aux commissaires des guerres.

27. Lorsqu'une place de sous-intendant sera vacante dans le corps de l'intendance militaire, et qu'aux termes de l'article 24 elle sera dévolue à un officier du cadre auxiliaire, s'il ne se trouve dans ce cadre aucun officier qui y soit admissible d'après l'article 26 ci-dessus, ladite place sera donnée par avancement à l'un des membres du corps de l'intendance faisant partie de la classe immédiatement inférieure à la classe dans laquelle elle sera vacante.

28. Toutes les vacances qui surviendront dans le corps de l'intendance militaire par l'effet des promotions faites dans le cas prévu à l'article précédent appartiendront de droit aux officiers du cadre auxiliaire, autant toutefois qu'ils y seront admissibles d'après les règles déterminées à l'article 26.

29. Notre ministre secrétaire d'Etat de la guerre réglera les propositions qu'il aura à nous faire en conséquence des articles 25 et 28 ci-dessus, de manière qu'elles profitent, autant que possible, à chacun des anciens corps de l'inspection aux revues et du commissariat, dans les proportions déterminées par l'article 15.

30. Les officiers du cadre auxiliaire qui passeront dans le corps de l'intendance, y prendront rang, savoir : les intendans,

à la date et dans l'ordre de leur nomination, soit au grade d'ordonnateur, soit au grade d'inspecteur aux revues ; les sous-intendans et les adjoints, à la suite des classes dans lesquelles ils auront été placés et dans l'ordre de leur nomination à ces classes.

SECTION V. De l'avancement dans le corps de l'intendance.

31. L'avancement dans le corps des intendans militaires, pour celles des places vacantes qui, d'après l'article 24 et l'article 27, devront être données aux membres de ce corps, jusqu'à l'entière extinction du cadre auxiliaire, et, après cette extinction, pour la totalité des places vacantes, aura lieu de la manière et suivant les règles déterminées par les articles qui suivent.

32. Les élèves du corps de l'intendance militaire seront pris parmi les jeunes gens de dix-huit à vingt-cinq ans, reçus bacheliers ès-lettres, ayant fait leur cours de droit, et sachant parler une langue étrangère.

33. Les adjoints seront pris, les deux tiers à notre choix et l'autre tiers à l'ancienneté, parmi les élèves qui auront au moins trois ans de service en cette dernière qualité, et qui d'ailleurs auront satisfait aux examens prescrits par notre ministre de la guerre.

34. Les sous-intendans seront pris parmi les adjoints ayant au moins quatre ans de grade d'adjoint, à raison d'un tiers à l'ancienneté de grade et de deux tiers à notre choix.

Ils monteront de la troisième classe à la deuxième, moitié à notre choix et moitié à l'ancienneté de grade (1).

Ils monteront de la deuxième classe à la première, moitié à notre choix et moitié à l'ancienneté de grade.

35. Nul sous-intendant ne pourra être promu par le choix à une classe supérieure, s'il n'a au moins deux années de service dans la classe inférieure.

36. Les intendans seront pris à notre choix parmi les sous-intendans de première classe ayant au moins deux années d'exercice en cette dernière qualité.

SECTION VI. Dispositions spéciales.

37. Au moyen des articles ci-dessus, les dispositions du titre XXVI et de la section VI du titre XXXI de notre ordonnance du 2 août 1818, sont et demeurent abrogées.

38. Les dispositions des articles 280, 281 et 282 de notredite ordonnance du 2 août, qui admettent à concourir pour les places d'officiers comptables dans les corps de

_____

(1) Lisez à l'ancienneté de classe. Erratum, Bull. 412.

troupes les adjoints à l'inspection aux revues et les adjoints au commissariat des
guerres, soit titulaires, soit provisoires,
sortiront leur plein et entier effet, jusqu'à
l'époque du 31 décembre 1825, et seront
d'ailleurs étendues aux commissaires des
guerres provisoires.

39. Notre ministre de la guerre est
chargé de l'exécution de la présente ordonnance.

———

27 SEPTEMBRE 1820. — Ordonnance du Roi qui
autorise l'acceptation d'une somme offerte pour
le rétablissement du prix de vertu fondé à l'a-
cadémie française, en 1782. (7, Bull. 409.)

———

27 SEPTEMBRE 1820. — Ordonnance du Roi qui
autorise l'acceptation d'une donation faite aux
sœurs de la Providence de Saint-Remi d'Auneau.
(7, Bull. 416.)

———

27 SEPTEMBRE 1820. — Ordonnances du Roi qui
autorisent l'acceptation de dons et legs faits
aux fabriques des églises d'Essoyes, etc. (7,
Bull. 417, 418 et 419.)

———

30 SEPTEMBRE 1820. — Tableau des prix moyens
régulateurs de l'exportation et de l'importation
des grains, dressé et arrêté conformément aux
articles 6 et 8 de la loi du 16 juillet 1819.
(7, Bull. 401.)

———

30 SEPTEMBRE 1820. — Ordonnance du Roi qui
modifie l'article 2 de l'ordonnance du 26 février
1817, portant réglement sur l'exercice de la
profession de boulanger dans la ville de Toulouse (1). (7, Bull. 409.)

———

1er OCTOBRE 1820. — Ordonnance du commandant et administrateur de la Guyane française,
portant promulgation du Code de commerce
avec modifications. (*Journal officiel*, n° 252,
publié par Me Isambert.)

Au nom du Roi, nous P. C. Laussat,
commandant et administrateur pour le Roi
à la Guyane française, etc.

En exécution des ordres du Roi, et pour
nous conformer aux intentions qu'a mani-
festées sa majesté, de faire jouir ses sujets
habitans de cette colonie des améliorations
qu'a reçues, dans ces derniers temps, la
législation de son royaume, non toutefois
sans y apporter les modifications que les
localités paraîtront exiger.

Après en avoir délibéré en conseil spécial, avons ordonné et ordonnons, pour
être exécuté provisoirement et sauf l'approbation de sa majesté, ce qui suit :

Le Code de commerce de France, tel
qu'il a été modifié et arrêté par nous, en
date de ce jour, sera publié et enregistré
aux formes ordinaires, tant à la cour royale
qu'aux autres tribunaux, pour être à l'avenir gardé, observé et maintenu dans cette
colonie, à compter du 15 novembre prochain.

(*Suit le texte de ce Code avec les modifications suivantes*).

Art. 6 (2e alinéa). Ils peuvent même les
aliéner, mais en suivant les formalités
prescrites par les articles 457, 459 et 460
du Code civil.

45. *L'acte du Gouvernement* qui autorise
les sociétés anonymes devra, etc.

66. Tout jugement qui prononcera une
séparation de corps entre un mari et une
femme, etc.

71. La bourse de commerce et la réunion
qui a lieu sous l'autorité du Roi, des commerçans capitaines de navires, agens de
change, courtiers *et agens intermédiaires du
même genre*.

73. Ces divers cours sont constatés par
les *agens intermédiaires* du commerce dans
les formes prescrites par les *réglemens*.

SECTION II. Des agens de change et courtiers, ou
des autres agens intermédiaires du commerce.

74. La loi reconnaît pour les actes de
commerce des agens intermédiaires, savoir :
les agens de change, les courtiers, *ou tous
autres, qui seraient institués sous quelque
autre nom que ce fût, pour médiateurs ou
porteurs de paroles, entre le vendeur et l'a-
cheteur*.

75. Ces agens intermédiaires, au nombre
seulement qui sera fixé, sont nommés par
le Roi, ou, en son nom, par le commandant et administrateur pour sa majesté : ils
prêtent serment devant le tribunal de commerce.

76. Avant d'entrer en exercice, ils fournissent caution, telle qu'elle sera déterminée par une ordonnance.

77. Le ministère des agens intermédiaires n'a lieu qu'autant qu'il est invoqué par
les parties intéressées, qui sont libres de
l'employer ou de ne le pas employer.

78. Si un agent intermédiaire avait né-
gocié quelque contrat ou police d'assurance,
il en rédigerait le contrat concurremment
avec le notaire, il en attesterait la vérité
par sa signature; il certifierait le taux de
la prime ou des primes.

79. Les agens intermédiaires interprètes

———

(1) *Voy.* ordonnance du 11 août 1824.

7.

traduisent, en cas de contestations portées devant les tribunaux, les déclarations, chartes-parties, connaissemens, contrats et tous actes de commerce dont la traduction est nécessaire dans les affaires contentieuses de commerce et pour le service des douanes, ils servent de truchemens à tous étrangers, maîtres de navires, marchands, équipages de vaisseau, et autres personnes de mer.

80. Ceux qui ont fait faillite ne peuvent être agens intermédiaires, s'ils n'ont été réhabilités.

81. Les agens intermédiaires sont tenus d'avoir un livre revêtu des formes prescrites par l'article 11. Ils sont tenus de consigner dans ce livre, jour par jour, et par ordre de dates, sans ratures, interlignes ni transpositions, et sans abréviations ni chiffres, toutes les conditions des ventes, achats, assurances, négociations, et en général de toutes les opérations faites par leur ministère.

82. Les agens intermédiaires de commerce sont tenus de garder le secret sur toutes les transactions qui leur sont confiées, à moins que les parties contractantes ne les en dispensent.

83. Les agens intermédiaires de commerce ne peuvent faire aucune vente de denrées appartenant à celui de qui la faillite est reconnue, ou de qui les biens, d'où provient la denrée sont frappés du séquestre judiciaire.

84. Il est défendu aux agens intermédiaires de faire aucune négociation, vente, achat de denrées ou autres objets du commerce, avec des mineurs ou autres personnes incapables d'aliéner ou d'acquérir.

85. Ils ne peuvent en aucun cas ni sous aucun prétexte faire des opérations commerciales pour leur compte. Ils ne peuvent s'intéresser directement ou indirectement sous leur nom ou sous un nom interposé dans aucune entreprise commerciale. Ils ne peuvent recevoir ni payer pour compte de leurs commettans.

86. Ils ne peuvent contracter de garantie spéciale pour les marchés dans lesquels ils se sont entremis.

87. Toute contravention aux dispositions énoncées dans les quatre articles précédens entraîne la peine de destitution et une condamnation d'amende, qui sera prononcée par le tribunal de police correctionnelle, et qui ne peut être au-dessus de *trois mille francs* ni au-dessous de *cinq cents francs*, sans préjudice de l'action des parties en dommages et intérêts.

88. Tout agent intermédiaire de commerce destitué en vertu de l'article précédent, ne peut être réintégré dans ses fonctions.

89. Les agens intermédiaires de commerce sont responsables des marchés conclus par leur ministère, avec contrainte par corps et avec solidarité de leur caution jusqu'à épuisement de la somme dont elle a cautionné.

90. En cas de faillite, tout agent intermédiaire de commerce est poursuivi comme banqueroutier.

TITRE VI. Des commissionnaires (1).

101. Ce recours ne serait admissible en aucun cas, même contre les bateaux caboteurs, de port à port, dans la colonie, si le transport des denrées, marchandises et effets n'était accompagné d'une lettre de voiture, patente et écrite par les chargeurs.

102. Cet article est le 101ᵉ du Code de commerce, et ainsi de suite, jusqu'à l'article 109, ainsi conçu :

109. Si le patron ou maître d'un bâtiment caboteur, dans cette colonie, est esclave, le propriétaire du bâtiment répond pour lui indéfiniment de tous effets civils.

110. C'est l'article 108 du Code de commerce, sauf qu'au lieu de *la France*, il faut lire la Guyane française.

SECTION IV. Du commissionnaire et de l'habitant dans les colonies.

111. Les devoirs et les droits respectifs de ce qu'on appelle, dans les colonies, le *commissionnaire* et *l'habitant*, sont déterminés par des principes et des règles particuliers.

112. Le mot *commissionnaire* s'entend en général, dans les colonies, du négociant avec lequel *l'habitant* ou *planteur* est en correspondance courante et en compte ouvert, pour l'exploitation de ses plantations.

113. Le mandat général de l'habitant au commissionnaire pour opérer entre eux les effets qui lui sont propres, doit avoir été donné et accepté par écrit.

114. Les avances que le commissionnaire peut être dans le cas de faire en faveur de l'habitant sont de deux espèces essentiellement distinctes, ou *avances ordinaires* ou *avances extraordinaires*. Les avances *ordinaires*, dites aussi de *faisance valoir*, sont celles qui servent, savoir :

1° A l'entretien, culture et exploitation de *l'habitation*, y compris les ateliers, bâtimens et usines ;

(1) Les articles 91 à 100 de ce titre sont conçus dans les mêmes termes que ceux du Code de commerce.

2° Au remplacement des pertes annuelles et communes en bras et en bestiaux ;

3° Au soutien de la famille et du ménage ;

4° A l'acquittement des contributions publiques.

116. Seront, au contraire, réputées *avances extraordinaires*, celles qui serviront, savoir :

1° Au paiement du prix d'acquisition des biens ;

2° A la dépense de constructions nouvelles ou reconstructions de fond en comble, dans les bâtimens de l'établissement ;

3° A des achats de nègres ou de bestiaux au-delà du nombre nécessaire pour les remplacemens d'une mortalité ordinaire ou pour une augmentation graduelle et insensible de forces ;

4° Enfin, à la libération des dettes capitales.

117. Le *commissionnaire* a privilége, pour le remboursement de ses *avances ordinaires*, frais, commission et, s'il y a lieu, intérêts, sur les revenus de l'habitation pendant l'année, par préférence à tous autres créanciers, quelque part d'ailleurs et pour qui que ce soit que les denrées aient été vendues.

118. Parmi les *avances extraordinaires*, celles pour achats de nègres ou de bestiaux en accroissement notoire du fonds principal donnent d'abord privilége sur les nègres et bestiaux en nature par préférence à tous autres créanciers, et donnent subsidiairement privilége et hypothèque sur *l'habitation* elle-même par préférence aux simples créanciers hypothécaires. Quant aux autres *avances extraordinaires*, le *commissionnaire* a également pour elles privilége et hypothèque sur *l'habitation* en son rang selon la nature des avances et l'ordre des inscriptions, conformément au titre XVIII du Code civil.

Devront néanmoins avoir été observées, dans ces divers cas, les formalités prescrites par le Code civil pour toutes les constitutions d'hypothèques.

119. Le mandat de paiement de *l'habitant* sur son *commissionnaire*, s'il a été revêtu de l'acceptation, a, contre le *commissionnaire*, les effets d'engagement commercial.

120. Le taux de l'intérêt entre le *commissionnaire* et *l'habitant*, pour les avances, tant *ordinaires*, s'il y avait lieu, qu'*extraordinaires*, sera celui de l'intérêt légal en matière civile.

121. Le *droit de commission* du commissionnaire est de *cinq pour cent*, suivant l'usage, à moins de convention écrite contraire.

Mais le commissionnaire ne peut prendre de commission sur les marchandises ou effets qu'il fournit de son propre fonds.

La commission est d'ailleurs levée sur la plus forte des deux sommes ou du *doit* ou de *l'avoir*.

122. Le *commissionnaire* sera tenu d'arrêter ou de remettre à la fin de chaque année, et dans le cours du premier mois de l'année suivante, son compte à *l'habitant*, sous peine de perdre tout droit de privilége pour le solde, si le solde était à son avantage, ou, dans le cas contraire, d'en payer l'intérêt au taux du commerce.

123. L'habitant peut exiger du commissionnaire qu'il lui justifie, pour ses *avances ordinaires*, tant du montant que des prix des articles, par pièces et acquits, excepté néanmoins pour ceux que le commissionnaire aurait fournis de son propre magasin.

124. Outre les obligations ordinaires résultant du *mandat*, du *dépôt*, et du *nantissement*, le *commissionnaire* qui a vendu les denrées de *l'habitant* lui est garant de leur valeur depuis l'instant de la livraison, sans qu'aucun des événemens ultérieurs de *casualité*, d'*insolvabilité* ou autres soient plus à la charge de *l'habitant*.

125. Les contestations entre *l'habitant* et le *commissionnaire*, pour les *avances ordinaires* seulement, et tout ce qui s'y rapporte, ressortissent de la juridiction commerciale.

TITRE VII. Des achats et ventes.

129. C'est l'article 109 du Code de commerce (la différence des 17 numéros se fait sentir dans les articles subséquens ; du reste, il n'y a pas un mot de changé dans ces articles).

177 (160 du Code de la métropole). Le porteur d'une lettre de change tirée d'un lieu de la Guyane française sur un autre lieu du même pays et payable dans son territoire, soit à vue, soit à un ou plusieurs jours, ou mois, ou usances de vue, doit en exiger le paiement ou l'acceptation dans les trois mois de sa date, sous peine de perdre son recours sur les endosseurs et même sur le tireur, si celui-ci a fait provision.

Le délai est de six mois pour la lettre de change tirée d'une des îles du Vent sur la Guyane française, et réciproquement de la Guyane française sur une des îles du Vent.

Le délai est d'un an pour les lettres de change tirées d'une des îles sous le Vent, ou du continent de l'Amérique septentrionale, depuis l'Orénoque, et des pays d'Europe sur cette colonie.

Il est de deux ans pour la lettre de change tirée des côtes occidentales de l'Afrique, jusques et y compris le cap de Bonne-Espérance.

Il est de trois ans enfin pour celles tirées des Indes orientales tant du continent que des îles sur la Guyane française.

Les délais ci-dessus, de six mois, un an, deux ans et trois ans, sont doublés en temps de guerre maritime.

Le porteur d'une lettre-de-change doit en exiger le paiement le jour de son échéance

178. Répond à l'article 162 du texte du Code de la métropole, ainsi de suite en retranchant seize numéros.

182 (166). Les lettres de change tirées de la Guyane française, et payables hors du territoire continental de la Guyane française, en Amérique, étant protestées, les tireurs et endosseurs résidant à la Guyane française seront poursuivis dans les délais ci-après :

De six mois pour celles qui étaient payables dans une des îles du Vent ;

D'un an, pour celles qui étaient payables dans une des îles sous le Vent ; ou dans le continent de l'Amérique septentrionale jusqu'à l'Orénoque, ou dans les pays d'Europe ;

De deux ans, pour celles qui étaient payables aux côtes occidentales d'Afrique jusques et y compris le cap de Bonne-Espérance ;

Enfin, de trois ans pour celles qui étaient payables soit dans le continent ou les îles des Indes orientales.

Ces délais seront observés dans les mêmes proportions pour le recours à exercer contre les tireurs et endosseurs résidans dans les possessions françaises situées hors de la Guyane.

Les délais ci-dessus de six mois, d'un an, de deux ans et de trois ans, seront doublés en temps de guerre maritime.

193 (177 du Code de la métropole). Le rechange s'effectue par une retraite (178 du Code de la métropole), qui est une nouvelle lettre de change au moyen de laquelle le porteur se rembourse sur le tireur ou sur l'un des endosseurs, du principal de la lettre protestée, de ses frais et du nouveau change qu'il paie ; mais comme il n'y a et n'a pu y avoir jusqu'à présent de cours de change entre la Guyane française et autres pays, il serait impossible d'établir d'autre rechange qu'un rechange sans base, et purement arbitraire. En conséquence, dans les cas de protêt de *lettre de change*, il ne sera pas alloué de *rechange*, et le rechange est remplacé par un droit de retour de *dix pour cent*.

194 (180 du Code de la métropole). La retraite a *néanmoins* lieu accompagnée d'un compte de retour.

195 (181 *ibid.*). Le compte de retour

comprend : le principal de la lettre de change protestée, les frais de protêt et autres frais légitimes tels que commission de banque, courtage (s'il y en a eu) et ports de lettres. Il énonce le nom de celui sur qui la retraite est faite, *et le droit de retour*.

Il est accompagné de la lettre de change protestée, du protêt ou d'une expédition de l'acte de protêt.

196 (182 *ibid.*). Comme dans le texte de la métropole.

197 (183). *Les droits de retour* ne peuvent être cumulés. Chaque endosseur n'en supporte qu'un seul, ainsi que le tireur.

198 (184 *ibid.* — 199. 185 *ibid.*). L'intérêt des frais de protêt, droit de retour et autres frais légitimes, n'est dû qu'à compter du jour de la demande en justice.

L'article 186 du texte de la métropole est supprimé.

SECTION II. Du billet à ordre.

200 (187 du texte de la métropole), et ainsi de suite ; après l'article 202, qui répond à l'article 189 du même texte, est le titre suivant.

TITRE IX. Des dettes de cargaison dans les colonies.

203. Les dettes de cargaison sont celles qui proviennent de l'achat fait de partie ou de la totalité de la cargaison d'un navire de commerce venu dans la colonie.

Ne sont censées dettes de cargaison et jugées comme telles, que celles qui sont constatées et fondées sur des comptes arrêtés ou des billets consentis en faveur, soit des capitaines de navire de qui les marchandises ont été achetées, soit du négociant ou subrécargue gérant la cargaison pendant la traite du navire et pendant son séjour dans la colonie.

A ces dettes seulement, et non à des dettes autrement contractées, appartient le privilége *de dettes de cargaison.*

204. Les dettes de cargaison sont jugées sommairement, à quelque échéance qu'elles soient payables, et en quel temps que le paiement en soit poursuivi, avant ou après le départ des navires.

205. Les jugemens qui interviennent sur les dettes de cargaison sont exécutés nonobstant l'appel et sans préjudice de l'appel.

206. Les débiteurs pour dettes de cargaison sont contraints au paiement, soit avant, soit après le départ des navires, par la vente de leurs effets ou même par corps, si besoin est, lorsqu'il ne s'agit que d'un paiement non contesté.

207. Si dans une contestation relative

à une dette de cargaison, il y a quelque question incidente, le jugement n'en est pas moins exécuté par provision, nonobstant l'appel, et sans préjudice de l'appel, en donnant caution.

LIVRE II. Du commerce maritime.

L'article 208, qui le commence, est l'article 190 du Code de la métropole.

L'article 215, qui commence le titre 2, correspond au n° 197 du même texte.

301 (373 *ibid.*). Le délaissement doit être fait aux assureurs dans le terme et délai de :

Six mois à partir du jour de la réception de la nouvelle de la perte arrivée aux ports ou côtes, soit des îles du Vent, soit du continent d'Amérique, depuis les Amazones jusqu'à l'Orénoque, y compris ces deux fleuves, ou bien, en cas de prise, de la réception de la nouvelle de la conduite du navire dans l'un des ports ou lieux situés soit aux Antilles, soit à la côte continentale d'Amérique entre l'Amazone et l'Orénoque ;

Un an, après la réception de la nouvelle, soit de la perte arrivée, soit de la prise conduite tant aux îles Açores, Canaries, Madère, au continent de l'Europe et à la partie du continent de l'Amérique septentrionale depuis l'Orénoque, et méridionale depuis l'Amazone jusques et compris la Plata ;

Deux ans, après la nouvelle des pertes arrivées ou des prises conduites aux îles et côtes occidentales de l'Afrique jusqu'au cap de Bonne-Espérance ;

Enfin, trois ans, après la nouvelle des pertes arrivées, ou des prises conduites dans toutes autres parties du monde ;

Et ce délai passé, les assurés ne seront plus recevables à faire de dessaisissement ;

395 (377 (*ibid.*). Sont réputés *voyages de long cours* ceux qui se font hors des côtes de la Guyane depuis l'Amazone jusqu'à l'Orénoque, y compris ces deux fleuves, dans quelque autre port, côte, pays ou mer que ce soit.

405 (387 *ibid.*). En cas d'arrêt de la part d'une puissance, l'assuré est tenu de faire la signification à l'assureur dans les trois jours de la réception de la nouvelle.

Le délaissement des objets arrêtés ne peut être fait qu'après un délai de :

Six mois de la signification, si l'arrêt a eu lieu dans les mers des îles du Vent ou dans celle de la Guyane, depuis l'Amazone jusqu'à l'Orénoque, ces fleuves y compris ;

Un an, si l'arrêt a eu lieu dans la Méditerranée ou dans l'Océan atlantique jusqu'au cap de Bonne-Espérance en Afrique, et jusqu'à la Plata en Amérique ;

Deux ans, si l'arrêt a eu lieu dans un pays au-delà de ces lignes.

Ces délais ne courent que du jour de la signification de l'arrêt.

Dans le cas où les marchandises arrêtées seraient périssables, les délais ci-dessus mentionnés sont réduits à moitié du temps déterminé pour chacun.

LIVRE III.

455. Répond à l'article 437 du texte de la métropole.

506 (488). En toute faillite, les agens syndics provisoires et définitifs, seront tenus de remettre, dans la huitaine de leur entrée en fonctions, au procureur du Roi, un mémoire ou compte sommaire de l'état apparent de la faillite, de ses principales causes et circonstances et des caractères qu'elle paraît avoir.

515 (497 *ibid.*). Toutes les semaines, le bordereau de situation de la caisse de la faillite sera remis au commissionnaire, qui pourra, sur la demande des syndics et à raison des circonstances, ordonner le versement de tout ou partie des fonds, à titre de dépôt, dans les mains du trésorier colonial, et si les deniers reviennent à des créanciers domiciliés en France, ordonner la remise immédiate à la caisse d'amortissement, de dépôts et consignations à Paris, par l'intermédiaire du ministère de la marine et des colonies, à la charge par ladite caisse d'amortissement, de dépôts et consignations, de faire courir au profit de la masse les intérêts qu'elle accorde aux sommes consignées.

TITRE V. De la suspension temporaire des dispositions relatives aux faillites et aux banqueroutes dans la colonie, en de certaines circonstances.

622. En cas de guerre et blocus et en cas de convulsion quelconque de la nature qui fasse des ravages dans la Guiane française, le premier article du livre III de ce Code de commerce portant : *tout commerçant qui cesse ses paiemens est en état de faillite,* pourra y être suspendu dans son application et ses effets pour un temps limité.

623. Cette suspension ne pourra avoir lieu qu'en vertu d'une ordonnance coloniale délibérée dans un conseil spécial où le commandant et administrateur pour le Roi se sera entouré des

Premier président de la Cour royale,
Procureur général près la même Cour,
Président du comité consultatif,
Ordonnateur, ou commissaire de marine, en remplissant les fonctions.

624. Le bénéfice de cette suspension sera

restreint au cas de la simple faillite, et ne s'étendra jamais au cas de banqueroute.

625. Cette suspension n'arrêtera pas le cours des poursuites contre les faillites précédemment déclarées.

626. Tout créancier sera néanmoins en droit d'exiger du négociant son débiteur, pendant la durée de cette suspension, ou caution solvable, ou nantissement suffisant soit en effets de commerce négociables, soit en denrées sur valeur à dire d'experts nommés par les parties, ou, à défaut des parties, par le tribunal de commerce.

Si le négociant ne peut fournir l'une ou l'autre de ces sûretés, il deviendra inhabile à jouir du bénéfice de la suspension.

TITRE VI. De la réhabilitation.

— C'est le titre V du Code de la métropole.

627. Répond à l'article 604 de ce Code. Et ainsi de suite.

LIVRE IV. De la juridiction commerciale.

638. Correspondant à l'article 615 du Code de la métropole, des réglemens d'administration publique.

639 (616 *ibid.*). Son arrondissement sera le même que celui du tribunal civil de première instance.

640 (617 *ibid.*). Le tribunal de commerce à Cayenne sera composé de, savoir : un juge président, deux juges, deux suppléans.

641 (618 *ibid.*). Les membres du tribunal de commerce seront élus dans une assemblée composée de commerçans notables, et principalement des chefs des maisons les plus recommandables par la probité, l'esprit d'ordre et d'économie. La première nomination pour l'établissement du tribunal sera faite, sans tirer à conséquence, par le commandant et administrateur pour le Roi.

642 (619 *ibid.*). La liste des notables sera dressée sur tous les commerçans, par le gouverneur.

643 (620 *ibid.*). Tout commerçant pourra être nommé juge ou suppléant,

S'il est âgé de vingt-cinq ans et s'il exerce le commerce avec honneur et distinction depuis cinq ans.

Le président devra être âgé de trente ans.

650 (628 *ibid.*). Les fonctions de juges de commerce sont seulement honorifiques. Nul commerçant qui aura été nommé ou élu ne pourra refuser de les remplir sous peine de deux mille francs pour le président, douze cents francs pour les juges, et huit cents francs pour les suppléans, lesquelles sommes seront versées à la caisse du trésorier, section des fonds municipaux.

Pourront néanmoins ceux qui auront été élus présenter leurs excuses au tribunal de commerce, qui en donnera son avis, sur lequel le commandant et administrateur pour le Roi prononcera définitivement.

Dans le cas où les excuses seraient jugées valables, il n'y aura lieu de la part de l'élu à aucun paiement.

651 (629 *ibid.*). Les présidens, juges et suppléans du tribunal de commerce, avant d'entrer en fonctions, prêteront serment à l'audience de la cour royale.

Si pourtant la cour royale n'était pas en session ou ne devait pas y entrer incessamment, le gouverneur pourrait commettre le tribunal civil pour recevoir les sermens, et dans ce cas le tribunal en dresserait procès-verbal, et l'enverrait à la cour royale, qui serait tenue d'en ordonner l'insertion dans ses registres, comme elle y eût consigné les sermens prêtés devant elle.

Ces formalités seront remplies sur les conclusions du ministère public et sans frais.

L'article 630 du Code de la métropole est supprimé.

L'article 669 répond à l'article 648 et dernier du Code de la métropole.

Dispositions transitoires.

670. Ce Code de commerce ne commencera à avoir son plein et entier effet qu'à compter du 15 du mois de novembre prochain, et toutes les affaires antérieures seront réglées et jugées d'après le droit ancien.

671. Arrêté le présent Code de commerce avec les modifications y insérées, pour à l'avenir être exécuté selon sa forme et teneur à la Guyane française.

———

4 = PR. 17 OCTOBRE 1820. — Ordonnance du Roi qui règle l'ordre des études de la faculté de droit de l'Académie de Paris, et contient des dispositions sur les autres facultés. (7, Bull. 407, n° 9597.)

Voy. ordonnances des 24 MARS 1819, 6 JUILLET 1820 et 6 SEPTEMBRE 1822.

Louis, etc.

Vu notre ordonnance du 24 mars 1819 concernant la faculté de droit de l'académie de Paris, et celle du 5 juillet 1820 concernant la discipline de toutes les facultés ; voulant mettre plus de régularité et de suite dans les études qui ont lieu près des facultés de droit en général, et spécialement dans celles qui se font près de la faculté de droit de l'Académie de Paris ; vu le mémoire de notre commission de l'instruction publique ; sur le rapport de notre ministre secrétaire d'État de l'intérieur, avons ordonné et ordonnons ce qui suit :

Art. 1er. Les étudians de la faculté de droit de l'Académie de Paris suivront, pendant la première année :

1° Le cours de droit naturel, de droit des gens, et de droit public général ;

2° Le premier cours de Code civil français ;

3° L'histoire du droit romain et du droit français ;

Pendant la seconde année :

1° Les institutes de droit romain,

2° Le deuxième cours de Code civil,

3° Le cours de procédure civile ;

Pendant la troisième année :

1° Le troisième cours de Code civil,

2° Le cours de droit commercial,

3° Le cours de droit administratif.

2. Les aspirans à la licence seront examinés sur toutes les connaissances portées à l'article précédent.

3. Les étudians qui se destineront aux fonctions administratives suivront, en outre, le cours de droit administratif pendant telle autre année de leur temps d'études qu'ils trouveront plus convenable. Ils seront examinés spécialement sur cette branche d'enseignement par le professeur qui en est chargé, et il sera fait mention particulière de cet examen dans leurs certificats d'aptitude et dans leurs diplômes.

4. Les étudians qui aspireront au doctorat suivront de nouveau, pendant leur quatrième année d'études, le cours d'institutes du droit romain, le cours d'histoire du droit et le cours de droit administratif.

5. Les étudians qui ne se proposeront que d'obtenir le certificat de capacité nécessaire pour exercer la profession d'avoué suivront, pendant une année, le cours de procédure civile, et, à leur choix, le cours de droit naturel ou le premier cours de Code civil.

6. Dans les Académies des départemens où il n'existe point de cours de droit naturel, les aspirans au certificat de capacité seront tenus de suivre le premier cours de Code civil en même temps que celui de procédure civile.

7. Les étudians mentionnés aux deux articles précédens ne seront pas tenus de présenter leurs diplômes de bachelier ès-lettres pour être admis à la faculté ; mais, s'ils voulaient par la suite se prévaloir, pour le baccalauréat ou pour la licence en droit, de l'année d'études qu'ils auront faite sans être bacheliers ès-lettres, ils devraient prouver qu'ils avaient fait et complété avant le commencement de ladite année les études en rhétorique et en philosophie prescrites par les réglemens ou par notre ordonnance du 5 juillet pour le grade de bachelier ès-lettres, et se pourvoir, en conséquence, par voie d'examen, dudit grade de bachelier ès-lettres avant de prendre leur cinquième inscription.

8. Dans les facultés de droit aussi bien que dans toutes les autres facultés, à compter de l'année scolaire 1821-1822, la première inscription d'un étudiant devra être prise au commencement de l'année scolaire, et de manière qu'il puisse suivre la totalité des cours dans l'ordre prescrit. Chaque étudiant suivra lesdits cours sans se permettre d'interruption, à moins d'excuses jugées valables par la faculté.

9. L'abus introduit dans quelques facultés de droit de remettre tous les examens à la fin des études est interdit, et les étudians devront, à moins d'excuses valables, approuvées par la commission de l'instruction publique, subir leur premier examen après leur quatrième trimestre terminé ; ils ne seront admis à prendre leur septième inscription à Paris, et la sixième dans les départemens, qu'après avoir subi ce premier examen : l'examen de bachelier aura lieu après que le huitième trimestre sera écoulé, à Paris, avant la onzième inscription, et dans les départemens avant la dixième.

10. Il sera fait par la commission de l'instruction publique un réglement pour appliquer, avec les modifications convenables, aux facultés de médecine, les dispositions de la présente ordonnance et de celle du 5 juillet, relatives à l'ordre à suivre dans les cours, aux époques des examens, et aux études préalables à exiger de ceux qui ne se présentent à ces facultés que dans l'intention d'y obtenir le diplôme d'officier de santé.

11. On ne comptera dans toutes les facultés, pour l'admission aux examens, même pour ceux de licence et de doctorat, que les certificats d'inscription donnés lors de la clôture du trimestre auquel l'inscription se rapporte, et accompagnés des certificats d'assiduité pendant ledit trimestre, conformément à l'article 15 de notre ordonnance du 5 juillet 1820. L'inscription seule ne servira que pour l'admission aux leçons, et de preuve que les frais en ont été payés.

12. Sont maintenues d'ailleurs toutes les dispositions de nos ordonnances du 24 mars 1819 et du 5 juillet 1820, en ce qui concerne les facultés de droit.

13. Notre ministre de l'intérieur est chargé de l'exécution de la présente ordonnance.

———

4 = Pr. 17 OCTOBRE 1820. — Ordonnance du Roi additionnelle à celle du 21 octobre 1818, relative aux primes d'encouragement pour la pêche de la morue. (7, Bull. 407, n° 9598.)

Voy. ordonnance du 21 NOVEMBRE 1821.

Louis, etc., informé que plusieurs armateurs français expédient des bâtimens au banc de Terre-Neuve et de là aux îles de Saint-Pierre et Miquelon, ou aux côtes de Terre-Neuve, où ils portent sécher le produit de leur pêche, et que ces navires accomplissent ainsi le voyage et les opérations que font les armemens destinés directement à la grande pêche ; sur le rapport de notre ministre secrétaire d'État de l'intérieur, nous avons ordonné et ordonnons ce qui suit :

Art. 1er. La prime de cinquante francs, accordée jusqu'au 1er septembre 1822, par notre ordonnance du 21 octobre 1818, aux armateurs pour la pêche de la morue aux îles de Saint-Pierre et Miquelon et aux côtes de Terre-Neuve, dite *la grande pêche*, leur sera également allouée pour celles de leurs expéditions qui, allant pêcher sur le grand banc, porteront le produit de leur pêche aux îles de Saint-Pierre et Miquelon, ou à l'île de Terre-Neuve, pour l'y faire sécher.

2. Cette prime est accordée à la charge par l'armateur de se conformer aux conditions et formalités prescrites par le titre II de l'ordonnance du 21 octobre 1818, et, en outre, 1° d'insérer dans sa déclaration, au départ, que son bâtiment est à la double destination de la pêche sur le grand banc et de la sécherie aux îles de Saint-Pierre et Miquelon ou à l'île de Terre-Neuve ;

2° De justifier, au retour de la pêche, que le même armement a eu effectivement cette double destination.

Cette justification sera faite, pour la sécherie aux îles de Saint-Pierre et Miquelon, au moyen d'une attestation que le commandant et administrateur de ces îles délivrera aux capitaines des bâtimens pêcheurs, et qui sera produite, au retour, par les armateurs ; et pour la sécherie à l'île de Terre-Neuve, par la déclaration que le capitaine du navire pêcheur sera tenu de faire, à son retour de la pêche, par devant les commissaires de la marine dans les ports.

A l'appui de cette déclaration, les commissaires de la marine interrogeront d'office l'équipage de tout navire qui aura pêché sur le banc, et, s'il y a lieu, l'équipage de l'un des bâtimens concessionnaires des places voisines de celle où la morue provenant du banc aura été apprêtée.

Des copies de ces attestations et déclarations seront envoyées à notre ministre secrétaire d'État de la marine, qui les transmettra à notre ministre secrétaire d'État de l'intérieur.

3. Les primes allouées pour ces sortes d'armemens ne seront payées qu'au retour des bâtimens pêcheurs.

4. Nos ministres de l'intérieur et de la marine sont chargés de l'exécution de la présente ordonnance.

N° 1er.

Modèle de l'attestation à délivrer par le commandant et administrateur des îles de Saint-Pierre et Miquelon, certifiant que la morue pêchée au banc a été séchée et apprêtée dans ces îles.

CERTIFICAT

Constatant la sécherie faite aux îles de Saint-Pierre et Miquelon, de la morue pêchée sur le banc.

MARINE.

Ile d

Je soussigné (nom et grade du fonctionnaire), atteste que le sieur capitaine du navire l   armé, à   par le sieur   venant de la pêche du banc de Terre-Neuve, à déclaré, en présence et avec le témoignage des sieurs (trois officiers ou matelots), conformément à son journal de bord produit à l'appui, avoir sur son navire la quantité de   quintaux métriques de morue provenant de sa pêche sur le banc laquelle quantité il a déchargée sur le havre de   où il l'a apprêtée et fait sécher, et qu'il a rechargée à son bord   quintaux métriques de morue sèche à la destination du port de

En foi de quoi, je lui ai délivré le présent.

A   le

Nota. Un duplicata sera remis au capitaine du navire, un autre, adressé directement à son excellence le ministre de la marine. Ces deux pièces doivent être timbrées aux frais de l'armateur.

N° II.

Modèle de la déclaration à faire au retour de la pêche par le capitaine d'un navire qui, ayant pêché sur le banc, aura porté le produit de sa pêche sur les côtes de Terre-Neuve pour l'y faire sécher.

DÉCLARATION DE RETOUR,

Constatant la pêche au banc et la sécherie à l'île de Terre-Neuve.

Arrondissement d   quartier d   n°

MARINE.

Port d   année 182

Par-devant M. le commissaire de la marine en ce port, je soussigné, capitaine du navire pêcheur le   armé à   par M.   à la destination de la pêche sur le banc et de la sécherie à l'île de Terre-Neuve,

Déclare avoir effectivement pêché sur le banc, et porté et débarqué le produit de ma pêche sur la côte de Terre-Neuve, où je lai fait apprêter et sécher, et rapporter du-dit lieu   quintaux métriques de mo-rue sèche composant ma cargaison et pro-venant uniquement de la pêche faite par mondit navire.

En foi de quoi j'ai signé la présente dé-claration et présenté mon journal de bord à l'appui.

A   le   Signé .

Nous, commissaire de la marine au port d   après avoir entendu les hommes composant l'équipage du navire français le   capitaine   et (s'il y a lieu) les hommes composant l'équipage du na-vire le   capitaine   et avoir comparé leurs déclarations à celle du ca-pitaine et à son journal de bord, certifions que ledit navire le   a pleinement jus-tifié de sa double destination au banc et à la côte de Terre-Neuve, et qu'il a rempli toutes les conditions déterminées par l'or-donnance du Roi du .

A   le

Le Commissaire de la marine,

Nota. Un duplicata sera remis au capitaine du navire, un autre adressé directement à son ex-cellence le ministre de la marine. Ces deux pièces doivent être timbrées aux frais de l'armateur.

4 = Pr. 18 OCTOBRE 1820. — Ordonnance du Roi portant amnistie en faveur de tous les officiers mariniers, marins, ouvriers de l'inscription maritime, etc., qui sont présentement en état de désertion. (7, Bull. 408, n° 9616.)

Louis, etc. voulant signaler par des actes de clémence l'époque heureuse de la nais-sance de notre bien-aimé petit-neveu le duc de Bordeaux; sur le rapport de notre minis-tre secrétaire d'État au département de la marine et des colonies, nous avons or-donné et ordonnons ce qui suit :

Art. 1er. Amnistie est accordée à tous les officiers-mariniers, marins et ouvriers de l'inscription maritime, qui sont pré-sentement en état de désertion.

La même disposition est applicable aux ouvriers d'artillerie, aux apprentis canon-niers, aux sous-officiers et soldats de l'ar-tillerie de la marine, aux gardes-chiourmes,

et généralement à tous les déserteurs au département de la marine.

2. Sont compris dans les dispositions de l'article précédent, ceux des individus y désignés qui, ayant été arrêtés ou s'étant présentés volontairement, n'auront pas été jugés jusqu'à ce jour : ceux d'entre eux qui seraient détenus devront être mis immédia-tement en liberté.

3. Les déserteurs amnistiés par la pré-sente ordonnance seront tenus de se pré-senter dans le délai de trois mois, savoir : les gens de mer et les ouvriers de l'inscrip-tion maritime, aux commissaires des quar-tiers où ils sont inscrits, ou à l'adminis-trateur de la marine le plus voisin de leur résidence actuelle, ou, à défaut, au maire de la commune où ils se trouvent; et les autres déserteurs, aux autorités civiles de leur département.

Les uns et les autres déclareront qu'ils demandent à profiter du bienfait de l'am-nistie; il leur sera donné un acte en forme de cette déclaration, afin qu'ils en puissent justifier au besoin.

Ils recevront, en outre, une feuille de route pour être dirigés, savoir : les gens de mer et ouvriers de l'inscription maritime, sur le quartier où ils sont classés; les ou-vriers d'artillerie, les apprentis canon-niers, les sous-officiers et soldats de l'artil-lerie de la marine, et les gardes-chiourmes, sur le port où était stationné le corps dont ils faisaient partie.

4. Le délai accordé aux déserteurs qui sont hors du royaume est fixé à six mois, pour ceux qui se trouvent en Europe; à un an, pour ceux qui sont dans les pays hors de l'Europe, soit sur la méditerranée, soit sur l'Océan; et à dix-huit mois, pour ceux qui seraient au-delà du cap de Bonne-Es-pérance.

5. Les gens de guerre et tous autres, ma-rins et militaires, appartenant au départe-ment de la marine, qui, à compter de la publication de la présente ordonnance, abandonneraient leur poste seront pour-suivis comme déserteurs et jugés d'après les lois et arrêtés en vigueur.

6. Notre ministre de la marine et des colonies est chargé de l'exécution de la pré-sente ordonnance.

4 = Pr. 18 OCTOBRE 1820. — Ordonnance du Roi par laquelle sa majesté continue à permettre l'exportation par le cours de la Meuse, des écorces à tan, charbons de bois et perches pro-venant des forêts des Ardennes. (7, Bull. 408, n° 9617.)

Louis, etc. vu nos ordonnances des 28 novembre 1814, 14 février et 25 septembre 1816, 22 octobre 1817, 16 septembre et

10 novembre 1819, par lesquelles nous
avons successivement accordé et prorogé
jusqu'au 1er septembre 1820 la sortie provisoire, par le cours de la Meuse, des
écorces à tan, charbons de bois et perches provenant du département des Ardennes ; vu l'article 3 de la loi du 17 juin 1820,
qui autorise le Gouvernement à suspendre
pour certaines localités la prohibition de
sortie de ces marchandises d'après les besoins de l'industrie, et qui détermine les
droits applicables en pareil cas ; vu l'avis
de notre ministre secrétaire d'État de l'intérieur, duquel il résulte que d'après l'expérience de plusieurs années, la permission
d'exporter par le département des Ardennes, aux conditions fixées par la loi, n'a
aucun inconvénient pour les fabriques, et
favorise l'agriculture ; sur le rapport de notre ministre secrétaire d'État des finances,
notre Conseil-d'État entendu, nous avons
ordonné et ordonnons ce qui suit :

Art. 1er. L'exportation, par le cours de la
Meuse, des écorces à tan, charbons de bois
et perches provenant des forêts des Ardennes, continuera à être permise jusqu'à nouvel ordre, sous le paiement des droits fixés
par la loi du 17 juin 1820.

2. Notre ministre des finances est chargé
de l'exécution de la présente ordonnance.

4 OCTOBRE 1820.—Ordonnance du Roi qui nomme
aux nouvelles places créées dans le corps de
l'intendance militaire. (7, Bull. 406.)

4 OCTOBRE 1820. — Ordonnance du Roi portant
nomination d'intendans, sous-intendans et adjoints dans le cadre auxiliaire à la suite du corps
de l'intendance militaire. (7, Bull. 406.)

4 OCTOBRE 1820.— Ordonnance du Roi qui nomme
président de la commission royale d'instruction
publique M. Lainé, ministre d'État. (7, Bull.
407.)

4 OCTOBRE 1820. — Ordonnance du Roi qui permet au sieur Amié d'ajouter à son nom celui
de Grangeneuve ; au sieur Félix, d'ajouter à
son nom celui de Beaujour ; au sieur Louvel,
de substituer à son nom celui de Guillou-La-
baillée ; et au sieur Magnier et à ses enfans,
d'ajouter à leur nom celui de Maisonneuve. (7,
Bull. 408.)

4 OCTOBRE 1820. — Ordonnance du Roi qui admet le sieur Munoz de la Espada à établir son
domicile en France. (7, Bull. 408.)

4 OCTOBRE 1820. — Ordonnances du Roi qui accordent des lettres de déclaration de naturalité
aux sieurs Joseph-Marie et Joseph Perret, et
aux sieurs Joseph-Marie Perret-Morin, Hoed,
Maglione, Hecken, Lanterne, Portier, Gay
Thonus, Dupuy et Wathiem dit Walter. (7,
Bull. 419, 427, 435, 457, 459, 474 et 430.)

4 OCTOBRE 1820. — Ordonnances du Roi qui autorisent l'acceptation de dons et legs faits aux
frères des écoles chrétiennes de Serre, etc. (7,
Bull. 419 et 420.)

5 OCTOBRE 1820. — Lettres-patentes portant érection de majorats en faveur de MM. Posuel de
Verneaux, Saint-Georges et de Jarna. (7, Bull.
404.)

6 = Pr. 17 OCTOBRE 1820. — Ordonnance du
Roi qui, à l'occasion de la naissance de son
altesse royale monseigneur le duc de Bordeaux,
fait remise des peines de discipline prononcées
par des jugemens non encore exécutés des conseils de discipline de la garde nationale, dans
toute l'étendue du royaume. (7, Bulletin 407,
n° 9595.)

Louis, etc. la divine Providence a choisi
dans la garde nationale les premiers témoins de la naissance de notre bien-aimé
petit-neveu duc de Bordeaux. A cette occasion, sur le rapport de notre ministre secrétaire d'État au département de l'intérieur, nous avons ordonné et ordonnons
ce qui suit :

Art. 1er. Remise pleine et entière est
faite des peines de discipline prononcées,
jusqu'à ce jour, par des jugemens non encore exécutés des conseils de discipline de
la garde nationale de Paris et des autres
lieux de notre royaume.

2. Notre ministre de l'intérieur est chargé
de l'exécution de la présente ordonnance.

7 = Pr. 14 OCTOBRE 1820. — Ordonnance du
Roi concernant les cérémonies du baptême de
son altesse royale monseigneur le duc de Bordeaux, les actes de clémence et les graces qui
auront lieu à cette occasion. (7, Bull. 405,
n° 9522.)

Louis, etc. voulant que le baptême de
notre bien-aimé petit-neveu le duc de Bordeaux soit pour nous et pour notre peuple
une nouvelle occasion de rendre de solen-
nelles actions de graces à la Providence,
du bienfait signalé qu'après tant de jours
de malheur et de deuil elle a accordé aux
vœux de la France ; voulant resserrer les
liens indissolubles qui unissent le trône

et la nation, et désirant dans un jour si cher à notre cœur, être entouré des membres des deux Chambres, des grands corps de magistrature, et des députations des bonnes villes de notre royaume, afin que la France tout entière soit représentée dans cette cérémonie; voulant enfin marquer cette époque et en perpétuer le souvenir par des actes de clémence et par des récompenses accordées aux citoyens qui ont bien mérité de l'Etat; sur le rapport de nos ministres secrétaires d'Etat, nous avons ordonné et ordonnons ce qui suit :

Art. 1er. Le baptême de notre bien-aimé petit-neveu le duc de Bordeaux aura lieu dans l'église de Notre-Dame de notre bonne ville de Paris, en notre présence, et en celle des princes et princesses de notre famille et des princes et princesses de notre sang.

2. Seront appelés comme témoins à cette cérémonie, les pairs du royaume et les députés des départemens, les ministres secrétaires d'Etat, les maréchaux de France, les ministres d'État, les conseillers et maîtres des requêtes en notre Conseil-d'Etat, la cour de cassation, la cour des comptes, la cour royale de Paris, le corps municipal de Paris, les députations nommées par les bonnes villes du royaume pour représenter leurs corps municipaux.

3. Les mariages de quatorze filles dotées par notre bonne ville de Paris seront célébrés, dans la matinée du même jour, dans les douze arrondissemens de la ville.

4. Des réjouissances publiques auront lieu dans notre bonne ville de Paris, ainsi que dans toutes les villes du royaume.

5. Une amnistie est accordée à tous les déserteurs de nos armées de terre et de mer, aux conditions et dans les formes qui seront déterminées par nos ordonnances spéciales.

6. Au jour fixé pour le baptême, notre garde-des-sceaux, ministre de la justice, nous présentera l'état des individus détenus en vertu de jugemens criminels ou correctionnels, qui, en raison des circonstances atténuantes de leurs crimes ou délits, ou de leur bonne conduite depuis leur condamnation, auraient des titres à notre clémence.

7. Une promotion extraordinaire dans nos ordres royaux de Saint-Louis et de la Légion-d'Honneur aura lieu dans nos armées de terre et de mer et dans les différens départemens de l'administration publique. Nos ministres secrétaires d'Etat nous proposeront, au jour fixé pour le baptême, les nominations qui devront avoir lieu en vertu de cette disposition.

8. Nos ministres secrétaires d'Etat sont chargés de l'exécution de la présente ordonnance.

———

8 OCTOBRE 1820. — Ordonnances du Roi qui accordent des lettres de déclaration de naturalité aux sieurs Boske, Crom, Squinabol et Bertholet. (7, Bull. 59.)

———

11 = Pr. 17 OCTOBRE 1820. — Ordonnance du Roi sur le mode de roulement des magistrats dans les cours et tribunaux. (7, Bulletin 407, n° 6599.)

Voy. ordonnance du 24 JUILLET 1825.

Louis, etc. vu l'article 15 du réglement du 6 juillet 1810, l'article 50 du réglement du 30 mars 1808, les réglemens adoptés par nos cours royales sur le mode du roulement, et leurs observations sur le projet de réglement qui leur a été communiqué; sur le rapport de notre garde-des-sceaux, ministre secrétaire d'Etat au département de la justice, notre Conseil-d'Etat entendu, nous avons ordonné et ordonnons ce qui suit :

TITRE Ier. Des Cours royales.

Art. 1er. Dans la dernière quinzaine qui précède les vacances, une commission, composée du premier président, des présidens de chambre, et du plus ancien conseiller de chacune des chambres, d'après l'ordre du tableau, fixera le roulement des conseillers dans les chambres dont la cour est composée. Notre procureur général sera appelé à la commission pour être entendu en ses observations (1).

2. A la même époque, les présidens se partageront entre eux le service civil et le service criminel de l'année suivante.

———

(1) Le mode du roulement annuel dans les chambres de Cour royale, tel qu'il est réglé par cette ordonnance, emporte abrogation implicite de celui précédemment réglé par le décret de juillet 1810. C'est là un objet de discipline intérieure rentrant dans les limites du pouvoir qu'a le Roi de faire des réglemens d'administration publique (4 mars 1830, Cass. S. 30, 1, 283; D. 30, 1, 158. — 17 décembre 1829; Paris, S. 30, 2, 55; D. 30, 2, 358; P, 46, 566).

Les parties sont sans qualité ni droit pour attaquer le roulement annuel d'une cour royale, lorsque ce roulement a été approuvé par l'assemblée générale des chambres. C'est une mesure de discipline intérieure qui ne peut être critiquée par les justiciables (17 décembre 1829; Paris, S. 30, 2, 55; D. 30, 2, 17; P. 46, 566).

3. Aucun président ou conseiller ne pourra être forcé de rester plus d'un an dans chacune des chambres criminelles, et plus de deux ans dans chacune des chambres civiles.

4. La répartition des conseillers sera combinée de manière que les chambres criminelles soient toujours composées, au moins pour la moitié, de conseillers qui ont fait le service dans la chambre.

5. La chambre des vacations sera toujours tenue par le président et les conseillers composant la chambre des appels de police correctionnelle, et, en cas d'absence ou d'empêchement, par les moins anciens conseillers de la chambre des mises en accusation, d'après l'ordre du tableau.

6. Le tableau de la répartition des conseillers, arrêté par la commission créée par l'article 1er, sera soumis, chaque année, à l'approbation des chambres assemblées. Si la commission et l'assemblée des chambres ne peuvent s'accorder, notre garde-des-sceaux prononcera.

TITRE II. Des tribunaux de première instance composés de plus de deux chambres.

7. Dans les tribunaux de première instance composés de plus de deux chambres, et à l'époque fixée par l'article 1er du titre 1er, une commission, composée du président, des vice-présidens et du doyen, fixera le roulement des juges dans chacune des chambres dont se compose le tribunal : notre procureur sera appelé à la commission pour être entendu en ses observations.

8. A la même époque, les vice-présidens se partageront entre eux le service civil et correctionnel de l'année suivante.

9. Le service des vacations sera toujours fait par la troisième chambre.

10. Le tableau de la répartition des juges, arrêté par la commission créée par l'article 7, sera soumis, chaque année, à l'approbation des chambres assemblées. Si la commission et l'assemblée des chambres ne peuvent s'accorder, notre garde-des-sceaux prononcera.

Disposition générale.

11. Les répartitions prescrites par le présent réglement seront exécutées pour la prochaine année judiciaire, immédiatement après la rentrée des cours et tribunaux.

12. Notre garde-des-sceaux, ministre de la justice, est chargé de l'exécution de la présente ordonnance.

11 = Pr. 18 OCTOBRE 1820. — Ordonnance du Roi concernant le rétablissement de l'administration des forêts. (7, Bull. 408, n° 9618.)

Voy. ordonnances des 4 JUIN 1817, et 26 AOUT 1824.

Art. 1er. Les forêts de notre royaume seront administrées, sous les ordres de notre ministre secrétaire d'Etat des finances, par trois administrateurs.

2. Un secrétaire général sera attaché à l'administration des forêts.

3. Le traitement des administrateurs est fixé à dix-huit mille francs ; celui du secrétaire général, à douze mille francs.

4. Notre ministre des finances fera la division du travail entre les administrateurs.

Chacun d'eux sera chargé de suivre les parties de service qui lui seront spécialement attribuées.

5. Les administrateurs et le secrétaire général se réuniront sous la présidence de celui des administrateurs qui sera désigné par le ministre des finances.

Le secrétaire général n'aura que voix consultative : les délibérations du conseil seront prises à la majorité des voix ; en cas d'absence d'un des administrateurs, le secrétaire général aura voix délibérative.

6. L'administration présentera à l'approbation du ministre des finances l'état de composition des bureaux de l'administration centrale à Paris, avec l'indication des traitemens attribués à chaque grade.

Elle lui soumettra, chaque année, le budget général de ses dépenses.

Elle soumettra également à son approbation ses délibérations,

Sur toutes les dispositions de service qui donneraient lieu à une dépense nouvelle ;

Sur les nouvelles circonscriptions des arrondissemens de conservation et d'inspection ;

Sur les questions douteuses, dans tous les cas d'application des lois, ordonnances et réglemens, dans tous ceux qui ne sont pas prévus, ou qui ne sont pas suffisamment définis par lesdites lois, ordonnances et réglemens ; et sur les instructions générales relatives à leur exécution.

Elle lui rendra compte, périodiquement, de tous les résultats de son administration.

7. Les administrateurs, le secrétaire général, les inspecteurs généraux et les conservateurs seront nommés par nous, sur le rapport de notre ministre des finances.

Notre ministre des finances nommera aux places d'inspecteurs et de sous-inspecteurs.

L'administration nommera à tous lès

autres emplois, en se conformant strictement à l'ordre hiérarchique des grades.

Elle pourra provisoirement suspendre les employés qui ne sont pas à sa nomination, sauf à en rendre compte immédiatement au ministre des finances, qui statuera.

8. Les propositions relatives à l'aliénation des bois en fonds et superficie, ainsi que les demandes en échange et partage, seront concertées entre l'administration forestière et le directeur général de la caisse d'amortissement, et soumises au ministre des finances.

9. La perception des amendes et restitutions forestières continuera d'être faite par les receveurs des domaines et de l'enregistrement. Les directeurs en cette partie adresseront, par trimestre, à l'administration forestière, un état de ces perceptions semblable à celui qu'ils sont tenus de fournir au directeur général des domaines.

10. Les directeurs des domaines, maintenant chargés du service forestier, continueront leurs fonctions, et correspondront, à cet effet, avec l'administration forestière, pour cette partie du service seulement, jusqu'à ce qu'il en soit autrement ordonné par notre ministre des finances.

11. L'administration forestière portera tous ses soins à la multiplication et conservation des futaies dans les bois de l'État, dans ceux des communes et des établissemens publics, sans toutefois changer l'ordre des coupes et des aménagemens, si ce n'est par suite de projets qui auraient reçu notre approbation.

12. Les agens extérieurs de l'administration forestière devant être considérés comme dépositaires des bois soumis à leur surveillance et manutention, et l'État étant intéressé à avoir une garantie contre les malversations que ces agens pourraient commettre, ils seront tenus de fournir, dans le délai de deux ans, et par moitié chaque année, un cautionnement en inscriptions de rentes sur le grand-livre, dans les proportions ci-après, savoir :

Les conservateurs, 600 francs ; les inspecteurs, 300 ; les sous-inspecteurs, 200 ; les arpenteurs, 150 ; les gardes-généraux, 100 ; les gardes à cheval, 50 ; les gardes à pied, 10.

13. Les coupures d'inscription qui seront fournies par les gardes à pied seront réunies en une inscription collective, dont les arrérages leur seront payés en raison de leurs droits dans l'inscription générale.

14. Les cautionnemens seront versés à la caisse des dépôts et consignations, qui en percevra les arrérages pour le compte des titulaires, auxquels ils seront payés par chaque semestre.

Les cautionnemens ne seront restitués qu'un an après la cessation des fonctions de l'agent qui les aura fournis, et sur un certificat de l'administration forestière constatant que l'État n'a aucune répétition à faire contre cet agent pour raison de sa gestion.

15. Les dispositions des articles 12, 13 et 14 ci-dessus ne recevront leur exécution qu'après que le cautionnement en rentes, ordonné par l'article 12, aura été autorisé par une loi.

16. Notre ministre des finances est chargé de l'exécution de la présente ordonnance.

11 = Pr. 20 OCTOBRE 1820. — Ordonnance du Roi qui accorde amnistie aux militaires qui se trouvent en état de désertion, et qui n'ont pas été condamnés pour ce délit. (7, Bull. 409, n° 9657.)

Louis, etc. voulant faire participer les hommes en état de désertion aux actes de notre clémence royale, à l'occasion de la naissance de notre bien-aimé petit-neveu duc de Bordeaux ; notre ministre secrétaire d'État au département de la guerre entendu, nous avons, de l'avis de notre Conseil, ordonné et ordonnons ce qui suit :

Art. 1er. Amnistie est accordée à tous sous-officiers et soldats de nos troupes de terre qui, à la date de notre ordonnance du 7 de ce mois, se trouvent en état de désertion et n'ont pas été condamnés pour ce délit.

2. L'amnistie sera entière, absolue, et sans condition de servir, autrement qu'en vertu d'un nouvel enrôlement volontaire, pour les déserteurs dont l'entrée au service est antérieure à la loi du 10 mars 1818.

3. Les hommes appelés au service, soit comme jeunes soldats, soit comme engagés volontaires, en vertu de la loi du 10 mars 1818, et postérieurement à sa publication, seront tenus, pour profiter de ladite amnistie, de se présenter avant le 1er janvier prochain, soit à l'intendant ou sous-intendant militaire, soit au préfet ou sous-préfet de l'arrondissement dans lequel ils se trouveront, à l'effet d'obtenir des feuilles de route pour rejoindre librement et sans escorte, soit les corps, soit les dépôts des corps auxquels ils étaient destinés, suivant que les uns ou les autres seront plus rapprochés du point de départ.

4. Seront également admis à profiter de l'amnistie les déserteurs ou jeunes soldats en retard, ayant été arrêtés, ou ayant rejoint volontairement, qui, au moment de la publication de la présente ordonnance, n'auraient pas encore été jugés par les tribunaux militaires, ou ne seraient pas rentrés sous leur drapeau.

Ceux d'entre eux auxquels, d'après l'époque de leur entrée au service, les articles 2 et 3 de la présente ordonnance seront applicables, et qui devront rentrer dans leurs foyers, recevront des feuilles de route pour s'y rendre.

5. Il sera délivré aux déserteurs amnistiés, et qui pourront rentrer dans leurs foyers, des certificats de libération, dont le modèle sera dressé par notre ministre secrétaire d'État de la guerre.

6. Les déserteurs amnistiés devront remettre les armes et effets, autres que ceux de petit équipement, qu'ils auraient emportés lors de leur désertion, ou en rembourser la valeur, ou enfin déclarer les motifs de l'impossibilité ou ils se trouveraient de remplir l'une ou l'autre de ces conditions. Les certificats de ceux qui seront dans le cas d'être libérés du service, feront mention de ce que chacun d'eux aura fait à cet égard.

7. Les dispositions de la présente ordonnance ne seront, en aucun cas, applicables aux militaires qui se rendraient coupables du délit de désertion postérieurement à la publication de la présente ordonnance, ni aux déserteurs qui, n'ayant pas profité de l'amnistie en temps utile, seraient arrêtés ou se représenteraient après l'expiration des délais.

8. Ceux des déserteurs qui ne sont pas dégagés de l'obligation de servir, et qui, après avoir pris leur feuille de route pour rejoindre, ne se rendront pas à leur destination dans les délais fixés par les réglemens, resteront sous le poids de la législation relative à la désertion.

9. Notre ministre de la guerre est chargé de l'exécution de la présente ordonnance.

———

11 = Pr. 20 OCTOBRE 1820.— Ordonnance du Roi portant que les jeunes soldats qui se seront mutilés pour se soustraire à la loi du recrutement, seront envoyés dans les compagnies de pionniers. (7, Bull. 409, n° 9658.)

Louis, etc. vu la loi du 10 mars 1818 sur le recrutement de l'armée; considérant que, parmi les jeunes soldats faisant partie des contingens mis en activité sur les classes appelées en vertu de cette loi, quelques-uns se sont mutilés volontairement pour se soustraire au service militaire; considérant que la mutilation est un acte qu'il convient de réprimer, afin d'empêcher qu'il ne devienne un moyen de se soustraire aux obligations que la loi impose; considérant que jusqu'à ce jour aucune destination n'a encore été fixée pour les mutilés qui, par leurs numéros de tirage, se trouvent faire partie des contingens mis en activité; sur le rapport de

notre ministre secrétaire d'État au département de la guerre, et vu notre ordonnance du 1er avril 1818, portant création des compagnies de discipline, nous avons ordonné et ordonnons ce qui suit :

Art. 1er. Les jeunes soldats faisant partie des contingens mis en activité qui se sont mutilés volontairement pour se soustraire au service militaire seront envoyés, par les soins des généraux commandant des divisions, et au moyen de lettres de passe délivrées par les sous-intendans militaires, dans une des compagnies de pionniers créées ou à créer en vertu de notre ordonnance du 1er avril 1818.

2. Notre ministre de la guerre est chargé de l'exécution de la présente ordonnance.

———

11 = Pr. 22 OCTOBRE 1820. — Ordonnance du Roi portant convocation des collèges électoraux d'arrondissement dans la quatrième série, et des collèges départementaux, conformément aux tableaux y annexés. (7, Bull. 410, n° 9677.)

Voy. notes sur la loi du 29 JUIN 1820.

Louis, etc. vu les lois du 5 février 1817 et du 29 juin 1820; vu nos ordonnances des 18 août 1819 et 4 septembre dernier; sur le rapport de notre ministre secrétaire d'État au département de l'intérieur, nous avons ordonné et ordonnons ce qui suit :

Art. 1er. Les collèges électoraux d'arrondissement, dans les départemens de la quatrième série portés au tableau ci-annexé N° 1, sont convoqués pour le 4 novembre prochain.

Les collèges départementaux, dans les départemens de toutes les séries portés au tableau ci-joint N° 2, ainsi que les collèges électoraux des départemens portés au tableau N° 3, sont convoqués pour le 13 du même mois.

Ces divers collèges se réuniront dans les villes indiquées auxdits tableaux.

2. A la réception de la présente ordonnance, les préfets la feront publier dans l'étendue de leur département, avec les arrêtés par lesquels ils auront désigné les édifices où devront siéger les collèges ou sections de collège.

3. Ils feront immédiatement remettre à chaque président et vice-président, avec la lettre close par laquelle nous annonçons à chacun d'eux sa nomination et la convocation du collège:.

1° Une expédition de la présente;

2° Un extrait de l'arrêté désignant l'édifice dans lequel le collège ou la section devra se réunir;

3° La liste des électeurs, définitivement

arrêtée conformément à l'article 4 de notre ordonnance du 4 septembre ;

4° La liste individuelle des éligibles du département.

L'une et l'autre liste devront rester affichées dans la salle des séances pendant tout le cours des opérations.

4. En cas d'empêchement, soit avant l'ouverture, soit pendant les opérations, d'un président ou vice-président, le préfet nommera un des électeurs pour le remplacer.

5. Nul ne pourra être admis dans le collège ou section de collège, s'il n'est inscrit sur la liste définitive remise au président ou vice-président.

6. Le jour fixé pour l'ouverture, la séance commencera à huit heures précises du matin. Elle sera ouverte par le président ou vice-président, lequel désignera, parmi les électeurs présens, les quatre scrutateurs et le secrétaire provisoire. Il sera ensuite procédé à la nomination du bureau définitif par deux scrutins simultanés, mais distincts : l'un de liste simple, pour les quatre scrutateurs ; l'autre individuel, pour le secrétaire. L'une et l'autre nomination pourra avoir lieu à la simple majorité des voix des électeurs présens (1).

7. Aussitôt que le président ou vice-président aura proclamé le bureau définitif, le secrétaire ouvrira le procès-verbal, lequel devra contenir les opérations qui auront eu lieu jusqu'à ce moment, être tenu en double minute, rédigé à la fin de chaque séance, et signé, au plus tard à l'ouverture de la séance suivante, par tous les membres du bureau qui y auront assisté.

8. La police du collège ou de la section appartenant au président ou au vice-président, nulle force armée ne peut, sans leur demande, être placée auprès du lieu des séances. Les commandans militaires sont tenus d'obtempérer à leurs réquisitions.

9. Doivent toujours être présens dans chaque bureau, trois au moins des membres qui le composent (2).

Le bureau juge provisoirement toutes les difficultés qui s'élèvent sur les opérations du collège ou de la section, sauf la décision définitive de la Chambre des députés (3). Il ne doit pas s'occuper des réclamations qui auraient pour objet le droit de voter. Il délibère à part : le président prononce la décision à haute voix.

10. S'il s'élève des discussions dans le sein d'un collège ou d'une section, le président ou vice-président rappellera aux électeurs qu'aux termes de l'article 8 de la loi du 5 février 1817, toute discussion, toute délibération, leur sont interdites ; si, malgré cette observation, la discussion continue, et si le président n'a pas d'autre moyen de la faire cesser, il prononcera la levée de la séance, et l'ajournement au lendemain au plus tard. Les électeurs seront obligés de se séparer à l'instant.

11. Il sera, pour chaque tour de scrutin, procédé à l'appel des électeurs, lesquels, à mesure que leur nom sera appelé, se présenteront pour voter. Chacun d'eux, en votant pour la première fois, devra prononcer le serment dont la teneur suit :

« Je jure fidélité au Roi, obéissance à la Charte constitutionnelle et aux lois du royaume. »

12. Les électeurs votent par bulletins de liste, contenant, à chaque tour de scrutin, autant de noms qu'il y a de nominations à faire (4).

Chaque électeur écrit secrètement son vote sur le bureau, ou l'y fait écrire par un autre électeur de son choix, sur un bulletin qu'il reçoit à cet effet du président ; il remet son bulletin écrit et fermé au président, qui le dépose dans l'urne destinée à cet usage (5).

Le nom, la qualification et le domicile de chaque électeur qui déposera son bulletin seront inscrits, par le secrétaire ou l'un des scrutateurs présens, sur une liste destinée à constater le nombre des votans.

Celui des membres du bureau qui aura inscrit le nom, la qualification, le domicile de l'électeur, inscrira en marge son propre nom.

Il n'y a que trois tours de scrutin.

Chaque scrutin est, après être resté ouvert au moins pendant six heures, clos à trois heures du soir, et dépouillé séance tenante (6).

13. Continueront d'être reçus, jusqu'à l'heure fixée pour la clôture, les bulletins des électeurs qui, n'ayant pas répondu à l'appel, se présenteront ensuite pour voter.

14. À trois heures, le président ou vice-président déclarera que le scrutin est clos ; il comptera le nombre des bulletins, et il en ordonnera le dépouillement. Le procès-verbal constatera le nombre des bulletins trouvés dans l'urne, et celui des électeurs qui auront voté.

Si le nombre des bulletins est inférieur ou supérieur à celui des votans, le bureau décidera provisoirement, selon les cas et les circonstances, de la validité de l'opéra-

---

(1) Art. 10 et 12 de la loi du 5 février 1817.
(2) Art. 11, § 2 de la loi du 5 février 1817.
(3) Art. 11, § 3 de la loi du 5 février 1817.
(4) Loi du 5 février 1817, article 13, § 1er.

Voy. aussi la circulaire du 1er novembre 1820.
(5) Loi du 29 juin 1820, art. 6.
(6) Loi du 5 février 1817, art. 13.

tion. Il sera fait mention de la décision au procès-verbal.

15. Nul ne peut être élu député aux deux premiers tours de scrutin, s'il ne réunit au moins le tiers plus une de la totalité des voix des membres qui composent le collège, et la moitié plus un des suffrages exprimés (1).

16. Après les deux premiers tours de scrutin, s'il reste des nominations à faire, le bureau du collége dresse et arrête une liste des personnes qui, au deuxième tour, ont obtenu le plus de suffrages; elle contient deux fois autant de noms qu'il y a encore de députés à élire.

Les suffrages, au troisième tour de scrutin, ne peuvent être donnés qu'à ceux dont les noms sont portés sur cette liste. Les nominations ont lieu à la pluralité des votes exprimés (2).

17. Le bureau raiera de tout bulletin :

1° Les derniers noms inscrits au-delà de ceux qu'il doit contenir ;

2° Les noms qui ne désigneraient pas clairement l'individu auquel ils s'appliquent ;

3° Au troisième tour de scrutin, les noms des individus qui ne feraient point partie de la liste double des personnes qui ont obtenu le plus de suffrages au deuxième tour.

18. L'état du dépouillement du scrutin de chaque section est signé et arrêté par le bureau. Il est immédiatement porté par le vice-président au bureau du collége, qui fait, en présence des vice-présidens de toutes les sections, le recensement général des votes. Le résultat de chaque tour de scrutin est sur-le-champ rendu public (3).

19. Si une ou plusieurs sections n'avaient pas terminé leurs opérations ou n'en avaient fait que d'irrégulières, le recensement des votes des autres sections n'en aura pas moins lieu, et les candidats qui auraient obtenu le nombre de voix nécessaire seront proclamés.

20. Le président prononcera la séparation du collége aussitôt que les opérations seront terminées, et au plus tard le dixième jour après l'ouverture (4).

21. Immédiatement après la clôture, le président adressera au préfet du département les deux minutes du procès-verbal de chaque collége ou section de collége, et le procès-verbal des recensemens généraux pour les colléges qui seront divisés en sections.

L'une des deux minutes restera aux archives de la préfecture, et l'autre sera envoyée par le préfet à notre ministre secrétaire d'Etat de l'intérieur, qui la transmettra aux questeurs de la Chambre des députés.

22. Notre ministre de l'intérieur est chargé de l'exécution de la présente ordonnance.

---

(1) Loi du 29 juin 1820, art. 7.
(2) Loi du 5 février 1817, art. 15.

(3) Loi du 5 février 1817, art. 13.
(4) Loi du 5 février 1817, art. 12.

Tableau N° 1, annexé à l'ordonnance du 11 octobre 1820.

NUMÉRO de la série.	DÉPARTEMENS.	ARRONDIS-SEMENS électoraux.	VILLES où se réuniront les collèges d'arrondissement.	NOMBRE de députés à nommer.
4°	Ardennes.	1er	Mézières	1
		2e	Vouziers.	1
4°	Aube.	1er	Troyes.	1
		2e	Bar-sur-Aube.	1
4°	Aude.	1er	Castelnaudary.	1
		2e	Narbonne.	1
4°	Bouches-du-Rhône. . . .	1er	Marseille.	1
		2e	Aix.	1
		3e	Arles.	1
4°	Cher.	1er	Bourges.	1
		2e	Saint-Amand.	1
4°	Côtes-du-Nord.	1er	Saint-Brieuc.	1
		2e	Dinan.	1
		3e	Guingamp.	1
		4e	Lannion.	1
4°	Drôme.	1er	Valence.	1
		2e	Montélimart.	1
4°	Eure.	1er	Evreux.	1
		2e	Pont-Audemer.	1
		3e	Bernay.	1
		4e	Les Andelys.	1
4°	Gironde.	1er	Bordeaux.	1
		2e	Idem.	1
		3e	Blaye.	1
		4e	Libourne	1
		5e	La Réole.	1
4°	Loire (Haute).	1er	Brioude.	1
		2e	Yssingeaux.	1
4°	Lot.	1er	Cahors.	1
		2e	Puy-l'Evêque.	1
		3e	Figeac.	1
		4e	Gourdon.	1
4°	Maine-et-Loire.	1er	Angers.	1
		2e	Saumur.	1
		3e	Beaupréau.	1
		4e	Ségré.	1
4°	Saône-et-Loire.	1er	Mâcon.	1
		2e	Châlons-sur-Saône. . .	1
		3e	Autun.	1
		4e	Charolles.	1
4°	Somme.	1er	Abbeville.	1
		2e	Amiens.	1
		3e	Idem.	1
		4e	Roye.	1
4°	Vienne (Haute)	1er	Saint-Junien.	1
		2e	Limoges.	1

Tableau N° II, annexé à l'ordonnance du 11 octobre 1820.

NUMÉRO de la série.	DÉPARTEMENS.	VILLES où se réuniront les colléges électoraux de département.	NOMBRE de députés à nommer.
2°	Ain.	Bourg.	2
3°	Aisne.	Laon.	2
3°	Allier.	Moulins.	2
5°	Ardèche.	Privas.	1
4°	Ardennes.	Mézières.	1
3°	Ariége.	Foix.	1
4°	Aube.	Troyes.	1
4°	Aude.	Carcassonne.	1
5°	Aveyron.	Rodès.	2
4°	Bouches-du-Rhône.	Marseille.	2
5°	Calvados.	Caen.	2
3°	Cantal.	Aurillac.	3
5°	Charente.	Angoulême.	1
3°	Charente-Inférieure.	La Rochelle.	2
4°	Cher.	Bourges.	3
2°	Corrèze.	Tulle.	2
1°	Côte-d'Or.	Dijon.	1
4°	Côtes-du-Nord.	Saint-Brieuc.	2
1°	Creuse.	Guéret.	2
1°	Dordogne.	Périgueux.	1
3°	Doubs.	Besançon.	3
4°	Drôme.	Valence.	2
4°	Eure.	Evreux.	1
3°	Eure-et-Loir.	Chartres.	3
2°	Finistère.	Quimper.	2
2°	Gard.	Nîmes.	2
5°	Garonne (Haute).	Toulouse.	2
1°	Gers.	Auch.	3
4°	Gironde.	Bordeaux.	2
1°	Hérault.	Montpellier.	3
1°	Ille-et-Vilaine.	Rennes.	2
2°	Indre.	Châteauroux.	3
1°	Indre-et-Loire.	Tours.	1
3°	Isère.	Grenoble.	2
5°	Jura.	Lons-le-Saunier.	2
2°	Landes.	Mont-de-Marsan.	1
5°	Loir-et-Cher.	Blois.	1
2°	Loire.	Montbrison.	1
4°	Loire (Haute).	Le Puy.	2
5°	Loire-Inférieure.	Nantes.	1
1°	Loiret.	Orléans.	2
4°	Lot.	Cahors.	2
5°	Lot-et-Garonne.	Agen.	2
4°	Maine-et-Loire.	Angers.	2
2°	Manche.	Saint-Lô.	3
5°	Marne.	Châlons.	3
3°	Marne (Haute).	Chaumont.	2
3°	Mayenne.	Laval.	2
5°	Meurthe.	Nancy.	2
1°	Meuse.	Bar-le-Duc.	2
3°	Morbihan.	Vannes.	2

NUMÉRO de la série.	DÉPARTEMENS.	VILLES où se réuniront les colléges électoraux de département.	NOMBRE de députés à nommer.
2ᵉ	Moselle.	Metz.	3
2ᵉ	Nièvre.	Nèvres.	2
2ᵉ	Nord.	Lille.	4
1ʳᵉ	Oise.	Beauvais.	2
1ʳᵉ	Orne.	Alençon.	3
5ᵉ	Pas-de-Calais.	Arras.	3
5ᵉ	Puy-de-Dôme.	Clermont.	3
3ᵉ	Pyrénées (Basses).	Pau.	2
3ᵉ	Rhin (Bas).	Strasbourg.	2
1ʳᵉ	Rhin (Haut).	Colmar.	2
1ʳᵉ	Rhône.	Lyon.	2
2ᵉ	Saône (Haute)	Vesoul.	1
4ᵉ	Saône-et-Loire.	Mâcon.	3
2ᵉ	Sarthe.	Le Mans	3
1ʳᵉ	Seine.	Paris.	4
3ᵉ	Seine-Inférieure.	Rouen.	4
2ᵉ	Seine-et-Marne.	Melun.	2
5ᵉ	Seine-et-Oise.	Versailles.	3
1ʳᵉ	Sèvres (Deux).	Niort.	1
4ᵉ	Somme	Amiens.	3
3ᵉ	Tarn.	Albi.	2
2ᵉ	Tarn-et-Garonne.	Montauban.	2
5ᵉ	Var.	Draguignan.	2
3ᵉ	Vaucluse.	Avignon.	1
2ᵉ	Vendée.	Bourbon-Vendée.	2
3ᵉ	Vienne.	Poitiers.	2
4ᵉ	Vienne (Haute).	Limoges.	2
5ᵉ	Yonne.	Auxerre.	2

Tableau N° III, annexé à l'ordonnance du 11 octobre 1820.

NUMÉRO de la série.	DÉPARTEMENS.	VILLES où se réuniront les colléges électoraux.	NOMBRE de députés à nommer.
2ᵉ	Alpes (Basses).	Digne.	1
1ʳᵉ	Alpes (Hautes).	Gap.	1
1ʳᵉ	Lozère.	Mende.	1
4ᵉ	Pyrénées (Hautes).	Tarbes.	3
5ᵉ	Pyrénées-Orientales.	Perpignan.	1
4ᵉ	Vosges	Epinal.	5

11 OCTOBRE 1820. — Ordonnance du Roi portant nomination des administrateurs des forêts et du secrétaire général de cette administration. (7, Bull. 408.)

11 OCTOBRE 1820. — Ordonnance du Roi qui autorisent l'acceptation de dons et legs faits à l'évêché de Montpellier; à l'hospice de Lavaur; aux fabriques des églises de Lavaur, d'Andeville, de Gouy-en-Artois, de Mantes, de Mecé et de Noyon, et à la commune de Vingt-Hanaps. (7, Bull. 420.)

11 OCTOBRE 1820. — Ordonnance du Roi qui érige en succursale la commune de Vingt-Hanaps, canton d'Alençon, département de l'Orne. (7, Bull. 420.)

11 OCTOBRE 1820. — Ordonnance du Roi qui accorde des pensions à sept veuves de militaires. (7, Bull. 414 *bis*, n° 1.)

11 OCTOBRE 1820. — Ordonnance du Roi qui accorde des pensions à deux cent neuf militaires. (7, Bull. 414 *bis*, n°' 2, 3 et 4.)

11 OCTOBRE 1820. — Ordonnance du Roi qui autorise l'inscription au Trésor de cinq cent vingt-deux pensions civiles et militaires. (7, Bull. 414 *bis*, n° 5.)

12 OCTOBRE — Pr. 12 NOVEMBRE 1820. — Ordonnances du Roi portant autorisation de l'association d'assurance mutuelle contre l'incendie pour le département de l'Aisne. (7, Bull. 416, n° 9814.)

Art. 1er. L'association d'assurance mutuelle contre l'incendie pour le département de l'Aisne, formée à Saint-Quentin par acte passé, le 2 mai 1820, par-devant Mallet et son collègue, notaires en ladite ville, est autorisée conformément aux statuts contenus audit acte annexé à la présente ordonnance, lesquels statuts sont approuvés sous les réserves ci-après.

2. L'autorisation n'est accordée qu'à condition que la compagnie recevra auprès d'elle un commissaire nommé par notre ministre secrétaire d'Etat de l'intérieur. Il sera chargé de veiller à l'exécution des statuts, et d'en rendre compte; il prendra connaissance des opérations; il préviendra le préfet du département de la tenue du conseil général des sociétaires; il pourra suspendre provisoirement celles des opérations de la compagnie qui lui paraîtront contraires aux lois ou statuts, ou dangereuses pour la sûreté publique, et ce, jus-

qu'à décision à intervenir de la part des autorités compétentes.

3. La société ne pourra commencer ses opérations avant qu'il ait été justifié du versement du fonds de cinquante mille francs qui doit être fourni par le directeur, suivant l'article 18 des statuts, et que le commissaire du Gouvernement l'ait constaté.

4. Le conseil d'administration sera tenu d'arrêter et de soumettre à l'approbation de notre ministre secrétaire d'Etat de l'intérieur un règlement qui assigne dans laquelle des classes mentionnées à l'art. 5 des statuts seront rangées les machines attachées à perpétuelle demeure, comprises dans l'assurance suivant l'article 1er ainsi que pour déterminer quelles vérifications périodiques seront faites pour s'assurer des changemens survenus aux immeubles associés, comme il est prévu à l'article 12 desdits statuts.

5. De l'approbation de l'article 10 il ne pourra être inféré aucune autorisation pour la compagnie de s'ingérer dans l'opération du ramonage, ni dans aucune autre opération analogue.

6. La disposition de l'article 21 qui tendait à dispenser les experts de prêter serment est exceptée de l'approbation; et quant à la nomination des experts, sur laquelle les statuts n'ont rien réglé à l'article 11, elle sera faite dans les formes de droit.

7. La présente autorisation étant accordée à la charge, par la société, de se conformer aux lois et à ses statuts approuvés, nous nous réservons de la révoquer dans le cas où cette condition ne serait pas accomplie, sauf les actions à exercer devant les tribunaux par les particuliers, à raison des infractions commises à leur préjudice.

8. La société sera tenue de remettre, tous les six mois, copie en forme de son état de situation au préfet de l'Aisne et aux tribunaux de commerce du département.

9. Notre ministre secrétaire d'Etat de l'intérieur est chargé de l'exécution de la présente ordonnance, qui sera insérée au Bulletin des lois, avec l'acte y annexé: pareille insertion aura lieu dans le Moniteur et dans le Journal des annonces judiciaires du département de l'Aisne, sans préjudice des affiches qui pourraient être requises.

STATUTS.

CHAPITRE Ier. Dispositions générales.

Art. 1er. Il y a société entre les propriétaires de maisons et bâtimens situés, soit à la ville ou à la campagne, dans le département de l'Aisne, et qui ont adhéré aux présens statuts, et ceux qui adhéreront par la suite.

Cette société a pour objet de garantir

mutuellement contre l'incendie, et même contre tout feu du ciel, les maisons et bâtimens appartenant auxdits propriétaires.

Cette société assure aussi mutuellement les machines, métiers et ustensiles fixes à perpétuelle demeure dans les maisons et manufactures.

2. La durée de la société est de trente années. Les propriétaires sont libres de s'engager pour dix ou pour cinq ans : cette période commence du premier jour du mois qui suit l'engagement, lorsque l'adhésion aura été souscrite après la mise en activité de la chambre.

Si l'adhésion est antérieure, elle datera de l'époque de cette mise en activité après l'homologation des présens statuts par le Roi.

Trois mois avant l'échéance des périodes ci-dessus, le propriétaire adhérent fera connaître, par une déclaration signée de lui, s'il entend renoncer à l'assurance; faute de déclaration, il sera considéré de droit avoir renouvelé pour le même temps.

3. Le nombre des propriétaires de la chambre est illimité.

Cette société exclut toute solidarité entre les propriétaires, en sorte que chacun n'est tenu que pour sa part et portion en se conformant aux présens statuts.

4. Sont exclus de la présente assurance, les salles de spectacle, les moulins et ateliers servant à faire la poudre à canon, les magasins servant à la déposer, et les bâtimens qui, par leur usage et leur situation, offriraient des dangers trop fréquens d'incendie.

Les incendies résultant d'invasion, de troubles civils et de forces militaires quelconques, ne pourront également donner lieu à aucun paiement du dommage.

5. Les maisons et bâtimens soumis à l'assurance forment quatre classes, et contribuent, en cas d'incendie, dans les proportions suivantes :

1° Les maisons de ville et de campagne bâties en pierre ou en brique, et celles couvertes, soit en ardoises, soit en tuiles, concourent avec les habitations de même classe, au prorata de la somme pour laquelle elles sont engagées à l'assurance mutuelle;

2° Celles construites plus particulièrement en bois ou en terre, et qui seraient couvertes en ais ou bardeaux, contribueront pour un tiers en sus;

3° Les maisons couvertes en paille ou en chaume devront concourir dans la proportion de moitié en sus de la contribution ordinaire;

4° Les usines, fours, fonderies, raffineries et autres établissemens qui nécessitent une grande consommation de combustible, paieront, en cas d'incendie, dans une proportion double de la contribution des habitations de la première classe.

6. Cette association ne peut avoir d'effet que du moment où, par suite des adhésions aux présens statuts, il se trouvera pour une valeur de quinze millions en propriétés assurées.

Un arrêté du conseil d'administration fixera cette mise en activité, et en donnera connaissance aux propriétaires adhérens; elle sera aussi annoncée par la voie des journaux du département de l'Aisne, où s'étend la présente assurance.

A dater de cette époque, il sera délivré à chacun des propriétaires adhérens une police d'assurance constatant qu'il fait partie de la société, pour jouir des droits qui y sont attachés.

7. A dater de cette mise en activité, il sera payé par les propriétaires soumis à l'assurance, un droit annuel de trente centimes par mille francs de la valeur assurée : ce droit, qui est destiné aux frais de l'administration, sera payé par avance pour l'année.

8. Des plaques seront apposées aux maisons assurées; elles porteront les lettres M. A. (*Maison assurée*), et seront payées par les propriétaires à raison de deux francs.

9. L'obligation d'assurance devient nulle dans ses effets actifs et passifs, si la propriété cesse d'exister par d'autres causes que celle d'incendie.

10. Attendu que la surveillance et la précaution dans le nettoiement des cheminées tendent essentiellement à prévenir les incendies, le directeur de la société prendra les mesures nécessaires pour s'assurer de l'exécution des réglemens de police à cet égard, dans l'intérêt des propriétaires assurés (1).

CHAPITRE II. Estimation des maisons et bâtimens; leur assurance contre l'incendie, et leur paiement pour le dommage résultant de l'incendie.

11. L'estimation de l'immeuble que l'on voudra faire assurer aura lieu de gré à gré entre le propriétaire et le conseil d'administration, sur le vu des pièces propres à déterminer cette estimation.

La valeur s'établit par un calcul fait sur la contribution foncière, en capitalisant ensuite au denier vingt le montant de cette contribution, ou par des baux authentiques, ou enfin en se réglant sur le prix moyen qu'on pourrait retirer de la propriété lors

_____

(1) *Voy.* art. 5 de l'ordonnance.

de la vente sur les lieux mêmes, déduction faite de la valeur du sol.

Les estimations du cadastre seront préférées dans les endroits où il aura été établi.

A défaut de ces moyens, et si on ne s'accordait pas sur une juste et exacte estimation, elle sera faite par un architecte ou maître charpentier, aux frais du propriétaire.

Cette estimation fait la base de la somme à laquelle le propriétaire a droit en cas d'incendie, comme elle est la base d'après laquelle il doit concourir au paiement du dommage envers l'un des propriétaires incendiés (1).

12. La valeur des immeubles compris dans la présente assurance étant sujette à éprouver des variations d'une année à une autre, soit en cas de démolition, décadence ou dépérissement des bâtisses, soit par de nouvelles constructions, le propriétaire s'engage à en faire la déclaration; et la police d'assurance sera fixée d'après le nouvel état des bâtimens.

Faute de cette déclaration, il ne sera dû que la valeur assurée, en cas d'augmentation de constructions faites à la propriété (2).

13. Les locataires et fermiers, avec l'assentiment du propriétaire, sont admis à faire assurer la maison qu'ils habitent; la chambre devient alors responsable pour eux des incendies qui pourraient survenir, et dont ils sont garans envers le propriétaire, suivant l'article 1733 du Code civil.

14. Tout créancier hypothécaire est également admis à faire assurer l'immeuble qui lui sert de garantie, en satisfaisant, comme s'il était propriétaire, aux conditions de l'assurance.

15. Le propriétaire qui aura droit à une indemnité pour cause d'incendie devra justifier qu'elle n'est point grevée d'hypothèques : dans le cas où elle serait hypothéquée, le prix de l'estimation sera versé à la caisse des dépôts et consignations de l'arrondissement, jusqu'au réglement entre les créanciers et le propriétaire.

16. L'usufruitier peut, comme le créancier hypothécaire, assurer l'immeuble dont il a l'usufruit, en satisfaisant, comme s'il était propriétaire, aux dispositions des présens statuts.

17. Dans le cas où l'incendie donnerait lieu à une action criminelle ou civile contre un tiers, le dommage en sera toujours remboursé par la chambre, sauf son recours contre le tiers.

18. Afin que les propriétaires n'éprou-

vent point de retard dans le remboursement des dommages et pertes provenant d'incendie, le directeur de cette société fera faire un fonds de garantie de cinquante mille francs au moins, aussitôt après l'ordonnance royale qui aura autorisé cet établissement, lequel fonds de garantie sera destiné à faire les avances dues aux propriétaires incendiés, en attendant le recouvrement de la contribution mutuelle (3).

19. Tout fait d'incendie devra être dénoncé de suite, soit au lieu de la direction, soit au bureau correspondant, selon que le feu se sera manifesté dans l'un ou l'autre arrondissement.

Cette déclaration d'incendie sera faite sur un registre tenu à cet effet.

Le directeur ou chef du bureau d'assurance emploiera les plus prompts moyens pour faire porter les secours nécessaires.

20. Dans le plus bref délai, le directeur fera constater le dommage résultant de l'incendie : à cet effet, il sera désigné un expert par le juge-de-paix du canton; cet expert recevra les renseignemens nécessaires du propriétaire et du directeur; l'expertise sera faite en présence de l'un et de l'autre, et deux propriétaires adhérens seront également appelés : ce procès-verbal sera signé par les personnes présentes à l'expertise; ces signatures devront être légalisées par les autorités locales.

21. L'expertise aura lieu pour moitié à la charge du propriétaire, et l'autre moitié à la charge de la chambre.

L'expert sera dispensé de la prestation de serment et des autres formalités de justice; il lui sera payé le droit ordinaire de vacation (4).

22. La base de l'estimation est la valeur incendiée, et non le prix de la reconstruction.

Les matériaux qui auront résisté à l'incendie pourront être repris sur estimation par le propriétaire incendié, ou ils seront vendus sur place au plus offrant, et le produit en sera compté en déduction de l'indemnité à payer.

23. La valeur du dommage ainsi constaté sera annoncée par le journal de l'arrondissement, et, à son défaut, du département; faute de réclamation dans la quinzaine suivante, l'indemnité sera remboursée au propriétaire incendié, sur le pied de l'estimation.

Toute réclamation contre l'expertise ne sera plus admise après le temps.

S'il y a réclamation de la part du propriétaire, il pourra être fait une nouvelle expertise, qui sera à la charge de celui-ci

---

(1) Voy. art. 6 de l'ordonnance.
(2) Voy. art. 4 de l'ordonnance.
(3) Voy. art. 3 de l'ordonnance.
(4) Voy. art. 6 de l'ordonnance.

ou de la chambre, suivant que l'un ou l'autre viendra à succomber.

24. Le procès-verbal et les pièces justificatives constatant le dommage résultant de l'incendie seront soumis au conseil d'administration.

Les pièces resteront déposées à la direction, où l'on pourra en prendre connaissance.

25. Pour opérer la rentrée de la part contributive des propriétaires en cas d'incendie, le directeur établit tous les six mois le compte de cette contribution.

Le conseil général des propriétaires vérifie ce compte, et arrête définitivement la répartition ; le caissier est chargé des poursuites, au nom du directeur, pour le remboursement des diverses quotités de la contribution.

26. A défaut de paiement, cet avis est renouvelé, et, quinze jours après ce dernier avertissement, l'assureur constitué en retard est poursuivi, à la requête du directeur, pour le paiement de la somme dont il se trouve débiteur.

Le retardataire est, en outre, passible d'une indemnité dont la quotité est fixée à la moitié de la somme pour laquelle il est poursuivi ; le montant de ces indemnités sera employé à l'achat de pompes et autres machines à incendie, dans l'intérêt des communes qui n'en seraient pas pourvues.

Le retardataire est également tenu des frais de timbre, d'enregistrement et de poursuites de toute nature.

Si, malgré l'effet des poursuites, le directeur ne parvient pas à faire le recouvrement total de la cotisation, les non-valeurs tomberont à sa charge, et ne pourront être réparties sur tous les propriétaires de la société : en conséquence le directeur devra acquitter les cotisations qu'il n'aura pu recouvrer.

CHAPITRE III. Organisation et administration de la chambre.

27. Le siége de la direction principale de cette société est à Saint-Quentin, département de l'Aisne.

Elle est administrée par un conseil général d'administration des sociétaires, par des conseils d'administration particuliers et par le directeur.

28. Il sera établi un bureau correspondant dans chaque chef-lieu d'arrondissement du département, afin de faciliter le service de cet établissement, et d'apporter plus de surveillance dans l'intérêt des propriétaires assurés, notamment pour que les conseils d'administration formés auprès des bureaux particuliers soient dans le cas de reconnaître que les estimations, au mo-

ment de la souscription d'assurance ou en cas d'incendie, ont été portées à une juste valeur.

CHAPITRE IV. Du conseil général et des conseils particuliers d'administration.

29. Le conseil général d'administration sera établi près la direction : il sera composé de quarante propriétaires principaux, et représentera les intéressés à cet établissement.

Le président ou chef du conseil sera élu à la majorité des voix.

Le nombre en sera renouvelé par tiers tous les trois ans ; les premiers sortans sont désignés par le sort ; ils peuvent être réélus.

La réunion générale des membres de ce conseil a lieu deux fois par an.

30. Le conseil général nomme une commission de neuf à quinze membres pour le représenter dans l'intervalle de l'une de ses réunions à l'autre, et pour veiller à l'exécution des statuts dans l'intérêt des propriétaires assurés.

31. Les délibérations du conseil général ou de la commission administrative sont portées sur un registre tenu à cet effet ; elles sont rendues à la majorité des voix, et lorsque les deux tiers au moins de ses membres sont réunis.

32. A l'égard des conseils particuliers d'administration établis près les bureaux correspondans, ils seront composés de neuf à vingt-cinq membres, selon la population des villes et arrondissemens où ces bureaux seront établis.

33. Chacun de ces conseils se choisira son chef ou président à la majorité des voix.

Il se réunira tous les mois, à moins qu'il ne juge à propos de nommer une commission administrative chargée de le représenter.

34. Pour le renouvellement des membres desdits conseils, ainsi que la validité de leurs délibérations, ils sont soumis aux dispositions des articles 29 et 31.

CHAPITRE V. De la direction.

35. Le directeur de la chambre gère et fait exécuter en cette qualité toutes les opérations de la société.

Il assiste, avec voix consultative, aux séances du conseil général d'administration, ou de la commission qui représente ce conseil, il a aussi voix délibérative en cas de partage d'opinions.

Aucun arrêté ne peut être pris sans qu'il soit entendu.

Il convoque les assemblées du conseil général ou de la commission, sur l'avis du président, dans le cas d'urgence, ou hors les époques fixées pour ses réunions.

36. Le directeur de la chambre met sous les yeux du conseil général, lors de sa réunion, l'état de situation de l'établissement, et le compte détaillé du montant des indemnités remboursées pour les incendies qui sont survenus.

Il donne aux membres de ce conseil ou de la commission administrative tous les renseignemens nécessaires sur les opérations de la société ; il leur communique les registres des délibérations, les états de situation de l'établissement, et leur donne connaissance de tout ce qui concerne les intérêts de leurs commettans.

Il donne également à chaque propriétaire faisant partie de la société tous les renseignemens dont il peut avoir besoin.

37. Le directeur est chargé de la tenue et de l'ordre des bureaux, des rapports de la chambre avec les autorités, de la correspondance, et de la confection comme de la suite ou de l'exécution de tous les actes qui peuvent concerner l'établissement.

Il est tenu d'ouvrir les registres nécessaires pour les délibérations et arrêtés du conseil général ou de la commission administrative ; d'avoir un journal qui offre, dans un ordre convenable, les noms et demeures des propriétaires adhérens, ainsi que la situation et la valeur de leurs propriétés assurées ; les registres relatifs aux déclarations d'incendie, aux évaluations des dommages, à la correspondance, etc.

38. Tout frais de loyer pour le local de la direction de la chambre, ainsi que les frais de correspondance, d'impression, de bureau, traitemens d'employés, frais pour les diverses recouvrances de la contribution mutuelle, enfin toute dépense, soit d'établissement, soit de gestion, sont et demeurent à la charge du directeur de ladite chambre.

A cet effet, et pour faire face à tous les frais, quelle que soit l'étendue de la circonscription et de la dissémination des propriétés situées dans le département que comprend la société, chaque propriétaire adhérant aux présens statuts paie un droit annuel de trente centimes par mille francs, d'après l'estimation de la propriété assurée, ainsi qu'il est dit à l'article 7.

Le directeur de la chambre, conjointement avec le caissier, est autorisé à percevoir de chaque propriétaire adhérent le montant de ce droit annuel, à la charge d'acquitter toutes les dépenses ci-dessus.

39. Le directeur est responsable de l'exécution du mandat qu'il reçoit à raison de sa gestion : ce mandat lui est conféré pendant la durée de la chambre.

Il est chargé de l'exécution des présens statuts, et ne peut s'en écarter.

Il fournit un cautionnement de dix mille francs en immeubles ou en inscriptions de rentes sur l'Etat, à son choix.

40. Le directeur de la chambre peut se choisir un suppléant parmi les membres fondateurs ou ceux qui leur succèdent, afin de le représenter en cas de maladie, d'absence ou d'autre empêchement.

41. M. Jean-Joseph-Henri Legret, chevalier de l'ordre royal de la Légion-d'Honneur, est nommé directeur de ladite chambre, sauf l'approbation de sa nomination par la première assemblée générale des sociétaires, ou par le conseil général d'administration qui sera nommé par cette assemblée.

Le suppléant a le titre de directeur adjoint.

CHAPITRE VI. Comptabilité.

42. Il y a un caissier auprès de la direction de la chambre, lequel doit être agréé par le conseil général d'administration.

Il fournit un cautionnement de dix mille francs en rentes sur l'Etat ou en immeubles, à son choix.

Dans ce dernier cas, il est pris inscription hypothécaire sur ses biens, soit à la requête du directeur de la chambre, soit à celle du président du conseil d'administration : il ne peut être donné de main-levée et consenti de radiation qu'après l'apurement de ses comptes et la représentation d'un *quitus* délivré en suite d'une délibération dudit conseil.

43. Le caissier tient sa comptabilité journalière sous le contrôle immédiat de la chambre.

Il fait effectuer les recouvremens de toute nature qui appartiennent à la chambre.

Les entrées et sorties de fonds de la caisse sont constatées sur un livre de comptabilité qu'il tient à cet effet.

44. Le directeur de la chambre a le droit de se choisir un secrétaire général, qui devra également être agréé par le conseil d'administration.

Les fonctions de secrétaire peuvent être cumulées avec celles de caissier, et réunies en la même personne.

45. Lorsqu'un propriétaire aura cessé de faire partie de la chambre, suivant la déclaration qu'il en aura exprimée, son compte sera arrêté au dernier jour du terme de son engagement ; il lui sera délivré quittance pour solde, tant du droit annuel que de sa part contributive pour raison des incendies qui seraient survenus.

Dispositions transitoires.

46. S'il survient quelque contestation au civil entre la chambre d'assurance et un ou

plusieurs des assurés, elle sera jugée par trois arbitres, dont deux seront nommés par les parties, et le troisième par le juge-de-paix du canton du siége du bureau correspondant.

Ce jugement arbitral ne sera susceptible d'aucune espèce de recours, et les frais seront à la charge de la partie qui aura succombé.

47. Chaque propriétaire adhérent est tenu d'élire domicile dans l'arrondissement de la direction de la chambre d'assurance, ou dans celui du bureau correspondant où il aura souscrit son adhésion.

48. Le domicile de la direction de cet établissement est provisoirement élu à Saint-Quentin, département de l'Aisne, en la demeure du directeur précédemment dénommé.

49. Les présens statuts sont ainsi rédigés pour ne faire qu'un avec l'acte passé à Château-Thierry, tous les articles étant les mêmes, et les propriétaires faisant partie de la même association.

50. Les comparans déclarent qu'ils ont des propriétés à faire assurer, savoir...

Fait et passé à Saint-Quentin, au domicile respectif de chacun des comparans, le 2 mai 1820.

12 OCTOBRE = Pr. 1er NOVEMBRE 1820. — Ordonnance du Roi portant proclamation des brevets d'invention, de perfectionnement et d'importation, délivrés pendant le troisième trimestre de 1820, aux sieurs Rouy, Berthier, Rodier fils, Gosset, Derode, Dufour, Dihl, Brockedon, dame Delacour, née Rodrigue, Prélat, Pollet, Paulet fils aîné, Sevène frères, Brouquières, Fougerol, Schuster, Faes, Schaaf, Perany père et compagnie, Coulet, Marry, Roller, Beauvais et compagnie, Dugas frères, Loque, Pochet, Lacombe fils, demoiselle Gervais, Beauvisage, dame Milcent-Scherckenbick, Bittleston, Duras, Bizet, Pillien, demoiselle Coppinger, Lemare, Lecaron, Corbett, Aitken, Steel, Pauwels fils, Adam, Allard, Nalder, Delbeuf, Lemare, Renette, Deboubert, Phillips, Scheffer, Rotch Junior, Monaron, Lemare et Bordier-Marcet. (7, Bull. 414, n° 9757.)

12 OCTOBRE 1820. — Ordonnance du Roi portant nomination des présidens des colléges électoraux de département et d'arrondissement convoqués par ordonnance du 11 octobre 1820. (7, Bull. 410.)

17 OCTOBRE 1820. — Ordonnance du Roi qui nomme sous-secrétaire d'Etat au département des affaires étrangères M. Gérard de Rayneval, conseiller d'Etat. (7, Bull. 412.)

18 = Pr. 27 OCTOBRE 1820. — Ordonnance du

Roi qui répartit dans les différentes armes, conformément aux états y annexés, les jeunes soldats appelés à l'activité sur la classe de 1819. (7, Bull. 412, n° 9719.)

Art. 1er. Il sera fait des appels à l'activité sur la classe de 1819, savoir :

Pour l'arme des carabiniers, de quarante-quatre jeunes soldats disponibles, pris parmi ceux ayant la taille d'un mètre sept cent quatre-vingt huit millimètres ;

Pour l'arme des cuirassiers et de l'artillerie, de deux mille deux cent quarante-quatre hommes, pris parmi ceux de la taille d'un mètre sept cent trente-trois millimètres et au-dessus ;

Pour l'arme des dragons, le train d'artillerie, les pontonniers, les troupes du génie et les équipages militaires, de seize cent cinquante-quatre hommes, pris parmi ceux de la taille d'un mètre sept cent trois millimètres et au-dessus ;

2. Conformément à l'article 19 de la loi du 10 mars 1818, qui veut que les jeunes soldats soient mis en activité au fur et à mesure des besoins de l'armée, les trois mille neuf cent quarante-deux hommes dont l'appel à l'activité et la désignation sont ordonnés et indiqués à l'article précédent, seront choisis sur la totalité du contingent, en suivant toutefois l'ordre des numéros de tirage.

3. Lorsque les désignations pour les carabiniers seront terminées, il sera procédé à celle des hommes destinés aux cuirassiers, à l'artillerie, et ensuite à la désignation de ceux à diriger sur les autres corps.

4. La répartition des jeunes soldats mis en activité entre les régimens des armes spéciales ci-dessus aura lieu conformément aux états annexés à la présente ordonnance.

5. Les départs des jeunes soldats dont la destination aura pu être fixée immédiatement devront être terminés le 20 décembre prochain.

6. Notre ministre de la guerre est chargé de l'exécution de la présente ordonnance.

18 OCTOBRE 1820. — Extrait de la circulaire n° 83, contenant de nouvelles solutions de questions électorales. (Publié par M. Isambert.)

1. Sur le paragraphe 2 de l'article 3 de la loi du 5 février 1817, on a demandé comment devaient s'entendre les expressions *dans les quatre ans antérieurs*; si elles désignaient les années antérieures à celle où l'élection a lieu, ou seulement la période de quatre ans ou quarante-huit mois accomplis au moment de l'élection : en d'autres termes, si l'élection dont il s'agit

atteint ceux qui ont voté dans les années 1816, 1817, 1818, 1819, antérieurement à 1820, où seulement qui ont voté depuis le 4 novembre 1816, puisque le 4 novembre est l'époque à laquelle commencent les élections de cette année.

Cette dernière manière de compter est plus conforme au texte de la loi ; il porte : *dans les quatre ans antérieurs*, expressions qui, prises dans leur sens positif et rigoureux, ne peuvent signifier que quatre ans révolus, et rien au-delà. La loi n'a point employé le mot *années*, qui semble plus particulièrement destiné à désigner la durée de l'année civile.

Je sais que l'autre manière de compter a des présomptions en sa faveur, qu'on peut, pour la soutenir, dire que l'intention des législateurs a été d'exiger le renouvellement de quatre séries, afin d'éviter qu'un même électeur, en nommant de nouveaux députés avant la sortie de ceux à l'élection desquels il a déjà pris part, ne concourût à l'élection des députés siégeant simultanément à la Chambre pour des départemens différens. Cette opinion est même énoncée dans les n⁰ˢ 5 et 25 des éclaircissemens que j'ai donnés les 29 août et 4 septembre derniers ; mais cette manière de voir, qui n'était point en contradiction avec le texte formel de la loi, dans la pensée que la convocation des colléges électoraux aurait lieu avant l'expiration des quatre ans, entraînerait, d'après l'époque où la convocation vient d'être fixée, une violation de ce texte, puisque depuis les élections de 1816, qui se sont faites à la fin de septembre dans les arrondissemens, et au commencement d'octobre dans les départemens, quatre ans sont aujourd'hui accomplis.

Les autorités administratives chargées de faire exécuter les lois, sont obligées de les considérer telles qu'elles sont écrites, et non telles qu'elles auraient pu l'être ; elles ne peuvent y ajouter, sous prétexte même de suivre l'intention du législateur. Ce devoir est ici d'autant plus obligatoire qu'il s'agit d'une restriction à l'exercice d'un droit, et qu'il est toujours convenable et régulier de ne point aggraver les dispositions rigoureuses.

Je pense donc que tous ceux qui ont pris part aux élections de 1816 peuvent, s'ils ont acquis depuis un domicile politique dans un autre département, y voter aux prochaines élections.

2. Plusieurs préfets ont paru ne pas bien entendre le n° 28 des solutions que j'ai publiées le 4 septembre, dans lequel il est question du vote des présidens des colléges électoraux.

J'ai dit que le droit de voter qui leur est conféré par la nomination royale, est distinct de leurs droits propres, qu'ils tiennent des conditions d'âge, de contribution et de domicile, en sorte que ces droits s'exercent séparément, et que l'un ne peut faire obstacle à l'autre. Ainsi la restriction établie par le deuxième paragraphe de l'article 3 de la loi du 5 février 1817 ne peut être opposée ni aux présidens actuels pour le vote qu'ils auront à donner en cette qualité, ni aux anciens présidens pour celui qu'ils donneront dans les colléges auxquels les attache leur domicile politique ; il suit de là que l'électeur appartenant au département ou à l'arrondissement *A*, et que le Roi nomme président du collége du département ou de l'arrondissement *B*, peut y voter, quoique depuis moins de quatre ans il ait donné son vote dans tout autre département ou arrondissement, et que, d'autre part, l'électeur qui, depuis moins de quatre ans, a voté comme président dans le département ou l'arrondissement *C*, auquel il n'appartenait pas par son domicile politique, ne peut par ce vote être empêché d'exercer ses droits d'électeur dans le département ou l'arrondissement *D*, où il a son domicile politique actuel.

3. Suivant l'article 42 de la Charte, la moitié au moins des députés d'un département doit être choisie parmi les éligibles ayant leur domicile politique dans ce département.

Cette disposition est formelle ; elle est évidemment relative aux députés élus ou à élire dans l'ensemble d'un même département, et non aux députés élus ou à élire dans un même collége qui ne comprendrait qu'une partie des électeurs du département. Elle doit s'appliquer aux députations actuelles, telles qu'elles sont déterminées par la loi du 29 juin, comme elle s'appliquait à celles que les départemens nommaient précédemment. Ainsi, la moitié du nombre des députés anciens et nouveaux, ou la plus faible moitié, si le nombre total est impair, a pu ou peut être choisi parmi les éligibles ayant leur domicile politique hors du département qui les élit. Tant que ce droit n'est pas épuisé, les électeurs peuvent en user.

Il est à observer que la qualité de président ne donne à celui qui l'exerce que le droit conféré par le Roi de voter dans le collége qu'il préside, et par conséquent d'en faire partie ; mais seulement pendant la durée de sa présidence, d'où il suit que le président, s'il est éligible, et s'il n'a point son domicile politique dans le département où il préside, ne saurait être assimilé aux éligibles domiciliés.

18 OCTOBRE 1820. — Ordonnance du Roi qui permet au sieur Louvel de substituer à son nom celui de Martel. (7, Bull. 412.)

18 OCTOBRE 1820. — Ordonnance du Roi qui admet le sieur Wielande à établir son domicile en France. (7, Bull. 412.)

18 OCTOBRE 1820. — Ordonnance du Roi relative aux communes de Feugerets et de Vingt-Hanaps. (7, Bull. 414.)

18 OCTOBRE 1820. — Ordonnances du Roi qui autorisent l'acceptation de dons et legs faits aux fabriques des églises de Vieille-Vigne, de la Rabatelière, de Lizio, de Dourier, de Dieuze et de Marainvillier ; aux sœurs hospitalières d'Ernemont et aux séminaires de La Rochelle, de Troyes et de Tours. (7, Bull. 420.)

18 OCTOBRE 1820. — Ordonnance du Roi qui autorise l'acceptation d'un legs fait au chapitre métropolitain de Bordeaux. (7, Bull. 421.)

18 OCTOBRE 1820. — Ordonnances du Roi qui autorisent l'acceptation de legs faits aux communes de Craywyck et de Mercey, et à la fabrique de l'église de Treize-Septiers. (7, Bull. 422.)

18 OCTOBRE 1820. — Ordonnances du Roi relatives aux foires des communes de Neufchâtel, de Plan de Baix, de Mirmande, de Privas, de Coucouron et de Fourvent-le-Haut. (7, Bull. 422.)

18 OCTOBRE 1820. — Ordonnance du Roi qui change le jour de la tenue des foires de la commune de Bourg-le-Comte. (7, Bull. 423.)

18 OCTOBRE 1820. — Ordonnances du Roi qui accordent des foires aux communes de Château-Chinon , de Menufamille , de Grand-Vabre et de Neuville-au-Pont. (7, Bull. 424.)

18 OCTOBRE 1820. — Ordonnance du Roi qui autorise le sieur Blanc à conserver et à tenir en activité le martinet à cuivre qu'il possède sur la rivière d'Arc, commune de Ventabren, arrondissement d'Aix. (7, Bull. 424.)

18 OCTOBRE 1820. — Ordonnance du Roi qui accorde des pensions de retraite à cent soixante-douze militaires. (7, Bull. 415 bis, n°s 1, 3 et 5.)

18 OCTOBRE 1820. — Ordonnance du Roi qui ac-

corde des pensions à cinquante-huit veuves de militaires. (7, Bull. 415 bis, n°s 2 et 4.)

18 OCTOBRE 1820. — Ordonnances du Roi qui accordent des lettres de déclaration de naturalité aux sieurs Burdet et Rebuffat. (7, Bull. 427 et 439.)

20 = Pr. 27 OCTOBRE 1820. — Ordonnance du Roi portant amnistie pour les délits forestiers, à l'occasion de la naissance de son altesse royale monseigneur le duc de Bordeaux. (7, Bull. 412, n° 9717.)

Louis, etc., voulant multiplier, à l'occasion de la naissance de notre bien-aimé petit-neveu le duc de Bordeaux , nos actes d'indulgence, en les étendant aux personnes qui se seraient laissé entraîner à commettre des délits dans les forêts de notre royaume ; sur le rapport de notre ministre secrétaire d'Etat des finances, nous avons ordonné et ordonnons ce qui suit :

Art. 1er. Amnistie est accordée pour les délits forestiers commis antérieurement au 29 septembre dernier.

2. Sont exceptés néanmoins , 1° les délinquans en récidive ; 2° les adjudicataires, pour malversation et abus dans leurs coupes ; les maires et communautés d'habitans , pour exploitations illégales.

3. Tous ceux auxquels l'amnistie présentement accordée est applicable ne pourront toutefois demander la restitution des sommes déjà par eux versées dans les caisses du domaine ; néanmoins les objets saisis leur seront remis quand ils justifieront de la propriété.

Ils ne pourront non plus se prévaloir de l'amnistie vis-à-vis des particuliers, communes et établissemens publics, pour être dispensés d'acquitter les dommages-intérêts auxquels ils auraient été ou seraient dans le cas d'être condamnés.

Ils seront également tenus de rembourser les frais avancés par le domaine, sauf son recours, en cas d'insolvabilité constatée, contre la commune ou l'établissement dans l'intérêt duquel les poursuites auraient été dirigées.

4. Notre ministre des finances est chargé de l'exécution de la présente ordonnance.

23 = Pr. 31 OCTOBRE 1820. — Ordonnance du Roi relative aux grains et farines venant par navires français des pays de production. (7, Bull. 413, n° 9728.)

Louis, etc., la loi du 7 juin 1820 ayant établi sur les grains et farines venant par navires français des *pays de production*, un droit moindre que sur les grains et farines qui sont importés d'ailleurs, nous avons à déterminer, pour l'exécution de la loi, ce qu'il faut entendre par pays de production et quels sont ces pays ; nous avons considéré que, tous les pays produisant des grains, la loi n'a pu entendre par pays de production que ceux où l'on en récolte abondamment, et d'où il n'est pas à craindre que l'on extraie des grains étrangers ; que, le but de la loi étant d'encourager notre navigation lointaine, il est dans ses vues de moins favoriser les pays voisins où, bien que l'on recueille beaucoup de grains, le commerce forme des entrepôts dans lesquels le cabotage va puiser ; que la différence du droit a été établie pour compenser les plus grands frais de voyages lointains avec les moindres dépenses d'une navigation plus rapprochée. En conséquence, notre conseil d'État entendu, et sur le rapport de notre ministre secrétaire d'État de l'intérieur, nous avons ordonné et ordonnons ce qui suit :

Art. 1ᵉʳ. Les pays de production dont les grains et farines importés dans le royaume par navires français sont assujétis à un moindre droit permanent que les grains et farines venant d'autres pays, sont les ports de la mer Noire, de l'Egypte, de la mer Baltique, de la mer Blanche, des Etats-Unis d'Amérique.

2. Conformément au principe établi par l'article 2 de la loi du 7 juin 1820, les grains et farines venant des pays et ports autres que ceux ci-dessus désignés, ne seront soumis à l'augmentation du droit porté par l'article 1ᵉʳ de ladite loi que trois mois après la publication de la présente ordonnance, qui sera insérée au Bulletin des Lois.

3. Nos ministres de l'intérieur et des finances sont chargés de l'exécution de la présente ordonnance.

---

²3 OCTOBRE — Pr. 6 NOVEMBRE 18²0. — Rapport au Roi concernant la nouvelle organisation de l'arme de l'infanterie française. (7, Bull. 415, nᵉ 9775.)

Voy. ordonnance du même jour, ²3 OCTOBRE 18²0.

Sire, j'ai l'honneur de soumettre à votre majesté un projet d'ordonnance dont l'objet est de déterminer d'importantes modifications à l'organisation actuelle de ses troupes d'infanterie.

Cette arme se compose aujourd'hui de quatre-vingt-quatorze légions, formées à quatre, à trois, à deux ou même à un seul bataillon. Les différences que l'on remar-

que dans le nombre et plus encore dans la force de leurs bataillons sont une conséquence inévitable du système qui, depuis plusieurs années, affecte exclusivement à chaque légion les jeunes soldats d'un seul département.

En proposant à votre majesté de changer cet état de choses, je dois reconnaître qu'il est, sous plusieurs rapports, un résultat presque forcé des circonstances sous l'empire desquelles l'armée a été organisée en 1815, et qu'il a facilité les premières mesures d'exécution de la loi du 10 mars 1818 sur le recrutement. Mais les avantages que pouvait promettre le système légionnaire ont été recueillis ; ils n'offrent plus aujourd'hui que des inconvéniens graves, qu'il est de mon devoir de signaler à votre majesté.

L'inégalité de la taille et des forces des jeunes soldats tirés des diverses contrées du royaume produit d'abord ce résultat, que plusieurs légions se composent presque entièrement d'hommes de choix, susceptibles de supporter facilement les fatigues de la guerre, tandis que d'autres corps en sont totalement dépourvus. Dans certaines légions, il manque de sujets capables d'occuper les emplois de sous-officiers ; quelques-unes, au contraire, en présentent un si grand nombre, que la portion d'avancement qui leur est dévolue n'offre pas assez de chances favorables pour les retenir au service.

La différence du langage, celle des habitudes physiques et morales, isolent trop les uns des autres les corps actuels d'infanterie, et peuvent altérer l'harmonie qui doit régner entre eux.

Ces causes, sans cesse agissantes, tendent enfin à créer des corps provinciaux, et non pas une infanterie homogène et nationale.

A la guerre ou dans le cas d'une expédition lointaine, un événement malheureux pourrait peser plus particulièrement sur la population militaire de quelques départemens. Cette circonstance rendrait pour quelque temps difficile l'entière réorganisation de plusieurs corps d'infanterie.

Considérée sous le rapport de la dépense qu'elle occasionne, l'organisation actuelle oblige à entretenir des états-majors de légion et de bataillon, que ne comporterait pas un système plus simple. On peut citer des corps qui ont un état-major de légion et qui se composent d'un seul bataillon ; d'autres dont les bataillons comptent au plus deux cent cinquante hommes, et qui n'atteindront jamais leur complet, tant que les faibles populations des départemens qui leur sont affectés concourront seules à leur recrutement.

C'est ainsi que les quatre-vingt-quatorze légions actuellement existantes exigent plus de sept mille officiers; et cependant dans ce nombre ne sont pas compris ceux des compagnies d'artillerie et d'éclaireurs à cheval qui devaient être attachées à chaque légion.

L'appel successif sous les drapeaux des jeunes soldats des différentes classes, donne lieu dans ce système à des frais considérables par la nécessité de les diriger sur la légion de leur département, souvent placée à une grande distance, tandis qu'il serait facile de les répartir entre les corps stationnés dans la division militaire dont leur département fait partie. L'expérience prouve, à cet égard, qu'en diminuant les distances à parcourir par les jeunes soldats pour rejoindre leurs corps, on obtient, avec une réduction dans les dépenses, l'avantage de compter un moindre nombre de déserteurs.

Ces considérations suffisent pour indiquer la convenance de revenir à l'organisation simple, uniforme, et éprouvée dans les temps les plus difficiles, qui a régi l'armée jusqu'en 1815, et de former des régimens composés de bataillons d'égale force et alimentés par les produits généraux du recrutement.

J'ai en conséquence l'honneur de proposer à votre majesté d'arrêter en principe que l'arme de l'infanterie sera composée à l'avenir de quatre-vingts régimens, dont soixante de ligne et vingt d'infanterie légère, tous formés à trois bataillons.

Mais, en lui soumettant ces idées, je ne puis perdre de vue la condition qu'elle m'a imposée, de restreindre autant que possible les dépenses du département de la guerre. Malheureusement ses besoins, et par conséquent ses demandes, se ressentiront encore long-temps des charges temporaires qui lui sont imposées et de l'état de son matériel. Votre majesté a reconnu aussi la nécessité d'augmenter progressivement la force de la cavalerie et de toutes les armes spéciales qui demandent à conserver, même en temps de paix, la plus grande partie des élémens qu'on ne saurait improviser au moment d'entrer en campagne.

Je crois, pour ces puissans motifs, devoir restreindre mes propositions à celle de ne former pour le moment que deux cents bataillons, répartis de manière que les quarante premiers régimens de ligne soient portés immédiatement à trois bataillons, et que les quarante autres régimens, y compris les corps d'infanterie légère, ne soient formés chacun que de deux bataillons.

L'économie qui doit résulter de cette disposition consiste dans la suppression de quatorze états-majors de légion, et dans celle des cadres de dix-huit bataillons et de deux cent six compagnies de dépôt, qui deviendront inutiles par suite des modifi-cations que le mode actuel de recrutement et de répartition des jeunes soldats éprouvera nécessairement dans quelques-unes de ses parties.

Le projet d'ordonnance soumis à l'approbation de votre majesté fixe à quatre-vingts hommes, sous-officiers et tambours compris, le complet des compagnies d'infanterie, ce qui portera celui des deux cents bataillons à cent cinquante-sept mille hommes; mais les besoins du service en temps de paix, et lorsque tout présage qu'elle ne sera troublée de long-temps, n'exigent pas le développement d'une force aussi considérable pour la seule arme de l'infanterie. Il sera, je pense, conforme aux principes d'une sage économie, soit d'envoyer une partie des soldats en congé dans leurs foyers, soit d'y laisser une portion du contingent demandé aux départemens. Le nombre des hommes qui devront se trouver sous les drapeaux sera réglé d'après les besoins du service et la latitude résultant de la fixation annuelle du budget.

Pour l'exécution de ces diverses mesures, il suffira d'amalgamer ensemble les vingt-huit légions à deux ou à un seul bataillon qui présentent les plus faibles effectifs. Soixante-deux légions n'éprouveront aucun changement dans le nombre actuel de leurs bataillons. Tous les sous-officiers qui deviendront disponibles par la suppression des cadres de dix-huit bataillons seront incorporés dans les régimens qui éprouvent le plus de difficultés à se compléter sous ce rapport, et l'on doit attendre de cette fusion d'heureux résultats pour la bonne composition de l'armée et le maintien de la discipline.

L'ordonnance contient, à l'égard des officiers actuellement en activité qui ne pourront être compris dans la nouvelle organisation, des dispositions conformes à ce qu'exigent la justice et les égards dus à leurs services. La solde de congé leur est allouée jusqu'à ce qu'ils soient rappelés à une destination active, ou admis à un traitement de retraite.

L'adoption des mesures précédentes doit changer entièrement la position des officiers des cadres de remplacement. Mais, si la nouvelle organisation ne permet plus de leur donner un droit exclusif aux emplois dévolus à la non-activité, il paraît au moins convenable de les maintenir dans la jouissance de leur traitement actuel et du bénéfice résultant de l'article 12 de l'ordonnance du 20 mai 1818.

Ce dernier avantage sera commun aux officiers qui sortiront des cadres d'activité, et tous ensemble partageront les droits des officiers reconnus disponibles par cette même ordonnance, à la moitié des vacances dans les corps d'infanterie.

Je terminerai enfin cet exposé par l'observation que, les cadres créés par cette nouvelle ordonnance devant toujours rester complets en officiers et sous-officiers, il serait facile de porter en peu de temps les compagnies de quatre-vingts à cent vingt hommes, et qu'au moyen de cet accroissement les deux cent quarante bataillons présenteraient, en y joignant l'infanterie de la garde royale et les corps étrangers, un effectif de plus de deux cent cinquante mille hommes.

La possibilité de ce développement de forces pour la seule arme de l'infanterie paraît offrir toutes les garanties que réclame le maintien de la dignité de la couronne et de l'indépendance nationale. Cette considération me détermine à prier votre majesté de consacrer par son approbation les mesures conçues dans l'intention d'établir une uniformité nécessaire dans l'organisation de l'armée, et d'alléger, suivant son désir, le poids des charges publiques.

23 OCTOBRE = Pr. 6 NOVEMBRE 1870. — Ordonnance du Roi portant nouvelle organisation de l'arme de l'infanterie française. (7, Bull. 415, n° 9776.)

Voy. ordonnance du 3 AOUT 1815, rapport au Roi des 23 et 25 OCTOBRE 1820, ordonnances des 27 OCTOBRE 1820 et 27 FÉVRIER 1825.

TITRE Ier. Formation et composition de l'arme de l'infanterie.

Art. 1er. L'infanterie française sera formée sur le pied de paix de quatre-vingts régimens, dont soixante d'infanterie de ligne, vingt d'infanterie légère.

2. Chacun de ces régimens sera composé d'un état-major et de trois bataillons.

3. Cette formation sera mise immédiatement à exécution pour les quarante premiers régimens d'infanterie de ligne.

L'organisation du troisième bataillon, pour les quarante autres régimens ne sera que successive, d'après les ordres que nous nous réservons de donner à cet égard : en conséquence, les vingt derniers régimens d'infanterie de ligne, et les vingt derniers régimens d'infanterie légère ne seront en ce moment formés qu'à deux bataillons.

4. Chaque bataillon d'infanterie sera composé de huit compagnies, dont une de grenadiers, une de voltigeurs, six de fusiliers, pour l'infanterie de ligne; une de carabiniers, une de voltigeurs, six de chasseurs, pour l'infanterie légère.

5. Le complet de chacune de ces compagnies est fixé, sur le pied de paix, à trois officiers et à quatre-vingts sous-officiers et soldats, un capitaine, un lieutenant, un sous-lieutenant, trois officiers; un sergent-major, quatre sergens, un caporal-fourrier, huit caporaux, soixante-quatre soldats, deux tambours ou cornets, quatre-vingts sous-officiers et soldats (1).

6. Le nombre des soldats présens sous les drapeaux sera réglé, chaque année, d'après l'effectif qui sera fixé pour ladite année; et les soldats qui excéderont cet effectif seront en congé dans leurs foyers. Les officiers, sous-officiers, caporaux et tambours, seront toujours tenus au complet fixé par l'article précédent.

7. Il sera conservé deux enfans de troupe par compagnie de fusiliers, pris parmi ceux des sous officiers et soldats du régiment; ils jouiront des avantages qui leur sont accordés par les réglemens existans.

8. Chaque régiment de trois bataillons sera composé :

	OFFICIERS.			TROUPE.				
ÉTAT-MAJOR.	Colonel. 1			Adjudans. 3				
	Lieutenant-colonel. . 1			Tambour-major. . . . 1				
	Chefs de bataillon. . . 3			Caporal-tambour . . . 3				
	Major. 1			Musiciens , dont un				
	Adjudans-majors. . . 3			chef. 12		23. TOTAL. 39		
	Trésorier. 1	16			tailleur . . 1			
	Officier d'habillement. 1			Maîtres-	guêtrier. . 1			
	Porte-drapeau. 1			ouvriers	cordonnier 1			
	Aumônier. 1				armurier . 1			
	Chirurgien-major. . . 1							
	Aides-majors. 2							

BATAILLONS. . . . . 72 . . . . 1,919 1,991

TOTAL. . . . . 88 officiers. . . . . 1,942 {sous-officiers et soldats} 2,030

(1) *Voy.* ordonnance du 2 février 1823.

9. Chaque régiment de deux bataillons sera composé de :

OFFICIERS.		TROUPE.	
Colonel. 1		Adjudans. 2	
Lieutenant-colonel. . 1		Tambour-major. . . . 1	
Chefs de bataillon. . . 2		Caporaux-tambours. . 2	
Major. 1		Musiciens, dont un	
Adjudans-majors. . . 2		chef. 8	17. TOTAL. 31
ÉTAT-MAJOR. Trésorier. 1	14	Maîtres-ouvriers (tailleur . . 1	
Officier d'habillement. 1		guêtrier. . 1	
Porte-drapeau. 1		cordonnier 1	
Aumônier. 1		armurier. . 1	
Chirurgien-major. . . 1			
Aides-majors. 2			
BATAILLONS, ... 48		. . . . 1,280 1,328	
TOTAL. . . . . 62 officiers. . . . . 1,297 { sous-officiers et soldats. } 1,359			

10. Les régimens d'infanterie de ligne seront désignés par les numéros qu'ils porteront d'un à soixante, et les régimens d'infanterie légère, par les numéros qu'ils porteront également d'un à vingt, conformément au tableau d'organisation annexé à la présente ordonnance.

11. Chaque régiment d'infanterie de ligne et d'infanterie légère recevra un drapeau portant l'écusson des armes de France et la désignation du régiment auquel il sera donné, en échange de ceux de la légion ou des légions dont il est formé : les cravates des drapeaux des légions seront conservées et attachées au nouveau drapeau du régiment.

TITRE III. Mesures d'exécution.

12. Les quatre-vingt-quatorze légions d'infanterie, y compris leurs compagnies de dépôt, concourront en totalité, et par l'amalgame de vingt-huit d'entre elles, à la formation des quatre-vingts régimens, conformément au tableau d'organisation annexé à la présente ordonnance.

13. Les sous-officiers et caporaux des cadres supprimés seront tous conservés et répartis dans les régimens qui présenteront un incomplet dans ces grades.

14. Les officiers, sous-officiers et soldats des bataillons de chasseurs seront tiercés sur la totalité de chacun des corps à la formation desquels ils concourront.

Le tiercement aura lieu de la même manière dans les régimens formés par le concours de deux légions.

15. Les cadres de remplacement créés à la suite des légions par notre ordonnance du 5 août 1817 sont supprimés. Les officiers qui font maintenant partie de ces cadres seront considérés comme étant en congé illimité, et continueront de jouir du trai-

tement dont ils sont en possession, conformément à l'art. 12 de notre ordonnance du 20 mai 1818.

16. Les officiers qui, par l'effet de la réduction des quatre-vingt-quatorze légions en quatre-vingts régimens, ne pourront être maintenus en activité, seront également considérés comme étant en congé illimité, et recevront la solde de congé affectée à leur grade.

17. Les officiers compris dans les deux articles précédens conserveront le traitement attaché à leur nouvelle position jusqu'à ce qu'ils soient rappelés en activité de service, ou qu'ils aient droit à la pension de retraite.

18. Le tableau des officiers en congé illimité à la suite de l'arme de l'infanterie sera arrêté, par notre ministre secrétaire d'Etat de la guerre, le 1er janvier prochain ; et nul ne pourra en faire partie, s'il ne se trouve dans les positions indiquées par les articles 15 et 16 de la présente ordonnance.

19. Les officiers en congé illimité concourront avec les officiers en non-activité pour les emplois dévolus à ces derniers par les articles 262 et 263 de notre ordonnance du 2 août 1818.

20. Notre ministre de la guerre est chargé de l'exécution de la présente ordonnance.

(*Suit le tableau d'organisation des quatre-vingts régimens d'infanterie créés par notre ordonnance du 23 octobre 1820, avec les quatre-vingt-quatorze légions actuellement existantes.*)

24 OCTOBRE 1820. — Circulaire du ministre de l'intérieur qui porte que l'article 5 de la loi du 5 février 1817 doit s'entendre en ce sens que les décisions provisoires sur les difficultés en matière d'élection doivent être rendues, non

23.

par le conseil de préfecture sous la présidence du préfet, mais par le préfet en conseil de préfecture, c'est-à-dire, par le préfet, assisté seulement de ce conseil, sans délibérer concurremment avec lui.

Voy. notes sur la loi du 29 juin 1820, article 11.

24 OCTOBRE 1820. — Lettres - patentes portant érection d'un majorat en faveur de M. le marquis de Marnier. (7, Bull. 413.)

25 = Pr. 27 OCTOBRE 1820. — Proclamation du Roi. (7, Bull. 411, n° 9711.)

Louis, etc.

Français, au moment où la loi qui garantit à vos suffrages une entière indépendance, qui assure à vos intérêts une plus juste représentation, va recevoir son exécution pour la première fois, je veux que vous entendiez ma voix.

Les circonstances sont graves.

Regardez chez vous, autour de vous : tout vous dira vos dangers, vos besoins et vos devoirs.

Une liberté forte et légitime vous est acquise; elle est fondée sur des lois émanées de mon amour pour mes peuples, et de mon expérience des temps où nous vivons. Avec ces lois, il dépend de vous d'assurer le repos, la gloire et le bonheur de notre commune patrie; vous en avez la volonté, sachez la manifester par vos choix. La liberté ne se conserve que par la sagesse et la loyauté : écartez des nobles fonctions de député les fauteurs de troubles, les artisans de discorde, les propagateurs d'injustes défiances contre mon gouvernement, ma famille et moi ; et s'ils vous demandaient pourquoi vous les repoussez, montrez-leur cette France, si accablée il y a cinq ans, si miraculeusement restaurée depuis, touchant enfin au moment de recevoir le prix de tant de sacrifices, de voir ses impôts diminués, toutes les charges publiques allégées ; dites-leur que ce n'est pas quand tout fleurit, tout prospère, tout grandit dans votre patrie, que vous entendez mettre au hasard de leurs rêves insensés, ou livrer à leurs desseins pervers, vos arts, votre industrie, les moissons de vos champs, la vie de vos enfans, la paix de vos familles, une félicité enfin que tous les peuples de la terre envient.

De toutes parts s'offrent à vos suffrages une foule de citoyens, amis sincères et zélés de la Charte, également dévoués au trône et à la patrie, également ennemis du despotisme et de l'anarchie. Choisis parmi eux, vos députés affermiront avec moi l'ordre, sans lequel nulle société ne peut

existe; j'affermirai avec eux ces libertés qui toujours ont eu pour asile le trône de mes aïeux, et que deux fois je vous ai rendues.

Le monde attend de vous de hautes leçons, et vous les lui devez d'autant plus que vous les avez rendues nécessaires. En offrant aux peuples le spectacle de cette liberté qui remue si puissamment les ames, vous leur avez donné le droit de vous demander compte des écarts dans lesquels elle pourrait les entraîner : enseignez-leur donc à éviter les écueils dont votre route a été semée, et montrez-leur que ce n'est pas sur des ruines et des débris, mais sur la justice et le respect des droits, que les institutions libres se fondent et s'affermissent.

C'est ainsi que, marchant à la tête de la civilisation, la France, au milieu des agitations qui l'environnent, doit rester calme et confiante. Unie avec son Roi, ses prospérités sont au-dessus de toute atteinte. L'esprit de faction pourrait seul les compromettre. S'il ose se produire, il sera réprimé, dans l'enceinte des Chambres, par le patriotisme des pairs et des députés; hors des Chambres, par la vigilance des magistrats, la fermeté de tout ce qui est armé pour protéger, maintenir la paix publique, et surtout par mon inébranlable volonté.

Français, vous m'avez donné de récens témoignages de vos nobles et généreux sentimens; vous avez partagé les consolations que la Providence vient d'envoyer à moi et à ma famille; que ce gage de perpétuité que le Ciel donne à la France, soit aussi l'heureux gage de la réunion de tous les hommes qui veulent sincèrement les institutions que je vous ai données, et avec elles l'ordre, la paix, le bonheur de la patrie.

25 OCTOBRE = Pr. 12 NOVEMBRE 1820. — Ordonnance du Roi qui accorde, à compter du 1ᵉʳ janvier 1821, une augmentation de traitement de deux cents francs par an aux sous-aides des hôpitaux militaires. (7, Bull. 416, n° 9816.)

Louis, etc., considérant que le traitement alloué aux officiers de santé sous-aides de notre armée n'est en proportion ni avec les dépenses qu'ils ont à faire au service, ni avec le rang que leurs fonctions leur assignent; voulant améliorer leur position, ainsi que nous l'avons fait d'après le même motif pour les sous-lieutenans de nos troupes de ligne; sur le rapport de notre ministre secrétaire d'État de la guerre, nous avons ordonné et ordonnons ce qui suit :

Art. 1ᵉʳ. A compter du 1ᵉʳ janvier 1821,

les officiers de santé sous-aides des hôpitaux militaires, dont le traitement est de huit cents francs, recevront une augmentation de solde de deux cents francs. Leur traitement sera en conséquence porté à mille francs par an, à dater de cette époque.

2. Notre ministre de la guerre est chargé de l'exécution de la présente ordonnance.

———

25 OCTOBRE = Pr. 22 NOVEMBRE 1820. — Ordonnance du Roi portant autorisation de la société anonyme sous le nom de *Compagnie des mines de fer de Saint-Etienne* (Loire). (7, Bull. 417, n° 9828.)

Louis, etc., sur le rapport de notre ministre secrétaire d'Etat de l'intérieur; vu l'acte d'association, en forme de statuts, passé devant Pourret et Vinoy, notaires à Saint-Etienne (Loire), le 11 novembre 1818, et l'acte supplémentaire du 2 septembre 1820, entre les sieurs de Gallois, Boignes, Neyraud frères, Thiollière, Hochet et autres y dénommés, et ayant pour objet d'entreprendre l'exploitation de la houille dans une étendue déterminée par la demande de concession déjà présentée; la demande d'une autre concession pour y extraire les minerais de fer du territoire de Saint-Etienne, et celle de la construction de hauts-fourneaux propres à affiner la fonte et à sa conversion en fer malléable d'après les procédés anglais. La lettre du préfet de la Loire, du 13 avril 1819, relative à cette entreprise, adressée à notre ministre secrétaire d'Etat de l'intérieur; l'avis du conseil général des mines, du 19 juin dernier, adopté par notre conseiller d'Etat directeur général des ponts-et-chaussées et des mines, notre Conseil-d'Etat entendu, nous avons ordonné et ordonnons ce qui suit:

Art. 1er. La société anonyme sous le nom de *Compagnie des mines de fer de Saint-Etienne* (Loire), formée pour affiner la fonte et sa conversion en fer malléable d'après les procédés anglais, à l'aide de la houille, dont elle a demandé une concession, et de la construction de fourneaux de fusion, machines, laminoirs, étuves, grues, modèles et accessoires, complétant une fonderie qui doit être alimentée par les minerais de fer dont la compagnie a aussi demandé la concession dans le territoire de Saint-Etienne, est autorisée, conformément aux actes ci-dessus visés des 11 novembre 1818 et 2 septembre 1820: expéditions desdits actes resteront annexées à la présente ordonnance, et seront publiées et affichées avec elle.

2. L'existence de la société commencera à dater de notre ordonnance, et durera pendant quatre-vingt-dix-neuf ans.

3. Notre présente autorisation vaudra pour toute la durée de la société, à la charge d'exécuter fidèlement les statuts. Nous réservant de révoquer la présente autorisation en cas de non-exécution ou de violation desdits statuts par nous approuvés; le tout, sauf les droits des tiers et sans préjudice des dommages et intérêts qui seraient prononcés par les tribunaux contre les auteurs des contraventions.

4. L'administration de la société sera tenue de présenter, tous les six mois, le compte rendu de sa situation: des copies en seront remises au préfet de la Loire et au tribunal de commerce de Saint-Etienne.

5. Par l'effet de la présente homologation, il n'est rien statué ni préjugé sur les demandes en concession de mines de houille et de mines de fer que la compagnie a demandées, et pour lesquelles elle doit remplir toutes les formalités prescrites par les lois y relatives.

6. Notre ministre secrétaire d'Etat de l'intérieur est chargé de l'exécution de la présente ordonnance, laquelle sera insérée au Bulletin des Lois; en outre, les statuts de la société seront insérés dans le Moniteur et dans les journaux destinés à recevoir les avis judiciaires dans les départemens de la Seine et de la Loire.

Donné en notre château des Tuileries, le 25 octobre, l'an de grace 1820, et de notre règne le vingt-sixième.

———

STATUTS. (7, Bull. 428, n° 10041.)

Par-devant Me Pourret, notaire royal gradué, et Me Vinoy, son collègue, résidant à Saint-Etienne (Loire).

Soussignés... sont comparus les ci-après dénommés, sociétaires fondateurs d'une compagnie de mines de fer, sous la dénomination de *Compagnie de mines de fer de Saint-Etienne*, lesquels ont souscrit dans les proportions ci-après.

(*Suivent les signatures.*)

Total des actions souscrites par les prédénommés, huit cents.

(Il sera expliqué, dans le cours du présent acte, à quel titre les deux cents actions restantes pourront être souscrites et acquises.)

Lesquels, ayant considéré qu'il résulte des recherches et de la découverte faites par M. de Gallois, l'un des comparans, que les environs de Saint-Etienne offrent des minerais de fer qui donnent l'espérance de trouver des masses capables d'alimenter une grande exploitation, et de fonder un établissement considérable;

9.

Que l'avantage de trouver sur les mêmes lieux, d'exploiter par les mêmes travaux la houille et le minerai, et de les traiter l'un par l'autre, donnerait une grande supériorité à cette entreprise;

Qu'il est d'un grand intérêt pour l'État en général, et pour la contrée surtout, qu'on tire parti de ces matières, qu'on en multiplie les produits, et qu'on les perfectionne, de manière à nous rendre indépendans de l'industrie étrangère;

Enfin, qu'il est juste et utile de rendre l'entreprise projetée accessible à toutes les fortunes, et de faire partager dans le pays, aux petits capitalistes, les bénéfices qu'on peut en espérer,

Ont résolu de former une *société anonyme*, et de solliciter, en son nom, la concession des minerais de fer du territoire houiller de Saint-Étienne, ainsi que la concession des mines de houille du Janon, avec permission d'usines, conformément à leur pétition en date de ce jour.

En conséquence, les comparans ont arrêté les articles suivans, comme statuts fondamentaux de la société anonyme qu'ils créent, sauf l'approbation du Gouvernement.

TITRE Ier. Nom et durée de l'association.

Art. 1er. La raison sociale de la compagnie aura le nom de *Compagnie des mines de fer de Saint-Étienne.*

2. La durée de la société sera de quatre-vingt-dix-neuf ans, sauf renouvellement.

TITRE II. Objet de l'association.

3. L'objet de l'entreprise est déterminé par les demandes en concession. Elle s'exécutera progressivement et par cinq opérations distinctes, indépendamment de l'exploitation de la houille.

La première comprendra l'achat d'un terrain, l'achat d'une machine soufflante, et la construction d'un haut-fourneau.

Si les produits donnent un bénéfice, on passera à la seconde opération, qui consistera dans la construction de deux hauts-fourneaux animés par la même machine soufflante que le premier, de manière à avoir toujours deux fourneaux en activité, le troisième étant en réparation ou en attente.

Si les produits continuent à donner des bénéfices satisfaisans, on s'occupera de la troisième partie, comprenant des fourneaux de fusion, étuves, grues, modèles et accessoires complétant une fonderie pour les objets de moulage, tant à l'usage de l'établissement qu'à celui du commerce.

L'établissement comprendra essentiellement la construction des fourneaux et des machines d'après les procédés anglais les plus propres à affiner la fonte et à sa conversion en fer malléable.

Enfin, les quatre opérations ci-dessus en pleine activité, et les produits obtenant un écoulement facile et avantageux, la compagnie jugera s'il convient à ses intérêts de procéder à la cinquième opération, qui consistera dans l'établissement d'une nouvelle machine soufflante et dans la construction de deux autres hauts-fourneaux, de telle sorte qu'il y ait au besoin quatre fourneaux en activité, afin d'avoir toujours assez de matières pour entretenir les laminoirs, et satisfaire au besoin de l'industrie et du commerce français, qui semble de jour en jour prendre un plus grand essor.

4. La société jugera par la suite s'il convient de réunir toutes les constructions sur un même emplacement, ou s'il est plus avantageux de les répartir sur divers points, à raison des facilités locales qui résulteront tant de l'extraction que des transports des matériaux servant d'aliment à l'entreprise.

5. La société se réserve le droit de traiter avec d'autres entreprises du même genre, soit pour se procurer du minerai, de la fonte ou de la houille de qualité différente, hors des limites de sa concession, soit pour l'établissement des chemins et canaux, soit dans toutes autres vues reconnues utiles à ses usines.

TITRE III. Moyens de l'association.

6. Le fonds capital de l'association se composera de mille actions de quinze cents francs chacune, formant un capital de quinze cents mille francs.

Les engagemens des actionnaires s'étendent aux diverses opérations mentionnées au titre précédent; mais les paiemens seront réglés de manière à suivre les progrès et conditions y exprimés.

7. Le nombre d'actions soumissionnées s'élevant actuellement à plus des deux tiers de la mise capitale, la société se constitue.

8. Il sera fait immédiatement un fonds de vingt-cinq mille francs, que les actionnaires actuels fourniront au centime le franc, pour faire face aux frais relatifs à la demande en concession, et aux travaux de recherche du minerai, qu'il convient de continuer.

9. Les recherches seront, autant que possible, terminées dans les quatre mois pendant lesquels la demande en concession restera affichée. Le résultat en étant satisfaisant, et sur l'avis favorable ou l'autorisation de l'administration, les travaux subséquens, objet de la présente association,

seront poursuivis d'après une délibération expresse de l'assemblée générale.

10. On commencera par la première partie de l'entreprise mentionnée à l'article 3.

A cet effet, la société fera une nouvelle mise de fonds de quatre cent mille francs, que ceux qui seront alors actionnaires fourniront, au centime le franc, et à des échéances déterminées. Cette somme sera employée à l'acquisition d'un emplacement et d'une machine soufflante, à la construction d'un haut-fourneau et accessoires nécessaires ; le tout de conformité aux plans et devis détaillés, qui seront soumis à l'approbation définitive de l'assemblée générale par le directeur fondateur.

11. Quant à l'exploitation de la houille, il sera fourni pour cet objet, par les actionnaires, un nouveau dividende, sur lequel on prélèvera le prix des travaux que la compagnie aurait encore à rembourser aux propriétaires de surfaces, sauf les déductions indiquées au titre V.

12. Les quatre autres opérations s'exécuteront, s'il y a lieu, aux termes de l'art. 3 ; et l'assemblée générale fixera par autant de délibérations spéciales les nouvelles mises de fonds à fournir pour chacune d'elles, ainsi que le mode et les échéances des paiemens, d'après les plans et devis qu'elle aura adoptés.

13. Dans tous les cas, la mise générale devra être entièrement faite aussitôt que l'exécution de la troisième partie mentionnée à l'article 3 sera arrêtée.

14. Pour assurer l'exécution des art. 8, 10, 11 et 12, et celle du précédent, chaque fois que l'assemblée générale arrêtera un versement de fonds, les actionnaires seront tenus de fournir leurs dividendes en billets à ordre, souscrits ou endossés au profit de la compagnie, et payables aux échéances qui auront été déterminées.

15. Il est expressément convenu que, si l'un des actionnaires refuse de souscrire les effets pour son dividende, ou de les acquitter à leur échéance, ses actions, quinze jours après un simple acte de mise en demeure, qui lui sera signifié à ses frais, seront vendues par un agent de change et à ses périls et risques, sans qu'il soit besoin d'aucune autre formalité.

TITRE IV. Organisation de l'association.

16. Les actions seront représentées par une inscription nominale sur les registres à ce destinés, et par un coupon ou certificat d'inscription transmissible et indivisible.

Leur transfert s'opérera sur les registres de la compagnie par la signature du propriétaire ou de son fondé de pouvoir ; néanmoins, aucun transfert ne pourra avoir lieu, sans la garantie solidaire du cédant, avant les premiers versemens de la somme de quatre cent vingt-cinq mille francs.

17. Le bénéfice des actions sera acquitté tous les ans pendant les premières années, et au moins tous les six mois à l'avenir ; une quotité du bénéfice, calculée en raison de la situation et des besoins de l'établissement, mais dont le *minimum* ne pourra être au-dessous du vingtième, sera prélevée chaque année, pour former un fonds de réserve, soit pour améliorer l'entreprise, soit pour parer aux événemens imprévus.

18. L'assemblée générale des actionnaires, régulièrement formée, entend le compte résumé des opérations de l'année précédente, et arrête le budget de l'année courante. Elle fixe le dividende ou le bénéfice des actions, ainsi que la quotité du fonds de réserve, dont elle règle l'emploi et les limites.

Elle détermine l'emplacement des usines et l'époque de leur construction, approuve, rejette ou modifie définitivement les plans, devis ou projets, ainsi que le montant des dépenses et des versemens qui lui sont proposés pour les divers développemens de son entreprise.

Elle prononce enfin sur tous les cas qui lui sont soumis et sur toutes les interpellations qu'elle juge à propos de faire.

19. Pour faire partie de l'assemblée générale, il faudra représenter au moins quarante actions : celui qui sera propriétaire de quatre-vingts actions ou au-delà aura deux voix, mais jamais plus.

Il sera permis de se faire représenter par un sociétaire, qui aura voix toutes les fois que ses actions ajoutées à celles de ses mandans s'élèveront au moins à quarante, sans néanmoins qu'il puisse dans aucun cas avoir plus de trois voix, quelque nombre d'actions qu'il réunisse par lui-même ou par procuration.

20. Pour que l'assemblée générale soit constituée, et que ses délibérations soient valables, il faut que les membres présens, comme propriétaires ou comme fondés de pouvoir, réunissent les deux tiers au moins des actions engagées.

21. Le président de l'assemblée générale est nommé pour l'année : il ne peut être pris parmi les administrateurs.

22. L'assemblée générale procède dans tous les cas par la voie du scrutin et à la majorité absolue, notamment pour les opérations spécifiées à l'article 3, pour le renouvellement des membres du comité et de leurs suppléans, et pour la nomination du directeur et du contrôleur.

23. Le mode de convocation de l'assemblée générale, le nombre et l'époque de ses réunions, la tenue des séances et la forme

des délibérations, feront l'objet d'un réglement particulier.

Toutefois, l'assemblée se réunira de droit au moins une fois par an : le lieu des séances est provisoirement fixé à Saint-Etienne; dans la suite elles se tiendront sur l'établissement même.

24. L'assemblée générale peut être convoquée extraordinairement par délibération du comité; elle pourra l'être également sur la demande des sociétaires représentant au moins la moitié des actions.

25. L'établissement est administré par un directeur, un contrôleur, et par un comité composé d'au moins trois membres, et qui, au besoin, pourra être porté jusqu'à cinq seulement.

En cas d'absence ou de maladie, les membres titulaires du comité seront remplacés par des suppléans nommés d'avance par l'assemblée générale.

Le nombre des suppléans sera toujours au moins de trois.

26. Le directeur aura seul la conduite des travaux journaliers; il rend compte de leur exécution et de leurs résultats; il propose au comité et à l'assemblée générale les projets de travaux et ses vues pour améliorer l'entreprise.

L'assemblée générale sera libre d'étendre ses attributions; il n'aura de voix au comité qu'autant qu'il possédera personnellement le nombre d'actions nécessaire pour faire partie de l'assemblée générale. En cas d'absence ou de maladie du directeur, le comité nomme un président choisi dans son sein, faisant temporairement les fonctions du directeur.

27. Les membres du comité ou leurs suppléans devront être porteurs chacun au moins de quarante actions, ou en réunir cumulativement en propriété, ou par procuration, cent vingt s'ils sont trois, et deux cents s'ils sont cinq.

Le contrôleur sera tenu de fournir tel cautionnement qui sera ultérieurement déterminé par l'assemblée.

28. Le comité réuni au directeur administre l'établissement : il a la direction de l'ensemble et la surveillance des détails de toutes les opérations, sauf à rendre compte à l'assemblée générale; il classe les emplois, nomme et destitue les employés, fixe leurs appointemens ainsi que le nombre et le solaire des ouvriers, délibère sur les projets de travaux et sur les émissions de fonds, fixe le prix des matières fabriquées et les termes des paiemens, conclut les marchés, règle les dépenses, arrête et approuve les comptes, donne décharge aux divers comptables, fait des réglemens qui sont provisoirement exécutés, jusqu'à ce qu'ils aient été soumis à la prochaine assemblée générale et approuvés par elle.

Le comité rend annuellement à l'assemblée générale un compte de recette et de dépense tant en deniers qu'en matières; il propose le budget de la dépense de l'année courante, et règle provisoirement le dividende des actions ainsi que la quotité de la réserve.

29. Les opérations journalières de commerce relatives à la vente des produits de l'établissement sont exécutées par le directeur et le contrôleur, et enregistrées pour être visées à la prochaine réunion du comité.

Toute opération de commerce étrangère soit à la fabrication, soit à la vente des produits de l'établissement, leur est formellement interdite.

30. Les délibérations du comité seront consignées par procès-verbaux sur un registre. Un secrétaire, choisi par le comité parmi les membres titulaires ou suppléans, est chargé de la rédaction. Les délibérations sont signées par les membres présens; elles ne seront valables qu'à la majorité de trois voix.

En cas d'absence du directeur, ou de l'un des membres titulaires du comité et de son suppléant, la majorité décidera. Cependant, si l'un des trois membres restans s'oppose à une opération, il sera, sur sa demande, sursis à l'opération jusqu'à l'arrivée, ou l'avis par écrit, des membres absens.

31. Le comité sera tenue de se réunir au moins une fois par quinzaine. Il pourra être convoqué extraordinairement, soit par le directeur, soit par le contrôleur.

32. Le contrôleur est spécialement chargé de surveiller l'exécution des statuts et des réglemens de la société : il est le vérificateur de tous les comptes, soit en deniers, soit en matières. Il n'a pas voix délibérative dans le comité; mais il en fait partie de droit, et doit être entendu. Il a voix à l'assemblée générale, s'il est porteur de quarante actions.

Il propose au comité ses observations, qu'il pourra faire consigner sur les registres, et en retirer extrait.

Il peut en outre convoquer l'assemblée générale pourvu qu'il en exprime les motifs, et qu'il les ait préalablement communiqués au comité.

Il prend connaissance de tous les détails de la comptabilité, vise les pièces de recettes et de dépenses, et vérifie les comptes annuels que le comité doit rendre à l'assemblée générale; il fait, à chaque réunion de l'assemblée générale, un rapport sur ses opérations.

Ses autres fonctions seront déterminées, s'il y a lieu, par l'assemblée générale.

En cas d'absence ou de maladie du contrôleur, le comité, sans la participation du directeur, pourvoit à son remplacement provisoire parmi les suppléans désignés par l'assemblée générale.

33. Le directeur et le contrôleur sont nommés pour cinq ans; les membres titulaires du comité seront renouvelés, chaque année, par tiers ou par cinquième, suivant leur nombre.

La sortie aura lieu les premières années par la voie du sort; dans la suite, par ordre de nomination. Les fonctions de la totalité des suppléans cessent chaque année.

Le directeur, le contrôleur, les membres du comité et les suppléans seront rééligibles.

34. Les actes judiciaires et extra-judiciaires concernant l'établissement, soit activement, soit passivement, seront délibérés par le conseil, et signifiés au nom de la société, poursuite et diligence du directeur.

35. Un caissier responsable sera nommé par l'assemblée générale, qui fixera la quotité de son cautionnement.

Il pourra être appelé au comité; mais il n'y aura que voix consultative.

36. La signature sociale de la compagnie des mines de fer de St.-Etienne, en matière de comptabilité, sera donnée par le caissier, visée par le contrôleur, et approuvée par le directeur, ou, en son absence, par le président du comité.

37. Le directeur, le contrôleur et le caissier, seront salariés.

Les membres du comité ou leurs suppléans n'auront qu'un droit de présence. Celui qui remplira les fonctions de secrétaire, cumulera deux jetons.

L'assemblée générale réglera les appointemens des agens principaux et le taux des jetons.

38. Les présens statuts ne pourront être modifiés ou annulés qu'avec l'assentiment par écrit des actionnaires réunissant les trois quarts du fonds capital de l'association.

La dissolution de la société ne pourra être opérée que dans les mêmes formes.

Ces statuts serviront de contrat d'union entre les actionnaires, et seront soumis, avec les demandes en concession, à l'approbation du Gouvernement.

Toutes les contestations qui pourraient s'élever dans le sein de la société, se jugeront par arbitres pris parmi des négocians, et en dernier ressort pour toutes les affaires qui n'excéderaient pas la valeur de six mille francs.

Les différens entre les actionnaires de la compagnie excédant cette somme, seront jugés par les tribunaux de Saint-Etienne, où la compagnie fait élection de domicile.

TITRE V. Dispositions particulières.

39. Le comité d'administration ne sera définitivement constitué qu'après l'obtention de la concession et de l'approbation des présens statuts.

Jusque-là un comité provisoire agira au nom de l'association.

40. Un réglement spécial, arrêté en assemblée générale, sur la proposition du comité provisoire, déterminera l'ordre de l'administration intérieure et de la comptabilité, ainsi que le mode suivant lequel les principaux agens devront y coopérer.

41. Le comité provisoire est chargé de traiter avec les propriétaires de surface et extracteurs de houille dans l'étendue de la concession de houille sollicitée, le tout d'après les bases établies dans la pétition relative à cette concession et par les articles ci-après, 42, 43, 44, 45, 46 et 47.

Le comité provisoire est également chargé de poursuivre auprès du Gouvernement les demandes en concession de mines et en permission d'usines, ainsi que la régularisation des présens statuts.

42. Il sera fait une réserve de deux cents actions, dont la société disposera dans le plus grand intérêt de l'entreprise, et notamment pour les cas prévus ci-après.

43. Soixante-dix actions sont spécialement réservées pour les propriétaires de surface exploitant dans le périmètre de la concession de houille demandée.

Ils seront libres, jusqu'à l'obtention de la concession, de les prendre par ordre d'inscription et par préférence à tous autres, au prix originaire; ils auront la faculté d'en compenser la valeur jusqu'à due concurrence avec le montant des travaux et objets que la société aurait à leur rembourser, conformément à la demande en concession.

44. Les travaux et objets que la société aura à rembourser, seront distingués en deux classes, savoir:

1° Les puits, les galeries d'écoulement, fendues, chemins, *plâtres* et autres emplacemens quelconques, servant à l'exploitation lors de la prise de possession des mines;

2° Les machines, constructions, outils, ustensiles et agrès, qui seront de service à la même époque.

45. L'estimation des travaux et objets spécifiés dans l'article précédent sera faite par des experts ou arbitres; savoir: ceux de la première classe, selon ce qu'ils coûteraient pour les établir; et ceux de la seconde classe, suivant leur valeur et état au temps de l'estimation.

Bien entendu toutefois que, dans le cas de réserve pour les enclos murés actuellement existans, et dans lesquels la compagnie ne pourra faire aucune recherche ni fouille sans le consentement formel du propriétaire de la surface, les indemnités ne seront allouées que dans l'hypothèse dudit consentement.

46. Cinquante actions seront affectées, au prix originaire, aux propriétaires de surface non exploitant dans le périmètre de la concession de houille sollicitée qui n'ont point déjà souscrit, mais qui voudront encore faire partie de la compagnie. Néanmoins, cette faculté n'est réservée que pendant les quatre mois de la durée des affiches pour les demandes en concession.

Après ce délai, celles des actions qui n'auront point été soumissionnées, resteront à la disposition de la société, ainsi qu'il est dit article 42.

47. Dans le cas où les demandes formées par les propriétaires de surface non exploitans excéderaient les cinquante actions qui leur sont offertes par l'article précédent, le comité provisoire en ferait la répartition proportionnellement à la superficie du territoire houiller dont chaque soumissionnaire sera propriétaire dans le périmètre précité, mais en ayant toutefois égard au plus ou moins de probabilité de l'existence de ce combustible, de son abondance ou de sa qualité, et à tous les autres motifs de préférence qu'il serait dans l'intérêt de l'entreprise d'accorder.

48. M. de Gallois est nommé directeur-fondateur de l'établissement : il s'engage à diriger les diverses constructions, telles que hauts-fourneaux, fourneaux de fusion et affinage, les machines et laminoirs mentionnés à l'article 3, jusqu'à leur achèvement, et les procédés métallurgiques jusqu'à ce qu'ils aient procuré de la fonte en gueuse et du fer en barre propres à livrer au commerce. A cette époque, ses engagemens seront remplis, et il ne sera tenu à d'autres obligations qu'à celles résultant de ses fonctions de directeur ou de membre de l'administration, qu'il pourra résigner s'il le juge à propos.

49. M. de Gallois ayant découvert les minerais de fer servant de base à la présente entreprise, ayant par de longs voyages et à grands frais étudié et acquis des plans et des renseignemens pour son exécution, recevra, indépendamment de son traitement fixe comme directeur, cinquante actions libres et gratuites, pour le rembourser de ses avances, lui tenir lieu de son droit d'inventeur et en même temps des frais d'architecte et d'ingénieur. Le montant de ces cinquante actions sera fourni par l'ensemble des sociétaires sur les mille actions de l'association, et passera en recettes e dépenses dans le compte

de l'entreprise, à mesure du versement des actions, et dans la proportion du vingtième de chaque mise effective.

50. Dans le cas où un événement imprévu et de force majeure empêcherait M. de Gallois de remplir les engagemens qu'il vient de prendre, la quotité qui lui demeurera acquise sur les cinquante actions gratuites sera déterminée par des arbitres, qui devront prendre en considération les déboursés faits dans son voyage en Angleterre, évalués par lui à une somme de vingt-cinq mille francs, le mérite de l'invention et les progrès de l'établissement, ainsi que les plans, modèles, projets et renseignemens qu'il aura laissés pour donner à l'établissement tout son développement.

M. de Gallois ou ses ayant-droit auront la faculté de conserver la totalité de ces actions, en soldant (d'après leur prix originaire) le complément qui serait jugé n'être point acquis encore.

51. En exécution de l'article 39, les actionnaires ont nommé membres du comité provisoire :

MM. Neyrand frères et Thiollière, Florimond Besqueut du Cluzel, Marcellin Boggio;

Et pour suppléans :

MM. Jovin Deshayes, Brachignac, Eugène Besqueut du Cluzel, Gerin, Hippolyte Royet, Eustache Thiollière, Neyron.

Le comité nomme un contrôleur par *interim*.

52. Et à l'instant ont comparu :

MM. Jean-François Lyonnet, négociant, domicilié à Saint-Étienne;

Joseph Novet, percepteur des contributions des communes de la Fouillouse, Saint-Priest et Villard;

André Giron, propriétaire, demeurant à Lheurton, tant pour lui que se faisant fort pour son neveu, Jean Giron de la Grand'Chaux;

Et Charles Montagnier, négociant, demeurant à Saint-Chaumond, et avec lui et procédant de son autorité, dame Julie Gayot, son épouse;

Tous propriétaires exploitans de houille dans le périmètre de la concession demandée, lesquels ont déclaré vouloir profiter des dispositions de l'article 43 du présent acte et s'inscrire sur le nombre des soixante-dix actions mises en réserve par ledit article, savoir :

M. Jean-François Lyonnet, pour quinze actions; M. Joseph Novet, cinq; MM. Giron oncle et neveu, dix; et enfin M. et madame Montagnier, vingt : total, cinquante actions.

Est intervenu Jean Giron, cultivateur, demeurant au lieu de la Grand'Chaux, commune de Saint-Jean-de-Bonnefont, tant en qualité de légataire universel d'Etienne Giron, son père, aux termes de ses dispositions de dernière volonté reçues de feu Mr Michel Ferrandin, notaire à la résidence de Saint-Etienne, sous leur date, attestées, enregistrées, et de cohéritier pour un septième des trois quarts restans, qu'en qualité d'acquéreur et concessionnaire des droits de ses autres frères et sœurs dans le tréfonds qui peut exister sous la superficie des biens du père commun, et dans le tréfonds indivis avec les sieurs et dame Lyonet, mariés, Novet et André Giron oncle, aux termes de différens traités reçus de Me Pourret, l'un des notaires, le 11 octobre dernier, enregistrés, lequel a déclaré qu'il donne son consentement au contenu dans le présent article pour ce qui le concerne.

Sur quoi les sociétaires fondateurs, considérant que cette demande est conforme à l'article précité des présens statuts, l'ont acceptée pour ledit nombre d'actions, dont la valeur sera postérieurement réglée et compensée par le comité, aux termes des articles 43, 44, 45 et 46.

Ainsi convenu, accepté et promis être observé par toutes les parties.

Fait et passé à Saint-Etienne, dans le cabinet de Me Pourret, l'un des notaires, auquel la présente minute est demeurée, et lue auxdites parties, aujourd'hui 11 novembre 1818, avant et après midi, et ont les parties signé avec les notaires.

_____

Par-devant Me Pourret, notaire royal gradué, et Me Vinoy, son collègue, résidant à Saint-Etienne (Loire), soussignés,

Sont comparus les ci-après nommés actionnaires, demandant à se former en société anonyme, sous le nom de *Compagnie des Mines de fer de Saint-Etienne*, en vertu de l'acte reçu desdits notaires, le 11 novembre 1818, enregistré le 13 dudit, et, par souscriptions ou cessions postérieures, y concourant aujourd'hui dans les proportions suivantes, savoir : (*Suivent les noms.*)

Lesquels susnommés, pour se conformer aux intentions du Gouvernement exprimées dans l'avis du comité de l'intérieur du Conseil-d'Etat en date du 7 septembre 1819, sont convenus de rectifier et modifier, ainsi qu'il suit, l'acte d'association susmentionné, sans entendre déroger néanmoins aux dispositions y énoncées qui ne seraient pas changées par le présent, et réservant, par exprès, celles de l'article 52, ledit acte, auquel les nouveaux souscripteurs ont déclaré accéder, servant toujours de contrat d'union et de pacte social entre les actionnaires, et ne faisant qu'une seule et même chose avec le présent.

Premièrement. Les articles 3, 5, 6, 11, 12, 13 et 14 de l'acte du 11 novembre 1818, sont supprimés et remplacés par les articles suivans :

3. L'objet de l'entreprise est déterminé par les demandes en concession ; elle s'exécutera progressivement et par quatre opérations distinctes, indépendamment de l'exploitation de la houille.

La première comprendra l'achat d'un terrain, l'achat d'une machine soufflante et la construction d'un haut-fourneau : si les produits donnent un bénéfice, on passera à la seconde opération, qui consistera dans la construction de deux hauts-fourneaux, animés par la même machine soufflante que le premier, de manière à avoir toujours deux fourneaux en activité, le troisième étant en réparation ou en attente.

Si les produits continuent à donner des bénéfices satisfaisans, on s'occupera de la troisième partie comprenant des fourneaux de fusion, étuves, grues, modèles et accessoires, complétant une fonderie pour les objets de moulage, tant à l'usage de l'établissement qu'à celui du commerce.

Cette troisième partie comprendra essentiellement la construction des fourneaux et des machines, d'après les procédés anglais les plus propres à affiner la fonte et à la convertir en fer malléable.

Enfin, les trois opérations ci-dessus en pleine activité, et les produits obtenant un écoulement facile et avantageux, la compagnie jugera s'il convient à ses intérêts de procéder à la quatrième opération, qui consistera dans l'établissement d'une nouvelle machine soufflante, et dans la construction de deux hauts-fourneaux, de telle sorte qu'il y ait, au besoin, quatre fourneaux en activité, afin d'avoir toujours assez de matières pour entretenir les laminoirs et satisfaire aux besoins de l'industrie et du commerce français, qui semblent de jour en jour prendre un plus grand essor.

5. La société se réserve la faculté de faire des achats de tréfonds, de fonds et d'usines, comme aussi de traiter avec d'autres entreprises du même genre, soit pour se procurer du minerai, de la fonte ou de la houille de qualité différente, hors des limites de sa concession, soit pour l'établissement de chemins de fer ou autres et de canaux, soit dans toutes autres vues reconnues utiles à ses établissemens.

6. Le fonds capital de l'association se compose de mille actions de quinze cents francs chacune, formant un capital de quinze cent mille francs.

Les mises de fonds seront versées par les actionnaires aux époques et dans les proportions qui seront déterminées par les assemblées générales, au fur et à mesure des besoins de l'entreprise, pour l'exécution des opérations et des travaux, et ainsi qu'il est réglé aux articles 8, 10, 11, 12, 13 et 14 ci-après.

Tout appel de fonds au-delà du capital total de quinze cent mille francs est interdit ; et dans aucun cas les actionnaires ne seront passibles que de la perte du montant de leur intérêt dans la société.

Il ne pourra être créé de nouvelles actions qu'en vertu d'une délibération spéciale, et après l'autorisation du Gouvernement, obtenue dans la forme réglée par l'article 38 des présens statuts.

11. Quant à l'exploitation de la houille et du minerai, il est fourni, pour cet objet, par les actionnaires, une nouvelle mise de fonds, sur laquelle on prélèvera le prix des travaux que la compagnie aurait encore à rembourser aux propriétaires de surfaces, sauf les déductions indiquées au titre V.

12. Les trois dernières opérations s'exécuteront, autant que faire se pourra, aux termes de l'article 3, dans les délais successifs et approximatifs, de deux ans en deux ans : la mise de fonds jugée applicable à la seconde opération peut être appréciée à au moins deux cent mille francs ; la troisième partie, à quatre cent mille francs ; et, dans tous les cas, la mise générale devra être entièrement fournie aussitôt que l'exécution de la quatrième partie mentionnée à l'article 3 sera arrêtée.

13. Néanmoins l'assemblée générale fixera par autant de délibérations spéciales, les nouvelles mises de fonds à fournir pour chaque opération, ainsi que le mode et les échéances des paiemens, d'après les indications que lui fourniront l'expérience et les premiers résultats, et d'après les devis et plans qu'elle aura adoptés.

14. Pour assurer l'exécution des articles 8, 10, 11, 12, et celle du précédent, chaque fois que l'assemblée générale arrêtera un versement de fonds, les actionnaires seront tenus de fournir leurs mises de fonds en effets de commerce, souscrits ou endossés au profit de la compagnie, et payables aux échéances qui auront été déterminées.

Secondement. Les articles 16, 17, 19, 20, 23, 25, 26, 27, 29, 30, 33, 35, 36 et 38, sont supprimés, et remplacés par les articles ci-après :

16. Les actions seront représentées par une inscription nominale sur les registres à ce destinés, et par un coupon ou certificat d'inscription, transmissible et indivisible.

Leur transfert s'opérera sur les registres de la compagnie par la signature du propriétaire ou de son fondé de pouvoirs ; néanmoins, aucun transfert ne pourra avoir lieu, avant le versement intégral de la somme de quatre cent vingt-cinq mille francs, sans la garantie solidaire du cédant, jusqu'à ce que le fonds capital de l'association ait été versé en entier. Les transferts ne pourront avoir lieu qu'en faveur de concessionnaires jugés solvables par le comité.

Survenant le décès ou la faillite d'un souscripteur avant le versement intégral du montant de ses actions, ses héritiers ou créanciers devront verser exactement, aux échéances, les sommes restant à fournir ; en cas de retard de leur part ou de celle d'un actionnaire souscripteur, et après un laps de trois mois depuis l'échéance d'un versement, la compagnie, agissant par son comité, et par une simple déclaration de ses intentions, sera libre de reprendre les actions, en remboursant les à-compte versés, et dans des délais égaux à ceux accordés pour les versemens.

Néanmoins, aucun actionnaire, ni ses héritiers ou créanciers, ne pourront forcer la compagnie à reprendre des actions ; mais la compagnie sera toujours libre, en cas de retard, soit de les reprendre, soit de poursuivre l'exécution des versemens réglés et de ceux restant à régler, et par toutes les voies de droit.

17. Le bénéfice, constaté par les inventaires annuels, sera réparti et payé tous les ans.

Une quotité du bénéfice, calculée en raison de la situation et des besoins de l'établissement, mais dont le *minimum* ne pourra être au-dessous du quinzième, sera prélevée, chaque année, pour former un fonds de réserve, soit pour améliorer l'entreprise, soit pour parer aux événemens imprévus.

19. Pour faire partie de l'assemblée générale, il faudra être sociétaire et sujet français, et représenter au moins vingt-cinq actions : celui qui sera propriétaire de cinquante, ou au-delà, aura deux voix, mais jamais plus.

Il sera permis de se faire représenter par un sociétaire qui aura voix, toutes les fois que ses actions ajoutées à celles de son mandant s'élèveront au moins à vingt-cinq, sans néanmoins qu'il puisse, dans aucun cas, avoir plus de trois voix, quelque nombre d'actions qu'il réunisse par lui-même ou par procuration.

Les propriétaires de moins de vingt-cinq actions, jusqu'à dix au moins, qui ne se seront pas fait représenter, pourront assister aux assemblées générales, mais avec voix consultative seulement, si ce n'est dans le cas prévu par l'article ci-après.

20. Pour que l'assemblée générale soit régulièrement constituée, il faudra le concours de ces deux conditions : 1° qu'il y

it au moins dix membres votans ; 2° qu'ils représentent entre eux les deux tiers des actions. Dans le cas où ces deux conditions ne seraient pas remplies, il y sera suppléé par l'appel d'actionnaires domiciliés dans la distance de deux myriamètres, appelant, de préférence, les plus forts. Les actionnaires ainsi appelés auront chacun une voix délibérative, quel que soit le nombre de leurs actions.

23. Le mode de convocation de l'assemblée générale, le nombre et l'époque de ses réunions, la tenue des séances et la forme des délibérations, font l'objet d'un réglement particulier, délibéré en assemblée générale.

25. L'établissement est administré par un directeur, un contrôleur, et par un comité composé d'au moins trois membres, et qui, au besoin, pourra être porté à cinq seulement.

En cas d'absence ou de maladie, les membres du comité seront remplacés par des suppléans nommés d'avance par l'assemblée générale, et pris parmi les actionnaires résidant à Saint-Etienne.

Le nombre des suppléans sera toujours de six. Ils seront appelés en remplacement des membres titulaires, dans l'ordre déterminé par l'assemblée générale.

Les administrateurs ne contractent, à raison de leur gestion, aucune obligation personnelle ni solidaire, relativement aux engagemens de la société.

26. Le directeur aura seul la conduite des travaux journaliers : il rend compte de leur exécution et de leurs résultats; il propose au comité et à l'assemblée générale les projets de travaux, et ses vues pour améliorer l'entreprise.

L'assemblée générale sera libre d'étendre les attributions du directeur : il n'aura de voix au comité qu'autant qu'il possédera personnellement le nombre d'actions nécessaire pour faire partie de l'assemblée générale.

Le comité choisit dans son sein un président, qui, en cas d'absence ou de maladie de la part du directeur, le suppléera temporellement dans ses fonctions, et, en cas de décès, jusqu'à son remplacement.

27. Les membres du comité devront être porteurs, chacun, au moins de vingt-cinq actions, ou en réunir cumulativement, en propriété ou par procuration, soixante-quinze, s'ils sont trois ; et cent vingt-cinq, s'ils sont cinq.

Les suppléans seront tenus de présenter aussi cumulativement, par eux-mêmes ou par procuration, la moitié, plus une, des actions exigées pour être membre titulaire.

Le contrôleur sera tenu de fournir tel cautionnement qui sera ultérieurement déterminé par l'assemblée.

29. Les opérations ultérieures de commerce relatives à la vente des produits de l'établissement, sont exécutées par le directeur et le contrôleur, et enregistrées pour être, à la prochaine réunion du comité, visées par le président.

Toute opération de commerce étrangère soit à la fabrication, soit à la vente des produits de l'établissement, leur est formellement interdite.

30. Les délibérations du comité seront consignées par procès-verbaux sur un registre. Un secrétaire, choisi par le comité parmi les actionnaires, est chargé de la rédaction. Les délibérations sont signées par les membres présens; elles ne seront valables qu'à la majorité de trois voix, dont deux, au moins, autres que celles du directeur et du contrôleur.

En cas d'absence du directeur, ou de l'un des membres titulaires du comité ou suppléans, la majorité décidera ; cependant, si l'un des trois membres restans s'oppose à une opération, il y sera, sur sa demande, sursis jusqu'à l'arrivée, ou l'avis par écrit, des membres absens.

33. Le directeur et le contrôleur sont nommés pour cinq ans : les membres titulaires du comité seront renouvelés, chaque année, par tiers ou par cinquième, suivant leur nombre.

La sortie aura lieu, les premières années, par la voie du sort ; dans la suite, par ordre de nomination. Les fonctions de la totalité des suppléans cessent chaque année.

Le directeur, le contrôleur, les membres du comité et les suppléans sont rééligibles, comme aussi révocables, même avant le terme fixé pour la durée de leurs fonctions; mais, dans ce dernier cas, il faudra une décision de l'assemblée générale, adoptée par les trois quarts des voix qui la composent.

33 bis. Un directeur adjoint pourra être nommé par le comité, sur la présentation du directeur, pour l'aider ou le suppléer dans le tout ou partie de ses fonctions.

Le directeur adjoint agira sous la surveillance et la responsabilité du directeur ; il aura séance au comité, mais avec voix consultative seulement, s'il n'est membre du comité à un autre titre.

Le directeur adjoint entrera en fonctions immédiatement après sa nomination, qui sera néanmoins soumise à l'approbation de la plus prochaine assemblée générale.

Les pouvoirs du directeur adjoint cesseront avec ceux du directeur, quelles que soient les causes de vacance ou de cessation : cependant le directeur adjoint pourra être autorisé par le comité à continuer ses fonctions, en cas d'absence, d'empêchement ou de décès du directeur, et jusqu'à son retour ou son remplacement.

35. Un caissier responsable sera nommé par l'assemblée; la quotité de son cautionnement est fixée à vingt mille francs; l'assemblée générale se réserve d'augmenter ce cautionnement, à mesure que l'entreprise prendra des développemens.

Il pourra être appelé au comité; mais il n'aura que voix consultative.

36. La signature sociale de la compagnie des mines de fer de Saint-Etienne se compose des signatures réunies du directeur, du contrôleur et du caissier; ces trois signatures réunies engagent la compagnie envers les tiers.

38. Toute proposition de changement dans les statuts, ou de dissolution de société, avant le terme fixé, ne pourra être faite que par une délibération consentie et signée par un nombre d'actionnaires réunissant en somme les trois quarts du fonds capital de l'association.

Cette proposition sera publiée, aux termes des articles 42, 43 et 44 du Code de commerce, insérée dans les journaux du département; et copie de la délibération sera également signifiée, dans le délai d'un mois, à chacun des actionnaires non adhérens, à son domicile réel.

Trois mois après la première délibération, l'assemblée générale des actionnaires sera convoquée pour soumettre la proposition à un nouvel examen, et il ne pourra être donné suite à cette proposition qu'autant qu'elle réunira, dans l'assemblée générale, l'assentiment de la majorité des actionnaires ayant droit de voter en même temps que celui des actionnaires réunissant les trois quarts du fonds capital de l'association.

Après cette seconde délibération, le projet sera présenté à l'approbation du Gouvernement, auprès duquel les actionnaires opposans pourront se pourvoir; il y sera statué dans les formes déterminées par les réglemens d'administration publique.

Si, par des circonstances imprévues, l'association venait à perdre les trois quarts de son capital, il sera procédé à la dissolution de la société et à sa liquidation.

Dispositions générales.

Toutes les contestations qui pourraient s'élever dans le sein de la société seront jugées par trois arbitres pris parmi des négocians.

Les deux arbitres choisis par les parties, ou, à défaut, par le tribunal de commerce, choisiront et s'adjoindront immédiatement un troisième arbitre, qui instruira, discutera et jugera la contestation avec eux.

Leurs sentences arbitrales seront en dernier ressort et sans appel pour toutes condamnations de vingt-cinq mille francs et au-dessous.

Toutes les résolutions qui seront prises en assemblée générale des actionnaires représentans de la société, sur tous les intérêts en dépendant, seront obligatoires pour tous les associés, lesquels s'engagent formellement à y obtempérer comme à un jugement en dernier ressort, renonçant expressément à toutes voies judiciaires quelconques, appels ou recours, quels qu'ils soient.

Ainsi convenu et accepté respectivement.

Fait et passé et lu, à Saint-Etienne, dans une des salles de ladite compagnie des mines de fer, aujourd'hui, 2 septembre 1820, avant et après midi, et ont les parties signé avec les notaires sur la minute, restée au pouvoir de Me Pourret, l'un desdits notaires.

25 OCTOBRE = Pr. 24 DÉCEMBRE 1820. — Ordonnance du Roi qui fait des changemens à l'article 15 des statuts de la tontine perpétuelle d'amortissement, annexés à l'ordonnance royale du 10 mars 1819. (7, Bull. 424, n° 9961.)

Louis, etc., vu notre ordonnance en date du 10 mars 1819 qui autorise l'établissement de la tontine perpétuelle d'amortissement; vu les statuts de cet établissement en date du 4 mars 1819; vu les réclamations des administrateurs de ladite tontine, tendant à obtenir que la rédaction de l'article 15 des statuts soit changée, afin d'éviter les difficultés que présente l'exécution littérale de cet article; vu le procès-verbal de l'assemblée générale des actionnaires de la tontine, tenue le 9 du mois de septembre dernier, dans laquelle les changemens demandés par les administrateurs ont été approuvés; vu les observations favorables de notre commissaire près la tontine; notre Conseil-d'Etat entendu, nous avons ordonné et ordonnons ce qui suit:

Art. 1er. L'article 15 des statuts de la tontine perpétuelle d'amortissement, annexés à notre ordonnance du 10 mars 1819, sera remplacé par la disposition suivante:

« La mise pour chaque action prise dans « le premier semestre de l'ouverture d'une « série, sera de cent francs. Cette mise sera « augmentée, pour chaque action prise « dans le semestre suivant, d'une somme « égale au capital des accroissemens provenant des extinctions d'actions présumées « dans chaque classe, d'après le nombre « des décès probables, eu égard à l'âge « moyen des actionnaires, suivant la table « de mortalité d'E.-E. Duvillard, dite *Loi* « *de mortalité en France dans l'état naturel*

« (1806), la mise calculée sur le pied du « denier vingt. »

2. Notre ministre de l'intérieur est chargé de l'exécution de la présente ordonnance.

———

15 OCTOBRE = Pr. 6 NOVEMBRE 1820. — Ordonnance du Roi qui accorde le rang du grade supérieur aux officiers, sous-officiers et soldats de première classe de la garde royale, et contient diverses autres dispositions qui modifient l'ordonnance du 2 août 1818. (7, Bull. 415, n° 9777.)

Voy. ordonnances des 17 OCTOBRE 1821 et 6 MARS 1822.

Louis, etc., nous étant fait rendre compte le l'exécution de notre ordonnance du 2 août 818, en ce qui concerne notre garde royale, l nous a été démontré, d'après une expéience de deux années, qu'elle ne pouvait ntièrement atteindre le but que nous nous ommes proposé, qui est d'assurer aux miitaires de notre garde et de la ligne les plus ecommandables par leurs services et par eur dévouement à notre personne, les vantages qui doivent résulter de notre hoix, soit qu'il les appelle à servir dans otre garde, ou à passer de la garde dans a ligne; vu le titre VI de la loi du 10 mars 818 et notre ordonnance du 2 août de la ème année; sur le rapport de notre miistre secrétaire d'Etat de la guerre, nous vons ordonné et ordonnons ce qui suit :

Art. 1er. Les officiers, sous-officiers et s soldats de première classe de notre arde royale auront le rang du grade supé-:eur à celui dont ils remplissent les fonc-ons, et de la même manière qu'il est en-:ndu par l'article 236 de notre ordonnance u 2 août 1818.

Les marques distinctives ne pourront .re que celles de l'emploi, sauf l'excep-on mentionnée à l'article 84 de notre :donnance du 2 août, en faveur des offi-ers déjà pourvus du grade ou du rang su-:érieur, à l'époque de ladite ordonnance.

2. A l'avenir, ne pourront être admis ins la garde que les officiers de la ligne :jà pourvus depuis quatre ans du grade ins lequel il y aurait vacance, et qui se-:nt compris dans les désignations faites ir les inspecteurs généraux d'armes, d'a-:ès l'article 29 de notre ordonnance du août.

3. Ces officiers seront classés pour l'an-:ncement, comme pour le commande-,ent, à la date de leur admission.

4. Lorsqu'un officier sera admis dans otre garde au tour de la ligne, un officier : la garde, du grade immédiatement in-:rieur et à notre choix, le remplacera,

et sera, à cet effet, pourvu du grade effectif dont il n'avait que le rang.

5. Pour l'exécution de l'article précédent, en ce qui concerne les emplois d'officiers supérieurs, il sera établi pour chaque arme de notre garde une liste par rang d'ancienneté des capitaines, chefs de bataillon et d'escadron, conformément à l'article 22 de l'ordonnance du 2 août.

Ces officiers seront inscrits sur ces listes par ordre d'ancienneté dans le rang supérieur.

6. Tout officier qui passera de la garde dans la ligne avec le grade dont il n'avait que le rang, sera classé à la date du jour où il aura accompli quatre ans dans les fonctions du grade précédent, ou du jour de son admission dans la garde, dans le cas où cet officier n'y aurait point obtenu d'avancement.

Les officiers admis postérieurement à notre ordonnance du 2 août, et qui avaient moins de quatre ans de grade, ne compteront leur ancienneté, en passant avec avancement dans la ligne, qu'à dater du jour où ils auront accompli ces quatre ans.

Les militaires de tout grade qui passeront de la garde dans la ligne sans avancement ne pourront être classés dans les nouveaux corps que dans le grade effectif dont ils sont pourvus.

7. Indépendamment du tiers des sous-lieutenances réservé par l'article 28 de la loi du 10 mars aux sous-officiers du corps, il pourra être présenté des sous-officiers pour un second tiers, lesquels seront pourvus du grade de sous-lieutenans, soit en remplacement des sous-lieutenans qui passeront de la ligne dans la garde, soit par leur placement dans nos gardes-du-corps ou dans ceux de notre bien-aimé frère, Monsieur.

8. Après six ans de service dans notre garde, les militaires de tout grade qui auront droit à la retraite, l'obtiendront dans le grade dont ils auront eu le rang pendant quatre ans : les officiers recevront, à cet effet, le brevet du grade supérieur.

Lorsque la retraite sera donnée pour cause de blessures reçues en temps de guerre dans un corps de la garde, elle sera réglée dans le grade dont les militaires auront le rang, sans égard aux conditions exigées ci-dessus.

9. Toutes les dispositions de notre ordonnance du 2 août qui ne sont pas contraires à la présente sont maintenues.

10. Notre ministre de la guerre est chargé de l'exécution de la présente ordonnance.

———

25 OCTOBRE 1820. — Ordonnance du Roi qui admet le sieur comte de Wiser à établir son do-

micile en France avec sa famille. (7, Bull. 415.)

25 OCTOBRE 1820. — Ordonnance du Roi qui réintègre le sieur Marsoin dit *Marcet* dans la qualité et les droits de Français. (7, Bull. 415.)

25 OCTOBRE 1820. — Ordonnance du Roi qui nomme M. Gigault de la Salle greffier en chef de la cour des comptes. (7, Bull. 416.)

25 OCTOBRE 1820. — Ordonnances du Roi qui autorisent l'acceptation de dons et legs faits aux fabriques des églises de Cappel-Kinger , de Hourkirch, d'Arry, de Saint-Lambert du Latay, de Muret et de Saint-Pierre de Douai. (7, Bull. 422.)

25 OCTOBRE 1820. — Ordonnance du Roi qui autorise l'acceptation de dons et legs faits aux fabriques des églises de Brantôme , etc. (7, Bull. 424, 425 et 426.)

25 OCTOBRE 1820. — Ordonnances du Roi qui accordent des lettres de déclaration de naturalité aux sieurs Vankeerberghen, Ots et Daus. (7, Bull. 427, 435 et 444.)

26 OCTOBRE = Pr. 6 NOVEMBRE 1820. — Ordonnance du Roi qui établit un dépôt de recrutement dans chaque département , et supprime, à compter du 1er janvier 1821, les quatre-vingt-six compagnies de dépôt provisoirement conservées jusqu'à cette époque. (7, Bull. 415 , n° 9778.)

Voy. ordonnance du 9 MAI 1821.

Louis, etc., considérant que l'organisation donnée à notre infanterie de ligne par notre ordonnance du 23 du mois courant entraîne la suppression des compagnies de dépôt détachées en ce moment dans les départemens pour recevoir les hommes provenant des appels, et voulant pourvoir aux besoins du service du recrutement; sur le rapport de notre ministre secrétaire d'État de la guerre , avons ordonné et ordonnons ce qui suit :

Art. 1er. Il sera formé au chef-lieu de chaque département un dépôt de recrutement, composé d'un capitaine commandant, et du nombre de lieutenans ou sous-lieutenans et de sous-officiers qu'exigeront les besoins du service.

2. Il ne pourra plus y avoir au dépôt du recrutement plus de trois officiers, y compris le capitaine commandant, et de quatre sous-officiers.

3. Les capitaines qui devront commander les dépôts de recrutement seront détachés des corps des diverses armes : ils seront désignés par notre ministre de la guerre, et ne pourront être rappelés à leur corps qu'en vertu de son ordre spécial.

4. Les lieutenans et sous-lieutenans et les sous-officiers seront choisis dans les troupes qui tiennent garnison dans la division. Ils rejoindront leur corps et seront remplacés dès qu'il quittera la division.

5. Les jeunes gens des classes qui auront été compris dans le contingent, s'ils n'ont pas été dispensés, aux termes de l'article 15 de la loi du 10 mars 1818, ou s'ils n'ont pas été remplacés, seront inscrits comme jeunes soldats sur le registre-matricule ouvert à cet effet au dépôt, et qui sera appelé le registre-matricule départemental.

6. Le capitaine commandant le dépôt départemental de recrutement tiendra note sur ce registre-matricule, de toutes les mutations qui surviendront parmi les jeunes soldats laissés en réserve dans leurs foyers et sera, en outre, chargé de toutes les mesures, d'ordre et de comptabilité résultant de la destination qui sera assignée aux jeunes soldats lors de leur mise en activité.

7. Il sera conservé au chef-lieu de chaque département, jusqu'au 31 décembre prochain , une des compagnies de dépôt qui y existent ; les autres compagnies de dépôts seront dirigées sur les régimens qui doivent former les légions dont elles font partie.

8. Les officiers et sous-officiers de la compagnie de dépôt qui sera provisoirement conservée au chef-lieu de chaque département, concourront également à l'organisation des nouveaux régimens que composeront les légions auxquelles elles appartiennent pour faire partie de ces régimens.

9. Ces quatre-vingt-six compagnies de dépôts seront supprimées au 1er janvier 1821, et elles remettront tous leurs registres, états et documens, au dépôt départemental de recrutement qui sera alors organisé.

10. Notre ministre de la guerre est chargé de l'exécution de la présente ordonnance.

27 OCTOBRE = Pr. 6 NOVEMBRE 1820. — Ordonnance du Roi portant qu'à l'avenir le fond de l'uniforme de l'infanterie française sera en drap bleu-de-roi. (7, Bull. 415, n° 9779.)

Voy. ordonnances des 23 SEPTEMBRE 1813 art. 1er, et 8 MAI 1822.

Louis, etc., ayant reconnu les inconvéniens qui résultent de l'emploi de la co[...]

leur blanche pour le fond de l'uniforme de nos régimens d'infanterie de ligne, à cause des soins continuels qu'elle exige pour la tenue du soldat, et voulant que toute notre infanterie porte l'uniforme d'une même couleur; sur le rapport de notre ministre secrétaire d'État de la guerre, nous avons ordonné et ordonnons ce qui suit :

Art. 1er. Le fond de l'habit d'uniforme de tous nos régimens d'infanterie de ligne et d'infanterie légère sera en drap bleu-de-roi.

2. Les changemens auxquels la disposition ci-dessus donnera lieu dans l'uniforme de nosdits régimens, seront opérés au fur et à mesure que ces corps auront droit à des fournitures d'habits, soit pour premières mises, soit pour remplacemens.

3. Notre ministre secrétaire d'État au département de la guerre est chargé de l'exécution de la présente ordonnance.

29 OCTOBRE — Pr. 29 NOVEMBRE 1820. — Ordonnance du Roi portant réglement sur le service de la gendarmerie. (7, Bull. 419, n° 9881.)

Voy. loi du 28 GERMINAL an 6 et notes, et ordonnance du 10 OCTOBRE 1821.

Louis, etc., sur le rapport de nos ministres secrétaires d'État de la guerre et de l'intérieur; voulant réunir les dispositions des lois, ordonnances et instructions sur le service de la gendarmerie royale et déterminer d'une manière plus positive les devoirs de ce corps et ses rapports avec les différentes autorités, nous avons ordonné et ordonnons ce qui suit :

PREMIÈRE PARTIE.

CHAPITRE Ier. De l'institution de la gendarmerie.

Art. 1er. La gendarmerie royale est une force instituée pour veiller à la sûreté publique, et pour assurer, dans toute l'étendue du royaume, dans les camps et dans les armées, le maintien de l'ordre et l'exécution des lois.

Une surveillance continue et répressive constitue l'essence de son service.

2. Le corps de la gendarmerie royale est une des parties intégrantes de l'armée, et les dispositions générales des lois militaires lui sont applicables, sauf les modifications et les exceptions que la nature mixte de son service rend nécessaire.

3. Toutes les fois que la gendarmerie royale est insuffisante pour dissiper les émeutes populaires ou attroupemens séditieux, et faire cesser toute résistance à l'exécution des lois, elle requiert l'assistance des gardes nationales et des troupes de ligne, qui sont tenues de différer à ses réquisitions, et de lui prêter main-forte.

La gendarmerie se conforme, pour ces réquisitions, aux articles 73, 74, 84, 90 et 92 de la présente ordonnance.

CHAPITRE II. Du personnel.

Force et organisation du corps.

4. Le corps de la gendarmerie royale se compose, 1° de la gendarmerie d'élite, 2° de vingt-quatre légions pour le service des départemens et des arrondissemens maritimes, 3° de la gendarmerie spécialement affectée au service de notre bonne ville de Paris.

5. Le corps de la gendarmerie d'élite (1), institué pour le service de nos résidences royales, est placé sous les ordres du major-général de service de notre garde royale, et est composé de :

État-major.

Officiers : colonel, un; capitaine adjudant-major, un; lieutenant trésorier, un; chirurgien-major, un.
Sous-officiers : adjudant sous-officier, un; trompette-brigadier, un; maréchal vétérinaire, un.

Compagnies.

Officiers : chefs d'escadron commandans, deux; lieutenans, six.
Troupe : maréchaux-des-logis-chefs, deux; maréchaux-des-logis, douze; brigadiers, vingt-quatre; gendarmes, cent quatre-vingt-quatre; trompettes, quatre. Force totale : deux cent quarante-un.

6. Les vingt-quatre légions sont divisées en compagnies, lieutenances et brigades; la force de ces légions est de :
Colonels, vingt-quatre; chefs d'escadron, commandans de compagnie, vingt-quatre; capitaines, soixante-huit; lieutenans, trois cent soixante-dix-huit; trésoriers, quatre-vingt-douze; maréchaux-des-logis à cheval, cinq cent trente-trois; brigadiers à cheval, mille soixante-sept; gendarmes à cheval et trompettes, huit mille; maréchaux-des-logis à pied, deux cent seize; brigadiers à pied, quatre cent trente-quatre; gendarmes à pied, trois mille deux cent cinquante. Force totale : quatorze mille quatre-vingt-six hommes.

(1) *Voy.* ordonnances des 10 septembre 1815, 16 mars et 27 avril 1820, et 17 octobre 1821.

7. Le corps de la gendarmerie royale de Paris (1) est composé de :

État-major.

Officiers : colonel, un ; chef d'escadron, trois ; major, un ; adjudans-majors, deux ; capitaine, un ; lieutenans, deux.

Emplois civils : trésorier, un ; chirurgien-major, un ; aides, deux.

Sous-officiers : adjudans sous-officiers, trois ; maréchal vétérinaire, un ; trompette maréchal-des-logis, un ; tambour-major, un ; maîtres-ouvriers, quatre.

Compagnies.

Force des six compagnies : capitaines, six ; lieutenans, vingt-quatre ; maréchaux-des-logis-chefs, six ; maréchaux-des-logis à cheval, trente-six ; idem à pied, soixante ; brigadiers-fourriers, six ; brigadiers à cheval, soixante-douze ; idem à pied, cent-vingt ; gendarmes à cheval, quatre cent trente-deux ; idem à pied, sept cent vingt ; trompettes, douze ; tambours, douze. Force totale : quinze cent vingt-huit hommes.

8. Les vingt-quatre légions sont inspectées par des inspecteurs généraux spéciaux qui sont du grade de lieutenant général ou de maréchal-de-camp, et font partie du cadre de l'état-major général de l'armée.

Admission.

9. Les conditions d'admission dans la gendarmerie sont :

D'être âgé de vingt-cinq ans, et de quarante au plus.

D'avoir la taille d'un mètre sept cent trente-deux millimètres pour le service à cheval, et d'un mètre sept cent cinq millimètres pour le service à pied ;

De savoir lire et écrire correctement ;

De produire les attestations légales d'une bonne conduite soutenue ;

De justifier d'un rengagement ou d'un congé en bonne forme.

10. A défaut d'hommes justifiant d'un rengagement dans un corps de ligne ou d'un congé en bonne forme, les militaires en activité âgés de vingt-cinq ans révolus, ayant quatre années de service peuvent concourir pour les emplois de gendarmes, s'ils réunissent les autres conditions d'admission ci-dessus prescrites, et s'ils sont d'ailleurs reconnus, par leurs chefs, ou par les inspecteurs généraux d'armes, susceptibles de servir dans la gendarmerie.

11. Les militaires licenciés qui n'ont pas été appelés à faire partie des cadres de l'armée, sont admissibles aux emplois de gendarmes, pourvu qu'ils aient quatre ans de service, qu'ils puissent s'habiller et s'équipper à leurs frais, et qu'ils réunissent d'ailleurs les autres conditions exigées sous les rapports de la taille, de l'instruction et de la bonne conduite.

12. Lorsque ces militaires veulent entrer dans la gendarmerie, ils se présentent au commandant de la gendarmerie de leur département, qui soumet, s'il y a lieu, des propositions au colonel de la légion : cet officier supérieur, après avoir reconnu que les sujets réunissent l'ensemble des conditions exigées, en rend compte à notre ministre de la guerre auquel il adresse, à l'appui des mémoires de proposition, les actes de naissance et les pièces justificatives des services et de bonne conduite.

13. Les sous-officiers et soldats qui ont accompli un rengagement, ont le droit d'être admis dans la gendarmerie.

En conséquence, ceux d'entre eux qui veulent servir dans cette arme doivent aussitôt après la réception de leur congé, se présenter à l'officier commandant la gendarmerie d'un département : cet officier vérifie s'ils ont les qualités requises, et dans ce cas, les admet provisoirement ; leurs demandes et les pièces à l'appui sont adressées sur-le-champ au colonel de la légion, qui, après un examen, le transmet au ministre de la guerre, avec son avis particulier.

Ces sous-officiers et soldats reçoivent la solde de gendarme à pied jusqu'à ce que le ministre de la guerre leur ait assigné des destinations : ils ont droit en outre à l'indemnité de première mise attribuée à leur arme, et, s'il y a lieu, il est fait une avance de quatre cents francs aux gendarmes à cheval pour les aider à se monter et à s'équiper.

Les mêmes dispositions pourront être appliquées aux sous-officiers et soldats qui, n'ayant pas contracté un rengagement, obtiendraient immédiatement après l'expiration de leur temps de service, d'être admis dans la gendarmerie.

Avancement.

14. Les brigadiers sont pris parmi les gendarmes qui ont au moins deux ans de service en cette qualité, ou parmi les sous-officiers de la ligne qui, ayant accompli un rengagement, ont occupé pendant trois ans dans un corps de l'armée l'emploi d'adju-

(1) *Voy.* ordonnances des 10 janvier 1816, 2 septembre 1818, 3 mars et 28 mai 1820, et 1er septembre 1824.

dant, de sergent-major ou de maréchal-des-logis-chef.

15. Les maréchaux-des-logis sont pris parmi les brigadiers ayant au moins deux ans d'exercice dans ce grade.

16. L'avancement aux emplois de maréchaux-des-logis et de brigadiers a lieu par légion, à moins que les besoins du service ne forcent à intervertir cet ordre.

17. Les deux tiers des emplois de lieutenant dans les compagnies sont donnés aux lieutenans de l'armée âgés de vingt-cinq ans révolus, ou de quarante ans au plus, et qui ont au moins deux ans de service dans ce grade. Ne peuvent concourir pour ces emplois les officiers pourvus du grade de capitaine.

L'autre tiers des lieutenances appartient à l'avancement de sous-officiers de gendarmerie ayant au moins quatre ans de service en cette qualité dans l'arme.

18. Les maréchaux-des-logis, brigadiers et gendarmes, concourent pour l'avancement, ainsi qu'il suit :

A l'époque des inspections de la gendarmerie, les lieutenans forment chacun une liste de deux gendarmes et de deux brigadiers qu'ils reconnaissent le plus susceptibles d'obtenir de l'avancement. Le commandant de la compagnie, après avoir émis son opinion sur les sujets présentés par les lieutenans, envoie ces listes au colonel de la légion, avec une liste particulière des maréchaux-des-logis qui servent avec le plus de distinction.

Le colonel émet également son opinion sur ces listes ; et l'inspecteur général, après y avoir consigné ses observations, les adresse avec son travail de revue à notre ministre de la guerre.

L'état des maréchaux-des-logis susceptibles d'être faits officiers est établi à raison de quatre candidats par légion.

Ces listes et états sont rectifiés à chaque inspection (les modèles en sont établis par notre ministre de la guerre) : cependant, si, dans l'intervalle d'une inspection à une autre, des maréchaux-des-logis, brigadiers ou gendarmes, non désignés comme candidats, rendent des services de nature à leur procurer un prompt avancement, ils sont susceptibles d'être promus aux emplois vacans, s'ils réunissent d'ailleurs les autres conditions prescrites.

19. Les maréchaux-des-logis appelés au tiers des emplois de lieutenant n'ont d'abord que le grade de sous-lieutenant ; ils remplissent néanmoins les mêmes fonctions que les lieutenans, et leur sont assimilés pour la solde.

A l'expiration des quatre ans d'exercice dans l'emploi de sous-lieutenant, ces officiers reçoivent le brevet de lieutenant.

20. Les emplois de trésorier sont conférés à des lieutenans de gendarmerie ou de l'armée qui réunissent les conditions exigées pour ces emplois : toutefois, les sous-officiers de gendarmerie promus au grade de sous-lieutenant, ainsi qu'il est expliqué par l'article précédent, peuvent être nommés trésoriers, pourvu qu'ils réunissent également les conditions exigées.

21. Les lieutenans et les sous-lieutenans de la gendarmerie qui veulent concourir pour les emplois de trésorier sont examinés par l'inspecteur général, le conseil d'administration assemblé : le sous-intendant militaire, ayant la police administrative de la compagnie est présent à la séance ; son avis est inscrit au procès-verbal. Le résultat de ces examens fait l'objet d'un rapport spécial dans le travail des revues.

22. Les lieutenans trésoriers concourent avec les lieutenans des compagnies pour l'avancement au grade de capitaine : cependant, si l'intérêt particulier du service l'exige, un trésorier promu au grade de capitaine pourra être maintenu dans l'exercice de ses fonctions, sans que cette exception puisse jamais s'étendre à plus d'un trésorier par arrondissement d'inspection.

La résidence de cet officier est toujours fixée au chef-lieu d'une légion.

23. L'avancement aux grades de capitaine et de chef d'escadron commandant de compagnie a lieu sur tout le corps, savoir : les deux tiers à l'ancienneté, et l'autre tiers à notre choix.

24. La moitié des emplois de chef de légion de gendarmerie est conférée aux colonels de l'armée ; l'autre moitié appartient à l'avancement des officiers de gendarmerie, deux tiers à l'ancienneté et un tiers à notre choix.

25. Les chefs d'escadron de gendarmerie appelés à la moitié des emplois de chef de légion n'ont d'abord que le grade de lieutenant-colonel ; mais ils remplissent les mêmes fonctions, et jouissent de la même solde que les autres chefs de légion.

Après quatre ans de grade de lieutenant-colonel, ils sont promus au grade de colonel.

26. L'avancement aux grades de maréchal-de-camp et de lieutenant général dans la gendarmerie a lieu conformément aux règles établies par nos ordonnances des 22 juillet et 2 août 1818.

27. Les promotions et nominations à notre choix étant la récompense des bons services, les inspecteurs généraux, lors de leurs revues, s'assurent des droits des officiers à notre préférence pour l'avancement, et en font un rapport spécial à notre ministre de la guerre.

Ce rapport contient, pour chaque arrondissement d'inspection, la présentation :

1° De quatre candidats du grade de lieutenant pour celui de capitaine ;

2° De deux candidats du grade de capitaine pour celui de chef d'escadron.

3° D'un candidat du grade de chef d'escadron pour celui de lieutenant colonel chef de légion.

Les officiers présentés comme candidats doivent avoir plus de quatre ans d'activité dans leur grade et dans la gendarmerie.

Les rapports des inspecteurs généraux sont renouvelés à chaque inspection.

28. Les officiers de tout grade dans la gendarmerie sont nommés par nous sur la présentation de notre ministre de la guerre.

Les maréchaux-des-logis, brigadiers et gendarmes, sont nommés par notre ministre de la guerre ; ils sont commissionnés en notre nom.

Établissement des rangs entre les officiers, sous-officiers et gendarmes.

29. Depuis et y compris le grade de lieutenant, jusques et y compris celui de chef d'escadron, les officiers du corps de la gendarmerie prennent rang dans leurs grades respectifs, d'après les dates de leur .nomination dans cette arme, sans qu'ils puissent se prévaloir de leur ancienneté de grade dans la ligne, ni même des grades supérieurs dont ils auraient été précédemment pourvus dans un autre corps.

Les officiers nommés dans la gendarmerie, antérieurement à notre ordonnance du 2 août 1818, qui ont fait partie d'une promotion de la même date, prennent rang entre eux à raison des grades qu'ils ont occupés dans l'armée et de leur ancienneté de nomination dans ces grades.

Les colonels chefs de légion, et les officiers généraux employés comme inspecteurs généraux de gendarmerie, prennent rang selon leurs grades et l'ancienneté de ces grades.

30. Dans chaque compagnie de gendarmerie, les maréchaux-des-logis et brigadiers prennent rang entre eux en raison de l'ancienneté de leur nomination à ces grades dans la gendarmerie, en se conformant aux principes ci-dessus établis pour le classement des rangs des officiers.

Les gendarmes prennent rang entre eux d'après l'ordre de leur nomination à ces emplois, et, à égalité de date, d'après l'ancienneté de leurs services.

Rang de la gendarmerie dans l'armée.

31. Le corps de la gendarmerie prend rang dans l'armée immédiatement après notre garde royale.

Les officiers, sous-officiers et gendarmes ont le rang du grade immédiatement supérieur ; mais ils n'en jouissent, pour le commandement, qu'après les titulaires de ce même grade dans l'armée.

Du serment.

32. Les officiers, sous-officiers et gendarmes, à la réception des brevets, commissions ou lettres de service qui sont expédiés par notre ministre de la guerre, prêtent chacun le serment ci-après :

« Je jure et promets de bien et fidè« ment servir le Roi, d'obéir à mes chefs « en tout ce qui concerne le service de Sa « Majesté ; et dans l'exercice de mes fonc« tions, de ne faire usage de la force qui « m'est confiée que pour le maintien de « l'ordre et l'exécution des lois. »

Ce serment est reçu par les présidens des tribunaux de première instance étant en séance ; il en est dressé acte, dont une expédition, délivrée sans frais, est remise au sous-intendant militaire qui a la police de la compagnie, lequel en fait l'envoi à notre ministre de la guerre.

33. Lorsque des officiers, sous-officiers ou gendarmes ont à prêter leur serment, s'ils font partie de la lieutenance du cheflieu de la légion, le colonel prévient par écrit le président du tribunal, pour que ces militaires puissent être admis à cette prestation à la plus prochaine séance.

Dans les autres compagnies ou lieutenances, l'officier commandant la gendarmerie du lieu où siège le tribunal prévient par écrit le président.

Les officiers, sous-officiers et gendarmes employés à la résidence, doivent toujours assister aux prestations de serment, s'ils n'en sont empêchés pour des causes urgentes de service : ils sont en grande tenue.

Récompenses militaires.

34. Les militaires du corps de la gendarmerie concourent, en raison de leurs bons services, pour les récompenses que nous jugeons convenable d'accorder aux autres corps de l'armée.

Retraites et admissions dans les compagnies sédentaires.

35. Les officiers, sous-officiers et gendarmes qui sont dans le cas d'obtenir la solde de retraite, ont droit à celle du grade supérieur après dix années révolues d'activité dans leur grade et dans la gendarmerie.

36. Ceux des officiers, sous-officiers et gendarmes qui ne conservent plus l'activité nécessaire pour le service de la gendarmerie, et auxquels la solde de retraite ne peut être accordée pour ancienneté de ser-

vice, sont susceptibles d'être admis dans les compagnies sédentaires.

37. Les veuves et enfans des officiers, sous-officiers et gendarmes, ont droit aux pensions qui sont accordées aux veuves et enfans des militaires des autres armes dans les cas prévus par nos ordonnances.

DEUXIÈME PARTIE.

CHAPITRE Ier. Des rapports de la gendarmerie avec les différentes autorités.

[Obligations de la gendarmerie envers nos ministres.

38. Le corps de la gendarmerie royale est placé dans les attributions,

Du ministre de la guerre, pour ce qui concerne l'organisation, le personnel, la discipline et le matériel;

Du ministre de l'intérieur, pour ce qui concerne l'ordre public et les dépenses du casernement;

Du ministre de la justice, pour ce qui est relatif à l'exercice de la police judiciaire et à l'exécution des mandemens de justice;

Du ministre de la marine, pour les dispositions relatives à la surveillance des gens de mer et des autres troupes de la marine, ainsi que pour le service des ports et arsenaux.

39. Les ordres à donner pour les admissions dans le corps, pour les nominations, l'avancement, les lettres de passe, les changemens de résidence, la tenue, la police et la discipline, l'ordre intérieur, la répartition, le mouvement des brigades, la fixation de leur emplacement, l'assiette de leur logement, le paiement de la solde, l'habillement, l'équipement, la remonte, les approvisionnemens en fourrages, l'emploi des masses, l'administration, la vérification des comptabilités, les revues et tournées, les inspections générales et particulières, émanent de notre ministre de la guerre.

40. La surveillance que la gendarmerie est tenue d'exercer sur les militaires absens de leur corps, est dans les attributions du ministre de la guerre; il lui est fait, chaque mois, un rapport spécial du service des brigades pour la recherche des déserteurs et la rentrée des militaires sous leurs drapeaux.

41. Les ordres à donner pour la police, la sûreté de l'État, la tranquillité intérieure, le maintien de l'ordre public, et pour le rassemblement des brigades, en cas de service extraordinaire, émanent de notre ministre de l'intérieur. Il lui est rendu compte du service journalier et habituel de la gendarmerie; de celui qu'elle fait d'a-

près les réquisitions des autorités, ou en exécution des lois et réglemens d'administration publique; de toutes les arrestations, des conduites de brigade en brigade, des transféremens de prisonniers, prévenus ou condamnés; des escortes de deniers royaux, des courriers des malles et des voitures publiques chargées de fonds du Gouvernement; de la surveillance exercée sur les mendians, vagabonds, gens sans aveu ou repris de justice, ainsi que de toutes les tentatives contre la sûreté des personnes et des propriétés.

42. Il est rendu compte à notre ministre de la justice du service des officiers de gendarmerie, lorsqu'ils remplissent les fonctions d'officiers de police auxiliaire.

43. Notre ministre de la marine reçoit les rapports des arrestations faites par la gendarmerie, des marins et des militaires des troupes de la marine en état de désertion.

Il lui est rendu compte, en outre, de la capture des forçats évadés des bagnes.

44. Les rapports que, d'après les articles précédens, nos ministres de la justice, de la marine et de l'intérieur, doivent recevoir, sont établis par extraits, et forment, suivant l'ordre des attributions, les comptes mensuels du service de chaque compagnie.

Ces comptes mensuels sont régulièrement adressés à ces ministres par les colonels des légions, qui leur transmettent également le tableau sommaire du service annuel des brigades.

Une expédition de ces comptes mensuels et annuels est envoyée à notre ministre de la guerre.

45. Indépendamment des comptes mensuels à rendre au ministre de l'intérieur, il lui est donné connaissance, sur-le-champ, de tous les événemens extraordinaires qui peuvent être de nature à compromettre la tranquillité publique.

Les rapports lui en sont faits, savoir: pour les événemens qui surviennent dans les arrondissemens des chefs-lieux de préfecture, par les commandans des compagnies; et pour ceux qui ont lieu dans chaque sous-préfecture, par le lieutenant de gendarmerie de l'arrondissement.

Ces événemens extraordinaires sont principalement:

Les vols avec effraction commis par des brigands au nombre de plus de deux;

Les crimes d'incendie et d'assassinat;

Les attaques des voitures publiques, des courriers, des convois de deniers royaux ou de munitions de guerre;

L'enlèvement et le pillage des caisses publiques et des magasins militaires;

Les arrestations d'embaucheurs, d'espions employés à lever le plan des places et du territoire, ou à se procurer des renseignemens sur la force et les mouvemens des troupes, la saisie de leur correspondance et de toutes pièces pouvant donner des indices ou fournir des preuves de crimes et complots attentatoires à la sûreté intérieure ou extérieure du royaume ;

Les provocations à la révolte contre le Gouvernement ;

Les attroupemens séditieux ayant pour objet le pillage des convois de grains ou farines ;

Les émeutes populaires ;

Les découvertes d'ateliers et d'instrumens servant à fabriquer de la fausse monnaie, l'arrestation des faux monnayeurs ;

Les assassinats tentés ou consommés sur les fonctionnaires publics ;

Les attroupemens armés ou non armés, qualifiés séditieux par les lois ;

Les distributions d'argent, de vin, de liqueurs enivrantes et autres manœuvres tendant à favoriser la désertion, ou à empêcher les militaires de rejoindre leurs drapeaux ;

Les attaques dirigées et exécutées contre la force armée chargée des escortes et des transfèremens des prévenus ou condamnés ;

Les rassemblemens, excursions et attaques de brigands réunis et organisés en bandes, dévastant et pillant les propriétés ;

Les découvertes de dépôts d'armes cachées, de lettres minatoires, de signes et mots de ralliement, d'écrits, d'affiches et de placards incendiaires provocant à la révolte, à la sédition, à l'assassinat et au pillage ;

Et généralement tous les événemens qui exigent des mesures promptes et décisives, soit pour prévenir le désordre, soit pour le réprimer.

Ces rapports directs sur les faits et événemens de nature extraordinaire ne dispensent pas d'en faire mention dans les comptes mensuels.

46. Pour les événemens spécifiés dans l'article précédent, les mêmes rapports sont faits à notre ministre de la guerre : hors ces cas et à moins d'ordres particuliers, les colonels de la gendarmerie correspondent seuls avec nos ministres.

47. Des propositions spéciales de récompenses, de gratifications ou d'indemnités, peuvent avoir lieu pour des services importans rendus par des militaires du corps de la gendarmerie, ou pour des pertes qu'ils auraient éprouvées dans l'exercice de leurs fonctions. Ces propositions, suivant l'ordre des attributions, sont adressées, soit à notre ministre de la guerre, soit à notre ministre de l'intérieur.

Des devoirs de la gendarmerie lors de la réunion des colléges électoraux.

48. Pendant la durée de la cession des colléges électoraux de département et d'arrondissement légalement convoqués, la gendarmerie est aux ordres des présidens et des vice-présidens pour la police et la sûreté des colléges.

49. Lors de la convocation des colléges électoraux, notre ministre de l'intérieur fait connaître au commandant de la gendarmerie de chacun des départemens où ces colléges doivent se réunir, les lieux et époques de leur réunion, ainsi que la nomination des présidens et vice-présidens.

50. Le jour qui précède celui fixé pour l'ouverture de la session d'un collége électoral, l'officier commandant la gendarmerie du lieu où il se réunit se rend en grande tenue au domicile du président, et reçoit ses ordres sur la force et le placement de la gendarmerie qu'il juge convenable d'avoir à sa disposition pour la police du collége qu'il doit présider.

Si le collége électoral est divisé en plusieurs sections, l'officier de gendarmerie se rend ensuite auprès du vice-président de chacune des sections en suivant l'ordre de leurs numéros, et reçoit leurs ordres, comme il est dit ci-dessus.

51. Les détachemens de gendarmerie mis à la disposition des présidens et des vice-présidens des colléges électoraux sont en grande tenue ; l'officier qui commande chacun de ces détachemens ne peut s'absenter pendant la durée de la session.

Rapports de la gendarmerie avec les autorités judiciaires, administratives et militaires.

SECTION 1re. *Dispositions préliminaires.*

52. L'action des autorités civiles sur la gendarmerie, en ce qui concerne l'emploi de cette force publique, ne peut s'exercer que par des réquisitions. Ces réquisitions ne doivent contenir aucuns termes impératifs, tels que, *ordonnons, voulons, enjoignons, mandons, etc.*

53. Les réquisitions sont toujours adressées au commandant de la gendarmerie du lieu où elles doivent recevoir leur exécution, et, en cas de refus, à l'officier sous les ordres duquel est immédiatement placé celui qui n'a pas obtempéré à ces réquisitions.

Elles ne peuvent être données ni exécutées que dans l'arrondissement de celui qui les donne et de celui qui les exécute.

54. La main-forte est accordée toutes les fois qu'elle est requise par ceux à qui la loi ou nos ordonnances donnent le droit de la requérir.

55. Les cas où la gendarmerie peut être requise sont tous ceux prévus par les lois et les réglemens, ou spécifiés par les ordres particuliers du service.

56. Les réquisitions doivent énoncer la loi qui les autorise, le motif, l'ordre, le jugement ou l'acte administratif en vertu duquel la gendarmerie est requise.

57. Les autorités civiles peuvent indiquer les mesures d'exécution ; mais elles ne doivent s'immiscer en aucune manière dans les opérations militaires, dont la direction appartient au commandant de la gendarmerie.

58. Les réquisitions sont faites par écrit, signées, datées, et dans la forme ci-après :

DE PAR LE ROI.

Conformément à l'ordonnance sur le service de la gendarmerie et en vertu d *(loi, arrêté, réglement)*, nous requérons le *(grade et lieu de résidence)* de commander faire   se transporter arrêter, etc. et qu'il nous fasse part *(si c'est un officier)* et qu'il nous rende compte *(si c'est un sous-officier)* de l'exécution de ce qui est par nous requis au nom de sa majesté.

Fait à

59. Lorsque la gendarmerie est légalement requise pour assister l'autorité dans l'exécution d'un acte ou d'une mesure quelconque, elle ne doit être employée que pour assurer l'effet de la réquisition et pour faire cesser au besoin les obstacles ou empêchemens.

60. La gendarmerie ne doit pas être distraite de son service, ni détournée de ses fonctions, pour porter les dépêches des autorités civiles ou militaires. Néanmoins, si des événemens d'un intérêt majeur exigeaient la transmission d'un avis urgent et officiel à l'autorité civile ou militaire qui ne pourrait en être informée assez promptement par une autre voie, la gendarmerie sera tenue de porter les dépêches ; mais il sera rendu compte de ce déplacement à nos ministres de la guerre et de l'intérieur.

61. La gendarmerie doit communiquer sur-le-champ aux autorités civiles les renseignemens qu'elle reçoit et qui intéressent l'ordre public. Les autorités civiles lui font les communications et réquisitions qu'elles reconnaissent utiles au bien du service.

62. Les communications entre les magistrats, les administrateurs et la gendarmerie, s'établissent par écrit ; elles sont signées et datées.

63. Les premiers présidens de nos cours royales, nos procureurs généraux, les préfets et nos procureurs ordinaires, peuvent appeler auprès d'eux le commandant de la gendarmerie du département, toutes les fois qu'ils jugent utile de conférer avec cet officier pour des objets de service.

Si nos cours royales et nos cours d'assises ne siégent pas au chef-lieu du département, nos premiers présidens et nos procureurs généraux et ordinaires ne peuvent appeler auprès d'eux que l'officier commandant la gendarmerie de l'arrondissement.

Les sous-préfets peuvent également appeler auprès d'eux, pour des objets de service, le lieutenant de la gendarmerie en résidence dans le chef-lieu de leur sous-préfecture.

Lorsque les officiers de gendarmerie sont dans le cas de consulter les autorités, ils se rendent chez les fonctionnaires compétens.

64. Les communications par écrit ou verbales de la part des autorités civiles, pour un objet de service déterminé, sont toujours faites au commandant de la gendarmerie du lieu ou de l'arrondissement. Ces autorités ne peuvent s'adresser à l'officier supérieur en grade que dans le cas où elles auraient à se plaindre de retard ou de négligence.

65. Il est rendu compte à nos ministres de la guerre et de l'intérieur, des contraventions aux dispositions ci-dessus.

SECTION II. Relations de la gendarmerie avec les autorités judiciaires.

66. Les chefs d'escadron et capitaines commandans de la gendarmerie des départemens informent sur-le-champ nos procureurs généraux près nos cours royales de tous les événemens qui sont de nature à donner lieu à des poursuites judiciaires.

Ces officiers, ainsi que les lieutenans, informent également sur-le-champ nos procureurs royaux, et, à défaut, leurs substituts, des événemens de même nature qui surviennent dans le ressort du tribunal près duquel ils exercent leurs fonctions.

Ces officiers ne sont point tenus à faire des rapports négatifs.

67. Les mandemens de justice peuvent être notifiés aux prévenus et mis à exécution par les gendarmes.

68. La gendarmerie ne peut être employée à porter des citations que dans le cas d'une nécessité urgente et absolue.

69. Les détachemens de gendarmerie qui sont requis lors des exécutions des criminels condamnés par nos cours d'assises ne doivent servir que comme garde de police et main-forte à la justice, uniquement préposée pour maintenir l'ordre, prévenir

et empêcher les émeutes, et garantir de trouble dans leurs fonctions les officiers de justice chargés de faire mettre à exécution les jugemens de condamnation.

SECTION III. Relations de la gendarmerie avec les autorités administratives.

70. Les commandans des compagnies adressent, chaque jour, au préfet, le rapport de tous les événemens qui peuvent intéresser l'ordre public; ils lui communiquent également les renseignemens que leur fournit la correspondance des brigades, lorsque ces renseignemens ont pour objet le maintien de l'ordre, et qu'ils peuvent donner lieu à des mesures de précaution ou de répression.

Les commandans des compagnies donnent pareillement connaissance aux commissaires généraux de police de tout ce qui peut intéresser l'ordre public.

Les mêmes rapports et communications sont adressés aux sous-préfets par les lieutenans de gendarmerie.

71. Les lieutenans de gendarmerie adressent, en outre, tous les cinq jours, aux sous-préfets, un tableau contenant une simple indication de tous les délits et de toutes les arrestations dont la connaissance leur est parvenue par les rapports des brigades.

Ce tableau, en ce qui concerne l'arrondissement du chef-lieu de chaque département, est remis au préfet par le commandant de la compagnie.

72. Les commandans de compagnie et les lieutenans de gendarmerie ne sont pas tenus à fournir des rapports ou tableaux négatifs, lorsque la correspondance des brigades ne donne lieu à aucune communication.

73. Si les rapports du service font craindre quelque émeute populaire ou attroupement séditieux, les préfets, après s'être concertés avec l'officier général commandant le département, s'il est présent, et avec l'officier le plus élevé en grade de la gendarmerie en résidence au chef-lieu du département, peuvent ordonner la réunion, sur le point menacé, du nombre de brigades nécessaire au rétablissement de l'ordre.

Il en est rendu compte sur-le-champ à notre ministre de l'intérieur par le préfet, et par l'officier général à notre ministre de la guerre.

74. Dans des cas urgens, les sous-préfets peuvent requérir du lieutenant commandant la gendarmerie de l'arrondissement, le rassemblement de plusieurs brigades, à la charge d'en informer sur-le-champ le préfet du département, qui, pour les mesures ultérieures, se concerte avec l'offi-

cier général et le chef de la gendarmerie, comme il est dit en l'article précédent.

75. Néanmoins, si des brigands attroupés et organisés en bandes apparaissent sur quelque point, les officiers de gendarmerie devront aussitôt se mettre à leur poursuite: ils pourront réunir des gendarmes de plusieurs brigades, et ils en rendront compte aux autorités civiles et militaires du département.

76. Dans le cas où des brigades, poursuivant de près des voleurs ou assassins, parviendraient aux extrémités du département sans les avoir arrêtés, elles se porteront sur le territoire du département limitrophe pour les atteindre, s'il est possible, ou prévenir les brigades les plus rapprochées de la direction qu'ils auraient prise.

Il en sera rendu compte sur-le-champ aux préfets des départemens respectifs, ainsi qu'aux commandans militaires de ces départemens.

SECTION IV. Des rapports de la gendarmerie avec la troupe de ligne et la garde nationale.

77. Les officiers de gendarmerie sont subordonnés aux généraux commandant les divisions militaires et les départemens; ceux qui résident dans les places où il y a état-major sont aussi subordonnés aux lieutenans de Roi pour l'ordre établi dans ces places.

Ces généraux et les lieutenans de Roi reçoivent, dans les cinq premiers jours de chaque mois, les états de situation numérique de la gendarmerie comprise dans l'arrondissement de leur commandement. Ces états sont adressés, savoir: aux généraux commandant les subdivisions militaires ou les départemens, par les commandans des compagnies; et aux lieutenans de Roi, par l'officier ou sous-officier commandant la gendarmerie dans la place.

Les colonels des légions sont tenus d'informer les lieutenans-généraux commandant les divisions militaires des mutations qui surviennent parmi les officiers de tout grade de la gendarmerie employée dans ces divisions.

78. La subordination de service s'établit ainsi qu'il suit:

1° Dans l'état de paix, les officiers de gendarmerie sont subordonnés aux lieutenans de Roi pour les objets qui concernent le service particulier des places, sans néanmoins être tenus de rendre aucun compte du service spécial de la gendarmerie, ni de l'exécution d'ordres autres que ceux qui seraient relatifs au service particulier des places et à leur sûreté;

2° Dans l'état de guerre, les officiers de gendarmerie des arrondissemens militaires et des places de guerre dépendent, dans l'exercice de leurs fonctions habituelles, des lieutenans-généraux et maréchaux-de-camp; et ils sont tenus, en outre, de se conformer aux mesures d'ordre et de police qui intéressent la sûreté des places et postes militaires;

3° Dans l'état de siége, toute l'autorité résidant dans les mains du commandant militaire, elle est exercée par lui sur la gendarmerie comme sur les autres troupes.

79. La gendarmerie ayant des fonctions essentiellement distinctes du service purement militaire des troupes en garnison, l'état de siége excepté, elle ne peut être regardée comme portion de la garnison des places dans lesquelles elle est répartie. En conséquence, les généraux et commandans militaires ne passent point de revue de la gendarmerie, ne l'appellent point à la parade, et ne peuvent la réunir pour des objets étrangers à ses fonctions.

80. Dans les places et villes de garnison, le mot d'ordre est envoyé au commandant de la gendarmerie, en suivant le mode prescrit par l'article 29, titre XIII de l'ordonnance de 1768 sur le service des places (1).

81. Dans les places de guerre, les commandans de la gendarmerie sont autorisés, pour les cas urgens et extraordinaires, et lorsque les dispositions du service l'exigent, à demander l'ouverture des portes, tant pour leur sortie que pour leur rentrée. Ils s'adressent, à cet effet, aux lieutenans du Roi.

Les demandes sont toujours faites par écrit, signées, datées, et dans la forme ci-après :

Service extraordinaire de la gendarmerie.

BRIGADE D

En exécution (de l'ordre ou de la réquisition) qui nous a été donné par (indiquer ici l'autorité), nous comman- ant la brigade d demandons que la porte d nous soit ouverte à heure, pour notre service, avec gendarmes de la brigade sous nos ordres, et qu'elle nous soit pareillement ouverte pour notre rentrée

Fait à   le

Les lieutenans du Roi sont tenus, sous leur responsabilité, de déférer à ces réquisitions.

82. Les colonels de la gendarmerie infor-

ment les lieutenans-généraux commandant les divisions militaires, des événemens extraordinaires qui peuvent donner lieu, de la part de ces généraux, à des dispositions particulières de service.

Ces événemens sont :

Les émeutes populaires et attroupemens armés ou non armés, qualifiés séditieux par la loi ;

Les attaques dirigées ou exécutées contre la force armée ;

Les excursions et attaques de brigands réunis en bandes ;

Les arrestations de provocateurs à la désertion, d'embaucheurs ou d'espions employés à lever le plan des places ou à se procurer des renseignemens sur la force ou le mouvement des troupes ;

Les découvertes de dépôts d'armes et de munitions de guerre ;

Les attaques de convois et de munitions de guerre ;

Le pillage des magasins militaires ;

Tous délits ou crimes commis par des militaires, ou dont ils seraient soupçonnés d'être les auteurs ou complices ;

Les rixes des militaires entre eux ou avec des individus non militaires ; les insultes et voies de fait de la part des militaires envers les citoyens.

Les mêmes rapports sont faits aux généraux commandant les subdivisions militaires ou les départemens par les chefs des compagnies, qui sont, en outre, tenus de leur adresser journellement l'état des arrestations militaires dont la connaissance leur est parvenue par la correspondance des brigades.

83. Les lieutenans de la gendarmerie en résidence dans les places où il y a état-major font connaître au lieutenant de Roi les événemens qui peuvent compromettre la tranquillité ou la sûreté de la place.

84. Dans les cas prévus par l'article 73, si le rétablissement de l'ordre ne peut être assuré qu'en déployant une plus grande force sur les points menacés, les lieutenans-généraux et maréchaux-de-camp commandant les divisions et subdivisions militaires, indépendamment de l'emploi des troupes de ligne disponibles, ordonnent sur la réquisition des préfets, la formation des détachemens de gendarmerie qu'exigent les besoins du service.

Ces détachemens peuvent être composés d'hommes extraits des compagnies environnantes et faisant partie de la division militaire; mais, à moins d'ordres formels

---

(1) Article 29, tit. 13 de l'ordonnance de 1768. — Le major de la place enverra l'ordre et le mot l'ingénieur en chef ou commandant de l'artil- lerie et au commissaire des guerres, par un des sergens de la garnison, lesquels le leur porteront chacun à son tour. (Note du Bulletin.)

du ministre de la guerre, concertés avec le ministre de l'intérieur, les lieutenans-généraux et les maréchaux-de-camp ne peuvent rassembler la totalité des brigades d'une compagnie pour les porter d'un département dans un autre.

Ils préviennent de ces mouvemens les préfets des départemens respectifs.

85. Les ordres que, dans les cas ci-dessus spécifiés, les généraux commandant les divisions militaires ou les départemens ont à donner aux officiers de gendarmerie, leur sont adressés directement par écrit.

86. Toutes les fois qu'un ordre adressé par ces généraux à un officier de gendarmerie paraît à celui-ci de nature à compromettre le service auquel ses subordonnés sont spécialement affectés, il est autorisé à faire des représentations motivées. Si le général croit devoir maintenir son ordre, l'officier de la gendarmerie est tenu de l'exécuter ; mais il en est rendu compte à notre ministre de la guerre.

87. Les commandans de la gendarmerie sont tenus de rendre compte aux généraux des fautes graves contre la discipline qui les auraient mis dans le cas d'infliger à leurs subordonnés les arrêts forcés ou la prison.

88. Lors de l'exécution des jugemens des tribunaux militaires, soit dans les divisions, soit dans les camps ou dans les armées, la gendarmerie, s'il y en a, ne peut être commandée que pour veiller au maintien de l'ordre.

Un détachement de nos troupes de ligne est toujours chargé de conduire les condamnés au lieu de l'exécution ; et si la peine que doivent subir ces condamnés n'est pas capitale, ils sont, après que le jugement a reçu son effet, remis à la gendarmerie, qui requiert qu'une portion du détachement lui prête main-forte pour assurer le transfèrement et la réintégration des condamnés dans la prison militaire.

89. Les commandans des corps de ligne ou de la garde nationale ne peuvent s'immiscer en aucune manière dans le service de la gendarmerie.

90. Si les officiers de gendarmerie reconnaissent qu'une force supplétive leur soit nécessaire pour dissoudre un rassemblement séditieux, réprimer les délits, transférer un nombre trop considérable de prisonniers, enfin pour assurer l'exécution des réquisitions de l'autorité civile, ils en préviennent sur-le-champ les préfets ou les sous-préfets, lesquels requièrent soit le commandant du département, soit le lieutenant du Roi, de faire appuyer l'action de la gendarmerie par un nombre suffisant de troupes de ligne placées sous ses ordres.

Les demandes des officiers de la gendarmerie contiennent l'extrait de l'ordre ou de la réquisition et les motifs pour lesquels la main-forte est réclamée.

91. Lorsqu'un détachement des troupes de ligne est employé conjointement avec la gendarmerie, le commandement appartient, à grade égal, à l'officier de gendarmerie.

Si le chef du détachement est d'un grade supérieur à celui dont l'officier de gendarmerie est titulaire, il prend le commandement ; mais il est obligé de se conformer aux réquisitions qui lui sont faites, par écrit, par l'officier de gendarmerie, lequel demeure responsable de l'exécution de son mandat, lorsque l'officier auxiliaire s'est conformé à la réquisition.

92. A défaut ou en cas d'insuffisance de la troupe de ligne, les commandans de la gendarmerie requièrent main-forte de la garde nationale : à cet effet, ils s'adressent aux autorités locales.

93. Les détachemens de la garde nationale *requis* sont toujours aux ordres du commandant de gendarmerie qui fait la réquisition.

SECTION V. Règles générales.

94. En plaçant la gendarmerie royale auprès des diverses autorités pour assurer l'exécution des lois et de nos ordonnances, notre intention est que ces autorités, dans leurs relations et dans leur correspondance avec la gendarmerie, s'abstiennent de formes et d'expressions qui s'écarteraient des règles et des principes posés dans les articles ci-dessus, et qu'elles ne puissent, dans aucun cas, prétendre exercer un pouvoir exclusif sur cette troupe, ni s'immiscer dans des détails intérieurs de son service.

Nous voulons également que les militaires de tout grade de la gendarmerie demeurent constamment dans la ligne de leurs obligations envers lesdites autorités, et observent toujours, dans leurs rapports avec elles, les égards et la déférence qui leur sont dus.

Honneurs à rendre par la gendarmerie.

95. Lors de nos voyages dans les départemens, des détachemens de gendarmerie sont placés sur la route que nous devrons parcourir pour faire partie de nos escortes ; les colonels des légions reçoivent à cet égard des ordres particuliers.

Il en est de même lors des voyages des princes de notre famille.

96. Quand nos ministres se rendent dans les départemens et que leur voyage est annoncé, chaque commandant de la gendarmerie en résidence dans les communes situées sur la route se trouve au relais des

postes pour recevoir leurs ordres. A l'arrivée de nos ministres au lieu de leur mission, l'officier commandant la gendarmerie du département, ou de l'arrondissement, si ce n'est pas un chef-lieu, se porte à leur rencontre à deux kilomètres de la place avec cinq brigades, pour les escorter jusqu'au logement qui leur est préparé, et où doit se rendre le colonel de la légion. Il leur est fourni un gendarme de planton.

Les mêmes honneurs sont rendus à nos ministres pour leur retour.

97. Lorsque les maréchaux de France gouverneurs des divisions militaires se rendent pour la première fois dans leur gouvernement, le commandant de la gendarmerie du département se porte à leur rencontre à un kilomètre de la place avec cinq brigades, et les escorte jusqu'à l'hôtel du gouvernement, où doit se trouver le colonel de la légion, s'il réside sur ce point.

Ces honneurs leur sont également rendus à leur départ.

Les maréchaux de France qui sont envoyés en mission pour notre service reçoivent ces mêmes honneurs à leur arrivée au lieu de leur destination, ainsi qu'à leur départ.

98. Lors de la première entrée des lieutenans généraux dans les chefs-lieux des divisions militaires pour le commandement desquelles ils ont des lettres de service, s'ils ont la qualité de gouverneur, les commandans de la gendarmerie vont à leur rencontre à un kilomètre de la place avec quatre brigades, et les escorte jusqu'à l'hôtel du gouvernement; si ces lieutenans-généraux ne sont pas gouverneurs, les commandans de la gendarmerie se portent à leur rencontre avec trois brigades seulement, et les escortent jusqu'à leur logement.

99. Les inspecteurs généraux de la gendarmerie, pendant le temps de leurs revues, reçoivent chacun, suivant son grade, et dans l'arrondissement d'inspection qui lui est assigné, les mêmes honneurs militaires qui sont accordés par les réglemens aux lieutenans-généraux et maréchaux-de-camp.

100. Lors de la première entrée des maréchaux-de-camp commandant les départemens, les commandans de la gendarmerie vont à leur rencontre à un kilomètre de la place avec deux brigades, et les escortent jusqu'à leur logement.

101. Lors de la première entrée des préfets dans le chef-lieu de leur département, les commandans de la gendarmerie vont à leur rencontre à un kilomètre de la ville avec deux brigades, et les escortent jusqu'à l'hôtel de la préfecture.

102. Lorsque les préfets font des tournées dans les départemens, la gendarmerie des lieux où ils passent, exécute ou fait

exécuter ce qui lui est demandé par ces préfets pour la sûreté de leurs opérations et le maintien du bon ordre. En conséquence, les lieutenans et commandans de brigade qui auront été prévenus de l'arrivée des préfets seront tenus de se trouver au logement qui leur sera destiné, pour savoir si le service de la gendarmerie leur est nécessaire.

103. La gendarmerie, pour les honneurs à rendre, est toujours en grande tenue.

Cérémonies publiques, préséance.

104. Lorsque la gendarmerie accompagne le Saint-Sacrement aux processions de la Fête-Dieu, elle est en grande tenue et en armes : deux sous-officiers ou gendarmes suivent immédiatement le dais, se plaçant sur les deux côtés; le surplus du détachement marche entre les fonctionnaires publics et les assistans.

105. Dans les fêtes et cérémonies publiques, lorsqu'à défaut d'autres troupes la gendarmerie est dans le cas de fournir des gardes d'honneur, les diverses autorités se concertent avec l'officier de gendarmerie de la résidence, pour les escortes à donner; elles ne peuvent être prises que dans la résidence même.

106. Dans ces fêtes et cérémonies, les colonels de gendarmerie prennent rang suivant leur grade, avec les officiers appartenant aux états-majors des divisions militaires.

Le chef-d'escadron ou capitaine commandant la gendarmerie prend rang, suivant son grade, dans le corps des officiers de toutes armes attachés au département;

Les lieutenans, avec l'état-major de la place.

Obligations personnelles et respectives.

107. Toutes les fois qu'un officier de gendarmerie prend possession de son emploi, il fait, dans les vingt-quatre heures de sa réception, sa visite, en grande tenue, aux fonctionnaires civils et militaires du lieu de sa résidence qui sont dénommés avant lui dans l'ordre des préséances.

Dans les places de guerre, les lieutenans de Roi, quel que soit leur grade, sont compris dans le nombre des fonctionnaires militaires auxquels il est dû une première visite.

Les officiers de gendarmerie reçoivent les visites des fonctionnaires classés après eux dans l'ordre des préséances, et les rendent dans les vingt-quatre heures.

108. Il est expressément défendu à la gendarmerie de rendre d'autres honneurs que ceux ci-dessus déterminés, et dans les cas qui y sont spécifiés, ni de fournir des

escortes personnelles, sous quelque pré-- texte que ce puisse être.

CHAPITRE II. Du service.

Attributions et fonctions des inspecteurs géné- raux.

109. Les inspecteurs généraux de la gen- darmerie royale ont pour attribution spé- ciale, de faire annuellement l'inspection des légions de gendarmerie dans les arron- dissemens qui leur sont assignés; ils reçoi- vent, à cet effet, des instructions du mi- nistre de la guerre. Cette inspection a lieu, par lieutenance, dans le chef-lieu ou sur le point le plus central des brigades de l'arrondissement.

L'officier commandant la compagnie est tenu d'assister à ces inspections.

110. Les inspecteurs généraux prévien- nent des époques de leur inspection les gouverneurs généraux ayant des lettres de service, les lieutenans et maréchaux-de- camp commandant les divisions et subdi- visions militaires, ainsi que les préfets des départemens dans lesquels ils se rendent; ils donnent un semblable avis aux intendans ou commissaires généraux de la marine, pour ce qui concerne les compagnies mari- times.

Ils informent également les intendans militaires du jour de la convocation du conseil d'administration de chaque compa- gnie, afin que le sous-intendant qui en a la police administrative, puisse être présent aux vérifications et arrêtés de comptabili- tés.

Ils adressent aussi leur itinéraire à cha- que colonel de légion, en indiquant les époques et les lieux de réunion des briga- des.

111. Les inspections ont essentiellement pour objet de constater la situation réelle du corps, au personnel et au matériel, et de vérifier si le service se fait avec exacti- tude, et si l'administration présente dans toutes ses parties l'ordre et la régularité convenables.

112. Les inspecteurs généraux prennent des informations près les différentes auto- rités civiles et militaires, sur la conduite et la manière de servir des officiers et sous- officiers et gendarmes.

Pour se former une opinion indépendante des rapports qu'ils reçoivent, ou des notes inscrites au registre de discipline, et pour connaître le degré d'instruction de ces mili- taires, ils les interrogent sur leurs fonctions et les devoirs de leur état : s'ils croient de- voir prendre des renseignemens plus détail- lés sur leur compte, ils leur donnent l'ordre de se rendre chez eux après la revue, pour les entendre séparément, et rectifier, s'il y

a lieu, les notes portées au registre de dis- cipline.

Ils se font présenter particulièrement les hommes admis depuis la dernière inspec- tion; ils examinent avec le plus grand soin s'ils réunissent l'ensemble des conditions prescrites pour le service de la gendarme- rie. Ils se font rendre compte des raisons qui auraient empêché des officiers, sous-of- ficiers et gendarmes, de paraître à la revue.

Si c'est pour cause de maladie, ils exi- gent des certificats des officiers de santé, et prennent les informations nécessaires pour s'assurer si les hommes seront suscep- tibles de continuer leur activité.

113. Les inspecteurs généraux portent leur attention spéciale sur l'instruction mi- litaire du corps, et donnent les ordres pro- pres à diriger cette instruction et à en assu- rer les progrès, sous le double rapport des exercices militaires et des fonctions de l'arme.

114. Ils procèdent à l'inspection de l'ha- billement, de l'équipement et du harnache- ment; ils voient si les fournitures sont conformes aux échantillons, si elles sont de bonne qualité, et si tous les effets sont confectionnés avec soin et d'après les mo- dèles.

Ils se font représenter les livrets des gen- darmes, et vérifient si les prix des fourni- tures qui y sont portées n'excèdent pas ceux fixés par les réglemens. Dans le cas où ils remarqueraient que ces fournitures ne sont pas d'une bonne qualité, ou que les effets ont été mal confectionnés, ils devront en- tendre les conseils d'administration, et proposer, s'il y a lieu, les remplacemens à la charge de ces conseils, soit pour défaut de surveillance, soit pour cause d'incurie.

Les inspecteurs généraux examinent si les armes sont en bon état et bien entrete-- nues; ils autorisent les demandes en rem- placement, et ordonnent les réparations au compte des sous-officiers et gendarmes, si les dégradations proviennent de leur fait.

Enfin ils prescrivent des mesures pour que la tenue militaire soit rigoureusement observée dans tous les points, et ils rendent les officiers particulièrement responsables de toute infraction aux règles établies pour ce qui est relatif à l'uniforme.

115. Les inspecteurs généraux vérifient avec le plus grand soin si les chevaux sont bons, bien nourris et entretenus, et s'ils conviennent à l'arme; ils s'assurent s'ils n'ont point été changés sans permission dans l'intervalle des revues, et si leurs si- gnalemens, les dates et prix d'acquisition, sont exactement portés sur les contrôles.

Ils déterminent les époques de remplace- ment des chevaux susceptibles de réforme, et passent ensuite à l'examen des chevaux reçus depuis la dernière revue, afin de voir s'ils sont d'un bon choix, et si le prix d'acquisition n'excède par leur valeur réelle.

116. Ils se font rendre compte si les approvisionnemens de fourrages sont assurés, s'ils ont été faits en temps opportun, dans les quantités déterminées, et s'ils sont de bonne qualité.

117. La situation du casernement doit aussi fixer l'attention particulière des inspecteurs généraux; ils descendent dans tous les détails propres à leur faire connaître si les casernes ou maisons qui en tiennent lieu sont convenables sous tous les rapports, et ils se concertent avec les préfets pour toutes les améliorations dont cette partie du service leur paraîtrait susceptible.

118. Lors de l'inspection des brigades, les inspecteurs généraux reçoivent les réclamations des officiers, sous-officiers et gendarmes; ils prennent note de celles qu'ils jugent fondées, pour qu'il y soit fait droit.

119. Aussitôt après l'inspection de chaque compagnie, les inspecteurs généraux, en présence du sous-intendant militaire, vérifient la comptabilité, ainsi que les comptes individuels des sous-officiers et gendarmes, ils examinent si les registres sont bien tenus; ils constatent la situation de la caisse et celle des différentes masses.

Ils autorisent, sur la proposition des conseils d'administration et d'après l'avis des colonels, les répartitions de fonds de la masse de secours, à titre d'indemnité, en faveur des sous-officiers et gendarmes, et ils approuvent en même temps les allocations extraordinaires qui auraient été faites sur cette masse depuis la dernière inspection, après avoir vérifié si elles ont été accordées pour des motifs urgens.

Ces différentes opérations sont consignées dans un procès-verbal, qui est inscrit au registre des délibérations du conseil : il en est adressé une copie au ministre de la guerre.

120. Les inspecteurs généraux établissent aux chefs-lieux des légions les contrôles de leurs revues; ils font connaître aux colonels les abus qu'ils ont remarqués, et les ordres qu'ils ont donnés pour leur répression.

Ils font dresser des mémoires de proposition pour les officiers, sous-officiers et gendarmes qui sont susceptibles d'être admis à la retraite, ou dans les compagnies sédentaires; ils forment des états particuliers des hommes qui doivent être congédiés, et de ceux auxquels il convient d'assigner d'autres résidences.

Immédiatement après l'inspection de chaque légion, ils envoient leur travail à notre ministre de la guerre.

121. A moins d'un ordre formel de notre ministre de la guerre, les inspecteurs généraux ne peuvent prendre le commandement ou la direction du service, leurs fonctions étant essentiellement restreintes à l'inspection de la troupe.

122. Les inspecteurs généraux de la gendarmerie qui ont reçu des lettres de service pour faire partie du comité consultatif de cette arme, créé par notre ordonnance du 31 mars dernier, n'ont à s'occuper que de l'examen et de la discussion des projets, propositions, affaires générales et particulières dont le renvoi est fait à ce comité par notre ministre de la guerre.

Fonctions des officiers de tout grade.

SECTION Iʳᵉ. Des colonels.

123. Les colonels de la gendarmerie royale surveillent l'ensemble du service, de l'administration et de la comptabilité de leur légion.

124. Ils ne s'occupent point des détails du service, qui doit être réglé par le commandant de chaque compagnie; cependant, s'ils s'aperçoivent de quelques négligences et inexactitudes, ou s'ils reçoivent des plaintes, ils se font rendre compte de la situation du service, réforment les abus qui s'y sont introduits, et donnent tous les ordres et instructions propres à assurer aux brigades une meilleure direction.

125. Les colonels de la gendarmerie font une revue annuelle des brigades de leur légion par lieutenance; cette revue commence en avril. Tous les ans, ils changent les points de réunion des brigades, afin de pouvoir visiter successivement, et autant que possible, chaque brigade dans le lieu de sa résidence ordinaire.

126. Avant d'ordonner aucun mouvement, ils informent les gouverneurs généraux, les lieutenans généraux et les maréchaux-de-camp commandant les divisions et subdivisions militaires, ainsi que les préfets des départemens dans lesquels ils se rendent, des époques de la revue de chaque compagnie et des lieux de rassemblement des brigades. Ils en informent également les intendans ou commissaires généraux de la marine pour ce qui concerne les compagnies maritimes, et ils préviennent les sous-intendans militaires des jours où ils seront rendus au chef-lieu de chaque compagnie pour vérifier tous les détails de l'administration et des comptabilités.

127. Lors des revues, les colonels s'informent près les différentes autorités si le service se fait avec exactitude, si les militaires de tout grade font preuve de zèle et de dévouement, et s'ils tiennent dans leur résidence une conduite exempte de reproche.

Ils font avec le plus grand soin l'inspection des hommes, s'assurent s'ils connaissent les devoirs de leur état, et s'ils ont l'instruction nécessaire pour les bien remplir. Ils examinent si les chevaux sont bien nourris et en bon état, et si ceux admis en remplacement dans l'année sont d'un bon choix et réunissent les qualités exigées. Ils examinent aussi l'état de l'habillement, de l'équipement et de l'armement; ils voient si le tout est complet, uniforme et bien entretenu, et si l'on a fait les réparations et remplacemens que l'inspecteur général a pu ordonner à sa revue d'inspection.

Ils profitent de la réunion des brigades pour leur recommander l'observation des devoirs que leurs fonctions leur imposent, le zèle le plus actif pour le service et la pratique de tout ce qui est prescrit au chapitre de la *Police, Discipline et Ordre intérieur*; ils donnent des éloges à ceux qui se sont distingués par leur conduite et leur bon service, et ils en font une mention particulière sur le contrôle de revue.

Les colonels réprimandent les hommes qui ont donné lieu à des plaintes fondées, et prononcent sur-le-champ les punitions que les officiers, sous-officiers et gendarmes auraient encourues.

128. Les approvisionnemens de fourrages sont encore l'objet de l'examen des colonels. Ces officiers supérieurs se font représenter les marchés passés par les brigades, et entrent dans tous les détails nécessaires pour connaître si les dispositions des réglemens sur cette partie du service sont strictement observées.

129. Ils se font rendre compte de l'état du casernement : les réparations et améliorations qu'ils jugent indispensables motivent, de leur part, des observations aux autorités administratives, auxquelles ils indiquent aussi les moyens de pourvoir au casernement des brigades dont les hommes seraient logés isolément.

Ces observations sont consignées dans le rapport que le colonel remet à l'inspecteur général sur la situation de la légion.

130. Ils s'assurent de l'instruction militaire des brigades; ils donnent des ordres pour que les hommes qui ne seraient pas suffisamment instruits soient exercés dans leur résidence aussi fréquemment que le service peut le permettre.

131. Les colonels inscrivent sur des registres particuliers :

L'extrait des lettres et des ordres qu'ils reçoivent, ainsi que les minutes des lettres et des ordres qu'ils adressent pour tout ce qui concerne le service ;

Les bonnes et mauvaises notes qu'ils recueillent sur leurs subordonnés de tout grade ;

Les punitions qu'ils sont dans le cas d'infliger, et les motifs de ces punitions.

Ces lettres, ordres et minutes de correspondance sont classés par ordre numérique.

Lorsqu'un colonel quitte le commandement d'une légion, ces pièces et les registres, dont il est fait inventaire, sont toujours remis à l'officier qui le remplace.

SECTION II. *Des chefs d'escadron et capitaines commandant les compagnies.*

132. Les chefs d'escadron et les capitaines commandant les compagnies de la gendarmerie royale sont spécialement chargés de la direction et des détails du service, dont ils surveillent l'exécution; ils entretiennent, à cet effet, une correspondance directe avec les autorités.

133. Ils font deux tournées par an pour l'inspection de leurs brigades : l'une commence en février, l'autre a lieu en septembre.

Ils vérifient, avec le plus grand soin, si les sous-officiers et gendarmes font exactement leur service; s'ils vivent en bonne police et discipline dans leur résidence, et n'y contractent pas de dettes qui occasionneraient des réclamations; si, dans leurs courses, ils se comportent avec décence et honnêteté; s'ils ne donnent pas lieu à quelques plaintes par des vexations, violences, abus de pouvoir ou excès commis sous prétexte de leurs fonctions.

Ils s'assurent également si les brigades prêtent main-forte dans les cas prévus par la présente ordonnance; si l'on se conforme aux règles qui y sont établies pour les réquisitions; s'il n'y aurait pas de prétentions, d'exigence ou d'opposition de la part des diverses autorités ou des lieutenans et commandans de brigade; si les gendarmes ne seraient point employés à des services qui leur sont étrangers, ou s'ils ne se refuseraient pas à ceux qu'on est en droit d'exiger d'eux.

Les plaintes et les réclamations adressées à ce sujet sont vérifiées par les chefs d'escadrons et capitaines, qui font des réprimandes ou infligent des punitions, s'il y a lieu, à leurs subordonnés, et en rendent compte aux colonels.

134. Les chefs d'escadron et capitaines visitent les casernes, et voient si elles sont tenues dans le meilleur état de propreté, s'il ne s'y commet point de dégradations, et si le logement de chaque homme est convenable; ils voient les chevaux aux écuries, s'assurent s'ils sont bien nourris, régulièrement pansés et ferrés; enfin, ils examinent l'état de l'habillement de l'équipement et de l'armement, ordonnent les réparations à y faire, et prennent des notes sur tous ces objets pour les comprendre

dans le rapport qu'ils doivent adresser au colonel de la légion sur l'ensemble de leur tournée.

135. Les chefs-d'escadron et capitaines s'informent si la solde parvient régulièrement aux brigades, si elle n'éprouve point de retard, et si chaque homme reçoit exactement ce qui lui revient, et n'a pas de réclamations à faire.

136. Ils se font représenter, par les commandans de brigade, les divers registres ou journaux qui servent à constater l'exécution de tous les services ordinaires et extraordinaires; ils réprimandent et punissent les sous-officiers qui ne tiennent pas ces registres avec exactitude.

Ils voient si les registres que doivent avoir les lieutenans sont tenus avec ordre et méthode.

137. Les chefs d'escadron et capitaines doivent avoir, dans leur bureau particulier, des registres pour l'inscription :

Des ordres qu'ils donnent ou transmettent concernant le service ;

De leur correspondance avec les différentes autorités.

Des rapports et renseignemens qu'ils reçoivent sur tous les objets qui peuvent intéresser l'ordre public.

Les lettres, ordres et minutes de correspondance sont classés par ordre numérique.

En cas de changement du commandant d'une compagnie, les pièces et les registres, dont il est fait inventaire, sont toujours remis par cet officier à celui qui le remplace.

SECTION III. Des lieutenans.

138. Les lieutenans de la gendarmerie royale ont la surveillance de tous les devoirs habituels des brigades; ils entretiennent une correspondance suivie avec le commandant de la compagnie, auquel ils font connaître les obstacles qui pourraient se rencontrer dans l'exécution du service,

S'il survient quelque événement extraordinaire dans l'arrondissement de leur lieutenance, ils se transportent sur les lieux, en rendent compte au commandant de la compagnie; et les événemens sont de nature à nécessiter de promptes mesures, ils l'informent des dispositions qu'ils ont faites en attendant des ordres.

139. Les lieutenans font annuellement six tournées pour la revue de leurs brigades, savoir : dans les mois de janvier, mars, mai, juillet, septembre et novembre.

140. Dans leurs tournées, les lieutenans s'informent si le service est fait sur tous les points avec exactitude et activité, si les brigades visitent au moins deux fois par mois toutes les communes de leur arrondissement, si elles surveillent les vagabonds

et repris de justice qui pourraient s'y trouver, et si elles recherchent les déserteurs et tous autres individus signalés.

141. Les tournées des lieutenans ne peuvent être un motif ni un prétexte d'interrompre ou de retarder l'exécution du service : les commandans de brigade, nonobstant l'avis donné par les lieutenans de leur arrivée pour la revue, n'en doivent pas moins déférer aux réquisitions qui leur sont faites, et envoyer aux correspondances les hommes qu'ils sont tenus d'y fournir.

Dans l'intervalle des tournées, les lieutenans doivent se porter sur les divers lieux où les brigades correspondent entre elles, afin de connaître si elles font avec ponctualité le service de correspondance et si les gendarmes sont dans une bonne tenue.

142. Ils font l'inspection des casernes et des chevaux, s'assurent de la qualité des fourrages, et examinent dans le plus grand détail l'habillement, l'équipement et le harnachement; ils rendent compte au commandant de la compagnie des abus qu'ils auraient découverts et des ordres qu'ils ont donnés pour les réprimer.

143. Les lieutenans inscrivent sur des registres particuliers :

Les ordres qu'ils donnent ou transmettent concernant le service ;

L'extrait des rapports et procès-verbaux qu'ils reçoivent des brigades;

Les renseignemens qui leur sont donnés sur tous les objets susceptibles d'intéresser l'ordre public.

Les ordres et les pièces de correspondance sont classés par ordre numérique.

En cas de changement d'un lieutenant, les pièces et les registres sont remis, sur inventaire, à l'officier qui le remplace.

SECTION IV. Des trésoriers.

144. Les trésoriers de la gendarmerie royale remplissent les fonctions de secrétaire près des conseils d'administration : ils suivent, sous la direction et la surveillance de ces conseils, tous les détails de la comptabilité.

145. Ils sont spécialement chargés d'établir les contrôles de revues, et de tenir les registres-matricules des compagnies, sur lesquels ils inscrivent les services de chaque homme et les mutations. Ils ne procèdent à l'inscription des services que sur la présentation d'actes civils réguliers et de brevets ou titres originaux.

Les conseils d'administration et les sous-intendans militaires veillent à ce que cette obligation soit ponctuellement remplie; les sous-intendans signent et paraphent chaque feuillet du registre-matricule.

146. Les trésoriers tiennent un registre analytique des procès-verbaux que reçoit le

commandant de la compagnie : ces procès-verbaux sont classés par ordre de dates, et déposés dans les archives, afin qu'on puisse y recourir au besoin.

147. Ils ne s'occupent point des détails du service, à moins qu'ils ne se trouvent les seuls officiers présens à la résidence.

SECTION V. Des officiers de gendarmerie considérés comme officiers de police auxiliaire.

148. Les officiers de la gendarmerie royale, en leur qualité d'officiers de police auxiliaire, se transportent dans les lieux où ils exercent leurs fonctions habituelles, pour recevoir les plaintes et les dénonciations, constater les délits et les crimes, et recueillir toutes les preuves qui pourraient en faire connaître les auteurs ; mais, pour se renfermer exactement dans le cercle de leurs attributions et les dispositions précises de la loi, ils doivent bien se pénétrer des caractères qui distinguent les *crimes*, les *délits*, et les simples contraventions de police;

L'infraction que les lois punissent de peines de police est une contravention ;

L'infraction que les lois punissent de peines correctionnelles est un délit;

L'infraction que les lois punissent d'une peine afflictive ou infamante *est un crime.* (*Code pénal.*)

149. Toutes les fois que la peine prononcée par la loi pour une infraction n'excède pas *cinq jours d'emprisonnement et quinze francs d'amende*, c'est une simple contravention de police (*Code pénal*) : les officiers de gendarmerie ne peuvent, à raison de leur qualité d'officiers de police auxiliaire, recevoir les plaintes ou les dénonciations de ces sortes d'infractions ; ils doivent renvoyer les plaignans ou les dénonciateurs par-devant le commissaire de police, le maire ou l'adjoint du maire, qui sont les officiers de police chargés de recevoir les plaintes et les dénonciations de cette nature. (*Code d'instruction criminelle.*)

150. Lorsque les infractions sont punissables de peines correctionnelles, afflictives ou infamantes, les officiers de gendarmerie, en leur qualité d'officiers de police auxiliaire, reçoivent les plaintes et les dénonciations qui leur sont faites de ces infractions, mais seulement lorsque les délits ou les crimes ont été commis dans l'étendue de l'arrondissement où ils exercent leurs fonctions habituelles.

S'il s'agit d'une plainte, ils ne peuvent la recevoir qu'autant que la partie plaignante est effectivement celle qui souffre du délit ou du crime.

Si c'est une dénonciation, tous ceux qui ont vu commettre le délit ou le crime, ou qui savent qu'il a été commis, ont pouvoir de le dénoncer. (*Code d'instruction criminelle.*)

151. La plainte ou la dénonciation doit être rédigée par le plaignant, par le dénonciateur, ou par un fondé de procuration spéciale, ou par les officiers de gendarmerie, s'ils en sont requis.

La plainte ou la dénonciation doit toujours être signée à chaque feuillet par l'officier de gendarmerie qui la reçoit, et par le plaignant ou le dénonciateur, ou le fondé de pouvoir.

L'officier paraphe et fait parapher les renvois et les ratures par le plaignant, le dénonciateur ou le fondé de pouvoir.

Si le plaignant, le dénonciateur, ou le fondé de pouvoir, ne sait ou ne veut pas signer, il en est fait mention.

La procuration est toujours annexée à la plainte ou à la dénonciation. (*Code d'instruction criminelle.*)

152. Les officiers de gendarmerie ne peuvent recevoir une plainte ou une dénonciation qui leur est présentée par un fondé de pouvoir, qu'autant que la procuration dont il est porteur exprime, d'une manière expresse et positive, l'autorisation de dénoncer le délit qui fait l'objet de la plainte ou de la dénonciation. (*Code d'instruction criminelle.*)

153. Lorsque la plainte ou la dénonciation est remise toute rédigée à l'officier de gendarmerie, il n'y peut rien ajouter ni faire ajouter, et il doit se borner à la signer à chaque feuillet, ainsi qu'il est dit article 151.

Si la plainte ou la dénonciation est présentée signée, l'officier de gendarmerie s'assure que la signature est bien celle du plaignant, du dénonciateur, ou du fondé de pouvoir.

154. L'officier de gendarmerie qui est requis de rédiger lui-même une plainte ou une dénonciation doit énoncer clairement le délit avec toutes les circonstances qui peuvent l'atténuer ou l'aggraver et faire découvrir les coupables. Il signe et fait signer cette plainte ou dénonciation, comme il est dit article 151.

155. Les officiers de gendarmerie sont tenus de renvoyer sans délai à notre procureur royal les plaintes et les dénonciations qu'ils ont reçues en leur qualité d'officiers de police auxiliaire; leur compétence ne s'étend pas au-delà ; *il ne peuvent faire aucune instruction préliminaire que dans le cas de flagrant délit, ou lorsque, s'agissant d'un crime ou d'un délit, même non flagrant, commis dans l'intérieur d'une maison, le chef de cette maison les requiert de le constater.* (*Idem.*)

156. Il y a flagrant délit,

Lorsque le crime se commet actuellement;

Lorsqu'il vient de se commettre;

Lorsque le prévenu est poursuivi par la clameur publique;

Lorsque, dans un temps voisin du délit, le prévenu est trouvé saisi d'instrumens, d'armes, d'effets ou de papiers faisant présumer qu'il en est *auteur* ou *complice*. (Idem.)

157. Toute infraction qui, par sa nature, est seulement punissable de peines correctionnelles ne peut constituer un flagrant délit. Les officiers de gendarmerie ne sont point autorisés à faire des instructions préliminaires pour la recherche de ces infractions.

Le flagrant délit doit être un véritable crime, c'est-à-dire, une infraction contre laquelle une peine afflictive ou infamante est prononcée.

158. Lorsqu'il y a *flagrant délit*, les officiers de gendarmerie se transportent sans retard sur le lieu pour y dresser les procès-verbaux, à l'effet de constater le corps du délit, son état, l'état des lieux, et pour recevoir les déclarations des habitans, des voisins, et même des parens et domestiques, enfin de toutes les personnes qui auraient des renseignemens à donner. (*Idem.*)

Ils informent aussitôt de leur transport notre procureur royal. (*Idem.*)

Ils peuvent se faire assister d'un écrivain qui leur sert de greffier : ils lui font prêter serment d'en bien et fidèlement remplir les fonctions; leur procès-verbal en fait mention. (*Idem.*).

159. Les officiers de gendarmerie signent et paraphent les déclarations qu'ils ont reçues : ils les font signer et parapher par les personnes qui les ont faites; si elles refusent de signer, il en est fait mention dans le procès-verbal.

Ils peuvent défendre que qui que ce soit sorte de la maison ou s'éloigne du lieu jusqu'après la clôture du procès-verbal; ils font saisir et déposer dans la maison d'arrêt ceux qui contreviendraient à cette défense : mais ils ne peuvent prononcer contre eux aucune peine; ils en réfèrent sur-le-champ à notre procureur royal.

Ils se saisissent aussi des effets, des armes et de tout ce qui peut servir à la découverte et à la manifestation de la vérité; ils doivent les représenter au prévenu, l'interpeller de s'expliquer, lui faire signer le procès-verbal, ou faire mention de son refus. (*Idem.*)

160. Si la nature du crime est telle, que la preuve puisse vraisemblablement être acquise par les papiers ou autres pièces et effets en la possession du prévenu, les officiers de gendarmerie se transportent de suite dans son domicile pour y faire la perquisition des objets qu'ils jugent utiles à la manifestation de la vérité : mais il leur est formellement interdit d'y pénétrer pendant le temps de nuit réglé par l'article 184; ils doivent se borner à prendre les mesures de précaution prescrites par l'article 185.

161. S'il existe dans le domicile du prévenu des papiers ou effets qui puissent servir à conviction ou à décharge, ils en dressent procès-verbal, et se saisissent de ces effets ou de ces papiers.

Ils doivent clore et cacheter les objets qu'ils ont saisis; et si ces objets n'étaient pas susceptibles de recevoir l'empreinte de l'écriture, ils sont mis dans un vase ou dans un sac sur lequel ils attachent une bande de papier qu'ils scellent de leur sceau, et de celui du prévenu, s'il veut y mettre son cachet.

Si les objets sont d'un trop grand volume pour être à l'instant déplacés, ils peuvent les mettre sous la surveillance d'un gardien auquel ils font prêter serment.

162. Il est expressément défendu aux officiers de gendarmerie de s'introduire dans une maison qui ne serait pas celle où le prévenu aurait son domicile, à moins que ce ne soit une auberge, un cabaret ou tout autre logis ouvert au public, où ils sont autorisés à se transporter, même pendant la nuit, jusqu'à l'heure où ces lieux doivent être fermés d'après les réglemens de police.

163. Dans le cas où les officiers de gendarmerie soupçonneraient qu'on pût trouver dans une maison autre que celle du domicile du prévenu, des pièces ou effets qui pourraient servir à conviction ou à décharge, ils doivent en instruire aussitôt notre procureur royal.

164. Lorsque la maison d'un prévenu est située hors de l'arrondissement où ils exercent leurs fonctions habituelles, les officiers de gendarmerie ne peuvent y faire de visites; ils se bornent à en informer notre procureur royal.

165. Toutes les opérations dont il est ci-dessus question sont faites en présence du prévenu, s'il a été arrêté, ou en présence d'un fondé de pouvoir, si le prévenu ne veut ou ne peut y assister. Les objets lui sont présentés à l'effet de les reconnaître ou de les désavouer, et de les parapher, s'il y a lieu; en cas de refus, il en est fait mention dans le procès-verbal. A défaut de fondé de pouvoir, l'assistance de deux témoins devient indispensable.

166. S'il existe des indices graves contre le prévenu, les officiers de gendarmerie le font arrêter; si le prévenu n'est pas présent, ils rendent une ordonnance pour le faire comparaître. Cette ordonnance s'appelle *mandat d'amener*; elle doit être revêtue de la signature et même du sceau de l'officier qui la rend, et elle doit désigner le plus exactement possible le pré-

venu pour en assurer l'arrestation et pour éviter les méprises.

La dénonciation ou la plainte ne constitue pas seule une présomption suffisante pour décerner un mandat d'amener contre un individu ayant domicile ; il ne doit être arrêté, s'il est présent, et l'ordonnance pour le faire comparaître, s'il est absent, ne doit être rendue, que lorsque des présomptions fortes s'élèvent contre lui.

Si le prévenu est absent, le mandat d'amener doit porter l'ordre de le conduire, en cas d'arrestation, devant le juge d'instruction ou notre procureur royal. *La loi n'autorise pas l'officier de police auxiliaire à continuer l'instruction après l'instant du flagrant délit.*

Quant aux vagabonds, gens sans aveu, ou repris de justice, la plainte ou la dénonciation peut suffire pour les faire arrêter, ou faire décerner contre eux des mandats d'amener.

167. Les officiers de gendarmerie doivent interroger sur-le-champ le prévenu amené devant eux.

168. Ils se font assister, dans toutes les opérations mentionnées aux articles 158, 159, 160, 161, 165, 166 et 167, par le commissaire de police du lieu, ou, à défaut, par le maire ou son adjoint, et, en cas de leur absence, par deux habitans domiciliés dans la même commune.

Ils n'en dressent pas moins leurs procès-verbaux sans l'assistance de témoins, s'ils n'ont pas eu la possibilité de s'en procurer.

Ils doivent signer et faire signer leurs procès-verbaux à chaque feuillet par les personnes qui y ont assisté : en cas de refus ou d'impossibilité de signer de la part de ces personnes, il en est fait mention.

169. S'il s'agit d'un crime qui exige des connaissances particulières pour être constaté, tel qu'une effraction, une blessure grave, une mort violente, etc., les officiers de gendarmerie doivent faire appeler des personnes présumées, par leur art ou leur profession, capables d'en apprécier la nature et les circonstances ; ils leur font prêter serment de faire leur rapport et de donner leur avis en leur honneur et conscience : ils ne doivent négliger aucune des mesures ci-dessus prescrites, et ils recueillent avec soin tous les renseignemens qui peuvent conduire à la découverte de la vérité.

170. Toutes les fois que les officiers de gendarmerie *sont requis* de constater un crime ou un délit, *même non flagrant*, commis dans l'intérieur d'une maison, ils procèdent aux recherches et à l'instruction dans les mêmes formes que ci-dessus pour le flagrant délit, mais avec cette distinc-

tion, que, dans ce cas, il n'est pas besoin que l'infraction qu'ils sont appelés à constater dans l'intérieur d'une maison, soit punissable d'une peine afflictive ou infamante ; il suffit qu'elle soit soumise à une peine correctionnelle.

171. Les officiers de gendarmerie déférent à la réquisition qui leur est faite, soit par le propriétaire de la maison, soit par le principal locataire ou par le chef d'un appartement.

172. Les officiers de gendarmerie n'étant, dans l'exercice des fonctions judiciaires, que des officiers de police auxiliaire de notre procureur royal, si, dans le cours de leurs opérations pour la recherche d'un flagrant délit ou d'un crime ou délit commis dans l'intérieur d'une maison, notre procureur royal se présente, c'est lui qui doit continuer les actes attribués à la police judiciaire.

Notre procureur royal, s'il a été prévenu, peut les autoriser à continuer la procédure ; et si lui-même l'a commencée, il peut les charger d'une partie des actes de sa compétence.

173. Lorsque les officiers de gendarmerie ont terminé les actes d'instruction préliminaire qu'ils sont autorisés à faire dans le cas de flagrant délit ou de crime ou délit commis dans l'intérieur d'une maison, ils doivent transmettre sur-le-champ à notre procureur royal les procès-verbaux et tous les actes qu'ils ont faits, les papiers et tous les effets qu'ils ont saisis, ou lui donner avis des mesures prises pour la garde et la conservation des objets.

174. Les officiers de gendarmerie, en ce qui concerne l'exercice de la police judiciaire, sont placés par la loi sous la surveillance des juges d'instruction, de nos procureurs royaux et de nos procureurs généraux.

175. Le service de la gendarmerie royale ayant pour but spécial d'assurer le maintien de l'ordre et l'exécution des lois, les officiers de ce corps doivent indépendamment des attributions qu'ils exercent en leur qualité d'officiers de police auxiliaire, transmettre sans délai à notre procureur royal les procès-verbaux que les sous-officiers et gendarmes ont dressés dans l'exécution de leur service, pour constater les crimes et délits qui laissent des traces après eux ; ils y joignent les renseignemens que les militaires ont recueillis pour en découvrir les auteurs et complices. Ils transmettent pareillement aux commissaires de police et aux maires des lieux où de simples contraventions auraient été commises, les procès-verbaux et renseignemens qui concernent les prévenus de ces contraventions.

SECTION VI. Dispositions concernant les officiers des différens grades.

176. Les officiers de tout grade de la gendarmerie doivent toujours être en tenue militaire lors de leurs revues et tournées, et toutes les fois qu'ils ont à conférer avec les autorités pour des objets de service.

177. Il est expressément défendu aux officiers de tout grade de la gendarmerie, lors de leurs revues, d'accepter ni logement ni repas chez leurs inférieurs.

178. Lors des vacances d'emplois, et en cas d'absence ou de maladie, les remplacemens ont lieu provisoirement pour chaque grade d'officier ainsi qu'il suit :

Le colonel par le chef d'escadron ;

Le commandant de compagnie, par le plus ancien des lieutenans de la compagnie ;

Le lieutenant par le plus ancien maréchal-des-logis de la lieutenance ;

Le trésorier, par un sous-officier de la compagnie : ce sous-officier est désigné au colonel par le conseil d'administration, d'après l'avis du sous-intendant militaire.

S'il en résulte un déplacement, l'officier ou le sous-officier reçoit, pendant la durée de son commandement provisoire, et selon son grade, l'indemnité de service extraordinaire attribuée à la gendarmerie par les réglemens.

Du service ordinaire des brigades.

179. Les fonctions habituelles et ordinaires des brigades de la gendarmerie royale, sont,

De faire des tournées, courses et patrouilles sur les grandes routes, traverses, chemins vicinaux, et dans tous les lieux de leurs arrondissemens respectifs ; de les faire constater, jour par jour, sur les feuilles mensuelles de service, par les maires, leurs adjoints ou autres personnes notables ;

De recueillir et prendre tous les renseignemens possibles sur les crimes et les délits de toute nature, ainsi que sur leurs auteurs et complices, et d'en donner connaissance aux autorités compétentes ;

De rechercher et de poursuivre les malfaiteurs ;

De saisir toutes personnes surprises en flagrant délit, ou poursuivies par la clameur publique ;

De saisir tous gens trouvés avec des armes ensanglantées ou d'autres indices faisant présumer le crime ;

De dresser des procès-verbaux des déclarations faites par les habitans, voisins, parens, amis et autres personnes en état de fournir des indices, preuves et renseignemens sur les auteurs des crimes et délits et sur leurs complices ;

De dresser pareillement des procès-verbaux des incendies, effractions, assassinats, et de tous les crimes qui laissent des traces après eux ;

De dresser de même les procès-verbaux de tous les cadavres trouvés sur les chemins, dans les campagnes, ou retirés de l'eau ; d'en prévenir les autorités compétentes ou le lieutenant de la gendarmerie de l'arrondissement, qui, dans ce cas, est tenu de se transporter en personne sur les lieux, dès qu'il lui en est donné avis (1) ;

De réprimer la contrebande, de saisir les marchandises transportées en fraude, de dresser des procès-verbaux de ces saisies, d'arrêter et de traduire devant les autorités compétentes les contrebandiers et autres délinquans de ce genre ;

De dissiper tout attroupement armé, et de saisir tous individus coupables de rébellion ;

De dissiper tous les attroupemens qualifiés séditieux par les lois, et d'arrêter tous individus qui en feraient partie ;

De dissiper tout attroupement tumultueux, même non armé, d'abord par les voies de persuasion, ensuite par commandement verbal, et enfin, s'il est nécessaire, par le développement de la force armée, graduée suivant l'exigence des cas ;

De saisir tous ceux qui porteraient atteinte à la tranquillité publique, en troublant les citoyens dans le libre exercice de leur culte.

De saisir tous ceux qui seraient trouvés exerçant des voies de fait ou violences contre la sûreté des personnes et des propriétés ;

De saisir les dévastateurs des bois, des récoltes, les chasseurs masqués, lorsqu'ils seraient pris sur le fait ;

De dresser des procès-verbaux contre tous individus en contravention aux lois et réglemens sur la chasse ;

De faire la police sur les grandes routes, d'y maintenir les communications et les passages libres ; à cet effet, de dresser des procès-verbaux des contraventions en matière de grande voirie, telles qu'anticipations, dépôts de fumiers ou d'autres objets, et toute espèce de détériorations commises sur les grandes routes, sur les arbres qui les bordent, sur les fossés, ouvrages d'art et matériaux destinés à leur entretien ; de dé-

(1) Le procès-verbal d'une contravention dressé par un gendarme, fait foi jusqu'à preuve contraire (25 mars 1830 ; Cass. S. 30, 1, 260 ; D. 1830, 1, 182).

noncer à l'autorité compétente les auteurs de ces contraventions ou délits ;

De surveiller l'exécution des réglemens sur la police des fleuves et rivières navigables et flottables, des bacs et bateaux de passage, des canaux de navigation ou d'irrigation, des desséchemens généraux ou particuliers, des plantations pour la fixation des dunes, des ports maritimes de commerce ; de dresser des procès-verbaux des contraventions à ces réglemens, d'en faire connaître les auteurs aux autorités compétentes ;

D'arrêter tous ceux qui seraient trouvés coupant ou dégradant, d'une manière quelconque, les arbres plantés sur les chemins vicinaux, promenades publiques, fortifications et ouvrages extérieurs des places, ou détériorant les monumens qui s'y trouvent ;

De contraindre les voituriers, charretiers et tous conducteurs de voitures, de se tenir à côté de leurs chevaux ; en cas de résistance, de saisir ceux qui obstrueraient les passages, et de les conduire devant le maire ou l'adjoint du lieu ;

D'arrêter tous individus qui, par imprudence, par négligence, par la rapidité de leurs chevaux, ou de toute autre manière, auraient blessé quelqu'un, ou commis quelques dégâts sur les routes, dans les rues ou voies publiques ;

De protéger l'agriculture, et saisir tout individu commettant des dégâts dans les champs ou les bois, dégradant la clôture des murs, haies et fossés, encore que ces délits ne soient pas accompagnés de vols ; de saisir pareillement tous ceux qui seraient surpris commettant des larcins de fruits ou d'autres productions d'un terrain cultivé ;

De dénoncer à l'autorité locale ceux qui, dans les temps prescrits, auraient négligé d'écheniller ;

De s'emparer et remettre sur-le-champ à l'autorité locale les coutres de charrue, pinces, barres, barreaux, échelles et autres objets, instrumens ou armes dont pourraient abuser les voleurs, et qui auraient été laissés dans les rues, chemins, places, lieux publics ou dans les champs ; de dénoncer ceux à qui ils appartiennent ;

D'assurer la libre circulation des subsistances, et de saisir tous ceux qui s'y opposeraient par la force ;

De protéger le commerce intérieur en procurant toute sûreté aux négocians, marchands, artisans, et à tous les individus que leur commerce, leur industrie et leurs affaires obligent à voyager ;

De se tenir à portée des grands rassemblemens d'hommes, tels que foires, marchés, fêtes et cérémonies publiques, pour y maintenir le bon ordre et la tranquillité,

et sur le soir de faire des patrouilles sur les routes et chemins qui y aboutissent pour protéger le retour des particuliers et marchands qui seraient allés à ces foires ;

D'arrêter les déserteurs et les militaires qui ne seraient pas porteurs de feuilles de route ou de congés en bonne forme ; d'arrêter pareillement tout militaire absent de son corps et porteur d'une permission d'absence qui ne serait pas revêtue du *visa* d'un sous-intendant militaire ;

De faire rejoindre les sous-officiers et soldats absens de leur corps, à l'expiration de leurs congés de semestre ou limités : à cet effet, les sous-officiers et soldats porteurs de ces congés sont tenus de les faire viser par le sous-officier de gendarmerie commandant la brigade de l'arrondissement, lequel en tient note pour forcer de rejoindre ceux qui seraient en retard ;

De se porter en arrière et sur les flancs de tout corps de troupe en marche qui passerait dans leur arrondissement, d'arrêter les traînards et ceux qui s'écarteraient de leur route ; de les remettre au commandant du corps, de même que ceux qui commettraient des désordres, soit dans les marches, soit dans les lieux de gîte et de séjour ;

De surveiller les mendians, les vagabonds et les gens sans aveu : pour cet effet, les maires ou adjoints sont tenus de donner à la gendarmerie des listes sur lesquelles sont portés les individus que les brigades doivent plus particulièrement surveiller ;

D'arrêter les mendians dans les cas et circonstances qui les rendent punissables à la charge de les conduire sur-le-champ devant le juge-de-paix, pour être statué à leur égard conformément aux lois sur la répression de la mendicité ;

De saisir ceux qui tiendraient sur les places publiques, dans les foires et les marchés, des jeux de hasard et autres jeux défendus par les lois et réglemens de police ;

De conduire les prisonniers, prévenus ou condamnés, en proportionnant toujours la force de l'escorte au nombre des prisonniers et aux difficultés que leur transfèrement pourrait présenter ;

De s'assurer de la personne de tout individu circulant dans l'intérieur de notre royaume sans passeport ou avec des passeports qui ne seraient pas conformes aux lois, à la charge de le conduire sur-le-champ devant le maire ou l'adjoint de la commune la plus voisine. En conséquence, les militaires de tout grade de la gendarmerie se font représenter les passeports des voyageurs, et nul ne peut en refuser l'exhibition, lorsque l'officier, sous-officier ou gendarme qui en fait la demande, est revêtu de son uniforme et décline sa qualité.

Il est enjoint à la gendarmerie de se comporter dans l'exécution de ce service avec honnêteté, et de ne se permettre aucun acte qui pourrait être qualifié de vexation ou d'abus de pouvoirs (1).

180. Ces diverses fonctions sont habituellement exercées par les brigades de la gendarmerie, sans qu'il soit besoin d'aucune réquisition des officiers de la police judiciaire, ni d'aucun ordre spécial ; il est fait mention de ce service habituel sur les journaux des brigades. Ces journaux ou feuilles de service leur sont adressés en nombre suffisant par notre ministre de la guerre pour qu'un exemplaire soit déposé chaque mois au secrétariat de la compagnie, et qu'un autre reste entre les mains des commandans de brigade, qui sont tenus d'indiquer sur ces feuilles les jours où les lieutenans se sont présentés, soit dans les brigades, soit dans les lieux de correspondance, pour leurs tournées et autres objets de service.

181. Les signalemens des brigands, voleurs, assassins, perturbateurs du repos public, évadés des prisons et des bagnes, et ceux des déserteurs et autres personnes contre lesquelles il est intervenu mandat d'arrêt, sont délivrés à la gendarmerie, qui, en cas d'arrestation de ces individus, les conduit de brigade en brigade jusqu'à la destination indiquée par lesdits signalemens.

182. Pour faire la recherche des personnes signalées ou dont l'arrestation a été légalement ordonnée, la gendarmerie visite les auberges, cabarets et autres maisons ouvertes au public ; en se conformant à ce qui est prescrit aux articles 184 et 185.

183. Les hôteliers et aubergistes sont tenus de communiquer leurs registres d'inscription des voyageurs à la gendarmerie, toutes les fois qu'elle leur en fait la réquisition.

184. La maison de chaque citoyen est un asile où la gendarmerie ne peut pénétrer sans se rendre coupable d'abus de pouvoir, sauf les cas déterminés ci-après :

1° Pendant le jour, elle peut y entrer pour un objet formellement exprimé par une loi, ou en vertu d'un mandat spécial de perquisition, décerné par l'autorité compétente.

2° Pendant la nuit, elle ne peut y pénétrer que dans les cas d'incendie, d'inondation, ou de réclamation venant de l'intérieur de la maison. Dans tous les autres cas, elle doit prendre seulement, jusqu'à ce que le jour ait paru, les mesures indiquées à l'article 185.

Le temps de nuit est ainsi réglé :

Du 1er octobre au 31 mars, depuis six heures du soir jusqu'à six heures du matin ;

Du 1er avril au 30 septembre, depuis neuf heures du soir jusqu'à quatre heures du matin.

185. Lorsqu'il y a lieu de soupçonner qu'un individu déjà frappé d'un mandat d'arrestation, ou prévenu d'un crime ou délit pour lequel il n'y aurait pas encore de mandat décerné, s'est réfugié dans la maison d'un particulier, la gendarmerie peut seulement garder à vue cette maison, ou l'investir, en attendant l'expédition des ordres nécessaires pour y pénétrer et y faire l'arrestation de l'individu réfugié.

186. Lorsque les sous-officiers et gendarmes arrêtent des individus en vertu des dispositions ci-dessus, ils sont tenus de les conduire aussitôt devant l'officier de police judiciaire le plus à proximité, et de lui faire le dépôt des armes, effets, papiers et autres pièces de conviction.

187. Tous les procès-verbaux faits par les brigades sont établis en double expédition, dont l'une est remise, dans les vingt-quatre heures, à l'autorité compétente, et l'autre est adressée au lieutenant de l'arrondissement, qui, après avoir fait remarquer aux sous-officiers et gendarmes ce qu'il aurait trouvé de défectueux ou d'omis dans la rédaction de ces procès-verbaux, les transmet, avec ses observations, au commandant de la compagnie.

Du service extraordinaire des brigades.

188. Le service extraordinaire de la gendarmerie royale consiste :

1° A prêter main-forte :

Aux préposés aux douanes pour la perception des droits d'importation et d'ex-

---

(1) Les gendarmes ont le droit de *saisir les délinquans sur la voie publique*, dans les cas déterminés par la loi du 28 germinal an 6 ; mais ils sont obligés de les conduire *immédiatement* devant l'officier de police judiciaire (Arrêt de la Cour royale de Paris, affaire Isambert, du 27 mars 1827 ; S. 27, 2, 132).

Voy. les articles 125 et suiv. de la loi du 28 germinal an 6, et l'article 186 de la présente ordonnance ; *voy.* aussi les notes sur l'article 4 de la Charte, et enfin l'article 106 du Code d'instruction criminelle.

Les procès-verbaux des gendarmes font foi jusqu'à preuve contraire ; la loi ne les assujétissant à aucune forme particulière, ils ne peuvent être annulés, sous prétexte d'omission de formes, notamment pour irrégularité dans l'affirmation (11 mars 1825 ; Cass. S. 26, 1, 25).

Voy. notes sur l'art. 125 de la loi du 28 germinal an 6.

11.

portation, pour la répression de la contrebande ou de l'introduction sur le territoire
du royaume de marchandises prohibées ;

Aux administrateurs et agens forestiers ;

Aux inspecteurs, receveurs et percepteurs de deniers royaux, et autres préposés
pour la rentrée des contributions directes
et indirectes ;

Aux huissiers et autres exécuteurs de
mandemens de justice, porteurs de jugemens ou de réquisitoires spéciaux, dont
ils doivent justifier ;

2° A fournir les escortes légalement demandées, notamment celles pour la sûreté
des recettes générales, convois de poudres
de guerre, courriers des malles, voitures
et messageries publiques chargées de fonds
du Gouvernement.

Les réquisitions pour l'exécution du service extraordinaire sont adressées, savoir :
dans les chefs-lieux de département, au
commandant de la compagnie; dans les
sous-préfectures, au lieutenant de l'arrondissement; et sur les autres points, aux
commandans des brigades.

189. Les sous-officiers et gendarmes requis de prêter main-forte aux fonctionnaires et agens ci-dessus dénommés, peuvent signer les procès-verbaux dressés par
ces fonctionnaires et agens, après avoir
pris connaissance de leur contenu.

190. En cas d'incendie, d'inondation et
autres événemens de ce genre, la gendarmerie, au premier avis ou signal, se porte
sur les lieux. S'il ne s'y trouve aucun officier de police ou autre autorité civile, les
officiers et même les commandans de brigade ordonnent et font exécuter toutes les
mesures d'urgence; ils peuvent requérir le
service personnel des habitans, qui sont
tenus d'obtempérer sur-le-champ à leur
sommation, et même de fournir les chevaux, voitures et tous autres objets nécessaires pour secourir les personnes et les
propriétés. Les procès-verbaux feraient
mention des refus et retards qu'ils éprou-
veraient à ce sujet.

Si c'est un incendie, la gendarmerie
prend les renseignemens les plus exacts sur
les causes qui l'ont occasionné; et si la clameur publique inculpe un individu et le
signale comme coupable, elle s'en saisit,
et conduit le prévenu devant l'officier de
police judiciaire de l'arrondissement.

Des devoirs de la gendarmerie dans l'exécution
de son service ordinaire et extraordinaire.

191. Tous les jours, avant six heures du
matin en été, et avant huit heures en hiver,
le commandant de chaque brigade règle le
service, et donne des ordres pour son exécution.

Dans tous les lieux de résidence d'un
lieutenant, le maréchal-des-logis ou brigadier commandant la brigade va tous les
jours à l'ordre chez cet officier.

Le même devoir est imposé aux officiers
de tout grade dans les lieux de résidence
de plusieurs officiers. Celui du grade inférieur se rend chaque jour à l'ordre chez
l'officier qui est du grade immédiatement
supérieur, ou qui en exerce les fonctions.

192. Les commandans de brigade rendent
compte aux lieutenans de l'exécution du
service : leurs rapports contiennent le détail de tous les événemens dont la connaissance leur est parvenue.

Dans les cas urgens, ces sous-officiers,
si leur rapport devait éprouver le moindre
retard par la transmission hiérarchique,
peuvent correspondre directement avec le
commandant de la compagnie. Ces rapports
directs ne les dispensent pas de rendre immédiatement les mêmes comptes à leur
lieutenant.

193. Tout officier ou commandant de
brigade qui a fait le rapport d'un événement, doit rendre compte successivement
des opérations qui en sont la suite, ainsi
que de leur résultat : ces comptes doivent
toujours rappeler la date du rapport primitif.

194. Pour faciliter le service de la gendarmerie et l'assurer sur tous les points,
les commandans de compagnie établissent,
par département et arrondissement de sous-
préfecture, l'état de la circonscription des
brigades, avec l'indication des communes,
hameaux, routes, bois et forêts qu'elles
sont tenues de surveiller et visiter habituellement.

195. Les brigades correspondent entre
elles à des jours et sur des points déterminés. Ce service a essentiellement pour objet le transfèrement des prisonniers, la
communication des renseignemens et avis
que les gendarmes auraient pu recevoir
touchant l'ordre public, et les mesures à
concerter pour prévenir les délits et arrêter
les malfaiteurs.

196. Les tournées, conduites, escortes
et correspondances périodiques de chaque
brigade, sont toujours faites par deux
hommes au moins ; les maréchaux-des-logis
et les brigadiers roulent avec les gendarmes
pour ce service. Il doit être établi de manière que les hommes qui ont été employés
hors de la résidence, fassent immédiatement le service intérieur de la brigade, à
moins que des circonstances particulières
de maladies ou autres empêchemens ne forcent d'intervertir cet ordre.

Lorsque le commandant de la brigade est
absent pour le service, il est suppléé à la
résidence par le plus ancien des gendarmes
présens.

197. Dans leurs tournées, les sous-officiers et gendarmes s'informent avec mesure et discretion, auprès des voyageurs, s'il n'a pas été commis quelque crime ou délit sur la route qu'ils ont parcourue; ils prennent les mêmes renseignemens dans les communes auprès des maires ou de leurs adjoints.

198. Si on leur signale quelques criminels, vagabonds ou gens sans aveu, ils se mettent aussitôt à leur poursuite pour les joindre et les arrêter. Après s'être assurés de l'identité des individus par l'examen de leurs papiers et les questions qu'ils leur font sur leurs noms, leur état, leur domicile et les lieux d'où ils viennent, ils se saisissent de ceux qui demeureraient prévenus de crimes, délits ou vagabondage, et ils en dressent procès-verbal; mais ils relâchent immédiatement ceux qui, étant seulement désignés comme vagabonds ou gens sans aveu, se justifieraient par le compte qu'ils rendraient de leur conduite, ainsi que par le contenu de leurs certificats ou passeports.

Le procès-verbal d'arrestation doit contenir l'inventaire exact des papiers et effets trouvés sur les prévenus; il est signé par ces individus, et autant que possible, par deux habitans les plus voisins du lieu de la capture : s'ils déclarent ne vouloir ou ne pouvoir signer, il en est fait mention. Les sous-officiers et gendarmes conduisent ensuite les prévenus par-devant l'officier de police judiciaire de l'arrondissement, auquel ils font la remise du procès-verbal et les papiers et effets.

199. Les sous-officiers et gendarmes s'informent également, dans leurs courses et tournées, si les militaires en congé ne commettent pas de désordres ou ne troublent point la tranquillité publique; en cas de plainte, ils les arrêtent sur la déclaration par écrit des maires ou adjoints, dont il est fait mention dans les procès-verbaux qu'ils sont tenus de dresser : ces militaires sont conduits devant l'officier de gendarmerie de l'arrondissement, qui ordonne de les traduire en prison, s'il y a lieu, et en rend compte sans délai au commandant de la compagnie, en lui adressant les procès-verbaux d'arrestation.

200. Toutes les fois qu'il s'agit de transférer des prévenus ou condamnés de brigade en brigade, l'officier de gendarmerie qui donne l'ordre de conduite détermine sur cet ordre le nombre de gendarmes dont l'escorte doit être composée; il désigne pareillement le nom du sous-officier ou gendarme qui en a le commandement et est chargé de la conduite jusqu'à la station ordinaire de la brigade.

Si les prévenus ou condamnés sont transférés en vertu d'un mandat de justice, copie de la réquisition de l'officier de police judiciaire doit toujours être jointe à l'ordre de transférement, et énoncer, s'il y en a, les pièces qui doivent suivre les prévenus ou les condamnés. Ces pièces sont cachetées et remises au commandant de l'escorte, qui en donne son reçu au bas de l'ordre, dans les termes suivans :

Reçu l'ordre et les pièces y mentionnées.

Les signalemens des prisonniers sont inscrits à la suite de l'ordre de transférement.

201. Les ordres de conduite ou feuilles de route des prévenus ou condamnés doivent toujours être individuels, quel que soit le nombre des prévenus ou condamnés, afin que, dans le cas où l'un d'eux viendrait à tomber malade en route, il puisse être déposé dans un hôpital sans retarder la marche des autres.

202. Dans chaque lieu de gîte, les prévenus ou condamnés sont déposés dans la maison d'arrêt.

En remettant ces prévenus ou condamnés au concierge, gardien ou geôlier, le commandant de l'escorte doit faire transcrire, en sa présence, sur le registre de la geôle, les ordres dont il est porteur, ainsi que l'acte de remise des prisonniers au concierge de la maison d'arrêt ou de détention, en indiquant le lieu où ils doivent être conduits.

Le tout doit être signé, tant par les gendarmes, que par le geôlier; celui-ci en délivre une copie au commandant de l'escorte pour sa décharge.

203. Dans le cas où il n'y aurait pas de maison d'arrêt ou de détention dans le lieu de résidence d'une brigade, les prévenus ou condamnés sont déposés dans la chambre de sûreté de la caserne de la gendarmerie. Ils y sont gardés par les gendarmes de la résidence jusqu'au départ du lendemain ou du jour fixé pour la correspondance : mais, si les prisonniers sont de différens sexes, les femmes sont remises à la garde de l'autorité locale, qui pourvoit à leur logement.

204. Le commandant de l'escorte qui a effectué le dépôt des prisonniers confiés à sa garde remet l'ordre de transférement et les pièces au commandant de la brigade qui doit le relever : celui-ci est tenu d'inscrire sur son registre-journal les noms des prisonniers, le nombre des pièces qui lui ont été remises, et le lieu où ils doivent être conduits; il devient dès lors responsable du transférement.

L'inscription ci-dessus prescrite est toujours faite en présence du commandant de l'escorte qui a amené les prisonniers : il signe sur le registre avec le commandant de la brigade, et, en l'absence de ce dernier, avec le gendarme qui doit le suppléer.

Si, à défaut de maison d'arrêt ou de détention, les prévenus ou condamnés ont été déposés dans la chambre de sûreté d'une brigade, le commandant de l'escorte qui a effectué ce dépôt s'en fait donner un reçu sur le journal ou feuille de service dont il est porteur.

205. Les mêmes dispositions ont lieu successivement dans toutes les brigades. La dernière escorte, après la remise des prévenus ou condamnés à leur destination, se fait donner une décharge générale, et des prisonniers qu'elle a conduits, et de toutes les pièces qui lui ont été confiées. A son retour à la résidence, le commandant de la dernière escorte fait mention de cette décharge sur son registre, et la joint aux autres pièces qui concernent le service de la brigade, afin de pouvoir la représenter au besoin.

206. Lorsque le transport des prévenus ou condamnés se fait par la correspondance des brigades, le commandant de l'escorte qui a été chargé de la conduite jusqu'au point de réunion, après avoir fait vérifier par le commandant de la nouvelle escorte l'identité des individus confiés à sa garde, et lui avoir remis toutes les pièces mentionnées dans l'ordre de transfèrement, se fait donner un reçu du tout sur la feuille de service.

Si le nombre des prisonniers amenés à la correspondance ou si des circonstances particulières exigeaient un supplément de force, le commandant qui doit continuer l'escorte pourra requérir parmi les gendarmes présens le nombre d'hommes nécessaire à la sûreté des prisonniers.

207. Les gendarmes chargés d'une conduite, soit qu'elle ait lieu par la correspondance ou qu'elle est dû être continuée jusqu'à la station de la première brigade, doivent rentrer le même jour à leur résidence, à moins d'empêchement résultant du service ou de la distance des lieux: dans aucun cas, ils ne peuvent outrepasser la résidence de cette première brigade sans un ordre positif du commandant de la compagnie.

208. Les sous-officiers et gendarmes employés au service de conduite ou de correspondance qui ne ramènent point de prisonniers ne reviennent pas par la même route; il leur est enjoint de se porter dans l'intérieur des terres, de visiter les hameaux, de fouiller les bois et les lieux suspects, et de prendre dans les fermes et maisons isolées toutes les informations qui pourraient leur fournir des renseignemens utiles.

209. Les sous-officiers et gendarmes montés qui sont chargés de conduire des prévenus ou condamnés marchent toujours à cheval, dans une bonne tenue militaire, et complétement armés; les sous-officiers et gendarmes à pied sont pareillement armés et équipés complétement. Dans le cas où les prisonniers doivent être conduits en poste, en vertu d'ordres supérieurs, l'escorte prend place dans les voitures avec les prisonniers.

210. Avant d'extraire des prisons les individus dont le transfèrement est ordonné de brigade en brigade, les sous-officiers et gendarmes s'assurent s'ils n'ont pas sur eux des objets tranchans, ou quelque instrument qui puisse servir à favoriser leur évasion; s'ils sont en état de supporter les fatigues de la route, et s'ils sont pourvus de vêtemens et chaussures.

211. Si un prisonnier confié à la gendarmerie tombe ou arrive malade dans une résidence de brigade où il n'y a ni prison ni hôpital, il reste déposé dans la chambre de sûreté de la caserne; les secours nécessaires lui sont administrés par les soins du maire ou de l'adjoint, mais jusqu'au moment seulement où il peut être transféré sans danger dans la maison de détention ou dans l'hôpital le plus à proximité.

Lorsqu'un prévenu ou condamné conduit à pied par la gendarmerie tombe malade en route, le maire ou l'adjoint du lieu le plus voisin, sur la réquisition des sous-officiers et gendarmes chargés de la conduite, est tenu de pourvoir aux moyens de transport jusqu'à la résidence de la brigade, la maison de détention ou l'hôpital le plus à proximité dans la direction de la conduite du prisonnier: si c'est une maison de détention, le prisonnier y est placé à l'infirmerie et remis à la garde du concierge, qui en donne reçu; si c'est un hôpital civil, il y est soigné dans un lieu sûr, sous la surveillance des autorités locales.

Dans ce cas, les papiers, objets et pièces de conviction, s'il y en a, restent entre les mains du sous-officier commandant de la gendarmerie de l'arrondissement, et, après le rétablissement du prisonnier, sont joints à l'ordre de conduite, avec un certificat constatant l'entrée et la sortie de l'hôpital, ou les motifs du séjour prolongé, soit dans la maison de détention, soit dans la chambre de sûreté de la caserne.

Les commandans de brigade doivent veiller à ce que les prisonniers entrés aux hôpitaux civils n'y restent pas au-delà du temps nécessaire pour leur rétablissement.

212. Si les pièces jointes à l'ordre de transfèrement concernent plusieurs individus, dont l'un serait resté malade en route, la conduite de ceux qui sont en état de marcher n'est pas interrompue, et les pièces ne sont pas retenues; il est fait mention sur l'ordre de transfèrement qui suit les

autres prisonniers, des causes qui ont fait suspendre la translation de l'un ou de quelques-uns d'entre eux.

213. En cas d'évasion d'un prévenu ou condamné déposé à l'infirmerie d'une maison de détention, ou soigné dans un hôpital, le commandant de la brigade de gendarmerie, au premier avis qu'il en reçoit, le fait rechercher et poursuivre, et se rend au lieu de l'évasion pour connaître s'il y a eu connivence, ou seulement défaut de surveillance, de la part des gardiens : il rédige le procès-verbal de ses recherches, et l'adresse sur-le-champ, avec les autres pièces qui concernent l'évadé, au lieutenant de l'arrondissement; celui-ci les transmet au commandant de la compagnie, qui en rend compte à l'autorité compétente.

214. En cas de mort, dans les hôpitaux civils ou militaires, d'un prévenu ou condamné, le commandant de la brigade se fait délivrer une expédition de l'acte de décès, pour être réunie aux autres pièces qui peuvent concerner le décédé, et il fait l'envoi du tout, dans les vingt-quatre heures, au lieutenant de la gendarmerie de l'arrondissement; cet officier transmet ces pièces au commandant de la compagnie.

215. Le commandant de la compagnie, après avoir rassemblé toutes les pièces relatives au prisonnier évadé ou décédé, les fait parvenir sans délai, savoir :

Au ministre de la guerre, si c'était un militaire ;

Au ministre de la marine, s'il faisait partie de l'armée de mer ;

Au ministre de l'intérieur, si le prisonnier était condamné aux fers ou à la réclusion ;

Enfin, si le prisonnier était simplement prévenu d'un délit de la compétence des cours royales ou des tribunaux de première instance, à l'officier de police judiciaire qui a décerné le mandat d'amener, de dépôt, d'arrêt, ou qui a requis le transfèrement; et si c'était un condamné, à notre procureur royal près la cour ou le tribunal qui a prononcé la condamnation.

Il est également donné connaissance de l'évasion ou du décès du prisonnier à l'autorité devant laquelle il devait être traduit.

216. Lorsqu'un militaire est décédé dans une maison de détention, ou qu'il s'en est évadé, le sous-officier commandant la gendarmerie de l'arrondissement dresse un inventaire exact de l'argent et des effets qu'il a laissés; il indique avec soin les noms et prénoms de ce militaire, le lieu de sa naissance, son département, et le corps dans lequel il servait.

L'inventaire est fait en triple expédition et signé par le concierge de la maison de détention, qui garde par-devers lui une des expéditions.

Les effets et l'argent sont transportés sans délai, par la voie de la correspondance des brigades, jusqu'à l'hôpital militaire le plus voisin, et remis, avec la seconde expédition de l'inventaire, à l'économe de l'hôpital, qui, après vérification, donne son reçu au bas de la troisième expédition, laquelle reste entre les mains du commandant de la brigade de l'arrondissement où l'hôpital militaire est situé, pour servir à la décharge de ce sous-officier. Il est fait inscription de l'inventaire sur le registre d'ordre de la brigade.

A défaut d'hôpital militaire dans le département, les objets ci-dessus sont déposés, en suivant les mêmes formalités, dans les mains des administrateurs de l'hospice civil le plus voisin, pourvu toutefois que cet hospice soit du nombre de ceux qui reçoivent des militaires malades.

217. Si le concierge de la maison de détention déclare que le militaire mort ou évadé n'a laissé ni effets ni argent, le sous-officier commandant de la gendarmerie dresse procès-verbal de cette déclaration, qu'il fait signer du concierge, et il en inscrit le contenu sur le registre d'écrou. Ce procès-verbal est pareillement transmis, au commandant de la compagnie.

218. Il est expressément défendu à la gendarmerie de faire la conduite des militaires condamnés à la peine des travaux publics ou du boulet, avant d'avoir reçu une expédition individuelle et certifiée des jugemens, et de s'être assurés si les condamnés sont pourvus de tous les effets d'habillement et de petit équipement prescrits par les réglemens, et dont le détail doit être inscrit sur la feuille de route de chaque homme.

La gendarmerie veille avec la plus grande attention à ce qu'il ne soit détérioré ni détourné aucune partie de ces effets par les condamnés, pendant la route, et principalement dans les lieux de gîte; si elle remarque qu'il leur manque quelques-uns de ces effets à la sortie des prisons, elle en dresse un procès-verbal, que le concierge est tenu de signer. Ce procès-verbal est joint à l'ordre de conduite des militaires condamnés pour servir à la décharge des gendarmes.

219. Les sous-officiers et gendarmes doivent prendre toutes les mesures de précaution pour mettre les prisonniers confiés à leur garde dans l'impossibilité de s'évader : toute rigueur qui ne serait pas nécessaire pour s'assurer de la personne d'un prévenu est expressément interdite. La loi défend à tous, et spécialement aux dépositaires de la force armée, de faire aux personnes arrêtées aucun mauvais traitement ni outrage, même d'employer contre elles aucune violence, à moins qu'il n'y ait eu résistance ou

rébellion, auquel cas seulement ils sont autorisés à repousser par la force les voies de fait commises contre eux dans l'exercice de leurs fonctions.

220. Dans le cas où quelques-uns des prisonniers confiés à la même escorte et ayant la même direction viendrait à s'évader, ceux qui restent sont toujours conduits à leur destination avec les pièces qui les concernent. Si tous les prisonniers sont parvenus à s'évader, les pièces sont envoyées sur-le-champ, avec le procès-verbal de l'évasion, au lieutenant de gendarmerie de l'arrondissement, lequel prend sur la nature et les circonstances de l'événement tous les renseignemens qui peuvent faire connaître s'il y a eu connivence ou seulement négligence de la part des gendarmes. Dans tous les cas, cet officier ordonne les recherches et les poursuites qu'il juge convenables pour atteindre les évadés, transmet le procès-verbal à notre procureur royal, et en informe le commandant de la compagnie. Il est également rendu compte, sans délai, au ministre de la guerre. Le signalement des évadés est envoyé suivant l'ordre prescrit par l'article 215.

Le commandant de la brigade qui a fourni l'escorte des prisonniers fait mention, sur son journal, des évasions qui ont eu lieu, et des noms des gendarmes qui étaient chargés de la conduite.

221. Tout sous-officier ou gendarme convaincu d'avoir emprunté ou reçu, à quelque titre que ce soit, de l'argent ou des effets des prévenus ou condamnés dont le transférement lui a été confié est réformé, sans préjudice des peines qui peuvent être prononcées contre lui.

222. Les sous-officiers et gendarmes sont tenus de veiller à ce que les prisonniers reçoivent les subsistances qui doivent leur être fournies pendant la route : ils préviennent les maires ou adjoints des abus qui pourraient exister dans les fournitures, pour qu'ils puissent les réprimer sur-le-champ.

223. La même surveillance est exercée par les commandans de brigade, lorsque des militaires sont détenus dans les maisons d'arrêt ou de détention : ils s'assurent si les concierges de ces prisons leur fournissent exactement les denrées prescrites par les réglemens, si la paille est renouvelée aux époques fixées et dans les quantités voulues, et si les chambres sont munies des ustensiles nécessaires. En cas de plainte de la part des détenus, les commandans de brigade en vérifient l'exactitude, et rendent compte à leurs chefs des abus qu'ils auraient découverts : les commandans de compagnie donnent aussitôt connaissance de ces abus aux préfets et aux sous-intendans militaires.

224. Il est défendu à la gendarmerie d'escorter des militaires *marchant isolément* ou en détachement, s'ils ne sont munis de feuilles de route individuelles, portant indication des fournitures qu'ils doivent recevoir en route.

Néanmoins les feuilles de route peuvent être collectives, mais seulement lorsque les militaires appartiennent à un même corps, et qu'ils doivent se rendre à la même destination.

En conséquence, toutes les fois que les commandans de brigade ont à faire de ces sortes d'escortes, le sous-intendant militaire, ou, à son défaut, le sous-préfet du lieu du départ, doit préalablement délivrer aux militaires des feuilles de route portant les indications ci-dessus.

225. La gendarmerie se fait représenter les feuilles de route des militaires marchant sans escorte. A l'égard de ceux auxquels il est accordé des transports, elle s'assure, par l'examen des mandats de fournitures dont les conducteurs de convois doivent être porteurs, s'il n'a pas été donné ou reçu de l'argent en remplacement de ces fournitures.

Tout militaire auquel il a été accordé un transport en est privé, s'il est rencontré faisant sa route à pied : à cet effet, le sous-officier commandant la gendarmerie de l'arrondissement lui retire les mandats dont il se trouve porteur, et annote sur la feuille de route qu'il doit être privé du transport.

Ces mandats sont transmis aussitôt au commandant de la compagnie, et renvoyés par lui au sous-intendant militaire qui les a délivrés, pour être annulés.

226. Lorsqu'un convoi de poudres ou de munitions de guerre marche sous l'escorte de la gendarmerie, et qu'il doit s'arrêter dans une commune, si ce convoi n'a pas de commandant d'artillerie, le sous-officier de gendarmerie commandant l'escorte se concerte avec l'autorité locale pour faire parquer le convoi dans un lieu à l'abri de tout danger, et pour qu'à défaut de troupes de ligne un poste suffisant de garde nationale veille à sa sûreté jusqu'au moment du départ. Dans ce dernier cas seulement, le sous-officier de gendarmerie est tenu de s'assurer par lui-même, pendant la nuit, si le service se fait avec exactitude.

Les gendarmes chargés de ces escortes ne peuvent abandonner les voitures confiées à leur garde, avant d'avoir été relevés. Les mêmes précautions sont prises lors des escortes des deniers royaux.

227. Il est expressément ordonné à la gendarmerie, dans ses tournées, courses et patrouilles, de porter la plus grande attention sur ce qui peut être nuisible à la salubrité, afin de prévenir, autant que possible,

les ravages des maladies contagieuses et des épizooties. Les sous-officiers et gendarmes sont tenus, à cet effet, de surveiller l'exécution des mesures de police prescrites par les réglemens ; ils dressent procès-verbal des contraventions pour que les poursuites soient exercées par qui de droit contre les délinquans.

Lorsqu'ils touvent des animaux morts sur les chemins ou dans les champs, ils en préviennent les autorités locales, et les requièrent de les faire enfouir : en cas de refus ou de négligence, les chefs de la gendarmerie, sur le rapport des commandans de brigade, en informent les sous-préfets et préfets, pour qu'il soit pris des mesures à cet égard.

Des compagnies de gendarmerie près les ports et arsenaux.

SECTION Ier. *Du service de ces compagnies.*

228. Les compagnies de la gendarmerie royale près les ports et arsenaux de la marine sont placées, pour tout ce qui concerne l'exécution de leur service, sous les ordres immédiats des intendans de la marine, et sous ceux des commissaires généraux ou principaux dans les arrondissemens où ces derniers remplissent les fonctions d'intendans de la marine.

229. Les officiers, sous-officiers et gendarmes de ces compagnies déférent aux réquisitions qui leur sont faites par les chefs militaires des ports et les officiers de l'administration de la marine, lesquels ne peuvent leur adresser de réquisitions que pour assurer le service et maintenir l'exécution des mesures de police et de surveillance que les réglemens leur attribuent.

230. Les réquisitions sont toujours adressées, dans les chefs-lieux d'arrondissement maritime, aux capitaines des compagnies, et, sur les autres points, aux commandans des postes qui s'y trouvent placés.

231. Les compagnies de gendarmerie des ports et arsenaux fournissent un poste près les intendans de la marine et près les commissaires généraux ou principaux qui remplissent les fonctions d'intendans. Lorsque ces intendans, commissaires généraux ou principaux, visitent les ports et chantiers de construction, ils peuvent se faire accompagner par des gendarmes pour assurer l'exécution des ordres qu'ils auraient à donner concernant le service.

232. Il n'est point établi habituellement de gendarmes près les chefs militaires des ports et les officiers de l'administration de la marine, mais ces officiers peuvent requérir qu'il soit fourni des gendarmes, lorsque l'intervention de la gendarmerie est nécessaire pour assurer leurs opérations.

233. Les abus qui pourraient avoir lieu dans l'emploi des gendarmes comme ordonnances ou plantons sont déférés par les capitaines aux intendans de la marine, aux commissaires généraux ou principaux qui en remplissent les fonctions, et aux officiers supérieurs de gendarmerie, sans toutefois qu'on puisse se dispenser d'obtempérer aux réquisitions qui seraient faites.

234. Les sous-officiers et gendarmes ne peuvent être employés à porter la correspondance que dans les cas urgens, et à défaut d'autres moyens ; les réquisitions pour ce genre de service doivent être adressées par écrit. Les abus sont déférés ainsi qu'il est prescrit dans l'article précédent.

235. Les sous-officiers et gendarmes sont spécialement affectés à la police des ports et à l'exécution du service relatif à l'inscription maritime, et à toutes les opérations qui s'y rapportent, soit dans l'intérieur des ports, soit à l'extérieur. Ils surveillent les démarches des marins, observent leurs habitudes dans les ports, s'attachent à les reconnaître, afin de prévenir et de réprimer la désertion.

236. Ils sont envoyés sur les routes avoisinant les ports, pour arrêter et faire arrêter les déserteurs et les forçats évadés.

237. S'ils reconnaissent chez des marchands ou chez des particuliers, des effets à la marque de la marine, ou qu'ils auraient lieu de croire lui appartenir, ils en dressent un procès-verbal ou font leur rapport, qu'ils remettent sur-le-champ à l'autorité compétente, pour qu'il soit procédé suivant les lois contre les détenteurs desdits effets.

Ils dressent procès-verbal des vols, effractions, arrestations et autres événemens parvenus à leur connaissance, ou pour lesquels ils auraient été requis.

238. Les gendarmes conduisent, soit aux tribunaux maritimes, soit près nos commissaires royaux rapporteurs, les individus prévenus d'un délit dont la connaissance ressortit à ces tribunaux.

Ils sont chargés, d'après les instructions du commissaire de marine préposé aux chiourmes, de la surveillance extérieure des bagnes.

239. Les fonctions ci-dessus attribuées à la gendarmerie des ports et arsenaux dans les chefs-lieux des arrondissemens maritimes sont les mêmes dans les ports secondaires et dans les quartiers de l'inscription maritime.

240. Les sous-officiers et gendarmes ne peuvent se porter, même pour objet de service, hors de l'arrondissement qui leur a été assigné, sans qu'ils y aient été autorisés par les intendans de la marine, ou par les commissaires généraux ou principaux qui en remplissent les fonctions, ou

par le chef du service de la marine dans le port où ils sont employés.

241. Lorsqu'une levée est ordonnée, les gendarmes sont envoyés dans les communes des quartiers, non-seulement pour porter les ordres de l'officier d'administration aux préposés et syndics, mais encore pour en seconder, s'il y a lieu, l'exécution.

Ils donnent ou requièrent main-forte, au besoin, pour assurer l'effet de la levée.

Ils traduisent dans les prisons les marins coupables de désobéissance et de désertion.

En cas d'insubordination, de voies de fait, ou de tous autres délits contre les réglemens maritimes, ils se portent, sur la réquisition de l'officier d'administration, à bord des navires de commerce ou autres, dressent les procès-verbaux de ces délits, et les transmettent à l'officier d'administration.

Ils accompagnent l'officier d'administration sur les lieux où il doit se transporter à l'occasion de bris, de naufrages ou échouemens.

SECTION. II. Des rapports de la gendarmerie près les ports et arsenaux avec les intendans de la marine et les chefs militaires des ports.

242. En l'absence de nos commissaires royaux rapporteurs, les capitaines de la gendarmerie des ports et arsenaux en remplissent les fonctions près les tribunaux maritimes.

243. Les capitaines rendent compte sur-le-champ, aux majors généraux et majors de la marine, des événemens qui pourraient intéresser la sûreté des ports et arsenaux, et ils leur communiquent tous les renseignemens qu'ils ont obtenus.

Ils les instruisent également, par des rapports fréquens, de la situation des divers ports secondaires et quartiers maritimes.

Ces mêmes officiers rendent des comptes semblables aux intendans de la marine et aux commissaires généraux ou principaux qui en remplissent les fonctions.

244. Les lieutenans des compagnies de gendarmerie des ports et arsenaux adressent directement à l'officier de marine qui commande dans l'arrondissement où est fixée leur résidence, les rapports qui seraient de nature à intéresser la sûreté dudit arrondissement ; ils en envoient sur-le-champ copie à leur capitaine, auquel sont dus exclusivement les comptes sur la tenue, police et discipline des sous-officiers et gendarmes.

245. Les intendans de la marine, les commissaires généraux ou principaux qui en remplissent les fonctions, les majors généraux et majors des ports, prescrivent les punitions que doivent subir les officiers, sous-officiers et gendarmes pour infraction à leurs ordres, ou pour des fautes commises dans le service : ils se conforment, selon la gravité des cas, aux dispositions des articles 257 et 258 de la présente ordonnance.

Ces punitions sont infligées par les capitaines, lorsqu'elles concernent des lieutenans ou des sous-officiers et gendarmes, et par le colonel de la légion, si la punition doit être infligée à un capitaine.

Lorsque les autres officiers ou administrateurs de la marine ont à se plaindre des officiers, sous-officiers ou gendarmes, ils doivent s'adresser, soit à l'intendant de la marine de leur arrondissement, soit au commissaire général ou principal qui en remplit les fonctions, soit au major général ou major des ports, soit au capitaine de la compagnie, qui, s'il y a lieu, ordonnent des punitions, en se conformant aux dispositions ci-dessus.

246. Les colonels de gendarmerie punissent directement les militaires des compagnies des ports et arsenaux pour insubordination et autres fautes de discipline militaire.

247. Chaque trimestre les commissaires de marine peuvent constater l'effectif des brigades de gendarmerie affectées au service des ports : à cet effet, ils passent la revue des hommes présens dans le lieu de leur résidence ; mais ils ne doivent donner aucun ordre pour le déplacement des gendarmes qui sont attachés à des quartiers maritimes. L'existence de ces militaires est constatée par les certificats qu'adressent les administrateurs de la marine chargés du service de ces quartiers.

248. Pour éviter de trop longs déplacemens et des absences nuisibles au service des ports et arsenaux, lors des revues des inspecteurs généraux et des colonels de la gendarmerie, les sous-officiers et gendarmes disséminés dans les différens quartiers maritimes se rendent, pour la revue, sur les points de réunion des brigades des départemens les plus rapprochés de leur quartiers, lors même que ces points de réunion ne seraient pas dans la circonscription de la légion et de l'arrondissement d'inspection dont ils font partie.

L'extrait de la revue pour les gendarmes maritimes, dans cette position, est adressé au colonel ou à l'inspecteur général qui a dans son arrondissement le chef-lieu de la compagnie où se fait la revue principale.

249. Les colonels de gendarmerie ne peuvent distraire les brigades des compagnies près les ports et arsenaux, des fonctions qui leur sont spécialement attribuées, pour appuyer l'action de la gendarmerie

des départemens, sans y avoir été formellement autorisés par les intendans de la marine, ou par les commissaires généraux ou principaux qui en remplissent les fonctions.

Réciproquement, dans le cas où lesdits intendans, commissaires généraux ou principaux de la marine, jugeraient indispensable de faire appuyer l'action de la gendarmerie des ports et arsenaux par la gendarmerie des départemens, cette mesure ne pourra avoir lieu que de concert avec les officiers-supérieurs de la gendarmerie.

250. Les capitaines des compagnies de gendarmerie près les ports et arsenaux rendent compte au colonel de la légion, de ce qui concerne l'administration, la tenue, la police et la discipline de leur compagnie, et des résultats généraux du service.

CHAPITRE III. Police et discipline, ordre intérieur.

Délits et crimes commis par la gendarmerie.

251. Les officiers, sous-officiers et gendarmes, sont justiciables des tribunaux ordinaires et des cours d'assises, pour les délits et les crimes commis hors de leurs fonctions ou dans l'exercice de leurs fonctions relatives au service de police administrative et judiciaire dont ils sont chargés, et des tribunaux militaires, pour les délits et les crimes relatifs au service et à la discipline militaire.

Les militaires de tout grade de la gendarmerie sont réputés être dans l'exercice de leurs fonctions lorsqu'ils sont revêtus de leur uniforme (1).

252. Si l'officier, sous-officier ou gendarme est accusé tout à la fois d'un délit ou crime militaire et de tout autre délit ou crime de la compétence des tribunaux ordinaires et des cours d'assises, la connaissance en appartient à ces tribunaux ou cours d'assises, qui peuvent appliquer, s'il y a lieu, les peines portées au Code pénal militaire, quand, pour raison du délit ou crime militaire, les officiers, sous-officiers et gendarmes ont encouru une peine plus forte que celle résultant du délit ou crime qui ne serait pas militaire par sa nature.

253. Les militaires de la gendarmerie qui ne rejoindraient pas, à l'expiration des congés ou permissions, et ceux qui quitteraient leur poste sans autorisation, seront censés démissionnaires ; s'ils sont débiteurs au corps, ou si leur disparition est accompagnée de circonstances aggravantes, ils seront réputés déserteurs.

Quant aux sous-officiers et soldats extraits de la ligne pour le recrutement de la gendarmerie, ils continueront, jusqu'à ce qu'ils aient achevé le temps de service prescrit par la loi du 10 mars 1818, d'être assujétis aux lois et ordonnances qui concernent les militaires des corps de la ligne.

Fautes contre la discipline.

254. Sont réputés fautes contre la discipline :

Tout défaut d'obéissance, tant qu'il n'a pas le caractère d'un délit ;

Tout murmure, mauvais propos et signe de mécontentement envers des supérieurs, tout manquement au respect qui leur est dû ;

Tout propos humiliant ou outrage envers un inférieur, et tout abus d'autorité à son égard ;

Toute négligence de la part des chefs à punir les fautes de leurs subordonnés et à en rendre compte aux supérieurs ;

Toute violation des punitions de discipline ;

Tout déréglement de conduite, la passion du jeu et l'habitude de contracter des dettes ;

Les querelles soit entre les hommes de la gendarmerie, soit avec d'autres militaires ou des habitans des villes et campagnes, et seulement à l'égard de ces derniers, lorsque les querelles ne sont pas de nature à être portées devant les juges civils qui doivent en connaître ;

L'ivresse, pour peu qu'elle trouble l'ordre public ou militaire ;

Le manquement aux appels, et toute absence non autorisée ;

Toute contravention aux réglemens sur la police, la discipline et sur les différentes parties du service ;

Enfin tout ce qui, dans la conduite ou dans la vie habituelle du militaire, s'écarte de la règle, de l'ordre, de l'esprit d'obéissance et de la déférence que le subordonné doit à ses chefs.

---

(1) Des gendarmes qui, en poursuivant un déserteur, sont entrés à cheval dans une pièce de terre ensemencée (Code pénal, article 471, n° 14), sont justiciables, à raison de ce fait, des tribunaux de police, et non des tribunaux militaires, en ce que le fait a eu lieu dans l'exercice de leurs fonctions de police générale et administrative, et non dans les fonctions relatives au service et à la discipline militaire (26 février 1825 ; Cass. S. 25, 1, 335).

Voy. notes sur l'article 97 de la loi du 28 germinal an 6.

Des punitions de discipline.

255. Les officiers, sous-officiers et gendarmes sont soumis, chacun en ce qui le concerne, aux réglemens de discipline militaire et aux peines que les supérieurs sont autorisés à infliger pour les fautes et les négligences dans le service.

256. Les colonels de la gendarmerie peuvent, d'après le compte qui leur est rendu, infirmer, restreindre ou augmenter les punitions qui auraient été prononcées par les officiers et commandans de brigade sous leurs ordres, sans qu'ils puissent, dans aucun cas, s'écarter des règles qui sont prescrites ci-après pour la nature et la durée des punitions.

257. Les punitions de discipline sont :
Pour les officiers de la gendarmerie royale,
Les arrêts simples ;
Les arrêts forcés ;
La prison ;
Pour les sous officiers et gendarmes ,
La consigne aux casernes ;
La chambre de police ;
La prison.

258. La peine des arrêts simples, des arrêts forcés, de la consigne, de la chambre de police et de la prison, ne peut être infligée pour moins de trois jours ni plus de quinze jours. Cependant, si un officier, sous-officier ou gendarme commettait une faute contre la discipline de nature à mériter une plus forte punition, les colonels sont autorisés à prolonger la durée de la peine de la prison jusqu'à ce que le ministre de la guerre ait prononcé, si c'est un sous-officier ou gendarme, ou qu'il ait pris nos ordres, si c'est un officier.

Les colonels de la gendarmerie sont tenus d'adresser leur rapport au ministre de la guerre, dans les trois jours à partir de celui où ils ont cru devoir prolonger la peine de la prison.

259. Les arrêts simples, la consigne et la chambre de police n'exemptent point du service.

260. Les commandans de brigade peuvent infliger la peine de la consigne et de la chambre de police à leurs subordonnés ; la peine de la prison n'est infligée que par les officiers.

Les arrêts simples peuvent être ordonnés à chaque officier par son supérieur en grade ou celui qui en exerce l'autorité : les arrêts forcés et la prison ne sont ordonnés que par le colonel de la légion.

261. Tout officier, sous-officier ou gendarme, lors même qu'il se croirait injustement puni et fondé à se plaindre, est tenu de se soumettre à la punition de discipline prononcée contre lui ; mais il peut, après avoir obéi, faire des réclamations près de l'officier immédiatement supérieur à celui qui a ordonné la punition.

262. Il est rendu compte sur-le-champ aux colonels des légions, en suivant la hiérarchie des grades, de toutes les punitions, de leurs motifs, et des réclamations auxquelles elles ont pu donner lieu. Chaque trimestre, un extrait de ces rapports est adressé par les colonels au ministre de la guerre.

Règles particulières.

263. Les commandans de compagnie doivent tenir sévèrement la main à ce que leurs subordonnés ne se livrent point à des dépenses qui les mettraient dans le cas de contracter des dettes ; celles qui auraient pour objet la subsistance des hommes ou des fournitures relatives au service seront payées au moyen d'une retenue, jusqu'à concurrence du cinquième de la solde proprement dite.

Ces retenues sont ordonnées par les colonels des légions, indépendamment des punitions de discipline qu'ils croient devoir prononcer.

264. Tout officier de gendarmerie qui, s'étant laissé poursuivre judiciairement pour dettes contractées par billets, lettres-de-change, obligations ou mémoires arrêtés par lui, aura été condamné par jugement définitif, ne pourra rester au service si, dans le délai de deux mois, il ne satisfait pas à ses engagemens : dans ce cas, le jugement porté contre lui équivaudra, après ce délai, à une démission précise de son emploi.

265. L'habitude de s'enivrer, quand bien même elle ne serait pas accompagnée de circonstances aggravantes, suffit pour motiver l'exclusion du corps de la gendarmerie : en conséquence, tout militaire de ce corps qui a subi des punitions de discipline à trois reprises différentes pour cause d'ivrognerie peut être réformé.

266. Si, pour des faits particuliers à l'administration des compagnies de gendarmerie, les intendans ou sous-intendans militaires qui en ont la police avaient des punitions à imposer aux présidens des conseils d'administration et aux trésoriers, ils en formeraient la demande au colonel de la légion, qui sera tenu de les ordonner et de les faire subir.

267. Le commandant de chaque compagnie tient le registre de discipline, sur lequel il inscrit les actions remarquables, les opérations importantes, les fautes commises et les punitions infligées. Un extrait de ce registre est adressé chaque mois au colonel de la légion.

268. Lors de leurs revues, les inspec-

teurs généraux de la gendarmerie se font représenter les registres de discipline; ils peuvent le rectifier d'après les renseignemens particuliers qu'ils ont recueillis.

269. S'ils reconnaissent que des officiers et sous-officiers ou gendarmes ont subi des punitions de discipline réitérées, ils adressent au ministre de la guerre leur rapport sur ceux de ces militaires qui ne leur paraissent pas susceptibles d'être maintenus dans le corps de la gendarmerie, ou qu'il conviendrait de soumettre à des changemens de résidence.

270. Les inspecteurs généraux de la gendarmerie peuvent décerner des éloges publics aux officiers, sous-officiers et gendarmes qui les ont mérités par leur conduite et leurs services; mais ils ne font de réprimandes qu'en particulier, où, s'il est nécessaire, en présence de la troupe seule.

Ordre intérieur.

271. Les officiers de tout grade de la gendarmerie royale ne peuvent se marier sans en avoir obtenu la permission du ministre de la guerre.

272. Les sous-officiers et gendarmes ne peuvent également se marier sans en avoir obtenu la permission du commandant de la compagnie, approuvée par le colonel de la légion.

Dans le cas où cet officier supérieur croirait devoir refuser son consentement, il est tenu d'en faire connaître les motifs au ministre de la guerre, qui prononce définitivement.

273. Les maréchaux-des-logis, brigadiers et gendarmes logent dans les casernes ou maisons qui en tiennent lieu; ils ne peuvent découcher que pour objet de service. A moins que les circonstances n'exigent l'emploi de la brigade toute entière, il y a toujours un gendarme de garde à la caserne.

274. Les femmes et les enfans des sous-officiers et gendarmes peuvent habiter les casernes: ils doivent y tenir une conduite régulière, sous peine d'en être renvoyés d'après les ordres du colonel de la légion.

275. Aucun sous-officier ou gendarme ne peut faire commerce, tenir cabaret ni exercer aucun métier ou profession; les femmes ne peuvent également dans la résidence de leur mari tenir cabaret, billard, café ou tabagie.

276. Hors le cas de service, les maréchaux-des-logis, brigadiers et gendarmes ont tenus de rentrer à la caserne, à neuf heures du soir en hiver, et à onze heures en été.

277. Les gendarmes ne peuvent s'absenter de la caserne sans en prévenir le commandant de la brigade et sans lui dire où ils vont, afin qu'on puisse les trouver au besoin: il leur est enjoint d'être constamment dans une bonne tenue militaire.

278. Les maréchaux-des-logis et brigadiers surveillent l'intérieur des casernes; ils ont soin de les faire entretenir dans le meilleur état de propreté, et ils empêchent qu'il n'y soit commis des dégradations.

279. Autant que le service le permet, les chevaux sont pansés à la même heure: les commandans de brigade sont présens au pansage, ainsi qu'aux distributions; ils sont responsables des négligences ou abus qu'ils auraient tolérés.

280. Les gendarmes commandés pour un service ne doivent jamais partir de la caserne avant que le chef de la brigade ait fait l'inspection des hommes, des chevaux et des armes. Au retour la même inspection est faite pour voir si les hommes rentrent dans une bonne tenue, et si les chevaux n'ont pas été surmenés.

Remontes.

281. Tout militaire qui sera admis dans l'arme à cheval de la gendarmerie devra se pourvoir, à ses frais, d'un cheval de l'âge de cinq ans au moins et de huit ans au plus, de la taille d'un mètre cinq cent seize millimètres sous potence, à tous crins, noir, bai ou alezan, qui soit bien tourné et d'un bon service.

282. Les chevaux seront reçus par le conseil d'administration, qui ne pourra les admettre, s'ils ne réunissent les qualités ci-dessus. Les marchés devront toujours stipuler les garanties à exiger pour les cas rédhibitoires. Aussitôt après leur réception, les chevaux seront signalés sur les contrôles de la compagnie, et les fourrages seront fournis par les magasins des brigades.

283. Il ne doit être admis dans la gendarmerie ni chevaux entiers ni jumens.

284. Les officiers de tout grade de la gendarmerie, à l'exception des trésoriers, dont le service est sédentaire, sont tenus d'être constamment pourvus d'un cheval d'escadron. S'ils restent démontés au-delà d'un mois, ils éprouvent sur leur traitement la retenue d'un franc par jour; et s'ils ne sont pas remontés dans le délai de trois mois, ils sont censés démissionnaires.

285. Toutes les fois qu'un sous-officier ou gendarme sera démonté, il devra, dans le délai d'un mois, présenter un cheval ayant les qualités requises; passé ce temps, il sera pourvu à sa remonte par les soins du conseil d'administration.

286. Dans l'intervalle des inspections, aucun sous-officier ou gendarme ne pourra vendre ni échanger son cheval.

Cependant, si de puissantes considérations nécessitaient la prompte réforme d'un cheval, le colonel de la légion, sur la demande du lieutenant, et d'après l'avis du commandant de la compagnie, pourra autoriser l'échange ou la vente; mais à la prochaine revue, il en sera rendu compte à l'inspecteur général, qui vérifiera l'exactitude des motifs d'urgence; s'il y a eu abus, il en sera fait un rapport spécial à notre ministre de la guerre.

287. Le prix des chevaux vendus, soit d'après la réforme ordonnée par l'inspecteur général, soit d'après l'autorisation du colonel de la légion, sera versé dans la caisse du conseil d'administration, pour servir, par forme d'à-compte, au paiement des chevaux de remonte.

288. Il est expressément défendu aux sous-officiers et gendarmes de prêter leurs chevaux, ou de les employer à tout autre usage que pour le service : ceux qui contreviendraient à cette défense seront punis; ils encourront la réforme lorsqu'il y aura récidive.

289. Les commandans de brigade veilleront à ce que les chevaux des gendarmes absens ou malades, reçoivent les soins convenables; ils les feront promener, et pourront les employer pour le service ; dans ce cas, le gendarme qui montera le cheval d'un homme absent ou malade sera responsable des accidens qui proviendraient de sa négligence, de défaut de soin ou de ménagement. Lorsque ce gendarme rentrera à la caserne, il devra en prévenir sur-le-champ le commandant de la brigade, pour que celui-ci inspecte le cheval avant qu'il soit conduit à l'écurie.

290. Les sous-officiers et gendarmes qui quitteront le corps ne pourront disposer de leurs chevaux qu'avec l'agrément du conseil d'administration de la compagnie. Dans le cas où ce conseil croirait que le cheval dût être conservé et passer à un autre gendarme, la valeur en sera fixée par des experts qui seront nommés par les parties intéressées, et le prix en sera remis comptant au gendarme cessionnaire, s'il se trouve ne rien devoir à la masse de compagnie.

Les chevaux des sous-officiers et gendarmes décédés pourront être également conservés; le prix en sera réglé par des experts, et remis, s'il y a lieu, aux héritiers.

Démissions et congés.

291. Les militaires qui, après être libérés du service, ont obtenu leur admission dans la gendarmerie, peuvent demander leur démission à l'époque des revues; ces demandes sont examinées par l'inspecteur général, et transmises au ministre de la guerre, qui prononce définitivement.

Toutefois, si, dans l'intervalle des inspections, quelques-uns de ces militaires justifiaient que de puissans motifs les forcent à se retirer de la gendarmerie, les demandes qu'ils adressent par la voie hiérarchique au colonel de la légion sont soumises, avec les observations de cet officier supérieur, au ministre de la guerre, qui accorde les démissions, s'il y a lieu.

292. Les sous-officiers et gendarmes qui ne conviennent pas au service de la gendarmerie sont congédiés ou réformés purement et simplement par le ministre de la guerre.

Les congés de réforme et les congés absolus sont expédiés d'après ses ordres.

293. Le ministre de la guerre, sur la proposition des colonels de légion, accorde, s'il le juge convenable, des congés limités avec demi-solde aux officiers, sous-officiers et gendarmes, pour leurs affaires personnelles. La durée de ces congés ne peut excéder trois mois.

Si des affaires urgentes exigeaient que des officiers, sous-officiers ou gendarmes, s'absentassent pour huit jour au plus, les colonels de légion peuvent accorder les permissions nécessaires, à la charge d'en rendre compte sur-le-champ au ministre de la guerre.

Changement de résidence.

294. Les changemens de résidence peuvent être ordonnés, soit dans l'intérêt du service, soit pour l'avantage personnel des officiers, sous-officiers et gendarmes : le ministre de la guerre prononce seul sur ces changemens.

Dispositions générales.

295. Une des principales obligations de la gendarmerie royale étant de veiller à la sûreté individuelle, elle doit assistance à toute personne qui réclame un secours dans un moment de danger. Tout militaire du corps de la gendarmerie qui ne satisferait pas à cette obligation, lorsqu'il en aurait la possibilité, se constituerait en état de prévarication dans l'exercice de ses fonctions.

296. Tout acte de la gendarmerie qui troublerait les citoyens dans l'exercice de leur liberté individuelle est un abus de pouvoir. Les officiers, sous-officiers et gendarmes qui s'en rendraient coupables, encourront leur réforme, indépendamment des poursuites judiciaires qui seraient exercées contre eux.

297. Hors le cas de flagrant délit déterminé par les lois, la gendarmerie ne peut arrêter aucun individu, si ce n'est en vertu d'un ordre ou d'un mandat délivré par l'autorité compétente. Tout officier, sous-

officier ou gendarme qui, en contravention à cette disposition, donne, signe, exécute ou fait exécuter l'ordre d'arrêter un individu, on l'arrête effectivement, est poursuivi judiciairement et puni comme coupable de détention arbitraire.

298. Les mêmes peines ont lieu contre tout militaire du corps de la gendarmerie qui, même dans le cas d'arrestation pour flagrant délit, ou dans tous les autres cas autorisés par les lois, conduirait ou retiendrait un individu dans un lieu de détention non légalement et publiquement désigné par l'autorité administrative pour servir de maison d'arrêt, de justice ou de prison.

299. Tout individu arrêté en flagrant délit par la gendarmerie dans les cas déterminés par l'article 179 de la présente ordonnance, et contre lequel il n'est point intervenu de mandat d'arrêt ou un jugement de condamnation à des peines en matière correctionnelle ou criminelle, est conduit à l'instant devant l'officier de police; il ne peut être transféré ensuite dans une maison d'arrêt ou de justice qu'en vertu du mandat délivré par l'officier de police.

300. Dans le cas seulement où, par l'effet de l'absence de l'officier de police, le prévenu arrêté en *flagrant délit* ne pourrait être entendu immédiatement après l'arrestation, il peut être déposé dans l'une des salles de la mairie, où il est gardé à vue jusqu'à ce qu'il puisse être conduit devant l'officier de police; mais, sous quelque prétexte que ce soit, cette conduite ne peut être différée au-delà de vingt-quatre heures. L'officier, sous-officier ou gendarme qui aurait retenu plus long-temps le prévenu sans le faire comparaître devant l'officier de police, sera poursuivi comme coupable de détention arbitraire.

301. Tout individu qui outrage ou menace les militaires du corps de la gendarmerie dans l'exercice de leurs fonctions est arrêté et traduit devant l'officier de police de l'arrondissement pour être jugé et puni selon la rigueur des lois.

302. Si la gendarmerie est attaquée dans l'exercice de ses fonctions, elle requiert, *de par la loi*, l'assistance des citoyens présens, à l'effet de lui prêter main-forte, tant pour repousser les attaques dirigées contre elle que pour assurer l'exécution des réquisitions et ordres dont elle est chargée.

303. Les militaires de la gendarmerie *requis*, soit pour assurer l'exécution de la loi, des jugemens, ordonnances, mande-

mens de justice ou de police, soit pour dissiper des émeutes populaires ou attroupemens séditieux, soit pour en saisir les chefs, auteurs et fauteurs, ne peuvent déployer la force des armes que dans les deux cas suivans:

Le premier, si des violences ou voies de fait sont exercées contre eux;

Le second, s'ils ne peuvent défendre autrement le terrain qu'ils occupent, les postes ou les personnes qui leur seraient confiés, ou enfin si la résistance était telle, qu'elle ne pût être vaincue autrement que par le développement de la force des armes.

304. Dans le cas d'émeute populaire, et lorsque la résistance ne peut être vaincue que par la force des armes, la gendarmerie n'en fait usage qu'après que l'autorité administrative du lieu a sommé, *de par la loi*, les personnes attroupées de se retirer paisiblement.

Après cette sommation trois fois réitérée, si la résistance continue, la force des armes est à l'instant déployée contre les séditieux, sans aucune responsabilité des événemens; et ceux qui peuvent être saisis ensuite, sont livrés aux officiers de police pour être jugés et punis selon la rigueur des lois. Enfin, à défaut et en cas d'absence de l'autorité locale, la gendarmerie, après avoir épuisé tous les moyens de persuasion, et après trois sommations *de par la loi*, est autorisée à vaincre la résistance par la force des armes, sans être responsable des événemens (1).

305. Lorsqu'une émeute populaire prend un caractère ou un accroissement tels, que la gendarmerie se trouverait trop faible pour vaincre la résistance par la force des armes, elle dresse procès-verbal dans lequel elle signale les chefs, auteurs et fauteurs de la sédition.

306. Les militaires du corps de la gendarmerie qui refuseraient d'obtempérer aux réquisitions légales de l'autorité civile seront réformés, d'après le compte qui en sera rendu au ministre de la guerre, sans préjudice des peines dont ils pourraient être passibles, si par suite de leur refus la sûreté publique avait été compromise.

307. Toutes les fois que la gendarmerie est requise pour une opération quelconque, elle en dresse procès-verbal, même en cas de non-réussite, pour constater son transport et ses recherches.

308. Les procès-verbaux des sous-officiers et gendarmes sont faits sur papier libre: ceux de ces actes qui seraient de nature à donner lieu à des poursuites judiciaires, sont

(1) *Voy.* Code pénal, art. 100 et 213; M. Carnot, *Commentaire*, tome 1er, page 532, et notes sur l'article 4 de la Charte. *Voy.* loi du 21 octobre — 21 novembre 1789, et article 232 de la loi du 28 germinal an 6.

préalablement enregistrés en débet ou *gratis*, suivant les distinctions établies par la loi du 22 frimaire an 7 et notre ordonnance du 22 mai 1816.

Ils sont présentés à la formalité par les gendarmes lorsqu'il se trouvera un bureau d'enregistrement dans le lieu de leur résidence ; dans le cas contraire, l'enregistrement aura lieu à la diligence du ministère public chargé des poursuites.

309. Les gardes forestiers étant appelés à concourir, au besoin, avec la gendarmerie, au maintien de l'ordre et de la tranquillité publique, et les brigades de la gendarmerie devant prêter main-forte pour la répression des délits forestiers, les inspecteurs ou sous-inspecteurs des eaux et forêts et les commandans de la gendarmerie se donnent réciproquement connaissance des lieux de résidence des gardes-forestiers et des brigades et postes de gendarmerie, pour assurer de concert l'exécution des mesures et des réquisitions, toutes les fois qu'ils doivent agir simultanément.

310. Les gardes-champêtres des communes sont placés sous la surveillance des commandans des brigades de gendarmerie, qui tiennent un registre particulier sur lequel ils inscrivent les noms, l'âge et le domicile de ces gardes-champêtres.

311. Les officiers et sous-officiers de gendarmerie s'assurent, dans leurs tournées, si les gardes-champêtres remplissent bien les fonctions dont ils sont chargés ; ils donnent connaissance aux sous-préfets de ce qu'ils ont appris sur la conduite et le zèle de chacun d'eux.

312. Dans des cas urgens, ou pour des objets importans, les sous-officiers de gendarmerie peuvent mettre en réquisition les gardes champêtres d'un canton, et les officiers, ceux d'un arrondissement, soit pour les seconder dans l'exécution des ordres qu'ils ont reçus, soit pour le maintien de la police et de la tranquillité publique : mais ils sont tenus de donner avis de cette réquisition aux maires et aux sous-préfets, et de leur en faire connaître les motifs généraux.

313. Les officiers et sous-officiers de gendarmerie adressent, au besoin, aux maires, pour être remis aux gardes-champêtres, le signalement des individus qu'ils ont l'ordre d'arrêter.

314. Les gardes-champêtres sont tenus d'informer les maires, et ceux-ci les officiers et sous-officiers de gendarmerie, de tout ce qu'ils découvrent de contraire au maintien de l'ordre et de la tranquillité publique ; ils leur donnent avis de tous les délits qui ont été commis dans leurs territoires respectifs.

315. Les officiers, sous-officiers et gendarmes sont exempts des droits de péage et de passage de bacs, ainsi que les voitures, chevaux et personnes qui marchent sous leur escorte.

316. Les militaires de tout grade de la gendarmerie qui, d'après les réglemens, jouissent de la franchise et du contre-seing des lettres, et qui abuseraient de cette franchise pour une correspondance étrangère à leurs fonctions, seront envoyés dans un autre département, et, en cas de récidive ils encourront la réforme.

317. La gendarmerie ne peut être distraite de ses fonctions pour servir d'ordonnance ni pour être employée à des services personnels ; les officiers de gendarmerie ne peuvent non plus, pour les devoirs qui leur sont propres, interrompre les tours de service d'aucun sous-officier ou gendarme. Il est rendu compte au ministre de la guerre, de toute contravention à cette défense.

318. Les demandes ou les réclamations que les militaires de la gendarmerie sont dans le cas d'adresser au ministre de la guerre, doivent lui parvenir, savoir : pour ce qui concerne le personnel, par les colonels des légions ; et pour les réclamations relatives à des pertes ou à d'autres objets administratifs, par le conseil d'administration de la compagnie à laquelle l'homme appartient.

Seulement, en cas de déni de justice, les militaires du corps de la gendarmerie peuvent réclamer directement du ministre de la guerre le redressement des griefs ou des abus dont ils auraient à se plaindre. Ils joignent à leur réclamation toutes les pièces justificatives, pour qu'il y soit fait droit, s'il y a lieu.

319. Les corps de la gendarmerie d'élite et de la gendarmerie royale de Paris conservent, à raison de la spécialité de leur service, la constitution particulière qui leur a été donnée par nos ordonnances.

Ils sont soumis d'ailleurs aux règles établies par la présente ordonnance, pour la police et la discipline de la gendarmerie.

320. Nos ministres sont chargés, chacun en ce qui le concerne, de l'exécution de la présente ordonnance.

———————

31 OCTOBRE 1820. — Tableau des prix moyens régulateurs de l'exportation et de l'importation des grains, dressé et arrêté conformément aux articles 6 et 8 de la loi du 16 juillet 1819. (7, Bull. 414.)

———————

1er = Pr. 12 NOVEMBRE 1820. — Ordonnance du Roi qui donne à la commission de l'instruction publique le titre de conseil royal de l'insfruction publique, et contient règlement à cet égard. (7, Bull. 416, n° 9817.)

Voy. ordonnances des 27 FÉVRIER 1821, et 1ᵉʳ JUIN 1822.

Louis, etc., sur le rapport de notre ministre secrétaire d'Etat de l'intérieur; vu la loi du 10 mai 1806, portant établissement d'un corps enseignant; ensemble les divers actes du Gouvernement concernant l'instruction publique, et spécialement notre ordonnance du 15 août 1815; voulant établir sur des bases plus fixes la direction et l'administration du corps enseignant, et préparer ainsi son organisation définitive; voulant en même temps marquer aux membres de la commission de l'instruction publique la satisfaction que nous avons éprouvée de leurs services, avons ordonné et ordonnons ce qui suit:

Art. 1ᵉʳ. La commission de l'instruction publique prendra le titre de *Conseil royal de l'instruction publique.*

2. L'instruction et le rapport des affaires seront répartis entre les membres du conseil dans l'ordre suivant:

3. Le président a voix prépondérante dans les délibérations, lorsqu'il y a partage de voix.

Il correspond seul avec le gouvernement, et lui transmet les demandes et les délibérations du conseil.

Toutes les lettres lui sont adressées: il en prend connaissance, et les fait distribuer par le secrétaire général aux conseillers dans les attributions desquels se trouvent les affaires respectives.

Les diplômes de grades seront intitulés de son nom, signés de lui, du conseiller exerçant les fonctions de chancelier, et du secrétaire général.

Il signera les ordonnances de paiement, d'après les états arrêtés par le conseil, sur le rapport du conseiller exerçant les fonctions de trésorier, ainsi que toutes les délibérations, les arrêtés et les actes de nomination, lesquels seront également signés du conseiller exerçant les fonctions de chancelier, et du secrétaire général.

Il signera toutes les dépêches, lesquelles seront préparées par le conseiller sur le rapport duquel sa décision aura été rendue, ou dans les attributions duquel se trouvera l'affaire qu'il s'agira d'instruire: ces dépêches seront signées par ledit conseiller et par un de ses collègues, en même temps que par le président.

Pour toutes les nominations, celles des places qui se donnent au concours et celles des maîtres d'école primaire exceptées, le rapport sera d'abord mis par le conseiller dans les attributions duquel la place se trouve, sous les yeux du président: ce conseiller lui proposera des candidats, parmi lesquels le président en choisira deux qu'il présentera au conseil.

4. L'un des conseillers exercera les fonctions de chancelier, et sera chargé des affaires du sceau, ainsi que de l'instruction et des rapports concernant les facultés et écoles spéciales, celle de théologie catholique exceptée.

5. Un autre conseiller exercera les fonctions de trésorier, et sera chargé de l'instruction et des rapports concernant les recettes et les dépenses générales.

Les budgets des établissemens et toutes les affaires exigeant dépenses seront d'abord examinés par le conseiller dans les attributions duquel se trouve l'établissement ou le fonctionnaire auquel la dépense se rapporte, et remis, avec son avis, au conseiller chargé des fonctions de trésorier, qui en fera le rapport au conseil.

6. Un troisième conseiller sera chargé de l'instruction et des rapports concernant les collèges royaux et communaux des départemens.

7. Un quatrième conseiller sera chargé de l'instruction et des rapports concernant les facultés de théologie catholique et les institutions, pensionnats et écoles latines des départemens.

Le même conseiller sera aussi chargé de l'instruction et des rapports concernant les aumôniers des collèges royaux des départemens.

8. Un cinquième conseiller exercera les fonctions de recteur de l'Académie de Paris, en ce qui concerne les collèges, les institutions, les pensionnats et les écoles primaires de la capitale et du département de la Seine, et sera chargé de l'instruction et des rapports y relatifs.

Le même conseiller sera aussi chargé de la surveillance de l'école normale.

9. Un sixième conseiller exercera les fonctions du ministère public, telles qu'elles sont réglées par le décret du 15 novembre 1811, et sera, en outre, chargé de l'instruction et des rapports concernant l'instruction primaire et les écoles primaires autres que celles dont il est question dans l'article précédent.

10. Un septième conseiller sera chargé de la surveillance sur la comptabilité des collèges, et de l'instruction et des rapports concernant le jugement de leurs comptes.

11. Les fonctions énoncées aux art. 4, 5, 6, 7, 8, 9 et 10 seront exercées par les membres de la commission qui en sont actuellement chargés. En cas de mort ou de démission, nous disposerons des fonctions vacantes en faveur de celui des conseillers à qui nous jugerons convenable de les confier.

23.

12

12. A l'avenir, les membres de notre conseil royal de l'instruction publique seront nommés par nous entre trois candidats qui nous seront présentés par le conseil, et qu'il aura choisis parmi les inspecteurs généraux et les recteurs des académies.

13. Le conseil royal de l'instruction publique reprendra le rang et le costume de l'ancien conseil de l'Université.

14. Tout membre de l'Université, quelque fonction ou dignité dont il soit d'ailleurs revêtu, sera tenu de porter en tout temps les signes distinctifs de son grade universitaire.

15. Notre ministre de l'intérieur est chargé de l'exécution de la présente ordonnance.

———————

1ᵉʳ NOVEMBRE = Pr. 21 DÉCEMBRE 1820 — Ordonnance du Roi portant organisation de la maison civile de sa majesté. (7, Bulletin 423, n° 9954.)

Louis, etc. voulant donner à notre maison civile une organisation qui la mette complétement en rapport avec l'état politique de notre royaume ; voulant faire disparaître la confusion que le temps a introduite dans l'ordre hiérarchique des diverses charges et emplois, et donner à la fois plus d'éclat à notre cour et plus de régularité au service de notre maison, en appelant un plus grand nombre de nos sujets auprès de notre personne, nous avons ordonné et ordonnons ce qui suit :

TITRE Iᵉʳ. Dispositions générales.

Art. 1ᵉʳ. Les titulaires des charges et emplois de notre maison sont nommés par nous et révocables à notre volonté.

2. Les grands-officiers de la couronne ont les premiers honneurs de notre service.

Il y a, tant pour les suppléer que pour exercer une autorité complète ou partielle sur l'un des services de notre maison, des grands-officiers et des premiers officiers de notre maison.

Ceux qui, sous les grands-officiers et les premiers officiers, exercent des charges dans un des services de notre maison, sont officiers de notre maison.

3. Les grands-officiers de la couronne, les grands, les premiers officiers et les officiers de notre maison, prêtent serment entre nos mains.

4. Ceux qui remplissent les charges ou emplois de notre maison portent, dans l'exercice de leurs fonctions, l'habit qui est fixé pour leurs charges ou emplois respectifs : les broderies correspondent au rang que le titulaire occupe dans notre maison.

5. L'administration des revenus et des dépenses de notre liste civile et du domaine de la couronne reste exclusivement attribuée au ministère de notre maison.

TITRE II. De l'organisation de notre maison civile.

6. Notre maison civile se divise en six services, savoir :

Celui de la grande aumônerie, celui du grand-maître, celui du grand-chambellan, celui du grand-écuyer, celui du grand-veneur, celui du grand-maître des cérémonies.

7. Le grand-aumônier, le grand-maître, le grand-chambellan et le grand-écuyer sont grands-officiers de la couronne. Chacun d'eux est suppléé dans les honneurs de notre service par un ou plusieurs grands-officiers ou premiers officiers de notre maison, qui dirigent, ainsi qu'il est réglé ci-après, leurs services respectifs.

Le grand-veneur et le grand-maître des cérémonies sont grands-officiers de notre maison.

§ Iᵉʳ. Service de la grande-aumônerie.

8. Le service de la grande-aumônerie se compose ainsi qu'il suit :

Un premier aumônier, grand-officier de la maison ; huit aumôniers, officiers de la maison ; un vicaire général, officier de la maison ; un confesseur ; huit chapelains ; un maître des cérémonies de la chapelle ; huit clercs ; les chapelains des maisons royales ; un secrétaire général des aumônes ; un trésorier des aumônes.

9. Le grand-aumônier conserve les honneurs dont il jouit maintenant près de notre personne. Il est remplacé dans son service par le premier aumônier.

§ II. Service du grand-maître.

10. Le service du grand-maître se divise en deux sections.

La première se compose ainsi qu'il suit :

Le premier maître de l'hôtel, chef du service pour cette section, grand-officier de la maison ; quatre chambellans de l'hôtel, officiers ; huit maîtres de l'hôtel ; quatre quartiers-maîtres de l'hôtel.

La seconde se compose ainsi qu'il suit :

Les gouverneurs des maisons royales, premiers officiers ; et les adjudans de nos châteaux.

11. Lorsque le grand-maître nous accompagne dans nos résidences royales, il

reçoit de nous le mot d'ordre pour le transmettre aux gouverneurs de nos maisons royales.

12. Les gouverneurs de nos maisons royales en ont le commandement civil et militaire pour tout ce qui concerne la police et la sûreté intérieure.

Ils font la distribution des logemens et donnent les consignes générales, de concert avec les officiers qui commandent notre garde intérieure ou extérieure.

13. Le grand-maître prend directement nos ordres pour les banquets dits *grands couverts*, et il les transmet au premier maître de l'hôtel, pour que celui-ci en ordonne les apprêts. Le jour même de ces solennités il dirige le service, assisté du premier maître, des chambellans et des maîtres de l'hôtel.

14. Le premier maître de l'hôtel remplace le grand-maître dans les honneurs du service.

Il tient, avec l'un des chambellans de l'hôtel, la table dite *des grands-officiers*, où prennent place les grands et les premiers officiers de service.

15. Un des chambellans de l'hôtel remplace le premier maître de l'hôtel en cas d'absence.

§ III. Service du grand-chambellan.

16. Le service du grand-chambellan se compose ainsi qu'il suit:

1° Quatre premiers gentilshommes de la chambre, grands-officiers de la maison; quatre premiers chambellans, maîtres de la garde-robe, premiers officiers de la maison; trente-deux gentilshommes de la chambre, officiers de la maison; quatre premiers valets de chambre; un inspecteur de la garde-robe; un secrétaire de la garde-robe; douze valets de chambre; trois valets de chambre ordinaires; seize huissiers de la chambre, dont les deux doyens sont huissiers du cabinet;

2° Un directeur des fêtes et spectacles, officier de la maison; deux maîtres des requêtes, secrétaires du cabinet, officiers de la maison; quatre lecteurs;

3° Le service de la faculté, dirigé par notre premier médecin; notre premier médecin aura rang de premier officier de la maison. Il nous propose directement la nomination de toutes les personnes composant le service de la faculté.

17. Le grand-chambellan a les honneurs du service, et prend auprès de nous, dans toutes les cérémonies, la place qui lui a été jusqu'ici assignée.

18. Il y a toujours un des premiers gentilshommes de la chambre de service. Il prend nos ordres pour tout ce qui concerne le service de la chambre, et les communi-

que au gentilhomme de la chambre de service, qui les fait exécuter. Il prend également nos ordres pour les réceptions, fêtes et spectacles de la cour.

19. Un des quatre premiers chambellans est également toujours de service. Il est chargé de la surveillance de tous les objets qui composent la garde-robe.

20. Les gentilshommes de la chambre servent par trimestre; et ils se relèvent chaque jour, de manière qu'il y en ait toujours deux de service auprès de notre personne.

21. Lorsque le premier gentilhomme est absent, les gentilshommes de la chambre, de service, prennent directement nos ordres, et donnent, dans chacun des appartemens qu'ils occupent, des ordres à tout le service.

22. Les huissiers de la chambre se tiennent dans les pièces qui précèdent celle où doivent être les gentilshommes de la chambre.

23. Les premiers valets de chambre reçoivent directement nos ordres pour tout ce qui concerne le service particulier de notre personne.

§ IV. Service du grand-écuyer.

24. Le service du grand-écuyer se compose ainsi qu'il suit:

Un premier écuyer, premier officier de la maison; un écuyer commandant; douze écuyers cavalcadours officiers; huit écuyers ordinaires; un gouverneur des pages, officier; deux sous-gouverneurs, officiers; quatre écuyers de manège, officiers; un aumônier précepteur; quatre élèves écuyers; trente-six pages.

25. Le grand-écuyer, toutes les fois qu'il est présent, transmet nos ordres, soit au premier écuyer, soit à tout autre écuyer.

Il a habituellement, et lors des cérémonies publiques, la première place dans notre carrosse, après les princes de notre maison.

26. En l'absence du grand-écuyer le premier écuyer transmet nos ordres à tout le service.

27. Le premier écuyer commande et dirige le service de nos écuries; et, en cas d'absence ou d'empêchement, il est suppléé par l'écuyer commandant.

28. Les douze écuyers font le service par trimestre; ils nous accompagnent à cheval, et marchent devant nous dans nos appartemens.

29. L'un des quatre écuyers qui font le service du manège porte le titre de chef du manège. Ils sont chargés de l'instruction des pages, sous le rapport de l'équitation.

30. Le gouverneur des pages commande à toute la maison des pages.

12.

31. Les deux sous-gouverneurs sont sous les ordres du gouverneur, et le premier d'entre eux le remplace en cas d'absence.

32. Les pages ne peuvent être reçus avant d'avoir atteint l'âge de quinze ans. Leur service est de trois années, à l'expiration desquelles ils passent avec le grade de sous-lieutenant dans l'armée. Ceux qui font le plus de progrès dans l'art de l'équitation peuvent devenir élèves écuyers.

33. L'admission d'un page est précédée d'un examen, qui sera réglé par une ordonnance spéciale.

34. Chaque année, un premier et un second page sont nommés par nous.

35. Tous les dimanches, il y a quatre pages de service auprès de nous, et deux seulement les autres jours : les pages de service sont placés sous le sous-gouverneur, qui les accompagne.

Pendant qu'ils sont dans nos appartemens, le premier gentilhomme de la chambre et les gentilshommes de la chambre règlent leur service.

36. Les jours de grand couvert, ils nous servent à table, nous et les princes de notre famille. A cet effet, le premier maître de l'hôtel fait connaître au premier écuyer le nombre de pages qui est nécessaire, et le gouverneur désigne ceux qui seront de service.

§ V. Service du grand-veneur.

37. Le service de la vénerie se compose ainsi qu'il suit :

Un premier veneur, premier officier de la maison ; un capitaine commandant la vénerie, officier ; deux lieutenans ; deux pages ; un lieutenant de chasse à tir ; un porte-arquebuse.

38. Le grand-veneur est suppléé, en cas d'absence ou d'empêchement, par le premier veneur.

39. Le grand-veneur nomme les officiers de la louveterie dans les départemens de notre royaume.

§ VI. Service du grand-maître des cérémonies.

40. Le service des cérémonies se compose ainsi qu'il suit :

Un maître des cérémonies, premier officier de la maison ; deux aides des cérémonies, officiers ; un secrétaire des cérémonies ; un roi d'armes ; six hérauts d'armes.

41. Le grand-maître des cérémonies est suppléé, en cas d'absence ou d'empêchement, par le maître des cérémonies.

TITRE III. Du ministère de notre maison.

42. Le ministre secrétaire d'État de notre maison a dans ses attributions

L'administration générale des revenus de la couronne, de quelque nature qu'ils soient ;

La formation du budget général des dépenses ;

L'administration de notre maison militaire ;

La présentation à toutes les places ou charges de notre maison, autres que celles qui sont expressément exceptées par les réglemens relatifs à chaque service, et dont la nomination nous est proposée par les grands-officiers ou premiers officiers de notre maison ;

L'ordonnancement de tous les fonds pour lesquels il a été accordé des crédits ;

Les réglemens à faire sur toutes les parties du service ;

L'expédition de tous les brevets ;

Le droit de nous rendre compte des différends qui peuvent s'élever entre les divers services, et de provoquer à cet égard notre décision ;

L'administration des domaines, bâtimens, parcs, jardins et mobilier de la couronne ; celle des musées et des manufactures royales, enfin tout ce qui compose le domaine de la couronne ;

L'administration des théâtres royaux ;

Le ministre de notre maison reçoit de nous les budgets des services des grands-officiers, ou premiers officiers de notre maison qui ont droit de nous en présenter. Il nous soumet les observations auxquelles ces budgets lui paraissent devoir donner lieu, et il apporte ensuite à notre signature le budget général de notre maison.

1ᵉʳ NOVEMBRE == Pr. 21 DÉCEMBRE 1820. — Réglement sur les entrées dans le palais du Roi. (7, Bull. 423, n° 9957.)

Voy. ordonnance du 14 DÉCEMBRE 1820.

Les entrées dans le palais du Roi sont divisées ainsi qu'il suit : 1° les grandes entrées ; 2° les premières entrées du cabinet ; 3° les entrées du cabinet ; 4° les entrées de la salle du Trône ; 5° les entrées du premier salon ; 6° les entrées du second salon.

Grandes entrées.

Les grandes entrées consistent à pouvoir entrer, à toute heure, dans la chambre à coucher du Roi.

Elles appartiennent au grand-chambellan, aux premiers gentilshommes de la chambre, et aux premiers chambellans, maîtres de la garde-robe.

Le Roi les accorde, en outre, aux personnes qu'il désigne : elles sont inscrites sur un état présenté tous les trois mois à l'approbation de sa majesté par le premier gentilhomme de la chambre de service.

Premières entrées du cabinet.

Elles consistent à pouvoir entrer en tout temps dans le cabinet, pour se faire annoncer à sa majesté, et y attendre la permission d'entrer dans l'appartement intérieur.

Elles appartiennent, en tant qu'ils ont à prendre les ordres de sa majesté,

Aux grands-officiers de la maison civile et militaire, au major général de la garde royale de service, au chancelier de France, et aux ministres secrétaires d'Etat.

Elles appartiennent aussi en pareil cas au premier officier de chaque service de la maison de sa majesté en l'absence du grand-officier.

Le Roi les accorde, en outre, aux personnes qu'il désigne : elles sont inscrites sur un état présenté tous les trois mois à l'approbation de sa majesté par le premier gentilhomme de la chambre de service.

Entrées du cabinet.

Elles consistent à pouvoir entrer habituellement dans cette pièce un peu avant l'heure que le Roi a fixé pour entendre la messe, à y venir et à y rester à volonté dans la journée : elles cessent dans la soirée, aussitôt que sa majesté a donné le mot d'ordre.

Elles appartiennent aux grands et aux premiers officiers de la maison civile et militaire du Roi, aux majors généraux de la garde royale, aux cardinaux, au chancelier de France, aux ministres secrétaires d'Etat, aux maréchaux de France, au grand référendaire de la Chambre des pairs, au président de la Chambre des députés, et à tous les officiers de la maison qui se trouvent de service.

Le Roi les accorde, en outre, aux personnes qu'il désigne : elles sont inscrites sur un état présenté tous les trois mois à l'approbation de sa majesté par le premier gentilhomme de la chambre de service.

Entrées de la salle du trône.

Elles appartiennent aux pairs de France, aux ambassadeurs et ministres plénipotentiaires de France, présens par congés, aux ministres d'Etat, aux sous-secrétaires d'Etat et directeurs généraux, aux archevêques, aux chevaliers commandeurs de l'ordre du Saint-Esprit, aux grand'croix des ordres royaux de Saint-Louis et de la Légion-d'Honneur, aux gouverneurs des divisions militaires, aux premiers présidens et procureurs généraux de la cour de cassation et de la cour des comptes, au président du con-

seil royal de l'instruction publique, et à tous les officiers de la maison.

Entrées du premier salon qui précède la salle du trône.

Elles appartiennent aux membres de la Chambre des députés des départemens, aux lieutenans généraux et vice-amiraux, aux conseillers d'Etat et maîtres des requêtes, aux intendans de la maison du Roi, aux évêques, aux préfets, aux maréchaux-de-camp et contre-amiraux, aux présidens des colléges électoraux de département pendant la durée de leurs fonctions, aux conseillers de la cour de cassation, aux présidens et maîtres de la cour des comptes, aux premiers présidens et aux procureurs généraux des cours royales, aux présidens des consistoires.

Entrées du second salon.

Elles appartiennent aux conseillers au conseil royal de l'instruction publique, aux conseillers maîtres des comptes, aux conseillers des cours royales, aux présidens des tribunaux civils et de commerce, aux sous-préfets et secrétaires généraux de préfecture, aux maires et adjoints des bonnes villes, aux curés de Paris, aux présidens des colléges électoraux d'arrondissement pendant la durée de leurs fonctions, aux colonels, capitaines de vaisseau et officiers supérieurs des armées de terre et de mer.

Le Roi les accorde, en outre, aux personnes qu'il désigne : elles sont inscrites sur un état présenté tous les trois mois à l'approbation de sa majesté par le premier gentilhomme de la chambre de service.

L'audience publique du Roi n'a lieu, quand sa majesté va entendre la messe à sa chapelle, qu'au moment où elle en revient pour rentrer dans son appartement intérieur.

Le Roi est suivi de tous ses grands-officiers et de ses premiers officiers de service, passe et s'arrête successivement dans chacune des pièces de son appartement extérieur, pour permettre aux personnes qui ont le droit de s'y trouver, de lui faire leur cour.

Lorsque le Roi entend la messe dans son appartement intérieur, sa majesté ne donne audience publique qu'après l'avoir entendue. Elle s'arrête d'abord dans son grand cabinet, puis dans la salle du Trône, et successivement dans les autres pièces.

Quand il y a cercle et jeu chez le Roi, le premier gentilhomme de la chambre qui se trouve de service, en avertit les grands-officiers et les premiers officiers, pour qu'ils se rendent auprès de sa majesté. Il met sous les yeux du Roi la liste des personnes à qui appartiennent les entrées dans ses appartemens, ou à qui sa majesté les a accordées, afin que, sur cette liste, sa majesté désigne celles à qui des billets d'invitation doivent être adressés.

1er NOVEMBRE 1820. — Circulaire sur la durée du scrutin.

Voy. loi du 29 JUIN 1820.

L'article 13 de la loi du 5 février 1817, qui, n'ayant point cessé d'être en vigueur, a dû être rappelé textuellement dans l'ordonnance du 11 octobre dernier (article 12), porte entre autres dispositions que chaque scrutin est, après être resté ouvert au moins pendant six heures, clos à trois heures du soir, et dépouillé séance tenante.

Avant la loi du 29 juin les délais déterminés par cet article n'avaient nulle part paru trop courts, du moins aucune réclamation n'était à ce sujet parvenue au ministère.

La loi du 29 juin exigeant que chaque électeur écrive ou fasse écrire son bulletin sur le bureau, cette formalité obligée demande un peu plus de temps pour chaque scrutin, et il est possible que, dans quelques uns des collèges, surtout dans les plus nombreux, les délais déterminés par la disposition que je viens de citer se trouvent trop courts.

Il est donc nécessaire de rechercher ce qui, dans les expressions de la loi, est bien réellement obligatoire, et, par conséquent, quelle a été son intention, son véritable but : la disposition dont il s'agit veut qu'il n'y ait qu'un scrutin par jour, et qu'il soit dépouillé à la fin de chaque séance. Ces deux prescriptions sont essentielles, vous en sentirez aisément les motifs, et je ne crois pas qu'on puisse s'en écarter. Elle veut que chaque scrutin reste ouvert au moins pendant six heures, c'est-à-dire qu'il ne peut pas être ouvert moins de six heures, mais qu'il peut l'être plus long-temps, si cela est nécessaire; le même article porte que le scrutin sera fermé à trois heures, et, comme l'article précédent dit que chaque séance commencera à huit heures du matin, il suivrait de ces deux dispositions que le *maximum* du temps pendant lequel chaque scrutin doit rester ouvert est de sept heures; mais il est bien évident que la loi n'a entendu prescrire ici que des dispositions comminatoires; que tel accident peut faire que la séance n'ait pu par exemple s'ouvrir qu'à dix heures, et que, par conséquent, le scrutin ne puisse pas se fermer à trois, qu'il devra rester ouvert jusqu'à quatre heures, pour satisfaire à la disposition essentielle qui exige au moins six heures; enfin, il peut arriver que même

le scrutin ouvert à huit heures du matin ne puisse pas être fermé à trois heures du soir, que cet intervalle, soit à cause du nombre de votans, soit par toute autre cause imprévue, ne suffise pas pour faire voter tous les électeurs présens, c'est-à-dire, pour l'appel et le réappel; or, dans ce dernier cas, la force des choses, la nécessité, doivent prévaloir sur des expressions purement littérales; car la loi veut, avant tout, que les électeurs qui se sont rendus au collège pour y exercer leurs droits votent et aient le temps de voter; et il ne me paraît pas douteux que, dans une telle situation, le président peut et doit même prolonger le scrutin au-delà de trois heures du soir.

Toutefois, comme il est convenable de se conformer, autant que l'on peut, aux expressions littérales des lois, lors même qu'elles n'ont en vue que de simples formalités, il est telle manière de procéder qui se sera sûrement présentée à votre esprit, et qui, dans le plus grand nombre de cas où il sera jugé nécessaire de l'employer, permettra de satisfaire à l'intention de la loi sans étendre les délais que son texte détermine. Ce moyen est facile : il consiste en ce que deux listes confiées à deux membres du bureau soient employées à la fois à constater le vote des électeurs, ainsi qu'il est prescrit par le même article 13 de la loi du 5 février. De cette manière, qui est également régulière, légale, et qui se ferait par un même appel, afin d'éviter toute confusion, le scrutin marcherait bien plus vite, et exigerait bien moins de temps.

1er NOVEMBRE 1820. — Ordonnance du Roi qui nomme M. le marquis de Lauriston ministre secrétaire d'Etat au département de la maison du Roi. (7, Bull. 423.)

1er NOVEMBRE 1820. — Ordonnances du Roi qui autorisent l'acceptation de dons et legs faits aux desservans de la succursale de Crissé, et aux fabriques des églises de Champtocé, de Landelle, de Briey, de la Roque-Timbaut et de Pontivy. (7, Bull. 426.)

1er NOVEMBRE 1820. — Ordonnances du Roi qui autorisent l'acceptation de legs faits aux fabriques des églises de Riom, Sermentot, de Moncuq et de Levier. (7, Bull. 428.)

1er NOVEMBRE 1820. — Ordonnance du Roi qui approuve l'érection en chapelle de l'église du Bois d'Ennebourg, département de la Seine-Inférieure. (7, Bull. 429.)

3 NOVEMBRE 1820. — Ordonnance du Roi qui nomme M. le comte de Pradel ministre d'E-tat. (7, Bull. 423.)

8 = Pr. 12 NOVEMBRE 1820. — Ordonnance du Roi qui prescrit aux régies et administrations de finances un nouveau mode de comptabilité à partir du 1ᵉʳ janvier 1821. (7, Bull. 416, n° 9812.)

Louis, etc. considérant que la principale des garanties nécessaires pour prouver l'exactitude des faits exposés annuellement dans les comptes généraux des finances doit résulter de la concordance de ces comptes généraux avec les comptes particuliers soumis au jugement de la cour des comptes par les agens comptables dont ils retracent les opérations; que pour obtenir cette concordance, il est indispensable que les comptes à présenter aux Chambres, comme ceux à rendre à la cour, soient tous conçus dans le système consacré par le titre XII de la loi du 25 mars 1817, et qui a été appliqué par nos ordonnances du 18 novembre suivant aux comptes à rendre par les receveurs généraux des finances, les payeurs et le caissier du Trésor; que cet ordre de comptabilité peut seul fournir à la cour des comptes les moyens de remplir l'obligation qui lui est imposée par la loi du 27 juin 1819, de valider par l'exposé de ses travaux annuels le résultat des comptes généraux présentés par le ministère des finances; ayant reconnu, d'une part, que le mode actuellement suivi par les administrations de finances pour la reddition de leurs comptes ne permet pas de produire, comme preuve de l'exactitude des résultats présentés annuellement aux Chambres sur les impôts et revenus indirects, les comptes formés dans chaque administration pour être jugés par la cour des comptes; d'autre part, que ce mode a l'inconvénient d'entraîner des délais qui retardent l'apurement d'une partie importante de la comptabilité publique, et privent les comptables eux-mêmes des avantages d'une prompte libération, et, enfin, qu'il a encore l'inconvénient de substituer des comptables d'ordre aux comptables réels qui sont préposés au recouvrement des impôts; vu le décret du 17 mai 1809, contenant les dispositions qui régissent maintenant la présentation et le jugement des comptes des administrations de finances; sur le rapport de notre ministre secrétaire d'Etat des finances; nous avons ordonné et ordonnons ce qui suit :

Art. 1ᵉʳ. A partir du 1ᵉʳ janvier 1821, la comptabilité des régies et administrations qui ressortissent au ministère des finances, et le mode d'après lequel elles rendront compte de leurs opérations à notre cour des comptes, seront réglés d'après les bases qui suivent.

2. Les comptables principaux des régies et administrations seront directement justiciables de notre cour des comptes, et ils présenteront le compte de leur gestion en leur nom et sous leur responsabilité personnelle.

3. Les comptes seront rendus par année pour la recette et la dépense, en y conservant toutefois la distinction des exercices auxquels les opérations pourront se rattacher.

Ils comprendront toutes les recettes et les dépenses effectuées par les préposés pendant la période annuelle, quelle que soit leur nature et à quelque service public ou particulier qu'elles se rapportent.

Chacun de ces comptes devra présenter :

1° Le tableau des valeurs existant en caisse et en portefeuille et des créances à recouvrer par le comptable au commencement de la gestion annuelle, ou l'avance dans laquelle le préposé se serait constitué à la même époque;

2° Les recettes et les dépenses de toute nature faites pendant le cours de cette gestion;

3° Enfin le montant des valeurs qui se trouveront dans la caisse et le portefeuille du comptable, et des créances restant à recouvrer par lui à la fin de la gestion annuelle, ou la somme dont le préposé demeurerait en avance à la même époque.

4. Les préposés devenus justiciables directs de notre cour des comptes ne seront comptables envers elle que des actes de leur gestion personnelle. En cas de mutation des préposés, le compte de l'année sera divisé suivant la durée de la gestion des différens titulaires, et chacun d'eux rendra compte des opérations qui le concerneront.

5. Pour les administrations où il n'y a pas de comptable principal par département, les opérations annoncées dans les *comptes individuels* rendus par les préposés d'un même département, en exécution des articles ci-dessus, seront résumées dans un *bordereau récapitulatif*. Les administrations centrales établiront d'office ces *bordereaux récapitulatifs* par département, et les adresseront à notre cour des comptes avec les *comptes individuels*, dont ils présenteront seulement la récapitulation par comptable et par article de recette et de dépense.

6. Les comptables des régies adresseront leurs comptes à l'administration centrale dont ils relèvent, dans les *trois mois* qui suivront l'expiration de l'année; l'admi-

nistration les transmettra successivement à notre cour des comptes dans les *trois mois* suivans, en sorte que la cour les ait toujours reçus *six mois* après le terme de la gestion annuelle.

7. Aussitôt après avoir transmis à notre cour des comptes les *comptes individuels* mentionnés ci-dessus et dans le délai *de deux mois*, chaque administration établira le *résumé général* des opérations de ses préposés pendant l'année écoulée.

Ce *résumé général*, établi sur les *comptes individuels* et présenté par le conseil d'administration, fera connaître l'ensemble des recettes et des dépenses effectuées par les comptables de la régie pendant la période annuelle sur les différens services et exercices.

Il sera remis en double expédition à notre ministre secrétaire d'État des finances, qui arrêtera et signera l'une d'elles pour être transmise à notre cour des comptes : l'autre expédition sera conservée comme pièce justificative à l'appui du compte général des finances publié pour la même année.

8. Notre ministre secrétaire d'État des finances arrêtera le modèle des *comptes individuels* et des *résumés généraux*, et déterminera les nouvelles justifications qui devraient être produites à l'appui.

9. Les comptes des exercices antérieurs à l'année 1821 continueront à être rendus suivant le mode qui est actuellement suivi, en n'y comprenant, toutefois, que les recettes et les dépenses faites jusqu'au 31 décembre 1820.

10. Ces comptes devront tous être parvenus à la cour des comptes avant le 1er janvier 1822.

11. Les dispositions du décret du 17 mai 1809 et toutes autres qui seraient contraires à la présente ordonnance sont et demeurent rapportées.

12. Notre ministre des finances est chargé de l'exécution de la présente ordonnance.

8 = Pr. 22 NOVEMBRE 1820. — Ordonnance du Roi qui assimile le bureau des douanes de Wissembourg à ceux désignés dans l'ordonnance du 3 mars 1815, pour la sortie des ouvrages d'or et d'argent expédiés à l'étranger. (7, Bull. 417, n° 9827.)

Art. 1er. A compter de ce jour, le bureau des douanes de Wissembourg fera partie de ceux désignés en notre ordonnance du 3 mars 1815, pour la sortie des ouvrages d'or et d'argent expédiés à l'étranger, et les propriétaires des expéditions auront la faculté de réclamer le rembour-

sement des deux tiers du droit de garantie payé pour ces ouvrages, en justifiant de leur sortie du territoire français par un certificat du même bureau des douanes.

2. Notre ministre des finances est chargé de l'exécution de la présente ordonnance.

8 NOVEMBRE 1820. — Ordonnance du Roi qui réintègre le sieur Martin dans la qualité et les droits de Français. (7, Bull. 417.)

8 NOVEMBRE 1820. — Ordonnance du Roi qui admet le sieur Decotte à établir son domicile en France. (7, Bull. 417.)

8 NOVEMBRE 1820. — Ordonnance du Roi qui élève la ville de Cambrai au rang des bonnes villes du royaume. (7, Bull. 421.)

8 NOVEMBRE 1820. — Ordonnances du Roi qui autorisent l'acceptation de dons et legs faits aux fabriques des églises de Lavaur, etc. (7, Bull. 429, 431 et 432.)

8 NOVEMBRE 1820. — Ordonnances du Roi qui accordent des lettres de déclaration de naturalité aux sieurs Pignolet, Dalbanc, Balestré, Marion, Audin et Hausser dit Haiser. (7, Bull. 427, 431, 435, 455 et 457.)

11 NOVEMBRE 1820. — Ordonnances du Roi qui autorisent l'acceptation de legs faits aux pauvres de Caen, de Bourgnebus, de Tilly-la-Campagne, de Billy, de Breville, de Putot-en-Bessin et de Verrières; aux hospices de Caen, de Toulouse, d'Alais, de Bordeaux et de Dreux; à la société de charité maternelle de Bordeaux; aux pauvres de Saint-Martial, de Saint-André-de-Majencoules, de Pomarez et de St.-Clar, etc. (7, Bull. 432, 435, 436 et 437.)

14 NOVEMBRE 1820. — Lettres-patentes portant érection d'un majorat en faveur de M. Monduit de Boiscuillé. (7, Bull. 418.)

14 NOVEMBRE 1820. — Lettres-patentes portant institution de pairie en faveur de M. le comte de Bachasson de Montalivet. (7, Bull. 501.)

15 NOVEMBRE = Pr. 10 DÉCEMBRE 1820. — Ordonnance du Roi qui fixe les droits de péage qui seront perçus au passage du nouveau pont de

la ville de Baume, département du Doubs. (7, Bull. 421, n° 9727.)

Art. 1. Il sera perçu au passage du nouveau pont de la ville de Baume, département du Doubs, à partir du jour où il sera livré au public, et sauf les exceptions ordinaires et générales pour le service militaire et civil et celui de la malle-poste, des droits de péage fixés conformément au tarif suivant :　　　　(*Suit le tarif.*)

2. Les produits du péage établi par l'article précédent appartiendront à la ville de Baume, et seront employés à rembourser, en capital et intérêts, les fonds qu'elle a empruntés pour commencer la construction du pont, déduction faite des secours accordés par le conseil général du département.

3. La ville est autorisée à céder à l'entrepreneur qui se chargera du reste de la construction du pont, et qui fera la condition meilleure, une partie, soit du produit, soit de la durée du péage. Cette cession aura lieu par adjudication publique au rabais, laquelle n'aura d'effet qu'après l'approbation de notre ministre secrétaire-d'Etat de l'intérieur.

4. La durée du péage sera de vingt-six années : elle pourra être prorogée par notre ministre de l'intérieur, s'il est prouvé par les comptes de la régie municipale, chargée de la perception, que les produits n'ont pas suffi pour couvrir la dépense payée par la ville, capital et intérêts, conformément à l'article 2 ci-dessus.

5. Nos ministres de l'intérieur et des finances sont chargés de l'exécution de la présente ordonnance.

---

15 NOVEMBRE 1820. — Ordonnance du Roi qui admet les sieurs Martin et Martinez à établir leur domicile en France. (7, Bull. 419.)

---

15 NOVEMBRE 1820. — Ordonnance du Roi qui autorise l'acceptation d'un legs de cinquante mille francs fait par la dame veuve Streickeisen à l'église du consistoire réformé de Bordeaux. (7, Bull. 421.)

---

15 NOVEMBRE 1820. — Ordonnance du Roi qui confirme, pour un temps indéfini, les permissions provisoires accordées au sieur François de Wendel d'établir une fabrique de tôle et une fonderie à Vitry-sur-Orne, arrondissement de Thionville, département de la Moselle. (7, Bull. 421.)

---

15 NOVEMBRE 1820. — Ordonnance du Roi qui autorise le sieur François de Wendel à construire une usine à ouvrer le fer dans la commune de Suzange, arrondissement de Thionville, département de la Moselle. (7, Bull. 421.)

---

15 NOVEMBRE 1820. — Ordonnance du Roi qui autorise l'inscription au Trésor royal de quatre cent soixante-quatorze pensions militaires. (7, Bull. 421 *bis*, n° 1.)

---

15 NOVEMBRE 1820. — Ordonnances du Roi qui accordent des lettres de déclaration de naturalité aux sieurs Decker, Tamburino, Collet, Pauls dit Crutges. (7, Bull. 431, 435, 436 et 639.)

---

17 NOVEMBRE 1820. — Circulaire n° 89, sur les justifications à faire par les députés élus.

Voy. loi du 29 JUIN 1820.

Je crois utile de vous adresser quelques explications sur les pièces à produire par MM. les députés nouvellement élus ; la loi du 29 juin 1820 a rendu cette précaution nécessaire ; sans doute, l'administration n'a point à intervenir dans un examen qui n'appartient qu'à la Chambre ; mais il importe à sa prévoyance de donner tous les avertissemens qui peuvent prévenir des difficultés.

Les pièces qu'on a été jusqu'à ce jour dans l'usage de fournir, sont :

1° Des extraits de naissance dûment légalisés, pour constater l'âge des députés, conformément à la loi du 25 mars 1818 ;

2° Des extraits des rôles également légalisés, pour justifier des contributions formant le cens d'éligibilité. Il est bien entendu que ce sont des extraits des rôles en recouvrement à l'époque de l'élection, et non des rôles antérieurs ou postérieurs ; seulement les extraits des rôles antérieurs pourraient servir à constater le temps de possession ou de paiement voulu par l'article 4 de la loi du 29 juin, dont il sera parlé ci-après.

Le cens d'éligibilité fixé par l'art. 38 de la Charte est de mille francs.

Il peut, par exception, être inférieur à cette somme dans les départemens où, pour compléter le nombre de cinquante éligibles, on a été obligé, conformément à l'art. 39 de la Charte, de prendre les plus imposés au-dessous de mille francs.

La liste des éligibles, dressée d'avance, en vertu de cet article, dans tout département où il y a eu lieu de l'appliquer, servira, ainsi que j'en ai prévenu par ma circulaire du 4 octobre, à constater l'éligibilité d'un député qui ne paierait point mille francs de contributions. Ceux qui seront dans ce cas croiront sans doute devoir se munir d'un extrait certifié de cette liste.

L'article 4 de la loi du 29 juin a imposé des conditions nouvelles : d'après l'exception qui le termine, en faveur des droits acquis lors de la publication de la loi dont il fait partie, ce n'est qu'à dater de cette époque que les éligibles et les électeurs ont, cette année, à justifier de la possession de la propriété, de la location, du paiement de la patente, et de l'exercice de l'industrie.

Je présume que la Chambre des députés n'exigera pas pour cette justification plus qu'il n'a été exigé des électeurs, et qu'un certificat dûment légalisé du maire de la commune où est située la propriété, la location, où la patente est payée et l'industrie exercée, sera admis comme pièce suffisante. Cependant, comme je n'ai aucune règle à prescrire sur un examen, qui, je le répète, n'appartient qu'à la Chambre des députés, c'est aux députés nouvellement élus de se pourvoir des autres pièces qu'ils jugeraient nécessaires, soit pour ajouter à celles-là, soit pour les remplacer ; j'observerai seulement que les actes d'acquisition, de location, ou tous autres semblables, ont besoin d'être légalisés par qui de droit pour être suffisamment authentiques, et que ces actes, s'ils étaient isolés, ne pourraient constater que l'état des choses au moment où ils ont été passés, et non sa continuation, ainsi que peuvent le faire les certificats des maires.

Quant aux héritages *à titre successif*, ces certificats paraîtront sans doute également nécessaires, soit pour justifier que l'auteur ou le donateur possédait avant la publication de la loi, soit pour justifier que l'héritier ou donataire n'a point cessé de posséder depuis.

Afin de ne négliger aucune précaution, je vous prie de donner, sans retard, les explications que je viens de vous adresser à chacun des députés nouvellement élus dans votre département.

————

20 NOVEMBRE 1820. — Ordonnances du Roi qui autorisent l'acceptation de donations faites aux hospices de Clermont-Ferrand, de Rouen, de Bagnères, etc. (7, Bull. 437 et 438.)

————

20 NOVEMBRE 1820. — Ordonnance du Roi qui accorde des lettres de déclaration de naturalité au sieur Hensberger. (7, Bull. 444.)

————

22 NOVEMBRE 1820. = Pr. 19 JANVIER 1821. — Ordonnance du Roi portant que les contraventions au réglement du 23 juin 1806, concernant le poids des voitures et la police du roulage, doivent être jugées par les conseils de préfecture. (7, Bull. 428, n° 10040.)

Voy. décret du 23 JUIN 1806, et notes, ordonnances des 4 FÉVRIER 1820, 20 JUIN 1821, 20 NOVEMBRE et 30 DÉCEMBRE 1822, 21 MAI 1823, et 27 SEPTEMBRE 1827.

Louis, etc. sur le compte qui nous a été rendu des doutes élevés sur le sens de l'article 38 du décret du 23 juin 1806, portant réglement sur la police du roulage, relativement à la nature du jugement sommaire que cet article charge les maires de prononcer sans frais et sans formalité ; considérant que cet article n'a pu vouloir donner aux maires une juridiction administrative en matière de grande voirie, laquelle leur est étrangère ; qu'il n'a entendu les charger que d'un acte d'exécution provisoire, à l'effet de pourvoir à la consignation de l'amende sur laquelle il appartient au conseil de préfecture, en vertu de ses attributions légales, de statuer, soit que le contrevenant exerce devant ce conseil le recours qui lui est réservé par ledit article, soit qu'il ne réclame pas ; voulant régler pour l'avenir par une disposition générale la marche à suivre sur l'application dudit article ; sur le rapport de notre ministre secrétaire d'Etat de l'intérieur ; notre Conseil-d'Etat entendu, nous avons ordonné et ordonnons ce qui suit :

Art. 1er. Toutes contraventions au réglement du 23 juin 1806, concernant le poids des voitures et la police du roulage, doivent être dénoncées, dans notre bonne ville de Paris, au préfet de police, et, dans les autres communes du royaume, aux maires, lesquels rendront, sans frais et sans formalité, une décision provisoirement exécutoire, et feront, s'il y a lieu, consigner l'amende encourue.

2. Il sera statué ultérieurement sur toutes lesdites contraventions par le conseil de préfecture du département, soit que les contrevenans exercent ou n'exercent pas leur recours.

3. Notre ministre de l'intérieur est chargé de l'exécution de la présente ordonnance.

————

22 NOVEMBRE 1820. — Ordonnance du Roi portant convocation de la Chambre des pairs et de la Chambre des députés des départemens pour le 19 décembre 1820. (7, Bull. 618.)

————

22 NOVEMBRE 1820. — Ordonnance du Roi qui augmente le nombre des routes départementales de la Haute-Saône. (7, Bull. 42 .)

————

2 NOVEMBRE 1820. — Ordonnances du Roi portant nomination de douze conservateurs et d'un inspecteur général des forêts. (7 , Bull. 422).

2 NOVEMBRE 1820. — Ordonnance du Roi qui autorisent l'acceptation de dons et legs faits aux séminaires de Mende et de La Rochelle, etc. (7 , Bull. 440.)

2 NOVEMBRE 1820. — Ordonnance du Roi qui accorde une pension à un ex-lieutenant des douanes. (7 , Bull. 421 bis, n° 2.)

2 NOVEMBRE 1820. — Ordonnance du Roi qui accorde des pensions de retraite à trois cent soixante-seize militaires. (7 , Bull. 421 bis, n°s 3 , 6 , 7, 8 et 9.)

2 NOVEMBRE 1820. — Ordonnance du Roi qui accorde des pensions de retraite à vingt - deux veuves de militaires. (7 , Bull. 421 bis, n°s 4 , 10 et 12.)

2 NOVEMBRE 1820. — Ordonnance du Roi qui accorde des secours à des orphelins de militaires. (7 , Bull. 421 bis, n° 11.)

2 NOVEMBRE 1820. — Ordonnance du Roi qui accorde une pension à la veuve du directeur liquidateur de l'ancienne direction générale des vivres de la guerre. (7 , Bull. 421 bis, n° 13.)

3 NOVEMBRE = Pr. 15 DÉCEMBRE 1820. — Ordonnance du Roi portant qu'il sera envoyé dans la 17e division militaire (île de Corse) un lieutenant général commandant supérieur. (7 , Bull. 422, n° 9935.)

Voy. notes sur l'article 14 de la Charte.

Louis, etc. prenant en considération la multiplicité et la gravité toujours croissante des crimes et des désordres dans l'île de Corse, l'impunité d'un grand nombre de malfaiteurs qui se sont soustraits par la fuite aux peines prononcées contre eux, et ne cessent de troubler la tranquillité publique par de nouveaux attentats; sur le rapport de notre président du conseil des ministres; vu l'article 14 de la Charte constitutionnelle, nous avons ordonné et ordonnons ce qui suit :

Art. 1er. Il sera envoyé dans la 17e division militaire un lieutenant général commandant supérieur.

2. Le commandant supérieur est spécialement chargé de tout ce qui concerne la sûreté des personnes et de l'ordre public ; il reçoit de nos ministres les ordres qui s'y rapportent.

3. Il exerce la haute surveillance sur la police générale de l'île, sur toutes les autorités civiles, militaires et administratives.

Lesdites autorités sont tenues de l'informer directement de tous les événemens qui intéressent la sûreté et la tranquillité publiques.

4. Il a sous ses ordres immédiats la garde nationale, la gendarmerie et les troupes de toute nature.

Il donne aux employés des douanes, après avoir entendu le directeur de cette partie, les ordres nécessaires au maintien de la tranquillité publique.

5. Il sera formé près du commandant supérieur de l'île un conseil composé du commandant supérieur, président ; du procureur général près la cour royale, du président de la cour criminelle , du préfet du département, et de deux membres du conseil général du département, qui seront proposés par le préfet, et agréés par les autres membres du conseil.

6. Ce conseil sera chargé d'aviser aux moyens de procurer l'exécution des lois et le maintien de la sécurité publique dans l'île; il recevra les rapports des autorités, les plaintes et réclamations des particuliers ; il nous proposera toutes les mesures qui lui paraîtront nécessaires pour le rétablissement du bon ordre, la sûreté des personnes et des propriétés , et pour assurer les progrès de la prospérité intérieure de l'île; il dirigera et surveillera l'exécution de ces mesures, lorsque nous les aurons ordonnées.

7. Nos ministres sont chargés, chacun en ce qui le concerne, de l'exécution de la présente ordonnance.

29 NOVEMBRE = Pr. 10 DÉCEMBRE 1820. — Ordonnance du Roi concernant l'exportation des écorces à tan provenant des forêts situées sur la rive droite et dans le département de l'Isère. (7 , Bull. 421 , n° 9925.)

Louis, etc. vu la loi du 7 juin dernier, qui autorise le Gouvernement à suspendre localement la prohibition de sortie des écorces à tan d'après les besoins de l'industrie, et qui détermine les droits applicables en pareil cas; vu les demandes du maire de Chapareillan, département de l'Isère, et du préfet de ce département, pour obtenir la faculté d'exporter de ces écorces à l'étranger; vu l'avis par lequel notre ministre secrétaire d'État de l'intérieur propose d'accorder cette faculté à toute la partie du département de l'Isère située sur la rive droite de la rivière du même nom ; sur le rapport de notre ministre secrétaire d'État des finances , nous avons ordonné et ordonnons ce qui suit :

Art. 1ᵉʳ. Les écorces à tan provenant des forêts situées sur la rive droite et dans le département de l'Isère pourront être exportées à l'étranger jusqu'au 1ᵉʳ décembre 1821, moyennant le droit fixé par la loi du 7 juin 1820.

2. Cette origine devra être établie par certificats des maires sur le territoire desquels les coupes auront eu lieu.

3. La sortie ne pourra s'effectuer que par les douanes frontières placées sur la rive droite de l'Isère.

4. Notre ministre des finances est chargé de l'exécution de la présente ordonnance.

29 NOVEMBRE == Pr. 10 DÉCEMBRE 1820.—Ordonnance du Roi qui détermine un mode pour la nomination et la révocation des gardes-champêtres. (7 , Bull. 421, nᵒ 9929.)

Louis, etc. sur le rapport de notre ministre secrétaire d'État de l'intérieur; vu les lois des 6 octobre 1791 (1), 8 juillet 1795 (20 messidor an 3) et l'arrêté du 17 septembre 1801 (25 fructidor an 9), relatives aux gardes-champêtres ; considérant qu'il importe de prescrire un mode uniforme pour la nomination et la révocation de ces gardes ; notre Conseil-d'État entendu, nous avons ordonné et ordonnons ce qui suit :

Art. 1ᵉʳ. Le choix des gardes-champêtres sera fait par les maires et sera approuvé par les conseils municipaux; le sous-préfet de l'arrondissement leur délivrera une commission.

2. Le changement ou la destitution des gardes-champêtres ne pourra être prononcé que par le sous-préfet, sur l'avis du maire et du conseil municipal du lieu; le sous-préfet soumettra son arrêté à l'approbation du préfet.

3. Notre ministre de l'intérieur est chargé de l'exécution de la présente ordonnance.

29 NOVEMBRE 1820. — Ordonnance du Roi qui permet aux sieurs Fourrier et de Margouet d'ajouter à leurs noms ceux de Bacourt et de Villa. (7 , Bull. 422.)

29 NOVEMBRE 1820.—Ordonnance du Roi qui

réintègre le sieur Godard de Vaudremont dans la qualité et les droits de Français. (7 , Bull. 422.)

29 NOVEMBRE 1820. — Ordonnance du Roi qui admet les sieurs Cuchet - Fleming , Woisily, Mager et Weitzel , à établir leur domicile en France. (7 , Bull. 422.)

29 NOVEMBRE 1820. —Ordonnances du Roi qui accordent des lettres de déclaration de naturalité aux sieurs Lavigne, Détré, Baiot dit Bayot, Bastien , Perret, Saunier et Blemming. (7 , Bull. 427, 435, 439, 447 et 474 , et 8 Bull. 52.)

29 NOVEMBRE 1820. — Ordonnances du Roi qui autorisent l'acceptation de legs faits au chapitre cathédral de Vannes, au séminaire de Lyon, et à la fabrique de l'église de Lissey. (7 , Bull. 440.)

29 NOVEMBRE 1820. — Ordonnances du Roi qui autorisent l'acceptation de legs aux fabriques des églises de Metz, de Dreux, de Vastres et de Bourg-Paul-Muzillac. (7 , Bull. 441.)

30 NOVEMBRE 1820. — Tableau des prix moyens des grains pour servir de régulateur de l'exportation et de l'importation, conformément aux articles 6 et 8 de la loi du 16 juillet 1819. (7 , Bull. 420.)

30 NOVEMBRE 1820. —Ordonnance du Roi qui autorise l'acceptation d'un legs fait au consistoire luthérien de Colmar. (7 , Bull. 441.)

1ᵉʳ DÉCEMBRE 1820. — Avis du comité des finances (épaves). Voy. 5 JANVIER 1821.

6 DÉCEMBRE 1820. — Ordonnance du Roi qui autorise les officiers de police administrative de Crécy à exercer leurs fonctions sur la portion du territoire de La Chapelle sur laquelle peut s'étendre la foire dite de la Saint-Michel. (7 , Bull. 424.)

6 DÉCEMBRE 1820. — Ordonnance du Roi qui admet les sieurs Buisseret, Gouter et Redard dit Jacot, à établir leur domicile en France. (7 , Bull. 424.)

6 DÉCEMBRE 1820. — Ordonnance du Roi qui

(1) Voyez titre 1ᵉʳ, section 7, loi du 28 septembre — 6 octobre 1791.

permet aux sieurs Marsoin et Marchand de substituer à leurs noms ceux de Marsel et de Saint-Amand. (7, Bull. 424.)

5 DÉCEMBRE 1820. — Ordonnances du Roi qui autorisent l'acceptation de dons et legs faits aux fabriques des églises de Kerprick-aux-Bois, de Meslay, de Sckwerdoff, de Sourdeval, de Grimonviller, d'Altier, de Blanche-Eglise et de Canapville; aux communes de Vernose, de Catus et Salveson et d'Osmoy. (7, Bull. 441.)

6 DÉCEMBRE 1820.—Ordonnances du Roi relatives aux foires des communes de Nouvion, de Châteauneuf, de Marsolan, de Marminiac, de Monteléger et de Saint-Auban. (7, Bull. 442.)

6 DÉCEMBRE 1820. — Ordonnances du Roi relatives aux foires des communes de Messigny, de Burc, de Comps, de Coublevic, de Persac et de Mauze. (7, Bull. 444.)

6 DÉCEMBRE 1820. — Ordonnances du Roi qui accordent des lettres de déclaration de naturalité aux sieurs Bois, Michel, Bianco et Marcobello. (7, Bull. 427, 447, 459 et 494.)

11 = Pr. 24 DÉCEMBRE 1820.—Ordonnance du Roi portant publication de la convention conclue le 9 août 1820 entre sa majesté très-chrétienne et sa majesté le roi de Sardaigne, pour l'extradition réciproque des déserteurs. (7, Bull. 425, n° 9972.)

Louis, etc. nous avons ordonné et ordonnons que la convention suivante, conclue entre nous et sa majesté le roi de Sardaigne, le 9 août 1820, ratifiée à Paris le 14 août suivant, sera insérée au Bulletin des Lois, pour être exécutée suivant sa forme et teneur.

Convention entre sa majesté très-chrétienne et sa majesté le roi de Sardaigne, pour l'extradition réciproque des déserteurs.

Art. 1er. Tout militaire admis ou immatriculé, d'après les lois, dans l'un des corps composant l'armée de terre, qui déserterait le service de l'une des deux puissances, et passerait sur le territoire de l'autre, soit pour y prendre du service, soit pour y chercher un asile, sera arrêté afin d'être rendu, à moins qu'il ne soit sujet du pays où il se sera réfugié; mais dans ce dernier cas, les chevaux et effets d'armement, d'habillement et d'équipement appartenant à la puissance dont il aura aban-

donné le service seront renvoyés au commandant de la première place frontière.

Dans le cas où le déserteur arrêté aurait abandonné antérieurement le service d'un autre Gouvernement avec lequel la puissance requise aurait conclu un semblable cartel d'échange, il sera remis à l'Etat qu'il aura abandonné en dernier lieu.

2. Lorsque l'arrestation d'un déserteur aura lieu, la puissance à laquelle il appartiendra en sera immédiatement informée par un avis adressé aux autorités militaires ou civiles de la place la plus voisine de la frontière. Cet avis portera, s'il est possible, l'indication du régiment que le déserteur aura quitté, et fera connaître l'époque précise de son arrestation et la nature des effets qu'on aura trouvés sur lui.

Aussitôt que, de part et d'autre, les autorités limitrophes auront déterminé le jour où l'extradition devra s'effectuer, le déserteur sera conduit jusqu'à la frontière, et remis entre les mains de la force armée.

3. Les frais de détention, ceux de nourriture, et la gratification mentionnée en l'art. 5, seront payés au moment de la remise du déserteur.

Il sera alloué, pour frais de détention et de nourriture, par jour, pour chacun des déserteurs, soixante quinze centimes, et la valeur d'une ration de pain de vingt-quatre onces, au prix courant de cette denrée.

4. Les déserteurs, fantassins ou cavaliers, seront rendus avec les armes, les habits, les équipages et l'argent qu'ils pourront avoir au moment de leur arrestation.

Il en sera de même des chevaux que les déserteurs de cavalerie emméneraient avec eux. La nourriture des chevaux, réglée sur le pied d'une ration par jour pour chaque cheval, sera payée au prix de la ration de fourrage allouée en France à la gendarmerie, et, dans les Etats de sa majesté le roi de Sardaigne, aux carabiniers exerçant leurs fonctions dans le lieu où l'arrestation aura été faite.

5. Il sera accordé une gratification de vingt-cinq francs à quiconque aura arrêté un déserteur d'infanterie ou un cavalier non monté, et le double pour l'arrestation d'un cavalier avec son cheval; cette gratification sera payée dans le lieu même où la remise du déserteur aura lieu, et par les soins de l'autorité qui le recevra.

Les receveurs des contributions publiques fourniront les fonds nécessaires au paiement des gratifications de ce genre, et des frais de détention et d'extradition énoncés en l'art. 3. En France, cette avance sera faite en vertu d'un mandat de l'autorité supérieure locale, et sera remboursée aux receveurs par le ministère dans la juridiction duquel se trouvera le déserteur extradé. En Piémont, cette avance sera faite d'après un mandat de l'intendant de la province.

6. Lorsqu'un déserteur aura atteint le territoire de celle des deux puissances à laquelle il n'appartiendra pas, il ne pourra, sous aucun prétexte, y être poursuivi par les officiers de son Gouvernement.

Ces officiers se borneront à prévenir de son passage les autorités locales, afin qu'elles aient à le faire arrêter. Néanmoins, pour accélérer l'arrestation de ce déserteur, une ou deux personnes, chargées de la poursuite, pourront, au moyen d'un passeport ou d'une autorisation en règle, qu'elles devront obtenir de leur chef immédiat, se rendre au plus prochain village situé en dehors de la frontière, à l'effet de réclamer des autorités locales l'exécution du présent traité.

7. L'arrestation et l'extradition des déserteurs de la marine et des forçats auront également lieu dans les formes et aux conditions énoncées ci-dessus à l'égard des déserteurs des corps composant l'armée de terre.

8. Les effets et l'argent qui seraient au pouvoir des déserteurs au moment de leur arrestation seront exactement rendus, s'ils les ont volés; toutefois, on prélèvera sur leur valeur les frais de justice qu'il aura été indispensable de faire, à moins que ces effets ne soient des pièces de conviction sans lesquelles la preuve du crime serait perdue.

Les autorités supérieures veilleront, de part et d'autre, à ce qu'il ne se commette aucun abus dans ce prélèvement.

9. Le déserteur qui se sera rendu coupable d'un crime emportant la peine de mort, ou une peine afflictive à vie, dans le pays où il se sera réfugié, ne sera point rendu : mais, s'il a commis un crime emportant une peine moins grave, il sera remis à la disposition de son Gouvernement, après avoir subi la peine qu'il a encourue dans le pays où il avait cherché asile.

10. La présente convention est conclue pour deux ans, à l'expiration desquels elle continuera d'être en vigueur pour deux autres années, et ainsi de suite, sauf déclaration contraire de la part de l'un des deux Gouvernemens.

11. La présente convention sera ratifiée et les ratifications en seront échangées dans le terme de six semaines, ou plus tôt, si faire se peut.

En foi de quoi, nous soussignés, plénipotentiaires de leurs majestés le Roi de France et de Navarre et le roi de Sardaigne, avons signé la présente convention et y avons apposé le cachet de nos armes.

Fait à Paris, le 9 août 1820,

(L. S.)   *Signé* Pasquier.
(L. S.)   *Signé* le comte de Pralorme.

13 = Pr. 24 DÉCEMBRE 1820. — Ordonnance du Roi qui détermine les bases d'après lesquelles seront calculés à l'avenir les services des officiers de santé militaires. (7, Bulletin 424, n° 9962.)

Louis, etc., considérant que les services des officiers de santé ne sont pas toujours calculés sur les mêmes bases que ceux des officiers de l'armée, et voulant faire cesser à cet égard une distinction qui ne paraît pas suffisamment motivée; sur le rapport de notre ministre secrétaire d'État de la guerre, nous avons ordonné et ordonnons ce qui suit :

Art. 1er. A l'avenir, les services des officiers de santé militaires seront calculés sur les mêmes bases et d'après les mêmes règles que ceux des autres officiers de l'armée.

2. Les dispositions des art. 4, 8 et 9 du décret du 12 décembre 1806, contraires à ce principe, sont en conséquence rapportées.

3. La présente ordonnance n'aura point d'effet rétroactif pour la fixation des traitemens de non-activité, traitemens ou gratifications de réforme et soldes de retraites qui ont été réglés avant ce jour.

4. Notre ministre de la guerre est chargé de l'exécution de la présente ordonnance.

13 DÉCEMBRE 1820. — Ordonnances du Roi qui accordent des lettres de déclaration de naturalité aux sieurs Dael, Heraud, Savignon, Ninove et Saunière. (7, Bull. 435, 436, 447, 460, et 8, Bull. 52.)

14 = Pr. 21 DÉCEMBRE 1820. — Ordonnance du Roi concernant les entrées que sa majesté accorde dans son palais aux officiers généraux et supérieurs des gardes nationales de France. (7, Bull. 423, n° 9958.)

Louis, etc., vu notre réglement du 1er novembre qui détermine les entrées que nous avons accordées dans notre palais aux officiers généraux et supérieurs de nos armées de terre et de mer; sur le rapport du ministre de notre maison, nous avons ordonné et ordonnons ce qui suit :

Art. 1er. Les articles du réglement sur les entrées dans notre palais, en ce qui concerne les officiers généraux et supérieurs de nos armées de terre et de mer, sont applicables aux officiers généraux et supérieurs des gardes nationales de France, et en particulier de celle de notre bonne ville de Paris.

2. Notre ministre de notre maison est chargé de l'exécution de la présente ordonnance.

_____

14 DÉCEMBRE 1820 = Pr. 25 JANVIER 1821. — Ordonnance du Roi portant modification des statuts de la caisse de survivance et d'accroissement. (7, Bull. 429, n° 10048.)

Voy. ordonnance du 11 avril 1821.

Louis, etc., vu notre ordonnance du 8 décembre 1819 portant autorisation d'un établissement sous le titre de *Caisse de survivance et d'accroissement avec remboursement de capitaux*, et d'une société anonyme formée pour la gestion dudit établissement, sous le nom de *Maison gérante de la caisse de survivance et d'accroissement* ; vu les statuts, tant de la caisse que de la maison gérante, annexés à ladite ordonnance sur la demande du conseil général de l'établissement, avec adhésion des sociétaires de la maison gérante, tendant à l'homologation de certains changemens et dispositions nouvelles que le conseil général propose d'introduire dans ces statuts ; vu l'article final, dans lequel esdites variations sont stipulées, portant qu'elles n'auront effet du jour de notre autorisation qu'envers les actionnaires futurs, et ne seront obligatoires envers les intéressés déjà existans qu'après que lesdits changemens auront été ratifiés par l'assemblée générale desdits actionnaires actuels ; sur le rapport de notre ministre secrétaire d'Etat de l'intérieur ; notre Conseil-d'Etat entendu, nous avons ordonné et ordonnons ce qui suit :

Art. 1er. La délibération du conseil général de la caisse de survivance et d'accroissement, en date du 1er décembre 1820, portant modification des statuts de ladite caisse,

Ensemble la délibération des sociétaires de la maison gérante, en date du 2 décembre 1820, portant adhésion à ladite délibération du conseil général de la caisse,

L'une et l'autre déposées, le 7 décembre présent mois, chez Cronier et son confrère notaires à Paris, suivant expéditions qui demeurent annexées à la présente,

Sont approuvées pour servir d'amendement et de supplément aux statuts primitifs, tant de la caisse que de la maison gérante, tels qu'ils étaient annexés à notre ordonnance du 8 décembre 1819.

2. Notre présente approbation est accordée sous les conditions et réserves portées en notre précédente ordonnance.

3. Notre ministre secrétaire d'Etat de l'intérieur est chargé de l'exécution de la présente ordonnance, qui sera publiée au Bulletin des Lois, et insérée au Moniteur et au journal des annonces judiciaires du département de la Seine avec les actes y annexés.

Arrêté du conseil général, du 1er décembre 1820, contenant, 1° modification de divers articles des statuts ; 2° création d'une seconde division d'actionnaires avec jouissance immédiate des dividentes et remboursement de la mise à volonté.

La séance déclarée ouverte à l'heure indiquée au dernier alinéa de l'article 50, ci-dessus relaté,

M. le vicomte de Boury, président de l'administration, expose :

Que, depuis la mise en activité de l'établissement, accueilli par le public avec une grande faveur, l'expérience journalière ayant fait reconnaître quelques incohérences dans le mode d'exécution tracé par les statuts, et démontré ainsi le besoin de plusieurs corrections, l'administration s'est empressée de signaler ces inconvéniens et d'indiquer les moyens d'y pourvoir, en proposant au conseil diverses mesures réglementaires, ayant toutes pour objet de rendre la marche administrative plus régulière et d'augmenter en même temps la garantie morale offerte au public par le mode d'administration adopté, en rendant impossible par le fait toute espèce de faute ou d'abus dans le maniement des fonds des actionnaires ;

Que, d'une autre part, l'administration a reconnu que quatre dispositions principales des statuts étaient, pour beaucoup de personnes, autant d'obstacles réels à ce qu'elles pussent participer aux avantages de l'établissement, savoir : 1° la disposition qui exclut les étrangers du droit d'entrer dans les séries comme *titulaires* d'actions ; 2° celle qui s'oppose à ce qu'on puisse fonder des actions sur une tête âgée de plus de quarante-cinq ans ; 3° celle qui, à cause de l'accumulation successive des intérêts, retarde de dix années la jouissance des dividendes ; 4° et celle qui ne permet le remboursement du fonds placé, qu'à des époques très-éloignées du placement ;

Que l'administration, constamment animée du désir d'étendre autant que possible les bienfaits de l'institution, a senti que, si le système actuel convenait parfaitement à un grand nombre de personnes, comme le prouvent les premiers succès obtenus par l'établissement, et si, sous ce rapport, il y avait nécessité de le maintenir dans son intégrité, il n'était pas moins nécessaire de faire cesser pour d'autres les motifs qui les éloignaient forcément de l'institution ;

Que l'administration en a trouvé le moyen en proposant d'admettre les étrangers à fonder des actions sur leur propre tête, à la charge par eux de se conformer aux formalités et justifications qui seraient prescrites pour ce cas,

Et en proposant en outre la création d'une seconde division de l'opération actuelle, *où les actionnaires seraient admis jusqu'à l'âge de soixante-dix ans, où la jouissance des dividendes serait immédiate, et où le capital serait remboursable à toutes époques, à la volonté des actionnaires ;*

Que, sur ces diverses propositions de l'administration, par elle soumises au conseil, il a, par ses délibérations des 1er mai, 1er juin, 17 juillet et 1er août derniers, discuté et arrêté le projet de toutes lesdites additions et modifications ;

Que, ce projet ayant été soumis à son excellence monseigneur le ministre de l'intérieur, son excellence, par lettre officielle du 7 novembre dernier, tout en approuvant le projet, a indiqué différentes rectifications, et a témoigné le désir qu'attendu les diverses délibérations successivement prises, et pour plus de régularité, le tout fût refondu en une seule délibération mise en harmonie avec ses observations, pour le dépôt de cette délibération être fait chez le notaire de l'établissement, et l'expédition authentique en être adressée à son excellence, à l'effet d'être annexée à l'ordonnance royale à intervenir ;

Qu'ainsi, pour déférer aux vœux de son excellence, le conseil doit arrêter, conformément aux observations contenues en la lettre officielle dont il s'agit, la rédaction définitive de l'état desdites modifications et additions,

Et qu'il est en conséquence invité à délibérer sur ce point :

Le conseil, ouï l'exposé ci-dessus ;

Vu la lettre de son excellence monseigneur le ministre de l'intérieur, relatée audit exposé ;

Vu les statuts officiels de l'établissement, arrêtés par acte notarié du 2 décembre 1819, homologués par l'ordonnance royale du 8 décembre 1819, et compris au Bulletin des Lois, n° 333, du 30 décembre de la même année ;

Vu les délibérations prises par le conseil, les 1er mai, 1er juin, 17 juillet, 1er août derniers, et la note additionnelle rédigée par ses commissaires le 19 du même mois.

Et après en avoir mûrement délibéré, arrête :

Les diverses modifications et additions proposées, dans l'intérêt des actionnaires, aux statuts actuels de l'établissement, sont et demeurent définitivement arrêtées ainsi qu'il suit, savoir :

La disposition contenue au deuxième paragraphe du n° 4 du titre préliminaire des statuts sera modifiée de la manière suivante :

« Les séries se composent de toutes les « actions d'une même classe prises pendant « l'espace d'un semestre : chaque série demeure distincte à toujours, et est administrée séparément. »

La disposition du n° 12 du même titre préliminaire sera rectifiée comme il suit :

« L'établissement est formé pour tout « le royaume : les étrangers peuvent également y prendre part, et sont admis « en conséquence à y fonder des actions, « soit sur des têtes françaises, soit sur leur « propre tête. »

Il sera ajouté au n° 14 du même titre la disposition ci-après :

« Il y a aussi, pour exercer la haute « surveillance sur l'établissement, des *administrateurs honoraires*, choisis parmi « les personnages les plus recommandables « par leur position sociale et leur considération personnelle, auxquels le droit « d'intervention est accordé dans l'administration par une mission de pur honneur : ils ont droit de séance à tous les « conseils et assemblées, les président « quand ils le requièrent, et y ont voix « délibérative. Ils ne peuvent néanmoins, « quel que soit leur nombre à chaque délibération, y avoir plus de six voix.

« Les administrateurs honoraires seront « choisis exclusivement parmi les personnes intéressées dans l'établissement, « soit comme souscripteurs au fonds des « *actions de bienfaisance* et pour au moins « vingt-cinq desdites actions, soit comme « fondateurs d'actions ordinaires et dans « la proportion nécessaire, d'après l'art. 53 « des statuts, pour donner droit de séance « au conseil général. »

« Les administrateurs honoraires seront « élus par l'assemblée générale annuelle des « actionnaires, à la majorité des suffrages « et au scrutin. En conséquence, les « choix déjà faits par l'administration à « cet égard seront considérés comme provisoires, et devront être déférés à la première assemblée générale. »

« Il pourra aussi être institué, dans « chaque ville des départements, des *directeurs honoraires*, choisis parmi les personnes les plus considérées et les plus « influentes du lieu. »

« Les directeurs honoraires seront également pris parmi les intéressés dans « l'établissement, soit comme souscripteurs au fonds des *actions de bienfaisance*, « soit comme fondateurs d'actions ordinaires. Les directeurs honoraires auront

« droit d'inspection et de haute surveil-
« lance *sur les membres des agences locales.*
« Leurs attributions spéciales seront défi-
« nies par des réglemens ultérieurs : leurs
« fonctions seront gratuites et purement
« honorifiques. Ils seront nommés par le
« conseil général de l'établissement. »

A la dernière disposition du troisième
alinéa de l'article 4, titre 1ᵉ, relative au
moyen de suppléer à la représentation de
l'acte de naissance, ou substituera la disposition suivante :

« En cas d'impossibilité par le fonda-
« teur de produire l'acte de naissance, il y
« sera valablement suppléé par tout acte
« ayant caractère authentique, qui con-
« tiendra la relation des nom, prénoms et
« âge du titulaire désigné, tel que brevet
« de pension civile ou militaire, titre de
« rente viagère sur l'État ou sur particu-
« lier, même action d'une tontine quel-
« conque; expédition ou extrait d'acte,
« contenant inventaire, liquidation de suc-
« cession, avis de parens; certificat déli-
« vré par les maires ou adjoints (à la charge
« que ce certificat, fait avec le concours
« de deux témoins, contiendra d'ailleurs
« la déclaration individuelle du fonction-
« naire qu'il connaît la personne du titu-
« laire, et à la charge en outre que ce ti-
« tulaire sera présent à la délivrance du
« certificat) : ou enfin des actes de noto-
« riété délivrés en la forme ordinaire par
« les juges-de-paix ou notaires. »

« La présentation de l'acte de naissance
« ne sera jamais nécessaire pour fonder
« une action sur la tête d'un prince ou
« d'une princesse de la famille royale ou
« du sang.

« Les étrangers seront admis à constater
« leur naissance par les actes usités dans
« leurs pays respectifs, légalisés par les
« chancelleries des consulats français y éta-
« blis. En cas d'inexistence de ces actes ou
« d'impossibilité de les représenter, il y
« sera suppléé en la forme ci-dessus pres-
« crite pour les nationaux. »

La seconde disposition du premier alinéa
de l'article 7 sera rectifiée et rédigée comme
il suit :

« Il est payé au même instant, par le
« fondateur, cinq pour cent du prix total
« pour les frais de fondation. »

Le surplus de cette disposition sera annulé.

Le cinquième alinéa de l'article 8 sera
remplacé par la disposition ci-après :

« La cession d'une action négociable
« s'opère par une déclaration de transfert,
« inscrite sur un registre à ce destiné, et
« signée de l'actionnaire ou d'un fondé de
« pouvoir spécial, le tout conformément
« à l'article 36 du Code de commerce. »

Il sera ajouté à l'article 10 la disposition
suivante :

« Le certificat de vie ne sera pas néces-
« saire, si l'action repose sur la tête d'un
« prince ou d'une princesse de la famille
« royale ou du sang, ou d'un pair de France,
« l'existence étant, en ce cas, de notoriété
« publique.

« Les certificats de vie délivrés par les
« maires on adjoints seront admis concur-
« remment avec ceux délivrés par des no-
« taires. Les certificats pourront être col-
« lectifs pour plusieurs titulaires.

« Les certificats de vie pour les action-
« naires dont les titulaires sont étrangers,
« non résidant en France, seront délivrés
« et admis en la même forme que celle ci-
« devant prescrite pour les actes de nais-
« sance étrangers. »

L'article 11 sera rectifié et rédigé dans
les termes qui suivent :

« Tout dividende échu qui n'aura pas
« été touché avant l'échéance de la seconde
« année suivante sera irrévocablement ré-
« uni à la masse des fonds destinés à payer
« le dividende de ladite année. Il en sera
« usé de même pendant dix années consé-
« cutives, après lesquelles l'actionnaire
« sera définitivement rayé, pour l'avenir,
« du tableau des dividendes, comme ayant
« encouru la prescription de l'action, con-
« formément à l'article 14 des statuts. »

Il sera ajouté à la section IX du même
titre Iᵉ, et après l'article 18, un article 18
bis, ainsi conçu :

« Par extension de l'article 18 ci-dessus,
« relatif aux fondations périodiques et
« gratuites *d'actions de bienfaisance,* et pour
« augmenter d'autant en faveur des pauvres
« le fonds annuel consacré par la maison
« gérante à ses fondations, *une souscrip-*
« *tion publique et permanente* est ouverte à
« la *caisse centrale* de l'établissement et
« aux *caisses auxiliaires* des départemens.
« *Les personnes charitables peuvent concou-*
« *rir à cette souscription pour toute somme*
« *quelconque, et en gardant l'anonyme, si*
« *elles le désirent.*

« Toute personne qui aura fourni som-
« me suffisante pour la fondation de vingt-
« cinq actions de bienfaisance, jouira des
« droits attribués par l'article 61 des sta-
« tuts au fondateur de l'action, lorsque
« l'actionnaire est mineur, et dès lors sera,
« de droit, partie de l'assemblée générale
« des actionnaires ainsi que du conseil gé-
« néral, en sus du nombre d'intervenans
« déterminé par les statuts.

« Si le souscripteur est prince de la fa-
« mille royale ou du sang, il pourra, no-
« nobstant la disposition contraire de l'ar-
« ticle 55, troisième alinéa des statuts,
« se faire représenter au conseil général.

23.

« Les bureaux et autres établissemens
« de charité seront toujours consultés sur
« le choix des sujets titulaires ou action-
« naires.

« Le mode et les conditions particulières
« de la fondation seront déterminés par
« un réglement du conseil général. »

L'article 20 sera rectifié et rédigé comme
il suit :

« Chaque série se compose du nombre
« d'actions prises pendant l'espace d'un
« semestre.

« Les séries commencent par le premier
« jour des mois de janvier et juillet de cha-
« que année. Elles se suivent sans inter-
« ruption : à l'expiration du semestre, la
« série est close.

« On ne peut souscrire que dans les sé-
« ries courantes de chaque classe. »

Le premier alinéa de l'article 23 sera rédigé comme il suit :

« L'état des séries est reconnu tous les
« deux mois par le conseil général, et l'em-
« ploi des capitaux a nécessairement lieu
« dans le mois qui suit. »

Il sera ajouté à la 1ʳᵉ partie un quatrième
titre, ainsi conçu :

Titre IV. Création d'une seconde division d'actionnaires.

Article unique (37 bis). « N° 1. Dans la
« vue d'étendre à un plus grand nombre
« de personnes les bienfaits de l'institution
« en y faisant participer, d'une part, les
« individus d'un âge supérieur à quarante-
« cinq ans, et, d'une autre part, ceux au-
« quels leur position ne permettrait pas de
« se soumettre au délai de dix années pour
« la jouissance des revenus de leurs fonds,
« et qui pourraient désirer de conserver la
« constante disponibilité du capital, il est
« créé une classe distincte d'actionnaires,
« à l'égard de laquelle la capitalisation dé-
« cennale n'aura pas lieu, qui admettra
« des titulaires jusqu'à l'âge de soixante-
« dix ans, et dans laquelle la mise sera
« remboursable à volonté, aux conditions
« ci-après indiquées.

« Cette nouvelle classe prendra la déno-
« mination de seconde division, et l'ancienne
« retiendra celle de première division.

« N° 2. La classification par âges dans
« cette seconde division sera la même que
« pour la première jusqu'à l'âge de qua-
« rante-cinq ans ; à partir de cet âge, et
« jusqu'à celui de soixante-dix ans, les
« classes se suivront par sections égales de
« cinq en cinq ans. En conséquence, les
« individus de quarante-cinq à cinquante
« ans formeront la onzième classe;

« Ceux de cinquante à cinquante-cinq
« formeront la douzième;

« Ceux de cinquante-cinq à soixante for-
« meront la treizième ;

« Ceux de soixante à soixante-cinq for-
« meront la quatorzième ;

« Ceux de soixante-cinq à soixante-dix
« formeront la quinzième.

« N° 3. Le prix des actions pour chacune
« des quinze classes, en raison de l'indem-
« nité d'intercallation, est et demeure dé-
« terminé, conformément au tarif ci-an-
« nexé N° 1, qui fait corps avec ces pré-
« sentes.

« N° 4. Le dividende sera établi, dès la
« première année révolue, à partir de la
« clôture des séries, d'après le produit
« constaté du placement des capitaux, et
« les extinctions reconnues, et ainsi suc-
« cessivement à la fin de chaque année,
« jusqu'à l'époque ci-après fixée pour le
« partage final des capitaux entre les sur-
« vivans à ladite époque. Ce dividende sera
« payable au plus tard dans le quatrième
« mois qui suivra l'échéance de l'année.

« N° 5. Le capital sera remboursable avec
« son accroissement résultant des extinc-
« tions aux actionnaires survivans, à la
« soixante-quinzième année d'âge de l'ac-
« tionnaire le plus jeune dans chaque
« classe.

« Ce remboursement pourra être anticipé
« à l'égard de ceux des actionnaires qui le
« désireront, à toutes les périodes de cinq
« en cinq ans, à partir de la quarante-cin-
« quième année d'âge du plus jeune action-
« naire de chaque classe, à la charge d'en
« faire la demande cinq ans d'avance et
« d'abandonner un soixante-quinzième du-
« dit capital par chaque année d'anticipa-
« tion.

« Ces remboursemens anticipés se feront
« de la manière prescrite en l'article 32 des
« statuts, et la répartition des abandon-
« nemens faits par les actionnaires aura
« lieu conformément audit article.

« N° 6. Tout actionnaire qui le désirera
« pourra retirer sa mise à toutes époques,
« et sans autres formalités que celles né-
« cessaires pour justifier de son individua-
« lité, ainsi que pour constater l'existence
« et la bonne santé du titulaire de l'ac-
« tion.

« A cet effet, l'actionnaire fera déclara-
« tion de son intention, deux mois d'avance,
« sur un registre spécial tenu au secrétariat
« général de l'administration. Il y déposera
« en même temps : 1° son titre d'action ; 2°
« l'acte de naissance du titulaire; 3° un acte
« de notoriété passé devant un juge-de-paix
« ou un notaire, constatant l'identité du dé-
« clarant avec l'actionnaire désigné dans
« le titre ; 4° un certificat de vie du titu-
« laire; 5° et un certificat de visite de la
« personne du titulaire par le médecin
« accrédité auprès de l'administration,

« constatant que ce titulaire jouit d'une
« bonne santé et n'est atteint d'aucune
« maladie aiguë ou chronique.

« Les frais qu'entraîneront ces diverses
« justifications seront à la charge de l'ac-
« tionnaire.

« Il sera donné du tout récépissé par le
« secrétaire général.

« Sur le dépôt de ces pièces, et après
« leur vérification, il sera délivré par l'ad-
« ministration, au profit de l'actionnaire,
« après l'expiration du délai ci-dessus fixé,
« un mandat de remboursement sur la
« caisse centrale. Le certificat de vie et
« celui de bonne santé seront renouvelés
« le jour même du paiement, et annexés
« en originaux à la quittance du rembour-
« sement.

« Pour ceux des actionnaires qui seront
« domiciliés dans les départemens, le dépôt
« des pièces sera fait par eux au receveur
« principal ou particulier de leur résidence,
« et, sur la transmission des pièces par ce
« receveur, l'administration lui expédiera
« l'ordre de remboursement sur la caisse
« auxiliaire de ladite résidence.

« Le délai sera, dans ce cas, augmenté
« de quinze jours, à partir de l'expiration
« du délai de deux mois ci-dessus fixé.

« L'actionnaire n'aura droit alors qu'au
« remboursement de sa mise originaire, et
« l'accroissement que son capital aurait ob-
« tenu, à l'époque du retrait, par l'effet des
« extinctions, sera et demeurera acquis en
« toute propriété à la série, à titre de dé-
« dommagement et d'indemnité au profit
« de ses coactionnaires y restans.

« Il ne sera dû aucun décompte d'intérêts
« pour un temps moindre que l'année ré-
« volue.

« Cette retraite de l'actionnaire devant
« être considérée comme extinction de l'ac-
« tion à l'égard de la série, il ne sera rien
« exigé pour les formalités administratives
« du remboursement au delà du droit al-
« loué par les statuts à la maison gérante
« sur les extinctions. La moitié de ce droit
« sera prise sur le capital à rembourser, et
« l'autre moitié sur le capital restant à la
« série, à moins que le remboursement ne
« soit demandé avant l'année révolue de-
« puis le placement ; auquel cas, le droit
« d'extinction sera supporté entièrement
« par l'actionnaire sortant, et prélevé sur
« le capital remboursé.

« Les remboursemens se feront toujours
« de préférence sur les fonds libres et dis-
« ponibles de la série : s'il n'y a point de
« fonds disponibles en espèces, les rem-
« boursemens se feront au moyen de l'a-
« liénation de portions des rentes sur l'E-
« tat appartenant à la série, ou à fur et
« mesure des recouvremens des capitaux
« placés par obligation. L'administration

« pourra toujours faire le remboursement
« en rentes sur l'État au cours du jour, et
« elle est autorisée à transférer dans ce
« cas à l'actionnaire la propriété desdites
« rentes, jusqu'à due concurrence.

« Les frais de transfert seront supportés
« par l'actionnaire.

« Il ne pourra être demandé ni fait de
« remboursemens partiels.

« N° 7. Les actionnaires de cette seconde
« division pourront également concourir
« au tirage des primes dans les mêmes ter-
« mes que ceux de la première.

« N° 8. Les conditions des traités à faire
« entre les actionnaires de cette seconde
« division et la *maison gérante* pour rem-
« boursemens anticipés et assurances des
« capitaux, ainsi qu'il est spécifié au titre II,
« troisième partie des statuts, seront dé-
« terminées en la forme prescrite par l'ar-
« ticle 76 des statuts.

« N° 9. Sont applicables à la *seconde di-
« vision*, en tant qu'il n'y est pas dérogé
« par les dispositions qui précèdent, toutes
« les règles prescrites par les statuts, rela-
« tivement à la nature et au mode de fon-
« dation des actions, à la composition, au
« régime et à l'extinction des séries, aux
« formalités et justifications prescrites pour
« les paiemens de dividendes et rembour-
« semens de capitaux, au mode de gestion
« et de placement de fonds, aux droits et
« remises de la maison gérante, et généra-
« lement à tous les cas prévus à l'égard de
« la première division.

« N° 10. La maison gérante sera tenue,
« envers les actionnaires de la seconde di-
« vision, aux mêmes garanties que celles
« spécifiées aux articles 78, 79 et 87 des
« statuts.

« En conséquence, la réserve du tiers
« net des droits et remises de ladite maison
« gérante, prescrite par l'article 79 des
« statuts, comme destinée à former le
« fonds de la *caisse de garantie*, sera égale-
« ment faite sur les recettes de ladite mai-
« son gérante, provenant de ses allocations
« relatives à la seconde division, et le fonds
« de ladite caisse de garantie est et demeure
« affecté concurremment au cautionnement
« de ladite maison gérante vis-à-vis des
« actionnaires de la seconde division, qui
« seront admis également et sans préfé-
« rence à exercer, s'il y a lieu, leur recours
« sur ledit fonds, de la même manière que
« les actionnaires de la première division,
« et dans les termes spécifiés aux articles
« 81 et 84 des statuts.

« N° 11. L'article 87 desdits statuts, qui
« détermine le nombre d'actions jugé né-
« cessaire pour la continuation de l'entre-
« prise, est rendu applicable à la seconde
« division ; en conséquence, à défaut d'un

13.

« nombre égal d'actions réalisées dans cette « seconde division dans un délai pareil à « celui déterminé audit article, la disposi- « tion relative à la dissolution de l'établis- « sement et au remboursement à faire des « capitaux à chacun des actionnaires alors « existans, recevra son exécution dans les « termes spécifiés audit article 87.

« N° 12. Partie des actions de bienfai- « sance pourront être fondées dans cette « seconde division. »

Le troisième alinéa de l'article 43 des statuts sera rectifié et rédigé ainsi qu'il suit :

« Néanmoins, la moitié au moins des « capitaux de chaque série sera constam- « ment employée en acquisition de rentes « Sur l'État ou autres effets publics, émis « par le Gouvernement. Les frais auxquels « donneront lieu les emplois de fonds faits « en conformité des dispositions ci-dessus, « tels que frais de timbre, enregistremens, « hypothèques, honoraires d'officiers pu- « blics et d'experts, relativement aux em- « plois immobiliers ou hypothécaires, et « ceux de courtage et commission d'agent « de change, relativement aux emplois en « effets publics, seront prélevés et déduits « sur les sommes à employer. »

Au neuvième alinéa du même art. 43 on ajoutera la disposition suivante :

« Les acquisitions et ventes d'immeubles « pourront avoir lieu judiciairement ou à « l'amiable ; dans ce dernier cas, l'opéra- « tion ne pourra être consommée que d'a- « près l'avis d'un expert indiqué par les « censeurs institués par l'article 60 des « statuts, et qui procédera contradictoire- « ment avec l'expert ordinaire de l'admi- « nistration, le tout sauf l'examen et l'ap- « probation mentionnée à l'article 44. »

Le septième alinéa de l'article 44 sera remplacé par la disposition suivante :

« Aucune autorisation spéciale n'est né- « cessaire à l'administration à l'égard du « placement de la moitié des fonds des sé- « ries, qui doit être fait constamment en « effets publics, d'après l'article 43, troi- « sième alinéa ; le conseil d'administration « est compétent pour déterminer seul le « placement de cette portion de capitaux, « et le choix de la nature des effets publics « à acquérir : néanmoins l'agent de change « ou le banquier sera toujours consulté sur « ce dernier point par le conseil d'admi- « nistration, et l'avis qu'il aura donné sera « constaté par le procès-verbal de la déli- « bération. Au-delà de cette portion, l'em- « ploi ne peut avoir lieu qu'après l'homo- « logation, par le conseil général, de la « décision du conseil d'administration, « quant à la quotité de la somme à employer « et à la nature des effets.

« En conséquence des dispositions ci- « dessus, le *conseil du contentieux* connaîtra « exclusivement et uniquement des place- « mens immobiliers et hypothécaires.

« L'avis de l'agent de change ou banquier « étant inutile pour ces sortes de place- « mens, la disposition de l'article 51, N°° « 4 et 5, qui les appelle à composer le con- « seil du contentieux, est rapportée. Ils fe- « ront partie, à l'avenir, du conseil d'ad- « ministration, lorsque leur présence y sera « jugée nécessaire d'après ce qui est dit « précédemment, et ils auront toujours « droit de séance au conseil général.

« Il suffira, pour l'avenir, d'un seul avo- « cat dans le conseil du contentieux. »

Le premier alinéa de l'article 45 sera modifié et rédigé comme il suit :

« La caisse de survivance est régie par « *trois administrateurs* constamment en « exercice, *deux administrateurs adjoints et un* « *secrétaire général*, lesdits administrateurs « pris parmi les membres de la maison gé- « rante, et choisis par l'assemblée générale « de ces membres créée par l'article 15 de « l'acte social, à la majorité des suffrages « et au scrutin. Le secrétaire général est « nommé de la même manière : il peut être « pris hors de la maison gérante. »

L'article 53 sera modifié et rédigé comme il suit :

« Le *conseil général* se forme par la réu- « nion, 1° des administrateurs honorai- « res ; 2° des membres du conseil d'admi- « nistration ; 3° des membres du conseil « du contentieux, desquels l'avis comptera « pour une voix ; 4° de dix actionnaires de « la première division, propriétaires ou « fondateurs d'au moins cinq actions de « cent francs, nommés à cet effet par l'as- « semblée générale des actionnaires et pour « chaque année ; 5° de dix actionnaires de « la deuxième division, propriétaires ou « fondateurs d'un pareil nombre d'actions « et nommés de la même manière ; 6° de « deux censeurs nommés annuellement par « les actionnaires, pris dans chacune des « divisions et ayant voix consultative.

« La présence du commissaire du Roi, « des administrateurs honoraires, des cen- « ceurs et des actionnaires ayant droit d'in- « tervention, ne sera jamais indispensable « pour la validité des délibérations. Le « conseil pourra toujours accorder *droit de* « *présence*, soit aux membres de la maison « gérante, soit aux employés supérieurs « de l'administration. »

L'article 54 sera rédigé comme il suit :

« Le conseil général connaît de toutes « matières relatives, 1° aux mouvemens et « emplois de fonds, en ce qui concerne les « homologations spécifiées en l'art. 44 des « avis du conseil du contentieux et des ar-

« rêtés du conseil d'administration ; 2° à
« l'organisation et au régime des caisses
« centrales, auxiliaires et de garantie, sous
« le rapport du matériel ; 3° aux difficultés
« de toute nature que pourrait présenter
« l'exécution des statuts, relativement aux
« intérêts des actionnaires ; 4° aux régle-
« mens généraux d'administration qu'il y
« aurait lieu d'établir, ou aux modifications
« dont ceux établis paraîtraient suscepti-
« bles ; le tout conformément à l'art. 86 des
« statuts.

« Toute délibération du conseil général
« touchant directement ou indirectement
« l'intérêt de la maison gérante sera nulle
« de droit, et ne pourra être suivie d'au-
« cune exécution, relativement à ladite
« maison gérante.

« Le procès-verbal de la séance sera si-
« gné par le président, le secrétaire, le
« commissaire du Roi, et les censeurs, s'ils
ont été présens. »

L'article 60 sera rédigé de la manière
suivante :

« Tous les ans, au 15 avril, *l'assemblée*
« *générale des actionnaires*, composée com-
« me il est ci-après dit, se réunit au siè-
« ge de l'administration, à l'effet d'enten-
« dre et arrêter les comptes de la gestion
« pour l'année expirée, comme aussi de
« procéder à la nomination de *deux censeurs*
« et de *vingt actionnaires* désignés par elle
« pour faire partie des conseils généraux,
« et pris par moitié dans les deux divi-
« sions. »

L'article 61 sera modifié comme il suit :

« Attendu l'impossibilité de réunir indi-
« viduellement tous les actionnaires, à
« cause du trop grand nombre et de la
« confusion inévitable qui en résulterait,
« ils seront représentés par un nombre dé-
« terminé d'entre eux, pris parmi les pro-
« priétaires d'au moins cinq actions de
« cent frans ou de vingt-cinq actions de
« vingt francs : on admettra aussi concur-
« remment, pour former ledit nombre, des
« mendataires d'actionnaires porteurs d'au
« moins dix actions de cent francs ou de
« cinquante actions de vingt francs.

« A cet effet, et pour l'exécution de
« cette disposition, tout actionnaire qui
« voudra concourir à l'assemblée générale
« devra se faire inscrire au secrétariat géné-
« ral de l'administration, dans le mois qui
« précédera celui dans lequel l'assemblée
« aura lieu, et produire en même temps
« ses titres d'actions, sur le vu desquels il
« lui sera délivré une carte d'introduction,
« signée du secrétaire général.

« Les mandataires devront déposer, en
« outre, l'acte authentique contenant leur
« pouvoir.

« Les membres de l'assemblée générale

« seront pris par moitié dans chacune des
« deux divisions, et le nombre total de
« ces membres ne pourra excéder trois
« cents : en conséquence, lorsque les ins-
« criptions reçues au secrétariat général
« auront complété ce nombre, le registre
« d'inscription sera clos, et personne ne
« sera plus admis. Si, à l'expiration du
« mois, les personnes inscrites ne complè-
« tent pas ledit nombre, on admettra, en
« complément, des actionnaires proprié-
« taires de moins de cinq actions de cent
« francs ou de moins de vingt-cinq actions
« de vingt francs.

« Ne seront admis à s'inscrire et à dé-
« libérer que les actionnaires majeurs,
« jouissant de leurs droits civils, et, en
« cas de minorité desdits actionnaires, les
« fondateurs des actions.

« La séance une fois ouverte, personne
« ne sera plus admis à prendre part à la
« délibération. Si, au jour indiqué par les
« statuts pour la séance, il ne se trouve
« pas au moins cinquante membres à l'as-
« semblée, la délibération sera ajournée à
« pareil jour du mois suivant. Il sera fait,
« à la diligence de l'administration, une
« nouvelle convocation par voie d'insertion
« au Moniteur et dans un journal d'annon-
« ces du département de la Seine, au moins
« quinze jours à l'avance.

« Au nouveau jour indiqué, l'assemblée
« pourra délibérer, quel que soit le nom-
« bre des membres présens.

« Le commissaire du Roi a essentielle-
« ment droit de séance à l'assemblée.

« Les deux censeurs et les vingt action-
« naires désignés pour faire partie des con-
« seils généraux ont le même droit.

« En conséquence, ils entrent dans la
« formation du nombre ci-dessus fixé pour
« la composition de l'assemblée. »

L'article 62 sera rédigé ainsi qu'il suit :

« Le président de l'assemblée générale
« est, de droit, le possesseur en son pro-
« pre nom, soit comme actionnaire, soit
« comme fondateur, du plus grand nom-
« bre d'actions de cent francs parmi ceux
« présens ; et à égal nombre d'actions, le
« plus ancien dans les séries : ce qui sera
« jugé par l'assemblée, d'après l'état mis
« sous ses yeux par l'administration. Le
« secrétaire sera choisi par le président
« entre les cinq plus jeunes membres de
« l'assemblée.

« Le procès-verbal de la séance sera
« signé du président, du secrétaire, du
« commissaire du Roi, et des censeurs,
« s'ils ont été présens. »

L'article 64 sera modifié dans les termes
suivans :

« Les deux censeurs seront pris parmi
« les personnes réunissant pour elles-mê-

« mes comme *actionnaires,* ou comme *fon-*
« *dateurs* (en cas de minorité ou incapacité
« légale de l'actionnaire), la propriété d'au
« moins vingt-cinq actions de cent francs,
« et, s'il n'y en a aucune qui réunisse cette
« quotité, ou si celles existantes né peu-
« vent accepter lesdites fonctions, parmi
« celles réunissant le plus grand nombre
« d'actions pareilles, au-dessous de celui
« ci-dessus déterminé.

« Les censeurs seront élus à la majorité
« des suffrages et au scrutin. Ils seront pris
« chacun dans l'une des deux divisions.
« Leurs fonctions sont essentiellement gra-
« tuites.

« Le mode ci-dessus prescrit, de sup-
« pléer au défaut d'actionnaires réunissant
« le nombre d'actions déterminé, s'appli-
« quera, sauf la quotité, aux choix des
« actionnaires ayant droit d'intervention. »

L'article 66 sera rédigé ainsi qu'il suit :
« Les dispositions des articles 56, 57 et
« 58, sur l'heure de la réunion, le mode
« de délibération des conseils, ainsi que
« sur la rédaction du procès-verbal, sont
« rendues applicables à l'assemblée générale
« des actionnaires.

« L'assemblée générale pourra toujours
« avoir lieu dans un autre local que celui
« désigné dans l'article 60 : dans ce cas,
« les actionnaires en seront prévenus pu-
« bliquement, huit jours au moins à l'a-
« vance, par une insertion au Moniteur
« et dans un journal d'annonces du dépar-
« tement de la Seine.

« Les simples actionnaires, c'est-à-dire,
« possesseurs d'une seule action de cent
« francs ou de vingt francs, seront admis
« à l'assemblée, en tant que le local le
« permettra, avec voix consultative.

« L'assemblée générale pourra toujours
« être convoquée extraordinairement, sur
« la réquisition collective des deux cen-
« seurs et de cinq des actionnaires ayant
« droit d'intervention : dans ce cas, la
« convocation sera faite à la diligence de
« l'administration, par le moyen des inser-
« tions ci-dessus mentionnées.

« La même convocation pourra aussi
« avoir lieu sur la réquisition du conseil
« d'administration. »

L'article 68 sera modifié de la manière
suivante :
« La maison gérante est administrée
« par les administrateurs de l'établisse-
« ment institués par l'article 45 des statuts,
« sous l'autorité et la surveillance immé-
« diate de l'assemblée générale des mem-
« bres de cette maison.

« Conformément à ce qu'i est dit audit
« article, les administrateurs ne peuvent
« être pris que parmi les membres de la
« maison gérante.

« En cas de partage égal de voix entre
« deux candidats, la préférence sera don-
« née, de droit, au propriétaire du plus
« grand nombre de deniers sociaux : en
« conséquence, la prérogative du président
« de l'assemblée, d'après laquelle il a voix
« prépondérante pour vider les partages,
« ne sera point applicable au cas ci-dessus.

« Les deniers aliénés pour former le
« fonds de première garantie conféreront
« seuls à leurs propriétaires le droit ex-
« clusif d'éligibilité jusqu'à l'époque du
« remboursement dudit fonds spécifié aux
« articles 80 des statuts et 24 de l'acte so-
« cial : après cette époque, tout denier so-
« cial indistinctement rendra son posses-
« seur éligible. »

On ajoutera après le troisième alinéa de
l'art. 87 la disposition suivante :
« Le remboursement des capitaux acquis
« sera fait aux actionnaires dans les natures
« et valeurs qui existeront au moment de
« la liquidation, d'après les emplois faits
« par l'administration en conformité des
« statuts. La maison gérante ne devant
« que la garantie de ses faits personnels,
« ne pourra être tenue, dans aucun cas, à
« aucune responsabilité quelconque, rela-
« tivement aux détériorations et pertes de
« valeur que les effets publics ou gages
« immobiliers des emplois auraient pu su-
« bir par des cas de force majeure, ou
« toute autre cause indépendante de sa
« volonté, toutes les fois qu'il sera cons-
« tant que l'administration s'est conformée
« pour lesdits emplois aux règles prescrites
« par les statuts. »

Le quatrième alinéa du même article
sera rectifié et rédigé comme il suit :
« Lorsqu'il n'existera pas dans une série,
« à l'expiration du temps pendant lequel
« elle doit rester ouverte, au moins vingt
« actions de cent francs, ou cent actions de
« vingt francs, prises sur autant de têtes
« distinctes et au profit d'autant d'indivi-
« dus différens, cette série sera réunie à
« la suivante de la même classe. Cette réu-
« nion sera constatée par un arrêté du
« conseil d'administration. »

L'état des présentes modifications sera
terminé par un article transitoire, ainsi
conçu :
« Toutes les dispositions ci-dessus pres-
« crites recevront leur exécution à l'égard
« des actionnaires futurs, à partir du jour
« de l'ordonnance royale d'homologation
« des présentes : mais elles ne seront
« obligatoires à l'égard des actionnaires
« existans antérieurement dans les séries,
« qu'après l'adhésion à y donner par la
« première assemblée générale ; jusque-là,
« l'exécution n'en sera que provisoire. »

Telles sont toutes les modifications pour

lesquelles le conseil, dans l'intérêt de l'établissement et des actionnaires, sollicite la faveur de l'homologation royale.

A l'effet de quoi, et pour plus d'authenticité dans le dépôt à faire de la présente délibération chez le notaire de l'administration, le conseil arrête que ladite délibération sera rédigée en double minute, dont l'une sera portée au registre, et l'autre, signée de tous les membres du conseil, sera, à la diligence de M. le président, déposée chez ledit notaire, pour en être par lui délivré une expédition authentique, laquelle sera adressée à son excellence monseigneur le ministre de l'intérieur, pour être annexée à l'ordonnance du Roi.

Et, pour suivre auprès de l'autorité l'effet de ladite demande, le conseil désigne unanimement pour commissaire *ad hoc* M. le vicomte de Boury, président, et M. Jules Mareschal, secrétaire général de l'administration, auxquels, en ladite qualité, sont conférés tous pouvoirs à l'effet de consentir toutes corrections, modifications ou additions nouvelles qu'il plairait à l'autorité d'indiquer, et ce sans qu'il soit aucunement besoin d'en référer par eux au conseil général.

Ainsi délibéré et arrêté en séance, les jour et an susdits.

Et ont les délibérans signé comme seconde minute, avec M. le commissaire du Roi.

Suit la teneur du tarif annexé sous le N° 1.

———————

14 DÉCEMBRE 1820. — Ordonnances du Roi qui autorisent l'acceptation de dons et legs faits à la commune et aux frères des écoles chrétiennes de Seuvre; aux fabriques des églises de Saint-Julien du Terroux, de Bieuzi, de Pleudihen, d'Agen et de Vatan. (7, Bull. 441.)

———————

19 DÉCEMBRE 1820. — Discours du Roi à l'ouverture de la session législative de 1820. (Mon. du 20 décembre 1820.)

Messieurs, parvenus au terme d'une année marquée d'abord par les plus douloureux événemens, mais si féconde depuis en consolations et en espérances, nous devons, avant tout, rendre graces à la divine Providence de ses nouveaux bienfaits.

Le deuil était dans ma maison; un fils a été accordé à mes ardentes prières : la France, après avoir mêlé ses larmes aux miennes, a partagé ma joie et ma reconnaissance par des transports que j'ai vivement ressentis.

Le Tout-Puissant n'a pas encore borné là sa protection : nous lui devons la continuation de la paix, cette source de toutes prospérités. Le temps n'a fait que resserrer l'alliance dont la France fait partie. Cette alliance, en même temps qu'elle écarte les causes de guerre, doit rassurer contre les dangers auxquels l'ordre social ou l'équilibre politique pourraient encore être exposés.

Ces dangers s'éloignent chaque jour de nous; toutefois, je ne tairai pas, dans cette communication solennelle avec mon peuple, les faits graves qui, durant le cours de l'année, ont affligé mon cœur, heureux cependant de pouvoir dire que si l'Etat et ma famille ont été menacés par un complot trop voisin des désordres qui l'avaient précédé, il a été manifeste que la nation française, fidèle à son Roi, s'indigne à la seule pensée de se voir arracher à son sceptre paternel, et de devenir le jouet d'un reste d'esprit perturbateur qu'elle a hautement détesté.

Aussi, cet esprit n'a-t-il point arrêté le mouvement qui reporte la France aux jours de sa prospérité. A l'intérieur, des succès toujours croissans ont couronné les efforts de cette activité laborieuse qui s'applique également à l'agriculture, aux arts et à l'industrie.

L'amélioration des revenus de l'Etat, les économies que j'ai prescrites, et la solidité éprouvée du crédit, permettent de vous proposer, dans cette session même, une nouvelle diminution des impôts que supportent directement les contribuables. Cet allégement sera d'autant plus efficace, qu'il produira une répartition plus égale des charges publiques.

De tels succès me rendent plus chers les devoirs que la royauté m'impose.

Perfectionner le mouvement des grands corps politiques créés par la Charte, mettre les différentes parties de l'administration en harmonie avec cette loi fondamentale, inspirer une confiance générale dans la stabilité du trône et dans l'inflexibilité des lois qui protègent les intérêts de tous, tel est le but de mes efforts. Pour l'atteindre, deux conditions sont nécessaires, le temps et le repos. Nous ne devons pas demander à des institutions naissantes ce qu'on ne peut attendre que de leur entier développement et des mœurs qu'elles sont destinées à former. Jusque-là, sachons reconnaître que dans les affaires publiques la patience et la modération sont aussi des puissances, et celles de toutes qui trompent le moins. Ne perdons pas de vue qu'il serait impossible au Gouvernement de maintenir l'ordre, cette première garantie de la liberté, s'il n'était armé d'une force proportionnée aux difficultés au milieu desquelles il se trouve placé.

Tout annonce que les modifications apportées à notre système électoral produiront les avantages que je m'en étais promis. Ce qui accroît la force et l'indépendance des Chambres ajoute à l'autorité et à la dignité de ma couronne. Cette session achévera, je l'espère, l'ouvrage heureusement commencé par la session dernière. En affermissant les rapports nécessaires entre le monarque et les Chambres, nous parviendrons à fonder le système de gouvernement qu'exigerait dans tous les temps une aussi vaste monarchie, que commande plus impérieusement encore l'état actuel de la France et de l'Europe.

C'est pour accomplir ces desseins que je désire voir se prolonger les jours qui peuvent m'être encore réservés; c'est aussi pour les accomplir que nous devons compter, vous, Messieurs, sur ma ferme et inviolable volonté, et moi sur votre loyal et constant appui.

20 = Pr. 24 DÉCEMBRE, 1820. — Ordonnance du Roi concernant le tirage au sort des reconnaissances de liquidation. (7, Bull. 424, n° 9960.)

Voy. loi du 8 mars 1821.

Louis, etc. vu les dispositions du titre 1er de la loi du 25 mars 1817; vu notre ordonnance du 2 avril 1817; sur le rapport de notre ministre secrétaire d'État des finances, nous avons ordonné et ordonnons ce qui suit:

Art. 1er. Le 30 décembre courant, il sera procédé à la désignation par le sort du premier cinquième des reconnaissances de liquidation, en suivant la forme réglée par notre ordonnance du 2 avril 1817 (1).

2. Le tirage au sort aura lieu publiquement, à onze heures du matin, dans la salle de l'administration de la loterie royale de France, avec les formalités suivies par cette administration, et par les soins des administrateurs de la loterie, sous la présidence de notre ministre secrétaire d'État des finances.

3. Notre ministre des finances est chargé de l'exécution de la présente ordonnance.

20 DÉCEMBRE 1820 = Pr. 14 JANVIER 1821. — Ordonnance du Roi qui établit à Paris, pour tout

le royaume, une académie royale de médecine. (7, Bull. 427, n° 10011.)

Louis, etc. notre intention étant de donner le plus tôt possible des réglemens propres à perfectionner l'enseignement de l'art de guérir, et à faire cesser les abus qui ont pu s'introduire dans l'exercice de ses différentes branches, nous avons pensé qu'un des meilleurs moyens de préparer ce double bienfait était de créer une académie spécialement chargée de travailler au perfectionnement de la science médicale, et d'accorder à cette académie notre protection particulière. Nous nous sommes d'ailleurs rappelé les services éminens qu'ont rendus, sous le règne de nos prédécesseurs, la société royale de médecine et l'académie royale de chirurgie, et nous avons voulu en faire revivre le souvenir et l'utilité, en rétablissant ces compagnies célèbres sous une forme plus appropriée à l'état actuel de l'enseignement et des lumières. A ces causes, sur le rapport de notre ministre secrétaire d'État au département de l'intérieur, nous avons ordonné et ordonnons ce qui suit:

Art. 1er. Il sera établi à Paris, pour tout notre royaume, une académie royale de médecine.

2. Cette académie sera spécialement instituée pour répondre aux demandes du Gouvernement sur tout ce qui intéresse la santé publique, et principalement sur les épidémies, les maladies particulières à certains pays, les épizooties, les différens cas de médecine légale, la propagation de la vaccine, l'examen des remèdes nouveaux et des remèdes secrets, tant internes qu'externes; les eaux minérales, naturelles ou factices, etc.

Elle sera, en outre, chargée de continuer les travaux de la société royale de médecine et de l'académie royale de chirurgie: elle s'occupera de tous les objets d'étude et de recherche qui peuvent contribuer aux progrès des différentes branches de l'art de guérir. En conséquence, tous les registres et papiers ayant appartenu à la société royale de médecine ou à l'académie royale de chirurgie, et relatifs à leurs travaux, seront remis à la nouvelle académie, et déposés dans ses archives.

3. L'académie sera divisée en trois sec-

_____

(1) *Extrait de l'ordonnance du 2 avril 1817:* Art. 8. « Le premier cinquième des reconnaissances de liquidation, appelé au remboursement en 1821 par l'article 3 de la loi du 25 mars, sera déterminé de la manière ci-après.

9. « Sur les dix chiffres formant le système numérique, il en sera, par un tirage public, en décembre 1820, désigné deux par le sort:

« les reconnaissances de liquidation alors en « émission dont les numéros finiront par l'un de « ces deux chiffres seront remboursables à comp- « ter du 22 mars 1821. Les numéros déjà déter- « minés par le sort ne seront plus employés lors « de l'enregistrement des reconnaissances à « émettre postérieurement au tirage. »

tions, une de médecine, une de chirurgie et une de pharmacie.

4. Elle sera composée d'honoraires, de titulaires, d'associés et d'adjoints.

5. Il y aura trente honoraires dans la section de médecine, vingt dans la section de chirurgie et dix dans la section de pharmacie, tous pris hors de la classe des titulaires, et choisis par voie d'élection. Indépendamment de ces honoraires élus, tout titulaire âgé de soixante ans accompli pourra devenir, de droit, honoraire, sous la seule condition d'en faire la demande par écrit.

6. Les titulaires seront au nombre de quarante-cinq dans la section de médecine, de vingt-cinq dans la section de chirurgie, et de quinze dans la section de pharmacie. Cinq titulaires de la section de médecine seront nécessairement choisis parmi les médecins vétérinaires.

7. Il y aura trois classes d'associés : des associés libres, des associés ordinaires, et des associés étrangers.

Le nombre des associés libres sera de trente : ils seront choisis parmi les personnes qui cultivent avec succès les sciences accessoires à la médecine, ou qui auront contribué d'une manière quelconque à leurs progrès, ou enfin qui, dans les divers établissemens consacrés au soulagement de l'humanité, l'auront servie avec zèle et distinction. Ils devront résider à Paris.

Les associés ordinaires seront au nombre de quatre-vingts, dont vingt seulement résidant à Paris ; ils seront pris parmi les médecins, les chirurgiens, les pharmaciens et les savans du royaume qui se sont fait connaître d'une manière avantageuse, soit par leurs écrits, soit par leurs succès dans la pratique ou dans l'enseignement.

Le nombre des associés étrangers est fixé à trente : ils seront choisis parmi les médecins, chirurgiens, pharmaciens et savans étrangers les plus célèbres.

Les associés de toutes les classes appartiendront au corps de l'académie, et ne seront attachés à aucune section en particulier.

8. Les adjoints seront choisis de préférence parmi les médecins, chirurgiens, officiers de santé et pharmaciens qui auront présenté ou envoyé à l'académie des observations ou des mémoires, et qui auront montré le plus de zèle pour contribuer à ses travaux. Ceux qui résideront à Paris prendront le titre d'*adjoints résidans* ; ceux qui résideront dans les départemens ou à l'étranger prendront le titre d'*adjoints correspondans*.

Le nombre des adjoints résidans pourra égaler celui des titulaires de la section à laquelle ils seront attachés : le nombre des adjoints correspondans est indéterminé.

9. Chacune des trois sections de l'académie élira ses membres honoraires, ses membres titulaires et ses adjoints. Les associés seront élus par l'académie entière ; toutefois, l'élection des honoraires, titulaires et associés ne sera définitive que lorsqu'elle aura été approuvée par nous. Quant à l'élection des adjoints, elle devra être confirmée par l'académie entière.

10. L'académie s'assemblera ou en corps ou par section. Les séances générales se tiendront une fois tous les trois mois ; et les séances des sections, deux fois chaque mois.

11. Les séances générales auront pour objet, d'une part, l'administration et les affaires générales de l'académie ; et, de l'autre, les matières de science dont la discussion exigera le concours de toutes les sections.

Les séances des sections seront consacrées aux objets de science et d'étude dont chacune d'elles devra spécialement s'occuper. Lorsqu'il se rencontrera des matières qui intéresseront à la fois deux sections, ces deux sections se réuniront pour les discuter en commun. Ces mêmes matières seront toujours renvoyées à des commissions mixtes.

12. Les honoraires et les titulaires d'une section assisteront, quand ils voudront, aux séances des deux autres sections. Les associés et les adjoints pourront assister à toutes les séances, soit générales, soit de section.

Les honoraires, les titulaires et les associés auront voix délibérative en matière de science. Les diverses nominations et les affaires générales de l'académie seront exclusivement réservées aux titulaires.

13. Indépendamment de ses séances privées, soit générales, soit particulières, l'académie tiendra annuellement trois séances publiques, une pour chacune de ses sections.

Ces séances seront principalement destinées, 1° à rendre compte des travaux de la section qui occupera la séance ; 2° à faire connaître, par des éloges ou des notices historiques, les membres que cette section aura perdus ; 3° à annoncer les sujets de prix qu'elle proposera pour l'année courante ; 4° enfin, à proclamer les noms de ceux qui auront remporté les prix proposés antérieurement.

14. Le bureau général de l'académie sera composé d'un président d'honneur perpétuel, d'un président temporaire, d'un secrétaire et d'un trésorier. Notre premier médecin en titre sera, de droit, président d'honneur perpétuel de l'académie. Le président temporaire, le secrétaire et le tréso-

rier seront élus par l'académie entière, et nécessairement choisis parmi ses membres titulaires : ils pourront être indifféremment dans l'une ou dans l'autre des trois sections. Le président ordinaire et le secrétaire seront en fonctions pendant une année, et le trésorier pendant cinq.

15. Le bureau particulier de chaque section sera composé d'un président, d'un vice-président et d'un secrétaire, tous choisis parmi les titulaires de cette section. Les présidens et secrétaires ne seront en fonctions que pendant une année.

Il pourra être, dans la suite, nommé des secrétaires perpétuels pour les sections dont les travaux rendraient cette disposition nécessaire. Leur nomination devra être soumise à notre approbation.

16. L'académie aura un conseil d'administration composé du président d'honneur perpétuel, du président temporaire et du trésorier de l'académie, des présidens et des secrétaires des trois sections, et du doyen de la faculté de médecine de Paris, lequel sera toujours, de droit, membre de l'académie.

Ce conseil sera spécialement chargé d'administrer les affaires de l'académie, et de répartir entre les trois sections les matières dont chacune d'elles devra s'occuper. Il s'assemblera une fois par semaine ; il aura le droit de convoquer des assemblées extraordinaires, soit générales, soit de section, toutes les fois qu'il le jugera nécessaire ou utile.

17. Il sera ultérieurement statué sur les dépenses de l'académie et sur les moyens d'y pourvoir.

18. L'académie royale de médecine pourra accepter, en se conformant aux lois et réglemens, des legs et donations destinés à favoriser les progrès de la science.

19. Des réglemens rédigés par l'académie détermineront son régime intérieur, la tenue de ses assemblées, le mode qu'elle suivra dans ses nominations, l'ordre et la direction de ses travaux, les formes de son administration, les obligations de ses différens membres, et, en général, tout ce qui n'aurait pas été prévu ou réglé par la présente ordonnance. Ces réglemens seront soumis à l'approbation de notre ministre secrétaire d'État au département de l'intérieur.

20. Pour la première formation de l'académie, nous nous réservons de nommer une partie des honoraires, des titulaires et des associés.

21. Notre ministre de l'intérieur est chargé de l'exécution de la présente ordonnance.

———

20 DÉCEMBRE 1820. — Ordonnance du Roi qui permet au sieur Louvel de substituer à son nom celui de Viéville, et au sieur Allemaud d'ajouter au sien celui de Illens. (7, Bull. 427.)

———

20 DÉCEMBRE 1820. — Ordonnance du Roi qui admet le sieur Subira à établir son domicile en France. (7, Bull. 428.)

———

20 DÉCEMBRE 1820. — Ordonnances du Roi qui accordent des lettres de déclaration de naturalité aux sieurs Girard, de Margaritis, Limom, Weyner, Beck, Manon et Faraldo. (7, Bull. 430, 431, 435, 444, 457 et 494.)

———

20 DÉCEMBRE 1820. — Ordonnances du Roi qui autorisent l'acceptation de dons et legs faits aux pauvres du Loroux et de la Chapelle-Janson ; aux églises de Loroux, de Château-Thierry, de Sermentot, d'Orbois, de Vinde-Fontaine, de Bois-Héroult, d'Aunay-les-Bois, de Roche et de Civry ; aux communes de Vinde-Fontaine et de Givry, et aux siminaires de Toulouse et de Carcassonne ; à la fabrique de l'église de Bapaume. (7, Bull. 441 et 442.)

———

20 DÉCEMBRE 1820. — Ordonnances du Roi portant concession des mines de houille de Gages, commune de Montrozier, arrondissement de Rodès ; de Selle et Combelle, commune d'Auzat, arrondissement d'Issoire, et de la commune de Volz, département des Basses-Alpes. (7, Bull. 444.)

———

21 DÉCEMBRE 1820. — Ordonnance du Roi qui nomme M. Corbière président du conseil royal de l'instruction publique. (7, Bull. 437.)

———

21 DÉCEMBRE 1820. — Ordonnance du Roi qui nomme ministres secrétaires d'État (1) et membres du conseil des ministres MM. Laîné, Corbière et de Villèle. (7, Bulletin 437, n° 10213.)

———

22 DÉCEMBRE 1820. — Lettres-patentes portant érection de majorats en faveur de MM. Camus de Martroy et de la Chevrelière. (7, Bull. 426.)

———

23 DÉCEMBRE 1820. = Pr. 14 JANVIER 1821. —

———

(1) Sans portefeuille.

Ordonnance du Roi qui supprime pour cause d'abus le mandement de l'évêque de Poitiers en date du 26 octobre 1820. (7, Bull. 427. n° 10012.)

Voy. notes sur l'art. 6 de la loi du 18 GERMINAL an 10.

Louis, etc., vu un mandement de l'évêque de Poitiers, en date du 26 octobre 1820, par lequel il ordonne de lire dans toutes les églises paroissiales de son diocèse la lettre par lui écrite au Saint-Siége, le 8 août de la même année, au sujet des prêtres et des fidèles dissidens, et le bref de sa Sainteté donné en réponse, à Sainte-Marie-Majeure, le 27 septembre suivant; vu la déclaration du 8 mars 1772 et les articles premiers de la loi du 8 avril 1802 (18 germinal an 10) et du décret du 28 février 1810; vu la lettre écrite à notre garde-des-sceaux, par l'évêque de Poitiers, le décembre présent mois, de laquelle il résulte qu'il a publié ledit bref, non vérifié, par pure inadvertance et sans aucune intention de contrevenir aux lois du royaume; considérant que l'évêque de Poitiers avait usé de ses droits et de sa juridiction lorsqu'il a interdit les prêtres dissidens, et averti ses diocésains qu'ils étaient sans pouvoirs pour administrer les sacremens: que, s'il jugeait à propos de consulter le Pape sur cet acte d'administration de son diocèse, il ne pouvait publier le bref reçu de sa Sainteté qu'avec notre préalable autorisation; que c'est une des règles les plus anciennes et les plus importantes de notre royaume; que, sous aucun prétexte que ce soit, les bulles, brefs, rescrits, constitutions, décrets et autres expéditions de cour de Rome, à l'exception de ceux concernant le for intérieur seulement et les dispenses de mariage, ne puissent être reçus ni publiés sans avoir été préalablement vus et vérifiés par le Gouvernement; que, s'il résulte de la lettre de l'évêque de Poitiers, ci-dessus visée, qu'il n'a agi que par inadvertance et sans intention de contrevenir aux lois du royaume, il est toutefois d'une nécessité indispensable de maintenir l'observance desdites lois; sur le rapport de notre ministre secrétaire d'Etat au département de l'intérieur; notre Conseil-d'Etat entendu, nous avons ordonné et ordonnons ce qui suit:

Art. 1er. Il y a abus dans le mandement de l'évêque de Poitiers susmentionné, en ce qu'il a ordonné la lecture et la publication d'un bref de sa Sainteté sans notre autorisation; et ledit mandement est et demeure supprimé.

2. Nos ministres de la justice, et de l'intérieur sont chargés de l'exécution de la présente ordonnance.

27 DÉCEMBRE 1820. — Ordonnance du Roi qui nomme M. Ravez président de la Chambre des députés des départemens. (7, Bull. 427.)

27 DÉCEMBRE 1820. — Ordonnance du Roi qui révoque celle du 14 avril 1819, par laquelle le sieur Godart, payeur du Trésor royal à Châlons-sur-Marne, était autorisé à ajouter à son nom celui de Juvigny. (7, Bull. 430.)

27 DÉCEMBRE 1820. — Ordonnance du Roi portant que les communes de Cannes, du Cannet, de Mougins de Monans, de la Roquette et de Sartoux, sont distraites du canton d'Antibes, et formeront un canton de justice de paix, dont le chef-lieu est fixé dans la ville de Cannes. (7, Bull. 431.)

27 DÉCEMBRE 1820. — Ordonnance du Roi qui autorise l'érection en chapelle des églises de Précy et de Torpes. (7, Bull. 444.)

27 DÉCEMBRE 1820. — Ordonnances du Roi qui autorisent l'acceptation de dons et legs faits aux communes de Saint-Malo, de Poncé, de Villers-Cotterêts et de Sainte-Colombe-sur-Lhers; aux séminaires de Besançon et d'Angers; aux fabriques des églises de Saint-Côme-du-Mout, de Chesne, de Maroilles et de Cras, et à la cure de Briollay. (7, Bull. 444.)

30 DÉCEMBRE 1820. — Tableau des prix moyens des grains pour servir de régulateur de l'exportation et de l'importation, conformément aux art. 6 et 8 de la loi du 16 juillet 1819. (7, Bull. 426.)

3 JANVIER = 1er FÉVRIER 1821. — Ordonnance du Roi portant réglement pour la régie des contributions indirectes. (7, Bulletin 430, n° 10065.)

Voy. ordonnance du 4 DÉCEMBRE 1822.

Art. 1er. Il y aura un directeur général de la régie des contributions indirectes et cinq administrateurs.

2. Le directeur général dirigera et surveillera, sous les ordres de notre ministre des finances, toutes les opérations relatives à cette perception.

Il travaillera seul avec le ministre des finances.

Il correspondra seul avec les autorités militaires, administratives et judiciaires.

Il aura seul le droit de recevoir et d'ouvrir la correspondance.

Il signera seul les ordres généraux de service.

3. Le ministre des finances fera la division du travail entre les administrateurs.

Chacun d'eux sera chargé de suivre les parties de service qui lui seront spécialement attribuées.

Il correspondra avec les directeurs sur les objets qui seront placés sous sa surveillance : il travaillera particulièrement avec le directeur général, et prendra ses décisions sur tous les points qui seront dans ses attributions directes, lorsqu'il y aura lieu à discussion, ou à décision nouvelle.

4. Le directeur général et les administrateurs se formeront en conseil d'administration.

Le directeur général en aura la présidence.

En cas d'empêchement, il la déléguera à l'un des administrateurs.

Le ministre des finances appellera près de lui, dans les occasions où il le jugera convenable, le conseil d'administration.

En cas d'absence du directeur général, le ministre des finances désignera celui des administrateurs qui en remplira les fonctions.

5. Le conseil d'administration délibérera, sur le rapport qui lui sera fait par l'un des administrateurs :

1° Sur le budget général des dépenses de l'administration, sur lequel il donne son avis motivé;

2° Sur toutes les affaires résultant de procès-verbaux, saisies et contraventions;

3° Sur le contentieux de la comptabilité, débets des receveurs, contraintes à exercer contre les redevables;

4° Sur les demandes en décharge ou remboursement de droits;

5° Sur la liquidation des pensions de retraite de tout grade;

6° Sur les suppressions, divisions et créations d'emplois;

7° Sur les projets, devis, marchés et adjudications à passer pour le service de la régie;

8° Sur les révocations, destitutions et mise à la retraite des employés;

9° Sur les questions douteuses, dans tous les cas d'application des lois, ordonnances et réglemens, dans tous ceux qui ne sont pas prévus ou qui ne sont pas suffisamment définis par lesdites lois, ordonnances et réglemens, et sur les instructions générales relatives à leur exécution;

10° Sur les autres affaires sur lesquelles notre ministre des finances jugera convenable d'avoir son avis, et sur celles qui lui seront aussi, à cet effet, renvoyées par le directeur général.

6. Les délibérations du conseil d'administration seront prises à la majorité des voix : en cas de partage d'opinions, la voix du directeur général sera prépondérante.

Il pourra, lorsqu'il le jugera nécessaire, suspendre l'effet d'une délibération, pour en référer au ministre des finances, qui statuera; mais, dans ce cas, il fera préalablement part de ses motifs au conseil pour le mettre à même de modifier sa délibération s'il y a lieu, ou de l'appuyer de nouvelles observations, qui seront jointes par le directeur général à son rapport au ministre.

7. Le directeur général présentera à l'approbation du ministre des finances l'état de composition des bureaux de l'administration centrale à Paris, avec l'indication des traitemens attribués à chaque grade.

Il lui soumettra, chaque année, le budget général des dépenses de l'administration tel qu'il aura été délibéré par le conseil.

Il lui remettra, chaque mois, les bordereaux et états de situation de toutes les recettes et dépenses.

Il soumettra à son approbation les délibérations du conseil d'administration sur les dispositions de service qui donneraient lieu à une dépense nouvelle, sur les objets dont la décision ne lui est pas attribuée, et sur les questions douteuses, dans tous les cas d'application des lois, ordonnances et réglemens, dans tous ceux qui ne seraient pas prévus ou qui ne seraient pas suffisamment définis par lesdites lois, ordonnances et réglemens, ainsi que sur les instructions générales relatives à leur exécution.

Il lui rendra compte périodiquement de tous les résultats de son administration.

8. Les administrateurs et les inspecteurs généraux sont nommés par nous, sur le rapport de notre ministre des finances.

Notre ministre des finances proposera à notre approbation la nomination aux places de directeurs.

Il nommera aux places d'entreposeurs et d'entreposeurs-receveurs centraux.

Le directeur général nommera à tous les autres emplois, après avoir pris l'avis de celui des administrateurs dans les attributions duquel se trouvera la suite principale de la partie de service pour laquelle la nomination aura lieu.

Il se conformera à l'ordre hiérarchique des grades et aux règles pour l'avancement et les nominations.

9. Le directeur général révoque, destitue et met à la retraite les employés dont la nomination lui est attribuée, après avoir pris l'avis du conseil d'administration, conformément aux articles 5 et 6 ci-dessus.

Il peut aussi suspendre les autres employés, sauf à rendre compte immédiatement au ministre des finances, qui statue.

10. Dans les affaires résultant de procès-verbaux de saisie et de contravention, les transactions seront définitives :

1° Par le consentement du directeur d'arrondissement, lorsque les condamnations, confiscations ou amendes, ne pourront s'élever à une valeur de plus de cinq cents francs ;

2° Avec l'approbation du directeur général, lorsque lesdites condamnations pourront s'élever de cinq cents francs à trois mille francs ;

3° Par l'approbation du ministre des finances, lorsqu'il y aura eu dissentiment entre le directeur général et le conseil d'administration, et, dans tous les cas, lorsque le montant des condamnations excédera trois mille francs.

11. Le conseil d'administration arrête, sur le rapport de l'administrateur chargé de la comptabilité, les comptes annuels de l'administration ; le directeur général les vise, et les transmet au ministre des finances avec les pièces à l'appui.

12. Notre ministre des finances est chargé de l'exécution de la présente ordonnance.

JANVIER.=Pr. 1ᵉʳ FÉVRIER 1821. — Ordonnance du Roi portant réglement pour la régie de l'enregistrement et des domaines. (7, Bull. 430, n° 10066.)

Art. 1ᵉʳ. Il y aura un directeur général de l'enregistrement et des domaines, six administrateurs et un secrétaire général.

2. Le directeur général dirigera et surveillera, sous les ordres de notre ministre des finances, toutes les opérations relatives à cette perception.

Il travaillera seul avec le ministre des finances.

Il correspondra seul avec les autorités militaires, administratives et judiciaires.

Il aura seul le droit de recevoir et d'ouvrir la correspondance.

Il signera seul les ordres généraux de service.

3. Le ministre des finances fera la division du travail entre les administrateurs.

Chacun d'eux sera chargé de suivre les parties de service qui lui seront spécialement attribuées.

Il correspondra avec les directeurs sur les objets qui seront placés sous sa surveillance : il travaillera particulièrement avec le directeur général, et prendra ses décisions sur tous les points qui seront dans ses attributions directes, lorsqu'il y aura lieu à discussion ou à décision nouvelle.

4. Le directeur général et les administrateurs se formeront en conseil d'administration.

Le directeur général en aura la présidence.

En cas d'empêchement, il la déléguera à l'un des administrateurs.

Le ministre des finances appellera près de lui, dans les occasions où il le trouvera convenable, le conseil d'administration.

En cas d'absence du directeur général, le ministre des finances désignera celui des administrateurs qui en remplira les fonctions.

5. Le conseil d'administration délibérera, sur le rapport qui lui sera fait par l'un des administrateurs :

1° Sur le budget général des dépenses de l'administration, sur lequel il donnera son avis motivé ;

2° Sur le contentieux administratif et judiciaire ;

3° Sur le contentieux de la comptabilité, débets des comptables, contraintes à exercer contre les redevables ;

4° Sur les demandes en remboursement, remise ou modération de doubles droits et amendes de contraventions ;

5° Sur la liquidation des pensions de retraite de tout grade ;

6° Sur les suppressions, divisions et créations d'emplois ;

7° Sur les projets, devis, marchés et adjudications à passer pour le service de la régie ;

8° Sur les révocations, destitutions et mises à la retraite des employés ;

9° Sur les questions douteuses, dans tous les cas d'application des lois, ordonnances et réglemens, dans tous ceux qui ne sont pas prévus ou qui ne sont pas suffisamment définis par lesdites lois, ordonnances et réglemens, et sur les instructions générales relatives à leur exécution ;

10° Sur les autres affaires sur lesquelles notre ministre des finances jugera convenable d'avoir son avis, et sur celles qui lui seront aussi, à cet effet, renvoyées par le directeur général.

6. Les délibérations du conseil d'administration seront prises à la majorité des voix : en cas de partage d'opinions, la voix du directeur général sera prépondérante.

Il pourra, lorsqu'il le jugera nécessaire, suspendre l'effet d'une délibération, pour en référer au ministre des finances, qui statuera ; mais, dans ce cas, il fera préalablement part de ses motifs au conseil, pour le mettre à même de modifier sa délibération, s'il y a lieu, ou de l'appuyer de nouvelles observations, qui seront jointes par le directeur général à son rapport au ministre.

7. Le directeur général présentera à l'approbation du ministre des finances l'état de

composition des bureaux de l'administration centrale à Paris, avec l'indication des traitemens attribués à chaque grade.

Il lui soumettra, chaque année, le budget général des dépenses de l'administration, tel qu'il aura été délibéré par le conseil.

Il lui remettra, chaque mois, les bordereaux et états de situation de toutes les recettes et dépenses.

Il soumettra à son approbation les délibérations du conseil d'administration sur les dispositions de service qui donneraient lieu à une dépense nouvelle, sur les objets dont la décision ne lui est pas attribuée, et sur les questions douteuses, dans tous les cas d'application des lois, ordonnances et réglemens, dans tous ceux qui ne seraient pas prévus ou qui ne seraient pas suffisamment définis par lesdites lois, ordonnances et réglemens, ainsi que sur les instructions générales relatives à leur exécution.

Il lui rendra compte périodiquement de tous les résultats de son administration.

8. Les administrateurs et le secrétaire général seront nommés par nous, sur le rapport de notre ministre des finances.

Notre ministre des finances proposera à notre approbation la nomination aux places de directeurs et d'inspecteurs généraux.

Il nommera aux places d'inspecteurs particuliers et à celles de conservateurs des hypothèques.

Le directeur général nommera à tous les autres emplois, après avoir pris l'avis de celui des administrateurs dans les attributions duquel se trouvera la suite principale de la partie de service pour laquelle la nomination aura lieu.

Il se conformera à l'ordre hiérarchique des grades et aux règles pour l'avancement et les nominations.

9. Le directeur général révoque, destitue et met à la retraite les employés dont la nomination lui est attribuée, après avoir pris l'avis du conseil d'administration, conformément aux articles 5 et 6 ci-dessus.

Il peut aussi suspendre les autres employés, sauf à en rendre compte immédiatement au ministre des finances, qui statue.

10. Le conseil d'administration arrête, sur le rapport de l'administrateur chargé de la comptabilité, les comptes annuels de l'administration.

Le directeur général les vise, et les transmet au ministre des finances, avec les pièces à l'appui.

11. Notre ordonnance du 25 décembre 1816 continuera d'être exécutée dans toutes celles de ses dispositions auxquelles il n'est pas dérogé.

12. Notre ministre des finances est chargé de l'exécution de la présente ordonnance.

---

3 JANVIER — Pr. 7 FÉVRIER 1821. — Ordonnance du Roi qui approuve les travaux à faire pour la construction d'un pont sur la rivière Lergue, route départementale de l'Hérault, contient le tarif des droits de péage à percevoir au passage de ce pont. (7, Bullet. 4? n° 10076.)

Art. 1er. Le projet des travaux à faire pour la construction d'un pont sur la rivière de Lergue, route départementale de l'Hérault, n° 14, de Montpellier à Clermont, est approuvé : les travaux seront exécutés sous la direction et surveillance des ingénieurs des ponts-et-chaussées.

2. La dépense de cette construction évaluée par le devis à soixante mille neuf cents francs, sera payée ainsi qu'il suit : un quart par le département dans le budget des exercices 1819, 1820, 1821 et 1822 selon le vœu du conseil général ; un quart par la ville de Clermont, à porter, d'après le vœu du conseil municipal, aux budgets de la ville.

Les deux autres quarts seront avancés par l'adjudicataire, moyennant la concession qui lui sera faite, pour un temps qui ne pourra excéder quarante-six années, des produits du péage qui sera établi au passage de ce pont, après la réception définitive des ouvrages et à partir du jour où il sera livré au public.

3. Les droits du péage dont la perception est autorisée et dont l'état demeurera annexé à la présente, seront fixés conformément au tarif relaté dans l'arrêté du préfet du département en date du 12 octobre 1820. Seront compris dans les exceptions légales et d'usage, les corps de troupes et les militaires isolés, porteurs de feuilles de route ou d'ordres de service.

4. L'adjudicataire sera tenu de terminer les travaux pour le 1er janvier 1825 au plus tard ; il demeurera chargé de l'entretien du pont pendant tout le temps de sa jouissance du péage, et d'y faire, à la première réquisition, les réparations qui seront reconnues nécessaires par le préfet.

5. Les travaux et le péage seront l'objet d'une même adjudication publique au rabais, qui n'aura d'effet qu'après l'approbation de notre ministre de l'intérieur.

6. Nos ministres de l'intérieur et des finances seront chargés de l'exécution de la présente ordonnance.

(Suit le tarif.)

---

3 JANVIER = Pr. 21 FÉVRIER 1821. — Ordonnance

du Roi portant autorisation, conformément aux statuts y annexés, de la caisse d'épargnes et de prévoyance pour le département des Bouches-du-Rhône. (7, Bull. 434, n° 10144.)

Louis, etc., sur le rapport de notre ministre secrétaire d'Etat au département de l'intérieur; vu l'acte constitutif de la caisse d'épargnes et de prévoyance pour le département des Bouches-du-Rhône, souscrit par les fondateurs de cet établissement réunis en assemblée, et passé devant notaire le 9 octobre 1820; vu l'avis du préfet en date du 15 mai; notre Conseil-d'Etat entendu, nous avons ordonné et ordonnons ce qui suit:

Art. 1er. L'établissement de bienfaisance projeté à Marseille, sous le nom de *Caisse d'Epargnes et de Prévoyance du département les Bouches-du-Rhône*, est et demeure autorisé conformément à l'acte constitutif contenant les statuts dudit établissement et passé devant notaire, le 9 octobre 1820, par l'assemblée générale des souscripteurs: copie restera annexée à la présente ordonnance.

2. Nous nous réservons de révoquer notre présente autorisation, en cas de non-exécution ou de violation desdits statuts par nous approuvés; le tout sauf le droit des tiers, et sans préjudice des dommages-intérêts qui seraient prononcés par les tribunaux contre les auteurs des contraventions.

3. Notre ministre de l'intérieur est chargé de l'exécution de la présente ordonnance.

Par-devant Me Jacques-Michel Spitalier et son collègue, notaires royaux à Marseille, département des Bouches-du-Rhône, soussignés, cejourd'hui 9 octobre 1820, ont comparus,

(*Suivent les noms.*)

Lesquels, ayant formé le projet de fournir à toutes les classes de la société, et particulièrement aux cultivateurs, ouvriers, gens salariés et autres personnes économes et industrieuses, les moyens de retirer un vantage de leurs épargnes, et d'attacher leur intérêt et leur confiance au gouvernement du Roi, ont arrêté l'acte constitutif qui suit:

Art. 1er. Il sera formé à Marseille, avec l'autorisation du Gouvernement, un établissement sous la dénomination de *Caisse d'Epargnes et de Prévoyance du département les Bouches-du-Rhône*.

Cette caisse est destinée à recevoir en dépôt les sommes qui lui seront confiées par les cultivateurs, ouvriers, artisans, domestiques, les employés des administrations, les commis, les ecclésiastiques et les ministres des divers cultes, enfin

par toutes personnes laborieuses et économes qui désireront y verser leurs petites épargnes. Chaque dépôt devra être d'un franc au moins, et sans fraction de franc.

La caisse d'épargnes et de prévoyance du département des Bouches-du-Rhône sera mise en activité aussitôt que le présent acte aura reçu l'approbation du Gouvernement.

2. Toutes les sommes versées à la caisse sont employées en achats de rentes sur l'Etat, lesquelles seront inscrites au nom de la caisse d'épargnes et de prévoyance des Bouches-du-Rhône. Ces rentes ne pourront être valablement transférées que par la signature de trois membres du conseil d'administration, organisé ainsi qu'il sera dit ci-après.

3. Pour fonder la confiance et contribuer au succès de l'établissement, des habitans de ce département et diverses administrations représentées par un de leurs membres, uniquement dans des vues de bienfaisance et sans entendre contracter une association commerciale, ni se livrer à aucune spéculation de ce genre à leur profit, dotent la caisse d'épargnes et de prévoyance du département des Bouches-du-Rhône de onze mille quatre cent vingt-deux francs à employer en achats de rentes cinq pour cent consolidés: ils joignent à ce don l'offre qui leur a été faite par M. le préfet, de fournir gratuitement le local nécessaire à l'administration de la caisse.

4. Les donateurs de la somme de onze mille quatre cent vingt-deux francs mentionnée en l'article précédent, et qui forme le premier fond de la caisse, prennent le titre de *fondateurs* de cette caisse. Cette donation s'accroîtra des sommes qui pourront être données à la caisse par les personnes qui voudront concourir au succès de l'établissement. Ces personnes pourront, par délibération du conseil d'administration, être inscrites sur une liste de souscripteurs dressée à cet effet, et participer aux droits et privilèges des fondateurs, à la charge par elles de verser une somme de cent francs au moins. A la fin de chaque année, le tableau des souscripteurs admis sera communiqué à l'assemblée générale des fondateurs, en même temps que le bilan de la caisse.

5. Sur le produit annuel de ces dotations et subsidiairement sur les bénéfices de la caisse, seront prélevés les frais qu'entraînera son administration.

6. L'administration de la caisse sera confiée gratuitement à quinze personnes choisies de préférence parmi les fondateurs de la caisse, et nommées pour la première fois en assemblée générale des fondateurs.

Dans les cas où, par décès, absence ou tout autre empêchement légitime, les fondateurs ne seraient plus en nombre suffisant pour compléter le conseil d'administration, les administrateurs seront choisis parmi les représentans ou ayans-cause desdits fondateurs.

Les fonctions de ces administrateurs dureront cinq ans, et ils seront renouvelés par cinquième chaque année.

Les administrateurs sortans seront indiqués par le sort pendant les premières années, et ensuite par l'ancienneté : ils seront indéfiniment rééligibles.

7. Pour le renouvellement annuel des trois administrateurs sortans, ils seront élus par les douze administrateurs restans.

Le même mode d'élection sera suivi pour le remplacement des administrateurs décédés ou démissionnaires : les remplaçans seront nommés par les administrateurs restans.

8. Le conseil d'administration est autorisé à s'adjoindre, pour l'administration de la caisse, un nombre indéterminé d'administrateurs choisis de préférence parmi les fondateurs de la caisse ou leurs successeurs.

9. Le conseil pourvoira, par un réglement particulier, au mode d'administration intérieure de la caisse.

Ce réglement, ainsi que toutes les modifications dont il serait susceptible par la suite, seront soumis à l'approbation de l'assemblée générale des fondateurs.

10. Il pourra, au besoin, être formé dans le département une ou plusieurs succursales de la caisse.

Dans ce cas, le projet d'établissement sera rédigé par le conseil d'administration et soumis à l'approbation de l'assemblée générale des fondateurs.

11. Au mois de décembre de chaque année, le conseil d'administration fixera le taux de l'intérêt qui sera alloué aux déposans pendant tout le cours de l'année suivante.

Cet intérêt sera de cinq pour cent pendant l'année 1820.

12. L'intérêt sera alloué sur chaque somme ronde de douze francs. Aucun intérêt ne sera alloué pour les sommes au-dessous de douze francs, non plus que sur des portions de dépôt excédant les multiples de douze francs.

13. Pour les sommes inférieures à quarante huit francs, l'intérêt sera dû à compter du premier jour du mois qui suivra l'époque à laquelle aura été versée ou complétée chaque somme ronde de douze francs jusqu'à quarante-huit francs inclusivement, à la charge de faire ce versement ou complétement quinze jours avant la fin du mois ; faute de quoi, l'intérêt ne prendra cours qu'à dater du premier jour du second mois qui suivra celui du versement. Lorsque la somme excédera quarante-huit francs, l'intérêt ne prendra cours qu'à dater du premier jour du mois qui suivra le trimestre pendant lequel le versement aura eu lieu. Ainsi l'intérêt courra dès le 1ᵉʳ avril pour les sommes excédant quarante-huit francs déposées en janvier, février ou mars, etc., à la charge de faire ce versement quinze jours avant l'expiration du trimestre, faute de quoi l'intérêt ne courra que du premier jour du second trimestre qui suivra celui du versement.

14. Pour les sommes au-dessous de quarante-huit francs, l'intérêt sera réglé à la fin de chaque mois : il sera ajouté au capital, et pourra produire des intérêts pour le mois suivant.

Quant aux sommes au-dessus de quarante-huit francs jusqu'à trois cents francs inclusivement, l'intérêt ne sera réglé qu'à la fin de chaque trimestre : il sera ajouté au capital, et pourra produire des intérêts pour le trimestre suivant.

15. Aucun déposant ne pourra verser à la fois plus de trois cents francs, ni avoir en dépôt dans la caisse plus de quatre cents francs de rente par an.

16. Les dépôts seront restitués à quelque époque que ce soit, et à la volonté des déposans, en prévenant quinze jours d'avance, la caisse se réservant toutefois, si elle le juge convenable, de rembourser avant l'expiration des quinze jours.

17. Les sommes retirées ne porteront point d'intérêt pour les jours écoulés du mois pendant lequel le retirement sera opéré, la caisse n'allouant aucun intérêt pour les fractions de mois et pour les sommes excédant quarante-huit francs ; si le retirement a eu lieu pendant le trimestre du versement, aucun intérêt n'est alloué.

18. Aussitôt que le compte d'un déposant présentera une somme suffisante pour acheter, au cours moyen du jour, une somme de cinquante francs de rentes sur l'Etat, le transfert de ces rentes sera fait en son nom : il en deviendra propriétaire ; la valeur en sera déduite du montant de son avoir.

19. Si les déposans ne retirent pas les inscriptions de cinq pour cent consolidés établies en leur nom, la caisse en demeurera dépositaire pour en recevoir les intérêts au crédit du titulaire.

20. Le bilan de la caisse sera arrêté, chaque année, par le conseil d'administration. Il sera rendu public, après avoir été communiqué à l'assemblée générale des fondateurs de la caisse.

21. Les bénéfices de la caisse seront employés soit à accroître son fonds capital, soit à augmenter le taux de l'intérêt annuel en faveur des déposans.

22. La dissolution de la caisse arrivant par quelque cause que ce soit, la somme versée à titre de don, ainsi que les bénéfices qui se trouveraient à cette époque dans la caisse, seront, après le remboursement de tous les dépôts et le paiement de toutes les dettes, appliqués, par délibération de l'assemblée générale des fondateurs, à tels établissemens de bienfaisance qu'ils désigneront.

23. Les soussignés déclarent avoir l'intention d'effectuer le don de onze mille quatre cent vingt-deux francs par les sommes pour lesquelles ils vont chacun souscrire, et ils s'engagent, en conséquence, à verser à la caisse d'épargnes et de prévoyance du département des Bouches-du-Rhône la susdite somme capitale de onze mille quatre cent vingt-deux francs, chacun pour le montant de sa souscription et sans solidarité, pour être convertie en rentes sur l'Etat, entendant n'être passibles, dans aucun cas, que de la perte du montant de leur souscription, et garans que de leur propre fait.

Les comparans se sont divisés, ainsi qu'il suit :

(Suit l'indication des souscriptions.)

Les comparans donnent pouvoir à M. le comte de Villeneuve, préfet du département de solliciter en leur nom l'autorisation du Gouvernement pour l'établissement de la présente société, même de consentir et d'adopter tous changemens et modifications qui seraient demandés aux présens statuts, sans cependant porter atteinte aux bases fondamentales.

Dont acte fait et passé à Marseille, dans une des salles de la préfecture, et ont les comparans signé avec lesdits notaires, après lecture, la minute, restée au pouvoir de Spitalier.

----

3 JANVIER 1821. — Ordonnances du Roi qui autorisent l'acceptation de donations faites aux fabriques des églises de Jully, de Lavaur, de Bruxières-les-Froudres, de Préaux et de Nidervisse. (7, Bull. 444.)

----

3 JANVIER 1821. — Ordonnances du Roi qui autorisent l'acceptation de donations faites à la fabrique de l'église d'Arles et au séminaire du Mans. (7, Bull. 445.)

----

5 JANVIER 1821. — Avis du comité des finances du Conseil-d'Etat, sur la question de savoir à qui appartiennent les épaves. (Sirey, 21, 2, 70.)

Le comité des finances, sur le renvoi qui lui a été fait, par S. Exc. le ministre secrétaire d'Etat des finances, d'une réclamation faite par un sieur Foccard, contre un arrêté du préfet du Cher, du 19 septembre 1818, qui porte qu'une balle de laine restée sur le champ de foire de la commune de Riom, et trouvée le 27 juillet 1818, sera vendue au profit du Domaine, ledit sieur Foccard prétendant l'avoir trouvée, et en qualité d'inventeur, avoir droit au prix de la vente; ladite réclamation à laquelle se trouve jointe une lettre de M. le préfet du Cher au sieur Foccard, par laquelle il lui fait connaître qu'il n'est pas prouvé qu'il ait réellement trouvé la balle de laine, et que quand même il en serait l'inventeur, la jurisprudence sur les objets perdus n'ayant été fixée par aucune loi depuis la révolution, on devait se reporter aux anciennes coutumes du Berri, qui attribuaient le droit d'épave aux seigneurs, que l'Etat leur ayant succédé, c'est à lui que le droit à la propriété de la balle de laine trouvée devrait être dévolu; vu les observations du ministre de l'intérieur, en transmettant ladite réclamation, dans lesquelles il déclare, après avoir établi que le droit d'épave devrait plutôt appartenir aux communes qu'à l'Etat, que cependant son but n'est pas de s'opposer aux prétentions du Domaine, mais qu'il lui paraît que les lois n'ont prescrit aucune disposition positive pour les choses perdues, et qu'il serait important de remplir cette lacune comme l'indique l'article 717 du Code civil, en proposant un projet de loi aux Chambres : vu l'avis du conseil d'administration des Domaines, adopté par M. le directeur général de cette administration, dans lequel il pose en principe que la législation actuelle est suffisante pour attribuer à l'Etat les choses perdues; vu les lois des 28 mars et 1er décembre 1790, 20 avril 1791, les articles 539, 713, 717 et 2279 du Code civil; considérant que la loi du 20 avril 1791 porte qu'à partir du 4 août 1789 le droit d'épave n'aura plus lieu en faveur des ci-devant seigneurs; que la loi du 1er décembre 1790 a attribué à l'Etat tous les biens et effets meubles et immeubles demeurans vacans et sans maîtres; que le même principe se trouve implicitement exprimé dans le Code civil, aux articles 539 et 713; qu'en conséquence les dispositions générales relatives aux biens et effets meubles et immeubles demeurés vacans et sans maîtres paraissent applicables à l'espèce; que d'ailleurs les droits de l'administration étant les seuls apparens, et la régie des Domaines se trouvant régulièrement nantie de l'objet trouvé, elle est fondée à le garder en séquestre, et ne doit s'en dessaisir que dans le cas où le véritable propriétaire se présenterait, ou bien qu'un jugement du tribunal attribuerait l'objet trouvé à l'inventeur (1); considérant, quant à l'arrêté du préfet du Cher, qu'il statue sur une contestation de propriété qui est du ressort des tribunaux; considérant que, bien que l'article 717 renvoie à des lois particulières pour régler les droits sur les choses perdues, il paraît cependant que les principes généraux de la législation qu'on a appliqués jusqu'à présent n'ont donné lieu à aucune réclamation,

Est d'avis,

1° Que l'arrêté du préfet du Cher du 19 septembre 1818 doit être annulé comme incompétemment rendu;

2° Que la réclamation du sieur Foccard ne doit pas être admise, sauf à lui à se pourvoir devant les tribunaux, s'il le juge convenable.

_____

9 JANVIER = Pr. 7 FÉVRIER 1821. — Ordonnance du Roi qui établit, pour les cantons y dénommés, un conseil de prud'hommes, dont le siége est fixé à Thann, département du Haut-Rhin. (7, Bull. 431, n° 10078.)

Art. 1er. Il sera établi, pour les cantons de Cernay, de Thann et de Massevaux, un conseil de prud'hommes, dont le siége sera fixé dans ladite ville de Thann, arrondissement de Belfort, département du Haut-Rhin.

2. Ce conseil sera composé de cinq membres, dont trois seront choisis parmi les marchands fabricans demeurant dans l'étendue des trois cantons ci-dessus désignés et les deux autres parmi les chefs d'atelier, contre-maîtres ou ouvriers patentés.

3. Indépendamment des cinq membres dont il est question dans l'article précédent, il sera attaché audit conseil deux suppléans, l'un marchand-fabricant, et l'autre chef d'atelier, contre-maître ou ouvrier patenté, tous deux également pris parmi les fabricans et ouvriers des trois cantons. Ces suppléans remplaceront ceux des membres qui, par des motifs quelconques, ne pourraient assister aux séances, soit du bureau particulier, soit du bureau général des prud'hommes.

4. La juridiction du conseil s'étendra sur tous les marchands-fabricans, chefs d'atelier, contre-maîtres, commis, teinturiers, ouvriers compagnons ou apprentis travaillant pour les fabriques situées dans lesdits cantons de Cernay, Thann et Massevaux, quel que soit l'endroit de la résidence des uns et des autres.

5. Dans le cas où il serait interjeté appel du jugement rendu par les prud'hommes, cet appel sera porté devant le tribunal de commerce de Belfort dans l'arrondissement duquel lesdits trois cantons se trouvent compris.

6. L'élection et le renouvellement des membres du conseil auront lieu suivant le mode et de la manière qui sont réglés par le décret du 11 juin 1809. Ces membres se conformeront, dans l'exercice de leurs fonctions, aux dispositions établies par ledit décret et par ceux des 18 mars 1806 et 3 août 1810.

7. La ville de Thann fournira le local nécessaire pour la tenue des séances du conseil. Les dépenses de premier établissement, de chauffage, d'éclairage et de paiement du traitement attribué au secrétaire, seront à la charge des trois villes de Cernay, Thann et Massevaux, et réparties entre elles à raison d'un tiers pour chacune.

8. Nos ministres de la justice et de l'intérieur sont chargés de l'exécution de la présente ordonnance.

_____

9 JANVIER 1821. — Ordonnance du Roi qui établit une place de courtier de marchandises à Grasse, département du Var. (7, Bull. 431.)

_____

9 JANVIER 1821. — Ordonnances du Roi qui autorisent l'acceptation de dons et legs. (7, Bull. 445 et 446.).

_____

10 = Pr. 25 JANVIER 1821. — Ordonnance du Roi qui exclut du bénéfice de la prime accordée sur les cotons des deux Amériques importés en France par des navires français ceux chargés dans les îles Canaries, les Açores, Malte et Madère. (7, Bull. 429, n° 10047.)

Louis, etc., vu notre ordonnance du 26 juillet dernier par laquelle nous avons accordé une prime de dix francs par cent kilogrammes pour les cotons en laine des deux Amériques que les navires français vont chercher hors d'Europe, ailleurs que dans les ports des États-Unis d'Amérique; voulant empêcher que cette prime ne s'ap-

_____

(1) M. le ministre des finances a décidé que, lorsque trois ans sont expirés depuis qu'une chose a été perdue, et que l'action en revendication du propriétaire primitif est prescrite, la propriété en est acquise, non au fisc, mais à l'inventeur; et que celui-ci a le droit d'en exiger restitution en nature du greffe où il en avait fait le dépôt, ou la remise du prix, si la vente de l'objet a été faite par les soins du domaine (3 août 1815, décision du ministre des finances; S. 26, 2, 2).

plique abusivement à des cargaisons prises dans des pays réputés hors d'Europe, mais trop voisins des ports du continent pour que leur fréquentation entretienne la navigation au long cours, que nous voulons favoriser; sur le rapport de notre ministre secrétaire d'Etat des finances; notre Conseil entendu, nous avons ordonné et ordonnons ce qui suit :

Art. 1ᵉʳ. La prime établie par notre ordonnance du 26 juillet dernier, pour les cotons en laine des deux Amériques apportés par navires français, ne sera allouée qu'aux chargemens pris hors de l'Europe et des îles voisines de son continent, à l'exclusion des Etats-Unis de l'Amérique

2. En conséquence, ne seront pas considérées comme hors de l'Europe les îles Canaries, les Açores, Malte ni Madère.

Notre ministre des finances est chargé de l'exécution de la présente ordonnance.

10 JANVIER 1821. — Ordonnances du Roi qui accordent des pensions de retraite à des militaires, et une pension à une veuve de militaire. (7, Bull. 429 bis.)

10 JANVIER 1821. — Lettres-patentes portant érection de majorats en faveur de MM. Tillette, Mantort et Collibeaux. (7, Bull. 429.)

10 JANVIER 1821. — Ordonnance du Roi qui fixe à treize le nombre des routes départementales de l'Isère. (7, Bull. 431.)

10 JANVIER 1821. — Ordonnances du Roi qui autorisent l'acceptation de legs faits aux communes de Cuvier, de Frieville-Escarbotin et de Moulins. (7, Bull. 446.)

10 JANVIER 1821. — Ordonnance du Roi qui concède les mines de fer de Serremi, Jeanne et de Las Coupes, arrondissement de Carcassonne. (7, Bull. 446.)

10 JANVIER 1821. — Ordonnance du Roi qui concède les mines d'antimoine d'Auzat-le-Luguet, arrondissement d'Issoire. (7, Bull. 446.)

10 JANVIER 1821. — Ordonnance du Roi qui

autorise le sieur Prévost à construire un haut-fourneau et deux feux d'affinerie sur la rivière de Chavanon, arrondissement d'Ussel. (7, Bull. 446.)

12 JANVIER = Pr. 1ᵉʳ FÉVRIER 1821.—Ordonnance du Roi portant convocation de plusieurs collèges électoraux, à l'effet de compléter les députations des six départemens y dénommés. (7, Bull. 430, n° 10067.)

Voy. ordonnance du 6 FÉVRIER 1821.

12 JANVIER 1821. — Ordonnances du Roi qui autorisent l'acceptation de dons et legs. (7, Bull. 446 et 447.)

12 JANVIER 1821. — Ordonnance du Roi qui autorise l'érection en chapelle de l'église de Pressiat, département de l'Ain. (7, Bull. 447.)

13 = Pr. 14 JANVIER 1821.— Loi relative au recouvrement provisoire des six premiers douzièmes des contributions directes et à la perception des impositions indirectes pendant l'année 1821 (1). (7, Bull. 427, n° 10009.)

Art. 1ᵉʳ. Provisoirement, et attendu le retard qu'éprouvera la confection des rôles de 1821, les six premiers douzièmes de la contribution foncière, de la contribution personnelle et mobilière, et de celle des portes et fenêtres et des patentes seront recouvrés sur les rôles de 1820.

2. Jusqu'à la promulgation de la nouvelle loi sur les finances, toutes les autres contributions seront perçues, en 1821, conformément aux lois rendues pour l'exercice 1820.

3. Il est ouvert provisoirement un crédit de deux cents millions, à répartir entre les ministères, proportionnellement aux besoins de leur service respectif, d'après les bases déterminées par la loi de finances de 1820.

16 JANVIER 1821. — Lettres-patentes portant érection d'un majorat en faveur de M. le baron Séguier. (7, Bull. 667.)

17 JANVIER 1821. — Ordonnances du Roi qui accordent une pension à une veuve de mili-

(1) Proposition à la Chambre des députés le 2 janvier (Mon. du 3 janvier). Rapport de M. Barthe-Labastide le 5 janvier (Mon. des 5 et 6). Discussion et adoption le 9 janvier (Mon. du 10).

Proposition à la Chambre des pairs le 10 janvier (Mon. du 14). Rapport de M. le comte Mollien le 12 janvier (Mon. du 19). Discussion et adoption le 12 janvier (Mon. du 19).

14.

taire, et deux pensions militaires et civiles. (7, Bull. 429 *bis* et 436 *bis*.)

17 JANVIER 1821. — Ordonnance du Roi qui accorde une pension à un ex-contrôleur d'un bureau de garantie. (7, Bull. 436 *bis*.)

17 JANVIER 1821. — Ordonnances du Roi qui autorisent l'acceptation de legs. (7, Bull. 447.)

17 JANVIER 1821. — Ordonnance du Roi qui autorise la dame veuve comtesse de Simiane à tenir en activité les usines de fer et le haut-fourneau qu'elle possède dans l'arrondissement de Vassy. (7, Bull. 447.)

18 JANVIER 1821. — Avis du Conseil-d'État. (*Conflit, Enregistrement.*) *Voy.* 6 FÉVRIER 1821.

22 JANVIER=Pr. 10 FÉVRIER 1821. — Ordonnance du Roi portant convocation de plusieurs collèges électoraux, à l'effet de compléter les députations des six départemens y dénommés. (7, Bull. 432, n° 10110.)

Louis, etc., les députations des départemens de l'Ariége, de la Dordogne, de Loir-et-Cher, de la Moselle, de Seine-et-Oise et de la Vendée étant incomplètes, la première, par le décès du sieur baron Calvet de Madaillan ; la seconde, par la démission du sieur Laval ; la troisième, par l'option du sieur Pardessus pour le département des Bouches-du-Rhône; la quatrième, par la démission du sieur comte Grenier ; la cinquième, par le décès du sieur baron de Jumilhac ; la sixième, par l'option du sieur baron Bignon pour le département du Haut-Rhin ; vu l'article 35 de la Charte constitutionnelle, les lois des 5 février 1817 et 29 juin 1820, et nos ordonnances des 4 septembre et 11 octobre 1820 ; vu le message de la Chambre des députés du 19 janvier, annonçant le résultat du tirage au sort qui a eu lieu, conformément à l'article 9 de la loi du 29 juin 1820, entre les arrondissemens électoraux des départemens de l'Ariége, de la Dordogne, de la Moselle et de Seine-et-Oise ; sur le rapport de notre ministre secrétaire d'État de l'intérieur, nous avons ordonné et ordonnons ce qui suit :

Art. 1er. Le collège électoral du deuxième arrondissement du département de l'Ariége, celui du quatrième arrondissement du département de la Dordogne, celui du troisième arrondissement du département de la Moselle, et celui du troisième arrondissement du département de Seine-et-Oise, sont convoqués pour le 15 mars prochain. Ils se réuniront, le premier à Pamiers, le second à Sarlat, le troisième à Metz, et le quatrième à Monfort-l'Amoury.

Les listes électorales de ces collèges seront affichées dans chacun des quatre arrondissemens le 5 février. Les réclamations auxquelles elles pourront donner lieu cesseront d'être admises après le 7 mars ; et les listes seront définitivement closes, conformément à l'article 4 de notre ordonnance du 4 septembre 1820, le 10 du même mois.

2. Les collèges départementaux de Loir-et-Cher et de la Vendée sont convoqués pour le 17 mars prochain. Ils se réuniront le premier à Blois, le second à Bourbon-Vendée.

Les listes électorales seront affichées dans chacun de ces départemens le 5 février. Les réclamations auxquelles elles pourront donner lieu cesseront d'être admises après le 7 mars, et les listes seront définitivement closes le 12 du même mois.

3. Chacun des collèges convoqués par les deux articles précédens élira un député. Il sera procédé, pour cette élection et pour les opérations y relatives, conformément à nos ordonnances des 4 septembre et 11 octobre 1820.

4. Notre ministre de l'intérieur est chargé de l'exécution de la présente ordonnance.

23 JANVIER=Pr. 1er FÉVRIER 1821. — Ordonnance du Roi portant suppression du bureau de sortie des boissons de Bailleul, département du Nord. (7, Bull. 430, n° 10068.)

Louis, etc., vu l'article 34 de la loi du 17 décembre 1814 ; vu les articles 5, 8 et 87 de la loi du 28 avril 1816, les articles 2 et 3 de notre ordonnance du 11 juin de la même année ; vu aussi notre ordonnance du 20 mai 1818 ; sur le rapport de notre ministre secrétaire d'État des finances, nous avons ordonné et ordonnons ce qui suit :

Art. 1er. Le bureau de Bailleul cessera de faire partie des points de sortie par lesquels les boissons peuvent être expédiées à l'étranger, en exécution de notre ordonnance du 20 mai 1818.

2. Notre ministre des finances est chargé de l'exécution de la présente ordonnance.

23 JANVIER=Pr. 1er FÉVRIER 1821. — Ordonnance du Roi qui prescrit la vente, sur les lieux, des objets d'or et d'argent déposés dans les greffes des tribunaux, lesquels étaient précé-

demment remis aux hôtels des monnaies. (7, Bull. 430, n° 10069.)

Art. 1er. Les objets d'or et d'argent déposés dans les greffes des tribunaux à l'occasion des procès civils ou criminels terminés par jugement définitif, ou à l'égard desquels l'action est prescrite dans les divers tribunaux, cesseront d'être envoyés aux hôtels des monnaies, ainsi qu'il avait été réglé par la loi du 31 mars 1796 (11 germinal an 4) : ces objets seront remis à l'avenir aux receveurs des domaines des départemens, pour être vendus aux enchères comme les autres effets mobiliers de même origine.

2. Conformément aux dispositions de l'article 28 de la loi du 9 novembre 1797 (19 brumaire an 6), les receveurs des domaines devront, avant de faire procéder à ces ventes, faire vérifier par les bureaux de garantie si les ouvrages d'or et d'argent ont été fabriqués au titre prescrit par la loi, et ils paieront les droits pour ceux qui ne les auraient pas acquittés avant le dépôt.

3. Notre ministre des finances est chargé de l'exécution de la présente ordonnance.

---

23 JANVIER = Pr. 1er MARS 1821. — Ordonnance du Roi portant autorisation, conformément aux statuts y annexés, de l'établissement à Nantes d'une Caisse d'Epargnes et de Prévoyance pour le département de la Loire-Inférieure. (7, Bull. 436, n° 10176.)

Louis, etc., sur le rapport de notre ministre secrétaire d'Etat au département de l'intérieur; vu les actes successivement passés par-devant Brard et son confrère, notaires royaux à Nantes, les 23, 24, 25, 26, 28, 29, 30, 31 août, les 2, 5 et 6 septembre 1820, et les 10, 11, 12, 13, 14, 15, 16, 17, 18, 19 et 20 octobre dernier, concernant l'établissement d'une caisse d'épargnes et de prévoyance, lesdits actes annonçant, au vingt-deuxième article, les résultats de l'organisation et de l'administration de cet établissement; notre Conseil d'Etat entendu, nous avons ordonné et ordonnons ce qui suit :

Art. 1er. L'établissement à Nantes d'une caisse d'épargnes et de prévoyance pour le département de la Loire-Inférieure, et la société anonyme pour la direction et l'administration de cette caisse, sont et demeurent autorisés, conformément aux statuts consignés dans l'acte du 23 août 1820, dont copie est annexée à la présente ordonnance.

2. Notre présente autorisation s'étendra à la durée de trente années, à la charge de la fidèle exécution des statuts, nous réservant de la révoquer en cas de violation ; le tout sauf les droits des tiers et sans préjudice des dommages et intérêts qui pourront être prononcés par les tribunaux contre les auteurs des contraventions.

3. L'administration de la société sera tenue de présenter tous les ans le compte rendu de sa situation, dont copies seront remises au préfet de la Loire-Inférieure, à la mairie, et au tribunal de commerce.

4. Notre ministre secrétaire d'Etat de l'intérieur est chargé de l'exécution de la présente ordonnance, qui sera publiée au Bulletin des Lois, et insérée, avec les statuts de la société, dans le Moniteur et dans le journal destiné à recevoir les avis judiciaires dans le département de la Loire-Inférieure.

D'un acte notarié passé par-devant Me Brard et son collègue, notaires royaux à Nantes, du 23 août 1820, a été extrait ce qui suit :

Art. 1er. Il sera établi à Nantes, avec l'autorisation du Gouvernement, une société anonyme, sous la dénomination de Caisse d'Epargnes et de Prévoyance du département de la Loire-Inférieure.

Cette caisse sera destinée à recevoir en dépôt les sommes qui lui seront confiées par toutes personnes laborieuses et économes qui désireront y verser leurs petites épargnes ; chaque dépôt devra être d'un franc au moins, et depuis un franc, par multiple du franc, sans fraction, jusqu'à trois cents francs au plus.

La caisse d'épargnes et de prévoyance du département de la Loire-Inférieure sera mise en activité aussitôt que le présent acte aura reçu l'approbation du Gouvernement.

2. Toutes les sommes versées à la caisse seront employées en achat de rentes sur l'Etat, lesquelles seront inscrites au nom de la caisse d'épargnes et de prévoyance du département de la Loire-Inférieure; ces rentes ne pourront être valablement transférées que par la signature de deux des directeurs de la caisse.

3. Les comparans dotent la caisse d'épargnes et de prévoyance du département de la Loire-Inférieure d'une somme de quinze mille francs, à employer en achat de rentes cinq pour cent consolidés.

En outre, ils offrent, avec l'agrément de MM. les administrateurs de la banque de Nantes, d'affecter à l'administration de cette caisse une portion du local qui sera occupé par la banque de Nantes, pour laquelle la sanction royale a été obtenue.

Il sera autrement pourvu par la suite,

s'il y a lieu, au local nécessaire à l'administration de la caisse.

4. Le don de quinze mille francs mentionné en l'article 3, qui précède, forme le premier fonds de la caisse; ce fonds s'accroîtra des sommes qui pourront être données à la caisse par la suite, par les personnes qui voudront concourir au succès de l'établissement : chacune de ces personnes pourra, par délibération du conseil des directeurs, être inscrite au nombre des fondateurs de la caisse.

5. Sur le produit annuel de ces donations et subsidiairement sur les bénéfices de la caisse, seront prélevés les frais qu'entraînera son administration.

6. La caisse sera administrée gratuitement par quinze directeurs dont les fonctions dureront cinq ans, et qui seront renouvelés par cinquième chaque année.

Les directeurs sortans seront indiqués par le sort pendant la première année, et ensuite par l'ancienneté.

Ils seront indéfiniment rééligibles.

7. Les comparans éliront entre eux les quinze directeurs de la caisse.

Par la suite et pour le remplacement annuel des trois directeurs sortans, ils seront élus par les douze directeurs restans.

Le même ordre sera suivi pour le remplacement des directeurs décédés ou démissionnaires : les remplaçans seront nommés par les directeurs restans.

8. Le conseil des directeurs est autorisé à s'adjoindre, pour l'administration de la caisse, un nombre indéterminé d'administrateurs choisis de préférence parmi les fondateurs de la caisse.

9. Au mois de décembre de chaque année, le conseil des directeurs fixera le taux de l'intérêt qui sera alloué aux prêteurs pendant tout le cours de l'année suivante.

Cet intérêt sera de cinq pour cent pour 1820.

10. L'intérêt sera alloué sur chaque somme ronde de douze francs; aucun intérêt ne sera alloué pour les sommes au-dessous de douze francs, non plus que sur les portions de dépôt excédant les multiples de douze francs.

11. L'intérêt sera dû à compter du premier jour du mois qui suivra l'époque à laquelle aura été versée ou complétée chaque somme ronde de douze francs.

12. L'intérêt sera réglé à la fin de chaque mois; il sera ajouté au capital, et produira des intérêts pour le mois suivant.

13. Les dépôts seront restitués, à quelque époque que ce soit, à la volonté des prêteurs, en prévenant quinze jours d'avance, la caisse se réservant toutefois, si elle le juge convenable, de rembourser avant l'expiration de quinze jours.

14. Les sommes retirées ne porteront point intérêt pour les cinq jours écoulés du mois pendant lequel le retirement s'opérera, la caisse n'allouant aucun intérêt pour les fractions de mois.

15. Aussitôt que le compte d'un prêteur présentera une somme suffisante pour acheter au cours une somme de cinquante francs de rentes sur l'État, le transfert de ces rentes sera fait en son nom; il en deviendra propriétaire; la valeur en sera déduite du montant de son avoir.

16. Si les prêteurs ne retirent pas les inscriptions de cinq pour cent consolidés établies en leur nom, la caisse en demeurera dépositaire pour en recevoir les intérêts au crédit du titulaire.

17. Le bilan de la caisse sera arrêté chaque année par le conseil des directeurs : il sera rendu public, après avoir été communiqué à l'assemblée générale des fondateurs et administrateurs de la caisse.

18. Les bénéfices de la caisse seront employés soit à accroître son fonds principal, soit à augmenter le taux de l'intérêt annuel en faveur des prêteurs.

19. La dissolution de la caisse arrivant par quelque cause que ce soit, les valeurs qui resteront libres après le remboursement de tous les dépôts et le paiement de toutes les dettes, pourront, d'après délibération d'une assemblée générale des fondateurs, être réparties, en totalité ou en partie, entre les prêteurs et les titulaires d'inscriptions dont la caisse serait dépositaire, ainsi qu'il est dit à l'article 16, ou bien être employées à quelque objet d'utilité publique ou de bienfaisance : mais ces valeurs demeureront destinées à la prolongation ou au renouvellement de l'établissement, si l'autorisation requise vient à être obtenue, même après l'expiration du terme auquel le Gouvernement aura pu borner l'effet de sa première autorisation.

20. Si le nombre des fondateurs se trouve réduit à moins de cinquante, le conseil des directeurs nomme, pour compléter ce nombre, dans les assemblées générales des fondateurs, soit des souscripteurs ou administrateurs de la caisse, soit toute autre personne.

21. Les comparans déclarent avoir l'intention d'effectuer le don de quinze mille francs par les sommes qu'ils vont chacun souscrire, et ils s'engagent, en conséquence, à transférer à la caisse d'épargnes et de prévoyance du département de la Loire-Inférieure la susdite somme de quinze mille francs en rentes sur l'État, à acheter au cours, lorsque l'établissement sera autorisé et organisé.

22. MM. les membres de la chambre de commerce de Nantes sont invités et autorisés à suivre auprès des autorités compétentes toutes démarches requises, à l'effet d'obtenir l'approbation du Gouvernement pour la formation de l'établissement, conformément aux statuts arrêtés ci-dessus.

23 JANVIER = Pr. 17 FÉVRIER 1821.—Ordonnance du Roi portant proclamation des brevets d'invention, de perfectionnement et d'importation, délivrés pendant le quatrième trimestre de 1820. (7, Bull. 433, n° 10138.)

23 JANVIER 1821. — Ordonnances du Roi qui accordent des lettres de déclaration de naturalité aux sieurs Wagener dit Wagner, Brousmiche, Herbillon, Didier, Gollin, Gautier, Frickel, Hubinon dit Hubinot, Wilmakers, Ruffinot, Delprato, Botollier dit Boutellier, Schneider, Damerio, Denotte, Franquar, Hodister, Félix Isnardi et Buffa dit Beffa. (7, Bull. 455, 457, 460, 465, 474, 480, 519, 551 et 622.)

23 JANVIER 1821. — Ordonnances du Roi portant nomination du directeur général et des administrateurs de la régie de l'enregistrement et des domaines. (7, Bull. 431.)

23 JANVIER 1821. — Ordonnances du Roi portant nomination du directeur général et des administrateurs de la régie des contributions indirectes. (7, Bull. 431.)

23 JANVIER 1821. — Ordonnance du Roi qui nomme le lieutenant général comte Andréossy directeur général des subsistances militaires. (7, Bull. 433.)

23 JANVIER 1821. — Ordonnance du Roi qui admet les sieurs Deiger, Dieberger, Ihlé et Gebhart, à établir leur domicile en France (7, Bull. 433.)

23 JANVIER 1821. — Ordonnance du Roi qui permet aux sieurs Aubert et Troisœufs d'ajouter à leurs noms ceux de Trucy et de Halligon. (7, Bull. 434.)

23 JANVIER 1821. — Ordonnance du Roi qui admet les sieurs Carillo et Parry à établir leur domicile en France. (7, Bull. 434.)

23 JANVIER 1821. — Ordonnances du Roi qui

accordent des lettres de déclaration de naturalité aux sieurs Lavezzary, Delaittres, Deleu et Froideveaux. (7, Bull. 439 et 447.)

23 JANVIER 1821. — Ordonnance du Roi qui accorde des pensions de retraite à des militaires. (7, Bull. 436 bis.)

26 JANVIER = Pr. 28 AVRIL 1821. — Ordonnance du Roi portant autorisation, conformément aux statuts y annexés, de la société d'assurances mutuelles contre l'incendie dans le département de Loir-et-Cher. (7, Bull. 446, n° 10443.)

Art. 1er. La société d'assurances mutuelles contre l'incendie dans le département de Loir-et-Cher, formée à Blois par actes passés par-devant Pardessus et son confrère, notaires à ladite résidence, les 15 septembre et 30 décembre 1820, est autorisée; les statuts sont approuvés ainsi qu'ils résultent du premier desdits actes et des rectifications portées par le dernier, lesquels actes resteront l'un et l'autre annexés à la présente ordonnance.

2. La présente autorisation étant accordée à ladite société à la charge par elle de se conformer aux lois et à ses statuts, nous nous réservons de la révoquer, dans le cas où ces conditions ne seraient pas accomplies, sans préjudice des actions à exercer par les particuliers devant les tribunaux, à raison des infractions commises à leur préjudice.

3. La société sera tenue de remettre, tous les six mois, copie en forme de sa situation au préfet du département de Loir-et-Cher et au greffe du tribunal de commerce de Blois.

4. Notre ministre secrétaire d'État de l'intérieur nommera un commissaire auprès de ladite compagnie. Il sera chargé de prendre connaissance de ses opérations et de l'observation des statuts : il rendra compte du tout à notre ministre de l'intérieur.

Il informera le préfet du département de tout ce qui, dans les opérations de la compagnie, pourrait intéresser l'ordre et la sûreté publique; il le préviendra de la tenue du conseil général des sociétaires.

Il pourra suspendre provisoirement celles des opérations de la compagnie qui lui paraîtraient contraires aux lois et statuts, ou dangereuses pour la sûreté publique, et ce jusqu'à décision à intervenir de la part des autorités compétentes.

5. Notre ministre secrétaire d'État de l'intérieur est chargé de l'exécution de la présente ordonnance, qui sera insérée au

Bulletin des Lois avec les actes annexés : pareille insertion aura lieu dans le Moniteur et dans le journal des annonces judiciaires du département de Loir-et-Cher, sans préjudice de toute autre publication requise.

---

26 JANVIER 1821. — Ordonnance du Roi qui autorise l'acceptation d'une douation faite à la fabrique de l'église de Gesté. (7, Bull. 447.)

---

26 JANVIER 1821. — Ordonnances du Roi qui autorisent l'acceptation de donations faites aux fabriques des églises du Plessis, d'Orléans, de Poitiers, d'Anvers, de Boucq, de Coulombs et de Saint-Jean-du-Marché. (7, Bull. 448.)

---

26 JANVIER 1821. — Ordonnances du Roi relatives aux foires des communes de Gardanne, de Rodmack, de la Palisse, de Moustiers, de Saint-Perreux, de Plescop, de Crach, de Pont-Faverger, d'Arquian, des Rosiers, de Quérigut, de Foix, de Saint-Raphaël, de Puy-l'Évêque et du Lion-d'Angers. (7, Bull. 448.)

---

26 JANVIER 1821. — Ordonnances du Roi qui accordent des foires aux communes d'Erstein et de Corté. (7, Bull. 449.)

---

30 JANVIER = Pr. 17 FÉVRIER 1821. — Ordonnance du Roi portant réorganisation de la direction générale des subsistances militaires. (7 , Bull. 433, n° 10139.)

Voy. ordonnances du 21 MAI 1817, 28 AOUT et 30 DÉCEMBRE 1822; du 26 NOVEMBRE 1823, et du 8 JUIN 1825.

Louis, etc., voulant mettre le système d'administration de la direction générale des subsistances militaires plus en rapport avec les autres branches de service administratif du département de la guerre, et donner à cette direction une organisation plus restreinte et plus économique; sur le rapport de notre ministre secrétaire d'Etat au département de la guerre, nous avons ordonné et ordonnons ce qui suit :

SECTION I". Du personnel de la direction générale.

Art. 1". L'administration des subsistances militaires continuera d'être exercée, sous les ordres de notre ministre de la guerre, par un directeur général.

2. Cette administration, quant au personnel, sera distinguée en administration centrale et en administration divisionnaire.

3. Le personnel de l'administration centrale sera composé, en outre du directeur général, de deux chefs de service, l'un pour les vivres et l'autre pour les fourrages, d'un secrétaire général, d'un caissier, et du nombre de commis que déterminera notre ministre de la guerre (1).

4. Le directeur général, les deux chefs de service, le secrétaire général et le caissier, seront nommés par nous, sur la proposition de notre ministre de la guerre.

5. Le traitement annuel du directeur général est fixé à trente-cinq mille francs;

Celui de chaque chef de service, à quinze mille francs;

Celui du secrétaire général, à dix mille francs;

Celui du caissier, à dix mille francs.

6. Les divers employés ou commis de l'administration centrale seront nommés par notre ministre de la guerre, sur la proposition du directeur général.

7. Notre ministre de la guerre, sur la proposition du directeur général, déterminera les appointemens desdits employés ou commis.

8. Les deux chefs de service et le secrétaire général se réuniront en conseil, au moins une fois par semaine, et toutes les fois que le directeur général l'aura ordonné, pour délibérer sur les mesures générales et sur les affaires au sujet desquelles il croira devoir prendre leur avis.

9. Lorsque le conseil dont il vient d'être parlé ne sera pas présidé par le directeur général, ce fonctionnaire en déléguera la présidence à l'un des trois membres qui le composeront.

10. Les délibérations dudit conseil seront inscrites sommairement sur un registre *ad hoc*, et signées par tous les membres qui y auront pris part.

11. Le directeur général aura la décision de toutes les affaires, et sera responsable envers notre ministre de la guerre. Les chefs de service, le secrétaire général et le caissier seront responsables envers le directeur général, sous les ordres duquel ils exerceront.

12. La correspondance avec le ministre de la guerre, les préfets, les intendans militaires et autres fonctionnaires publics, devra toujours être signée par le directeur général.

13. La correspondance avec les directeurs divisionnaires et les autres agens de la direction générale pourra être signée par les chefs de service et le secrétaire général.

---

(1) *Voyez* ordonnance du 26 août 1822.

14. Quant au personnel de l'administration divisionnaire, il en sera formé un cadre permanent, dont nous déterminerons l'organisation par une ordonnance spéciale, sur la proposition de notre ministre de la guerre.

15. Les agens de la direction formant le personnel de l'administration divisionnaire exerceront sous les ordres du directeur général et sous la surveillance spéciale des intendans et sous-intendans militaires.

SECTION II. De la gestion du service des vivres.

16. Les achats sur factures pour le service des vivres seront contrôlés, quant à leur date, à la nature et la quantité des denrées achetées, par le *visa* d'enregistrement des sous-intendans militaires employés sur les lieux, auxquels lesdites factures devront être soumises dans le délai de deux jours, à partir de la date de chaque achat.

17. Le réglement de la dépense des achats sur factures et celui des frais de manutention seront établis par les directeurs divisionnaires et arrêtés par les intendans militaires.

18. Les marchés principaux seront passés par le directeur général. Quant aux marchés passés dans les divisions par les agens de la direction générale, ces agens, suivant la nature des instructions qu'ils auront reçues du directeur général, devront, ou les soumettre à son approbation, ou les soumettre à l'approbation des intendans militaires.

19. La dépense constituée par l'effet des versemens effectués dans chaque division, en vertu des marchés mentionnés à l'article précédent, sera arrêtée, comme celle des achats sur factures, par les intendans militaires.

20. Les fonds pour l'exécution du service seront mis à la disposition de la direction générale à des époques et dans des proportions telles, qu'elle puisse toujours avoir au service courant un approvisionnement de cinq ou six mois.

21. Aussitôt que les circonstances le permettront, la direction générale devra en outre former un approvisionnement de réserve suffisant pour le service de six mois : la formation, l'emplacement, l'entretien et la consommation de cet approvisionnement seront soumis à des règles particulières, que déterminera notre ministre de la guerre.

22. Notre ministre de la guerre arrêtera pour l'administration des vivres un réglement de service, qui aura pour bases les dispositions ci-dessus.

SECTION III. De la gestion du service des fourrages.

23. Le service des fourrages continuera d'être fait par des entreprises partielles.

24. Les marchés pour l'exécution de ce service seront soumis aux règles déterminées ci-dessus pour les marchés relatifs au service des vivres. Néanmoins ils devront être passés par adjudications publiques, sur soumissions cachetées, lorsque le directeur général l'aura jugé convenable.

25. Les cahiers des charges pour ces marchés seront arrêtés par le directeur général, et soumis à l'approbation de notre ministre de la guerre.

26. Il sera toujours stipulé au cahier des charges que chaque entrepreneur devra, avant d'entrer en exercice, ou fournir une caution reconnue solvable, ou réaliser un cautionnement en rentes sur l'État, ainsi que le directeur général l'aura déterminé.

27. Il sera également stipulé au marché que les prix fixés ne seront invariables qu'autant que le taux moyen des denrées d'après les mercuriales de chaque place de garnison, pendant le cours de chaque année, sera renfermé dans les limites explicitement déterminées.

28. Les contestations qui pourraient naître entre la direction générale et les entrepreneurs, sur l'interprétation à donner aux conditions des marchés et sur les cas où il pourrait y avoir lieu à résiliation seront jugées arbitralement, selon le mode que déterminera notre ministre de la guerre et qui sera également stipulé au cahier des charges.

SECTION IV. Dispositions transitoires.

29. Provisoirement, et jusqu'à ce que l'organisation prescrite à l'art. 14 soit arrêtée, le personnel de l'administration divisionnaire sera composé de deux inspecteurs généraux, de deux inspecteurs particuliers, de vingt-un directeurs de division et du nombre de gérans, garde-magasins, aides-garde-magasins et commis, qui sera déterminé par notre ministre de la guerre, sur la proposition du directeur général.

30. Le traitement provisoire du personnel de l'administration divisionnaire sera également fixé par notre ministre de la guerre, sur la proposition du directeur général.

31. Notre ministre de la guerre, sur la proposition du directeur général, nommera les inspecteurs, les directeurs de division, les gérans et les garde-magasins, en les choisissant de préférence parmi ceux qui sont maintenant en activité de service. Les autres agens subalternes de l'administration

divisionnaire seront nommés par le directeur général.

32. Notre ministre de la guerre est chargé de l'exécution de la présente ordonnance.

3ı JANVIER = Pr. 22 MARS 1821. — Ordonnance du Roi additionnelle à celle du 11 février 1820, portant autorisation de la compagnie royale d'assurances sur la vie. (7, Bull. 439, n° 10283.)

Louis, etc., sur le rapport de notre ministre secrétaire d'Etat de l'intérieur; vu notre ordonnance du 11 février 1820, portant autorisation d'une société anonyme sous le nom de *Compagnie royale d'assurances sur la vie*, et approbation de ses statuts, y annexés; vu les art. 5 et 6 desdits statuts, portant qu'il pourra être fait, avec notre autorisation, des changemens aux tableaux et tarifs des diverses assurances de la société, et qu'il sera publié, par la compagnie, des tarifs supplémentaires et réglemens pour le développement de ses operations, lesquels réglemens en forme d'arrêté général, par l'art. 4 de notre ordonnance, nous avons prescrit de soumettre à l'approbation; vu un arrêté général du conseil d'administration de ladite compagnie, déposé aux actes de Colin de Saint-Menge et son collègue, notaires à Paris, le 17 novembre 1820, portant supplément à son réglement général, et en outre trois nouveaux tableaux à substituer à ceux qui ont été ci-devant approuvés; vu une délibération dudit conseil d'administration par-devant les mêmes notaires, en date des 6, 13 et 14 décembre 1820, de laquelle il résulte que les opérations d'assurances de la compagnie ne sont pas encore commencées, en sorte qu'en ajournant l'émission de la moitié de ses actions capitales, c'est-à-dire, en autorisant l'ouverture desdites assurances avec la mise de quinze millions de francs, il se passera plusieurs années, non-seulement avant que la proportion que l'on s'est proposé de mettre entre les garanties offertes au public et les valeurs que les particuliers pourront confier à la compagnie soit dépassée, mais même avant que la somme desdites valeurs égale le capital réellement mis en caisse; en considération de quoi la compagnie délibère d'ajourner l'émission de trois mille de ses actions, à condition néanmoins que les actionnaires donneront leur consentement formel à ladite délibération; notre Conseil - d'Etat entendu, nous avons ordonné et ordonnons ce qui suit:

Art. 1er. L'arrêté général et les trois tarifs déposés par le conseil d'administration de la société royale d'assurances sur la vie chez Colin de Saint-Menge et son collègue,

notaires à Paris, le 17 novembre 1820, et la délibération dudit conseil d'administration passée par devant les mêmes notaires, les 6, 13 et 14 décembre 1820, sont approuvés et resteront annexés à la présente ordonnance.

2 En conséquence de notre approbation, ledit arrêté général vaudra comme supplément aux réglemens généraux de la compagnie.

3. Les susdits tableaux seront substitués aux trois tableaux faisant partie des statuts annexés à notre ordonnance du 11 février 1820.

4. La compagnie est autorisée, quant à présent, et avec le consentement des actionnaires actuels, à limiter à trois mille l'émission de ses actions de cinq mille francs; après quoi elle pourra commencer immédiatement ses opérations.

5. Indépendamment du droit réservé par la délibération susénoncée au conseil d'administration de la compagnie, de déterminer l'époque où le capital de trente millions sera complété par l'émission de la seconde moitié des actions, nous nous réservons d'ordonner ledit complément aussitôt que le développement des opérations de la compagnie en pourra rendre utile la garantie; et, pour cet effet, outre les communications ordonnées par l'article 5 de notre ordonnance du 11 février 1820, la compagnie sera tenue de remettre, chaque semestre, copie certifiée du bilan de ses affaires à notre ministre secrétaire d'Etat de l'intérieur.

6. Notre ministre secrétaire d'Etat au département de l'intérieur est chargé de l'exécution de la présente ordonnance, qui sera insérée au Bulletin des Lois avec les actes annexés: pareille insertion aura lieu dans le Moniteur et dans le journal des annonces judiciaires du département de la Seine, sans préjudice de la publication ordonnée par l'article 46 du Code de commerce.

COMPAGNIE ROYALE D'ASSURANCE.

Arrêté général du conseil d'administration, portant réglement additionnel et explicatif des articles 5 et 6 des réglemens généraux approuvés par l'ordonnance de sa majesté en date du 11 février 1820, annexé à la lettre écrite à son excellence le ministre de l'intérieur, le 6 septembre suivant.

Art. 1er. Dans les contrats où figurent une ou plusieurs personnes dont le décès aurait pour effet de diminuer les charges de la compagnie, et lorsque le prix doit s'acquitter en plusieurs paiemens successifs, le défaut d'un seul paiement à son échéance entraînera de plein droit l'annulation du contrat.

2. Dans les contrats où figurent uniquement des personnes dont le décès aurait pour effet d'augmenter les charges de la compagnie, le défaut de paiement aux échéances convenues n'annullera pas de plein droit l'assurance; elle sera seulement spenduc.

Le débiteur pourra, dans les trois mois qui suivent l'échéance de la prime arriérée, faire reprendre vigueur au contrat, moyennant :

1° Le paiement de la prime arriérée;

2° Le paiement d'une indemnité d'un pour cent de la somme assurée;

3° La production d'un certificat des médecins attitrés à l'établissement, constatant que les personnes dénommées au contrat sont actuellement dans un bon état de santé.

A défaut par l'assuré de se conformer aux dispositions ci-dessus, le contrat sera annulé.

3. La compagnie se réserve de révoquer, en tout ou partie, l'effet des annulations mentionnées aux deux articles précédens, lorsqu'elle estimera que le défaut de paiement n'a pas eu lieu dans l'intention de la fraudér de ses droits.

4. Si une personne sur la tête de qui repose une assurance meurt,

Soit dans un voyage ou trajet maritime,

Soit hors des limites de l'Europe,

Soit par suite d'un service militaire quelconque,

L'assurance sera annulée de droit, s'il y a pas stipulation contraire.

5. Si une personne sur la tête de qui repose une assurance meurt,

Soit par suite d'un combat singulier,

Soit par sentence de justice,

Soit par suicide,

L'assurance sera annulée sans restriction.

6. Dans tous les cas d'annulation, les tiemens faits à la compagnie lui demeuront acquis.

En suite d'un contrat passé devant Colin de Saint-Menge, l'un des notaires à Paris soussignés, qui en a la minute, et son collègue, les 25 janvier et 2 février 1820, enregistré, contenant l'établissement d'une société sous la dénomination de *Compagnie royale d'assurances sur la vie*, est l'acte dont la teneur suit :

Par-devant M° Colin de Saint-Menge et son collègue, notaires à Paris.

Sont comparus, etc.

Tous composant le conseil d'administration de la compagnie royale d'assurances sur la vie des hommes, établie par le contrat dont l'énoncé précède, ce conseil d'administration nommé par l'assemblée générale des souscripteurs, en vertu de l'art. 48 du contrat de société:

Lesquels, considérant :

Que le capital de garantie fixé par l'article 9 de la société a été porté à trente millions de francs, dans la supposition du développement entier des opérations sociales ;

Que les assurances consenties par la compagnie ne peuvent atteindre que successivement les proportions que le capital social a supposées, et qu'il s'écoulera plusieurs années avant que le montant des assurances atteigne même le capital qui doit leur servir de garantie;

Qu'il ne peut y avoir inconvénient à ce que la formation du capital ne soit pas entièrement complétée avant de commencer les opérations de la compagnie, puisque la publicité des comptes rendus éclairera toujours la confiance publique sur la garantie offerte aux assurés ;

Qu'en considérant provisoirement l'émission des actions à quinze millions de francs, la garantie est plus que suffisante pour mettre en activité la compagnie et commencer les opérations ,

Ont arrêté ce qui suit :

Art. 1er. L'émission du capital, fixé à trente millions de francs par l'article 9 du contrat de société, aura provisoirement lieu pour quinze millions de francs, divisés en trois mille actions de cinq mille francs chacune.

2. La compagnie commencera ses opérations lorsque les trois mille actions dont il vient d'être parlé auront été réalisées.

3. Le conseil d'administration déterminera l'époque où le capital de trente millions sera complété.

4 *et dernier*. La présente délibération , actuellement passée en acte public, sera publiée et soumise à l'approbation du Gouvernement.

Cette délibération n'aura d'effet que par le consentement formel des actionnaires.

Rédigé d'après un modèle représenté et rendu.

à des veuves de militaires et à des orphelins de militaires. (7, Bull. 436 bis.)

_____

2 FÉVRIER 1821. — Ordonnance du Roi qui admet les sieurs Antonio et Haskell à établir leur domicile en France. (7, Bull. 434.)

_____

2 FÉVRIER 1821. — Ordonnances du Roi qui accordent des lettres de déclaration de naturalité aux sieurs Schœffer dit Berger, Mellano di Calcina, Moschini et Crescens. (7, Bull. 436, 440, 447 et 474.)

_____

3 = Pr. 10 FÉVRIER 1821. — Ordonnance du Roi portant prorogation, jusqu'au 1er juillet 1821, de la prime accordée aux bâtimens français qui rapportent des cotons d'Amérique, d'ailleurs que des ports de l'Union. (7, Bull. 432, n° 10111.)

Voy. ordonnances du 20 JUIN 1821, du 26 OCTOBRE 1821.

Art. 1er. Les navires français qui auront chargé, soit dans nos colonies, soit dans des ports étrangers ou colonies étrangères, situées hors d'Europe, et autres que ceux ou celles de l'Union, des cotons en laine provenant des deux Amériques, continueront, jusqu'au 1er juillet prochain, à jouir de la prime de dix francs par cent kilogrammes, établie par notre ordonnance du 26 juillet 1820.

2. Notre ministre des finances est chargé de l'exécution de la présente ordonnance.

_____

6 FÉVRIER 1821. — Avis des comités de législation et du contentieux du Conseil-d'État, qui décide que les ordonnances rendues en matière de conflit ne peuvent être considérées comme des arrêts définitifs du Conseil, dans le sens de l'art. 47 de la loi du 28 avril 1816, et qu'en conséquence elles ne sont pas sujettes au droit d'enregistrement fixe de vingt-cinq francs. (*Sirey*, 21, 2, 89.)

Les comités de législation et du contentieux réunis, sur le renvoi fait par le sous-secrétaire d'État au ministère de la justice d'une lettre de son excellence le ministre des finances à monseigneur le garde-des-sceaux, de laquelle il résulte :

Que la dame de Sablé et le sieur Courtin étant en instance devant le juge-de-paix du canton d'Oisemont, le préfet de la la Somme réclama, d'après l'invitation du sieur Courtin, cette affaire comme étant administrative, et prit, à cet effet, un arrêté de conflit ; que cet arrêté ayant été soumis au Conseil-d'État, il en fut donné administrativement communication à dame de Sablé et au sieur Courtin, afin qu'ils pussent fournir leurs observations que le sieur Courtin garda le silence ; que la dame de Sablé produisit un mémoire dans lequel elle conclut à ce que ce conflit fût annulé, et que le 4 août 1817, il intervint une ordonnance royale qui annula l'arrêté du préfet ;

Que la régie de l'enregistrement et des domaines, considérant cette ordonnance comme un arrêt, prétendit qu'elle devait des enregistremens, conformément à l'article 47 de la loi du 28 avril 1816 ; que l'avocat de la dame de Sablé ayant réclamé devant M. le ministre des finances, son excellence consulta monseigneur le garde-des-sceaux, sur la question de savoir si cette perception était ou non légitime ;

Vu un rapport de l'administration de l'enregistrement et des domaines sur cette question ;

Vu l'article 47 de la loi du 28 avril 1816 portant : seront sujets au droit fixe de vingt-cinq francs les arrêts définitifs de la Cour de cassation et du conseil de sa majesté ;

Considérant que la question de savoir si le droit d'enregistrement est dû sur l'ordonnance dont il s'agit tient à celle de savoir si les ordonnances rendues en matière de conflit peuvent être considérées comme des jugemens ou arrêts ;

Considérant que l'on ne peut comprendre sous cette dénomination que des décisions rendues sur des intérêts privés, avec des formes judiciaires, et par conséquent sur une demande introduite par une partie jugée contradictoirement avec une autre partie citée pour se défendre ;

Que l'on reconnaît ce caractère dans toutes les ordonnances rendues sur l'avis du Conseil-d'État, au sujet de recours exercés contre les arrêtés des conseils de préfecture et des décisions ministérielles, puisque ces ordonnances jugent réellement des procès, et les jugent suivant les formes usitées pour l'instruction des procès ; mais qu'aucun de ces caractères ne se rencontre dans les ordonnances relatives aux conflits :

Qu'en effet, 1° les conflits ne forment pas une contestation entre particuliers, mais entre les deux autorités publiques, administrative et judiciaire, qui, chacune, revendiquent la même affaire, ou refusent de la juger :

2° Que, dans ces sortes de débats, il ne s'agit ni d'intérêts privés, ni de l'application des lois civiles, mais du maintien de l'ordre public et de l'exécution des lois constitutionnelles ;

3° Qu'aussi ces affaires ne sont introdui-

; ni par requête ni par citation, le Con-
il-d'Etat ne pouvant en être saisi que
r le Gouvernement lui-même, qui seul a
droit de déférer à son examen l'arrêté de
nflit ;

4° Que ces affaires sortent tellement de
classe des procès, que, jusqu'en 1816,
les ont été instruites et décidées sans le
ncours des parties, sans qu'elles aient
 prendre part à la discussion, ou à for-
er opposition aux décisions rendues ;

Que, si, depuis, on a admis les parties à
urnir des observations, ce n'est pas qu'on
t reconnu leur intervention obligée et
écessaire dans l'instruction, mais unique-
ent afin d'obtenir des renseignemens sur
s faits qui peuvent éclairer la discussion
déterminer la décision à intervenir ;

Qu'il est donc évident que le droit de
ononcer sur les conflits entre l'administra-
ation et les tribunaux est une des préro-
.tives de la puissance royale, dont l'objet
t de maintenir la division des pouvoirs
ablis par la Charte ; de réprimer, dans
.ntérêt du trône, toute invasion des au-
orités secondaires, et, par conséquent,
ue les ordonnances en cette matière sont
es actes de haute administration, qui, de
ur nature, dans leurs effets et dans l'ordre
onstitutionnel, ne peuvent être assimilés
des arrêts ni être passibles du droit
'enregistrement.

Vainement la régie oppose que la cour
e cassation prononce comme le Conseil-
'Etat sur le conflit ; que les actes de la cour
e cassation relatifs aux conflits sont bien
ertainement des arrêts soumis à l'enregis-
rement ; qu'il en doit, par conséquent,
tre de même des ordonnances que le Roi
nd en cette matière de l'avis de son con-
oil ;

Qu'à cette objection, on répond que la
our de cassation ne prononce que sur les
onflits élevés entre les tribunaux et les
ges d'instruction ; que son pouvoir étant
orné à maintenir la hiérarchie dans l'ordre
udiciaire, ses actes, sans aucune influence
ur l'administration de l'Etat, ne peuvent
tre considérés comme administratifs ; que
e leur nature, comme dans leur forme
xtérieure, ils ont un caractère purement
udiciaire, et ne sont que des arrêts ;

Mais que le Roi, lorsqu'il prononce sur
les conflits, exerce un pouvoir beaucoup
plus étendu ; que devant le Roi il ne s'agit
pas, comme devant la cour de cassation,
d'un réglement de compétence entre un
tribunal et un autre tribunal ; qu'il s'agit,
ce qui est autrement important, d'une lutte
entre deux autorités indépendantes l'une
de l'autre, l'autorité judiciaire et l'autorité
administrative ; que l'ordonnance qui termine ce débat ayant toujours pour effet nécessaire d'ordonner ou de défendre à l'ad-

ministration de juger, elle a nécessairement, dans tous les cas, un caractère administratif ;

Que le Roi, lorsqu'il rend cette ordonnance, ne fait pas, comme la cour de cassation, un simple acte de juridiction, mais
qu'il agit comme administrateur suprême,
élevé non-seulement au-dessus des corps
judiciaires, mais au-dessus de tous les
pouvoirs publics, dont il règle les mouvemens et qu'il ramène dans les limites qui
leur sont respectivement fixées par la loi ;

Considérant qu'il serait dès lors contre
tous les principes, et qu'il y aurait une
sorte d'inconvenance à ne considérer le Roi
dans l'exercice de cette haute prérogative
que comme un juge assis sur son tribunal,
et l'acte émané de son autorité comme un
simple jugement soumis à une formalité
bursale,

Sont d'avis que les ordonnances rendues
en matière de conflit sont des actes de haute
administration ;

Qu'elles conservent ce caractère, alors
même que les parties ont été entendues ;

Que ne pouvant, sous aucun rapport,
être assimilées à des arrêts, elles ne sont
pas passibles du droit d'enregistrement imposé par l'art. 47 de la loi du 28 avril 1816.

---

6 FÉVRIER 1821. — Ordonnance du Roi qui fait
des changemens à celle du 12 janvier 1821,
portant convocation de plusieurs colléges électoraux pour le jour de la réunion. (7, Bull.
434.)

---

8 FÉVRIER 1821. — Ordonnance du Roi qui
nomme les présidens des colléges électoraux
convoqués par les ordonnances des 12 et 22
janvier 1821. (7, Bull. 437.)

---

10 = Pr. 21 FÉVRIER 1821. — Ordonnance du Roi
portant que la cour d'assises du département
de la Seine sera divisée en deux sections pendant les 1er, 2e et 3e trimestres de 1821. (7,
Bull. 434, n° 10145.)

---

10 FÉVRIER = Pr. 10 MARS 1821. — Ordonnance
du Roi relative à la perception d'une imposition extraordinaire dans une commune, pour
le paiement des frais de pavage des revers de
la route y indiquée. (7, Bull. 437, n° 10215.)

Louis, etc., sur le rapport de notre ministre secrétaire d'Etat de l'intérieur, vu la
réclamation des dames de Calvimont et Du-
périer contre notre ordonnance du 16 décembre 1819, qui a approuvé le rôle, montant
à deux mille cent soixante-dix-huit francs,
établi en 1808 sur les propriétaires riverains de la route de Paris à Bordeaux, par

le maire de la commune de Cénon-la-Bastide, département de la Gironde, et destiné à payer les frais de pavage des revers de cette route; vu les délibérations du conseil municipal et l'avis du préfet; vu les lois des 6 décembre 1793 et 1ᵉʳ décembre 1798; considérant qu'aucune loi ne met le pavage des revers des routes à la charge des communes ou des particuliers; que cependant l'administration municipale peut ordonner cette dépense dans l'intérêt général; mais qu'alors elle doit être acquittée suivant les règles établies pour le paiement des autres dépenses des communes, et que les propriétaires riverains ne peuvent être contraints d'y pourvoir qu'en vertu d'usages locaux suivis depuis long-temps et sans réclamation; considérant que les revers de la grande route de Paris à Bordeaux, dans la traverse de Cénon-la-Bastide, ont été pavés en 1808, et qu'une partie du prix de ce pavage a été acquittée par quelques habitans, en vertu du rôle établi par le maire; considérant que, la dépense devant être supportée par la commune entière, il est juste de rembourser les avances faites par quelques-uns des riverains, si ces avances excèdent la quotité pour laquelle ils seront compris dans la répartition générale à faire du total de la dépense sur tous les habitans; notre Conseil-d'État entendu, nous avons ordonné et ordonnons ce qui suit:

Art. 1ᵉʳ. L'ordonnance du 16 décembre 1819 est rapportée.

2. Les deux mille cent soixante-dix-huit francs formant le montant du rôle établi en 1808 par le maire de Cénon-la-Bastide seront perçus au moyen d'une imposition extraordinaire sur toute la commune.

Il sera tenu compte à chaque riverain de ce qu'il aura payé d'après le premier rôle, et chacun de ceux qui se trouveront dans ce cas sera remboursé de ce qu'il aura payé au-delà de la quote-part pour laquelle il figurera sur le rôle général.

3. La somme provenant de cette imposition sera employée à solder l'entrepreneur qui a exécuté le pavage des revers de la route de Paris à Bordeaux, dans la traverse du bourg de Cénon-la-Bastide.

4. Cette imposition sera perçue en trois années, et sera portée par le directeur des contributions aux rôles des contributions foncière, personnelle et mobilière de 1821 et des deux années suivantes.

Les frais de perception des rôles réglés aux simples déboursés, et les remises du percepteur, d'après le taux des remises des contributions ordinaires, seront ajoutés au montant des rôles.

5. Nos ministres de l'intérieur et des finances sont chargés de l'exécution de présente ordonnance.

———

10 FÉVRIER 1821. — Ordonnance du Roi q classe la route départementale de la Mosell de Metz à Strasbourg, parmi les routes royal de 3ᵉ classe. (7, Bull. 437.)

———

10 FÉVRIER 1821. — Ordonnance du Roi qui autorise l'acceptation de plusieurs rentes offert aux hospices de Strasbourg. (7, Bull. 438.)

———

10 FÉVRIER 1821. — Ordonnances du Roi qu autorisent l'acceptation de legs. (7, Bull. 449.

———

13 FÉVRIER 1821. — Ordonnance du Roi qui au torise l'inscription de cinq cent vingt-cinq pensions. (7, Bull. 434 bis.)

———

15 FÉVRIER = Pr. 1ᵉʳ MARS 1821. — Ordonnance du Roi qui fixe le prix auquel les poudres seront livrées, pendant l'année 1821, aux départemens de la guerre, de la marine et des finances. (7, Bull. 436, n° 10177.)

Louis, etc. vu l'article 2 de notre ordonnance du 25 mars 1818, relatif à la fixation du prix des poudres fournies par la direction générale du service des poudres, aux départemens de la guerre, de la marine et des finances; sur la proposition de notre ministre secrétaire d'État au département de la guerre, nous avons ordonné et ordonnons ce qui suit:

Art. 1ᵉʳ. Le prix des poudres qui seront livrées pendant l'année 1821, par la direction générale du service des poudres aux départemens de la guerre, de la marine et des finances, est réglé comme il suit:

Poudre de guerre pour les arsenaux. 2 84
Poudre de guerre pour le commerce. 2 82
Poudre de mine. 2 61
Poudre de commerce extérieur. . . . 2 58
Poudre de chasse ordinaire pour la
   guerre. 2 95
Poudre de chasse ordinaire pliée pour
   les contributions indirectes. . . . 3 15
Poudre de chasse superfine. 3 32

2. Nos ministres de la guerre, de la marine et des finances, sont chargés de l'exécution de la présente ordonnance.

———

15 FÉVRIER 1821. — Lettres-patentes portant institution de titre de pairie en faveur de M. le marquis de Mun. (7, Bull. 501.)

15 FÉVRIER 1821. — Ordonnance du Roi qui accorde des pensions de retraite à des militaires. (7, Bull. 436 *bis*.)

20 FÉVRIER = Pr. 17 MAI 1821. — Ordonnance du Roi portant autorisation, conformément aux statuts y annexés, de la société d'assurances mutuelles contre l'incendie dans le département de la Marne. (7, Bull. 450, n° 10568.)

Art. 1er. La société d'assurances mutuelles contre l'incendie dans le département de la Marne, formée à Châlons par acte déposé aux mains de Péan de Saint-Gilles et son collègue, notaires à Paris, le 8 février 1821, est autorisée; ses statuts sont approuvés ainsi qu'ils sont contenus audit acte, lequel restera annexé à la présente ordonnance.

2. La présente autorisation étant accordée à la charge par la société de se conformer aux lois et à ses statuts approuvés, nous nous réservons de la révoquer dans le cas où cette condition ne serait pas accomplie, sauf les actions à exercer devant les tribunaux par les particuliers, à raison des infractions commises à leur préjudice.

3. La société sera tenue de remettre, tous les six mois, copie en forme de son état de situation au préfet de la Marne, aux greffes des tribunaux de commerce dudit département et à la chambre de commerce de Reims.

4. Notre ministre d'État de l'intérieur nommera près d'elle un commissaire. Il sera chargé de veiller à l'exécution des statuts, et d'en rendre compte; il prendra connaissance des opérations; il préviendra le préfet du département de la tenue du conseil général des sociétaires; il pourra suspendre provisoirement celles des opérations de la société qui lui paraîtraient contraires aux lois ou aux statuts, ou dangereuses pour la sûreté publique, et ce jusqu'à décision à intervenir de la part des autorités compétentes.

5. Notre ministre secrétaire d'État de l'intérieur est chargé de l'exécution de la présente ordonnance, qui sera insérée au Bulletin des Lois, avec l'acte y annexé: pareille insertion aura lieu dans le Moniteur et dans le journal des annonces judiciaires du département de la Marne, sans préjudice des affiches qui pourraient être requises.

10 FÉVRIER 1821. — Ordonnances du Roi qui autorisent l'acceptation de dons et legs. (7, Bull. 449 et 450.)

10 FÉVRIER 1821. — Ordonnance du Roi qui autorise l'acceptation d'un legs fait à l'hospice et aux pauvres des Sables. (7, Bull. 451.)

20 FÉVRIER 1821. — Ordonnance du Roi qui autorise le sieur Dupré à conserver et tenir en activité l'usine vitriolique qu'il possède en la commune de Forge-les-Eaux, arrondissement de Neufchâtel, département de la Seine-Inférieure. (7, Bull. 451.)

22 = Pr. 24 FÉVRIER 1821. — Ordonnance du Roi relative à la composition du parquet de la cour des pairs. (7, Bull. 435, n° 10149.)

Louis, etc. vu les démissions des sieurs Ravez et Jacquinot de Pampelune, en date du 27 décembre dernier, des fonctions qui leur avaient été déléguées près de la Cour des pairs par notre ordonnance du 21 août précédent; sur le rapport de notre garde-des-sceaux ministre secrétaire d'État au département de la justice, nous avons ordonné et ordonnons ce qui suit:

Art. 1er. Le sieur de Peyronnet, procureur général à la Cour royale de Rouen, remplira les fonctions de notre procureur général près la Cour des pairs.

Il sera assisté du sieur de Vatimesnil fils, faisant les fonctions de premier substitut, et des sieurs Mars et Gossin, substituts nommés par notre ordonnance précitée.

2. Notre ministre de la justice est chargé de l'exécution de la présente ordonnance.

22 = Pr. 24 FÉVRIER 1821. — Ordonnance du Roi additionnelle à celle du 23 septembre 1814, concernant les pensions de retraite assignées sur les fonds de retenue du ministère de la justice. (7, Bull. 435, n° 10150.)

Louis, etc. vu les articles 5 et 8 de notre ordonnance en date du 23 septembre 1814, portant règlement des pensions de retraite assignées sur les fonds de retenue de notre ministère de la justice; considérant que les bases déterminées par l'art. 8, pour fixer le montant de la pension facultative accordée en vertu de l'article 5 de l'ordonnance précitée, n'établissent point des proportions convenables entre la récompense donnée après trente ans de service et soixante ans d'âge et celle donnée avant trente ans; voulant remédier à cette disproportion, qui se manifeste spécialement dans les pensions afférentes aux fonctionnaires qui jouissent de traitemens très-élevés; sur le rapport de notre garde-des-sceaux, ministre secrétaire d'État de la justice, nous avons ordonné et ordonnons ce qui suit:

Art. 1er. La pension qui peut être accordée avant trente ans d'exercice, dans les cas prévus et sous les conditions déterminées par l'article 5 de notre ordonnance du 23 septembre 1814, sera, pour les dix premières années du tiers de celle qui aurait été acquise pour trente années de service, avec accroissement du trentième pour chaque année de service au-dessus de dix ans, le tout sans préjudice des limites posées par l'art. 11.

2. Nos ministres de la justice et des finances sont chargés de l'exécution de la présente ordonnance.

---

22 FÉVRIER = Pr. 1er MARS 1821. — Ordonnance du Roi qui rétablit à Tarascon le tribunal civil, et fixe à Arles le siége de la sous-préfecture de cet arrondissement. (7, Bull. 436, n° 10178.)

Louis, etc. vu notre ordonnance du 22 février 1816, qui a transféré dans la ville d'Arles le tribunal et la sous-préfecture qui précédemment étaient établis à Tarascon ; vu les réclamations de la ville de Tarascon et les mémoires produits par la ville d'Arles ; vu les délibérations du conseil d'arrondissement et du conseil général sur cette réclamation, les avis du premier président de notre cour royale d'Aix, de notre procureur général près de cette cour, et du préfet du département des Bouches-du-Rhône ; considérant que les circonstances qui nous ont forcé à tranférer provisoirement de Tarascon à Arles le tribunal de première instance de l'arrondissement ont cessé depuis long-temps d'exister ; considérant, d'un autre côté, qu'Arles étant la ville la plus considérable de l'arrondissement, il est convenable d'y maintenir le siége de la sous-préfecture ; sur le rapport de notre garde-des-sceaux, ministre secrétaire d'Etat de la justice, notre Conseil-d'Etat entendu, nous avons ordonné et ordonnons ce qui suit :

Art. 1er. Notre ordonnance du 22 février 1816, en ce qui concerne le tribunal civil de l'arrondissement transféré à Arles, est rapportée. En conséquence, ce tribunal sera rétabli à Tarascon.

2. Le siége de la sous-préfecture de cet arrondissement est fixé à Arles.

3. Nos ministres de la justice et de l'intérieur sont chargés de l'exécution de la présente ordonnance.

---

22 FÉVRIER = Pr. 10 MARS 1821. — Ordonnance du Roi portant réorganisation de la légion de *Hohenloe*, sous la dénomination de *régiment de Hohenloe*. (7, Bull. 436, n° 10217.)

---

22 FÉVRIER = Pr. 15 MARS 1821. — Ordonnance du Roi qui autorise l'exportation des charbons de bois fabriqués dans la commune de Champ Fromier, département de l'Ain. (7, Bull. 438, n° 10239.)

Louis, etc. vu les articles 34 de la loi du 17 décembre 1814 et 2 et 3 de celle du 7 juin 1820, qui laissent au Gouvernement à autoriser la sortie des charbons de bois par les points de la frontière où les besoins de l'industrie agricole exigent cette facilité, et lorsqu'elle est sans inconvénient pour les fabriques ; vu l'avis de notre ministre secrétaire d'Etat de l'intérieur ; sur le rapport de notre ministre secrétaire d'Etat des finances, notre Conseil-d'Etat entendu, nous avons ordonné et ordonnons ce qui suit :

Art. 1er. La commune de Champ-Fromier, canton de Châtillon-de-Michaille, département de l'Ain, est autorisée à exporter annuellement les charbons de bois qu'elle fabrique, jusqu'à la concurrence de cent-dix quintaux métriques.

2. Les charbons acquitteront, à leur sortie, le droit d'un franc par cent kilogrammes, déterminé par la loi du 7 juin dernier.

4. Notre ministre des finances est chargé de l'exécution de la présente ordonnance.

---

22 FÉVRIER = Pr. 1er JUIN 1821. — Ordonnance du Roi portant autorisation, conformément aux statuts y annexés, de la société anonyme de l'Ardoisière du moulin Sainte-Anne, commune de Fumay, département des Ardennes. (7, Bull. 453, n° 10645.)

Louis, etc. vu la demande des sieurs Claude et Asseline, au nom et comme chargés des pouvoirs des particuliers exploitant l'ardoisière du moulin Sainte-Anne, commune du Fumay (Ardennes), en vertu de transaction avec ladite commune du 3 juillet 1817, demandant tendant à obtenir l'autorisation de convertir leur association en société anonyme, quant à l'exploitation et au commerce des produits de ladite mine pour l'avenir, sans préjudice de leurs engagemens personnels et solidaires envers la commune de Fumay en leur qualité d'exploitans et aux termes des permissions qui forment leur titre primitif sur ladite ardoisière ; vu la délibération du conseil municipal de Fumay du 7 octobre 1820, portant qu'il n'apparait d'aucun inconvénient à l'établissement d'une société anonyme, pourvu que les obligations envers la commune soient réservées et maintenues sur le pied de l'acte du 3 juillet 1817 précité ; vu l'acte passé par-devant Roullier et son collègue, notaires à Bonneval (Eure-et-Loir), le 19 janvier 1821, stipulé entre lesdits sieurs Claude et Asseline, comme fondés de pouvoirs de la totalité des sociétaires qualifiés en un premier acte social du 15 octobre 1818, répété et complété par celui ci-dessus ; vu particulièrement l'article 2 dudit acte, par lequel toute réserve des obligations contractées envers la commune de Fumay est stipulée sans que l'établissement de la société anonyme puisse y apporter aucune dérogation, et avec promesse de fournir tout appel de fonds pour y satisfaire ; vu le bilan arrêté le 1er janvier 1821, duquel il conste que la mise entière, telle qu'elle est fixée dans les statuts, a été versée et existe réellement en argent, effets, marchandises, rentes sur l'État, même avec des accroissemens en réserve et un excédant en profits ; vu les articles 29 à 37, 40 et 45 du Code de commerce ; sur le rapport de notre ministre secrétaire d'État au département de l'intérieur, notre Conseil-d'État entendu, nous avons ordonné et ordonnons ce qui suit :

Art. 1er. La société anonyme de l'ardoisière du Moulin de Saint-Anne (commune de Fumay, département des Ardennes) est autorisée ; ses statuts sont approuvés ainsi qu'ils sont contenus dans l'acte passé, le 19 janvier 1821, par-devant Roullier et son collègue, notaires à Bonneval, lequel demeurera annexé à la présente ordonnance. Nous n'entendons par cette autorisation préjudicier en rien aux droits de la commune de Fumay résultant de la transaction du 3 juillet 1817, ou aux actions éventuelles de tous créanciers ou ayans-droit antérieures à la nouvelle société, lesquelles doivent être et demeurent en effet maintenues.

2. L'approbation des statuts est donnée sous la réserve que les appels de fonds au-delà des mises des sociétaires, mentionnés aux articles 39 et 52 des statuts ne pourront être considérés comme autorisés qu'autant qu'ils auraient pour objet de satisfaire aux obligations contractées envers la commune de Fumay, conformément à l'article 2, l'action fixée à mille francs ne pouvant, suivant l'article 33 du Code de commerce, être augmentée par des appels obligés pour aucune autre cause.

3. La présente autorisation étant accordée à la charge par la société de se conformer aux lois et à ses statuts approuvés, nous nous réservons de la révoquer dans le cas où cette condition ne serait pas accomplie, sauf les actions à exercer par les particuliers à raison des infractions commises à leur préjudice.

4. La société sera tenue de remettre, tous les six mois, copie en forme de son état de situation au préfet du département

des Ardennes et aux tribunaux de commerce dudit département.

5. Notre ministre secrétaire d'État de l'intérieur est chargé de l'exécution de la présente ordonnance, qui sera insérée au Bulletin des Lois avec l'acte y annexé ; pareille insertion aura lieu dans le Moniteur et dans le journal des annonces judiciaires du département des Ardennes, sans préjudice des affiches qui pourraient être requises.

(*Suivent les statuts.*)

22 FÉVRIER 1821. — Ordonnance du Roi concernant les retenues à faire sur les produits des majorats possédés par les titulaires qui n'ont pas fait emploi des sommes par eux reçues du domaine extraordinaire, à titre de majorats. (*Publiée par Me Isambert.*)

Louis, etc., sur le compte qui nous a été rendu que les sommes d'après lesquelles doit être exercée la retenue prescrite par l'article 3 d'un décret du 3 mars 1810, concernant le siége des majorats, n'ont point été déterminées jusqu'à ce jour, et qu'il importe à l'État que les titulaires des majorats qui ont reçu du Gouvernement des sommes pour leur faciliter l'acquisition d'un hôtel, ou d'une maison, destiné à devenir le siége de leur majorat, justifient qu'ils les ont employées à acquérir soit cet hôtel, soit cette maison, soit des rentes cinq pour cent consolidés, conformément à la faculté que nous leur avons donnée par notre ordonnance du 19 août 1818 ; sur le rapport de notre ministre des finances, notre Conseil-d'État entendu, nous avons ordonné et ordonnons ce qui suit :

Art. 1er. Il sera fait, en exécution du décret du 3 mars 1810, aux titulaires des majorats provenant du domaine extraordinaire, et qui n'auront pas justifié de l'emploi de la somme à eux remise par le Gouvernement pour se procurer un hôtel, ou une maison d'habitation, destiné à devenir le siége de leur majorat, une retenue du tiers du revenu annuel dudit majorat, ou de la portion qu'ils en ont conservée, à moins que lesdits titulaires n'aient fourni ou ne fournissent une hypothèque suffisante.

2. Cette retenue sera exercée sur les majorats ou dotations en cinq pour cent consolidés, à compter du 22 mars 1821, et ce au moyen de la distraction qui sera faite, sur l'inscription dont jouit le titulaire, du tiers de son montant annuel, lequel sera porté au compte d'accroissement des majorats, ouvert en exécution du décret du 4 juin 1809, pour y être capitalisé de la même manière que les autres rentes portées à ce compte.

23.

15

3. Les titulaires des majorats soumis à la retenue ci-dessus prescrite seront mis en possession des rentes qui en proviendront, lorsqu'elles auront atteint, par la cumulation des produits, et au cours du temps, la somme à rétablir, et ce pour en jouir aux mêmes titres que des autres revenus de majorats, et sous les conditions de reversibilité stipulées par les statuts du 1ᵉʳ mars 1808, 4 mai 1809 et 3 mars 1810.

Toutefois, ces rentes pourront, avec notre autorisation spéciale, être aliénées, conformément à l'article 3 du décret du 7 mars 1810, à la charge de les remplacer par une maison d'habitation qui soit au moins d'égale valeur.

4. Notre ministre des finances est chargé de l'exécution de la présente ordonnance.

___

22 FÉVRIER 1821. — Ordonnance du Roi qui permet aux sieurs Allemand et Henrigues d'ajouter à leurs noms ceux de Guiton et de Montvert. (7, Bull. 436.)

___

22 FÉVRIER 1821. — Ordonnance du Roi qui admet les sieurs Bammert, Bisdoff, Fœrstein, Gadowski, Goldsmid, Tacende et Utlé, à établir leur domicile en France. (7, Bull. 436.)

___

22 FÉVRIER 1821. — Ordonnances du Roi qui accordent des lettres de déclaration de naturalité aux sieurs Giraud, Hinkel, Roberz et Turlur. (7, Bull. 444, 447, 463 et 465.)

___

22 FÉVRIER 1821. — Ordonnances du Roi qui autorisent l'acceptation de dons et legs faits aux fabriques des églises des Attaques, de Bazoches, de la Malène et d'Amiens ; aux séminaires du Mans et de Rodès. (7, Bull. 451.)

___

24 FÉVRIER 1821. — Ordonnance du Roi qui nomme M. le maréchal duc de Bellune président du collége départemental de la Vendée, pour la session qui s'ouvrira le 17 mars 1821. (7, Bull. 437.)

___

27 FÉVRIER = Pr. 7 AVRIL 1821. — Ordonnance du Roi concernant l'instruction publique. (7, Bull. 442, n° 10355.)

Voy. ordonnances des 17 FÉVRIER 1815, 1ᵉʳ NOVEMBRE 1820, 17 OCTOBRE et 16 NOVEMBRE 1821, 1ᵉʳ JUIN 1822, 26 AOUT 1824.

Louis, etc., sur le rapport de notre ministre secrétaire d'État président du conseil royal de l'instruction publique ; vu nos ordonnances du 5 (1) août 1815, 5 juillet et 1ᵉʳ novembre 1820, nous avons ordonné et ordonnons ce qui suit :

TITRE Iᵉʳ. Conseil royal de l'instruction publique.

Art. 1ᵉʳ. L'organisation du conseil royal de l'instruction publique reste la même, sauf les modifications suivantes.

2. Les affaires continuent à être décidées à la pluralité des voix, sur le rapport des conseillers qui les auront instruites ; mais pour les nominations aux diverses places, le président prendra seulement l'avis du conseil, qui discutera les titres des candidats.

3. Les vingt-six académies qui composent l'Université seront divisées en trois arrondissemens, dont le premier sera formé de la seule académie de Paris. L'instruction et le rapport des affaires concernant les colléges, les institutions et les pensions, dans chacun de ces trois arrondissemens, seront faits,

Pour le premier arrondissement, conformément à l'article 8 ci-après ;

Pour le second, par le conseiller désigné dans l'article 6 de notre ordonnance du 1ᵉʳ novembre 1820 ;

Et pour le troisième, par le conseiller désigné dans l'article 7 de la même ordonnance.

4. Le président signera seul les dépêches. Celles qui porteront décision seront aussi signées par le conseiller sur le rapport duquel la décision aura été rendue.

5. Le président dispose seul des places d'employés dans les bureaux.

6. Le secrétaire général du conseil aura le titre, les droits et le traitement de conseiller.

7. A l'avenir, les membres de notre conseil royal seront nommés par nous entre trois candidats qui nous seront présentés par le président, de l'avis du conseil royal, et qu'il aura choisis parmi les personnes les plus recommandables dans l'instruction publique.

TITRE II. Académie de Paris.

8. L'académie de Paris aura, comme les autres académies, un recteur, qui sera toujours un des membres du conseil royal de l'instruction publique. Il sera nommé par nous. Conformément à l'article 11 de notre ordonnance du 1ᵉʳ novembre 1820, le rec-

___

(1) *Lisez :* 15.

teur de l'académie de Paris sera en même temps chargé, près du conseil, de l'instruction et du rapport de toutes les affaires relatives aux colléges, aux institutions, aux pensions et aux écoles primaires de ladite académie.

9. Le chef-lieu de l'académie de Paris sera l'ancienne maison de Sorbonne, où seront placées les écoles de la faculté de théologie, de la faculté des sciences, de la faculté des lettres, et l'école normale.

10. Un inspecteur général sera attaché à l'académie de Paris, particulièrement pour ce qui concerne l'administration, et sera sous la direction immédiate du recteur.

TITRE III. Faculté des lettres.

11. Afin de garantir la capacité de ceux qui se présenteront pour obtenir le grade de bachelier-ès-lettres, le conseil royal est chargé de déterminer par un règlement spécial les objets, la forme et la durée de l'examen.

12. Pour être admis à cet examen, il suffit d'être âgé de seize ans, de répondre sur tout ce qu'on enseigne dans les hautes classes des colléges royaux, et d'avoir, en cas de minorité, le consentement de son père ou de son tuteur.

TITRE IV. Colléges.

13. Les bases de l'éducation des colléges sont la religion, la monarchie, la légitimité et la Charte.

14. L'évêque diocésain exercera, pour ce qui concerne la religion, le droit de surveillance sur tous les colléges de son diocèse. Il les visitera lui-même ou les fera visiter par un de ses vicaires généraux, et provoquera auprès du conseil royal de l'instruction publique les mesures qu'il aura jugées nécessaires.

15. Le traitement des aumôniers des colléges royaux sera égal au traitement fixe des censeurs, et leurs droits aux pensions de retraite seront les mêmes que ceux des autres fonctionnaires.

16. L'enseignement sera uniforme dans tous les colléges. En conséquence, le conseil royal fera publier, à la fin de chaque année scolaire, le catalogue des ouvrages dont les professeurs se serviront exclusivement pendant l'année suivante. La rédaction de ce catalogue sera confiée à une commission composée de trois membres, y compris le président, qui sera un des membres du conseil royal.

17. L'enseignement des sciences sera séparé de celui des lettres. Le cours de philosophie des colléges sera de deux ans. Les leçons ne pourront être données qu'en latin.

18. Il y aura, près des colléges royaux, des agrégés nommés au concours, et les professeurs des colléges royaux ne pourront être choisis que parmi ces agrégés.

19. Les bourses royales et communales ne seront désormais accordées qu'à des élèves âgés de moins de dix ans accomplis. Les translations des boursiers d'un collége dans un autre ne pourront avoir lieu que sur la demande du conseil royal de l'instruction publique.

20. Il sera distribué des médailles d'or aux professeurs des colléges qui se seront distingués par leur conduite religieuse et morale et par leurs succès dans l'enseignement. Ces récompenses seront décernées par le conseil royal, sur la présentation des recteurs, et de l'avis des conseils académiques. Le président du conseil royal de l'instruction publique nous présentera les noms de ceux qui les auront obtenues.

TITRE V. Colléges particuliers.

21. Les maisons particulières d'éducation qui auront mérité la confiance des familles, tant par leur direction religieuse et morale que par la force de leurs études, pourront, sans cesser d'appartenir à des particuliers, être converties par le conseil royal en colléges de plein exercice, et jouiront, à ce titre, des priviléges accordés aux colléges royaux et communaux.

22. Ces colléges seront soumis à la rétribution universitaire, et demeureront sous la surveillance de l'université pour ce qui concerne l'instruction. Leurs professeurs ne pourront exercer leurs fonctions que lorsqu'ils auront obtenu au concours le titre d'agrégés.

23. Les colléges particuliers ne pourront pas recevoir d'élèves externes dans les villes où il existe des colléges royaux et communaux, ni même dans les autres, sans une autorisation spéciale.

TITRE VI. Écoles normales partielles.

24. Il sera établi des écoles normales partielles près les colléges royaux de Paris qui auront des pensionnaires, et près du collége royal du chef-lieu de chaque académie. Chacune de ces écoles sera composée de huit élèves.

25. Sur les bourses royales affectées à chaque collége royal six bourses seront particulièrement destinées à ces élèves. Ces bourses seront données au concours; nul ne sera admis à concourir qu'après avoir terminé sa troisième.

26. Le cours d'études sera pour eux de quatre années. Après qu'ils l'auront terminé, les uns resteront pendant deux ans, en qualité de maîtres d'études dans les

15.

colléges où ils auront été élevés ; les autres seront appelés à la grande école normale de Paris.

27. Tous les élèves des écoles normales particulières seront, comme ceux de la grande école normale de Paris, et conformément à l'article 112 du décret du 17 mars 1808, soumis à l'obligation de rester dix années dans le corps enseignant.

TITRE VII. Élèves qui se destinent à l'état ecclésiastique.

28. Lorsque, dans les campagnes, un curé ou un desservant voudront se charger de former deux ou trois jeunes gens pour les petits séminaires, ils devront en faire la déclaration au recteur de l'académie, qui veillera à ce que ce nombre ne soit pas dépassé ; ils ne paieront point de droit annuel, et leurs élèves seront exempts de la rétribution universitaire.

29. Notre ministre président du conseil royal de l'instruction publique est chargé de l'exécution de la présente ordonnance.

27 FÉVRIER 1821. — Ordonnance du Roi qui nomme recteur de l'académie de Paris M. l'abbé Nicolle, membre du conseil royal de l'instruction publique. (7, Bull. 442.)

28 FÉVRIER 1821. — Tableau des prix moyens des grains pour servir de régulateur de l'exportation et de l'importation. (7, Bull. 436.)

28 FÉVRIER 1821. — Ordonnance du Roi qui réintègre le sieur Basson dans la qualité et les droits de Français. (7, Bull. 438.)

28 FÉVRIER 1821. — Ordonnance du Roi qui permet au sieur de Bouthillier d'ajouter à ses prénoms ceux de Louis-Charles ; aux sieurs Couilliez, père et fils, de substituer à leur nom celui de Colliez ; et aux sieurs Langlumé et Ver, d'ajouter à leurs noms ceux de des Angles et de la Gracinière. (7. Bull. 438.)

28 FÉVRIER 1821. — Ordonnances du Roi qui autorisent l'acceptation de donations faites aux

communes de Launeray et de Chabanais. (7, Bull. 451.)

28 FÉVRIER 1821. — Ordonnances du Roi qui accordent de lettres de déclaration de naturalité aux sieurs Charbonier, Yost et Meunier. (7, Bull. 474, et 551 et 697.)

2 MARS 1821. — Ordonnances du Roi qui autorisent l'acceptation de dons et legs. (7, Bull. 451.)

7 MARS 1821. — Ordonnance du Roi qui admet le sieur Haussard à établir son domicile en France. (7, Bull. 438.)

7 MARS 1821. — Ordonnances du Roi qui accordent des lettres de déclaration de naturalité aux sieurs Gubbo, dit Goubaud, Doyon, Junck, Haly et Lorenzy. (7, Bull. 447, 455, 457 et 622.)

7 MARS 1821. — Ordonnance du Roi qui accorde des pensions de retraite à des militaires, des pensions à des veuves de militaires et des secours à des orphelins de militaires. (7, Bull. 439 bis.)

8 = Pr. 10 MARS 1821. — Loi relative au remboursement du premier cinquième des reconnaissances de liquidation (1). (7, Bull. 437, n° 10211.)

Voy. ordonnances du 2 AVRIL 1817, 20 DÉCEMBRE 1820, 14 MARS, 30 MAI et 21 NOVEMBRE 1821, et 10 FÉVRIER 1822.

Art. 1er. Il est ouvert au ministre des finances un crédit, en rentes cinq pour cent consolidés, de la somme de trois millions huit cent quatre-vingt-quatre mille trois cent vingt-huit francs, avec jouissance du 22 mars 1821.

Ladite inscription de rentes de trois millions huit cent quatre-vingt-quatre mille trois cent vingt-huit francs, représentant, à soixante-dix-sept francs vingt-trois centimes un tiers, cours moyen des cinq pour cent consolidés pendant les six derniers mois de l'année 1820, un capital numéraire de soixante millions, est spécialement affectée au remboursement du premier cinquième des reconnaissances de liquidation, évalué à pareille somme de soixante millions.

2. Le remboursement du premier cin-

(1) Proposition à la Chambre des députés le 16 janvier (Mon. du 17). Rapport de M. Dussumier-Fonbrune le 10 février (Mon. du 11). Discussion générale le 12 février (Mon. du 13 au 19). Article par article le 19 février (Mon. du 19 au 25).

Adoption le 22 février (Mon. du 25). Proposition à la Chambre des pairs le 24 février (Mon. des 25 février et 4 mars). Rapport de M. le marquis de Garnier le 3 mars (Mon. du 12). Adoption le 7 mars (Mon. du 16).

quième des reconnaissances de liquidation aura lieu, à compter du 22 mars 1821, en numéraire, ou, au choix des porteurs, en annuités payables en six années.

3. Le ministre des finances est autorisé à émettre, jusqu'à concurrence de la somme de soixante millions, des annuités remboursables à raison de dix millions par an, en six années, de 1821 à 1826.

4. L'intérêt annuel desdites annuités ne pourra excéder le montant des arrérages du crédit de trois millions huit cent quatre-vingt-quatre mille trois cent vingt-huit francs de rentes, ouvert par l'article 1er.

Dans tous les cas, l'emploi qui sera fait, soit desdites rentes ou de leur produit, soit desdites annuités, ne pourra excéder le crédit total de soixante millions, dont le ministre des finances rendra un compte spécial à chaque session des Chambres.

8 = Pr. 15 MARS 1821. — Loi qui autorise la ville de Laval (Mayenne) à s'imposer une somme pour fourniture de pain faite aux indigens. (7, Bull. 438, n° 10235.)

Article unique. La ville de Laval, département de la Mayenne, est autorisée à s'imposer extraordinairement, en une année, au centime le franc de ses contributions foncière, personnelle et mobilière, la somme de douze mille deux cent quatre francs soixante centimes, pour compléter le remboursement d'une avance à elle faite en 1817, par l'administration du département, pour fourniture de pain faite aux indigens.

8 = Pr. 15 MARS 1821. — Loi qui autorise la ville du Mans (Sarthe) à faire un emprunt pour la construction d'une nouvelle halle. (7. Bull. 438, n° 10236.)

Article unique. La ville du Mans, département de la Sarthe, est autorisée, à l'effet de pourvoir aux frais de construction d'une nouvelle halle, à faire un emprunt de cent soixante mille francs, conformément aux charges et conditions stipulées, tant pour les primes et intérêts que pour le mode et les époques d'amortissement, dans les délibérations du conseil municipal des 2 août et 8 novembre 1819.

8 = Pr. 15 MARS 1821. — Loi qui autorise la ville de Châlons, département de la Marne, à faire un emprunt pour le paiement d'une partie du prix d'une maison acquise par cette ville. (7, Bull. 438, n° 10237.)

Article unique. La ville de Châlons, département de la Marne, est autorisée à emprunter la somme de quinze mille francs, qui sera employée au paiement d'une partie du prix d'acquisition d'une maison acquise, par la ville, de l'héritier du sieur baron Godinot.

Cet emprunt sera remboursé en six années avec intérêts à cinq pour cent, ou en trois paiemens égaux, en prévenant trois semaines d'avance.

8 = Pr. 15 MARS 1821. — Loi relative à l'établissement d'un droit de péage sur le pont de Besons pour l'ouverture de deux routes et l'achèvement d'un pont dans le département de Seine-et-Oise. (7, Bull. 438, n° 10238.)

Article unique. A l'effet d'ouvrir une route de Besons à Pontoise et de Besons à Poissy, ainsi que d'achever le pont de Maisons, département de Seine-et-Oise, le péage établi sur le pont de Besons par un décret du 5 avril 1811, et qui devait cesser d'être perçu au 15 novembre 1823, sera prorogé. Le Gouvernement est autorisé à en concéder le produit à l'entrepreneur qui se chargera de l'exécution desdits travaux, évalués à quatre cent mille francs, pour le moindre nombre d'années de jouissance.

8 MARS 1821. — Ordonnances du Roi relatives aux foires et communes de Saint-Césaire et de Sainte-Cécile. (7, Bull. 451.)

8 MARS 1821. — Ordonnances du Roi relatives aux foires des communes de Cremieu, de Saint-Marcel de Félines, de Cales, de Lumas et de Mézières. (7, Bull. 452.)

10 MARS 1821. — Ordonnances du Roi qui autorisent l'acceptation de dons et legs. (7, Bull. 4522.)

14 = Pr. 22 MARS 1821. — Ordonnance du Roi portant réglement pour l'exécution de la loi du 8 mars 1821, relative au remboursement du premier cinquième des reconnaissances de liquidation. (7, Bull. 439, n° 10282.)

Voy. notes sur la loi du 8 MARS 1821; ordonnance du 30 MAI 1821.

Louis, etc. vu les lois des 28 avril 1816 et 25 mars 1817, qui ont créé les reconnaissances de liquidation, et celle du 8 mars 1821, réglant le remboursement du premier cinquième desdites reconnaissances; vu notre ordonnance du 2 avril 1817,

relative à l'émission desdites reconnaissances; vu notre ordonnance du 20 décembre dernier et le procès-verbal du tirage du premier cinquième des reconnaissances de liquidation, duquel il résulte
que les numéros terminés par les finales
un et *six* sont appelés au remboursement
en 1821 ; sur le rapport de notre ministre
secrétaire d'Etat des finances, nous avons
ordonné et ordonnons ce qui suit :

TITRE Ier. Paiement des arrérages et échange des
reconnaissances de liquidation.

Art. 1er. Le paiement des arrérages du
semestre échéant le 22 mars courant des
reconnaissances de liquidation, y compris
celle du premier cinquième, sera effectué
dans la forme ordinaire sur la remise du
coupon dudit semestre.

2. Le paiement des arrérages du semestre
échéant le 22 septembre prochain, pour
les quatre derniers cinquièmes des reconnaissances de liquidation, sera fait sur la
remise des reconnaissances actuellement
en émission, en échange de nouvelles reconnaissances sous les mêmes numéros, et
garnies de huit coupons d'intérêts, échéant
les 22 septembre 1821, 22 mars et 22 septembre 1822, 1823, 1824, et 22 mars 1825.
Le coupon échéant le 22 septembre 1821
sera retenu par le Trésor.

Lors du remboursement des reconnaissances de liquidation, les coupons non
échus devront être rapportés et annulés;
faute de quoi le montant en serait retenu
sur le capital.

TITRE II. Remboursement en numéraire des reconnaissances de liquidation du premier cinquième, finales un et six.

3. Le remboursement en numéraire du
premier cinquième des reconnaissances de
liquidation, portant les finales *un* et *six*,
aura lieu du 15 avril au 30 juin, à raison
d'un million par jour.

4. Les reconnaissances du premier cinquième seront appelées au remboursement
par des affiches hebdomadaires, en suivant
l'ordre numérique concurremment dans
chaque série de dix mille francs, cinq mille
francs, mille francs et appoints.

5. Les intérêts des reconnaissances remboursées en numéraire continueront d'être
payés, conformément aux lois des 28 avril
1816 et 25 mars 1817, depuis le 22 mars
1821 jusqu'au jour du remboursement en
numéraire.

Faute par les porteurs d'avoir réclamé
leur remboursement, les intérêts ne seront
dus que jusqu'au 30 juin 1821.

6. Après le 30 juin, le cinquième des ordonnances des ministres pour créances
arriérées sera payé en numéraire, avec les

intérêts calculés conformément à la loi du
28 avril 1816.

TITRE III. Création des annuités.

7. Les soixante millions d'annuités dont
l'émission est autorisée par la loi du
8 mars courant seront composés en raison
des demandes, savoir :

En annuités portant *six pour cent* d'intérêts fixes;

Et en annuités portant *quatre pour cent*
d'intérêts, et donnant droit à la répartition annuelle de deux pour cent en primes et lots.

8. L'émission totale des annuités, soit à
six, soit à quatre pour cent, ne pourra
excéder le crédit total de soixante millions.

Elles seront remboursables à raison d
dix millions par an, à partir du 22 décembre 1821, et en commençant par le remboursement des annuités à six pour cent,
conformément aux articles 13 et 18 ci-
après.

TITRE IV. Option, par les porteurs de reconnaissances de liquidation du premier cinquième,
pour des annuités à six et à quatre pour cent.

9. Les porteurs de reconnaissances de
liquidation devront faire connaître, avant
le 30 juin prochain, s'ils entendent profiter de l'option qui leur est accordée par
l'article 2 de la loi du 8 mars courant.

A cet effet, ils devront, avant ladite époque, et à partir du 15 avril prochain, déposer leurs reconnaissances de liquidation
portant les finales *un* et *six*, avec un bordereau déclaratif de leur option : elles leur
seront rendues le cinquième jour après le
dépôt, frappées d'un timbre portant les
mots : *Annuités à six pour cent* ou *Annuités à quatre pour cent.*

10. Les reconnaissances de liquidation
frappées de ce timbre feront provisoirement fonction d'annuités, et seront définitivement changeables contre des annuités,
à l'époque qui sera ultérieurement indiquée, avant le 1er novembre prochain.

11. Le ministre des finances est autorisé
à recevoir, jusqu'au 14 avril prochain, les
soumissions qui seraient faites pour la négociation des annuités à six ou à quatre
pour cent qui ne seraient pas demandées
par les porteurs de reconnaissances de liquidation du premier cinquième.

TITRE V. Annuités à six pour cent.

12. Les annuités portant six pour cent
d'intérêts par an seront de la somme de
mille francs chacune, et numérotées depuis
un jusqu'à la fin.

13. Les dix premiers millions d'annuités à six pour cent seront remboursables, en suivant l'ordre numérique, à l'échéance fixe du 22 décembre 1821, et ainsi d'année en année, s'il y a lieu, et conformément à l'article 8 ci-dessus.

14. Aux annuités à six pour cent seront annexés un premier coupon de quarante-cinq francs pour neuf mois d'intérêt à six pour cent, du 22 mars au 22 décembre 1821, et des coupons de trente francs, payables les 22 juin et 22 décembre, en nombre proportionnel à la durée de leurs échéances.

TITRE VI. Annuités à quatre pour cent, avec primes et lots.

15. Les annuités portant quatre pour cent d'intérêts par an seront de la somme de mille francs chacune, et numérotées depuis un jusqu'à la fin.

16. Aux annuités à quatre pour cent seront annexés un premier coupon de trente francs pour neuf mois d'intérêts à quatre pour cent, du 22 mars au 22 décembre 1821, et dix coupons de vingt francs d'intérêts, payables les 22 juin et 22 décembre 1822, 1823, 1824, 1825, et 1826. Lors du remboursement des annuités, les coupons non échus devront être rapportés et annulés; faute de quoi, le montant en serait retenu sur le capital.

17. Les deux pour cent d'intérêts retenus aux annuités à quatre pour cent seront réunis et formeront un fonds commun, lequel sera réparti en primes et lots par six tirages au sort qui auront lieu, chaque année, entre les annuités non échues le 1er novembre 1821 jusques et compris le 1er novembre 1826.

18. Chaque somme de six cent mille francs provenant de la réserve de deux pour cent sera divisée en sept cent dix-huit lots, comme il suit:

1 lot de 50,000f	. . . . .	50,000f
2 lots de 25,000.	. . . . .	50,000
5 id. de 20,000.	. . . . .	100,000
10 id. de 10,000.	. . . . .	100,000
100 id. de 1,000.	. . . . .	100,000
200 id. de 500.	. . . . .	100,000
400 id. de 250.	. . . . .	100,000

718 lots. Somme totale, f. . 600,000f

19. Les remboursemens annuels des annuités à quatre pour cent seront réglés par un tirage au sort, qui aura lieu le 1er décembre.

Ces remboursemens commenceront immédiatement après le remboursement de la dernière échéance des annuités à six pour cent, conformément aux articles 8 et 13 ci-dessus.

20. Notre ministre des finances est chargé de l'exécution de la présente ordonnance.

———

14 MARS = Pr. 1er AVRIL 1821. — Ordonnance du Roi portant fixation du prix des poudres de mine et de commerce extérieur. (7, Bull. 440, n° 10292.)

Louis, etc., vu la loi du 16 mars 1819, relative à la fabrication et à la vente des poudres; vu la loi du 13 janvier dernier, portant que, jusqu'à la promulgation de la nouvelle loi sur les finances, toutes les contributions indirectes seront perçues en 1821 conformément aux lois rendues pour l'exercice 1820; vu notre ordonnance du 15 février 1821, portant fixation du prix à rembourser par l'administration des contributions indirectes à celle des poudres; sur le rapport de notre ministre secrétaire d'État des finances, nous avons ordonné et ordonnons ce qui suit:

Art. 1er. Le prix des poudres de mine et des poudres de commerce extérieur est fixé par kilogramme ainsi qu'il suit, savoir:

Poudre de commerce extérieur. . 3f 00

Poudre de mine { prise dans les entrepôts de la régie des contributions indirectes. . . 3 00 / prise chez les débitans. . 3 25

2. Notre ministre des finances est chargé de l'exécution de la présente ordonnance.

———

14 MARS = Pr 5 AVRIL 1821. — Ordonnance du Roi qui règle les circonscriptions des trois chambres de commerce du département de la Seine-Inférieure. (7, Bull. 441, n° 10314.)

Louis, etc., sur le rapport de notre ministre secrétaire d'État au département de l'intérieur; vu les délibérations des chambres de commerce du département de la Seine-Inférieure; vu l'article 13 de la loi du 23 juillet dernier; notre Conseil-d'État entendu, nous avons ordonné et ordonnons ce qui suit:

Art. 1er. Les circonscriptions des trois chambres de commerce du département de la Seine-Inférieure sont réglées pour l'avenir ainsi qu'il suit:

La circonscription de la chambre de commerce du Havre comprendra, comme par le passé, l'arrondissement du Havre.

La circonscription de la chambre de commerce de Rouen comprendra l'arrondissement de Rouen et l'arrondissement d'Yvetot, les quatre cantons maritimes exceptés.

La circonscription de la chambre de commerce de Dieppe comprendra l'arrondissement de Dieppe, l'arrondissement de Neufchâtel et les quatre cantons maritimes de l'arrondissement d'Yvetot.

2. Nos ministres de l'intérieur et des finances sont chargés de l'exécution de la présente ordonnance.

---

14 MARS 1821. — Ordonnances du Roi qui autorisent l'acceptation de dons et legs. (7, Bull. 453, 457 et 458.)

---

14 MARS 1821. — Ordonnances du Roi qui autorisent l'érection en chapelles des églises de Germoiles, de Saint-Martin-de-Mont, de Vincelles, de Lays-sur-le-Doubs, de Freiterans, de Rombies et de Beauchârmay. (7, Bull. 458.)

---

14 MARS 1821. — Ordonnance du Roi qui autorise le sieur Ducreux à construire dans la commune de Villequier-Aumont, arrondissement de Laon, une manufacture de magmats vitrioliques. (7, Bull. 460.)

---

14 MARS 1821. — Ordonnance du Roi qui autorise le sieur Ginet-Montgelas à maintenir en activité la forge et taillanderie qu'il possède commune de Saint-Siméon, département de l'Isère. (7, Bull. 460.)

---

14 MARS 1821. — Ordonnances du Roi qui autorisent l'inscription de deux cent soixante-douze pensions, et de vingt-deux pensions ecclésiastiques. (7, Bull. 443 bis.)

---

16 MARS 1821. — Circulaire du ministre de la guerre touchant le choix des remplaçans. (Journal militaire, 1821, 1er semestre.)

Dispositions à suivre pour éviter les substitutions frauduleuses et le mauvais choix des remplaçans.

Messieurs, les comptes rendus des opérations et des résultats des levées m'ont fait connaître qu'au milieu d'une population soumise à l'action de la loi du recrutement quelques individus cherchent par de coupables manœuvres, soit à se soustraire à leurs obligations; soit à faire entrer dans les rangs de l'armée des hommes incapables d'y faire un bon service ou indignes d'y être admis; des substitutions frauduleuses et des certificats de bonnes vie et mœurs m'ont été signalés comme moyen employé pour amener ces deux résultats également fâcheux. J'ai acquis la certitude que des jeunes gens valides avaient été exemptés par les conseils de révision, comme impropres au service, en faisant comparaître à leur place et sous leur nom des hommes infirmes; il a été constaté aussi que des hommes impropres au service étaient arrivés au corps comme remplaçans de jeunes soldats admis par les conseils de révision, lorsqu'ils ne s'étaient pas présentés devant ces conseils, mais qu'ils avaient fait comparaître et examiner à leur place des hommes hors d'état de servir; quant à l'admission comme remplaçans d'hommes qui ne présentent pas une garantie suffisante, elle fait l'objet de plaintes unanimes.

La répression de ces abus m'ayant paru d'une urgente nécessité, je me suis concerté avec son excellence le ministre de la justice, et j'ai arrêté les dispositions suivantes, qui m'ont paru également propres à prévenir la fraude et à donner les moyens de la punir :

1° Lorsqu'un jeune homme désigné par son numéro de tirage pour concourir à la formation du contingent réclamera devant le conseil de révision l'exemption pour cause d'infirmité, le conseil s'assurera que le sujet qui se présente est bien celui qui a été convoqué, et, à cet effet, il consultera la notoriété publique; s'il reste le moindre doute, l'exemption ne sera prononcée qu'autant que le maire de la commune, ou un adjoint, ou, à défaut de ces deux fonctionnaires, deux témoins domiciliés dans le canton auquel le réclamant appartient, ou dans l'endroit où siége le conseil de révision, certifieront l'identité par le moyen de la déclaration signée d'eux et du réclamant, et dont le modèle est ci-joint sous le n° 1. Cette formalité devra être observée, quand même le réclamant serait examiné par un conseil de révision autre que celui de son domicile, et en vertu des dispositions rappelées au chapitre IV du titre 6.

2° Lorsque le conseil de révision aura à s'occuper de l'examen d'un homme proposé pour servir comme remplaçant, il vérifiera si les pièces et certificats exigés par l'instruction, et relatés au numéro huit cent seize du Manuel, s'appliquent à l'individu présent. A cet effet, il exigera que le remplaçant et le remplacé, ou l'ayant-cause de celui-ci, ainsi que deux pères de famille connus et domiciliés dans le département, signent la déclaration dont le modèle est ci-joint sous le n° 2.

La précaution indiquée ci-dessus n'obvie point à tous les abus. Les rapports qui me sont parvenus ont fait connaître que, par suite de la facilité avec laquelle on délivre des certificats de bonnes vie et mœurs, et de la confiance trop étendue donnée à ces certificats, des hommes sans aveu, et même des individus condamnés à des peines infamantes, avaient été admis comme remplaçans.

Les conseils de révision sentiront la nécessité d'être plus sévères dans leur examen, et il leur paraîtra sans doute convenable, pour remédier au mal, autant que possible, de ne regarder comme valable le certificat d'être de bonnes vie et mœurs qu'autant que cette pièce énoncerait que celui qui en est porteur a résidé pendant un mois au moins dans la commune où il lui a été délivré, ou bien qu'autant que le conseil aurait, par toute autre voie, acquis la certitude de ce fait. Toutefois, cette condition perdrait de son importance si le conseil de révision trouvait dans le caractère des témoignages donnés en faveur du sujet qui leur est présenté une garantie suffisante de sa bonne conduite.

Je ne saurais trop appeler sur ce point l'attention de MM. les membres du conseil de révision. J'ai tout lieu d'espérer qu'ils procéderont désormais, dans le choix des remplaçans, de manière que les rangs de l'armée restent fermés aux sujets indignes d'y être admis.

En donnant connaissance, messieurs, à vos administrés des dispositions de cette lettre relatives au certificat d'identité, vous ne manquerez pas sans doute de leur faire remarquer que des déclarations mensongères, en pareille circonstance, exposeraient les coupables à toute la rigueur des dispositions portées au Code pénal; j'aime à croire que les précautions prescrites, en arrêtant désormais la fraude, dispenseront d'employer les moyens de répression.

---

21 MARS = Pr. 5 AVRIL 1821. — Ordonnance du Roi qui élève Abbeville au rang des bonnes villes du royaume. (7, Bull. 441, n° 10315.)

Voy. ordonnance du 23 AVRIL 1821.

Louis, etc., voulant reconnaître les marques multipliées d'attachement et de fidélité des habitans d'Abbeville, notamment à l'époque où nous avons séjourné dans leurs murs, et confirmer authentiquement le titre de notre bonne ville que nous leur avons donné à cette époque; sur le rapport de notre ministre secrétaire d'Etat de l'intérieur nous avons ordonné et ordonnons ce qui suit :

Art. 1er. La ville d'Abbeville, département de la Somme, est élevée au rang des bonnes villes de notre royaume.

2. Notre ministre de l'intérieur est chargé de l'exécution de la présente ordonnance.

---

21 MARS = Pr. 5 AVRIL 1821. — Ordonnance du Roi qui étend la juridiction du conseil de prud'hommes établi à Thiers, département du Puy-de-Dôme. (7, Bull. 441, n° 10316.)

Louis, etc., sur le rapport de notre ministre secrétaire d'Etat de l'intérieur; vu les dispositions du décret du 19 août 1808, relatif à l'établissement d'un conseil de prud'hommes à Thiers, département du Puy-de-Dôme; les décrets des 11 juin 1809 et 20 février 1810, portant règlement sur les institutions de cette nature; notre ordonnance du 10 mars 1819, concernant la juridiction du conseil de prud'hommes établi à Tours;

Prenant en considération la demande qui vient de nous être soumise par les commerçans et manufacturiers de ladite ville de Thiers et de son arrondissement, à l'effet d'obtenir, en ce qui regarde l'étendue de la juridiction du conseil de prud'hommes, quelques modifications aux dispositions du décret du 19 août 1808 précité; notre Conseil-d'Etat entendu, nous avons ordonné et ordonnons ce qui suit :

Art. 1er. La juridiction du conseil de prud'hommes établi à Thiers, département du Puy-de-Dôme, en vertu du décret du 19 août 1808, s'étendra sur tous les marchands fabricans, chefs d'atelier, contre-maîtres, commis, ouvriers, compagnons ou apprentis travaillant pour les diverses manufactures qui se trouvent situées dans l'arrondissement du tribunal de commerce de ladite ville, quel que soit l'endroit de la résidence des uns et des autres.

2. Lors du renouvellement des membres dudit conseil, tous les manufacturiers et les ouvriers domiciliés dans l'étendue de l'arrondissement de Thiers seront légalement convoqués et appelés à donner leurs suffrages pour le choix des nouveaux membres à élire; ceux-ci pourront être pris indistinctement dans le nombre des personnes convoquées, soit qu'elles aient, ou non, leur domicile au chef-lieu.

3. Il n'est rien changé aux autres dispositions du décret du 19 août 1808, lequel continuera d'être exécuté en tout ce qui n'est pas contraire à la présente.

4. Nos ministres de la justice et de l'intérieur sont chargés de l'exécution de la présente ordonnance.

---

21 MARS = Pr. 7 AVRIL 1821. — Ordonnance du Roi portant approbation de l'acte y annexé, pour servir d'amendement et de supplément aux statuts de l'agence générale de placemens sur les fonds publics. (7, Bulletin 442, n° 10357.)

Louis, etc., vu notre ordonnance du 28 avril 1820, portant autorisation de l'ouverture d'une agence tontinière sous le nom d'*agence générale de placemens sur les fonds publics*, et approbation des statuts y annexés; vu la demande des sieurs Bailleul et

Darru, administrateurs dudit établissement, tendant à l'approbation de certains changemens et augmentations qu'ils se proposent de faire auxdits statuts; sur le rapport de notre ministre secrétaire d'État de l'intérieur; notre Conseil-d'État entendu, nous avons ordonné et ordonnons ce qui suit :

Art. 1er. L'acte passé, le 14 mars 1821, par les sieurs Bailleul et Darru, par-devant Froger-Deschesnes et son collègue, notaires à Paris, lequel demeure annexé à la présente ordonnance, est approuvé pour servir d'amendement et de supplément aux statuts de l'agence générale des placemens de fonds publics établie par lesdits sieurs Bailleul et Darru.

2. Ladite approbation, qui est donnée sous les mêmes clauses et conditions que l'autorisation primitive, est en outre accordée sous les deux réserves ci-après, savoir : 1° que le changement opéré dans l'article 9 des statuts à la quotité des retenues attribuées aux administrateurs, tant sur les mises que sur les arrérages, ne pourra être appliqué aux tontiniers antérieurement intéressés, si ce n'est de gré à gré; 2° qu'avant que les opérations autorisées par la présente approbation puissent avoir lieu, il sera justifié du nouveau dépôt de garantie de seize cents francs de rentes perpétuelles, stipulé dans l'addition à l'article 16 des statuts, duquel dépôt il sera rendu compte à notre ministre secrétaire d'État de l'intérieur par le commissaire établi près de ladite agence.

3. Notre ministre secrétaire d'État de l'intérieur est chargé de l'exécution de la présente ordonnance, qui sera publiée au Bulletin des Lois avec l'acte y annexé : pareille insertion aura lieu au *Moniteur* et dans le *Journal des annonces judiciaires* du département de la Seine.

Additions à l'acte de société de l'agence générale de placemens sur les fonds publics.

Le 14 mars 1821, par-devant Me Froger-Deschesnes et son collègue, notaires à Paris, soussignés, sont comparus :

M. Jacques-Charles Bailleul, propriétaire, demeurant à Paris, rue des Martyrs, n° 32 *bis;* et M. Jean-Baptiste Darru, capitaine retraité, chevalier de l'ordre royal de la Légion-d'Honneur, demeurant aussi à Paris, rue du Sentier, n° 6, administrateurs de l'établissement connu sous le nom d'*agence générale de placemens sur les fonds publics, ou caisse de placemens en viagers avec chance d'accroissement et de successibilité,* autorisé par ordonnance royale du 18 avril 1820,

Lesquels, déférant aux observations qui leur ont été adressées par beaucoup de personnes qui désirent profiter des avantages qu'offrent les placemens en viager, et dans les vues de se rendre plus utiles à tous les âges et à toutes les fortunes, en donnant plus d'extension à leur système de placement en viager, ont ajouté, pour complément des statuts primitifs de leur établissement, contenus dans l'acte passé devant Me Froger-Deschesnes et son collègue, notaires à Paris, le 12 avril 1820, dont l'expédition précède, transcrit en suite de l'ordonnance précitée, les modifications, changemens et additions qui suivent :

Modifications et additions à l'article 3 des statuts primitifs.

Le nombre de *dix*, exprimé au premier paragraphe de l'article 3, ne sera que le *minimum* des compagnies.

Il pourra être formé des compagnies de cinquante et même de cent individus, au désir des actionnaires, sans déroger en aucune manière aux dispositions des deuxième, troisième et quatrième paragraphes du même article.

À l'expiration de deux années à dater du jour du versement de la première mise dans une compagnie, et dans la supposition que, jusques-là, la compagnie ne sera point portée au complet de cinquante ou de cent individus, elle sera néanmoins irrévocablement fermée, pourvu toutefois que le nombre des actionnaires soit au moins de dix.

Il pourra aussi être formé des compagnies de cinq individus en faveur des personnes âgées de soixante ans et au-dessus, sous les mêmes clauses de réversibilité et de successibilité que pour les autres compagnies : mais, dans ce cas, il sera de toute nécessité que chaque placement individuel soit au moins de vingt-cinq francs de rente.

Modifications aux deux premiers paragraphes de l'article 4.

Le placement sur chacune des têtes composant une compagnie devra être d'une quotité égale; le *minimum* sera de cinq francs de rente, et ensuite de dix, quinze, vingt, vingt-cinq francs, etc., et toujours de cinq francs de rente jusqu'à cent francs, au-dessus de laquelle somme les mises ne pourront augmenter successivement que de vingt-cinq francs de rente.

Changement à l'article 9 des statuts.

Chaque actionnaire, quelle que soit la quotité de sa mise, aura droit aux arrérages de sa portion contributoire dans la rente appartenant à la compagnie, à la large par lui de produire chaque fois un certificat de vie dans la forme légale. Ces arrérages seront payés par semestre, aux mêmes époques que celles fixées pour le paiement des arrérages de rente sur l'Etat, sauf le temps nécessaire pour les justifications légales.

L'agence exigera, à titre de frais de premier établissement, le paiement de cinq pour cent du montant de la valeur nominale de la rente composant la mise : ce paiement, qui aura lieu au moment même du placement, ne pourra être moindre d'un franc par chaque mise ; et l'agence prélèvera un droit de commission de quatre pour cent sur le montant des arrérages de chaque semestre, sans préjudice de l'exécution pleine et entière des dispositions de l'article 10 des statuts.

L'article 13 est remplacé par le suivant.

L'agence générale se compose d'un conseil particulier ainsi formé, savoir :

1° Des administrateurs,
2° D'un avocat et d'un avoué,
3° D'un agent de change,
4° Et d'un notaire.

Toutes les opérations sont soumises à la surveillance et à l'examen d'un commissaire royal nommé *ad hoc* par le Gouvernement.

Changement à l'article 14.

Le nombre de douze actionnaires, fixé par l'article 14 des statuts pour former le conseil général de l'administration, sera porté à vingt-quatre, qui seront pris dans toutes les classes et nommés d'après les formalités prescrites par ledit article.

L'article 15 est remplacé par le suivant.

Le conseil général d'administration s'assemblera une fois par année, à moins de convocation extraordinaire ; il y sera rendu compte de toutes les opérations qui auront eu lieu précédemment, et il ne pourra être pris de délibération qu'autant qu'il y aura au moins douze membres présens.

Le conseil général devra principalement veiller à l'exacte observation de l'article 7 des statuts, et toute convocation extraordinaire du même conseil sera de rigueur lorsqu'il s'agira d'opérer les transferts de rentes indiqués par l'article 12, et les retraits des inscriptions de rente.

Additions à l'article 16.

Afin d'offrir une plus ample garantie que celle mentionnée à l'article 16 des statuts, les comparans affectent encore le capital de seize cents francs de rente en inscriptions au grand-livre cinq pour cent consolidés, du dépôt desquels ils justifieront à qui de droit avant la mise en activité de l'ordonnance royale à intervenir ; lesquels seize cents francs de rente avec les quatorze cents francs déjà déposés, portant la masse des garanties actuelles à trois mille francs de rentes, dont le capital est entièrement affecté aux cas exprimés par le quatrième paragraphe de l'art. 16 et par l'art. 24, et toujours sous les mêmes réserves.

Additions à l'acte du 12 avril 1820.

1° L'agence générale recevra des placemens en viager à termes fixes, lesquels placemens auront lieu par classes de cinq ans en cinq ans, d'après les bases établies par l'article 2 du premier chapitre et les deux derniers paragraphes de l'article 4 du même chapitre de l'acte du 12 avril 1820.

2° Ils se feront, pour chaque classe, par série ; une série se compose de toutes les actions prises par les individus d'une même classe dans le courant d'une même année.

3° L'action est de cent francs, plus trois pour cent de remise à l'agence pour frais de premier établissement.

4° Le principal des actions versé sera aussitôt converti en inscriptions de rente, aux termes des articles 6 et 7 de l'acte précité ; les intérêts seront, à chaque échéance, ajoutés au capital : lorsque l'action sera prise dans le courant du deuxième semestre, l'actionnaire paiera en outre une somme égale à l'intérêt qu'aurait donné le premier semestre.

5° Le *minimum* de la durée des placemens est de cinq ans ; le *maximum*, de vingt ans : en conséquence les placemens seront faits pour cinq, sept, dix, quinze et vingt ans.

6° Les placemens pour cinq ans comprendront toujours dix semestres d'échéance ; pour sept ans, quatorze semestres ; ainsi de suite. Le nombre des années doit être complet : elles compteront toujours du 1er janvier au 31 décembre inclusivement.

7° Le 31 décembre de la dernière année d'une série, à minuit, la masse des actions et de leur produit sera acquise aux actionnaires survivans dans la proportion du nombre de leurs actions.

8° La masse se composera du capital des actions, de l'accumulation des intérêts et des intérêts des intérêts, convertie également en rentes sur l'Etat pendant la durée de la série ; plus, des produits des extinctions.

9° Dans les six mois qui suivront le jour où une série cessera, c'est-à-dire, du 1er janvier au 30 juin de l'année où la série sera mise en liquidation, chaque actionnaire sera tenu de fournir un certificat de vie : tous ceux qui n'auront point rempli cette formalité audit jour 30 juin seront déchus de plein droit.

10° Dans les dix premiers jours de juin, les inscriptions appartenant à la série qui sera mise en liquidation seront retirées de la caisse des consignations sur le vu d'un arrêté motivé du conseil général de l'agence; elles seront aussitôt vendues, et le produit en sera réparti aux actionnaires survivans, au prorata de chaque action et par égales portions.

11° En outre des trois pour cent une fois payés par action pour frais de premier établissement, l'administration fera, par chaque semestre, une retenue de trois pour cent sur les arrérages seulement.

12° Les obligations de l'agence générale, relativement à cette branche de placement, seront les mêmes que celles mentionnées aux articles 13, 14, 15 et 16 du chapitre 1", et aux articles 17, 18, 19, 20, 21, 22, 23, 24 et 25 du chapitre II de l'acte du 12 avril 1820, et aux modifications et changemens que quelques-uns de ces articles ont reçus par le présent acte.

Les comparans déclarent en outre qu'ils persistent dans l'exécution des dispositions des articles de l'acte dudit jour 12 avril 1820 auxquels le présent acte n'a porté aucun changement ni modification.

Pour l'exécution des présentes, les parties continuent de faire élection de domicile en leurs demeures respectives.

Fait et passé à Paris, en l'étude, l'an 1821, le 14 mars.

----

21 MARS = Pr. 17 AVRIL 1821. — Ordonnance du Roi concernant l'organisation de la compagnie des gardes à pied ordinaires du corps de sa majesté. (7, Bull. 443, n° 10366.)

Voy. ordonnances des 14 DÉCEMBRE 1815 et 21 MAI 1817.

----

21 MARS 1821. — Ordonnance du Roi qui permet aux sieurs Delpech et Sautereau d'ajouter à leurs noms ceux de Cantaloup et de Nemon, (7, Bull. 440.)

----

21 MARS 1821. — Ordonnance du Roi qui admet les sieurs Jablonocaski, Quintans, Sargent et Ziskowicz, à établir leur domicile en France. (7, Bull. 440.)

----

21 MARS 1821. — Ordonnances du Roi qui accordent des lettres de déclaration de naturalité aux sieurs Spinelli, Weyers, Stapfer, Ras paldo, Escollier, Defoux, Lensen dit Lintzen et Dobbeleer. (7, Bull. 447, 455, 457, 494, 509 et 551.)

----

21 MARS 1821. — Ordonnances du Roi qui autorisent l'acceptation de dons et legs. (7, Bu 458, 460 et 461.)

----

21 MARS 1821. — Ordonnances du Roi qui accordent des pensions de retraite à des militaire des pensions à des veuves de militaires, et d pensions à des fonctionnaires civils. (7, Bul 443 *bis*.)

----

23 MARS 1821. — Lettres-patentes portant érec tion de majorats en faveur de MM. Bernard c Saint-Affrique et Mortier. (7, Bull. 441.)

----

23 MARS 1821. — Avis du Conseil-d'Etat. (*Compétence.*) *Voy*. 18 AVRIL 1821.

----

27 MARS = Pr. 5 AVRIL 1821. — Ordonnance du Roi qui nomme M. le maréchal duc de Bellun au commandement supérieur des 6°, 7°, 18 et 19° divisions militaires; et M. le marqui de Clermont-Tonnerre son chef d'état-major (7, Bull. 441, n° 10317.)

Louis, etc., voulant réunir provisoirement sous un seul chef le commandement supérieur des 6°, 7°, 18° et 19° divisions militaires; sur le rapport de notre ministre secrétaire d'Etat au département de la guerre, nous avons ordonné et ordonnons ce qui suit :

Art. 1". Notre cousin le maréchal duc de Bellune est nommé au commandement supérieur des 6°, 7°, 18° et 19° divisions militaires.

2. Le maréchal-de-camp marquis de Clermont-Tonnerre est nommé chef d'état-major du maréchal duc de Bellune.

3. Notre ministre de la guerre est chargé de l'exécution de la présente ordonnance.

----

28 MARS = Pr. 5 AVRIL 1821. — Ordonnance du Roi portant suppression du droit proportionnel à la valeur des bestiaux achetés pour la consommation de Paris, et remplacement de ce droit par une perception déterminée. (7, Bull. 441, n° 10318.)

Louis, etc., sur le rapport de notre ministre secrétaire d'Etat au département de l'intérieur; vu notre ordonnance du 22 décembre 1819, concernant la caisse de Poissy; vu les délibérations du conseil municipal de Paris des 29 juillet 1820 et 4 février 1821; voulant réformer les abus qui se sont introduits dans la perception du droit de ladite caisse; notre Conseil-d'Etat entendu, ous avons ordonné et ordonnons ce qui suit :

Art. 1er. Le droit établi par l'art. 4 de ordonnance du 22 décembre 1819 et proportionnel à la valeur des bestiaux achetés our la consommation de Paris, est supprimé à partir de la publication de la présente.

2. En remplacement de ce droit, il sera erçu immédiatement par tête de bestiaux endus pour la même destination, savoir :

Pour chaque bœuf, dix francs ;

Pour chaque vache, six francs ;

Pour chaque veau, deux francs quarante entimes ;

Pour chaque mouton, soixante-dix centimes.

3. Toutes les dispositions de notre ordonnance ci-dessus rappelée qui ne sont as contraires à la présente sont confirmées.

4. Notre ministre de l'intérieur est argé de l'exécution de la présente ordonnance.

_____

3 MARS 1821. — Ordonnance du Roi qui admet le sieur Hopf à établir son domicile en France. (7, Bull. 443.)

_____

8 MARS 1821. — Ordonnances du Roi qui accordent des lettres de déclaration de naturalité aux sieurs Maussetto, d'Huart et Revilliad. (7, Bull. 455, 457 et 551.)

_____

8 MARS 1821. — Ordonnances du Roi qui autorisent l'acceptation de dons et legs. (7, Bull. 461 et 462.)

_____

9 MARS = Pr. 7 AVRIL 1821. — Ordonnance du Roi relative au remplacement des préfets pendant leur absence momentanée de leur département, et à la délégation de leurs fonctions. (7, Bull. 442, n° 10358.)

Louis, etc., sur le rapport de notre ministre secrétaire d'Etat de l'intérieur ; vu es arrêtés des 17 ventose an 8 (8 mars 800), 17 nivose an 9 (7 janvier 1801), 19 ructidor an 9 (6 septembre 1801), 27 pluiose an 10 (16 février 1802) ; vu le décret lu 16 juin 1808 ; notre Conseil-d'Etat entendu, nous avons ordonné et ordonnons e qui suit :

Art. 1er. Les préfets autorisés à s'absenter de leur département délèguent leurs onctions, sous l'approbation de notre ministre de l'intérieur, à un conseiller de préfecture ou au secrétaire général de la préfecture, à leur choix.

La délégation n'a pas besoin d'être approuvée par notre ministre de l'intérieur, lorsque le préfet ne sort pas du département.

2. En cas d'absence ou d'empêchement d'un préfet sans qu'il ait délégué l'administration, ou en cas de vacance de la préfecture, le premier dans l'ordre du tableau prend de droit l'administration du département : toutefois, si, avant la vacance de la préfecture, l'administration a été déléguée, celui à qui elle aura été déléguée continuera d'exercer, jusqu'à ce qu'il en soit autrement ordonné par notre ministre de l'intérieur.

3. En cas d'absence ou d'empêchement d'un sous-préfet, le préfet pourvoit à son remplacement en désignant un fonctionnaire de l'ordre administratif, pris dans l'arrondissement, ou, à défaut, un conseiller de préfecture.

4. Le secrétaire général, absent, empêché, ou chargé par délégation des fonctions de préfet, est remplacé dans ses fonctions de secrétaire général par le conseiller de préfecture le dernier dans l'ordre du tableau.

5. En cas de partage ou d'insuffisance du nombre des membres du conseil de préfecture, ainsi que dans le cas où les membres de ce conseil seraient tous à la fois empêchés d'exercer leurs fonctions, il sera pourvu à leur remplacement, conformément aux dispositions de l'arrêté du 19 fructidor an 9 et du décret du 16 juin 1808.

6. Notre ministre de l'intérieur est chargé de l'exécution de la présente ordonnance.

_____

31 MARS 1821. — Tableau des prix moyens des grains pour servir de régulateur de l'exportation et de l'importation, conformément aux articles 6 et 8 de la loi du 16 juillet 1819. (7, Bull. 440.)

_____

2 = Pr. 5 AVRIL 1821. — Ordonnance du Roi qui supprime la faculté de droit de Grenoble. (7, Bull. 441, n° 10319.)

Voy. ordonnance du 22 SEPTEMBRE 1824.

Louis, etc., sur le rapport de notre ministre secrétaire d'Etat président du conseil royal de l'instruction publique ; considérant que plusieurs étudians de la faculté de droit de Grenoble ont constamment figuré dans les troubles dont cette ville a été agitée à diverses époques, et qu'en dernier lieu un grand nombre ont fait partie des attroupemens qui ont arboré des signes de rébellion ; considérant que les mesures prises jusqu'à ce jour ont été impuissantes pour prévenir le retour de pareils désordres ; vu l'article 38 de la loi du 22 ventose an 12, relative aux écoles de droit, nous avons ordonné et ordonnons ce qui suit :

Art. 1er. La faculté de droit de Grenoble est supprimée.

2. Les étudians de cette faculté seront tenus, jusqu'au 1er novembre prochain, d'obtenir une autorisation spéciale du président du conseil royal de l'instruction publique, pour pouvoir continuer leurs études dans d'autres facultés.

3. Avant le 1er novembre prochain, notre ministre secrétaire d'État président du conseil royal de l'instruction publique nous présentera, s'il y a lieu, un projet de réorganisation de la faculté de droit de Grenoble.

4. Notre ministre président du conseil royal de l'instruction publique est chargé de l'exécution de la présente ordonnance.

———

3 = Pr. 5 AVRIL 1821. — Ordonnance du Roi sur le traitement à payer aux officiers amputés et aux officiers de l'ordre royal de la Légion-d'Honneur. (7, Bull. 441, n° 10320.)

Voy. ordonnance du 26 MAI 1824.

Louis, etc. vu la loi du 6 juillet 1820, après avoir entendu les observations de notre grand-chancelier de l'ordre royal de la Légion-d'Honneur sur la situation actuelle de la dotation de la Légion-d'Honneur et les droits de chacun de ses membres, nous avons ordonné et ordonnons ce qui suit :

Art. 1er. Il sera payé à chacun des officiers amputés nommés membres de l'ordre depuis le 6 avril 1814 jusqu'au 20 mars 1815, le traitement de légionnaire, à partir du 1er juillet 1820.

2. Il sera également payé une augmentation de quatre-vingts francs à chacun des membres qui étaient officiers de l'ordre à l'époque du 6 avril 1814, en sorte que le traitement total de ce grade pour 1820 soit de cinq cent soixante-dix francs.

3. Notre président du conseil des ministres est chargé de l'exécution de la présente ordonnance.

———

4 = Pr. 17 AVRIL 1821. — Ordonnance du Roi qui appelle à l'activité quarante mille hommes sur la classe de 1820. (7, Bulletin 443, n° 10367.)

Louis, etc. vu les articles 5 et 6 de la loi du 10 mars 1818, qui fixent le complet de paix de l'armée, et déterminent le nombre d'hommes qui peuvent être appelés sur chaque classe, ainsi que le mode de répartition à en faire entre les départe-

mens, nous avons ordonné et ordonno ce qui suit :

Art. 1er. Quarante mille hommes so appelés sur la classe de 1820.

2. La répartition de ces quarante mil hommes entre les départemens demeu fixée ainsi qu'elle est établie au tableau a nexé à la présente ordonnance.

3. Les deux publications des tableaux c recensement voulues par l'article 11 de loi du 10 mars 1818 auront lieu le 29 avr et le 6 mai prochains ;

L'examen de ces tableaux et le tirag voulus par l'article 12, à partir du 25 ma

L'ouverture des opérations des consei de révision aura lieu le 25 juin ;

Et la clôture de la liste du contingent le 1er septembre.

4. Il sera ultérieurement statué sur l'é poque de la mise en activité des quarant mille hommes appelés de la classe de 1820 ainsi que sur la répartition qui doit e être faite entre les corps de notre armée.

5. Notre ministre de la guerre est charg de l'exécution de la présente ordonnance.

———

4 AVRIL = Pr. 5 MAI 1821. — Ordonnance d Roi qui établit deux places de courtier de mar chandises à Aix, département des Bouches - du Rhône. (7, Bull. 448, n° 10495.)

Art. 1er. Il y aura deux places de courtier de marchandises à Aix, départemen des Bouches-du-Rhône.

Le cautionnement attaché à ces emplois sera de quatre mille francs.

2. Nos ministres de l'intérieur et des finances sont chargés de l'exécution de la présente ordonnance.

———

4 AVRIL = Pr. 7 JUIN 1821. — Ordonnance du Roi portant autorisation de la compagnie d'assurances mutuelles contre l'incendie pour le département de la Somme. (7, Bull. 454, n° 10691.)

Art. 1er. La compagnie d'assurances mutuelles contre l'incendie pour le département de la Somme, séant à Amiens, formée par acte passé par-devant Doisy et son collègue, notaires à Amiens, les 7, 9 et 10 octobre 1820, est autorisée; ses statuts sont approuvés tels qu'ils sont portés audit acte et rectifiés par celui du 20 mars 1821, passés par-devant les mêmes notaires, lesquels actes resteront annexés à la présente ordonnance.

2. Notre autorisation étant accordée à ladite société à la charge de se conformer aux lois et à ses statuts approuvés, nous nous réservons de la révoquer en cas de

violation ou de non-exécution, sauf les actions des tiers à exercer devant les tribunaux à raison des infractions commises à leur préjudice.

3. Notre ministre secrétaire d'État de l'intérieur nommera auprès de ladite compagnie un commissaire chargé de prendre connaissance de l'observation des statuts, et d'en rendre compte au préfet du département. Le commissaire pourra suspendre provisoirement celles des opérations de la compagnie qui lui paraîtraient contraires aux lois et aux statuts, ou dangereuses pour la sûreté publique, et ce jusqu'à décision à intervenir de la part des autorités compétentes.

4. Devront les sociétaires se conformer, en ce qui les concerne, aux lois et réglemens de police sur le fait des incendies.

5. La société sera tenue de remettre, tous les six mois, copie en forme de son état de situation au préfet de la Somme, aux greffes des tribunaux de commerce, et à la chambre de commerce d'Amiens.

6. Notre ministre secrétaire d'État de l'intérieur est chargé de l'exécution de la présente ordonnance, qui sera publiée au Bulletin des Lois avec les actes y annexés. Pareille insertion aura lieu dans le Moniteur et dans le journal destiné aux annonces judiciaires du département de la Somme.

1re LOI. — Art. 1er. Les communes de Lucy, de Bacourt, de Baudrecourt, de Chenoy, de Chicourt, de Fremery, de Hannocourt, de Juville, de Lesse, de Morville-sur-Nied, d'Oron, de Prévocourt, de Saint-Evre, de Villers-aux-Oies, sont distraites du canton de Nomeny, arrondissement de Nancy, et réunies au canton de Delme, arrondissement de Château-Salins.

2. Les communes de Belleville et de Dieulouard, canton de Domèvre, et celles de Vendières, de Pagny-sur-Moselle, de Norroy, de Villers-sous-Preny, et de Preny, canton de Thiaucourt, sont distraites de l'arrondissement de Toul, et réunies au canton de Pont-à-Mousson, arrondissement de Nancy.

3. Les communes des cantons de Vézelise et Haroué sont distraites de l'arrondissement de Lunéville, et réunies à l'arrondissement de Nancy.

4. La commune de Nonhigny est distraite du canton de Lorquin, arrondissement de Sarrebourg, et réunie au canton de Blamont, arrondissement de Lunéville.

2e LOI. — Art. 1er. La commune d'Éréac est distraite du canton de Merdrignac, arrondissement de Loudéac, et réunie au canton de Broons, arrondissement de Dinan, département des Côtes-du-Nord.

2. La commune de Saint-Launeuc est distraite du canton de Broons, arrondissement de Dinan, et réunie au canton de Merdrignac, arrondissement de Loudéac, même département.

3e LOI. — Article unique. La commune de Chevrey, département de la Côte-d'Or, est distraite de l'arrondissement de Dijon, et réunie à l'arrondissement de Beaune et au canton de Nuits.

4e LOI. — Article unique. Les communes de Bains, de Fontenoy-le-Château, de Tremouzey, de Montmotier, du Magny, de Haut-Mougey, de Vioménil, de La Haye, de Grucy (1), de Grand-Rupt, des Voivres et de Surance, composant le canton de Bains, sont distraites de l'arrondissement de Mirecourt, département des Vosges, et

_____

(1) Lisez : Vioménil, de Harsault, de la Haye de Crucy. Erratum, Bull. 451.

réunies à l'arrondissement d'Épinal, même département.

5ᵉ LOI. — *Article unique.* La commune de Cesse est distraite du département des Ardennes, et réunie au canton de Stenay, arrondissement de Montmédi, département de la Meuse.

6ᵉ LOI. — *Article unique.* La commune de Mazerny, département des Ardennes, est distraite du canton de Tourteron, et réunie au canton d'Omont, arrondissement de Mézières.

11 AVRIL = Pr. 5 MAI 1821. — Ordonnance du Roi qui autorise, aux conditions y exprimées, les sieurs Durassié et Trocard à rendre navigable la rivière du Drot, depuis Eymet, département de la Dordogne, jusqu'à Gironde, département du même nom. (7, Bulletin 448, n° 10496.)

Louis, etc. sur le rapport de notre ministre secrétaire d'État au département de l'intérieur, vu le mémoire imprimé des sieurs Durassié et Trocard, tendant à obtenir l'autorisation de rendre la rivière du Drot navigable depuis Eymet, arrondissement de Bergerac, département de la Dordogne, jusqu'à Gironde, département de la Gironde, par l'établissement, à leurs frais, d'une machine de leur invention, propre à enlever les bateaux et à franchir les barrages existant sur ladite rivière ; vu les avis favorables des maires des communes riveraines, des ingénieurs et des préfets ; vu l'avis, également favorable, du conseil et du directeur général des ponts-et-chaussées ; vu l'article 16, titre 1ᵉʳ, de la loi des finances du 23 juillet 1820, qui autorise le Gouvernement à établir des droits de péage dans les cas où ils seront reconnus nécessaires ; notre Conseil-d'État entendu, nous avons ordonné et ordonnons ce qui suit :

Art. 1ᵉʳ. Les sieurs Durassié et Trocard, sont autorisés à rendre la rivière du Drot navigable depuis Eymet, département de la Dordogne, jusqu'à Gironde, dans l'arrondissement de La Réole, par le moyen de la machine pour laquelle nous avons accordé un brevet d'invention. Cette concession leur est faite à leurs risques, périls et fortune, sans que, pour quelque cause que ce soit, ils puissent prétendre à aucune espèce d'indemnité.

2. Les sieurs Durassié et Trocard seront tenus d'établir leur machine à tous les barrages des moulins existant sur le Drot dans l'étendue ci-dessus déterminée, de payer préalablement, soit aux propriétaires des moulins, soit aux propriétaires des fonds riverains, les indemnités auxquelles ils auraient droit pour l'établissement des machines et pour la cession des terrains nécessaires à la formation d'un chemin de halage, dont la largeur sera fixée conformément aux lois et réglemens relatifs aux chemins de halage, laquelle indemnité sera réglée de gré à gré, ou à dire d'experts, ou par les tribunaux en cas de difficultés.

3. Les concessionnaires seront tenus, en outre, de se procurer, à leurs frais, tous les bateaux dont ils auraient besoin pour la navigation ; d'approfondir, de même à leurs frais, sous la surveillance des ingénieurs des ponts-et-chaussées, le lit de la rivière, partout où le creusement de ce lit serait indispensable, pourvu toutefois que cette opération ne puisse nuire aux moulins et changer le nivellement de leurs eaux.

4. La présente concession n'apportera aucune atteinte au droit des propriétaires ou locataires de moulins de posséder et faire usage de bateaux pour naviguer d'un bief à un autre.

5. Si, dans le délai de deux ans à partir de la date de la présente ordonnance, les machines n'ont pas été établies aux points où elles doivent être placées, ou si ces machines ne sont pas toutes en activité et la navigation assurée, les concessionnaires seront mis en demeure et déclarés déchus des droits qui leur sont accordés par la présente ordonnance ; il en sera de même si le service de la navigation chômait, par toute autre cause que par force majeure, pendant trois mois.

6. Si les concessionnaires établissent une digue à Bonneuil, ils seront obligés de réserver un pertuis éclusé de cinq mètres de largeur, qui sera ouvert pendant tout le temps que les eaux seront suffisamment hautes dans la rivière pour permettre aux grands bateaux de remonter librement au port de la Barthe.

7. Dans le cas où ils voudraient former une société, soit anonyme, soit en commandite, qui se chargerait de l'entreprise aux charges et clauses ci-dessus, il sera statué ultérieurement par nous, sur la demande qu'ils formeraient à cet effet, en remplissant les conditions et les formalités voulues en pareil cas.

8. Pour indemniser les concessionnaires de leurs avances, et des dépenses auxquelles ils seront obligés pour l'établissement et l'entretien des machines, la construction des bateaux, pour les indemnités à qui de droit, et pour maintenir le cours d'eau en état de navigation, nous les autorisons à percevoir, à leur profit, tant que

durera leur établissement, un droit de navigation, suivant le tarif ci-après :

(Suit le tarif.)

---

11 AVRIL == Pr. 1er JUIN 1821. — Ordonnance du Roi qui rectifie une erreur dans les statuts de la caisse de survivance et d'accroissement. (7, Bull. 453, n° 10646.)

Louis, etc. vu notre ordonnance du 14 décembre 1820, portant homologation d'une délibération du conseil général de la caisse de survivance et d'accroissement en date du 1er du même mois de décembre, contenant des amendemens aux statuts primitifs annexés à notre ordonnance du 8 décembre 1819; vu nouvelle délibération du conseil général de ladite caisse du 1er février 1821, suivant extrait délivré par Crosnier et son collègue, notaires à Paris, le 2 du même mois, d'où il résulte qu'une erreur matérielle de copiste s'est glissée dans un article de la délibération du 1er décembre, et qu'il est nécessaire qu'elle soit réparée suivant le vœu de la société ; ce qui est conforme à l'esprit des statuts, aux règles de l'équité, et dans l'intérêt des actionnaires ; sur le rapport de notre ministre secrétaire d'Etat de l'intérieur ; notre Conseil-d'Etat entendu, nous avons ordonné et ordonnons ce qui suit :

Art. 1er. La délibération du conseil général de la caisse de survivance et d'accroissement en date du 1er février 1821, laquelle demeure annexée à la présente ordonnance, est approuvée. En conséquence la condition apposée à la disposition du second alinéa du n° 5 de l'art. 37 bis des statuts de la seconde division dudit établissement, en vertu de laquelle les déposans auront la faculté d'obtenir leur remboursement anticipé dans les cas prévus audit article, reste et s'entend rédigée en ces termes : « à la charge d'en faire la de- « mande expresse cinq ans d'avance, et « d'abandonner un soixante-quinzième *de* « *l'accroissement* dudit capital par chaque « année d'anticipation. »

2. Notre ministre secrétaire d'Etat de l'intérieur est chargé de l'exécution de la présente ordonnance, qui sera publiée au Bulletin des Lois et imprimée tant au Moniteur qu'au journal des annonces judiciaires du département de la Seine.

---

11 AVRIL == Pr. 1er MAI 1821. — Ordonnance du Roi portant proclamation des brevets d'invention, de perfectionnement et d'importation, délivrés pendant le premier trimestre de 1821, aux sieurs Blanchard, Andrieux, Derode, Wogner, Gouhely, Teissier, Cessier, Nante,

Pichereau, Moulfarine, Rodier, Buchère de Lépinois, Siret, Mengin, Petit-Jean, Moreau, Drexel, Brouilhet, Souton, Bouilhères, Barlaud, Lemare, Monavon, Erard, Beugé, Georget, Lion, Gengembre père, Palyart-Lépinois, Gensoul, Fougier, Fautrat, Lepage, Mayer, Naquet, Henri, Housset, Gentillot, Lefort, Holvoet, Asté dit Halary, Culla, Touchard, Delaporte-Leroy et Coudun. (7, Bull. 447, n° 10466.)

---

11 AVRIL 1821. — Ordonnance du Roi qui permet aux sieurs Godard et Lorgerie d'ajouter à leurs noms ceux de Dubuc et de Guéry. (7, Bull. 444.)

---

11 AVRIL 1821. — Ordonnance du Roi portant que la commune de Sainte-Croix, arrondissement de Florac, est distraite du canton de Saint-Germain-de-Galberte, et réunie au canton de la Barre. (7, Bull. 469.)

---

11 AVRIL 1821. — Ordonnance du Roi portant que les communes d'Epy et de Tarcia, département du Jura, sont distraites du canton de Saint-Amour, et réunies au canton de Saint-Julien. (7, Bull. 449.)

---

11 AVRIL 1821. — Ordonnances du Roi qui accordent des lettres de déclaration de naturalité aux sieurs Farina, Viansson, Potter, Perret et Guisto. (7, Bull. 455, 457, 465 et 571.)

---

11 AVRIL 1821. — Ordonnances du Roi qui autorisent l'acceptation de dons et legs. (7, Bull. 463.)

---

11 AVRIL 1821. — Ordonnance du Roi qui concède les mines de plomb existant sur le territoire de la commune de Saint-Geniez-Dromont, arrondissement de Sisteron. (7, Bull. 464.)

---

11 AVRIL 1821. — Ordonnances du Roi qui accordent des pensions de retraite à des militaires, des pensions à des veuves de militaires, à un ancien employé de la direction générale des vivres, et à un sous-préfet. (7, Bull. 444 bis et 449 bis.)

---

18 == Pr. 27 AVRIL 1821. — Ordonnance du Roi qui établit un tribunal de commerce à Neufchâtel, département de la Seine-Inférieure. (7, Bull. 445, n° 10411.)

Voy. loi du 16 == 24 AOUT 1790, titre 12, art. 1er, et décret du 6 OCTOBRE 1809.

Art. 1er. Il sera établi un tribunal de

commerce à Neufchâtel, département de la Seine-Inférieure.

2. Ce tribunal aura pour ressort les cantons de Neufchâtel, Saint-Saens, Aumale, Blangy et Londinières.

3. Il sera composé d'un président, de trois juges et de deux suppléans.

4. Notre garde-des-sceaux ministre de la justice est chargé de l'exécution de la présente ordonnance.

18 AVRIL 1821. — Avis du comité des finances du Conseil-d'Etat qui décide que les tribunaux sont seuls compétens pour connaître d'une question de privilége entre le domaine et un créancier particulier, à raison de l'application du produit de la vente des biens d'un condamné, (*Sirey*, tome 21, 2ᵉ partie, p. 162.)

Le comité des finances, sur le renvoi qui lui a été fait par son excellence le ministre secrétaire d'Etat au même département,

Vu un rapport par lequel le secrétaire général des finances expose qu'une question de privilége s'est élevée entre l'administration des domaines et le sieur Lebergne, sur le produit de la vente des biens du nommé Lambert, condamné aux fers avec confiscation; que cette question a été jugée en faveur du sieur Lebergne, par le préfet de la Seine, dans quatre arrêtés dont la régie a provoqué la réformation; que le comité des finances ayant déclaré qu'il y avait lieu de renvoyer la contestation devant les tribunaux, son avis a été adopté par le ministre le 19 septembre dernier; que précédemment le comité avait déjà sur des affaires de même nature, et relatives aux condamnés Barin et Masquet, donné deux avis semblables que son excellence a pareillement confirmés, les 21 juin et 17 juillet 1820; que le préfet de la Seine a fait des représentations contre les décisions du 19 septembre; qu'il soutient que le jugement de la contestation concernant le sieur Lebergne est du ressort administratif, invoquant à l'appui de son opinion les lois des 26 frimaire et 9 ventose an 2; que la réclamation du préfet de la Seine est fondée sur une jurisprudence établie depuis un grand nombre d'années; que le comité a, pour la première fois, dans sa délibération du 19 mai dernier, sur l'affaire Barin, signalé cette jurisprudence comme irrégulière; que n'ayant pas présentes les lois des 26 frimaire et 9 ventose an 2, et cédant à l'équité naturelle, le comité a repoussé une forme de procéder en vertu de laquelle l'administration, étant chargée de liquider le produit d'une con-

fiscation, devenait juge et partie; que, les objections de M. le préfet de la Seine changeant l'état de la question, il y a lieu d'en provoquer un nouvel examen;

Vu les lois des 26 frimaire, 9 ventose an 2, et 1ᵉʳ floréal an 3;

Vu de nouveau les avis donnés les 19 mai, 23 juin et 1ᵉʳ septembre 1820, ainsi que différentes pièces relatives à la réclamation du sieur Lebergne, notamment l'arrêté du préfet de la Seine en date du 11 décembre 1815, la lettre du 3 février 1816, par laquelle ce magistrat propose au ministre de rapporter l'arrêté préindiqué et la délibération prise le 18 mars 1817 par le conseil d'administration des domaines;

Considérant que les lois des 26 frimaire et 9 ventose an 2 contiennent des dispositions qui n'ont pu avoir d'effet qu'à l'époque ou elles ont été adoptées sans être susceptibles de prévaloir indéfiniment contre les principes du droit commun;

Que, dans le temps même où ils avaient le moins d'influence, la loi du 1ᵉʳ floréal an 3, reconnaissant qu'il n'appartenait pas à l'administration, dans le cours des liquidations qui lui étaient attribuées, de prononcer, soit entre les divers créanciers, soit entre eux et elle-même, appelait des arbitres à décider dans les cas litigieux;

Que si, depuis l'époque où le droit commun avait repris son empire, on a continué à procéder d'une manière *irrégulière* dans des occasions analogues à celle dont il s'agit, cela s'explique sans doute par le petit nombre des affaires de ce genre qui ont dû se présenter, et par le peu d'importance des droits qu'on avait à régler;

Mais qu'en admettant qu'une telle pratique eût été constante, et n'eût fait naître aucune réclamation, cette double circonstance ne saurait dispenser de rechercher, lorsqu'il s'élève des difficultés, quelle est la marche à suivre pour arriver à une solution régulière;

Persistant ainsi dans les motifs et les avis qu'il a précédemment soumis à son excellence,

Pense que la contestation qui existe entre le domaine et le sieur Lebergne rentre, par sa nature, dans la compétence des tribunaux, et que, s'il existe quelque acte administratif qui puisse arrêter leur action, il y a lieu de le faire disparaître.

18 AVRIL 1821. — Ordonnance du Roi qui admet les sieurs Beele, Bucher et Wick, à établir leur domicile en France. (7, Bull. 447.)

18 AVRIL 1821. — Ordonnances du Roi qui accordent des lettres de déclaration de naturalité aux sieurs Arnould et Wagner dit Wachener. (7, Bull. 615.)

18 AVRIL 1821. — Ordonnances du Roi qui autorisent l'inscription de deux cent quatre-vingt-seize pensions; qui accordent une pension à un référendaire honoraire de la cour des comptes, et des pensions militaires. (7, Bull. 449 bis.)

19 AVRIL 1821. — Ordonnance du Roi portant que le hameau de Poireauville, département de la Somme, est distrait de la commune de Saint-Blimont et du canton de Saint-Valery, et réuni à la mairie de Vaudricourt, canton d'Ault, même département. (7, Bull. 453.)

19 AVRIL 1821. — Ordonnances du Roi qui autorisent l'acceptation de dons et legs. (7, Bull. 463 et 464.)

20 AVRIL 1821. — Ordonnance du Roi relative à l'organisation de la Chambre des pairs en cour de justice (1).

TITRE I". De la recherche et de la poursuite.

SECTION I". Du ministère public.

Art. 1". Il y aura près de la Cour des pairs un procureur général; il sera assisté dans l'exercice de ses fonctions par deux avocats généraux et deux substituts:

2. Les fonctions d'avocat général et de substitut près la Cour des pairs ne sont point incompatibles avec celles du ministère public près les cours et tribunaux.

3. Les ordonnances de nomination de ces officiers sont portées à cette Cour par des commissaires du Roi.

Ces officiers sont reçus et installés solennellement en séance publique.

4. Le procureur général agit d'office dans les cas prévus par l'art. 34 de la Charte constitutionnelle.

5. Dans les cas prévus par l'art. 33 de la Charte constitutionnelle, le procureur général ne peut agir s'il n'est provoqué, soit par le flagrant délit, soit par une ordonnance du Roi qui défère à la Cour des pairs le crime dénoncé.

6. Dans le cas prévu par l'article 55 de la Charte constitutionnelle, le procureur général n'est point partie; il est seulement entendu sur l'accusation, et requiert pendant le cours de l'instruction et des débats pour la régularité des formes, et avant le jugement pour l'application de la loi.

7. Lorsque le procureur général croit devoir intenter d'office un procès criminel contre un pair, d'après une dénonciation secrète, il ne peut le faire sans avoir préalablement fait écrire la dénonciation circonstanciée sur un registre qu'il tient à cet effet, et l'avoir fait signer par chaque dénonciateur.

SECTION II. De l'instruction.

8. Lorsqu'il s'agit de crimes ou délits de la compétence de la Cour des pairs, les fonctions de juge d'instruction seront remplies par le chancelier de France présidant cette Cour; il sera assisté, et pourra être suppléé par un ou plusieurs des quatre pairs qu'il désignera à cet effet, et dont il proclamera les noms à l'ouverture de chaque session législative ordinaire de la Chambre des pairs, aussitôt après que la Chambre sera constituée.

Les pairs ainsi désignés pourront être appelés à assister ou à suppléer le chancelier jusqu'au commencement de la session législative ordinaire qui suivra l'époque de leur nomination.

9. Toute personne qui se prétendrait lésée par un des crimes ou délits dont la connaissance est réservée à la Cour des pairs par l'art. 34 de la Charte constitutionnelle pourra en rendre plainte et se constituer partie civile, soit devant le chancelier de France, soit, conformément à l'art. 63 du Code d'instruction criminelle, devant tel juge d'instruction qu'il appartiendra.

Dans ce dernier cas, la plainte est transmise au chancelier de France par le ministre secrétaire d'Etat au département de la justice.

10. Il sera procédé à l'instruction, conformément aux lois du royaume.

TITRE II Des mises en liberté.

11. Au commencement de chaque session législative ordinaire de la Chambre des pairs, et dans la même séance où il aura désigné les quatre pairs destinés à l'assister ou à le suppléer dans l'instruction criminelle, le chancelier de France tirera au sort les noms des soixante douze pairs, parmi lesquels il en choisira douze qui formeront le conseil des mises en liberté.

12. Les membres de ce conseil ne pourront délibérer s'ils ne sont au moins au

___

(1) Cette ordonnance n'a pas été reçue par la Chambre des pairs.

16.

nombre de sept ; leurs fonctions dureront jusqu'au commencement de la cession législative ordinaire qui suivra l'époque de leur nomination.

13. Dans les cas prévus par l'article 33 de la Charte constitutionnelle, aussitôt que le chancelier ou les pairs qui l'assisteront, ou par lesquels il sera suppléé, seront d'avis qu'il y a lieu de mettre l'inculpé en liberté, ils en rendront compte au conseil des mises en liberté, qui statuera sur l'élargissement demandé.

TITRE III. De l'accusation.

14. Quand le procureur général juge l'instruction complète, il requiert la réunion de la Cour.

15. Avant d'entendre le rapport sur l'instruction, il est procédé, par le président, à l'appel nominal des membres de la Cour. La liste des pairs présens est arrêtée ; ceux qui y sont inscrits peuvent seuls prononcer sur l'accusation.

16. Le rapport fait, le procureur général est entendu ; il dépose ses réquisitions écrites et signées, et se retire. Le président avertit la Cour que chacun de ses membres peut demander au rapporteur les éclaircissemens qui lui paraissent nécessaires, ou la lecture des diverses pièces de la procédure. Les éclaircissemens donnés et les pièces lues, le président recueille les opinions ; toute discussion préalable est interdite.

17. Les opinions sont recueillies dans l'ordre des réceptions, en commençant par le pair reçu le dernier. Néanmoins le rapporteur, quel que soit son rang de réception, opine le premier. Les opinions sont prononcées à haute voix, et en séance secrète, tant sur l'accusation, que dans toutes les décisions, déclarations ou arrêts qui interviennent pendant le cours de l'instruction et du jugement.

18. Sur l'accusation, il est toujours procédé à un second tour d'opinions. L'accusation n'est prononcée que lorsque, après ce second tour, la moitié des suffrages plus deux se réunit pour l'admettre.

19. Dans le premier comme dans le second tour d'opinions, chaque pair est libre de donner à son opinion tous les développemens qu'il juge convenables.

20. S'il y a plusieurs inculpés, la Cour délibère séparément sur le sort de chacun d'eux : néanmoins elle prononce par un seul et même arrêt.

21. Les voix de tous les pairs sont comptées, quelsque soient leurs alliances et les degrés de parenté existant entre eux.

22. Si la Cour n'aperçoit aucune trace d'un délit prévu par la loi, ou si elle ne trouve pas des indices suffisans de culpabilité, elle déclare qu'il n'y a lieu à suivre, et ordonne la mise en liberté du prévenu, s'il n'est détenu pour autre cause.

23. Si la Cour estime que le fait imputé au prévenu n'est pas de sa compétence, elle ordonne que le prévenu sera renvoyé devant qui de droit, à la diligence du procureur général du Roi.

24. Si la Cour prononce l'accusation, le procureur général est tenu, dans les dix jours qui suivront la prononciation de l'arrêt, de rédiger et de faire signifier l'acte d'accusation. Il est ensuite procédé conformément à ce qui est prescrit par les articles 241 et suivans du Code d'instruction criminelle.

TITRE IV. Du jugement.

25. Aussitôt que l'acte d'accusation est signifié, le président invite l'accusé à choisir son conseil, et, à défaut par lui de le faire, il lui en nomme un d'office.

26. Le président indique le jour de la réunion de la Cour par une ordonnance notifiée aux accusés et à leurs défenseurs. Au jour fixe, et préalablement à toute opération, la Cour se constitue, conformément aux dispositions de l'art. 25 du présent réglement.

27. Les débats sont publics.

28. Tout pair peut être récusé,

1° S'il est parent ou allié des parties ou de l'une d'elles, jusqu'au degré de cousin issu de germains inclusivement ;

2° S'il est créancier ou débiteur de l'une des parties ;

3° S'il y a un procès entre lui, sa femme leurs ascendans ou descendans, ou alliés de la même ligne, et l'une des parties, et que ce procès eût été intenté avant la récusation proposée ;

4° S'il est tuteur, subrogé tuteur ou curateur, héritier présomptif ou donataire de l'une des parties, ou, enfin, si l'une des parties est sa présomptive héritière ;

5° S'il a déposé comme témoin dans le cours de l'instruction ;

6° S'il y a inimitié capitale entre lui et l'une des parties, s'il y a eu de sa part, ou de celle de l'une des parties, aggression, injures ou menace, dans les six mois qui précèdent la récusation.

29. Tout pair qui sait cause de récusation en sa personne est tenu de le déclarer à la Cour, qui prononce, ainsi que sur toutes les récusations proposées par l'accusé.

30. Le président dirige les débats ; aucun

pair ne peut interroger ni interpeller, soit les accusés, soit les témoins. Néanmoins, tout pair qui désire obtenir un éclaircissement en adresse la demande au président, qui fait, soit aux témoins, soit aux accusés, les interpellations nécessaires.

31. Après la clôture des débats, la Cour se retire en la chambre du conseil pour y délibérer; le président fait le résumé de l'affaire, et pose les questions qui résultent de l'acte d'accusation ou des débats.

32. Les cinq huitièmes des voix sont nécessaires pour la condamnation de l'accusé. Pour former la décision de la Cour, il est procédé à deux tours d'opinions, ainsi qu'il est dit en l'article 18 du présent règlement.

33. Lorsque l'accusé aura été déclaré non coupable, le président prononcera qu'il est acquitté de l'accusation, et ordonnera qu'il spit mis en liberté, s'il n'est détenu pour autre cause.

34. Sur l'application de la peine le président recueille trois fois les suffrages : le dernier tour d'opinions fait l'arrêt. On ne peut opiner à ce dernier tour que par *oui* ou par *non*, et les votans sont tenus d'opter entre les deux avis qui ont obtenu le plus grand nombre de suffrages au tour précédent.

35. L'arrêt est prononcé par le président en séance publique, en présence de l'accusé. En cas de condamnation, la Cour peut ordonner qu'il sera lu à l'accusé dans sa prison, par le greffier.

TITRE V. Dispositions générales.

36. En exécution de l'article 26 de la Charte constitutionnelle, la Cour des pairs ne peut se rassembler, ni la Chambre des pairs se constituer en cour de justice, que sur l'ordre exprès du Roi.

37. Les fonctions attribuées par la loi aux greffiers des cours et tribunaux dans les affaires criminelles seront exercées près la Cour des pairs par le secrétaire archiviste de la Chambre des pairs et son adjoint. Il pourra s'adjoindre un ou deux commis assermentés.

La Cour recevra le serment du greffier en chef et des commis-greffier en séance publique.

38. Les arrêts de la Cour des pairs seront revêtus de la même forme exécutoire que les lois et arrêts.

39. Le procureur général et les défenseurs des accusés, lorsqu'ils s'adressent au président de la Cour des pairs, lui donnent le titre de Monseigneur ou de votre Grandeur; en parlant à la Cour, ils emploient l'une des formules suivantes : nobles et illustres Pairs, ou vos Seigneuries.

40. Le présent réglement sera porté à la Chambre des pairs par notre président du conseil des ministres et notre garde-des-sceaux, ministre secrétaire d'Etat au département de la justice, pour y être lu et enregistré, et ensuite inséré au Bulletin des Lois.

20 AVRIL 1821. — Ordonnance du Roi sur le costume des membres de la cour des pairs. (Mon. du 6 mai 1821.)

Art. 1er. Lorsque la Chambre est constituée en cour de justice, les pairs de France qui y siégent portent l'habit suivant :

Simarre de soie bleu-de-roi, petit boutons et boutonnières d'or, larges manches à paremens ouverts, boutons et boutonnières de même; épitoge d'hermine rattachée avec des glands d'or; cravate de dentelle; toque de velours bleu-de-roi, brodée d'hermine, la broderie surmontée de la couronne du titre, brodée en or.

2. Notre procureur général près la Cour des pairs porte la simarre, l'épitoge et la cravate comme les pairs, toque bordée d'hermine et d'un double galon d'or.

3. Nos avocats généraux, les substituts de notre procureur général et le greffier en chef de la Cour des pairs et son adjoint portent la simarre de soie bleu-de-roi comme les pairs, avec collet d'hermine sans épitoge; leur toque est bordée d'hermine avec un seul galon d'or.

4. Les commis-greffiers portent la simarre de soie bleu-de-roi, et la toque sans galon.

5. Notre président du conseil des ministres et notre garde-des-sceaux, ministre de la justice, sont chargés de l'exécution de la présente ordonnance.

23 = Pr. 27 AVRIL 1821. — Ordonnance du Roi qui détermine l'époque de la perception d'un droit de tonnage sur les navires américains. (7, Bull. 445, n° 10410.)

Voy. ordonnance du 3 SEPTEMBRE 1822.

Art. 1er. L'article 1er de notre ordonnance du 26 juillet dernier, par lequel il est établi un droit spécial de quatre-vingt-dix francs par tonneau, sans préjudice du décime additionnel, sur les bâtimens appartenant aux Etats-Unis d'Amérique, ne sera applicable qu'à ceux desdits bâtimens entrés dans les ports de France postérieurement au 12 décembre dernier,

2. Le montant des perceptions qui, à raison du droit spécial établi par notre ordonnance du 26 juillet, auraient été faites sur des bâtimens des Etats-Unis entrés dans les ports de France avant le 13 décembre dernier, sera remboursé à qui il appartient, sauf la déduction d'une somme égale au droit de tonnage ordinaire.

3. L'article 2 de notredite ordonnance du 26 juillet dernier est annulé.

4. Nos ministres des affaires étrangères et des finances sont chargés de l'exécution de la présente ordonnance.

23 AVRIL = Pr. 5 MAI 1821. — Loi qui autorise la ville de Metz, département de la Moselle, à faire un emprunt. (7, Bull. 448, n° 10492.)

Article unique. La ville de Metz, département de la Moselle, est autorisée, à l'effet de subvenir à la dépense de la restauration des pavés, à faire un emprunt de deux cent mille francs, conformément aux charges et conditions stipulées, tant pour les primes et intérêts que pour le mode et les époques d'amortissement, dans les délibérations du conseil municipal des 15 mai 1820 et 8 janvier 1821.

23 AVRIL = Pr. 5 MAI 1821. — Loi qui autorise un échange entre le domaine et la ville d'Arras, département du Pas-de-Calais. (7, Bull. 448, n° 10493.)

Art. 1er. Le maire de la ville d'Arras, département du Pas-de-Calais, est autorisé, 1° à céder définitivement, au nom de la ville, au domaine de l'Etat, à titre d'échange, sans soulte ni retour, le terrain appelé *le Jardin du Gouverneur*, sur lequel l'administration de la guerre a, depuis long-temps, fait bâtir un manége; 2° à recevoir en contre-échange, du même domaine de l'Etat, le terrain dit *les Jeux de Paume* ou de l'ancien manége, tel qu'il est représenté et limité dans le plan n° 4 ci-joint.

2. Au moyen de ce que l'échange et le contre-échange autorisés par l'art. 1er sont dans l'intérêt respectif de l'Etat et de la commune, les actes translatifs de propriété qui en seront la suite ne seront soumis qu'au droit fixe d'un franc d'enregistrement.

23 AVRIL = Pr. 5 MAI 1821. — Ordonnance du Roi qui détermine l'ordre suivant lequel les bonnes villes du royaume prendront rang. (7, Bull. 448, n° 10497.)

Art. 1er. Les bonnes villes de notre royaume prendront rang dans l'ordre suivant :

1 Paris, 2 Lyon, 3 Marseille, 4 Bordeaux, 5 Rouen, 6 Nantes, 7 Lille, 8 Toulouse, 9 Strasbourg, 10 Orléans, 11 Amiens, 12 Angers, 13 Montpellier, 14 Metz, 15 Caen, 16 Clermont-Ferrand, 17 Besançon, 18 Nancy, 19 Versailles, 20 Rennes, 21 Tours, 22 Bourges, 23 Grenoble, 24 La Rochelle, 25 Dijon, 26 Reims, 27 Montauban, 28 Troyes, 29 Nimes, 30 Antibes, 31 Cette, 32 Carcassonne, 33 Avignon, 34 Aix, 35 Pau, 36 Vesoul, 37 Toulon, 38 Colmar, 39 Cambrai, 40 Abbeville.

2. Notre ministre de l'intérieur est chargé de l'exécution de la présente ordonnance.

23 AVRIL = Pr. 12 MAI 1821. — Loi relative à des supplémens de crédits demandés sur les exercices 1818 et 1819 pour le département des affaires étrangères (1). (7, Bull. 449, n° 10529.)

Il est accordé au ministre des affaires étrangères, sur les fonds du budget de 1819, par supplémens aux crédits de 1818 et 1819 fixés par les lois des 27 juin et 14 juillet 1819, un crédit de cent quatre-vingt-quatre mille huit cent soixante-dix francs (184,870), savoir :

Sur l'exercice 1818. . . . 108,170^f
Sur l'exercice 1819. . . . 76,700

Total égal. 184,870

23 AVRIL = Pr. 12 MAI 1821. — Loi relative à des supplémens de crédits demandés sur les exercices 1818 et 1819 pour le département de l'intérieur. (7, Bull. 449, n° 10530.)

Art. 1er. Il est ouvert au ministre de l'intérieur, sur les fonds du budget de 1819, un crédit supplémentaire de six cent quarante-six mille six cent quatre-vingt-dix francs (646,690 fr.), pour l'acquittement de dépenses faites sur l'exercice 1818 au-delà des crédits accordés à son département par la loi du 28 mai 1820.

---

(1) Proposition à la Chambre des députés le 3 janvier (Mon. du 15). Rapport de M. Magneval e 12 mars (Mon. du 17). Discussion le 19 mars (Mon. des 20 et 21). Adoption le 20 mars (Mon. du 21). Présentation à la Chambre des pairs le 31 mars (Mon. du 1er avril). Rapport de M. le comte Mollien le 17 avril (Mon. du 25). Discussion et adoption le 26 avril (Mon. du 28.)

2. Le crédit de trente-six millions fixé par la loi du 14 juillet 1819 pour les dépenses départementales de l'exercice 1819, est augmenté d'une somme de cent-trente-trois mille six cent soixante-dix-huit francs (133,678 fr.), nécessaire pour élever ladite somme de trente-six millions au montant du produit des centimes spéciaux affectés à ces dépenses par la loi du 17 juillet 1819.

———————

23 AVRIL ⟹ Pr. 12 MAI 1821. — Loi relative à l'allocation d'un crédit spécial de huit cent mille francs demandé pour le département de la guerre. (7, Bull. 449, n° 10531.)

Il est ouvert au ministre de la guerre, sur les fonds du budget de l'exercice 1819, un crédit spécial de huit cent mille francs pour l'acquittement des dépenses des exercices 1816, 1817 et 1818, qui n'ont pu être comprises dans les comptes généraux de ces trois exercices, en raison des retards que les parties intéressées ont mis à produire leurs réclamations.

Ce crédit pourra également servir à satisfaire aux réclamations du même genre

qui viendraient à s'élever sur l'exercice 1819.

———————

23 AVRIL ⟹ Pr. 12 MAI 1821. — Loi relative à un supplément de crédit de onze mille neuf cent soixante-un francs demandé sur l'exercice 1818 pour le département de la marine. (7, Bull. 449, n° 10532.)

Il est ouvert au ministre de la marine, sur les fonds du budget de 1819, un crédit supplémentaire de onze mille neuf cent soixante-un francs, pour l'acquittement des dépenses faites sur l'exercice 1818 au-delà du crédit accordé à son département par la loi du 28 mai 1820.

———————

23 AVRIL ⟹ Pr. 12 MAI 1821. — Loi relative à divers supplémens de crédits demandés sur le budget de 1819 pour les départemens de la justice et des finances. (7, Bull. 449, n° 10533.)

Art. 1er. Il est accordé, par supplément aux crédits de 1819 fixés par la loi du 14 juillet 1819, savoir :

1° Au ministère de la justice, pour complément de frais de justice criminelle.				547,017
2° Au ministère des finances :				
Dépenses de construction de l'hôtel rue de Rivoli.			280,000	
Douanes, complément de remises sur l'impôt du sel.			38,769	
Contributions indirectes. { Complément de remises et frais d'impression. .	914,577			
	Service de la garantie des matières d'or et d'argent.	108,680	1,521,702	2,676,158
	Exploitation des poudres à feu.	498,445		
Loteries, complément de remises aux receveurs-buralistes.			516,596	
Taxations sur les impôts indirects et les recettes diverses.			319,091	

TOTAL. 3,223,175

Il est ouvert au ministre des finances, sur les fonds du budget de 1819, un crédit de six millions de francs (6,000,000 fr.) pour couvrir la portion restée à la charge du Trésor royal, dans le montant des indemnités payées aux boulangers de la ville de Paris en 1816 et en 1817, par suite de la cherté des subsistances.

———————

23 AVRIL ⟹ Pr. 12 MAI 1821. — Loi relative au

règlement définitif du budget de l'exercice 1819. (7, Bull. 449, n° 10534.)

§ Ier. Des annulations de crédits.

Art. 1er. Les crédits ouverts par les lois des 27 juin 1819 et 28 mai 1820 aux ministères ci-après, pour leur service des exercices 1818 et antérieurs, sont réduits d'une somme totale de quatre cent quatre-vingt-quinze mille deux cent quatre-vingt-dix-sept francs (495,297 fr.), restée sans emploi sur ces crédits, savoir :

1817 et antérieurs.	{ Justice.		9,280	
	Marine.		62,932	98,455
	Intérieur.		288	
	Finances. { Service ordinaire.	419		
	{ Fonds de secours.	1,846	25,955	
	{ Intérêts de capitaux de créances étrangères.	23,690		

À reporter. . . . 98,455

Report. 98,455

	Intérieur. .	Primes a l'importation des grains.		768		
	Guerre. .	Service général.	15,131		27,114	
		Armée d'occupation.	11,983			
1818. . .		Service ordinaire.	511			396,842
		Frais de négociations.	1			
	Finances.	Enregistrement et domaines.	305,576		368,960	
		Postes.	5,895			
		Loteries.	2,293			
		Douanes.	12,814			
		Boissons et tabacs.	6,330			
		Exploitation des poudres à feu. . . .	35,531			

Somme égale. 495,297

Cette somme est affectée et transportée au budget des recettes de l'exercice 1819.

2. Les crédits ouverts par la loi du 14 juillet 1819 aux ministères ci-après, pour leur service de l'exercice 1819, sont réduits d'une somme totale de seize millions six cent soixante-trois mille trois cent quatre-vingt-huit francs (16,663,388 fr.), restée sans emploi sur ces crédits, savoir :

Justice. . . .	Service ordinaire et fixe.				213,741
Guerre. . .	Service actif.		5,929,254	6,027,897	
	Dépenses temporaires.		98,643		
Marine et colonies.	Service général.				630,830
Finances.	Pensions . .	civiles. 300,000		1,700,000	9,770,920
		militaires. 1,000,000			
		ecclésiastiques. 400,000			
	Intérêts de la dette flottante.			1,923,254	
	Service administratif du ministère.			57,536	
	Frais de service du trésor.			589,475	
	Administrations financières.	Enregistrement et domaines.		451,669	
		Forêts.		42,832	
		Douanes (personnel et matériel).		23,155	
		Contributions indirectes (frais d'exploitation des tabacs)		2,439,307	
		Postes.		12,145	
		Loteries (personnel et matériel).		48,057	
		Contributions directes (frais de perception et non-valeurs).		2,483,490	

Somme égale. 16,663,388

§ II. Fixation du budget de l'exercice 1819.

3. Au moyen des dispositions précédentes, applicables à l'exercice 1819, et des supplémens de crédits accordés pour cet exercice et les exercices antérieurs par les lois de ce jour, les crédits du budget de 1819 sont fixés à la somme de huit cent soixante-trois millions huit cent cinquante-trois mille cent-neuf francs (863,853,109 fr.) et répartis entre les divers ministères et services, conformément à l'état A ci-annexé.

4. Les recettes de toute nature de ce même exercice, distraction faite de la somme de trente-quatre millions cinq cent quatre-vingt-dix-neuf mille trois cent vingt-cinq francs (34,599,325 fr.), affectée et transportée au budget de l'exercice 1818 par la loi du 28 mai 1820, sont arrêtées, au 1er octobre 1820, à la somme totale de huit cent soixante-huit millions trois cent douze mille cinq cent soixante-douze francs (868,312,572 fr.), conformément à l'état B aussi annexé à la présente loi.

5. La somme de quatre millions quatre cent cinquante-neuf mille quatre cent soixante-trois francs (4,459,463 fr.), formant la différence entre les recettes de 1819 arrêtées par l'article précédent à . . . 868,312,572 et les crédits du même exercice, définitivement réglés par l'article 4 à 863,853,109

Différence . . . 4,459,463

est affectée et transportée au budget des recettes de l'exercice 1821.

§ III. Dispositions générales.

6. L'état des paiemens qui seront faits par le Trésor, jusqu'à la concurrence de la somme de quarante millions soixante-huit mille six cent quarante-six francs (40,068,646 fr.), restant à payer au 1er octobre 1820 sur les crédits des exercices 1819 et antérieurs, savoir :

Sur 1818 et antérieurs (*état n° 4 annexé à la proposition de loi*), ci 21,560,534

Sur 1819 (*état n° 5 annexé à la proposition de loi*), ci . . 18,508,112

Somme égale. . . 40,068,646

sera produit au compte annuel des finances, jusqu'à ce que les paiemens soient entièrement consommés.

7. Les sommes qui pourraient provenir encore des ressources affectées à l'exercice 1819 seront portées en recette au compte de l'exercice courant, au moment où les recouvremens seront effectués.

(Suivent les états.)

ÉTAT A.   BUDGET DÉFIN

DÉPENSES.

MINISTÈRES ET SERVICES.	CRÉDITS accordés par la loi du 14 juillet 1819.	SUPPLÉMENS nécessaires pour solder les dépenses de l'exercice 1819.	CRÉDITS sans emploi à annuler.	MO dé des des act
Intérêts des 5 p. 100 consolidés et des reconnaissances de liquidat.	187,997,125	«	«	187,
Dotation de la caisse d'amortissement	40,000,000	«	«	40,
Liste civile et famille royale	34,000,000	«	«	34,
Justice....{ Service ordinaire	15,400,000	«	215,741	15,
Frais de justice	2,000,000	547 17	«	2,
Affaires étrangères	7,850,000	76,700	«	7,
Intérieur....{ Service ordinaire	10,700,000	«	«	10,
Cultes	29,500,000	«	«	29,
Travaux publics	33,700,000	«	«	33,
Dépenses départementales et secours	56,000,000	133,678	«	56,
Guerre.....{ Service actif	168,494,000	«	8,929,254	162,
Dépenses temporaires (demi soldes, secours et frais de liquidation de l'arriéré	16,256,000	«	98,643	16,
Marine et colonies. — Service général	45,200,000	«	650,830	44,
Dette viagère	11,500,000	«	«	11,
Pensions{ civiles	2,477,125	«	500,000	2,
militaires	51,100,000	«	1,000,000	50,
ecclésiastiques	11,500,000	«	400,000	11,
Fonds supplétif pour pensions	1,800,375	«	«	1,
Intérêts de cautionnemens	8,000,000	«	«	8,
Intérêts de la dette flottante	7,500,000	«	1,925,254	5,
Chambre des pairs	2,000,000	«	«	2,
Chambre des députés	680,000	«	«	(
Légion-d'Honneur (rente payable sur les prod. de l'enregistrem.	250,000	«	«	)
Cour des comptes	1,245,000	«	«	1,2
Commission de liquidation française et étrangère	151,000	«	«	)
Cadastre	3,000,000	«	«	3,(
Constructions rue de Rivoli	1,200,000	280,000	«	1,4
Service ordinaire du ministère	7,541,000	«	57,856	7,2
Frais de service du Trésor	5,796,000	«	589,475	5,2
Enregistrement et domaines	15,115,200	«	451,669	13,6
Forêts	3,155,000	«	42,852	3,1
Douanes et sels.{ Personnel et matériel	22,185,000	«	23,155	22,1
Remise de 2 pour 100 sur l'impôt du sel	860,000	38,769	«	8:
Contributions indirectes.{ Frais d'administration et de perception.	19,570,000	914,577	«	20,6
Frais de la garantie des mat. d'or et d'arg.	550,000	108,650	«	4
Frais d'exploitation des tabacs	25,520,000	«	2,459,307	23,6
Exploitation des poudres à feu	1,684,500	496,415	«	2,1
Postes	10,160,000	«	15,145	10,1
Loteries...{ Personnel et matériel	1,800,000	«	48,057	1,7
Remise de 6 p. 100 aux receveurs bural.	2,700,000	516,596	«	3,2
Contributions directes (frais de perception et non-val.).	30,955,940	«	2,483,490	28,4
Taxations et remises des receveurs généraux et particuliers sur les impôts indirects et les recettes diverses.	1,192,360	329,091	«	1,5
	869,516,125	3,455,555	16,665,388	856,28
Guerre..{ Fonds spécial pour l'acquittement de dépenses des exercices 1819 et antérieurs, non connues aux époques auxquelles les comptes en ont été arrêtés.	....	800,000	....	80
Finances.{ Subsistances de la ville de Paris en 1816 et en 1817 (indemnités payées aux boulangers à sa décharge).	....	6,000,000	....	6,00
Crédits supplémentaires accordés sur l'exercice 1818.{ Affaires étrangères........ 108,170 Intérieur.................. 646,699 Marine.................... 11,961	....	766,821	....	76
		11,000,574	16,665,388	863,85
Totaux........	869,516,125	Diminution : 5,665,014		
Dépenses pour ordre.{ Revenus de l'instruction publique.	....	....	1,760,500	6,64
Direction générale des poudres et salpêtres (y compris cent quatre vingt-neuf mille cent quatre-vingts francs ajoutés au capital de la direction.	....	....	4,884,036	

Certifié conforme :

EXERCICE 1819.

RECETTES.

ÉTAT B.

DÉSIGNATION DES PRODUITS.	ÉVALUATION des recettes. Loi du 17 juill. 1820.	EXCÉDÁNT des recettes.	DÍMINUTIONS et non-valeurs.	FIXATION définitive des produits de l'année 1819.
ment, timbre et domaines......................	165,384,000	«	6,090,571	159,293,429
....	18,310,000	«	79,483	18,230,517
t sels...	113,013,000	«	2,861,941	110,151,059
ons indirectes.................................	190,000,000	«	3,702,664	186,297,326
....	22,460,000	«	391,811	22,068,189
....	15,000,000	«	4,357,017	10,542,983
sur les traitemens............................	8,400,000	«	214,907	8,185,093
livers. { Salines de l'Est.....................	2,500,000	«	10,700	2,489,300
Intérêts des fonds publics appartenant au Trésor..............................	5,180,000	217,259	«	5,397,259
Produits de l'Inde.....................	1,509,000	545,212	«	1,654,212
Recettes sur débets et produits de diverses origines....................	2,799,150	557,681	«	3,356,831
ions di- { Principal et centimes additionnels......	325,035,158	354,125	«	325,389,283
...... { Centimes pour frais de perception......	16,964,842	«	625,021	16,339,821
onibles crédits aux mi- pour les es anté- i 1819. { Sur les exercices 1817 et antérieurs.................... 98.455 Sur l'exercice 1818.......... 396,842	«	495,297	«	495,297
n et transport au budget de 1819, de 1,674,500 fr. les retirées du budget de 1818. (Loi du 28 mai	32,921,318	«	«	32,921,318
Totaux.........	919,276,468	1,969,554	18,354,125	902,911,897
ent affecté et transporté au budget de l'exercice Lois du 28 mai 1820.)...........................	34,599,325	«	«	34,599,325
		1,969,554	18,354,125	
Reste en recettes propres à l'exercice 1819.....	884,677,143	Diminution : 16,364,571		868,312,572
ent affecté et transporté au budget des recettes de l'exercice 1821............				4,459,463
Reste, somme égale aux dépenses.............				863,853,109
pour ordre.. { Revenus de l'instruction publique........................ 1,760,500 Direction générale des poudres et salpêtres................. 4,884,036				6,644,536

Le ministre secrétaire d'État au département des finances, signé Roy.

Extrait de l'état N° 4 annexé à la proposition de loi portant réglement définitif du budget de l'exercice 1819.

RELEVÉ DES PAIEMENS RESTANT A FAIRE AU 1er OCTOBRE 1820
SUR LES EXERCICES 1818 ET ANTÉRIEURS.

MINISTERES ET SERVICES.	RESTANT A PAYER AU 1er OCTOBRE 1820		
	sur les exercices 1817 et antérieurs.	sur l'exercice 1818.	TOTAL.
Dette publique et intérêts de reconnaissance de liquidation.	1,168,103	2,408,968	3,577,071
Dette viagère.	265,176	793,409	1,058,585
Pensions.	2,142,362	2,060,637	4,202,999
Ministère de la justice.	12,934	28,273	41,207
Ministère des affaires étrangères.	140,272	108,173	248,445
Intérieur. { Clergé.	220,659	187,590	408,249
{ Services généraux.	147,434	117,491	264,925
{ Dépenses départementales.	325,016	1,150,703	1,475,719
{ Primes à l'importation des grains.	"	7,872	7,872
Guerre. { Service général.	2,170,900	61,479	2,232,369
{ Frais de l'armée d'occupation.	4,157,600	63,655	4,221,255
Marine.	455,992	372,720	828,712
Finances. { Service ordinaire.	7,138	823	7,961
{ Cadastre.	3,303	6,975	10,278
Ancien ministère de la police générale.	177	181	358
Secours accordés par le Roi et les princes.	5,660	"	5,660
Remboursement aux départemens des 20 millions avancés par eux en 1815 pour les troupes étrangères.	759,725	"	759,725
Paiement en espèces d'intérêts de capitaux de créances étrangères.	1,000	"	1,000
Intérêts d'obligations royales.	"	2,022	2,022
Remboursement de cautionnemens à des titulaires non replacés.	"	2,205,682	2,205,682
	11,983,451	9,576,653	(a) 21,560,104

(a) L'article 6 de la loi porte le restant à payer, au 1er octobre 1820, sur les exercices 1818 et antérieurs, à . . . . 21,560,534 fr.
parce qu'il n'a pas été fait état des 430 fr. retranchés par les Chambres sur le crédit supplémentaire de 108,600 fr. demandé pour le ministère des affaires étrangères, et qui a été réduit à 108,170 fr., ci 430

Il ne reste effectivement à payer que 21,560,104

Certifié conforme :
Le ministre secrétaire d'État au département des finances,
Signé ROY.

Extrait de l'état N° 5 annexé à la proposition de loi portant règlement définitif du budget de l'exercice 1819.

RELEVÉ DES PAIEMENS RESTANT A FAIRE AU 1ᵉʳ OCTOBRE 1820,
SUR L'EXERCICE 1819.

MINISTÈRES ET SERVICES.	RESTANT A PAYER au 1ᵉʳ octobre 1820.
Intérêts des cinq pour cent consolidés et des reconnaissances de liquidation. . .	4,525,452
Ministère de la justice. (Service ordinaire).	9,730
Ministère des affaires étrangères.	98,578
Ministère de l'intérieur. . . . . . — Service ordinaire.	116,867
— Cultes.	797,877
— Travaux publics.	1,811,584
— Dépenses départementales et secours. . .	3,897,880
Ministère de la guerre. . . . . . . — Service actif.	44,828
— Dépenses temporaires.	34,310
Ministère de la marine et des colonies.	1,955,463
Dette viagère.	333,721
Pensions. . . . — civiles.	67,592
— militaires.	1,350,229
— ecclésiastiques.	121,022
Cadastre.	148,596
Constructions rue de Rivoli.	322,702
Service ordinaire du ministère.	15,655
Frais de service du Trésor.	977
Frais de perception et de régie. — Enregistrement et domaine.	85,195
— Forêts.	146,380
— Frais de perception et non-valeurs des contributions indirectes.	2,298,783
Ministère de la guerre. (Crédit spécial de 800,000 francs).	324,679
TOTAL.	18,508,112

Certifié conforme :

Le ministre secrétaire d'État au département des finances,

Signé ROY.

23 = AVRIL 1821. — Ordonnances du Roi qui autorisent l'acceptation de dons et legs. (7, Bull. 464.)

24 AVRIL 1821. — Ordonnance du Roi qui nomme M. de Beurnonville pair de France. (Mon. du 26 avril.)

Louis, etc. sur le rapport de notre président du conseil des ministres, nous avons ordonné et ordonnons ce qui suit :

Art. 1er. Est nommé membre de la Chambre des pairs, au titre de baron, le sieur Etienne de Beurnonville, maréchal-de-camp, colonel du sixième régiment de notre garde royale.

2. Le président de notre conseil des ministres et notre garde-des-sceaux, ministre de la justice, sont chargés de l'exécution de la présente ordonnance.

25 AVRIL 1821. — Ordonnance du Roi qui permet au sieur Lerambert d'ajouter à son nom celui de Potin. (7, Bull. 449.)

25 AVRIL 1821. — Ordonnance du Roi qui admet les sieurs Bugmann et Grassel à établir leur domicile en France. (7, Bull. 449.)

25 AVRIL 1821. — Ordonnances du Roi qui accordent des lettres de déclaration de naturalité aux sieurs Duvivier, Petraz dit Petrasse, Vanderveken dit Vanderveque et Soncino dit Soucino. (7, Bull. 455, 457, 494.)

25 AVRIL 1821. — Ordonnances du Roi qui autorisent l'acceptation de dons et legs. (7, Bull. 464 et 465.)

30 AVRIL = Pr. 25 MAI 1821. — Ordonnance du Roi qui autorise les courtiers de la bourse de Dieppe à y exercer cumulativement le courtage des marchandises, des assurances, et la conduite des navires. (7, Bull. 451, n° 10602.)

Art. 1er. Les courtiers institués près la bourse de Dieppe par l'acte du Gouvernement du 15 octobre 1801 sont autorisés à y exercer cumulativement, et nonobstant toutes dispositions contraires, le courtage des marchandises, des assurances, et la conduite des navires.

2. Nos ministres de l'intérieur et des finances sont chargés de l'exécution de la présente ordonnance.

30 AVRIL 1821. — Tableau des prix moyens des grains pour servir de régulateur de l'exportation et de l'importation, conformément aux art. 6 et 8 de la loi du 16 juillet 1819. (Bull. 447.)

2 MAI 1821. — Ordonnance du Roi qui perm aux sieurs Levéque et Pochet d'ajouter à leu noms ceux de la Bassemouturie et de Bessière (7, Bull. 449.)

2 MAI 1821. — Ordonnance du Roi qui adme le sieur Reichenbach à établir son domicile e France. (7, Bull. 449.)

2 MAI 1821. — Ordonnances du Roi qui accordent des lettres de déclaration de naturalité au sieurs Recht, Giordan, Krutt et Dembret. (7 Bull. 457, 465, 480 et 619.)

2 MAI 1821. — Ordonnances du Roi qui accordent des pensions militaires. (7, Bull. 450 bis.

2 MAI 1821. — Ordonnances du Roi qui autorisent l'acceptation de dons et legs. (7, Bull. 465.)

2 MAI 1821. — Ordonnance du Roi qui permet au sieur Hénault de transformer le moulin qu'il possède à Milhas, commune d'Aspect, arrondissement de Saint-Gaudens, en un martinet à parer le fer. (7, Bull. 465.)

9 = Pr. 25 MAI 1821. — Ordonnance du Roi qui accorde un supplément de solde aux officiers, sous-officiers et caporaux, employés près les dépôts de recrutement. (7, Bulletin 451, n° 10603.)

Louis, etc. vu notre ordonnance du 26 octobre 1820, portant formation des dépôts de recrutement au chef-lieu de chaque département ; sur le rapport de notre ministre secrétaire d'État de la guerre, nous avons ordonné et ordonnons ce qui suit :

Art. 1er. Les officiers formant les dépôts de recrutement recevront, pour le temps de leur service à ces dépôts, un supplément du cinquième en sus de leur solde.

2. Ce supplément sera calculé, pour les lieutenans et sous-lieutenans, sur leur solde augmentée du supplément de 200 fr. par an, qui leur est allouée par notre ordonnance du 10 novembre 1819.

3. Les sergens attachés aux dépôts de recrutement recevront, pour le temps de leur service près ces dépôts, un supplément de solde de vingt-six centimes par jour.

4. Les caporaux employés près les mêmes dépôts jouiront, pour le même temps, d'un supplément de solde de vingt centimes par jour.

5. Ce supplément sera acquitté en même temps que la solde et sur les mêmes fonds.

6. Les officiers et sous-officiers qui composent les dépôts de recrutement entreront en jouissance des supplémens fixés par les articles 1, 3 et 4, à compter de la date de la présente ordonnance; ceux qui seront attachés à l'avenir pour ce service auront droit aux mêmes supplémens, à dater du jour de leur arrivée au dépôt.

7. Notre ministre de la guerre est chargé de l'exécution de la présente ordonnance.

MAI 1821. — Ordonnances du Roi qui autorisent l'acceptation de dons et legs. (7, Bull. 465 et 466.)

MAI 1821. — Ordonnance du Roi qui accorde des lettres de déclaration de naturalité au sieur Florent. (7, Bull. 494.)

MAI 1821. — Ordonnances du Roi relatives aux foires des communes de la Gacilly, de Vouneuil-sous-Biard, de Saint-Julien de Mailloc, de Briançon, de Renaison, de Poissons et de Montaigut. (7, Bull. 466.)

MAI 1821. — Ordonnance du Roi qui admet les sieurs Trau, Knobloch, Moertel, Eckstein, Schwer, Nicola, Muller, Pickel, Kurz, Glossner, Bucker, Werner, Hoerter, Wiss, Heinzen, Math, Kosbiel et Majolo, à établir leur domicile en France. (7, Bull. 452.)

MAI 1821. — Ordonnance du Roi qui accorde une pension à un ex-secrétaire général de préfecture. (7, Bull. 453 bis.)

---

6 = Pr. 26 MAI 1821. — Loi relative à la circonscription des arrondissemens électoraux (1). (7, Bull. 452, n° 10624.)

Voy. ordonnances des 30 AOUT 1820 et 24 DÉCEMBRE 1823, et loi du 24 MARS 1825.

Ain. — Art. [1ᵉʳ. Le département de l'Ain est divisé en trois arrondissemens électoraux, composés :

Le premier, de l'arrondissement de Bourg, moins les cantons de Bagé-le-Châtel et Pont-de-Veyle;

Le deuxième, de l'arrondissement de Trévoux, et des cantons de Bagé-le-Châtel et Pont-de-Veyle (arrondissement de Bourg);

Le troisième, des arrondissemens de Belley, Nantua et Gex.

Aisne. — 2. Le département de l'Aisne est divisé en quatre arrondissemens électoraux, composés :

Le premier, de l'arrondissement de Laon, moins les cantons de Chauny, Coucy, Rosoy-sur-Serre, et la portion du canton de La Fère située sur la droite des rivières de Serre et d'Oise;

Le deuxième, de l'arrondissement de Saint-Quentin, des communes d'Achery, Anguilcourt et le Sart, Beautor Fargniers, La Fère, Liez, Mayot, Menessis, Quessy, Tergnier, Travecy et Vouel (canton de La Fère, arrondissement de Laon), et du canton de Chauny (même arrondissement);

Le troisième, de l'arrondissement de Vervins, et du canton de Rosoy-sur-Serre (arrondissement de Laon);

Le quatrième, des arrondissemens de Soissons et Château-Thierry, et du canton de Coucy-le-Château (arrondissement de Laon).

Allier. — 3. Le département de l'Allier est divisé en deux arrondissemens électoraux, composés :

Le premier, des arrondissemens de Moulins et La Palisse;

Le deuxième, des arrondissemens de Gannat et Montluçon.

Ardèche. — 4. Le département de l'Ardèche est divisé en deux arrondissemens électoraux, composés :

Le premier, de l'arrondissement de l'Argentière et de celui de Privas, moins les cantons de la Voulte et de Saint-Pierre-Ville;

Le deuxième, de l'arrondissement de Tournon, et des cantons de la Voulte et de Saint-Pierreville, distraits de Privas.

Ardennes. — 5. Le département des Ardennes est divisé en deux arrondissemens électoraux, composés :

Le premier, des arrondissemens de Mézières, Rocroy et Sédan;

Le deuxième, des arrondissemens de Rethel et Vouziers.

Ariége. — 6. Le département de l'Ariége est divisé en deux arrondissemens électoraux, composés :

Le premier, des arrondissemens de Foix

---

(1) Proposition à la Chambre des députés le 5 janvier (Mon. du 8). Rapport de MM. Bourdeau et Labourdonnaye le 7 février (Mon. du 12). Discussion générale le 23 février (Mon. du 25). Article par article le 24 février (Mon. du 25 au 2 mars). Adoption le 1ᵉʳ mars (Mon. du 2).

Présentation à la Chambre des pairs le 3 mars (Mon. du 4). Rapport de M. le duc de Brisac le 8 avril (Mon. du 13). Discussion le 9 avril (Mon. du 15). Adoption le 11 avril (Mon. du 19).

et Saint-Girons, et du canton de Varilhes (arrondissement de Pamiers);

Le deuxième, de l'arrondissement de Pamiers, moins le canton de Varilhes.

Aube. — 7. Le département de l'Aube est divisé en deux arrondissemens électoraux, composés:

Le premier, des arrondissemens de Troyes et Nogent;

Le deuxième, des arrondissemens d'Arcis-sur-Aube, de Bar-sur-Aube et de Bar-sur-Seine.

Aude.—8. Le département de l'Aude est divisé en deux arrondissemens électoraux, composés:

Le premier, des arrondissemens de Castelnaudary et Limoux, et des cantons d'Alzonne, Conques, Mas-Cabardès, Montréal et Saissac (arrondissement de Carcassonne);

Le deuxième, de l'arrondissement de Carcassonne, moins les cantons d'Alzonne, Conques, Mas-Cabardès, Montréal et Saissac, et de l'arrondissement de Narbonne.

Aveyron.— 9. Le département de l'Aveyron est divisé en trois arrondissemens électoraux composés:

Le premier, des cantons de Rodès, Bozouls, Cassagne, Marcillac et Pont-de-Salars (arrondissement de Rodès), de l'arrondissement d'Espalion, et des cantons de Campagnac et Laissac (arrondissement de Milhau);

Le deuxième, de l'arrondissement de Villefranche, et des cantons de Conques, Naucelle, Ricquesta, Rignac, la Salvetat et Sauveterre (arrondissement de Rodès);

Le troisième, de l'arrondissement de Milhau, moins les cantons de Campagnac et Laissac; et de l'arrondissement de Saint-Affrique.

Bouches-du-Rhône.—10. Le département des Bouches-du-Rhône est divisé en trois arrondissemens électoraux, composés:

Le premier, de l'arrondissement de Marseille;

Le deuxième, de l'arrondissement d'Aix.

Le troisième, de l'arrondissement d'Arles.

Calvados. — 11. Le département du Calvados est divisé en quatre arrondissemens électoraux, composés:

Le premier, de l'arrondissement de Caen, et du canton de Dives (arrondissement de Pont-Lévêque);

Le deuxième, de l'arrondissement de Baïeux, et de l'arrondissement de Vire, moins les cantons de Vassy et de Condé;

Le troisième, de l'arrondissement de Falaise, des cantons de Vassy et Condé (arrondissement de Vire), et des cantons de Mézidon, de Saint-Pierre-sur-Dives (arrondissement de Lizieux);

Le quatrième, de l'arrondissement de Lizieux, moins les cantons de Mézidon et Saint-Pierre-sur-Dives; et de l'arrondissement de Pont-l'Évêque, moins le canton de Dives.

Cantal. — 12. Le département du Cantal est divisé en deux arrondissemens électoraux, composés:

Le premier, des arrondissemens d'Aurillac et Mauriac;

Le deuxième, des arrondissemens de Murat et Saint-Flour.

Charente.— 13. Le département de la Charente est divisé en trois arrondissemens électoraux, composés:

Le premier, de l'arrondissement d'Angoulême, moins le canton de Rouillac, des cantons d'Aubeterre, Chalais, Montmoreau (arrondissement de Barbezieux), et du canton de Mansle (arrondissement de Ruffec);

Le deuxième, de l'arrondissement de Confolens et des cantons de Ruffec et Ville-Fagnan (arrondissement de Ruffec);

Le troisième, de l'arrondissement de Cognac, du canton de Rouillac (arrondissement d'Angoulême), des cantons de Baignes, Barbezieux, Brossac (arrondissement de Barbezieux), et du canton d'Aigre (arrondissement de Ruffec).

Charente-Inférieure. — 14. Le département de la Charente-Inférieure est divisé en quatre arrondissemens électoraux, composés:

Le premier, de l'arrondissement de la Rochelle, des deux cantons de l'île d'Oléron (arrondissement de Marennes), et du canton d'Aigrefeuille (arrondissement de Rochefort);

Le deuxième, de l'arrondissement de Marennes, moins les deux cantons de l'île d'Oléron; des cantons de Loulay et Tonnay-Boutonne (arrondissement de Saint-Jean-d'Angely), du canton de Saujon (arrondissement de Saintes) et de l'arrondissement de Rochefort, moins le canton d'Aigrefeuille.

Le troisième, de l'arrondissement de Saintes, moins les cantons de Saujon, de Cozes et de Pons, et de l'arrondissement de Saint-Jean d'Angely, moins les cantons de Loulay et de Tonnay-Boutonne;

Le quatrième, de l'arrondissement de Jonzac, et des cantons de Cozes et de Pons (arrondissement de Saintes).

Cher. — 15. Le département du Cher est divisé en deux arrondissemens électoraux composés:

Le premier, de l'arrondissement de Bourges, moins les cantons de Baugy, Charost et Levet, et de l'arrondissement de Sancerre, moins le canton de Sancergues;

Le deuxième, de l'arrondissement de Saint-Amand, des cantons de Baugy, Charost et Levet (arrondissement de Bourges) et du canton de Sancergues (arrondissement de Sancerre).

Corrèze.—16. Le département de la Corrèze est divisé en deux arrondissemens électoraux, composés :

Le premier, de l'arrondissement de Brives, et des cantons d'Argentat, Mercœur, Scillac, Uzerches, Tulle-nord, et de la portion de la ville de Tulle-sud (arrondissement de Tulle);

Le deuxième, de l'arrondissement d'Ussel, et des cantons de Treignac, Egletons Corrèze, Laplau, Laroche, Servières et Tulle-sud, moins la portion de la ville de Tulle-sud (arrondissement de Tulle).

Côte-d'Or.—17. Le département de la Côte-d'Or est divisé en trois arrondissemens électoraux, composés :

Le premier, de l'arrondissement de Dijon ;
Le deuxième, de l'arrondissement de Beaune;
Le troisième, des arrondissemens de Châtillon et Semur.

Côte-du-Nord.—18. Le département des Côtes-du-Nord est divisé en quatre arrondissemens électoraux composés :

Le premier, de l'arrondissement de Saint-Brieuc ;
Le deuxième, de l'arrondissement de Dinan ;
Le troisième, des arrondissemens de Guingamp et Loudéac ;
Le quatrième, de l'arrondissement de Lannion.

Creuse. — 19. Le département de la Creuse est divisé en deux arrondissemens électoraux, composés :

Le premier, de l'arrondissement de Guéret, du canton de Bénévent (arrondissement de Bourganeuf), et de l'arrondissement de Boussac, moins le canton de Chambon ;

Le deuxième, de l'arrondissement d'Aubusson; de l'arrondissement de Bourganeuf, moins le canton de Bénévent, et du canton de Chambon (arrondissement de Boussac).

Dordogne.— 20. Le département de la Dordogne est divisé en quatre arrondissemens électoraux, composés :

Le premier, de l'arrondissement de Périgueux, et des cantons de Jumilhac, Lanouille, Saint-Pardoux-la-Rivière et Thiviers (arrondissement de Nontron);

Le deuxième, de l'arrondissement de Riberac, et des cantons de Bussière-Badil, Champagnac-de-Belair, Mareuil et Nontron (arrondissement de Nontron);

Le troisième, de l'arrondissement de Bergerac ;

Le quatrième, de l'arrondissement de Sarlat.

Doubs. — 21. Le département du Doubs est divisé en deux arrondissemens électoraux, composés :

Le premier, des arrondissemens de Beaume, Montbéliard, et Pontarlier ;

Le deuxième, de l'arrondissement de Besançon.

Drôme. — 22. Le département de la Drôme est divisé en deux arrondissemens électoraux, composés :

Le premier, de l'arrondissement de Valence, moins le canton de Loriol ;

Le deuxième, des arrondissemens de Die, Montélimart et Nyons, et du canton de Loriol (arrondissement de Valence).

Eure. — 23. Le département de l'Eure est divisé en quatre arrondissemens électoraux, composés :

Le premier, de l'arrondissement d'Evreux ;

Le deuxième, de l'arrondissement de Pont-Audemer, et des cantons de Louviers, Neubourg et Tourville (arrondissement de Louviers);

Le troisième, de l'arrondissement de Bernay ;

Le quatrième, de l'arrondissement des Andelys, et des cantons de Gaillon et Pont-de-l'Arche (arrondissement de Louviers).

Eure-et-Loir. — 24. Le département d'Eure-et-Loir est divisé en deux arrondissemens électoraux, composés :

Le premier de l'arrondissement de Chartres, moins les cantons de Courville d'Illiers; et de l'arrondissement de Châteaudun, moins le canton de Brou ;

Le deuxième, des arrondissemens de Dreux et Nogent-le-Rotrou, des cantons de Courville et d'Illers (arrondissement de Chartres), et du canton de Brou (arrondissement de Châteaudun).

Finistère. — Le département du Finistère est divisé en quatre arrondissemens électoraux, composés :

Le premier, de l'arrondissement de Brest, moins les cantons de Daoulas et Ploudiry ;

Le deuxième, de l'arrondissement de Morlaix ;

Le troisième, de l'arrondissement de Châteaulin, des cantons de Daoulas et Ploudiry (arrondissement de Brest), et des cantons de Douarnenez et Pont-Croix (arrondissement de Quimper);

Le quatrième, de l'arrondissement de Quimper,'moins les cantons de Douarnenez et Pont-Croix; et de l'arrondissement de Quimperlé.

Gard. — 26. Le département du Gard est divisé en trois arrondissemens électoraux, composés :

Le premier, de l'arrondissement de Nîmes, moins les cantons d'Aramon, Saint-Mamers et Sommières ;

Le deuxième, des arrondissemens d'Alais et du Vigan, et des cantons de Saint-Mamers et Sommières (arrondissement de Nîmes);

Le troisième, de l'arrondissement d'Uzès, et du canton d'Aramon (arrondissement de Nîmes).

Garonne (Haute). — 27. Le département de la Haute-Garonne est divisé en quatre arrondissemens électoraux, composés :

Le premier, des cantons de Toulouse (nord, ouest et sud), Cadours, Fronton et Verfeil (arrondissement de Toulouse);

Le deuxième, des cantons de Toulouse (centre), Castanet, Grenade, Leguevin, Montastruc et Villemur (arrondissement de Toulouse);

Le troisième, de l'arrondissement de Villefranche ;

Le quatrième, des arrondissemens de Muret et Saint-Gaudens.

Gers. — 28. Le département du Gers est divisé en trois arrondissemens électoraux, composés :

Le premier, des arrondissemens d'Auch et Mirande;

Le deuxième, de l'arrondissement de Condom ;

Le troisième des arrondissemens de Lectoure et Lombez.

Gironde. — 29. Le département de la Gironde est divisé en cinq arrondissemens électoraux, composés :

Le premier, de la ville de Bordeaux ;

Le deuxième, de l'arrondissement de Bordeaux, moins la ville de Bordeaux et le canton de Cubzac;

Le troisième, des arrondissemens de Blaye et Lesparre, et du canton de Cubzac (arrondissement de Bordeaux);

Le quatrième, de l'arrondissement de Libourne ;

Le cinquième, des arrondissemens de Bazas et la Réole.

Hérault. — 30. Le département de l'Hérault est divisé en trois arrondissemens électoraux, composés :

Le premier, de l'arrondissement de Montpellier;

Le deuxième, de l'arrondissement d Béziers, moins les cantons de Bédarieux Montagnac, Roujan et Saint-Gervais, et d l'arrondissement de Saint-Pons ;

Le troisième, de l'arrondissement d Lodève ; et des cantons de Bédarieux, Mon tagnac, Roujan et Saint-Gervais (arron dissement de Béziers).

Ille-et-Vilaine. — 31. Le départemen d'Ille-et-Vilaine est divisé en quatre arron dissemens électoraux, composés :

Le premier, de l'arrondissement de Saint Malo, des cantons d'Antrain (arrondisse ment de Fougères), et Bécherel (arrondis sement de Montfort);

Le deuxième, de l'arrondissement d Rennes, moins le canton de Liffré, et d canton de Montauban (arrondissement d Montfort);

Le troisième, de l'arrondissement d Fougères, moins le canton d'Antrain ; d l'arrondissement de Vitré, et du canton d Liffré (arrondissement de Rennes);

Le quatrième, de l'arrondissement d Montfort, moins les cantons de Bécherel et Montauban, et de l'arrondissement d Redon.

Indre. — 32. Le département de l'Indr est divisé en deux arrondissemens électo raux, composés :

Le premier, de l'arrondissement de Châ teauroux, moins les cantons d'Argenton e Buzançais, et de l'arrondissement d'Issou dun ;

Le deuxième, des arrondissemens de L Châtre et du Blanc, et des cantons d'Ar genton et Buzançais (arrondissement d Châteauroux).

Indre-et-Loire. — 33. Le départemen d'Indre-et-Loire est divisé en deux arron dissemens électoraux, composés :

Le premier, de l'arrondissement d Tours ;

Le deuxième, des arrondissemens d Chinon et Loches.

Isère. — 34. Le département de l'Isèr est divisé en quatre arrondissemens électo raux, composés :

Le premier, de l'arrondissement de Gre noble, moins les cantons de Saint-Laurent du-Pont et Voiron ;

Le deuxième, de l'arrondissement d Saint-Marcellin, des cantons de Saint-Lau rent-du-Pont et Voiron (arrondissement d Grenoble), et du canton du Grand-Lemps (arrondissement de la Tour-du-Pin);

Le troisième, de l'arrondissement de l Tour-du-Pin, moins le canton du Grand Lemps, et des cantons de Mezieux et L Verpillière (arrondissement de Vienne);

Le quatrième, de l'arrondissement d

Vienne, moins les cantons de Mézieux et La Verpillière.

Jura. — 35. Le département du Jura est divisé en deux arrondissemens électoraux, composés :

Le premier, des arrondissemens de Lons-le-Saulnier et Saint-Claude ;

Le deuxième, des arrondissemens de Dôle et Poligny.

Landes. — 36. Le département des Landes est divisé en deux arrondissemens électoraux, composés :

Le premier, de l'arrondissement de Mont-de-Marsan et de celui de Saint-Sever, moins les cantons d'Amou et de Mugron ;

Le deuxième, de l'arrondissement de Dax et des cantons d'Amou et Mugron (arrondissement de Saint-Sever).

Loir-et-Cher. — 37. Le département de Loir-et-Cher est divisé en deux arrondissemens électoraux, composés :

Le premier, de l'arrondissement de Blois, moins les cantons de Marchenoir et Ouzouer-le-Marché, et de l'arrondissement de Romorantin ;

Le deuxième, de l'arrondissement de Vendôme, et des cantons de Marchenoir et Ouzouer-le-Marché (arrondissement de Blois).

Loire. — 38. Le département de la Loire est divisé en trois arrondissemens électoraux, composés :

Le premier de l'arrondissement de Montbrison ;

Le deuxième, de l'arrondissement de Roanne;

Le troisième, de l'arrondissement de Saint-Etienne.

Loire (Haute). — 39. Le département de la Haute-Loire est divisé en deux arrondissemens électoraux, composés :

Le premier, de l'arrondissement de Brioude, des deux cantons du Puy, de ceux de Cayres, Loudes, Alègre, Saint-Paulien et Saugues (arrondissement du Puy) ;

Le deuxième, de l'arrondissement d'Issingeaux, et des cantons de Pradelles, Craponne, Fay-le-Froid, Monastier, Saint-Julien-Chapteuil, Solignac et Vorey (arrondissement du Puy).

Loire-Inférieure. — 40. Le département de la Loire-Inférieure est divisé en quatre arrondissemens électoraux, composés :

Le premier, de la ville et des cantons de Nantes ;

Le deuxième, de l'arrondissement de Nantes, moins les six cantons du chef-lieu et ceux de Carquefous et de La Chapelle-sur-Erdre ; et de l'arrondissement de Paimbœuf ;

Le troisième, des arrondissemens d'Ancenis et de Château-briand, et des cantons de Carquefou et de La Chapelle-sur-Erdre (arrondissement de Nantes) ;

Le quatrième, de l'arrondissement de Savenay.

Loiret. — 41. Le département du Loiret est divisé en trois arrondissemens électoraux, composés :

Le premier, de l'arrondissement d'Orléans, moins les cantons d'Arthenay, Châteauneuf et Neuville ;

Le deuxième, de l'arrondissement de Montargis, moins le canton de Bellegarde, et de l'arrondissement de Gien ;

Le troisième, de l'arrondissement de Pithiviers, du canton de Bellegarde (arrondissement de Montargis), et des cantons d'Arthenay, Châteauneuf et Neuville (arrondissement d'Orléans).

Lot. — 42. Le département du Lot est divisé en quatre arrondissemens électoraux, composés :

Le premier, des cantons de Cahors (nord et sud), Lauzès, Lalbenque, Limogne et Saint Géry (arrondissement de Cahors) ;

Le deuxième, des cantons de Castelnau, Catus, Cazals, Luzech, Moncucq et Puy-l'Evêque (arrondissement de Cahors) ;

Le troisième, de l'arrondissement de Figeac ;

Le quatrième, de l'arrondissement de Gourdon.

Lot-et-Garonne. — 43. Le département de Lot-et-Garonne est divisé en trois arrondissemens électoraux, composés :

Le premier, de l'arrondissement d'Agen, moins les communes de Prayssas, Saint-Amand, Cours, Granges, Lacépède, Laugnac, Lexterne, Lusignan-Petit, Saint-Médard, Montpezat, Quissac, Rides, Saint-Sardos (canton de Prayssas) ; des cantons de Francescas, Mezin et Nérac (arrondissement de Nérac), et des communes de Barbastes, Bruch, Feuquarolles, Lavardac, Limon, Montesquieu, Saint-Laurent et Vienne (canton de Lavardac, même arrondissement) ;

Le deuxième, de l'arrondissement de Marmande, moins le canton de Castelmoron ; des cantons de Castel-Jaloux, Damazan et Houeilles (arrondissement de Nérac), et des communes de d'Estussan, Montgaillard, Pompiey, Thouars, Xaintrailles (canton de Lavardac, même arrondissement) ;

Le troisième, de l'arrondissement de Villeneuve, du canton de Castelmoron (arrondissement de Marmande), et des communes de Cours, Granges, Lacépède, Laugnac, Lexterne, Lusignan-Petit, Prayssas, Saint-Amand, Saint-Médard, Montpezat, Quissac, Rides, Saint-Sardos (canton de Prayssas, arrondissement d'Agen).

Maine-et-Loire. — 44. Le département

17.

de Maine-et-Loire est divisé en quatre arrondissemens électoraux, composés :

Le premier, de l'arrondissement d'Angers, moins les cantons de Briollay et le Louroux-Beconnais, et des cantons de Baugé, Durtal et Seiches (arrondissement de Baugé).

Le deuxième, de l'arrondissement de Saumur, moins les communes de Beaulieu, Chanzeaux, Etiaux, Faveraye, Faye, Gonnord, Rabelai, Saint-Lambert-du-Lattai et Thouarcé (canton de Thouarcé), et des cantons de Beaufort, Longué et Noyant (arrondissement de Baugé) ;

Le troisième, de l'arrondissement de Beaupréau, et des communes de Beaulieu, Chanzeau, Etiaux, Faveraye, Faye, Gonnord, Rabelai, Saint-Lambert-du-Lattai et Thouarcé (canton de Thouarcé, arrondissement de Saumur) ;

Le quatrième, de l'arrondissement de Segré, et des cantons de Briollay et du Louroux-Beconnais (arrondissement d'Angers).

Manche. — 45. Le département de la Manche est divisé en quatre arrondissemens électoraux, composés :

Le premier, de l'arrondissement de Saint-Lô ;

Le deuxième, des arrondissemens d'Avranches et Mortain ;

Le troisième, de l'arrondissement de Coutances, et du canton de Sainte-Mère-Église (arrondissement de Valognes) ;

Le quatrième, de l'arrondissement de Valognes, moins le canton de Sainte-Mère-Église, et de l'arrondissement de Cherbourg.

Marne. — 46. Le département de la Marne est divisé en trois arrondissemens électoraux, composés :

Le premier, des arrondissemens de Châlons et Epernay ;

Le deuxième, des arrondissemens de Sainte-Menehould et Vitry ;

Le troisième, de l'arrondissement de Rheims.

Marne (Haute). — 47. Le département de la Haute-Marne est divisé en deux arrondissemens électoraux, composés :

Le premier, de l'arrondissement de Vassy et des cantons d'Andelot, Chaumont, Juzennecourt, Saint-Blain et Vignory (arrondissement de Chaumont) ;

Le deuxième, de l'arrondissement de Langres, et des cantons d'Arc, Bourmont, Châteauvillain, Clermont et Nogent-le-Roi (arrondissement de Chaumont) ;

Mayenne. — 48. Le département de la Mayenne est divisé en trois arrondissemens électoraux, composés :

Le premier, de l'arrondissement de Laval ;

Le deuxième, de l'arrondissement de Château-Gontier ;

Le troisième, de l'arrondissement de Mayenne.

Meurthe. — 49. Le département de la Meurthe est divisé en trois arrondissemens électoraux, composés :

Le premier, de l'arrondissement de Nancy, moins les cantons de Nomeny, Haroué, Saint-Nicolas, Vezelise, et de l'arrondissement de Toul ;

Le deuxième, de l'arrondissement de Lunéville, des cantons d'Haroué, Saint-Nicolas, Vézelise (arrondissement de Nancy), et du canton de Lorquin (arrondissement de Sarrebourg) ;

Le troisième, de l'arrondissement de Château-Salins, de l'arrondissement de Sarrebourg, moins le canton de Lorquin, et du canton de Nomeny (arrondissement de Nancy).

Meuse. — 50. Le département de la Meuse est divisé en deux arrondissemens électoraux, composés :

Le premier, des arrondissemens de Bar-le-Duc et Commercy ;

Le deuxième, des arrondissemens de Montmédy et Verdun.

Morbihan. — 51. Le département du Morbihan est divisé en quatre arrondissemens électoraux, composés :

Le premier, de l'arrondissement de Vannes, des cantons d'Auray et Pluvigner (arrondissement de Lorient), et du Canton de Locminé (arrondissement de Pontivy) ;

Le deuxième, de l'arrondissement de Lorient, moins les canton d'Auray et Pluvigner ;

Le troisième, de l'arrondissement de Pontivy, moins le canton de Locminé ;

Le quatrième, de l'arrondissement de Ploërmel.

Moselle. — 52. Le département de la Moselle est divisé en quatre arrondissemens électoraux, composés :

Le premier, de l'arrondissement de Briey ;

Le deuxième, de l'arrondissement de Thionville ;

Le troisième, de l'arrondissement de Metz, moins les cantons de Boulay, Faulquemont et Pange ;

Le quatrième, de l'arrondissement de Sarreguemines, et des cantons de Boulay, Faulquemont et Pange (arrondissement de Metz).

Nièvre. — 53. Le département de la Nièvre est divisé en deux arrondissemens électoraux, composés :

Le premier, de l'arrondissement de Nevers, moins le canton de Saint-Saulge et de l'arrondissement de Château-Chinon, moins le canton de Montsauche ;

Le deuxième, des arrondissemens de Clamecy et Cosne, et des cantons de Saint-Saulge (arrondissement de Nevers), et Montsauche (arrondissement de Château-Chinon).

Nord. — 54. Le département du Nord est divisé en huit arrondissemens électoraux, composés :

Le premier, de l'arrondissement de Dunkerque ;

Le deuxième, de l'arrondissement de Hazebrouck ;

Le troisième, des cantons de Lille (centre), de Lille (ouest), et des cantons du Quesnoy-sur-Deule, Lannoy, Roubaix, Tourcoing (nord) et Tourcoing (sud) ;

Le quatrième, des cantons de Lille (nord-est), Lille (sud-est), Lille (sud-ouest), et des cantons d'Armentières, La Bassée, Cysoing, Haubourdin, Seclin et Pont-à-Marq ;

Le cinquième, de l'arrondissement d'Avesnes ;

Le sixième, de l'arrondissement de Cambrai ;

Le septième, des trois cantons de Douai et des cantons d'Arleux, Marchiennes et Orchies (arrondissement de Douai) ;

Le huitième, des trois cantons de Valenciennes, des deux cantons de Saint-Amand et de ceux de Bouchain et Condé (arrondissement de Douai).

Oise. — 55. Le département de l'Oise est divisé en trois arrondissemens électoraux, composés :

Le premier, de l'arrondissement de Beauvais ;

Le deuxième, de l'arrondissement de Compiègne, et des cantons de Betz, Crespy, Nanteuil-le-Haudoin et Pont-Saint-Maxence (arrondissement de Senlis) ;

Le troisième, de l'arrondissement de Clermont, et des cantons de Creil, Neuilly-en-Thel et Senlis (arrondissement de Senlis).

Orne. — 56. Le département de l'Orne est divisé en quatre arrondissemens électoraux, composés :

Le premier, de l'arrondissement d'Alençon ;

Le deuxième, de l'arrondissement d'Argentan ;

Le troisième, de l'arrondissement de Domfront ;

Le quatrième, de l'arrondissement de Mortagne.

Pas-de-Calais. — 57. Le département du Pas-de-Calais est divisé en quatre arrondissemens électoraux, composés :

Le premier, de l'arrondissement d'Ar-

ras, et des cantons de Carvin et Lens (arrondissement de Béthune) ;

Le deuxième, de l'arrondissement de Boulogne, des cantons d'Etaples et Hucqueliers (arrondissement de Montreuil), et des cantons d'Ardres et Audruick (arrondissement de Saint-Omer) ;

Le troisième, de l'arrondissement de Saint-Omer, moins les cantons d'Ardres et Audruick, et de l'arrondissement de Béthune, moins les cantons de Carvin et Lens ;

Le quatrième, de l'arrondissement de Saint-Pol, et de celui de Montreuil, moins les cantons d'Etaples et Hucqueliers.

Puy-de-Dôme. — 58. Le département du Puy-de-Dôme est divisé en quatre arrondissemens électoraux, composés :

Le premier, de l'arrondissement de Clermont ;

Le deuxième, de l'arrondissement de Riom ;

Le troisième, de l'arrondissement d'Issoire ;

Le quatrième, des arrondissemens d'Ambert et Thiers.

Pyrénées (Basses). — 59. Le département des Basses-Pyrénées est divisé en trois arrondissemens électoraux, composés :

Le premier, des arrondissemens de Pau et Oloron ;

Le deuxième, des arrondissemens de Mauléon et Orthez ;

Le troisième, de l'arrondissement de Bayonne.

Rhin (Bas). — 60. Le département du Bas-Rhin est divisé en quatre arrondissemens électoraux, composés :

Le premier, de l'arrondissement de Saverne, et des cantons de Truchtersheim et Wasselonne (arrondissement de Strasbourg) ;

Le deuxième, de l'arrondissement de Schelestadt, et des cantons de Geipolsheim et Molsheim (arrondissement de Strasbourg) ;

Le troisième, de l'arrondissement de Wissembourg, et des cantons de Bischwiller, Brumath, Haguenau et Oberhausbergen (arrondissement de Strasbourg) ;

Le quatrième, de la ville et des cantons de Strasbourg.

Rhin (Haut). — 61. Le département du Haut-Rhin est divisé en trois arrondissemens électoraux, composés :

Le premier, de l'arrondissement d'Altkirch ;

Le deuxième, de l'arrondissement de Colmar ;

Le troisième, de l'arrondissement de Belfort.

Rhône. — 62. Le département du Rhône est divisé en trois arrondissemens électoraux, composés :

Le premier, des cantons de Lyon (nord), Lyon (ouest), Vaise, la Croix-Rousse, l'Arbresle, Limonest, Neuville et Vaugneray (arrondissement de Lyon) ;

Le deuxième, des cantons de Lyon (midi) la Guillotière, Saint-Laurent, Saint-Symphorien, Saint-Genis-Laval, Givors, Mornant et Sainte-Colombe (arrondissement de Lyon) ;

Le troisième, de l'arrondissement de Villefranche.

Saône (Haute). — 63. Le département de la Haute-Saône est divisé en deux arrondissemens électoraux, composés :

Le premier, de l'arrondissement de Gray, et des cantons de Combeau-Fontaine, Montbozon, Rioz, Scey-sur-Saône et Vitrey (arrondissement de Vesoul) ;

Le deuxième, de l'arrondissement de Lure, et des cantons d'Amance, Jussey, Noroy, Port-sur-Saône et Vesoul (arrondissement de Vesoul).

Saône-et-Loire. — 64. Le département de Saône-et-Loire est divisé en quatre arrondissemens électoraux, composés :

Le premier, de l'arrondissement de Mâcon, et des cantons de Cuiseaux, Cuisery, Louhans et Montpont (arrondissement de Louhans) ;

Le deuxième, de l'arrondissement de Châlons-sur-Saône, et des cantons de Beaurepaire, Montret, Pierre et Saint-Germain-du-Bois (arrondissement de Louhans);

Le troisième, de l'arrondissement d'Autun ;

Le quatrième, de l'arrondissement de Charolles.

Sarthe. — 65. Le département de la Sarthe est divisé en quatre arrondissemens électoraux, composés :

Le premier, de l'arrondissement du Mans, moins les cantons de La Suze, Loué et Montfort ;

Le deuxième, de l'arrondissement de Mamers, moins les cantons de Montmirail et Tuffé ;

Le troisième, de l'arrondissement de La Flèche, et des cantons de la Suze et Loué (arrondissement du Mans) ;

Le quatrième, de l'arrondissement de Saint-Calais, et des cantons de Montfort (arrondissement du Mans), Montmirail et Tuffé (arrondissement de Mamers).

Seine. — 66. Le département de la Seine est divisé en huit arrondissemens électoraux, composés :

Le premier, du premier arrondissement municipal de Paris, et du quatrième ;

Le deuxième, du deuxième arrondissement municipal de Paris ;

Le troisième, du troisième arrondissement municipal de Paris, et du cinquième ;

Le quatrième, du sixième arrondissement municipal de Paris, et du huitième ;

Le cinquième, du septième arrondissement municipal de Paris, et du neuvième ;

Le sixième, du dixième arrondissement municipal de Paris ;

Le septième, du onzième arrondissement municipal de Paris, et du douzième ;

Le huitième, des arrondissemens de sous-préfecture de Sceaux et de Saint-Denis.

Seine-Inférieure. — 67. Le département de la Seine-Inférieure est divisé en six arrondissemens électoraux, composés :

Le premier, de la ville de Rouen et de ses faubourgs ;

Le deuxième, de l'arrondissement de Rouen, moins la ville de Rouen et ses faubourgs ;

Le troisième, de l'arrondissement du Havre ;

Le quatrième, de l'arrondissement d'Yvetot ;

Le cinquième, de l'arrondissement de Dieppe ;

Le sixième, de l'arrondissement de Neufchâtel.

Seine-et-Marne. — 68. Le département de Seine-et-Marne est divisé en trois arrondissemens électoraux, composés :

Le premier, de l'arrondissement de Meaux ;

Le deuxième, des arrondissemens de Coulommiers et Provins ;

Le troisième, des arrondissemens de Melun et Fontainebleau.

Seine-et-Oise. — 69. Le département de Seine-et-Oise est divisé en quatre arrondissemens électoraux, composés :

Le premier, de l'arrondissement de Pontoise ;

Le deuxième, des arrondissemens de Corbeil et Étampes ;

Le troisième, des arrondissemens de Mantes et Rambouillet ;

Le quatrième, de l'arrondissement de Versailles.

Sèvres (Deux). — 70. Le département des Deux-Sèvres est divisé en deux arrondissemens électoraux, composés :

Le premier, des arrondissemens de Bressuire et Parthenay, du canton de Champdeniers et des deux cantons de Saint-Maixent (arrondissement de Niort) ;

Le deuxième, de l'arrondissement de Niort, moins le canton de Champdeniers et les deux cantons de Saint-Maixent et de l'arrondissement de Melle.

Somme. — 71. Le département de la Somme est divisé en quatre arrondissemens électoraux, composés :

Le premier, de l'arrondissement d'Abbeville, et des cantons de Bernaville et Domart (arrondissement de Doullens) ;

Le deuxième, de la ville et des cantons d'Amiens ;

Le troisième, de l'arrondissement d'Amiens, moins les cantons du chef-lieu ; et les cantons d'Acheux et Doullens (arrondissement de Doullens) ; d'Albert et Bray (arrondissement de Péronne) ;

Le quatrième, de l'arrondissement de Montdidier, et de l'arrondissement de Péronne, moins les cantons d'Albert et Bray.

Tarn. — 72. Le département du Tarn est divisé en deux arrondissemens électoraux, composés :

Le premier, des arrondissemens d'Alby et Gaillac, du canton de Montredon (arrondissement de Castres), et du canton de Graulhet (arrondissement de Lavaur) ;

Le deuxième, de l'arrondissement de Castres, moins le canton de Montredon, et de l'arrondissement de Lavaur, moins le canton de Graulhet.

Tarn-et-Garonne. — 73. Le département de Tarn-et-Garonne est divisé en deux arrondissemens électoraux, composés :

Le premier, de l'arrondissement de Montauban, et des cantons de Grisolles et Montech (arrondissement de Castel-Sarrazin) ;

Le deuxième, de l'arrondissement de Moissac, et de l'arrondissement de Castel-Sarrazin, moins les cantons de Grisolles et Montech.

Var. — 74. Le département du Var est divisé en trois arrondissemens électoraux, composés :

Le premier, de l'arrondissement de Brignolles, et de celui de Draguignan, moins les cantons de Callas, Comps et Fayence, et la ville de Draguignan ;

Le deuxième, de l'arrondissement de Grasse, des cantons de Callas, Comps et Fayence, et de la ville de Draguignan (arrondissement de Draguignan) ;

Le troisième, de l'arrondissement de Toulon.

Vaucluse. — 75. Le département de Vaucluse est divisé en deux arrondissemens électoraux, composés :

Le premier, des arrondissemens d'Avignon et Apt ;

Le deuxième, des arrondissemens de Carpentras et Orange.

Vendée. — 76. Le département de la Vendée est divisé en trois arrondissemens électoraux, composés :

Le premier, de l'arrondissement de Bourbon-Vendée, des cantons de Mareuil, Chantonnay et Pouzauges (arrondissement de Fontenay), des communes de Bournezeau, Saint-Vincent-du-Fort-du-Lay, Puy Maufrais (canton de Sainte-Hermine, arrondissement de Fontenay), des communes de Chaillé, Château-Guibert, Nesmy, Saint Florent et le Tablier (canton de Moutier-les-Mauxfaits, arrondissement des Sables), et de la commune d'Aubigny (canton de la Motte-Achard, même arrondissement) ;

Le deuxième, de l'arrondissement de Fontenay, moins les cantons de Mareuil, Chantonnay et Pouzauge, et les communes de Bournezeau, Saint-Vincent-du-Fort-du-Lay et Puy-Maufrais (canton de Sainte-Hermine) ;

Le troisième, de l'arrondissement des Sables, moins les communes de Chaillé, Château-Guibert, Nesmy, Saint-Florent, le Tablier (canton de Moutier-les-Mauxfaits), et la commune d'Aubigny (canton de la Motte-Achard).

Vienne. — 77. Le département de la Vienne est divisé en deux arrondissemens électoraux, composés :

Le premier, de l'arrondissement de Poitiers, moins les cantons de Mirebeau et Saint-Georges et de l'arrondissement de Civray ;

Le deuxième, des arrondissemens de Châtellerault, Loudon et Montmorillon, et des cantons de Mirebeau et Saint-George (arrondissement de Poitiers).

Vienne (Haute). — 78. Le département de la Haute-Vienne est divisé en deux arrondissemens électoraux, composés :

Le premier, de l'arrondissement de Bellac, moins le canton de Laurière, de l'arrondissement de Rochechouart, et du canton de Chalus (arrondissement de Saint-Yrieix) ;

Le deuxième, de l'arrondissement de Limoges, de l'arrondissement de Saint-Yrieix, moins le canton de Chalus, et du canton de Laurière (arrondissement de Bellac).

Yonne. — 79. Le département de l'Yonne est divisé en trois arrondissemens électoraux, composés :

Le premier, des arrondissemens de Joigny et Sens ;

Le deuxième, de l'arrondissement d'Auxerre ;

Le troisième, des arrondissemens d'Avallon et Tonnerre.

16 MAI = Pr. 1ᵉʳ JUILLET 1821. — Ordonnance du Roi portant autorisation, conformément aux statuts y annexés, de la société anonyme des mines de Bouxwiller, département du Bas-Rhin. (7, Bull. 458, n° 10755)

Louis, etc., vu notre ordonnance du 21 mars 1816, qui a concédé l'exploitation des mines de Bouxwiller, département du Bas-Rhin; vu l'acte passé, le 9 décembre 1820, par-devant Triponé et son collègue, notaires à Strasbourg, par lequel les concessionnaires de ladite exploitation en ont porté la jouissance dans une société anonyme constituée par ledit acte; vu les art. 29 à 37, 40 et 45 du Code de commerce; sur le rapport de notre ministre secrétaire d'Etat au département de l'intérieur; notre Conseil-d'Etat entendu, nous avons ordonné et ordonnons ce qui suit:

Art. 1er. La société anonyme des mines de Bouxwiller, établie dans ladite ville, est autorisée, et ses statuts sont approuvés tels qu'ils sont contenus dans l'acte d'association passé à Strasbourg, le 9 décembre 1820, par-devant Triponé et son collègue, lequel acte restera annexé à la présente ordonnance.

2. Cette autorisation étant accordée à la charge par la société de se conformer aux lois et à ses statuts, nous nous réservons de la révoquer dans le cas où ces conditions ne seraient pas accomplies, sans préjudice des actions à exercer devant les tribunaux par les particuliers à raison des infractions commises à leur préjudice.

3. La société sera tenue de remettre, tous les six mois, copie en forme de son état de situation au préfet du département du Bas-Rhin, au greffe du tribunal civil de Saverne faisant fonction de tribunal de commerce, et à la chambre de commerce de Strasbourg.

4. Notre ministre secrétaire d'Etat au département de l'intérieur est chargé de l'exécution de la présente ordonnance, qui sera publiée au Bulletin des Lois et insérée au Moniteur avec l'acte annexé. Pareille insertion aura lieu dans le journal des annonces judiciaires du département du Bas-Rhin.

———

Par-devant Me Emile Triponé et son confrère, notaires à la résidence de Strasbourg, soussignés, ont comparu MM., etc.

Lesquels ont exposé ce qui suit:

L'exploitation des mines de Bouxwiller, canton du même nom, arrondissement de Saverne, dont la concession a été accordée par ordonnance royale du 21 mars 1816, avait donné lieu à la formation d'une société anonyme, dont les bases furent arrêtées par acte passé devant Me Wengler, notaire à Strasbourg, le 15 janvier 1819, enregistré le 18 du même mois.

Depuis cet acte, qui avait fixé à mille cinq cents francs par action, ou à cent vingt mille francs au total, la mise de fonds sociale, les actionnaires ont encore décidé par délibération qu'il serait fait un versement de cinq mille francs par action, ou de quatre cent mille francs en total; ce qui porte à cinq cent vingt mille francs les fonds de la société, réalisés en grande partie, et qui sont indépendans de ce que chaque actionnaire a payé pour le prix de ses actions.

Ces nouveaux fonds, dont partie a été employée en travaux dans les mines et en construction dans l'intérêt des établissemens, ayant donné à l'entreprise une plus grande extension, les actionnaires ont reconnu la nécessité d'apporter des modifications et des changemens au contrat de société du 15 janvier 1819.

Mais, désirant réunir en un seul acte tous les statuts de la société, ils ont arrêté qu'au 1er janvier 1821 tous les effets dudit contrat du 15 janvier 1819 cesseront, et que la société continuera, à compter du 1er janvier, d'après les conventions contenues au présent acte, savoir:

Art. 1er. Il existera entre les parties une société anonyme pour l'exploitation des mines de Bouxwiller et pour la fabrication de l'alun et du vitriol de fer et de cuivre qu'on en extrait, ainsi que pour l'exploitation de la fabrique d'ammoniaque et produits accessoires, établie également au bas de Bouxwiller au canton dit la Reydt.

MM. Deiss, Charles-Louis Petri et Philippe George Petri, renouvellent, en tant que besoin, la mise en société de la jouissance qui leur avait été cédée jusqu'au 3 octobre 1822, aux termes d'un bail passé devant Me Prauck, notaire à Ingwiller, le 12 octobre 1813, enregistré; au moyen de quoi la société usera de cette jouissance et en supportera les charges comme l'auraient fait MM. Deiss et Petri.

2. Cette société prendra cours le 1er janvier 1821, sauf à obtenir l'autorisation royale, nécessaire d'après l'art. 37 du Code de commerce; elle durera jusqu'à l'épuisement desdites mines.

3. La société prendra dans toutes ses affaires et toutes ses opérations la raison de *Administration des mines de Bouxwiller*.

Le siège de l'établissement sera établi à Bouxwiller.

4. Le capital de la société consiste,

1° Dans la valeur de la propriété des mines de Bouxwiller, des fabriques, dépendances et ustensiles devenus immeubles par destination qui y sont établis, valeur qui, au moyen des constructions et accroissemens récemment faits, peut être portée à la somme de sept cent trente mille francs, ci 730,000f

2° Dans la valeur immobilière de la fabrique de la Reydt et de ses dépendances, qui, par la

même motif, peut être portée à
soixante-dix mille francs, ci. 70,000

3° Et dans les valeurs mobi-
ières, ustensiles, marchandises
brutes et fabriquées, créances
et deniers comptans appartenant aux deux établissemens;
le tout montant à une somme
de deux cent mille francs,
comme il sera constaté par un
inventaire estimatif qui sera
dressé et arrêté au 31 décembre
courant, ci. 200,000

TOTAL, un million de francs,
égal au résultat que présentera
la balance de l'ancienne société,
dont l'actif et le passif sont à la
charge de la nouvelle, ci. . . . 1,000,000ᶠ

Ce capital, qui est reconnu suffisant
pour l'exploitation de l'entreprise, y demeurera invariablement affecté, et ne
pourra être retiré tant que durera l'association qui fait l'objet du présent contrat.

5. Ce fonds social est divisé en quatre-
vingts actions, dont chacune représente
un quatre-vingtième indivis et indivisible
des mines, fabriques, dépendances, ustensiles, marchandises, créances, deniers
comptans, et généralement de tout l'avoir
de l'établissement, en sorte que l'action
représente, dans la situation actuelle, une
valeur de douze mille cinq cents francs.
Il en appartient... (Suit la distribution.)

6. La propriété de ces actions sera établie par une inscription sur les registres de
la société; elles portent, savoir :

7. Tout transfert définitif d'action sera
inscrit sur les registres de la société, et
signé de celui qui fera le transfert, ou de
son fondé de pouvoir. Le nouvel actionnaire ne sera reconnu par la société que
du jour de cette inscription.

Toute aliénation d'action, volontaire ou
forcée, faite en faveur d'un autre qu'un
actionnaire, ne pourra être inscrite que
quinze jours francs après celui où elle aura
été notifiée à la société; et pendant ces
quinze jours, si la société n'agrée pas l'acquéreur, elle devra, par des fonds extraordinaires faits à cet effet, d'un consentement
unanime, exclure l'acquéreur, en lui remboursant le prix de son acquisition et les
frais qu'elle lui aura occasionés, et devenir
ainsi elle-même propriétaire des actions
aliénées.

Cependant la société, qui n'agréerait
pas l'acquéreur, pourrait se dispenser d'a-
cheter en présentant un actionnaire qui
exercerait son droit et qui deviendrait propriétaire au moyen des mêmes remboursemens.

8. Les actions sont indivisibles.
La société prohibe toutes aliénations
fractionnaires, et n'admet point la représentation d'une part moindre qu'un quatre-
vingtième complet, c'est-à-dire, moindre
qu'une action entière.

9. La direction et la gestion de l'entreprise seront confiées à des administrateurs
gérans, dont le nombre sera déterminé par
une délibération spéciale des actionnaires.

Leur nomination, leur révocation et leur
remplacement, ainsi que la fixation de leurs
appointemens, auront lieu également par
délibération des actionnaires.

Les administrateurs qui gèrent aujour-
d'hui sont soumis à la révocabilité et au
remplacement comme le seront tous leurs
successeurs.

Les administrateurs gérans signeront en
leur privé nom, en mettant, au-dessus de
leurs signatures, ces mots : Administration
des mines de Bouxwiller.

10. Les écritures seront tenues en parties doubles; il sera fait un bilan et inventaire général au moins une fois par an et
aux époques qui seront déterminées par
délibération des actionnaires.

Les bilans et inventaires généraux seront approuvés et arrêtés par la société
dans le mois qui suivra la clôture de l'inventaire.

Il sera fait, en outre, à la fin de chaque
semestre, un état de situation qui sera déposé conformément à la loi.

11. Les administrateurs gérans ne pourront faire aucun emprunt, accepter aucune
lettre-de-change, contracter aucune dette
pour la société, ni l'engager d'aucune manière, qu'en vertu d'autorisations spéciales données par délibération unanime des
actionnaires.

12. La société donnera à ses administrateurs gérans des instructions écrites qui
leur traceront la marche à suivre pour la
comptabilité générale en matières et en deniers, pour l'exploitation des mines et le
roulement de la fabrique, pour l'achat et
l'emploi des matières nécessaires à la fabrication, ainsi que pour la vente des produits, desquels elle déterminera les prix.

Elle prononcera :
Sur toutes acquisitions d'immeubles ou
de parties de marchandises en approvisionnement,
Sur l'emploi des machines,
Sur la nécessité ou l'utilité de nouvelles
constructions,
Sur la convenance d'introduire de nouvelles fabrications ou de nouveaux procédés,
Sur l'engagement de commis et de tous
employés, et sur la fixation de leurs appointemens.

Elle réglera l'ordre et la distribution du
travail, et ordonnera généralement tout ce
qu'elle jugera convenable et utile pour la
prospérité de l'entreprise.

13. Les autorisations et les instructions dont il est fait mention dans les articles 11 et 12 qui précèdent, et généralement toutes les délibérations de la société, seront transcrites, dans leur ordre de date, sur un registre timbré, destiné *ad hoc*, et qui sera paraphé.

14. Il est interdit aux administrateurs gérans de faire des affaires pour leur compte particulier; ils ne pourront non plus prendre part à d'autres entreprises qu'à celles de la société, ni directement ni indirectement.

15. Les actionnaires se réuniront de droit à Bouxwiller après chaque inventaire, pour l'arrêter et délibérer sur les affaires de la société.

Il y aura, indépendamment de ces réunions, des assemblées d'urgence, soit à Strasbourg, soit à Bouxwiller, toutes les fois qu'elles seront provoquées par trois actionnaires réunissant au moins trente actions.

La demande d'assemblées d'urgence sera faite par écrit aux administrateurs gérans.

Les motifs et le lieu de la réunion (soit à Strasbourg, soit à Bouxwiller) leur seront indiqués.

Les administrateurs gérans feront les convocations pour toutes les assemblées ordinaires et d'urgence; ils adresseront, à cet effet, à chaque actionnaire individuellement, une lettre de convocation dans laquelle ils indiqueront les motifs, le lieu, le jour et l'heure de la réunion; les actionnaires devront accuser réception de ces lettres.

16. Afin de parvenir à l'exécution régulière de l'article 15, tous les actionnaires éliront, à l'effet des présentes, domicile à Bouxwiller ou à Strasbourg, et non ailleurs.

Il leur sera adressé, au domicile par eux indiqué, les convocations aux assemblées d'actionnaires, quinze jours avant l'époque fixée pour les réunions; il leur sera remis au même domicile toutes autres communications et tous actes relatifs aux affaires sociales.

La transcription des lettres de convocation ou autres au registre des copies de lettres, et la mention de leur envoi, feront preuve de la notification de leur contenu.

17. Tous les actionnaires concourront aux délibérations, soit en personne, soit par fondé de pouvoirs.

L'absence ou la non-représentation d'une partie des actionnaires qui auront été dûment et régulièrement convoqués, ne pourra pas empêcher qu'il ne soit pris des résolutions; elles seront, le cas échéant, arrêtées par les votans seuls, et exécutées comme si tous les associés y avaient pris part.

18. Les actionnaires ne pourront se faire représenter aux assemblées que par des coassociés, munis à cet effet d'un pouvoir spécial, qui ne vaudra que pour une seule assemblée.

Le même ne pourra être mandataire de plus de deux actionnaires ayant ensemble au plus vingt actions; si le total de leurs actions était plus fort, il ne pourra être mandataire que d'un seul.

19. Les résolutions seront prises à la majorité des votans, sauf l'exception contenue dans l'article 11; mais les suffrages, au lieu d'être comptés par tête, seront comptés par action.

Un associé aura autant de voix qu'il réunira d'actions par lui-même ou par ceux qu'il représentera. Toutefois, si un votant réunit, soit par lui-même, soit cumulativement avec ceux qu'il représentera, quarante actions, ou un plus grand nombre, en ce cas seulement l'opinion contraire des autres associés sera prépondérante, pourvu qu'elle soit unanime.

20. Les actionnaires nommeront dans leur sein un comité qui dirigera et contrôlera la gestion des administrateurs gérans, et qui veillera à ce que toutes les clauses du présent contrat soient exactement exécutées.

21. Chaque actionnaire aura le droit de prendre communication des livres quand il le jugera à propos.

22. Le fonds capital portera intérêt à six pour cent par an.

Les actionnaires en seront crédités annuellement, chacun pour sa part, sur un compte qui sera ouvert à chacun d'entre eux, sous la rubrique de *compte d'intérêts et de bénéfices.*

23. Les bénéfices nets ou les pertes de la société seront partagés par les associés dans la proportion de leurs actions, et le montant de la part revenant à chacun sera porté à son compte d'intérêts et de bénéfices, savoir : *au crédit*, s'il y a bénéfice, et *au débit*, s'il y a perte.

24. Afin de reconstituer intégralement le fonds capital, s'il avait été réduit par des pertes, il ne sera fait aucun dividende pour intérêts et bénéfices qu'après qu'il aura été constaté, à la suite des inventaires, que les comptes d'intérêts et de bénéfices des actionnaires se soldent en leur faveur.

La quotité des dividendes et l'époque de leurs paiemens seront déterminées après la clôture de chaque inventaire par délibération des actionnaires, et le dividende d'une année ne pourra jamais excéder la somme dont les actionnaires seront créanciers en compte d'intérêts et de bénéfices.

25. Il ne pourra être fait aucun appel de fonds aux actionnaires en raison de pertes

rue la société aurait essuyées, ou pour tout autre motif quelconque.

26. Les actionnaires devront faire part à la société de toutes les découvertes de minéraux, de quelque nature qu'ils soient, de tout établissement y relatif à former, de toutes mines ou établissemens déjà existans à acquérir, la société ayant droit de les acquérir de préférence pour le compte commun des actionnaires.

Nul actionnaire ne pourra prendre part à ces sortes d'entreprises pour son compte personnel, directement ou indirectement.

27. En cas de mort d'un actionnaire, ses héritiers jouiront des droits et avantages qui compéteraient à leur auteur en raison de ses actions, et supporteront dans la même proportion les charges et pertes : mais le principe de l'indivisibilité des actions leur sera également applicable, quel que soit le rapport entre le nombre des héritiers et le nombre des actions du défunt, la société ne reconnaîtra que des parts complètes de quatre-vingtième, et n'admettra que la représentation par action entière.

28. La dissolution de la société aura lieu de plein droit et avant l'épuisement des mines, si le fonds capital était réduit de moitié par des pertes.

Dans ce cas, comme dans celui où la société finirait par l'épuisement des mines, la liquidation des objets mobiliers, marchandises, créances actives et passives, aurait lieu d'après les lois et les usages du commerce. Quant aux immeubles, le partage ou la licitation s'en ferait conformément au droit commun.

29. S'il s'élevait des contestations entre les actionnaires, soit pendant la durée de la société, soit après sa dissolution, sur la liquidation de son avoir mobilier, elles seront décidées par des arbitres au choix respectif des parties contestantes.

En cas de partage d'opinions, les arbitres auront droit de nommer un sur-arbitre pour les départager.

La décision arbitrale et sur-arbitrale sera en dernier ressort, et ne pourra être attaquée par la voie de l'appel, ni par le pourvoi en cassation.

30. Le présent acte de société sera soumis sans délai à l'approbation du Gouvernement, conformément à l'article 37 du Code de commerce.

Pour l'exécution des présentes, il est fait élection de domicile pour chacun des actionnaires en sa demeure actuelle.

Dont acte, fait et passé à Strasbourg, en l'étude, l'an 1820, le 9 décembre, et ont signé avec les notaires, lecture faite, la minute des présentes, restée en la possession de Mᵉ Triponé, notaire soussigné.

16 MAI 1821. — Ordonnance du Roi qui permet aux sieurs Louvel et à ses enfans de substituer à leur nom celui de Jupin, et aux sieurs Richard de Cendrecourt et Troussel, d'ajouter à leurs noms ceux de Bichin et de Hébert. (7, Bull. 453.)

16 MAI 1821. — Ordonnance du Roi qui admet le sieur Hoad à établir son domicile en France. (7, Bull. 453.)

16 MAI 1821. — Ordonnances du Roi qui autorisent l'acceptation de dons et legs. (7, Bull. 466 et 467.)

16 MAI 1821. — Ordonnances du Roi qui accordent des lettres de déclaration de naturalité aux sieurs Girod et Ranoisio dit Ranixe. (7, Bull. 465 et 474.)

16 MAI 1821. — Ordonnances du Roi qui accordent une pension à un chevalier de l'ordre de Saint-Jean de Jérusalem, des pensions militaires, et une pension à un ex-contrôleur d'un Bureau de garantie. (7, Bull. 453 *bis*.)

23 MAI = Pr. 22 JUIN 1821. — Ordonnance du Roi qui établit une chambre de commerce à Caen, département du Calvados. (7, Bull. 455, n° 10695.)

Art. 1ᵉʳ. Il sera établi une chambre de commerce à Caen, département du Calvados.

Elle sera instituée conformément aux dispositions de l'arrêté du Gouvernement du 24 décembre 1802 (3 nivôse an 11).

2. Un membre de cette chambre sera appelé au conseil général du commerce, conformément aux dispositions des articles 5 et 6 de notre ordonnance du 23 août 1819.

3. Notre ministre de l'intérieur est chargé de l'exécution de la présente ordonnance.

23 MAI 1821. — Ordonnance du Roi qui permet au sieur Martin d'ajouter à son nom celui de de Coucy. (7, Bull. 453.)

23 MAI 1821. — Ordonnance du Roi qui admet le sieur Vidal à établir son domicile en France. (7, Bull. 453.)

23 MAI 1821. — Ordonnances du Roi qui accordent des lettres de déclaration de naturalité aux sieurs Quoirin, Cattin et Drault. (7, Bull. 460, 474 et 480.)

24 == Pr. 25 MAI 1821. — Loi portant modification de l'article 351 du Code d'instruction
criminelle (1). (7, Bull. 451, n° 10601.)

Article unique. A l'avenir, et lorsque,
dans le cas prévu par l'article 351 du Code
d'instruction criminelle, les juges seront
appelés à délibérer entre eux sur une déclaration du jury formée à la simple majorité, l'avis favorable à l'accusé prévaudra
toutes les fois qu'il aura été adopté par la
majorité des juges (2).

24 MAI 1821. — Lettres-patentes portant érection de majorats en faveur de MM. Poisallolle
de Nanteuil et Harmand Hermann. (7, Bull.
455.)

24 MAI 1821. — Ordonnances du Roi qui autorisent l'acceptation de dons et legs. (7, Bull.
467.)

24 MAI 1821. — Ordonnance du Roi qui autorise
les sieurs Mittchell frères à construire une
verrerie à bouteilles dans leur propriété, quai
Bacalan, à Bordeaux. (7, Bull. 467.)

24 MAI 1821. — Ordonnance du Roi qui autorise
le sieur de la Verdrie à construire sur sa terre
de Sérigné, arrondissement de Rennes, une
usine pour la fabrication de la fonte moulée.
(7, Bull. 467.)

24 MAI 1821. — Lettres-patentes portant institution de titre de pairie en faveur de M. Hen-
nequin, marquis d'Ecquevilly. (7, Bull. 501.)

26 MAI 1821. — Ordonnance du Roi qui nomme le vice-président de la Chambre des pairs.
(*Mon.* du 27 mai 1821.)

Louis, etc., le sieur marquis Barthélemy
nous ayant fait connaître que l'état de sa
santé ne lui permettait pas de remplir les
fonctions de vice-président de la Chambre
des pairs, et nous ayant demandé de pourvoir à son remplacement, notre bienveillance pour le sieur marquis Barthélemy
nous portant à prendre en considération
cette demande, et voulant en même temps
lui donner un témoignage de notre haute
satisfaction des services éminens qu'il a
rendus à l'Etat et à notre personne ; vu
l'article 29 de la Charte constitutionnelle,
nous avons ordonné et ordonnons ce qui
suit :

Art. 1er. Le sieur marquis de Pastoret
est nommé vice-président de la Chambre
des pairs.

2. Nous conférons au sieur Marquis Barthélemy le titre de vice-président honoraire.

3. Le président de notre conseil des ministres est chargé de l'exécution de la présente ordonnance.

30 MAI == Pr. 7 JUIN 1821. — Ordonnance du
Roi relative à l'échange des reconnaissances de
liquidation au porteur, et à leur conversion
facultative en reconnaissances nominatives.
(7, Bull. 454, n° 10690.)

Voy. ordonnances des 21 NOVEMBRE 1821
et 10 FÉVRIER 1822.

Louis, etc., vu les lois des 28 avril 1816
et 25 mars 1817, et nos ordonnances des 2
avril 1817, 13 janvier 1819 et 14 mars
1821 ; voulant conserver aux propriétaires
de reconnaissances de liquidation des
quatre derniers cinquièmes, lesquelles
sont maintenant dépourvues de coupons
d'arrérages, la faculté d'avoir à leur volonté des effets au *porteur* ou *nominatifs*, et
ajouter même aux facilités et aux garanties
qui leur ont été données ; sur le rapport
de notre ministre secrétaire d'Etat des fi-

---

(1) Proposition à la Chambre des pairs le 15
mars (Mon. du 24). Rapport de M. Barbé-Mar-
bois le 27 mars (Mon. du 3 avril). Discussion
le 30 mars (Mon. du 9 avril). Adoption le 31
mars (Mon. du 10 avril). Présentation à la Chambre des députés le 18 avril (Mon. du 19). Rapport de M. Dartigaux le 28 avril (Mon. du 29).
Adoption le 11 mai (Mon. du 13).

(2) Encore que la majorité des juges, jointe à
la minorité des jurés, n'excède ou même n'égale
pas en nombre la majorité des jurés jointe à la
minorité des juges (*Discours du garde-des-sceaux
à la Chambre des députés*).

M. Legraverend, *Traité de Législation criminelle,* tome 2, page 243, en note, se demande si

la loi a modifié la législation d'une manière utile.
— Il répond : « on ne peut contester que le prin-
« cipe n'en soit humain et juste, et qu'elle n'ait
« fait disparaître un vice que j'avais signalé avec
« force ; mais je suis convaincu qu'elle a porté un
« nouveau coup à l'institution du jury, en accor-
« dant à la délibération des juges l'effet d'annuler
« la délibération de douze jurés, et à la décision
« de trois juges, celui de substituer à la décision
« de sept jurés avec lesquels ils ne délibèrent pas.
« Il eût été bien plus raisonnable, à mon avis,
« bien plus conforme surtout au système du jury
« d'exiger, comme je l'avais proposé en 1819,
« une majorité de huit jurés contre quatre. »

nances, nous avons ordonné et ordonnons ce qui suit :

TITRE I.ʳ. Échange des reconnaissances au porteur des quatre derniers cinquièmes.

Art. 1.ʳ. A partir du 1.ᵉʳ août prochain, les reconnaissances de liquidation des quatre derniers cinquièmes, actuellement en émission et dépourvues de coupons d'arrérages depuis le 22 mars dernier, seront échangées contre de nouvelles reconnaissances *au porteur*, garnies de huit nouveaux coupons d'arrérages échéant les 22 septembre 1821, 22 mars et 22 septembre 1822, 1823, 1824, et 22 mars 1825.

2. Pour subvenir à cet échange, ainsi qu'au paiement des quatre cinquièmes des ordonnances expédiées ultérieurement pour l'acquittement de l'arriéré antérieur à 1816, notre ministre des finances est autorisé à faire fabriquer, jusqu'à concurrence d'une somme de deux cent quarante millions, de nouvelles reconnaissances de liquidation *au porteur*, conformes à celles émises en exécution de la loi du 25 mars 1817 et de notre ordonnance du 2 avril suivant.

3. Ces nouvelles reconnaissances de liquidation, outre leurs numéros d'ordre, conserveront les huit anciennes finales 2, 3, 4, 5, 7, 8, 9 et 0, pour concourir aux tirages successifs d'après lesdites finales.

TITRE II. Reconnaissances de liquidation nominatives.

4. Il sera ouvert au Trésor royal un grand-livre de reconnaissances de liquidations *nominatives*, pour y porter celles que les propriétaires désireraient faire inscrire à leur nom.

Les extraits ou certificats d'inscription seront conformes au modèle ci-joint.

5. Les reconnaissances de liquidation *nominatives* seront délivrées en échange d'un dépôt au Trésor royal de pareille somme en reconnaissances de liquidation *au porteur* garnies de tous leurs coupons d'arrérages non échus, lesquelles reconnaissances de liquidation *au porteur* seront immédiatement annulées à l'instant du dépôt.

6. Les reconnaissances de liquidation nominatives seront, comme celles *au porteur*, en sommes rondes de dix mille francs, cinq mille francs, mille francs de capital.

7. Pour ne rien changer à l'ordre des tirages successifs, chaque reconnaissance de liquidation *nominative*, outre son numéro d'ordre, portera également l'indication des finales des numéros originaires des reconnaissances de liquidation *au porteur* qu'elle remplacera.

8. Le grand-livre des reconnaissances de liquidation nominatives sera tenu dans la même forme que le grand-livre des cinq pour cent consolidés ; les changemens de propriété seront soumis aux mêmes règles que celles observées pour les mutations et transferts de la dette inscrite, et feront partie du compte qui en est rendu chaque année à la cour des comptes.

9. Les arrérages de reconnaissances de liquidation nominatives seront payables, sur la représentation du certificat d'inscription, dans la même forme que les arrérages des cinq pour cent consolidés.

10. A partir du 1.ᵉʳ août prochain, notre ordonnance royale du 13 janvier 1819 cessera de recevoir son exécution ; les reconnaissances de liquidation déposées devront être retirées, et les récépissés devront être rapportés et annulés.

11. Notre ministre des finances est chargé de l'exécution de la présente ordonnance.

———

30 MAI = Pr. 22 JUIN 1821. — Ordonnance du Roi qui annule un arrêté pris en matière de police du roulage par le conseil de préfecture du département de la Meurthe. (7, Bull. 455, n° 10697.)

Voy. décret du 23 JUIN 1806 et notes.

Louis, etc., sur le rapport du comité du contentieux ; vu le pourvoi élevé par notre ministre secrétaire d'Etat de l'intérieur contre un arrêté pris en matière de police du roulage par le conseil de préfecture du département de la Meurthe, au profit du sieur Léonard Brunner, meunier au moulin de la Machine, canton de Nancy, ledit pourvoi enregistré au secrétariat général de notre Conseil-d'Etat le 8 mai 1820, et tendant à ce qu'il nous plaise annuler ledit arrêté ; vu l'avertissement donné le 18 juillet 1820, par l'intermédiaire du préfet du département de la Meurthe, audit Léonard Brunner, pour qu'il ait à défendre contre ledit pourvoi, s'il s'y croit fondé, auquel avertissement il n'a pas été répondu ; vu les procès-verbaux de contravention à la police du roulage dressés les 14, 19 novembre et 1.ᵉʳ décembre 1818 contre ledit Léonard Brunner, lesdits procès-verbaux affirmés par-devant l'adjoint au maire de Nancy ; vu les condamnations prononcées par le maire de cette ville contre ledit Léonard Brunner les 18, 28 novembre et 7 décembre 1818 ; vu la réclamation présentée au conseil de préfecture du département de la Meurthe, le 31 décembre 1818, par ledit Léonard Brunner, contre lesdites condamnations ; vu l'arrêté attaqué du conseil de préfecture du département de la Meurthe du 24 mars 1819, portant annulation des décisions du maire de Nancy,

comme étant basées sur des procès-verbaux qui n'ont pas été affirmés devant le
juge de-paix, et statuant en outre que ledit Léonard Brunner est dispensé de payer
les amendes auxquelles il a été condamné,
et que l'argent lui sera rendu dans le cas
où il aurait été consigné; vu l'arrêté du
préfet de la Meurthe du 6 avril 1819, qui
estime qu'il y a lieu d'annuler l'arrêté susdit du conseil de préfecture; vu les décrets
des 23 juin 1806, 18 août 1810 et 16 décembre 1811; vu les autres pièces produites; considérant que, par l'article 38
du décret du 23 juin 1806, les maires ont
été chargés de prononcer provisoirement,
et sauf recours aux conseils de préfecture,
sur le fait des contraventions à la police du
roulage; considérant que, par le décret du
18 août 1810, les procès-verbaux en matière de police de roulage doivent être affirmés devant le juge-de-paix, mais que,
d'après le décret du 16 décembre 1811 (1),
relatif aux routes en général, ces procès-
verbaux peuvent être affirmés devant les
maires ou leurs adjoints; qu'il convient
surtout d'user de cette faculté, lorsqu'il
s'agit de contraventions sur lesquelles les
maires ont à prononcer provisoirement, et
qu'ainsi, dans le cas particulier, ces procès-verbaux ont été valablement affirmés
devant l'adjoint du maire de Nancy; notre
Conseil-d'État entendu, nous avons ordonné et ordonnons ce qui suit:

Art. 1er. L'arrêté du conseil de préfecture du département de la Meurthe du
24 mars 1819 est annulé.

2. L'affirmation faite des procès-verbaux
de contravention devant l'adjoint au maire
de Nancy est déclarée bonne et valable.

3. Le sieur Léonard Brunner est renvoyé
à se pourvoir de nouveau, et s'il s'y croit
fondé, devant ledit conseil de préfecture,
contre les décisions du maire de Nancy des
18 et 28 novembre et 7 décembre 1818.

4. Nos ministres de la justice et de l'intérieur sont chargés de l'exécution de la
présente ordonnance.

3o MAI ═ Pr. 10 JUILLET 1821. — Ordonnance
du Roi portant autorisation de la société d'assurances mutuelles contre la grêle, formée à
Nancy. (7, Bull. 459, n° 10785.)

Art. 1er. La société d'assurance mutuelle
contre la grêle, formée à Nancy entre divers particuliers, fermiers et propriétaires
de revenus fonciers, par acte passé par-
devant Michel et Voirin, notaires à la résidence de Nancy, les 17, 18, 19 et 20 janvier 1821, annexé à la présente ordonnance, est autorisée pour les départemens
de la Meurthe, de la Moselle, des Vosges,
de la Haute-Marne, de la Meuse, du Haut-
Rhin et des Ardennes.

Le département du Bas-Rhin étant mentionné dans l'acte social, l'autorisation n
pour ledit département est ajournée quant
à présent.

2. La société existera conformément à
ses statuts contenus dans l'acte social précité et annexé à la présente, sauf les réserves ci-après.

3. Nonobstant les dispositions portées à
l'article 4 dudit acte, la mise à exécution
des statuts et de l'assurance mutuelle ne
pourra avoir lieu que lorsque la somme des
adhésions se sera élevée à celle de quatre
millions de francs en valeurs de récoltes
assurées.

4. La déclaration de la valeur pour laquelle chaque souscripteur associe ses récoltes, suivant l'article 14, et le procès-
verbal d'expertise des propriétés atteintes
par la grêle, qui doit être fait immédiatement après les accidens, suivant l'article
19, ne seront pas les seules bases nécessaires au réglement des indemnités. L'expertise du dommage sera renouvelée quinze
jours après le premier procès-verbal, ou
plus tôt si les récoltes assurées doivent être
retirées avant ce délai. Si les expertises
sont conformes, leur résultat servira de
règle pour l'estimation de l'indemnité. Si
elles diffèrent, cette estimation sera, dans
les limites desdites expertises, convenue
entre les parties, sinon réglée par arbitres.

5. Nonobstant le contenu des articles 19 et
68, les tiers-experts ou tiers-arbitres qu'il
y aurait lieu d'appeler seront choisis suivant les règles du droit commun.

6. Il est entendu que les portions contributives qui peuvent être appelées en entier
suivant l'article 24 ne pourront en aucun
cas excéder les fixations portées en l'article 6.

7. Le traité à forfait entre l'association
et le directeur responsable pour les frais
d'administration, moyennant vingt-cinq
centimes par mille francs de valeurs associées à l'assurance, mentionné en l'article
54, n'est approuvé, nonobstant les dispositions dudit article, que pour l'espace de dix
années, passé lequel terme ledit traité
pourra être librement renouvelé ou modifié.

8. La présente autorisation étant au surplus accordée à ladite société à la charge
par elle de se conformer aux lois et à ses
statuts, nous nous réservons, dans le cas
où ces conditions ne seraient pas accom-

____

(1) Article 112.

plies, de révoquer ladite approbation, sauf les actions à exercer devant les tribunaux par les particuliers à raison des infractions commises à leur préjudice.

9. La société sera tenue de remettre, tous les six mois, copie de son état de situation au préfet du département de la Meurthe ainsi qu'au greffe du tribunal de première instance de Nancy. Elle adressera également une copie de cet état aux préfets des autres départemens compris dans son système d'assurance.

Notre ministre secrétaire d'Etat de l'intérieur est chargé de l'exécution de la présente ordonnance, laquelle sera publiée au Bulletin des Lois avec l'acte annexé, et insérée tant au Moniteur que dans les journaux des annonces judiciaires des départemens dans lesquels l'association est étendue.

Société d'assurance mutuelle contre la grêle pour les départemens de la Meurthe, de la Moselle, des Vosges, de la Haute-Marne, de la Meuse, du Haut-Rhin, du Bas-Rhin et des Ardennes.

Par-devant Jean-Baptiste-François Michel et Jean-Baptiste Voirin, notaires royaux, résidant à Nancy, soussignés, sont comparus, etc.

Lesquels, après avoir examiné les différens systèmes d'assurance qui ont été offerts jusqu'à ce jour, et avoir médité sur leurs avantages et leurs inconvéniens, reconnaissant que le mode d'assurances mutuelles satisfait à toute la sollicitude des intéressés, et adoptant ce système à l'unanimité, se proposent d'en étendre le bienfait, pour la grêle, aux départemens de la Meurthe, de la Moselle, des Vosges, de la Haute-Marne, de la Meuse, du Haut-Rhin, du Bas-Rhin et des Ardennes:

La réunion de ces huit départemens en une seule mutualité est fondée sur plusieurs motifs : ils sont limitrophes; celui de la Meurthe est au centre des sept autres; leurs communications sont nombreuses et faciles; les risques sont identiques, puisque la configuration du sol et la nature des productions se trouvent être les mêmes sur tous les points;

Déterminés par ces considérations, mus par le désir de participer à la fondation d'un établissement utile, les comparans, après s'être éclairés des lumières d'une discussion préalable, de laquelle a résulté la nécessité d'étendre, le plus possible, toute société qui doit garantir mutuelle-

ment ses membres contre le fléau destructeur de la grêle; après, en outre, ès-noms et qualités qu'ils agissent, s'être fait représenter les statuts précédemment arrêtés par l'acte reçu de Mᵉ Michel, l'un des notaires soussignés, qui en a minute, le 7 mars 1820, enregistré, et avoir pris communication des objections faites par l'autorité contre ces mêmes statuts, ont enfin établi leur association sur les nouvelles bases qui suivent :

CHAPITRE Iᵉʳ. Fondation.

Art. 1ᵉʳ. Il y a société d'assurance contre la grêle entre les cultivateurs, fermiers et propriétaires de revenus fonciers situés dans les départemens de la Meurthe, de la Moselle, des Vosges, de la Haute-Marne, de la Meuse, du Haut-Rhin, du Bas-Rhin (1) et des Ardennes, soussignés, et tous autres propriétaires, dans ces départemens, qui adhéreront ensuite aux présens statuts.

2. Cette société est anonyme : elle a pour unique objet de garantir mutuellement ses membres des risques et dommages que pourraient causer les ravages de la grêle aux récoltes pendantes par racines : elle n'entend assurer aucun autre dommage.

3. La durée de la société est de trente années; elle peut être prolongée avec l'autorisation du Gouvernement.

4. La présente association ne peut avoir d'effet que du moment où, par suite des adhésions aux présens statuts, il se trouvera pour deux millions de récoltes assurées (2).

5. La société est administrée par un conseil général des sociétaires, par un conseil d'administration, et deux directeurs, dont l'un est responsable et fait les fonctions de receveur.

6. Cette société exclut toute solidarité entre les sociétaires, dont chacun, en tout état de cause, ne peut supporter que la part dont il est tenu dans la contribution à laquelle le dommage peut donner lieu, selon les états de répartition. Cette part ne peut, dans aucun cas, s'élever au-delà d'un et demi ou de trois pour cent par année de la valeur du revenu soumis à l'assurance, suivant que les récoltes engagées appartiendront à la première ou à la seconde classe établies plus bas dans l'article 28.

7. Chaque sociétaire est assureur et assuré pour une, trois, six ou neuf années, à partir du jour qui suit celui où il est devenu sociétaire.

---

(1) Voyez article 1ᵉʳ de l'ordonnance.

(2) Voyez l'article 3 de l'ordonnance.

8. Trois mois avant l'échéance de son assurance, il fait connaître, par une déclaration consignée sur un registre tenu à cet effet, s'il entend faire partie de la société pour un plus long délai, ou s'il y renonce.

9. Par le fait seul du défaut de cette déclaration à l'époque ci-dessus fixée, il continue de faire partie de la société pour un temps égal à celui de son premier engagement.

Dans ce cas, toutes les conditions de l'assurance doivent être remplies comme pendant le premier engagement.

10. En sa qualité d'assureur, tout sociétaire est tenu de fournir à l'association, au moment où il y entre, une garantie pour le paiement des portions contributives auxquelles l'assujétit le présent système d'assurance mutuelle : cette garantie est d'un demi pour cent de la valeur de la récolte assurée, pour les productions comprises dans la première classe, et d'un, aussi pour cent, de celles composant la seconde classe. La somme en résultant servira à couvrir les pertes éprouvées dans le courant de l'année : si cette somme se trouvait être insuffisante par l'effet du grand nombre de sinistres ou dégâts qui pourraient survenir, alors il serait fait une répartition entre tous les sociétaires, ainsi qu'il sera indiqué en l'article 23.

Si, comme tout porte à le croire d'après les calculs qui ont été faits, ce premier fonds était plus que suffisant pour faire face à tous les dommages éprouvés pendant l'exercice courant, la partie non absorbée appartiendrait et serait transportée de droit à l'exercice suivant, et, dans ce cas, les sociétaires n'auraient de versement à faire que pour le complément du fonds de garantie, qui sera toujours, soit complété, soit renouvelé, en cas d'épuisement, lors du plus prochain paiement annuel des frais d'administration. Chaque exercice commencera le 1er janvier.

11. Les frais d'administration sont fixés par année à vingt-cinq centimes pour cent francs de récolte assurée, payables au commencement de chaque exercice.

Ceux de police d'assurance ou acte contenant l'engagement entre l'association et l'assuré, sont réglés à cinquante centimes, une fois payés, pour tout le temps de l'engagement. Si cette police donne lieu à des frais de timbre, ils seront à la charge de l'assuré.

Lorsque tous les propriétaires d'une même commune auront assuré leurs récoltes en masse, ils ne paieront que quinze centimes pour cent francs de frais d'administration par année. Ils ne paieront aussi qu'une seule police de cinquante centimes.

Les récoltes appartenant à des établissemens publics, tels qu'hospices, hôpitaux, maisons de charité ou de bienfaisance, jouiront du même avantage.

12. Les estimations de récoltes assurées seront toujours faites en somme ronde de cent francs.

CHAPITRE II. Conditions de l'entrée dans la société ; estimation des dégâts, et mode de paiement des indemnités.

13. L'inscription, sur les registres de la société, de la déclaration des récoltes que l'on veut faire assurer, et la quittance tant des frais d'administration que du fonds de garantie, confèrent de droit au déclarant la qualité de sociétaire.

Cette déclaration devra désigner, d'une manière exacte, les pièces de terre, vergers, potagers, vignes, plantations de tabac ou houblonnières, leurs tenans et aboutissans, leur contenance, nature de semences, arbres et fruits que l'on fait assurer.

La même déclaration contient en outre la valeur que le déclarant donne aux récoltes qu'il veut faire assurer.

14. Le montant de l'estimation faite par le déclarant forme le capital à assurer ; et ce capital est la base de la somme à laquelle le propriétaire assuré a droit en cas de perte : il est de même la base de la somme pour laquelle le sociétaire doit concourir au paiement des dommages, comme il a été dit par l'article 6 (1).

15. Toute personne ayant un intérêt direct ou indirect à la conservation des récoltes est admise à les faire assurer, suivant les dispositions de l'article 10.

La propriété d'autrui peut même être assurée officieusement.

16. Le sociétaire appelé à fournir les portions contributives en vertu des états de répartition rendus exécutoires est tenu de verser son contingent entre les mains de l'agent de l'association et sur le simple avis du directeur responsable.

Si, dans les quinze jours qui suivront ce premier avis, le sociétaire n'a pas effectué le versement demandé, l'avertissement lui sera réitéré, et, faute par lui d'avoir satisfait à ce second avis, il sera poursuivi par toutes les voies de droit, à la requête du directeur responsable, auquel il est, dès à présent, conféré tous pouvoirs nécessaires à l'effet de parvenir au recouvrement desdites portions contributives.

_____

(1) Voy. article 4 de l'ordonnance.

17. Ce directeur responsable rend périodiquement compte au conseil d'administration du résultat des poursuites exercées contre les retardataires : sur son rapport, il est pris, à leur égard, par le conseil, celles mesures qui lui paraîtront convenables à l'intérêt de la société.

18. Tout fait de perte de fruits ou de récoltes par l'effet des ravages de la grêle sera le suite dénoncé au maire de la commune. La déclaration en sera faite par l'assuré ou l'intéressé, et légalisée par le maire. Elle contiendra la date et l'heure de l'accident; la désignation exacte des objets grêlés; la mention de l'espèce de récolte détruite, et celle si le dégât est intégral ou partiel : cette déclaration est envoyée par l'assuré, à peine de déchéance de l'indemnité, dans la quinzaine au plus tard qui suit le dégât, au bureau de la direction ou à l'agent de l'arrondissement, et il en sera donné récépissé.

19. Quand le directeur responsable aura reçu cette déclaration, il fera faire l'estimation des dégâts par trois experts, dont l'un est à son choix, l'autre à celui de la personne intéressée, et le troisième, s'il est nécessaire, à la nomination du juge-de-paix du canton dans lequel il y a lieu à expertise. Ces experts constateront le dommage éprouvé en espèces et qualités de récoltes ou de fruits perdus; ils dresseront et affirmeront leur procès-verbal par-devant le maire du lieu où est arrivé le dégât; ce procès-verbal sera remis par eux, dans le plus bref délai, à la direction ou à l'agent de la société, qui en délivrera récépissé (1).

20. Les frais de l'expertise seront supportés, moitié par l'association, et moitié par l'intéressé.

21. Si cependant le ravage causé par la grêle était tel sur quelques points, qu'il n'y eût aucune espérance de récolte, et qu'il fût encore temps de réensemencer, le directeur, après avoir fait constater le dommage, pourra traiter amiablement, avec l'assuré, d'une diminution dans l'indemnité à lui payer, et l'assuré ensemencera une seconde fois.

22. Immédiatement après la rentrée des récoltes, époque où tous les dégâts sont connus, le directeur responsable dressera et arrêtera l'état des indemnités à payer. Si le fonds de garantie mentionné en l'article 10 est insuffisant pour faire face à tous les dégâts, il est employé sans délai à l'acquittement des sommes dues aux assurés qui ont éprouvé des pertes, et, dans ce cas, le cultivateur grêlé peut à l'instant profiter du bienfait de l'assurance.

23. Si, au contraire, le fonds de garantie

était insuffisant, alors le directeur responsable établirait, en vertu des articles 16 et suivans, le compte des portions contributives dues par les sociétaires, à raison des pertes survenues pendant l'exercice et dans les bornes prescrites par l'article 6.

Le conseil d'administration vérifie ce compte, en arrête définitivement la répartition, le fait déclarer exécutoire, et charge le directeur responsable d'en suivre immédiatement le recouvrement, en conformité des articles 16 et suivans.

Le compte est conservé à la direction, et tout sociétaire a droit d'en prendre connaissance.

Pendant la confection de l'état des portions contributives, et sans attendre que son recouvrement soit effectué, le fonds de garantie sera réparti et distribué à titre d'à-compte entre tous les intéressés au profit desquels sera réparti ultérieurement le produit des portions contributives mises en recouvrement. Cette première distribution sera faite assez à temps pour mettre le cultivateur en état de se procurer des semences.

24. Dans le cas, considéré impossible, où l'estimation des dommages excéderait la fixation de l'article 6, les portions contributives seront appelées en entier et réparties au marc le franc des pertes (2).

25. Dans tous les cas possibles, le paiement des indemnités dues à raison des pertes essuyées sera toujours entièrement effectué dans le courant du dernier trimestre de l'année.

26. Il ne sera fait aucun appel de fonds, si l'on ne s'est pas servi du fonds de garantie. Le présent article ne déroge pas aux dispositions de l'article 11.

27. L'assuré quittant l'association n'aura droit à aucune réclamation sur ce fonds de garantie, qui profitera à la masse des sociétaires.

CHAPITRE III. Classification des diverses espèces de produits.

28. Les plantations de vigne, de tabac, et les houblonnières étant plus long-temps et plus dangereusement exposées aux ravages de la grêle, et les dommages y étant plus considérables, il a été nécessaire de former deux classes de produits à assurer.

La première classe ne contiendra uniquement que les céréales et produits agricoles de toute espèce, obtenus par le labourage à la charrue, et ils ne concourront au paiement des dommages qu'au prorata de la somme pour laquelle ils seront engagés à l'assurance.

(1) *Voyez* article 4 et 5 de l'ordonnance.

(2) *Voyez* article 6 de l'ordonnance.

23.

18

La seconde classe comprendra les vignes, houblonnières, plantations de tabac, vergers, potagers, etc.

Ces dernières productions concourront, lors de l'appel des portions contributives, dans la proportion du double de la valeur pour laquelle ils seront engagés à l'assurance.

CHAPITRE IV. Conseil général des sociétaires.

29. Il y a une assemblée de sociétaires sous la dénomination de *conseil général*.

3o. La réunion des dix plus forts assurés, pour chacun des départemens, pris autant que possible dans les sociétés d'agriculture, formera à Nancy le conseil général des sociétaires, qui ne pourra délibérer qu'autant que le nombre de ses membres présens serait d'un tiers. Les membres de ce conseil pourront se faire représenter par d'autres sociétaires, pourvu que ceux-ci aient au moins pour deux mille francs de récoltes assurées.

31. Le conseil général est présidé par un de ses membres, élu à la majorité des suffrages.

Il se réunit une fois par année, sauf les convocations extraordinaires jugées nécessaires : sa première réunion a lieu six mois après la mise en activité de la société ; l'un de ses membres tient la plume.

Les directeurs assistent au conseil général.

32. Le conseil général nommera les membres du conseil d'administration ; ils seront pris, autant que possible, en nombre égal, dans chacun des départemens. Le conseil général nommera aussi les directeurs en cas de décès ou de démission de ceux actuels, comme dans le cas de révocation admis par l'article 31 du Code de commerce, lorsqu'elle aura été prononcée par le conseil général, sur le rapport du comité des sociétaires et sur l'avis du conseil d'administration.

33. Le conseil général choisit dans son sein, et hors du conseil d'administration, un comité de trois membres chargé de suivre, pendant le courant de l'année, toutes les opérations de l'administration.

34. Le comité des sociétaires prend part aux délibérations du conseil d'administration, dans tous les cas prévus par les présens statuts.

Le comité pourra faire convoquer extraordinairement, soit le conseil d'administration, soit le conseil général, pour les cas urgens.

Il rend compte au conseil général des observations qu'il a pu faire pendant l'année, et des abus qu'il aurait pu reconnaître dans l'administration.

Le conseil général, après avoir entendu le conseil d'administration, délibère sur le rapport du comité, et statue sur ses observations.

CHAPITRE V. Conseil d'administration.

35. Le conseil d'administration est composé de vingt sociétaires. Il n'est provisoirement porté qu'à seize membres, et pourra être complété lors de la première réunion du conseil général.

Les seize membres provisoires sont :

1° M. le lieutenant général comte Boursier, conseiller d'Etat, député de la Meurthe, et membre de la société d'agriculture de Nancy ;

2° M. le baron de Metz, procureur-général de la cour royale de Nancy ;

3° M. Mathieu de Dombasle, membre correspondant de la société d'agriculture de Paris, et président de celle de Nancy ;

4° M. Berthier, membre correspondant de la société d'agriculture de Paris et membre de celle de Nancy ;

5° M. Theuvenel, membre de la société d'agriculture de Nancy ;

6° M. Champy, député des Vosges ;

7° M. Marchant, conseiller de préfecture et membre de la société d'agriculture de la Moselle ;

8° M. Warel de Beauvoir, maire de la ville de Thionville et membre de la société d'agriculture de la Moselle ;

9° M. Teissier, sous-préfet à Thionville et membre de la société d'agriculture de la Moselle ;

1o° M. Génot, juge-de-paix à Toul ;

11° M. Thieriet, substitut de M. le procureur-général de la cour royale de Nancy ;

12° M. Braconnot, membre de la société d'agriculture de Nancy ;

13° M. de Haldat, membre de la société d'agriculture de Nancy ;

14° M. Beaudoin, notaire à Metz, membre de la société d'agriculture de la Moselle ;

15° M. le baron de l'Espée, membre de la société d'agriculture de Nancy ;

16° M. Husson, adjoint au maire de Neufchâteau.

36. Chacun des membres du conseil d'administration présentera un suppléant à l'agrément de ce conseil.

Les suppléans admis peuvent assister aux délibérations du conseil d'administration ; mais ils n'ont voix délibérative que quand ils sont appelés pour compléter le nombre des sept membres rigoureusement nécessaires pour la validité des délibérations du conseil d'administration.

37. Les avocats, le notaire, l'avoué de la société, seront à l'avenir présentés par

les directeurs et nommés par le conseil d'administration.

Ils peuvent être appelés avec voix consultative aux délibérations du conseil.

Sont nommés aujourd'hui :

Pour avocats, Mrs Chatillon et Denizot ;
Pour avoué, Mr Lang;
Pour notaire, Mr Michel.

38. En cas de décès ou de démission de l'un des membres du conseil d'administration, il est remplacé de droit par son suppléant, jusqu'à ce qu'il ait été pourvu à son remplacement définitif par le conseil général.

3g. Deux des membres du conseil d'administration sont renouvelés chaque année ; les premiers sortans sont désignés par le sort pendant les neuf premières années.

4o. Tout membre du conseil d'administration et tout suppléant doit être sociétaire et avoir au moins pour deux mille francs de récoltes engagées à l'assurance mutuelle.

41. Les membres sortans du conseil d'administration peuvent être nommés une seconde fois.

42. Le conseil d'administration se réunit d'obligation le premier lundi non férié de chaque trimestre, sauf les convocations extraordinaires jugées nécessaires par les directeurs ou le comité du conseil général des sociétaires.

43. Il nomme dans son sein, à la majorité des suffrages, un président et un vice-président. La durée de leurs fonctions est de deux années ; ils peuvent être réélus.

L'un des directeurs tient la plume au conseil.

44. Les membres du conseil d'administration ne sont responsables que de l'exécution du mandat qu'ils ont reçu.

Ils ne contractent, à raison de leur gestion, aucune obligation personnelle ni solidaire, relativement aux engagemens de la société.

45. Le conseil d'administration délibère sur toutes les affaires de la société, et les décide par des arrêtés consignés sur des registres doubles ouverts à cet effet, demeurant l'un entre les mains des directeurs, et l'autre en celles du président.

Ses décisions sont prises à la majorité des suffrages ; les directeurs sont tenus de s'y conformer.

46. Ce conseil reçoit, vérifie et débat le compte annuel rendu par le directeur responsable de ses recettes et dépenses sociales ; et ce compte est arrêté provisoirement par le comité des sociétaires, lequel en fait son rapport au conseil général, qui l'arrête définitivement.

47. Un conseiller de préfecture, désigné par M. le préfet de la Meurthe, remplira les fonctions de commissaire du Roi.

CHAPITRE VI. De la direction.

48. Elle est composée de deux directeurs. Ils assistent aux assemblées du conseil d'administration.

Ils convoquent les assemblées du conseil général des sociétaires.

Ils convoquent également, lorsque cela peut devenir nécessaire, les assemblées extraordinaires du conseil d'administration.

49. Le directeur responsable mettra sous les yeux du conseil général des sociétaires, lors de sa réunion, l'état de situation de l'établissement et le compte détaillé de tout ce que la société aura été dans le cas de rembourser pour cause de dégâts.

Il donnera aux membres du comité des sociétaires tous les renseignemens qu'ils peuvent désirer ; il leur communiquera les registres des délibérations et arrêtés de l'administration, les états de situation de l'établissement, et leur procurera toutes les instructions que les intérêts de leurs commettans exigent.

Il donnera également à chaque sociétaire tous les renseignemens dont il pourra avoir besoin.

5o. Trois mois après la révolution de chaque exercice, le directeur responsable présentera au conseil d'administration, dans sa réunion obligée, le compte des recettes sur fonds de garantie et portions contributives, de toutes les dépenses et des non-valeurs, pour portions contributives non recevables à imputer sur les fonds de garantie ; ce compte sera appuyé des pièces justificatives nécessaires.

51. Le directeur responsable fera surveiller l'estimation des récoltes engagées ou à engager à l'assurance.

Il sera chargé de la délivrance des polices d'assurance, des rapports de la société avec les autorités, de la correspondance, enfin de la confection comme de la suite ou de l'exécution de tous les actes qui peuvent concerner l'établissement.

52. Le directeur responsable, chargé de l'exécution des présens statuts, ne pourra s'en écarter. En conséquence, il sera tenu d'ouvrir les registres nécessaires au conseil d'administration pour ses délibérations et arrêtés, d'avoir un journal général qui offre, dans un ordre convenable, les noms des sociétaires, la désignation et la valeur de leurs récoltes assurées et le compte ouvert à chacun d'eux, les registres relatifs aux déclarations de dégâts, aux évaluations de dommages et à la correspondance.

53. Tous les frais de loyer de l'administration, ceux de correspondance, d'im-

18.

pression et de bureau, les traitemens d'employés à sa nomination, enfin toutes dépenses de gestion, sont et demeurent à la charge du directeur responsable.

54. Les recettes et dépenses forment entre l'association et le directeur responsable un traité à forfait dont la durée est fixée à trente ans (1).

55. Toute action judiciaire, autre que celles auxquelles peuvent donner ouverture les présens statuts, ne peut être engagée ou soutenue par le directeur responsable, au nom et aux frais de la société, que d'après l'avis du conseil d'administration, l'un des avocats et l'avoué entendus. Les frais seront pris sur les fonds de garantie.

56. MM. les fondateurs réunis ont nommé spontanément et à l'unanimité, pour directeurs de cet établissement, MM. Mandel du Mesnil et Prugneaux, ci-dessus dénommés et qualifiés, lesquels, présens, ont déclaré accepter, le premier, à titre officieux et gratuit.

57. M. Prugneaux, seul directeur responsable, devra, pour assurer le service de la société contre tout événement de maladie ou autres empêchemens de sa part, présenter à la nomination du conseil général un adjoint destiné à le suppléer dans toutes les opérations de la direction. Cet adjoint, dont les émolumens resteront à la charge du directeur responsable, sera admis à l'exercice de ses fonctions d'après une délibération du conseil d'administration, réuni au comité des sociétaires.

58. Le domicile central de la direction sera au chef-lieu du département de la Meurthe.

59. Pour la commodité des propriétaires et la régularité des opérations, le directeur responsable nommera un agent particulier cautionné dans chaque arrondissement de sous-préfecture compris dans les circonscriptions de la société, et déterminera, suivant les localités, la quotité du cautionnement, qui sera fourni en immeubles, auquel seront soumis ces agens.

Il prendra, en conséquence, en son nom, toute inscription nécessaire.

60. Le directeur à titre officieux n'est responsable que de l'exécution du mandat qu'il reçoit.

CHAPITRE VII. Comptabilité.

61. Elle sera tenue par le directeur receveur, qui fournira, à ses frais, un cautionnement en immeubles de la valeur de vingt mille francs, qui sera accepté par le président du conseil d'administration.

En vertu de ce cautionnement, ce président prendra une inscription, d'abord à la concurrence de dix mille francs, jusqu'à ce que la valeur de la masse des propriétés assurées ait atteint la somme de douze millions. Alors, et par chaque augmentation successive de deux millions, l'inscription sera prise pour mille francs de plus, jusqu'au *maximum* de vingt mille francs. Il n'en peut être donné main-levée ni consenti de radiation qu'après l'apurement des comptes du cautionné, et la représentation d'un *quitus* délivré en suite d'une délibération du conseil d'administration.

62. Pour sûreté des fonds du recouvrement des portions contributives et du fonds de garantie, il est établi une caisse à trois clés, dans laquelle le directeur receveur remettra, le dernier jour de chaque semaine, le montant des sommes dont il aura fait recette.

Les entrées et sorties de ces fonds sont constatées par le moyen d'un livre de caisse particulier, tenu par le directeur receveur, visé et vérifié, à toute réquisition, par le président du conseil d'administration.

63. Des trois clés de la caisse, l'une restera entre les mains du directeur receveur, l'autre sera remise entre les mains du président du conseil d'administration, et la troisième en celles d'un membre du comité des sociétaires : ces deux derniers la confient à un des membres de ces conseil et comité, s'ils sont dans le cas de s'absenter. Ces membres seront choisis à Nancy.

64. Le directeur responsable tiendra sa comptabilité journalière sous le contrôle immédiat du président du conseil d'administration, et en rendra compte ainsi qu'il a été fixé par l'article 50.

CHAPITRE VIII. Dispositions générales.

65. Tous les cas non prévus par les présens statuts seront décidés par le conseil d'administration, réuni au comité des sociétaires, les directeurs entendus.

66. Un arrêté du conseil d'administration, dont il sera donné connaissance par les directeurs aux sociétaires, déterminera le jour de la mise en activité, et jusque-là toutes les adhésions ne seront que provisoires.

67. A l'expiration de la présente société, il sera procédé, par le conseil d'administration alors existant, à l'examen du compte moral présenté par les directeurs. Ce conseil décidera si l'on doit demander, ou

_____

(1) *Voyez* article 7 de l'ordonnance.

non, une autorisation de prolongation au Gouvernement.

68. S'il survient quelque contestation entre la société comme chambre d'assurance, et un ou plusieurs assurés, elle sera jugée, à la diligence des directeurs pour la société, par trois arbitres, dont deux seront nommés par les parties respectives, et le troisième par le président de la société d'agriculture de l'arrondissement où siége l'établissement. Leur jugement sera sans appel, et ne pourra être attaqué, même par voie de recours en cassation (1).

69 et dernier. Les fondateurs soussignés autorisent les directeurs ci-dessus nommés à se pourvoir par-devant M. le préfet de la Meurthe et MM. ses collègues, ainsi que vers les autorités supérieures, pour parvenir à l'homologation des présens statuts, comme aussi à consentir, au nom de tous, aux amendemens que MM. les conseillers d'Etat de la section de l'intérieur et du commerce jugeraient indispensables aux dispositions de tels articles de ces statuts qui seraient contraires aux lois en vigueur.

Quant à tous autres changemens, ils seront consentis, le cas échéant, par les membres du conseil d'administration, demeurant ou présens à Nancy, en nombre suffisant pour délibérer. A cet effet, les fondateurs soussignés leur donnent, dès ce moment, tous les pouvoirs à ce nécessaires.

Suit l'état sommaire de la valeur des récoltes que chacun des fondateurs soussignés entend soumettre à l'assurance mutuelle contre la grêle.

Total, un million cent quarante mille cent francs.

Dont acte, fait et passé à Nancy, tant en l'étude de M⁺ Michel qu'en la demeure respective des parties, l'an 1821, les 17, 18, 19 et 20 du mois de janvier; et, après lecture à eux faite, les comparans ont signé, avec les notaires, les présentes écrites sur six feuillets et restées pour minute audit M⁺ Michel.

30 MAI 1821. — Ordonnance du Roi qui admet les sieurs Balleso dit Vallejo, Bridgmann et de Such'orzewski, à établir leur domicile en France. (7, Bull. 454.)

30 MAI 1821. — Ordonnance du Roi qui classe parmi les routes départementales de la Haute-Loire le chemin d'Issengeaux à Craponne. (7, Bull. 455.)

30 MAI 1821. — Ordonnances du Roi qui accordent des pensions à des militaires et à des veuves de militaires. (7, Bull. 455 bis.)

30 MAI 1821. — Ordonnances du Roi qui autorisent l'acceptation de dons et legs. (7, Bull. 467, 468, 469, 471 et 472.)

30 MAI 1821. — Ordonnance du Roi qui accorde des lettres de déclaration de naturalité au sieur Boissat. (7, Bull. 474.)

31 MAI 1821. — Tableau des prix moyens des grains pour servir de régulateur de l'exportation et de l'importation, conformément aux articles 6 et 8 de la loi du 16 juillet 1819. (7, Bull. 453.)

6 = Pr. 22 JUIN 1821. — Ordonnance du Roi relative à l'évaluation des poudres existant, au 1er janvier 1821, dans les entrepôts des contributions indirectes, etc. (7, Bul. 455, n° 10698.)

Louis, etc., vu notre ordonnance du 25 mars 1818; sur le rapport de nos ministres secrétaires d'Etat de la guerre et des finances, nous avons ordonné et ordonnons ce qui suit:

Art. 1er. Les poudres de toute espèce appartenant à la direction des poudres, et qui existaient dans les entrepôts des contributions indirectes au 1er janvier 1821, seront évaluées au prix de fabrication fixé pour 1820 par notre ordonnance du 3 mars de la même année. Le montant de cette évaluation sera considéré comme une créance active, mais non exigible, de la direction des poudres sur l'administration des contributions indirectes, qui, après en avoir crédité la première, restera indéfiniment en possession de la valeur qu'elle représente, sauf ce qui pourra être ultérieurement statué de concert avec nos ministres de la guerre et des finances.

2. A dater de ladite époque du 1er janvier 1821, l'administration des contributions indirectes fera annuellement compte à celle des poudres du prix de la totalité des fournitures livrées par la dernière dans le courant de chaque année, et sur lesquelles il continuera d'être remis, chaque mois, des à-compte proportionnés au montant des fournitures faites dans le même intervalle.

3. Nos ministres de la guerre et des

(1) Voyez article 4 de l'ordonnance.

finances sont chargés, de l'exécution de la présente ordonnance.

———

6 JUIN 1821. — Ordonnance du Roi qui permet au sieur François d'ajouter à son nom celui de Dainville. (7, Bull. 455.)

———

6 JUIN 1821. — Ordonnance du Roi qui permet au sieur Garcia dit Joseph-Marie d'établir son domicile en France. (7, Bull. 456.)

———

6 JUIN 1821. — Ordonnances du Roi qui accordent des lettres de déclaration de naturalité aux sieurs Giovanelli, Nipels, Pedemonte et à la veuve Rifflart. (7, Bull. 460 et 494.)

———

6 JUIN 1821. — Ordonnances du Roi qui autorisent l'acceptation de dons et legs. (7, Bull. 472, 473, 475, 476 et 477.)

———

6 JUIN 1821. — Ordonnances du Roi qui accordent des pensions militaires, et une pension à un ex-sous-préfet (7, Bull. 455 bis); une pension à madame Corvetto. (7, Bull. 468 bis.)

———

8 = Pr. 26 JUIN 1821. — Ordonnance du Roi relative à la forme des comptes à rendre à la Cour des comptes par le caissier général du Trésor royal. (7, Bull. 456, n° 10719.)|

Louis, etc., vu les dispositions de nos ordonnances des 18 novembre 1817 et 16 septembre 1818, relatives au compte de gestion à rendre à la cour des comptes par le caissier général du Trésor royal; voulant appliquer à la comptabilité dudit caissier général les principes qui ont déterminé les dispositions de notre ordonnance du 18 novembre 1817, relative au mode des comptes à rendre par les receveurs généraux des finances, sur le rapport de notre ministre secrétaire d'État des finances, nous avons ordonné et ordonnons ce qui suit:

Art. 1er. Notre ordonnance du 16 septembre 1818, portant qu'une partie des opérations de recette et de dépense du caissier du Trésor royal ne sera pas soumise au jugement de la cour des comptes, cessera d'avoir son effet pour les comptes à rendre à partir de celui pour l'année 1821.

2. Les comptes que le caissier du Trésor royal rendra à la cour des comptes, pour les années 1821 et suivantes, en conformité de l'article 13 de notre ordonnance du 18 novembre 1817, comprendront, sans exception, tous les actes de sa gestion pendant

la durée de chaque année; les justifications à fournir pour chaque article de recette et de dépense seront déterminées par notre ministre secrétaire d'État des finances.

Ne sont pas considérés comme actes de recette ni de dépense, mais seulement comme conversion de valeurs dans la solde dont le caissier général continue à demeurer responsable et ne peut être déchargé, les recouvremens d'effets sur Paris, le compte courant à la Banque de France, l'échange des écus contre des billets de banque, et généralement toutes conversions de valeurs numéraires qui ne changent pas de solde et qui n'ajoutent pas à la charge du caissier général.

3. Le compte du caissier du Trésor présentera: 1° le tableau complet des valeurs existant en caisse et en portefeuille à l'époque où commence la gestion; 2° les recettes et les dépenses de toute nature effectuées pendant cette gestion, et classées par chapitre et article d'une manière analogue à l'ordre prescrit pour les comptes des receveurs généraux par les articles 3 et 4 de notre ordonnance du 18 novembre 1817; 3° le montant des valeurs qui se trouveront dans la caisse et dans son portefeuille à l'époque où se termine la gestion.

4. Le caissier du Trésor sera tenu de présenter à notre ministre secrétaire-d'État des finances, dans les trois mois qui suivront l'expiration de l'année ou l'époque de la cessation de ses fonctions, le compte qui doit être rendu à la cour des comptes, afin qu'après avoir été vérifié au ministère des finances, il puisse être transmis à la cour dans le délai de six mois fixé par l'article 13 de notre ordonnance du 18 novembre 1817.

5. Notre ministre des finances est chargé de l'exécution de la présente ordonnance.

———

9 = Pr. 22 JUIN 1821. — Ordonnance du Roi qui modifie les dispositions des précédentes ordonnances relatives aux hautes-paies accordées aux sous-officiers et soldats de toutes armes. (7, Bull. 455, n° 10699.)

Voy. ordonnances des 6 NOVEMBRE 1822 et 1er DÉCEMBRE 1824.

Louis, etc., vu l'article 22 de la loi du 10 mars 1818, portant qu'il sera accordé une haute-paie aux sous-officiers et soldats qui contractent des rengagemens à l'expiration de leur temps de service; vu notre ordonnance du 3 décembre 1818, qui a réglé le tarif de cette haute-paie, ainsi que le décret du 22 juillet 1802 (3 thermidor an 10), relatif au temps de service après lequel est acquis, pour les caporaux, brigadiers et soldats, le droit de porter les chevrons; voulant améliorer le sort des soldats, et particulièrement des sous-officiers qui contractent des rengagemens, faire participer aux mêmes avantages ceux qui, par la durée de leurs services, ont acquis ou acquièrent successivement des droits à la haute-paie, et graduer les récompenses d'une manière conforme aux principes consacrés par la loi du 10 mars 1818 pour la durée légale du service et celle des rengagemens, nous avons ordonné et ordonnons ce qui suit :

Art. 1er. Les chevrons attribués aux sous-officiers et soldats des corps de troupe de toutes armes, soit pour rengagemens, soit pour ancienneté de service, seront désormais acquis, savoir :

Le demi chevron, à six ans révolus de service ; le simple chevron, à huit ans ; le double chevron, à douze ans ; et le triple chevron, à seize ans.

2. Une haute-paie, graduée suivant les tarifs annexés à la présente ordonnance, est attachée au demi-chevron, au chevron, au double et au triple chevron.

3. La portion de cette haute-paie qui, d'après les mêmes tarifs, est payable à l'avance, sera acquise en faveur des sous-officiers et soldats (1) des corps qui se rengageront à l'avenir, quel que soit le nombre de leurs années de service, savoir : pour ceux qui se rengageront avant l'expiration de la présente année, à dater du 1er janvier prochain ; et pour ceux qui se rengageront ultérieurement, à partir du jour de leur rengagement.

4. Les sous-officiers et soldats qui ont contracté des rengagemens antérieurement à la présente ordonnance ne pourront pas prétendre, pour ces rengagemens, à celle des portions de ladite haute-paie qui est payable à l'avance ; mais ils auront droit, comme les nouveaux rengagés, à la portion payable avec la solde.

5. L'une et l'autre portion de ladite haute-paie ne seront payées qu'à partir du 1er janvier 1822, époque jusqu'à laquelle les dispositions maintenant en vigueur sur les hautes-paies continueront d'être exécutées.

6. Le décompte de la haute-paie à laquelle pourront prétendre les sous-officiers et soldats (2) qui se rengageront à l'avenir, devra être fait, quant à la portion payable d'avance, sur la base déterminée par les tarifs pour la classe dans laquelle sera rangé, d'après l'article 1er, le nombre d'années de service déterminé pour chaque degré de rengagement.

7. Les changemens à faire dans les chevrons en exécution du 1er article de la présente ordonnance devront être opérés le 1er janvier 1822, pour tous les sous-officiers et soldats qui, à cette époque, compteront au moins six ans de service.

A l'avenir, les changemens de classe auront également lieu le 1er janvier de chaque année, et, en ce qui concerne la portion de haute-paie payable avec la solde, les militaires auxquels ils s'appliqueront ne pourront jouir qu'à partir de la même époque des avantages qui en devront résulter.

8. Nonobstant l'article 25 (3) de l'instruction approuvée par nous le 3 décembre 1818, les sous-officiers et soldats d'infanterie pourront, à l'avenir, contracter des rengagemens de deux ans.

9. Toutes les dispositions de ladite instruction du 3 décembre 1818 et de notre ordonnance de la même date, sur les rengagemens, continueront d'être exécutées en tout ce qui n'est pas contraire à la présente.

10. Notre ministre de la guerre est chargé de l'exécution de la présente ordonnance.

---

(1) *Lisez* : sous-officiers, caporaux ou brigadiers (*erratum*, Bulletin 472).
(2) *Lisez* : sous-officiers, caporaux ou brigadiers (*erratum*, Bulletin 472).
(3) *Lisez* : 35 (*erratum*, Bulletin 472).

TARIF.

Infanterie de ligne et légère.

	FUSILIERS.	CAPORAUX ET FOURRIERS.		SOUS-OFFICIERS.	
	HAUTE-PAIE acquittable avec la solde.	HAUTE-PAIE acquittable		HAUTE-PAIE acquittable.	
		avec la solde.	à titre d'avance.	avec la solde.	à titre d'avance.
	Fixation par jour.	Fixation par jour.	Fixation par an.	Fixation par jour.	Fixation par an.
Haute-paie de demi-chevron après six ans de service. . .	5ᶜ	5ᶜ	7ᶠ 30ᶜ	5ᶜ	21ᶠ 90ᶜ
Haute-paie d'un chevron après huit ans de service.	7	7	à raison de 2ᶜ par jour. 10ᶠ 95ᶜ	7	à raison de 6ᶜ par jour. 29ᶠ 20ᶜ
Haute-paie de deux chevr. après douze ans de service. . .	10	10	à raison de 3ᶜ par jour. 14ᶠ 60ᶜ	10	à raison de 8ᶜ par jour. 36ᶠ 50ᶜ
Haute - paie de trois chevrons après seize ans de service et au-dessus.	10	10	à raison de 4ᶜ par jour. 14ᶠ 60ᶜ	10	à raison de 10ᶜ par jour. 36ᶠ 50ᶜ
			à raison de 4ᶜ par jour		à raison de 10ᶜ par jour.

TARIF.

Garde royale, cavalerie de la ligne et armes spéciales.

	FUSILIERS ou CAVALIERS.	CAPORAUX ou BRIGADIERS ET FOURRIERS.		SOUS-OFFICIERS.	
	HAUTE-PAIE acquittable avec la solde.	HAUTE-PAIE acquittable.		HAUTE-PAIE acquittable.	
		avec la solde.	à titre d'avance.	avec la solde.	à titre d'avance.
	Fixation par jour.	Fixation par jour.	Fixation par an.	Fixation par jour.	Fixation par an.
Haute-paie de demi-chevron après six ans de service. . .	8ᶜ	8ᶜ	14ᶠ 60ᶜ	8ᶜ	32ᶠ 85ᶜ
Haute-paie d'un chevron après huit ans de service. . . .	11	11	à raison de 4ᶜ par jour. 18ᶠ 25ᶜ	11	à raison de 9ᶜ par jour. 36ᶠ 50ᶜ
Haute - paie de deux chevr. après douze ans de service. . .	13	13	à raison de 5ᶜ par jour. 21ᶠ 90ᶜ	13	à raison de 10ᶜ par jour. 40ᶠ 15ᶜ
Haute - paie de trois chevr. après seize ans de service et au-dessus.	13	13	à raison de 6ᶜ par jour. 21ᶠ 90ᶜ	13	à raison de 11ᶜ par jour. 40ᶠ 15ᶜ
			à raison de 6ᶜ par jour		à raison de 11ᶜ par jour

13 = Pr. 26 JUIN 1821. — Ordonnance du Roi relative aux gardes-du-corps de sa majesté susceptibles de passer d'un classe dans une autre. (7, Bull. 456, n° 10720.)

Voy. notes sur les ordonnances des 30 DÉCEMBRE 1818 et 22 MAI 1822.

Louis, etc., considérant que, par suite de l'exécution de l'article 5 de notre ordonnance du 30 décembre 1818, la troisième classe de nos gardes-du-corps se trouve aujourd'hui composée d'anciens sous-officiers qui n'accompliront que successivement les quatre années du grade de sous-lieutenant exigées par la loi pour passer à celui de lieutenant; voulant maintenir dans toute leur intégrité les dispositions de l'article 4 de la susdite ordonnance concernant la fixation numérique de chacune des classes, et lever les obstacles qui s'opposent, quant à présent, au remplacement des emplois vacans dans la seconde; sur le rapport de notre ministre secrétaire d'Etat au département de la guerre; nous avons ordonné et ordonnons ce qui :

Art. 1er. Lorsque dans la troisième classe de nos gardes-du-corps il ne se trouvera pas des gardes ayant accompli quatre ans du grade de sous-lieutenant, les vacances de la seconde classe pourront être remplies par des sous-lieutenans en activité de service dans les compagnies de notre maison militaire et les corps de notre garde royale ou de la ligne ayant satisfait aux conditions de la loi.

2. Dans le cas où le nombre de sujets présentés par nos capitaines des gardes, en vertu de l'article précédent, serait insuffisant, la troisième classe pourra être augmentée jusqu'à concurrence du montant des vacances de la seconde.

3. Dès qu'il y aura dans la troisième classe un ou plusieurs gardes susceptibles d'être élevés à la seconde, leur avancement sera fait d'après le principe déterminé par l'article 22 de notre ordonnance du 30 décembre 1818, et s'il ne se trouvait pas parmi eux des sujets ayant l'ancienneté nécessaire pour être promus au tour du choix, nos capitaines des gardes seront tenus de présenter pour l'emploi revenant à ce tour un sous-lieutenant en activité de service tiré de l'un des corps désignés en l'art. 1er.

4. Nos ministres de la guerre et de notre maison sont chargés de l'exécution de la présente ordonnance.

13 JUIN 1821. — Ordonnance du Roi qui permet au sieur Schœffer de faire précéder son nom de celui de Berger. (7, Bull. 456.)

13 JUIN 1821. — Ordonnance du Roi qui admet les sieurs Bablick et Meyer à établir leur domicile en France. (7, Bull. 456.)

13 JUIN 1821. — Ordonnances du Roi qui accordent des pensions militaires. (7, Bull. 455 bis.)

13 JUIN 1821. — Ordonnances du Roi qui accordent des lettres de déclaration de naturalité aux sieurs Duffour, Melin, Musso, Grobic et Massart. (7, Bull. 494, 538, 555 et 559; et 8 Bull. 52.)

13 JUIN 1821. — Ordonnances du Roi qui autorisent l'acceptation de dons et legs. (7, Bull. 477.)

16 JUIN = Pr. 13 JUILLET 1821. — Ordonnance du Roi portant autorisation, conformément aux statuts y annexés, de la société anonyme établie à Paris sous le titre de *Compagnie d'assurance pour la vie des chevaux*. (7, Bull. 461, 471, n° 10829 et 11118.)

Louis, etc., vu les articles 29 a 37, 40 et 45 du Code de commerce; sur le rapport de notre ministre secrétaire d'Etat au département de l'intérieur; notre Conseil d'Etat entendu, nous avons ordonné et ordonnons ce qui suit :

Art. 1er. La société anonyme établie à Paris sous le titre de *Compagnie d'Assurance pour la vie des chevaux* est autorisée, conformément à l'acte social passé par-devant Collin de Saint-Menge et son collègue, notaires à Paris, les 2, 4, 7, 8, 9 et 11 juin 1821.

Les statuts de la compagnie, tels qu'ils sont contenus audit acte, qui restera annexé à la présente, sont approuvés, sauf les réserves ci-après.

2. Conformément à l'article 1er des statuts, et nonobstant ce qui est dit à l'art. 3, l'engagement de chaque actionnaire s'entendra de mille francs, savoir : cinq cents francs payables comme il est réglé à l'art. 3, et pareille somme payables en cas d'appels successifs pour le doublement éventuel prévu à l'article 1er.

3. Nonobstant ce qui est dit à la fin de l'article 3 des statuts, les actions des souscripteurs qui n'auraient pas fait les mises convenues dans le délai fixé audit article, seront vendues pour leur compte, et ils seront poursuivis pour le surplus, à concurrence de leurs engagemens.

4. Est exceptée de notre approbation la création des actions gratuites ou non payantes, mentionnée aux art. 16 et 16. Le traitement du directeur pourra, par déli-

bération de la compagnie, être augmenté d'une mise sur les dividendes, à condition qu'elle n'excédera pas cinq pour cent.

5. Notre autorisation étant accordée à ladite société à la charge de se conformer aux lois et à ses statuts approuvés, nous nous réservons de la révoquer en cas de violation ou de non-exécution, sauf les actions des tiers à exercer devant les tribunaux à raison des infractions commises à leur préjudice.

6. La société sera tenue de remettre, tous les six mois copie en forme de son état de situation, au préfet de police, au greffe du tribunal de commerce et à la chambre de commerce de Paris.

7. Notre ministre secrétaire d'Etat de l'intérieur est chargé de l'exécution de la présente ordonnance, qui sera insérée au Bulletin des Lois, avec les actes ci-annexés : pareille insertion aura lieu dans le Moniteur et dans le journal destiné aux annonces judiciaires du département de la Seine, sans préjudice des publications ordonnées par l'article 45 du Code de commerce.

(*Suivent les statuts.*)

20 = Pr. 26 JUIN 1821. — Ordonnance du Roi portant prorogation, jusqu'au 1er novembre 1821, de la prime accordée aux bâtimens français qui rapportent des cotons d'Amérique, d'ailleurs que des ports de l'Union. (7, Bull. 456, n° 10721.)

Foy. ordonnance du 26 OCTOBRE 1821.

Louis, etc., vu nos ordonnances des 26 juillet 1820 et 3 février 1821 ; sur le rapport de notre ministre secrétaire d'Etat des finances ; notre Conseil entendu, nous avons ordonné et ordonnons ce qui suit :

Art. 1er. Une prime de dix francs par 100 kilogrammes continuera, jusqu'au 1er novembre prochain, d'être accordée pour les cotons des deux Amériques qui auront été chargés par des navires français, hors d'Europe, dans les ports ou colonies autres que ceux ou celles de l'Union, et qui seront importés pour la consommation du royaume.

2. Ladite prime n'est point applicable aux cotons du cru de nos colonies, non plus qu'à ceux de toute autre provenance qui jouiraient, en vertu de nos précédentes ordonnances, du privilège colonial.

3. Notre ministre des finances est chargé de l'exécution de la présente ordonnance.

20 = Pr. 20 JUIN 1821. — Ordonnance du Roi qui détermine la condition sans laquelle nul ne pourra, à l'avenir, être élu membre de la chambre des avoués près la cour royale d'Aix. (7, Bull. 456, n° 10722.)

Louis, etc., voulant assurer parmi les avoués près la cour royale d'Aix le maintien d'une exacte discipline ; sur le rapport de notre garde-des-sceaux, ministre secrétaire d'Etat au département de la justice, nous avons ordonné et ordonnons ce qui suit :

Art. 1er. A l'avenir nul ne pourra être élu membre de la chambre des avoués de la cour royale d'Aix s'il n'exerce depuis plus de six ans les fonctions d'avoué.

2. Notre garde-des-sceaux, ministre secrétaire d'Etat au département de la justice est chargé de l'exécution de la présente ordonnance, qui sera insérée au Bulletin des Lois.

20 = Pr. 28 JUIN 1821. — Loi relative à l'agrandissement du magasin des denrées coloniales dans la ville de Lyon, et à la construction, dans la même ville, d'un magasin pour l'entrepôt des sels. (7, Bull. 457, n° 10730.)

Article unique. La ville de Lyon, département du Rhône, est autorisée à ouvrir un emprunt de six cent mille francs, aux clauses et conditions énoncées dans les délibérations prises par le conseil municipal les 4 janvier et 6 septembre 1820, pour payer le prix des travaux relatifs à l'agrandissement du magasin des denrées coloniales et à la construction d'un magasin pour l'entrepôt des sels.

20 = Pr. 28 JUIN 1821. — Loi relative au rétablissement du port de Dunkerque. (7, Bull. 457, n° 10731.)

Art. 1er. Le Gouvernement est autorisé à créer trois mille actions de mille francs chacune, à l'effet de pourvoir à la dépense des travaux nécessaires au rétablissement du port de Dunkerque, lesquels travaux sont évalués à trois millions.

2. Seront affectés au service des intérêts et au remboursement du capital :
1° Deux cent quinze mille francs qui seront prélevés annuellement, pendant quinze ans, sur le budget des ponts-et-chaussées ;
2° Une somme annuelle de quarante mille francs qui sera portée, pendant quinze ans, au budget du département du Nord, conformément à la délibération du conseil général en date du 8 août 1820 ;
3° Une somme annuelle de quarante mille francs qui sera portée, pendant quinze ans, au budget de la commune de

Dunkerque, conformément à la délibération du conseil municipal en date du 13
juillet 1820.

3. Les cotisations respectives de la ville
de Dunkerque, du département du Nord et
du Gouvernement, fixées, au *maximum*,
à une durée de quinze années, cesseront
de plein droit à dater du jour où l'emprunt
sera remboursé en capital et intérêts.

4. La négociation des actions sera faite
au concours et avec publicité, afin d'obtenir de la part des prêteurs la plus grande
réduction possible dans le terme de quinze
années, fixé comme *maximum* de la durée
des cotisations réunies du Gouvernement,
de la ville de Dunkerque et du département
du Nord.

20 JUIN = Pr. 13 JUILLET 1821. — Ordonnance
du Roi relative au chargement des voitures qui
parcourent les routes sur des roues dont les
jantes seraient de largeur inégale. (7, Bull.
460, n° 10806.)

Voy. décret du 23 juin 1806 et notes; ordonnances des 4 FÉVRIER 1820, 21 MAI 1823
et 27 SEPTEMBRE 1827.

Louis, etc., sur le rapport de notre ministre secrétaire d'État de l'intérieur; vu
la loi du 27 février 1804 (7 ventôse an
12), la loi du 19 mai 1802 (29 floréal an 10)
et le décret du 23 juin 1806, qui ont réglé
tant la largeur des jantes de roue que le
chargement des voitures de roulage et des
voitures publiques parcourant les routes,
et autorisent la circulation des voitures à
quatre roues qui auraient des voies inégales,
c'est-à-dire, dont la longueur de l'essieu de
derrière excéderait celle de l'essieu de devant; vu notre ordonnance du 4 février 1820
qui a déterminé ces voies; considérant que
cette différence dans la largeur des voies a
servi de prétexte pour en établir une entre
la largeur des jantes des roues de devant et
la largeur des roues de derrière, et éluder
ainsi les dispositions des lois et réglemens
sur la police du roulage; voulant prévenir
les difficultés qui s'élèveraient relativement
aux moyens de constater les contraventions
résultant de l'emploi des roues à jantes
inégales, et à l'application des peines encourues à raison de ces contraventions;
notre Conseil-d'État entendu, nous avons
ordonné et ordonnons ce qui suit:

Art. 1er. Le chargement de toute voiture
parcourant les routes sur des roues dont
les jantes seraient de largeur inégale ne
pourra être au-dessus du poids déterminé
sur la dimension des jantes les plus étroites
par le tarif inséré dans le décret du 23 juin
1806.

En conséquence, l'excédant de ce poids

sera réputé surcharge, et les contrevenans
seront passibles des amendes prononcées,
pour excès de chargement, par la loi du 19
mai 1802 (29 floréal an 10) et par ledit décret.

2. Notre ministre de l'intérieur est
chargé de l'exécution de la présente ordonnance.

20 JUIN = Pr. 13 JUILLET 1821. — Ordonnance
du Roi qui établit à Hangest, sur la Somme,
en remplacement du bac actuel, un pont en
charpente, et contient le tarif d'un droit de
péage sur ce pont. (7, Bull. 460, n° 10807.)

Art. 1er. Il sera établi à Hangest sur la
Somme, département de la Somme, en
remplacement du bac actuel, un pont en
charpente, dont la construction aura lieu
sous la surveillance des ingénieurs des
ponts-et-chaussées, d'après le projet qu'ils
ont présenté et qui demeure approuvé.

2. A partir du jour où le passage sur
le nouveau pont sera livré au public, il y
sera perçu, pendant quarante-cinq années
consécutives, au profit de la compagnie,
qui s'est chargée de pourvoir aux dépenses
de première construction, aux frais de
l'entretien annuel du pont, un droit de
péage fixé conformément au tarif proposé
par le préfet du département, et dont extrait, en ce qui concerne ledit tarif, restera annexé à la présente ordonnance.

3. Notre ministre de l'intérieur est
chargé de l'exécution de la présente ordonnance.

(Suit le tarif.)

Sont exempts du droit de péage:

1° Le préfet et les sous-préfets en tournée dans le département; les ingénieurs
des ponts-et-chaussées, conducteurs et
gardes de la navigation de la Somme, en
tournée;

2° Les inspecteurs et sous-inspecteurs
des eaux-et-forêts de l'arrondissement, et
les gardes-forestiers en tournée;

3° La gendarmerie en tournée;

4° Les militaires voyageant en corps,
à pied ou à cheval, et tous ceux qui représenteront, soit une feuille de route, soit
un ordre de service.

20 JUIN = Pr. 13 JUILLET 1821. — Ordonnance
du Roi relative à la construction d'un pont sur
la rivière d'Eure dans la commune de Saint-
Vigor, et à la perception d'un droit de péage
sur ce pont. (7, Bull. 460, n° 10808.)

Art. 1er. Le projet rédigé par les ingénieurs du département de l'Eure, et amélioré par le conseil des ponts-et-chaussées, pour la construction d'un pont sur la rivière d'Eure dans la commune de Saint-Vigor, en remplacement du bac à corde servant actuellement au passage est approuvé.

2. A partir du jour où le passage du pont sera livré au public, il y sera perçu, pendant une durée de cinquante années, un droit de péage d'après le tarif relaté dans l'arrêté du préfet du département en date du 12 avril 1821, lequel est approuvé dans toutes ses dispositions, et dont extrait demeurera annexé à la présente ordonnance, en ce qui concerne ledit tarif.

3. Le péage est concédé au sieur Bonvallet pour tout le temps énoncé dans l'article précédent, à la charge par lui de construire le pont dans l'espace de dix-huit mois, sous la surveillance des ingénieurs des ponts-et-chaussées, et de se conformer en tout aux conditions qu'il a souscrites et qui sont relatées dans l'arrêté du préfet.

4. Notre ministre secrétaire d'État au département de l'intérieur est chargé de l'exécution de la présente ordonnance.

(*Suit le tarif.*)

Il ne sera point exigé de droit de péage des préfets et des sous-préfets en tournée; du maire de la commune, des juges, du juge-de-paix du canton, des ingénieurs et conducteurs des ponts et-chaussées, des employés des contributions directes et indirectes, dans les tournées relatives à leurs fonctions; des conducteurs des trains d'artillerie et des munitions de guerre; des militaires voyageant en corps ou séparément, à la charge de représenter une feuille de route ou un ordre de service; des généraux, officiers et intendants militaires, quant à la seule voiture dans laquelle ils voyageront; des conducteurs des malles-postes, si ce service s'établit sur cette route.

20 JUIN 1821. — Ordonnance du Roi qui permet aux sieurs Fourrier et Jacquier, et à leurs enfans, d'ajouter à leurs noms ceux de Bacourt et de de Bief. (7, Bull. 458.)

20 JUIN 1821. — Ordonnances du Roi qui accordent une pension à un ex-préfet, et des pensions militaires. (7, Bull. 462 bis.)

18 JUIN 1821. — Ordonnance du Roi qui classe

un chemin parmi les routes départementales d'Ille-et-Vilaine. (7, Bull. 460.)

20 JUIN 1821. — Ordonnance du Roi qui classe parmi les routes départementales de l'Aude l'embranchement passant par la commune de Villeneuve-les-Montréal. (7, Bull. 460.)

20 JUIN 1821. — Ordonnances du Roi qui autorisent l'acceptation de dons et legs. (7, Bull. 477 et 478.)

20 JUIN 1821. — Ordonnances du Roi qui accordent des lettres de déclaration de naturalité aux sieurs Volters et Buys dit Buis. (7, Bull. 480 et 538.)

20 JUIN 1821. — Ordonnance du Roi portant convocation du collège électoral du premier arrondissement du département de l'Ain, à l'effet de compléter la députation de ce département. (7, Bull. 460.)

21 JUIN 1821. — Ordonnance du Roi sur le service de la garde nationale de Paris. (*Mon.* du 28 juin.)

Louis, etc., par notre ordonnance du 23 juin 1819, voulant diminuer les sacrifices que le service gratuit impose aux citoyens de notre bonne ville de Paris, nous avons réduit le service de la garde nationale à quelques postes principaux, et prescrit des mesures pour que l'organisation de la gendarmerie et des sapeurs-pompiers mit ces corps en état de suffire, avec la garnison, au service d'ordre et de police. Cette organisation permet aujourd'hui de ne demander à la garde nationale que de fournir les postes indispensables pour garder ses drapeaux et pour conserver, avec l'habitude du service et de la discipline, les moyens de concourir au maintien de l'ordre et de la tranquillité publique. Toutefois, nous entendons que la garde nationale continuera à jouir de la prérogative de faire seule, auprès de nous et de notre bien-aimé frère, Monsieur, le 3 et le 12 avril de chaque année, le service militaire pour perpétuer le souvenir du dévouement et de la fidélité avec lesquels, à des époques mémorables, elle a seule gardé notre personne, notre famille et la capitale. A ces causes, sur le rapport de notre ministre de l'intérieur; de l'avis de notre Conseil, nous avons ordonné et ordonnons ce qui suit:

Art. 1er. A compter du 1er juillet prochain la garde nationale de notre bonne iille de Paris ne fournira que les postes ci-après désignés : des Tuilleries, des Chambres pendant la session, de l'Hôtel-de-ville, e l'État-major général, de la Maison d'arrêt de la garde nationale.

2. Il ne pourra être commandé, chaque jour, pour les postes permanens, non compris le service près des Chambres, plus de cent grenadiers ou chasseurs et plus de cent fusiliers.

3. La garde nationale ne pourra être appelée à aucun service qui ne serait pas déterminé par la présente ordonnance, si ce n'est par nos ordres ou en cas d'urgence, par une réquisition du préfet de police, dans la forme réglée par l'art. 4 de notre ordonnance du 23 juin 1819.

Il est interdit au maréchal commandant en chef de déférer à toutes autres demandes ou réquisitions.

4. Notre ministre de l'intérieur est chargé de l'exécution de la présente ordonnance.

13 JUIN 1821. — Ordonnances du Roi qui accordent des pensions à des veuves de militaires. (7, Bull. 462 bis.)

15 JUIN = Pr. 1ᵉʳ JUILLET 1821. — Ordonnance du Roi qui déclare compris dans l'amnistie accordée par la loi du 12 janvier 1816 les faits imputés au lieutenant-général baron Brayer, et porte que cet officier général rentrera dans tous ses droits, titres, grades et honneurs. (7, Bull. 458, n° 10753.)

Louis, etc., nous étant fait rendre compte de l'état de la procédure dirigée jusqu'à ce jour contre le lieutenant-général baron Brayer, traduit devant le premier conseil de guerre de la première division militaire, comme compris dans notre ordonnance du 24 juillet 1815 ; sur le rapport de notre garde-des-sceaux, ministre secrétaire d'État de la justice, nous avons reconnu que les faits imputés audit baron Brayer permettaient de l'admettre à jouir de l'amnistie accordée par la loi du 12 janvier 1816, et que ce général, en rentrant en France et en se remettant à la disposition de notre ministre secrétaire d'État de la guerre, avait fait tomber le jugement rendu par contumace contre lui, le 18 septembre 1816, par le premier conseil de guerre de la première division militaire ; de l'avis de notre Conseil, nous avons ordonné et ordonnons ce qui suit :

Art. 1ᵉʳ. Les faits imputés au lieutenant-général baron Brayer, et qui ont donné lieu à la procédure instruite contre lui à la diligence du rapporteur près le premier conseil de guerre de la première division militaire, sont déclarés compris dans l'amnistie : il ne sera, en conséquence, donné aucune suite aux informations et aux autres actes de procédure dressés à cette occasion. Le lieutenant-général baron Brayer sera immédiatement remis en liberté, s'il n'est détenu pour autre cause, et rentrera dans tous ses droits, titres, grades et honneurs.

2. Notre présente ordonnance sera inscrite à la suite des procès-verbaux d'information.

3. Nos ministres, le président du conseil des ministres, de la justice, de la guerre, et des finances, sont chargés de l'exécution de la présente ordonnance.

25 JUIN 1821. — Ordonnance du Roi qui déclare compris dans l'amnistie accordée par la loi du 12 janvier 1816 les faits imputés au maréchal-de-camp baron Ameil, et porte que cet officier général rentrera dans tous ses droits, titres, grades et honneurs (1). (7, Bull. 458.)

26 JUIN 1821. — Ordonnance du Roi qui établit trois places d'agens de change courtiers de marchandises à Aubenas. (7, Bull. 460.)

26 JUIN 1821. — Ordonnance du Roi portant que la commune de Vouhet est distraite du canton de Belabre, et réunie à la commune de Dunet, département de l'Indre. (7, Bull. 468.)

26 JUIN 1821. — Ordonnance du Roi concernant la commune de Chacornac et plusieurs villages du département de la Haute-Loire. (8, Bull. 468.)

27 JUIN = Pr. 10 JUILLET 1821. — Ordonnance du Roi qui accorde un nouveau délai aux huissiers pour la remise, aux greffes des tribunaux de première instance, de tous les titres et pièces concernant leurs précédentes nominations et réceptions. (7, Bull. 459, n° 10784.)

Louis, etc., vu l'article 5 du réglement du 15 juin 1813, portant que les huissiers en activité continueront provisoirement l'exercice de leurs fonctions, mais qu'ils

_____

(1) Elle est conçue dans les mêmes termes que celle de la même date en faveur du général Brayer.

ne seront maintenus qu'après avoir obtenu une commission confirmative; ayant reconnu qu'il était nécessaire de faire exécuter cette disposition, et voulant d'ailleurs qu'il devienne possible de former définitivement, dans chaque arrondissement de tribunal de première instance, une seule communauté d'huissiers ayant tous le même caractère et les mêmes attributions, conformément à l'article 2 du même réglement; sur le rapport de notre garde-des-sceaux, ministre secrétaire d'État au département de la justice, nous avons ordonné et ordonnons ce qui suit:

Art. 1er. Il est accordé à tous les huissiers actuellement en exercice un nouveau délai de trois mois, à compter de la publication de la présente ordonnance, pour remettre au greffe du tribunal de première instance de l'arrondissement dans l'étendue duquel ils résident, tous les titres et pièces concernant leurs précédentes nominations et réceptions, avec leur demande en confirmation définitive.

Ceux des huissiers qui auront déjà fait cette remise n'en seront pas moins tenus de réitérer leur demande.

2. Conformément à l'article 5 du réglement du 14 juin 1813, notre procureur près le tribunal de première instance enverra chaque demande, avec l'avis du tribunal au procureur général, qui prendra l'avis de la cour royale, et adressera le tout à notre ministre de la justice, pour qu'il soit définitivement statué sur les officiers ministériels dont il s'agit.

3. Notre ministre de la justice est chargé de l'exécution de la présente ordonnance.

---

27 JUIN 1821. — Ordonnances du Roi qui autorisent l'acceptation de legs faits à la commune d'Heymersdorff; aux pauvres de Villefranche et de Naussac, et aux fabriques des églises de Montbazens et de Naussac. (7, Bull. 478.)

---

27 JUIN 1821. — Ordonnances du Roi qui accordent des pensions militaires. (7, Bull. 462 bis.)

---

28 JUIN 1821. — Lettres-patentes portant institution de titre de pairie en faveur de M. le comte de Contades. (7, Bull. 501.)

---

30 JUIN 1821. — Tableau des prix moyens des grains pour servir de régulateur de l'exportation et de l'importation conformément aux articles 6 et 8 de la loi du 16 juillet 1819. (7, Bull. 458.)

---

4 = Pr. 13 JUILLET 1821. — Ordonnance du Roi qui accorde un nouveau délai aux greffiers, notaires et autres officiers ministériels de l'île de Corse pour le versement des cautionnemens exigés par la loi du 28 avril 1816, et porte que provisoirement ces cautionnemens pourront être fournis en immeubles. (7, Bull. 461, n° 10827.)

Louis, etc., vu les articles 88, 92, 93 et 95 de la loi du 28 avril 1816, relatifs aux cautionnemens des officiers ministériels; vu nos ordonnances des 1er mai 1816, 19 février 1817, 12 janvier et 28 juillet 1820; étant informé des difficultés qu'éprouve, dans l'île de Corse, le versement des cautionnemens dont il s'agit, et voulant en attendant une mesure définitive, assurer, autant qu'il est en nous, les intérêts que les cautionnemens ont pour objet de garantir; sur le rapport de notre garde-des-sceaux, ministre secrétaire d'État au département de la justice, nous avons ordonné et ordonnons ce qui suit:

Art. 1er. Les greffiers de notre cour royale, de nos tribunaux de première instance, de nos tribunaux de commerce et des justices de paix de l'île de Corse, les notaires, avoués et huissiers de la même île, seront tenus de fournir dans le délai de trois mois, à partir de la publication de la présente ordonnance, les cautionnemens et supplémens de cautionnement exigés d'eux par la loi de finances du 28 avril 1816.

2. Provisoirement, ces cautionnemens et supplémens de cautionnement pourront être fournis en immeubles pour la totalité ou pour partie.

3. Dans le cas où il y aurait lieu à poursuites pour faits de charge, les biens assujétis aux cautionnemens et supplémens de cautionnement seront vendus dans les formes déterminées par le Code de procédure civile, au titre des Partage et Licitations.

4. La sûreté des cautionnemens et supplémens de cautionnement sera discutée par notre préfet de la Corse, après avoir pris l'avis de notre procureur près le tribunal de première instance dans l'arrondissement duquel les biens seront situés. Le préfet prendra inscription sur les biens hypothéqués à la garantie des faits de charge.

A l'avenir, nul ne sera admis à prêter serment que sur le vu de l'un des bordereaux d'inscription.

5. Notre ministre de la justice est chargé de l'exécution de la présente ordonnance.

---

4 = Pr. 15 JUILLET 1821. = Loi relative

l'exportation des grains (1). (7 , Bull. 462, n° 10886.).

Voy. lois des 2 DÉCEMBRE 1814, 16 JUILLET 1819; ordonnances des 9 JANVIER, 10 JUILLET 1822, et 6 SEPTEMBRE 1825, et les lois sur les douanes, notes.

Art. 1er. Les départemens frontières de la France, partagés en trois classes, pour l'exportation des grains en vertu de la loi du 2 décembre 1814, seront divisés en quatre classes, conformément au tableau ci-annexé.

2. L'exportation des grains, farines et légumes, sera suspendue dans chaque classe, lorsque les blés-fromens indigènes y auront dépassé de deux francs le prix fixé par l'article suivant comme limite pour l'importation.

3. Lorsque le prix des blés-fromens indigènes sera descendu au-dessous de vingt-quatre francs dans les départemens de première classe, de vingt-deux francs dans la seconde classe, de vingts francs dans la troisième, et de dix-huit francs dans la quatrième, toute introduction de blés et de farine de blés étrangers pour la consommation nationale sera prohibée dans lesdits départemens.

4. Le droit supplémentaire imposé par l'article 2 de la loi du 16 juillet 1819 sur les blés étrangers importés en France sera perçu lorsque le prix des fromens indigènes sera descendu dans la première classe à vingt-six francs, dans la seconde classe à vingt-quatre francs, dans la troisième classe à vingt-deux francs, et dans la quatrième classe à vingt francs.

5. Le second droit supplémentaire imposé par l'article 3 de la même loi de 1819 sera perçu, conformément à cet article, lorsque le prix des blés-fromens indigènes sera descendu dans chaque classe au-dessous du taux indiqué par l'article précédent.

6. Les dispositions de la loi du 16 juillet 1819, applicables aux seigles et maïs, et aux farines de seigle et maïs, en vertu de l'article 10 de la même loi, recevront leur exécution, lorsque le prix de ces grains sera descendu à dix-neuf francs l'hectolitre dans les départemens de première classe, à dix-sept francs dans les départemens de la seconde classe, quinze francs dans la troisième classe, et à treize francs dans la quatrième.

Et la prohibition des mêmes grains et farines aura lieu, lorsque le prix de ces grains sera descendu au-dessous de seize, quatorze, douze et dix francs.

7. Le tableau des marchés régulateurs, annexé à la loi précitée, est modifié conformément au tableau ci-joint.

8. Le prix commun entre les marchés régulateurs de chaque classe ou section sera établi sans égard aux quantités vendues dans chaque marché.

9. Les lois des 2 décembre 1814, 16 juillet 1819, et 7 juin 1820, relatives à l'importation et à l'exportation des grains et farines, continueront de recevoir leur exécution, en tout ce qui n'est pas contraire à la présente.

(1) Proposition à la Chambre des députés, le 8 mars (Mon. du 11). Rapport de M. Carrelet de Loisy, le 10 avril (Mon. du 19). Discussion, le 18 (Mon. du 20). Adoption, le 4 mai (Mon. du 5).

Proposition à la Chambre des pairs, le 30 mai (Mon. du 15 juin). Rapport de M. de Lévis, le 12 juin (Mon. du 3 juillet). Discussion et adoption, le 28 juin (Mon. du 25 juillet).

Tableau rectifié de la division en quatre classes des départemens de la France par rapport à l'exportation et à l'importation des grains, avec indication des marchés régulateurs propres à chaque section de ces quatre classes, annexé à la loi du 4 juillet 1821, insérée au Bulletin 462, n° 10,886 (1). (7, Bull. 465, n° 10967.)

SECTIONS.	Départemens de la première classe.	MARCHÉS RÉGULATEURS.
	(L'exportation ne peut être permise dans ces départemens que quand le blé-froment est au-dessous de vingt-six francs l'hectolitre.)	
Unique.	Pyrénées-Orientales, Aude, Hérault, Gard, Bouches-du-Rhône, Var et la Corse.	Toulouse. Marseille. Fleurance. Gray.
	Départemens de la seconde classe.	
	(L'exportation ne peut y être permise que quand le blé-froment est au-dessous de vingt-quatre francs l'hectolitre.)	
1re	Gironde, Landes, Basses-Pyrénées, Hautes-Pyrénées, Ariége et Haute-Garonne	Marans. Bordeaux. Toulouse.
2e	Basses-Alpes, Hautes-Alpes, Isère, Ain, Jura et Doubs.	Gray. St.-Laurent, près Mâcon. Le Grand-Lemps.
	Départemens de la troisième classe.	
	(L'exportation ne peut y être permise que quand le blé-froment est au-dessous de vingt-deux francs l'hectolitre.)	
1re	Haut-Rhin et Bas-Rhin.	Mulhausen. Strasbourg.
2e	Nord, Pas-de-Calais, Somme, Seine-Inférieure, Eure et Calvados.	Bergues. Arras. Roye. Soissons. Paris. Rouen.
3e	Loire-Inférieure, Vendée et Charente-Inférieure. . . .	Saumur. Nantes. Marans.
	Départemens de la quatrième classe.	
	(L'exportation ne peut y être permise que quand le blé-froment est au-dessous de vingt francs l'hectolitre.)	
1re	Moselle, Meuse, Ardennes et Aisne.	Metz. Verdun. Charleville. Soissons.
2e	Manche, Ille-et-Vilaine, Côtes-du-Nord, Finistère et Morbihan.	Saint-Lô. Paimpol. Quimper. Hennebon. Nantes.

(1) Le tableau joint à la loi a été remplacé par celui-ci.

4 — **Pr. 15 JUILLET 1821.** — Loi relative aux pensions ecclésiastiques (1). (7, Bull. 462, n° 10887.)

Voy. notes sur l'art. 7 de la Charte ; ordonnances des 5 JUIN 1816, 9 AVRIL 1817 ; 20 MAI 1818 et 31 JUILLET 1821.

Art. 1er. A partir du 1er janvier 1821, les pensions ecclésiastiques actuellement existantes et qui sont annuellement retranchées du crédit de la dette publique à raison du décès des pensionnaires, accroîtront au budget du ministère de l'intérieur, chapitre du clergé, indépendamment des sommes qui, par suite des décès des pensionnaires en activité, seront ajoutées, chaque année, au même crédit, pour subvenir au paiement du traitement complet de leurs successeurs.

2. Cette augmentation de crédit sera employée à la dotation de douze siéges épiscopaux ou métropolitains, et successivement à la dotation de dix-huit autres siéges dans les villes où le Roi le jugera nécessaire : l'établissement et la circonscription de tous ces diocèses seront concertés entre le Roi et le Saint-Siége (2) ;

A l'augmentation du traitement des vicaires qui ne reçoivent du Trésor que deux cent cinquante francs ; à celui des nouveaux curés, desservans et vicaires à établir, et généralement à l'amélioration du sort des ecclésiastiques et des anciens religieux et religieuses ;

A l'accroissement des fonds destinés aux réparations des cathédrales, des bâtimens des évêchés, séminaires et autres édifices du clergé diocésain.

4 — **23 JUILLET 1821.** — Ordonnance du Roi qui soumet les cartes fabriquées à une nouvelle bande de contrôle. (7, Bull. 463, n° 10899.)

Art. 1er. L'administration des contributions indirectes fera frapper d'un nouveau timbre, dont l'empreinte sera déposée au greffe de la cour royale de Paris, les bandes de contrôle qui doivent être apposées sur les jeux de cartes, en vertu de l'article 8 du décret du 13 fructidor an 13.

2. Il est accordé aux fabricans et débitans de cartes, ainsi qu'à tous les dénommés en l'article 167 de la loi du 28 avril 1816, un délai de deux mois, à partir de la promulgation de la présente ordonnance, pour déclarer à la régie et faire revêtir des nouvelles bandes de contrôle les jeux de cartes qu'ils ont en leur possession ; l'apposition desdites bandes aura lieu sans paiement d'aucun droit.

Ce délai expiré, tous jeux de cartes revêtus de bandes frappées de l'un des timbres supprimés par la présente ordonnance, qui seraient trouvés en la possession des fabricans, débitans et autres dénommés en l'article 167 précité, seront réputés être composés de cartes de fraude, et les détenteurs seront passibles des peines prononcées par le décret du 4 prairial an 13.

Notre ministre des finances est chargé de l'exécution de la présente ordonnance.

4 JUILLET — **Pr. 6 AOUT 1821.** — Ordonnance du Roi portant établissement d'un conseil de prud'hommes à Tourcoing, département du Nord. (7 ; Bull. 468, n° 11061.)

Art. 1er. Il sera établi un conseil de prud'hommes à Tourcoing (Nord). Ce conseil sera composé de sept membres, dont quatre seront pris parmi les marchands-fabricans, et les autres parmi les chefs d'atelier, contre-maîtres ou ouvriers patentés.

2. Les branches d'industrie ou professions ci-après désignées, concourront à la formation dudit conseil dans les proportions suivantes, savoir :

1° Les établissemens où l'on s'occupe de la fabrication des étoffes de laine et de coton, ou du peignage des laines, nommeront cinq membres, dont quatre à choisir parmi les marchands-fabricans, et le cinquième parmi les chefs d'atelier, contremaîtres ou ouvriers patentés ; 2° les filatures de coton nommeront deux membres, tous deux chefs d'atelier, contre-maîtres ou ouvriers patentés : total, sept.

3. Indépendamment de ces sept membres, il sera attaché au conseil deux suppléans, qui seront, l'un marchand-fabricant, l'autre chef d'atelier, contre-maître ou ouvrier patenté.

Ces suppléans, qui pourront être pris indistinctement dans les différentes branches d'industrie spécifiées ci-dessus, rem-

---

(1) Proposition à la Chambre des députés, le 21 avril (Mon. du 22 avril). Rapport de M. de Bonald le 7 mai (Mon. du 8 mai). Discussion générale, le 12 mai et jours suivans (Mon. du 13 mai au 20). Discussion article par article, le 18 mai et jours suivans (Mon. du 20 au 23 mai). Adoption le 21 mai (Mon. du 23 mai).

Présentation à la Chambre des pairs le 30 mai (Mon. du 31 mai). Rapport de M. Courtois de Pressigny le 9 juin (Mon. du 10 juin). Discussion et adoption le 27 juin (Mon. du 28 juin).

(2) *Voyez* concordat du 11 juin 1817 ; ordonnances du 19 octobre 1821 ; du 31 octobre 1822.

placeront ceux des prud'hommes que des motifs quelconques empêcheraient d'assister aux séances, soit du bureau particulier soit du bureau général du conseil.

4. La juridiction du conseil s'étendra sur tous les marchands-fabricans, chefs d'atelier, contre-maîtres, commis, teinturiers, ouvriers, compagnons ou apprentis travaillant pour les fabriques du lieu ou du canton de la situation des fabriques, quel que soit l'endroit de la résidence des uns et des autres.

5. Dans le cas où il serait interjeté appel d'un jugement rendu par les prud'hommes, cet appel sera porté devant le tribunal de commerce de l'arrondissement de Lille.

6. L'élection ou le renouvellement des membres du conseil auront lieu suivant le mode et de la manière qui sont réglés par le décret du 11 juin 1809; ces membres se conformeront, dans l'exercice de leurs fonctions, aux dispositions établies par ledit décret, ainsi que par la loi du 18 mars 1806 et par un autre décret du 3 août 1810.

7. Le commune de Tourcoing fournira le local nécessaire pour la tenue des séances du conseil: les dépenses de premier établissement, de chauffage, d'éclairage, et de paiement attribué au secrétaire, seront également à sa charge.

8. Nos ministres de la justice et de l'intérieur sont chargés de l'exécution de la présente ordonnance.

———

4 JUILLET = Pr. 21 AOUT 1821. — Ordonnance du Roi portant proclamation des brevets d'invention, de perfectionnement et d'importation, délivrés pendant le second trimestre de 1821 aux sieurs Gateau, Fouques, Garros et compagnie, Blanchard, Tranchelahausse, Manicler, veuve Dupasquier et fils, Laville de Laplaigne, Castillon et Delpech Junior, Palyart-Lépinois, Lorimier, Miédel, Alleau-Moulard-Dufour, Manby, Tissot, Gentillot, Selligue, Laurent, Mathieu, Dufour, Chevalier, Puiforcat, Pellet, Tréboult et Besnard, Renaud, Debaussaux, Bourguignon, Derosne, Saint-Martin, Douglas, Brouquières, Dutour, Dobrée, Rougier, Bolton, Roger, Martin et Haskoll, Serre, Jornstedt, Lepage, Mathieu, Révillon et Souton. (7, Bull. 471, n° 11109.)

———

4 JUILLET 1821. — Ordonnance du Roi qui permet aux sieurs Bacot, Georges et Rognon d'ajouter à leurs noms ceux de Roman, de des Aulnois et de Bronville. (7, Bull. 460.)

———

4 JUILLET 1821. — Ordonnance du Roi qui admet les sieurs Baenziger, Cau et Perés, à établir leur domicile en France. (7, Bull. 460.)

———

4 JUILLET 1821. — Ordonnances du Roi qui accordent des lettres de déclaration de naturalité aux sieurs Ghidiné et Zoccoli. (7, Bull. 509 et 615.)

———

4 JUILLET 1821. — Ordonnance du Roi qui accorde une pension au greffier en chef honoraire de la cour des comptes. (7, Bull. 462 bis.)

———

4 JUILLET 1821. — Ordonnances du Roi qui accordent des lettres de déclaration de naturalité aux sieurs Bruch, Daniel et Guerrini. (7, Bull. 474 et 480.)

———

4 JUILLET 1821. — Ordonnances du Roi relatives aux foires des communes de Brain-sur-Allones, de Villiers-le-Duc, d'Epoisses, d'Auch, d'Arnac-Pompadour, de Sault, de Mijoux, de Bourg, de Serrière, de Chauvigny, de Chef-Boutonne, de Romanèche et de Beaugency. (7. Bull. 479.)

———

8 = Pr. 13 JUILLET 1821. — Ordonnance du Roi qui autorise le ministre des finances à vendre, avec publicité et concurrence, les douze millions cinq cent quatorze mille deux cent vingt francs de rentes cinq pour cent consolidés appartenant au Trésor royal. (7, Bull. 461, n° 10826.)

Art. 1ᵉʳ. Notre ministre des finances est autorisé à procéder à la vente, avec publicité et concurrence et sur soumissions cachetées, à la compagnie qui offrira le prix le plus élevé, des douze millions cinq cent quatorze mille deux cent vingt francs de rentes cinq pour cent consolidés appartenant au Trésor royal, et provenant, savoir:

1° Reste du crédit de seize millions six cent mille francs de rentes, ouvert à l'exercice 1818 par les lois des 6 et 15 mai 1818, et transporté à l'exercice 1819 par la loi du 28 mai 1820. . . .   1,674,500 fr.

2° Portion du crédit ouvert par la loi du 6 mai 1818, affectée par la convention du 9 octobre 1818 (art. 5) au paiement des cent millions, et rendue le 1ᵉʳ juin 1820, en exécution de la convention du 2 février 1819.   6,615,944

3° Rentes rachetées sur la place en 1818.   2,929,000

4° Un tiers du crédit de 3 millions huit cent quatre-

A reporter.   11,219,444

Report. 11,219,444

lingt-quatre mille trois cent
lingt-huit francs de rentes,
affecté au paiement des annuités par la loi du 8 mars
1821, pour acquitter les
premiers sixièmes échéant
en 1821 et 1822. 1,294,776

Total. . . . 12,514,220

2. Notre ministre des finances est chargé
de l'exécution de la présente ordonnance.

—————

JUILLET 1821. — Ordonnance du Roi qui permet aux sieurs Carré et Fievet d'ajouter à leurs
noms ceux de Ellis de la Serrie et de Herwich
Vander-Linden. (7, Bull. 464.)

—————

JUILLET 1821. — Ordonnance du Roi qui admet le sieur Frey à établir son domicile en
France. (7, Bull. 464.)

—————

JUILLET 1821. — Ordonnance du Roi qui classe
un chemin y désigné parmi les routes départementales du Haut-Rhin. (7, Bull. 468.)

—————

JUILLET 1821. — Ordonnances du Roi qui
autorisent l'acceptation de dons et legs. (7, Bull.
478.)

—————

JUILLET 1821. — Ordonnance du Roi qui autorise le sieur Soullez à conserver et à tenir en
activité la verrerie qu'il possède en la commune
de Retonval, arrondissement de Neufchâtel,
département de la Seine-Inférieure. (7, Bull.
479.)

—————

JUILLET 1821. — Ordonnance du Roi qui accorde des lettres de déclaration de naturalité
au sieur Biovès. (7, Bull. 533.)

—————

JUILLET 1821. — Ordonnances du Roi qui accordent des pensions militaires. (7, Bull. 467
bis.)

—————

JUILLET = Pr. 6 AOUT 1821. — Ordonnance
du Roi portant convocation des conseils d'arrondissement et des conseils généraux de département. (7, Bull. 468, n° 11064.)

Art. 1er. Les conseils d'arrondissement
assembleront le 1er août pour la première
partie de leur session, qui durera dix
jours.

2. La session des conseils généraux de
département s'ouvrira le dixième jour
après la promulgation de la loi de finances
et durera quinze jours.

3. Les conseils d'arrondissement reprendront leur session, pour la seconde partie
cinq jours après la clôture de celle des
conseils généraux, et la termineront le cinquième.

4. Notre ministre de l'intérieur est
chargé de l'exécution de la présente ordonnance.

—————

15 JUILLET 1821. — Ordonnance du Roi qui
nomme le président du collége électoral du
premier arrondissement du département de
l'Ain. (7, Bull. 468.)

—————

17 JUILLET 1821. — Lettres-pattentes portant
institution de titre de pairie, en faveur de
M. le comte Cornudet. (7, Bull. 501.)

—————

18 JUILLET = Pr. 6 AOUT 1821. — Ordonnance
du Roi concernant le tarif servant de base à la
nouvelle concession du péage du pont de Bezons,
département de Seine-et-Oise. (7, Bull. 468,
n° 11065.)

Louis, etc. sur le rapport de notre ministre de l'intérieur ; vu la loi du 8 mars
1821, portant qu'il sera pourvu aux frais
de construction des routes projetées de
Maisons à Poissy et de Bezons à Pontoise,
ainsi qu'à l'achèvement du pont de Maisons, au moyen de la prorogation du péage
du pont de Bezons, dont les produits seront concédés pour cet objet à l'expiration
de la concession actuelle ; vu le rapport de
l'ingénieur en chef des ponts-et-chaussées
du département de Seine-et-Oise sur les
rectifications qu'il est utile d'apporter au
tarif existant, lequel diffère en quelques
parties de la fixation arrêtée par le décret
du 5 avril 1811 ; vu l'avis du préfet du département et de notre directeur général
des ponts-et-chaussées ; vu la loi du 14 floréal
an 10 et l'article 41 de la loi des finances
de 1820 ; notre Conseil-d'Etat entendu,
nous avons ordonné et ordonnons ce qui
suit :

Art. 1er. Le tarif qui servira de base à la
nouvelle concession du péage du pont de
Bezons, département de Seine-et-Oise, est
et demeure fixé conformément au tableau
ci-après, savoir :

(Suit le tableau.)

—————

18 JUILLET = Pr. 9 AOUT 1821. — Ordonnances
du Roi portant autorisation, conformément

aux statuts y annéxés, de la société anonyme formée à Paris sous le nom de *Caisse d'économie et d'accumulation, de garantie et d'amortissement des dettes.* (7, Bull. 469, n° 11084.) (1).

Louis, etc. sur le rapport de notre ministre secrétaire d'État au département de l'intérieur; vu les articles 29 à 37, 40 et 45 du Code de commerce; notre Conseil-d'État entendu, nous avons ordonné et ordonnons ce qui suit :

Art. 1er. La société anonyme formée à Paris sous le nom de *Caisse d'économie et d'accumulation, de garantie et d'amortissement des dettes,* constituée par acte passé par-devant Damaison et son collègue, notaires à Paris, les 19, 20, 21 et 22 juin 1821, est autorisée : ses statuts sont approuvés, ainsi qu'ils sont contenus audit acte, qui restera annexé à la présente.

2. La société présentera incessamment un règlement particulier pour l'exécution du dernier paragraphe de l'art. 33 desdits statuts, relatif aux *coupures d'inscriptions* qu'elle pourra fournir aux parties prenantes intéressées dans les inscriptions collectives de rentes, et ce règlement sera soumis à l'approbation de notre ministre de l'intérieur.

3. Nous nous réservons de révoquer la présente autorisation en cas de non-exécution ou de violation des statuts par nous approuvés, le tout sauf les droits des tiers, et sans préjudice des dommages et intérêts qui seraient prononcés par les tribunaux.

4. Notre ministre secrétaire d'État au département de l'intérieur nommera un commissaire près la société, lequel sera chargé de prendre connaissance de ses opérations et de l'observation des statuts, pour en rendre compte spécialement par un rapport qu'il adressera tous les six mois à notre ministre de l'intérieur.

5. La société sera tenue de remettre, tous les six mois, copie de son état de situation au préfet de police, au greffe du tribunal de commerce, et à la chambre de commerce de Paris.

6. Notre ministre secrétaire d'État au département de l'intérieur est chargé de l'exécution de la présente ordonnance, qui sera insérée au Bulletin des Lois avec l'acte annexé; pareille insertion en sera faite au Moniteur et dans le journal destiné aux annonces judiciaires du département de la Seine, sans préjudice des affiches ordonnées par l'article 45 du Code de commerce.

18 JUILLET = Pr. 9 AOUT 1821. — Ordonnance du Roi portant autorisation, conformément aux statuts y annexés, de la société anonyme formée à Paris sous le nom de *Caisse d'économie et d'accumulation, avec assurance des capitaux.* (7, Bull. 469, n° 11085.)

Louis, etc., sur le rapport de notre ministre secrétaire d'État au département de l'intérieur; vu les articles 29 à 37, 40 et 45 du Code de commerce; notre Conseil-d'État entendu, nous avons ordonné et ordonnons ce qui suit :

Art. 1er. La société anonyme formée à Paris sous le nom de *Caisse d'économie et d'accumulation, avec assurance des capitaux,* constituée par acte passé par-devant Damaison et son collègue, notaires à Paris, les 19, 20, 21 et 22 juin 1821, est autorisée : ses statuts sont approuvés, ainsi qu'ils sont contenus audit acte, qui restera annexé à la présente.

2. Nous nous réservons de révoquer la présente autorisation en cas de non-exécution ou de violation des statuts par nous approuvés, le tout sauf les droits des tiers, et sans préjudice des dommages et intérêts qui seraient prononcés par les tribunaux.

3. Seront communes à ladite société les fonctions du commissaire établi, en vertu de l'article 4 de notre ordonnance de ce jour, auprès de la caisse d'économie et d'accumulation, de garantie et d'amortissement des dettes.

4. La société sera tenue de remettre, tous les six mois, copie de son état de situation au préfet de police, au greffe du tribunal de commerce, et à la chambre de commerce de Paris.

5. Notre ministre secrétaire d'État au département de l'intérieur est chargé de l'exécution de la présente ordonnance, qui sera insérée au Bulletin des Lois avec l'acte annexé; pareille insertion sera faite au Moniteur et dans le journal destiné aux annonces judiciaires du département de la Seine, sans préjudice des affiches ordonnées par l'article 45 du Code de commerce.

18 JUILLET 1821. — Ordonnance du Roi portant que M. le comte de Portalis sera chargé, en l'absence de monseigneur le garde-des-sceaux, du portefeuille du ministère de la justice. (7, Bull. 463.)

18 JUILLET 1821. — Ordonnance du Roi qui

_____

(1) *Voyez* ordonnance de la même date, 18 juillet 1821, sur la *caisse d'économie et d'accumulation avec assurance des capitaux.*

permet au sieur Dupré d'ajouter à son nom celui de Lasale. (7, Bull. 465.)

8 JUILLET 1821. — Ordonnance du Roi qui admet les sieurs Berghofer, Frener et Kahn, à établir leur domicile en France. (7, Bull. 465.)

18 JUILLET 1821. — Ordonnances du Roi qui autorisent l'acceptation de dons et legs. (7, Bull. 478 et 479.)

18 JUILLET 1821. — Ordonnances du Roi qui accordent des lettres de déclaration de naturalité aux sieurs Donadej, Arambourg et Quartara. (7, Bull. 474, 480 et 668.)

18 JUILLET 1821. — Ordonnance du Roi qui autorise le sieur de Drée à prendre du service auprès de S. M. le roi de Sardaigne. (7, Bull. 509.)

25 JUILLET 1821. — Ordonnances du Roi qui autorisent l'acceptation de legs faits aux pauvres de Cahagnes, de Saint-Martin-Don et d'Orgeux. (7, Bull. 479.)

25 JUILLET 1821. — Ordonnances du Roi qui autorisent l'acceptation de dons et legs. (7, Bull. 480, 481 et 482.)

26 = Pr. 28 JUILLET 1821. — Loi relative à la censure des journaux (1). (7, Bull. 464, n° 10933.)

Voy. lois des 31 MARS 1820, 17 MARS 1822, article 4; ordonnances des 15 AOUT et 29 SEPTEMBRE 1824, des 24 JUIN et 5 NOVEMBRE 1827.

Art. 1er. La loi du 31 mars 1820, relative à la publication des journaux et écrits périodiques, continuera d'avoir son effet

jusqu'à la fin du troisième mois qui suivra l'ouverture de la session de 1821.

2. Les dispositions de la loi du 31 mars 1820, sauf en ce qui concerne le cautionnement, s'appliqueront, à l'avenir, à tous les journaux ou écrits périodiques, paraissant soit à jour fixe, soit irrégulièrement, ou par livraison, quels que soient leur titre et leur objet.

26 JUILLET = Pr. 1er AOUT 1821. — Loi relative aux donataires (2). (7, Bull. 466, n° 11003.)

Voy. décret du 30 MARS 1806; sénatus-consulte du 14 AOUT 1806; décret du 1er MARS 1808 et notes; décrets des 23 SEPTEMBRE et 15 DÉCEMBRE 1810, 24 JANVIER et 4 NOVEMBRE 1811, 3 JANVIER, 24 AOUT et 22 DÉCEMBRE 1812, 9 MARS et 8 AVRIL 1813; ordonnance du 22 MAI 1816; lois des 15 MAI 1818, tit. X, et 14 JUILLET 1819, titre 1er.

Art. 1er. Les donataires français entièrement dépossédés de leurs dotations situées en pays étranger, et qui n'auraient rien conservé en France, ainsi que les veuves et les enfans de ceux qui sont décédés, pourront être inscrits au livre des pensions, en indemnité de la perte desdites dotations, avec jouissance du 22 décembre 1821, pour une pension dont le montant sera réglé (3),

Pour les donataires de première, seconde, troisième et quatrième classe, à la somme de mille francs;

Pour ceux de cinquième classe, à celle de cinq cents francs;

Et pour ceux de sixième classe, à celle de deux cent cinquante francs.

Ces pensions seront réversibles sur les veuves et sur les enfans des donataires.

Elles seront d'abord possédées par le donataire; ensuite moitié par la veuve et moitié par les enfans, par égale portion, avec réversibilité en faveur des survivans de la veuve et des enfans, en telle sorte

(1) Proposition à la Chambre des députés le 7 juin (Mon. du 8). Rapport de M. de Vaublanc le 29 juin (Mon. du 30). Discussion générale le 4 juillet et jour suiv. (Mon. du 5 au 9). Adoption le 9 juillet (Mon. du 10).

Présentation à la Chambre des pairs le 17 juillet (Mon. du 18). Rapport de M. le vicomte de Montmorency le 23 juillet (Mon. du 24). Adoption le 24 juillet (Mon. du 2 août).

(2) Proposition à la Chambre des députés le 17 mars (Mon. du 18). Rapport de M. de Bouthillier le 21 avril (Mon. du 22). Discussion générale le 22 mai et jour suiv. (Mon. du 23 au 26). Ar-

ticle par article le 25 mai et jour suiv. (Mon. du 27 au 31). Adoption le 31 mai (Mon. du 31).

Proposition à la Chambre des pairs le 9 juillet (Mon. du 18). Rapport de M. D'Orvilliers le 17 juillet (Mon. du 18). Discussion et adoption le 23 juillet (Mon. du 28).

(3) Cette disposition est purement facultative. En conséquence, un donataire qui se prétend dans le cas prévu, ne peut pas réclamer, devant le Conseil-d'État, par la voie contentieuse, contre une décision du ministre des finances qui lui aurait refusé une indemnité (21 mai 1823) Ord. Mac., 5; 347).

que l'extinction n'ait lieu qu'après le décès du dernier survivant.

L'inscription en sera faite sur les listes qui seront arrêtées par le Roi.

La liste de ces pensions sera insérée au Bulletin des Lois (1).

2. Les donataires à qui il reste une portion de dotation inférieure à l'indemnité qui leur serait accordée s'ils avaient perdu la totalité, pourront recevoir une pension égale à la différence de cette indemnité avec la dotation qui leur reste.

3. Les militaires des armées royales de l'Ouest et du Midi qui ont été assimilés aux donataires par l'ordonnance du Roi du 22 mai 1816 et la loi du 15 mai 1818, pourront aussi être inscrits au livre des pensions pour une pension dont le montant sera réglé,

Pour les officiers supérieurs, à la somme de trois cents francs;

Pour les autres officiers, à deux cents francs;

Pour les sous-officiers, à cent cinquante francs;

Pour les soldats, à cent francs.

Ces militaires, leurs veuves et leurs enfans jouiront de ces pensions, avec les mêmes droits de partage et de réversibilité, en cas de décès, qui ont été énoncés dans l'art. 1ᵉʳ (2).

4. Les veuves qui étaient en possession de pensions sur les dotations seront inscrites au livre des pensions du Trésor, avec jouissance du 22 décembre 1821, pour la somme assignée à la classe dans laquelle elles étaient placées, conformément au tableau annexé N° 1ᵉʳ.

5. Les pensions sur le domaine extraordinaire montant à soixante-cinq mille cinq cents francs, autres que celles assignées sur les dotations, seront également inscrites au livre des pensions du Trésor, avec jouissance du 22 décembre 1821, et payées intégralement suivant leur fixation actuelle, nonobstant les dispositions prohibitives du cumul.

6. Ne seront pas non plus soumises aux dispositions prohibitives du cumul les pensions accordées en vertu de la présente loi.

7. Les biens non affectés de l'ancien domaine extraordinaire seront, conformément à la loi du 15 mai 1818, administrés et vendus de la même manière que les biens du domaine de l'Etat. Leurs fruits et les produits de ventes seront versés à la caisse des dépôts et consignations, pour être successivement employés en acquisitions de rentes sur le grand-livre, qui seront et demeureront immédiatement éteintes.

8. Le solde en caisse et les revenus à percevoir dans le courant de 1821 seront employés tant à solder ce qui reste dû des indemnités autorisées par la loi du 15 mai 1818 et par l'ordonnance du 1ᵉʳ avril 1820, qu'à payer pour 1821, aux donataires et pensionnaires y désignés, une somme équivalente auxdites indemnités.

9. A compter du 22 septembre 1821, les rentes sur l'Etat appartenant actuellement à la partie libre de l'ancien domaine extraordinaire, montant à un million cinquante-quatre mille huit cent dix francs, seront éteintes et rayées du grand-livre.

10. Les quatre mille francs de rentes restant des cinq cent mille francs affectés par le décret du 13 février 1810 aux grandes charges de la couronne, seront pareillement éteintes et rayées du grand-livre, à partir du 22 mars 1822.

11. Après cinq ans écoulés à compter de la date des actes constitutifs des dotations sur les canaux (3), sans que les titulaires, ou les appelés, à leur défaut, se soient présentés par eux-mêmes ou par leurs fondés de pouvoirs, munis de la preuve de leur existence, pour réclamer les actions comprises dans les dotations qui les concernent, les anciens propriétaires auront droit à la jouissance provisoire des actions non réclamées, sans néanmoins que lesdites actions cessent de rester sous les noms des titulaires, avec les mêmes numéros qui se trouveront désignés dans le titre constitutif des dotations.

12. L'équivalent d'un semestre échu de la totalité des actions présumées vacantes sera toujours laissé à la caisse des consignations, comme premier gage des dividendes perçus à restituer aux titulaires absens qui se présenteront, ou à leurs ayans-droit.

13. Lorsqu'il se sera écoulé trente ans,

---

(1) Il n'existe pas de loi qui autorise le ministre des finances à accorder une indemnité égale au revenu des biens immeubles, situés en France, affectés à la dotation d'un donataire de l'ancien gouvernement, et dont la remise a été faite à un Anglais, ancien propriétaire.

En conséquence, ce ministre est fondé à refuser l'indemnité réclamée par le donataire dépouillé (22 janvier 1823; Ord. Mac. 5, 15).

(2) Les enfans adoptifs ne peuvent invoquer le bénéfice de cette disposition.

Pour que l'adoption pût être opposée à l'Etat, il faudrait qu'elle eût été autorisée par lui (14 octobre 1831; Ord. Mac. 13, 391; S. 32, 2, 14).

(3) Loi du 5 décembre 1814, article 10.

à compter du jour de l'envoi en possession provisoire, sans que les titulaires aient réclamé, ou qu'on ait rapporté la preuve de leur existence, l'envoi en possession deviendra définitif, conformément au Code civil, et les actions seront rendues aux anciens propriétaires et replacées sous leurs noms.

Il en sera de même dans le cas où, avant l'expiration des trente années ci-dessus mentionnées, on justifierait, soit de l'acte de décès des titulaires, soit de l'accomplissement des formalités prescrites par les lois pour suppléer à ces actes et constater le décès des militaires absens.

Dispositions transitoires.

Les recettes et les dépenses faites, depuis le 1er juin 1818 jusqu'au 1er janvier 1821, sur les produits en capitaux et revenus de l'ancien domaine extraordinaire réuni au domaine de l'État par la loi du 15 mai 1818, sont, conformément aux états ci-joints n°s 2 et 3 (1), réglées ainsi qu'il suit :

RECETTES. {	Capitaux réalisés à.	2,594,423 20	} 6,375,531 24
	Revenus tant arriérés que courans, à.	8,781,108 04	
DÉPENSES. {	Indemnités aux donataires dépossédés et aux veuves qui avaient des pensions sur les dotations. . . .	2,606,222 66	} 5,742,855 41
	Achats de rentes.	2,570,266 35	
	Pensions assignées sur dotations.	28,773 73	
	Frais d'administration.	225,722 92	
	Frais d'exploitation.	142,483 93	
	Contributions.	169,385 82	

Solde en caisse au 1er janvier 1821. . . . . .   632,675 83

(1) Ces états n'ont rien d'utile pour les droits privés des donataires ; nous les supprimons.

TABLEAU N° Ier.

Aperçu du nombre des donataires de chaque classe, de leurs veuves, mères ou sœurs, qui pourront recevoir une indemnité sur les fonds du domaine extraordinaire, ainsi que du nombre des militaires des armées royales de l'Ouest et du Midi amputés ou mis hors de service par suite des événemens de 1815, et qui n'ont pas obtenu de pensions.

	QUOTITÉ		MONTANT présumé des pensions d'après le taux ci-contre.
	du secours temporaire accordé par la loi du 15 mai 1818.	des pensions proposées par le projet de loi.	
Donataires.			
205 des 1res classes.	(1)	1,000	205,000
675 de 4e.	1,000	1,000	675,000
630 de 5e.	500	500	315,000
1,660 de 6e.	250	250	415,000
3,170			1,610,000
Veuves, mères ou sœurs de donataires en possession de pensions sur les dotations.			
45 sur dotation des 3 1res classes.	1,000	1,000	45,000
75 de la 4e. . . .	de 400 à 1,000	} mêmes fixations. {	60,000
66 de la 5e. . . .	de 200 à 250		26,400
74 de la 6e. . . .	50	100	7,400
260			138,800
Militaires des armées royales.			
4 officiers supérieurs. . . .	300	300	1,200
6 officiers.	200	200	1,200
30 sous-officiers.	150	150	4,500
120 soldats.	100	100	12,000
160			18,900

(1) N'étaient pas compris dans la loi du 15 mai 1818.
Dans le nombre des donataires il en est plusieurs qui sont présumés morts sans héritiers de leurs dotations, ce qui diminuera d'autant le nombre des indemnités.

Suite du TABLEAU N° Ier.

Pensions assignées sur la partie libre de domaine extraordinaire.

1 de 24,000 fr. ci.		24,000 (1)
3 de 6,000 ci.		18,000
2 de 3,000 ci.		6,000
1 de 2,400 ci.		2,400
1 de 2,000 ci.		2,000
3 de 1,500 ci.		4,500
1 de 600 ci.		600
3 de 500 ci.		1,500
1 de 400 ci.		400
2 de 250 ci.		500
28 de 200 ci.		5,600
46		**65,500**

Récapitulation.

Donataires de toutes classes.	1,610,000
Veuves, *idem*.	138,800
Militaires des armées royales.	18,900
Pensions non assignées sur des dotations.	65,500
	1,833,200

(1) Le maintien, en tout ou en partie, de cette pension de 24,000 francs accordée par le Roi à MM. de Bourbon-Conti sur les biens de l'Ile-Adam est subordonné à l'effet que pourra avoir, pour la rente viagère dont cette pension tient lieu, le jugement de la cour royale du département de la Seine, en date du 19 janvier 1821.

---

26 JUILLET = 1er AOUT 1821. — Ordonnance du Roi concernant la légalisation des certificats de vie délivrés aux rentiers viagers et pensionnaires de l'Etat, dans les pays où il n'existe pas de consuls français ou autres agens d'une puissance amie. (7, Bull. 467, n° 11031.)

Voy. Ordonnances des 30 juin 1814 et 24 janvier 1816.

Art. 1er. La disposition par laquelle, en dérogeant à l'article 4 de notre ordonnance du 30 juin 1814, celle du 20 mai 1818 a limité à certains pays y dénommés et aux rentiers viagers la faculté de faire légaliser à Paris, par les ambassadeurs ou chargés d'affaires de chaque puissance respective, les certificats de vie délivrés à ces rentiers pour le paiement de leurs arrérages, est étendue à tous les Etats sans distinction où, soit présentement, soit accidentellement, il n'existerait pas, lors de la délivrance des certificats, des agens français ou de puissances étrangères et amies, comme aussi à tous rentiers et pensionnaires résidant dans ces pays et autorisés à y jouir des rentes et pensions dont ils sont titulaires.

2. Nos ministres des affaires étrangères et des finances sont respectivement chargés de l'éxécution de la présente.

---

26 JUILLET 1821. — Ordonnances du Roi qui accordent des pensions militaires. (7, Bull. 471 *bis*.)

---

27 JUILLET 1821. — Lettre du sous-secrétaire d'Etat au ministre de la justice, relative à l'effet des lettres de grâce sur les frais de justice. (Sirey, 21, 2, 312.)

J'ai reçu la lettre que vous m'avez fait l'honneur de m'adresser le 6 juillet, pour me demander si la remise des frais de justice pourrait être accordée à titre de graces. La règle générale est que la remise de ces frais n'est point comprise dans les dispositions des lettres de grace ou de commutation que sa majesté daigne accorder à des condamnés. Ceux-ci ne peuvent être dispensés du paiement des frais de procédure que pour cause d'insolvabilité constatée, et l'appréciation de cette cause appartient aux attributions de votre département.

Les inductions qu'on prétend tirer de ce qui se serait pratiqué en matière d'amnistie ne sont d'aucune considération, parce que l'amnistie a ses caractères et ses effets particuliers, ainsi que vous l'observez.

Il est hors de doute, toutefois, que la prérogative royale peut s'appliquer à la remise des frais de justice; mais lorsque la volonté du Roi est qu'il en soit ainsi, les lettres de grace l'expriment d'une manière formelle. C'est ce qui a pu arriver dans des circonstances fort rares, comme, par exemple, dans le cas où les lettres de grace sont accordées parce que, d'après des faits connus depuis la condamnation, de graves présomptions morales donnent lieu de croire qu'une erreur judiciaire a été commise sans qu'il y ait ouverture à révision; mais les frais de procédure ne sont jamais remis quand les lettres de grace ne l'énoncent pas positivement.

C'est d'après ce principe que la question que vous me soumettez doit être résolue.

---

27 JUILLET 1821. — Ordonnance du Roi qui nomme aux préfectures des départemens de la Charente et de la Lozère. (7, Bull. 471.)

---

27 JUILLET 1821. — Ordonnances du Roi qui autorisent l'acceptation de donations faites au séminaire de Bayeux et à la fabrique de l'église de Dingé. (7, Bull. 482.)

---

27 JUILLET 1821. — Ordonnances du Roi qui autorisent l'acceptation de dons et legs. (7, Bull. 483.)

---

29 JUILLET ═ Pr. 21 AOUT 1821. — Ordonnance du Roi portant acceptation de legs faits par M. le baron de Montyon, ancien conseiller, d'Etat. (7, Bull. 471, n° 11111.)

Louis, etc., sur le rapport de notre ministre secrétaire d'Etat de l'intérieur; vu le testament olographe du sieur Antoine-Jean-Baptiste-Robert Auget de Montyon, baron de Montyon, ancien conseiller d'Etat, lequel renferme, entre autres dispositions, 1° un legs d'une somme de dix mille francs pour fonder un prix annuel destiné à celui qui découvrira des moyens de rendre quelque art mécanique moins malsain, et un autre de pareille somme pour un semblable prix en faveur de celui qui aura trouvé dans l'année un moyen de perfectionnement de la science médicale et de l'art chirurgical: l'un et l'autre prix devront être distribués par l'Académie des sciences; 2° un legs d'une somme de dix mille francs pour un prix annuel à distribuer par l'Académie française à un Français pauvre qui aura fait dans l'année l'action la plus vertueuse, et un autre de même valeur pour un prix annuel à distribuer par la même Académie au Français qui aura composé et fait paraître en France le livre le plus utile aux mœurs; 3° à chacun des hospices des douze

arrondissemens de Paris, le legs d'une somme de dix mille francs pour être distribuée en gratifications ou secours à donner aux pauvres qui sortiront de ces hospices et qui en auront le plus de besoin; 4° que les legs ci-dessus relatés seront doublés, triplés, quadruplés de manière que le doublement précède le triplement, et le triplement le quadruplement, et que cette progression sera accrue indéterminément, tant que le permettront les biens du testateur et la réserve d'une somme de soixante mille francs pour le legs universel fait par ledit testament, lequel legs universel doit aussi profiter, en vertu d'une précédente clause portée au même testament, des portions de l'hérédité que les legs particuliers pourraient laisser libre; 5° que les sommes dont il est ainsi disposé seront placées en rentes sur l'Etat, à l'effet d'en employer les arrérages à l'exécution desdites dispositions; vu le consentement respectivement donné à l'acceptation des legs les concernant, par l'Académie des sciences, par l'Académie française, et par le conseil général des hospices de Paris; notre Conseil-d'Etat entendu, nous avons ordonné et ordonnons ce qui suit:

Art. 1er. Les dispositions faites par le sieur Antoine-Jean-Baptiste-Robert Auget de Montyon, baron de Montyon, suivant son testament olographe en date du 12 novembre 1819,

1° Pour un prix annuel destiné à celui qui découvrira les moyens de rendre un art mécanique moins malsain;

2° Pour un autre prix annuel en faveur de celui qui aura trouvé dans l'année un moyen de perfectionnement de la science médicale et de l'art chirurgical;

3° Pour un semblable prix en faveur du Français pauvre qui aura fait l'action la plus vertueuse;

4° Pour un prix à distribuer au Français qui aura composé et fait paraître en France le livre le plus utile aux mœurs,

Et les dispositions faites par le même testament en faveur de chacun des hospices des douze arrondissemens de Paris, à l'effet de donner des gratifications et des secours aux indigens à leur sortie de ces établissemens,

Seront acceptées, savoir:

Les deux premiers legs, par l'Académie des sciences; les deux suivans, par l'Académie française; et le cinquième, par l'administration des hospices de notre bonne ville de Paris.

2. Lesdites Académies et l'administration des hospices se concerteront pour les démarches nécessaires au recouvrement et au placement en rentes sur l'Etat des fonds provenant desdits legs, lequel placement sera fait au nom de chaque établisse-

ment légataire, proportionnellement à ses droits.

3. Nous nous réservons de régler ultérieurement, d'après leurs propositions, et sur le rapport de notre ministre secrétaire d'État au département de l'intérieur, les moyens d'exécution à adopter, afin que chaque fondation ait son effet conformément aux intentions du testateur. Toutes dispositions concernant lesdits fonds, autres que leur placement en rentes sur l'État, demeurent interdites jusqu'au réglement à intervenir.

4. Notre ministre de l'intérieur est chargé de l'exécution de la présente ordonnance.

___

29 JUILLET 1821. — Ordonnance du Roi qui permet au sieur Beauvisage d'ajouter à son nom celui de Thomire, et au sieur Lehoux de substituer à son nom celui de Duhoux. (7, Bull. 468.)

___

29 JUILLET 1821. — Ordonnance du Roi qui admet les sieurs Fouqué, Hausch, Maus, Colom, Kolvachic, Marin et Vidal, à établir leur domicile en France. (7, Bull. 468.)

___

29 JUILLET 1821. — Ordonnances du Roi qui autorisent l'acceptation de dons et legs. (7, Bull. 483.)

___

29 JUILLET 1821. — Ordonnances du Roi qui accordent des lettres de déclaration de naturalité aux sieurs Genevois, Juillerat, Marguerat, Colomé, d'Arcine et Lecoq. (7, Bull. 480 et 588.)

___

31 = Pr. 31 JUILLET 1821. — Loi relative à la fixation du budget des dépenses et des recettes de 1821 (1). (7, Bull. 465, n° 10966.)

Voy. lois des 19 et 23 juillet 1820, et 1er mai 1822.

TITRE Ier. *Fixation des charges et dépenses de l'exercice 1821.*

§ 1er. Budget de la dette consolidée.

Art. 1er. Il est ouvert au ministre des finances un crédit de deux cent quarante-deux mille six cent cinquante-quatre francs (242,654 francs) de rente cinq pour cent consolidés, savoir :

1° Pour l'inscription au grand-livre de la dette publique, avec jouissance du 22 mars 1821, de la rente annuelle de deux cent quarante mille francs, précédemment payée à la Légion-d'Honneur sur les fonds généraux du budget de l'État, en remplacement des bois dont elle a fait la cession au domaine, ci . . . . 240,000 fr.

2° Pour couvrir le Trésor d'une avance faite sur les rentes cinq pour cent consolidés dont il est propriétaire, pour remboursement à des Français, anciens comptables en Westphalie, de cautionnemens par eux versés à la caisse du Trésor westphalien. 2,654

TOTAL ÉGAL 242,654

2. Les dépenses de la dette consolidée et de l'amortissement sont fixées, pour l'exercice 1821, à la somme de deux cent vingt-neuf millions cinquante deux mille sept cent soixante-quatre francs (229,052,764 fr.) conformément à l'état A ci-annexé.

§ II. Fixation des dépenses générales du service.

3. Des crédits sont ouverts jusqu'à concurrence de six cent cinquante-trois millions quatre-vingt-deux mille deux cent dix francs (653,182,510 fr.) pour les dépenses générales du service 1821, conformément à l'état B, applicables, savoir :

___

(1) Proposition à la Chambre des députés le 16 janvier (Mon. du 17). Rapport de M. de Bourienne, pour les parties des dépenses, le 9 mai (Mon. du 12). Rapport de M. de La Bourdonnaye, pour la partie des recettes, le 9 mai (Mon. du 12). Discussion générale sur les dépenses le 1er juin et jour suiv. (Mon. du 3 au 6). Article par article le 5 juin et jours suiv. (Mon. du 7 et jours suiv.) Discussion générale sur les recettes le 10 juillet et jours suiv. (Mon. du 11 au 13). Article par article le 12 juillet et jours suiv. (Mon. du 13 au 24). Adoption le 21 juillet (Mon. du 22).

Présentation à la Chambre des pairs le 23 juillet (Mon. du 24). Rapport de M. Garnier le 28 juillet (Mon. du 4 août). Adoption le 30 juillet (Mon. du 6 août).

En 1819 et en 1820, les recettes et les dépenses ont été réglées par deux lois distinctes ; en 1821, on est revenu au mode antérieur de régler les dépenses et les recettes par une seule loi ; de nouveau en 1828, on a présenté deux lois.

Voy. la première note sur la loi du 23 septembre 1814.

Aux dépenses générales, ci . . . . 516,311,225 fr.

Aux frais de régie, d'exploitation, de perception, et non-valeurs des contributions directes et indirectes, ci 131,601,205

Aux remboursement et restitution à faire aux contribuables sur les produits bruts desdites contributions, ci 5,270,000

TOTAL ÉGAL . . 653,182,510

TITRE II. *Fixation des recettes de l'exercice 1821.*

§ Ier. Divers droits et perceptions.

4. Les dispositions des lois auxquelles il n'est pas dérogé par la présente, et qui régissent actuellement la perception des droits d'enregistrement, de timbre, de greffe, d'hypothèque, de passeports et permis de port d'armes ; des droits de douanes, y compris celui sur les sels ; des contributions indirectes, des postes, des loteries, des monnaies et droits de garantie ; de la taxe des brevets d'invention ; des droits de vérification des poids et mesures ; du dixième des billets d'entrée dans les spectacles, d'un quart de la recette brute dans les lieux de réunion et de fête où l'on est admis en payant, et d'un décime pour franc sur ceux de ces droits qui n'en sont point affranchis, sont et demeurent maintenues.

La loi du 29 mars 1798 (9 germinal an 6), sur la loterie, continuera d'être exécutée selon sa forme et teneur.

5. La déduction accordée aux marchands en gros de boissons, pour ouillage et coulage, par l'article 87 de la loi du 25 mars 1817, sera réglée pour les vins, à dater du trimestre courant, ainsi qu'il suit :

Sur les vins nouveaux, pour chacun des trimestres d'octobre et de janvier, qui suivent la récolte, trois pour cent ;

Sur les mêmes vins, pour chacun des trimestres d'avril et de juillet de la première année, et sur les vins vieux, pour tous les trimestres suivans, un et demi pour cent.

Le décompte de cette déduction continuera d'être fait en raison du séjour.

La faculté accordée à la régie par l'article 103 de la loi du 28 avril 1816, d'allouer une plus forte déduction pour les vins qui éprouvent un déchet supérieur à la remise ci-dessus fixée, est maintenue.

6. Indépendamment du droit de timbre auquel les journaux sont assujétis par l'article 70 de la loi sur les finances du 28 avril 1816, il continuera d'être perçu un centime et demi par feuille sur ceux qui sont imprimés à Paris, et un demi-centime sur ceux qui sont imprimés dans les départemens.

7. Le Gouvernement continuera, pendant une année, d'être autorisé, conformément à la loi du 4 mai 1802 (14 floréal an 10), à établir des droits de péage, dans le cas où ils seront reconnus nécessaires pour concourir à la construction ou à la réparation des ponts, écluses, ouvrages d'art, à la charge de l'Etat, des départemens et des communes : il en fixera les tarifs et le mode de perception, et en déterminera la durée, dans la forme usitée pour les réglemens d'administration publique.

8. Les retenues proportionnelles sur les traitemens, remises et salaires, prescrites par les lois des 28 avril 1816 et 25 mars 1817, continueront d'avoir lieu jusqu'au 1er juillet 1821 (1).

9. Continueront d'être exemptés de ladite retenue, les traitemens des agens du ministère des affaires étrangères pendant leur résidence hors du royaume.

10. Les redevances sur les mines continueront à être perçues, conformément aux lois existantes.

11. Continueront d'être perçues, suivant le mode réglé par le titre Ier de la loi du 23 juillet 1820, les contributions spéciales destinées à subvenir aux dépenses des bourses et chambres de commerce, ainsi que les revenus spéciaux accordés auxdits établissemens et aux établissemens sanitaires.

12. Continueront également d'être perçus :

1° Les droits établis par l'article 16 des lettres-patentes du 10 février 1780 et par l'article 42 de l'arrêté du Gouvernement du 25 thermidor an 11 (13 août 1803), pour les frais de visite chez les pharmaciens, droguistes et épiciers.

Ne seront pas néanmoins soumis au paiement du droit de visite, les épiciers non droguistes chez lesquels il ne serait pas trouvé de drogues appartenant à l'art de la pharmacie ;

2° Les diverses rétributions imposées en faveur de l'Université sur les établissemens particuliers d'instruction et sur les élèves qui fréquentent les écoles publiques, à l'exception du droit décennal établi par l'article 27 du décret du 17 septembre 1808, lequel demeure supprimé ;

3° Les taxes imposées, avec l'autorisation

(1) *Voyez* article 79, loi du 28 avril 1816 et notes.

du Gouvernement, pour la conservation et la préparation des digues et autres ouvrages d'art intéressant les communautés de propriétaires et d'habitans, et les taxes pour les travaux de dessèchement autorisés par la loi du 16 septembre 1807 ;

4° Les sommes réparties sur les Israélites de chaque circonscription pour le traitement des rabbins et autres frais de leur culte, après néanmoins que les rôles, dressés en la forme prescrite par le décret du 20 décembre 1806, auront été rendus exécutoires par le préfet de chaque département.

13. Les contributions, taxes et droits maintenus par le présent paragraphe, continueront d'être perçus jusqu'au 1er avril 1822, sans préjudice de l'exécution des lois qui ont établi la fabrication et la vente exclusives des poudres et des tabacs.

Les poudres continueront également d'être vendues jusqu'au 1er avril 1822 aux prix fixés par la loi du 16 mars 1819.

§ II. Contributions directes.

14. Le montant de la contribution foncière mise par des rôles particuliers, en 1820, sur les bois et autres propriétés devenues, à quelque titre que ce soit, imposables, sera, pour 1821, ajouté au contingent de chaque département, de chaque arrondissement, de chaque commune.

15. Les bois et autres propriétés qui n'auraient pas été compris dans les rôles particuliers de 1820, et qui cesseraient ultérieurement de faire partie du domaine de l'Etat, ou deviendraient imposables pour toute autre cause, seront, d'après une matrice particulière rédigée dans la forme accoutumée, cotisés comme les autres bois et propriétés de même nature, et accroîtront le contingent de chaque département, de chaque arrondissement, de chaque commune.

16. A l'égard des propriétés de toute nature qui, ayant appartenu à des particuliers passent dans le domaine de l'Etat ou sont entrées dans la dotation de la couronne, et des propriétés non bâties qui, pour toute autre cause, cessent d'être imposables, et deviennent, à ce titre, libres de la contribution foncière, les communes, arrondissemens et départemens où elles sont situées, seront dégrevés de la contribution foncière, jusqu'à concurrence de la part qu'elles prenaient dans leur matière imposable.

17. Il est accordé sur la contribution foncière un dégrèvement de dix-neuf millions six cent dix-sept mille deux cent vingt-neuf francs quatre-vingts centimes, dont treize millions cinq cent vingt-neuf mille cent vingt-trois francs quatre-vingts centimes sur le principal, et six millions quatre-vingt-huit mille cent six francs sur les centimes additionnels.

Ce dégrèvement sera réparti entre les cinquante-deux départemens désignés dans le tableau C ci-annexé, conformément aux proportions indiquées par le tableau.

Il est en outre accordé, sur les mêmes centimes additionnels de la contribution foncière, une réduction de cinq centimes montant à sept millions sept cent trente-trois mille neuf cent six francs cinquante-huit centimes, laquelle dernière réduction est applicable à tous les départemens.

18. Toutefois, les dégrèvemens et réductions ci-dessus n'auront lieu qu'à compter du 1er juillet 1821, et la moitié seule du montant de ces dégrèvemens sera comprise dans les rôles de la même année 1821.

19. Les bases prescrites par l'article 38 de la loi du 15 mai 1818, pour parvenir à l'évaluation des revenus imposables des départemens, seront appliquées aux communes et aux arrondissemens par une commission spéciale qui sera formée dans chaque département. Ce travail servira de renseignement aux conseils généraux de département et aux conseils d'arrondissement, pour fixer les contingens en principal des arrondissemens et des communes.

20. A partir du 1er janvier 1822, les opérations cadastrales destinées à rectifier la répartition individuelle seront circonscrites dans chaque département.

En conséquence, les conseils généraux pourront voter annuellement, pour cet objet, des impositions dont le montant ne pourra excéder trois centimes du principal de la contribution foncière (1).

21. Indépendamment des centimes votés par les conseils généraux, il sera fait annuellement un fonds commun destiné à être distribué aux départemens, en proportion des fonds que les conseils généraux auront votés, et à venir au secours de ceux qui ne trouveraient pas dans leurs ressources particulières les moyens de subvenir à toutes les dépenses que ces travaux exigent.

22. Le compte des recettes et dépenses relatives aux opérations du cadastre sera,

(1) Sous le régime de cette loi et aux termes du réglement du 10 octobre 1821, un géomètre en chef, chargé du cadastre, est un agent de l'administration publique, dont la nomination est déléguée aux préfets.

La révocation de ce géomètre constitue un acte administratif qui ne peut donner lieu à un pourvoi devant le Conseil-d'Etat par la voie contentieuse. (19 octobre 1825 ; Ord. Mar. 7, p. 584). *Voy.* loi du 10 mai 1825, article 6.

chaque année, soumis au conseil général par le préfet.

23. La contribution personnelle et mobilière, celle des portes et fenêtres, et les patentes, seront perçues en 1821, en principal et centimes additionnels, sur le même pied qu'en 1820.

24. Le tableau d'une nouvelle fixation entre les départemens de la contribution personnelle et mobilière, sera présenté aux Chambres, après que les résultats du travail exécuté en vertu de la loi du 23 juillet 1820 auront été complétés et soumis à une vérification qui en garantisse l'entière exactitude.

25. La cotisation des officiers sans troupe à la contribution personnelle et mobilière continuera d'être établie conformément à l'article 30 de la loi du 23 juillet 1820, et d'être recouvrée au moyen de la retenue que le payeur est autorisé à en faire sur leur traitement.

26. Par suite des dégrèvemens et réductions accordés par l'article 17, la contribution foncière, la contribution personnelle et mobilière, la contribution des portes et fenêtres, et les patentes, seront perçues pour 1821, tant en principal qu'en centimes additionnels, conformément à l'état D ci-annexé.

Le contingent de chaque département dans les contributions foncière, personnelle et mobilière, et des portes et fenêtres, est fixé, pour le même exercice, aux sommes portées dans l'état E de répartition générale, annexé à la présente loi.

27. Jusqu'à ce que les rôles de l'exercice 1821 aient pu être terminés, la perception continuera d'avoir lieu sur ceux de 1820, ainsi qu'il a déjà été prescrit pour les six premiers mois par la loi du 13 janvier 1821.

§ III. Fonds destinés aux dépenses départementales.

28. Sur les centimes additionnels aux contributions foncière, personnelle et mobilière, il sera prélevé dix-huit centimes un dixième pour les dépenses départementales fixes, communes et variables.

Ces centimes seront divisés de la manière suivante :

1° Six centimes cinq dixièmes seront centralisés au Trésor royal, pour être tenus à la disposition du ministre de l'intérieur, et être employés au paiement des dépenses fixes ou communes à plusieurs départemens, ci-après désignées, savoir :

Traitemens des préfets, sous-préfets, secrétaires généraux et conseillers de préfectures ;

Abonnemens des préfectures et des sous-préfectures ;

Dépenses ordinaires des maisons centrales de détention, et indemnités aux départemens, à raison des dépenses des condamnés à un an et plus d'emprisonnement, qui restent dans les prisons départementales, faute de place dans les maisons de détention ;

Entretien des bâtimens et du mobilier de ces maisons centrales ;

Bâtimens des cours royales ;

Dépenses ordinaires du clergé à la charge des départemens composant les diocèses, autres que le personnel des ministres de la religion ;

Etablissemens thermaux et sanitaires.

2° Six centimes six dixièmes seront versés dans les caisses des receveurs généraux de département, pour être tenus à la disposition des préfets, et être employés, sur leurs mandats, aux dépenses variables ci-après, savoir :

Loyers et contributions des hôtels de préfecture, entretien et renouvellement du mobilier ;

Dépenses ordinaires des prisons départementales ;

Maisons de dépôt, secours et ateliers, pour remédier à la mendicité ;

Casernement de la gendarmerie ;

Loyers, mobilier et menues dépenses des cours et tribunaux ;

Travaux des bâtimens des préfectures, tribunaux, prisons, dépôts, casernes et autres édifices départementaux ;

Travaux des routes départementales et autres d'intérêt local, non compris au budget des ponts-et-chaussées ;

Enfans trouvés et enfans abandonnés, sans préjudice du concours des communes, soit au moyen d'un prélèvement proportionnel à leur revenu, soit au moyen d'une répartition proposée par le conseil général sur l'avis du préfet, et approuvée par le ministre de l'intérieur ;

Encouragemens et secours pour les pépinières, sociétés d'agriculture, artistes vétérinaires, cours d'accouchement et autres ;

Complément des dépenses faites et non payées sur les exercices précédens ;

Dépenses diverses de toute nature.

Les dépenses variables ci-dessus seront établies dans un budget dressé par le préfet, voté par le conseil général, et définitivement approuvé par le ministre de l'intérieur.

Les cinq centimes restans seront versés au Trésor royal, pour, à titre de fonds communs, être tenus à la disposition du ministre secrétaire d'Etat de l'intérieur, et venir au secours des départemens dont les dépenses variables excéderont le produit des six centimes six dixièmes ci-dessus.

29. Un centime prélevé sur le fonds de non-valeurs des contributions foncière, personnelle et mobilière, continuera, pour 1821, d'être affecté aux secours généraux, et réparti entre les départemens, dans les cas de grêle, d'incendie, d'inondation, ou autres cas fortuits.

3o. Les conseils généraux de département pourront en outre, et sauf l'approbation du Gouvernement, établir, pour les dépenses d'utilité départementale, des impositions dont le montant ne pourra excéder cinq centimes du principal des contributions foncière, personnelle et mobilière de 1821, et dont l'allocation sera toujours conforme au vote du conseil général.

31. Après l'acquittement des charges de guerre de 1813 et de 1814, ce qui restera disponible sur les trente millions de valeurs d'arriéré affectés à ces dépenses par les lois des 25 mars 1817 et 15 mai 1818 servira, concurremment avec les moyens indiqués par la loi du 28 avril 1816, à libérer les départemens de leur dette relative à l'occupation militaire de 1815.

§ IV. Fonds affectés au service de la dette consolidée et de l'amortissement.

32. Les produits nets de l'enregistrement, du timbre, et autres droits accessoires, ceux des domaines et des forêts, les produits nets des douanes, des droits sur les sels, sont spécialement affectés au service de la dette constituée et de l'amortissement.

33. La portion des produits nets ci-dessus qui restera libre après l'acquittement de toutes les charges relatives au service de la dette constituée sera jointe aux autres produits des revenus ordinaires, pour concourir à l'acquittement des dépenses générales de l'État.

§ V. Fixation des recettes de l'exercice 1821.

34. Le budget des recettes est fixé, pour l'exercice 1821, à la somme totale de huit cent quatre-vingt-neuf millions vingt-un mille sept cent quarante-cinq francs (889,021,745 francs), conformément à l'état F ci-annexé.

§ VI. Dispositions générales.

35. Toutes contributions directes ou indirectes autres que celles autorisées par la présente loi, à quelque titre et sous quelque dénomination qu'elles se perçoivent, sont formellement interdites, à peine, contre les autorités qui les ordonneraient, contre les employés qui confectionneraient les rôles et tarifs, et ceux qui en feraient le recouvrement, d'être poursuivis comme concussionnaires, sans préjudice de l'action en répétition, pendant trois années, contre tous receveurs, percepteurs ou individus qui auraient fait la perception, et sans que, pour exercer cette action devant les tribunaux, il soit besoin d'une autorisation préalable. Il n'est pas néanmoins dérogé à l'exécution des articles 4 et 6 de la loi du 28 avril 1816, relatifs aux contributions extraordinaires pour remboursement des dépenses de l'occupation militaire de 1815, et des articles 39, 40, 41, 42 et 43 de la loi du 15 mai 1818, relatifs aux dépenses extraordinaires des communes.

(*Suivent les tableaux.*)

BUDGET GÉNÉRAL DES DÉPENSES ET SERVICES

POUR L'EXERCICE 1821.

ÉTAT **A.**   *Budget de la dette consolidée et de l'amortissement.*

Reconnais-sances de liquidation.	délivrées au 1er janvier 1821 (en capital). . . . . . 270,442,825 à délivrer ultérieure-ment (en capital). 29,557,175	300,000,000		
	dont à déduire un cinquième à rembourser le 22 mars 1821. . .	60,000,000		
	Reste en capital dont les inté-rêts sont à servir à partir du 22 mars 1821.	240,000,000		
	ci, { pour les intérêts du semestre échéant le 22 mars 1821.		7,500,000	13,500,000
	pour les intérêts du semestre échéant le 22 septembre 1821.		6,000,000	
Intérêts des 5 p. o/o consolidés.	inscrits au 1er janvier 1821. . . .	173,052,947		
	à inscrire ultérieurement, par aperçu.	$4,776,98_2$		
	Total des rentes inscrites et à inscrire.	177,829,929		
	ci. { pour le semestre échéant le 22 mars 1821	86,637,800		175,552,764
	pour le semestre échéant le 22 septembre 1821.	88,914,964		
Dotation de la caisse d'amortissement.				40,000,000
		TOTAL.		229,052,764

ÉTAT **B.**   1r *Budget général des dépenses et services.*

					MONTANT des dépenses présumées.
Liste civile.				25,000,000	34,000,000
Famille royale.				9,000,000	
MINISTÈRES.					
Présidence du conseil des ministres (traitement et frais de bureau).					180,000
Justice, y compris un crédit provisoire de 2,520,000 francs pour frais de justice. . .					17,879,500
Affaires étrangères.					7,855,000
INTÉRIEUR.	Cultes.	Service ordinaire.		10,426,800	109,006,800
		Clergé (1).	22,900,000	23,300,000	
		Cultes non catholiques (2).	550,000		
	Travaux publics.	Ponts-et-chaussées et mines y compris les fonds spéciaux.	30,000,000	33,606,691	
		Travaux { à Paris.	1,400,000		
		d'int. gén. { dans les départemens.	2,206,691		
	Dépenses départe-mentales.	fixes (6 c. 5/10 centralisés au Trésor. . . .	12,259,242	36,023,309	
		variables (11 c. 6/10, dont 5 en fonds com-muns.	21,878,030		
	Secours pour grêle, incendies et autres cas fortuits (1 c. sur le fonds de non-valeurs).	1,886,037		
	Dépenses secrètes et autres sur le produit de la ferme des jeux. .	5,500,000		
		A *reporter.* . . . . . . ,			168,921,300

(1) Y compris 100,000 fr. de secours aux communes pour contribuer à la réparation de leurs églises.

(2) Y compris 50,000 fr. de secours pour la réparation des temples protestans.

ÉTAT D.   Tableau des contributions directes à imposer en principal et centimes additionnels pour l'exercice 1821.

MONTANT DE CHAQUE CONTRIBUTION. — FONCIÈRE.

DESTINATION DISTINCTE DES PRODUITS.	MONTANT des rôles de 1820.		NOUVELLE PROPORTION pour l'année, à partir du 1er juillet, 1821.		MONTANT pour les six premiers mois 1821, calculé d'après les rôles de 1820.		MONTANT pour les six premiers mois 1821, calculé d'après la nouvelle proportion		TOTAL A IMPOSER pour l'année 1821.	
	Nombre de centimes addition.	Montant	Nombre de centimes addition.	Montant	Nombre de centimes addition.	Montant	Nombre de centimes addition.	Montant	Nombre de centimes addition.	Montant
Produits généraux.										
Principal des quatre contributions sans affectation spéciale	»	165,207,255	»	154,678,130	»	84,403,627	»	77,339,065	107|200	161,442,693
pour dépenses départementales fixes, communes à plusieurs départemens	25 1|2	42,892,850	19 51|125	29,774,795	12 3|4	21,446,425	9 75|125	14,385,852	22 1|10	36,332,277
pour dépenses variables des départemens	17 1|2	29,436,270	18 94|125	29,005,984	8 3|4	14,718,135	9 47|125	14,502,992	18	89,221,127
pour fonds communs des mêmes départemens										
Centimes additionnels pour secours, grêle, incendie	1	1,682,073	1	1,526,791	0 1|2	841,037	0 1|2	775,390	1	1,614,427
Centimes additionnels facultatifs à voter par les conseils généraux (maximum 5 centimes)	»	Mémoire.	»	Mémoire.	»	Mémoire.	»	Mémoire.	»	Mémoire.
Produits affectés aux non-valeurs, dépenses des communes, réimpositions et frais de perception.										
pour non-valeurs et dégrèvemens	1	1,682,072	1	1,546,789	0 1|2	841,036	0 1|2	775,391	1	1,614,427
Centimes additionnels pour non valeurs et attributions aux communes sur les patentes	»	Mémoire.	»	Mémoire.	»	Mémoire.	»	Mémoire.	»	Mémoire.
pour dépenses ordinaires des communes (5 centimes)	»	"	»	"	»	"	»	"	»	"
pour dépenses extraordinaire des communes	»	"	»	"	»	"	»	"	»	"
pour réimpositions	»	"	»	"	»	"	»	"	»	"
TOTAUX....	45 cent.	243,090,520	40 cent.	216,540,382	220 1|2	121,950,260	20 cent.	108,274,690	42 12|1200	250,224,950
Centimes additionnels sur principal et cent. réun. { Traitemens et taxations des receveurs généraux et particuliers (par évaluation).	de 2 à 5	1,044,000	de 2 à 5	1,732,000	de 2 à 5	972,000	de 2 à 5	866,000	de 2 à 5	1,938,000
Remises des percepteurs.	"	10,336,000	"	9,636,000	"	5,618,000	"	4,818,000	"	10,436,000
TOTAUX GÉNÉRAUX....	....	256,680,520	....	227,917,582	....	128,540,260	....	113,958,690	....	242,598,950 (4)

ÉTAT D. (*Suite.*)

MONTANT DE CHAQUE CONTRIBUTION (*Suite.*)

PERSONNELLE et MOBILIÈRE.		PORTES et FENÊTRES.		PATENTES.		TOTAL des CONTRIBUTIONS à imposer pour l'exercice 1821.
Nombre de centimes additionnels.		Nombre de centimes additionnels.		Nombre de centimes additionnels.		
29 9/10	27,161,020	50	12,812,466	"	(a) 17,512,950	218,929,128
18 1/10	8,121,145	"	6,405,233	"	"	50,859,655
1	4,916,145	"	"	"	"	34,137,272
"	271,610	"	"	"	"	1,886,037
"	Mémoire.	"	"	"	"	Mémoire.
1	271,610	10	(b) 1,281,246	5	951,790	3,167,283
"	"	"	"	"	(c) 1,522,860	2,474,650
"	"	"	"	"	"	Mémoire.
"	"	"	"	"	"	Mémoire.
"	"	"	"	"	"	Mémoire.
50 cent.	40,741,530	60 cent.	20,499,945	5 cent.	19,987,600	311,454,025
"	295,000	"	149,000	"	82,000	2,364,000
de 2 à 5	1,520,000	de 2 à 5	770,000	de 2 à 5	655,975	13,181,975
. . . .	42,556,530	. . . .	21,418,945	. . . .	20,725,575	327,000,000

OBSERVATIONS.

(a) Le produit annuel des patentes est présumé de . . . . 19,035,810 dont à déduire pour non-valeurs et attributions aux communes (8 p^r %). 1,522,860

Reste. . . . 17,512,950

(b) Y compris environ 350,000 francs pour frais de confection de rôles.

(c) Cette somme de 1,522,860 francs fait partie du principal des patentes, et en a été déduite plus haut.

(d) La différence de 2 francs entre ce total et celui porté dans le tableau de répartement provient de centimes négligés dans l'un, et du fort denier pris dans l'autre.

ÉTAT F.   *Budget général des revenus de l'Etat pour l'exercice 1821.*

DÉSIGNATION ET REVENUS DES IMPÔTS.	PRODUITS bruts présumés.
1° *Produits affectés à la dette consolidée.*	
Enregistrement, timbre et domaine. (Produits bruts comprenant pour ordre, 1,300,000 francs de restitution.)	157,800,000
Coupes de bois de l'ordinaire de 1821. (Produits bruts, comprenant pour ordre 50,000 francs de restitution)	18,500,000
Douanes et Sels. { Produits bruts, comprenant pour ordre 3 millions de restitutions. Droits de douanes, 73,000,000 Droits sur les sels, 49,000,000 } 122,000,000 Produits présumés des amendes et confiscations attribuées en entier aux frais de procédure et à la caisse des retraites et aux saisissans. . . . . } 2,000,000	124,000,000
TOTAL	300,300,000
2° *Produits affectés aux dépenses générales de l'Etat.*	
Excédant éventuel des produits ci-dessus sur le service de la dette consolidée.	Mémoire.
Contributions indirectes. { Droits généraux. (Produits bruts comprenant pour ordre, 174,000 francs de restitution). . . . . 123,500,000 Vente des tabacs. . . . . 64,000,000 Vente des poudres à feu. . . . . 3,500,000 Recouvremens d'avances.). . . . . 675,000 Prod. des amendes et confiscat. (Port.attribuées.). . . . . . . 1,350,000 }	193,025,000
Postes (Produits bruts comprenant, pour ordre, 346,000 fr. de restitution).	24,310,000
Loterie.	15,000,000
Retenues sur les traitemens.	2,800,000
Versement au Trésor par la ville de Paris en vertu de la loi du 19 juillet 1820.	5,500,000
Produits divers { Salines de l'Est. . . . . 2,400,000 Produits de l'Inde. . . . . 1,000,000 Recettes de diverses origines. . . . . . . 1,390,745 Arrérages de rentes et intérêts de fonds publics appartenant au Trésor. . . . . 11,837,255 }	16,628,000
Contributions directes. { Principal et centimes additionnels. . . . . 311,454,025 Centimes de perception. . . . . 15,545,975 }	327,000,000
Transport au budget de l'exercice 1821, de l'excédant de recette sur l'exercice 1819.	584,263,000 4,458,745
TOTAL. . . .	588,721,745

Récapitulation des recettes.

1° Produits affectés à la dette consolidée. 300,300,000
2° Produits affectés aux dépenses générales de l'Etat. 588,721,745

Montant présumé des produits propres au budget de l'exercice 1821. 889,021,745

Recettes pour ordre.

Revenu de l'instruction publique. 2,170,400
Direction générale des poudres et salpêtres. 3,289,489   5,459,889

TOTAL GÉNÉRAL. 894,481,634

Résultat.

Les recettes présumées sont de. 889,021,745
Les dépenses (états A et B) de. 882,235,274

EXCÉDANT de recettes.   6,786,471

Certifié conforme :
Le ministre-secrétaire-d'Etat au département des finances, signé : Roy :

31 JUILLET — Pr. 6 AOUT 1821. — Loi relative à l'augmentation des membres du tribunal de première instance de la Seine (1). (7, Bull. 468, n° 11059.)

Voy. ordonnance du 1er août 1821.

Article unique. Le nombre actuel des membres du tribunal de première instance de la Seine pourra être augmenté d'un vice-président, de cinq juges, y compris un juge d'instruction, de deux juges suppléans, et trois substituts du procureur du Roi.

---

31 JUILLET = Pr. 30 AOUT 1821. — Ordonnance du Roi qui règle l'augmentation des secours accordés aux vicaires, aux anciennes religieuses, aux curés et desservans en retraite. (7, Bull. 472, n° 11123.)

Voy. loi du 4 JUILLET 1821, et notes sur l'article 7 de la Charte.

Louis, etc., vu la loi du 4 juillet dernier, qui affecte le produit de l'extinction des pensions ecclésiastiques à divers besoins de service religieux, et notamment à l'augmentation du traitement des vicaires, ainsi qu'à l'amélioration du sort des anciennes religieuses, et des prêtres que leurs infirmités mettent hors d'état de remplir leurs fonctions, nous avons ordonné et ordonnons ce qui suit :

Art. 1er. A partir du 1er juillet 1821, le secours accordé aux vicaires est porté de deux cent cinquante francs à trois cents francs.

2. Le fonds de quatre cent cinquante mille francs alloué au budget de 1821 pour secourir les anciennes religieuses, et celui de deux cent soixante mille francs pour les curés et desservans en retraite, sont augmentés d'un dixième.

3. Nos ministres de l'intérieur et des finances sont chargés de l'exécution de la présente ordonnance.

---

31 JUILLET 1821. — Lettres-patentes portant érection de majorats en faveur de MM. Pasquier, Reinhard et de Castries. (7, Bull. 472.)

---

31 JUILLET 1821. — Tableau des prix moyens des grains pour servir de régulateur de l'exportation et de l'importation, conformément aux lois des 16 juillet 1819 et 4 juillet 1821. (7, Bull. 467, n° 11030.)

---

31 JUILLET 1821. — Proclamation du Roi concernant la clôture de la session de 1820 de la Chambre des Pairs et de la Chambre des députés. (7, Bull. 469, n° 11083.)

1er = Pr. 6 AOUT 1821. — Ordonnance du Roi qui augmente le nombre des magistrats de la cour royale de Paris et du tribunal de première instance de la Seine (2). (7, Bull. 468, n° 11060.)

Louis, etc., considérant que le nombre actuel des conseillers et substituts du procureur général en notre cour royale de Paris ne pouvant suffire au service des chambres de cette cour et à celui des assises de son ressort, il y a nécessité de les augmenter ; considérant qu'il est également indispensable d'augmenter, dans une proportion suffisante pour l'expédition des affaires civiles et criminelles, le nombre des juges, celui des juges suppléans de notre tribunal de première instance de la Seine, et celui des substituts de notre procureur en ce tribunal ; vu les articles 4 et 5 de la

---

(1) Proposition à la Chambre des députés le 18 juin (Mon. du 19). Rapport de M. Henri de Lonuève le 23 juin (Mon. du 26). Adoption le 23 juillet (Mon. du 24).
Proposition à la Chambre des pairs le 25 juillet (Mon. du 26). Discussion et adoption le 30 juillet (Mon. du 31).

(2) Il peut paraître assez extraordinaire qu'une loi ait été nécessaire (celle du 31 juillet 1821) pour augmenter le nombre des juges du tribunal de première instance de Paris, et qu'il ait suffi d'une ordonnance pour augmenter le nombre des conseillers à la cour royale ; mais il faut remarquer que la loi du 20 avril 1810, par ses articles 4 et 5, se borne à déterminer le *maximum* des magistrats qui doivent former les différentes cours, laissant au Gouvernement la faculté d'augmenter le nombre ou de le restreindre, pourvu qu'il ne sorte pas des limites qu'elle a posées. A la vérité

l'art. 1er du décret du 6 juillet 1810 détermine, d'une manière exacte, le nombre de conseillers dans chaque cour royale ; en conséquence, cet article pourrait être considéré comme dérogeant aux art. 4 et 5 de la loi du 20 avril 1810, et comme ayant fait cesser la faculté discrétionnaire conférée au Gouvernement. On a répondu que, par le décret du 6 juillet 1810, le Gouvernement n'avait fait qu'user du droit que lui conférait la loi du 20 avril 1810, sauf à en user de nouveau selon les circonstances. Il nous semble que cette explication justifie la légalité de l'ordonnance du 1er août 1821 ; mais elle fait vivement ressortir un inconvénient qui a déjà été signalé plusieurs fois, et qui résulte de ce double caractère qu'on attribue aux décrets impériaux, tour à tour, *lois*, lorsqu'il s'agit de leur effet obligatoire, et *simples réglemens* lorsqu'on veut les modifier par des réglemens nouveaux.

loi du 20 avril 1810, et la loi du 31 juillet dernier ; vu aussi les articles 1er, 46 et 47 du réglement du 6 juillet 1810, les articles 5, 6 et 8 du réglement du 18 août suivant, et l'article 16 du réglement du 30 janvier 1811, nous avons ordonné et ordonnons ce qui suit :

Art. 1er. Le nombre des conseillers de notre cour royale de Paris est porté à cinquante-six, y compris les présidens, et sera en conséquence augmenté de six.

2. Le nombre des substituts pour le service du parquet de notre procureur général en la même cour est porté à onze, et sera en conséquence augmenté de deux.

3. Le nombre des membres du tribunal de première instance du département de la Seine sera augmenté de six juges, y compris un vice-président et un juge d'instruction, et de deux juges suppléans. Le nombre des substituts de notre procureur est porté à quinze.

4. Le tribunal se divisera en sept chambres :

Les cinq premières connaîtront des matières civiles ordinaires; l'une de ces chambres demeurera spécialement chargée des affaires sommaires.

La sixième et la septième chambre seront chargées des affaires de police correctionnelle.

Cette dernière chambre connaîtra notamment des délits relatifs aux douanes, aux impôts indirects, aux octrois, à la garantie des matières d'or et d'argent, et des appels des tribúnaux de simple police.

Elle connaîtra en outre de toutes contraventions au droit de timbre et d'enregistrement, et du contentieux judiciaire sur les domaines.

5. Il sera alloué au greffier en chef du tribunal de première instance de la Seine, un commis greffier de chambre et un commis greffier d'instruction.

6. Notre sous-secrétaire d'Etat au département de la justice est chargé de l'exécution de la présente ordonnance.

───────────

1er = 21 AOUT 1821.— Ordonnance du Roi concernant l'affiche des listes électorales dans les départemens qui composent la cinquième série. (7, Bull., 471, n° 1113.)

Louis, etc., sur le rapport de notre ministre secrétaire d'Etat au département de l'intérieur ; vu les articles 2 et 3 de la loi du 29 juin 1820, et notre ordonnance du 4 septembre suivant, nous avons ordonné et ordonnons ce qui suit :

Art. 1er. Les listes électorales des colléges d'arrondissement et de département seront affichées, le 20 du présent mois,

dans les départemens qui composent la cinquième série.

2. Il sera procédé, pour les rectifications à intervenir pendant le mois de publication, conformément aux articles 2 et 3 de notre ordonnance du 4 septembre 1820.

3. Les réclamations et les pièces justificatives cesseront d'être admises après le 20 septembre suivant, et les listes seront définitivement closes, par les préfets en conseil de préfecture, conformément à l'article 4 de ladite ordonnance, le 24 du même mois.

4. Notre ministre de l'intérieur est chargé de l'exécution de la présente ordonnance.

───────────

1er août = Pr. 20 SEPTEMBRE 1821. — Ordonnance du Roi qui fixe le mode d'exécution de la loi du 17 juillet 1819 sur les servitudes imposées à la propriété pour la défense de l'Etat. (7, Bull. 475, n° 1195.)

Voy. notes sur la loi du 17 JUILLET 1819; ordonnance du 21 MAI 1823.

Louis, etc., sur le rapport de notre ministre secrétaire d'Etat au département de la guerre; vu l'ordonnance du 9 décembre 1713, portant défense de construire en maçonnerie dans le rayon de deux cent cinquante toises des places de guerre, et les ordonnances subséquentes, notamment celle du 31 décembre 1776, sur la composition et le service du corps royal du génie; vu, en ce qui concerne la conservation et le classement des places et postes de guerre, la loi du 10 juillet 1791, et le décret du 9 décembre 1811, qui en avait étendu les dispositions, ainsi que la loi du 17 juillet 1819, relative aux servitudes imposées à la propriété pour la défense de l'Etat; vu la loi du 19 mai 1802 sur les contraventions en matière de grande voirie, et la loi du 29 mars 1806, qui assimile les gardes du génie aux gardes forestiers et champêtres et autres agens conservateurs; vu aussi l'article 10 de la Charte constitutionnelle et les dispositions non abrogées de la loi du 8 mars 1810, sur les expropriations pour cause d'utilité publique; considérant qu'il importe également à la défense des places de guerre et à l'intérêt des propriétés qui les avoisinent, que l'exécution des lois relatives aux servitudes militaires soit ramenée à un mode uniforme, et qu'il soit donné, sur tous les points, des bases régulières à l'application de ces mêmes servitudes, par la publication, dans les formes légales, d'un tableau de classement des places et postes de guerre; qu'en conséquence il est néces-

,aire, 1° de rapprocher plusieurs des dis-positions de la loi du 17 juillet 1819 de celles des lois antérieures auxquelles il n'a pas été dérogé par ladite loi, et que l'arti-cle 16 maintient en vigueur ; 2° de régler les formes à suivre dans l'action de l'auto-rité militaire sur la propriété privée, en coordonnant ceux des articles de la loi du 17 juillet 1819 qui seront relatifs aux prohibitions, à la répression des contra-ventions, ainsi qu'à la fixation et au paie-ment des indemnités résultant de dépos-session ou de simple privation de jouis-sance, avec les lois d'exécution auxquelles lesdits articles se réfèrent expressément ; 3° de désigner spécialement les localités dans lesquelles il devient indispensable, pour la sûreté de l'Etat, que l'usage de la propriété soit légalement soumis, par la publication du tableau de classement ci-dessus mentionné, aux restrictions que comporte l'application des servitudes mi-litaires ; à ces causes, et de l'avis de notre Conseil d'Etat, nous avons ordonné et or-donnons ce qui suit :

TITRE) Ier. Servitudes imposées à la propriété pour la défense des places.

SECTION Ire. *Prohibition.*

Art. 1er. Dans l'étendue de *deux cent cin-quante mètres* autour des places de guerre de toutes les classes, et des postes militai-res, il ne sera bâti aucune maison ni clô-ure de construction quelconque, à l'excep-ion des clôtures en haies sèches ou en planches à claire voie, *sans pans de bois ni maçonnerie,* lesquelles pourront être éta-blies librement entre ladite limite et celle du terrain militaire.

Les reconstructions totales de maisons, clôtures et autres bâtisses, sont également prohibées dans la même zone de servitu-les, quelle qu'ait pu ou que puisse être à l'avenir la cause de leur destruction.

2. Dans l'étendue de quatre cent quatre-vingt-sept mètres (deux cent cinquante toi-ses) autour des places de première et de seconde classe, il ne sera bâti ni recon-struit aucune maison ni clôture de *maçon-nerie* ; mais, au-delà de la première zone de deux cent cinquante mètres, il sera permis d'élever des bâtimens et clôtures en *bois et terre,* sans y employer de pierres ni de briques, même de chaux ni de plâtre, autrement qu'en crépissage, et avec la condition de les démolir immédia-tement et d'enlever les décombres et maté-riaux sans indemnité, à la première ré-quisition de l'autorité militaire, dans le cas où la place, déclarée en *état de guerre,* serait menacée d'hostilité.

3. Autour des places de troisième classe

et des postes militaires, il sera permis d'élever des bâtimens et clôtures de con-struction quelconque au-delà de la dis-tance de deux cent cinquante mètres.

Le cas arrivant où ces places et postes seraient déclarés en *état de guerre,* les dé-molitions qui seraient jugées nécessaires à la distance de quatre cent quatre-vingt-sept mètres, ne donneront lieu à aucune indemnité en faveur des propriétaires.

4. Dans l'étendue de *neuf cent soixante-quatorze mètres* (cinq cents toises) autour des places de guerre, et de *cinq cent quatre-vingt-quatre mètres* (trois cent toises) au-tour des postes militaires, il ne sera fait aucun chemin, levée ou chaussée, ni creu-sé aucun fossé, sans que leur alignement et leur position aient été concertés avec les officiers du génie ; et d'après ce concert, notre ministre de la guerre déterminera, et, au besoin, nous *proposera de déterminer* les conditions auxquelles ces divers tra-vaux devront être assujétis dans chaque cas particulier, afin de concilier les intérêts de la défense avec ceux de l'industrie, de l'agriculture et du commerce.

Dans la même étendue, les décombres provenant des bâtisses et autres travaux quelconques ne pourront être déposés que dans les lieux indiqués par les officiers du génie. Sont exceptés de cette disposition, ceux des détrimens qui pourraient servir d'engrais aux terres, et pour les dépôts desquels les particuliers n'éprouveront au-cune gêne, pourvu qu'ils évitent de les entasser.

Dans la même étendue, il est défendu d'exécuter aucune opération de topogra-phie sans le consentement de l'autorité militaire ; ce consentement ne pourra être refusé, lorsqu'il ne s'agira que d'opérations relatives à l'arpentage des propriétés.

5. Les ouvrages détachés auront sur leur pourtour, suivant leur degré d'impor-tance et les localités, des rayons égaux, soit aux rayons de l'enceinte des places et des ouvrages qui en dépendent immédiate-ment, soit à ceux des simples postes mili-taires. Cette fixation sera déterminée par nous pour chaque localité.

Seront considérés comme ouvrages déta-chés, les ouvrages de fortification qui se trouveraient à plus de *deux cent cinquante mètres* des chemins couverts de la place à laquelle ils appartiennent.

Les digues qui servent à soutenir les inondations d'une place seront également considérées comme ouvrages détachés, lorsqu'elles auront en même temps un but et des formes défensifs.

6. Les citadelles et les châteaux auront à l'extérieur les mêmes limites de prohi-bition que celles des places fortes dont les unes et les autres font partie. Les limites

de leurs esplanades du côté des villes pourront être réduites, selon les localités, par des fixations spéciales que nous nous réservons d'arrêter sur la proposition de notre ministre de la guerre.

SECTION II. Exceptions.

7. Notre ministre de la guerre pourra permettre, par exception aux articles précédens, la construction de *moulins et autres semblables usines* en bois, et même en maçonnerie, à condition que lesdites usines ne seront composées que d'un rez-de-chaussée, et à charge par les propriétaires de ne recevoir aucune indemnité pour démolition en cas de guerre. Les permissions de cette nature ne pourront toutefois être accordées qu'après que le chef du génie, l'ingénieur des ponts-et-chaussées et le maire auront reconnu de concert et constaté par procès-verbal que l'usine qu'on se propose de construire est d'utilité publique, et que son emplacement est déterminé par quelque circonstance locale qui ne peut se rencontrer ailleurs.

8. La tolérance spécifiée par l'article précédent pourra, lorsqu'il n'en résultera aucun inconvénient pour la défense, s'étendre à toute espèce de bâtimens ou clôtures situés hors des places ou postes, ou sur l'esplanade des citadelles ou châteaux, sous les conditions qui seront déterminées par nous, relativement à la nature des matériaux et à la dimension des constructions.

La présente exception ne pourra être appliquée qu'aux terrains que nous aurons déterminés pour chaque place ou poste, selon les localités, et qui seront limités par des bornes.

9. Les administrations, les communes ou les particuliers qui désireront obtenir des *permissions spéciales*, en vertu des deux articles précédens, adresseront leur demande à notre ministre de la guerre, lequel, après avoir pris l'avis du directeur des fortifications, et, s'il y a lieu, les permissions demandées, en prescrivant aux pétitionnaires toutes les conditions qu'il jugera convenables pour que les constructions ne puissent nuire à la défense de la place.

10. Les permissions accordées immédiatement ou subséquemment d'après les exceptions prévues par les articles 7 et 8 ne pourront avoir leur effet, et les construc-

tions nouvelles autorisées conditionnellement par les art. 1er, 2 et 3 de la présente ordonnance, ne pourront être entreprises qu'après que les administrations, les communes ou les particuliers, auront souscrit l'engagement de remplir les conditions qui leur seront prescrites, et notamment celle de démolir immédiatement à leurs frais les constructions autorisées, ou d'en supporter la démolition sans indemnité, dans les cas prévus par les articles 2 et 3 (1).

Ces soumissions seront conformes au modèle N° 1er annexé à la présente ordonnance. Elles seront faites sur papier timbré, et enregistrées moyennant le droit fixe d'un franc. Il en sera fourni, aux frais de la partie intéressée, trois expéditions authentiques au chef du génie de la place: l'une de ces expéditions restera déposée dans les archives du génie de ladite place; la seconde sera déposée aux archives de la direction, et la troisième sera transmise à notre ministre de la guerre.

11. Dans les vingt-quatre heures qui suivront l'accomplissement des formalités ci-dessus prescrites, le chef du génie délivrera à la partie intéressée, pour le cas de *permission spéciale,* copie certifiée de la lettre de notre ministre de la guerre, contenant l'énoncé des clauses et conditions de ladite permission; et, pour le cas d'*autorisation générale,* un certificat conforme au modèle N° 2, afin de constater que toutes les conditions desquelles résulte ladite autorisation ont été remplies.

SECTION III. Mode de détermination des limites.

12. Les distances mentionnées dans les divers articles qui précèdent seront contées à partir de la crête des parapets des chemins couverts les plus avancés, ou des murs de clôture, lorsqu'il n'y aura pas de chemins couverts, ou enfin, lorsqu'il n'y aura ni chemins couverts ni murs de clôture, à partir de la crête intérieure du parapet des ouvrages.

13. Ces distances seront mesurées sur les capitales de l'enceinte et des dehors. Leurs points extrêmes, pour celle de *deux cent cinquante mètres,* comme pour celle de *quatre cent quatre-vingt-sept mètres,* seront fixés par des bornes qui, réunies de proche en proche par des lignes droites, serviront de limites extérieures aux terrains sou-

---

(1) Lorsqu'il résulte d'un procès-verbal qu'un réclamant a contrevenu à cet art. 10 en élevant des constructions dans le rayon prohibitif de la deuxième zone des servitudes militaires, sans avoir préalablement souscrit la soumission de démolir lesdites constructions à la première réquisition de l'autorité militaire, conformément à l'article 32 de la loi du 10 juillet 1791, il y a lieu de le condamner à démolir et à l'amende. (9 juin 1830; Ord. Mac. 12, 310.)

his aux prohibitions respectivement déterminées pour ces deux distances.

Les capitales sur lesquelles seront prises les mesures seront choisies de manière que les lignes qui réuniront leurs extrémités forment des polygones le moins irréguliers possibles, et que nulle part les limites ne se trouvent sensiblement plus rapprochées d'aucun point des chemins couverts, murs de clôture ou parapets, que les distances respectivement fixées par la loi pour les trois limites.

14. Les points qui déterminent la troisième limite ne seront point marqués par des bornes; mais ils seront, ainsi que les bornes qui déterminent les deux premières limites, rattachés à des points fixes et rapportés sur un plan spécial de circonscription.

15. Ce plan sera fait à l'échelle d'un *millième*, sur plusieurs feuilles se rattachant par des lignes communes. Il comprendra tout le terrain soumis aux servitudes et prohibitions mentionnées dans les articles précédens. Il comprendra en outre tout le terrain militaire, tant intérieur qu'extérieur, en distinguant celui qui appartient à l'Etat de celui qui serait à acquérir ou à revendiquer, d'après les limites prescrites par les articles 15, 16, 17, 19, 20 et 21 de la loi du 10 juillet 1791. Le dit plan ne contiendra d'ailleurs aucune indication du tracé des fortifications non plus que de la forme et des accidens du terrain.

16. Les trois limites de *deux cent cinquante mètres*, de *quatre cent quatre-vingt-sept mètres*, et de *neuf cent soixante-quatorze* ou de *cinq cent quatre-vingt-quatre mètres*, selon qu'il s'agit d'une place ou d'un poste, ainsi que les limites des ouvrages détachés et des digues d'inondation, et celles des citadelles et châteaux, seront tracées sur ledit plan spécial de circonscription, sur lequel le terrain d'exception mentionné dans l'article 8 sera également rapporté et indiqué par une couleur particulière.

17. Les bâtimens, clôtures et autres constructions existant en-dedans des deux premières limites, ainsi que toutes les bâtisses et constructions qui seront faites en vertu des autorisations ou des exceptions ci-dessus spécifiées, seront rapportés, avec un numéro d'ordre, sur ledit plan de circonscription.

Ce plan sera accompagné d'un état descriptif des dimentions et de la nature desdites constructions, et faisant connaître leur origine et les conditions auxquelles elles ont été élevées. Les numéros d'ordre du plan, relatés dans cet état, établiront la correspondance entre ces deux pièces.

18. Une expédition du plan et de l'état descriptif qui doit l'accompagner sera déposée dans le bureau du chef du génie de chaque place; une autre expédition de chacune de ces deux pièces sera déposée à la sous-préfecture; une troisième sera adressée à notre ministre secrétaire-d'Etat de la guerre.

Il est défendu, sous les peines portées par les lois et ordonnances, aux sous-préfets et à leurs agens, de laisser, par quelques motifs et sous quelque prétexte que ce soit, déplacer lesdits plans, et d'en laisser prendre aucune copie ou extrait.

En temps de guerre, si le chef-lieu de la sous-préfecture est dans une ville ouverte, ledit plan sera transporté dans la place de guerre la plus voisine, et déposé dans le bureau du chef du génie. Il en sera de même, en cas de siége, pour les plans qui seraient habituellement déposés dans une sous-préfecture située dans une place de guerre.

19. Sur l'invitation des directeurs des fortifications, les maires des communes devront prêter appui à toutes les opérations relatives à la confection du plan spécial de circonscription et de l'état descriptif qui doit l'accompagner.

En conséquence, ils fourniront aux agens de l'autorité militaire toutes les indications et documens qui pourraient être réclamés.

20. Les propriétaires des bâtimens, clôtures et autres constructions existant dans les zones des servitudes seront dûment requis d'assister à la vérification qui sera faite, en présence du maire, de la nature et des dimensions desdites constructions.

Leur origine et les conditions auxquelles elles ont été élevées seront portées, respectivement à leur numéro d'ordre, sur l'état descriptif, d'après la simple déclaration affirmée de chacun des propriétaires, sans préjudice toutefois du droit réservé au département de la guerre de contredire lesdites déclarations, ou d'en poursuivre à tout besoin la justification sur titres et preuves judiciaires.

21. Après la confection du plan et de l'état descriptif, les détails en seront relevés et notifiés à chaque partie intéressée par l'intermédiaire des gardes du génie dûment assermentés.

Les notifications seront faites par écrit et dûment enregistrées, afin de leur donner une date certaine: elles relateront exactement la distance et les dimensions extraites du plan et de l'état descriptif. Il en sera fait deux expéditions, qui seront visées et certifiées par le chef du génie, et dont l'une sera remise à la partie intéressée: l'autre expédition sera classée aux archives de la direction, et la minute restera déposée au bureau du génie de la place.

22. Si, dans les trois mois de ladite notification, les propriétaires intéressés réclament contre l'application des limites légales, il sera statué à cet égard (sauf tout recours de droit) comme en matière de grande voirie, d'après une vérification faite sur les lieux par les ingénieurs civils et militaires.

Les propriétaires intéressés y seront présens ou dûment appelés, et pourront s'y faire assister par un arpenteur. Leurs avis et observations seront consignés au procès-verbal.

23. Les opérations de bornage et de détermination des limites ne seront faites qu'à l'expiration du délai de trois mois ci-dessus fixé pour les réclamations. Il sera procédé contradictoirement avec les maires et les propriétaires présens ou dûment appelés, qui n'auraient point élevé de réclamations. L'opération se poursuivra, relativement aux réclamans, au fur et à mesure des décisions qui seront rendues.

L'opération du bornage sera exécutée aux frais du Gouvernement.

24. Après l'exécution complète de cette opération, le plan spécial de circonscription et l'état descriptif rectifié, si les réclamations et décisions y ont donné lieu, seront définitivement arrêtés et homologués par une ordonnance spéciale qui les rendra exécutoires.

SECTION IV. *Réparations et entretien des bâtisses existantes.*

25. Les bâtisses, clôtures et autres constructions en bois et en terre, quelle que soit leur distance de la fortification autour des places de toutes les classes et des postes militaires pourront être entretenues *dans leur état actuel* par des réparations et des reconstructions partielles, mais sans aucun changement dans leurs dimensions extérieures, et sous la condition expresse,

1° Que les matériaux de réparation ou de reconstruction partielle seront de même nature que ceux précédemment mis en œuvre ;

2° Que la masse des constructions existantes ne seront point accrue par des bâtisses faites dans des cours, jardins et autres lieux clos, à ciel ouvert.

26. Les dispositions de l'article précédent s'appliqueront aux maisons, clôtures et autres constructions en maçonnerie situées au-delà de la première zone de deux cent cinquante mètres des places de troisième classe et des postes militaires, ou qui seraient comprises, quelle que soit d'ailleurs la classe de la place, dans le terrain d'exception que nous aurons spécialement déterminé.

27. Les bâtimens, clôtures et autres constructions en maçonnerie, qui ne seraient pas compris dans le terrain d'exception dont il vient d'être parlé, ou qui seraient situés, soit dans la première zone de deux cent cinquante mètres des places et postes, soit sur l'esplanade que nous aurons spécialement déterminée pour les citadelles et les châteaux, soit dans la seconde zone des places des deux premières classes, ne pourront être entretenus qu'avec les restrictions légalement prescrites en matière de voirie urbaine, c'est-à-dire, sous la condition expresse de ne point faire à ces constructions de reprises en sous-œuvre, ni même de grosses réparations, ou toute autre espèce de travaux confortatifs,

Soit à leurs *fondations* et à leur *rez-de-chaussée*, s'il s'agit de *bâtimens d'habitation;*

Soit, pour les *simples clôtures*, jusqu'à *moitié* de leur hauteur, mesurée sur leur parement extérieur;

Soit, pour *toutes autres constructions*, jusqu'à *trois mètres* au-dessus du sol extérieur.

28. Les restrictions prescrites par l'article précédent seront appliquées aux maisons, bâtimens et clôtures (autres que celles en haies sèches ou en planches à claire-voie) qui, dans l'intérieur des places de toutes les classes et des postes militaires, se trouvent, entièrement ou partiellement, sur le terrain de la rue militaire établie ou à établir pour la libre communication le long du rempart ou du mur de clôture.

Dans le second cas, les restrictions ne porteront que sur les parties de bâtimens ou de clôtures qui dépassent l'alignement de ladite rue.

29. Toute construction quelconque, quelle que soit d'ailleurs sa situation dans l'une ou l'autre des deux zones extérieures de servitudes, ou par rapport à l'alignement de la rue militaire, pourra néanmoins être entretenue dans son état actuel, sous les seules restrictions que comporte l'article 25 ci-dessus, si le propriétaire fournit la preuve légale, lors de la vérification prescrite par les articles 22 et 23, savoir:

Pour les *bâtisses extérieures*, que ladite construction existait, dans sa nature et ses dimensions actuelles, avant la publication de l'ordonnance du 9 décembre 1713, ou qu'à l'époque de son érection elle se trouvait à plus de *quatre cent quatre-vingt-sept mètres* de l'un des points fixés par l'article 12 ci-dessus :

Pour les *bâtisses intérieures*, avant la publication de la loi du 10 juillet 1791, qui a prescrit l'établissement de la rue militaire parallèlement au pied du talus du empart, ou du parement intérieur du parapet ou mur de clôture.

Dans l'un ou l'autre cas, le propriétaire qui n'aura pu fournir la preuve légale jouira de la même faculté pour l'entretien de sa construction, s'il justifie d'une permission spéciale en vertu de laquelle il l'aurait établie dans sa nature et ses dimensions actuelles, *à la charge de démolition*, ou s'il souscrit la soumission de remplir cette condition à ses frais et sans indemnité, dans le même cas que celui prévu par l'article 2 de la présente ordonnance.

30. Tout propriétaire d'un bâtiment, maison, clôture ou autre construction quelconque existant dans l'une des zones de servitudes, ou en-deçà de l'alignement de la rue militaire, qui voudra y faire exécuter des réparations sera tenu d'en faire préalablement la déclaration au chef du génie, et ne pourra les faire commencer qu'après que celui-ci lui aura délivré un certificat portant qu'elles sont dans l'un des cas où l'exécution en est autorisée par la présente ordonnance. Ce certificat sera conforme au modèle N° 3.

TITRE II. Répression des contraventions.

31. Les contraventions aux dispositions du titre précédent seront constatées par les procès-verbaux des gardes du génie, et réprimées conformément à la loi du 19 mai 1802 (29 floréal an 10), relative aux contraventions en matière de grande voirie. A cet effet, les gardes du génie dûment assermentés agiront comme officiers de police judiciaire: leurs procès-verbaux feront foi jusqu'à inscription de faux.

32. Lorsque les gardes du génie auront connaissance d'une construction ou d'une réparation indûment faite dans l'intérieur d'un enclos ou d'un bâtiment, ils en rendront compte sur-le-champ au chef du génie, qui requerra, soit le juge-de-paix ou son suppléant, soit le commissaire de police, soit le maire ou l'adjoint du lieu, d'accompagner dans sa visite le garde chargé de constater la contravention. Le procès-verbal dressé à cette fin sera signé par l'officier de police civile en présence duquel il aura été dressé.

33. Avant de dresser les procès-verbaux de contravention, les gardes du génie feront viser pour timbre le papier destiné à ces actes, lesquels, après leur rédaction, seront enregistrés en débet.

34. Les gardes du génie mentionneront exactement, en tête du procès-verbal, la date de leur commission, ainsi que celle du jour et du lieu de l'enregistrement de cette commission et de leur prestation de serment.

Cet enregistrement doit avoir lieu à cha-

que changement de résidence, tant au greffe du tribunal de l'arrondissement qu'à la mairie du lieu de l'exercice actuel de leurs fonctions.

Les procès-verbaux seront conformes au modèle N° 4.

35. Les procès-verbaux de contravention resteront déposés entre les mains du chef du génie. Les gardes du génie en dresseront copie, et la notifieront au domicile du contrevenant, avec sommation de rétablir l'ancien état des lieux dans le délai que le chef du génie aura fixé.

La copie et la sommation seront expédiées à la suite l'une de l'autre, sur du papier que les gardes du génie feront préalablement *viser pour timbre*, ainsi qu'il a été dit pour la rédaction de la minute du procès-verbal.

La notification du procès-verbal de contravention, ainsi que la sommation dont cette notification doit être suivie, seront conformes au modèle N° 5.

36. Dans le cas où, nonobstant la notification faite par les gardes du génie, des procès-verbaux de contravention, les contrevenans ne rétabliraient pas l'ancien état des lieux dans le délai fixé par la sommation; le directeur des fortifications, après avoir visé lesdits procès-verbaux, les transmettra au préfet du département; il y joindra un fragment du plan de circonscription et un extrait de l'état descriptif relatifs aux lieux contentieux, ainsi qu'un mémoire sommaire de discussion, pour être sur le tout statué en conseil de préfecture, sauf les vérifications qui pourraient être ultérieurement nécessaires.

37. Si, après la notification du procès-verbal de contravention, les propriétaires poursuivaient leur infraction, le préfet, sur l'avis que lui en donnera le directeur des fortifications, assemblera le conseil de préfecture, lequel ordonnera sur-le-champ la suspension des travaux. Le préfet assurera l'exécution de cet arrêté par tous les moyens de droit.

38. Outre la démolition de l'œuvre nouvelle, aux frais des contrevenans, ils encourront, selon les cas, les peines applicables aux contraventions analogues en matière de grande voirie.

39. Tout jugement de condamnation fixera le délai dans lequel le contrevenant sera tenu de démolir, enlever les décombres et rétablir à ses frais l'ancien état des lieux. Il sera notifié à la partie intéressée, avec *sommation d'exécuter*.

40. Les gardes du génie seront chargés de la notification des jugemens de condamnation. Elle aura lieu dans les formes prescrites ci-dessus pour la notification des procès-verbaux de contravention.

La notification du jugement de condam-

nation, et la sommation dont cette notification doit être suivie, seront conformes
au modèle N° 6.

41. A défaut d'exécution par la partie
condamnée, après l'expiration des délais
fixés par le jugement, il y sera procédé
d'office, à la diligence de l'autorité militaire, en présence du maire ou de son adjoint requis à cet effet.

En conséquence, le chef du génie se concertera, sur les moyens et l'époque de
l'exécution, avec le commandant de la
place. Il préviendra ensuite par écrit le
maire de la commune, du jour et de l'heure
où le jugement devra être exécuté d'office,
en présence de la partie condamnée, laquelle y sera dûment appelée par la notification qui lui sera faite à domicile d'y assister, par un garde du génie.

42. Les démolitions, déblais et remblais,
et transports, seront effectués, et la dépense constatée, dans les formes établies
pour les travaux des fortifications. Le
compte des dépenses et frais de l'exécution
du jugement de condamnation sera déterminé par un procès-verbal que le sous-intendant militaire dressera conjointement
avec le chef du génie, en présence du
maire et de la partie condamnée, si elle assiste à l'opération.

43. A défaut par la partie condamnée
d'acquitter le montant des dépenses portées au procès-verbal, sur la présentation
qui lui en sera faite par le sous-intendant
militaire, le directeur des fortifications
transmettra le compte desdites dépenses
au préfet du département, lequel en fera
poursuivre le recouvrement, conformément à la loi du 19 mai 1802.

Le tout, sans préjudice des poursuites
relatives au paiement des amendes, s'il y
avait lieu.

44. Toutes les fois que, dans le cas
d'hostilité prévu par l'article 2 de la présente ordonnance, le Gouvernement aura
fait procéder d'office à la démolition d'une
construction autorisée par ledit article ou
par l'art. 3, ou d'une construction permise
par exception, en vertu des art. 7 et 8, les
frais de cette démolition seront constatés,
et le recouvrement en sera poursuivi, ainsi
qu'il est prescrit par les art. 42 et 43.

TITRE III. Indemnités.

SECTION I.re *Des circonstances qui donnent lieu*
à indemnité.

45. Les travaux et opérations relatifs aux
places de guerre ou postes militaires peuvent donner lieu à indemnité, soit pour
cause de dépossession, soit pour démolition d'édifice, soit pour privation de jouissance.

46. Il y a lieu à indemnité pour cause
de *dépossession*, lorsque des constructions
nouvelles de places de guerre ou postes
militaires, des changemens ou augmentations dans ceux actuellement existans, des
réunions nécessaires pour donner au terrain militaire, intérieur et extérieur, l'é-
tendue qui lui est légalement assignée,
mettent le domaine militaire dans le cas
d'exiger la cession de propriétés particulières.

47. Il y a lieu à indemnité pour *démoli-*
tion d'édifices, lorsque, pour la sûreté
d'une place de guerre, l'autorité militaire
requiert la destruction d'une bâtisse située
dans une des zones de servitudes légales,
pourvu, toutefois, qu'il soit justifié, sur
titres, que cette bâtisse existait antérieurement à la fixation du rayon militaire
qui a soumis à la prohibition l'étendue de
la zone dans laquelle son sol se trouve
compris.

L'indemnité, dans ce cas, ne se réglera
que sur la valeur des constructions, sans
y comprendre l'estimation du sol, lequel
ne sera point acquis par le domaine militaire, si ces constructions ne sont que
l'accessoire d'une propriété territoriale :
dans le cas contraire, et lorsque le sol
tout entier sera couvert par les constructions, ou sera employé pour leur service,
l'indemnité pourra comprendre la valeur
du sol.

48. Il y a lieu à indemnité, pour *priva-*
tion de jouissance, toutes les fois que, par
suite de travaux ou d'opérations relatives à
la défense d'une place de guerre, l'autorité
militaire occupe temporairement une propriété privée, de manière à y porter dommage, ou à en diminuer le produit.

SECTION II. *Du réglement des indemnités.*

49. Les indemnités à payer par le Gouvernement, dans les cas qui viennent d'ê-
tre déterminés, s'arbitreront d'abord par
expertise contradictoire ; elles se régleront
ensuite définitivement, soit à l'amiable,
en cas d'accord entre le ministre de la
guerre et les propriétaires, soit par voie
judiciaire, en cas de dissentiment.

50. Dans les cas prévus par les articles 46 et 47 de la section précédente, l'Etat
exigeant le sacrifice d'une propriété pour
cause d'intérêt public, il y a lieu, aux termes de l'art. 10 de la Charte constitutionnelle, à une indemnité préalable.

En conséquence, les formalités d'expertise contradictoire et de réglement définitif
de l'indemnité, soit à l'amiable, soit par
voie judiciaire, telles qu'elles seront déterminées par la section III du présent titre,
devront précéder tout acte de propriété de
la part du domaine militaire.

Il en sera de même du paiement intégral de l'indemnité, sauf les justifications à la charge des propriétaires, conformément à ce qui sera déterminé à la section IV du présent titre.

51. Dans le cas, prévu par l'article 48, d'une privation temporaire de jouissance qui n'emporte point le sacrifice d'une propriété, l'indemnité doit avoir pour base l'évaluation la durée de cette privation et la reconnaissance du dommage qui en est résulté : en conséquence, elle ne sera réglée qu'à l'époque où le propriétaire sera rentré dans sa jouissance.

Toutefois, lorsque l'occupation d'une propriété par l'autorité militaire se prolongera au-delà de la rentrée ordinaire des revenus, l'indemnité devra se régler et s'acquitter,

Tous les six mois, si elle s'applique à une propriété bâtie;

Et chaque année, s'il s'agit d'une propriété rurale.

52. Il n'est point dérogé aux clauses et conditions portées dans les baux souscrits par les fermiers et locataires des terrains et bâtimens militaires. En conséquence, les indemnités de non-jouissance auxquelles lesdits fermiers pourraient avoir droit donneront lieu seulement à ce qu'il soit fait, sur le prix de leurs baux, une déduction égale au dédommagement estimé. Ces conditions continueront à être stipulées dans les baux qui seront passés à l'avenir pour le département de la guerre.

SECTION III. Des expertises de la cession volontaire ou forcée.

53. Toutes les fois que, dans l'intérêt de défense des places de guerre, la réunion d'un domaine militaire d'une ou plusieurs propriétés particulières, ne pourra s'effectuer que par voie d'expropriation, une ordonnance spéciale, rendue sur le rapport de notre ministre de la guerre, constatera l'utilité publique, par la spécification des motifs de l'expropriation, et la désignation précise des terrains ou édifices dont l'acquisition devra se faire dans les formes ci-après déterminées.

Cette ordonnance sera publiée et affichée dans les communes intéressées.

54. Le directeur des fortifications fera dresser un plan terrier, lequel devra figurer l'étendue des propriétés bâties ou non bâties dont la cession aura été ordonnée, sans contenir aucune indication sur le tracé des ouvrages de défense.

Ce plan, indicatif des noms de chaque propriétaire et certifié par le directeur des fortifications sera envoyé par lui au préfet du département.

55. Le préfet, pour en donner communication aux parties intéressées, transmettra ledit plan au maire de la commune où les propriétés cessibles sont situées. Il restera déposé pendant huit jours à la mairie, afin que chacun puisse en prendre connaissance.

Le délai de huitaine ne courra qu'à dater de l'avertissement qui aura été collectivement donné aux parties intéressées de prendre communication du plan.

Cet avertissement sera publié à son de trompe ou de caisse dans la commune, et affiché tant à la principale porte de l'église du lieu qu'à celle de la mairie; lesdites publications ou affiches seront certifiées par le maire.

56. A l'expiration du délai, et pour procéder à l'estimation des propriétés cessibles, il sera nommé des experts contradictoires pour le Gouvernement et les propriétaires.

L'expert du Gouvernement sera choisi par le sous-intendant militaire entre deux personnes de l'art présentées par le chef du génie.

57. Les propriétaires pourront désigner collectivement un seul et même expert, ou les nommer individuellement, suivant que chacun d'eux le jugera convenable.

Dans l'un ou l'autre cas, ils devront notifier, conjointement ou séparément, au maire de la commune, le choix qu'ils auront fait dans le délai de huitaine à compter de l'expiration du délai de publication.

58. Faute par les propriétaires de satisfaire à cette dernière disposition, le préfet y pourvoira d'office par le choix d'une personne de l'art, qui opérera pour les propriétaires en défaut.

59. Les personnes que les deux parties auront commises à l'estimation seront tenues de justifier préalablement de leur prestation de serment par-devant le juge-de-paix du canton.

60. Les experts s'entoureront de tous les documens qui tendront à éclairer leur opération. Ils seront tenus de relater avec précision, dans leurs rapports, et comparativement entre elles, les différentes bases d'évaluation qu'ils auront suivies.

61. Le préfet, après avoir visé les procès-verbaux d'expertise, en fera l'envoi au directeur des fortifications, lequel fera dresser deux tableaux séparés, dans les formes ci-après déterminées.

Le premier présentera sommairement les résultats des estimations sur lesquelles les experts seront d'accord : il y sera réservé trois colonnes, dont deux seront destinées à l'insertion des avis du chef du génie et du sous-intendant militaire sur les divers motifs de l'adoption des expertises, ou des réductions qu'ils jugeraient convenable de proposer.

Le second tableau présentera les résultats des estimations sur lesquelles les experts seraient en dissidence, soit par rapport au métrage des propriétés, soit relativement aux bases d'évaluation, soit pour tous autres motifs ; il aura la même forme que le premier, et sera revêtu des mêmes avis motivés.

Le directeur des fortifications, après avoir rempli la troisième colonne de ses observations, transmettra ces tableaux à notre ministre de la guerre, en les accompagnant d'extraits, dûment légalisés par le préfet, des procès-verbaux d'expertise qui se rapportent à chacun d'eux.

62. Lorsque notre ministre de la guerre, sur l'examen du premier tableau, aura approuvé les fixations d'indemnité établies d'accord entre les experts, il fera connaître au préfet sa décision, à l'effet d'acquérir aux conditions déterminées.

63. Notre ministre de la guerre fera aussi faire des offres relativement aux résultats du second tableau.

Le préfet mettra chaque propriétaire en demeure d'accepter ou de refuser l'offre du ministre de la guerre.

64. Lorsque les parties seront d'accord, l'acte de vente sera immédiatement passé par-devant notaires, entre le préfet et les propriétaires, en présence du chef du génie.

L'acte de vente sera toutefois passé par le préfet, quand il s'agira d'immeubles qui, sans avoir été précédemment des *propriétés privées*, appartiendraient à des communes ou au département, à des hospices ou à tout autre établissement public. Le département de la guerre sera représenté, en ces cas, par le sous-intendant militaire, assisté du chef du génie.

Dans l'un et l'autre cas, le contrat sera *visé pour timbre* et *enregistré gratis;* la grosse exécutoire, s'il en a été délivré, et, dans le cas contraire, une expédition du contrat avec mention au bas qu'il n'a pas été délivré de grosse, sera déposée aux archives de la préfecture.

65. Si les propriétaires n'acceptent pas l'offre du ministre, il sera passé outre au règlement des indemnités et à l'expropriation par voie judiciaire.

66. Dans tous les cas où le règlement d'indemnité devra être porté devant les tribunaux, par le refus de traiter à l'amiable, soit du ministre de la guerre, soit des propriétaires, le préfet, sur les ordres de notre ministre et au nom du département de la guerre, fera poursuivre l'instance, selon ce qui est ordonné par les art. 16, 17 et 18 de la loi du 8 mars 1810, lesquels doivent également s'appliquer, par analo-

gie, au règlement des indemnités dues pour simple privation de jouissance.

SECTION IV. De la purgation d'hypothèques et du paiement.

67. A dater du jour où le jugement du tribunal sera signifié à la partie intéressée, elle aura quatre-vingt-dix jours pour produire un certificat de radiation ou de non-existence d'hypothèques judiciaires ou conventionnelles.

Le délai sera le même relativement aux cessions volontaires.

68. Dès que les propriétaires auront satisfait à ladite justification, et que les hypothèques légales auront été purgées ainsi qu'il sera dit ci-après, le montant intégral de l'indemnité, tel qu'il aura été stipulé au contrat ou réglé par le tribunal, devra leur être acquitté par le département de la guerre, sauf les atermoiemens dont les parties pourraient convenir à l'amiable, moyennant le paiement des intérêts légaux.

69. Si, après le délai de quatre-vingt-dix jours, les propriétaires n'ont pu faire la justification demandée, ou s'il existe des saisies-arrêts ou oppositions formées par des tiers à la délivrance des deniers, le montant de l'indemnité sera versé à la caisse des dépôts et consignations, pour être ultérieurement pourvu à son emploi ou distribution, dans l'ordre et suivant les règles du droit commun.

70. Immédiatement après la passation de l'acte de vente si la cession est volontaire, et le jugement du tribunal si elle est forcée, le préfet devra requérir le procureur du Roi de faire purger d'office, au nom et pour le compte du Gouvernement, les hypothèques légales sur tous les biens acquis au domaine militaire, suivant les formalités prescrites par le Code civil.

SECTION V. Dispositions générales.

71. Lorsque nous aurons ordonné, soit des constructions nouvelles de places de guerre ou postes militaires, soit la suppression ou démolition de ceux actuellement existant, soit des changemens dans le classement ou dans l'étendue desdites places ou postes, les effets qui résulteront de ces mesures dans l'application des servitudes imposées à la propriété, pour la défense de l'Etat, par les lois des 10 juillet 1791 et 17 juillet 1819, ne pourront avoir lieu qu'en vertu d'une ordonnance spéciale rendue sur le rapport de notre ministre de la guerre, et qui sera publiée et affichée dans les communes intéressées.

72. Si, par le résultat des dispositions qui précèdent, il y a *création de servi-*

lies ou *extension* de celles déjà existantes, le directeur des fortifications fera dresser ou rectifier le plan spécial de circonscription, de la manière et suivant les diverses formalités prescrites par la section III du titre Ier de la présente ordonnance; sauf néanmoins les modifications à faire dans l'application des articles 17 et 20, l'état descriptif à joindre au plan de circonscription ne pouvant avoir pour objet, dans l'un ou l'autre des cas ci-dessus énoncés, que de constater la nature et les dimensions des constructions comprises dans les nouveaux rayons de servitudes ou dans l'extension que ceux préexistans auraient reçue.

73. Toutes les questions de propriété entre le domaine militaire et les particuliers, et toutes contestations qui pourraient s'élever sur la preuve légale de la priorité d'existence des constructions situées dans les zones de prohibition intérieure et extérieure, soit à la création, soit à l'augmentation de la place ou du poste, soit à la promulgation de la loi du 10 juillet 1791, doivent être portées devant les tribunaux.

74. Les directeurs des fortifications ne provoqueront aucune action en justice, sans en avoir préalablement référé à notre ministre de la guerre. Ils lui rendront compte d'urgence de celles qui seraient intentées contre le département de la guerre.

75. Toutes les fois qu'il y aura lieu de recourir aux tribunaux, la procédure s'instruira sommairement comme en matière domaniale. L'enregistrement des actes qui y sont sujets aura lieu gratis.

Notre procureur près le tribunal, interiendra exclusivement pour l'Etat, sur les mémoires et conclusions du préfet, qui les établira d'après les plans, rapports et autres documens que le directeur des fortifications devra lui transmettre.

Il sera toujours entendu avant les jugemens tant préparatoires que définitifs.

76. Pour assurer la défense de l'Etat dans le juste degré de ses besoins réels, et afin de déterminer spécialement les localités dans lesquelles la propriété doit être

soumise à l'application des servitudes militaires suivant les règles qui précèdent, le tableau général de classement des places et postes de guerre, annexé à la présente ordonnance, sera publié et affiché par extraits dans les communes intéressées de chaque département, à la diligence des préfets, selon ce qui est prescrit par l'article 1er de la loi du 17 juillet 1819, et prévu par la présente ordonnance.

77. Nos ministres secrétaires d'Etat sont chargés, chacun en ce qui le concerne, de l'exécution de la présente ordonnance, qui sera insérée au Bulletin des Lois.

Tableau des places, citadelles, forts, châteaux et postes militaires, dont la répartition en deux séries détermine l'application des servitudes imposées à la propriété, pour la défense de l'Etat, par la loi du 17 juillet 1819.

La prohibition *générale* prescrite par l'article 1er de l'ordonnance qui précède (sous la seule réserve des clôtures légères et des cas d'exception prévus par les articles 7 et 8) étant, par cela même, commune à toutes les places et aux postes militaires, la distinction à établir entre ces différens points fortifiés, pour l'application des autres servitudes, ne comporte que deux séries, qui comprennent, savoir :

La première, *les places de 1re et 2e classe*, pour la défense desquelles l'autorisation générale accordée par *l'article 2* de cette ordonnance est subordonnée (hors les cas d'exception dont il vient d'être parlé) aux conditions prescrites par le même article;

La deuxième, *les places de 3e classe et les postes militaires* auxquels s'applique indistinctement, et par le même motif, l'autorisation générale accordée conditionnellement aussi par *l'article 3* de ladite ordonnance, moyennant toutefois la désignation spéciale des *postes* par un astérisque, afin d'assurer l'effet des modifications spécifiées par les articles 4 et 5 de la même ordonnance, pour cette dernière espèce des points fortifiés.

DIVISIONS MILITAIRES.	DÉPARTEMENS.	PLACES, CITADELLES, FORTS, CHATEAUX, ET POSTES MILITAIRES Autour desquels il est permis conditionnellement d'élever, à la distance de 250 mètres de l'un des points fixés par l'article 12 de l'ordonnance,	
		1° Des bâtimens et clôtures en bois et en terre.	2° Des bâtimens et clôtures de construction quelconque.
1ʳᵉ	AISNE..........	Guise (château)........ La Fère. Laon. Soissons	Guise (ville). *
	SEINE..........	....	Vincennes. *
2°	ARDENNES.......	Charlemont et les Givets. Rocroy. Mézières (ville et citadelle). Sedan et château.	Doncherv. * Carignan. *
	MEUSE..........	Montmédy et Médy-Bas. Verdun (ville et citadelle).	
	MARNE..........	Vitry-le-Français.	
3°	MOSELLE........	Longwy. Château de Sierck. Thionville. Metz et dépendances. Bitche (château). ².	Bitche (ville).
	MEURTHE.......	Marsal. Toul. Phalsbourg.	
4°	MAINE-ET-LOIRE....	....	Château d'Angers. * Château de Saumur. *
5°	BAS-RHIN........	Strasbourg (ville, cidadelle et dépendances). .... La Petite-Pierre. .... Schelestadt.	Weissembourg. * Lauterbourg. * Drusenheim. * Lichtemberg. * Haguenau.
	HAUT-RHIN.......	Neuf-Brisach et fort Mortier. Belfort (ville et château).	
6°	DOUBS..........	Bezançon (ville, citadelle et dépendances. Fort de Joux.	Château de Monbéliard. Blamont. *
	JURA..........	Fort de Salins........	Salins (ville). *
	AIN..........	Fort l'Ecluse.	Pierre Châtel. *
7°	ISÈRE..........	Fort Barrault. Grenoble (ville et citadelle).	Valence (ville et citadelle.)
	DRÔME..........	....	
	HAUTES-ALPES....	Briançon (ville, château et dépendances). Queyas. .... Mont-Dauphin. Embrun. .... Sisteron et citadelle.	

8e	BASSES-ALPES......	Fort Saint-Vincent. Seyne et citadelle. Colmar et fort. Entrevaux et château. Antibes et fort carré. Fort Sainte-Marguerite. Citadelle de St.-Tropez.	
	VAR...........	.... Toulon et dépendances.	Fort de Bregançon. * Fort des îles d'Hyères.
	BOUCHES-DU-RHÔNE..	Forts de Marseille.	Fort de Bouc. *
9e	GARD.........	Citadelle du St-Esprit. Aigues-Mortes.	Fort Peccais. * Tour de Silveréal. * Citadelle de Montpellier.
	HÉRAULT.......	Forts de Cette et dépen- dances.	Tour du Grau-d'Agde. * Agde. Fort Brescou.
	AUDE........	....	Cité de Carcassonne. Narbonne. Tour de la Nouvelle. * Château de Salces. *
10e	PYRÉNÉES-ORIENTALES.	Perpignan (ville et cita- delle). Fort les Bains. Collioure (citadelle, Miradoux et fort Saint-Elmé). .... Pratz de Mollo et dépen- dances. Bellegarde. Mont-Louis (ville et cita- delle. Villefranche et dépendances.	Forts de Port-Vendres. *
	HAUTES-PYRÉNÉES....	Château de Lourdes. Citadelle de St-Jean-Pied-de- Port et dépendances.	
11e	BASSES-PYRÉNÉES...	.... Navarreins. Bayonne (ville et citadelle).	Fort de Socca. *
	LANDES........	....	Dax (ville et château).
11e	GIRONDE........	Blaye.	Fort Médoc. Fort Pâté. * Pointe de Grave. * Fort de Royan.
12e	CHARENTE-INTÉRIEURE.	Oléron (ville et citadelle). .... Ile d'Aix (bourg et fort de la rade). Rochefort et dépendances. La Rochelle. Saint-Martin-de-Ré (citadelle et forts).	Fort Chapus. * Batteries des Saumonard et de Boyardville (île d'Oléron). * Fort de la Charente.
	VENDÉE........	....	Fort de St-Nicolas des Sables. Fort de l'île-Dieu. * Château de Noirmoutiers. * Ile du Pilier. *
	LOIRE-INFÉRIEURE...	....	Fort Minden. Fort Saint-Nazaire. * Château de Nantes. *
13e	MORBIHAN......	Belle-Ile (ville et citadelle.) Fort Penthièvre de Quiberon. Lorient. Port-Louis (ville et citadelle.)	F. Lacroix (île de Croix). *

13e	FINISTÈRE.	Concarneau. Presqu'île de Quelerne. Brest (château et dépend.)	F. Cigogne (île des Glenans). Forts de la rade Brest). * Château de Bertheaume. * Tour Toulinguet et Créachmeur. * Fort Céson. * Château du Taureau *
	CÔTES-DU-NORD. . . .	. . . .	Ile aux Moines. *
	ILLE-ET-VILAINE. . . .	Saint-Malo et dépendances. Chateauneuf.	Fort des Rimans. *
14e	MANCHE.	Granville. Fort de Querqueville. Cherbourg (port militaire et dépendances). La Hougue. Tatihou.	Carentan. *
15e	CALVADOS.. . . . . . . SEINE-INFÉRIEURE. . .	Le Havre. Château de Dieppe. Abbeville. Citadelle d'Amiens. Citadelle de Doulens.	Ile Saint-Marcouf. Château de Caen. Dieppe (ville). *
	SOMME.	. . . . Péronne.	Château de Ham.
16e	PAS-DE-CALAIS.	Calais (citadelle et fort Nieulay. Gravelines. . . . . Saint-Omer. Aire et fort St.-François. Montreuil (ville et citadelle). Hesdin. Béthune. Arras (ville et citadelle).	Ardres. Boulogne (ville haute et château). Saint-Venant.
	NORD..	Dunkerque et Fort-Louis. Bergues et Fort-Français. Lille (ville et citadelle). Douai et Fort de Scarpe. Condé. Valenciennes (ville et cit). Bouchain (ville haute et basse.) Maubeuge. Le Quesnoy. Cambray (ville et citadelle). Avesnes. Landrecies. Citadelle de St.-Florent. Citadelle et forts de Bastia.	Bapaume.
17e	CORSE.	Calvi et forts Monzello. . . . . Bonifacio.	Château d'Aleria. * Ile-Rousse. * Tour de Girolata. * Citadelle de Corté. Ponte Nuovo. * Fort Vivario. * Fort de Vizzavona. * Citadelle d'Ajaccio. Tour de Giraglia. * Tour de Farinoli * Porto Vecchio. *
18e	HAUTE-MARNE.. . . . . CÔTE-D'OR.	Langres. Auxonne.	Chaumont.

MODÈLE N° I,

D'une soumission pour une construction nouvelle dans les zones de prohibition. (Art. 10.)

L'an mil huit cent   le vingt-neuf août, je soussigné, Charles-François N. (*qualités*), demeurant à (*la demeure habituelle*), voulant user de la permission qui m'a été accordée par décision de son excellence le ministre de la guerre, en date du (*les dates en toutes lettres*), *ou* voulant profiter de l'autorisation accordée conditionnellement par l'article 1er (2 ou 3) de l'ordonnance du Roi, du 1er août 1821, qui détermine le mode d'exécution des lois des 10 juillet 1791 et 17 juillet 1819, pour faire construire (*faire ici l'état descriptif de l'œuvre nouvelle, tant pour l'emplacement et la distance que pour ses dimensions, sa nature et sa composition*), m'engage et me soumets par ces présentes à remplir toutes les conditions imposées par cette décision (*ou* autorisation), savoir : (*détailler les conditions particulières, s'il y en a, et terminer toujours par celle-ci*), à démolir les susdites constructions, à enlever les matériaux et décombres, et à rétablir l'état actuel des lieux; et ce, à la première réquisition de l'autorité militaire, ou à le voir faire d'office par cette autorité, si elle le juge convenable, le tout, dans l'un et l'autre cas, à mes frais, et sans pouvoir prétendre à aucune indemnité.

L'engagement que je contracte par ces présentes sera valable à toujours, sans qu'il soit nécessaire de le renouveler, et ne pourra, dans aucun cas, être sujet à prescription.

Fait en triple expédition, à (*le nom de la place, du poste, du fort ou du château*), les jour, mois et an que dessus.

(C. F. N.)

Enregistré le   à

MODÈLE N° II,

D'un certificat constatant que toutes les conditions desquelles résulte l'autorisation de construire ont été remplies. (Art. 11.)

Je soussigné, Auguste-Paul N. (*le grade*), chef du génie à (*le nom de la place, poste, fort ou château*), certifie que le sieur (*noms et qualités de la personne qui veut faire construire*), demeurant à (*demeure habituelle*), et qui désire faire construire à (*désigner l'emplacement et la distance* (une maison (*ou toute autre œuvre dont on détaillera ici les dimensions, la nature et la composition*), a rempli toutes les conditions prescrites à cet égard par les lois et ordonnances, et qu'en conséquence il est libre de faire procéder aux susdites constructions. En foi de quoi je lui ai délivré le présent certificat.

A (*nom de la place, poste, fort ou château*), le (*les dates en toutes lettres*).

(A. P. N.)

MODÈLE N° III,

D'un certificat relatif à des réparations projetées pour des bâtisses existant dans les zones de prohibition. (Art. 30.)

Je soussigné, Auguste-Paul N. (*le grade*), chef du génie à (*le nom de la place, du poste, du fort* ou *du château*), certifie que les réparations que le sieur (*noms et qualités de la personne qui désire faire faire des réparations*) projette de faire faire à sa maison (ou *toute autre œuvre*), située à (*désigner l'emplacement et la distance*), et qui consistent en (*détailler l'objet et la nature des réparations projetées*), sont dans l'un des cas où l'exécution en est autorisée par les lois et ordonnances; et qu'en conséquence il est libre de faire procéder à ces réparations. En foi de quoi je lui ai délivré le présent certificat.

A (*nom de la place, poste, fort ou château*), le (*les dates en toutes lettres*).

(A. P. N.)

MODÈLE N° IV,

D'un procès-verbal de contravention. (Art. 34.)

L'an mil huit cent   le vingt-neuf août, je soussigné, Pierre-Alexandre N., garde du génie, employé dans la place de (*le poste, le fort ou le château*), dûment assermenté, conformément à la loi du 29 mars 1806, par-devant le tribunal civil de première instance de l'arrondissement de   et agissant en vertu de la commission que son excellence le ministre de la guerre m'a fait expédier le (*les dates en toutes lettres*), laquelle commission a été, ainsi que ma prestation de serment, enregistrée le (*toujours en toutes lettres*), tant au greffe du même tribunal qu'à la mairie de la ville (ou *commune de*), lieu actuel de mon service.

M'étant aperçu, en faisant ma tournée ordinaire de service ce matin (ou *hier dans la soirée*), que le sieur   propriétaire d'une maison située (*indiquer le lieu*), y demeurant habituellement (ou *demeurant à   rue   n°   *), avait fait (ou *faisait*) construire, etc. (*relater ici les premiers indices de la contravention*), me suis transporté de nouveau cejourd'hui à   heure du matin (ou *du soir*) à (*le lieu de la contravention*), et j'ai reconnu que, etc., etc. (On entrera ici dans tous les détails de la contravention, surtout quant à la distance du point où elle a été commise et aux dimensions de l'œuvre nouvelle, objet de la contravention quelle qu'elle puisse être, c'est-

21.

à-dire, soit qu'il s'agisse d'une construction neuve proprement dite, soit qu'il y ait abus d'une autorisation générale ou d'une permission, tel, entre autres, que de substituer, sous prétexte de réparations, des pans de maçonnerie à des pans de bois, des couvertures en tuiles à des couvertures en chaume, de planter des clôtures en haies vives, au lieu de les faire en haies sèches ; de les construire avec des soubassemens en maçonnerie ou en planches jointes, au lieu de les faire en planches ou en pallissades à claire-voie ; enfin de donner aux constructions autorisées ou permises plus de développement, de hauteur ou de solidité, que que ne le comportent les autorisations ou les permissions. Si la contravention a eu lieu dans une cour, jardin ou autre emplacement clos, le garde relatera dans son procès-verbal, avant de dire qu'il a reconnu, etc., etc., les formalités qu'il a dû remplir pour s'en faire ouvrir les portes, avec l'assistance d'un officier de police civile dont il mentionnera la présence, en exprimant, par exemple, après avoir dit, *me suis transporté de nouveau*, ce qui suit : et attendu que, etc., (*relater la circonstance du lieu clos*), M. (*le nom et la qualité de l'officier de police civile*), ici présent, et dont l'assistance a été dûment requise, a sommé, au nom de la loi, le sieur (*le contrevenant* ou *tel autre qui se trouverait sur les lieux*), d'ouvrir la porte de (*le lieu clos*), laquelle ouverture ayant eu lieu d'après cette sommation, je suis entré avec ledit sieur (*l'officier de police civile*), dans ledit (*le lieu clos*), et j'ai reconnu que, etc., etc.

J'ai déclaré en conséquence au sieur (*le contrevenant*), parlant à sa personne (ou *à tel autre qui le remplacerait*), qui nous a dit être (*ou qui n'a voulu se nommer ni qualifier, de ce dûment interpellé*), qu'il s'était mis en contravention à la loi du 17 juillet 1819, et l'ai sommé de cesser (ou *faire cesser*) toute espèce de travail par lui entrepris aux fins de ladite contravention. En foi de quoi j'ai de tout ce que dessus dressé le présent procès-verbal, pour servir et valoir ce que de raison.

(P. A. N.)

Enregistré le   *à*

MODÈLE Nº V,

De la notification d'un procès-verbal de contravention, ainsi que de la sommation dont cette notification doit être suivie. (Art. 35.)

L'an mil huit cent   le 29 août, etc., (faire copie du procès-verbal de contravention, ainsi que de la mention de son enregistrement en débet).

L'an mil huit cent   le trois septembre, j'ai, Pierre-Alexandre N., garde du génie, agissant dans les qualités établies au procès-verbal de contravention dont

copie précède, soussigné, notifié ledit procès-verbal au sieur (le contrevenant), demeurant à (le lieu de la demeure habituelle), parlant à sa personne (ou à tel autre qui le remplacerait), qui m'a dit être (ou qui n'a voulu se nommer ni qualifier, de ce dûment interpellé), à ce qu'il n'en ignore ; et l'ai sommé, conformément à l'article 12 de la loi du 17 juillet 1819, de démolir le (ou enlever, etc. l'objet de la contravention), et de rétablir l'ancien état des lieux dans le délai de (celui qui aura été fixé par le chef du génie), lui déclarant qu'à défaut par lui d'obtempérer à la présente sommation, il y serait contraint par toutes les voies de droit, et lui ai, parlant comme dessus, laissé, audit domicile, la copie susdite et la présente sommation.

(P. A. N.)

Enregistré le   *à*

MODÈLE Nº VI,

De la notification d'un jugement de condamnation, et de la sommation dont cette notification doit être suivie. (Art. 40.)

Le conseil de préfecture, etc. (faire copie du jugement de condamnation).

L'an mil huit cent   le trente septembre, j'ai, Pierre-Alexandre N., garde du génie, employé dans la place (le poste, le fort ou le château) d   dûment assermenté, conformément à la loi du 29 mars 1806, par-devant le tribunal civil de première instance de l'arrondissement d et agissant en vertu de la commission que son excellence le ministre de la guerre m'a fait expédier le (les dates en toutes lettres), laquelle commission a été, ainsi que ma prestation de serment, enregistrée le (toujours en toutes lettres), tant au greffe du même tribunal qu'à la mairie de la ville (ou commune) d   lieu actuel de mon service, soussigné, notifié, conformément à l'article 14 de la loi du 17 juillet 1819, au sieur (le contrevenant), demeurant à (indiquer la demeure habituelle), parlant à sa personne (ou à telle autre qui le remplacerait), qui m'a dit être (ou qui n'a voulu se nommer ni qualifier, de ce dûment interpellé), le jugement de condamnation dont copie précède, rendu contre lui par le conseil de préfecture du département d   pour contravention à ladite loi, à ce qu'il n'en ignore, et l'ai sommé d'exécuter ledit jugement par lui-même et à ses frais, dans le délai y mentionné ; lui déclarant qu'à défaut par lui d'obtempérer à la présente sommation, il sera procédé d'office, en exécution dudit article 14 de la susdite loi, et lui ai, parlant comme dessus, laissé, audit domicile, la copie susdite et la présente sommation.

(P. A. N.)

Enregistré le   *à*

1er AOUT = Pr. 20 SEPTEMBRE 1821. — Ordonnance du Roi portant autorisation, conformément aux statuts y annexés, d'un établissement de bienfaisance à Troyes, département de l'Aube, sous le nom de Caisse d'épargne et de prévoyance. (7, Bull. 475, n° 11196.)

Louis, etc., sur le rapport de notre ministre secrétaire d'État au département de l'intérieur ; vu la délibération du conseil municipal de Troyes du 21 mars dernier; vu l'avis du préfet du département de l'Aube en date du 28 dudit mois ; notre Conseil-d'Etat entendu, nous avons ordonné et ordonnons ce qui suit :

Art. 1er. L'établissement de bienfaisance projeté par notre bonne ville de Troyes, département de l'Aube, sous le nom de *caisse d'épargne et de prévoyance*, est et demeure autorisé conformément au règlement constitutif annexé à la présente ordonnance et contenant les statuts dudit établissement.

2. Nous nous réservons de révoquer notre présente ordonnance au cas de non-exécution ou de violation desdits statuts par nous approuvés; le tout, sauf le droit des tiers et sans préjudice des dommages-intérêts qui seraient prononcés par les tribunaux contre les auteurs de contraventions.

3. La ville de Troyes est autorisée à comprendre annuellement une somme de mille francs dans son budget au profit de ladite caisse, jusqu'à ce qu'elle soit, par ses bénéfices, en état de se passer de ce secours.

Pour l'exercice de 1821, ladite somme sera prélevée sur les fonds libres de 1820, ainsi qu'une autre somme de six cents francs, pour acquitter les frais de premier établissement, d'administration, etc.

4. Notre ministre de l'intérieur est chargé de l'exécution de la présente ordonnance.

Statuts de la caisse d'épargne et de prévoyance de la ville de Troyes.

Art. 1er. Il sera établi à Troyes, avec l'autorisation du Gouvernement, et aux frais de cette ville, une caisse d'épargne et de prévoyance.

2. Cette caisse sera destinée à recevoir en dépôt les sommes qui lui seront confiées par toutes les personnes laborieuses et économes domiciliées à Troyes et dans le département de l'Aube, et qui désireront y verser leurs petites épargnes.

Chaque dépôt devra être d'un franc au moins, et, depuis un franc, par multiple du franc, sans fraction, jusqu'à trois cents francs au plus.

3. La caisse d'épargne et de prévoyance sera confiée au receveur municipal de la ville de Troyes, et mise en activité aussitôt que la présente délibération sera approuvée par une ordonnance royale.

4. Toutes les sommes versées à la caisse seront employées en achat de rentes sur l'État, lesquelles seront inscrites au nom de la caisse d'épargne et de prévoyance de la ville de Troyes. Ces rentes ne pourront être valablement transférées que par la signature de deux des directeurs de la caisse, et en vertu d'une délibération du conseil d'administration.

5. Le conseil municipal, au nom de la ville de Troyes, dote cette caisse d'une somme de mille francs qu'il votera annuellement dans son budget, jusqu'à ce que la caisse, par ses bénéfices, soit en état de se passer de ce secours.

Pour l'exercice 1821, ladite somme de mille francs sera prélevée sur les fonds libres de 1820.

6. Une somme de six cents francs sera aussi prélevée sur les mêmes fonds, pour acquitter, en 1821, les frais de premier établissement, ceux d'administration, et les honoraires qu'il conviendra d'accorder au trésorier pour le temps qui s'écoulera jusqu'au 31 décembre prochain.

Pour l'avenir, les frais d'administration et les honoraires du trésorier seront prélevés sur les bénéfices de la caisse, et en cas d'insuffisance, sur les fonds alloués au budget de la ville pour dépenses imprévues.

7. Le local nécessaire à l'administration de la caisse sera fourni par la ville.

8. Le don de mille francs mentionné en l'article 5 formera le premier fonds de la caisse, et sera versé dans celle des dépôts et consignations, pour répondre à l'exactitude des remboursemens à faire aux prêteurs : ce fonds s'accroîtra des intérêts dont il sera productif.

9. La caisse sera administrée gratuitement par un conseil composé du maire de Troyes, qui, de droit, en sera toujours membre, et de quinze directeurs, dont les fonctions dureront cinq ans, et qui seront renouvelés par cinquième chaque année.

Les directeurs sortans seront indiqués par le sort pendant les premières années, et ensuite par l'ancienneté : ils seront indéfiniment rééligibles.

10. Les quinze directeurs seront choisis, savoir, trois parmi les membres du conseil municipal et douze parmi les manufacturiers, négocians, fabricans, chefs d'atelier et propriétaires.

11. Le conseil municipal, comme fondateur de la caisse d'épargne et de prévoyance, aura la nomination des quinze directeurs.

Il pourvoira de même au remplacement des directeurs sortans, décédés et démissionnaires.

12. Le maire de Troyes préside le conseil des directeurs toutes les fois qu'il

assiste aux séances : il peut se faire remplacer par un adjoint.

13. Les directeurs éliront, à la majorité des suffrages, un vice-président et un secrétaire.

Ils régleront le mode d'administration intérieure de la caisse.

Ils pourront établir un bureau d'administration composé de cinq membres, dont un conseiller municipal, lesquels seront choisis parmi eux, pour régir la caisse et en surveiller régulièrement le service.

14. Le bureau sera renouvelé par cinquième à la fin de chaque trimestre; il convoquera le conseil des directeurs aussi souvent que le bien du service de la caisse l'exigera.

15. Le taux de l'intérêt qui sera alloué aux prêteurs est fixé à cinq pour cent.

16. L'intérêt sera alloué sur chaque somme ronde de douze frans; aucun intérêt ne sera alloué pour les sommes au-dessous de douze francs, non plus que sur les portions de dépôt excédant les multiples de douze francs.

17. L'intérêt sera dû à compter du premier jour du mois qui suivra l'époque à laquelle aura été versée ou complétée chaque somme ronde de douze francs.

18. L'intérêt sera réglé à la fin de chaque mois; il sera ajouté au capital, et pourra produire des intérêts pour le mois suivant.

19. Les dépôts seront restitués, à quelque époque que ce soit, à la volonté des prêteurs, en prévenant quinze jours d'avance; la caisse se réservant toutefois, si elle le juge convenable, de rembourser avant l'expiration des quinze jours.

20. En cas de décès d'un prêteur, les sommes déposées par lui dans la caisse d'épargne seront restituées à ses héritiers, ainsi que les intérêts qu'elles auront produits.

21. Les sommes retirées ne porteront point d'intérêt pour les jours écoulés d'un mois pendant lequel le retirement s'opérera, la caisse n'allouant aucun intérêt pour les fractions de mois.

22. Aussitôt que le compte d'un prêteur présentera une somme suffisante pour acheter, au cours moyen de la bourse de Paris, une somme de cinquante francs de rentes sur l'État, le transfert de ces rentes sera fait en son nom, et il en deviendra propriétaire. La valeur en sera déduite du montant de son avoir.

23. Si les prêteurs ne retirent pas les inscriptions de cinq pour cent consolidés établies en leur nom, la caisse en demeurera dépositaire, pour en recevoir les intérêts au crédit des titulaires.

24. Le compte ou bilan de la caisse sera présenté, pour chaque année, par le conseil des directeurs, dans le courant du premier mois qui suivra l'exercice expiré.

Ce compte sera rendu public, après avoir été soumis à la vérification et approbation du conseil municipal.

25. Les bénéfices de la caisse, défalcation faite des frais d'administration, seront employés à accroître son fonds capital.

26. La dissolution de la caisse arrivant par quelque cause que ce soit, les valeurs qui resteront libres après le remboursement de tous les dépôts et le paiement de toutes les dettes, seront, d'après une délibération du conseil municipal, employées à quelque objet d'utilité publique ou de bienfaisance; mais les valeurs demeureront destinées à la prolongation ou au renouvellement de l'établissement, si l'autorisation requise vient à être obtenue, même après l'expiration du terme auquel le Gouvernement aura pu borner l'effet de la première autorisation.

27. Quoique la caisse d'épargne et de prévoyance doive être tenue par le receveur municipal, néanmoins son service sera toujours séparé de celui de la caisse communale; il ne sera pas soumis à l'inspection des agens du Trésor royal, ni sa comptabilité à la cour des comptes.

28. Le receveur municipal, en ce qui concerne la caisse d'épargne, n'aura de comptes à rendre qu'aux directeurs et à leur bureau d'administration; il ne recevra d'ordres que d'eux seuls, et ne pourra disposer des fonds appartenant à cette caisse qu'en vertu de leurs décisions.

Fait et délibéré en conseil municipal à Troyes, le 21 mars 1821.

1er AOUT = Pr. 8 octobre 1821. — Ordonnance du Roi portant autorisation, conformément aux statuts y annexés, d'une tontine sous le nom de Tontine de compensation. (7, Bull. 480, n° 11375.)

Louis, etc., vu la demande formée par les sieurs Pallard et Audéoud, à l'effet d'être autorisés à établir une tontine désignée sous le nom de Tontine de compensation; vu les statuts de ladite tontine arrêtés par acte devant notaire, le 16 juin 1821; vu l'avis du Conseil-d'État du 25 mars 1809; vu le décret du 18 novembre 1810; notre Conseil-d'État entendu, nous avons ordonné et ordonnons ce qui suit :

Art. 1er. La tontine projetée sous le nom de Tontine de compensation est et demeure autorisée conformément aux statuts, qui resteront annexés à la présente ordonnance.

2. La surveillance de notre commissaire auprès de l'administration de la société aura pour objet d'assurer l'exécution des statuts, et de faire connaître à notre ministre de l'intérieur les contraventions

qui pourraient être commises, soit par les administrations, soit par les assemblées générales : pour cet effet, il lui adressera, tous les six mois, un état de situation de ladite société. Les administrateurs ne pourront ni publier ni afficher aucun avis, annonce ou prospectus, qui n'aient été préalablement soumis à son examen et qui ne soit autorisé par son *visa*.

3. Nous nous réservons de révoquer la présente ordonnance, en cas de non-exécution et de violation des statuts par nous approuvés, le tout sauf les droits des tiers, et sans préjudice des dommages et intérêts qui seraient prononcés par les tribunaux contre les auteurs des contraventions.

4. Notre ministre secrétaire d'Etat au département de l'intérieur est chargé de l'exécution de la présente ordonnance, qui sera insérée au Bulletin des Lois.

(*Suivent les Statuts.*)

1er AOUT 1821. — Ordonnance du Roi portant convocation du collège électoral du premier arrondissement du département de l'Ariége, à l'effet de compléter la députation de ce département. (7, Bull. 471.)

1er AOUT 1821. —Ordonnance du Roi qui permet aux sieurs Boucher, Pissin et Muller, d'ajouter à leurs noms ceux de Duminguy, de Sicard et de Sœhnée. (7, Bull. 472.)

1er AOUT 1821. — Ordonnance du Roi qui admet la demoiselle Marie Yaut, née en Russie, à établir son domicile en France. (7, Bull. 472.)

1er AOUT 1821. — Ordonnances du Roi qui autorisent l'acceptation de dons et legs. (7, Bull. 483 et 484.)

1er AOUT 1821. — Ordonnance du Roi qui concède au sieur Liotard les mines de houille de Mimet, arrondissement d'Aix. (7, Bull. n° 484.)

1er AOUT 1821. —Ordonnances du Roi qui accordent des lettres de déclaration de naturalité aux sieurs Serra, Louis Isnardi, Lavagne et Debart. (7, Bull. 538 et 551.)

1er AOUT 1821. — Ordonnances du Roi qui accordent des pensions militaires. (7, Bull. 471 *bis*.)

1er AOUT 1821. — Ordonnance du Roi qui autorise le sieur Demimuid à conserver et tenir en activité la forge qu'il possède sur le canal de dérivation de la rivière d'Ornain, au territoire de Longeville, arrondissement de Bar-le-Duc. (7, Bull. 484.)

---

5 = Pr. 11 AOUT 1821. — Loi relative à la construction ou à l'achèvement de plusieurs ponts y dénommés. (7, Bull. 470, n° 11101.)

Art. 1er. Les offres faites par les sieurs Balguerie et compagnie, de Bordeaux, de fournir deux millions neuf cent mille francs pour concourir à l'établissement ou à l'achèvement de plusieurs ponts, selon le détail qui suit :

Ponts de Bergerac, dép. de la Dordogne. . . .	600,000
d'Aiguillon, dép. de Lot-et-Garonne. .	400,000
d'Agen, dép. de Lot-et-Garonne	1,000,000
de Moissac, dép. de Tarn-et-Garonne .	500,000
de Coëmon, dép. de la Sarthe	400,000
	2,900,000

Par le sieur Urbain Sartoris, de Paris, de fournir dix-huit cent mille francs pour concourir également à la construction ou achèvement des ponts ci-après :

Ponts de Montrejeau, dép. de la Haute-Gar^e.	200,000
de la Roche-de-Glun, dép. de la Drôme.	800,000
du Petit-Vey, dép. du Calvados.	300,000
de Souillac, dép. du Lot.	500,000
	1,800,000

Et par les sieurs Duboys-Fresney, Bidault et autres, de fournir deux cent mille francs pour l'achèvement du pont de Laval, département de la Mayenne,

Sont acceptées.

2. Toutes les clauses et conditions stipulées, soit à la charge de l'Etat, soit à la charge des soumissionnaires, dans les actes souscrits par eux les 15 mars, 14 et 24 avril 1821, recevront leur pleine et entière exécution. Lesdits actes, ainsi que les tarifs des droits de péage à percevoir sur les ponts désignés ci-dessus, pour rembourser les soumissionnaires de la somme prêtée, et leur assurer l'indemnité de leurs avances, demeureront annexés à la présente loi.

Nous soussignés, stipulant et nous obligeant au nom d'une compagnie, contractons, moyennant la pleine et entière exécution de toutes les conditions ci-après désignées, l'engagement d'avancer au Gouvernement la somme de deux millions neuf cent mille francs, qu'il emploiera exclusi-

vement pour la construction des ponts ci-
après désignés, savoir :

Pour le pont de Bergerac. .   600,000
    Dito d'Agen.   1,000,000
    Dito de Moissac. . .   500,000
    Dito d'Aiguillon . .   400,000
    Dito de Coëmont . .   400,000

       Total. . . .   2,900,000

Nous disons deux millions neuf cent
mille francs, qui seront versés dans la
caisse des receveurs généraux des finances
des départemens où les ponts ci-dessus
doivent être construits, aux époques fixées
dans le tableau annexé à la présente soumission. L'avance de cette somme sera
faite aux clauses et conditions ci-après :

Art. 1er. Le Gouvernement s'engage à
terminer en totalité les susdits ponts dans
le délai de cinq ans, et à fournir tous les
supplémens nécessaires à leur achèvement
complet.

2. Il sera tenu compte à la compagnie,
sur le pied de six pour cent, de ses avances successives, à dater du jour de chaque
versement.

3. A partir de l'époque de l'achèvement
de chaque pont, ou au plus tard dans cinq
ans à dater de la promulgation de la loi,
il sera accordé à la compagnie, indépendamment de l'intérêt stipulé dans l'article
précédent, deux pour cent annuellement,
à titre de prime d'indemnité, jusqu'à l'é-
poque où la dette du Gouvernement aura
été éteinte par l'amortissement.

4. L'amortissement s'effectuera par un
paiement annuel de deux pour cent sur le
capital emprunté, et commencera à l'époque à laquelle les ponts auront été achevés.

5. La compagnie formera une société
anonyme dont les statuts seront soumis à
l'approbation de sa majesté, et qui existera jusqu'à l'époque à laquelle · le rembours de ses avances aura été effectué en
totalité, au moyen de l'amortissement convenu dans l'article précédent. Elle aura la
faculté d'émettre des actions collectivement ou séparément pour chaque pont, et
divisées en intérêts et primes, comme elle
l'entendra.

6. Dans le cas où les produits des péages ne suffiraient pas à l'acquit de l'intérêt, de l'indemnité et de l'amortissement
stipulés à l'article 4, le Gouvernement
s'engage expressément de pourvoir au déficit par des sommes complémentaires à
prendre annuellement sur les budgets des
ponts-et-chaussées ; et, à cet effet, des ordonnances du Trésor seront émises en
temps utile, pour que les paiemens des
susdits objets puissent être effectués régulièrement et sans retard aux époques convenues.

7. Les droits de péage seront versés

dans les caisses des receveurs généraux des
départemens dans lesquels les ponts doivent être construits, et seront affectés,
par privilège spécial, au paiement de l'intérêt et de l'indemnité accordés aux prêteurs, ainsi qu'à l'amortissement du capital.

8. Les receveurs généraux des départemens dans lesquels les ponts seront construits tiendront des comptes et registres
particuliers pour les paiemens et recettes
relatifs à ces ponts. La compagnie pourra
prendre connaissance de ces comptes et
registres.

9. Les frais et le mode de perception seront réglés de concert entre l'administration et les prêteurs. Les frais seront prélevés sur le produit brut des péages.

10. Les droits de péage se prélèveront
conformément au tarif qui sera arrêté par
le Gouvernement.

11. Les paiemens des intérêts, de l'indemnité et de l'amortissement, se feront
par semestre, au chef-lieu de chaque département, sur les produits de péage de
chaque pont ; et, en cas d'insuffisance de
ces produits, le complément sera prélevé
sur les fonds des ponts-et-chaussées, ainsi
qu'il est dit à l'art. 6.

12. Les soussignés s'engagent personnellement à faire acquitter les premiers
paiemens jusqu'à la concurrence de cinq
cent mille francs, laquelle somme servira de cautionnement et de garantie
pour l'exécution régulière des engagemens stipulés dans la présente soumission.

Il est pareillement convenu que la société anonyme qui sera formée sera tenue
de faire les paiemens subséquens aux époques déterminées dans ledit tableau, et
qu'aucun recours ne pourra être exercé
contre les soussignés au-delà des cinq cent
mille francs ci-dessus assurés en cautionnement.

13. Les contestations qui pourraient s'é-
lever touchant l'exécution de la présente
seront jugées administrativement par le
conseil de préfecture du département, où
le pont qui donnera matière aux difficultés
doit être ou sera établi, sauf recours au
Conseil-d'Etat.

14. Nous soussignés nous engageons à
faire exécuter dans toute leur intégrité les
obligations par nous contractées, à compter du jour où sa majesté aura sanctionné
et promulgué la loi qui consacrera les stipulations portées dans la présente soumission, laquelle ne forme dans toutes ses
conditions qu'un tout indivisible, et ne
sera obligatoire pour les soussignés qu'à
compter de ladite promulgation.

Fait à Bordeaux, le 14 avril 1821. Signé
Balguerie.

           (*Suit le tableau.*)

Je soussigné, stipulant et m'obligeant au nom d'une compagnie, contracte, moyennant la pleine et entière exécution de toutes les conditions ci-après désignées, l'engagement d'avancer au Gouvernement la somme d'un million huit cent mille francs, qu'il emploiera exclusivement pour la construction des ponts ci-après désignés, savoir :

Pour le pont de Montrejeau.	200,000 f
Dito de la Roche-de-Glun.	800,000
Dito de Petit-Vey.	300,000
Dito de Souillac.	500,000
Total	1,800,000

Je dis dix-huit cent mille francs, qui seront versés dans la caisse des receveurs généraux des finances des départements où les ponts ci-dessus doivent être construits, aux époques fixées dans le tableau annexé à la présente soumission. L'avance de cette somme sera faite aux clauses et conditions ci-après :

Art. 1er. Le Gouvernement s'engage à terminer en totalité les susdits ponts dans le délai de cinq ans, et à fournir tous les supplémens nécessaires à leur achèvement complet.

2. Il sera tenu compte à la compagnie, sur le pied de six pour cent, de ses avances successives, à dater du jour de chaque versement.

3. A partir de l'époque de l'achèvement de chaque pont, ou au plus tard dans cinq ans, à dater de la promulgation de la loi, il sera accordé à la compagnie, indépendamment de l'intérêt stipulé dans l'article précédent, deux pour cent annuellement, à titre de prime d'indemnité, jusqu'à l'époque où la dette du Gouvernement aura été éteinte par l'amortissement.

4. L'amortissement s'effectuera par un paiement annuel de deux pour cent sur le capital emprunté, et commencera à l'époque à laquelle les ponts auront été achevés.

5. La compagnie formera une société anonyme dont les statuts seront soumis à l'approbation de sa majesté, et qui existera jusqu'à l'époque à laquelle le rembours de ses avances aura été effectué en totalité, au moyen de l'amortissement convenu dans l'article précédent. Elle aura la faculté d'émettre des actions collectivement ou séparément pour chaque pont, et divisées en intérêt et primes, comme elle l'entendra.

6. Dans le cas où les produits des péages ne suffiraient pas à l'acquit de l'intérêt, de l'indemnité et de l'amortissement stipulés à l'article 4, le Gouvernement s'engage expressément de pourvoir au déficit par des sommes complémentaires à prendre annuellement sur les budgets des ponts-et-chaussées; et, à cet effet, des ordonnances du Trésor seront émises en temps utile, pour que les paiemens des susdits objets puissent être effectués régulièrement et sans retard aux époques convenues.

7. Les droits de péage seront versés dans les caisses des receveurs généraux des départemens dans lesquels les ponts doivent être construits, et seront affectés, par privilége spécial, au paiement de l'intérêt et de l'indemnité accordés aux prêteurs, ainsi qu'à l'amortissement du capital.

8. Les receveurs généraux des départemens dans lesquels les ponts seront construits tiendront des comptes et registres particuliers pour les paiemens et recettes relatifs à ces ponts. La compagnie pourra prendre connaissance de ces comptes et registres.

9. Les frais et le mode de perception seront réglés de concert entre l'administration et les prêteurs. Les frais seront prélevés sur le produit brut des péages.

10. Les droits de péage se préléveront conformément au tarif qui sera arrêté par le Gouvernement.

11. Les paiemens des intérêts, de l'indemnité et de l'amortissement, se feront par semestre, au chef-lieu de chaque département, sur les produits du péage de chaque pont; et, en cas d'insuffisance de ces produits, le complément sera prélevé sur les fonds des ponts-et-chaussées, ainsi qu'il est dit à l'art. 6.

12. Le soussigné s'engage personnellement à faire acquitter les premiers paiemens jusqu'à concurrence de trois cent cinquante mille francs, laquelle somme servira de cautionnement et de garantie pour l'exécution régulière des engagemens stipulés dans la présente soumission.

Il est pareillement convenu que la société anonyme qui sera formée, sera tenue de faire les paiemens subséquens aux époques déterminées dans ledit tableau, et qu'aucun recours ne pourra être exercé contre le soussigné au-delà des trois cent cinquante mille francs ci-dessus assurés en cautionnement.

13. Les contestations qui pourraient s'élever touchant l'exécution de la présente seront jugées administrativement par le conseil de préfecture du département où le pont qui donnera matière aux difficultés doit être ou sera établi, sauf recours au Conseil-d'État.

14. Le soussigné s'engage à faire exécuter dans toute leur intégrité les obligations par lui ci-dessus contractées, à compter du jour où sa majesté aura sanctionné et promulgué la loi qui consacrera les stipulations portées dans la présente soumission, laquelle ne forme dans toutes ses conditions qu'un tout indivisible, et ne sera obliga-

toire pour le soussigné qu'à compter de ladite promulgation.

Fait à Paris, le 24 avril 1821. Signé *Urb. Sartoris,* rue de la Chaussée-d'Antin, n° 32.

Soumission de deux cent mille francs pour l'achèvement du pont de Laval et des travaux commencés.

Nous soussignés, stipulant et nous obligeant chacun en notre nom et jusqu'à concurrence des sommes pour lesquelles nous souscrivons la présente soumission, contractons, moyennant la pleine et entière exécution des conditions ci-après exprimées, l'engagement de verser dans la caisse du receveur général, aux époques et selon les quotités ci-après fixées, la somme de deux cent mille francs.

Condition du prêt.

Art. 1er. Le Gouvernement garantira la recette de péage sur les deux ponts de Laval, d'après le tarif approuvé par le conseil municipal de la ville de Laval, à la somme de vingt-quatre mille francs, déduction faite des frais de perception.

2. Le Gouvernement autorisera la formation d'une compagnie anonyme, sous le nom de *Compagnie du Pont-Neuf de la ville de Laval.*

3. L'emprunt de deux cent mille francs sera divisé en quatre cents actions de cinq cents francs.

Les actions seront nominatives ou au porteur, et, dans tous les cas, elles pourront être cédées et négociées, sans être assujéties à d'autres formalités qu'à celle d'une simple cession du propriétaire au dos de l'action.

4. Les actionnaires nommeront entre eux un comité, composé de cinq membres, qui sera chargé de la surveillance de la perception, des recettes et des dépenses.

5. Le mode et les frais de perception seront réglés de concert entre l'administration et les prêteurs.

Les préposés seront nommés par le comité de gestion et de surveillance, avec l'approbation de M. le préfet.

6. Le produit du péage sera employé au paiement des frais de perception, à celui des intérêts de chaque action fixé à six pour cent et deux pour cent de prime par an, et à l'amortissement successif du capital.

7. Les intérêts seront payés par semestre.

8. Les intérêts des versemens faits par les prêteurs avant l'établissement du péage leur seront payés dans le département, sur les fonds des ponts-et-chaussées, à six pour cent.

9. A la fin de chaque année, le comité de gestion et de surveillance rendra compte à l'assemblée générale des actionnaires, de la recette et de la dépense, et le nombre d'actions qui devront être remboursées par les fonds restant en caisse et destinés à l'amortissement seront, séance tenante, tirées au sort.

10. Copie du compte rendu par le comité et approuvé par délibération de l'assemblée générale sera, avec la note des numéros d'actions désignées par le sort pour le remboursement, envoyée chaque année à M. le préfet et à M. le directeur général des ponts-et-chaussées.

11. Dans le cas où le produit net du péage se trouverait au-dessous de vingt-quatre mille francs, le comité de gestion et de surveillance sera chargé de réclamer, auprès de M. le directeur général des ponts-et-chaussées le déficit.

12. Le péage sera établi sur les deux ponts, aussitôt que le pont neuf offrira un libre passage.

13. Le péage sera supprimé le jour où il sera possible de rembourser la dernière action.

14. Les soussignés s'engagent à exécuter fidèlement, chacun en ce qui le concerne, l'engagement qu'ils contractent aux conditions ci-dessus exprimées; lequel ne sera obligatoire que le jour de la promulgation de la loi qui autorisera le péage.

15. Les contestations qui pourraient s'élever relativement à l'exécution des clauses et conditions ci-dessus seront jugées administrativement par le conseil de préfecture du département de la Mayenne, sauf le recours au Conseil du Roi.

---

5 = Pr. 11 AOUT 1821. — Loi portant autorisation de concéder les droits de péage sur la ligne de navigation entre le canal de Beaucaire et celui des Deux-Mers (1). (7, Bull. 470, n° 11102.)

Art 1er. Le Gouvernement est autorisé à concéder le péage qui se perçoit sur le canal des Etangs, et les droits à percevoir sur le canal latéral à l'étang de Mauguio et sur l'embranchement de ce canal avec celui de Lunel, ainsi que la jouissance de tous les étangs salés du département de l'Hérault appartenant à l'Etat, de leurs francs-bords et de ceux des canaux, à la charge, par le concessionnaire, de fournir la

---

(1) Proposition à la Chambre des députés le 26 mai (Mon. du 27); rapport de M. Huerne de Pommeuse le 11 juin (Mon. du 12); discussion et adoption le 30 juin (Mon. du 2 juillet).

Proposition à la Chambre des pairs, le 17 juillet (Mon. du 18); discussion et adoption le 23 juillet (Mon. du 24).

somme d'un million sept cent cinquante mille francs, tant pour les travaux mentionnés dans le cahier des charges, approuvé par le ministre de l'intérieur le 4 janvier 1821 et annexé à la présente loi, que pour l'embranchement du canal latéral au canal de Lunel, ou de se charger de l'exécution desdits travaux.

Le Gouvernement pourra aussi traiter de la construction du canal dont il s'agit, suivant le mode et aux mêmes conditions adoptés pour les autres canaux.

2. La durée de la concession ne pourra excéder quarante-cinq années.

Cahier des charges pour la concession des droits de péage sur la ligne de navigation entre le canal de Beaucaire et celui des Deux-Mers.

Les travaux à exécuter pour substituer une navigation commode et praticable en tout temps à la navigation difficile et embarrassée qui existe, dans ce moment, entre le canal de Beaucaire et le canal des Deux-Mers, consistent,

1° Dans l'ouverture d'un canal latéral à l'étang de Mauguio, dont la dépense est évaluée à . . . . . 800,000 fr.

2° Dans le curage et la restauration des canaux actuels, se dirigeant de l'étang de Mauguio à celui de Thau et au port de Cette, estimées à 700,000

Total de la dépense. 1,500,000

Art. 1er. La somme nécessaire pour l'exécution de ces travaux sera versée dans la caisse du receveur général du département de l'Hérault, en seize paiemens égaux, dans un espace de quatre ans.

2. Les travaux devront être terminés dans le même espace de quatre ans : en conséquence, ils commenceront le 1er juillet 1821 et seront terminés le 1er juillet 1825.

3. Les concessionnaires pourront se charger eux-mêmes de la confection des travaux, en prenant l'engagement de se conformer, pour leur exécution, aux plans et projets approuvés par M. le directeur général des ponts-et-chaussées. Néanmoins s'ils préféraient rester étrangers à l'exécution des travaux, ils seront exécutés sous la surveillance directe et immédiate du Gouvernement. Les concessionnaires déclareront, dans leur soumission, s'ils entendent se charger des travaux, ou s'ils préfèrent se borner à fournir les fonds.

4. Dans le cas où la concession serait faite à une compagnie qui s'engagerait à faire exécuter elle-même les ouvrages, il sera arrêté, par M. le directeur général des ponts-et-chaussées, un ordre de travail tel, que les ouvrages seront exécutés dans une proportion périodique à peu près égale. On commencera par l'ouverture du canal latéral de l'étang de Mauguio; on procédera ensuite à la restauration du canal des Etangs, en commençant par l'établissement des portes de garde du bassin circulaire du Lez.

5. Pour assurer aux prêteurs l'intérêt de la somme dont ils feront l'avance, et l'amortissement du capital, il leur sera fait concession spéciale et par privilège, pour un nombre d'années qui ne devra pas excéder soixante ans (1), et qui commenceront à dater du 1er juillet 1821, des droits de péage actuellement établis sur le canal dit des Etangs, se dirigeant de l'étang de Mauguio à celui de Thau, à partir du pont-levis inclusivement.

6. Les concessionnaires auront pareillement, 1° la jouissance des droits à percevoir sur le canal latéral de l'étang de Mauguio : le droit de navigation à percevoir sur tous les canaux sera le même que celui dérivant de la loi du 21 vendémiaire an 5 (12 octobre 1796), et actuellement établi sur les canaux existans;

2° La jouissance de tous les étangs salés du département de l'Hérault appartenant à l'Etat, de leurs francs-bords et de ceux des canaux, avec la faculté d'exploiter et de faire exploiter la pêche, la chasse, la récolte des algues marines et autres herbages aquatiques, le tout suivant les usages adoptés par le Gouvernement, et en se conformant aux ordonnances et réglemens en vigueur.

La robine de Vic, le canal dit grau du Lez, le grau de Pérols, et le canalet qui fait communiquer l'étang de Repousset avec les eaux de l'étang de Mauguio (bien qu'il ne soit perçu aucun droit sur ces canaux) feront partie de la concession, et leur entretien sera à la charge des concessionnaires.

7. Aucun autre droit que ceux mentionnés en l'article précédent ne pourra être établi sur les canaux faisant partie de la concession : et dans le cas où pour l'avantage du port de Cette, il serait ouvert par le Gouvernement et à ses frais un nouveau canal parallèle au canal de Cette et à l'étang de Thau, comme ce nouveau passage détruirait nécessairement une partie des revenus de l'ancien, il fera partie de la concession, à dater du jour où il sera ouvert, avec les mêmes charges d'entretien, depuis son embouchure dans l'étang de Thau jusqu'à sa rencontre avec le canal de la Peyrade à Cette, et aura les mêmes avantages que pour les autres canaux.

8. Les soumissions à faire pour obtenir

---

(1) Fixé à quarante-cinq ans (art. 2 de la loi).

la concession mentionnée en l'article 5 du présent cahier des charges, devront être adressées, avant le 1ᵉʳ mars 1821, savoir : à Paris, à M. le directeur général des ponts-et-chaussées, ou à Montpellier, à M. le préfet du département de l'Hérault. La concession sera proposée en faveur de ceux des soumissionnaires qui offriront le plus fort rabais sur le nombre des soixante années indiqué ci-dessus comme devant être le plus long terme possible de la concession.

9. Il sera donné aux soumissionnaires, par la direction générale des ponts-et-chaussées, division de la navigation, communication de tous les plans et devis relatifs à l'entreprise, ainsi que de tous les renseignemens qui peuvent exister à cette administration, sur les produits probables des droits à concéder. Les soumissionnaires pourront également s'adresser à la préfecture de l'Hérault pour avoir les mêmes renseignemens.

Le soumissionnaire fournira, dans le mois qui suivra l'acceptation de la soumission, un cautionnement pour garantir l'exécution des engagemens par lui contractés. Ce cautionnement pourra, au choix des soumissionnaires, être fourni en immeubles ou en inscriptions sur le grand-livre de la dette publique.

Dans le premier cas, il sera de quatre cent mille francs, et, dans le second, il sera de deux cent mille francs, au cours du jour.

11. Immédiatement après l'achèvement de chacune des entreprises mentionnées au présent cahier des charges, il en sera dressé contradictoirement procès-verbal de réception ; expédition en sera remise à la compagnie concessionnaire et à M. le préfet du département de l'Hérault. C'est d'après cet acte que la compagnie prendra l'engagement d'entretenir les divers canaux dans l'état où ils auront été reçus, pendant et jusqu'au terme de la jouissance. Un inspecteur divisionnaire des ponts-et-chaussées, accompagné de l'ingénieur en chef du département de l'Hérault, s'assurera, chaque année, par une vérification spéciale, du bon état d'entretien, et en rendra compte à M. le directeur général des ponts-et-chaussées.

Après l'entière exécution des engagemens contractés par les concessionnaires, pour l'achèvement des travaux mentionnés à l'article 1ᵉʳ du présent cahier des charges, et sur le certificat de réception définitive, il leur sera donné main-levée de leur cautionnement.

12. En obtenant la concession des canaux et étangs salés, la compagnie s'obligera à prendre à son compte, à dater du jour de sa mise en jouissance, les dépenses de police et de conservation, comme aussi tous les frais d'exploitation, garde, régie et recette desdits étangs et canaux.

Au moyen de cette clause, l'entretien du canal des Étangs, dans l'état actuel, et en attendant les dépenses de restauration mentionnées au présent cahier des charges, demeurera à la charge des concessionnaires, qui, à dater du jour où ils auront été mis en jouissance des produits, et pendant les quatre années qui leur sont accordées pour remplir leurs engagemens, verseront pour cet entretien, dans la proportion et sans préjudice des paiemens établis en l'art. 1ᵉʳ, la somme annuelle de cinquante mille francs dans la caisse du receveur général du département de l'Hérault, à moins que, comme pour les travaux de restauration et de construction première, le soumissionnaire ne s'engage à pourvoir, à ses frais, à toutes les dépenses d'entretien annuel pendant lesdites quatre années, et alors les clauses de l'article 3, qui admettent l'entrepreneur à se charger des travaux neufs, deviendront applicables aux travaux d'entretien mentionnés au présent article.

13. Tous les agens et employés sur les divers canaux faisant partie de la concession seront à la nomination de la compagnie concessionnaire, qui en déterminera le nombre, réglera les fonctions et fixera le traitement.

14. Tous les pontons et leurs dépendances, comme maries-salopes, agrès, armemens, ponts, piquets, etc., appartenant au canal des Étangs, seront remis aux concessionnaires : cette remise aura lieu aussitôt après la signature du traité, dans le cas où la compagnie se chargerait de l'exécution des travaux ; et elle ne sera effectuée qu'après l'entier achèvement des ouvrages, dans le cas où ils seraient faits par les soins du Gouvernement. Dans l'un et l'autre cas, il en sera fait une estimation contradictoire, dont il sera dressé procès-verbal. Ces machines seront évaluées, pour être rendues dans les mêmes état et valeur à la fin de la concession.

La compagnie recevra, en outre, le fonds de table de la pêcherie de la Bourdigue, son bâtiment, ainsi que les maisons destinées à loger les employés des bureaux de la Peyrade, de la croisée du Lez et des garde-canaux, le tout aux mêmes conditions que pour les pontons.

15. Les concessionnaires devront recevoir dans le canal latéral de l'étang de Mauguio l'embouchure du canal de Lunel, quand les propriétaires de ce canal auront été autorisés à le requérir.

_____

5 = 11 AOUT 1821. — Loi relative à l'achève-

ment du canal Monsieur (1). (7e, Bull. 470, n° 11103.)

Art. 1er. L'offre faite par les sieurs Jean-George Humann, Florent Saglio, Renouard de Bussierre, négocians à Strasbourg, membres de la Chambre des Députés, et autres capitalistes, de fournir dix millions de francs pour concourir à l'achèvement du canal Monsieur, est acceptée.

2. Toutes les clauses et conditions, soit à la charge de l'Etat, soit à la charge des soumissionnaires, stipulées dans l'acte du 25 avril 1821, par eux souscrit, recevront leur pleine et entière exécution. Ledit acte, ainsi que le tarif des droits de péage à percevoir sur toute la ligne de navigation, demeureront annexés à la présente loi.

Il ne pourra être fait audit tarif aucune augmentation qu'en vertu d'une loi.

Nous soussignés, stipulant et nous obligeant chacun en notre nom, et jusqu'à concurrence des sommes pour lesquelles nous souscrivons la présente soumission, animés du désir d'accélérer l'achèvement du canal Monsieur, et de concourir ainsi à la réalisation des vues paternelles de sa majesté pour la prospérité de notre patrie, contractons, moyennant la pleine et entière exécution de toutes les conditions ci-après exprimées, l'engagement suivant :

Art. 1er. Les soumissionnaires, qui se constitueront en société anonyme sous le titre de *Compagnie du canal Monsieur*, après en avoir obtenu l'autorisation de sa majesté, s'engagent à verser dans la caisse du receveur général du département du Bas-Rhin la somme de dix millions de francs, jugée nécessaire pour l'entier achèvement du canal dit *Monsieur*, faisant jonction du Rhône au Rhin.

L'avance se fera en soixante-quinze paiemens mensuels. Les soixante-dix premiers paiemens seront de cent trente mille francs chacun, et les cinq derniers, de cent quatre-vingt mille francs chacun. Le premier versement se fera le 1er juillet prochain ; le second, le 1er août suivant, et ainsi de suite, de mois en mois.

La somme à fournir, invariablement fixée à dix millions de francs, sera employée aux travaux restant à faire pour le complément des projets approuvés, et ne pourra, en aucun cas et sous aucun prétexte, être détournée de cet emploi spécial.

Si la somme de dix millions de francs

est insuffisante, le Gouvernement prend l'engagement de suppléer au déficit. Si au contraire la dépense effective n'atteint pas les estimations présumées, le prêt des soumissionnaires sera diminué de la différence.

2. Le Gouvernement s'engage à faire terminer les travaux dans le délai de six années.

Le commencement en est fixé au 1er juillet 1821, et la fin au 1er juillet 1827.

Si, ce terme arrivé, l'exécution n'était pas encore parfaite, ou du moins si le commerce ne pouvait pas encore circuler librement et sans entraves d'une extrémité à l'autre de la ligne navigable, il serait accordé à la compagnie, à titre de dédommagement, un accroissement d'intérêts sur ses avances.

Ce dédommagement sera d'un pour cent pour la première année de retard, de deux pour cent pour chacune des années subséquentes ; et, en aucun cas, le retard ne pourra excéder de trois années le terme fixé pour l'achèvement des travaux.

3. Le canal avec toutes ses dépendances, et tous ses produits, tant ceux qui existent déjà que ceux qui seront créés par la suite, sont affectés en hypothèque, et par privilége spécial, à l'accomplissement des engagemens contractés avec la compagnie.

4. Pendant la durée des travaux, la compagnie recevra un intérêt annuel de six pour cent, sauf les augmentations prévues par l'article 2, s'il y a lieu.

Les intérêts seront payés par semestre. Le premier semestre est fixé au 31 décembre 1821 ; le second, au 30 juin 1822 ; et ainsi de suite, de six mois en six mois. Le compte des intérêts sera arrêté au dernier jour de chaque semestre, et le paiement s'en fera exactement dans le courant du mois qui suivra le semestre échu ; ainsi dans le courant de janvier et de juillet, les paiemens se feront, soit au Trésor, soit à la recette générale du département du Bas-Rhin, au choix des prêteurs.

5. A dater de l'époque où le canal sera complétement navigable de l'une de ses extrémités à l'autre, les recettes du péage, celles des fermages et des locations d'usines établies et à établir, le produit de la vente des arbres et des herbes, celui des concessions d'eau pour arrosemens, et en général les revenus de toute nature du canal, de son domaine et de ses dépendances, seront exclusivement consacrés à l'acquittement des intérêts et à l'amortissement du capital prêté par la compagnie.

---

(1) Proposition à la Chambre des députés le 26 mai (Mon. du 27) ; rapport de M. Héricart de Thury le 11 juin (Mon. du 12) ; discussion le 30 juin et jours suiv. (Mon. du 2 juillet et jours suiv.) ; adoption le 3 juillet (Mon. du 5).

Proposition à la Chambre des pairs le 17 juillet (Mon. du 18) ; discussion et adoption le 19 juillet (Mon. du 20).

Le taux de l'intérêt reste fixé, après l'achèvement des travaux comme avant, à six pour cent par an. Le compte du revenu net du canal et de ses dépendances sera arrêté annuellement entre l'administration et la compagnie.

Chaque fois que le revenu net de l'année ne sera pas au moins de huit cent mille francs, l'État fournira les supplémens nécessaires pour compléter cette somme, afin que la compagnie reçoive, outre les intérêts, un dividende d'amortissement, qui sera primitivement de deux pour cent, et s'accroîtra progressivement à mesure que, par l'extinction du capital, il y aura une moindre somme d'intérêt à payer.

Si le produit net est de plus de huit cent mille francs, l'amortissement s'accroîtra de tout l'excédant, et, sous aucun prétexte, il ne sera fait aucune distraction quelconque pour une autre destination.

Les comptes des produits nets, arrêtés d'année en année, exercice par exercice, ne pourront donner lieu à confusion ou compensation ; le Gouvernement sera tenu, au contraire, de suppléer aux manquans des exercices qui ne donneront qu'un produit net de moins de huit cent mille francs, quels qu'aient été les excédans des années antérieures. Les recettes de chaque mois de tous les revenus du canal et de ses dépendances seront versées, dans les quinze jours qui suivront, à la caisse de la compagnie. Les dépenses seront acquittées par la même caisse, sur mandats.

6. Les sommes que le Gouvernement a déjà dépensées pour les travaux faits, celles qu'il serait dans le cas de dépenser encore, si le prêt de dix millions ne suffisait pas pour l'achèvement des travaux, celles qu'il fournira pour le service des intérêts pendant la durée des travaux, de même que celles qu'il pourra être dans le cas de fournir, en conformité de l'article précédent, pour compléter les huit cent mille francs, *minimum* de l'annuité que la compagnie doit recevoir, sont et demeureront complétement à la charge de l'État ; il trouve la compensation de toutes ces dépenses, tant en capitaux qu'en intérêts, dans la propriété du canal, qui lui reviendra tout entière et sans partage après l'expiration du terme fixé pour la durée du présent traité.

7. Après que le prêt de dix millions sera remboursé intégralement en capital et intérêts, la totalité du produit net du canal, de son domaine et de ses dépendances sera partagée par moitié. Une moitié sera versée au Trésor ; l'autre moitié est irrévocablement alloué à la compagnie, à titre de prime. Ce partage égal aura lieu jusqu'à l'expiration de la quatre-vingt-dix-neuvième année qui suivra l'achèvement des travaux, ainsi jusqu'au 1er juillet de l'an 1926, si les travaux sont terminés dans le délai fixé par l'article 2.

Après l'expiration des quatre-vingt-dix-neuf années de jouissance, le Gouvernement rentrera dans la propriété pleine, entière et sans partage du canal, de toutes ses dépendances et de tous ses produits.

8. Le tarif des droits de péage, annexé à ces présentes, et signé *ne varietur*, par les soumissionnaires, ne pourra être modifié que du consentement mutuel du Gouvernement et de la compagnie.

9. Tous les frais de perception, d'administration et de surveillance, et tous ceux qu'exigent les travaux d'entretien et de réparation, soit ordinaires, soit extraordinaires, seront imputés sur le produit brut du canal.

Seront également imputés sur le produit brut du canal, les frais d'administration de la compagnie. Le montant en est fixé par abonnement à quinze mille francs par an, à dater du 1er juillet prochain, jusqu'à l'époque où, la compagnie se trouvant complétement remboursée, elle commencera à jouir de la prime. Il lui sera tenu compte de cet abonnement de semestre en semestre, et en outre des intérêts, de l'amortissement et de la prime.

10. À l'appui et comme complément de la présente soumission, il sera fait, d'accord entre l'administration et la compagnie, un règlement qui déterminera le mode de l'administration du canal en général et de la perception de ses revenus ;

Les formes de la comptabilité, tant en recettes qu'en dépenses ;

La surveillance et le contrôle que la compagnie exercera sur les revenus, sur les dépenses et sur la comptabilité ;

Le concours de la compagnie dans les nominations des percepteurs et des contrôleurs des revenus du canal ;

Les rapports entre l'administration et la compagnie ;

Et, en général, tout ce qui tient à l'exécution des engagemens réciproques qui résulteront de la présente soumission, si elle est agréée.

11. Dans toutes les contestations qui pourraient s'élever, le présent traité, ainsi que le règlement à intervenir, seront toujours interprétés dans le sens le plus favorable à la compagnie. Les contestations seront jugées par le conseil de préfecture du département du Bas-Rhin, sauf pourvoi devant le Conseil-d'État, dans les formes et les délais d'usage.

Paris, le 25 avril 1821.

———

Tarif des droits de navigation à percevoir sur la partie du canal Monsieur comprise entre la Saône, près Saint-Symphorien et la ville de

Strasbourg, ensemble sur l'embranchement de Mulhausen à Huningue et Bâle.

Nota. Les droits devront être perçus par distance parcourue ou à parcourir, sans égard aux fractions ; chaque distance sera de cinq kilomètres.

La perception se fera sur la remonte comme sur la descente, en kilolitres, en myriagrammes, en mètres cubes, suivant la nature des chargemens (1), et comme il suit :

1° Par kilolitre,

De froment, orge, seigle, blé de Turquie, soit en grains, soit en farine. . . 0,250

D'avoine et autres menus grains. . 0,135

De sel marin et autres substances de ce genre. 0,300

De vin, eau-de-vie, vinaigre et autres boissons et liqueurs. 0,400

2° Par dizain de myriagrammes (ou quintal métrique),

De mine et minerais. 0,015

De scories de métaux, ... 0,022

De fer et fonte ouvrés et non ouvrés et autres métaux. 0,030

De cristaux ou porcelaines. . . . 0,044

De fayence, verres à vitres, verres blancs et bouteilles. 0,030

De sucre, café, huile, savon, coton ouvré ou non ouvré, chanvre, lin ouvré, tabac, bois de teinture et autres objets de ce genre. 0,044

De chanvre, lin non ouvré. . . . 0,035

De foin, paille et autres fourrages. 0,020

De tourbe et de fumier. 0,005

3° Par mètre cube,

De marbre, pierre de taille, plâtre, tuiles, briques, ardoises, chaux, cendre, charbon de terre. . . . 0,20

De pierre mureuse, marne, argile, sable, gravier. 0,10

De bois d'équarrissage, de sciage, et autres de ce genre 0,20

De bois à brûler, fagots et charbonnettes. 0,10

4° Pour une bascule de poissons, Par mètre carré de tillac et chaque centimètre d'enfoncement, déduction faite de six centimètres pour le tirant d'eau. 0,200

5° Pour un poinçon vide de deux cent vingt-huit litres. 0,010

6° Pour un bateau quelconque en vidange. 0,650

Nota. Les droits établis au poids ne seront pas comptés au-dessous du dizain de myriagrammes ; ceux établis au cube, au-dessous de l'hectolitre, et de deux centièmes de mètre cube.

Toute fraction numéraire au-dessous d'un centime sera comptée pour un centime.

Les marchandises de toute nature qui ne seront pas indiquées au présent tarif paieront le droit fixé pour celles avec lesquelles elles auront le plus de rapport. Ces classifications supplémentaires se feront toujours d'accord avec le Gouvernement et la compagnie.

Le présent tarif, signé *ne varietur*, restera annexé à la soumission présentée par la compagnie.

Paris, le 24 juin 1821.

Signé : *J. G. Humann,* pour moi et mes associés.

5 = Pr. 11 AOUT 1821. — Loi relative à l'achèvement du canal du duc d'Angoulême (2). (7, Bull. 470, n° 11104.)

Art. 1er. La convention provisoire passée, le 24 mai 1821, entre le ministre secrétaire d'Etat au département de l'intérieur et le sieur Urbain Sartoris, banquier à Paris, et par laquelle celui-ci s'oblige à fournir six millions six cent mille francs pour concourir à l'achèvement du canal du duc d'Angoulême et du canal de Manicamp, est approuvée.

2. Toutes les clauses et conditions, soit à la charge de l'Etat, soit à la charge du sieur Sartoris, stipulées dans ladite convention, recevront leur pleine et entière exécution. Cet acte, ainsi que le tarif des droits de péage à percevoir sur les lignes de navigation qui y sont comprises, resteront annexés à la présente loi.

Il ne pourra être fait audit tarif aucune augmentation qu'en vertu d'une loi.

Convention provisoire entre son excellence le ministre secrétaire d'Etat de l'intérieur au nom du Gouvernement,

Et M. Urbain Sartoris, banquier à Paris, au nom de la compagnie qu'il représente,

Pour assurer la navigation de la Haute et de la Basse Somme par l'achèvement du canal du duc d'Angoulême, ainsi que pour l'amélioration de la navigation de l'Oise dans sa partie inférieure,

Art. 1er. La compagnie s'oblige à verser dans la caisse du receveur général du département de la Somme jusqu'à concurrence du montant de six millions six cent mille francs, dans l'espace de six ans, pour l'exécution des travaux désignés ci-après. Les versemens s'effectueront de trois mois en trois mois, et seront égaux entre eux. Le

(1) Il y a *changemens* dans le Bulletin.
(2) Proposition à la Chambre des députés le 26 mai (Mon. du 27) ; rapport de M. Héricard de Thury le 11 juin (Mon du 12) ; discussion le 30 juin et jours suiv. (Mon. du 2 juillet et jours

suiv.) ; adoption le 3 juillet (Mon. du 5). Proposition à la Chambre des pairs le 17 juillet (Mon. du 18) ; discussion et adoption le 19 juillet (Mon. du 20).

premier versement aura lieu le 10 octobre 1821 ; le second, le 10 janvier 1822, et ainsi de suite.

2. Ladite somme de six millions six cent mille francs sera consacrée exclusivement à la confection des ouvrages qui seront définitivement approuvés par M. le directeur général des ponts-et-chaussées:

1° Pour l'achèvement du canal du Duc d'Angoulème, depuis le canal Crozat, jusques et y compris l'écluse de Saint-Valery;

2° Pour la construction du canal Manicamp près Chauny.

Dans le cas où la somme affectée aux travaux compris dans le présent article serait insuffisante, le Gouvernement s'engage à fournir les supplémens nécessaires pour l'achèvement complet des susdits ouvrages; et si cette somme excède les besoins, les versemens de la compagnie seront diminués de la différence.

3. Le Gouvernement s'engage à terminer en totalité les ouvrages détaillés en l'article précédent dans le délai de six ans et trois mois, à dater du 10 octobre 1821, ou plus tôt si faire se peut.

4. Il sera tenu compte à la compagnie d'un intérêt de six pour cent de ses avances successives, à partir du jour de chaque versement.

5. Indépendamment de l'intérêt ci-dessus stipulé, la compagnie recevra, à dater du 10 octobre 1827 et plus tôt, si les travaux sont terminés avant cette époque, un demi pour cent annuellement, à titre de prime, jusqu'à l'époque où le prêt fait au Gouvernement aura été éteint par l'amortissement.

6. L'amortissement s'effectuera par un paiement annuel d'un pour cent sur le capital emprunté, en le calculant à l'intérêt composé, au taux fixé à l'article 4, et commencera à l'époque où les ouvrages auront été achevés.

7. Les revenus du canal et de ses dépendances, tous les droits de péage quelconques établis ou à établir sur les lignes de navigation comprises dans cette convention, les profits résultant des chutes d'eau par l'établissement d'usines, les bénéfices que procureront les déchessemens opérés par les ouvrages seront spécialement affectés

1° A l'acquittement des frais de perception, des gardes d'écluses, et d'administration du canal;

2° A l'entretien des ouvrages et aux réparations tant ordinaires qu'extraordinaires;

3° Au service des intérêts, de la primes et de l'amortissement stipulés dans les articles précédens.

Si ces revenus et produits ne suffisaient pas pour pourvoir à ces diverses dépenses, le Gouvernement s'oblige à y suppléer par des sommes complémentaires, imputées annuellement sur les budgets du ministère de l'intérieur, chapitre des ponts-et-chaus-

sées ; et à cet effet, des ordonnances du Trésor seront émises en temps utile, pour que les paiemens puissent être effectués régulièrement et sans retard aux époques convenues.

8. Dans les années où l'ensemble des produits excédera tous les prélèvemens stipulés dans l'article précédent, tout le surplus, dont il sera fait compte chaque année, appartiendra à la compagnie, et sera réparti aux porteurs d'actions ou effets de la société.

9. A partir de l'époque où la compagnie sera remboursée du capital par l'amortissement, il sera fait annuellement un partage du produit net entre le Gouvernement et la compagnie. Ce partage aura lieu pendant cinquante ans, après lesquels le Gouvernement entrera en pleine et entière jouissance de tous les produits de cette navigation.

10. Toutes les recettes quelconques seront versées dans la caisse du receveur général du département de la Somme. Il sera aussi chargé du paiement de toutes les dépenses pour les travaux, les frais de perception, d'administration, etc., etc. Il tiendra, pour ces recettes et dépenses, des comptes et registres particuliers, dont la compagnie aura, en tout temps, droit de prendre connaissance.

Les paiemens des intérêts, de la prime, de l'amortissement et de la participation, dus à la compagnie, se feront à Paris, par semestre, au Trésor royal, ou à la Banque de France.

11. Le tarif des droits de péage qui seront établis sur les lignes de navigation comprises dans cette convention, ne pourra, sous aucun prétexte quelconque, être modifié que du consentement mutuel du Gouvernement et de la compagnie.

12. Le Gouvernement s'engage à entretenir en bon état la navigation sur le canal Crozat, et à ne pas augmenter les droits de péage qui s'y perçoivent actuellement.

13. La compagnie formera une société anonyme, qui aura la faculté d'émettre à volonté des actions négociables, provisoires ou définitives, pour la totalité des sommes comprises dans la présente convention, et de les diviser en primes, intérêts et chances, comme elle l'entendra. Toutefois, l'acte de société anonyme sera soumis à l'approbation du Roi, conformément à la loi, et un commissaire du Gouvernement sera chargé d'en surveiller les opérations. Il visera toutes les actions qui seront mises en circulation, en y apposant sa signature. Les actions ne seront soumises à aucun droit.

14. M. Sartoris s'oblige personnellement à faire acquitter par la compagnie qu'il représente les premiers paiemens jusqu'à concurrence d'un million de francs,

laquelle somme servira de cautionnement et de garantie pour l'exécution régulière des engagemens stipulés dans la présente convention.

Il est pareillement convenu que les porteurs d'actions ou d'effets créés par la société seront tenus de faire les paiemens subséquens, et qu'ils perdront tout droit à l'action dont ils seront porteurs, s'ils n'ont pas versé aux termes fixés les sommes dont ils seront redevables : dans ce cas, l'action sera vendue pour leur compte, à la diligence du Gouvernement, sans qu'il soit besoin de faire prononcer la déchéance par un jugement; le tout sans préjudice des droits de ceux qui auront exécuté ponctuellement leurs engagemens, et sans qu'aucun recours puisse être exercé envers M. Sartoris, ou la compagnie, au-dessus du million de francs assuré en cautionnement.

15. Le canal et les ouvrages de navigation énoncés à l'article 2 ne seront soumis à aucun impôt.

16. Pour accélérer les opérations, M. le directeur général formera une commission de trois personnes prises dans le sein du conseil général des ponts-et-chaussées, qui sera spécialement chagée de l'examen des affaires relatives à l'entreprise, et d'en faire le rapport au conseil dans les cas déterminés par le titre IV du décret du 25 août 1804.

La compagnie sera autorisée à employer, à ses frais, un ingénieur en chef, dont le choix sera soumis à l'approbation de M. le directeur général, pour prendre par elle-même connaissance de tous les objets de l'entreprise; elle sera admise à faire toutes les réclamations et observations qu'elle jugera convenables.

17. Les travaux détaillés à l'article 2 de cette convention seront mis en adjudication par lots, suivant les formes ordinaires : mais si, à dater d'un mois de la première publication, il ne s'est présenté aucun soumissionnaire offrant un rabais d'un vingtième au moins sur l'estimation approuvée, la compagnie aura la faculté d'entreprendre, à ses risques et périls, l'exécution des ouvrages, aux clauses et conditions exprimées dans les devis et cahier de charges, et aux prix qui auront servi de base à l'adjudication.

Il est expressément stipulé que la compagnie sera soumise, pour l'exécution des travaux dont elle voudra se rendre adjudicataire, à toutes les conditions imposées aux entrepreneurs des ponts-et-chaussées, et que les cas d'éviction et de surenchère pourront trouver leur application dans les mêmes circonstances.

18. Des projets seront incessamment rédigés pour le perfectionnement de la navigation de l'Oise, depuis le canal Manicamp jusqu'à la Seine.

Lorsque les projets auront été définitivement approuvés par le Gouvernement, et s'il est reconnu que la dépense est en rapport avec les avantages qu'elle doit créer, la compagnie sera admise à fournir les fonds nécessaires à l'exécution des travaux, aux clauses et conditions énoncées dans la présente convention pour les parties de navigation qui y sont comprises.

Toutefois, ces opérations nouvelles seront entièrement distinctes et séparées des travaux indiqués dans l'article 2 de la présente convention, et la compagnie devra, s'il y a lieu, former, pour les objets qui s'y rapporteront, une nouvelle société anonyme, qui jouira de toutes les facilités stipulées dans l'article 13.

La comptabilité sera tenue par les receveurs généraux des départemens dans lesquels les ouvrages se trouveront situés, aux mêmes conditions que celles de l'art. 10.

19. La compagnie ou les porteurs d'actions auront la faculté d'anticiper leurs paiemens par des versemens à la caisse des dépôts et consignations, pour compte de l'entreprise, en argent, ou en effets du Trésor à échéances fixes, sous la condition, cependant, que les différences entre l'intérêt acquitté par la caisse des consignations et celui que le Gouvernement s'engage à payer seront à la charge de la compagnie, ou des porteurs d'actions, de manière qu'il n'en puisse résulter aucun sacrifice pour l'Etat. Il est en outre convenu que les sommes ainsi déposées ne pourront être retirées que pour acquitter les engagemens de la compagnie.

20. Toutes les contestations qui pourraient s'élever, tant au sujet de l'interprétation de la présente convention, que du réglement à intervenir pour la perception des revenus et l'administration du canal et des autres parties de la navigation, seront jugées par le conseil de préfecture du département de la Somme, sauf pourvoi au Conseil-d'Etat, qui, dans les cas douteux, interprétera en faveur de la compagnie.

21. La présente convention est obligatoire de la part du Gouvernement, sauf la ratification de la loi qu'il s'engage à présenter aux Chambres. Cependant l'engagement de la compagnie ne durera que pendant le cours de la présente session.

22. Les péages à établir sur les canaux compris dans l'article 2 de la présente convention seront perçus conformément au tarif ci-joint. Quant aux droits à percevoir sur les ouvrages qui pourront être construits sur la rivière d'Oise en vertu de l'article 18, le tarif en sera réglé de concert entre le Gouvernement et la com-

pagnie, à l'époque où les projets pour leur exécution seront approuvés.

Fait double à Paris, le 24 mai 1821.

Signé URBAIN SARTORIS.

Vu et approuvé par le Ministre secrétaire d'État au département de l'intérieur.

Signé SIMÉON.

Tarif des droits de navigation à percevoir sur le canal de la Somme, soit du duc d'Angoulême, depuis son origine dans le canal Crozat jusques et y compris l'écluse de Saint-Valery, et sur le canal de Manicamp, depuis Manicamp et Chauny (1).

Nota. Les droits devront être perçus par distance parcourue ou à parcourir sans égard aux fractions : chaque distance sera de cinq kilomètres.

La perception se fera, sur la remonte comme sur la descente, en kilolitres, en myriagrammes, en mètres cubes, suivant la nature des chargemens, et comme il suit :

1° Par kilolitre,

De froment, orge, seigle, blé de Turquie, soit en grains, soit en farine . . . .   o 250

D'avoine et autres menus grains.   o 135

De sel marin et autres substances de ce genre. . . . .   o 300

De vin, eau-de-vie, vinaigre, et autres boissons et liqueurs. . .   o 400

2° Par dizain de myriagrammes (ou quintal métrique) ;

De mine et minerais. . . . . . .   o 015

De scories de metaux . . . . . .   o 022

De fer et fonte ouvrés ou non ouvrés et autres métaux. . . . .   o 030

De cristaux ou porcelaines. . . .   o 044

De faïence, verres à vitre, verres blancs, bouteilles. . . . .   o 030

De sucre, café, huile, savon, coton ouvré ou non ouvré, chanvre et lin ouvré, tabac, bois de teinture et autres objets de ce genre. . . . .   o 044

De chanvre et lin non ouvré. . .   o 035

De foin, paille et autres fourrages. . . . .   o 020

De tourbe, de fumier et de cendres fossiles. . . . .   o 005

3° Par mètre cube,

De marbre, pierre de taille, plâtre, tuiles, briques, ardoises, chaux, charbon de terre. . . .   o 20

De pierre mureuse, marne, argile, sable, gravier. . . . . .   o 10

De bois d'équarrissage, de sciage, et autres de ce genre. . . . .   o 20

De bois à brûler, fagots et charbonnettes. . . . .   o 10

4° Pour une bascule de poisson, Par mètre carré de tillac et chaque centimètre d'enfoncement, déduction faite de six centimètres pour le tirant d'eau. . . .   o 200

5° Pour un poinçon vide de deux cent vingt-huit litres. .   o 010

6° Pour un bateau quelconque en vidange. . . . .   o 650

Nota. Les droits établis au poids ne seront pas comptés au-dessous du dizain de myriagrammes; ceux établis au cube, au-dessous de l'hectolitre et de deux centièmes de mètre cube.

Toute fraction numéraire au-dessous d'un centime sera comptée pour un centime.

Les marchandises de toute nature qui ne seront pas indiquées au présent tarif paieront le droit fixé pour elles avec lesquelles elles auront le plus de rapport.

Ces classifications supplémentaires se feront toujours d'accord entre le Gouvernement et la compagnie.

Le présent tarif, signé *ne varietur*, restera annexé à la convention entre le Gouvernement et la compagnie.

Paris, le 24 juin 1821.

Signé URBAIN SARTORIS.

---

5 = 11 AOUT 1821. — Loi relative à la construction du canal des Ardennes (2). (7, Bull.. 470, n° 11105.)

Art. 1er. La convention provisoire passée, le 24 mai 1821, entre le ministre secrétaire d'Etat au département de l'intérieur et le sieur Urbain Sartoris, banquier à Paris, et par laquelle celui-ci s'oblige à fournir huit millions pour la construction du canal des Ardennes et le perfectionnement de la navigation de l'Aisne, est approuvée.

2. Toutes les clauses et conditions, soit à la charge de l'Etat, soit à la charge du sieur Sartoris, stipulées dans ladite convention, recevront leur pleine et entière exécution. Cet acte, ainsi que le tarif des droits de péage à percevoir sur les lignes de navigation qui y sont comprises, resteront annexés à la présente loi.

---

(1) *Voy.* ordonnance du 12 septembre 1821, qui modifie ce tarif.

(2) Proposition à la Chambre des députés le 26 mai (Mon. du 27) ; rapport de M. Héricard de Thury le 11 juin (Mon. du 12) ; discussion le 30 juin et jour suiv. (Mon. du 2 juillet et jour suiv.) ; adoption le 4 juillet (Mon. du 5).

Proposition à la Chambre des pairs le 17 juillet (Mon. du 18); discussion et adoption le 23 juillet (Mon. du 24).

Il ne pourra être fait audit tarif aucune augmentation qu'en vertu d'une loi.

Convention provisoire entre son excellence le ministre secrétaire d'Etat de l'intérieur, au nom du Gouvernement,

Et M. Urbain Sartoris, banquier à Paris, au nom de la compagnie qu'il représente,

Pour assurer l'exécution du canal des Ardennes, destiné à joindre la Meuse à l'Aisne, et pour établir navigation, s'il y a lieu, sur ces deux rivières et leurs affluens.

Art. 1er. La compagnie s'oblige à verser dans la caisse du receveur général du département des Ardennes jusqu'à concurrence du montant de huit millions de francs, dans l'espace de six ans, pour l'exécution des travaux désignés ci-après. Les versemens s'effectueront de trois mois en trois mois, et seront égaux entre eux. Le premier versement aura lieu le 10 octobre 1821; le second, le 10 janvier 1822, et ainsi de suite.

2. Ladite somme de huit millions sera consacrée exclusivement à la confection des ouvrages qui seront définitivement approuvés par M. le directeur général des ponts-et-chaussées,

1° Pour le perfectionnement de la navigation de l'Aisne, depuis Neufchàtel jusqu'à Semuy;

2° Pour la canalisation de la Bar, jusqu'à son embouchure dans la Meuse, et le dessèchement de sa vallée supérieure;

3° Pour l'exécution du canal qui doit réunir la Meuse à l'Aisne par la vallée de la Bar;

4° Pour l'établissement de la navigation sur l'Aisne, depuis Semuy jusqu'à Senuc, et, s'il y a lieu, sur la rivière d'Aire. Toutefois, les travaux compris dans ce paragraphe ne seront entrepris qu'autant que, d'après les études qui seront faites, le Gouvernement reconnaîtra que les dépenses ne surpassent pas les avantages qu'on doit s'en promettre, et ne peuvent excéder un million.

Si la somme affectée aux travaux compris dans les trois premiers paragraphes du présent article, lesquels sont évalués à sept millions, était insuffisante, le Gouvernement s'engage à fournir les supplémens nécessaires pour l'achèvement complet des susdits ouvrages; et si cette somme excède les besoins, les versemens de la compagnie seront diminués de la différence; et, dans le cas d'exécution des ouvrages énoncés au quatrième paragraphe, les mêmes conditions seront appliquées, en prenant pour base le prix des estimations.

3. Le Gouvernement s'engage à terminer en totalité les ouvrages détaillés dans les trois premiers paragraphes de l'article précédent, dans le délai de six ans et trois mois, à dater du 10 octobre 1821, ou plus tôt si faire se peut. Il prend le même engagement pour les ouvrages détaillés dans le dernier paragraphe dudit article, si on les met à exécution.

4. Il sera tenu compte à la compagnie d'un intérêt de six pour cent de ses avances successives, à partir du jour de chaque versement.

5. Indépendamment de l'intérêt ci-dessus stipulé, la compagnie recevra, à dater du 10 octobre 1827, et plus tôt, si les travaux sont terminés avant cette époque, un pour cent annuellement à titre de prime, jusqu'à l'époque où le prêt fait au Gouvernement aura été éteint par l'amortissement.

6. L'amortissement s'effectuera par un paiement annuel d'un pour cent sur le capital emprunté, en le calculant à l'intérêt composé, au taux fixé à l'article 4, et commencera à l'époque où les ouvrages auront été achevés.

7. Les revenus du canal et de ses dépendances, tous les droits de péage quelconques établis ou à établir sur les lignes de navigation comprises dans cette convention, les profits résultant des chutes d'eau par l'établissement d'usines, les bénéfices que procureront les dessèchemens opérés par les ouvrages, seront spécialement affectés,

1° A l'acquittement des frais de perception, des gardes d'écluses et d'administration du canal;

2° A l'entretien des ouvrages et aux réparations tant ordinaires qu'extraordinaires.

3° Au service des intérêts, de la prime et de l'amortissement stipulés dans les articles précédens.

Si ces revenus et produits ne suffisaient pas pour pourvoir à ces diverses dépenses, le Gouvernement s'oblige à y suppléer par des sommes complémentaires imputées annuellement sur les budgets du ministère de l'intérieur, chapitre des ponts-et-chaussées; et, à cet effet, des ordonnances du Trésor seront émises en temps utile, pour que les paiemens puissent être effectués régulièrement et sans retard aux époques convenues.

8. Dans les années où l'ensemble des produits excédera tous les prélèvemens stipulés dans l'article précédent, tout le surplus, dont il sera fait compte chaque année, appartiendra à la compagnie, et sera réparti aux porteurs d'actions ou effets de la société.

9. A partir de l'époque où la compagnie sera remboursée du capital par l'amortissement, il sera fait annuellement un partage du produit net entre le Gouvernement et la compagnie. Ce partage aura lieu pendant cinquante ans, après lesquels

22.

le Gouvernement entrera en pleine et entière jouissance de tous les produits de
cette navigation.

10. Toutes les recettes quelconques seront versées dans la caisse du receveur
général du département des Ardennes. Il
sera aussi chargé du paiement de toutes
les dépenses pour les travaux, les frais de
perception et d'administration, etc., etc.
Il tiendra, pour ces recettes et dépenses,
des comptes et registres particuliers, dont
la compagnie aura, en tout temps, droit
de prendre connaissance. Les paiemens
des intérêts, de la prime, de l'amortissement et de la participation, dus à la compagnie, se feront à Paris, par semestre,
au Trésor royal, ou à la Banque de
France.

11. Le tarif des droits de péage qui seront établis sur les lignes de navigation
comprises dans cette convention, ne pourra, sous aucun prétexte quelconque, être
modifié que du consentement mutuel du
Gouvernement et de la compagnie.

12. La compagnie formera une société
anonyme, qui aura la faculté d'émettre à
volonté des actions négociables, provisoires ou définitives, pour la totalité des
sommes comprises dans la présente convention, et de les diviser en primes,
intérêts et chances, comme elle l'entendra.
Toutefois, l'acte de société anonyme sera
soumis à l'approbation du Roi, conformément à la loi, et un commissaire du Gouvernement sera chargé d'en surveiller les
opérations. Il visera toutes les actions qui
seront mises en circulation, en y apposant
sa signature. Les actions ne seront soumises à aucun droit.

13. M. Sartoris s'oblige personnellement à faire acquitter par la compagnie
qu'il représente, les premiers paiemens
jusqu'à concurrence d'un million cinq cent
mille francs, laquelle somme servira de
cautionnement et de garantie pour l'exécution régulière des engagemens stipulés
dans la présente convention. Il est pareillement convenu que les porteurs d'actions
ou effets créés par la société anonyme seront tenus de faire les paiemens subséquens, et qu'ils perdront tout droit à l'action dont ils seront porteurs, s'ils n'ont
pas versé aux termes fixés les sommes dont
ils seront redevables : dans ce cas, l'action
sera vendue pour leur compte, à la diligence du Gouvernement sans qu'il soit
besoin de faire prononcer la déchéance par
un jugement, le tout sans préjudice des
droits de ceux qui auront exécuté ponctuellement leurs engagemens, et sans qu'aucun recours puisse être exercé envers
M. Sartoris ou la Compagnie, au-dessus
des quinze cent mille francs assurés en
cautionnement.

14. Le canal et les ouvrages de naviga-

tion énoncés à l'article 2 ne seront soumis
à aucun impôt.

15. Pour accélérer les opérations, M. le
directeur général formera une commission
de trois personnes prises dans le sein
du conseil général des ponts-et-chaussées,
qui sera spécialement chargée de l'examen
des affaires relatives à l'entreprise, et d'en
faire le rapport au conseil dans les cas
déterminés par le titre IV du décret du 25
août 1804.

La compagnie sera autorisée à employer, à ses frais, un ingénieur en chef,
dont le choix sera soumis à l'approbation
de M. le directeur général, pour prendre
connaissance par elle-même de tous les
objets de l'entreprise : elle sera admise
à faire toutes les réclamations et observations qu'elle jugera convenables.

16. Les travaux détaillés à l'article 2 de
cette convention seront mis en adjudication par lots, suivant les formes ordinaires ; mais si, à dater d'un mois de la première publication, il ne s'est présenté
aucun soumissionnaire offrant un rabais
d'un vingtième au moins sur l'estimation
approuvée, la compagnie aura faculté d'entreprendre, à ses risques et périls, l'exécution des ouvrages, aux clauses et conditions exprimées dans les devis et cahier de
charges, et aux prix qui auront servi de
base à l'adjudication.

Il est expressément stipulé que la compagnie sera soumise, pour l'exécution des
travaux dont elle voudra se rendre adjudicataire, à toutes les conditions imposées
aux entrepreneurs des ponts-et-chaussées,
et que les cas d'éviction et de surenchère
pourront trouver leur application dans les
mêmes circonstances.

17. La compagnie est autorisée dès ce
moment à faire rédiger, par des ingénieurs
des ponts-et-chaussées, des projets,

1° Pour la réparation des chemins de
halage, l'amélioration et le perfectionnement de la navigation, sur le cours de la
Meuse et de ses affluens, jusqu'à la frontière des Pays-Bas ;

2° Pour les mêmes travaux sur la rivière
de l'Aisne, depuis Neufchâtel jusqu'à son
embouchure dans l'Oise, ainsi que sur ses
affluens, y compris la rivière de la Vesle
depuis son embouchure jusqu'à Reims.

Lorsque les projets auront été approuvés, et s'il est reconnu que la dépense est
en rapport avec les avantages qu'elle doit
créer, la compagnie formera sa demande
dans le délai de deux ans, à dater de ce
jour, et sera admise, comme elle l'est aujourd'hui, à fournir les fonds nécessaires à
l'exécution des travaux, aux clauses et
conditions énoncées dans la présente convention, pour les parties de navigation
qui y sont comprises.

Toutefois, les opérations désignées au

paragraphe 1er et celles désignées au paragraphe 2 du présent article seront entièrement distinctes et séparées, comme elles le seront aussi des travaux stipulés à l'article 2, et la compagnie devra, s'il y a lieu, former, pour les objets qui s'y rapporteront, deux nouvelles sociétes anonymes, qui jouiront de toutes les facilités stipulées dans l'article 12. La comptabilité, pour ces deux dernières entreprises, sera tenue par les receveurs généraux des départemens dans lesquels les ouvrages se trouveront situés, aux mêmes conditions que celles de l'article 10 de cette convention.

18. La compagnie ou les porteurs d'actions auront la faculté d'anticiper leurs paiemens par des versemens à la caisse des dépôts et consignations, pour compte de l'entreprise, en argent, ou en effets du Trésor à échéances fixes, sous la condition, cependant, que les différences entre l'intérêt acquitté par la caisse des consignations, et celui que le Gouvernement s'engage à payer, seront à la charge de la compagnie ou des porteurs d'actions, de manière qu'il n'en puisse résulter aucun sacrifice pour l'Etat. Il est en outre convenu que les sommes ainsi déposées ne pourront être retirées que pour acquitter les engagemens de la compagnie.

19. Toutes les contestations qui pourraient s'élever, tant au sujet de l'interprétation de la présente convention que du réglement à intervenir pour la perception des revenus et l'administration du canal et des autres parties de la navigation, seront jugées par le conseil de préfecture du département des Ardennes, sauf pourvoi au Conseil-d'Etat, qui, dans les cas douteux, interprétera en faveur de la compagnie.

20. La présente convention est obligatoire de la part du Gouvernement, sauf la ratification de la loi qu'il s'engage à présenter aux Chambres. Cependant l'engagement de la compagnie ne durera que pendant le cours de la présente session.

21. Les péages à établir sur les lignes de navigation comprises dans l'article 2 de cette convention, seront perçus conformément au tarif ci-joint. Quant aux droits à percevoir sur les ouvrages qui pourront être construits sur les rivières de la Meuse, de l'Aisne et de leurs affluens, en vertu de l'article 17, le tarif en sera réglé de concert entre le Gouvernement et la compagnie, à l'époque où les projets pour leur exécution seront approuvés.

Fait double à Paris, le 24 mai 1821,

Signé URBAIN SARTORIS.

Vu et approuvé par le ministre secrétaire d'Etat au département de l'intérieur.

Signé SIMÉON.

———

Tarif des droits de navigation à percevoir sur le canal des Ardennes, depuis Neufchâtel sur l'Aisne, jusqu'à l'embouchure de la Bar dans la Meuse, et s'il y a lieu sur l'Aisne supérieure et la rivière d'Aire (1).

———

5 = Pr. 11 août 1821. — Loi relative à l'établissement de la navigation sur la rivière d'Isle, depuis Périgueux jusqu'à Libourne (2). (7, Bull., 470, n° 11106.)

Art. 1er. L'offre faite par le sieur Froidefond de Bellisle et autres propriétaires du département de la Dordogne, de fournir deux millions cinq cent mille francs pour l'établissement de la navigation sur la rivière d'Isle, depuis Périgueux jusqu'à Libourne, est acceptée.

2. Toutes les clauses et conditions, soit à la charge de l'Etat, soit à la charge des soumissionnaires, stipulées dans l'acte du 10 janvier 1821, recevront leur pleine et entière exécution. Ledit acte demeurera annexé à la présente loi.

———

Soumission de prêter au Gouvernement une somme de deux millions cinq cent mille francs, pour subvenir aux dépenses nécessaires à l'effet de rendre la rivière d'Isle navigable depuis Libourne jusqu'à Périgueux.

Les soussignés, stipulant et s'obligeant, chacun en leur nom et jusqu'à la concurrence des sommes pour lesquelles ils souscrivent à la présente soumission, prennent l'engagement, sous la garantie de la pleine, entière et fidèle exécution de toutes les conditions ci-après exprimées, de verser dans la caisse du receveur général du département de la Dordogne, ou dans celle du Trésor royal à Paris la somme ci-après spécifiée, pour être employée aux dépenses de tout genre nécessaires pour rendre la rivière d'Isle navigable depuis Libourne jusqu'à Périgueux.

N'étant nullement déterminés dans cette proposition par le désir de faire une spécu-

———

(1) Nous supprimons ce tarif; il est le même que celui du canal du Duc-d'Angoulême. Voy. *suprà*.

(2) Proposition à la Chambre des députés le 26 mai (Mon. du 27); rapport du M. Héricard de Thury le 11 juin (Mon. du 12); discussion le 30 juin et jours suiv. (Mon. du 2 juillet et jours suiv.); adoption le 4 juillet (Mon. du 5).

Proposition à la Chambre des pairs le 17 juillet (Mon. du 18); discussion et adoption le 23 juillet (Mon. du 24).

lation particulière, mais seulement par celui de faciliter au Gouvernement les moyens de réaliser un projet conçu par lui et si éminemment utile pour les départemens de la Gironde et de la Dordogne, les soussignés n'entendent pas se charger de la confection des travaux, ni vouloir entrer dans aucun détail des dépenses qu'ils pourront occasionner. Ils basent leurs offres sur les évaluations que MM. les ingénieurs en chef des départemens de la Gironde et de la Dordogne ont faites de ces mêmes travaux, qu'ils n'entendent en rien discuter, et dont le total s'élève, suivant lesdits rapports, à deux millions quatre-cent quatre-vingt-neuf mille quatre cent vingt-neuf francs soixante-douze centimes: en conséquence, ils offrent de verser une somme de deux millions cinq cent mille francs de la manière et aux conditions suivantes :

Art. 1er. Ce versement de deux millions cinq cent mille francs sera expressément affecté aux travaux de navigation de la rivière d'Isle, et aura lieu dans les caisses désignées ci-dessus, en dix paiemens égaux de deux cent cinquante mille francs chaque, et de six mois en six mois, dont le premier aura lieu après que la loi à intervenir aura été rendue, et aux époques que M. le directeur général des ponts-et-chaussées jugera convenables, de telle manière que la somme totale soit versée cinq ans après le premier paiement.

2. Dans le cas où ladite somme de deux millions cinq cent mille francs serait encore insuffisante pour terminer les travaux nécessaires pour rendre l'Isle navigable jusqu'à Périgueux, l'excédant devra être fourni par le Gouvernement, qui en prendra l'engagement; si au contraire elle dépassait les besoins, l'excédant sera diminué sur le dernier versement à faire par les soumissionnaires.

3. Les droits de péage à établir sur cette navigation, ainsi que tous les avantages qui pourront résulter des travaux, serviront de privilège spécial aux paiemens des intérêts et du fonds d'amortissement mentionnés à l'article suivant : mais, les soumissionnaires ne voulant courir aucune chance résultant du plus ou moins de produits de ces péages, ils seront administrés pour le compte et aux frais du Gouvernement, et versés dans ses caisses ; et ce privilège spécial ne diminuera en rien les garanties directes que les soumissionnaires entendent conserver contre le Gouvernement.

4. Quel que soit le montant de ces droits de péage, les soumissionnaires toucheront des caisses du Gouvernement, tant pour le service des intérêts dus aux actionnaires que pour l'amortissement du capital, dix pour cent de toutes les sommes versées par

eux et à partir de chaque versement, de manière que, lorsque la somme entière de deux millions cinq cent mille francs aura été versée, ils devront toucher deux cent cinquante mille francs par an.

Cette allocation de dix pour cent par an aura lieu en deux paiemens égaux, de six mois en six mois, et se prolongera pendant dix-neuf ans après le dernier versement ; après cette époque, la navigation et les droits de péage seront dégrevés du privilège réservé aux soumissionnaires par l'article précédent.

Le paiement de cette allocation aura lieu dans le domicile qui sera indiqué ultérieurement par les soumissionnaires au Gouvernement.

5. Les soumissionnaires sont autorisés, sur chaque paiement qui leur restera à faire jusqu'au paiement définitif, de prélever, sur le pied de dix pour cent par an, les intérêts et le fonds d'amortissement qui seront dus par le Gouvernement à l'époque de chaque versement.

6. Lesdits soumissionnaires, ayant l'intention de se former en société anonyme, rempliront les formalités nécessaires pour en obtenir l'autorisation de sa majesté, et se réservent la faculté de diviser alors en actions le capital de leur association.

7. L'acte de société, ainsi que tous ceux qui résulteront de cet acte ou de la présente soumission, ne seront sujets qu'au droit fixe d'un franc pour l'enregistrement.

8. La présente soumission sera acceptée par une loi.

9. Toutes les contestations auxquelles elle pourrait donner lieu entre le Gouvernement et les soussignés seront jugées administrativement par le conseil de préfecture du département de la Dordogne, sauf recours au Conseil-d'Etat.

Fait à Paris, ce 10 janvier 1821.

———————

5 = 11 AOUT 1821. — Loi relative à la construction du pont de Pinsaguel, dans le département de la Haute-Garonne. (7, Bull. 470, n° 11107.)

Art. 1er. L'offre faite par le sieur Urbain Sartoris, de Paris, de fournir cent-cinquante mille francs pour concourir à la construction du pont de Pinsaguel dans le département de la Haute-Garonne et sur la route royale n° 23, de Paris en Espagne, par Toulouse, est acceptée.

2. Toutes les clauses et conditions stipulées, soit à la charge de l'Etat, soit à la charge du soumissionnaire, dans l'acte qu'il a souscrit le 24 avril 1821, recevront leur pleine et entière exécution. Ledit acte, ainsi que le tarif des droits de péage à percevoir sur le pont de Pinsaguel pour rembourser le sieur Urbain Sartoris de la

somme prêtée, et lui assurer l'indemnité
le cette avance, demeureront annexés à la
présente loi.

———

Je soussigné, stipulant et m'obligeant
au nom d'une compagnie, contracte,
moyennant la pleine et entière exécution
de toutes les conditions ci-après désignées,
l'engagement d'avancer au Gouvernement
la somme de cent-cinquante mille francs,
qui sera employée exclusivement pour la
construction du pont de Pinsaguel, département de la Haute-Garonne, et sera versée dans la caisse du receveur général de ce
département aux époques qui seront ultérieurement déterminées, mais en quatre
ans, à dater de 1821 inclusivement. L'a-
vance de cette somme sera faite aux clauses
et conditions ci-après :

Art. 1ᵉʳ. Le Gouvernement s'engage à
terminer en totalité le susdit pont dans le
délai de cinq ans, et à fournir tous les
supplémens nécessaires à son achèvement
complet.

2. Il sera tenu compte à la compagnie,
sur le pied de six pour cent de ses avances
successives à dater du jour de chaque versement.

3. A partir de l'époque de l'achèvement
du pont, ou au plus tard dans cinq ans à
dater de la promulgation de la loi, il sera
accordé à la compagnie, indépendamment
de l'intérêt stipulé dans l'article précédent,
deux pour cent annuellement, à titre de
prime d'indemnité, jusqu'à l'époque où la
dette du Gouvernement aura été éteinte
par l'amortissement.

4. L'amortissement s'effectuera par un
paiement annuel de deux pour cent sur le
capital emprunté, et commencera à l'époque à laquelle le pont aura été achevé.

5. La compagnie formera une société anonyme, dont les statuts seront soumis à l'approbation de sa majesté, et qui existera
jusqu'à l'époque à laquelle le rembours de
ses avances aura été effectué en totalité au
moyen de l'amortissement contenu dans
l'article précédent. Elle aura la faculté d'é-
mettre des actions divisées en intérêts et
primes, comme elle l'entendra.

6. Dans le cas où les produits de péage
ne suffiraient pas à l'acquit de l'intérêt, de
l'indemnité et de l'amortissement, stipulés
dans les articles précédens, le Gouvernement s'engage expressément de pourvoir
au déficit par des sommes complémentaires
à prendre annuellement sur les budgets
des ponts-et-chaussées; et à cet effet, des
ordonnances du Trésor seront émises en
temps utile, pour que les paiemens des
susdits objets puissent être effectués régulièrement et sans retard aux époques convenues.

7. Les droits de péage seront versés dans
la caisse du receveur général du département de la Haute-Garonne, et seront affectés, par privilége spécial, au paiement
de l'intérêt et de l'indemnité accordés aux
prêteurs, ainsi qu'à l'amortissement du
capital.

8. Le receveur général du susdit département tiendra des comptes et registres particuliers pour les paiemens et recettes relatifs à ce pont. La compagnie pourra prendre connaissance de ces comptes et registres.

9. Les frais et le mode de perception seront réglés de concert entre l'administration et les prêteurs. Les frais seront prélevés sur le produit brut des péages.

10. Les droits de péage se prélèveront
conformément au tarif qui sera arrêté par
le Gouvernement.

11. Les paiemens des intérêts, de l'indemnité et de l'amortissement, se feront
par semestre, au chef-lieu du susdit département, sur les produits du péage; et
en cas d'insuffisance de ces produits, le
complément sera prélevé sur les fonds des
ponts-et-chaussées, ainsi qu'il est dit à
l'article 6.

12. Le soussigné s'engage personnellement à faire acquitter les premiers paiemens jusqu'à concurrence de trente mille
francs, laquelle somme servira de cautionnement et de garantie pour l'exécution régulière des engagemens stipulés dans la
présente soumission. Il est pareillement
convenu que la société anonyme qui sera
formée sera tenue de faire les paiemens
subséquens, et qu'aucun recours ne pourra
être exercé contre le soussigné au-delà de
trente mille francs ci-dessus assurés en
cautionnement.

13. Les contestations qui pourraient
s'élever touchant l'exécution de la présente
seront jugées administrativement par le
conseil de préfecture du département de
la Haute-Garonne, sauf recours au Conseil-
d'Etat.

14. Le soussigné s'engage à faire exécuter dans toute leur intégrité les obligations
par lui ci-dessus contractées, à compter du
jour où sa majesté aura sanctionné et promulgué la loi qui consacrera les stipulations portées dans la présente soumission,
laquelle ne forme dans toutes ses conditions qu'un tout indivisible, et ne sera obligatoire pour le soussigné qu'à compter de
ladite promulgation.

Fait à Paris, le 24 avril 1821.

Signé Urbain Sartoris.

Tarif des droits qui se perçoivent au passage de
Pinsaguel, et qui seront perçus sur le pont.

Pour le passage d'une personne
chargée ou non chargée. . . . . . . o o5
Idem d'un cheval ou mulet chargé, o 10

Idem et son cavalier, valise comprise. . . . . o 12

Idem non chargé . . . . o 08

Idem d'un âne chargé ou d'une ânesse chargée . . . . o 08

Idem d'un âne non chargé ou d'une ânesse non chargée . . . . o 06

Par cheval, mulet, bœuf, vache ou âne employé au labour ou allant au pâturage . . . . o 06

Par bœuf ou vache appartenant à des marchands et destinés à la vente. . . . . o 10

Par veau ou porc. . . . . o 04

Pour un mouton, brebis, bouc, chèvre, cochon de lait, et par chaque paire d'oies ou de dindons. . . . o 02

Lorsque les moutons, brebis, boucs, chèvres, cochons de lait, paires d'oies ou dindons, seront au-dessus de cinquante, le droit sera diminué d'un quart.

Lorsque les bœufs, moutons, chèvres, boucs et autres bestiaux appartenant aux habitans de Pinsaguel, et portant une marque convenue, iront au pâturage, ils ne paieront aucun droit.

Les conducteurs des chevaux, mulets, ânes, bœufs, etc., paieront . . . . o 04

Pour le passage d'une voiture suspendue à deux roues, celui du cheval ou mulet, ou pour une litière à deux chevaux et le conducteur 1 00

Idem à quatre roues, du cheval ou mulet, et du conducteur . . . 1 60

Idem attelée de deux chevaux ou mulets, conducteur compris . . . 2 00

Les voyageurs paieront séparément par tête le droit dû pour une personne à pied.

Pour le passage d'une charrette chargée, attelée d'un seul cheval, mulet ou deux bœufs, conducteur compris . . . . o 80

Idem d'une charrette chargée, attelée de deux chevaux, mulets ou quatre bœufs, conducteur compris . 1 00

Idem d'une charrette chargée attelée de trois chevaux ou mulets, y compris le conducteur 1 25

Idem d'une charrette à vide, le cheval et le conducteur. . . . . . o 40

Pour une charrette chargée, employée au transport des engrais ou à la rentrée des récoltes, le cheval ou deux bœufs, et le conducteur. . o 40

Pour la même à vide, le cheval ou deux bœufs, et le conducteur. . o 30

Pour une charrette chargée ou non chargée, attelée seulement d'un âne ou d'une ânesse, et le conducteur.. o 30

Pour un chariot de roulage à quatre roues, chargé, un cheval et le conducteur 1 00

Pour un chariot de roulage à quatre roues, chargé, deux chevaux et le conducteur 1 50

Idem trois chevaux et le conducteur 2 00

Idem à vide, attelé d'un seul cheval et le conducteur. . . . . o 50

Il sera payé par chaque cheval, mulet ou bœuf excédant les nombres indiqués pour les attelages ci-dessus, comme pour un cheval ou mulet non chargé; et par âne ou ânesse le droit fixé pour les ânes ou ânesses non chargés.

———

5 = Pr. 11 AOUT 1821. — Loi concernant le canal Saint-Martin. (7, Bull. 470, n° 11108.)
Voy. loi du 20 MAI 1818.

Art. 1er. La ville de Paris est autorisée, conformément à la délibération du conseil municipal du 7 juin 1821, à créer quatre cent mille francs de rentes et à les négocier avec publicité et concurrence, dans la proportion des besoins, pour acquitter :

1° La valeur des propriétés à acquérir sur la ligne du canal Saint-Martin;

2° Le prix des travaux nécessaires à l'ouverture et à la confection de ce canal.

2. Chaque année, il sera porté au budget de la ville de Paris, et prélevé sur les revenus, outre les arrérages des rentes, un fonds annuel d'amortissement de deux cent mille francs au moins, pour être affecté au remboursement tant desdits quatre cent mille francs de rentes que de celles précédemment créées en vertu de l'ordonnance royale du 13 septembre 1815. Ce fonds d'amortissement s'accroîtra des arrérages des rentes rachetées.

3. Le traité à conclure pour l'exécution des travaux du canal Saint-Martin sera fait sous l'approbation du Gouvernement, avec publicité et concurrence, et pourra contenir la concession dudit canal pour une durée de quatre-vingt-dix-neuf ans au plus.

4. Le tarif des droits de navigation et de stationnement établi par la loi du 20 mai 1818 sur le canal de Saint-Denis sera applicable au canal Saint-Martin.

5. Il ne sera perçu qu'un droit fixe d'un franc pour l'enregistrement, soit du traité et de ses annexes, soit des actes de cautionnement relatifs à la construction du canal Saint-Martin.

———

5 = 11 AOUT 1821. — Ordonnances du Roi qui autorisent l'acceptation de dons et legs.(7, Bull. 484.)

———

5 AOUT 1821. — Ordonnances du Roi qui auto-

risent l'acceptation de dons et legs. (7, Bull. 485.)

———————

5 AOUT 1821. — Ordonnances du Roi qui autorisent l'acceptation de dons et legs faits aux hospices de Caudebec, de Corbeil et de Meulan, et aux pauvres d'Aubercourt, de Demuin et du Hamel. (7, Bull. 486.)

———————

5 AOUT 1821. — Ordonnance du Roi qui accorde une pension à Madame la duchesse de Coigny. (7, Bull. 471 bis.)

———————

8 =Pr.21 AOUT 1821.—Ordonnance du Roi concernant le mode de mesurage des bâtimens à vapeur pour la perception des droits. (7, Bull. 471, n° 11114.

Voy. ordonnance du 11 DÉCEMBRE 1822.

Louis, etc., vu la loi du 12 nivose an 2 (1er janvier 1794), qui a réglé le mode d'après lequel les bâtimens de mer doivent être jaugés pour l'application des droits de toute nature; considérant que les calculs qui ont servi à déterminer ce mode se rapportent tous à des bâtimens à voiles, et qu'il n'a pu être rien statué à l'égard des bateaux à vapeur, qui n'étaient point encore en usage; considérant que, pour la manœuvre de ces derniers, il est nécessaire de réserver dans l'intérieur du bâtiment, outre l'espace nécessaire à l'équipage et à ses vivres, un emplacement considérable pour la machine à feu et le combustible qu'elle consomme, et que, cet emplacement étant perdu pour l'arrimage des marchandises, il ne peut entrer dans le tonnage susceptible de fret, de bénéfice, et par conséquent d'impôt; voulant favoriser l'essor d'une invention qui promet des moyens de transports plus rapides et plus profitables au commerce et aux consommateurs, nous avons résolu de régler spécialement le jeaugéage des bâtimens à vapeur, dont le système était inconnu à l'époque où la loi du 12 nivose a été rendue, de manière que les dispositions de cette loi reçoivent une juste et égale application : à ces causes, sur le rapport de notre ministre secrétaire d'Etat des finances, notre Conseil d'Etat entendu, nous avons ordonné et ordonnons ce qui suit :

Art. 1er. Le tonnage des bâtimens à vapeur sera calculé de la manière suivante :

1° La longueur sera prise de tête en tête, conformément à la loi du 1er janvier 1794;

2° On en retranchera la longueur de l'espace occupé par la machine à feu et par son approvisionnement en combustible;

3° On mesurera la largeur du navire de dehors en dehors sur le pont, à chacune des deux extrémités de l'espace occupé par la machine à feu, en ne tenant aucun compte des galeries et roues extérieures destinées à mettre le navire en mouvement : on ajoutera ces deux largeurs et on prendra la moitié de leur somme;

4° Le produit de cette largeur moyenne par la longueur réduite sera multiplié par le creux mesuré à la pompe de secours du navire;

5° Le produit total sera divisé par quatre-vingt-quatorze, et le quotient donnera le tonnage égal du bâtiment.

2. Dans le cas où des marchandises quelconques seraient abusivement placées dans une partie de l'espace destiné soit à la machine à vapeur, soit au combustible, les droits de navigation seront payés sur le tonnage qui sera alors déterminé par la formule de la loi du 1er janvier 1794.

3. Notre ministre des finances est chargé de l'exécution de la présente ordonnance.

———————

8 ← Pr. 21 AOUT 1821. — Ordonnance du Roi contenant des modifications aux règles actuelles de l'administration des villes et communes du royaume. (7, Bull. 471, n° 11115.)

Voy. lois du 14 DÉCEMBRE 1789 et notes du 28 PLUVIOSE an 8, tit. II, § 2, 3 et 4, et ordonnance du 23 AVRIL 1823.

Louis, etc., nous avions voulu, dans le projet de loi relatif à l'organisation municipale, présenté à la Chambre des députés dans la dernière session, donner plus de latitude et de liberté à l'action des administrations locales. Ce projet n'ayant pu être discuté et devant être de nouveau présenté dans une autre session, nous avons jugé utile de faire jouir dès ce moment les villes et communes de notre royaume des avantages que nous nous promettons des modifications aux règles actuelles de l'administration qui peuvent être ordonnées sans le concours de l'autorité législative.

A ces causes, sur le rapport de notre ministre secrétaire d'Etat au département de l'intérieur, notre Conseil d'Etat entendu, nous avons ordonné et ordonnons ce qui suit :

Art. 1er. Les délibérations des conseils municipaux seront exécutées, sur la seule approbation des préfets, toutes les fois qu'elles seront relatives à l'administration des biens de toute nature appartenant à la commune, à des constructions, réparations, travaux et autres objets d'intérêt communal et que les dépenses pour ces objets devront être faites au moyen des revenus propres à la commune, ou au moyen des impositions affectées par la loi aux dépenses ordinaires des communes.

Les préfets rendront compte, à notre ministre secrétaire d'Etat de l'intérieur, des délibérations qu'ils auront approuvées.

2. Toutefois, les budgets des villes ayant plus de cent mille francs de revenus continueront à être soumis à notre approbation (1).

Les acquisitions, aliénations et échanges et baux emphytéotiques continueront également à être faits conformément aux règles actuellement établies (2).

3. Lorsque les préfets, après avoir pris l'avis écrit et motivé du conseil de préfecture, jugeront que la délibération n'est pas relative à des objets d'intérêt communal, ou s'étend hors de cet intérêt, ils en référeront à notre ministre secrétaire d'Etat de l'intérieur.

4. Les réparations, reconstructions et constructions de bâtimens appartenant aux communes, hôpitaux et fabriques, soit qu'il ait été pourvu à la dépense sur les revenus ordinaires de ces communes ou établissemens, soit qu'il y ait été pourvu au moyen de nouveaux droits, d'emprunts, de contributions extraordinaires, d'aliénations, ou par toute autre voie que nous aurions autorisée, pourront désormais être adjugées et exécutées sur la simple approbation du préfet.

Cependant, lorsque la dépense des travaux de construction ou de reconstruction à entreprendre s'élèvera au-dessus de vingt mille francs, les plans et devis devront être soumis à notre ministre secrétaire d'Etat de l'intérieur.

5. Les dispositions des décrets et ordonnances sur l'administration des communes, des hôpitaux et fabriques, auxquelles il n'est point dérogé par les articles ci-dessus, et notamment les dispositions des décrets du 3 novembre 1805 (10 brumaire an XIV), du 17 juillet 1808, et de notre ordonnance du 28 janvier 1815, continueront de recevoir leur exécution.

6. La présente ordonnance n'est point applicable à notre bonne ville de Paris, à l'égard de laquelle il sera particulièrement statué.

7. Notre ministre de l'intérieur est chargé de l'exécution de la présente ordonnance.

des travaux d'entretien des routes départementales. (7, Bull. 471, n° 11116.)

Voy. décret du 16 DÉCEMBRE 1811 ; ordonnance du 22 MAI 1822 et loi du 12 MAI 1825.

Louis, etc., voulant simplifier les règles prescrites pour l'exécution des travaux relatifs à l'entretien des routes départementales ; sur le rapport de notre ministre secrétaire d'Etat au département de l'intérieur, notre Conseil entendu, nous avons ordonné et ordonnons ce qui suit :

Art. 1er. Les travaux d'entretien des routes départementales, dans les limites des sommes portées aux budgets votés par les conseils généraux et approuvés par notre ministre de l'intérieur, seront exécutés sur la seule approbation donnée par les préfets aux devis arrêtés par les ingénieurs en chef.

2. Les travaux d'art dont la dépense n'excédera pas cinq mille francs seront également exécutés sur la seule approbation des préfets, toutes les fois qu'ils n'exigeront ni acquisition de terrains, ni changement dans la direction ou les alignemens des routes, sauf toutefois les cas où les préfets jugeraient utile de consulter le conseil des ponts-et-chaussées.

Les préfets rendront compte à notre ministre de l'intérieur des approbations qu'ils auront données par suite des dispositions du présent article.

3. Les adjudications des travaux continueront d'avoir lieu suivant la forme prescrite par l'arrêté du 10 mars 1803 (19 ventose an 11), et seront exécutées dès qu'elles auront été revêtues de l'approbation des préfets, qui en rendront compte à notre ministre secrétaire d'Etat de l'intérieur ; néanmoins, en cas de réclamation, il sera sursis à l'exécution jusqu'à la décision de notredit ministre secrétaire d'Etat.

4. Les arbres plantés sur les routes départementales et sur les terres riveraines desdites routes pourront être abattus, dans les cas prévus par l'article 99 du décret du 16 décembre 1811, sur la seule autorisation du préfet.

5. Notre ministre de l'intérieur est chargé de l'exécution de la présente ordonnance.

---

8 = 21 AOUT 1821. — Ordonnance du Roi contenant des dispositions relatives à l'exécution

8 = 21 AOUT 1821. Ordonnance du Roi concernant la répartition du produit du centime du

(1) *Voyez* ordonnances des 16 juin 1814, 6 septembre 1815, 16 mars 1816, 21 mai 1817, et du 16 mai 1818, art. 45 et suiv.

(2) *Voyez* loi du 5 = 11 février 1791 ; arrêté du 7 germinal an 9, et les notes.

fonds de non-valeurs mis à la disposition du ministre des finances pour l'année 1821. (7, Bull. 471, n° 11117.)

Louis, etc., vu l'état D annexé à la loi de finances du 31 juillet dernier, duquel résulte qu'il est imposé additionnellement au principal des contributions foncière, personnelle et mobilière de 1821, deux centimes, dont un à la disposition de notre ministre des finances pour couvrir les remises, modérations et non-valeurs, et l'autre à celle de notre ministre de l'intérieur, pour secours effectifs à raison de grêle, orages, incendies, etc.; voulant déterminer la portion du centime mis à la disposition de notre ministre des finances dont les préfets pourront dès à présent faire jouir les administrés; sur le rapport de notre ministre secrétaire d'État des finances, nous avons ordonné et ordonnons ce qui suit :

Art. 1er. Le produit du centime du fonds de non-valeurs à la disposition de notre ministre des finances sera réparti de la manière suivante :

Un tiers de ce centime est mis à la disposition des préfets ;

Les deux autres tiers resteront à la disposition du Gouvernement.

2. Ce centime sera exclusivement employé à couvrir les remises et modérations accordées sur les contributions foncière, personnelle et mobilière ; et les non-valeurs qui existeraient sur ces deux contributions en fin d'exercice.

3. Si, dans un département, la somme mise à la disposition du préfet et celle qui lui serait accordée par le Gouvernement ne se trouvaient pas totalement employées, l'excédant accroîtra le fonds de non-valeurs de l'année suivante.

4. Notre ministre des finances est chargé de l'exécution de la présente ordonnance.

AOUT = 12 SEPTEMBRE 1821. — Ordonnance du Roi qui prescrit la publication des bulles d'institution canonique de MM. les coadjuteurs de Tours et de Besançon. (7, Bull. 474, n° 11168.)

Louis, etc., sur le rapport de notre ministre secrétaire d'État au département de l'intérieur ; vu notre ordonnance du 30 décembre 1820, portant nomination de M. Augustin-Louis de Montblanc à la coadjutorie de l'archevêché de Tours, et notre ordonnance du 23 janvier 1821, portant nomination de M. Paul-Ambroise Frère de Villefrançon à la coadjutorerie de l'archevêché de Besançon; notre Conseil-d'État entendu ; nous avons ordonné et ordonnons ce qui suit :

Art. 1er. Les bulles ci-après désignées, savoir :

La première, donnée à Rome, à Sainte-Marie-Majeure, l'année 1821, le cinquième jour des calendes de juillet, et portant institution canonique de M. Augustin-Louis de Montblanc en qualité de coadjuteur avec future succession au siége archiépiscopal de Tours, avec le titre d'archevêque de Carthage in partibus ;

La seconde, donnée à Rome, à Sainte-Marie-Majeure, les jour et an susénoncés, et portant institution canonique de M. Paul-Ambroise Frère de Villefrançon en qualité de coadjuteur avec future succession au siége archiépiscopal de Besançon, avec le titre d'archevêque d'Adane in partibus ;

Lesdites institutions canoniques données en conséquence des nominations précédemment faites par nous, et du consentement des deux prélats titulaires desdits siéges,

Sont reçues et seront publiées dans les formes accoutumées.

2. Lesdites bulles d'institution canonique sont reçues, sans approbation des clauses, formules ou expressions qu'elles renferment et qui sont ou pourraient être contraires à la Charte constitutionnelle, aux lois du royaume, aux franchises, libertés ou maximes de l'église gallicane, et sans que lesdites clauses, formules ou expressions puissent nuire ni préjudicier aux droits de notre couronne.

3. Lesdites bulles seront transcrites en latin et en français sur les registres de notre Conseil-d'État. Mention desdites transcriptions sera faite sur les originaux par le secrétaire général de notre Conseil.

4. Nos ministres de la justice et de l'intérieur sont chargés de l'exécution de la présente ordonnance.

8 AOUT 1821. — Ordonnance du Roi qui admet le sieur Condo à établir son domicile en France. (7, Bull. 474.)

8 AOUT 1821. — Ordonnances du Roi qui accordent des lettres de déclaration de naturalité aux sieurs Gouschall, Lefebure, Pfeifer, Gay, Amaranthe et Hamels dit Haemels. (7, Bull. 480, 494, 509 et 619.)

8 AOUT 1821. — Ordonnances du Roi qui autorisent l'acceptation de dons et legs. (7, Bull. 486 et 487.)

15 = Pr. 30 AOUT 1821. — Ordonnance du Roi concernant les vacances de la cour des comptes en 1821. (7, Bull. 472, n° 11124.)

Louis, etc., nous avons témoigné en diverses occasions le désir de faire jouir notre cour des comptes des mêmes vacances que nos autres cours et tribunaux, mais nous en avons été empêché par les accroissemens considérables donnés aux affaires dont elle est chargée, et aussi par l'obligation que nous nous sommes imposée de prévenir efficacement le retour de tout arriéré et retard dans le jugement des comptabilités et autres affaires de finances de notre royaume. Nous étant fait représenter les déclarations des présidens de notredite cour, ainsi que celle de notre procureur général, sur l'avancement des travaux et sur le nombre et la nature des arrêts rendus, nous avons reconnu que les comptabilités parvenues en temps utile étaient au courant. En conséquence, et pour cette fois, vu le tableau des arrêts rendus depuis le 15 octobre dernier, et des affaires qui, à raison de leur date, n'ont pu encore être rapportées pour jugement; ouï notre ministre secrétaire d'État des finances; nous avons ordonné et ordonnons ce qui suit :

Art. 1er. Notre cour des comptes prendra vacances, en la présente année, depuis le 1er septembre jusques et y compris le 31 octobre suivant.

2. Il y aura pendant ce temps une chambre des vacations, composée d'un président de chambre et de six conseillers maîtres, qui tiendra ses séances au moins trois jours de chaque semaine.

Le premier président présidera toutes les fois qu'il le jugera convenable.

3. La chambre des vacations connaîtra de toutes les affaires attribuées aux trois chambres, sauf de celles qui seront exceptées par un comité composé du premier président, des trois présidens et de notre procureur général, et desquelles le jugement demeurera suspendu jusqu'à la rentrée.

4. Nous nommons pour former cette année la chambre des vacations de notre cour des comptes, savoir :

Pour y remplir les fonctions de président le sieur baron de Surgy, président de la troisième chambre :

Et pour y remplir les fonctions de conseillers maîtres, les sieurs Regardin, doyen ; Buffaul, Dupin, Gallois, de Chassenay et de Guilhermi.

En cas d'absence de notre procureur général, le sieur de Guilhermi, conseiller maître, en remplira les fonctions près ladite chambre des vacations.

Le greffier en chef pourra être suppléé par le sieur Mouffle.

Le sieur Mouffle tiendra la plume aux séances de la chambre des vacations.

5. Nous autorisons le premier président à donner aux conseillers référendaires, pour la durée du temps où la chambre des vacations sera en activité, les congés qui pourront être accordés sans préjudicier au service, et sans que, dans aucun cas, il puisse donner ces congés à plus de la moitié des référendaires de chaque classe.

6. L'absence qui aura lieu en vertu des dispositions qui précédent sera comptée comme temps d'activité pour les magistrats de tous les ordres de notre cour des comptes.

7. Nos ministres de la justice et des finances sont chargés de l'exécution de la présente ordonnance.

---

15 = Pr. 30 AOUT 1821. — Ordonnance du Roi qui règle le mode d'avancement des officiers employés aux colonies. (7 , Bull. 472 ; n° 11125.)

Louis, etc., sur la représentation qui nous a été faite, que l'application de l'article 262 de l'ordonnance du 2 août 1818 aux troupes employées aux colonies entraînait de graves inconvéniens pour le service, et nuisait à l'avancement des officiers qui font partie de ces troupes; voulant donner à ces officiers une marque particulière de notre bienveillance en les faisant jouir de tous les avantages auxquels les militaires peuvent prétendre, lorsqu'ils ont satisfait aux conditions que la loi exige, pour obtenir de l'avancement; sur le rapport de notre ministre secrétaire d'État de la guerre, nous avons ordonné et ordonnons ce qui suit :

Art. 1er. Les emplois vacans jusqu'au grade de capitaine inclusivement, par mort, démission, ou promotion à des grades supérieurs, dans les troupes de terre employées aux colonies, sont tous réservés à l'avancement des officiers et sousofficiers servant dans ces troupes qui auront les quatre ans de grade exigés par la loi du 10 mars 1818, nonobstant les dispositions de l'article 262 de l'ordonnance du 2 août même année, relatif aux officiers en non-activité.

Par compensation, les emplois qui ne seront pas occupés d'après ce mode, faute de sujets réunissant les qualités voulues par la loi, seront donnés aux officiers en non-activité.

2. Il continuera d'être pourvu, par l'envoi d'autres officiers tirés de l'armée de terre, au remplacement de ceux qui cesseront d'être à la solde de la marine par la remise qui en serait faite au département de la guerre; attendu que les vacances qui s'opèrent de cette manière ne peuvent jamais donner lieu à avancement.

3. Les chefs de bataillons dans les troupes des colonies étant chefs de corps, les emplois de ce grade qui viendront à va-

quer seront conférés, comme ceux de colonel, à notre choix, soit à des officiers en
activité ou en disponibilité réunissant les
conditions voulues par l'ordonnance du 2
août 1818 pour être employés comme chefs
de bataillon, soit à des capitaines des troupes des colonies ayant au moins quatre ans
de grades, qui seront reconnus en état de
commander un corps.

Nonobstant cette disposition particulière, les capitaines et chefs de bataillon
employés aux colonies continueront à être
classés à leur rang parmi les officiers de
l'arme, de leur grade, afin de les faire participer, lorsqu'ils y auront droit par la durée de leurs services, à l'avancement que
la loi du 10 mars réserve à l'ancienneté.

Dans le cas où les chefs de bataillon
dans les troupes des colonies, par l'effet
d'une nouvelle organisation, cesseraient
d'être chefs de corps, les emplois de ce
grade seraient conférés de la manière qu'il
est prescrit par l'article 4 de l'ordonnance
du 2 août 1818.

4. Nos ministres de la guerre et de la marine sont chargés de l'exécution de la présente ordonnance.

15 AOUT 1821. — Ordonnance du Roi qui permet au sieur Tellier de prendre et de porter le
nom de Letellier. (7, Bull. 474.)

15 AOUT 1821. — Ordonnance du Roi qui admet
les sieurs During et Kennelly à établir leur domicile en France. (7, Bull. 474.)

15 AOUT 1821. — Ordonnances du Roi qui accordent des lettres de déclaration de naturalité aux sieurs Bal, Pratabuy, Poutrain, Julla,
Delher dit Delhé, Lathuile et Bardi. (7, Bull.
480, 494, 509, 615 et 619.)

15 AOUT 1821. — Ordonnance du Roi qui autorise l'acceptation d'un legs fait aux pauvres de
Cambrai. (7, Bull. 487.)

15 AOUT 1821. — Ordonnances du Roi relatives
aux foires des communes de Delle, de Muzil-
lac, de Moulins-en-Gilbert, de Latigues, de la
Grave, de Sainte-Foy-l'Argentière, de Fleu-
rieux-sur-l'Abresle, de Morrannes, de Saint-
Germain-du-Plain, et de Vibray. (7, Bull. 487.)

15 AOUT 1821. — Ordonnance du Roi qui autorise les communes de la Marche et de Mèves,

département de la Nièvre, à établir chacune une
assemblée pour la location des domestiques. (7,
Bull. 487.)

15 AOUT 1821. — Ordonnances du Roi relatives
aux foires des communes de Gallan et de Saint-
George de Yesoul. (7, Bull. 488.)

15 AOUT 1821. — Ordonnances du Roi qui accordent des pensions militaires. (7, Bull. 471 bis
et 474 bis.)

16 AOUT 1821. — Lettres-patentes portant érection de majorats en faveur de MM. Deschamps
de la Varenne et Droullin de Ménilglaise. (7,
Bull. 472.)

22 AOUT = Pr. 12 SEPTEMBRE 1821. — Ordonnance
du Roi qui règle le mode d'exécution des conventions passées entre les offices des postes
françaises et bavaroises. (7, Bull. 474,
n° 11169.)

Louis, etc., vu la loi du 27 frimaire an 8
(18 décembre 1799), celle du 14 floréal
an 10 (4 mai 1802), et l'art. 20 du titre V
de celle du 24 avril 1806, en ce qui concerne la taxe et les progressions de taxe et
de poids des lettres de France ; vu aussi les
conventions conclues et signées à Paris, le
16 mai 1821, entre l'office général des postes françaises et l'office général des postes
bavaroises ; sur le rapport de notre ministre secrétaire-d'Etat des finances, nous
avons ordonné et ordonnons ce qui suit :

Art. 1er. A dater du 1er janvier 1822, le
public de France sera libre d'affranchir ou
de ne point affranchir jusqu'à destination
ses lettres et paquets, tant pour tous les
Etats du royaume de Bavière situés en-deçà
et au-delà du Rhin, que pour tous les Etats
du royaume de Saxe.

2. Cependant l'affranchissement sera obligatoire, pareillement jusqu'à destination,
pour les lettres et paquets chargés ou recommandés.

Il sera aussi indispensable d'affranchir
les gazettes et journaux, ainsi que les catalogues, les prospectus, les imprimés et les
livres en feuilles ou brochés, jusqu'à destination, si les endroits de leur distribution se bornent aux Etats du royaume de
Bavière, mais seulement jusqu'à l'extrême
frontière de ce royaume, s'ils doivent passer dans le royaume de Saxe ou dans tout
autre Etat d'Allemagne qui aurait déclaré
ou déclarerait vouloir correspondre avec la

France par l'intermédiaire de l'office des postes bavaroises.

Dans aucun cas, les affranchissemens, soit volontaires des lettres et paquets non chargés, soit obligatoires d'autres lettres et paquets chargés ou recommandés, ainsi que de tous ouvrages de librairie, pour les États bavarois, ou pour l'étranger en transit par ces États, ne pourront être restreints aux prix de port dus simplement, selon le tarif des postes de France, jusqu'à l'extrême frontière du royaume.

3. L'affranchissement volontaire des lettres et paquets de tous les départemens français pour toute l'étendue des États bavarois d'en deçà et d'au-delà du Rhin, et seulement des départemens du midi de la France et des départemens de la route de Lyon à Strasbourg, pour tous les États du royaume de Saxe, sera perçu selon les prix réglés par les lois françaises concernant les taxes des correspondances de France ; pour toute lettre d'un poids au-dessous de six grammes, jusqu'au point frontière de sortie du royaume ; et depuis ce point frontière jusqu'à destination, si les envois sont distribuables dans les États du royaume de Bavière ou dans ceux du royaume de Saxe ; et s'ils sont destinés pour tous autres États d'Allemagne qui voudraient les recevoir par la voie des postes de Bavière, jusqu'au point de l'extrême frontière de ce royaume qui serait limitrophe de la frontière de ces États, selon les taxes actuelles du tarif bavarois converties en décimes, et selon les progressions de ce tarif, qui croissent de sept grammes et demi en sept grammes et demi exclusivement ;

Et proportionnellement au poids, selon les progressions de taxes réglées par les tarifs des deux offices de France et de Bavière, lorsque les lettres et paquets surpasseront le poids déterminé pour une lettre simple.

4. L'affranchissement volontaire des échantillons de marchandises, pourvu que les paquets soient présentés sous bandes ou d'une manière indicative de leur contenu, ne sera perçu qu'au tiers de la taxe des deux tarifs : cependant, le prix n'en devra jamais être au-dessous de la taxe fixée par chacun d'eux pour une lettre simple.

5. L'affranchissement obligatoire des lettres ou paquets chargés ou recommandés sera perçu d'avance au double des taxes fixées par le tarif des postes françaises et par le tarif des postes bavaroises pour les affranchissemens ordinaires dont il est question dans l'article 3 ci-dessus, soit jusqu'à destination, si les chargemens sont adressés dans les États du royaume de Bavière ou dans ceux du royaume de Saxe, soit jusqu'à l'extrême frontière bavaroise, s'ils sont destinés pour tout autre État d'Allemagne qui aurait notifié son désir

de les recevoir par la voie des postes de Bavière.

6. L'affranchissement, aussi obligatoire, des gazettes et journaux, ainsi que des catalogues, des prospectus, des imprimés et des livres en feuilles ou brochés sera pareillement perçu d'avance, savoir :

Pour les gazettes et journaux, à raison de *huit centimes,* et pour tous autres ouvrages de librairie, à raison de *dix centimes,* le tout par feuille d'impression ;

Et par chaque demi-feuille ou par quart. de feuille, à proportion de l'un ou de l'autre de ces deux prix, selon la nature des ouvrages, quel que soit l'endroit de leur destination.

7. Les lettres et paquets, les échantillons de marchandises, les gazettes ou journaux, et tous autres ouvrages de librairie en feuilles ou brochés, affranchis, les uns volontairement, et les autres obligatoirement, dans tous les États du roi de Bavière et dans tous ceux du royaume de Saxe, pour toute l'étendue du royaume de France jusqu'à destination, seront distribués à leurs adresses, sans qu'il puisse être exigé aucun autre prix de port.

8. Les correspondances non affranchies des villes et endroits compris dans le premier rayon des postes bavaroises sous le timbre *C. B. R.* 1, et qui entreront en France par les bureaux frontières, soit de Forbach, soit de Weissembourg, soit de Strasbourg, pour ces bureaux mêmes, seront taxées à raison de *quatre décimes* par lettre simple ou d'un poids au-dessous de six grammes, et les lettres ou paquets d'un poids de six grammes et au-dessus seront taxés, proportionnellement à ce prix, selon leur poids, d'après les progressions du tarif des postes de France.

9. Les correspondances des villes et endroits circonscrits dans le second rayon des postes bavaroises sous le timbre *C. B. R.* 2, et celles qui viendraient de quelques États d'Allemagne frappées du timbre *T. B.* avec celui de quelqu'un des bureaux de ce rayon, qui seront entrées par l'un ou par l'autre des bureaux frontières de France susnommés, pour ces mêmes bureaux, seront taxées à raison de *cinq décimes* par lettre simple ou d'un poids au-dessous de six grammes ; et les lettres et paquets d'un poids de six grammes et au-dessus, proportionnellement à ce prix, selon leur poids et d'après les progressions du tarif des postes françaises.

10. Les correspondances des villes et des droits du troisième rayon des postes de Bavière, sous le timbre *C. R. B.* 3, ainsi que celles du royaume de Saxe timbrées *R. S. T. B.*, et celles de tous autres États d'Allemagne, sous le simple timbre *T. B.* qui seront entrées par l'un ou par l'autre

des trois bureaux frontières de France ci-devant désignés, pour ces bureaux mêmes, seront taxées à raison de *sept décimes* par lettre simple ou d'un poids au-dessous de six grammes, et les lettres ou paquets d'un poids de six grammes et au-dessus seront taxés, proportionnellement à ce prix, d'après leur poids, selon les progressions du tarif des postes du royaume.

11. Les correspondances des villes et endroits du quatrième rayon des postes bavaroises, sous le timbre *C. B. R.* 4, qui entreront en France, soit par Forbach, soit par Weissembourg, soit par Strasbourg, pour ces villes mêmes, seront taxées à raison de *neuf décimes* par lettre simple ou d'un poids au-dessous de six grammes; et les lettres ou paquets d'un poids de six grammes et au-dessus seront taxés proportionnellement à ce prix, d'après leur poids, selon les progressions du tarif des postes françaises.

12. Les correspondances du cinquième rayon bavarois timbrées *C. B. R.* 5, qui entreront en France par les trois bureaux susnommés, pour leur ville même, seront taxées à raison de *dix décimes* par lettre simple ou d'un poids au-dessous de six grammes; et les lettres et paquets d'un poids de six grammes et au-dessus, proportionnellement à ce prix, selon leur poids et les progressions du tarif des postes françaises.

13. Les lettres et paquets des cinq rayons de l'office de Bavière, ainsi que les lettres et paquets du royaume de Saxe ou de tous autres Etats d'Allemagne en transit par le territoire bavarois, qui seront réexpédiés, soit de Forbach soit de Weissembourg, soit de Strasbourg, pour toutes autres destinations en France, seront taxés, d'après leur timbre, de celui des prix fixés ci-dessus, et qui leur sera particulier pour le bureau par lequel ils seront entrés; plus, du prix de port dû, selon le tarif français, depuis ce bureau jusqu'à l'endroit de leur distribution dans le royaume.

14. Les échantillons des marchandises venant, soit des Etats du royaume de Bavière, soit des Etats du royaume de Saxe, ou de tous autres Etats d'Allemagne, par la voie des postes bavaroises, pourvu que les paquets soient mis sous bandes ou d'une manière indicative de leur contenu, ne seront taxés, selon leur timbre, qu'au tiers des prix ci-dessus réglés pour les lettres et paquets: cependant le prix de port n'en sera jamais inférieur à celui d'une lettre simple.

15. Les gazettes et journaux, ainsi que les catalogues, les prospectus, les imprimés et les livres en feuilles ou brochés qui viendront de l'étranger, non affranchis et sous bandes, en transit par la voie des postes bavaroises, seront taxés, pour toute la France, savoir: les deux premières espèces de ces ouvrages, à raison de *huit centimes*, et toutes les autres espèces, à raison de *dix centimes*, par feuille d'impression;

Et à proportion de l'un ou de l'autre de ces deux prix par demi-feuille ou par quart de feuille.

16. Notre ministre des finances est chargé de l'exécution de la présente ordonnance.

---

22 AOUT = Pr. 12 SEPTEMBRE 1821. — Ordonnance du Roi relative au remboursement des cautionnemens des commissaires-priseurs et des huissiers. (7, Bull. 474, n° 11170.)

Louis, etc., sur le compte qui nous a été rendu que, dans plusieurs circonstances, les commissaires-priseurs et les huissiers étaient hors d'état de faire, après un long exercice, les justifications nécessaires pour obtenir le certificat de *quitus* exigé par le décret du 24 mars 1809, à l'effet de recevoir le remboursement de leurs cautionnemens; vu la loi du 25 nivose an 13, les décrets des 18 septembre 1806 et 24 mars 1809, notre ordonnance du 9 janvier 1818; voulant concilier les droits acquis aux tiers intéressés sur les cautionnemens des officiers ministériels, et ceux de ces mêmes officiers à en être remboursés, lorsqu'après une publicité suffisante de la cessation de leurs fonctions il ne survient aucune opposition; sur le rapport de notre ministre secrétaire d'Etat des finances; notre Conseil-d'Etat entendu, nous avons ordonné et ordonnons ce qui suit:

Art. 1er. Lorsque des commissaires-priseurs ou huissiers auront cessé leurs fonctions, et que les titulaires, leurs héritiers ou ayans-cause, seront dans l'impossibilité de représenter toutes les pièces comptables nécessaires pour obtenir le certificat de *quitus* exigé par le décret du 24 mars 1809, les chambres de discipline dont les titulaires dépendaient, ou le procureur du Roi du ressort, dans les cas prévus par notre ordonnance du 9 janvier 1818, constateront cette impossibilité et en déduiront les motifs, les chambres de discipline, par une délibération, et le procureur du Roi, dans un avis donné sur la demande des titulaires, de leurs ayans-cause ou de leurs créanciers.

2. Dans le cas prévu en l'article ci-dessus, la déclaration de cessation de fonctions devra, outre l'affiche prescrite par l'article 5 de la loi du 25 nivose an 13, être insérée, à la poursuite du titulaire ou de ses ayans-droit, pendant chacun des trois mois que durera ladite affiche, dans un des journaux imprimés au chef-lieu de l'arrondissement du tribunal, ou, à défaut, au chef-lieu du département.

3. Le certificat des chambres de discipline ou des procureurs du Roi, attestant l'accomplissement des formalités réglées par les articles précédens, tiendra lieu du certificat de *quitus* exigé par le décret du 24 mars 1809.

4. A l'avenir, les commissaires-priseurs et les huissiers seront admis à faire régler, chaque année, par leurs chambres de discipline, et, à défaut de chambre de discipline par le procureur du Roi du ressort, le compte de leur gestion antérieure.

Ce réglement de compte, qui ne pourra porter aucun préjudice aux droits des tiers intéressés, aura pour effet de décharger les titulaires de l'obligation de représenter, lors de la cessation de leurs fonctions, et pour tout le temps compris audit réglement le certificat de *quitus* prescrit par le décret du 24 mars 1809.

5. Nos ministres de la justice et des finances sont chargés de l'exécution de la présente ordonnance.

---

22 AOUT = Pr. 12 SEPTEMBRE 1821. — Ordonnance du Roi portant fixation de la limite entre les communes d'Etables et de Binic (Côtes-du-Nord), et établissement d'un nouveau canton dont Etables sera le chef-lieu. (7, Bull. 474, n° 11171.)

Louis, etc., sur le rapport de notre ministre secrétaire d'Etat de l'intérieur; notre Conseil-d'Etat entendu, nous avons ordonné et ordonnons ce qui suit :

Art. 1er. Le port de Binic est distrait de la commune d'Etables, département des Côtes-du-Nord, et formera, avec les villages qui composent la succursale dont il dépend, une commune particulière.

2. La limite entre Etables et Binic est fixée ainsi qu'il suit : partant du pont de la Motte, elle se dirigera par le chemin de charretier, à l'est; par la Croix des merles, au nord; puis à l'est par le village de la Ville-Jacob; au midi, des maisons dites *le Champ-Serel*; de là, au nord des villages de la Ville-Gilbert et de la Ville-Even : allant jusqu'au chemin qui conduit des Fontaines-Gicquel à la Chapelle Saint-Roch; tournant ensuite à droite par le village des Fontaines-Gicquel, elle se dirigera vers l'est, par le quartier des Prés-Lalan, jusqu'au grand chemin de Binic à Etables; ensuite, par ledit chemin, jusque vis-à-vis du village de la Ville-Gautier; enfin, tournant à l'est, jusqu'à la grève, par la vallée située au nord du corps-de-garde de Beaumont.

3. La commune d'Etables et la commune de Binic sont distraites du canton de Lanvollon ; celles de Saint-Guay, de Plourhan, de Treveneuc, sont distraites du canton de Plouha; la commune de Lantic est distraite du canton de Châtelaudren : les unes et les autres formeront un nouveau canton, dont Etables sera le chef-lieu.

4. Le canton d'Etables ressortira au tribunal de commerce de Saint-Brieuc.

5. Nos ministres de l'intérieur et des finances, sont chargés de l'exécution de la présente ordonnance.

---

22 AOUT = Pr. 12 SEPTEMBRE 1821. —Ordonnance du Roi qui établit une Bourse de commerce à Marennes, département de la Charente-Inférieure. (7, Bull. 474, n° 11172.)

Louis, etc., sur le rapport de notre ministre secrétaire d'Etat de l'intérieur, nous avons ordonné et ordonnons ce qui suit :

Art. 1er. Il y aura une Bourse de commerce dans la ville de Marennes, département de la Charente-Inférieure.

2. Le préfet du département fera les dispositions nécessaires pour que la salle attenante à celle du tribunal civil soit affectée à la tenue de la Bourse, sans nuire à ce dernier service.

3. Les jours et heures de Bourse seront déterminés par l'autorité municipale, qui est chargée de sa police.

4. Les courtiers de marchandises conducteurs de navires interprètes déjà institués à Marennes continueront à y exercer leurs fonctions.

5. Notre ministre de l'intérieur est chargé de l'exécution de la présente ordonnance

---

22 AOUT = Pr. 12 SEPTEMBRE 1821.— Ordonnance du Roi portant établissement d'un droit de péage pour concourir à la construction d'un nouveau pont sur la rivière d'Aulne, dans la ville de Châteaulin, département du Finistère. (7, Bull. 474, n° 11173.)

Louis, etc., sur le rapport de notre ministre secrétaire d'Etat au département de l'intérieur; vu la délibération du conseil général du département du Finistère, du 11 août 1820, contenant l'engagement de fournir en trois ans une somme de vingt-cinq mille cent soixante-quinze francs huit centimes pour concourir à la reconstruction du pont de Châteaulin ; vu les délibérations du conseil municipal du 8 novembre 1820 et du 10 février 1821, sur le projet d'établissement d'un péage sur le nouveau pont à construire en cette ville, et sur le tarif de ce péage; vu l'article 7 de la loi de finances du 31 juillet 1821; notre Conseil-d'Etat entendu, nous avons ordonné et ordonnons ce qui suit :

Art. 1er. Il sera établi un droit de péage pour concourir, avec les fonds du Trésor et ceux votés par le département du Finistère, aux frais de construction d'un nouveau pont en pierre sur la rivière d'Aulne, dans la ville de Châteaulin, route royale, n° 190, de Quimper à Lesneven.

2. Les droits de péage sont fixés conformément au tarif ci-après : *(Suit le tarif.)*

Nota. Il sera payé pour chaque cheval ou mulet attelé excédant les nombres indiqués pour les voitures suspendues, dix centimes.

Les voyageurs paieront séparément par tête le droit dû pour une personne à pied : les enfans au-dessous de dix ans ne paieront que le demi-droit.

Nota. Seront exempts de tout droit de péage, soit à pied, soit à cheval ou en voiture, savoir :

Le préfet du département, le sous-préfet, le maire et le juge-de-paix de Châteaulin ;

Les ingénieurs, les conducteurs, et autres agens des ponts-et-chaussées ;

Les gendarmes, les militaires voyageant en corps ou munis d'une feuille de route, et les divers fonctionnaires qui jouissent de l'indemnité prévue pour le passage.

Enfin seront exempts de péage les habitans de la ville de Châteaulin à pied seulement, ainsi que les chevaux et bestiaux de cette ville allant à l'abreuvoir ou en revenant, bien entendu que lesdits habitans, lorsqu'ils passeront à cheval ou en voiture, seront assujétis au droit, comme tous les voyageurs.

3. Ce péage est concédé au sieur Jean Bois aîné, soumissionnaire, aux clauses et conditions de l'adjudication qui lui en a été passée en conseil de préfecture par le préfet du département du Finistère, et pour sept années.

4. Notre ministre de l'intérieur est chargé de l'exécution de la présente ordonnance.

───────

22 AOUT = Pr. 12 SEPTEMBRE 1821. — Ordonnance du Roi concernant la reconstruction du Pont-Givard sur la rivière de Suippe, route de Reims à Neuchâtel-sur-Aisne, et l'établissement d'un péage sur ce pont. (7, Bull. 474, n° 11174.)

Louis, etc., sur le rapport de notre ministre secrétaire d'État au département de l'intérieur ; vu les délibérations par lesquelles le conseil général de la Marne a proposé, dans ses sessions de 1818 et 1820, d'établir un péage sur le pont de Givard, et d'en concéder la perception, afin de pourvoir aux dépenses de reconstruction de ce pont et de ses abords ; vu l'acte d'association de plusieurs particuliers propriétaires qui ont offert d'avance la somme de vingt mille francs, jugée nécessaire pour couvrir la dépense des travaux, moyennant la concession du péage pour une durée de huit années, susceptible de diminution, s'ils sont remboursés avant cette époque du capital

et des intérêts de leurs avances ; vu le tarif des droits de péage proposé par l'ingénieur en chef des ponts-et-chaussées ; vu l'avis du préfet du département ; notre Conseil-d'État entendu, nous avons ordonné et ordonnons ce qui suit :

Art. 1er. Les projets rédigés par les ingénieurs des ponts-et-chaussées du département de la Marne, et améliorés par le conseil d'administration des ponts-et-chaussées, pour la reconstruction du pont Givard, situé sur la rivière de Suippe, route départementale n° 7, de Reims à Neufchâtel-sur-Aisne, et pour la confection d'une chaussée pavée de quatre cent vingt mètres de longueur aux abords de ce pont, sont approuvés.

2. A partir du jour où ce pont sera livré au public, il sera perçu au passage un droit de péage d'après le tarif suivant, savoir : *(Suit le tarif).*

3. Les produits de ce péage serviront à rembourser l'avance de vingt mille francs qui sera faite par la compagnie des actionnaires, aux termes de son acte d'association du 25 septembre dernier, et à leur en payer les intérêts aux taux stipulés dans cet acte ; toutefois, la durée de la concession ne pourra en aucun cas excéder huit années, et le préfet du département devra faire cesser la perception des actionnaires avant cette époque, aussitôt qu'il aura reconnu, par la vérification des comptes qui lui seront représentés, que la dette contractée avec l'association se trouve entièrement amortie en capital et intérêts.

4. Les exceptions d'usage auront lieu, pour le passage du pont Givard, en faveur des personnes et des services publics à qui la franchise est accordée par les précédens réglemens qui autorisent des perceptions de péage.

5. Notre ministre de l'intérieur est chargé de l'exécution de la présente ordonnance.

───────

22 AOUT = Pr. 24 OCTOBRE 1821. Ordonnance du Roi portant autorisation, conformément aux statuts y annexés, de la société d'assurances mutuelles contre l'incendie formée à Nancy, pour les départemens de la Meurthe, de la Moselle, des Vosges, et de la Meuse. (7, Bull. 482, n° 11445.)

Art. 1er. La société d'assurances mutuelles contre l'incendie formée à Nancy, par acte passé les 17, 18, 19 et 20 janvier 1821, par-devant Michel et Voirin, notaires de ladite ville, est autorisée pour les départemens de la Meurthe, de la Moselle, des Vosges et de la Meuse ; ses statuts sont approuvés tels qu'ils résultent de l'acte ci-dessus et des amendemens contenus dans un acte rectificatif passé par-devant les mêmes notaires le 31 juillet 1821, lesquels actes demeurent annexés à la présente ordonnance.

2. Notre autorisation étant accordée à ladite société, à la charge de se conformer aux lois et à ses statuts approuvés, nous nous réservons de la révoquer en cas de violation ou de non-exécution, sauf les actions des tiers à exercer devant les tribunaux par les particuliers, à raison des infractions commises à leur préjudice.

3. Notre ministre secrétaire d'Etat de l'intérieur nommera près de ladite compagnie un commissaire chargé de prendre connaissance de l'observation des statuts, et d'en rendre compte au préfet de la Meurthe, en ce qui concerne les assemblées et l'administration; et à chaque préfet des départemens de la circonscription de la société, en ce qui concernerait leur territoire respectivement. Le commissaire pourra suspendre provisoirement celles des opérations de la compagnie qui lui paraîtraient contraires aux lois et aux statuts, ou dangereuses pour la sûreté publique; et ce, jusqu'à décision à intervenir de la part des autorités compétentes.

4. Devront les sociétaires se conformer, en ce qui les concerne, aux lois et réglemens de police sur le fait des incendies.

5. La société sera tenue de remettre, tous les six mois, copie en forme de son état de situation aux préfets des départemens de la circonscription, aux greffes des tribunaux de commerce, et à la chambre de commerce de Metz.

6. Notre ministre secrétaire d'Etat de l'intérieur est chargé de l'exécution de la présente ordonnance, qui sera insérée au Bulletin des Lois avec les actes y annexés; pareille insertion aura lieu dans le Moniteur et dans les journaux destinés aux annonces judiciaires des départemens ci-dessus.

_____

22 AOUT 1821. — Ordonnance du Roi qui autorise les sieurs Seiller fils et Mayer à fabriquer du cristal dans la verrerie de Creutzwald-la-Houve, arrondissement de Thionville, et à y établir deux fours pour la fabrication du minium. (7, Bull. 496.)

_____

22 AOUT 1821. — Ordonnance du Roi qui maintient les sieurs Venet frères dans la jouissance de l'usine à cuivre qu'ils possèdent à Ternaud, arrondissement de Villefranche, département du Rhône. (7, Bull. 496.)

_____

22 AOUT 1821. — Ordonnance du Roi qui autorise le sieur Caire à établir un martinet de maréchallerie dans la commune de Ferlans, département du Doubs. (7, Bull. 496.)

22 AOUT 1821. — Ordonnance du Roi qui accordent des pensions militaires. (7, Bull. 474 bis.)

_____

22 AOUT 1821. Ordonnances du Roi qui autorisent l'acceptation de dons et legs. (7, Bull. 487, 488, 489, 490, 491, 492 et 495.)

_____

27 AOUT = Pr. 29 SEPTEMBRE 1821. — Ordonnance du Roi portant autorisation d'une société anonyme pour la création d'une caisse d'épargne et de prévoyance dans la ville de Brest. (7, Bull. 477, n° 11263.)

Louis, etc., sur le rapport de notre ministre secrétaire d'Etat au département de l'intérieur; vu l'acte passé, le 19 mars 1821, par-devant Chopin et son collègue, notaires royaux à Brest, contenant les statuts d'une société anonyme pour la création d'une caisse d'épargnes et de prévoyance dans la ville de Brest; vu les articles 29 à 37, 40 et 45 du Code de commerce, l'avis du préfet du département du Finistère en date du 6 avril 1821; notre Conseil d'Etat entendu, nous avons ordonné et ordonnons ce qui suit:

Art. 1er. L'établissement à Brest, département du Finistère, d'une caisse d'épargnes et de prévoyance, ensemble la société anonyme formée pour sa dotation et son administration, sont et demeurent autorisés, conformément aux statuts dressés et déposés, le 19 mars 1821, chez Chopin, notaire royal à Brest, sauf à y rectifier les articles 5, 6 et 17, ainsi qu'il suit:

« Art. 5. La caisse sera administrée gratuitement par quinze administrateurs, dont les fonctions dureront cinq ans, et qui seront renouvelés par cinquième chaque année.

« Les administrateurs sortans seront indiqués par le sort pendant les premières années, et ensuite par l'ancienneté: ils seront indéfiniment rééligibles.

« Art. 6. Les comparans éliront entre eux les quinze administrateurs de la caisse: par la suite, et pour le renouvellement annuel des trois administrateurs sortans, ceux qui devront les remplacer seront élus par les douze administrateurs restans.

« Le même mode d'élection sera suivi pour le remplacement des administrateurs décédés ou démissionnaires: leurs successeurs seront nommés par les administrateurs restans.

« Art. 17. Les revenus bruts de la caisse seront employés annuellement,

« 1° A solder les frais de bureau et de gestion;

« 2° A distribuer aux déposans l'intérêt de leurs fonds, ainsi qu'il aura été réglé en vertu de l'article 8;

3° A rembourser aux comparans, dans un ordre que le sort déterminera et sans intérêts, les sommes par eux avancées jusqu'à concurrence du total des *trois mille sept cent francs;*

4° Enfin, à accroître (lorsque le remboursement ci-dessus aura été complété) les dividendes annuels de tous les déposans, au centime le franc des sommes capitales portées à leur crédit.

Lesdits statuts ainsi rectifiés seront annexés à la présente ordonnance, publiés et affichés avec elle.

2. Nous nous réservons de révoquer notre présente autorisation, en cas de non-exécution ou de violation des statuts par nous approuvés; le tout sauf le droit des tiers, et sans préjudice des dommages-intérêts qui seraient prononcés par les tribunaux contre les auteurs de contraventions.

3. Notre ministre secrétaire d'Etat au département de l'intérieur est chargé de l'exécution de la présente ordonnance, qui sera insérée au Bulletin des Lois.

Statuts. (7, Bull. 523, n° 12,636.)

Par-devant M⁰ Jean-Louis Chopin et son collègue, notaires royaux à Brest, sont comparus (suivent les noms).

Lesquels, convaincus des avantages que procure, à plusieurs villes du royaume, l'établissement d'une caisse d'épargnes, et jaloux de faire jouir leurs concitoyens d'une institution utile, ont déterminé ce qui suit:

Art. 1ᵉʳ. Il sera établi à Brest, avec l'autorisation du Gouvernement, une société anonyme sous la dénomination de *Caisse d'épargnes et de prévoyance de Brest.*

Cette caisse sera destinée à recevoir en dépôt les sommes qui lui seront confiées par toutes personnes laborieuses et économes qui désireront y verser leurs petites épargnes; chaque dépôt devra être d'un franc au moins et sans fraction de franc.

2. Toutes les sommes versées à la caisse seront employées en achat de rentes sur l'Etat, lesquelles seront inscrites au nom de la caisse d'épargnes et de prévoyance de Brest; ces rentes ne pourront être valablement transférées que par la signature de deux des administrateurs de la caisse.

3. Les soussignés comparans s'obligent à prêter à la caisse d'épargnes et de prévoyance de Brest, sans intérêts, et pour toute la durée de l'établissement, s'il est nécessaire, une somme de trois mille sept cent francs, à employer en achat de rentes cinq pour cent consolidés.

4. Sur le produit de ce capital, et subsidiairement sur les bénéfices de la caisse, seront prélevés les frais qu'entraînera son administration.

5. La caisse sera gérée gratuitement par quinze administrateurs (1).

6. Les comparans, fondateurs de la caisse, éliront entre eux les quinze administrateurs: par la suite et pour le remplacement des administrateurs décédés ou démissionnaires, les remplaçans seront nommés par les administrateurs restans (2).

7. Le conseil des administrateurs réglera le mode d'administration intérieure de la caisse: il tiendra ses séances, sous l'agrément des autorités compétentes, dans une des salles de l'hôtel de la mairie.

8. Au mois de décembre de chaque année, le conseil des administrateurs fixera le taux de l'intérêt qui sera alloué aux déposans pendant le cours de l'année suivante.

Cet intérêt sera de cinq pour cent pendant tout le cours de l'année 1821.

9. L'intérêt sera alloué sur chaque somme ronde de douze francs; aucun intérêt ne sera alloué pour les sommes au-dessous de douze francs, non plus que sur les portions de dépôt excédant les multiples de douze francs.

10. L'intérêt sera dû à compter du 1ᵉʳ jour du mois qui suivra l'époque à laquelle aura été versée ou complétée chaque somme ronde de douze francs.

11. L'intérêt sera réglé à la fin de chaque mois; il sera ajouté au capital, et pourra produire des intérêts pour le mois suivant.

12. Les dépôts seront restitués, à quelque époque que ce soit, à la volonté des déposans, en prévenant quinze jours d'avance, la caisse se réservant toutefois, si elle le juge convenable, de rembourser avant l'expiration des quinze jours.

13. Les sommes retirées ne porteront point d'intérêts pour les jours écoulés du mois pendant lequel le retirement s'opérera, la caisse n'allouant aucun intérêt pour les fractions de mois.

14. Aussitôt que le compte d'un déposant présentera une somme suffisante pour acheter, au cours de la bourse de Paris, une somme de cinquante francs de rente sur l'Etat, le transfert de ces rentes sera fait en son nom, et il en deviendra propriétaire: la valeur en sera déduite de son *avoir.*

15. Si les déposans ne retirent pas les inscriptions de rentes établies en leurs noms, la caisse en demeurera dépositaire pour en percevoir les intérêts au crédit du titulaire.

16. Le bilan de la caisse sera arrêté chaque année par le conseil des administrateurs; il sera rendu public après avoir été communiqué au conseil municipal.

(1 et 2) *Voyez* article 1ᵉʳ de l'ordonnance.

23.

17. Les bénéfices de la caisse seront employés, dans un ordre que le sort déterminera, au remboursement du capital prêté par les comparans, et ensuite à l'accroissement de ce même capital (1).

18. La dissolution de la caisse arrivant par quelque cause que ce soit, les valeurs qui resteront libres après le remboursement de tous les dépôts et celui du capital prêté seront versées dans la caisse des hospices.

19. Les comparans Pllarent av oir l'intention d'effectuer le ... ét de trois mille sept cents francs par les sommes qu'ils vont chacun souscrire, et ils s'engagent à en faire le versement à la caisse d'épargnes et de prévoyance de Brest aussitôt que cet établissement sera autorisé et organisé.

Les comparans se sont divisé, ainsi qu'il suit, la souscription de ladite somme de trois mille sept cents francs.....

20 et dernier. Les comparans donnent à M. Joseph-Marie Kros, maire de Brest, tous pouvoirs nécessaires à l'effet de présenter à l'autorité compétente, au nom de la présente société anonyme, toute pétition tendant à obtenir les autorisations requises, faire à ce sujet toutes démarches qu'il jugera convenables, en se conformant à l'instruction émanée de son excellence le ministre de l'intérieur, sur les demandes en autorisation pour l'établissement des sociétés anonymes.

Les comparans donnent également pouvoir à M. Joseph-Marie-Kros de solliciter en leur nom l'autorisation du Gouvernement pour l'établissement de la présente société, et même de consentir et adopter tous changemens et modifications qui seraient demandés aux présens statuts, sans cependant porter atteinte aux bases fondamentales.

Dont acte,

Fait et passé à Brest, en l'étude de Me Chopin, le 19 mars de l'an 1821, et ont les comparans signé avec les notaires, après lecture faite.

————

29 AOUT 1821. — Ordonnance du Roi qui permet au sieur Dufour de substituer au surnom de Delaneau celui d'Hargeville, et aux sieurs Lechevalier et Jacobi d'ajouter à leurs noms ceux de Lejumel et de Soulanges. (7, Bull. 474.)

29 AOUT 1821. — Ordonnance du Roi qui nom-

me M. le maréchal duc de Raguse gouverneur de la première division militaire. (7, Bull. 475.)

————

29 AOUT 1821. — Ordonnance du Roi qui admet le sieur Memed à établir son domicile en France. (7, Bull. 474.)

————

29 AOUT 1821. — Ordonnance du Roi portant que la dame Tavernier, veuve Mercurio, est réintégrée dans la qualité de Française, et jouira, ainsi que ses pupilles, des droits franchises et priviléges dont jouissent les Français. (7, Bull. 475.)

————

29 AOUT 1821. — Ordonnances du Roi qui accordent des lettres de déclaration de noturalité aux sieurs Martin et Schreiber. (7, Bull. 480.)

————

29 AOUT 1821. — Ordonnance du Roi qui rapporte celle du 25 octobre 1814, qui permettait au sieur Mandel d'ajouter à son nom celui de Dumesnil. (7, Bull. 481.)

————

29 AOUT 1821. — Ordonnances du Roi qui autorisent l'acceptation de dons et legs. (7. Bull. 495.)

————

29 AOUT 1821. — Ordonnance du Roi qui accorde une pension à un conseiller de préfecture. (7, Bull. 492 bis.)

————

31 AOUT 1821. — Tableau des prix moyens des grains pour servir de régulateur de l'exportation et de l'importation, conformément aux lois des 16 juillet 1819 et 4 juillet 1821. (7, Bull. 473.)

————

5 = Pr. 29 SEPTEMBRE 1821. — Ordonnance du Roi relative à l'emploi des fonds provenant des coupes extraordinaires des bois des communes, des hôpitaux et des établissemens publics, dont l'adjudication n'excédera pas la somme de mille francs. (7, Bull. 477, n° 11264.)

Voy. notes sur l'ordonnance du 7 MARS 1817, et ordonnance du 31 MARS 1825.

Louis, etc., voulant rendre plus facile pour les communes et établissemens publics

————

(1) Voyez article 1er de l'ordonnance.

l'emploi des fonds provenant des coupes extraordinaires des bois qui leur appartiennent, et modifier, à cet effet, les règles établies par notre ordonnance du 7 mars 1817, sur l'avis de notre ministre secrétaire d'État au département des finances, et le rapport de notre ministre sécrétaire d'État au département de l'intérieur, notre Conseil entendu, nous avons ordonné et ordonnons ce qui suit :

Art. 1er. Les fonds provenant de coupes extraordinaires de bois des communes, des hôpitaux et des établissemens publics, dont l'adjudication n'excédera pas la somme de mille francs, ne seront plus versées à la caisse des dépôts et consignations.

Les receveurs généraux des finances en feront le recouvrement à titre de placement en compte courant au Trésor royal, pour être tenus, avec les intérêts qui en proviendront, à la disposition des établissemens propriétaires, sur la simple autorisation des préfets.

2. Les receveurs généraux des finances recevront, sous les mêmes conditions et aux mêmes titres,

1° La somme de mille francs sur les coupes extraordinaires dont la vente n'excédera pas cinq mille francs ;

2° Le cinquième du produit des coupes dont l'adjudication excédera cinq mille francs : le surplus continuera d'être versé à la caisse des dépôts et consignations.

3. Nos ministres de l'intérieur et des finances sont chargés de l'exécution de la présente ordonnance.

5 SEPTEMBRE 1821. — Ordonnance du Roi qui permet aux sieurs Roussel et Seyssau d'ajouter à leurs noms ceux de Michalon et de Tardieu de la Laure. (7, Bull. 476.)

5 SEPTEMBRE 1821. — Ordonnances du Roi qui autorisent l'acceptation de dons et legs.(7, Bull. 495 et 496.)

5 SEPTEMBRE 1821. — Ordonnances du Roi qui accordent des lettres de déclaration de naturalité au sieur Kunick dit le Roy. (7, Bull. 551.)

6 SEPTEMBRE 1821. — Odonnances du Roi portant convocation des colléges électoraux dans les départemens de la cinquième série, et dans le département des Pyrénées-Orientales. (7, Bull. 476.)

6 SEPTEMBRE 1821. — Ordonnance du Roi portant nomination des présidens des colléges électoraux convoqués par l'ordonnance de ce jour. (7, Bull. 476.)

6 SEPTEMBRE 1821. — Ordonnance du Roi portant nomination du président du premier arrondissement du département de l'Ariége. (8, Bull. 476.)

12 = Pr. 29 SEPTEMBRE 1821. — Ordonnance du Roi qui fixe les droits de péage à percevoir sur le canal du duc d'Angoulême. (7, Bull. 477, n° 11266).

Louis, etc., sur le rapport de notre ministre secrétaire d'État au département de l'intérieur ; vu la loi du 5 août 1821, approbative de la convention passée entre notre ministre secrétaire d'État de l'intérieur et le sieur Urbain Sartoris, pour l'achèvement du canal du duc d'Angoulême ; vu l'article 11 de ladite convention, portant que « le tarif des droits de péage à établir « sur ce canal ne pourra être modifié que « du consentement mutuel du Gouverne- « ment et de la compagnie concession- « naire ; » vu le consentement donné par le sieur Sartoris à diverses modifications dans le tarif des droits de péage annexé à la loi susdatée, avons ordonné et ordonnons ce qui suit :

Art. 1er. Les droits de péage à percevoir sur le canal du duc d'Angoulême seront :
Par kilolitre d'orge, seigle, blé de Turquie. 0 175
Par kilolitre d'avoine et autres menus grains. 0 125
Par kilolitre de cidre, bière et poiré. 0 200
Par mètre cube de fagots. 0 005
2. Les droits de péage ci-dessus fixés, et tous ceux portés au tarif annexé à la loi du 5 août, sont réduits à moitié pour toute la navigation à suivre depuis Amiens jusqu'à Saint-Valery, et depuis Saint-Valery jusqu'à Amiens.
3. Les bateaux de deux tonneaux et au-dessous sont affranchis de tout péage, sauf le droit dû au passage des écluses, si ces bateaux les traversent.
4. Notre ministre de l'intérieur est chargé de l'exécution de la présente ordonnance.

12 SEPTEMBRE 1821. — Ordonnance du Roi qui permet aux sieurs Levy de substituer à leur nom celui de Levisthal. (7, Bull. 476.)

12 SEPTEMBRE 1821. — Ordonnance du Roi qui nomme M. Paul de Châteaudouble sous-directeur de la caisse d'amortissement. (7, Bull. 477.)

12 SEPTEMBRE 1821. — Ordonnance du Roi qui admet les sieurs Blasy, Muller et Schultheis, à établir leur domicile en France. (7, Bull. 480.)

12 SEPTEMBRE 1821. — Ordonnances du Roi qui accordent des lettres de déclaration de naturalité aux sieurs Winslow, Dhont, Morel, Mahonfatin et Grœsschy. (7, Bull. 480 494, 509, 665, et 622.)

12 SEPTEMBRE 1821. — Ordonnance du Roi qui autorisent l'acceptation de legs faits aux fabriques des églises de Hontschoote et de Ger; au séminaire d'Aix; à la congrégation des dames de la Doctrine chrétienne de Nancy et de Notre-Dame de Châlons-sur-Marne, et aux communes d'Haltuin de Coarraze et d'Ibos. (7, Bull. 496.)

12 SEPTEMBRE 1821. — Ordonnances du Roi qui accordent des pensions militaires. (7, Bull. 479.)

19 = Pr. 23 SEPTEMBRE 1821.— Ordonnance du Roi qui proroge pour une année la section temporaire créée au tribunal de première instance de l'Argentière par l'ordonnance du 20 septembre 1820. (7, Bull. 476, n° 11240.)

Louis, etc., vu notre ordonnance datée du 20 septembre 1820, contenant création d'une section temporaire au tribunal de première instance de l'Argentière, département de l'Ardèche, laquelle doit être dissoute de droit après un service d'une année; ayant reconnu que l'arriéré dans les affaires soumises à ce tribunal n'était pas encore vidé; sur le rapport de notre garde-des-sceaux, ministre secrétaire d'Etat au département de la justice, nous avons ordonné et ordonnons ce qui suit:

Art. 1er. La section temporaire créée au tribunal de première instance de l'Argentière par notre ordonnance précitée continuera son service pendant une année, à compter du jour où elle devait le cesser; et à l'expiration de cette même année, elle sera dissoute de droit.

2. Cette section conservera l'organisation qui lui a été donnée par notre précédente ordonnance, et les magistrats qui la composent continueront de jouir, pendant leur service, du traitement qui leur est attribué.

3. Notre ministre de la justice est chargé de l'exécution de la présente ordonnance.

19 SEPTEMBRE = 17 OCTOBRE 1821. — Ordonnance du Roi qui appelle à l'activité les jeunes soldats de la classe 1819 propres au service de la cavalerie ou à celui des compagnies d'élite d'infanterie, et prescrit leur répartition entre les régimens, conformément à l'état annexé. (7, Bull. 481, n° 11418.)

Art. 1er. Sont appelés à l'activité tous les jeunes soldats de la classe de 1819 propres au service de la cavalerie ou à celui des compagnies d'élite d'infanterie, et ayant la taille d'un mètre six cent soixante-dix-neuf millimètres et au-dessus.

2. Les jeunes soldats appelés à l'activité par l'article précédent seront répartis entre les régimens de carabiniers, de cuirassiers, de dragons, et ceux d'infanterie qui n'ont pas encore atteint leur complet.

3. Les jeunes soldats de la taille d'un mètre sept cent soixante-quatorze millimètres et au-dessus seront affectés en totalité aux carabiniers; tous ceux de la taille d'un mètre sept cent vingt-un millimètres à sept cent soixante-treize millimètres inclusivement seront affectés aux cuirassiers; et il sera prélevé, pour les dragons, sur les jeunes soldats au-dessous de la taille d'un mètre sept cent vingt-un millimètres, le nombre d'hommes qui manque au complet de cette arme.

Les jeunes soldats au-dessous de la taille de sept cent vingt-un millimètres qui n'auront pas été désignés pour les dragons, ainsi que ceux d'une taille supérieure qui n'auraient pas été jugés propres au service de la cavalerie, seront, s'ils ne sont pas dans un cas de réforme, répartis entre les régimens d'infanterie.

4. La répartition des jeunes soldats entre les régimens de cavalerie et d'infanterie sera faite conformément à l'état annexé à la présente ordonnance.

5. Les départs des jeunes soldats appelés à l'activité devront être terminés le 20 novembre prochain.

6. Notre ministre de la guerre est chargé de l'exécution de la présente ordonnance.

19 SEPTEMBRE = 9 DÉCEMBRE 1821. — Ordonnances du Roi relative à l'horlogerie.(7,Bull.493, n° 11705.)

Voy. arrêté du ministre des finances du 6 MARS 1822.

Art. 1er. Les boîtes de montres d'or et d'argent neuves, et autres ouvrages neufs contenant ou destinés à contenir des mouvemens de montres, marqués des poinçons en usage antérieurement à notre ordonnance du 5 mai 1819, et non revêtus des poinçons de recense et de contre-marque prescrits par ladite ordonnance, seront considérés et traités comme ouvrages finis et non marqués, même dans le cas où ils seraient présentés aux bureaux de garantie (1).

La présente disposition n'aura d'effet que dans un mois à compter de la date de la publication de la présente ordonnance : en conséquence, pendant cet intervalle, les boîtes de montres d'or et d'argent neuves, et autres ouvrages désignés ci-dessus, marqués d'anciens poinçons et non recensés, pourront être présentés dans les bureaux pour y être essayés et marqués, s'il y a lieu, en payant les droits.

Les boîtes de montres d'or et d'argent et autres ouvrages désignés ci-dessus, dits *de hasard* et appartenant à des particuliers, et qui rentreront dans le commerce après les délais ci-dessus, ou qui seront donnés au raccommodage, continueront d'être traités comme il est prescrit par les articles 14, 16 et 17 de la déclaration du Roi du 26 janvier 1749, lesquels seront réimprimés à la suite de la présente ordonnance.

2. Il sera fabriqué un poinçon spécial pour les boîtes de montres et autres ouvrages d'horlogerie en or, et un différent pour les boîtes de montres et autres ouvrages d'horlogerie en argent. Ces poinçons porteront l'empreinte dont le dessin est annexé à la minute de la présente ordonnance (2). L'époque à laquelle il en sera fait usage, ainsi que le délai pour la recense gratuite des montres et ouvrages d'horlogerie qui sont marqués des poinçons servant actuellement à la garantie des ouvrages d'or et d'argent de tout genre et des poinçons de la dernière recense, seront déterminés par un arrêté de notre ministre secrétaire d'État des finances.

Les poinçons spéciaux ci-dessus serviront pour la recense gratuite des boîtes de montres et autres ouvrages d'horlogerie.

3. Notre ministre des finances est chargé de l'exécution de la présente ordonnance.

ARCHIVES DU ROYAUME.

SECTION JUDICIAIRE.

Extrait des minutes de la cour des aides de Paris d'une déclaration du Roi, en date, à Versailles, du 26 janvier 1749, enregistrée à la cour des aides de Paris le 11 février même année ; ladite déclaration en interprétation des réglemens faits sur la perception des droits dd marque et de contrôle sur les ouvrages d'or et d'argent qui se fabriquent et se débitent dans le royaume.

Les articles 14, 16 et 17 ont été copiés littéralement ainsi qu'il suit :

Art. 14. Enjoignons à tous orfèvres, joailliers, fourbisseurs, merciers, graveurs et autres, travaillant et trafiquant des ouvrages d'or et d'argent, de tenir des registres cotés et paraphés par l'un des officiers de l'élection, dans lesquels ils enregistreront, jour par jour, par poids et espèce, la vaisselle et autres ouvrages vieux ou réputés vieux, suivant l'article 3, qu'ils achèteront pour leur compte ou pour les revendre, ceux qui leur seront portés pour les raccommoder, ou donnés en nantissement, pour modèle ou dépôt, ou sous quelque autre prétexte que ce puisse être, et ce, à l'instant que lesdits ouvrages leur auront été apportés ou qu'ils les auront achetés ; seront aussi tenus de faire mention, dans lesdits enregistremens, de la nature et qualité des ouvrages, et des armes qui y seront gravées, des noms et demeures des personnes à qui ils appartiennent, sans qu'ils puissent travailler aux ouvrages qui leur auraient été apportés pour les raccommoder, qu'ils ne les aient portés sur leurs registres, le tout à peine de confiscation et de trois cents livres d'amende.

Art. 16. Seront tenus lesdits orfèvres et autres de rayer sur leurs registres les ouvrages qui y auraient été portés en exécution de l'article 14, à mesure qu'ils les rendront ; et, au cas où ils ne rendraient pas en même temps tous ceux contenus en un seul article, ils feront mention, à la marge, des pièces, qu'ils auront rendues, par espèce, poids et qualité, et représenteront aux commis du fermier, lors de leurs visites, le surplus des pièces restant entre leurs mains, ou indiqueront les ouvriers auxquels ils les auront données pour les raccommoder, le tout à peine de cent livres d'amende.

Art. 17. Lesdits orfèvres et autres travaillant et trafiquant des ouvrages d'or et d'argent seront tenus de faire marquer et de payer les droits des ouvrages qu'ils achèteront pour leur compte, soit pour les revendre, soit pour leur usage particu-

---

(1) Lorsque des montres sont saisies chez un horloger pour défaut de la marque exigée par la loi, il faut distinguer entre les boîtes et les mouvemens : les mouvemens ne doivent pas être compris dans la saisie (21 février 1822. Cass. ; S. 22, 1, 289).

(2) Il n'est pas au Bulletin.

lier, et ce dans vingt-quatre heures après qu'ils auront porté lesdits ouvrages sur leurs registres, ainsi qu'il est prescrit ci-dessus. A l'égard des ouvrages qu'ils auront achetés et qui ne seront pas en état d'être vendus, ou qu'ils ne voudraient pas vendre ou prendre pour leur compte, ils seront tenus de les rompre et briser dans l'instant, en sorte que lesdits ouvrages soient hors d'état de servir à aucun usage, le tout à peine de confiscation et de trois cents livres d'amende.

Collationné le présent extrait, et trouvé conforme à la copie de ladite déclaration, tirée du dépôt de la maison du Roi, collationnée le 29 avril 1778, signée Amelot, étant au dépôt de la section judiciaire des archives du royaume, et délivrée à l'administration des monnaies, sur sa réquisition, suivant sa lettre du 19 octobre 1821. En foi de quoi j'ai apposé le sceau desdites archives. A Paris, le 20 octobre 1821.

Pour le garde général des archives du royaume chevalier de Saint-Louis et de la Légion-d'Honneur, signé TERRASSE, dépositaire de la section judiciaire des archives du royaume, chevalier de l'ordre royal de la Légion-d'Honneur.

19 SEPTEMBRE 1821. — Ordonnance du Roi qui permet aux sieurs Bruguière et Samuel d'ajouter à leurs noms ceux de Fonteuille et de Hesse. (7, Bull. 477.)

19 SEPTEMBRE 1821. — Ordonnances du Roi qui autorisent l'acceptation de dons et legs. (7, Bull. 496 et 497.)

19 SEPTEMBRE 1821. — Ordonnance du Roi qui accordent des lettres de déclaration de naturalité aux sieurs Boveris dit Boeris et Boueris, Sburlati dit Esbourlaty, et Poggs. (7, Bull. 509 et 648.)

19 SEPTEMBRE 1821. — Ordonnances du Roi qui accordent une pension au comte Dejean, à un ancien référendaire à la cour des comptes, et à divers militaires. (7, Bull. 479 bis et 480 bis.)

24 SEPTEMBRE — 3 NOVEMBRE 1821. — Ordonnances du Roi qui nomme pair de France M. le baron Pasquier. (7, Bull. 487, n° 11586.)

Voy. notes sur l'article 27 de la Charte.

(1) Lisez : *une gratificatisn annuelle, erratum* Bulletin 483.

Louis, etc., vu notre ordonnance du 25 août 1817 sur la formation des majorats à instituer par les pairs ; vu notre ordonnance du 29 décembre 1818, par laquelle nous avons autorisé, en faveur de notre amé le baron Pasquier, la fondation d'un majorat au titre de baron ; voulant lui donner un témoignage de satisfaction pour ses bons et loyaux services, nous avons ordonné et ordonnons ce qui suit :

Art. 1er. Notre amé le baron Pasquier, ministre secrétaire d'Etat des affaires étrangères, est élevé à la dignité de pair du royaume.

2. Dans le cas où il viendrait à décéder sans postérité mâle, naturelle et légitime, ladite dignité de pair de France sera transmise héréditairement à son frère puîné, Jules Pasquier, pour en jouir lui et sa descendance mâle, naturelle et légitime.

3. Les lettres-patentes qui seront expédiées à notre amé le baron Pasquier en exécution de nos ordonnances, porteront institution du titre de baron : en conséquence, ce titre sera et demeurera uni à la pairie dont nous l'avons pourvu, pour en jouir lui et ses successeurs à ladite pairie, ainsi que des droits, honneurs et prérogatives qui y sont attachés.

26 SEPTEMBRE = Pr. 17 OCTOBRE 1821. — Ordonnances du Roi portant qu'il sera accordé, chaque année, une pension de trois cent francs à trois élèves choisis parmi ceux qui se seront le plus distingués à l'école spéciale militaire. (7, Bull. 481, n° 11419.)

Art. 1er. Notre ministre secrétaire d'Etat au département de la guerre nous désignera, lors de chaque promotion annuelle des élèves de l'école royale spéciale militaire au grade de sous-lieutenant, trois de ces élèves choisis parmi ceux qui ont rempli à l'école les emplois de sous-officiers : le choix devra spécialement porter sur ceux qui se seront le mieux conduits pendant leur séjour à l'école, qui y auront donné le plus de preuves d'instruction et de zèle pour notre service, et qui sont d'ailleurs sans fortune, nous réservant d'accorder aux trois élèves ainsi désignés une pension (1) de trois cents francs, dont ils jouiront jusqu'à ce qu'ils aient atteint le grade de capitaine.

2. Ces pensions (2) seront payées sur les fonds alloués chaque année au budget de l'école spéciale militaire.

3. Notre ministre de la guerre est chargé de l'exécution de la présente ordonnance.

(2) Lisez · *ces gratifications annuelles, erratum* Bulletin 483.

26 SEPTEMBRE 1821. — Ordonnances du Roi qui accordent des pensions. (7, Bull. 492 *bis*.)

26 SEPTEMBRE 1821. — Ordonnance du Roi qui admet le sieur Coren à établir son domicile en France. (7, Bull. 480.)

26 SEPTEMBRE 1821. — Ordonnance du Roi qui porte à vingt le nombre des routes départementales du Tarn. (7, Bull. 481.)

26 SEPTEMBRE 1821.— Ordonnances du Roi qui accordent des lettres de déclaration de natura‑ lité aux sieurs Franco et Béquet. (7, Bull. 494.)

26 SEPTEMBRE 1821. — Ordonnance du Roi qui permet aux sieurs Martinot et Plique d'établir sur la rivière du Rougeant, commune de Join‑ ville, un bocard et un patouillet pour la pré‑ paration du minerai de fer. (7, Bull., 497.)

26 SEPTEMBRE 1821. — Ordonnances du Roi qui autorisent l'acceptation de dons et legs. (7, Bull. 497.)

27 = Pr. 29 SEPTEMBRE 1821.— Ordonnance du Roi qui prescrit des mesures sanitaires dans plusieurs départemens (1). (7, Bull. 478, n° 11320.)

Voy. lois des 3 MARS, 1er MAI et 7 AOUT 1822.

Louis, etc., sur le compte qui nous a été rendu des progrès de la fièvre jaune en Ca‑ talogne et dans d'autres provinces de l'Es‑ pagne ; voulant en préserver nos Etats et prescrire toutes les mesures que le péril commande, sans cependant perdre de vue les intérêts qui existent entre les deux royaumes ; convaincu que plus les précau‑ tions à prendre sortent des règles commu‑ nes, plus il est nécessaire d'en écarter le désordre, d'empêcher qu'on ne les enfrei‑ gne, et, par conséquent, d'assurer leur exé‑ cution par de suffisans moyens de force et de répression ; vu l'art. 14 de la Charte, qui nous charge de pourvoir à la sûreté de l'Etat ; considérant que les ordonnances des Rois nos prédécesseurs qui prononcent des peines contre les communications de

nature à porter la contagion sur le sol français, n'ont point cessé d'être en vi‑ gueur ; que ces dispositions pénales, ren‑ dues pour les frontières de mer dans des temps où le danger contre lequel elles sont faites ne menaçait que ces frontières, doi‑ vent nécessairement s'appliquer aux fron‑ tières de terre, dès le moment que celles‑ ci sont exposées au même péril, se trouvent dans les mêmes circonstances, et que les faits prévus dans ces ordonnances, indé‑ pendans de la diversité des lieux, sont en‑ tièrement les mêmes par leur nature, leurs causes et leurs effets ; sur le rapport de notre ministre secrétaire d'Etat au dépar‑ tement de l'intérieur, nous avons ordonné et ordonnons ce qui suit :

Communications avec le département des Pyré‑ nées-Orientales.

Art. 1er. Toute communication par terre entre la Catalogne et le département des Pyrénées-Orientales ne pourra avoir lieu, jusqu'à nouvel ordre, que par la route du Perthus.

2. Tout voyageur, sans exception, ve‑ nant d'Espagne, y sera soumis à une qua‑ rantaine, qui variera selon les cas.

S'il arrive de Barcelone ou de toute au‑ tre ville où la contagion s'est déclarée, il ne pourra être admis en quarantaine qu'au‑ tant qu'il serait porteur de papiers visés, à une date récente, par les agens français, et dans lesquels ceux-ci auraient attesté que le quartier de son point de départ était sans communication avec les portions de la ville infectées par la maladie. Dans ce cas, la quarantaine sera de quarante jours.

S'il arrive d'une partie de l'Espagne qui se trouve dans les dix lieues d'un point in‑ fecté, et qu'il soit porteur de papiers en règle délivrés par les autorités locales, et attestant qu'il n'a pas eu de communica‑ tion avec les lieux où règne la maladie, il pourra être admis en quarantaine ; et, dans ce cas, elle sera de trente jours.

S'il arrive de toute autre partie de la Catalogne, porteur de papiers réguliers et qui attestent la non - communication, la quarantaine ne sera que de vingt jours.

Elle ne sera que de quinze jours, si, arri‑ vant d'une province d'Espagne exempte d'infection dans toute son étendue, il n'a fait que traverser la Catalogne dans les portions non envahies par la contagion, et si les papiers réguliers dont il est porteur constatent, par les *visa*, qu'il ne s'est point écarté de sa route.

Elle ne sera que de dix jours pour tout

---

(1) Les dispositions de cette ordonnance ont cessé d'avoir leur effet aux termes d'une ordonnance du 22 septembre 1822, insérée au *Moniteur* du 25 septembre.

individu venant de moins de cinq lieues de la frontière, et à l'égard duquel il sera prouvé qu'il n'a point, dans le mois, pénétré plus avant vers les lieux infectés.

Tout individu non pourvu de papiers en règle, ou qui ne pourrait point, par les faits contenus dans ceux dont il sera porteur, être assimilé à l'un des cas prévus par les dispositions qui précèdent, ne pourra être admis et sera repoussé de la frontière.

3. L'introduction de tous bestiaux, bêtes de somme, marchandises et autres objets reconnus *susceptibles* par leur nature, et portés au tableau ci-annexé N° 1, demeure interdite par le département des Pyrénées-Orientales, pendant tout le temps que se prolongeront les précautions prescrites par la présente ordonnance.

Pourront être introduits par la route du Perthus, après dix jours de quarantaine et de purification, les marchandises et autres objets portés dans le tableau ci-annexé N° 2; et, après cinq jours, les marchandises et autres objets portés au tableau N° 3 (1).

4. Il sera, à cet effet, établi un lazaret provisoire sur le point de la route du Perthus le plus voisin de la frontière, le plus isolé et le plus approprié à une telle destination. Tout propriétaire d'une maison reconnue nécessaire pour cet établissement ne pourra la refuser; et, attendu l'urgence et le péril imminent, l'administration pourra s'en emparer, sans autre formalité que de faire, en même temps et concurremment avec le propriétaire, évaluer le dommage; et de lui allouer telle indemnité que de droit.

5. Les frais de lazaret, personnels aux individus qui subiront la quarantaine, y compris les dépenses de leur nourriture, seront supportés par eux : le tarif en sera fixé d'avance par le préfet.

Communications avec les départemens de l'Ariége et des Hautes-Pyrénées.

6. Toutes communications et introductions quelconques par les départemens de l'Ariége et des Hautes-Pyrénées demeurent interdites.

Communications avec les départemens de la Haute-Garonne et des Basses-Pyrénées.

7. Les préfets de la Haute-Garonne et des Basses-Pyrénées désigneront, chacun dans son département, une seule route par

laquelle les *provenances* d'Espagne pourront être permises; toutes autres communications demeurant interdites sur les frontières de terre de ces départemens.

8. Il sera établi un lazaret provisoire sur chacune des routes restant ouvertes en vertu de l'article précédent.

Les dispositions prescrites par l'art. 2, à l'égard des individus partis de la Catalogne, ou de toute autre province d'Espagne non exempte de la contagion, seront communes à ces deux communications. Néanmoins, et attendu la plus grande distance qui sépare celles-ci des lieux infectés, la durée de la quarantaine pourra être, tant que cette distance subsistera, moindre d'un cinquième pour la première (par le département de la Haute-Garonne), et de deux cinquièmes pour la seconde (par le département des Basses-Pyrénées).

9. Les bestiaux, marchandises et autres objets susceptibles portés au tableau N° 1, pourront être admis en quarantaine dans les lazarets de ces deux communications, s'il résulte bien évidemment qu'ils proviennent de provinces d'Espagne éloignées de la contagion : dans ce cas, la quarantaine et les purifications seront de trente jour pour la première, et de vingt pour la seconde.

La quarantaine et les purifications prescrites par le second paragraphe de l'art. 3 pour les marchandises et autres objets portés aux tableaux N° 2 et 3, diminueront dans les proportions déterminées par l'article 8 qui précède.

10. Pourront n'être soumis qu'à une quarantaine d'observation de huit jours, dans la première de ces deux communications, et de cinq dans la seconde, les individus porteurs de papiers en règle, visés à une date récente par des agens français, et desquels il résultera que, venant de provinces éloignées de la contagion, ils n'en ont traversé aucune qui en soit infectée.

Cette quarantaine se prolongera de deux jours pour les mêmes provenances, si les passeports, quoique réguliers et attestant les mêmes faits, ne sont point visés par des agens français.

Lors des cas prévus par les dispositions qui précèdent et ceux qui pourront y être assimilés, toutes communications et introductions demeureront interdites.

Dispositions communes à toute la frontière d'Espagne.

11. Il continuera, jusqu'à nouvel ordre,

(1) La précaution la plus indispensable pour la purification de ces marchandises portées aux tableaux numéros 2 et 3, est de les séparer des enveloppes *susceptibles* qu'elles avaient avant leur entrée au lazaret, lesquelles enveloppes ne peuvent, dans aucun cas être conservées.

être formé sur toute la frontière d'Espagne un cordon sanitaire, lequel devra être
renforcé dans les parties voisines de la contagion. Les commandans militaires, ainsi
que les directeurs et les préposés des douanes, sont tenus de déférer aux réquisitions
et instructions qui leur seront adressées,
pour la formation de ce cordon, par les
autorités locales et par les commissions sanitaires. Les préfets pourront, pour la
même mesure, mettre en activité les gardes
nationales des communes frontières.

12. Il sera formé à Perpignan, sous l'autorité du préfet, qui la présidera et en
nommera les membres au nombre de huit,
une intendance sanitaire, dont le ressort
s'étendra sur ce département et sur le département de l'Ariége.

Une semblable intendance sera formée
dans le département des Basses-Pyrénées,
bornée à ce département; et une autre
dans le département de la Haute-Garonne,
dont le ressort s'étendra au département
des Hautes-Pyrénées.

Seront nommés membres de ces intendances, partout où cela se pourra, un officier supérieur des troupes de terre et un
agent supérieur de l'administration de la
marine.

13. Les préfets des trois départemens où
il doit être formé des intendances sanitaires, désigneront un conseiller de préfecture pour les remplacer dans la présidence
qui leur est attribuée. Ce fonctionnaire
devra, aussi long-temps que l'intendance
restera en activité, résider dans le lieu où
elle siégera, et prendre part à ses délibérations.

Les réglemens seront faits par les préfets, sur la proposition des intendances sanitaires : celles-ci seront chargées de leur
exécution.

14. Les réglemens publiés par les préfets présidens des intendances sanitaires
seront immédiatement communiqués aux
autorités locales du ressort, qui seront tenues de les faire exécuter, sans préjudice
toutefois des observations qu'elles croiront
devoir adresser, soit à l'autorité qui aura
fait le réglement, soit à notre ministre de
l'intérieur, auquel lesdits réglemens seront
transmis dans les vingt-quatre heures de
leur émission.

15. Les préfets des cinq départemens
frontières formeront, en outre, pour l'exécution des mesures prescrites, et sur tous
les points où ils le jugeront utile, des
commissions sanitaires composées de trois
ou de cinq membres, et présidées par le
maire de la commune où elles siégeront.

Lesdits préfets nommeront, chacun dans
son département, sur la proposition des
intendances ou des commissions, les agens
et gardes de santé nécessaires au service;
et ils se concerteront entre eux, à l'effet

d'organiser, sur toute la ligne, des moyens
de correspondance.

16. Tous animaux, marchandises et autres
objets susceptibles, introduits en contravention, seront sur-le-champ, avec les précautions d'usage, les animaux tués et leurs
corps enfouis, et les marchandises et autres
objets détruits et brûlés, sans que leurs
propriétaires puissent prétendre à aucun
remboursement, sauf à eux à exercer tout
recours que de droit contre les personnes
qui se seraient rendues coupables, sans
leur consentement, de ces introductions.

17. Tous individus qui, nonobstant les
sommations qui leur auront été faites, ten-
teront de violer le cordon sanitaire, seront
repoussés de vive force.

Ceux qui seraient surpris l'ayant violé,
seront sur-le-champ, et avec les précautions nécessaires pour éviter la contagion,
constitués en arrestation dans le lazaret le
plus voisin, ou, à défaut de lazaret voisin,
dans tout autre lieu séquestré à cet effet,
et traduits en justice après le temps de
quarantaine, pour être punis, s'il y a lieu,
conformément à la déclaration du 26 novembre 1729.

18. Toute personne qui, du territoire
français, aura opéré ou favorisé, en contravention à la présente ordonnance ou
aux réglemens locaux, l'introduction, soit
d'hommes, soit de marchandises, de bestiaux ou d'autres objets, sera constituée
en état d'arrestation et immédiatement
traduite devant les tribunaux pour être punie, s'il y a lieu, et selon l'exigence des
cas, soit conformément à l'ordonnance du
28 janvier 1748, soit conformément à l'ordonnance du 27 août 1786, soit pour le délit de contrebande résultant des prohibitions prononcées par les présentes.

Si les communications que le délinquant
a pu avoir sont de nature à donner des
craintes pour la santé publique, il sera retenu en arrestation, ou dans le lazaret voisin, ou dans un lieu séquestré à cet effet,
et ne devra être traduit en justice qu'après
l'expiration de la quarantaine.

19. Il ne pourra, jusqu'à nouvel ordre,
être tenu de foires ni de marchés dans le
rayon de cinq lieues du cordon sanitaire.
Les préfets pourront les transférer dans les
communes voisines situées hors du rayon,
pour tout le temps que durera la présente
interdiction.

20. Il est défendu à tous marchands col-
porteurs de circuler, pendant ce temps
d'interdiction, dans le même rayon de
cinq lieues : les préfets des cinq départemens frontières sont autorisés à faire conduire par la gendarmerie, hors de ces départemens, ceux d'entre ces marchands col-
porteurs qui seraient pris en contravention à cette défense.

21. Il continuera à être procédé confor

mément aux règles établies pour la purification des lettres. Elle ne pourra avoir lieu que dans les lazarets provisoires autorisés par la présente ordonnance. Néanmoins, si cela est jugé nécessaire, chacun des préfets de l'Ariége et des Hautes-Pyrénées pourra désigner à cet effet un point séquestré, placé au dehors de la ligne du cordon sanitaire, et environné des précautions exigées pour éviter toute communication.

22. Les préfets des départemens maritimes et les intendances sanitaires prendront, conformément à la présente ordonnance et aux réglemens déjà en vigueur, les mesures nécessaires à la conservation de la santé publique sur toute l'étendue du littoral, et pourront, dans ceux de ces départemens voisins des lieux infectés, prescrire, tant pour les bateaux pêcheurs que pour toute communication par mer, les précautions extraordinaires que les circonstances commanderont.

23. Il sera immédiatement rendu compte des mesures prises en vertu de l'article précédent, à notre ministre secrétaire d'État de l'intérieur, lequel les approuvera ou les modifiera, et continuera à donner, soit pour ces objets, soit pour tous autres concernant la santé publique, les ordres et les instructions nécessaires. Il pourra, selon que le danger s'accroîtra ou diminuera, étendre ou abréger les quarantaines, et les faire cesser, ainsi que les autres précautions, aussitôt que les causes qui y donnent lieu auront cessé d'exister; comme aussi les prescrire de nouveau partout où le danger viendrait à reparaître.

24. Les ordonnances, réglemens et déclarations des 25 août 1683, 26 novembre 1729, 28 janvier 1748, et 27 août 1786, seront imprimées à la suite des présentes, afin que les tribunaux puissent en faire telles applications que de droit.

25. Nos ministres sont chargés, chacun en ce qui le concerne, de l'exécution de la présente ordonnance.

TABLEAU N° Ier.

Effets et marchandises susceptibles par leur nature.

1° Les hardes, effets usuels, tout ce qui sert au coucher, objets d'équipement et de harnachement, les chiffons et lambeaux de toute espèce;

2° La laine et les poils d'animaux, lavés ou non, filés ou non;

3° Le coton en laine ou filé;

4° Le chanvre, l'étoupe et le fil;

5° Le lin filé ou non;

6° Les cordages non goudronnés et non composés de sparte ou de jonc;

7° Toute espèce de soie, soit en bourre, soit en fil;

8° Les pelleteries et les fourrures;

9° Les peaux et maroquins, les cordouans, basanes, cuirs tannés, cuirs secs, les rognures, abattis et débris de peaux ou d'autres substances animales;

10° Le duvet ou les plumes;

11° Les chapeaux ou autres étoffes feutrées;

12° Les cheveux et le crin;

13° Les étoffes, draperies, toileries, et généralement tous les tissus;

14° Le papier de toute espèce, le carton et les livres ou manuscrits;

15° Les fleurs artificielles;

16° Les verroteries, le corail, des chapelets et généralement toutes les marchandises enfilées ou assujéties avec des fils susceptibles;

17° Les quincailleries et merceries;

18° Les éponges;

19° Les chandelles et bougies;

20° Le cuivre ouvré, les râclures des vieux cuivre et autres vieux métaux;

21° Les momies, les animaux vivans ou morts.

TABLEAU N° II.

Marchandises douteuses et marchandises avec des enveloppes ou des liens susceptibles, ou qui peuvent receler des objets de genre susceptible.

1° Le corail brut;

2° Les cuirs salés et mouillés;

3° Les dents d'éléphant;

4° Les cornes et leurs râclures;

5° Le suif;

5° La cire;

7° Les drogueries et épiceries de toute espèce;

8° Le café et le sucre;

9° Le tabac en balles;

10° Les garances ou alizaris, les racines et les herbes pour les teintures;

11° Le vermillon;

12° La potasse et le salpêtre;

13° Le cuivre neuf ouvré et les râclures de cuivre neuf;

14° Les verreries en caisses ou en futailles, les galles, graines et légumes en sacs;

15° Les monnaies et médailles (1);

16° Les fruits gluans et visqueux.

---

(1) Il ne faut pas oublier de les passer au vinaigre.

TABLEAU N° III.

jets et marchandises de genre non susceptible.

1° Le blé, les grains, le riz, les légumes
greniers ou dans des sacs de sparte ou
jonc, les grains moulus, la farine, le
in, l'amidon et les gruaux, etc. ;

2° Les fruits secs ;

3° Les fournitures, les sucs des plantes,
s bois, des fruits, le miel ;

4° Les fruits frais ;

4° Les huiles ;

5° Les vins, liqueurs, et généralement
liquides ;

7° Les chairs salées, fumées et dessé-
ées ;

8° Le beurre, le fromage et la graisse ;

9° Les cordages entièrement goudron-
s ;

10° Le sparte et le jonc ;

11° Les cendres, soudes, sels en gre-
ars ou dans des enveloppes non suscep-
les, le charbon, le goudron, le noir de
mée, les gommes et les résines ;

12° Le bois en bloc, poutres, planches,
nnaux, caisse, etc. ;

13° L'avelanède ;

14° Matières pour la peinture et la tein-
re ;

15° Les objets neufs en verrerie ou po-
rie ;

16° Les minéraux, les terres, la houille,
souffre, le mercure, la chaux, les fos-
les et les objets tirés de la mer ;

17° Les métaux en pain ou en masse ;

18° Tous les objets composés de diffé-
ntes substances, toutes de genre non
sceptible.

Nota. Il faut avoir soin de séparer exactement
ces objets et marchandises tout ce qui est de
nre susceptible.

églement que le Roi veut et ordonne être observé
à l'avenir dans les ports de Toulon et de Marseille, sur les précautions à prendre pour empêcher que la peste ne s'introduise dans le royaume.

Art. 1er. Sa majesté ordonne aux capi-
iines et autres officiers de ses vaisseaux,
alères et autres bâtimens, d'éviter, au-
int, qu'il sera possible, toute sorte de
ommerce dans les lieux suspects de mal
ontagieux ; et, en cas que, par une abso-
ue nécessité d'y faire du bois et de l'eau et
'avoir des rafraîchissemens, et autres be-
oins indispensables, ils fussent obligés
l'envoyer des chaloupes ou caïques à terre,

Sa Majesté veut qu'ils y fassent embarquer
un officier pour empêcher que les mariniers desdites chaloupes ou caïques n'y
achètent aucunes manchandises ni autres
hardes que celles qui leur seront indispensablement nécessaires pour être en état de
faire le service.

2. Les vaisseaux, galères et autres bâtimens qui reviendront à Toulon ou à Marseille, mouilleront, savoir : les vaisseaux
et autres bâtimens à Saint-George ou devant le lazaret, et les galères, aux îles de
Marseille ; et aussitôt qu'ils y seront arrivés, et que le temps le permettra, le commandant de l'escadre ou le capitaine particulier du vaisseau ou de la galère en fera
avertir l'intendant de la marine ou des galères par une chaloupe ou caïque qu'il enverra avec un officier au bureau de la santé,
et ne permettra à aucun officier, matelot,
marinier de rame ou soldat, d'aller à terre,
qu'auparavant un commissaire de marine
ou des galères, assisté des médecin et chirurgien du port, d'un officier de la santé,
n'ait été auprès des bâtimens, s'informer
du lieu d'où ils viennent, s'ils ont eu quelque pratique en des pays infectés dudit
mal, et s'il n'y a personne qui en soit attaqué ; s'ils y ont embarqué quelques marchandises, moutons, volailles, et autres
rafraîchissemens, ou passagers, et le
temps qu'il y a qu'ils en sont partis.

3. Ledit commissaire de marine ou des
galères, et officiers de santé, étant assurés, par le rapport du commandant et par
le serment du maître chirurgien, qu'il n'y
en a aucun attaqué de ce mal, que l'on n'a
pratiqué en aucune ville infectée de peste,
ni eu commerce avec aucun bâtiment venant du Levant ou autres lieux suspects de
ce mal, ni embarqué de marchandises ou
rafraîchissemens susceptibles de peste, ou
passagers venant desdits lieux ; lesdits
commissaires, médecin, chirurgien du
port et officier de la santé, entreront dans
lesdits bâtimens, et iront recevoir la déclaration signée des capitaines de l'exposition qu'ils auront faite, qu'ils seront obligés de donner fidèle, sous peine de cassation, pour être, lesdites déclarations, enregistrées au bureau de la santé ; en suite
de quoi les susdits officiers feront leur visite, et l'entrée du port leur sera donnée
sans retardement.

4. Les bâtimens qui auront été obligés
de mouiller en des lieux attaqués de
peste, sans y avoir eu commerce, et
qui auront ensuite demeuré douze ou
quinze jours en mer, seront pareillement
reçus dans les ports de Toulon ou de
Marseille, après avoir été visités en la manière ci-dessus prescrite.

5. S'il avait été embarqué sur lesdits
bâtimens quelques marchandises ou rafraîchissemens susceptibles de peste, Sa

Majesté veut qu'à leur arrivée toutes les marchandises et hardes des officiers et des équipages et chiourmes soient débarquées au lazaret pour y faire la quarantaine ordinaire; que les vaisseaux galères et autres bâtimens, et les hommes, soient parfumés avec un très-grand soin; les voiles, pavillons et autres choses susceptibles de peste soient éventés; et, ne paraissant aucune marque de peste, huit jours après le commencement de la quarantaine, l'entrée du port soit donnée auxdits bâtimens, officiers et hommes de l'équipage et chiourmes.

6. S'il arrivait qu'il se trouvât quelqu'un attaqué de ce mal, Sa Majesté veut que les officiers, les équipages, chiourmes, leurs hardes, et toutes les choses suspectibles de contagion, soient mis au lazaret, et que les vaisseaux, galères et autres bâtimens, après avoir été parfumés, fassent quarantaine entière, savoir : les vaisseaux et autres bâtimens, au Morillon, en observant de s'éloigner le plus qu'il se pourra de la ville de Toulon, et les galères, aux iles de Marseille; lesquels vaisseaux, galères et autres bâtimens, seront gardés par les gardes de la santé.

7. A l'égard des officiers, équipages et chiourmes, ils seront parfumés quatre fois, à trois jours d'intervalle; ensuite de quoi, après avoir changé de tout habillement, ils seront visités de nouveau, et, en cas qu'il ne s'en trouve aucun attaqué dudit mal, l'entrée leur sera donnée.

8. Les vaisseaux, galères et autres bâtimens, qui reviendront à Toulon ou à Marseille, pour caréner, espalmer, se remâter, ou prendre des vivres, mouilleront, savoir, les vaisseaux et autres bâtimens au Gros-Saint-George, et les galères aux iles de Marseille, et y recevront tous leurs besoins avec les précautions dont il sera convenu avec les intendans de marine et des galères et les officiers de la santé.

9. Sa Majesté veut que, dans les cas inopinés qui pourraient arriver à l'avenir il y soit pourvu par les intendans de marine et des galères et par les officiers de le santé de Toulon et de Marseille, et qu'ils en donnent avis aussitôt au commandant de la province et à l'intendant de la justice, police et finances, qui y est établi.

10. Sa Majesté défend, sous peine de cassation à l'égard des officiers, et de punition corporelle à l'égard des matelots, mariniers de rame et autres gens de l'équipage, de descendre à terre aux environs de la rade de Toulon et de Marseille, qu'après que l'entrée aura été donnée auxdits vaisseaux ou galères.

11. Défend pareillement Sa Majesté auxdits capitaines de vaisseaux, galères et autres bâtimens venant du Levant et autres

lieux soupçonnés de peste, d'envoyer terre aucun homme de leur équipage, ni d laisser débarquer aucune chose en quelqu endroit de la côte de Provence ou ils é pourront trouver, si la nécessité du servic n'y oblige, et sans la permission des offi ciers de santé qui se trouveront sur le lieux.

Mande et ordonne Sa Majesté à monsieu le Comte de Vermandois, Amiral de Franc au sieur duc de Vivonne, maréchal d France, général des galères, aux vice-ami raux et lieutenans généraux, et aux inten dans de marine et des galères, de tenir Ⅱ main à l'exécution du présent réglement! qu'elle veut être lu, publié et affiché, à c que personne n'en ignore.

Fait à Fontainebleau, le 25e jour d'aoû 1683.

Signé LOUIS.

Et plus bas : COLBERT.

Déclaration du Roi concernant le commerce dan les Echelles du Levant (26 novembre 1729.)

REGISTRÉE EN PARLEMENT.

Louis, par la grâce de Dieu, Roi dl France et de Navarre, comte de Provence Forcalquier et terres adjacentes, à tout ceux qui ces présentes lettres verront salut.

Notre attention à faciliter par toute sort de moyens le commerce que font nos su jets dans les échelles du Levant et de Bar barie, et à pourvoir en même temps à la conservation de la santé dans notr royaume, nous a porté à examiner ce qu pourrait être ajouté aux ordonnances e réglemens rendus sur ce sujet, afin d'aug menter ledit commerce et d'empêcher qu les bâtimens qui y sont employés ne puis sent introduire le mal contagieux qui se fait ressentir souvent dans lesdites échelles Nous sommes informés que l'on observ avec exactitude les précautions établie pour s'en garantir dans les lazarets dⅡ Marseille et de Toulon, où il est ordonn aux capitaines et patrons desdits bâtimen de se rendre, venant du Levant et de Bar barie, pour faire quarantaine, sans pou voir aborder dans les autres ports de Pro vence et de Languedoc, ni communique à la côte, et qu'il n'est pas même permi à ceux qui y sont en quarantaine d'en partir avant que de l'avoir finie, pou faire un second voyage en Levant, comm ils avaient la liberté de le faire par le passé. Nous avons cependant estimé qu cette liberté pouvait être rendue sans in n convénient aux bâtimens destinés à la traite des blés, qui seraient venu dans lesdits ports avec patentes net tes; et nous avons cru qu'il était du bien du commerce et de l'avantage des provinces de notre royaume qui sont quelquefois exposées à la disette, d'accorder cette facilité auxdits bâtimens employés à leur procurer l'abondance. Mais nous avons en même temps jugé nécessaire d'établir des peines sévères, non-seulement contre ceux qui, au mépris des défenses de communiquer aux côtes de notre royaume et de débarquer des marchandises ou denrées en d'autres endroits que les lazarets de Marseille et de Toulon, pourraient y contrevenir, soit en venant des échelles du Levant et de Barbarie, soit en partant de nosdits ports avant la fin de leur quarantaine, mais encore contre ceux qui pourraient aider ou favoriser l'entrée et le débarquement desdites marchandises ou denrées.

A ces causes, et autres à ce nous mouvant, de notre certaine science, pleine puissance et autorité royale, nous avons dit, déclaré et ordonné, et par ces présentes, signées de notre main, disons, déclarons et ordonnons, voulons et nous plaît, que les bâtimens venant des échelles du Levant et de Barbarie, chargés de blé seulement et avec patentes nettes, puissent être expédiés et y faire un second voyage, après avoir débarqué leurs cargaisons, sans être obligés d'achever leur quarantaine. Ordonnons aux capitaines et patrons desdits bâtimens de faire route en partant pour se rendre en droiture à leurs destinations, sans aborder ni communiquer aux côtes de notre royaume, sous peine de la vie. Voulons que les capitaines et patrons des bâtimens venant desdites échelles, qui, au lieu de se rendre d'abord à Marseille ou à Toulon pour y faire quarantaine, iront communiquer auxdites côtes et débarqueront des marchandises ou denrées, soient pareillement punis de mort, ensemble ceux qui auront aidé ou favorisé l'entrée et le débarquement desdites marchandises ou denrées.

Si donnons en mandement à nos amés et féaux conseillers les gens tenant notre cour de parlement de Provence à Aix, que ces présentes ils aient à faire lire, publier et registrer, et le contenu en icelles garder et observer selon leur forme et teneur. Voulons qu'aux copies d'icelles, collationnées par l'un de nos amés et féaux conseillers-secrétaires, foi soit ajoutée comme à l'original, car tel est notre plaisir. En témoin de quoi nous avons fait mettre notre scel à cesdites présentes.

Donné à Versailles, le 26e jour de novembre, l'an de grâce 1729, et de notre règne le quinzième.

Signé LOUIS

Et plus bas:

Par le Roi, Comte de Provence :
PHELYPEAUX.

Lue, *publiée et enregistrée, présent et ce requérant le procureur général du Roi pour être envoyée à ses substituts dans les amirautés du ressort, suivant l'arrêt de ce jour.*

Fait à Aix, en parlement le 2 janvier 1730.

Signé DE REGINA.

Ordonnance du Roi portant réglement au sujet des patentes de santé que les patrons et autres qui naviguent d'un port à l'autre de Provence, Languedoc et Roussillon, doivent prendre tant pour eux que pour les passagers qu'ils embarquent. (28 janvier 1748.)

DE PAR LE ROI.

Sa majesté étant informée que, nonobstant les précautions portées dans les différens réglemens rendus sur le fait de la santé, les capitaines, patrons et autres mariniers qui naviguent d'un port à l'autre de Provence, Languedoc et Roussillon, négligent de prendre des patentes de santé, tant pour eux que pour les passagers qu'ils embarquent, ce qui favorise le débarquement clandestin de ces passagers, et le versement des marchandises qu'ils ont embarquées; et estimant nécessaire de remédier à un pareil abus, qui pourrait avoir des suites dangereuses pour la santé publique, sa majesté a ordonné et ordonne ce qui suit:

Art. 1er. Tout capitaine, patron ou marinier naviguant d'un port à un autre des provinces de Provence, Languedoc et Roussillon, sera obligé, avant son départ, de prendre une patente de santé contenant le nombre d'hommes qui composeront son équipage, conformément au rôle arrêté au bureau des classes, qu'il sera tenu de présenter aux officiers de la santé; et ne pourra embarquer aucuns passagers, s'ils ne sont pourvus d'une patente de santé, laquelle ne pourra être expédiée qu'en vertu d'un billet que lesdits passagers auront pris préalablement au bureau des classes, pour justifier qu'ils se sont présentés audit bureau, et qu'ils y ont été inscrits sur le rôle d'équipage, conformément à ce qui est porté par le réglement du 2 mars 1737, à peine, pour les contrevenans, de six mois de prison et de trois cents livres d'amende applicables à l'hôpital le plus prochain du lieu où le cas arrivera.

2. Lesdits capitaines, patrons ou mariniers feront viser leurs patentes par les officiers de santé dans tous les ports où ils relâcheront, et feront leur déclaration, non-seulement du lieu de leur départ, des relâches qu'ils auront faites pendant leur route, mais encore des bâtimens qu'ils auront rencontrés, soit qu'ils aient com-

muniqué avec eux, ou non, sous les peines portées par le précédent article.

3. Les passagers qui se débarqueront à l'insu du maître du bâtiment, et avant qu'il ait rempli les formalités ci-dessus établies, seront condamnés à trois mois de prison et à payer cinq cent dix livres d'amende : les capitaines ou patrons seront tenus d'en avertir les officiers de la santé, dès qu'ils auront reçu l'entrée; et, au cas qu'ils le cachent, les capitaines ou patrons seront condamnés à la peine portée dans l'article 1er.

4. Les passagers qui se débarqueront de force, et après avoir été avertis, par le maître du bâtiment, des peines portées par le présent réglement, subiront la peine portée dans l'article 1er, dans les cas où il ne s'agira que du simple débarquement de leur personne.

Si les capitaines, patrons, mariniers ou passagers, débarquent furtivement des marchandises ou pacotilles, qui doivent toujours être regardées comme suspectes, tant pour les intérêts de l'Etat que pour la conservation de la santé publique, lesdites marchandises et pacotilles seront confisquées, savoir : un tiers au profit du dénonciateur, et les deux autres au profit de sa majesté; et les contrevenans seront condamnés aux galères pour le terme de trois années. Entend néanmoins Sa Majesté que le présent réglement ne dérogera en rien aux peines établies par celui du 25 août 1683, au sujet des bâtimens venant du Levant et de Barbarie, ou de tout autre pays suspect ou contaminé. Enjoint Sa Majesté à tous les intendans et officiers des bureaux de santé établis dans les ports de Provence, Languedoc et Roussillon, de faire transcrire ledit réglement sur les registres des délibérations de leurs bureaux, pour y avoir recours en cas de besoin.

Mande et ordonne Sa Majesté à monseigneur le duc de Penthièvre, amiral de France, et aux sieurs intendans et commissaires départis dans les provinces de Provence, Languedoc et Roussillon, de tenir, chacun en droit soi, la main à l'exécution du présent réglement, qui sera registré aux greffes des amirautés desdites provinces, lu, publié et affiché partout où besoin sera.

Fait à Marly, le 28 janvier 1748.

Le duc de Penthièvre, amiral de France,

Vu l'ordonnance du Roi ci-dessus, à nous adressée, mandons à tous ceux sur qui notre pouvoir s'étend, de l'exécuter et faire exécuter suivant sa forme et teneur. Ordonnons aux officiers des amirautés de Provence, Languedoc et Roussillon, de la faire enregistrer à leur greffe, lire, publier

et afficher partout où besoin sera, en la manière accoutumée.

Fait à Marly, le 30 janvier 1748.

———

Ordonnance du Roi qui interdit les approches des lieux destinés à la quarantaine à Marseille, à tous ceux qui ne seront pas dans le cas de la faire, ou qui ne seront pas commis pour le service du bureau de santé. (27 août 1756.)

De par le Roi. Sa Majesté étant informée que des personnes, autres que celles qui sont employées au service de la santé, parcourent librement l'île de Pomègue, où est le port de la quarantaine, et s'approchent du rivage sur lequel est situé le lazaret de Marseille; et étant convaincue que cette fréquentation peut compromettre la santé publique par la facilité qu'elle donne de communiquer avec les objets qui sont soumis à la quarantaine, et qu'il est instant de pourvoir à de pareils abus, qui pourraient avoir les suites les plus dangereuses, elle a fait et fait très-expresses inhibitions et défenses à tous maîtres, patrons et mariniers de bâtimens, bateaux, chaloupes, de quelque espèce que ce soit, des côtes de Provence, Languedoc, Roussillon, d'Espagne, de Gênes et des Deux-Siciles, et à toutes personnes, de quelque état, sexe et condition qu'elles soient, qui ne seront pas dans le cas ou commises pour le service du bureau de la santé de Marseille, d'aborder l'île de Pomègue et son port, ni les environs des infirmeries du lazaret de Marseille, depuis la pointe de Portegalle jusqu'à celle de Saint-Martin d'Arenc, et notamment de descendre sur le rocher dit *l'Emeraude*, sous quelque prétexte que ce puisse être, même ceux de pêche ou de bain, à peine d'une année de prison, de trois cents livres d'amende, de confiscation tant des bâtimens que des filets, marchandises et autres effets qui y seront trouvés, et de plus grande s'il y échoit, suivant les circonstances des cas : voulant Sa Majesté que tant lesdites amendes que le produit des confiscations soient appliqués, savoir : un tiers aux dénonciateurs ou à ceux qui feront la capture des contrevenans, un autre tiers aux hôpitaux de la ville de Marseille, et le dernier tiers aux réparations et augmentations des bâtimens des infirmeries : fait aussi défenses aux maîtres et patrons de vaisseaux, barques et autres bâtimens étant en purge, et mouillés audit port de Pomègue, de souffrir l'approche d'autres bâtimens non sujets à quarantaine, sous les peines ci-dessus prononcées. Enjoint aussi Sa Majesté aux employés des fermes de Marseille, et à ceux répandus sur la côte, qui auraient fait des saisies ou des visites à la mer, de n'aborder à terre qu'après avoir fait leur déclaration aux officiers de santé, et de ne se rendre sur l'île de Pomègue, dans les cas qui l'exigeront, qu'après s'être munis de la permission desdits officiers, qui leur donneront un garde, s'il y a lieu. Enjoint aussi sa majesté au commandant du château d'Iff de prescrire au corps-de-garde d'invalides qui servent la batterie de Pomègue, d'empêcher l'abord sur l'île des personnes qui ne seront pas munies d'un ordre dudit commandant pour le service du Roi, ou d'une permission du bureau de la santé pour le service de la quarantaine. Veut sa majesté que les intendans de la santé de Marseille tiennent la main à l'exécution de la présente ordonnance, qu'ils la fassent signifier, lire, publier et afficher, à qui et dans tous les lieux où besoin sera, à ce que personne n'en prétende cause d'ignorance.

Fait à Versailles, le 27 août 1786.

Signé LOUIS.

Et plus bas : Le maréchal DE CASTRIES.

Loi du 9 mai 1793.

La Convention nationale, sur la motion d'un membre, décrète que les lois et réglemens relatifs à la conservation de la santé dans les ports de la Méditerranée seront exécutés dans toutes leurs dispositions, sous les peines y énoncées ; fait défense à tous les corps administratifs et municipaux, autres que ceux qui en ont reçu la délégation de la loi, de s'immiscer dans les fonctions et opérations des conservateurs de la santé de Marseille et de Toulon, et charge ses comités de commerce et de marine réunis de lui faire, dans trois jours, leur rapport sur les réclamations de la ville de Cette.

Certifié conforme :

Le conseiller d'État, secrétaire général du ministre de l'intérieur,

Signé Baron CAPELLE.

30 SEPTEMBRE 1821.—Tableau des prix moyens des grains pour servir de régulateur de l'exportation et de l'importation, conformément aux lois des 16 juillet 1819 et 4 juillet 1821. (7, Bull. 479.)

30 = Pr. 31 OCTOBRE 1821. — Ordonnance du Roi qui convertit la prison établie dans les bâtimens de l'ancien dépôt de mendicité à Poissy, en maison centrale pour la détention des hommes condamnés à un an et plus d'empri-

23.

sonnement dans les départemens de la Seine et de Seine-et-Oise. (7, Bull. 484 ; n° 11530.)

Louis, etc.

Art. 1er. La prison établie dans les bâtimens de l'ancien dépôt de mendicité à Poissy (Seine-et-Oise) est constituée maison centrale pour la détention des hommes condamnés à un an et plus d'emprisonnement, dans les départemens de la Seine et de Seine-et-Oise ; elle sera régie suivant ce qui est prescrit par l'article 10 de notre ordonnance du 2 avril 1817.

2. Le département de la Seine continuera à recevoir, pour l'entretien, dans les prisons de Paris, des individus des deux sexes condamnés à la réclusion, et des femmes condamnées aux travaux forcés ou à un an et plus d'emprisonnement, l'indemnité qui est accordée par l'article 28 de la loi du 31 juillet 1821.

3. Nos ministres de l'intérieur et des finances sont chargés de l'exécution de la présente ordonnance.

3 OCTOBRE 1821. — Ordonnance du Roi sur les opérations cadastrales. (Extrait des circulaires ministérielles).

Louis, etc., vu les articles 20, 21 et 22 de la loi du 31 juillet 1821.

Voulant donner aux nouvelles dispositions législatives qui s'appliquent au cadastre toute la régularité et l'uniformité qu'elles doivent avoir dans leur exécution ;

Sur le rapport de notre ministre secrétaire d'état des finances, et de l'avis de notre conseil des ministres,

Nous avons ordonné et ordonnons ce qui suit :

Arpentage parcellaire.

Art. 1er. Les plans continueront d'être levés parcellairement.

2. Les travaux s'exécuteront par canton. Toutefois les communes qui demanderont le renouvellement de leurs états de sections et matrices de rôles par anticipation, pourront y être autorisées par le préfet, en faisant l'avance des frais, qui leur seront remboursés lorsqu'on s'occupera du canton dont elles dépendent.

3. L'arpentage sera précédé de la délimitation des communes. Les contestations sur les limites des communes d'un même département seront décidées par le préfet. Elles le seront par le Gouvernement, lorsqu'elles intéresseront les communes de deux départemens. L'intervention du Gouvernement est pareillement nécessaire pour les changemens de limites consentis par

24

les communes respectives, ainsi que pour les échanges et les réunions de territoires.

Classement et évaluation des fonds.

4. Le classement des fonds sera confié à des propriétaires de la commune, assistés des agens de la direction des contributions directes. La nomination des propriétaires classificateurs, et le tarif des évaluations des différentes natures de propriétés, seront faits par le conseil municipal, qui s'adjoindra, pour ces deux objets, les plus forts imposés à la contribution foncière, en nombre égal à celui des membres du conseil.

Les propriétaires adjoints, absens, pourront se faire représenter par un fondé de pouvoirs.

5. Il est libre cependant au conseil municipal, formé comme ci-dessus, de proposer un expert pour aider les propriétaires classificateurs dans l'opération du classement. La nomination de cet expert est faite par le préfet, qui règle les taux de son indemnité, laquelle est acquittée par la commune.

Confection des États de sections et matrices de rôles.

6. Le directeur des contributions continuera d'être chargé de la rédaction des états de sections et matrices de rôles, et de tous les travaux d'expédition et de calculs.

Communication des contenances.

7. Chaque propriétaire recevra un bulletin indiquant la situation, la nature et la contenance de chaque parcelle de fonds qui lui aura été donnée sur le plan. Il consignera dans le bulletin toutes les remarques qu'il croira devoir faire sur l'indication et la consistance de ses propriétés.

Communication du classement.

8. Les états de sections et matrices, arrêtés par le préfet, seront adressés aux communes, en même temps que le rôle cadastral. Chaque propriétaire sera prévenu de leur envoi par un avertissement particulier, et aura le droit d'en prendre communication à la mairie, à l'effet de réclamer contre les erreurs qui auraient pu avoir été commises dans le classement de ses propriétés, comparé à celui des propriétés de même nature dans la commune.

Instruction et jugement des réclamations.

9. Tout propriétaire est admis à réclamer contre le classement de ses fonds, pendant les six mois qui suivront la mise en recouvrement du rôle cadastral. Passé ce délai, aucune réclamation ne pourra être admise qu'autant qu'elle portera sur des causes postérieures et étrangères au classement.

10. Les erreurs de contenances seront rectifiées dans la commune même, en présence du réclamant, et par les géomètres qui auront levé les plans. Les réclamations contre le classement seront instruites et jugées dans les formes prescrites par l'arrêté du 24 floréal an 8 (14 mai 1800) (1).

Tenue et dépense des livres de mutations.

11. Il sera pris les mesures nécessaires pour assurer la conservation des matrices de rôles et remettre en vigueur les dispositions de la loi du 3 frimaire an 7 (23 novembre 1798), concernant les mutations qui surviennent annuellement parmi les propriétaires.

12. La tenue des registres destinés à recevoir ces mutations étant, d'après l'article 33 de cette même loi, un objet d'intérêt local, la dépense qu'elle exige continuera d'être à la charge des communes.

Les frais concernant la rédaction des déclarations des propriétaires qui ont des mutations à faire opérer, continueront d'être acquittés par les déclarans.

Indemnité pour la confection des plans et des matrices de rôles.

13. Les frais des plans parcellaires seront réglés par les préfets, eu égard aux difficultés plus ou moins grandes que présente l'arpentage des territoires dans leurs départemens.

14. Sera pareillement fixée par les préfets l'indemnité des agens de la direction des contributions directes, pour la confection des états de sections et matrices de rôles, et les diverses opérations cadastrales dont ils sont spécialement chargés.

---

(1) Le recours en rectification du classement des parcelles de terrain, est la seule voie ouverte aux contribuables par l'ordonnance royale du 3 octobre 1821, pour obtenir le redressement des torts qui ont pu leur être faits par les opérations cadastrales.

Un contribuable ne peut demander la refonte totale du cadastre de la commune.

Il ne peut prendre des conclusions relatives à ses dégrèvemens qu'il n'a pas réclamés en première instance. (5 mai 1831. ord. ; Mac. 13, 169).

Comptabilité des opérations cadastrales.

15. Le préfet se fera remettre annuellement, par le Directeur des contributions, l'état des communes dont les opérations cadastrales peuvent être entreprises, et celui des dépenses qu'elles exigeront, pour être mis sous les yeux du conseil général.

16. La distribution du fonds commun, dont le principe et l'application sont consacrés par la loi du 31 juillet 1821, sera faite par notre ministre secrétaire d'Etat des finances, d'après les besoins et les droits reconnus de chaque département.

17. Le compte des recettes et dépenses que le préfet est tenu de soumettre chaque année au conseil général, devra comprendre :

1° Pour les recettes, les sommes provenant des centimes votés par le conseil général, et le supplément accordé par le Gouvernement sur le fonds commun ;

2° Pour les dépenses, les détails des sommes payées, et la nature des divers travaux auxquels elles s'appliquent.

Liquidation de l'arriéré.

18. Les travaux du cadastre exécutés jusqu'à ce jour seront liquidés dans l'état où ils se trouveront à l'époque où ils seront remis aux départemens, et le mode de cette liquidation sera déterminé par notre ministre secrétaire d'Etat des finances.

19. Notre ministre des finances est chargé, etc.

3 OCTOBRE 1821. — 31 DÉCEMBRE 1830. — Ordonnance du Roi pour la formation d'une commission en chaque département, chargée de proposer les bases d'une répartition de la contribution foncière. (9, Bull. O. 28, n° 530.)

Vu l'article 19 de la loi du 31 juillet 1821 sur les finances, portant : les bases prescrites par l'article 38 de la loi du 15 mai 1818, pour parvenir à l'évaluation des revenus imposables des départemens, seront appliquées aux communes et aux arrondissemens par une commission spéciale qui sera formée dans chaque département ; ce travail servira de renseignement aux conseils généraux de département et aux conseils d'arrondissement, pour fixer les contingens en principal des arrondissemens et des communes ; voulant régler d'une manière uniforme les procédés qui doivent être suivis pour parvenir à l'exécution de ces dispositions ; sur le rapport de notre ministre secrétaire d'Etat des finances, et de l'avis de notre conseil des ministres, nous avons ordonné et ordonnons ce qui suit :

Art. 1er. Les baux et les actes de vente qui doivent servir à la rectification des contingens des arrondissemens et des communes dans la contribution foncière, seront pris dans la période de 1812 à 1821 inclusivement.

2. La direction des contributions directes est chargée du relevé et de l'application de ces actes dont les résultats, pour chaque canton, seront soumis à une assemblée cantonale, composée du maire et d'un propriétaire de chaque commune nommé par le conseil municipal ; l'inspecteur des contributions et les contrôleurs qui auront opéré dans le canton assisteront à l'assemblée pour donner des renseignemens nécessaires.

3. L'assemblée cantonale examinera les actes dont on aura fait choix pour chaque commune, indiquera ceux qui pourraient conduire à de fausses indications, et fera connaître les changemens dont le travail lui aura paru susceptible.

4. Les opérations pour tous les cantons du département étant terminées seront soumises à une commission spéciale de trois membres du conseil général du département, de deux membres du conseil de chaque arrondissement et d'un notaire pareillement choisi dans chaque arrondissemens.

Les membres de cette commission seront nommés par nous sur la proposition de notre ministre secrétaire d'Etat des finances, et sur la présentation, par les préfets, de six membres du conseil général, de quatre membres de chaque conseil d'arrondissement et de deux notaires aussi par arrondissement. Le directeur des contributions assistera à l'assemblée pour fournir tous les éclaircissemens qui lui seront demandés.

5. Le tableau de l'évaluation des revenus imposables de toutes les communes, arrêté par la commission spéciale sera remis par le préfet au conseil général du département, avec le projet de la nouvelle répartition entre les arrondissemens et les communes.

6. La répartition faite par la commission spéciale sera adressée par le préfet à notre ministre secrétaire d'Etat des finances, avec la délibération que le conseil général aura prise à ce sujet et les observations du préfet, pour être revêtus de notre approbation. Toutes les mesures seront prises pour que les travaux qui auront pour objet la répartition définitive du contingent du département, entre les arrondissemens et les communes, soient terminées dans le délai de trois années au plus tard.

7. En attendant, et jusqu'à ce que les bases de la nouvelle répartition soient fixées, les conseils généraux de département et les conseils d'arrondissement continueront à répartir leur contingent, comme par le

24.

passé, entre les arrondissemens et les communes.

9. Notre ministre secrétaire d'État des finances (M. Roy) est chargé, etc.

---

3 OCTOBRE 1821. — Ordonnances du Roi qui accordent des pensions ecclésiastiques. (7, Bull. 493 bis.)

---

3 OCTOBRE 1821. — Ordonnance du Roi qui admet le sieur Schaefer-Trocadlé à établir son domicile en France. (7, Bull. 481.)

---

3 OCTOBRE 1821. — Ordonnance du Roi qui permet au sieur Berthoud d'ajouter à son nom celui de Hermand. (7, Bull. 481.)

---

3 OCTOBRE 1821. — Ordonnances du Roi qui accordent des lettres de déclaration de naturalité aux sieurs Thomas, Burnet, Gœtz, Montarsoli dit Montarsolo, Dubenoit, Wilquet et Manera. (7, Bull. 494 et 551, et 8, Bull. 52.)

---

3 OCTOBRE 1821. — Ordonnance du Roi qui autorisent l'acceptation de dons et legs. (7, Bull. 497.)

---

6 OCTOBRE = Pr. 1ᵉʳ NOVEMBRE 1821. — Ordonnance du Roi portant proclamation des brevets d'invention, de perfectionnement et d'importation, délivrés pendant le troisième trimestre de 1821, aux sieurs Maréchal, Watteblled, Henry, Mauby et Wilson, Leboucher-Villegaudin, Hall, Johannot de Crochart, Voland, Eaton, Douglas et Greston, Griffith, Aubril, Magendie, Masterman, Labarthe, Pellet, Manby, Aiguesparches et Espéron et compagnie, Cochet, Hollond et Medden, Tanard, Jaubert, Mayer et Naquet, Rodier, Clément, Hart, Hubon et Peau, Selligue, Vachier, Lelouis, Douglas, Schwickardi, Siry, cadet, Pichand, Aguessaut, Tissot, Valette, Girard et Tamisier, Beck, dame Benoist, Lebœuf, de Valdahon, Dumoulin, Manceaux, Henry, Hanin, Devode, P. A. Guilbaud, Lebon, Gotten et Duverger, Dufour et Joel frères. (7, Bull. 485, n° 11558.)

---

6 OCTOBRE 1811. — Ordonnance du Roi portant convocation de la Chambre des pairs et de la Chambre des députés des départemens. (7, Bull., 481.)

---

10 = 31 OCTOBRE 1821. — Ordonnance du Roi qui répartit et divise en deux classes les douze courtiers établis près la Bourse de Bayonne. (7, Bull. 484, n° 11531.)

Louis, etc. sur le rapport de notre ministre secrétaire d'État au département de l'intérieur; notre Conseil-d'État entendu, nous avons ordonné et ordonnons ce qui suit :

Art. 1ᵉʳ. Les douze courtiers établis près la Bourse de Bayonne par l'acte du Gouvernement du 7 thermidor an 9, et qui y cumulaient toutes les espèces de courtage, sont répartis et divisés en deux classes, savoir :

Quatre courtiers de marchandises ;

Huit courtiers d'assurances, conducteurs de navires, interprètes.

Il sera donné à tous les courtiers actuellement en exercice de nouvelles commissions, suivant la classe dont ils ont fait choix.

3. Notre ministre de l'intérieur est chargé de l'exécution de la présente ordonnance.

---

10 = 31 OCTOBRE 1821. — Ordonnance du Roi qui établit, dans chaque compagnie de gendarmerie, un abonnement de remonte et de secours destiné à aider les sous-officiers et gendarmes dans leurs dépenses d'habillement, d'équipement, etc. (7, Bull. 484, n° 11532.)

Voy. ordonnance du 29 OCTOBRE 1820.

Louis, etc., d'après le compte qui nous a été rendu de l'insuffisance des traitemens des sous-officiers et gendarmes pour subvenir aux dépenses d'entretien, d'habillement et de remonte, et des difficultés qu'éprouve le recrutement de la gendarmerie royale des départemens, à défaut de ressources dans les compagnies pour des avances de premier établissement aux nouveaux admis ; ayant été également informé de la position des officiers de l'arme, qui, pour la plupart, ne peuvent pourvoir, dans les lieux où ils sont disséminés, à la nourriture de leurs chevaux avec l'indemnité ordinaire des fourrages ; voulant faire cesser un état de choses aussi préjudiciable aux intérêts de ces militaires que nuisibles à notre service ; sur le rapport de notre ministre secrétaire d'État de la guerre, nous avons ordonné et ordonnons ce qui suit :

Art. 1ᵉʳ. Il sera formé dans chaque compagnie de gendarmerie un abonnement de remonte et de secours destiné à aider les sous-officiers et gendarmes dans leurs dépenses d'habillement, d'équipement et de remonte, à indemniser ceux qui auront éprouvé des accidens ou des pertes dans le service, enfin à faire des avances de premier établissement aux nouveaux admis, sortant des corps de l'armée.

A cet effet, il sera alloué par an et par homme au complet de chaque brigade, savoir :

A la compagnie de la Seine : arme à cheval, cinquante-cinq francs ; arme à pied, trente-cinq francs.

Aux compagnies des autres départemens : arme à cheval, quarante-cinq francs ; arme à pied, trente francs.

2. Cet abonnement sera divisé, 1° en fonds de secours ordinaires, composé d'une somme annuelle de quinze francs par homme au complet, et dont une portion, jusqu'à la concurrence du cinquième du produit, sera affectée aux dépenses administratives de chaque compagnie ; 2° en fonds d'entretien et de remonte, dont l'emploi n'aura lieu que sur les décisions spéciales de notre ministre de la guerre, d'après les demandes des conseils d'administration et les propositions motivées des colonels.

3. La solde des sous-officiers et gendarmes ne sera plus passible des retenues annuelles affectées aux fonds de secours.

Il est accordé à l'armée à pied une augmentation qui élèvera la solde ainsi qu'il suit :

Compagnie de la Seine : maréchal-des-logis, neuf cent cinquante francs ; brigadier, huit cent soixante francs ; gendarme, sept cent vingt francs.

Compagnies des autres départemens : maréchal-des-logis, sept cent cinquante francs ; brigadier, six cent cinquante francs ; gendarme, cinq cent cinquante francs.

4. Les officiers auront droit, suivant le nombre de rations assigné à chaque grade, à la même indemnité de fourrages que celle déterminée annuellement, par compagnie, pour les sous-officiers et gendarmes. Les rations leur seront en conséquence payées d'après les prix moyens arrêtés par les intendans des divisions militaires, et sans aucune différence pour les lieux de résidence du même département.

D'après cette disposition, la portion représentative des fourrages de chaque grade sera déduite de la solde. Toutefois, il ne sera pas fait de changement à l'allocation actuelle du supplément de Paris dont jouissent les officiers de la gendarmerie de la Seine.

5. Les lieutenans recevront une augmentation de solde dans la proportion de cent francs pour les officiers de ce grade employés dans la compagnie de la Seine, et de cent cinquante francs pour les lieutenans des autres départemens.

6. Notre ministre de la guerre est chargé de l'exécution de la présente ordonnance, qui aura son effet à partir du 1er janvier 1822, et sera applicable à la gendarmerie des ports et arsenaux.

———

10 OCTOBRE 1821. — Réglement général pour l'exécution des opérations cadastrales. (Extrait des circulaires ministérielles.)

Exposé des motifs.

Les opérations cadastrales, que la loi a circonscrites dans chaque département, n'ont pour objet que de rectifier les cotes individuelles dans l'intérieur de chaque commune.

Elles consistent :

1° Dans l'arpentage parcellaire ;

2° Dans le classement et l'évaluation des fonds ;

3° Dans la confection des états de sections et matrices de rôles ;

4° Dans la tenue des livres de mutation.

La nouvelle direction que ces travaux reçoivent aujourd'hui a permis d'en ramener l'exécution à des formes plus simples, de les réduire à ceux strictement nécessaires, de les distribuer d'une manière plus convenable, et d'obtenir, par la réunion de ces divers moyens, de fortes diminutions sur la dépense.

Tel est l'objet de ce réglement, dont l'ordonnance royale a fixé les principales bases.

Il n'a point paru nécessaire d'expliquer ici les raisons qui ont fait supprimer plusieurs dispositions contenues dans les anciennes instructions : il sera facile de voir qu'elles étaient devenues entièrement inutiles. Celles qui ont pu être conservées ont eu toutefois besoin de quelques modifications pour être mieux appropriées à la nouvelle organisation des opérations cadastrales. Un court exposé de ces changemens suffira pour en faire connaître et apprécier les motifs.

Il est démontré, par une longue expérience, que des plans qui donnent la configuration et la consistance des propriétés individuelles, sont indispensables pour de bonnes matrices de rôles. L'arpentage parcellaire a été en conséquence maintenu, et l'on n'a même rien changé aux procédés et aux méthodes d'après lesquels il s'exécute ; il n'a été modifié que dans quelques objets de détail. (Ordonn. royale, art. 1er. Réglement, art. 9.)

Le tableau indicatif des propriétés et des propriétaires n'a subi d'autres changemens que l'addition d'une nouvelle colonne qui doit être remplie par le contrôleur, et qui est destinée à recevoir le classement de chaque parcelle. Il a déjà, dans plusieurs départemens servi à ce dernier usage. Il est d'un format qui permet de le porter aisément sur le terrain, et peut, sans inconvénient, recevoir toutes les rectifications de noms, de propriétés et de contenances, jusqu'au moment où toutes les vérifications sont finies et où le directeur peut procéder à la rédaction des états de sections. (Réglement, art. 1.)

Les bulletins des contenances à communiquer aux propriétaires ne présentent que ce qu'il leur importe essentiellement de connaître. Leur rédaction avait été primitivement confiée au géomètre en chef, et l'a été ensuite au directeur des contributions. Elle rentre aujourd'hui dans les attributions du géomètre en chef, dont elle n'aurait dû jamais sortir. Il a, pour les écritures et les calculs que ces bulletins exigent, les mêmes moyens d'exécution que le directeur pourrait employer. (Règlement, art. 12.)

Le mode de communication de ces bulletins a été rendu plus simple, plus prompt et plus efficace. (Règlement, art. 14.)

Les contrôleurs se transportaient dans la commune pour remettre les bulletins au maire, qui les faisait distribuer aux propriétaires.

Cette communication durait un mois, pendant lequel le géomètre qui avait levé le plan, allait dans la commune pour faciliter aux propriétaires l'examen de leurs bulletins et recevoir les réclamations.

Ce déplacement des contrôleurs, pour un simple dépôt de pièces à la mairie, les détournait d'occupations plus importantes, leur occasionnait des frais, et ne dispensait pas le géomètre de se rendre dans la commune pour retirer les bulletins et y suivre les opérations qui lui étaient prescrites.

Aujourd'hui la communication est faite directement par le géomètre qui a levé le plan. Il porte lui-même les bulletins dans la commune. Il fait appeler les propriétaires ; il les aide à reconnaître les parcelles portées sous leur nom, reçoit leurs observations, répare immédiatement, et en leur présence, les omissions, les erreurs et les faux ou doubles emplois. La rectitude du plan et du tableau indicatif, la fixité des noms et des contenances, facilitent les opérations subséquentes, et préviennent les remaniemens continuels auxquels elles étaient autrefois exposées.

En remettant les bulletins rectifiés au directeur des contributions, le géomètre en chef doit lui en remettre un état récapitulatif. Cet état donne la certitude qu'aucun propriétaire de la commune n'a été oublié ; et, comme le directeur doit y placer les revenus imposables, il devient la récapitulation générale de la matrice cadastrale, tant en contenance qu'en revenus.

Le géomètre en chef livrait deux copies du plan, l'une pour la direction, et l'autre pour la commune. Celle pour la direction est supprimée. Le minute existe, et l'administration peut en tout temps y recourir pour les renseignemens dont elle aura besoin.

Le géomètre en chef construisait deux tableaux d'assemblage du plan parcellaire, pour être mis en tête de chaque atlas.

Quoiqu'on n'exige aujourd'hui que l'atlas pour la commune, il n'en devra pas moins fournir deux tableaux d'assemblage. L'un sera placé en tête de cet atlas, l'autre est destiné à l'exécution de la nouvelle carte de France.

Les grandes opérations trigonométriques que cette carte exige, sont, de leur nature, indépendantes des plans qu'il s'agit de donner aux communes. Elles détourneraient les géomètres des travaux auxquels ils doivent se livrer exclusivement, et entraîneraient des dépenses qui, totalement étrangères à la confection des matrices de rôles, sembleraient ne pouvoir frapper sur les fonds à voter par les conseils généraux. Les tableaux d'assemblage des plans parcellaires sont des matériaux précieux pour une nouvelle carte de France, et rempliront suffisamment l'intention de l'ordonnance royale du 11 juin 1817.

Les autres pièces, telles que le procès-verbal de la délimitation de la commune, le procès-verbal de la division de la commune en sections, le canevas et le registre des opérations trigonométriques, le premier et le second cahier des calculs et les calques du plan par section qui doivent servir aux expertises, n'ont éprouvé aucun changement ; ils continueront d'être rédigés dans les formes ordinaires.

Les expertises, qui consistent dans le classement et dans l'évaluation des fonds, ont subi des modifications beaucoup plus importantes.

Elles étaient confiées à des experts : elles le sont aujourd'hui aux propriétaires eux-mêmes, et il sera facile d'apprécier les motifs de cette détermination.

On pouvait avoir quelque intérêt à charger de cette opération des experts salariés et étrangers aux communes, lorsqu'il fallait coordonner les expertises sur tous les points de la France en faire le régulateur des quatre degrés de la répartition ; mais aujourd'hui qu'elles ne doivent servir qu'à rectifier la répartition individuelle, et qu'il suffit dès lors qu'elles soient proportionnelles dans l'intérieur de chaque commune sans qu'elles aient encore besoin de l'être d'une commune à l'autre, cette proportionnalité, devenue simplement locale, ne peut être mieux établie que par les propriétaires, à qui les expertises peuvent désormais être confiées sans aucun inconvénient. Ce n'est d'ailleurs que les réintégrer dans l'exercice d'un droit qui leur est attribué par les lois constitutives de la contribution foncière.

On aurait pu craindre de voir se reproduire les erreurs que l'on a reprochées aux matrices exécutées en 1791 ; mais personne n'ignore que la confection des matrices, à cette époque, était pour les communes un travail entièrement nouveau que les événemens de la révolution placèrent sous l'influence de toutes les passions. Les temps ne sont plus les mêmes ; les administrations locales ont pris une marche régulière, les propriétaires les plus instruits résident dans leurs domaines, les principaux cultivateurs sont familiarisés avec les formes de l'impôt ; chacun, éclairé sur ses droits, est à même de les défendre, et l'on n'a plus à redouter, dans l'estimation des propriétés individuelles, l'arbitraire qui a pu s'y introduire quelquefois dans un temps où les connaissances administratives étaient moins répandues.

Il est aussi à considérer qu'en 1791 les communes étaient en quelque sorte abandonnées à elles-mêmes. Le Gouvernement ne leur avait fourni aucun document, aucun travail préparatoire, aucun guide pour les diriger dans une opération dont elles n'avaient aucune expérience.

Aujourd'hui elles auront des plans qui indiqueront la position respective de toutes les propriétés, et des tableaux indicatifs de chaque propriétaire, de la nature et de la contenance de ses fonds ; elles auront l'assistance des agens de l'administration, qui tiendront les écritures et leur donneront tous les renseignemens dont elles pourront avoir besoin.

Enfin les propriétaires et les communes craignaient qu'on ne voulût arriver, par la connaissance du revenu réel des propriétés, à rectifier tous les degrés de la répartition et concurent une méfiance qui ne contribua pas peu à favoriser le désordre et les abus.

Aujourd'hui les matrices de rôles détachées des trois premiers degrés de la répartition, ne devront plus servir qu'à rectifier les cotes individuelles dans l'intérieur de chaque commune ; et dès lors il suffira que les évaluations soient proportionnelles, sans qu'il soit besoin qu'elles mettent en évidence le revenu réel de chaque propriété. Les opérations cadastrales ne pouvant plus inspirer aucune crainte de fiscalité, les propriétaires ne les verront que comme un moyen de faire entre eux une juste répartition de l'impôt.

C'est le conseil municipal qui est chargé de la formation du tarif des évaluations. Il est composé en général de propriétaires qui connaissent les produits des différentes cultures de leur territoire, et les rapports qui existent entre elles. Un nombre de principaux propriétaires, égal à celui des membres du conseil municipal, doit coopérer à ce travail. Cette mesure suffirait déjà pour rassurer les propriétaires contre les actes de rigueur et de partialité dont le souvenir de quelques anciennes injustices pourrait leur faire craindre encore le retour ; mais ils ont un nouveau motif de sécurité dans la détermination qui a été prise de soumettre le tarif des évaluations

arrêté par le conseil municipal, à un examen indépendant de toutes les affections locales, et à l'assentiment de l'autorité administrative. (Ordonn. royale, art. 4; réglem., art. 20, 21 et 22.)

Le classement est confié à des propriétaires nommés par le conseil municipal, et dont la tâche consiste uniquement à distribuer chaque parcelle de fonds dans les classes établies. Ils sont autorisés à appeler des indicateurs en état de leur donner des renseignemens utiles sur les parties de la commune qu'ils ne connaissent pas parfaitement. Ils peuvent, pour les propriétés des forains, s'environner des lumières de leurs régisseurs ou de leurs fermiers. Ils trouveront une assistance non moins utile dans le contrôleur des contributions placé auprès d'eux pour éclairer leurs doutes, les aider de ses observations, et leur éviter tous les travaux d'expédition et de calculs. Si, contre toute apparence, la réunion de ces divers moyens pouvait être insuffisante, et que le concours d'un expert pour le classement des fonds fût reconnu indispensable, la commune a le droit d'en faire la demande.

Jusqu'ici l'on a abusé de la division de parcelles en classes, et il a paru nécessaire d'entrer à cet égard dans quelques explications.

Les anciennes instructions avaient limité le nombre des classes à cinq pour les terres labourables, et à trois pour les autres natures de culture. Toutefois, pour ces dernières, lorsqu'elles étaient prédominantes, ou qu'elles offraient une grande variété, le nombre des classes pouvait être porté de quatre à cinq.

Ce nombre semblait devoir suffire pour qu'une parcelle de fonds fût entièrement comprise dans une seule classe ; mais il est fréquemment arrivé qu'on a distribué dans plusieurs classes une parcelle, même de peu d'étendue.

Cette division d'une parcelle en plusieurs classes qui n'auraient pu se justifier qu'autant que l'étendue de fonds portée dans chaque classe eût été géométriquement figurée et déterminée, devenait d'autant plus arbitraire, que rien n'en indiquait les élémens ni les traces. Il était dès-lors impossible d'y avoir aucun égard dans les mutations.

Elle avait d'ailleurs l'inconvénient de multiplier les écritures et les calculs, de prolonger le travail, et de rendre le démembrement d'une parcelle inintelligible au propriétaire.

Ce classement fractionnaire provenait, le plus ordinairement, de ce qu'on ne s'attachait point assez à la qualité intrinsèque du sol dont les nuances ne résultaient que d'une culture mieux soignée dans une partie de la parcelle que dans l'autre.

Cependant les lois ont consacré un principe d'après lequel les propriétés doivent être évaluées eu égard non à leurs produits actuels, mais à ceux qu'elles sont susceptibles de rendre avec les travaux ordinaires usités dans la commune.

Ainsi, si les propriétaires chargés du classement des fonds se pénétrent bien de ce principe, et que, sans considérer ni la négligence ni l'industrie du cultivateur, ils envisagent uniquement la nature du sol, rarement une parcelle aura besoin d'être divisée en plusieurs classes, sur-tout lorsqu'elle sera de peu d'étendue : le contrôleur ne saurait trop appeler sur cet objet l'attention des propriétaires classificateurs.

Le classement est immédiatement suivi de la confection des états de sections et matrices.

Les états de sections ont subi quelques modifications.

Ils étaient rédigés séparément pour les propriétés non bâties et pour les propriétés bâties. Elles sont réunies aujourd'hui sur un seul et même état.

Les états de sections embrassaient, dans trois parties distinctes,

1° Les noms des propriétaires, la nature des propriétés et la contenance de chaque parcelle ;

2° Le classement des parcelles ;

3° L'application du tarif des évaluations au classement.

On a remarqué que ces deux dernières parties pouvaient être considérées comme un double emploi avec les relevés par nature de culture qui présentaient exactement les mêmes détails : elles ont été supprimées. Le règlement et les modèles expliquent suffisamment la manière dont on doit désormais opérer.

La matrice de rôle présentait autrefois, pour une parcelle de fonds, autant de lignes que cette parcelle avait de classes : aujourd'hui chaque parcelle ne prendra qu'une seule ligne dans la matrice, quel que soit le nombre de classes qui lui ait été assigné ; et les propriétés bâties se trouvent, pour leur valeur locative, au-dessus de celle de leur superficie.

On sentira combien ces changemens, qui ne portent que sur des objets de forme, simplifient et abrégent la rédaction des états de sections et matrices de rôles.

Les expertises peuvent être en général très-régulières, et cependant il est possible que quelques propriétés soient sur-évaluées comparativement à d'autres propriétés de même nature. Il est juste de mettre les propriétaires à portée d'obtenir le redressement des erreurs commises à leur préjudice.

Il se faisait autrefois deux communications du travail.

Chaque propriétaire recevait d'abord un bulletin de classement de chaque article de ses propriétés, et le tarif des évaluations de la commune. Par l'application de ce ta-

rif au classement, le propriétaire s'assurait du revenu qui lui avait été donné, et réclamait en cas de surtaxe.

Mais cette communication était presque illusoire, par l'impossibilité de faire usage des tarifs d'évaluation, dont la plus grande partie des contribuables, dans les campagnes sur tout n'ont aucune habitude; et l'on avait été obligé d'accorder, pour les réclamations, un nouveau délai de six mois après la mise en recouvrement du rôle.

Ce mode de communication pouvait être nécessaire, lorsque, par suite des opérations cadastrales, les communes d'un même canton devaient être comparées et mises en péréquation ; car alors il était essentiel que leurs revenus respectifs fussent coordonnés et définitivement arrêtés, pour devenir la base immuable de leurs contingens ; mais aujourd'hui que les contingens des communes doivent être réglés par des opérations indépendantes de celles qui ont servi à rectifier les taxes individuelles, la communication des matrices avant l'émission du rôle n'est nullement utile; il est indifférent que, par l'effet des réductions accordées à quelques propriétaires, le revenu général de la matrice soit diminué, puisque les variations que peut, dans ce cas, éprouver le revenu cadastral, ne doivent avoir aucune influence sur le contingent de la commune, et encore moins sur ceux des autres communes du même canton.

Tel est le motif pour lequel l'ordonnance royale prescrit d'envoyer les états de sections et matrices dans la commune, avec le rôle destiné à être mis en recouvrement. (Ordonn. royale , art. 8 ; Règlement , art. 8.)

Cet envoi simultané a le double avantage de faire jouir promptement les communes de leurs matrices de rôle, et de procurer aux propriétaires les pièces au moyen desquelles ils peuvent entièrement s'éclairer sur l'exactitude des évaluations.

Informés de leur revenu et de leur cote par l'avertissement ordinaire qu'ils reçoivent du percepteur, prévenus par une lettre particulière du dépôt des matrices et du droit qu'ils ont d'y puiser les éclaircissemens dont ils ont besoin sur les bases de leur cotisation, les propriétaires domiciliés dans la commune, ceux qui n'y résident pas habituellement, ou qui, par des circonstances particulières, en sont momentanément éloignés, ont, dans le délai de six mois qui leur est accordé, un terme plus que suffisant pour réclamer contre les erreurs du classement dont ils auraient à se plaindre. (Ordonn. royale, art. 9, Règlement, art. 19.)

C'est d'après les formes consacrées par l'arrêté du 24 floréal an 8 (14 mai 1800) que les réclamations doivent être instruite' et jugées. Cet arrêté a prévu tous les cas où peut se trouver un contribuable ; et il suffit de se reporter aux dispositions qu'il renferme, pour se convaincre qu'elles offrent aux propriétaires toutes les garanties qu'ils peuvent désirer. Le revenu établi par les expertises sera immédiatement réduit sur la matrice, eu égard à la diminution dont il aura été jugé susceptible ; et la réimposition sur toute la commune, dans le rôle de l'année suivante, leur assure le remboursement des sommes qu'ils auront payées de trop. (Ordonn. royale, art. 10 ; Règlement, art. 30.)

Il n'aura pas suffi de donner de bonnes matrices aux communes, il faut encore pourvoir à leur entretien ; et le seul moyen de les conserver dans leur intégrité, est de suivre les traces des mutations qui surviennent annellement parmi les propriétaires. (Ordonn. royale, art. 11 ; Règlement, art. 36.)

On a écarté d'abord l'idée d'étendre la conservation jusqu'à suivre sur les plans les variations d'étendue et de configuration qui résultent des divisions et subdivisions des propriétés. Ces rectifications exigeraient continuellement des opérations géométriques sur le terrain. A l'immensité de ce travail se joindrait l'énormité de la dépense. L'entretien des matrices deviendrait alors beaucoup plus coûteux que leur établissement. L'essentiel est de mettre toujours les propriétaires à portée de connaître la contenance et le revenu qui servent de base à la fixation de leur cote. Ces renseignemens existent dans les matrices de rôle, et ces matrices doivent être l'unique objet de la conservation.

Les principes consacrés pour la tenue des livres de mutations par les articles 33, 35 et 36 de la loi du 3 frimaire an 7 (23 novembre 1798), ont conduit à examiner s'il ne serait point possible de faire sortir de toutes les mesures prescrites jusqu'à ce jour et successivement modifiées, un mode de conservation qui remplît complètement son objet et pût être invariablement suivi.

L'expérience a prouvé que les propriétaires ne savaient pas toujours désigner avec précision les articles qu'ils avaient pu vendre ou acquérir : il faut le plus souvent les aider à reconnaître ces articles sur le plan, et même sur le terrain ; il faut diviser de grands domaines en portions inégales ; il faut déterminer la situation, la nature, la contenance et le revenu des parcelles entières ou des portions de parcelle qui passent d'un propriétaire à l'autre. (Règlement, art. 37).

Ce travail demande une grande intelligence des détails, et exige beaucoup d'applications de tarifs, de calculs et d'écritures. On a donc senti la nécessité de charger les contrôleurs du soin de recueil-

lir et de constater les mutations. (Règlement, art. 38).

Une des principales causes qui jusqu'ici se sont opposées à la tenue régulière des livres de mutations, a été l'extrême difficulté de faire tomber les parties intéressées d'accord sur la portion aliénée d'une parcelle divisée en plusieurs classes. Cette distinction de classes ne peut se maintenir pour les mutations, soit à cause des difficultés dont on vient de parler, soit par les variations de culture et les subdivisions fréquentes qui s'opèrent dans les propriétés. Les contestations qui en résultent placent les agens de l'administration dans la position la plus délicate, et les mettent souvent dans la nécessité d'ajourner indéfiniment beaucoup de mutations.

Le seul parti à prendre était de généraliser la méthode qui a déjà été adoptée dans presque tous les départemens, et d'établir que le revenu à donner aux acquéreurs ou cohéritiers qui se partagent une parcelle divisée en plusieurs classes, serait déterminé en raison de la contenance de la portion que chacun d'eux aurait prise dans cette parcelle. (Règlement, art. 39.)

Par exemple, sur une parcelle de trois arpens et de 24 francs de revenu, divisée originairement en trois classes, il aura été vendu un arpent. On ôtera du compte du vendeur, sans avoir égard aux classes, le tiers de la contenance et conséquemment le tiers du revenu de la parcelle, c'est-à-dire, un arpent et 8 francs de revenu, pour les porter sur le compte de l'acquéreur.

Les calculs deviennent très-faciles, au moyen de ce que les classes de chaque parcelle de fonds ne sont plus distinctement spécifiées dans la matrice. Une parcelle divisée en 1re, 2e et 3e classe, y est portée sur une seule ligne, avec la simple indication de ces classes, le total de sa contenance et de son revenu. Toute l'opération consiste à diviser le revenu total de la parcelle par sa contenance totale, pour avoir un prix moyen applicable à la portion aliénée dans la parcelle. A moins de se jeter dans des discussions interminables et d'arrêter le cours des mutations, il eût été difficile de sortir, par un autre procédé, des embarras qu'elles présentent pour les parcelles divisées en plusieurs classes.

Le contrôleur, après avoir reconnu avec les déclarans, et constaté les parcelles objets des mutations, rédige une déclaration sur laquelle il indique les noms du vendeur et de l'acquéreur, et porte les parcelles qui ont été vendues. (Règlement, art. 40, 41, 42.)

Il envoie successivement au directeur les déclarations recueillies pour chaque commune.

Au reçu de ces déclarations, le directeur, sans être obligé de tenir, comme précédemment, un livre-journal, opère immédiatement les changemens sur la matrice même déposée dans ses bureaux ; il relève ensuite sur une feuille particulière la situation ancienne et nouvelle des acquéreurs et des vendeurs, et balance ces deux résultats. S'il s'était glissé dans l'application des mutations quelques erreurs, on pourrait dès l'instant même les reconnaître et les rectifier.

Le directeur renvoie au contrôleur les déclarations accompagnées de l'état récapitulatif, et cet employé se trouve dès-lors à portée de tenir la matrice de la commune en harmonie parfaite avec celle de la direction.

Ces transcriptions sur les matrices sont facilitées par l'espace en blanc qu'on y aura ménagé à la suite de chaque article, et par les feuilles en blanc qui seront mises à la fin de chaque lettre alphabétique. Il est possible que toutes ces feuilles ne soient point employées ; mais ce n'est point un sacrifice que l'on puisse regretter, lorsqu'il s'agit de conserver des matrices qui auront coûté beaucoup de travaux et de dépenses. Elles seront ainsi toujours complètes et tenues au courant, et il suffira d'en faire une copie littérale, lorsqu'après un certain laps de temps, leur transcription sera jugée nécessaire.

Les dépenses concernant les mutations sont relatives à la rédaction des déclarations qui doivent être faites par les propriétaires, et à l'application des mutations sur les matrices. (Ordonn. royale, art. 12 ; réglem. art. 43 et 44.)

D'après les anciennes instructions, il était alloué, par ligne transcrite sur chaque déclaration, 6 centimes, payés par le déclarant.

Les frais de changemens sur les matrices étaient acquittés sur les fonds du cadastre.

C'est le contrôleur qui reçoit aujourd'hui les déclarations et opère les mutations sur les matrices des communes ; il a droit à l'indemnité pour l'un et l'autre objet.

La rétribution des 6 centimes doit continuer d'être à la charge des déclarans.

Quant à l'application des changemens, la loi du 3 frimaire an 7, en ordonnant que, dans chaque commune, il serait ouvert un livre sur lequel seraient inscrites les mutations qui surviennent annuellement parmi les propriétaires, a voulu, par une suite naturelle, que les frais occasionnés par la tenue de ces livres fussent acquittés par les communes. C'est en conformité de cette disposition que l'ordonnance royale a mis au rang des dépenses communales l'inscription des mutations sur les matrices, qui, disposées pour recevoir les mutations successives des propriétés, deviennent elles-mêmes, en quelque sorte, les livres de mutations prescrits par la loi.

L'indemnité du contrôleur chargé d'opérer les changemens sur les matrices déposées dans les communes, et celle du directeur chargé du même travail sur les matrices déposées à la direction, doivent être fixées par MM. les préfets, eu égard aux soins particuliers que ces travaux exigent, et à l'obligation qui sera imposée aux contrôleurs, de fournir le papier nécessaire pour les feuilles de déclaration, payées précédemment sur les fonds du cadastre. Ils pourront se procurer auprès des directeurs des contributions tous les renseignemens dont ils croiront avoir besoin pour éclairer leur détermination à cet égard.

Les changemens que la succession des temps aura introduits dans la matrice de rôle d'une commune, en rendront, au bout de quelques années, la transcription inévitable. Cette transcription, dont MM. les préfets régleront la dépense, est un objet d'utilité purement locale, et, sous ce rapport, la commune qu'elle intéresse devra en acquitter les frais.

En chargeant MM. les préfets du réglement des indemnités concernant l'arpentage, on ne fait que les maintenir dans une attribution qu'ils tenaient des précédentes instructions. (Ordonnance royale, art. 13 ; réglement, art. 45.)

Ces dépenses étaient relatives au levé des plans parcellaires et aux travaux de cabinet dont le géomètre en chef était chargé.

Le taux commun de la rétribution pour le levé du plan devait être d'un franc par arpent, et de 26 centimes par parcelle. Il est plus que probable que cette rétribution, calculée en raison des variétés des territoires, éprouve une forte diminution. Il est bon d'observer aussi que, pour les communes qui avaient été arpentées par masses de cultures, on ne donnait, pour le levé du plan, que 75 centimes par arpent, ce dont les géomètres ne se plaignaient point, et que si ce prix de 75 centimes peut être adopté dans les pays entrecoupés et montueux, il peut l'être, à plus forte raison, et même diminué, dans les pays de plaine où l'arpentage est, en général, plus facile.

La rétribution du géomètre en chef consistait d'abord dans un traitement fixe, qui, d'après le nouvel ordre de choses, paraît ne devoir plus subsister aujourd'hui, sauf à y avoir égard dans la fixation de son indemnité.

Il lui était, en outre, alloué, pour travaux de cabinet, une rétribution dont le *maximum* devait être de 30 centimes par arpent, et de 7 centimes par parcelle. Ce *maximum* a été indistinctement alloué dans tous les départemens, et, sans entrer ici dans les détails des dépenses auxquelles cette

tribution est applicable, on a pensé qu'elle ait susceptible de varier suivant les localités.

En général, les dépenses que l'arpentage jusqu'ici exigées, peuvent pour l'avenir prouver des réductions sensibles. Les géomètres, étant parvenus par une longue pratique, à mettre beaucoup plus de célérité ans l'exécution de leurs travaux, peuvent apporter une assez forte diminution dans indemnité primitive dont ils auront joui usqu'à présent. Elle leur sera d'autant moins onéreuse, qu'ils ont plus que jamais assurance de trouver dans le cadastre une occupation non interrompue pendant un certain nombre d'années. On ne peut donc douter que les géomètres en chef, qui, choisis par MM. les préfets, doivent traiter directement avec eux, ne consentent volontiers à es réductions sur les prix actuels de chaque partie de l'arpentage. La sagesse de MM. es préfets saura concilier l'intérêt des contribuables avec le besoin de ne compromettre ni la régularité des travaux, ni les moyens d'existence d'une classe d'employés laborieuse et utile. MM. les préfets sentiront aussi l'extrême justice de maintenir dans leurs places les géomètres en chef, dont, en général, l'administration n'a eu qu'à se louer jusqu'à ce jour.

L'indemnité à laquelle le directeur a des droits, s'applique aux frais d'impression et aux dépenses que nécessitent les travaux l'expédition et de calculs des états de sections et matrices de rôles. Celle de l'inspecteur et des contrôleurs des contributions est relative aux frais de tournée, de déplacement et de séjour dans les communes, pour les parties de l'opération cadastrale dont ils sont spécialement chargés. (Ordonnance royale, art. 14; règlement, art. 32.)

Les directeurs avaient 14 centimes par parcelle, tant de propriétés bâties que non bâties, pour les frais d'impression, pour eux d'expédition et de calculs des états de sections et matrices de rôles en double expédition, ainsi que pour la reliure de toutes ces pièces.

Ils avaient en outre, pour un bureau spécial, 1,200 francs, qui pouvait représenter environ 3 centimes par parcelle; ce qui mettait leur rétribution totale à 17 centimes.

Les directeurs étant aujourd'hui dégagés de plusieurs travaux qui avaient nécessité le bureau spécial et entraînaient des dépenses extraordinaires, on a pensé que la somme allouée pour le bureau spécial pouvait être supprimée sans inconvénient.

Les inspecteurs avaient 100 fr. par canton et 20 fr. par commune. Ils étaient obligés à deux tournées dans le canton, pour les travaux préparatoires des expertises. Leurs fonctions ne consistant plus qu'à se rendre une seule fois dans chaque commune pour assister à la formation des tarifs d'évaluation par le conseil municipal, l'indemnité de 60 francs par canton, et de 20 fr. par commune paraîtrait devoir leur suffire.

Les contrôleurs avaient 20 fr. par commune, 4 centimes par arpent, et 3 centimes par parcelle.

Les déplacemens des contrôleurs et leurs frais de séjour dans les communes, tant pour assister les propriétaires dans les classemens que pour l'instruction des réclamations, nécessitent toujours les mêmes dépenses. Il serait difficile de rien retrancher sur cette rétribution : l'expérience a prouvé qu'elle avait été calculée aussi rigoureusement que possible.

Les dépenses de l'arpentage, des états de sections et matrices de rôles sont désormais payables sur les fonds que les conseils généraux sont autorisés à voter annuellement. (Loi du 31 juillet 1821, art. 20.)

Les communes se trouvent ainsi associées, dans chaque département, pour ces dépenses ; et l'on ne peut méconnaître les avantages de cette association, devenue plus spéciale et plus immédiate. Elle donne aux conseils généraux la certitude que les fonds qu'ils auront votés, seront uniquement appliqués à leur territoire. L'emploi en sera dirigé avec ordre et économie. Les dépenses pourront être facilement réduites à celles strictement indispensables. Le vote annuel des fonds sera en raison des progrès des travaux ; ces travaux seront mieux combinés avec les besoins et les intérêts des communes. La comptabilité, soumise à la surveillance de l'administration locale et à l'examen des conseils généraux, offrira l'ordre et la clarté dont elle est susceptible.

Au surplus, cette association spéciale des communes dans chaque département n'exclut pas l'association qui a existé jusqu'à présent entre toutes les communes de la France.

Cette association générale est maintenue sous une forme plus convenable, et de manière que les intérêts des divers départemens ne soient point exposés désormais à être lésés. Elle est maintenue au moyen du fonds commun dont la loi consacre le principe et détermine l'application. (Loi du 31 juillet 1821, art. 21.)

Il est destiné, d'une part, à venir au secours des départemens peu fortunés, dont les ressources particulières leur permettraient difficilement de subvenir entièrement aux dépenses de leur parcellaire ; et parmi ces départemens se trouveront naturellement compris ceux où les travaux sont sensiblement en retard à raison de la modicité des sommes qu'ils ont obtenues dans le fonds jusqu'ici affecté au cadastre.

D'autre part, il doit être distribué aux départemens en proportion des fonds que les conseils généraux auront voté ; et cette dernière destination du fonds commun est une nouvelle preuve de l'intérêt que le Gouvernement attache aux progrès des opérations cadastrales.

D'après ces explications, il n'est pas permis de douter ni de l'empressement que mettront les conseils généraux à voter les fonds nécessaires, ni des bons effets que produira la combinaison d'un fonds commun supplémentaire avec la centralisation des dépenses dans chaque département.

On vient d'exposer les considérations et les principes sur lesquels se fonde le nouveau réglement du cadastre, réglement qui n'est que le développement de l'ordonnance royale, dont les dispositions organisent celles que consacrent les articles 20, 21 et 22 de la loi de finances.

Il aura été facile de reconnaître que l'esprit d'ordre et de justice a seul dicté toutes les mesures prescrites pour la refonte régulière des matrices de rôles et pour leur conservation.

Il n'aura pas paru moins évident que l'organisation donnée à ces travaux, et les formes simples d'après lesquelles ils doivent être exécutés par le concours actif et immédiat des autorités locales et des propriétaires eux-mêmes, ne permettent point de soupçonner la moindre intention fiscale dans les opérations du cadastre, et qu'on doit au contraire les considérer comme un véritable bienfait.

On a dû remarquer que les employés qui sont chargés de suppléer les propriétaires dans certaines parties de l'opération, et de les seconder dans quelques autres, sont bien moins ici les agens de l'administration que ceux des contribuables eux-mêmes, dans l'intérêt desquels ils doivent en effet remplir les diverses fonctions qui leur sont prescrites.

On voit enfin que l'opération, ne s'appliquant plus qu'au dernier degré de la répartition et devenant entièrement indépendante des trois autres degrés dont on avait espéré jusqu'ici qu'elle serait le régulateur, il a été possible de la dégager des formalités compliquées et difficiles qui, en rendant sa marche pénible et incertaine, nuisaient à ses progrès comme à ses résultats.

PREMIÈRE PARTIE.

Arpentage.

Nomination du géomètre en chef, et des géomètres arpenteurs.

Art. 1er. L'arpentage parcellaire est confié, dans chaque département, à un géomètre en chef nommé par le préfet.

Le géomètre en chef a le choix de ses collaborateurs, qu'il paie sur sa rétribution, et dont il est responsable.

Traité entre le préfet et le géomètre en chef.

2. Le préfet réglera, après avoir entendu le directeur des contributions, la rétribution du géomètre en chef, eu égard aux prix précédemment établis, à l'obligation où il est de payer ses collaborateurs, et aux difficultés plus ou moins grandes que le levé des plans parcellaires peut offrir dans son département.

Désignation des travaux annuels.

3. Chaque année, le préfet, sur la proposition du directeur des contributions, arrête l'état des communes à arpenter l'année suivante, et le met sous les yeux du conseil général du département, avec le tableau des dépenses.

Ordre des travaux.

4. Les opérations cadastrales doivent marcher par canton. Les cantons sont pris tour-à-tour dans les divers arrondissemens. L'ordre des travaux doit être combiné de manière que les communes désignées pour être arpentées dans une année, reçoivent leurs états de sections et matrices de rôles dans l'année suivante.

Communes à cadastrer par anticipation.

5. Les communes qui ne font point partie du canton annuellement désigné, peuvent demander la confection de leurs matrices par anticipation ; elles sont, dans ce cas, tenues de faire l'avance des frais.

Toutefois, l'autorisation du préfet pour ces travaux anticipés ne doit avoir lieu qu'autant qu'ils ne contrarieraient pas l'exécution des travaux ordinaires.

Publication des travaux de l'arpentage.

6. L'ouverture des travaux de l'arpentage est annoncée par un avis que le préfet fait afficher dans la commune à arpenter, et dans les communes circonvoisines.

Il adresse en même temps au maire une lettre instructive pour l'inviter à seconder le géomètre dans le levé du plan parcellaire, et à lui fournir des indicateurs qui l'aident à reconnaître sur le terrain les noms des propriétaires, la dénomination des propriétés, et les limites des parcelles.

Délimitation de la commune.

7. La délimitation de la commune doit précéder son arpentage ; elle est confiée aux

géomètre en chef, qui en rédige un procès-verbal signé de lui et de tous les maires des communes intéressées.

A la suite de ce procès-verbal doit se trouver celui de la division du territoire de la commune en sections.

Contestations sur les limites.

8. Lorsqu'un terrain est contesté par deux communes, le géomètre en chef porte sur un croquis figuratif les limites prétendues de part et d'autre, et les consigne dans son procès-verbal, à la suite duquel il donne son avis motivé sur la limite qui lui paraît devoir être adoptée.

Le titre d'une commune sur le terrain contesté doit être l'imposition que ce terrain y aura supportée jusqu'alors.

Si le terrain est imposé dans les deux communes, ou s'il n'est imposé dans aucune, le préfet, d'après l'avis du sous-préfet, et sur le rapport du directeur des contributions, décide à laquelle des deux communes l'objet contentieux doit appartenir.

L'usage a consacré à cet égard une législation d'après laquelle il a paru plus utile de s'en tenir aux convenances, que de consulter des prétentions fondées sur des titres dont la révolution a détruit le mérite primitif, ou l'objet féodal.

Si les contestations sur les limites intéressent des communes qui dépendent de deux départemens, le préfet du département où il a été procédé à la délimitation se concerte avec le préfet du département voisin : l'un et l'autre convoquent les conseils municipaux des communes intéressées : leurs délibérations sont envoyées, avec les avis des sous-préfets et des préfets, au ministre de l'intérieur. La délimitation est fixée par une ordonnance royale.

Si des communes sont d'accord pour substituer aux limites existantes une rivière, un chemin, ou toute autre limite naturelle et invariable, le géomètre en trace le projet sur un croquis visuel figuratif, et la proposition en est consignée dans le procès-verbal. Mais ces changemens de limites ne peuvent être opérées que d'après une ordonnance royale, sur l'avis des conseils municipaux respectifs, des sous-préfets et des préfets.

Il en sera de même des échanges et des réunions de territoires.

Les portions de terrain enclavées dans une commune, quoique administrées par une autre, sont de droit réunies à la commune sur le territoire de laquelle elles sont situées.

Lorsque l'enclave dépend d'une commune située dans un autre département, la réunion ne peut avoir lieu qu'en vertu d'une ordonnance royale. Les avis des conseils municipaux respectifs, des sous-pré-fets et des préfets, sont envoyés au ministre de l'intérieur.

Si un terrain prolongé sur un territoire étranger ne tient à la commune qui l'administre que par un point de peu d'étendue, il est de droit réuni au territoire dans lequel il se prolonge.

Il est possible que deux communes soient tôt ou tard susceptibles d'être réunies, ou d'après la demande qu'elles en auraient formée elles mêmes, ou d'après des considérations particulières qui en nécessitent la réunion. Les préfets prendront, dans ce cas, les mesures convenables pour que cette réunion puisse s'effectuer avant d'y commencer les opérations cadastrales, dont l'entier bouleversement serait inévitable, si la réunion n'avait lieu qu'après leur achèvement.

Levé du plan parcellaire.

9. Lorsque la commune sera délimitée, et son territoire divisé en sections, il sera procédé au levé de son plan parcellaire.

Le plan s'exécutera dans les formes suivies jusqu'à ce jour. Néanmoins, dans les villes où la superficie des maisons est facile à connaître d'après le titre même de la propriété, et ne peut d'ailleurs donner lieu qu'à une imposition très-modique, le préfet décidera s'il ne conviendrait pas de ne point lever cette superficie, pour accélérer l'opération et en diminuer les frais.

Calculs des contenances.

10. A mesure qu'un plan sera levé, le géomètre en chef calculera et portera dans un premier cahier les contenances de toutes les parcelles ; il formera un second cahier de calculs destiné à servir de contrôle au premier.

Tableau indicatif des propriétaires et des propriétés.

11. Les calculs des contenances étant terminés, le géomètre en chef complétera le tableau indicatif, qui déjà aura reçu dans la commune, au moment du levé du plan, les noms des propriétaires, la situation et la nature de chaque parcelle. Les colonnes de ce tableau, réservées pour le classement, seront remplies par le contrôleur. (*Modèle n° 1.*)

Bulletins des contenances.

12. Pour mettre les propriétaires à portée de connaître la nature et les contenances de leurs fonds, le géomètre en chef réunira dans un bulletin, pour chaque propriétaire, toutes les parcelles qui sont éparses sous son nom dans le tableau indicatif. Les contenances sont présentées en

mesures locales et mesures métriques. (*Modèle n° 2*)

Etat récapitulatif des bulletins.

13. Il est formé par le géomètre en chef un état récapitulatif destiné à présenter, dans un ordre alphabétique, le nom de chaque propriétaire, et le total de la contenance de son bulletin en mesures métriques.

Cet état est terminé par une récapitulation dont le total doit présenter la contenance imposable de toute la commune. (*Modèle n° 3*.)

Communication des bulletins aux propriétaires.

14. Les bulletins seront communiqués à chaque propriétaire, par le géomètre qui aura levé le plan. Il se transportera, à cet effet, dans la commune ; il appellera les propriétaires, où en leur absence, leurs fermiers ou régisseurs ; leur facilitera l'examen des articles portés sur leurs bulletins, et opérera les rectifications reconnues justes, tant sur le bulletin que sur le tableau indicatif. Il fera signer chaque bulletin par le propriétaire, ou par le maire pour ceux qui ne savent pas signer.

Le géomètre qui aura communiqué les bulletins, les rapportera au géomètre en chef, qui les remettra, avec le tableau indicatif, au directeur des contributions.

Copie du plan, et tableau d'assemblage.

15. La minute du plan devant suffire pour tous les renseignemens dont l'administration peut avoir besoin, le géomètre en chef ne livrera qu'une copie du plan, laquelle est destinée pour la commune.

Il construira, en réduisant les feuilles du plan parcellaire, un tableau d'assemblage présentant la circonscription de la commune, sa division en sections, les principaux chemins, les montagnes, les rivières, la position des chefs-lieux et des forêts royales et communales.

Le géomètre en chef en fera deux copies, dont l'une sera mise en tête du plan destiné pour la commune, et l'autre devra servir à l'exécution de la carte de France.

Pour remplir ce dernier objet, les plans, d'après leur conversion en tableau d'assemblage, seront réduits à l'échelle uniforme de 1 à 10,000.

Epoques des paiemens du géomètre en chef.

16. La rétribution du géomètre en chef est divisée en cinq paiemens égaux :

Le premier cinquième, lorsque le géomètre en chef remettra les procès-verbaux, en double expédition, de la délimitation des communes entreprises et de leur division en sections, le canevas trigonométrique, et le registre des calculs ;

Le second cinquième, lorsque les géomètres-arpenteurs sont sur le terrain, pour procéder au levé du plan ;

Le troisième cinquième, lorsque l'arpentage est parvenu à la moitié de ses progrès, et que ce degré d'avancement est certifié par le géomètre en chef ;

Le quatrième cinquième, lorsque l'arpentage des communes sera terminé, que les plans auront été calculés, les bulletins des contenances rectifiés, et que ces bulletins, les tableaux indicatifs, et les calques des plans destinés aux expertises, auront été remis au directeur des contributions ;

Enfin, le dernier cinquième, lorsque le géomètre en chef aura livré au directeur l'atlas relié destiné pour la commune et les deux tableaux d'assemblage.

Dans les quinze jours qui suivront le dernier paiement, le géomètre en chef est tenu de remettre au directeur un état émargé par les géomètres-arpenteurs, constatant le paiement intégral de leur indemnité, et un certificat du maire de chaque commune, attestant qu'ils ont payé les indicateurs dont ils se sont servis pour la reconnaissance des propriétés sur le terrain.

Mode de paiement.

17. Tout paiement de la rétribution allouée au géomètre en chef s'effectuera sur un mandat que le préfet expédie à son profit, d'après un rapport du directeur des contributions.

Le mandat est délivré sur le receveur général pour les sommes provenant des centimes votés par le conseil général du département, et sur le payeur des dépenses diverses pour les sommes allouées par le Gouvernement dans la distribution du fonds commun.

DEUXIÈME PARTIE.

Classement et évaluation des fonds.

Convocation du conseil municipal.

18. Le directeur, sans attendre l'envoi qui doit lui être fait par le géomètre en chef du tableau indicatif et des calques du plan destinés au classement, est autorisé à lui demander un état de toutes les natures de propriétés que renferme la commune.

Dès qu'il l'aura reçu, il l'adressera à l'inspecteur des contributions, pour le mettre sous les yeux du conseil municipal.

Il proposera en même temps au préfet d'autoriser la convocation du conseil municipal, auquel devront être adjoints les plus forts imposés à la contribution foncière, en nombre égal à celui des membres du conseil, de manière que toutes les natures de propriétés se trouvent représentées.

Nomination des propriétaires classificateurs.

19. Le conseil municipal aura d'abord à nommer les propriétaires qui doivent classer les fonds : ils seront choisis parmi les propriétaires des différentes natures de propriétés ; le nombre en sera porté à cinq, dans lesquels il devra toujours s'en trouver deux forains, qui, en cas d'absence, seront remplacés par leurs fermiers ou régisseurs.

Classification de chaque genre de propriété.

20. Le conseil municipal s'occupera ensuite de la classification, qui consiste à déterminer en combien de classes chaque nature de propriété doit être divisée, à raison des divers degrés de fertilité du terrain. Cette classification devra être précédée d'une reconnaissance générale du territoire qui sera faite par les propriétaires classificateurs et l'inspecteur des contributions, lesquels indiqueront spécialement et nominativement le fonds devant servir de type pour chacune des classes de chaque nature de propriété.

Le nombre des classes ne pourra jamais excéder celui de cinq pour les cultures.

Les maisons peuvent, dans les communes rurales, être divisées en dix classes au plus ; dans les villes, bourgs et communes très-peuplées, elles ne sont point susceptibles d'être divisées en classes. Chaque maison est évaluée séparément.

La division en classes n'est pas non plus applicable aux usines, fabriques et manufactures. Chaque usine, fabrique et manufacture, doit recevoir une évaluation particulière.

Tarif des évaluations.

21. La classification étant une fois arrêtée, le conseil municipal s'occupe du tarif des évaluations.

Pour obtenir des évaluations proportionnelles, il s'attache avant tout à établir le plus juste rapport entre les quatre principales natures de culture.

Ainsi, commençant par les terres labourables, s'il décide que le prix de la première classe est de 12 francs, il réglera le rapport dans lequel le prix de la première classe des prés, des vignes, des bois taillis, etc., doit être relativement à la première classe des terres.

S'il est reconnu que la première classe des prés doit être portée au double de celle des terres, la première classe des vignes également au double, la première classe

des bois taillis au quart, il en résulte les gradations de prix suivantes :

1ʳᵉ classe des terres . . . . . . 12 fr.
1ʳᵉ classe des prés 24
1ʳᵉ classe des vignes 24
1ʳᵉ classe des bois taillis 3

Les prix des premières classes des principales natures de cultures se trouvant proportionnellement réglés, le conseil municipal procède à la fixation des prix des classes subséquentes, d'après les mêmes procédés.

Ainsi, revenant aux terres labourables, si la première classe est de 12 francs, et que, proportionnellement à cette première classe, la seconde doive être inférieure d'un sixième, la troisième d'un tiers, la quatrième de moitié, et enfin la cinquième de trois quarts, le tarif des terres labourables sera fixé comme il suit :

1ʳᵉ classe . . . . 12 fr.
2ᵉ classe 10
3ᵉ classe 8
4ᵉ classe 6
5ᵉ classe 3

Le conseil municipal règle de même les prix des différentes classes des prés, des vignes, des bois taillis, comparativement à la première.

Les autres cultures sont évaluées eu égard aux prix des cultures principales avec lesquelles elles ont une espèce d'analogie.

Les maisons doivent être estimées dans la même proportion que les fonds ruraux, eu égard à leur situation et aux avantages qu'elles présentent.

Chaque usine recevra une évaluation particulière.

Dans les villes et les communes où les maisons ne sont point divisées en classes, chaque maison devant être évaluée séparément, l'estimation n'en est point portée dans le tarif ; elle est faite sur le terrain même, par les propriétaires classificateurs.

L'inspecteur des contributions présent à la réunion du conseil municipal, est à même de lever les doutes auxquels l'évaluation de certaines natures de cultures et de propriétés peut donner lieu, d'après les expertises déjà exécutées dans le département, et les instructions existantes.

Le procès-verbal contenant la nomination des propriétaires classificateurs, la classification des propriétés, et le tarif des évaluations, sera rapporté à la direction par l'inspecteur (*Modèle* n° 4). Le tarif des évaluations est formé en mesures locales et en mesures métriques.

Approbation du tarif des évaluations par le préfet.

22. Le préfet, sur le rapport du directeur des contributions, et après avoir pris l'avis du conseil de préfecture, approuve

ou modifie, s'il y a lieu, le tarif des évaluations.

Si le tarif a éprouvé quelques modifications, le préfet le renverra au conseil municipal pour recevoir ses observations sur
les changemens dont il aura été jugé susceptible, et ce tarif, après avoir été définitivement arrêté par le préfet, sera transmis
au directeur pour être appliqué au classement.

Cas de la nomination d'un expert.

23. Il est possible que, soit sur la demande du conseil municipal, soit d'après
des considérations puisées dans l'intérêt
général de la commune, ou pour le succès
de l'opération même, l'intervention d'un
expert soit jugée nécessaire pour aider les
propriétaires dans le classement des fonds.
Cette nomination est faite par le préfet, et
l'ordonnance royale a prescrit la marche à
suivre à cet égard.

Envoi des pièces au contrôleur pour le classement.

24. Lorsque le géomètre en chef remettra les tableaux indicatifs, et les calques
des plans, pour une commune, le directeur
en donnera connaissance au préfet, qui fera
immédiatement afficher un avis, portant
qu'il va être procédé au classement des
fonds, et à la formation des états de sections et matrices de rôles dans cette commune.

Il enverra de suite au cotrôleur qu'il aura
désigné pour assister au classement les tableaux indicatifs et les calques des plans,
avec une copie du procès-verbal contenant
la nomination des propriétaires classificateurs et le tarif des évaluations.

Le contrôleur se transporte dans la commune, et réunit les propriétaires classificateurs.

Les propriétaires ou leurs fermiers ou
régisseurs, peuvent si bon leur semble, assister au classement et présenter leurs observations.

Les propriétaires classificateurs sont,
de leur côté autorisés à s'adjoindre, dans
chaque section, les indicateurs en état de
leur fournir des éclaircissemens utiles.

Classement sur le terrain.

25. Les propriétaires classificateurs opèrent successivement dans chaque section,
et distribuent chaque parcelle de propriété
dans les classes arrêtées par le conseil municipal.

Le contrôleur porte dans la colonne du
tableau indicatif à ce destinée la classe
assignée à chaque parcelle.

Si la parcelle se trouve être une maison,
il indique la classe de cette parcelle comme maison.

Si c'est une usine, il n'y a point de classe
à indiquer, les usines étant déjà évaluées
dans le tarif dressé par le conseil municipal.

Si la commune dans laquelle on opère
est une ville, ou un bourg, ou une commune très-peuplée, dont les maisons n'aient
pas été susceptibles d'être divisées en classes, le contrôleur porte sur le tableau indicatif l'évaluation donnée sur le terrain
même à chaque maison, par les propriétaires classificateurs.

L'opération étant terminée, il envoie au
directeur le calque du plan et le tableau
indicatif, avec un rapport particulier sur
les objets qui lui auraient paru susceptibles
de quelques observations.

Confection des états de sections.

26. Muni du tableau indicatif, dans lequel toutes les propriétés ont été classées,
et des tarifs d'évaluation, le directeur procède à la formation des états de sections.
(*Modèle n° 5.*)

Ces états de sections, qui doivent comprendre les propriétés non bâties et bâties,
contiendront :

1° Les noms des propriétaires ;
2° Les numéros du plan ;
3° Les cantons ou lieux dits ;
4° La nature de la propriété ;
5° La contenance de chaque parcelle ;
6° L'indication des classes ;
7° Le revenu de chaque parcelle de propriété non bâtie ou bâtie.

Le directeur, après avoir copié sur les
états de sections tous les détails compris
dans les tableaux indicatifs, n'aura plus à
remplir que la dernière colonne, destinée
à présenter le revenu de chaque parcelle.

Avant de remplir cette dernière colonne,
il devra former le relevé par nature de
propriété.

Ce relevé, qui sera rédigé par numéro
du plan, servira à l'application des tarifs.
(*Modèle n° 6.*)

Le revenu de chaque parcelle se trouvant
ainsi établi, le directeur remplira la dernière colonne des états de sections.

Le total de la récapitulation de l'état de
section en contenance et en revenu, devra
concorder avec le total de la récapitulation
qui termine le relevé.

Confection de la matrice.

27. Les états de sections étant ainsi complétés, le directeur passe à la confection
de la matrice dans laquelle se trouvent réunies les propriétés non bâties et bâties.
(*Modèle n° 7.*)

Pour les propriétés non bâties, il lui

suffit de copier les bulletins qui lui ont été remis par le géomètre en chef, et qui présentent déjà, pour chaque propriétaire, ses noms et demeure, l'indication des sections, le numéro du plan, chaque parcelle de fonds, sa contenance, et l'indication des classes dans lesquelles elle est distribuée.

Il porte ces classes dans la matrice, sous la simple désignation de 1°, 2°, 3°, etc., sans faire une ligne particulière pour chaque classe, et met à côté le revenu total de la parcelle qu'il trouve dans les états de sections.

Ainsi, dans la section *A* du plan, une parcelle de terre de trois arpens a été classée, et évaluée, savoir:

1 arpent	1re classe	10
1 arpent	2e classe	8
1 arpent	3e classe	6
3 arpens		24

Le directeur porte cette parcelle sur la matrice, comme il suit:

Section *A*... n°. 1... Terre... 3 arpens, 1re, 2e, 3e, 24

Quant aux propriétés bâties, on trouve dans les états de sections leurs classes et leurs revenus, que l'on place dans la matrice au dessus de leur superficie.

En tête de la matrice doit être placé le tableau des contenances et des revenus imposables de la commune.

Ce tableau, arrêté par le préfet, n'est que la récapitulation générale des récapitulations partielles de chaque section.

La matrice étant ainsi rédigée, le directeur porte sur la feuille récapitulative des bulletins (n° 3), le total du revenu de chaque propriétaire.

Cette feuille, dont l'addition totale doit concorder, tant pour les contenances que pour les revenus, avec le total du tableau qui est en tête de la matrice, en devient la récapitulation.

Dans la matrice déposée à la direction, comme dans celle remise à la commune, chaque propriétaire sera porté sur une page séparée, et il sera laissé, à la suite de son article, un espace en blanc suffisant pour recevoir les parcelles qu'il acquerra.

Le directeur aura soin de mettre, à la fin de chaque lettre alphabétique, autant de feuilles en blanc que cette lettre contiendra de propriétaires.

Toutes les feuilles remplies ou laissées en blanc seront numérotées de manière que la série des numéros ne soit point interrompue.

Communication des États de sections et matrices aux propriétaires.

28. Il est reconnu que la simple communication du classement, telle qu'elle se faisait autrefois, n'éclairait que très-im-

23.

parfaitement les contribuables, et que ce n'est qu'au moment où ils ont leur revenu et leur cote sous les yeux, qu'ils sont réellement à portée de juger s'ils sont, ou non, surtaxés; il n'y a, en conséquence, qu'une seule communication, et elle s'opère en adressant à la commune la copie des états de sections et matrices qui lui est destinée, en même temps qu'on y envoie le rôle cadastral arrêté et rendu exécutoire.

Avis de la communication aux propriétaires.

29. Le directeur joint à l'avertissement ordinaire qui doit être adressé à chaque contribuable, une lettre particulière pour lui donner avis de la remise des états de sections et matrices à la mairie, ainsi que du délai accordé pour les réclamations contre le classement de ses fonds. (*Modèle n° 8*).

Instruction et jugement des réclamations.

30. La communication des bulletins des contenances a dû mettre chaque propriétaire à portée de signaler les propriétés qui lui appartiennent et qui auraient été omises, les parcelles de fonds qui lui auraient été faussement attribuées, et celles dont la contenance ne serait pas exacte. Le géomètre aura rectifié ces erreurs en sa présence.

Les états de sections et matrices, remis à la commune, et dont tous les propriétaires ont le droit de prendre communication, leur faciliteront les moyens de reconnaître les erreurs qui auraient pu se glisser dans le classement de quelques articles de leurs propriétés, et d'en demander le redressement.

Les réclamations seront admises pendant les six mois qui suivront la mise en recouvrement du rôle.

Elles seront présentées dans les formes ordinaires et sur papier libre, comme cela s'est pratiqué jusqu'à présent pour les communes cadastrées.

Elles seront instruites par le contrôleur des contributions, qui prendra l'avis des propriétaires classificateurs.

Si les propriétaires classificateurs n'adhèrent pas à la demande, le contrôleur en donne avis au réclamant, qui peut se pourvoir en contre-expertise.

La contre-expertise est ordonnée par le sous-préfet, qui nomme un expert. Le réclamant nomme le sien. Les deux experts se rendent sur les lieux avec le contrôleur, et vérifient l'objet de la réclamation.

Si elle est rejetée par le conseil de préfecture, le réclamant est tenu au paiement des frais de la contre-expertise.

Si elle est trouvée juste, le montant de la réduction et des frais est réimposé sur

25

tous les contribuables, y compris le réclamant.

Les changemens de revenus provenant de réductions prononcées par le conseil de préfecture, s'opèreront sur la matrice, comme en cas de mutations.

Réclamations admises après les délais.

Art. 31. Les propriétaires sont admis à réclamer, à toute époque, lorsque la diminution qu'ils éprouvent dans leur revenu imposable provient de causes postérieures et étrangères au classement, telles que démolition ou incendie de maison, cession de terrain à la voie publique, disparition de fonds par l'effet de corrosion ou d'envahissement par les eaux, enfin, perte de revenu dans quelque propriété dont la valeur, justement évaluée dans le principe, aura été détériorée par suite d'évènemens imprévus et indépendans de la volonté du propriétaire.

Indemnité des agens de la direction.

Art. 32. Il est alloué au contrôleur des contributions une indemnité pour son assistance au classement, pour la vérification et l'instruction des réclamations, et pour tous frais quelconques de déplacement et de séjour dans la commune;

A l'Inspecteur, pour sa présence à l'assemblée du conseil municipal, et pour toutes opérations qui l'appellent dans les communes;

Au directeur, pour tous frais d'impression, de confection d'états de sections et matrices en double expédition, et de reliure.

L'indemnité sera fixée par le préfet.

Époques des paiemens.

Art. 33. Les contrôleurs sont payés de leur indemnité, lorsqu'ils ont terminé le classement sur le terrain, et qu'ils ont renvoyé au directeur le tableau indicatif sur lequel ce classement est porté, et les calques des plans;

L'Inspecteur, lorsqu'il a remis au directeur tous les procès-verbaux des délibérations des conseils municipaux.

Le directeur est payé de la moitié de son indemnité totale lorsque, d'après le renvoi des pièces par le contrôleur, il est mis à portée d'entreprendre la confection des états de sections et matrices.

Il est payé de la seconde moitié, lorsqu'il à terminé ce travail et qu'il a justifié, par les récépissés des maires, de la remise de l'expédition des états de sections et matrices destinés pour les communes.

Mode de paiement.

Art. 34. Tout paiement de la rétribution allouée aux contrôleurs, aux inspecteurs et aux directeurs, aura lieu sur un mandat expédié par le préfet, d'après un certificat du directeur, constatant que les formalités requises ont été remplies.

Le mandat est délivré sur le receveur général ou le payeur des dépenses diverses, suivant la nature de l'allocation des fonds destinés à son acquit.

Délivrance des extraits de la matrice et du plan.

Art. 35. Le propriétaire qui désire se procurer un extrait de la matrice ou du plan, en ce qui concerne ses propriétés, doit s'adresser, pour la matrice, au directeur des contributions, et pour le plan, au géomètre en chef. Ces extraits seront payés d'après un tarif qui sera arrêté par le préfet.

TROISIÈME PARTIE.

Mutations.

Importance du travail relatif aux mutations.

Art. 36. Le travail relatif aux mutations est la suite nécessaire et le complément des opérations cadastrales. Il est même le conservateur des matrices de rôles, qu'il doit maintenir dans leur intégrité, en les mettant sans cesse au courant des changemens des propriétaires et des translations de propriétés.

Déclarations des propriétaires.

Art. 37. Tout acquéreur, cessionnaire, héritier, légataire ou nouveau propriétaire, à quelque titre que ce soit, doit faire une déclaration des biens qu'il a acquis, à la mairie de la commune où ces biens sont situés.

Réception des déclarations.

Art. 38. Le contrôleur des contributions, au jour par lui indiqué d'avance, et annoncé publiquement par le maire, se transportera dans la commune; il réunira les répartiteurs, pour recevoir de concert avec eux les déclarations des propriétaires qui ont des mutations à faire opérer.

Il est enjoint expressément au percepteur d'assister à l'assemblée des répartiteurs et d'apporter avec lui les instructions lui prescrivent de tenir, de toutes les mutations parvenues à sa connaissance.

Procédé pour constater les mutations.

Art. 39. Les classes des parcelles ne sont plus distinguées dans la matrice par leurs contenances et leurs revenus particuliers. Chaque parcelle n'y étant portée que pour le total de sa contenance et le total de son revenu, le contrôleur, pour les mutations, n'aura point égard aux classes dans lesquelles une parcelle aura été divisée. Le revenu à donner aux acquéreurs ou cohéritiers qui se partagent une parcelle distribuée en plusieurs classes, sera déterminé en raison de la contenance de la portion que chacun d'eux aura prise dans cette parcelle.

Toutefois, si le vendeur est d'accord avec l'acquéreur sur la contenance et le revenu que l'acquéreur doit prendre dans une parcelle divisée en plusieurs classes, le contrôleur portera cette contenance et ce revenu sur la déclaration.

Rédaction des déclarations.

Art. 40. Le contrôleur, après avoir constaté, en présence des parties intéressées, les parcelles objets des mutations, porte sur une feuille de déclaration le nom du vendeur, celui de l'acquéreur, et les parcelles qui ont été vendues. (Modèle n° 9.)

Inscription des mutations sur la matrice déposée à la direction.

Art. 41. Lorsque toutes les déclarations sont prises et signées, le Contrôleur les envoie au directeur, qui opère immédiatement les changemens sur les matrices déposées dans ses bureaux.

Cette opération consiste à rayer du compte du vendeur les parcelles qu'il a vendues, et à les ajouter au compte de l'acquéreur.

Le dernier total des contenances et des revenus de l'acquéreur et du vendeur est rayé; leurs contenances et revenus sont additionnés de nouveau pour former un nouveau total, de sorte que la situation de chaque propriétaire sera constamment à jour, et que la formation d'une nouvelle matrice ne sera plus que la transcription de l'ancienne, avec les modifications qu'elle aura subies.

Ces divers changemens opérés, le directeur récapitule sur un cadre (Modèle, n° 10), les situations, ancienne et nouvelle, des propriétaires qui ont donné lieu aux changemens; il acquiert par la balance des deux résultats la certitude que les mutations ont été exactement effectuées.

Inscription des mutations sur les matrices déposées dans les communes.

Art. 42. Le directeur envoie son état récapitulatif, accompagné des déclarations, au contrôleur, qui opère de la même manière sur la matrice déposée dans la commune.

Le contrôleur renvoie les feuilles des déclarations avec l'état récapitulatif au directeur, lorsqu'il en a fait l'usage prescrit.

Transcription des matrices cadastrales.

Art. 43. Les matrices de rôles des communes seront recopiées, lorsque, sur le rapport du directeur des contributions, le préfet aura reconnu qu'elles présentent trop d'additions, de ratures et de surcharges. La matrice déposée à la direction sera recopiée simultanément, pour se trouver en concordance avec celle de la commune. La dépense de ces transcriptions devant, aux termes de l'ordonnance royale, être considérée comme une dépense locale, les frais en seront acquittés par chaque commune, d'après les prix qui seront fixés par le préfet.

Indemnité des agens de la direction pour le travail des mutations.

Art. 44. L'indemnité du contrôleur pour le travail relatif à la rédaction des déclarations continuera d'être à la charge du déclarant, et sera fixée par le préfet; l'indemnité à allouer au contrôleur et au directeur, pour l'application des mutations aux matrices cadastrales déposées à la direction et dans les communes. Cette dernière dépense étant purement locale, le directeur remettra, tous les ans, au préfet, un état de celles que chaque commune doit acquitter.

Fixation des rétributions et indemnités pour les opérations cadastrales.

Art. 45. Le préfet prendra un arrêté spécial pour fixer les rétributions et indemnités qu'il aura jugé convenable d'allouer pour les diverses opérations cadastrales et pour le travail relatif aux mutations. Une copie de cet arrêté sera adressée au ministre des finances, pour être soumise à son approbation.

Résumé des diverses attributions.

Préfet.

La confection des plans, des états de sections et matrices de rôles, s'exécute sous les ordres du préfet.

Il correspond avec le directeur pour tous les objets relatifs aux opérations cadastrales.

Il nomme le géomètre en chef, avec lequel il passe un traité.

25.

Il règle la rétribution du géomètre en chef et des agens de la direction pour les opérations cadastrales.

Il règle l'indemnité du directeur et des contrôleurs pour les travaux relatifs aux mutations.

Il envoie au ministre des finances l'arrêté portant fixation de ces diverses rétributions.

Il se fait remettre par le directeur un état des travaux annuels et de leurs dépenses.

Il met cet état sous les yeux du conseil général du département.

Il envoie au ministre des finances la délibération du conseil général, sur les fonds qu'il a votés pour les travaux du cadastre.

Il rend compte, chaque année, au conseil général, des recettes et dépenses de l'année précédente.

Il adresse une copie de ce compte au ministre.

Il arrête la liste des communes à arpenter chaque année, et l'envoie au directeur pour être transmise au géomètre en chef.

Il fait annoncer l'ouverture des travaux de l'arpentage dans la commune à arpenter.

Il adresse au maire une lettre instructive, pour l'inviter à seconder les géomètres arpenteurs dans le levé du parcellaire, et à leur fournir des indicateurs pour la reconnaissance des noms des propriétaires et des limites de leurs propriétés.

Il statue sur les contestations de limites entre les communes du département.

Il se concerte avec le préfet du département voisin, si les communes dépendent de deux départemens.

Il prend, dans ce cas, une délibération du conseil municipal de la commune en litige, et l'avis du sous-préfet, qu'il envoie au ministre de l'intérieur avec ses observations personnelles.

Il adresse au directeur des contributions une copie de l'ordonnance royale qui fixe la délimitation de la commune, et le charge d'en donner connaissance au géomètre en chef.

Il fait convoquer le conseil municipal pour la nomination des propriétaires chargés du classement des fonds, pour la fixation du nombre des classes des différentes natures de propriétés, et pour la formation du tarif des évaluations.

Il nomme, sur la proposition du conseil municipal, un expert pour aider les propriétaires dans le classement, et règle son indemnité.

Il arrête le tarif des évaluations sur le rapport du directeur des contributions, et après avoir pris l'avis du conseil de préfecture.

Il envoie le tarif définitif au directeur, pour l'appliquer au classement.

Il arrête et signe les matrices de rôles.

Il délivre aux divers agens, sur le rapport du directeur des contributions, les mandats pour le paiement de leur indemnité.

Sous-préfet.

Il donne son avis sur les contestations de limites, et sur les réclamations des propriétaires contre le classement de leurs fonds.

Conseil général.

Le conseil général vote les fonds nécessaires pour les travaux à exécuter chaque année.

Il reçoit le compte des recettes et dépenses qui lui est présenté annuellement par le préfet.

Conseil municipal.

Le conseil municipal nomme les propriétaires chargés du classement des fonds.

Il arrête la classification ou le nombre des classes dans lesquelles chaque nature de propriété doit être distribuée.

Il forme le tarif des évaluations de chaque nature de propriété.

Il envoie le procès-verbal de la délibération au préfet.

Il propose, s'il le juge convenable, un expert pour aider les propriétaires dans le classement de fonds.

Conseil de préfecture.

Le conseil de préfecture donne son avis sur les contestations de limites entre les communes du département.

Il donne son avis sur le tarif des évaluations formé par le conseil municipal.

Il prononce sur les réclamations des propriétaires contre le classement des fonds.

Propriétaires classificateurs.

Les propriétaires chargés du classement des fonds procèdent, avec l'Inspecteur des contributions, à la reconnaissance du territoire, qui doit précéder la classification.

Ils évaluent les maisons, dans les communes où elles n'ont pas été divisées en classes.

Ils peuvent appeler, sur chaque section, des indicateurs, à l'effet de leur donner des renseignemens.

Ils reçoivent les observations des régisseurs, des propriétaires forains, et celles de tous les propriétaires en général, sur le classement de leurs fonds.

Directeur des contributions.

Le directeur des contributions est, sous l'autorité du préfet, chargé spécialement de la direction et de la surveillance de toutes les parties qui se rattachent aux opérations cadastrales, et de tous les agens qui y concourent.

Il adresse au préfet l'état des travaux annuels et des dépenses qu'ils exigent.

Il donne son avis sur la rétribution à allouer au géomètre en chef.

Il propose au préfet le paiement de la rétribution des divers agens.

Il donne son avis sur les demandes des communes tendant à faire renouveler, par anticipation, leurs matrices de rôles.

Il fait un rapport sur les contestations de limites entre les communes.

Il adresse au préfet son rapport sur le tarif des évaluations formé par le conseil municipal.

Il envoie au contrôleur, pour servir au classement, le procès-verbal du conseil municipal, le tableau indicatif des propriétaires, et les calques des plans, avec les instructions qu'il jugera utiles.

Il rédige les états de sections et matrices de rôles, en double expédition.

Il envoie à la commune, en même temps que le rôle, l'expédition des états de sections et matrices qui lui est destinée.

Il adresse particulièrement à chaque propriétaire une lettre d'avis de la remise des états de section et de la matrice, à la mairie de la commune, et du délai accordé pour les réclamations.

Il fait son rapport sur les réclamations des propriétaires contre le classement de leurs fonds.

Il opère, sur la matrice déposée à la direction, les changemens résultant des décisions du conseil de préfecture.

Il tient la main à ce que les contrôleurs portent les mutations sur les matrices déposées dans les communes : il reçoit les déclarations des mutations recueillies par les contrôleurs, et applique les mutations aux matrices déposées à la direction.

Il propose au préfet la transcription des matrices, lorsqu'elles se trouvent dans un état qui ne permet plus d'en faire usage.

Inspecteur des contributions.

L'Inspecteur des contributions assiste à la réunion du conseil municipal. Il procède avec les propriétaires chargés du classement des fonds à la reconnaissance du territoire qui doit précéder la classification.

Il veille à ce que, dans le nombre des classificateurs à nommer, il se trouve deux propriétaires forains, qui pourront se faire représenter par leurs régisseurs.

Il fournit tous les renseignemens nécessaires pour que le tarif des évaluations soit établi dans la proportion la plus exacte, et de manière que les natures de cultures qui se trouveront plus particulièrement

appartenir à quelque propriétaire forain, ne soient pas surévaluées.

Il rapporte à la direction le procès-verbal signé des membres du conseil municipal.

Il fait toutes les tournées et vérifications prescrites par le directeur, pour accélérer les opérations, et s'assurer des causes qui peuvent en arrêter les progrès.

Contrôleur des contributions.

Le contrôleur assiste les propriétaires classificateurs dans le classement des fonds.

Il accompagne sur le terrain l'expert qui peut avoir été chargé de cette opération.

Il porte sur le tableau indicatif les classes assignées à chaque parcelle.

Il donne une attention particulière au classement des propriétés des forains.

Il provoque la présence des régisseurs des propriétaires forains et des autres propriétaires qui peuvent, sur chaque section, procurer des renseignemens utiles.

Il renvoie au directeur, lorsque le classement est fini, les calques du plan, et un rapport sur les objets susceptibles d'observations.

Il vérifie les réclamations des propriétaires contre le classement, assiste aux contre-expertises, et donne son avis.

Il reçoit les déclarations des propriétaires pour mutations, les envoie au directeur, et opère les mutations sur les matrices déposées dans les communes.

Géomètre en chef.

Le géomètre en chef est chargé de la délimitation des communes, et de la division de leur territoire en sections.

De la rédaction du procès-verbal de délimitation, en double copie.

De la triangulation de la commune, du canevas et du registre des opérations trigonométriques.

Du levé du plan parcellaire.

De la vérification du plan, et du procès-verbal de cette vérification.

Du premier et du second cahier des calculs des contenances.

Du tableau indicatif des propriétés et des propriétaires.

Des bulletins des contenances.

De l'état récapitulatif de ces bulletins.

De la communication des bulletins aux propriétaires.

De la remise des bulletins rectifiés au directeur.

Des calques des plans pour les expertises.

D'un atlas relié pour la commune.

De la confection de deux tableaux d'assemblage.

De toutes les impressions et fournitures de papier nécessaires à ces travaux.

De la conservation d'une copie du procès-verbal de délimitation, du canevas et régistre des opérations trigonométriques, des minutes des plans et des cahiers de calculs jusqu'à l'entier achèvement des opérations cadastrales dans le département.

Résumé des garanties données aux propriétaires.

Affiches pour annoncer l'arpentage de la commune.

Affiches pour annoncer le classement des fonds.

Adjonction des plus forts imposés au conseil municipal pour la nomination des classificateurs et la formation du tarif des évaluations des différentes natures de propriété.

Concours de deux propriétaires forains, ou de leurs régisseurs, au classement.

Droit accordé à tous les propriétaires, et aux régisseurs et fermiers des propriétaires forains, d'assister au classement de leurs fonds.

Rapport du directeur des contributions.

Avis du conseil de préfecture et arrêté du préfet sur le tarif des évaluations formé par le conseil municipal.

Communication à chaque propriétaire du bulletin des contenances de ses propriétés.

Avis particulier à chaque propriétaire de la remise des états de sections et matrices à la commune, et du délai accordé pour réclamer.

Instruction et jugement des réclamations.

10 OCTOBRE 1821. — Ordonnance du Roi qui permet aux sieurs Louvel père et fils de substituer à leur nom celui de Amon. (7, Bull. 481.)

10 OCTOBRE 1821. — Ordonnance du Roi qui admet les sieurs de Carolis, Folet et Hockdoerfer, à établir leur domicile en France. (7, Bull. 482.)

10 OCTOBRE 1821. — Ordonnances du Roi qui accordent des lettres de déclaration de naturalité aux sieurs Conville, Gandio dit Gaudy et Jay. (7, Bull. 494 et 551, et 8, Bull. 52.)

10 OCTOBRE 1821. — Ordonnances du Roi qui autorisent l'acceptation de dons et legs faits aux séminaires de Bordeaux et de Rouen ; aux fabriques d'Illfurth, de Kemplick, de Plouer et de Saint-Ouen ; aux communes de Mouthe, de Jougne et de l'Ile-Jourdain. (7, Bull. 497.)

10 OCTOBRE 1821. — Ordonnances du Roi relatives aux foires des communes d'Estissac, de Saint-Marcel, de Beaumont-le-Chétif, de Saint-Epain, de Fontanil, de Meyrueis de Saint-Amand, de Crédin, de Guehenno, de Caro, de Moyeuvre-Grande, d'Ouroux, de Saint-Liguaire et de Leugny. (7, Bull. 498.)

10 OCTOBRE 1821. — Ordonnances du Roi qui accordent des pensions militaires. (7, Bull. 492 bis.)

11 OCTOBRE 1821. — Lettres-patentes portant institution de titre de pairie en faveur de M. le baron Pasquier. (7, Bull. 501.)

12 OCTOBRE == Pr. 13 NOVEMBRE 1821. — Ordonnance du Roi relative aux pensions royales et pensions particulières dans les collèges royaux et aux revenus et dépenses de ces établissemens. (7, Bull. 489, n° 11637.)

Voy. ordonnances des 25 DÉCEMBRE 1819 et 16 NOVEMBRE 1821.

Louis, etc., vu nos ordonnances des 13 mars 1817, 25 décembre 1819, 12 janvier, 7 juin et 10 août 1820 (1), et 27 février 1821 ; sur le rapport de notre ministre secrétaire d'État au département de l'intérieur, etc.

§ I.er. Des pensions royales.

Art. 1.er. Il est assigné à chaque collège royal à pensionnat quarante-une pensions aux frais du Gouvernement, nécessairement réparties ainsi qu'il suit :

Pensions entières. . . . . 20, ci 20 pens.
Trois quarts de pension. . 12, ci 9
Demi-pensions. . . . . . 24, ci 12

TOTAL des élèves. . . . 56, et 41 pens.

2. Conformément à l'article 25 de notre ordonnance du 27 février 1821, six pensions entières dans les collèges royaux de chaque chef-lieu d'académie seront destinées aux élèves désignés par le conseil royal de l'instruction publique pour former les écoles normales partielles instituées par ladite ordonnance.

3. Une pension devenue vacante dans le

_____

(1) Ces trois dernières ne sont pas au Bulletin des Lois.

cours d'un trimestre sera acquittée pour le trimestre entier, quand même il n'y aurait pas été pourvu avant l'expiration dudit trimestre.

4. Attendu l'allocation faite, ainsi qu'il sera dit ci-après, au profit de chaque collége royal, d'une somme fixe destinée à payer les traitemens des principaux fonctionnaires, le taux des pensions du Gouvernement, établi par le décret du 3 floréal an 13, est réduit d'un sixième (tableau N° 1er ci-joint).

5. Cette diminution portera également sur les portions des trois quarts de bourse et demi bourses royales acquittées par les parens des élèves.

6. Les élèves nommés à des trois quarts de pension ou à des demi-pensions royales ne seront admis à les occuper qu'en représentant l'engagement de payer la portion de pension restant à leur charge, souscrit par leurs parens, ou par toute autre personne, avec caution suffisante, qui élira son domicile dans la ville où le collége royal est situé.

§ II. Des pensions particulières.

7. La fixation du prix des pensions particulières dans les colléges royaux est maintenue.

8. La pension est due pour le trimestre entier par les élèves particuliers présens au collége au commencement du trimestre. Il en est de même de la portion de pension ou de bourse restant à la charge des élèves pensionnaires du Roi et boursiers.

9. Les réglemens relatifs aux trousseaux et supplémens pour frais de livres classiques sont maintenus.

10. Le paiement des sommes dues par les parens des élèves-boursiers royaux et particuliers sera poursuivi, à la requête des proviseurs, par les procureurs du Roi, conformément à l'article 11 du décret du 1er juillet 1809.

11. Notre ministre secrétaire d'Etat de l'intérieur pourra arrêter les poursuites dirigées contre les parens des élèves royaux dont l'indigence aura été reconnue, et leur accorder des dégrèvemens partiels ou entiers.

12. Les élèves du Gouvernement qui devraient plus d'un semestre de la portion de pension à leur charge seront remis à leurs parens, après toutefois que notre ministre de l'intérieur, consulté, aura fait connaître que son intention n'est pas d'accorder le dégrèvement de la dette.

§ III. Des revenus et dépenses des colléges royaux.

13. Il est assigné à chaque collége royal, sur les fonds du Trésor, une somme fixe (tableaux N°s 2 et 4 ci-joints), principalement affectée au paiement des traitemens fixes des proviseurs, professeurs et autres fonctionnaires supérieurs.

14. Lorsque le pensionnat de St.-Louis sera ouvert, la somme de quarante sept mille huit cents francs, attribuée provisoirement à cet établissement, sera réduite à trente-un mille sept cents francs; les seize mille cent frans que cette mesure laissera disponibles seront réunis au fonds des dégrèvemens, dont ils avaient été distraits en partie.

15. Le sixième du montant des bourses communales et des pensions particulières, affecté à la masse commune, sera réuni à la somme assignée par l'article 13, pour faire face au paiement des traitemens, appointemens et gages des fonctionnaires, employés et domestiques.

16. Il pourra être accordé des dispenses, par notre conseil royal de l'instruction publique, sur la rétribution des élèves externes.

17. Les traitemens supplémentaires accordés aux proviseurs par le conseil royal de l'instruction publique seront prélevés sur le sixième ci-dessus (article 15), et subsidiairement sur le produit de la rétribution des externes.

18. A l'avenir, les excédans des recettes d'un collége royal sur ses dépenses pourront être employés en acquisition, soit de meubles, soit de rentes sur l'Etat, inscrites au profit de l'établissement et en son nom, après que, dans ce dernier cas, il aura obtenu une autorisation spéciale.

19. Les sommes revenant aux colléges royaux en vertu de l'article 13 ci-dessus, et celles destinées aux pensions royales (voyez les tableaux N°s 2, 3 et 4), ainsi que le montant des dégrèvemens et indemnités que notre ministre secrétaire d'Etat de l'intérieur est autorisé à accorder seront imputées sur le budget de l'intérieur, et ordonnancées par notredit ministre.

§ IV. Dispositions transitoires.

20. Plusieurs colléges royaux étant en ce moment pourvus de plus de quarante-une pensions royales, notre ministre secrétaire d'Etat de l'intérieur réglera ses propositions de manière à rétablir l'équilibre entre le nombre des élèves des différens pensionnats.

21. Jusqu'à ce que le nombre des élèves des écoles normales partielles soit complet, un tiers des bourses qui leur sont attribuées sera laissé, chaque année, à la disposition du conseil royal de l'instruction publique.

22. Les dispositions de l'ordonnance du 12 mars 1817 sont rapportées.

23. Notre ministre de l'intérieur est chargé, etc.

Tableaux annexés à l'ordonnance.

(N° Ier.)

Taux des pensions royales dans les colléges royaux de Paris......................... 750 fr.
1re classe.. 625
2e classe.. 550
3e classe.. 500

(N° II.)

Sommes affectées aux colléges royaux pour le paiement de leurs dépenses fixes.

Colléges royaux de Charlemagne...................................	59,200 fr.	
Bourbon......................................	48,200	155,200 fr.
Saint-Louis................................	47,800	
Paris avec pensionnat, à	31,700	63,400
1re classe 1 Versailles, à.....................	35,300	35,300
5 ....à.....................	21,300	126,500
2e classe...15 ....à.....................	22,000	330,000
3e classe...12..........à.....................	18,600	223,200
		933,600

(N° III.)

Répartition et frais de pensions royales dans les colléges royaux de
Paris............3 colleges, 123 pensions à....... 750 fr................... 92,250 fr.
1re classe 6...............246............... 625 153,730
2e classe, 15................615............... 550 338,250
3e classe, 12...............492............... 500 246,000
       36   1,476   830,250

(N° IV.)

Etat de la dépense annuelle des colléges royaux aux frais du Trésor.
1° Dépenses fixes.. 933,600 fr.
2° Pensions royales.. 830,250
3° Dégrévemens, indemnités de voyage, secours pour trousseaux et dettes arriérées.... 36,153
                                                                                    1,800,000

11 OCTOBRE 1821. — Ordonnances du Roi qui autorisent l'acceptation de dons et legs. (7 Bull. 497.)

17 = Pr. 28 OCTOBRE 1821. — Ordonnance du Roi relative aux conditions à remplir pour être admis à l'examen du baccalauréat-es-lettres. (7, Bull. 483, n° 11485.)

Art. 1er. A dater du 1er octobre 1822, pour être admis à l'examen du baccalauréat ès-lettres, il faudra avoir suivi pendant une année au moins un cours de philosophie dans l'un des colleges, institutions ou ecoles ecclésiastiques (1) régulièrement établies, où cet enseignement aura été autorisé.

2. Sont exceptés de cette règle générale, et pourront être admis à l'examen du bac-calauréat ès-lettres, ceux qui auront été élevés dans la maison de leur père, oncle ou frère.

La forme des certificats destinés à constater cette éducation de famille sera déterminée par notre conseil royal de l'instruction publique.

3. A compter du 1er janvier 1822, les candidats pour le baccalauréat ès-lettres seront examinés sur les objets de l'enseignement des classes supérieures des colléges royaux, c'est à-dire, sur les auteurs grecs et latins, sur la rhétorique, sur l'histoire, sur la philosophie et sur les premiers élemens des sciences mathématiques et physiques.

4. Pour l'exécution de l'article précédent, il sera adjoint aux professeurs de la faculté des lettres et aux membres des commissions d'examen créées par notre ordonnance du 31 octobre 1815, un des professeurs de mathématiques ou de physique des

(1) Décrets des 9 avril 1809, et 15 novembre 1811, titre IV, ordonnance du 5 octobre 1814.

colléges royaux, qui soit docteur ès-sciences.

5. Notre ministre de l'intérieur est chargé de l'exécution de la présente ordonnance.

---

17 = Pr. 31 OCTOBRE 1821. — Ordonnance du Roi qui porte que le corps de gendarmerie d'élite fera partie de la garde royale, et applique aux officiers, sous-officiers et gendarmes, toutes les dispositions de l'ordonnance du 25 octobre 1820. (7, Bull. 484, n° 11535.)

Louis, etc., vu l'ordonnance d'organisation du corps de la gendarmerie d'élite, et celle du 25 octobre 1820, relative à notre garde royale; considérant que la gendarmerie d'élite est appelée, par la nature spéciale de son service, dans nos résidences royales et près de notre personne, à partager, autant que le permet son organisation particulière, les avantages que nous avons accordés au corps qui composent notre garde royale; sur le rapport de notre ministre secrétaire d'État au département de la guerre, nous avons ordonné et ordonnons ce qui suit:

Art. 1er. Le corps de la gendarmerie d'élite fera partie de notre garde royale, et toutes les dispositions de notre ordonnance du 25 octobre 1820, relatives aux militaires de notre garde, seront appliquées aux officiers, sous-officiers et gendarmes de ce corps.

2. Tout officier actuellement pourvu d'un emploi dans la gendarmerie d'élite qui obtiendra de passer dans notre gendarmerie des départemens avec le grade dont il n'avait que le rang sera classé dans ce nouveau grade à la date de la présente ordonnance. Toutefois, les officiers qui n'auraient pas quatre ans de grade et de service dans l'arme de la gendarmerie ne compteront leur ancienneté, en passant avec avancement dans les autres légions du corps, qu'à dater du jour où ils auront accompli ces quatre ans.

3. Les officiers de la gendarmerie d'élite ne pourront recevoir de l'avancement qu'en passant dans les légions de la gendarmerie royale; ils continueront d'ailleurs à être classés dans leur grade effectif sur le tableau général des officiers de la gendarmerie royale, et ils rouleront avec ces derniers pour l'avancement à l'ancienneté.

4. Il n'est rien changé aux dispositions de notre ordonnance du 27 avril 1820, qui fixe les règles et rapports de service du corps de la gendarmerie d'élite.

5. Notre ministre de la guerre est chargé de l'exécution de la présente ordonnance.

---

17 = Pr. 31 OCTOBRE 1821. — Ordonnance du Roi relative à l'admission des sous-officiers et soldats dans les compagnies sédentaires (7, Bull. 484, n° 11534.)

Voy. ordonnances des 26 décembre 1821, et 13 décembre 1826.

Louis, etc., nous étant fait rendre compte de l'état actuel de la législation sur le droit d'admission dans les compagnies sédentaires, et voulant faciliter aux militaires l'accès de cette récompense; sur la proposition de notre ministre secrétaire d'État au département de la guerre, nous avons ordonné et ordonnons ce qui suit:

Art. 1er. Le droit d'admission dans les compagnies sédentaires est acquis aux sous-officiers et soldats qui ont accompli un rengagement, conformément à l'article 22 de la loi du 10 mars 1818, sur le recrutement de l'armée, et à l'article 203 de notre ordonnance du 2 août même année.

2. Seront, quant au même droit, considérés comme ayant accompli un rengagement, les sous-officiers et soldats sous les drapeaux qui justifieront de douze ans effectifs de service.

3. Pourront également prétendre au droit d'être admis dans les compagnies sédentaires, les anciens sous-officiers et soldats non pensionnés et ayant moins de quarante cinq ans d'âge, qui justifieront de douze années effectives de service militaire, ou qui, ayant moins de douze ans de service, seront porteurs de congés attestant qu'ils ont été réformés pour blessures ou infirmités contractées sous les drapeaux.

4. Les dispositions ci-dessus ne seront toutefois applicables qu'aux hommes qui auront été reconnus susceptibles de faire le service affecté aux compagnies sédentaires.

5. Les militaires qui voudront jouir du bénéfice desdites dispositions devront en faire la demande, savoir: ceux qui sont désignés dans les articles 1er et 2, aux inspecteurs généraux d'armes; et ceux qui sont désignés dans l'article 3, aux lieutenans généraux commandant des divisions militaires.

6. Les inspecteurs généraux d'armes et les commandans de division qui, en conséquence de l'article précédent, auront reçu des demandes d'admission pour les compagnies sédentaires, après s'être assurés que les réclamans réunissent toutes les conditions exigées par la présente ordonnance, et toutes les garanties morales nécessaires, feront établir en leur faveur des mémoires de proposition, qu'ils adresseront à notre ministre de la guerre.

7. Les dispositions actuellement en vigueur sur l'admission des militaires dans les compagnies sédentaires sont et demeurent abrogées en tout ce qu'elles peuvent avoir de contraire aux articles ci-dessus.

8. Notre ministre de la guerre est chargé, etc.

17 OCTOBRE 1821. — Ordonnances du Roi qui accordent des pensions. (7, Bull. 492 *bis*.)

17 OCTOBRE 1821. — Ordonnance du Roi qui permet à M. le maréchal Moncey, duc de Conégliano, d'établir sur la rivière de l'Oignon, département du Doubs, une usine pour convertir la fonte en fer forgé. (7, Bull. 483.)

17 OCTOBRE 1821. — Ordonnance du Roi qui admet le sieur Fabrega à établir son domicile en France (7, Bull. 484.)

17 OCTOBRE 1821. — Ordonnance du Roi qui accorde des lettres de déclaration de naturalité au sieur Fowarge. (7, Bull. 494.)

17 OCTOBRE 1821. — Ordonnances du Roi qui autorisent l'acceptation de dons et legs. (7, Bull. 497 et 498.)

19 = Pr. 28 OCTOBRE 1821. — Ordonnance du Roi qui détermine, conformément au tableau y annexé, la circonscription des archevêchés de Reims, de Sens et d'Avignon, et des évêchés de Chartres, de Périgueux, de Nîmes et de Luçon. (7, Bull. 483, n° 11486.)

Voy. loi du 4 juillet 1821 et ordonnance du 31 octobre 1822.

Louis, etc., sur le rapport de notre ministre secrétaire d'Etat au département de l'intérieur; considérant que l'art. 2 de la loi du 4 juillet 1821, en pourvoyant à la dotation successive de trente nouveaux sièges épiscopaux ou métropolitains, a abrogé les dispositions des art. 58 et 59 de la loi du 8 avril 1802, qui avaient fixé à dix les archevêchés et à cinquante les évêchés du royaume, et en avaient réglé la circonscription; considérant que, pour l'exécution de la loi du 4 juillet 1821, nous nous sommes concertés avec le Saint-Siége, afin de déterminer quels seront, dans les nouveaux sièges, ceux qui auront les droits et le titre d'archevêché, et ceux qui en seront suffragans, et quelle sera leur circonscription; considérant que les sièges archiépiscopaux de Reims et de Sens, et les sièges épiscopaux de Chartres, de Périgueux, de Nîmes et de Luçon, sont les premiers de ceux dont les besoins de nos peuples réclament plus impérieusement l'établissement; considérant que le siége d'Avignon avait joui, de tous les temps et jusqu'en 1802, des droits et titre d'archevêché; voulant pourvoir à la prompte installation des archevêques d'Avignon, de Reims et de Sens, et des évêques de Chartres, de Périgueux,

de Nîmes et de Luçon; notre Conseil d'Etat entendu, nous avons ordonné et ordonnons ce qui suit:

Art. 1er. La circonscription des métropoles d'Avignon, de Reims et de Sens, et des évêchés de Chartres, de Périgueux, de Nîmes et de Luçon, demeure déterminée conformément au tableau ci-joint.

2. Le bref donné à Rome, à Sainte-Marie-Majeure, le 4 août 1821, adressé à l'archevêque de Reims, par lequel la circonscription de l'archevêché de Reims est déterminée; les brefs donnés à Rome, à Sainte-Marie-Majeure, le 4 septembre suivant, adressés, 1° à l'évêque de Meaux, et 2° à l'évêque de Metz, par lesquels ils sont avertis de cesser l'exercice de leur autorité épiscopale, le premier sur le département de la Marne, et le second sur le département des Ardennes; 3° à notre cousin le cardinal archevêque de Paris, par lequel il est averti de cesser l'exercice de son autorité métropolitaine sur les diocèses de Soissons et d'Amiens; 4° à l'évêque d'Amiens, 5° à l'évêque de Soissons, par lesquels ils sont avertis que leurs sièges relèvent dorénavant de l'arrondissement métropolitain de Reims, sont reçus et publiés, et seront transmis à chacun de ceux qu'ils concernent par notre ministre secrétaire d'Etat au département de l'intérieur.

3. Le bref donné à Rome à Sainte-Marie-Majeure, le 4 septembre 1821, adressé à l'archevêque de Sens, par lequel la circonscription de l'archevêché de Sens est déterminée; les brefs donnés à Rome, à Sainte-Marie-Majeure, le même jour, adressés, 1° à l'évêque de Troyes, par lequel il est averti de cesser l'exercice de son autorité épiscopale sur le département de l'Yonne; 2° à notre cousin le cardinal archevêque de Paris, par lequel il est averti de cesser l'exercice de son autorité métropolitaine sur le diocèse de Troyes; 3° à l'évêque de Troyes, par lequel il est averti que son siège relève dorénavant de l'arrondissement métropolitain de Sens, sont reçus et publiés, et seront transmis à chacun de ceux qu'ils concernent par notre ministre secrétaire d'Etat au département de l'intérieur.

4. Les deux brefs donnés à Rome à Sainte-Marie-Majeure, le 24 septembre 1821, adressés à l'archevêque d'Avignon, par lesquels la circonscription diocésaine et métropolitaine du siége d'Avignon est déterminée, et dans lesquels la circonscription de l'évêché de Nîmes est pareillement déterminée; le bref donné à Rome, à Sainte-Marie-Majeure, le même jour, adressé à l'archevêque de Toulouse, par lequel il est averti de cesser l'exercice de son autorité métropolitaine sur le diocèse de Montpellier; le bref *ad futuram rei memoriam*, donné à Rome, à Sainte-Marie-Majeure, le même jour, par lequel le diocèse de Valence est placé dans l'ar-

rondissement métropolitain d'Avignon, et les brefs donnés à Rome, à Sainte-Marie-Majeure, le même jour, adressés 1° à l'évêque de Montpellier, et 2° à l'évêque de Valence, par lesquels ils sont avertis que leurs sièges respectifs relèvent dorénavant de l'arrondissement métropolitain d'Avignon, sont reçus et publiés, et seront transmis à chacun de ceux qu'ils concernent par notre ministre secrétaire d'État au département de l'intérieur, sans qu'on puisse induire de la teneur de l'un des brefs adressés à l'archevêque d'Avignon l'établissement actuel et immédiat de l'évêché de Viviers.

5. Le bref donné à Rome, à Sainte-Marie-Majeure, le 4 septembre 1821, adressé à l'évêque de Chartres, dans lequel la circonscription de l'évêché de Chartres est déterminée, et le bref donné à Rome, à Sainte-Marie-Majeure, le même jour, adressé à l'évêque de Versailles, par lequel il est averti de cesser l'exercice de son autorité épiscopale sur le département d'Eure-et-Loir, sont reçus et publiés, et seront transmis à chacun de ceux qu'ils concernent par notre ministre secrétaire d'État au département de l'intérieur.

6. Le bref ad futuram rei memoriam, donné à Rome, à Sainte-Marie Majeure, le 4 septembre 1821, dans lequel la circonscription du diocèse de Périgueux est déterminée, est reçu et publié, et sera transmis à ceux qu'il concerne par notre ministre secrétaire d'État au département de l'intérieur.

7. Le bref donné à Rome, à Sainte-Marie-Majeure, le 24 septembre 1821, adressé à l'évêque de Luçon, dans lequel la circonscription de l'évêché de Luçon est déterminée, et le bref donné à Rome, à Sainte-Marie-Majeure, le même jour, adressé à l'évêque de La Rochelle, par lequel il est averti de cesser l'exercice de son autorité épiscopale sur le département de la Vendée, sont reçus et publiés, et seront transmis à chacun de ceux qu'ils concernent par notre ministre secrétaire d'État au département de l'intérieur.

8. Lesdits brefs sont reçus sans approbation des clauses, formules ou expressions qu'ils renferment et qui sont ou pourraient être contraires à la Charte constitutionnelle, aux lois du royaume, aux franchises, libertés et maximes de l'église gallicane, et sans qu'on puisse en induire que la bulle de circonscription donnée à Rome, le 27 juillet 1817 soit reçue dans le royaume.

Ils seront transcrits en latin et en français sur les registres de notre Conseil-d'État : mention de ladite transcription sera faite sur l'original par le secrétaire général du Conseil.

9. Nos ministres de la justice et de l'intérieur sont chargés de l'exécution de la présente ordonnance.

Tableau annexé à l'article 1er de l'ordonnance royale du 19 octobre 1821.

REIMS, archevéché, comprendra dans son diocèse les départemens de la Marne et des Ardennes, et dans son arrondissement métropolitain les évêchés d'Amiens et de Soissons.

SENS, archevéché, comprendra dans son diocèse le département de l'Yonne, et dans son arrondissement métropolitain l'évêché de Troyes.

AVIGNON, archevéché, comprendra dans son diocèse le département de Vaucluse, et dans son arrondissement métropolitain les évêchés de Valence, de Montpellier et de Nîmes.

CHARTRES, évêché, comprendra dans son diocèse le département d'Eure-et-Loir, et fera partie de l'arrondissement métropolitain de Paris.

PÉRIGUEUX, évêché, comprendra dans son diocèse le département de la Dordogne, et fera partie de l'arrondissemeut métropolitain de Bordeaux.

NÎMES, évêché, comprendra dans son diocèse le département du Gard, et fera partie de l'arrondissement métropolitain d'Avignon.

LUÇON, évêché, comprendra dans son diocèse le département de la Vendée, et fera partie de l'arrondissement métropolitain de Bordeaux.

───────

19 = Pr. 28 OCTOBRE 1821. — Ordonnance du Roi qui prescrit la publication des bulles portant institution canonique des archevêques de Reims, de Sens et d'Avignon, et des évêques de Chartres, de Périgueux, de Nîmes et de Luçon. (7, Bull. 483, n° 11487.)

Louis, etc.

Art. 1er. Les bulles ci-après mentionnées, savoir :

La bulle donnée à Rome, à Sainte-Marie-Majeure, le jour des calendes d'octobre 1817, et portant institution canonique de M. Jean-Charles de Coucy, ancien évêque de La Rochelle, nommé par nous à l'archevêché de Reims ;

La bulle donnée à Rome, à Sainte-Marie-Majeure, le jour des calendes d'octobre 1817, et portant institution canonique de M. Anne-Louis-Henri de la Fare, ancien évêque de Nancy, nommé par nous à l'archevêché de Sens ;

La bulle donnée à Rome, à Sainte-Marie-Majeure, le 8 des calendes d'octobre 1821, et portant institution canonique de M. Etienne-Martin Morel de Mons, nommé par nous à l'archevêché d'Avignon ;

La bulle donnée à Rome, à Sainte-Marie-Majeure, le jour des calendes d'octobre 1817, et portant institution canonique de M. Jean-Baptiste-Marie-Anne Antoine de Latil, nommé par nous à l'évêché de Chartres ;

La bulle donnée à Rome, à Sainte-Marie-Majeure, le jour des calendes d'octobre 1821, et portant institution canonique de M. Alexandre-Louis-Charles-Rose de Lostanges, nommé par nous à l'évêché de Perigueux.

La bulle donnée à Rome, à Sainte-Marie Majeure, le 8 des calendes d'octobre 1817, et portant institution canonique de M. Claude-François-Marie Petit-Benoît de Chaffoy, nommé par nous à l'évêché de Nimes ;

La bulle donnée à Rome, à sainte-Marie Majeure, le 8 des calendes d'octobre 1821, et portant institution canonique de M. René-François Soyer, nommé par nous à l'évêché de Luçon,

Sont reçues, et seront publiées dans la forme accoutumée, sans qu'on puisse induire desdites bulles que la bulle de circonscription donnée à Rome le 27 juillet 1817 soit reçue dans le royaume.

2. Lesdites bulles d'institution canonique sont reçues sans approbation des clauses, formules ou expressions qu'elles renferment et qui sont ou pourraient être contraires à la Charte constitutionnelle, aux lois du royaume, aux franchises, libertés et maximes de l'église gallicane.

3. Lesdites bulles seront transcrites en latin et en français sur les registres de notre Conseil-d'Etat : mention desdites transcriptions sera faite sur les originaux par le secrétaire général du Conseil.

4. Nos ministres de la justice et de l'intérieur sont chargés de l'exécution de la présente ordonnance.

---

19 OCTOBRE — Pr. 13 NOVEMBRE 1821. — Ordonnance du Roi portant réglement sur l'organisation des portefaix du canal de Givors. (7, Bull. 489, n° 11638.)

Louis, etc., sur le rapport de notre ministre secrétaire d'Etat au département de l'intérieur ; sur ce qu'il nous a été représenté qu'il était survenu des difficultés entre le commerce et les autorités municipales des communes de Rive de-Gier, et de Givors, dans les départemens de la Loire et du Rhône, d'une part, et les propriétaires du canal de Givors, d'autre part, relativement à l'exécution du réglement publié, le 13 février 1782, par une commission du conseil établie à Lyon, touchant le service des portefaix ou crocheteurs employés, sur le canal de Givors et sur les deux ports de Rive-de-Gier et de Givors, au chargement et au déchargement des charbons et autres marchandises, et qu'il était nécessaire d'augmenter les salaires attribués aux portefaix par ledit réglement ; vu le réglement du 13 février 1782 susénoncé et la loi du 12 juin 1791 concernant le canal de Givors ; les délibérations des deux conseils municipaux de Rive de-Gier et de Givors, des 5 mars 1816 et 8 septembre 1819 ; les observations fournies par les directeurs et syndics du canal de Givors ; les avis et projets d'arrêtés donnés en 1817, 1820 et 1821, par les préfets du Rhône et de la Loire ; considérant que des motifs d'utilité publique, et pris de l'intérêt commun du commerce et des propriétaires du canal, ont déterminé l'organisation et le régime donnés aux portefaix du canal de Givors par le réglement précité ; que les mêmes motifs paraissent devoir le faire maintenir aussi long-temps qu'il n'en sera pas résulté des abus graves manifestes ; considérant, néanmoins, que cette organisation ne saurait préjudicier à la police supérieure qui appartient à l'autorité municipale sur des manouvriers, et particulièrement dans un lieu public, et voulant assurer l'exercice de cette surveillance et statuer sur d'autres difficultés survenues dans l'exécution du réglement de 1782 ; notre Conseil-d'Etat entendu, nous avons ordonné et ordonnons ce qui suit :

Art 1er. Le mode d'organisation et de nomination établi, pour les portefaix employés au service du canal de Givors, par le réglement du 13 février 1782, est maintenu.

2. Nul portefaix ne pourra être admis qu'il ne soit porteur d'un certificat de bonnes vie et mœurs du maire de la commune, visé par le sous-préfet de l'arrondissement.

3. L'autorité municipale continuera d'exercer, tant sur les ports du canal que sur les portefaix et autres ouvriers y employés, la police qui lui est attribuée par les lois.

4. L'inspecteur préposé à la surveillance du mesurage des charbons, nommé par le maire, veillera à ce que les portefaix, en mettant le charbon dans la mesure, exécutent cette opération d'une manière loyale et marchande, et qui ne donne lieu à aucune plainte. Tout portefaix qui occasionnerait habituellement des plaintes fondées à cet égard, sera, sur la demande du maire du port où il sera employé, renvoyé du service.

5 Les propriétaires ou exploitans d'usines situées dans les communes des ports continueront de pouvoir faire décharger par qui ils jugeront à propos les charbons et autres marchandises destinés à leurs usines, ainsi que les produits desdites usines ; la même liberté appartiendra aux habitans des bords du canal, pour les objets destinés à leur approvisionnement.

6. Les réglemens de police intérieure qu'il y aurait lieu de faire pour le service des portefaix des deux ports seront dressés par les maires respectivement, autorisés par les préfets du Rhône et de la Loire, chacun en droit soi, après avoir été approuvés par notre ministre secrétaire d'Etat de l'intérieur.

7. Il en sera de même des tarifs à établir pour les salaires des portefaix : ces tarifs toutefois ne seront autorisés par les préfets qu'après avoir entendu les conseils municipaux des deux communes, ainsi que les propriétaires du canal.

8. Notre ministre de l'intérieur est chargé de l'exécution de la présente ordonnance.

---

9 OCTOBRE = Pr. 13 NOVEMBRE 1821. — Ordonnance du Roi portant autorisation de la société anonyme formée sous le titre de Compagnie du canal de Monsieur. (7, Bull. 489, n° 11629.)

Louis, etc., sur le rapport de notre ministre secrétaire d'Etat au département de l'intérieur ; vu la loi du 5 août 1821, qui accepte la soumission présentée, le 25 avril précédent, par le sieur Humann et autres capitalistes, et par laquelle ils offrent de fournir dix millions de francs pour pourvoir à l'achèvement du canal de Monsieur ; vu la soumission annexée à la susdite loi, portant qu'il sera permis aux soumissionnaires de se constituer en société anonyme sous le titre de *Compagnie du canal de Monsieur*, après avoir obtenu notre approbation ; vu l'acte social passé, le 13 octobre 1821, par-devant Chaudron et son collègue, notaires royaux à Paris, contenant les statuts de la société anonyme que les signataires de la soumission du 25 avril 1821 ont établie par ledit acte; vu les articles 29 à 37, 40 et 45 du Code de commerce; notre Conseil d'Etat entendu, nous avons ordonné et ordonnons ce qui suit :

Art. 1er. La société anonyme formée sous le titre de *Compagnie du canal de Monsieur* est et demeure autorisée conformément à l'acte social contenant les statuts de ladite association, passé devant Chaudron et son collègue, notaires à Paris, le 13 octobre 1821, lequel acte demeurera annexé à la présente ordonnance, et sera affiché avec elle, conformément à l'article 45 du Code de commerce.

2. Notre présente autorisation vaudra pour toute la durée de la société, ainsi qu'elle est fixée à l'art. 1er de l'acte social, à charge d'exécuter fidèlement les statuts, nous réservant de révoquer notredite autorisation en cas de non-exécution ou violation des susdits statuts, par nous approuvés ; le tout sauf les droits des tiers, et

sans préjudice des dommages et intérêts qui seraient prononcés par les tribunaux contre les auteurs des contraventions.

3. Notre ministre secrétaire d'Etat de l'intérieur est chargé de l'exécution de la présente ordonnance, qui sera publiée au Bulletin des lois; en outre, les statuts de la société seront insérés dans le Moniteur et dans le journal destiné à recevoir les actes judiciaires du département du Bas-Rhin.

Statuts annexés à l'ordonnance du Roi du 19 octobre 1821, portant autorisation de la société anonyme formée sous le titre de Compagnie du canal de Monsieur, insérée au Bulletin 489, n° 11639, (7, Bull. 503, n° 12098.)

Par-devant Me Claude-François Chaudron et son collègue, notaires royaux à Paris, soussignés, sont comparus, etc.

Lesquels ont dit qu'ils ont souscrit une soumission, datée du 25 avril dernier, par laquelle ils ont offert au Gouvernement de lui avancer dix millions de francs pour l'achèvement des travaux du canal dit de *Monsieur*, faisant jonction du Rhône au Rhin, laquelle soumission a obtenu la sanction législative.

Désirant se constituer en société anonyme pour l'exploitation de l'entreprise qui fait l'objet de ladite soumission, ils ont arrêté entre eux les conditions de cette association par les articles ci-après, etc.

Art. 1er. Il sera établi, avec l'autorisation du Gouvernement, une société anonyme sous le titre de *Compagnie du canal de Monsieur*. Le domicile de la société est fixé à Strasbourg. Elle commencera du jour où le présent traité aura obtenu la sanction royale, et subsistera pendant la durée des travaux du canal, et pendant quatre-vingt-dix-neuf années au-delà, à compter du jour de leur achèvement.

2. La *Compagnie du canal de Monsieur* exploitera l'entreprise qui fait l'objet de ladite soumission, aux clauses et conditions qui y sont stipulées : elle ne pourra se livrer à aucune autre opération quelconque.

3. Le fonds capital de la compagnie est fixé à la somme de dix millions de francs. Il sera représenté par dix mille actions de mille francs chacune, lesquelles seront intitulées *actions de l'emprunt*, et donneront droit au remboursement du capital et aux intérêts.

Dix mille autres actions, intitulées *actions de jouissance*, représenteront la moitié du revenu net et annuel du canal, alloué à la compagnie à titre de prime par l'article 7 de la soumission.

La jouissance de cette moitié du revenu net du canal commencera après l'amortissement en principal et intérêts du prêt de dix millions fait au Gouvernement par la compagnie.

4. Les actions, tant celles de l'emprunt que celles de la jouissance, seront émises aux noms respectifs des souscripteurs de la soumission du 25 avril dernier, et leur seront délivrées dans la proportion du montant de la souscription de chacun d'eux, savoir;

A M. Florent Saglio, quinze cents actions;

A M. Renouard de Bussière, huit cents;

A M. Humann, trois mille deux cents;

A M. Thuret et compagnie, quinze cents;

A MM. frères Bethmann, mille;

Et à MM. Paravey et compagnie, deux mille.

Les actions seront transmissibles par simple endossement; et ces endossemens, qui céderont purement et simplement les droits résultant d'une loi spéciale, ne donneront lieu à aucun recours quelconque contre les endossemens de la part de leurs cessionnaires. Les actions de l'une et de l'autre espèce auront un talon, seront numérotées et inscrites sur des registres à ce destinés.

5. Les souscripteurs de la soumission du 25 avril dernier contribueront, chacun dans la proportion du montant de sa souscription, aux premiers paiemens à effectuer, jusqu'à concurrence de deux millions de francs.

A mesure qu'ils effectueront ces paiemens à la caisse de la société, il leur sera délivré une action de l'emprunt et une action de jouissance par chaque somme de deux cents francs. Les actions de l'emprunt indiqueront le jour fixe auquel devront être versés à la caisse de la société les huit cents francs restant à acquitter pour compléter les mille francs, montant de chaque action.

Le versement des huit cents francs sera constaté par quittance sur les actions mêmes.

Les soumissionnaires qui céderont des actions avant que les huit cents francs aient été acquittés resteront garans envers la société pour ces paiemens; et seront tenus de les effectuer à jour fixe au lieu et place de leurs cessionnaires, si ceux-ci restaient en retard.

6. Tout actionnaire qui possédera dix actions de l'emprunt et autant d'actions de jouissance, sera membre de l'assemblée générale de la compagnie.

A mesure que les actions de l'emprunt seront remboursées, celles de la jouissance qui s'y rapportent représenteront les actions des deux espèces, et dix de ces actions de jouissance donneront au proprié-

taire droit d'assister aux assemblées générales.

Les délibérations de l'assemblée générale seront prises à la majorité des voix; chaque voix se comptera par dix actions Toutefois, un actionnaire qui possèderait plus de cinq cent actions, et quel que soit le nombre excédant, ne comptera que pour cinquante voix, *maximum* qui ne sera pas dépassé.

Les actionnaires ayant droit d'assister aux assemblées générales pourront s'y faire représenter par un fondé de pouvoirs, qui devra être porteur de procuration indiquant le nombre et les numéros des actions de l'une et de l'autre espèce que possède celui ou ceux qu'il représentera.

Le fondé de pouvoirs aura autant de voix que chacune des procurations dont il sera chargé représentera de dizaines d'actions des deux espèces; toutefois, le nombre de voix est également limité pour le fondé de pouvoirs au *maximum* de cinquante, conformément à la disposition restrictive énoncée au troisième alinéa de cet article.

7. L'administration se composera de cinq administrateurs et de deux censeurs, nommés au scrutin secret et à la majorité des voix par l'assemblée générale. Les fonctions des administrateurs et des censeurs seront gratuites; il y aura seulement des jetons de présence. La réunion des administrateurs et censeurs composera le conseil d'administration.

Il y aura un caissier nommé par l'administration, et qui fournira un cautionnement dont la nature et la quotité seront ultérieurement déterminées.

8. Dans ce conseil, les administrateurs seuls ont voix délibérative; les censeurs ont voix consultative.

9. Les administrateurs, lesquels géreront à la forme de l'article 31 du Code de commerce, devront être propriétaires d'au moins vingt-cinq actions de l'emprunt et d'un même nombre d'actions de jouissance, sauf ce qui a été dit à l'égard des actions de jouissance dont celles correspondantes de l'emprunt auront été remboursées.

Les censeurs devront être propriétaires de vingt actions des deux espèces et sous les mêmes réserves que ci-dessus.

Les uns et les autres feront le dépôt du nombre d'actions dont ils ont à justifies respectivement. Le mode et le lieu de ce dépôt seront déterminés par décision de la première assemblée générale.

10. Un administrateur et un censeur seront renouvelés tous les trois ans. Les sortans seront désignés par le sort pendant les neuf premières années, ensuite par rang d'ancienneté de nomination.

Les membres sortans pourront être réélus.

11. Sont nommés pour exercer les fonctions d'administrateurs pendant trois ans, mondit sieur Florent Saglio, mondit sieur Jean-George Humann, et mondit sieur Renouard de Bussière.

M. le préfet du département du Bas-Rhin, président de la chambre de commerce, sera prié de nommer deux censeurs choisis parmi les sociétaires possédant vingt actions, et qui exerceront ces fonctions provisoirement jusqu'à la première assemblée générale, dans laquelle il sera procédé, conformément à l'article 7 ci-dessus, à la nomination définitive de deux censeurs pour les premières trois années.

Les administrateurs et censeurs ainsi nommés se réuniront pour nommer, à la majorité des voix, les deux autres administrateurs.

Les délibérations seront toujours prises à la majorité des voix des administrateurs ; aucune délibération ne sera prise sans la présence de trois administrateurs au moins.

Le conseil d'administration, étant complété, nommera les employés nécessaires à la gestion de la société, et fixera leur traitement, sans pouvoir dépasser les limites fixées par l'article 17 ci-après.

Il est autorisé à faire, de concert avec le Gouvernement et sous l'approbation de l'assemblée générale, le règlement et autres actes d'administration prévus par l'article 10 de la soumission énoncée en tête des présentes.

12. Les deux censeurs pourront, à quelque époque que ce soit, convoquer l'assemblée générale des actionnaires.

13. L'assemblée générale se réunit de droit dans l'une des salles de l'hôtel du commerce de la ville de Strasbourg, le 30 janvier de chaque année, pour entendre et arrêter le compte qui lui sera rendu par les administrateurs, de la situation des affaires de la compagnie.

Les censeurs seront présens à cette assemblée, et lui feront un rapport sur la gestion pendant l'année.

Après le rapport fait, il sera procédé, s'il a lieu, au renouvellement des administrateurs et censeurs.

14. En cas de retraite ou décès d'un ou plusieurs administrateurs ou censeurs, le conseil d'administration pourvoira provisoirement à leur remplacement jusqu'à la prochaine assemblée générale, laquelle procédera en la forme ordinaire à la nomination définitive. Cette nomination n'aura lieu que pour le temps qui restera à courir à l'exercice des remplacés.

15. Les actions de l'emprunt porteront intérêt à cinq pour cent par an, payable de semestre en semestre. Un pour cent, sur l'intérêt de l'intérêt alloué à la compagnie par le Gouvernement, sera employé à l'acquittement d'une prime de deux cent cinquan-

te francs, qui sera payée à chacune de ces actions, au moment de leur remboursement, comme il sera dit ci-après ; et le surplus augmentera le fonds d'amortissement.

16. Le 31 décembre 1822, et ensuite de semestre en semestre, il sera remboursé, avec addition de la prime de deux cent cinquante francs, un nombre d'actions de l'emprunt proportionnel à la somme d'amortissement dont la compagnie aura à disposer. Un tirage au sort, qui se fera annuellement et publiquement dans l'une des salles de l'hôtel du commerce de la ville de Strasbourg, déterminera par les numéros sortans les actions qui devront être remboursées. Le remboursement de la totalité des actions de l'emprunt sera complété au plus tard dans l'année 1851.

17. La dépense pour frais d'administration de la compagnie ne pourra pas dépasser le *maximum* de quinze mille francs par an, somme que la compagnie recevra annuellement du Gouvernement pendant la durée de l'amortissement, en conformité du dernier paragraphe de l'article 9 de la soumission du 25 avril dernier.

18. La somme provenant d'économies qui pourront être faites sur l'allocation de quinze mille francs mentionnés dans l'article qui précède, de même que la somme des dédommagemens que le Gouvernement serait tenu de payer à la compagnie en conformité de l'article 2 de la soumission, si les travaux du canal n'étaient pas achevés dans le délai fixé, seront jointes au fonds d'amortissement et employées au remboursement des actions. Le remboursement des actions de l'emprunt complétement effectué, l'excédant de fonds, s'il y en a, sera réparti par un dividende aux actions de jouissance.

19. Les contestations qui naîtraient entre aucuns des actionnaires et l'administration stipulant pour la société, ou entre la société et les administrateurs pour raison de la gestion de ces derniers, seront jugées souverainement en premier et dernier ressort par des arbitres nommés à l'amiable ou d'office, lesquels, en cas de partage d'avis, choisiront un sur-arbitre, sans pouvoir par les parties recourir en appel ni se pourvoir en cassation.

Les comparans, d'accord sur le contenu du traité de société anonyme ci-dessus et des autres parts, promettent et s'obligent de l'exécuter aussitôt qu'il aura été autorisé et approuvé par sa majesté, conformément aux dispositions de l'article 37 du Code de commerce.

20. Au moyen des présentes, le précédent traité de société anonyme, fait pour le même objet entre lesdits sieurs comparans, les 21 et 24 juillet dernier, enregistré, est et demeure résilié, nul et sans effet.

Pour l'exécution des présentes, les parties font élection de domicile en leurs demeures susdites.

Fait et passé à Paris, en l'étude, le 13 octobre 1821, et ont signé avec les notaires.

———

20 OCTOBRE = Pr. 3 NOVEMBRE 1821. — Ordonnance du Roi portant publication de la convention conclue, le 2 octobre 1821, entre sa majesté Très-Chrétienne et sa majesté le roi des Pays-Bas, pour l'extradition réciproque des déserteurs. (7, Bull. 486, n° 11576.)

Louis, etc., nous avons ordonné et ordonnons que la convention suivante, conclue entre nous et sa majesté le roi des Pays-Bas le 2 octobre 1821, et ratifiée à Paris le 15 octobre suivant, sera insérée au Bulletin des Lois, pour être exécutée suivant sa forme et teneur.

———

Convention entre sa majesté Très-Chrétienne et sa majesté le roi des Pays-Bas, pour l'extradition des déserteurs.

Sa majesté le Roi de France et de Navarre et sa majesté le roi des Pays-Bas, étant convenus de conclure une convention de cartel, ont, à cet effet, muni de leurs pleins pouvoirs, savoir :

Sa majesté le Roi de France et de Navarre,

Le sieur Etienne-Denis Pasquier, ministre secrétaire d'Etat des affaires étrangères, chevalier des ordres du Roi, grand'croix de l'ordre royal de la Légion-d'Honneur, etc. ;

Et sa majesté le roi des Pays-Bas,

Le sieur Robert baron Fagel, lieutenant général, premier aide-de-camp du roi, son envoyé extraordinaire et ministre plénipotentiaire près sa majesté Très-Chrétienne, commandeur d'un ordre militaire, membre du corps équestre de la province de Hollande ;

Lesquels, après s'être communiqué leurs pleins pouvoirs respectifs, sont convenus des articles suivans :

Art. 1ᵉʳ. A dater de l'échange des ratifications de la présente convention (1), tous les individus qui déserteront le service militaire des hautes parties contractantes seront restitués de part et d'autre.

2. Seront réputés déserteurs, non-seulement les militaires de toute arme et de tout grade qui quitteront leurs drapeaux, mais encore les individus appartenant à la marine, et ceux qui, appelés au service actif de la milice nationale ou de tout autre branche militaire quelconque des deux pays, ne se rendraient pas à l'appel, et chercheraient à se réfugier sur le territoire de l'une des hautes parties contractantes.

3. Sont exceptés de la restitution ou de l'extradition qui pourra être demandée en vertu de la présente convention,

1° Les individus nés sur le territoire de l'Etat dans lequel ils auraient cherché un asile, et qui, moyennant la désertion, ne feraient que rentrer dans leur pays natal ;

2° Les individus qui, soit avant, soit après leur désertion, se seraient rendus coupables d'un crime ou délit quelconque à raison duquel il y aurait lieu de les traduire en justice devant les tribunaux du pays où ils se seront retirés.

Néanmoins, en ce dernier cas, l'extradition aura lieu après que le déserteur aura été acquitté ou aura subi sa peine.

4. Lorsqu'un déserteur aura atteint le territoire de celle des deux puissances à laquelle il n'appartiendra pas, il ne pourra, sous aucun prétexte, y être poursuivi par les officiers de son Gouvernement : les officiers se borneront à prévenir de son passage les autorités locales, afin qu'elles aient à le faire arrêter. Toutefois, pour accélérer l'arrestation de ce déserteur, une ou deux personnes chargées de la poursuite pourront, au moyen d'un passeport, ou d'une autorisation en règle qu'elles devront obtenir de leur chef immédiat, se rendre au plus prochain village, situé en dehors de la frontière, à l'effet de réclamer des autorités locales l'exécution de la présente convention.

5. Les autorités qui voudront réclamer un déserteur adresseront leurs réclamations à l'administration, soit civile, soit militaire, qui, dans ce pays, se trouvera le mieux à portée d'y satisfaire.

Lesdites autorités réclamantes accompagneront leur réquisitoire du signalement du déserteur ; et, dans le cas où il serait parvenu à l'arrêter, l'autorité requérante en sera prévenue par un avis accompagné d'un extrait du registre du geôlier ou concierge de la prison où le déserteur aura été écroué.

6. Dans le cas où les déserteurs seraient encore porteurs de leurs armes ou revêtus de leur équipement, habillement ou marques distinctives, sans être munis d'un passeport, et de même dans tous les cas où il serait constant, soit par l'aveu du déserteur, soit d'une manière quelconque, qu'un déserteur de l'une des hautes parties contractantes se trouve sur le territoire de l'autre, il sera arrêté sur le champ, sans réquisition préalable, pour être immédiatement livré entre les mains des autorités

———

(1) L'échange des ratifications de la présente convention a eu lieu le 26 octobre 1821.

compétentes établies sur les frontières de l'autre souverain.

7. Si, par suite de la dénégation de l'individu arrêté ou autrement, il s'élevait quelques doutes sur l'identité d'un déserteur, la partie réclamante ou intéressée devra constater, au préalable, les faits non suffisamment éclaircis, pour que l'individu arrêté puisse être mis en liberté ou restitué à l'autre partie.

Dans tous les cas, les déserteurs arrêtés seront remis aux autorités compétentes, qui feront effectuer l'extradition selon les règles déterminées par la présente convention. L'extradition se fera avec les armes, chevaux, selles, habillemens et tous autres objets quelconques dont les déserteurs étaient nantis ou qui auraient été trouvés sur eux lors de l'arrestation. Elle sera accompagnée du procès-verbal de l'arrestation de l'individu, des interrogatoires qu'il aurait subis, et de toutes autres pièces nécessaires pour constater la désertion. Pareille restitution aura lieu des chevaux, effets d'armement, d'habillement et d'équipement, emportés par les individus désignés dans l'article 3 de la présente convention, comme exceptés de l'extradition.

Les hautes parties contractantes se concerteront ultérieurement sur la désignation des places frontières où la remise des déserteurs devra être opérée.

9. Les frais auxquels aura donné lieu l'arrestation des déserteurs seront remboursés de part et d'autre, à compter du jour de l'arrestation, qui sera constatée par l'extrait dont est fait mention à l'article 5, jusqu'au jour de l'extradition inclusivement.

Ces frais comprendront la nourriture et l'entretien des déserteurs et de leurs chevaux, et sont fixés à soixante-quatorze centimes, argent de France, ou trente-cinq centimes, argent des Pays-Bas, par jour, pour chaque homme, et à un franc six centimes, argent de France, ou cinquante centimes, argent des Pays-Bas, par jour, pour chaque cheval. Il sera payé, en outre, par la partie requérante ou intéressée, une gratification de vingt-cinq francs, argent de France, ou onze florins quatre-vingt-un vingt-cinq centièmes de cent, argent des Pays-Bas, pour chaque homme, et de cent cinquante-huit francs soixante-treize centimes, ou soixante-quinze florins, pour chaque cheval et son équipage, au profit de quiconque sera parvenu à découvrir et faire arrêter un déserteur, ou qui aura contribué à la restitution d'un cheval et de son équipage.

10. Les frais et gratifications dont il est fait mention dans l'article précédent seront acquittés immédiatement après l'extradition.

Les réclamations qui pourraient être faites à cet égard ne seront examinées qu'après que le paiement aura été provisoirement effectué.

11. Les hautes parties contractantes s'engagent mutuellement à prendre les mesures les plus convenables pour la répression de la désertion et pour la recherche des déserteurs. Elles feront usage, à cet effet, de tous les moyens que leur offrent les lois du pays, et elles sont convenues particulièrement :

1° De faire porter une attention scrupuleuse sur les individus inconnus qui franchiraient les frontières des deux pays, sans être munis de passeports en règle ;

2° De défendre sévèrement à toute autorité quelconque d'enrôler ou de recevoir dans le service militaire, soit pour les armes de terre, soit pour la marine, un sujet de l'autre des hautes parties contractantes qui n'aura pas justifié, par des certificats ou attestations en due forme, qu'il est dispensé du service militaire dans son pays.

La même mesure sera applicable dans le cas où l'une des hautes parties contractantes aura permis à une puissance étrangère de faire des enrôlemens dans ses Etats.

12. La présente convention est conclue pour deux ans, à l'expiration desquels elle continuera à être en vigueur pour deux autres années, et ainsi de suite, sauf déclaration contraire de la part de l'un des deux Gouvernemens.

13. La présente convention sera ratifiée, et les ratifications en seront échangées dans le terme de six semaines, ou plus tôt, si faire se peut.

En foi de quoi, les plénipotentiaires respectifs l'ont signée et y ont apposé le cachet de leurs armes.

Fait à Paris, le 2 octobre 1821.

(L. S.) Signé Pasquier.

(L. S.) Signé Fagel.

21 OCTOBRE 1821. — Lettres-patentes portant érections de majorat en faveur de M. le comte de Siméon. (7, Bull. 484.)

24 = Pr. 31 OCTOBRE 1821. — Ordonnance du Roi qui déclare compris dans l'amnistie accordée par la loi du 12 janvier 1816 les faits imputés au lieutenant général comte Bertrand, et porte que cet officier général rentrera dans tous ses droits, titres, grades et honneurs, (7, Bull. 484, n° 21529.)

Louis, etc., nous étant fait rendre compte de l'état de la procédure dirigée jusqu'à ce jour contre le lieutenant général comte Henri-Gratien Bertrand, traduit devant le deuxième conseil de guerre de la première division militaire, comme compris dans no-

23.

26

tre ordonnance du 24 juillet 1815; sur le rapport de notre garde des sceaux, ministre secrétaire d'État au département de la justice, nous avons reconnu que les faits imputés audit comte Bertrand permettaient de l'admettre à jouir de l'amnistie accordée par la loi du 12 janvier 1816, et que ce général, en rentrant en France et en se remettant à la disposition de notre ministre secrétaire d'Etat de la guerre, avait fait tomber le jugement rendu par contumace contre lui, le 7 mai 1816, par le deuxième conseil de guerre de la première division militaire ; de l'avis de notre Conseil, nous avons ordonné et ordonnons ce qui suit :

Art. 1er. Les faits imputés au lieutenant général comte Henri-Gratien Bertrand, et qui ont donné lieu à la procédure instruite contre lui à la diligence du rapporteur près le deuxième conseil de guerre de la première division militaire, sont déclarés compris dans l'amnistie : il ne sera, en conséquence, donné aucune suite aux informations et autres actes de procédure dressés à cette occasion. Le lieutenant général comte Bertrand sera immédiatement remis en liberté, s'il n'est détenu pour autre cause, et rentrera dans tous ses droits, titres, grades et honneurs.

2. Notre présente ordonnance sera inscrite à la suite des procès-verbaux d'information.

3. Nos ministres le président du conseil des ministres, de la justice, de la guerre et des finances, sont chargés de l'exécution de la présente ordonnance.

24 OCTOBRE 1821. — Ordonnances du Roi qui accordent des pensions. (7, Bull. 492 bis.)

24 OCTOBRE 1821. — Lettres-patentes portant érection d'un majorat en faveur de M. le comte de Serre. (7, Bull. 484.)

24 OCTOBRE 1821. Ordonnance du Roi qui fixe à vingt le nombre des routes départementales du Lot. (7, Bull. 490.)

24 OCTOBRE 1821. — Ordonnance du Roi qui autorise l'acceptation d'une donation faite aux sœurs hospitalières de Saint-Joseph de Beaufort. (7, Bull. 498.)

25 OCTOBRE 1821. — Lettres-patentes portant érection d'un majorat en faveur de M. Pilotte de la Barollière. (7, Bull. 484.)

25 OCTOBRE 1821. — Ordonnance du Roi qui nomme pairs MM. Siméon, Roy et Portal. (Mon. n° 350.)

25 OCTOBRE 1821 == Lettres-patentes portant institution de titres de pairie en faveur de MM. de Montesquiou et de Contades. (7, Bull. 501.)

26 OCTOBRE = Pr. 13 NOVEMBRE 1821. — Ordonnance du Roi portant prorogation, jusqu'au 1er avril 1822, de la prime accordée aux navires français qui rapporteront des cotons d'Amérique d'ailleurs que des ports de l'Union. (7, Bull. 489, n° 11640.)

Voy. ordonnance du 21 NOVEMBRE 1821.

Louis, etc. vu nos ordonnances des 26 juillet 1820, 3 février et 20 juin 1821, par lesquelles nous avons établi et prorogé la prime due aux navires français qui ont été, hors d'Europe et dans les ports autres que ceux de l'Union, charger des cotons d'Amérique; attendu que les circonstances en raison desquelles nous avons rendu ces ordonnances sont restées les mêmes; sur le rapport de notre ministre secrétaire d'Etat des finances ; notre Conseil entendu, nous avons, etc.

Art. 1er. Une prime de dix francs par cent kilogrammes continuera jusqu'au 1er avril prochain, d'être accordée pour les cotons des deux Amériques qui auront été chargés par les navires français hors d'Europe dans les ports ou colonies autres que ceux ou celles de l'Union, et qui seront importés pour la consommation du royaume.

2. L'article 2 de notre ordonnance du 20 juin 1821 est maintenu.

3. Notre ministre des finances est chargé de l'exécution de la présente ordonnance.

31 OCTOBRE = Pr. 8 NOVEMBRE 1821. — Ordonnance du Roi qui établit un tribunal de commerce à Saint-Gaudens, département de la Haute-Garonne. (7, Bull. 488, n° 11622.)

Voy. loi du 16 = 24 AOUT 1790, et décret du 6 OCTOBRE 1809.

Art. 1er. Il sera établi un tribunal de commerce à Saint-Gaudens, arrondissement de ce nom, département de la Haute-Garonne.

2. Ce tribunal sera composé d'un président, de trois juges et de deux suppléans.

3. Nos ministres de la justice et de l'intérieur sont chargés de l'exécution de la présente ordonnance.

31 OCTOBRE = Pr. 8 NOVEMBRE 1821. — Ordonnance du Roi relative à l'administration des

hospices et bureaux de bienfaisance. (7, Bull.
488, n° 11623.)

Voy. ordonnances des 4 MAI 1825, et 24 DÉ-
CEMBRE 1826.

Louis, etc., voulant donner aux hospices
et aux bureaux de bienfaisance de nouvelles preuves de notre juste sollicitude ;
après nous être fait rendre compte des réglemens généraux qui les régissent, nous
avons reconnu qu'il importe au bien de
ces établissemens de mieux régler les formes et les garanties de leur comptabilité,
et en même temps de les dispenser d'un
trop fréquent recours à l'intervention du
Gouvernement. Nous avons ainsi reconnu
que, s'il convient d'abroger les dispositions
qui avaient, pour plusieurs d'entre eux, augmenté le nombre de leurs administrateurs,
précédemment fixé à cinq par les lois, il est
utile, autant pour satisfaire une honorable
émulation qu'afin de porter plus de lumières dans les délibérations qui doivent être
soumises à l'autorité supérieure, de former
des conseils composés de principaux fonctionnaires et de notables citoyens dont
l'assistance fortifiera l'administration, donnera de la solennité à ceux de ses actes qui
en exigent, les entourera de plus de confiance, et fournira ainsi de nouveaux motifs aux bienfaits de la charité publique. A
ces causes, sur le rapport de notre ministre secrétaire d'État au département de l'intérieur ; notre Conseil-d'État entendu, nous
avons, etc.

TITRE Ier. Organisation.

Art. 1er. Les commissions gratuites chargées de l'administration des hospices sont
partout composées de cinq membres.

2. Ces commissions seront assistées par
des conseils de charité, dont la composition
et les attributions seront ci-après déterminées, et qui auront les mêmes fonctions
auprès des bureaux de bienfaisance.

3. Sont de droit membres des conseils de
charité les archevêques et évêques, les premiers présidens et procureurs généraux
des cours royales, et, à défaut de ceux-ci,
les présidens et procureurs du Roi des tribunaux de première instance, les présidens
des tribunaux de commerce, les recteurs
des académies, le plus ancien des curés, les
présidens des consistoires, les vices-prési-
dens des chambres de commerce et le plus
ancien des juges-de-paix.

Les autres membres de ces conseils, au
nombre de cinq dans les villes ou communes ayant moins de cinq mille ames, et de
dix partout ailleurs, seront nommés et renouvelés dans les formes déterminées par
notre ordonnance du 6 février 1818.

4. Les règles prescrites pour les commis-

sions administratives des hospices, en ce
qui concerne le nombre, la nomination et le
renouvellement de leurs membres, sont
communes aux bureaux de bienfaisance.

Ces bureaux peuvent nommer dans les
divers quartiers des villes, pour les soins
qu'il est jugé utile de leur confier, des adjoints et des dames de charité.

5. Les mêmes individus peuvent être à la
fois membres des commissions administratives et des bureaux de bienfaisance.

Les membres de ces commissions et de
ces bureaux ne peuvent faire partie des
conseils de charité.

Les uns et les autres doivent avoir leur
domicile réel dans le lieu où siégent ces
conseils et ces administrations.

6. A chaque renouvellement, les membres sortans des conseils de charité seront
choisis de préférence pour remplir les places vacantes dans les commissions admi-
nistratives des hospices et dans les bureaux de bienfaisance ;
de même les membres sortans de ces administrations seront choisis de préférence
pour les places vacantes dans les conseils
de charité.

7. Les services dans les commissions administratives des hospices et dans les bureaux de bienfaisance sont considérés comme des services publics, et comptent pour
l'admission dans l'ordre royal de la Légion
d'Honneur.

TITRE II. Attributions et service intérieur.

8. Les conseils de charité se réunissent,
soit avec les commissions administratives
des hospices, soit avec des bureaux de bienfaisance, pour les délibérations concernant
les budgets annuels, les projets de travaux
autres que de simple entretien, les changemens dans le mode de gestion des biens,
les transactions, les procès à intenter ou à
soutenir, les emprunts, les placemens de
fonds, les acquisitions, ventes et échanges
d'immeubles ; les comptes rendus, soit par
l'administration, soit par les receveurs ;
les acceptations de legs ou donations, et
les pensions à accorder à d'anciens employés.

9. Les conseils de charité ont, tous les
ans, deux sessions ordinaires avec les commissions des hospices et avec les bureaux
de bienfaisance.

Ils peuvent être extraordinairement convoqués, mais seulement pour s'occuper des
affaires qui donnent lieu à ces convocations.

Les préfets déterminent d'avance les époques des sessions ordinaires, et prescrivent
ou autorisent les autres réunions.

10. Toutes les fois que des affaires intéressant à la fois les hospices et les bureaux
de bienfaisance, demandent la réunion des
deux administrations, les conseils de cha-
rités peuvent être convoqués.

26.

11. Les délibérations prises en vertu des articles 8, 9 et 10, ne peuvent être exécutées qu'après avoir été approuvées, soit par nous, soit par notre ministre secrétaire d'État au département de l'intérieur, soit par nos préfets, conformément aux règles établies ou rappelées par les articles suivans.

12. L'approbation doit toujours être précédée de l'avis des conseils municipaux, pour celles de ces délibérations qui sont relatives à des emprunts, à des acquisitions, ventes ou échanges d'immeubles, ou au règlement des budgets et des comptes des hospices ou bureaux de bienfaisance auxquels les communes donnent des subventions sur leurs octrois ou sur toute autre branche de leurs revenus.

13. Doivent être soumis à l'approbation de notre ministre secrétaire d'État de l'intérieur, les budgets qui excèdent cent mille francs pour les divers établissemens régis par une même commission d'hospices.

A quelque somme que s'élèvent les budgets des bureaux de bienfaisance, ils sont définitivement réglés par les préfets.

14. Il continuera à être procédé conformément aux règles actuellement en vigueur, pour les acquisitions, ventes, échanges, baux emphytéotiques, emprunts et pensions, conformément à l'article 4 de notre ordonnance du 8 août dernier, pour les constructions et reconstructions dont la dépense devra s'élever à plus de vingt mille francs.

15. Toutes autres délibérations concernant l'administration des biens, les constructions, reconstructions et autres objets, et lorsque la dépense à laquelle elles donneront lieu, devra être faite au moyen des revenus ordinaires de ces établissemens, ou des subventions annuelles qui leur sont allouées sur les budgets des communes, seront exécutées sur la seule approbation des préfets, qui, néanmoins, devront en rendre immédiatement compte à notre ministre secrétaire d'État de l'intérieur.

16. Les commissions des hospices et les bureaux de bienfaisance pourront ordonner, sans autorisation préalable, les réparations et autres travaux dont la dépense n'excédera pas deux mille francs.

17. Le service intérieur de chaque hospice sera régi par un réglement particulier proposé par la commission administrative et approuvé par le préfet. Ces réglemens détermineront, indépendamment des dispositions d'ordre et de police concernant le service intérieur, le nombre des aumôniers, médecins, chirurgiens, pharmaciens, employés et gens de service.

Les préfets prescriront la rédaction de semblables réglemens pour les bureaux de bienfaisance, partout où ils le jugeront utile.

18. Les aumôniers sont nommés par les évêques diocésains, sur la présentation de trois candidats par les commissions administratives.

Les médecins, chirurgiens, pharmaciens et agens comptables, sont nommés par les préfets, sur une semblable présentation. Ils sont révocables dans les mêmes formes ; mais la révocation n'est définitive qu'après avoir été approuvée par notre ministre secrétaire d'État au département de l'intérieur.

Tous les autres employés, à l'exception des receveurs, dont il sera parlé ci-après, sont nommés par les commissions administratives, et peuvent être révoqués par elles.

Les mêmes dispositions sont applicables aux bureaux de bienfaisance.

19. Les sœurs de charité employées dans les hospices, conformément au réglement du 18 février 1809, que leur âge ou leurs infirmités rendraient incapables de continuer leur service, pourront être conservées à titre de *reposantes*, à moins qu'elles n'aiment mieux se retirer, auquel cas il pourra leur être accordé des pensions, si elles ont le temps de service exigé, et si les revenus de ces établissemens le permettent.

TITRE III. Comptabilité (1).

20. Les commissions administratives et les bureaux de bienfaisance ne peuvent faire que les dépenses autorisées ainsi qu'il est réglé par les articles précédens. Les receveurs sont personnellement responsables de tout paiement qui ne résulterait point de ces autorisations ou qui les excèderait.

21. Ces comptables ont seuls qualité pour recevoir et pour payer. A l'avenir, les recettes et les paiemens effectués sans leur intervention, ou faits de tout autre manière en contravention au présent réglement, donneront lieu à toutes répétitions et poursuites de droit.

22. Ces receveurs sont nommés par notre ministre secrétaire d'État de l'intérieur, sur une liste de trois candidats présentés par les commissions administratives ou par les bureaux de bienfaisance, et sur l'avis des préfets. Leur cautionnement et leurs remises sont réglés dans les mêmes formes, en observant les proportions déterminées pour le cautionnement et les remises des receveurs des communes. Ils peuvent toutefois être autorisés à faire leur cautionnement en immeubles, et leurs remises peuvent être augmentées lorsque cela est indispensable. Ces dispositions exception-

_____

(1) *Voyez* ordonnance du 24 décembre 1826.

nelles exigent l'avis du conseil de charité.

23. Les cautionnemens en numéraire sont versés, à titre de dépôt et de prêt, dans les caisses des monts-de-piété.

S'il n'y a point de mont-de-piété dans la ville où sont les établissemens de charité, et qu'il y en ait un dans le département, celui-ci reçoit le dépôt. S'il y en a plusieurs, le préfet désigne celui qui doit le recevoir. S'il n'y en a point dans le département, la désignation est faite par notre ministre secrétaire d'Etat au département de l'intérieur.

24. Lorsque les recettes des hospices, réunies aux recettes des bureaux de bienfaisance, n'excèdent pas vingt mille francs, elles sont confiées à un même receveur; lorsqu'elles n'excèdent pas dix mille fr., elles sont confiées au receveur municipal.

Il peut n'y avoir qu'un même receveur pour les hospices et les bureaux de bienfaisance, et leurs recettes réunies peuvent être confiées au receveur municipal, lors même qu'elles s'élèvent au-dessus des proportions ci-dessus déterminées ; mais, dans ce cas, la mesure ne peut avoir lieu que du consentement des administrations respectives et des conseils de charité.

25. Indépendamment des vérifications de caisse et d'écritures auxquelles les administrations charitables peuvent, toutes les fois qu'elles le jugent utile, soumettre leurs receveurs, les préfets sont tenus de les faire vérifier au moins deux fois par an, et toujours à la fin de chaque année, et d'en transmettre les procès-verbaux à notre ministre secrétaire d'Etat au département de l'intérieur.

26. Des vérifications extraordinaires des mêmes comptables seront confiées aux inspecteurs des finances pendant leur inspection dans les départemens. A cet effet, notre ministre secrétaire d'Etat de l'intérieur adressera la désignation des receveurs à vérifier, avec ses instructions particulières, à notre ministre secrétaire d'Etat au département des finances, qui donnera, en conséquence, aux inspecteurs, les ordres nécessaires, et transmettra ensuite à notredit ministre de l'intérieur les résultats de ces vérifications.

27. Les inspecteurs des finances devront se renfermer dans les ordres qu'ils auront reçus en vertu de l'article précédent. Ils ne pourront néanmoins se refuser, pendant le cours de leur tournée, à toutes autres vérifications des mêmes comptables, demandées par les préfets, auxquels ils auront soin de donner connaissance de toutes celles qu'ils auront faites, et d'adresser sur chacune d'elles les observations qu'ils jugeront utiles au bien du service.

28. Les receveurs des établissemens de charité sont tenus de rendre, dans les premiers six mois de chaque année, les comptes de leur gestion pendant l'année précédente.

Ces comptes, après avoir été examinés dans les réunions prescrites par l'article 8, et revêtus des observations résultant de cet examen, seront immédiatement transmis aux préfets pour être définitivement jugés et arrêtés, conformément à nos ordonnances des 21 mars 1816 et 21 mai 1817.

29. Les arrêtés de compte seront notifiés dans le mois aux administrations et aux comptables qu'ils concerneront, sans préjudice de la faculté laissée aux parties d'en réclamer plus tôt une expédition. Le recours réservé par notre ordonnance du 21 mai 1817 devra être exercé dans les trois mois de la notification ou de la délivrance de l'expédition, l'une et l'autre constatée par le reçu de la partie intéressée.

30. Les préfets pourront prononcer la suspension de tout receveur des hospices ou des bureaux de bienfaisance qui n'aurait pas rendu ses comptes dans les délais prescrits par les articles précédens, ou qui les aurait rendus d'une manière assez irrégulière pour déterminer cette mesure de rigueur.

La suspension entraînera telles poursuites que de droit, soit qu'il y ait nécessité d'envoyer, aux frais du receveur, un commissaire pour l'apurement de ses comptes ; soit que, déclaré en débet, faute d'avoir justifié de l'emploi des sommes dont il était chargé en recette, il y ait lieu de prendre inscription sur ses biens, conformément à l'avis du Conseil-d'Etat du 24 mars 1812.

31. Tout arrêté de suspension sera suivi de la révocation du comptable, s'il n'a pas rendu ses comptes dans les délais qui lui auront été fixés par ledit arrêté, ou s'il résulte de leur examen des charges suffisantes pour motiver cette mesure.

Les révocations ne seront prononcées par notre ministre secrétaire d'Etat au département de l'intérieur, d'après l'avis des préfets, lesquels ne peuvent le donner qu'après avoir entendu les commissions administratives ou les bureaux de bienfaisance.

32. Les préfets useront des mêmes moyens contre tout receveur dans la gestion duquel des vérifications faites comme il est réglé par la présente ordonnance, auraient constaté, soit une infidélité, soit un déficit ou un désordre grave, ou une négligence coupable.

33. Lorsque les mesures de rigueur prévues par les articles qui précédent concerneront un receveur de commune se trouvant en même temps receveur d'établissemens charitables, il en sera immédiatement donné connaissance à notre ministre secrétaire d'Etat des finances, qui, s'il y a lieu, prononcera la révocation, après s'être concerté avec notre ministre de l'intérieur.

34. Les comptes d'administration des commissions des hôpitaux et des bureaux de bienfaisance seront, dans les mêmes délais que les comptes des receveurs, rendus

aux préfets, qui prononceront sur ceux de ces comptes concernant les établissemens dont ils règlent les budgets, et soumettront les autres, avec leur avis, à notre ministre secrétaire d'État de l'intérieur.

TITRE IV. Dispositions générales et transitoires.

35. Il n'est rien innové par la présente ordonnance à l'organisation administrative du service des hospices et des secours dans notre bonne ville de Paris. Lui seront toutefois applicables les dispositions d'ordre et de comptabilité résultant des articles 13, 14, 15, 16, 20, 21, 25, 26, 27, 28, 29, 30, 31, 32 et 34. Il n'est également rien innové aux formes particulières d'administration établies pour l'hôpital royal des Quinze-Vingts, les instituts des Sourds-Muets, des jeunes Aveugles, et l'hospice de Charenton. Seulement les mêmes règles de comptabilité s'appliqueront par analogie à ces établissemens, à l'exception du règlement des comptes, lequel continuera à être fait par notre ministre secrétaire d'Etat de l'intérieur.

36. Les dispositions des décrets et ordonnances relatives au service des hospices et des bureaux de bienfaisance, non abrogées ou modifiées par la présente ordonnance, continueront à être exécutées.

37. Les changemens ordonnés par les dispositions qui précèdent, dans l'organisation administrative de l'un et de l'autre service, recevront leur exécution à dater du 1ᵉʳ janvier 1822.

Là où les membres actuels des commissions des hospices ou des bureaux de bienfaisance excéderont le nombre de cinq, fixé par l'article 1ᵉʳ, la réduction s'opérera par une nouvelle nomination faite parmi les membres en exercice.

Seront également pris de préférence parmi eux, pour la première formation des conseils de charité, les membres à nommer dans ces conseils.

38. Les receveurs des hospices et des bureaux de bienfaisance, actuellement titulaires et régulièrement nommés, dont les recettes et les remises ne seraient point réglées comme il est dit aux articles 22 et 24, les conserveront telles qu'elles sont établies, jusqu'à ce qu'il y ait lieu de procéder à leur remplacement, auquel cas lesdits articles recevront leur exécution.

39. Nos ministres secrétaires d'Etat de l'intérieur et des finances sont, chacun en ce qui le concerne, chargés de l'exécution de la présente ordonnance, qui sera insérée au Bulletin des Lois.

31 OCTOBRE = Pr. 13 NOVEMBRE 1821. — Ordonnance du Roi contenant des modifications à celle du 28 août 1820, relative au droit d'en-

trée des laines arrivant de l'étranger, et à la prime de sortie pour les tissus de laine. (7, Bull. 489, nᵒ 11641.)

Voy. ordonnance du 23 AVRIL 1822.

Louis, etc. vu la loi du 7 juin 1820 et notre ordonnance du 28 août de la même année, qui ont établi et régularisé l'allocation d'une prime de sortie pour les tissus de laine, en compensation du droit d'entrée que ladite loi a mis sur les laines brutes arrivant de l'étranger; averti que les diverses quotités de droits et de primes n'embrassent pas toutes les espèces, soit de laines, soit de tissus, qui ont cours dans le commerce, et ne peuvent s'appliquer proportionnellement et d'une manière équitable à chacune; voulant faire cesser les difficultés qui embarassent le commerce, et l'administration des douanes, en assurant la juste exécution de la loi; sur le rapport de notre ministre secrétaire d'Etat des finances, nous avons ordonné et ordonnons ce qui suit :

Art. 1ᵉʳ. La distinction des laines fines et communes, faite par la loi du 7 juin 1820, s'établira par la valeur, dûment constatée, de huit francs et au-dessus par kilogramme pour les laines fines, et de trois francs et au-dessous pour les laines communes. Il sera établi une classe intermédiaire des laines valant moins de huit francs et plus de trois francs par kilogramme, laquelle paiera les deux tiers du droit fixé pour les laines fines.

2. Le droit des laines lavées sera réduit d'un tiers pour celles qui ne sont lavées qu'à froid.

3. Au moyen de ces dispositions, le tarif d'entrée demeurera réglé ainsi qu'il suit :
Laines valant huit francs le kilogramme ou plus : épurées, 60 fr.; en suint, lavées à froid, 40 fr. ; brutes, 20 fr.
Laines valant trois francs ou moins : épurées, 15 fr.; en suint, lavées à froid, 10 fr.; brutes, 5 fr.
Laines de valeur intermédiaire entre celles ci-dessus : épurées, 40 fr.; en suint, lavées à froid, 27 fr.; brutes, 14 fr.

4. Les bourres de laine entière paieront comme les laines ci-dessus, selon leurs espèce et valeur.

5. La valeur sur laquelle se réglera l'application de la présente sera celle de la laine supposée épurée et prête à être mise en œuvre.

6. L'administration des douanes, ou les employés pour leur propre compte, useront du droit de préemption, tel qu'il est réglé par la loi du 4 floréal an 4, à l'égard des laines qu'on jugera être déclarées au-dessous de leur valeur réelle.

7. L'entrée des laines ne pourra avoir lieu que par les bureaux désignés en

l'article 20 de la loi du 28 avril 1816, quelle que soit la quotité des droits dus, et sauf les exceptions autorisées par l'article 21 de la même loi.

Primes.

8. Les primes de quatre-vingt-dix francs, cinquante-six francs vingt-cinq centimes, quarante-cinq francs, et vingt-deux francs cinquante centimes, établies par la loi du 7 juin 1820, seront graduées et appliquées ainsi qu'il suit :

Etoffes et bonneteries de pure laine ; surfines (tissées avec des laines passibles du droit de soixante francs), 90 fr. ; fines (tissées avec les laines passibles du droit de quarante francs), 60 fr.; communes (tissées avec les laines passibles du droit de quinze francs), 22 fr. 50 cent.

Etoffes où la laine entre au moins pour moitié, et qui sont mélangées de coton : laine surfine (de toile, selon les distinctions, ci-dessus), 70 fr.; fine (*idem*), 55 fr. ; commune (*idem*), 36 fr.

Etoffes où la laine entre au moins pour moitié, et qui sont mélangées de fil ou de soie : laine surfine (*idem*), 45 fr.; laine fine (*idem*), 30 fr. ; laine commune (*idem*), 12 fr.

Etoffes de coton brochées de laine, et dont le kilogramme vaut au moins quatre francs (comme tissus de pur coton), 50 fr.

Sont exclus du bénéfice de la prime, les tiretaines et autres tissus formés en tout ou en partie de ploc de vache, de poils ou de déchets de laine, et en général toutes les étoffes dont la valeur ne serait pas décuple de la prime demandée.

9. Les déclarations présentées en douane à l'effet d'obtenir la prime devront être accompagnées des échantillons nécessaires à la reconnaissance de l'espèce de laine dont ils sont formés.

10. Il sera statué sur les difficultés qui s'élèveront relativement à la reconnaissance des espèces de laines et de tissus pour l'application des droits et des primes, par trois commissaires experts qui seront attachés au département de l'intérieur, et auxquels le ministre adjoindra, pour chaque affaire, deux commerçans ou fabricans en laines, qui auront voix consultative. La décision des commissaires experts relatera l'avis donné par le directeur général des douanes.

11. Les dispositions de notre ordonnance du 28 août 1820 qui ne sont pas contraires à la présente sont maintenues.

12. Notre ministre des finances est chargé de l'exécution de la présente ordonnance.

---

31 OCTOBRE = Pr. 1er DÉCEMBRE 1821. — Ordonnance du Roi contenant règlement relatif aux maisons d'éducation de filles de degrés supérieurs. (7, Bull. 492, n° 11686.)

Louis, etc. vu la loi du 22 décembre 1789, qui attribue aux administrations départementales la surveillance de l'éducation publique en général ; vu l'ordonnance du 3 avril 1820, qui maintient les préfets dans l'exercice de cette surveillance pour les écoles de filles ; considérant qu'il importe de lever toutes les difficultés qui pourraient s'opposer à la répression des délits commis par les institutrices de tous les degrés ; sur le rapport de notre ministre secrétaire d'Etat de l'intérieur, notre Conseil-d'Etat entendu, nous avons, etc.

Art. 1er. Les maisons d'éducation de filles de degrés supérieurs sont, comme les écoles primaires de filles, maintenues sous la la surveillance des préfets des départemens.

2. Aucune école primaire, pension ou institution de filles ne pourra être ouverte sans que la maîtresse se soit préalablement pourvue d'une autorisation du préfet du département.

3. Les sous-maîtresses employées dans ces maisons seront également tenues de se munir d'une pareille autorisation.

4. Une autorisation légalement donnée ne pourra être retirée par nos préfets qu'après qu'il en aura été par eux référé à notre ministre de l'intérieur.

5. Les maîtresses d'écoles primaires, de pensions et institutions de filles, ouvertes sans autorisation, ou qui continueraient de l'être après que l'autorisation aura été retirée, seront poursuivies pour contraventions aux réglemens de police municipale, sans préjudice des peines plus graves qui pourraient être requises pour des cas prévus dans le Code pénal.

6. Dans tous les cas, soit que notre procureur agisse d'office, soit que la pursuite se fasse à la diligence du préfet, ces fonctionnaires se préviendront réciproquement et se concerneront pour que les parens ou tuteurs des élèves soient avertis de les retirer.

7. Nos ministres de l'intérieur et de la justice sont chargés de l'exécution de la présente ordonnance.

---

31 OCTOBRE = Pr. 1er DÉCEMBRE 1821. — Ordonnance du Roi portant établissement d'un mont-de-piété dans la ville de Toulon.(7, Bull. 492, n° 11687.)

Voy. loi du 16 PLUVIOSE an 12, et décret du 24 MESSIDOR an 12 et les notes ; ordonnance du 18 JUIN 1823.

TITRE Ier. Dispositions générales.

Art. 1er. Un mont-de-piété sera établi dans notre bonne ville de Toulon.

Cet établissement sera régi par une administration gratuite, conformément au réglement annexé à la présente ordonnance, et sous la surveillance du préfet du département du Var.

2. Ledit préfet soumettra à notre ministre secrétaire d'Etat de l'intérieur les délibérations prises par les administrateurs du mont-de-piété, lorsqu'elles auront pour objet les emprunts à faire par ledit établissement, la fixation des traitemens ou des cautionnemens des employés, le taux des intérêts à percevoir sur les emprunteurs, le budget annuel des dépenses, la reddition des comptes, l'application des bénéfices aux établissemens de charité, et enfin toutes les opérations d'un intérêt général ou réglementaire.

3. L'organisation du personnel sera arrêtée par notre ministre secrétaire d'Etat de l'intérieur, sur la proposition du préfet. Lors des vacances de places, il y sera pourvu d'après les dispositions du réglement.

4. A compter de la notification de la présente ordonnance et en exécution de la loi du 6 février 1804 (16 pluviose an 12), toutes les maisons de prêts sur nantissement qui existeraient à Toulon seront closes, et leurs gérans auront une année pour se liquider. Lesdites clôtures et liquidations seront poursuivies par le préfet, conformément aux instructions spéciales que lui adressera notre ministre secrétaire d'Etat de l'intérieur.

5. Pour que les fonds du mont-de-piété ne restent pas sans emploi, l'administration pourra faire verser au Trésor royal les sommes qui se trouveraient en caisse et ne seraient par nécessaires au service journalier.

Il sera ouvert, à cet effet, un compte courant avec la caisse centrale de service, lequel portera intérêt à l'établissement pour les sommes ainsi versées au Trésor royal, et sera réglé à la fin de chaque année.

6. Les registres, les reconnaissances, les procès-verbaux des ventes, et généralement tous les actes relatifs à l'administration du mont-de-piété, seront exempts des droits de timbre et d'enregistrement.

TITRE II. Des fonds de l'établissement.

7. Le premier capital destiné aux prêts du mont-de-piété se composera d'une somme de cent mille francs, dont la ville de Toulon est autorisée à faire donation au mont-de-piété, et qu'elle s'engagera à faire verser dans la caisse dudit établissement en cinq années, à raison de vingt mille francs par an.

Tous les biens meubles et immeubles appartenant à la commune seront affectés en hypothèque au paiement de ladite somme.

8. Pour réaliser, dès la première année, le capital entier de cent mille francs, le mont-de-piété pourra créer et négocier

jusqu'à concurrence de quatre-vingts actions de mille francs chacune, payables dans un, deux, trois et quatre ans, et ayant pour garantie de leur remboursement les hypothèques fournies par la ville de Toulon. L'intérêt de ces actions ne pourra pas excéder le taux de six pour cent par an.

9. La ville de Toulon, outre le capital stipulé par l'art. 7, versera dans la caisse du mont-de-piété, 1° immédiatement après la notification de la présente ordonnance, une somme de quatre mille francs pour pourvoir aux frais de premier établissement; 2° tous les ans, et jusqu'au remboursement intégral des actions ci-dessus, une somme équivalente au montant annuel des intérêts qui y seront attachés.

10. Tous les revenus du mont-de-piété, déduction faite de ses frais et charges, seront agglomérés avec le capital primitif de cent mille francs, jusqu'à ce que ledit capital ait été élevé à une somme de deux cent mille francs appartenant en propre à l'établissement.

Cette somme une fois atteinte, l'excédant des revenus sur les charges sera versé annuellement au bureau de charité de Toulon, sauf, toutefois, par les administrateurs à réduire alors (dans la mesure de cet excédant) le taux des intérêts perçus par le mont-de-piété sur ses prêts.

11. Si cependant ladite somme de deux cent mille francs était alors jugée insuffisante pour garantir la durée et la prospérité ultérieures de l'établissement, l'administration pourra être autorisée à différer les versemens et réductions ci-dessus prescrits, jusqu'à ce que le fonds capital appartenant au mont-de-piété se soit élevé au total de trois cent mille francs.

Mais la présente disposition ne pourra être appliquée qu'après qu'il nous en aura été référé par notre ministre secrétaire d'Etat de l'intérieur, et que nous y aurons donné notre consentement par une ordonnance spéciale.

12. Indépendamment des fonds dont il vient d'être parlé, le mont-de-piété pourra employer en prêts sur nantissement les cautionnemens en espèces qui auront été versés dans sa caisse, ainsi qu'il est prescrit au titre IV du règlement ci-annexé, à charge d'en servir les intérêts, conformément au décret du 3 mai 1810.

13. Les donations, legs, aumônes qui seraient faits au mont-de-piété de Toulon, seront acceptés par les administrateurs, en se conformant aux formalités prescrites par les lois et réglemens.

14. Dans le cas où les ressources propres à l'établissement et qui sont énoncées aux articles 11, 12 et 13 ci-dessus ne suffiraient pas pour satisfaire à toutes les demandes de prêt, le mont-de-piété pourra y employer concurremment les sommes que des particu-

liers consentiraient à verser temporairement dans sa caisse, en se conformant, pour la restitution desdites sommes et la liquidation des intérêts, aux dispositions du titre X. du réglement annexé à la présente ordonnance.

15. Si le mont-de-piété venait à être supprimé, la caisse municipale de Toulon rentrerait en possession du capital primitif de cent mille francs donné par la ville.

Le surplus des valeurs actives appartenant à l'établissement, déduction faite de tout son passif, serait remis, sauf notre approbation spéciale, aux établissemens de charité de la ville de Toulon.

16. Nos ministres de la justice et de l'intérieur sont chargés de l'exécution de la présente ordonnance.

_____

31 OCTOBRE = Pr. 1ᶜʳ DÉCEMBRE 1821. — Ordonnance du Roi qui augmente le nombre des places de courtiers près la Bourse de Bordeaux. (7, Bull. 492, n° 11688.)

Louis, etc. vu l'arrêté du Gouvernement du 9 messidor an 9, instituant des places de courtiers à Bordeaux; notre ordonnance du 30 juillet 1817, portant classement de ces courtiers; vu l'avis de la chambre de commerce de Bordeaux, qui sollicite l'augmentation du nombre des courtiers conducteurs de navires dans ce port; sur le rapport de notre ministre secrétaire d'État au département de l'intérieur, notre Conseil d'État entendu, nous avons ordonné et ordonnons ce qui suit :

Art. 1ᵉʳ. Le nombre des places de courtiers près la Bourse de Bordeaux, fixé à soixante-dix par l'arrêté du 9 messidor an 9, est porté à soixante-douze. Ces deux nouvelles places appartiendront à la classe des courtiers conducteurs de navires, qui se trouvera ainsi élevée à vingt-deux, au lieu de vingt membres fixés par notre ordonnance du 30 juillet 1817.

2. La classe des courtiers conducteurs de navires ayant été jusqu'à ce moment de vingt-un courtiers, par suite de l'option laissée aux titulaires lors du classement, il sera nommé à l'une des deux nouvelles places, conformément aux dispositions de la loi du 28 avril 1816, sur la proposition des héritiers ou ayans-cause du sieur Binaud, courtier décédé dans l'exercice de ses fonctions, et à la seconde, dans les formes déterminées par l'arrêté du 29 germinal an 7 (19 avril 1801).

3. Cette augmentation de courtiers conducteurs de navires laissant une place vacante dans la classe des courtiers de marchandises, il y sera également pourvu conformément aux dispositions de l'arrêté précité.

4. Nos ministres de l'intérieur et des finances sont chargés de l'exécution de la présente ordonnance.

_____

31 OCTOBRE 1821. — Tableau des prix moyens des grains pour servir de régulateur de l'exportation et de l'importation, conformément aux lois des 16 juillet 1819 et 4 juillet 1821. (7, Bull. 485.)

_____

31 OCTOBRE 1821. — Ordonnance du Roi qui admet les sieurs du Perron, Moos, Rieu et le duc de Sorgo, à établir leur domicile en France. (7, Bull. 489.)

_____

31 OCTOBRE 1821. — Ordonnance du Roi qui autorise l'acceptation de legs faits à la caisse diocésaine de Paris, aux écoles chrétiennes de la paroisse de Notre-Dame et aux pauvres de ladite ville. (7, Bull. 498.)

_____

31 OCTOBRE 1821. — Ordonnances du Roi qui accordent des lettres de déclaration de naturalité aux sieurs Perinet, Delaplanche, Huskamp. Catouillat dit Catouillard, Hartz et Mailliart dit Maillard. (7, Bull. 509, 533, 551 et 571.)

_____

3 = Pr. 8 NOVEMBRE 1821. — Ordonnance du Roi concernant le droit à établir sur les fers étrangers. (7, Bull. 488, n° 11,621.)

Voy. ordonnance du 23 AVRIL 1822, et loi du 27 JUILLET 1822, article 1ᵉʳ, § Iᵉʳ.

Louis, etc. vu la loi du 21 décembre 1814, qui a fixé les droits sur les fers importés de l'étranger en France; vu l'article 34 de la loi du 17 décembre de la même année, qui nous autorise à modifier par nos ordonnances certaines dispositions du tarif des douanes, sauf à les faire présenter en forme de projet de loi aux deux Chambres, avant la fin de leur session, si elles sont assemblées, ou à la session la plus prochaine, si elles ne le sont pas; considérant que des faits et documens qui ont été mis sous nos yeux il résulte qu'il est juste et nécessaire de protéger par un droit plus élevé la fabrication des fers dans notre royaume contre la concurrence des fers étrangers *étirés au laminoir*, dont le prix est fort inférieur à celui des fers martelés, et qui n'ont pas été pris en considération dans les calculs sur lesquels furent fondées les taxes de 1814; considérant que l'époque très-prochaine de la réunion des Chambres permet d'attendre leur concours pour régler la quotité de l'augmentation des droits qui sera jugée la plus convenable; mais que, pour que cette augmentation, quelle qu'elle soit, pourvoie efficacement au dommage dont il s'agit d'arrêter les effets, il est indispensable que l'application en soit faite aux fers qui pourront être introduits en France à dater de ce moment, autres toutefois que ceux pour lesquels des commandes peuvent déjà avoir été faites, et dont il est équitable de faciliter l'admission aux droits actuels pendant un délai qu'il nous appartient de déterminer; sur le rapport de notre ministre secrétaire d'Etat des finances, notre Conseil entendu, nous avons ordonné et ordonnons ce qui suit:

Art. 1er. A dater de l'expiration de la quinzaine qui suivra la publication de la présente ordonnance, les fers étrangers *étirés au laminoir* ne pourront être introduits dans notre royaume que sous la condition d'être immédiatement mis en entrepôt et d'acquitter, lorsqu'ils en seront retirés pour la consommation, le droit qui aura été fixé par la loi que nous nous proposons de faire incessamment présenter aux Chambres.

2. Le comité consultatif des arts et manufactures établi près notre ministre de l'intérieur prononcera sur les doutes qui pourraient s'élever relativement à la distinction des fers laminés et martelés, après avoir pris connaissance de l'avis de notre directeur général des douanes.

3. Nos ministres des finances et de l'intérieur sont chargés de l'exécution de la présente ordonnance.

---

5 NOVEMBRE 1821. — Discours du Roi à la session de 1821. (Mon. du 6 novembre 1821.)

Messieurs, c'est toujours avec confiance, et cette fois avec de favorables auspices, que je viens rouvrir votre session.

Les années précédentes j'ai dû vous associer à mes peines; plus heureux aujourd'hui, je n'ai qu'à rendre grace au Tout-Puissant de la protection constante qu'il accorde à la France.

Le fils par qui le Ciel a soulagé mes douleurs croit avec la prospérité publique, et continue d'être pour moi une source de consolations et d'espérances. Cet enfant, mon cœur m'en répond, sera digne de nos vœux; il méritera l'amour dont mes peuples entourent son berceau.

Mes relations avec les puissances étrangères n'ont pas cessé d'être amicales, et j'ai la ferme confiance qu'elles continueront de l'être.

De grandes calamités affligent l'Orient; espérons qu'elles approchent de leur terme, et que la prudence et le bon accord de toutes les puissances trouveront le moyen de satisfaire à ce que la religion, la politique et l'humanité peuvent justement demander.

Les forces navales que, dans cette circonstance, j'ai dirigées sur les mers du Le-

vant ont atteint le but que je m'étais proposé. Toujours elles ont efficacement protégé mes sujets, et souvent elles ont prêté au malheur un utile secours.

Un fléau destructeur désole une partie de l'Espagne. J'ai prescrit et je maintiendrai des précautions sévères pour défendre de la contagion nos frontières de terre et de mer.

Si nous portons nos regards vers l'intérieur, que d'actions de grace n'avons-nous pas à rendre à la Providence!

Les sensibles progrès de l'agriculture, de l'industrie et des arts, attestent ceux du commerce; et bientôt de voies nouvelles, en multipliant les moyens de communication et d'échange, étendront un bien général sur toutes les parties du royaume.

La prospérité des finances, la clarté des comptes et la fidélité aux engagemens, ont affermi le crédit public et accru les ressources de l'Etat.

L'époque à laquelle je vous ai convoqués, et les ordres que j'ai donnés pour que les lois des finances vous soient d'abord présentées, manifestent assez mon désir de mettre un terme aux demandes de crédits provisoires; les Chambres s'empresseront sans doute de seconder mes intentions.

Notre heureuse situation et le retour de la tranquillité intérieure et extérieure, nous a déjà permis de diminuer le plus onéreux des impôts, celui qui attaque la reproduction à sa source, en surchargeant la propriété foncière. Les contribuables vont, dès la prochaine année, jouir intégralement de cette diminution.

Je désire que successivement, et dès que les besoins du service de la dignité de la France le permettront, les divers impôts dont se compose le revenu public soient étudiés, et, s'il se peut, allégés ou mieux répartis.

Les lois sont respectées; les dépositaires de mon pouvoir se pénètrent chaque jour davantage de leur esprit.

L'ordre et la discipline règnent dans mon armée: partout les passions se calment, les défiances se dissipent; et j'aime à reconnaître, messieurs, que, par votre loyale assistance, vous avez puissamment contribué à tous ces biens.

Persévérons dans les sages mesures auxquelles il faut attribuer de si heureux résultats; persévérons dans cette unité de vues qui a si efficacement désarmé la malveillance et comprimé les derniers efforts de l'esprit de trouble et de désordre.

Le repos de l'Europe n'y est pas moins intéressé que le nôtre; c'est ainsi que se développeront tous les sentimens généreux dont je sais que les cœurs abondent, et que vous appuierez sur la reconnaissance, l'amour et le respect de mes peuples, un trône protecteur de toutes les libertés.

6 NOVEMBRE 1821. — Ordonnance du Roi qui nomme M. le cardinal de Bausset ministre d'Etat, membre du conseil privé. (7, Bull. 491.)

---

7 ≡ Pr. 13 NOVEMBRE 1821. — Ordonnance du Roi portant création d'une section temporaire au tribunal de Neufchâtel, département de la Seine-Inférieure. (7, Bull. 490; n° 11,647.)

Louis, etc. sur le rapport de notre garde-des-sceaux, ministre secrétaire d'Etat au département de la justice, nous avons reconnu qu'il existait un nombreux arriéré dans les affaires du tribunal de première instance de Neufchâtel, département de la Seine-Inférieure; voulant le faire vider incessamment, et pourvoir à ce que le cours de la justice n'éprouve aucune interruption, nous avons ordonné et ordonnons ce qui suit :

Art. 1er. Il y aura au tribunal de première instance de Neufchâtel une section temporaire, conformément à l'article 39 de la loi du 20 avril 1810.

2. Cette section sera composée des sieurs Roussel, de Grebauval, Delestre, actuellement conseillers auditeurs en la cour royale de Rouen.

5. Le sieur Roussel la présidera; les fonctions de juges y seront remplies par les sieurs de Grebauval et Delestre.

Notre procureur près le même tribunal est chargé de régler près des deux sections le service du ministère public; les suppléans pourront être appelés à l'une et à l'autre indistinctement.

4. La section temporaire entrera en activité à la rentrée des tribunaux, et son service sera d'une année, à l'expiration duquel temps elle sera dissoute de droit.

5. Pendant tout le temps de son service, le traitement du président sera porté à dix-huit cent soixante-quinze francs, affectés à la place de président (1); celui des deux juges, à douze cent cinquante francs.

6. Notre ministre de la justice est chargé de l'exécution de la présente ordonnance.

---

7 ≡ Pr. 25 NOVEMBRE 1821. — Ordonnance du Roi portant réorganisation du corps de sapeurs-pompiers de la ville de Paris. (7, Bull. 491, n° 11,675.)

Voy. arrêté du 17 MESSIDOR an 9; décrets des 18 SEPTEMBRE 1811, et ordonnance du 28 AOUT 1822, non insérée au Bulletin, et du 29 DÉCEMBRE 1824.

Louis, etc vu le décret du 18 septembre 1811, portant création d'un corps de sapeurs-pompiers pour la ville de Paris; vu notre ordonnance du 23 juin 1819, qui, en réduisant le service de la garde nationale de Paris, a prescrit que l'organisation du corps des sapeurs-pompiers serait déterminée de manière à le mettre en état de concourir de plus en plus au service d'ordre et de police; considérant que, quoique, d'après la destination spéciale de ce corps et la nature de son entretien soient à la charge de la ville de Paris, l'importance des établissemens dont la conservation est confiée à sa vigilance exige qu'il soit tenu au complet, et rend sa bonne administration un objet d'intérêt général; qu'il est d'ailleurs indispensable qu'un corps chargé de concourir avec la garnison de Paris au maintien de la tranquillité publique, soit soumis aux réglemens et à la discipline militaires; voulant, pour ces motifs, faciliter le recrutement du corps des sapeurs-pompiers, assurer sa bonne composition, et donner à ses chefs l'autorité nécessaire; sur le rapport de nos ministres secrétaires d'Etat aux départemens de la guerre et de l'intérieur; notre Conseil entendu, nous avons ordonné et ordonnons ce qui suit :

Art. 1er. Le corps des sapeurs-pompiers de notre bonne ville de Paris comptera, à l'avenir, dans le complet de l'armée déterminé par l'article 5 de la loi du 10 mars 1818; toutefois il continuera à être entretenu aux frais de la ville de Paris.

2. Ce corps sera composé d'un état-major et de quatre compagnies de cent cinquante-six hommes chacune, organisées ainsi qu'il suit :

Etat-major.

Commandant ayant le grade de chef de bataillon ou de lieutenant-colonel, un; adjudant-major capitaine, un; capitaine-ingénieur, un; adjudans-sous-officiers, deux; maîtres-ouvriers, deux.

Emplois civils.

Trésorier, un; chirurgien-major, un; aide-chirurgien, un; garde-magasin, un; marinier, un.

Compagnies.

Capitaine, un; lieutenant, un; sergent-major, un; sergens, cinq; caporal-fourrier, un; caporaux, vingt; tambours, deux; sapeurs-pompiers, cent vingt-cinq. Force d'une compagnie, cent cinquante-six;

---

(1) *Lisez :* le traitement du vice-président pendant tout le temps du service sera porté à 1,562 fr. 50 cent., affecté à la place de vice-président. *Erratum,* Bull. 491.

force de quatre compagnies, six cent vingt-quatre; complet du corps, six cent trente-six.

5. Les officiers du corps seront nommés par nous, sur le rapport de notre ministre secrétaire d'Etat au département de la guerre, d'après un état de proposition du préfet de police, approuvé par notre ministre secrétaire d'Etat au département de l'intérieur.

4. Les officiers du grade de lieutenant seront choisis parmi les sous-officiers du corps, ou les officiers des différens corps de l'armée qui demanderont à y être admis.

5. Les officiers du corps rouleront entre eux pour l'avancement, soit au choix, soit à l'ancienneté.

La nomination du commandant aura toujours lieu au choix entre les lieutenans-colonels ou les chefs de bataillon de l'armée et les capitaines du corps.

6. Les officiers prendront rang dans l'armée d'après leur ancienneté de grade.

7. Les sous-officiers seront choisis par le préfet de police sur la présentation du commandant, parmi les sapeurs-pompiers qui rempliront les conditions déterminées par notre ordonnance du 2 août 1818, sur l'avancement de l'armée.

Leur nomination sera soumise à l'approbation de notre ministre de la guerre.

8. Le trésorier, le chirurgien-major, l'aide chirurgien, le garde-magasin et le marinier, seront nommés par le préfet de police, et leur nomination sera soumise à notre ministre de l'intérieur.

9. La durée des engagemens volontaires pour les sapeurs-pompiers est fixée à huit ans; celle des rengagemens, à deux, quatre ou huit ans.

Les engagemens ne seront définitifs que lorsque le préfet de police aura reconnu que les engagés réunissent les qualités requises pour le service du corps.

10. En cas d'insuffisance des enrôlemens volontaires, le corps sera complété au moyen de l'admission des hommes des divers corps de l'armée qui demanderaient à y achever leur temps de service, d'après le mode prescrit par notre ordonnance du 5 avril 1820, concernant le recrutement de la gendarmerie royale (1).

11. Les changemens qu'il sera nécessaire d'apporter aux réglemens sur le service de l'administration du corps, nous serons soumis par notre ministre de l'intérieur, qui les concertera préalablement avec notre ministre de la guerre.

12. Les dispositions des ordonnances, décrets et réglemens antérieurs, contraires à la présente ordonnance, sont et demeurent abrogées.

13. Nos ministres de la guerre et de l'intérieur sont chargés de l'exécution de la présente ordonnance.

_____

7 NOVEMBRE 1821.—Ordonnance du Roi qui permet aux sieurs Bois d'Hantussac, Riqueur et Sanguin, d'ajouter à leurs noms ceux de Bravieux, de Laing et de Josségny. (7, Bull. 391.)

_____

7 NOVEMBRE 1821.— Ordonnance du Roi qui admet le sieur Frick à établir son domicile en France. (7, Bull. 491.)

_____

7 NOVEMBRE 1821. — Ordonnances du Roi qui autorisent l'acceptation de dons et legs (7, Bull. 498.)

_____

7 NOVEMBRE 1821. — Ordonnances du Roi qui accordent des lettres de déclaration de naturalité aux sieurs Fabre et Joseph. (7, Bull. 622 et 664.)

_____

7 NOVEMBRE 1821. — Ordonnances du roi qui accordent des pensions à des veuves d'employés. (7, Bull. 492 bis.)

_____

14 = Pr. 25 NOVEMBRE 1821. — Ordonnance du Roi contenant des dispositions relatives aux entreprises ayant pour objet le remplacement des jeunes gens appelés à l'armée en vertu de la loi du 10 mars 1818. (7, Bull. 491, n° 11676.)

Louis, etc. sur le rapport de notre ministre secrétaire d'Etat de l'intérieur; vu la loi du 10 mars 1818 sur le recrutement de l'armée; vu les dispositions du Code civil et du Code de commerce sur les contrats et les sociétés; vu les avis du Conseil-d'Etat des 1er avril et 15 octobre 1809 sur les associations de la nature des tontines et sur les compagnies d'assurances qui intéressent l'ordre public; vu l'avis de notre Conseil-d'Etat du 25 octobre dernier, qui établit « que la loi du 10 mars 1818 sur le recrute- « ment n'ayant prévu ni réglé l'intervention « des tiers, isolés ou en société, dans les « stipulations particulières auxquelles peu- « vent donner lieu les remplacements et les « substitutions dans l'armée, cette inter- « vention ne peut être régie que par la lé- « gislation ordinaire; que les règles du « droit commun ont été modifiées par les « avis approuvés du Conseil-d'Etat des 1er « avril et 15 octobre 1809, à l'égard des so- « ciétés des tontines et des compagnies qui « intéressent l'ordre public; qu'aux termes « de ces avis, ces sociétés, sous quelques

_____

(1) Voyez Ordonnance du 20 avril 1828.

« formes et dénominations qu'elles se pré-
« sentent, ne peuvent exister qu'avec l'au-
« torisation du Roi ; qu'à plus forte raison
« cette autorisation est nécessaire aux entre-
« prises, associations, agences et compa-
« gnies d'assurances pour le remplacement,
« les opérations de ces compagnies pouvant
« avoir une influence dangereuse sur la com-
« position de l'armée ».

Considérant qu'il importe de prévenir et
de réprimer toute entreprise qui aurait pour
objet ou pour résultat d'altérer la composition de l'armée, telle qu'elle a été déterminée par la loi du 10 mars 1818; que les entreprises pour le remplacement des jeunes
gens appelés à l'armée en vertu de cette loi
présentent des combinaisons dont l'effet
serait de détourner les jeunes gens du service personnel, et de soumettre les remplaçans, après leur admission dans les corps,
à des influences étrangères à l'administration militaire ; qu'il peut résulter de ces
combinaisons de graves inconvéniens pour
la bonne composition et la discipline de
l'armée; que les familles ne peuvent vérifier,
suivre et défendre les garanties offertes par
ces entreprises ; que, s'il est des entreprises
de ce genre qui puissent être admises, ce
ne peut être que celles qui auront été autorisées par le Gouvernement après un sévère
examen de leurs statuts et de la nature
de leurs opérations ; notre Conseil-d'État
entendu, nous avons ordonné et ordonnons
ce qui suit :

Art. 1ᵉʳ. Aucune entreprise ayant pour objet le remplacement des jeunes gens appelés
à l'armée en vertu de la loi du 10 mars
1818 ne pourra exister qu'avec notre autorisation (1).

2. Les autorisations seront accordées par
nous sur le rapport de notre ministre secrétaire d'État de l'intérieur.

Notre ministre secrétaire d'État de la
guerre entendu préalablement son avis.

3. Les préfets prendront toutes les mesures administratives et de police autorisées par les lois, à l'effet de prémunir nos
sujets contre les actes irréguliers ou les entreprises illicites.

Ils déféreront à nos procureurs généraux
et procureurs près les tribunaux ceux desdits actes qui auraient les caractères d'un
délit ou d'une contravention prévue par les
lois.

4. Nos ministres de la justice, de l'intérieur et de la guerre, sont chargés de l'exécution de la présente ordonnance, qui sera
insérée au Bulletin des Lois, avec les avis
du Conseil-d'État approuvés les 1ᵉʳ avril
et 15 octobre 1809.

*Suivent les avis du Conseil-d'État des
1ᵉʳ avril et 18 octobre 1809. (Voy.
ces avis à leur date dans cette Collec-
tion.)*

14 NOVEMBRE 1821. — Ordonnance du Roi qui
admet les sieurs Aberlin, Werner, Vogelmann,
Mann, Molck, Doërffel, Junghaeny, Ducom-
mun dit Bondry, Ammann, Laiblé et la demoiselle Carey, à établir leur domicile en
France. (7, Bull. 492.)

14 NOVEMBRE 1821. — Ordonnances du Roi qui
autorisent l'acceptation de dons et legs. (7, Bull.
499 et 500.)

14 NOVEMBRE 1821. — Ordonnance du Roi qui
accorde des lettres de déclaration de naturalité
au sieur Jeme. (7, Bull. 619.)

16 = Pr. 25 NOVEMBRE 1821. — Ordonnance du
Roi contenant réglement sur la nomination aux
bourses royales et communales dans les colléges
royaux. (7, Bull. 491, n° 11677.)

Louis, etc. sur le rapport de notre ministre secrétaire d'État de l'intérieur ; vu
l'ordonnance du 25 décembre 1819; vu le
mémoire de notre conseil royal de l'instruction publique, nous avons ordonné et
ordonnons ce qui suit :

Art. 1ᵉʳ. Les bourses royales et communales pourront être données désormais à
des élèves qui ne sont par âgés de plus de
douze ans, mais à la charge, pour ceux qui
auront atteint cet âge, de justifier qu'ils
ont l'instruction nécessaire pour être admis, à l'ouverture de l'année scolaire qui
suivra, dans la classe de sixième.

2. Ces bourses pourront être aussi conférées à des élèves plus âgés qui seraient
pensionnaires depuis l'âge de douze ans
dans un collège de l'Université, et qui au-

---

(1) Les associations non autorisées ayant pour
objet le remplacement des jeunes gens appelés par
la loi au service militaire sont illicites et nulles.
(9 janv. 1826 ; Nancy, S. 26, 2, 151 ; D. 1826,
2, 122. — 3 avr. 1829 ; Rouen, S. 31, 2, 131,
D. 1830, 2, 277. — 27 mai 1830 ; Montpellier,
S. 30, 2, 237 ; D. 1830, 2, 252).

L'entrepreneur de remplacemens militaires dont
l'établissement n'a pas été autorisé, ne peut opposer aux tiers qui ont traité de bonne foi avec
lui, le défaut d'autorisation, et s'affranchir par là

des obligations contractées envers eux, en invoquant l'illégalité de ses opérations. (28 juill. 1828,
Bordeaux ; S. 29, 2, 46).

Les engagemens contractés envers une société de
remplacemens militaires, non autorisée par le
gouvernement et dès lors illicite, sont nuls et
sans effet. — Cette nullité est absolue et oppo-
sable même aux tiers de bonne foi (25 nov. 1831 ;
Bordeaux, S. 32, 2, 304 ; D. 1832, 2, 126 ; P.
53, 186).

raient une instruction proportionnée à leur âge.

3. La nomination aux bourses communales sera faite par le conseil municipal de la ville qui paie lesdites bourses ; cependant les élèves nommés ne seront admis que d'après un examen qui constatera qu'ils ont le degré d'instruction nécessaire pour entrer dans la classe qui correspond à leur âge. Notre conseil royal de l'instruction publique déterminera les formes et les conditions de cet examen.

4. Dans le cas où un sujet nommé ne serait pas jugé avoir le degré d'instruction convenable, le conseil municipal, sur l'avis qui lui en aura été donné par le recteur de l'académie, devra nommer, dans le délai d'un mois, un autre sujet qui remplisse les conditions exigées.

5. Toutes les dispositions de notre ordonnance du 25 décembre 1819 auxquelles il n'est pas dérogé par la présente, sont maintenues.

6. Notre ministre de l'intérieur est chargé de l'exécution de la présente ordonnance.

----

17 NOVEMBRE 1821 — Ordonnance du Roi qui accorde une pension à des employés. (7, Bull. 492 bis.)

----

19 NOVEMBRE 1821. — Ordonnance du Roi qui nomme M. Ravez président de la Chambre des députés (7, Bull. 492.)

----

20 NOVEMBRE = Pr. 1er DÉCEMBRE 1821. — Ordonnance du Roi qui transfère à Amfreville le chef-lieu de la justice de paix du canton de Tourville, département de l'Eure. (7, Bull. 492, n° 11689.)

Louis, etc. vu la demande des conseils municipaux de la plus grande partie des communes du canton de Tourville, arrondissement de Louviers, département de l'Eure, tendant à obtenir que le chef-lieu de ce canton soit transféré à Amfreville ; vu la déclaration relative du conseil général du département de l'Eure, dans sa session de 1820 ; vu l'avis du préfet du même département, ensemble l'avis favorable de notre procureur général près la cour royale de Rouen et de notre procureur près le tribunal de première instance de Louviers, celui de notre ministre secrétaire d'État de l'intérieur ; sur le rapport de notre garde-des-sceaux, ministre secrétaire d'État au département de la justice ; notre Conseil-d'État entendu, nous avons ordonné et ordonnons ce qui suit :

Art. 1er. Le chef-lieu de la justice de paix du canton de Tourville, arrondissement de Louviers, département de l'Eure,

sera transféré à Amfreville, commune du même canton.

2. Nos ministres de la justice et de l'intérieur sont chargés de l'exécution de la présente ordonnance.

----

21 = Pr. 25 NOVEMBRE 1821. — Ordonnance du Roi portant que toute importation de cotons des deux Amériques effectuée par des navires français partis des ports du royaume avant le 1er avril 1822 jouira de la prime accordée par l'ordonnance du 26 octobre 1821. (7, Bull, 491, n° 11673.)

Voy. ordonnance du 1er MAI 1822.

Louis, etc. vu notre ordonnance du 26 octobre dernier, par laquelle nous avons prorogé jusqu'au 1er avril 1822 la prime d'importation accordée dans certains cas et sous certaines conditions aux cotons des deux Amériques introduits dans nos ports par navires français ; voulant donner une garantie certaine aux opérations qui seront entreprises en vertu de ladite ordonnance, et affranchir le commerce des effets de tous cas fortuits par lesquels il pourrait craindre d'en voir le succès compromis ; sur le rapport de notre ministre secrétaire d'État des finances, notre Conseil-d'État entendu, nous avons ordonné et ordonnons ce qui suit :

Art. 1er. La prime de dix francs par cent kilogrammes, accordée, par l'article 1er de notre ordonnance du 26 octobre dernier, aux cotons des deux Amériques introduits dans nos ports par navires français, sera allouée, dans les cas et sous les conditions établis par nos précédentes ordonnances, pour toute importation effectuée par des navires qui partiront des ports du royaume avant le 1er avril 1822, quelle que soit l'époque de leur retour.

2. Notre ministre des finances est chargé de l'exécution de la présente ordonnance.

----

21 NOVEMBRE = Pr. 12 DÉCEMBRE 1821. — Ordonnance du Roi qui prescrit des mesures pour le remboursement des quatre derniers cinquièmes restant à échoir des reconnaissances de liquidation. (7, Bull. 494, n° 11706.)

Voy. loi du 8 MARS 1821 et notes; ordonnance du 10 FÉVRIER 1822.

Louis, etc. vu la loi du 25 mars 1817 et notre ordonnance du 2 avril suivant, nous avons ordonné et ordonnons ce qui suit :

Art. 1er. Les reconnaissances de liquidation des quatre derniers cinquièmes restant à échoir (finales 2, 3, 4, 5, 7, 8, 9 et zéro) seront remboursées en numéraire.

2. Le 22 décembre prochain, il sera procédé à la désignation par le sort de l'ordre dans lequel les quatre cinquièmes restans des reconnaissances de liquidation seront annuellement remboursés, à raison d'un cinquième pendant chacune des années 1822, 1823, 1824 et 1825.

Ce tirage aura lieu dans la forme réglée par notre ordonnance du 2 avril 1817 (1).

3. Le tirage au sort aura lieu publiquement, à onze heures du matin, dans la salle de l'administration de la loterie royale de France, avec les formalités suivies par cette administration, et par les soins des administrateurs de la loterie, sous la présidence de notre ministre secrétaire d'Etat des finances, ainsi qu'il a été réglé par notre ordonnance du 20 décembre pour le tirage du premier cinquième.

4. Les paiemens à faire en reconnaissances de liquidation, à partir du 1er janvier 1822, seront effectués en numéraire pour les cinquièmes échus; et pour les autres cinquièmes, en reconnaissances de liquidation des échéances fixées par le tirage.

5. Notre ministre des finances est chargé de l'exécution de la présente ordonnance.

---

21 NOVEMBRE = P. 23 DÉCEMBRE 1821. — Ordonnance du Roi contenant réglement sur le mode d'exploitation du minerai de fer des terrains houillers du département de la Loire. (7, Bull. 495, n° 11739.)

Louis, etc. sur le rapport de notre ministre secrétaire d'Etat au département de l'intérieur; sur ce qu'il nous a été représenté par notre ministre secrétaire d'Etat au département de l'intérieur, qu'il est nécessaire de pourvoir par un réglement général au mode d'exploitation du minerai de fer des terrains houillers du département de la Loire, lequel se présente dans des gisemens qui n'avaient pas été exploités jusqu'ici; notre Conseil-d'Etat entendu, nous avons ordonné et ordonnons ce qui suit :

Art. 1er. Le minerai de fer, lorsqu'il se présentera à la surface du sol sans aucune connexité avec des couches de houille exploitables, et qu'il pourra être extrait à ciel ouvert sans danger reconnu par l'administration pour son exploitation future, sera exploité conformément aux disposi-

tions du titre VII, section II, de la loi du 21 avril 1810.

2. Le minerai de fer, quand il sera dans la profondeur sans aucune connexité avec de la houille exploitable, et toutes les fois qu'il y aura lieu de pousser des ouvrages souterrains, soit dans des terrains non compris dans une concession ou dont le concessionnaire aurait été régulièrement déchu, soit dans des travaux abandonnés de recherche et d'exploitation, ne pourra être exploité qu'en vertu d'un acte spécial de concession obtenu conformément aux dispositions du titre IV de la loi du 21 avril 1810, et sous les réserves portées à l'art. 70 de cette loi.

3. Le minerai de fer, lorsqu'il se présentera en connexité avec la houille exploitable, sera concédé, de préférence, au même concessionnaire que celui de la houille, à la charge par lui de payer, pour cette seconde concession, une rétribution nouvelle aux propriétaires du sol, de fournir le minerai de gré à gré, ou à dire d'experts, à l'usine qui sera déterminée par l'acte de concession, et sauf l'application, s'il y a lieu, de l'article 49 de la loi du 21 avril 1810.

4. Notre ministre de l'intérieur est chargé de l'exécution de la présente ordonnance.

---

21 NOVEMBRE 1821 = Pr. 3 JANVIER 1822. — Ordonnance du Roi portant réglement sur la police de la pêche de la morue à l'île de Terre-Neuve. (7, Bull. 497, n° 11808.)

Voy. ordonnances des 20 FÉVRIER 1822 et 24 FÉVRIER 1825.

Louis, etc. vu, 1° l'ordonnance de 1681, titre VI, livre V ; 2° l'arrêté du 4 février 1803 (15 pluviôse an 11) et notre ordonnance du 13 février 1815, l'une et l'autre portant réglement sur la police de la pêche de la morue à l'île de Terre-Neuve; 3° notre ordonnance du 4 octobre 1820, additionnelle à celle du 21 octobre 1818, relative aux primes d'encouragement pour la pêche de la morue; 4° les comptes rendus par les officiers de notre marine et les trois capitaines au long cours qui ont été chargés, cette année, de procéder à une nouvelle reconnaissance des havres qui peuvent être occupés par les navires français sur les côtes de l'île de Terre-

---

(1) *Extrait de l'ordonnance du 2 avril 1817* :
Art. 8. « Le premier cinquième des reconnais-
« sances de liquidation, appelé au remboursement
« en 1821 par l'article 3 de la loi du 25 mars, sera
« déterminé de la manière ci-après :
Art. 9. « Sur les dix chiffres formant le sys-
« tème numérique, il en sera, par un tirage pu-
« blic en décembre 1820, désigné deux par le

« sort : les reconnaissances de liquidation alors en
« émission, dont les numéros finiront par l'un
« de ces deux chiffres, seront remboursables à
« compter du 22 mars 1821. Les numéros déjà
« déterminés par le sort ne seront plus employés
« lors de l'enregistrement des reconnaissances à
« émettre postérieurement au tirage. »

(*Note du Bulletin.*)

Neuve; sur le rapport de notre ministre secrétaire d'État au département de la marine et des colonies; notre Conseil-d'État entendu, nous avons ordonné et ordonnons ce qui suit :

TITRE I". Répartition des places.

Art. 1". Les havres et places, avec les grèves (ou graves) qui en dépendent, aux côtes de l'île de Terre-Neuve, continueront de n'être pas au choix du premier arrivé ni du premier occupant.

2. Il sera dressé un état des havres situés sur la partie des côtes où, d'après les traités, les capitaines français peuvent s'établir pour la pêche.

Cet état indiquera, suivant le plan topographique des côtes, et en commençant par le premier havre de la côte de l'ouest :

Les noms des havres,

Les numéros et les noms des places comprises dans chaque havre,

Le nombre de bateaux que chacune des places peut contenir,

La situation de la grève correspondante à chaque place,

Les limites de chaque place.

La nomenclature des places sera divisée, sur ledit état, en trois séries établies de la manière suivante, d'après le nombre de bateaux auquel chaque place peut suffire ; savoir :

1" série (*places pouvant contenir*) quinze bateaux et au-dessus ;

2" série (*idem*, dix à quinze bateaux exclusivement ;

3" série (*idem*) neuf bateaux et au-dessous.

3. Les armateurs des différens ports du royaume qui se proposeront d'envoyer des navires à la pêche sur les côtes de Terre-Neuve feront au commissaire de la marine, chargé en chef du service au port de Saint-Servan, la déclaration du nombre de navires et de bateaux qu'ils doivent armer pour la pêche.

4. Ces armateurs, ou leurs correspondans spécialement autorisés, se réuniront à Saint-Servan, le 27 décembre prochain, sous la présidence du commissaire de la marine, afin qu'il soit procédé, ainsi qu'il suit, par la voie du sort à la répartition des places que leurs navires devront occuper.

Les déclarations faites conformément à l'art. 3 seront comprises dans un relevé général, présentant, eu égard au nombre des bateaux, le classement des navires en trois séries correspondantes à celle établie par les places.

Il sera donné lecture de ce relevé à l'assemblée ; après quoi, le tirage au sort aura lieu par série, en commençant par la dernière.

A cet effet, il sera disposé autant de bulletins qu'il y aura de navires dans une même série, et chacun des bulletins portera le nom d'un des navires.

Ces bulletins seront mis ensuite dans une urne, d'où ils seront successivement tirés, en présence de tous les armateurs réunis.

Au fur et à mesure qu'un bulletin sortira, l'armateur du navire désigné par le bulletin choisira une place dans la série à laquelle ce bâtiment appartient.

Si la série des places se trouve épuisée avant la série correspondante des navires, les bâtimens excédans seront réunis à ceux de la série supérieure ; mais les armateurs de ces bâtimens excédans ne pourront choisir dans la nouvelle classe où ils seront compris, que les places du moindre nombre de bateaux.

Le tirage sera continué de cette manière, jusqu'à ce que tous les navires portés sur le relevé aient obtenu des places ; et cette opération sera constatée par un procès-verbal.

L'assemblée sera ensuite dissoute.

5. Les résultats du tirage effectué conformément à l'article précédent seront énoncés dans un tableau de répartition dressé par les soins du commissaire de la marine.

Ce tableau devra présenter :

Les noms des havres,

Les numéros et les noms des places comprises dans chaque havre,

Le nombre de bateaux que chaque place peut contenir,

Les limites de chaque place,

Les noms des armateurs concessionnaires,

Les villes où ces armateurs sont domiciliés,

Les noms des navires,

Le port en tonneaux de ces navires,

La force des équipages,

Le nombre de bateaux dépendans chaque navires,

Le port d'où chacun de ces bâtimens doit être expédié.

6. Le tableau de répartition, rédigé à la suite du procès-verbal du tirage des places et arrêté par le commissaire de la marine à Saint-Servan, sera adressé à notre ministre de la marine et des colonies ; il sera imprimé et rendu public.

7. Chaque armateur conservera pendant cinq ans la jouissance du havre et de la place qui lui auront été assignés, tant qu'il continuera d'expédier le même nombre de navires et de bateaux pour la pêche de la morue.

Il conservera, pendant le même temps, la propriété des échafauds, dépendances et grèves qu'il aura fait préparer.

A la fin de la cinquième année de jouissance, chaque capitaine constatera, par un procès-verbal signé de deux autres capitaines voisins, l'état de l'établissement qu'il aura formé et occupé, lequel consiste dans l'échafaud, ses orgages et ses tenailles, les cabanes et leurs portes : il laissera ledit établissement dans la situation où il se trouvera.

Quant aux autres objets, tels que cageots, traîneaux, bateaux, étaux, avirons, lavoirs, garde-poissons et autres ustensiles, le capitaine pourra les enlever, afin que l'armateur propriétaire en dispose à son gré.

8. Les cinq années expirées, il sera procédé, par la voie du sort, conformément aux dispositions de l'art. 4, au renouvellement général du partage des places entre les armateurs déjà concessionnaires, concurremment avec ceux qui se présenteront pour la première fois, mais après que les uns et les autres auront fait les déclarations prescrites par l'art. 3.

9. Il sera délivré à chaque armateur un bulletin de mise en possession, indiquant le nom du havre et de la place qui lui auront été assignés pour chaque navire.

Dans le cas où la place ne serait point désignée nominativement, ce bulletin contiendra tous les renseignemens nécessaires pour en constater la position et la faire facilement reconnaître.

10. Le commissaire de la marine à Saint-Servan adressera un état de ces bulletins aux administrateurs des ports d'où les navires devront être expédiés, afin que ces administrateurs puissent remettre aux capitaines desdits navires, des bulletins particuliers, conformes au modèle prescrit par l'art. 22 du présent règlement.

11. Il pourra être concédé des places sur la côte de l'île de Terre-Neuve aux armateurs qui expédieront leurs navires, à la pêche sur le grand banc ou sur les banquereaux, avec l'intention de faire sécher à la côte de l'île la morue prise par ces bâtimens.

Mais ces armateurs, pour être admis au tirage des places, seront tenus, comme les autres armateurs, à une déclaration préalable, à défaut de laquelle leurs navires ne pourront s'établir que sur les points de la côte qui ne seront point occupés.

12. Aucun armateur ne pourra obtenir pour le même navire la concession simultanée de places sur les côtes *est* et *ouest* de l'île.

13. Tout armateur qui, à l'époque du tirage général des places et à moins qu'il n'y soit contraint par force majeure, n'expédiera point le navire et les bateaux dont l'armement annoncé par lui aurait déterminé à son égard une concession de

place, perdra ses droits à la jouissance de cette place, indépendamment de l'amende de trois mille francs, stipulée volontairement, pour ce cas, au profit de la caisse des invalides de la marine, par l'assemblée des armateurs réunis à Saint-Servan, suivant délibération du 15 décembre 1820.

Les échafauds, leurs dépendances et grèves, tels qu'ils se trouveront à l'arrivée des navires sur la côte, appartiendront au navire auquel la place aura été assignée d'après la répartition réglée par les art. 3, 4 et 5 du présent règlement, ou à un autre navire armé en remplacement par le même armateur, pourvu que le nombre de bateaux ne soit pas moindre que celui d'abord déclaré.

Si, dans les années qui suivront celle où le partage général des places aura été effectué, ledit armateur équipe moins de bateaux, il y aura lieu au partage de la grève, seulement en raison du moindre nombre de bateaux.

Toute place qui, pendant une saison de pêche, n'aura point été occupée par le navire auquel elle avait été concédée, sera réputée vacante, et pourra être mise à la disposition de tout autre armateur, suivant les formes prescrites, sans que le premier concessionnaire qui l'aura abandonnée puisse y conserver aucun droit ni prétendre à aucune indemnité.

Aucun armateur ne pourra revendiquer la jouissance d'un terrain non occupé, mais qu'un autre armateur concessionnaire aurait défriché à neuf et disposé pour faciliter et étendre l'exploitation de sa pêche, à moins que ce terrain ne reste inoccupé pendant deux saisons.

14. Aucun navire ne devra aller pêcher sur la côte de l'île de Terre-Neuve, s'il ne lui a point été assigné de place d'après les formes déterminées.

Les administrateurs de la marine, dans les ports d'armement, ne délivreront de rôles d'équipage aux navires destinés à être expédiés pour la pêche à l'île de Terre-Neuve, qu'après s'être assurés que les armateurs ont été mis en possession d'une place, conformément au présent règlement.

15. Lorsque, postérieurement au tirage général prescrit par les art. 4 et 8, un nouvel armateur voudra faire une expédition pour la pêche, il devra, à l'époque du 10 février au plus tard, en prévenir le commissaire de la marine à Saint-Servan, et lui désigner la place dont il désire la concession, ainsi que le nombre de bateaux qu'il se propose d'équiper.

Si la place demandée est reconnue vacante, elle sera concédée en totalité ou en partie, suivant le nombre de bateaux, à ce nouvel armateur, qui recevra, en consé-

23.

quence, un bulletin de mise en possession, dont la délivrance, s'il y a lieu, sera notifiée par le commissaire de la marine à Saint Servan à l'administrateur du port d'armement du navire.

Les armateurs qui obtiendront ainsi des places après la répartition générale n'en jouiront que pendant le temps restant à s'écouler jusqu'au terme marqué pour le renouvellement intégral.

Ces concessions particulières seront inscrites sur le tableau de répartition, et le commissaire de la marine à Saint Servan en rendra compte à notre ministre de la marine et des colonies.

TITRE II. — Capitaines des navires employés à la pêche de la morue sur les côtes de l'île de Terre-Neuve.

16. Le capitaine le plus âgé remplira les fonctions qui étaient précédemment attribuées au capitaine arrivé le premier.

17. Il est spécialement chargé de maintenir la discipline, la police et le bon ordre dans le havre; d'assurer à chaque capitaine la jouissance du havre et de l'étendue de grève qui lui sont assignés; d'inspecter les filets; de veiller à la sûreté des mouillages et rades; de recevoir les plaintes des capitaines pêcheurs, et d'y faire droit, lorsqu'il est compétent pour les juger, après avoir toutefois vérifié les faits et acquis des preuves, autant qu'il lui est possible.

Il préside toutes les réunions de capitaines qui peuvent avoir lieu dans le havre; il termine, comme prud'homme arbitre, et sans frais, les contestations qui peuvent s'élever entre les capitaines; il ne peut exiger aucune rétribution ni émolumens des capitaines pêcheurs; il garde minute des décisions qu'il prononce; il constate par des procès-verbaux toutes les contraventions au présent règlement commises pendant la durée de la pêche; il signe ces procès-verbaux, les fait signer par les officiers et le maître d'équipage; et, à son retour, il doit remettre lesdites décisions et procès-verbaux au commissaire de la marine dans le port d'où il est parti.

Il doit remettre aussi audit commissaire un rapport détaillé sur la navigation, et sur tout ce qui peut intéresser l'amélioration de la pêche.

18. Si le capitaine prud'homme était lui-même intéressé dans une contestation, ou s'il était absent, l'affaire devrait être portée et soumise au jugement du prud'homme du havre le plus voisin.

19. Lorsque des bâtimens de notre marine sont en station sur les côtes de l'île de de Terre-Neuve, et que le capitaine prud'homme a eu connaissance de délits qui sont de simple police, il les dénonce au commandant desdits bâtimens, et provoque contre les délinquans les peines prononcées par les lois sur la discipline des équipages.

20. S'il est commis des délits qui, en France, seraient du ressort des tribunaux, le capitaine prud'homme remplit les fonctions de juge-de-paix : il forme la première instruction; il veille à ce que le prévenu ne puisse s'évader; et, à son arrivée, il remet les pièces au procureur du Roi.

21. Il est défendu, sous peine de mille francs d'amende (ordonnance du 8 mars 1702), à tout capitaine de navire expédié pour la pêche de la morue sur les côtes de l'île de Terre-Neuve, d'appareiller et de faire route, avant le 1er mars pour la côte de l'ouest, et pour celle de l'est avant le 20 avril.

Il est également défendu, sous la même peine, d'expédier des bâteaux sur la côte, si le navire en est éloigné de plus de deux lieues, et même à une moindre distance, s'il y a banquise formée; ce qui sera constaté par les journaux des capitaines et des officiers.

Il sera, toutefois, permis aux armateurs qui expédieront pour la première fois des navires à la côte de l'est de l'île de Terre-Neuve, et où ils n'auront pas encore formé d'établissement, de faire partir leurs navires le 10 avril; mais, s'ils devancent cette époque, ils encourront la peine d'amende ci-dessus rappelée.

22. Chaque capitaine recevra, avant son départ pour l'île de Terre-Neuve, de l'administrateur de la marine dans le port d'où il sera expédié, un bulletin de mise en possession, conforme au modèle ci-après. Il sera tenu d'exhiber ledit bulletin au capitaine prud'homme du havre où il devra être placé.

PÊCHE DE LA MORUE.

CÔTE DE L'ILE DE TERRE-NEUVE.

Partie (1).

BULLETIN DE MISE EN POSSESSION.

Le navire le   armé au port de   , appartenant à M. domicilié à   , commandé par le sieur   ; jaugeant tonneaux, ayant   hommes d'équipage, devant armer et équiper bateaux.

(1) Exprimer ici si c'est la partie *orientale* ou la partie *occidentale*.

Le présent bulletin a été délivré par le de la marine à   , au sieur   , capitaine du navire le   , conformément au réglement du 21 novembre 1821, pour constater que ledit capitaine a le droit d'occuper, dans le havre d   situé sur la côte de l'île, la place, avec ses dépendances (n°   ), dite (1)   , qui a été assignée audit navire, avec faculté de jouir de ladite place sans trouble ni empêchement (2).

Sont, en conséquence, requis tous ceux qui sont chargés de concourir à l'exécution dudit réglement, d'aider et maintenir ledit capitaine du navire le   dans la possession et jouissance de ladite place, sous peine, pour les contrevenans, de cinq cents francs d'amende (art. 4, titre VI, livre V, de l'ordonnance du mois d'août 1681), et de tous dommages-intérêts qui pourraient être, au retour de France, réclamés auprès des tribunaux.

23. Aucun capitaine ne pourra établir son navire, pour faire pêche ou sècherie, dans un havre autre que celui qui lui aura été assigné par le bulletin de mise en possession; et ce, sous la peine exprimée en l'article précédent, indépendamment de celle d'interdiction de commandement.

Les seuls bateaux expédiés en dégrat pourront être admis à pêcher dans un havre occupé par des concessionnaires autre que le havre où sera mouillé le navire dont ces bateaux dépendent.

Toutefois, la défense portée par le premier paragraphe du présent article est sans préjudice des arrangemens qui pourront être faits à l'amiable entre les armateurs ou capitaines, pour l'occupation réciproque, par leurs navires, des havres et places qui leur auront été respectivement affectés sur l'une et l'autre côte; et elle ne s'étend point aux havres absolument inoccupés, où les bâtimens pourront se placer momentanément.

24. Chaque capitaine expédié pour les côtes de l'île de Terre-Neuve devra, indépendamment du bulletin de mise en possession, être muni d'un exemplaire du présent réglement, ainsi que d'un exemplaire du tableau de répartition prescrit par l'article 5.

25. Il est défendu à tout capitaine, sous peine de cinq cents francs d'amende, de jeter du lest dans les havres, de s'emparer des sels et huiles qui auraient pu être laissés l'année précédente; de rompre, transporter ou dégrader les échafauds et leurs dépendances qui se trouveront dressés à la côte (art. 7, titre VI, livre V, de l'ordonnance du mois d'août 1681): il est même expressément recommandé à tout capitaine d'améliorer la place qu'il occupe.

26. Il est défendu également à tout capitaine de s'emparer des chaloupes et bateaux qui seraient échoués sur la côte, sans un pouvoir spécial des propriétaires de ces embarcations, à peine d'en payer le prix, ainsi que cinquante francs d'amende.

Mais, si les propriétaires des chaloupes et bateaux ne s'en servent pas ou n'en ont pas disposé, ceux qui en auront besoin pourront, avec la permission du capitaine prud'homme, en faire usage pour leur pêche, à condition qu'à leur retour ils en paieront le loyer aux propriétaires.

Les capitaines qui voudront employer ces chaloupes et bateaux seront tenus de remettre au prud'homme du havre, et, en son absence, à un capitaine voisin, un état indiquant le nombre des chaloupes et bateaux qu'ils comptent prendre pour leur service, avec la soumission d'en payer le loyer, et de les remettre au propriétaire, s'il arrive à la côte, ou à tout autre ayant pouvoir du propriétaire.

Si les chaloupes et bateaux ne sont pas remis au propriétaire pendant la durée de la pêche, les capitaines qui les auront employés seront tenus de les faire échouer en lieu de sûreté : cette circonstance devra être constatée par un certificat que le capitaine prud'homme, et, en son absence, un autre capitaine, délivrera (art. 8, 9, 10, 11, titre VI, livre V, de l'ordonnance de 1681).

27. Les capitaines seront tenus de procurer aux commandans de nos bâtimens employés en station sur les côtes de l'île de Terre-Neuve, tous les renseignemens et détails que ces officiers leur demanderont sur l'exploitation de la pêche, sur la police observée par les pêcheurs, sur le nombre et l'état de leurs navires, de leurs bateaux, de leurs équipages.

TITRE III.

Instrumens de pêche.

28. L'usage des filets appelés *hallopes* est défendu dans toute l'étendue des pêcheries françaises à la côte de Terre-Neuve.

---

(1) Transcrire ici la désignation *nominative* ou, à défaut, l'indication *topographique* présentée par le tableau général des havres, de manière à prévenir toute contestation.

(2) Mettre, *pendant cinq ans* (si la concession a été faite lors du tirage général), ou, *jusqu'à l'année 18   exclusivement, époque à laquelle le partage des places doit être renouvelé intégralement* (si la concession est postérieure à l'année où le tirage général aura été effectué).

27.

29. Pour prendre le poisson appelé *capelan*, ou celui nommé *lançon*, servant l'un et l'autre d'appât à la morue, il ne pourra être employé que des scines ayant huit à neuf cents mailles de hauteur, et trentes brasses de longueur lorsqu'elles seront montées.

30. Il est défendu de se servir de scines à capelan et à lançon autrement qu'au moulinet, et sans jamais déborder à terre.

31. Il est défendu de couler entièrement les scines ou d'en ajouter deux ensemble, de manière qu'elles râclent sur le fond.

32. L'usage des scines à morue est maintenu.

33. Leur étendue sera à volonté; mais la grandeur des mailles au sac ne pourra être moindre de cinquante millimètres (un pouce dix lignes) entre nœuds, au carré.

34. Il est défendu de se servir de seine à morue autrement qu'au moulinet, et sans jamais déborder à terre.

35. Un bateau débordant à la seine ne pourra approcher d'un bateau pêchant à la ligne, à une distance moindre de cent vingt brasses.

36. Dès qu'un bateau à la seine débordera et approchera d'un bateau pêchant à la ligne à une distance réputée de cent vingt brasses, il jettera à la mer un tangon, qui restera pour servir à mesurer la distance en cas de réclamation.

37. Un bateau pêchant à la ligne, qui réclamera le mesurage des distances pour prétendre part au coup de filet, jettera de son côté à la mer une bouée mise sur son aussière, à l'endroit où celle-ci était tournée à l'avant du bateau, et il la filera ensuite.

38. Le maître du bateau à la ligne se rendra à bord du bateau de seine pour y prendre une ligne de cent cinquante brasses, que celui-ci sera tenu d'avoir constamment à son bord, et il demandera un homme de l'équipage pour mesurer avec lui la distance d'une bouée à l'autre.

39. Le refus fait par le bateau de seine de jeter un tangon à la mer et de mesurer la distance emportera conviction que l'espace est moindre de cent vingt brasses, et obligera de droit ce bateau à donner en indemnité à celui pêchant à la ligne tout le poisson provenant de la pêche qu'il aurait faite dans le lieu où la contestation s'est élevée.

40. Sous peine de donner à son tour une batelée de morue au bateau pêchant à la seine, et même sous peine de plus grands dommages s'il y a lieu, le bateau pêchant à la ligne devra s'abstenir de mouiller dans le circuit de la seine et d'en gêner les mouvemens, une fois que le bateau de seine aura prévenu qu'il va déborder, et qu'il aura effectivement commencé à jeter son filet à la mer.

41. Toute demande en indemnité, pour les frais prévus par les articles ci-dessus, sera jugée sommairement et sans appel par les autres capitaines du havre non intéressés aux bâtimens en contestation. Ces capitaines seront convoqués et présidés par le prud'homme, et si celui-ci est intéressé ou absent, par le capitaine le plus âgé après le prud'homme.

42. Toutes contraventions au présent réglement, pour l'usage des scines, soit de la part des armateurs, soit de celle des capitaines de navire, seront punies par des amendes, conformément aux réglemens concernant les filets prohibés, et notamment les amendes prononcées par les arrêts et déclarations de 1725, 1726, 1727 et 1754.

Les procès-verbaux constatant lesdites contraventions seront, à cet effet, adressés aux tribunaux par les capitaines prud'hommes qui en auront fait le rapport.

43. Le produit des amendes sera versé dans la caisse des invalides de la marine.

44. Les dispositions de l'arrêté du 4 février 1803 (15 pluviôse an 11), et celles de notre ordonnance du 13 février 1815, sont révoquées, en ce qu'elles ont de contraire au présent réglement.

45. Notre ministre de la marine et des colonies est chargé de l'exécution du présent réglement.

***

21 NOVEMBRE 1821.— Ordonnance du Roi qui porte à vingt-une le nombre des routes départementales de l'Ardèche. (7, Bull. 495.)

***

21 NOVEMBRE 1821. — Ordonnance du Roi qui permet au sieur Houillon d'ajouter à son nom celui de Villicy. (7, Bull. 496.)

***

21 NOVEMBRE 1821. — Ordonnance du Roi qui admet les sieurs Barilli et de Salas à établir leur domicile en France. (7, Bull. 496.)

***

21 NOVEMBRE 1821. — Ordonnance du Roi qui accorde une pension à la veuve d'un référendaire. (7, Bull. 495 bis.)

***

21 NOVEMBRE 1821. — Ordonnances du Roi qui autorisent l'acceptation de dons et legs. (7, Bull. 500 et 502.)

***

21 NOVEMBRE 1821. — Ordonnance du Roi qui autorise les sieurs Blumenstein, Frère-Jean et Roux, à construire près de la Côte-Thiollière, arrondissement de St.-Etienne, trois hauts-fourneaux destinés à fondre le minerai de fer, etc. (7, Bull. 502.)

21 NOVEMBRE 1821. — Ordonnances du Roi qui accordent des lettres de déclaration de naturalité aux sieurs Kramer et Masséna. (7, Bull. 509 et 512.)

21 NOVEMBRE 1821. — Ordonnances du Roi qui autorisent la compagnie des mines de fer de Saint-Etienne à construire des hauts-fourneaux destinés à fondre le minerai de fer. (7, Bull. 502.)

22 NOVEMBRE 1821. — Lettres-patentes portant érection de majorats en faveur de MM. Acloc-d'Hocquincourt et Patu de Saint-Vincent. (7, Bull. 492.)

28 NOVEMBRE 1821. — Ordonnance du Roi qui porte à vingt-deux le nombre de routes départementales du Gard. (7, Bull. 495.)

28 NOVEMBRE 1821. — Ordonnances du Roi qui admet les sieurs Almann, Kolmbacker, Loeffler, Burkart, Conzelmann, Schemer, Stoerck, Adler, Hahn et Baeggli, à établir leur domicile en France. (7, Bull. 496.)

28 NOVEMBRE 1821. — Ordonnances du Roi qui accordent des pensions militaires. (7, Bull. 495 bis.)

28 NOVEMBRE 1821. — Ordonnances du Roi qui autorisent l'acceptation de dons et legs. (7, Bull. 502, 503 et 504.)

28 NOVEMBRE 1821. — Ordonnance du Roi qui maintient le baron Saillard dans la jouissance de l'usine qu'il a construite près de son haut-fourneau de Rugles, département de l'Eure. (7, Bull. 504.)

28 NOVEMBRE 1821. — Ordonnances du Roi qui accordent des lettres de déclaration de naturalité aux sieur Ares et Hayer. (7, Bull. 551.)

29 NOVEMBRE 1821. — Lettres-patentes portant érection de majorats en faveur de MM. Flemiug et Coppens. (7, Bull. 495.)

30 NOVEMBRE 1821. — Tableau des prix moyens des grains pour servir de régulateur de l'exportation et de l'importation, conformément aux lois des 16 juillet 1819 et 4 juillet 1821. (7, Bull. 492.)

3 DÉCEMBRE 1821. — Ordonnances du Roi portant convocation du collège électoral du premier arrondissement du Puy-de-Dôme. (7, Bull. 495.)

3 DÉCEMBRE 1821. — Ordonnance du Roi portant convocation de plusieurs colléges électoraux d'arrondissement. (7, Bull. 495.)

5 = Pr. 31 DÉCEMBRE 1821. — Ordonnance du Roi relative à la création d'une succursale à l'Hôtel-Dieu du Mans, département de la Sarthe, pour l'admission des incurables de ce département. (7, Bull. 496, n° 11770.)

Louis, etc.

Art. 1er. La création d'une succursale à l'Hôtel-Dieu du Mans, département de la Sarthe, pour l'admission des incurables de ce département, est approuvée, et cet établissement portera le nom d'*hôpital Dieudonné.*

2. Les travaux faits et ceux qui restent à faire pour la formation de cet établissement, évalués à quarante-trois mille six cent quatre-vingt-douze francs soixante centimes, sont également approuvés.

3. Il sera pourvu au paiement de cette dépense, au moyen 1° d'une somme de vingt-six mille cinq cent quarante-six francs quatre-vingt-quinze centimes, offerte pour cet emploi par divers particuliers et que la commission administrative des hospices du Mans est autorisée à accepter pour cet effet; 2° d'une autre somme de quatre mille cinq cents francs, votée pour cet objet par le conseil général du département dans sa session de 1821; et 3° des autres ressources qui pourront recevoir cette destination.

4. Notre ministre de l'intérieur est chargé de l'exécution de la présente ordonnance.

5 = Pr. 31 DÉCEMBRE 1821. — Ordonnance du Roi portant autorisation de l'association destinée à fournir des maîtres aux écoles primaires dans les départemens des Haut et Bas-Rhin, et désignée sous le nom de *Frères de la Doctrine chrétienne de Strasbourg.* (7, Bull. 496, n° 11771.)

Louis, etc. sur le rapport de notre ministre secrétaire-d'Etat au département de l'intérieur; vu les statuts d'une institution charitable qui serait destinée à desservir les écoles primaires des villes et des campagnes des départemens des Haut et Bas-Rhin, sous le titre de *Frères de la doctrine* chrétienne du diocèse de Strasbourg; vu notre ordonnance du 29 février 1816, qui règle ce qui regarde l'instruction primaire dans tout le royaume; vu la loi du 10 mai 1806, le décret du 17 mars 1801, et nos ordonnances concernant l'Université de France; vu les observations du conseil royal de l'instruction publique, et l'approbation donnée par ce conseil aux statuts de ladite association; notre Conseil d'État entendu, nous avons ordonné et ordonnons ce qui suit :

Art. 1er. L'association destinée à fournir des maîtres aux écoles primaires dans les départemens des Haut et Bas-Rhin, et désignée sous le nom de *Frères de la Doctrine chrétienne du diocèse de Strasbourg*, est autorisée, aux termes de l'article 36 de notre ordonnance du 29 février 1816, comme association charitable en faveur de l'instruction primaire. Elle se conformera aux lois et réglemens relatifs à l'instruction publique et nommément à notre susdite ordonnance du 29 février 1816.

Notre conseil royal de l'instruction publique, en se conformant aux lois et réglemens d'administration publique, pourra recevoir tous legs et donations qui seraient faits en faveur de ladite association et de ses écoles; à charge de faire jouir respectivement, soit l'association en général, soit chacune des écoles tenues par elle, desdits legs et donations, conformément aux intentions des donateurs et des testateurs.

3. Notre ministre de l'intérieur est chargé de l'exécution de la présente ordonnance.

————

5 DÉCEMBRE 1821 = Pr. 30 JANVIER 1822.— Ordonnance du Roi relative à la compagnie d'assurances mutuelles contre l'incendie dans les départemens du Nord et du Pas de-Calais. (7, Bull. 502, n° 1243.)

Louis, etc. vu notre ordonnance du 14 juillet 1819, portant autorisation pour la compagnie d'assurances mutuelles contre l'incendie dans le département du Nord; vu l'article 40 des statuts par nous approuvés et annexés à notredite ordonnance, relatif aux attributions du conseil général de la compagnie, et de la teneur suivante : « Tous les cas non prévus par les présens « statuts...... seront déterminés par un « supplément aux présens statuts, et par « un réglement délibéré en conseil gé- « néral, soumis à l'homologation du mi- « nistre de l'intérieur, et porté à la con- « naissance de chaque sociétaire; » vu la délibération du conseil général des sociétaires de ladite compagnie, en date du 3 septembre 1821, en ce qui concerne l'ex-

tension de la société dans le département du Pas-de-Calais, en ces termes : « Le dé- « partement du Pas de-Calais est réuni à « celui du Nord sous une seule et même « direction; les propriétés situées dans ce « département sont admissibles à l'assu- « rance, sont classées dans le même ordre, « concourent aux dommages d'incendié « dans la même proportion que les pro- « priétés situées dans le département du « Nord; elles se trouvent enfin obligées à « toutes les clauses et conditions exprimées « dans les statuts de la compagnie ; la dé- « nomination de la société anonyme est « *Compagnie d'assurances mutuelles contre* « *l'incendie pour les départemens du Nord et* « *du Pas-de-Calais;* » vu le rapport du commissaire établi près ladite compagnie; vu l'avis du préfet du département du Nord; vu l'extrait des procès-verbaux de la dernière session du conseil général du Pas-de-Calais, qui sollicite pour les propriétaires du département l'autorisation de concourir à la société d'assurances mutuelles du Nord; ensemble l'avis du préfet dudit département du Pas-de-Calais; sur le rapport du ministre secrétaire d'État au département de l'intérieur; notre Conseil d'État entendu, nous avons ordonné et ordonnons ce qui suit :

Art. 1er. La délibération du conseil général de la compagnie d'assurances mutuelles contre l'incendie dans le département du Nord, en date du 3 septembre 1821, est approuvée dans les termes ci-dessus transcrits, et en ce qui concerne la faculté d'étendre l'association dans le département du Pas-de-Calais aux conditions déterminées dans ses statuts. Ne sont point approuvés tous autres articles qui auraient été compris dans ladite délibération.

2. Conformément à l'article 40 des statuts, cette délibération sera portée à la connaissance de chaque sociétaire, à la diligence du directeur de la compagnie; le commissaire établi près d'elle y tiendra la main.

3. Notre autorisation est donnée à la charge que la présente ordonnance, qui sera publiée au Bulletin des Lois et insérée au Moniteur, sera, en outre, affichée partout où besoin sera dans le département du Nord, et transcrite dans le journal des annonces judiciaires de ce département; que les associations des propriétaires du département du Pas-de-Calais ne pourront être admises à cet effet qu'un mois après lesdites affiches et transcription, et que pendant ce délai, il sera loisible à ceux des associés actuels qui n'adhéreraient pas à la délibération de leur conseil général, de se retirer de l'association en le notifiant au directeur.

4. Notre ministre secrétaire d'État de l'intérieur est chargé de l'exécution de la présente ordonnance.

5 DÉCEMBRE 1821. — Ordonnance du Roi qui permet au sieur Dubois d'ajouter à son nom celui de Romand. (7, Bull. 496.)

5 DÉCEMBRE 1821. — Ordonnance du Roi qui admet les sieurs Massi et Andrias à établir leur domicile en France. (7, Bull. 496.)

5 DÉCEMBRE 1821. — Ordonnances du Roi qui autorisent l'acceptation de dons et legs. (7, Bull. 504.)

5 DÉCEMBRE 1821. — Ordonnance du Roi qui accorde des lettres de déclaration de naturalité au sieur Ricolfi. (7, Bull. 509.)

6 DÉCEMBRE 1821. — Ordonnance du Roi qui accorde une pension civile. (7, Bull. 496 *bis*.)

11 = P. 31 DÉCEMBRE 1821. — Ordonnance du Roi qui proroge les dispositions des articles 3, 4 et 10 de l'ordonnance du 14 février 1819, relative à la pêche de la baleine et du cachalot. (7, Bull. 496, n° 11772.)

Voy. ordonnances des 5 FÉVRIER 1823 et 24 FÉVRIER 1825.

Art. 1er. Les dispositions de articles 3, 4 et 10 de notre ordonance du 14 février 1819, relative à la pêche de la baleine et du cachalot, sont prorogées jusqu'au 1er mars 1823.

2. Nos ministres de l'intérieur, de la marine et des finances sont chargés de l'exécution de la présente ordonnance.

12 = Pr. 23 DÉCEMBRE 1821. — Ordonnance du Roi ayant pour objet de faire cesser les difficultés qui se sont élevées sur l'intervention des parties au jugement des conflits entre les tribunaux et l'administration. (7, Bull. 495, n° 11743.)

Voy. arrêté du 13 BRUMAIRE an 10 et notes. *Voy.* aussi l'avis du Conseil-d'Etat du 19 JANVIER 1813 ; l'avis des comités de législation et du contentieux du 18 JANVIER = 6 FÉVRIER 1821 (1).

Louis, etc. sur le rapport de notre garde-des-sceaux, ministre sécrétaire d'E-tat au département de la justice, voulant faire cesser les difficultés qui se sont élevées sur l'intervention des parties au juge-

ment des conflits entre les tribunaux et l'administration ; vu la loi du 21 fructidor an 3 (7 septembre 1795), et l'arrêté du 13 brumaire an 10 (4 novembre 1801), relatif aux conflits d'attribution ; notre Conseil-d'Etat entendu, nous avons ordonné et ordonnons ce qui suit :

Art. 1er. Lorsque, conformément aux articles 3 et 4 de l'arrêté du 13 brumaire an 10 (4 novembre 1801), le préfet aura élevé le conflit, il transmettra, dans les trois jours, expédition de son arrêté à notre procureur près le tribunal saisi de l'affaire et à notre garde-des-sceaux, ministre sécrétaire d'Etat de la justice, ainsi qu'à notre ministre de l'intérieur.

2. Dans les trois jours de la réception de l'arrêté de conflit, notre procureur informera par lettre les avoués des parties, ou les parties elles-mêmes lorsqu'il n'y aura pas d'avoué constitué, de l'existence du conflit, en les avertissant qu'elles peuvent prendre communication de cet arrêté à la préfecture, et s'en faire délivrer, sans frais, expédition. Il fera constater la remise de sa lettre par certificat de réception des avoués, des parties, ou du maire de leur domicile.

3. Dans la huitaine, notre procureur en rendra compte à notre garde-des-sceaux, et lui adressera le jugement intervenu, ou la citation s'il n'a pas été rendu de jugement, et les certificats de reception de ses lettres d'*avis* aux parties.

4. Les parties qui croiraient devoir présenter des observations sur le conflit les adresseront, avec les pièces à l'appui, au secrétaire général de notre Conseil-d'Etat, dans les délais déterminés par l'article 4 du réglement du 22 juillet 1806.

5. Les observations seront fournies par simple mémoire signé de la partie, ou d'un avocat en nos conseils; lorsque la partie signera seule, sa signature sera légalisée par le maire de son domicile.

6. Faute par les parties d'avoir, dans le délai fixé, remis leurs observations et les documens à l'appui, il sera passé outre au jugement du conflit, sans qu'il y ait lieu à opposition ni à révision des ordonnances intervenues (2).

7. Il ne sera prononcé sur ces observations, quelque jugement qui intervienne, aucune condamnation de dépens.

8. En ce qui concerne les réglemens de juges entre l'administration et les tribunaux qualifiés de conflits négatifs, il y sera procédé comme par le passé.

_____

(1) *Voyez* les observations de M. Sirey, tome XXII, 2e partie, page 24.

(2) Il semblerait résulter d'un décret du 22 juillet 1813, rapporté dans la Jurisprudence du Conseil-d'Etat, par Sirey, tome II, page 402, que les ordonnances rendues sur des conflits, sans avoir entendu les parties, étaient susceptibles d'opposition, depuis l'avis du Conseil-d'Etat du 19 = 22 janv. 1813.

9. Nos ministres de la justice et de l'intérieur sont chargés de l'exécution de la présente ordonnance.

---

12 DÉCEMBRE 1821. — Circulaire du ministre de la guerre touchant les remplaçans. (Journal militaire, 2ᵉ semestre.)

Messieurs,

En déterminant, par ma lettre du 16 mars dernier, de nouvelles précautions à prendre pour que les troupes de terre ne fussent pas exposées à recevoir comme remplaçans des hommes de mauvaise conduite, j'espérais qu'un mal qui avait donné lieu à tant de justes plaintes ne se ferait plus sentir. Mon attente n'a point été remplie : les réclamations se sont élevées de nouveau, et le nombre des corps d'où elles partent, ainsi que les circonstances qu'elles révèlent, indiquent assez que, si des conseils de révision ont fait de mauvais choix, c'est parce qu'ils n'ont pas toujours exigé des sujets qui se présentaient la preuve de leur résidence personnelle dans la commune où ils s'étaient procuré des certificats de bonnes mœurs.

J'ai rendu compte au Roi de l'état des choses. Sa majesté, voulant que les autorités locales ne négligent aucun des moyens qui tendraient à améliorer les produits du recrutement, entend que désormais les conseils ne reçoivent aucun homme comme remplaçant, s'ils n'ont par devers eux la preuve qu'il habite la commune où le certificat de bonne vie lui a été délivré, et qu'il y résidait depuis six mois sans interruption, au jour de la date de ce certificat.

Afin d'éviter qu'aucune règle arbitraire, qu'aucun mode d'exécution variable ne s'introduise dans la manière d'opérer des conseils de révision, je crois devoir rappeler ici l'ensemble des conditions que doit relater le certificat de bonnes vie et mœurs présenté par les remplaçans.

1° Ce certificat devra toujours être conforme au modèle joint à la présente ;

2° Il doit attester que le sujet jouit de ses droits civils, qu'il est de bonnes vie et mœurs, et qu'il n'appartient pas au service de mer, et qu'il réside depuis six mois au moins sans aucune interruption dans la commune où le certificat est délivré ;

3° Le certificat doit être revêtu du témoignage d'habitans notables au nombre de deux au moins, tous pères de famille, imposés au rôle des contributions, et demeurant depuis plus d'un an dans la commune ;

4° Il doit être visé et vérifié par le juge-de-paix du canton, et, en outre, visé par le préfet, si l'homme auquel il appartient prétend en faire usage dans un département autre que celui où il l'a obtenu ;

5° Le certificat ne doit pas avoir plus de deux mois de date à partir du jour de sa délivrance par le maire jusqu'à celui où il est présenté au conseil de révision.

Indépendamment des nouvelles conditions ou formalités prescrites ci-dessus, je dois vous rappeler les dispositions de ma circulaire du 16 mars, qui indique comme précaution essentielle la preuve à établir de l'identité du remplaçant par deux témoins pères de famille domiciliés dans le canton. Les conseils de révision ne seraient fondés à négliger cette précaution qu'autant que l'identité serait évidente, et non susceptible d'être contestée.

Je dois en outre vous rappeler que les individus qui ont été condamnés, même en police correctionnelle, pour des actes contraires à la probité ou à la morale, ne sont pas susceptibles de recevoir des certificats de bonnes vie et mœurs, pour être admis comme remplaçans. Cette disposition, citée au n° 817 du Manuel de recrutement, a trop souvent été perdue de vue par MM. les maires.

Je vous prie, Messieurs, de donner la plus grande publicité à l'ensemble de ces dispositions ; il est utile surtout qu'elles soient bien connues, bien appréciées par MM. les maires. C'est à ces fonctionnaires qu'il appartient d'exercer une grande sévérité envers les hommes qui se présentent comme remplaçans. Faites-leur connaître que sa majesté attache beaucoup d'importance au soin qu'ils mettront dans cette partie de leurs fonctions, qu'elle compte particulièrement sur leur zèle pour rendre efficace la nouvelle mesure à laquelle elle vient de donner son approbation.

Je vous prie de m'accuser réception de cette lettre.

---

12 DÉCEMBRE 1821. — Ordonnance du Roi qui autorise l'acceptation de legs faits à la cure, à la fabrique et aux pauvres de la paroisse de Sainte-Rose (Guadeloupe). (7, Bull. 498.)

---

12 DÉCEMBRE 1821. — Ordonnance du Roi qui fait concession aux sieurs Balot, Lempereur, Guilliaud père et Rogniat, des mines de houille de Givors et de Saint-Martin-de-Cornas, département du Rhône. (7, Bull. 504).

---

12 DÉCEMBRE 1821. — Ordonnance du Roi qui maintient le sieur Sutter dans la possession de la verrerie qu'il a établie dans la commune de Moustey, département des Landes. (7, Bull. 504.)

12 DÉCEMBRE 1821. — Ordonnance du Roi qui accorde des pensions militaires et civiles. (7, Bull. 495 bis.)

12 DÉCEMBRE 1821. — Ordonnance du Roi qui autorise le sieur Dervieux à établir une verrerie de verre à vitres au cap Janet, quartier Saint-Louis, territoire de Marseille, département des Bouches-du-Rhône, (7, Bull. 504.)

12 DÉCEMBRE 1821. — Ordonnance du Roi qui admet les sieurs Bayer, Mast et Schoy, à établir leur domicile en France. (7, Bull. 496.

12 DÉCEMBRE 1821. — Ordonnances du Roi qui accordent des lettres de déclaration de naturalité aux sieurs Lambert-Lungwell, Boos, Budo et Béné. (7, Bull. 509 et 538.)

12 DÉCEMBRE 1821. — Ordonnances du Roi qui autorisent l'acceptation de dons et legs. (7, Bull. 504.)

12 DÉCEMBRE 1821. — Ordonnance du Roi qui autorise le sieur Gautier à construire un haut-fourneau à Rioupéroux, commune de Livet, département de l'Isère, en remplacement de l'usine de Saint-Barthélemi. (7, Bull. 504.)

13 DÉCEMBRE 1821. — Ordonnance du Roi qui permet au sieur Moet d'ajouter à son nom celui de Romont. (7, Bull. 493.)

13 DÉCEMBRE 1821. — Ordonnance du Roi qui accorde à M. Laîné une pension, en qualité d'ancien ministre de l'intérieur. (7, Bull. 506 bis.)

13 DÉCEMBRE 1821. — Ordonnance du Roi qui nomme M. Collot directeur de la Monnaie de Paris. (7, Bull. 496.)

14 DÉCEMBRE 1821. — Ordonnances du Roi portant nomination des ministres secrétaires-d'État aux départemens de la justice, des affaires étrangères, de la guerre, de l'intérieur, de la marine et des finances. (7, Bull. 495.)

19 DÉCEMBRE 1821. — Ordonnance du Roi qui fixe le terme après lequel cesseront d'être admises les réclamations qui ne pourront s'élever contre la teneur de la liste électorale du premier arrondissement du Puy-de-Dôme. (7, Bull. 496.)

19 DÉCEMBRE 1821. — Ordonnance du Roi qui nomme M. du Coëtlosquet directeur général du personnel de la guerre, et M. Perceval intendant général de l'administration de la guerre. (7, Bull. 497.)

19 DÉCEMBRE 1821. — Ordonnance du Roi qui accorde à M. le comte Siméon, le baron Pasquier et le baron Portal, des pensions à titre d'anciens ministres. (7, Bull. 506 bis.)

19 DÉCEMBRE 1821. — Ordonnances du Roi qui accordent des pensions militaires. (7, Bull. 501 bis.)

19 DÉCEMBRE 1821. — Ordonnance du Roi qui accorde des lettres de déclaration de naturalité au sieur Leutzen. (7, Bull. 510.)

20 DÉCEMBRE 1821. — Ordonnance du Roi qui nomme M. Delaveau préfet de police. (7, Bull. 496.)

24 DÉCEMBRE 1821. — Ordonnance du Roi qui convoque pour le 15 février 1822 plusieurs collèges électoraux d'arrondissement. (7, Bull. 498.)

26 DÉCEMBRE 1821 = Pr. 16 JANVIER 1822. — Ordonnance du Roi qui rapporte celle du 16 décembre 1819, portant réunion de la bibliothèque de l'Institut et de la bibliothèque Mazarine. (8, Bull. 498, n° 11897.)

Louis, etc. d'après les représentations qui nous ont été adressées par les trois académies des sciences, des inscriptions et belles-lettres, des beaux-arts, et par les conservateurs de la bibliothèque Mazarine, sur les difficultés qui s'opposent à l'exécution de notre ordonnance du 16 décembre 1819, concernant la réunion de la bibliothèque de l'Institut royal à la bibliothèque Mazarine, et sur le rapport de notre ministre secrétaire d'État au département de l'intérieur, nous avons ordonné et ordonnons ce qui suit:

Art. 1er. L'ordonnance du 16 décembre 1819, portant réunion, à compter du 1er janvier 1820, de la bibliothèque de l'Institut et de la bibliothèque Mazarine, est rapportée.

2. Ces deux établissemens reprendront chacun le régime administratif qui leur était particulier avant la réunion; et les fonds destinés à leur service seront, pour l'année 1822, entièrement distincts.

3. Notre ministre de l'intérieur est chargé de l'exécution de la présente ordonnance.

26 DÉCEMBRE 1821 = Pr. 18 JANVIER 1822. — Ordonnance du Roi qui recrée les dix compagnies sédentaires qui ont été supprimées en 1817. (7, Bull. 500, n° 11997.)

Voy. ordonnance du 17 OCTOBRE 1821 et 13 DÉCEMBRE 1820.

Louis, etc. sur le rapport de notre ministre secrétaire d'État au département de la guerre, nous avons ordonné et ordonnons ce qui suit :

Art. 1er. Les dix compagnies sédentaires qui ont été supprimées en 1817 seront recréées. Elles seront réorganisées au fur et à mesure des besoins, d'après les bases déterminées par notre ordonnance du 18 mai 1814.

2. Huit de ces compagnies prendront les huit premiers numéros laissés vacans dans la série des compagnies de fusiliers sédentaires, dont elles feront partie.

3. Les deux compagnies recréées par l'article 1er seront spécialement destinées à recevoir les militaires de la garde royale qui réuniront les conditions dont il sera parlé ci-après.

4. L'une de ces deux compagnies prendra la dénomination de *compagnie de sous-officiers sédentaires de la garde royale*, et l'autre, celle de *compagnie de fusiliers sédentaires de la garde royale*.

5. Les deux compagnies sédentaires de la garde royale seront employées au même service que les autres compagnies sédentaires, et plus spécialement à Paris à la garde des établissemens royaux.

6. L'admission dans les compagnies sédentaires de notre garde royale n'aura lieu qu'en faveur des militaires qui se seront fait constamment remarquer par leur zèle et leur bonne conduite, et qui réuniront aux conditions déterminées par nos ordonnances du 2 août 1818 et du 17 octobre 1821 cinq ans révolus de service dans un des corps de la garde.

Les sous-officiers, pour être placés avec un grade dans l'une ou l'autre compagnie, devront avoir deux ans de grade dans la garde, et une année au moins pour être admis comme soldats dans la compagnie de sous-officiers.

Il n'y aura d'exception aux dispositions de l'article ci-dessus qu'en cas de blessures reçues ou infirmités contractées dans la garde.

8. L'uniforme des compagnies sédentaires de notre garde royale se composera d'un habit bleu de roi ; d'un gilet blanc ; d'un pantalon large, bleu de roi ; d'un bonnet de police bleu de roi ; d'une redingote en drap gris de fer ; d'épaulettes en laine rouge à frange ; d'un schakos.

L'habit sera sans revers ; il boutonnera droit sur la poitrine, et sera d'ailleurs, quant à la coupe, semblable à celui de l'infanterie de notre garde. Le collet, les retroussis, seront cramoisis, avec le passepoil bleu de roi ; les premiers seront bleu-de-roi avec passe-poil cramoisi ; les boutons, blancs, et empreints d'une fleur-de-lis entourée de cette légende : *Sous officiers sédentaires de la garde royale;* ou : *Fusiliers sédentaires de la garde royale.*

Les officiers, sous-officiers, caporaux et soldats et tambours de la compagnie de sous-officiers porteront au collet, pour marque distinctive, une boutonnière en galon d'argent de quatre-vingts millimètres de longueur sur vingt de largeur.

Le grand et le petit équipement seront en tout conformes à ceux de l'infanterie de notre garde royale.

9. La solde et ses accessoires, pour les compagnies sédentaires de notre garde, sont réglés conformément au tarif ci-joint.

La masse d'entretien de l'habillement sera payée comme à l'infanterie de notre garde, sur le pied de cinq francs par homme et par année.

Les compagnies sédentaires de la garde royale seront également assimilées à l'infanterie de cette garde, en ce qui concerne la retenue à faire sur la solde des sous-officiers et soldats pour la masse de linge et chaussure.

10. Toutes les dispositions de l'ordonnance du 2 août 1818 et de celle du 17 octobre 1821, sur les compagnies sédentaires, en ce qui n'est pas contraire à la présente, sont applicables aux deux compagnies de notre garde royale.

11. Notre ministre secrétaire d'État au département de la guerre est chargé de l'exécution de la présente ordonnance, qui sera insérée au Bulletin des Lois.

———

26 DÉCEMBRE 1821 = Pr. 9 OCTOBRE 1830. — Ordonnance du Roi portant nouvelle prorogation du péage de Peyrehorade. (9, Bull. O. 13, n° 185).

Vu le décret du 12 juillet 1808, qui autorise l'établissement pendant sept ans, d'un droit au port de Peyrehorade sur le Gave, département des Landes, pour le paiement des travaux de rétablissement de ce port ; vu notre ordonnance du 11 septembre 1816, qui proroge la perception de ce droit pendant cinq ans expirant au 31 octobre 1821. Vu la délibération de la commune de Peyrehorade, du 9 septembre 1821, sur l'insuffisance des sommes perçues jusqu'à ce jour pour faire face aux dépendances, et sur la nécessité de proroger de nouveau la perception du droit pendant trois ans; vu les avis du sous-préfet et du préfet; sur le rapport de notre ministre secrétaire d'État au département de l'intérieur, notre Conseil-d'État entendu, nous avons ordonné et ordonnons ce qui suit.

Art. 1ᵉʳ. La perception du droit établi au port de Peyrehorade sur le Gave (Landes), par le décret du 12 juillet 1808, est prorogée de nouveau pour un an, à partir du 1ᵉʳ novembre 1821.

Art. 2. Notre ministre secrétaire d'État au département de l'intérieur (M. de Corbière) est chargé de l'exécution de la présente ordonnance.

26 DÉCEMBRE 1821. — Ordonnance du Roi qui nomme M. le duc de Doudeauville directeur général de l'administration des postes. (7, Bull. 497.)

26 DÉCEMBRE 1821. — Ordonnance du Roi qui admet les sieurs Mazzei, Roth, Sargent, Scherff et They à établir leur domicile en France. (7, Bull. 498.)

26 DÉCEMBRE 1821. — Ordonnances du Roi qui autorisent l'acceptation de dons et legs. (7, Bull. 504, 505 et 506.)

26 DÉCEMBRE 1821. — Ordonnances du Roi qui autorisent l'acceptation de dons et legs. (7, Bull. 507.)

26 DÉCEMBRE 1821. — Ordonnances du Roi qui accordent des pensions militaires. (7, Bull. 501 bis.)

26 DÉCEMBRE 1821. — Ordonnance du Roi qui autorise le sieur Fournas de la Brosse à continuer de servir auprès de sa majesté catholique. (7, Bull. 510.)

26 DÉCEMBRE 1821. — Ordonnance du Roi qui accorde des lettres de déclaration de naturalité au sieur Gay. (7, Bull. 551.)

28 DÉCEMBRE 1821. — Lettres-patentes portant institution de titre de pairie en faveur de MM. le prince de Talleyrand, le comte Roy et le baron Portal. (7, Bull. 501.)

28 DÉCEMBRE 1821. — Lettres-patentes relatives à l'érection d'un majorat en faveur de M. Lemaire Darion. (7, Bull. 532.)

29 = Pr. 31 DÉCEMBRE 1821. — Loi relative aux moyens d'assurer provisoirement le service du Trésor royal pendant les trois premiers mois de 1822. (7, Bull. 496, n° 12769.)

Art. 1ᵉʳ. Les trois premiers douzièmes de la contribution foncière, de la contribution personnelle et mobilière, et de celle des portes et fenêtres et des patentes, seront, pour 1822, perçus provisoirement sur les rôles de 1821.

2. Il est ouvert un crédit provisoire de deux cents millions, à répartir entre les ministères proportionnellement aux besoins de leur service respectif, d'après les bases déterminées par la loi de finances de 1821.

31 DÉCEMBRE 1821. — Tableau des prix moyens des grains pour servir de régulateur de l'exportation et de l'importation, conformément aux lois des 16 juillet 1829 et 4 juillet 1821. (7, Bull. 497.)

3 = Pr. JANVIER 1822. — Ordonnance du Roi qui établit un tribunal de commerce à Brives, département de la Corrèze. (7, Bull. 499, n° 11958.)

Voy. loi du 16 = 24 AOUT 1790, tit. XII; décret du 6 OCTOBRE 1809, et Code de commerce, liv. IV.

Louis, etc. sur le rapport de notre garde-des-sceaux, ministre secrétaire d'État au département de la justice, sur la création d'un tribunal de commerce à Brives, département de la Corrèze; vu le vœu émis par le conseil général du département de la Corrèze, dans sa session de 1820, pour appuyer celui du conseil d'arrondissement; vu l'avis du préfet du même département, ensemble l'avis favorable de notre procureur général près de la cour royale de Limoges, et de notre procureur près du tribunal de première instance de Brives, celui de notre ministre secrétaire d'État de l'intérieur; notre Conseil-d'État entendu, nous avons ordonné et ordonnons ce qui suit :

Art. 1ᵉʳ. Il sera établi un tribunal de commerce à Brives, arrondissement de ce nom, département de la Corrèze.

2. Ce tribunal sera composé d'un président, de trois juges et de deux suppléans.

3. Notre garde-des-sceaux, ministre secrétaire d'État au département de la justice, et notre ministre de l'intérieur, sont chargés, chacun en ce qui le concerne, de l'exécution de la présente ordonnance, qui sera insérée au Bulletin des Lois.

Pr. = 3 JANVIER 1822. — Ordonnance du Roi portant que toute absence non régulièrement autorisée, de la part des jeunes soldats, sera déduite des années de service exigées par la loi du 10 mars 1818. (7, Bull. 497, n° 11959.)

Louis, etc. vu la loi du 10 mars 1818, sur le recrutement, et spécialement les articles 3 et 20 de ladite loi, qui fixent la durée du service que doivent faire les jeunes gens appelés et les engagés volontaires ; notre Conseil-d'État entendu, nous avons ordonné et ordonnons ce qui suit :

Art. 1er. Toute absence de la part des jeunes soldats, des engagés volontaires ou rengagés, qui n'aura pas été régulièrement autorisée, sera déduite des années de service exigées par les articles 3 et 20 de la loi du 10 mars 1818, dans les décomptes qui seront faits pour établir les droits à la libération annuelle.

2. Notre ministre secrétaire d'État au département de la guerre est chargé de l'exécution de la présente ordonnance.

———

3 JANVIER = Pr. 13 MAI 1822. — Ordonnance du Roi contenant règlement sur l'exercice de la profession de boulanger dans les villes y désignées. (7, Bull. 527, n° 12720.)

Art. 1er. À l'avenir, dans les villes de Falaise et Honfleur, département du Calvados; Aire, département du Pas-de-Calais ; Sens, département de l'Yonne, et Draguignan (1), département du Var, nul ne pourra exercer la profession de boulanger sans une permission spéciale du maire ; elle ne sera accordée qu'à ceux qui justifieront d'une moralité connue et de facultés suffisantes.

Dans le cas de refus d'une permission, le boulanger aura recours de la décision du maire près l'autorité administrative supérieure, conformément aux lois.

Ceux qui exercent actuellement la profession de boulanger dans les villes ci-dessus désignées sont maintenus dans l'exercice de cette profession ; mais ils devront se munir, à peine de déchéance, de la permission du maire, dans un mois pour tout délai, à compter de la publication de la présente ordonnance.

2. Cette permission ne sera accordée que sous les conditions suivantes :

Chaque boulanger se soumettra à avoir constamment en réserve dans son magasin, soit en grains, soit en farine, ainsi qu'il va être spécifié, un approvisionnement suffisant pour pourvoir à sa consommation journalière pendant un mois au moins.

Cet approvisionnement sera, savoir :

A Falaise.

Pour les boulangers de 1re classe, de quatre-vingts hectolitres de grains, dont moitié en froment et l'autre moitié en orge ;
2e classe, de quarante hectolitres idem,
3e classe, de vingt-quatre idem.

A Honfleur.

1re classe, de quatre mille cinq cents kilogrammes de farine de première qualité ;
2e classe, de deux mille cinq cents kilogrammes de farine de première qualité.
3e classe de mille cinq cents idem.

A Aire.

1re classe, de cinq mille cinq cents idem ;
2e classe, de deux mille deux cents idem ;
3e classe, de cinq cents idem.

A Sens,

1re classe, de dix mille idem ;
2e classe, de sept mille idem ;
3e classe, de trois mille idem.

A Draguignan,

1re classe, de quatre mille idem ;
2e classe, de deux mille cinq cents idem ;
3e classe, de mille quatre cents idem ;
4e classe, de mille idem.

3. Dans le cas où le nombre des boulangers viendrait à diminuer par la suite, les approvisionnemens de réserve des boulangers restans en exercice seront augmentés proportionnellement à raison de leurs classes, de manière que la masse totale demeure toujours au complet, telle qu'elle se trouve fixée par la présente.

4. Chaque boulanger s'obligera de plus, par écrit, à remplir toutes les conditions qui lui sont imposées par la présente. Il affectera, pour garantie de l'accomplissement de cette obligation, l'intégralité de son approvisionnement stipulé comme ci-dessus, et il souscrira à toutes les conséquences qui peuvent résulter pour lui de la non exécution.

5. La permission délivrée par le maire constatera la soumission souscrite par le boulanger, tant pour cette obligation que pour la quotité de son approvisionnement de réserve ; elle énoncera aussi le quartier dans lequel chaque boulanger exerce ou devra exercer sa profession.

———

(1) Voy. ordonnance du 22 décembre 1824.

Si un boulanger en activité vient à quitter son établissement pour le transporter dans un autre quartier, il sera tenu d'en faire la déclaration au maire, dans les vingt-quatre heures au plus.

Néanmoins, dans tous les cas, sauf celui où il aurait été reconnu des inconvéniens sous le rapport de la sûreté et de la salubrité publique, l'autorité ne pourra circonscrire et déterminer les lieux et quartiers où un boulanger devra exercer son commerce.

6. Le maire s'assurera par lui-même, ou par l'un de ses adjoints, si les boulangers ont constamment en magasin et en réserve la quantité de farine pour laquelle chacun d'eux aura fait sa soumission : il en enverra, tous les mois, l'état, certifié par lui, au préfet; et celui-ci en transmettra une ampliation au ministre de l'intérieur.

Les boulangers, pour aucune cause que ce soit, ne pourront refuser la visite de leurs magasins, toutes les fois que l'autorité légale se présentera pour la faire.

7. Le maire réunira auprès de lui un certain nombre de boulangers pris parmi ceux qui exercent depuis long-temps leur profession. Ils procéderont en sa présence à la nomination d'un syndic et de ses adjoints. Le nombre des boulangers électeurs sera de dix dans la ville d'Honfleur, de huit dans la ville de Falaise, et de sept dans les villes de Draguignan, Aire et Sens. Le nombre des adjoints au syndic sera de trois dans la première ville ci-dessus dénommée, et de deux dans les quatre autres. Le syndic et les adjoints seront renouvelés tous les ans au mois de janvier. Ils pourront être réélus; mais, après un exercice de trois années, le syndic et les adjoints devront être définitivement remplacés.

8. Le syndic et les adjoints procéderont, en présence du maire, au classement des boulangers, conformément aux dispositions énoncées en l'article 2. Ils régleront pareillement le *minimum* du nombre des fournées que chaque boulanger sera tenu de faire journellement, suivant les différentes saisons de l'année.

9. Le syndic et les adjoints seront chargés de la surveillance d'approvisionnement de réserve des boulangers, et de constater la nature et la qualité des farines dudit approvisionnement, sans préjudice des autres mesures de surveillance qui devront être prises par le maire, auquel ils rendront toujours compte.

10. Les boulangers admis et ayant commencé à exploiter ne pourront quitter leurs établissemens que six mois après la déclaration qu'ils en auront faite au maire, lequel ne pourra se refuser à la recevoir.

11. Nul boulanger ne pourra restreindre, sans y avoir été autorisé par le maire, le nombre des fournées auxquelles il sera obligé, suivant sa classe.

12. Tout boulanger qui contreviendra aux articles 1er, 2, 10 et 11, sera interdit temporairement ou définitivement, selon l'exigence des cas, de l'exercice de sa profession. Cette interdiction sera prononcée par le maire, sauf au boulanger à se pourvoir de la décision du maire auprès de l'autorité administrative supérieure, conformément aux lois.

13. Les boulangers qui, en contravention de l'article 10, auraient quitté leurs établissemens sans avoir fait préalablement la déclaration prescrite par ledit article, ceux qui auraient fait disparaître tout ou partie de l'approvisionnement qu'ils sont tenus d'avoir en réserve, et qui, pour ces deux cas, auraient encouru l'interdiction définitive, seront considérés comme ayant manqué à leurs obligations. Leur approvisionnement de réserve ou la partie de cet approvisionnement qui aura été trouvée dans leur magasin sera saisie, et ils seront poursuivis, à la diligence du maire, devant les tribunaux compétens, pour être statué conformément aux lois.

14. Le fonds d'approvisionnement de réserve deviendra libre, sur une autorisation du maire, pour tout boulanger qui, en conformité de l'article 10, aura déclaré, six mois d'avance, vouloir quitter sa profession; la veuve et les héritiers du boulanger décédé pourront pareillement être autorisés à disposer de leur approvisionnement de réserve.

15. Tout boulanger sera tenu de peser le pain, s'il en est requis par l'acheteur : il devra, à cet effet, avoir, dans le lieu le plus apparent de sa boutique, des balances et un assortiment de poids métriques dûment poinçonnés.

16. Tout boulanger dont le pain n'aura pas le poids fixé par les réglemens de police locale sera puni des peines portées à l'article 423 du Code pénal contre ceux qui vendent avec de faux poids ou de fausses mesures.

17. Nul boulanger ne pourra vendre son pain au-dessus de la taxe légalement faite et publiée.

18. Il est défendu d'établir des regrats de pain en quelque lieu public que ce soit : en conséquence, les traiteurs, aubergistes, cabaretiers et tous autres, soit qu'ils fassent ou non métier de donner à manger, ne pourront tenir d'autre pain chez eux que celui qui est nécessaire à leur propre consommation et à celle de leurs hôtes.

19. Les boulangers et débitans forains, quoique étrangers aux boulangeries des villes nommées en l'article 1er, seront admis, concurremment avec les boulangers de ces villes, à vendre ou faire vendre du

pain sur les marchés ou lieux publics qui seront désignés par le maire, en se conformant aux réglemens.

20. Les préfets des départemens du Calvados, du Pas-de-Calais, de l'Yonne et du Var, pourront, sur la proposition du maire, et de l'avis du sous-préfet de l'arrondissement où chacune de ces villes se trouve située, faire les réglemens locaux nécessaires sur la nature, la qualité, la marque et le poids du pain en usage dans chacune de ces villes, sur la police des boulangers ou débitans forains et des boulangers desdites villes qui ont coutume d'approvisionner les marchés, et sur la taxation des différentes espèces de pains.

Ces réglemens ne seront exécutoires qu'après avoir reçu l'approbation de notre ministre de l'intérieur.

21. Les contraventions à la présente ordonnance, autre que celles spécifiées en l'article 12, et aux réglemens locaux dont il est fait mention en l'article précédent seront poursuivies et réprimées par les tribunaux compétens, qui pourront prononcer l'impression et l'affiche du jugement avec frais des contrevenans.

22. Notre garde des sceaux, ministre secrétaire-d'Etat de la justice, et notre ministre secrétaire-d'Etat de l'intérieur, sont chargés de l'exécution de la présente ordonnance, qui sera insérée au Bulletin des Lois.

───────────

3 JANVIER 1822. — Ordonnance du Roi qui nomme M. de Vatimesnil secrétaire général du ministère de la justice. (7, Bull. 499.)

───────────

3 JANVIER 1822. — Ordonnance du Roi qui porte à six le nombre des routes départementales des Basses-Alpes. (7, Bull. 499.)

───────────

3 JANVIER 1822. — Ordonnance du Roi qui admet les sieurs Decors et Kattenbach à établir leur domicile en France. (7, Bull. 489.)

───────────

3 JANVIER 1822. — Ordonnance du Roi portant que la commune d'Harconville est distraite du canton d'Ourville, et réunie au canton de Douville, arrondissement d'Yvetot, département de la Seine-Inférieure. (7, Bull. 500.)

───────────

3 JANVIER 1822. — Ordonnance du Roi qui autorise l'acceptation d'un legs fait à la ville de Lunéville. (7, Bull. 507.)

───────────

3 JANVIER 1822. — Ordonnances du Roi qui autorisent l'acceptation de dons et legs faits aux fabriques des églises de Notre-Dame de Châ-

lons-sur-Marne et de Saran, au séminaire de Bayeux et aux pauvres de Châlons-sur-Marne. (7, Bull. 508.)

───────────

3 JANVIER 1822. — Ordonnances du Roi qui accordent des lettres de déclaration de naturalité aux sieurs Martin, Venator et Soret. (7, Bull. 510, 533 et 551.)

───────────

3 JANVIER 1822. — Ordonnances du Roi qui autorisent l'acceptation de dons et legs faits aux fabriques de Buat et de la Chaize-le-Vicomte, et aux pauvres de cette dernière commune. (7, Bull. 510.)

───────────

4 = Pr. 18 JANVIER 1822. — Ordonnance du Roi portant que la pêche du hareng reste libre et non limitée pour les ports du royaume. (7, Bull. 500, n° 11994.)

Voy. notes sur l'ordonnance du 14 AOUT 1816.

Louis, etc. sur le rapport de notre ministre secrétaire d'Etat de l'intérieur; vu les réclamations élevées par le conseil général du Calvados et par les pêcheurs de ce département contre l'art. 2 de notre ordonnance du 14 août 1816, qui limite la pêche du hareng au 15 janvier de chaque année; vu les réclamations contraires du conseil général de la Seine-Inférieure, des chambres de commerce de Dieppe et de Boulogne-sur-Mer; vu la loi du 15 vendémiaire an 2 (6 octobre 1773), qui déclare libre la pêche du hareng et du maquereau pour tous les ports du royaume; l'arrêté du 13 pluviose an 11 (2 février 1803) et le décret du 8 octobre 1810, conformes à la loi énoncée; vu les arrêtés du conseil des 24 mars 1687 et 5 décembre 1695; vu nos ordonnances des 14 août 1816, 24 décembre 1817 et 6 décembre 1820; considérant qu'il résulte de ces divers actes que, si la pêche du hareng a été quelquefois limitée en France, cette limitation n'a jamais été constante; que l'on ne peut appuyer le système de la limitation sur ce que le hareng d'arrière-saison, étant pêché vide, serait insalubre, parce que de tous temps cette espèce de hareng a été livrée à la consommation sans inconvénient, et qu'elle entre dans le commerce de toutes les nations; que l'on ne peut craindre que le hareng vide nuise à la vente du hareng plein, puisque les réglemens, et notamment l'ordonnance du 14 août 1816, ont imposé aux pêcheurs l'obligation de l'enfermer dans des barils distincts; et que, si, par quelque autre circonstance, il y portait préjudice, ce ne serait pas un motif suffisant pour empêcher l'exercice d'un droit concédé par la loi, et qui ne peut être révoqué que par un acte législatif; notre Conseil-d'Etat entendu, nous avons ordonné et ordonnons ce qui suit :

Art. 1ᵉʳ. L'art. 2 de notre ordonnance du 14 août 1816 est abrogé; la pêche du hareng reste libre et non limitée pour tous les ports du royaume, conformément à la loi du 6 octobre 1793 (15 vendémiaire an 2).

2. Les pêcheurs continueront à recevoir en franchise de droits le sel nécessaire pour la préparation des produits de cette pêche, sauf à diminuer, s'il y a lieu, la quantité de sel à délivrer pour la salaison du *hareng gai*.

3. Nos ministres secrétaires d'État de l'intérieur, des finances et de la marine, sont chargés de l'exécution de la présente ordonnance.

———

7 JANVIER = Pr. 29 MAI 1822. — Ordonnance du Roi concernant l'organisation judiciaire du Sénégal. (7, Bull. 531, n° 12845.)

Voy. ordonnances des 25 DÉCEMBRE 1816, 22 NOVEMBRE, 1819, 13 AOUT 1823, 6 JANVIER 1824, 26 JANVIER, 17 et 21 AOUT 1825, 9 FÉVRIER 1827, et notes sur l'art. 73 de la Charte.

———

Louis, etc. nous étant fait rendre compte de l'état actuel de la justice dans notre colonie du Sénégal et dépendances, nous avons reconnu que si, d'une part, les usages suivis jusqu'à présent, et, de l'autre, le petit nombre des habitans et des procès ne permettent pas d'y introduire entièrement les formes et les tribunaux établis en France, il est cependant nécessaire de préparer un meilleur ordre de choses, et de régulariser l'organisation judiciaire, suivant les besoins des localités, et sans s'écarter des anciens usages et réglemens qui ont eu jusqu'à présent force de loi dans le pays; vu notre ordonnance du 22 novembre 1819, concernant l'administration de la justice dans les colonies françaises ; sur le rapport de notre ministre secrétaire d'État de la marine et des colonies, nous avons ordonné et ordonnons ce qui suit :

Des tribunaux de première instance.

Art. 1ᵉʳ. Il sera établi dans la ville de Saint-Louis un tribunal de première instance, qui connaîtra, sauf les exceptions mentionnées en l'article 4 ci-dessous, de toutes les affaires civiles, de simple police et de police correctionnelle, qui naîtront dans la colonie du Sénégal et dépendances.

Ce tribunal jugera en dernier ressort, sauf incompétence, toutes les affaires personnelles, mobilières et réelles, jusqu'à la valeur de mille francs de principal, et, en outre, les affaires de police simple ; il ne jugera toutes les autres affaires que sauf l'appel.

2. Le tribunal de première instance sera composé : 1° d'un président gradué; 2° de quatre notables habitans, savoir : deux Européens et deux indigènes.

Ces quatre juges seront nommés par le commandant et administrateur pour deux ans seulement, et renouvelés par moitié chaque année, sur une triple liste de candidats à la présentation du président.

Le concours des trois membres du tribunal, y compris le président, ou celui qui serait appelé, en vertu de l'article 18 de la présente ordonnance, à le remplacer, suffira pour la validité des jugemens.

3. Le président est personnellement et spécialement chargé :

1° D'employer sa médiation, comme amiable compositeur, pour concilier autant que possible les parties en litige ;

2° Des fonctions et actes attribués en France aux juges-de-paix, tels que appositions et levées de scellés, avis de parens, actes de notoriété et autres, dans l'intérêt des familles ;

3° Des fonctions d'officier de police judiciaire pour la recherche et la constatation des contraventions, délits et crimes, et de celles de juge d'instruction en matière criminelle et de police correctionnelle ;

4° De la vérification des causes de détention dans les prisons, et de l'examen des plaintes qui pourraient s'élever de la part des détenus ; de surveiller la tenue des greffes et des dépôts d'actes civils, comme aussi l'exécution des lois, décrets, ordonnances et réglemens ;

5° De transmettre au commandant et administrateur pour le Roi, dans les mois d'avril et de septembre de chaque année, pour être adressé à notre ministre secrétaire d'État de la marine et des colonies, l'état des affaires de toute espèce jugées pendant le semestre précédent, et de celles qui seraient encore à juger, conformément aux dispositions de l'art. 88 du décret du 30 mars 1808.

4. Le tribunal actuellement établi à Gorée, pour cette île et les lieux qui en dépendent sera maintenu; il sera composé du commandant particulier, du principal employé de la marine, et d'un notable habitant, désigné, chaque année par le commandant et administrateur pour le Roi, sur une triple liste de candidats présentés par le commandant de Gorée.

Ce tribunal aura dans son ressort les mêmes attributions que celles qui sont conférées au tribunal de Saint-Louis par l'art. 1ᵉʳ, sauf ce qui sera dit pour les affaires criminelles.

5. Un greffier sera attaché au tribunal de Saint-Louis, et un autre à celui de Gorée.

De l'instruction.

6. Les affaires civiles seront instruites et jugées suivant les formes établies par le Code de procédure civile pour les justices de paix. Cependant le jugement sera toujours précédé d'un rapport fait à l'audience par le président, ou par un juge qu'il aura désigné à cet effet.

7. Dans les affaires de simple police et de police correctionnelle, le débat sera oral et public ; le jugement sera rendu publiquement.

Il n'y aura pas d'appel des jugemens de simple police.

En matière de police correctionnelle, il sera, par le greffier, tenu et rédigé des notes sommaires des dépositions des témoins et des réponses du prévenu à l'interrogatoire. La partie civile et le contrôleur; ou l'employé désigné par le commandant et administrateur pour remplir les fonctions du ministère public près le conseil d'appel, auront respectivement le droit d'appeler du jugement.

Le greffier sera tenu d'adresser au fonctionnaire chargé d'émettre l'appel, s'il le juge convenable, extrait de tous les jugemens dans les cinq jours de la prononciation.

8. En matière criminelle et correctionnelle, le président remplira les fonctions de juge d'instruction pour toute l'étendue de nos établissemens d'Afrique : il fera son rapport au tribunal de première instance, réuni en chambre de conseil. Si la chambre décide, *à l'unanimité*, qu'il n'y a pas lieu à suivre, la mise en liberté du prévenu sera ordonnée ; et ce jugement sera définitif, à moins qu'il ne survienne des charges nouvelles.

Si un seul juge pense qu'il y a lieu à accusation, l'inculpé sera renvoyé devant le conseil d'appel, pour être soumis directement aux débats.

Pour les affaires criminelles qui naîtront dans le ressort de Gorée, le président pourra déléguer les fonctions de juge d'instruction au président du tribunal de Gorée, et, dans ce cas, ce tribunal jugera la mise en accusation.

De l'appel.

9. En toute matière où il peut y avoir lieu à appel, la partie qui voudra appeler en fera la déclaration au greffe du tribunal qui aura rendu le jugement, dans les quinze jours de la prononciation, s'il est contradictoire, et dans les quinze jours de la signification à personne ou à domicile, s'il est par défaut, le tout à peine de déchéance. L'appel sera suspensif : cependant, en matière civile, l'exécution provisoire pourra être ordonnée à charge de caution.

10. Il y aura, pour notre colonie du Sénégal et dépendances, un conseil d'appel, qui sera établi à Saint-Louis. Il jugera les affaires criminelles, et connaîtra, par appel et en dernier ressort, de toutes matières civiles et correctionnelles.

11. Ce conseil sera composé :

1° Du commandant et administrateur pour le Roi, président ;

2° De l'officier de l'administration de la marine chargé du service ;

3° De l'officier commandant l'infanterie ;

4° De l'officier du génie et de l'officier de l'artillerie le plus ancien en grade, présent à Saint-Louis ;

5° De deux notables habitans, désignés par le commandant et administrateur pour remplir ces fonctions pendant deux années.

Cinq membres, desquels sera nécessairement partie le commandant et administrateur, ou celui qui est appelé à le remplacer en cas d'empêchement, pourront prononcer valablement.

Le contrôleur, ou, à son défaut, celui qui sera désigné par le commandant, remplira les fonctions du ministère public, lorsqu'il y aura lieu.

Le greffier près le tribunal de Saint-Louis fera les fonctions de greffier du conseil d'appel.

12. Les affaires civiles seront instruites sommairement et sans ministère d'avoué ; les parties se défendront elles-mêmes ou par leurs fondés de pouvoir, le tout à l'audience publique.

13. Dans les affaires correctionnelles, le conseil d'appel pourra entendre les mêmes témoins qui ont été entendus en première instance, ou même en appeler de nouveaux, s'il le juge nécessaire ; le débat sera oral et public.

14. En matière criminelle, le président du conseil d'appel avertira l'accusé de faire choix d'un défenseur ; et, faute par lui d'en choisir un, il lui en nommera un d'office : le débat sera oral et public.

Les déclarations reçues par écrit ne serviront que de renseignemens.

En cas de partage, l'avis favorable à l'accusé prévaudra.

15. Les matières spéciales sont les affaires de douane, les contraventions qui leur sont assimilées, et les infractions à l'ordonnance royale du 8 janvier 1817 et à la loi du 15 avril 1818, prohibitives du trafic connu sous le nom de *traite des noirs*.

Toutes les affaires seront jugées en première instance, suivant les formes ci-dessus prescrites.

16. Les appels de ces jugemens seront portés devant le conseil d'appel, qui remplira, en pareil cas, les fonctions attribuées aux commissions spéciales établies par l'arrêté du Gouvernement du 12 vendémiaire an 12.

Dispositions générales.

17. Tous les arrêts et jugemens devront être motivés : ils seront signés, sur la minute, par le président et par le greffier, et, toutes les fois qu'ils prononceront des peines, même de police simple et de police correctionnelle, ils seront signés par tous ceux qui y auront concouru, le tout à peine de nullité.

18. Dans le cas où l'un des tribunaux institués par la présente ordonnance deviendrait incomplet par décès, démission ou empêchement quelconque, le commandant et administrateur pour le Roi déléguera, pour compléter le tribunal, un ou plusieurs juges pris parmi les employés du Gouvernement ou parmi les notables du pays.

19. Il n'y a de recours en cassation que pour les affaires civiles : néanmoins, en matière correctionnelle et criminelle, notre commandant et administrateur, après avoir pris l'avis du président, pourra décider s'il y a lieu, soit de dénoncer un arrêt comme contraire à la loi, soit d'autoriser le recours en grâce.

Dans ce cas, l'exécution de l'arrêt sera suspendue, et il en sera rendu compte à notre ministre secrétaire-d'État de la marine et des colonies : au cas contraire, l'arrêt sera immédiatement exécuté.

20. Sous la surveillance du président, les produits des successions vacantes et des ventes faites pour des absens seront déposés dans la caisse à trois clés du payeur de la colonie, et y demeureront à la disposition des ayans-droit, sans qu'il puisse jamais s'opérer de confusion entre ces fonds et tous autres qui pourraient exister dans ladite caisse.

21. Afin d'accélérer, en ce qui concerne le Sénégal et dépendances, l'entier accomplissement du vœu de notre ordonnance du 22 novembre 1819 en ses articles 5, 6 et 7, il sera, pour tous les points non réglés par les articles précédens de notre présente ordonnance, fait par le président un projet de réglement sur l'application des différens Codes en tout ce qui peut convenir aux localités, lequel projet sera soumis à notre approbation.

22. Dans toutes les affaires qui auront été jugées avant la publication de la présente ordonnance, et dont les jugemens auront été signifiés, les parties intéressées qui n'auront pas interjeté appel seront tenues de le faire dans les trois mois de cette publication.

A l'égard des jugemens qui n'auront pas encore été signifiés à cette époque, le délai de trois mois pour appeler courra du jour de la signification;

Le tout sans préjudice des droits qui pourraient être acquis aux parties par voie de réglement de juges.

23. Le traitement du président du tribunal de Saint-Louis sera de six mille francs par an :

Celui du greffier de Saint-Louis, de deux mille francs;

Celui du greffier de Gorée, de quinze cents francs;

Sans préjudice, pour ces deux derniers, de leurs émolumens, suivant les tarifs, comme greffiers, notaires et officiers de l'état civil.

24. Il pourra être établi un huissier près le tribunal et le conseil d'appel de Saint-Louis : notre commandant et administrateur est autorisé à créer cet emploi, s'il le juge nécessaire, sauf notre confirmation, s'il y a lieu.

25. Notre ministre secrétaire d'État de la marine et des colonies est chargé de l'exécution de la présente ordonnance.

---

9 = Pr. 16 JANVIER 1822. — Ordonnances du Roi relative au Conseil-d'État. (7; Bull. 499, n° 11960.)

Art. 1er. Le tableau de nos conseillers d'État et maîtres des requêtes en service ordinaire, ainsi que leur répartition dans les divers comités de notre Conseil-d'État, est arrêté ainsi qu'il suit. . . . . .

2. Sont nommés conseillers d'État en service extraordinaire, MM. . . . . . .

Sont nommés maîtres des requêtes en service extraordinaire, MM. . . . . . .

3. Notre ordonnance du 16 juillet 1820, portant que des maîtres de requêtes en service extraordinaire pourront être attachés aux divers comités de notre Conseil-d'État, est rapportée.

Néanmoins, notre commissaire près la commission du sceau des titres continuera de rester attaché au comité de législation, en service extraordinaire.

4. Notre garde-des-sceaux, ministre secrétaire d'État au département de la justice, est chargé de l'exécution de la présente ordonnance.

---

9 Pr. = 16 JANVIER 1822. — Ordonnance du Roi contenant de nouvelles dispositions réglementaires pour l'administration des postes. (7, Bull. 499, n° 11966.)

Voy. lois des 24 JUILLET 1793, 25 FRIMAIRE an 8, et notes; arrêté du 28 VENTOSE an 12.

Art. 1er. Il y aura un directeur général des postes, trois administrateurs et un secrétaire général.

En conséquence, les places des trois

inspecteurs généraux des postes sont et demeurent supprimées.

2. Le directeur général dirigera et surveillera, sous les ordres de notre ministre des finances, toutes les opérations relatives à ce service.

Il travaillera seul avec le ministre des finances.

Il correspondra seul avec les autorités militaires, administratives et judiciaires.

Il aura seul le droit de recevoir et d'ouvrir la correspondance.

Il signera seul les ordres généraux de service.

3. Le ministre des finances fera la division du travail entre les administrateurs.

Chacun d'eux sera chargé de suivre les parties de service qui lui seront spécialement attribuées.

Il correspondra avec les préposés de l'administration sur les objets qui seront placés sous la surveillance. Il travaillera particulièrement avec le directeur général, et prendra ses décisions sur tous les points qui seront dans ses attributions directes, lorsqu'il y aura lieu à discussion ou à décision nouvelle.

4. Le directeur général et les administrateurs se formeront en conseil d'administration.

Le secrétaire général aura droit d'assistance au conseil, mais sans voix délibérative.

Le directeur général en aura la présidence.

En cas d'empêchement, il la déléguera à l'un des administrateurs.

Le ministre des finances appellera près de lui, dans les occasions où il le jugera convenable, le conseil d'administration.

En cas d'absence du directeur général, le ministre des finances désignera celui des administrateurs qui en remplira les fonctions.

5. Le conseil d'administration délibérera sur le rapport qui lui sera fait par l'un des administrateurs :

1° Sur le budget général des dépenses de l'administration, sur lequel il donne son avis motivé ;

2° Sur toutes les affaires résultant de procès-verbaux, saisies et contraventions ;

3° Sur le contentieux de la comptabilité, débets de comptables, contraintes à exercer contre ces derniers ;

4° Sur la liquidation des pensions de retraite de tout grade ;

5° Sur les suppressions, divisions et créations d'emplois ;

6° Sur les projets, devis, marchés, adjudications à passer pour le service de l'administration, et sur toutes les dispositions qui donneraient lieu à une augmentation de dépense ;

7° Sur les bases des services d'entreprise, sur les traités conclus ou à conclure avec les offices étrangers, sur l'établissement des bureaux de poste et des distributions, le nombre des directions, celui des employés dont elles doivent être composées, et les frais de régie ;

8° Sur l'établissement des services en poste, en grands courriers, et sur tout projet tendant à mettre en entreprise les routes desservies en poste, ainsi qu'à diminuer ou augmenter le nombre des ordinaires sur les routes directes et sur celles qui desservent un chef-lieu de département ;

9° Sur la position, le nombre des relais et leurs distances respectives, ainsi que les distances dites de faveur qui peuvent être accordées aux maîtres de poste, à raison de l'étendue des villes dans lesquelles leurs relais sont placés ;

10° Sur la fixation des gages des maîtres de postes et des indemnités qui peuvent leur être dues à raison des localités difficiles et pour les pertes majeures et imprévues qu'ils auraient éprouvées ;

11° Sur les révocations, destitutions et mises à la retraite des employés ;

12° Sur les questions douteuses dans tous les cas d'application des lois, ordonnances et réglemens, dans tous ceux qui ne sont pas prévus ou qui ne sont pas suffisamment définis par lesdites lois, ordonnances et réglemens, et sur les instructions générales relatives à leur exécution ;

13° Sur les autres affaires sur lesquelles notre ministre des finances jugera convenable d'avoir son avis, et sur celles qui lui seront aussi à cet effet renvoyées par le directeur général.

6. Les délibérations du conseil d'administration seront prises à la majorité des voix des trois administrateurs.

Le directeur général pourra, lorsqu'il le jugera nécessaire, suspendre l'effet d'une délibération, pour en référer au ministre des finances, qui statuera ; mais, dans ce cas, il fera préalablement part de ses motifs au conseil, pour le mettre à même de modifier sa délibération, s'il y a lieu, ou de l'appuyer de nouvelles observations, qui seront jointes par le directeur général à son rapport au ministre.

7. Le directeur général présentera à l'approbation du ministre des finances l'état nominatif de composition des bureaux de l'administration centrale à Paris, avec l'indication des traitemens attribués à chaque grade.

Il lui soumettra, chaque année, le budget général des dépenses de l'administration, tel qu'il aura été délibéré par le conseil.

Il lui remettra, chaque mois, les bordereaux et états de situation de toutes les recettes et dépenses, ainsi que l'état des nominations et des mouvemens opérés par lui dans le personnel de l'administration.

Il soumettra à son approbation les délibérations du conseil d'administration sur les dispositions de service qui donneraient lieu à une dépense nouvelle, sur les objets dont la décision ne lui est pas attribuée, et sur les questions douteuses dans tous les cas d'application des lois, ordonnances et réglemens, dans tous ceux qui ne seraient pas prévus ou qui ne seraient pas suffisamment définis par lesdites lois, ordonnances et réglemens, ainsi que sur les instructions générales relatives à leur exécution.

Il lui rendra compte périodiquement de tous les résultats de son administration.

8. Les administrateurs et le secrétaire général seront nommés par nous, sur le rapport de notre ministre des finances.

Le ministre nommera, sur la présentation du directeur général, aux places d'inspecteur, de contrôleur, de maître de poste.

Il nommera également aux emplois de directeur établis dans les chef-lieux de préfecture.

Le directeur général nommera à tous les autres emplois, après avoir pris l'avis du conseil.

Il se conformera à l'ordre hiérarchique des grades et aux règles pour l'avancement et les nominations.

9. Le directeur général révoque, destitue et met à la retraite les employés dont la nomination lui est attribuée, après avoir pris l'avis du conseil d'administration, conformément aux art. 5 et 6 ci-dessus.

Il peut aussi suspendre les autres employés, sauf à rendre compte immédiatement au ministre des finances, qui statue.

10. Le conseil d'administration arrête, sur le rapport de l'administrateur chargé de la comptabilité, les comptes annuels de l'administration.

Le directeur général les vise et les transmet au ministre des finances avec les pièces à l'appui.

11. Notre ordonnance du 31 juillet 1816(1) continuera d'être exécutée dans toutes les dispositions auxquelles il n'est pas dérogé par la présente.

12. Notre ministre secrétaire d'État des finances est chargé de l'exécution de la présente ordonnance.

<hr/>

9 = Pr. 16 JANVIER 1822. — Ordonnance du Roi concernant l'importation et l'exportation des grains et farines en Corse. (7, Bull. 499, n° 11968,)

Voy. ordonnances du 6 SEPTEMBRE 1825.

Louis, etc., vu la loi du 4 juillet dernier

relative aux grains et farines, qui place la Corse dans la première classe départementale, et ayant reconnu la nécessité de restreindre l'entrée et la sortie de ceux-ci par les ports de cette île où le service des douanes est suffisamment organisé pour assurer la perception des droits ou le maintien des prohibitions; attendu que la Corse a été rangée par la loi du 4 juillet dernier dans le système général de la police des grains, et que dès lors il est nécessaire de compléter à son égard le tableau des lieux d'importation et d'exportation joint à notre ordonnance du 18 décembre 1814; sur le rapport de notre ministre secrétaire d'État au département des finances; notre Conseil entendu, nous avons ordonné et ordonnons ce qui suit:

Art. 1er. L'importation des grains et farines venant de l'étranger n'aura lieu en Corse que par les bureaux de Bastia, Macinaggio, l'Ile Rousse, Calvi, Ajaccio et Bonifacio.

2. L'exportation des grains et farines, et autres farineux assujétis au régime des grains, s'effectuera exclusivement par les mêmes bureaux et par les ports de Propriano et Foce de Golo.

3. Nos ministres secrétaires d'État des finances et de l'intérieur sont chargés de l'exécution de la présente ordonnance, qui sera insérée au Bulletin des Lois.

<hr/>

9 = Pr. 18 JANVIER 1822. — Ordonnance du Roi qui supprime la direction générale de l'administration départementale et de la police, et contient des dispositions à cet égard. (7, Bull. 500, n° 11995.)

Voy. ordonnance du 6 JANVIER 1828.

Art. 1er. La direction générale de l'administration départementale et de la police, que nous avions créée au ministère de l'intérieur par notre ordonnance du 21 février 1820, est supprimée.

2. L'administration générale des communes est déléguée au conseiller d'État baron Capelle, qui conservera en même temps les attributions que nous lui avons données par nos ordonnances des 26 février 1820 et 3 avril 1821.

3. Notre ministre secrétaire-d'État de l'intérieur est autorisé à nommer auprès de lui un directeur de la police, et à lui déléguer, pour cette direction, la correspondance qui ne sera relative qu'à la transmission des décisions et à l'instruction des affaires.

4. Notre ministre secrétaire d'État de l'intérieur est chargé de l'exécution de la présente ordonnance.

<hr/>

(1) Elle n'est pas au Bulletin des Lois.

9 JANVIER 1822. — Ordonnance du Roi qui nomme les administrateurs des postes et confirme dans son emploi le secrétaire général de cette administration. (7, Bull. 499.)

9 JANVIER 1822. — Ordonnances du Roi qui nomment ministres d'Etat et membres du conseil privé, M. le duc de Laval-Montmorency, M. le duc de Doudeauville, M. le duc de Narbonne-Pelet et M. le vicomte de Bonald. (7, Bull. 499.)

9 JANVIER 1822. — Ordonnance du Roi portant nomination à diverses préfectures. (7, Bull. 499.)

9 JANVIER 1822. — Ordonnance du Roi qui nomme les présidens des colléges électoraux convoqués par l'ordonnance du 3 décembre 1821. (7, Bull. 500.)

9 JANVIER 1822. — Ordonnance du Roi qui permet au sieur Ledemours de Kernillien d'ajouter à ses noms celui d'Ivory. (7, Bull. 500.)

9 JANVIER 1822. — Ordonnance du Roi qui accorde des lettres de déclaration de naturalité aux sieurs Leutner, Beccaria et Heynen. (7, Bull. 510, 551 et 602.)

9 JANVIER 1822. — Ordonnance du Roi qui admet la demoiselle Tucher et les sieurs Santos dit Léon, Kayser, Ochs, Seyboth, Fritz, Heiner, Ulrich et Hug, à établir leur domicile en France. (7, Bull. 500.)

9 JANVIER 1822. — Ordonnance du Roi qui autorise l'acceptation de dons et legs. (7, Bull. 510 et 511.)

9 JANVIER 1822. — Ordonnance du Roi portant qu'il n'y a pas lieu d'autoriser l'acceptation du legs universel fait par la dame veuve Beaussac à l'hospice de Viens. (7, Bull. 512.)

14 JANVIER 1822. — Ordonnances du Roi qui autorisent l'acceptation de legs faits aux jeunes gens des cantons de Noailles et de Songeans qui se destinent à l'état ecclésiastique dans le petit séminaire de Beauvais; aux desservans successifs de l'église de Monchy; aux fabriques des églises de Valdampierre, de Notre-Dame du Thil, de Monchy et de Noailles, et aux pauvres de Valdampierre, de Plouy, de Saint-Lucien et de Monchy. (7, Bull. 512.)

16 = Pr. 23 JANVIER 1822, — Ordonnance du Roi portant approbation du tableau de la population du royaume par département. (7, Bull. 501, n° 12038.)

Voy. ordonnance du 15 mars 1827.

Louis, etc. sur le rapport de notre ministre secrétaire d'Etat de l'intérieur; vu les états de recensement de la population des départemens de notre royaume, arrêtés au 1er janvier 1822 par les préfets; considérant que ces états doivent servir de base à diverses opérations administratives qui se règlent sur la population; notre Conseil entendu, nous avons ordonné et ordonnons ce qui suit:

Art. 1er. Le tableau ci-annexé de la population de notre royaume par département est approuvé, et sera considéré comme seul authentique pendant cinq ans, à compter du 1er janvier 1822.

2. Il sera statué ultérieurement sur l'état des villes et bourgs de notre royaume qui renferment une population agglomérée de quinze cents ames et au-dessus.

3. Nos ministres secrétaires d'Etat sont chargés, chacun en ce qui le concerne, de l'exécution de la présente ordonnance, qui sera insérée au Bulletin des Lois.

Relevé général de la population des départemens du royaume en 1821.

DÉPARTEMENS.	POPULATION.	DÉPARTEMENS.	POPULATION.
Ain	328,838	Lot	275,296
Aisne	459,666	Lot-et-Garonne	330,121
Allier	280,025	Lozère	133,934
Alpes (Basses)	149,310	Maine-et-Loire	442,859
Alpes (Hautes)	121,418	Manche	594,196
Ardèche	304,339	Marne	309,444
Ardennes	266,985	Marne (Haute)	233,258
Ariége	234,878	Mayenne	343,819
Aube	230,688	Meurthe	379,985
Aude	253,194	Meuse	292,385
Aveyron	339,422	Morbihan	416,224
Bouch.-du-Rhône	313,614	Moselle	376,928
Calvados	492,613	Nièvre	257,990
Cantal	252,100	Nord	905,764
Charente	347,541	Oise	375,817
Charente-Infér.	409,477	Orne	422,884
Cher	239,561	Pas-de-Calais	626,584
Corrèze	273,418	Puy-de-Dôme	553,410
Corse	180,348	Pyrénées (Basses)	399,474
Côte-d'Or	358,148	Pyrénées (Hautes)	212,077
Côtes-du-Nord	552,424	Pyrénées-Orient.	143,054
Creuse	248,785	Rhin (Bas)	502,638
Dordogne	453,136	Rhin (Haut)	370,062
Doubs	242,663	Rhône	391,580
Drôme	273,511	Saône (Haute)	308,171
Eure	416,178	Saône-et-Loire	498,057
Eure-et-Loir	264,448	Sarthe	428,432
Finistère	483,095	Seine	821,706
Gard	334,164	Seine-Inférieure	655,804
Garonne (Haute)	391,118	Seine-et-Marne	303,150
Gers	301,336	Seine-et-Oise	424,490
Gironde	522,041	Sèvres (Deux)	279,845
Hérault	324,126	Somme	508,910
Ille-et-Vilaine	535,207	Tarn	313,713
Indre	230,373	Tarn-et-Garonne	238,143
Indre-et-Loire	282,372	Var	305,096
Isère	505,585	Vaucluse	224,431
Jura	301,768	Vendée	316,587
Landes	256,311	Vienne	260,697
Loir-et-Cher	227,527	Vienne (Haute)	272,330
Loire	343,524	Vosges	357,727
Loire (Haute)	276,830	Yonne	332,905
Loire-Inférieure	431,835		
Loiret	291,394	TOTAL GÉNÉRAL	30,465,291

Pour être annexé à l'ordonnance royale en date du 16 janvier 1822, enregistrée sous le n° 338.

Le ministre secrétaire d'État au département de l'intérieur,

Signé CORBIÈRE.

16 = Pr. 23 JANVIER 1822. — Ordonnance du Roi portant que, pendant les 1er, 2e et 3e trimestres de 1822, la cour d'assises du département de la Seine sera divisée en deux sections, qui s'occuperont simultanément de l'expédition des procès. (7, Bull. 501, n° 12039.)

Louis, etc. sur ce qui nous a été représenté que notre cour d'assises séant à Paris n'avait pu expédier la totalité des procès renvoyés devant elle; voulant faire cesser des retards préjudiciables à la bonne administration de la justice; vu les dispositions du Code d'instruction criminelle concernant le service des assises, et l'art. 387 du même Code, relatif à la division des cours d'assises en plusieurs sections: l'art. 5 de la loi du 20 avril 1810, les art. 2 et 12 du décret du 6 juillet de la même année; sur le rapport de notre garde-des-sceaux, ministre secrétaire d'État au département de la justice; notre Conseil-d'État entendu, nous avons ordonné et ordonnons ce qui suit :

Art. 1er. Pendant les 1er, 2e et 3e trimestres de cette année, la cour d'assises du département de la Seine sera divisée en deux sections, qui s'occuperont simultanément de l'expédition des procès renvoyés devant elle : il sera en conséquence délégué, conformément aux lois, un nombre suffisant de conseillers de la cour royale pour la formation de ces deux sections.

2. Notre garde-des-sceaux, ministre secrétaire d'État au département de la justice, est chargé de l'exécution de la présente ordonnance, qui sera insérée au Bulletin des Lois.

---

16 = Pr. 30 JANVIER 1822. — Ordonnance du Roi relative à l'application de l'article 10 du décret du 12 novembre 1806, concernant la compétence des tribunaux maritimes. (7, Bull. 502, n° 12042.)

Louis, etc. sur le rapport de notre garde-des-sceaux, ministre de la justice, tendant à ce qu'il nous plaise, conformément aux formes établies par l'art. 58 du décret du 12 novembre 1806, et dans le cas y prévu, statuer sur la question de savoir si l'art. 10 dudit décret doit s'appliquer aux crimes ou délits commis dans les établissemens faisant partie des ports ou arsenaux maritimes, mais situés hors de leur enceinte; vu les lettres et observations de notre ministre secrétaire d'État au département de la marine; vu les jugemens suivans, rendus sur la même question, entre les mêmes parties, à l'occasion du même fait et sur le même moyen :

1° Le jugement du tribunal maritime, du 6 juillet 1821, qui, sur l'accusation portée contre Pierre Golet et Jean Garon, gardes-chiourmes, prévenus d'avoir volé, le 12 juin précédent, de complicité, deux crocs de fer provenant de démolition dans la cour de la caserne appelée de la Charente, auxquelles étaient employés les forçats qu'ils étaient chargés de surveiller, et encore sur une autre accusation de complicité de vol contre Catherine Faye, femme Pradeau, prévenue d'avoir, dans les premiers jours du mois d'avril 1821, acheté sciemment d'un troisième garde-chiourme, nommé Hoyou, alors de service au même port de Rochefort, quatre kilogrammes de vieux cuivre volés par Hoyou dans le port, s'est déclaré incompétent, sur ce qu'en fait lesdits vols avaient été commis hors de l'enceinte de l'arsenal;

2° Le jugement du conseil de révision, du 9 du même mois, portant annulation du jugement ci-dessus pour fausse application du susdit art. 10, attendu que la dénomination de ports et arsenaux comprend tous les établissemens et bâtimens appartenant à la marine, affectés à son service, et dans la régie et administration desquels il est défendu, par un décret du 20 mars 1791, à tous corps civils ou administratifs de l'intérieur de s'immiscer;

3° Le second jugement du tribunal maritime du 13 dudit mois de juillet, qui prononce de la même manière et par les mêmes motifs que celui qui avait donné lieu au jugement de révision ci-dessus;

Vu le référé du conseil de révision porté par son arrêté susmentionné et les art. 10 et 13 du décret du 12 novembre 1806; vu pareillement notre ordonnance du 14 octobre 1818, insérée au Bulletin des Lois; considérant que les vols dont il s'agit ont été commis dans un établissement dépendant de l'arsenal, soumis à la même police et aux mêmes réglemens, qui, par conséquent, en fait nécessairement partie; notre Conseil-d'État entendu, nous avons ordonné et ordonnons ce qui suit :

Art. 1er. La disposition de l'art. 10 du décret du 12 novembre 1806, relative à la compétence des tribunaux maritimes, doit s'appliquer aux délits portés devant le tribunal maritime de Rochefort et sur lesquels sont intervenus les jugemens susénoncés.

2. Notre garde-des-sceaux, ministre secrétaire d'État au département de la justice, et notre ministre secrétaire d'État au département de la marine, sont chargés, chacun en ce qui le concerne, de l'exécution de la présente ordonnance, qui sera insérée au Bulletin des Lois.

---

16 JANVIER = Pr. 1er MARS 1822. — Ordonnance du Roi portant autorisation de l'établissement, dans la ville du Havre, d'une caisse d'épargnes et de prévoyance, et de la société anonyme

formée pour la dotation et l'administration de cette caisse. (7, Bull. 507, n° 12194.)

Art. 1. L'établissement, dans la ville du Havre, d'une caisse d'épargnes et de prévoyance pour l'arrondissement communal de ladite ville, et la société anonyme formée pour la dotation et l'administration de cette caisse sont autorisés; les statuts de cette caisse et de la société sont approuvés ainsi qu'ils sont contenus dans l'acte passé le 31 mai 1831, par-devant Germain notaire au Havre, lequel demeurera annexé à la présente.

Néanmoins chacun des dépôts mentionnés dans le troisième paragraphe de l'art. 1** des statuts ne pourra excéder la somme de six cents francs, versée en une seule fois.

2. Notre présente autorisation s'étendra à la durée de trente années, à la charge de la fidèle exécution des statuts, nous réservant de la révoquer en cas de violation; le tout sauf le droit des tiers, et sans préjudice des dommages et intérêts qui pourront être prononcés par les tribunaux contre les auteurs des contraventions.

3. L'administration de la société sera tenue de présenter, tous les ans, le compte rendu de sa situation : des copies en seront remises au préfet de la Seine-Inférieure, à la mairie, au tribunal et à la chambre de commerce du Havre.

4. Notre ministre secrétaire d'État au département de l'intérieur est chargé de l'exécution de la présente ordonnance, qui sera publiée au Bulletin des Lois, et insérée, avec les statuts de la société, dans le Moniteur et dans le journal destiné à recevoir les avis judiciaires dans le département de la Seine-Inférieure.

Statuts annexés à l'ordonnance royale du 16 janvier 1822, portant autorisation de l'établissement dans la ville du Havre, d'une Caisse d'épargnes et de prévoyance, et de la Société anonyme formée pour la dotation et l'administration de cette caisse, insérée au Bulletin des Lois, 507, n° 12194. (7, Bull. 547, n° 13184)

TENEUR DUDIT ACTE DE SOCIÉTÉ.

Acte de société pour l'établissement d'une caisse d'épargnes et de prévoyance de l'arrondissement communal du Havre.

Art. 1. Il sera établi au Havre, sous l'autorisation du Gouvernement, une société sous la dénomination de *Caisse d'épargnes et de prévoyance de l'arrondissement communal du Havre.*

Cette caisse sera destinée à recevoir en dépôt les sommes qui lui seront confiées par toutes personnes laborieuses et économes qui désireront y verser leurs petites épargnes.

Chaque dépôt devra être d'un franc au moins, sans fraction de franc (1).

Cette caisse sera mise en activité aussitôt que le présent acte aura reçu l'approbation du Gouvernement.

2. Toutes les sommes versées à la caisse seront employées en achat de rentes sur l'État, lesquelles seront inscrites au nom de la caisse d'épargnes et de prévoyance de l'arrondissement communal du Havre. Ces rentes ne pourront être valablement transférées que par la signature de deux des directeurs de la caisse.

3. Les souscripteurs, au nombre de cent vingt-cinq, dotent la caisse d'épargnes et de prévoyance d'une somme de quinze mille cent francs.

En outre, la compagnie du port, avec l'agrément de M. le maire, offre d'affecter à l'administration de cette caisse une portion du local qu'elle occupe : cette offre est acceptée.

Il pourra être autrement pourvu par la suite, dans le cas de dissolution de cette compagnie à l'époque où elle sera parvenue au terme de ses travaux, ou si les directeurs le jugent convenable, au local nécessaire à cette caisse.

4. Le don de la somme de quinze mille cent francs ci-dessus forme le premier fonds de la caisse : ce fonds s'accroîtra successivement des sommes qui pourront être données à la caisse par les personnes qui voudront contribuer au succès de cet établissement; chacune de ces personnes pourra, par délibération du conseil des directeurs, être inscrite au nombre des fondateurs de la caisse. Nul ne pourra être inscrit comme fondateur, s'il ne souscrit pour cent francs au moins.

5. Sur le produit annuel de ces dotations, et subsidiairement sur les bénéfices de la caisse, seront prélevés les frais qu'entraînera son administration.

6. La caisse sera administrée gratuitement par dix-huit directeurs, dont les fonctions dureront six ans, et qui se renouvelleront par sixième chaque année.

Les directeurs sortans seront indiqués par le sort pendant les premières années, et ensuite par l'ancienneté; ils seront indéfiniment rééligibles.

7. Les membres de ladite société éliront

---

(1) *Voyez* article 1** de l'ordonnance.

entre eux les dix-huit premiers directeurs ; par la suite, et pour le remplacement annuel des directeurs sortans, ils seront réélus par les quinze directeurs restans. Le même mode sera suivi pour le remplacement des directeurs décédés ou démissionnaires; les remplaçans seront nommés par les directeurs restans.

8. Le conseil des directeurs est autorisé à s'adjoindre, pour l'administration de la caisse, un nombre indéterminé d'administrateurs choisis de préférence parmi les fondateurs de la caisse. Le conseil réglera les fonctions qui leur seront plus spécialement attribuées, ainsi que le mode d'administration intérieure de la caisse.

9. Au mois de décembre de chaque année, le conseil des directeurs fixera le taux de l'intérêt qui sera alloué aux prêteurs pendant tout le cours de l'année suivante. Cet intérêt sera de cinq pour cent pendant l'année courante.

10. L'intérêt sera alloué sur chaque somme ronde de douze francs ; aucun intérêt ne sera alloué pour les sommes au-dessous de douze francs, non plus que sur les portions de dépôt excédant les multiples de douze.

11. L'intérêt sera dû à compter du premier jour du mois qui suivra l'époque à laquelle aura été versée ou complétée chaque somme ronde de douze francs.

12. L'intérêt sera réglé à la fin de chaque mois ; il sera ajouté au capital, et pourra produire des intérêts pour le mois suivant.

13. Les dépôts seront restitués à quelque époque que ce soit, et à la volonté des déposans, en prévenant quinze jours d'avance; la caisse se réservant toutefois, si elle le juge convenable, de rembourser avant l'expiration des quinze jours.

14. Les sommes retirées ne porteront point d'intérêts pour les jours écoulés du mois pendant lequel le retirement sera opéré, la caisse n'allouant aucun intérêt pour les fractions de mois.

15. Aussitôt que le compte d'un prêteur présentera une somme suffisante pour acheter, au cours moyen de la bourse de Paris connu au Havre par les papiers publics le dimanche matin, une rente de cinquante francs, le transfert en sera fait en son nom, et il en deviendra propriétaire : la valeur en sera déduite du montant de son avoir.

16. Si les déposans ne retirent point les inscriptions de cinq pour cent consolidés en leur nom, la caisse en restera dépositaire et en percevra les intérêts au crédit du titulaire.

17. Le bilan de la caisse sera arrêté chaque année par le conseil des directeurs ; il sera rendu public, après avoir été communiqué à l'assemblée générale des fondateurs et administrateurs de la caisse.

18. Les bénéfices de la caisse seront employés soit à accroître son fonds capital, soit à augmenter le taux de l'intérêt annuel en faveur des prêteurs.

19. La dissolution de la caisse arrivant par quelque cause que ce soit, les valeurs qui resteront libres après le remboursement de tous les dépôts et le paiement de toutes les dettes seront réparties, d'après délibération du conseil des directeurs, entre les prêteurs qui n'auront point encore à leur crédit la somme nécessaire pour l'acquisition d'une inscription de cinquante francs.

20. Les soussignés déclarent être prêts à réaliser le montant de leurs souscriptions en en faisant le versement à la caisse de M. le receveur particulier des finances de l'arrondissement , aussitôt que l'établissement aura reçu l'autorisation du Gouvernement ; ce qui formera la première dotation de ladite caisse d'épargnes et de prévoyance.

21. Il ne sera donné suite au présent acte que si la réunion des souscripteurs forme au moins un capital de dix mille francs.

Fait et signé au Havre, le 29 mai 1821.

16 JANVIER = 29 MARS 1822. — Ordonnance du Roi portant autorisation de la société anonyme sous le nom de Société des cinq ponts, formée à Bordeaux par les sieurs Balguerie et compagnie. (7, Bull. 515, n° 12399.)

Louis, etc. vu la loi du 5 août 1821, portant acceptation de l'offre faite par la maison Balguerie et compagnie de Bordeaux, tant en son nom qu'en celui d'une compagnie, de prêter une somme de deux millions neuf cent mille francs, pour la construction des ponts de Bergerac, d'Aiguillon, d'Agen, de Moissac et de Coëmont, avec condition que l'association des prêteurs se formera en société anonyme ; vu deux actes passés par-devant Chodron et son collègue, notaires Paris, les 14 novembre et 17 décembre 1821, par lesquels le sieur Balguerie, au nom de sadite maison de commerce Balguerie et compagnie, a déposé, 1° l'acte d'association et les statuts par elle proposés pour la société anonyme ; 2° les mandats à lui conférés par douze actionnaires pour former ladite association et en accepter les statuts ; vu les articles 29 à 37, 40 et 45 du Code de commerce ; sur le rapport de notre ministre secrétaire d'Etat au département de l'intérieur, notre Conseil-d'Etat entendu, nous avons ordonné et ordonnons ce qui suit :

Art. 1er. La société anonyme sous le nom

de *Société des cinq ponts*, formée à Bordeaux par les sieurs Balguerie et compagnie pour l'exécution de leur soumission acceptée par la loi du 5 août, est autorisée, et ses statuts sont approuvés ainsi qu'il résulte des actes passés par-devant Chodron et son collègue, notaires à Paris, les 14 novembre et 17 décembre 1821, lesquels, ainsi que le tableau qui en fait partie, demeurent annexés à la présente.

2. Le préfet du département de la Gironde exercera par le visa d'un délégué spécial la surveillance sur l'émission des actions, réglée dans l'article 6 des statuts.

3. La société existera jusqu'au remboursement final du prêt stipulé par la loi du 5 août, à la charge tant d'exécuter la soumission approuvée par ladite loi, que de se conformer aux lois et à ses statuts; faute de quoi nous nous réservons de révoquer la présente autorisation, sauf les droits résultant de la soumission, et les actions à exercer par les particuliers devant les tribunaux à raison des infractions commises à leur préjudice.

4. La société sera tenue de remettre tous les six mois copie en forme de son état de situation au préfet de la Gironde, au tribunal et à la chambre de commerce de Bordeaux.

5. Notre ministre secrétaire d'Etat de l'intérieur est chargé de l'exécution de la présente ordonnance : elle sera publiée au Bulletin des Lois avec les actes y annexés; pareille insertion aura lieu dans le Moniteur et dans le journal des annonces judiciaires de la Gironde.

Société anonyme des cinq ponts.

Par-devant Me Claude-François Chodron et son collègue, notaires royaux à Paris, soussignés, est comparu :

M. Pierre Balguerie-Stuttenberg, négociant, demeurant ordinairement à Bordeaux, rue Fossés du Chapeau-Rouge, n° 33, patenté pour la présente année, ainsi qu'il le déclare, étant actuellement à Paris, logé rue d'Artois, hôtel de l'Empire,

Stipulant tant pour lui que pour sa maison de commerce connue sous la raison de Balguerie et compagnie de Bordeaux, dont il déclare avoir la signature de la raison sociale ;

Lequel a dit qu'il a souscrit une soumission, en date du 14 avril dernier, par laquelle il a offert au Gouvernement de lui avancer une somme de deux millions neuf cent mille francs pour concourir à l'établissement ou à l'achèvement de plusieurs ponts, selon le détail qui suit :

Ponts de Bergerac, département de la Dordo-

gne, six cent mille francs, ci.	600,000 f
D'Aiguillon, département de Lot-et-Garonne, quatre cent mille francs, ci	400,000
D'Agen, département de Lot-et-Garonne, un million, ci. . .	1,000,000
De Moissac, département de Tarn-et-Garonne, cinq cent mille francs, ci.	500,000
De Coëmont, département de la Sarthe, quatre cent mille fr., ci	400,000
	2,900,000 f

Cette soumisssion a été faite aux clauses et conditions y portées.

Elle a été acceptée par le Gouvernement, et sanctionnée par une loi du 5 août de la présente année.

M. Balguerie, désirant, conformément à l'article 5 de cette loi, former une société anonyme pour son exécution, a réglé, tant pour lui que pour les personnes qui s'y intéresseront, les clauses et conditions de cette association, ainsi qu'il suit :

Art. 1er. Il sera établi, avec l'autorisation du Gouvernement, une société anonyme sous le titre de *Compagnie des cinq ponts*.

2. Le domicile de la société est fixé à Bordeaux.

3. Elle commencera du jour où le présent traité aura obtenu la sanction royale, et subsistera jusqu'au 30 juin 1847, époque du remboursement intégral du fonds capital dont il sera ci-après parlé.

4. La société se bornera à exécuter et à obtenir de la part du Gouvernement l'exécution de la loi précitée.

5. Le fonds capital de la compagnie est fixé à la somme de deux millions neuf cent mille francs; il sera représenté par deux mille neuf cents actions de mille francs chacune, qui seront intitulées *actions des cinq ponts*, et numérotées depuis 1 jusqu'à 2,900.

6. MM. Balguerie et compagnie ne pourront les émettre que jusqu'à concurrence des sommes qu'ils auront versées dans les caisses des receveurs généraux des départemens, dans lesquels ces ponts devront être construits à cet effet, elles ne pourront avoir cours qu'autant qu'elles auront été visées par une personne déléguée, à titre de commissaire du Gouvernement, par M. le préfet du département de la Gironde, qui dressera un procès-verbal des versemens dont on lui aura justifié, et du nombre des actions qu'il aura visées, correspondant à la quotité des versemens effectués.

7. Les actions seront au porteur ou nominatives, selon la volonté du propriétaire : sur sa demande, les actions au porteur seront converties en actions nominatives, et réciproquement.

8. Les actions au porteur seront représen-

tées par un titre au porteur; elles auront un talon, et seront inscrites sur des registres à ce destinés : les actions nominatives seront représentées par une inscription nominale sur les registres de la société, dont il sera délivré un extrait aux actionnaires. Les transferts des actions nominatives, leur conversion en actions au porteur, et la conversion de celles-ci en actions nominatives,, seront établis sur le même registre.

9. Les transferts ou endossemens des actions qui céderont purement et simplement les droits résultant d'une loi spéciale, ne donneront lieu à aucun recours quelconque contre les endosseurs de la part de leurs cessionnaires.

10. Les actions porteront intérêt à six pour cent jusqu'au 1er janvier 1827, et de cinq pour cent, depuis cette époque jusqu'à leur remboursement : ces intérêts seront payés par semestre, les 30 juin et 31 décembre de chaque année.

11. Ces actions seront remboursables par la voie du sort, d'année en année, et par semestre, les 30 juin et 31 décembre de chaque année, à partir du 30 juin 1827, époque à laquelle le premier remboursement aura lieu. Le nombre des actions à rembourser par semestre est déterminé dans un tableau que MM. Balguerie et compagnie ont fait dresser, contenant indication de l'époque des remboursemens; lequel tableau, écrit sur une feuille de papier timbré, est demeuré joint à la minute des présentes, après avoir été, de M. Balguerie comparant, signé et paraphé en présence des notaires soussignés.

12. Pour déterminer les actions qui doivent être remboursées à chaque semestre par la voie du sort, il sera procédé, quinze jours avant l'expiration du semestre, dans le lieu qui sera désigné par l'administration, au tirage des actions, en présence de MM. les administrateurs et censeurs de la société.

A cet effet, il sera déposé dans une urne deux mille neuf cents numéros correspondant à ceux des actions, ou ceux restant à mesure des premiers et subséquens remboursemens qui auront été faits. Les premiers numéros sortans, jusqu'au nombre déterminé par le tableau joint à la minute des présentes, donneront droit au remboursement des obligations portant les numéros sortis.

13. Le premier tirage sera fait quinze jours avant le 30 juin 1827; le second, quinze jours avant le 31 décembre suivant, et ensuite ainsi successivement de semestre en semestre, jusqu'au remboursement final des actions.

14. Les actions sorties au remboursement auront droit en outre aux primes fixées dans le tableau joint à la minute des présentes, et attribuées à chaque semestre de remboursement.

Elles y auront droit dans l'ordre de leur sortie par le résultat du tirage, en sorte que la première action sortie aura droit à la première prime; la seconde action sortie, à la seconde prime, et ainsi successivement jusqu'à la dernière action sortie par le tirage dudit semestre.

15. Tout propriétaire de dix actions nominatives est membre de l'assemblée générale de la compagnie; tout propriétaire de dix actions au porteur est également membre de l'assemblée générale, pourvu qu'il ait déposé ses actions entre les mains de l'administration, trois mois au moins avant l'époque de l'assemblée.

16. Les délibérations de l'assemblée générale seront prises à la majorité des voix; chaque voix se comptera pour dix actions; mais l'actionnaire qui posséderait plus de cent actions, et quel que soit le nombre excédant, ne comptera que pour dix voix.

Les actionnaires ayant droit d'assister à l'assemblée générale pourront se faire représenter par un fondé de pouvoir pris parmi les membres de l'assemblée; ce fondé de pouvoir aura autant de voix que de procurations réunissant chacune une masse de dix actions, toutefois jusqu'à concurrence de cinq voix au plus.

17. L'administration se compose de trois directeurs gérans et de deux censeurs nommés au scrutin secret et à la majorité des voix par l'assemblée générale; les fonctions des directeurs et des censeurs sont gratuites : la réunion des directeurs et des censeurs composera le conseil général de la compagnie.

18. Dans ce conseil, les directeurs seuls ont voix délibérative : les censeurs ont voix consultative.

19. Les directeurs doivent être propriétaires de vingt-cinq actions nominatives au moins : les censeurs doivent être propriétaires de douze actions de la même nature.

20. Un directeur et un censeur seront renouvelés chaque année : les sortans seront désignés par le sort pendant les premières années. Les membres sortans ne seront rééligibles qu'après un an d'intervalle.

21. En cas de retraite ou décès d'un ou plusieurs directeurs et censeurs, le conseil général pourvoit provisoirement à leur remplacement jusqu'à la prochaine assemblée générale, laquelle procède, en la forme ordinaire, à la nomination définitive. Cette nomination n'a lieu que pour le temps qui resterait à courir de l'exercice des remplacés.

22. Les délibérations seront toujours prises à la majorité des voix, tant dans l'assemblée générale que dans le conseil d'administration. M. Balguerie, comparant, administrera provisoirement jusqu'à la première as-

semblée générale, aussitôt qu'il y aura cinq cents actions en émission.

23. L'administration est autorisée à régler, de concert avec le Gouvernement, et sous l'approbation de l'assemblée générale, les frais et le mode de perception des droits de péage sur les ponts. Les directeurs et censeurs, ou même l'un d'eux seulement, pourront prendre connaissance des comptes et registres particuliers que les receveurs généraux des départemens doivent tenir pour les paiemens et recettes relatifs aux ponts.

24. Les deux censeurs pourront, à quelque époque que ce soit, convoquer l'assemblée générale des actionnaires.

25. L'assemblée générale se réunit de droit dans le lieu qui sera fixé par l'administration, le 30 janvier de chaque année, pour entendre et arrêter le compte qui lui sera rendu par les directeurs de la situation des affaires de la compagnie. Les censeurs seront présens à cette assemblée, et lui feront un rapport sur la gestion pendant l'année. Après le rapport fait, il sera procédé, s'il y a lieu, au renouvellement des administrateurs et censeurs.

26. Les droits de péage sur les ponts, nécessaires au service annuel des intérêts, à l'acquit de la prime d'indemnité et à l'amortissement de ladite somme de deux millions neuf cent mille francs, devant être versés dans les caisses des receveurs généraux des départemens où les ponts doivent être construits, l'administration s'entendra avec celle de la banque de Bordeaux, qui recevra ces fonds desdits receveurs généraux. La banque de Bordeaux devra les employer à payer aux actionnaires directement leur intérêt annuel, tel qu'il a été ci-devant fixé, le remboursement du capital lorsqu'il aura lieu, et la prime accordée à chaque action sortie en remboursement, suivant le tableau que le sort réglera à cet effet, l'administration remettra, à chaque tirage, un état des paiemens à faire par la banque.

27. Sur le montant de la prime annuelle accordée par le Gouvernement, il sera prélevé par chaque semestre, à titre de réserve en faveur de MM. Balguerie et compagnie, comme ne faisant pas partie des sommes qui entrent dans l'association, celle de huit mille francs, qui appartiendra toujours auxdits sieurs Balguerie et compagnie, à la charge par eux et les successeurs à leur maison de commerce, ou, à leur défaut, par les héritiers et ayans-cause desdits sieurs Balguerie et compagnie, d'acquitter, moyennant ladite somme de huit mille francs par chaque semestre, les frais de remise et négociation que nécessiteraient les remises à faire par les receveurs généraux à la banque de Bordeaux, et les paiemens à faire par celle-ci aux actionnaires, ensemble tous autres frais de

toute nature déjà faits et à faire relativement à la présente association, de manière que les actionnaires reçoivent net à la banque de Bordeaux leurs intérêts annuels, le remboursement lorsqu'il y aura lieu, et les primes qui y seront attachées. A défaut par MM. Balguerie, leurs successeurs ou ayans-cause, d'acquitter tout ou partie desdits frais, l'administration sera autorisée à faire recevoir elle-même, par un mandataire spécial, ladite somme de huit mille francs, pour l'employer à l'acquit desdits frais, et en comptant du surplus, s'il s'en trouve, auxdits sieurs Balguerie et compagnie, ou leurs représentans.

28. Les contestations qui naîtraient entre aucun des actionnaires et l'administration stipulant pour la société, ou entre la société ou les administrateurs, seront jugées souverainement et en dernier ressort, conformément à ce qui est réglé par le Code de commerce, titre III, section II, par arbitres nommés à l'amiable ou d'office, lesquels, en cas de partage, choisiraient un sur-arbitre, sans pouvoir, par les parties, recourir en appel ni se pourvoir en cassation : lesquels arbitres seront dispensés d'observer les formes judiciaires.

29. Ledit sieur Balguerie, tant pour lui que pour ceux qui s'intéresseront dans la présente société, s'oblige de l'exécuter, aussitôt qu'elle aura été autorisée et approuvée par le Roi, conformément aux dispositions de l'art. 37 du Code de commerce.

Pour l'exécution des présentes, M. Balguerie fait élection de domicile en sa demeure susdite à Bordeaux.

Fait à Paris, en l'étude, le 14 novembre 1821, et a, ledit sieur Balguerie, signé, avec lesdits notaires, après lecture faite de la minute des présentes, demeurée audit M° Chodron.

---

16 JANVIER Pr. = 13 FÉVRIER 1822. — Ordonnance du Roi portant proclamation des brevets d'invention et d'importation délivrés pendant le quatrième trimestre de 1821. (7, Bull. 505, n° 12,165.)

---

16 JANVIER 1822. — Ordonnances du Roi qui autorisent l'acceptation de dons et legs faits aux pauvres de Portieux ; aux communes de Saint-Brice, de Dannebraucq, de Saint-Jean-Kardaniel, de Saint-Laurent-sur-Mer et de Sainte-Marie-Leaumont; aux hospices de Tonneins, d'Aiguillon et de Clairac. (7, Bull. 512.)

---

16 JANVIER 1822. — Ordonnances du Roi qui accordent des foires aux communes de Gradiguan et de Rions. (7, Bull. 512.)

16 JANVIER 1822. — Ordonnances du Roi relatives aux foires des communes d'Uzel, de Saint-James, de Buais, de Sourdeval, d'Avranches, de Querqueville, de Varenguebech, de Periers, de Cerisy-la-Forêt, de Saint-Jean-de-Daye, de Boutteville, de Vigeois, de Gençay, de Beaume, de Valdahon, de Nods, de Lunel, de Buléon, de Plugriffet, de Mériadec, de Chanos Curson, de Morey, de Ronchamp, de Champagney, d'Hericourt, de Saint-Loup, de Saint-Béat et de Roquebrune. (7, Bull. 513.)

23 = Pr. 30 JANVIER 1822. — Ordonnances du Roi portant que les lieutenans-généraux commandant les divisions militaires statueront définitivement, à l'avenir, sur la mise en jugement ou le renvoi des déserteurs à la discipline de leurs corps. (7, Bull. 502, n° 12041.)

Louis, etc. sur le rapport de notre ministre secrétaire d'État au département de la guerre; vu l'article 5 du décret du 4 janvier 1814 et le second paragraphe de l'art. 4 de notre ordonnance du 21 février 1816; considérant que c'est à nos lieutenans-généraux commandant les divisions militaires que sont portées les plaintes en désertion, et qu'ils se trouvent à même de bien apprécier les circonstances atténuantes ou aggravantes du délit, nous avons ordonné et ordonnons ce qui suit :

Art. 1er. La disposition du second paragraphe de l'article 4 de notre ordonnance du 21 février 1816, qui prescrit au commandant supérieur qui a refusé l'autorisation d'informer contre un militaire prévenu de désertion, de rendre compte des motifs de son refus à notre ministre secrétaire d'État de la guerre, afin qu'il approuve ce refus ou ordonne de passer outre au jugement, est rapportée.

2. Nos lieutenans-généraux commandant les divisions militaires statueront définitivement, à l'avenir, sur la mise en jugement ou le renvoi des déserteurs à la discipline de leurs corps, conformément à l'article 5 du décret du 4 janvier 1814, et ils adresseront, à la fin de chaque mois, à notre ministre secrétaire d'État de la guerre, un état nominatif et motivé des déserteurs qu'ils n'auront pas fait traduire aux conseils de guerre.

3. Notre ministre secrétaire d'État au département de la guerre est chargé de l'exécution de la présente ordonnance, qui sera insérée au Bulletin des Lois.

23 JANVIER Pr. = 5 FÉVRIER 1822. — Ordonnance du Roi qui appelle à l'activité quarante mille hommes sur la classe de 1821, et fixe leur répartition entre les départemens, conformément au tableau y annexé. (7, Bull. 504 n° 12,111.)

Louis, etc., vu les art. 5 et 6 de la loi du 10 mars 1818, qui fixent le complet de paix de l'armée, et déterminent le nombre d'hommes qui peuvent être appelés sur chaque classe, ainsi que le mode de répartition à en faire entre les départemens, nous avons ordonné et ordonnons ce qui suit :

Art. 1er. Quarante mille hommes sont appelés sur la classe de 1821.

2. La répartition de ces quarante mille hommes entre les départemens demeure fixée ainsi qu'il est établi au tableau annexé à la présente ordonnance.

3. Les deux publications des tableaux de recensement, voulues par l'art. 11 de la loi du 10 mars 1818, auront lieu les 17 et 24 février prochain;

L'examen de ces tableaux et le tirage, voulus par l'article 12, à partir du 14 mars;

L'ouverture des opérations des conseils de révision aura lieu le 15 avril;

Et la clôture de la liste du contingent, le 20 juin.

4. Il sera ultérieurement statué sur l'époque de la mise en activité des quarante mille hommes appelés de la classe de 1821, ainsi que sur la répartition qui doit en être faite entre les corps de notre armée.

5. Notre ministre secrétaire d'État au département de la guerre est chargé de l'exécution de la présente ordonnance.

23 JANVIER = Pr. 17 FÉVRIER 1822. — Ordonnance du Roi qui appelle à l'activité les jeunes soldats des classes de 1819 et 1820, et prescrit leur répartition entre les corps, conformément à l'état y annexé. (7, Bull. 506, n° 12183.)

Art. 1er. Sont appelés à l'activité tous les jeunes soldats des classes de 1819 et de 1820 qui sont en ce moment disponibles dans les départemens.

2. Les jeunes soldats appelés à l'activité par l'article précédent seront, suivant leur taille, répartis entre les régimens de cavalerie et d'infanterie ainsi qu'entre les corps d'artillerie et du génie qui sont indiqués dans l'état de répartition joint à la présente ordonnance.

3. Les départs des jeunes soldats appelés à l'activité devront être terminés le 28 février prochain.

4. Notre ministre de la guerre est chargé de l'exécution de la présente ordonnance.

23 JANVIER = Pr. 1er AVRIL 1822. — Ordonnance du Roi portant autorisation, conformément aux statuts y annexés, de la société anonyme dite Compagnie de la navigation de l'Isle, établie à Périgueux. (7, Bull. 516, n° 12434.)

Louis, etc. vu la loi du 5 août 1821, portant acceptation de l'offre faite par le sieur Froidefond de Bellisle, tant en son nom qu'en celui d'une compagnie, de prêter une somme de deux millions cinq cent mille francs, applicable aux dépenses à faire pour rendre navigable la rivière de l'Isle depuis Libourne jusqu'à Périgueux, avec condition que l'association des prêteurs se formera en société anonyme ; vu l'acte social passé les 22, 23, 24, 25, 26, 27, 28, 29 et 30 septembre 1821, contenant les statuts de la société anonyme projetée ; vu les art. 29 à 37, 40 et 45 du Code de commerce ; sur le rapport de notre ministre secrétaire d'Etat de l'intérieur ; notre Conseil-d'Etat entendu, nous avons ordonné et ordonnons ce qui suit :

Art. 1er. La société anonyme dite *Compagnie de la navigation de l'Isle*, établie à Périgueux, pour l'exécution de la soumission du sieur Froidefond de Bellisle, acceptée par la loi du 5 août 1821, est autorisée : les statuts sont approuvés ainsi qu'ils sont contenus dans l'acte du 22 septembre et jours suivants, passé par-devant Lagrange et son collègue, notaires à Périgueux, lequel demeurera annexé à la présente ordonnance.

2. Notre approbation est donnée à condition que le réglement prévu par l'art. 5 des statuts, et devant contenir le tableau de la répartition des rentrées en intérêt, primes des annuités et fonds d'amortissement, sera incessamment arrêté par l'assemblée générale des actionnaires, et soumis à l'approbation de notre ministre secrétaire d'Etat de l'intérieur, après laquelle il sera inséré au Moniteur et dans le journal des annonces judiciaires du département de la Dordogne.

Le modèle des actions sera également soumis à l'approbation de notre ministre de l'intérieur.

3. La société existera jusqu'au remboursement final du prêt stipulé par la loi du 5 août, à la charge tant d'exécuter la soumission approuvée par ladite loi que de se conformer aux lois et à ses statuts ; faute de quoi nous nous réservons de révoquer la présente autorisation, sauf les droits résultant de la soumission et des actions à exercer par les particuliers devant les tribunaux, à raison des infractions commises à leur préjudice.

4. La société sera tenue de remettre, tous les six mois, copie en forme de son état de situation au préfet du département de la Dordogne et au tribunal de commerce de Périgueux.

5. Notre ministre secrétaire d'Etat de l'intérieur est chargé de l'exécution de la présente ordonnance : elle sera publiée au Bulletin des Lois avec l'acte annexé ; pareille insertion aura lieu dans le Moniteur et dans le journal des annonces judiciaires de la Dordogne.

Statuts.

Art. 1er. Les soumissionnaires, sous le bon plaisir du Roi, se constituent en société anonyme, qui prendra le titre de *Compagnie de navigation de l'Isle ;* elle aura son domicile à Périgueux, en la demeure du directeur.

Sa durée sera jusqu'au dernier remboursement qui devra être effectué par le Gouvernement ; c'est-à-dire, jusqu'à l'expiration des dix-neuf années à partir du dernier versement fait par les souscripteurs.

2. Cette société sera régie par un directeur, un conseil d'administration et un comité général dont les attributions seront réglées ci-après ; elle sera assistée par un avocat et un notaire, choisis par elle dans les cas où leur ministère serait nécessaire.

Du directeur.

3. La société nomme pour son directeur M. Noel de Flageat, propriétaire, demeurant à Périgueux en sa maison, rue du Plantier.

Il sera chargé de recevoir les fonds des actionnaires, de les verser dans les caisses du Gouvernement qui lui seront désignées, de répartir et d'acquitter les sommes affectées au paiement des intérêts et à l'amortissement du capital, suivant le mode qui sera indiqué par le réglement intérieur de la police ; il correspondra avec qui de droit, fera toutes les poursuites et démarches nécessaires pour l'utilité et le plus grand avantage de la société ; enfin il convoquera extraordinairement le conseil d'administration, lorsque les circonstances l'exigeront.

4. Le directeur sera tenu de fournir un cautionnement de vingt mille francs en vingt actions nominatives, qui seront inaliénables jusqu'à la dissolution de la société ; en conséquence, elles ne seront remboursées qu'avec les derniers fonds affectés à l'amortissement.

5. Les émolumens et appointemens du directeur seront fixés, 1° à la rétribution qui lui est accordée, à titre de commission, par l'art. 15 ci-après, sur le capital versé par les actionnaires ; 2° à une somme de six mille francs par an, qu'il touchera en deux paiemens égaux de trois mille francs chaque, et qui sera prélevée sur les dix pour cent que le Gouvernement paiera annuellement à la société.

6. En cas de mort, démission ou révocation du présent directeur, il sera procédé à la nomination d'un nouveau par le conseil d'administration, à la pluralité des suffrages : celui-ci, avant d'entrer en fonctions, devra rembourser à son prédécesseur, ou à ses ayans-cause, la valeur, au cours du jour, des vingt actions nominatives qui formaient

son cautionnement et qui devront rester affectées à la même destination.

Du conseil d'administration.

7. Le conseil d'administration sera composé de tous les actionnaires possédant au moins dix actions nominatives ou de leurs fondés de pouvoirs, du directeur, de l'avocat et du notaire de la société.

8. Le conseil se réunira ou moins une fois par mois, et plus souvent s'il est nécessaire; il arrêtera le règlement intérieur de la société; il devra fixer les dividendes d'intérêts, les primes et les sommes affectées à l'amortissement de chaque semestre. Il assistera au tirage au sort, tant des primes que des actions qui devront être remboursées; il déterminera les objets qui devront être soumis à sa délibération : ses fonctions seront gratuites.

Du comité général.

9. Le comité général sera composé de tous les actionnaires ayant au moins cinq actions nominales, ou de leurs fondés de pouvoir ; il se réunira de droit une fois tous les six mois, et plus souvent si le conseil d'administration le juge nécessaire; il entendra le rapport des opérations qui auront eu lieu depuis la dernière séance; il assistera au tirage au sort, tant des actions qui devront être remboursées que des primes qui devront être distribuées : ses fonctions seront gratuites.

10. L'avocat de la société la dirigera par ses conseils dans toutes les affaires et toutes les contestations qu'elle pourrait avoir.

Le notaire fera tous les actes qui seront de son ministère, et sera chargé de tous les transferts qui pourraient avoir lieu par les actionnaires.

L'avocat et le notaire seront nommés par le conseil d'administration.

Ils assisteront à toutes les assemblées qui auront lieu, et y auront voix délibérative : leurs attributions et leurs émolumens seront plus spécialement détaillés dans le règlement d'administration intérieure.

11. Le capital du fonds social est de deux millions cinq cent mille francs, divisés en deux mille cinq cents actions de mille francs chacune: les actionnaires, après avoir versé la totalité de la somme de mille francs par action, aux époques et de la manière indiquées à l'article 15 ci-après, ne pourront être contraints à un nouvel appel de fonds; mais au contraire, dans le cas où la somme totale de deux millions cinq cent mille francs, ainsi qu'il est prévu à l'article 2 de la soumission, excéderait les besoins du Gouvernement, chaque action éprouverait une réduction proportionnelle.

12. Les actions seront au porteur ou nominatives, suivant la volonté du propriétaire, sur sa demande. Les actions au porteur seront converties en actions nominatives, et réciproquement : néanmoins, et jusqu'au paiement pour solde, le premier porteur, en souscrivant sa soumission, se reconnaîtra responsable de tous les porteurs qui pourraient y succéder, et pourra être personnellement poursuivi en cas de retard dans l'un des paiemens à faire, indépendamment de dommages et intérêts encourus au profit de la société, ainsi qu'il sera dit article 16.

13. Les actions au porteur seront représentées par un titre au porteur ; les actions nominatives seront représentées par une action nominale sur les registres de la société, dont il sera délivré un extrait conforme aux actionnaires. Les transferts des actions nominatives, leur conversion en actions au porteur, et la conversion de celles-ci en actions nominatives, seront établis sur le même registre.

La forme et le libellé des titres au porteur et des inscriptions nominatives seront arrêtés par le conseil d'administration.

14. Les actions devront être remboursées par un tirage au sort qui aura lieu tous les six mois, suivant l'importance des fonds destinés à l'amortissement ; chaque actionnaire, au moment où il souscrira, sera admis à déclarer s'il veut être des premiers ou des derniers remboursés : à cet effet, les actions seront divisées en deux séries de numéros, suivant la volonté exprimée par les souscripteurs.

15. En exécution de la soumission faite au Gouvernement et acceptée par la loi déjà citée, le montant total des deux millions cinq cent mille francs devra être versé par dixième, et de six en six mois, dans les caisses et à l'époque qu'il plaira au Gouvernement d'indiquer : en conséquence, chaque actionnaire prendra l'engagement de verser soit à Périgueux, dans les mains du directeur, soit à Paris, dans celles qui seront désignées, le dixième des actions qu'il aura souscrites, au moins vingt jours avant l'époque à laquelle le directeur devra lui-même verser dans les caisses du Gouvernement.

Indépendamment du prix principal, chaque actionnaire prendra l'engagement de payer au directeur, pour frais d'établissement, une commission de deux pour cent; cette commission, toutefois, sera réduite à un et demi pour cent en faveur des actionnaires qui auront souscrit pour plus de quatre actions, et à un pour cent en faveur de ceux qui auront souscrit pour plus de neuf. Cette commission sera payable par dixième, et aux mêmes époques que le principal.

16. Faute par un actionnaire d'avoir effectué un versement exigible en temps utile, il sera censé avoir renoncé à faire partie de la société, et sera déchu de ses droits, sans préjudice de tout recours contre lui et de tous moyens de droit. En conséquence, le directeur fera opérer, au profit de la société, le transfert des actions appartenant aux retardataires, sans qu'ils puissent réclamer les fonds qu'ils auraient versés en à-compte, avant que le sort ait indiqué le remboursement des actions dont ils étaient originairement propriétaires, et ils ne pourront même réclamer à cette époque aucun intérêt ni bénéfice résultant des primes.

17. Les sieurs comparans, en leurs noms comme au nom des mandans, dont plusieurs sont porteurs de procuration, donnent pouvoir à M. de Bellisle, fondateur de ladite société anonyme, de soumettre les présens statuts au Gouvernement du Roi, dans l'objet d'obtenir l'autorisation de sa majesté pour l'établissement de ladite société, et son approbation pour le présent acte constitutif, conformément à l'article 37 du Code de commerce et l'avis du ministre de l'intérieur du 31 décembre 1808; faire à cet effet toutes démarches qu'il jugera convenables; signer et présenter tous mémoires, placets et pétitions; consentir, au nom de ladite société, à telles restrictions, augmentations et modifications qui seraient proposées par le Gouvernement; les soussignés étant tous convaincus d'avance que ledit sieur Froidefond de Bellisle, en qui ils ont une pleine confiance, agira pour la prospérité de la compagnie.

18. Quant à la pétition à présenter à M. le préfet de la Dordogne, conformément à l'article 1er de l'instruction du ministre de l'intérieur du 31 décembre 1808, le sieur Pierre-Noël de Flageat directeur, demeure autorisé à signer cette pétition au nom de tous les actionnaires de la société.

Dont acte, pour l'exécution duquel les parties font respectivement élection de domicile en leurs demeures susindiquées.

Fait et passé à Périgueux, l'an 1821, les 22, 23, 24, 25, 26, 27, 28, 29 et 30 septembre.

---

23 JANVIER 1822. — Ordonnance du Roi qui admet les sieurs Encointre, Gaspard et de Speth, à établir leur domicile en France. (7, Bull. 505.)

---

23 JANVIER 1822. — Ordonnances du Roi qui accordent des lettres de déclaration de naturalité aux sieurs Vial et Romano. (7, Bull. 533 et 551.)

---

29 JANVIER 1822. — Ordonnance du Roi qui nomme les présidens des colléges électoraux convoqués par l'ordonnance du 24 décembre 1821. (7, Bull. 504.)

---

30 JANVIER = Pr. 5 FÉVRIER 1822. — Ordonnance du Roi contenant de nouvelles mesures réglementaires relatives aux transferts de rentes cinq pour cent consolidés, à l'époque de l'ouverture de chaque semestre. (7, Bull. 504, n° 12113.)

Voy. loi du 28 FLORÉAL an 7 et notes; ordonnance du 5 MARS 1823.

Louis, etc., considérant que, d'après les règles actuellement établies au Trésor royal pour les transferts de rentes cinq pour cent consolidés, les ventes au comptant sont périodiquement suspendues pendant les dix-huit jours qui précèdent l'ouverture de chaque semestre; que l'effet de cette suspension, en privant momentanément les propriétaires d'inscriptions de la disponibilité de leurs capitaux, les oblige à des ventes dont la réalisation est nécessairement ajournée; que l'action de la caisse d'amortissement, qui ne peut avoir d'effet sur le marché public que par des achats au comptant, se trouve également arrêtée, ce qui l'empêche d'atteindre entièrement le but de son institution; voulant faire cesser un usage qui peut former obstacle au développement progressif du crédit public; sur le rapport de notre ministre secrétaire d'Etat des finances, nous avons ordonné et ordonnons ce qui suit:

Article unique. Il n'y aura, à l'avenir, aux fins de semestre, aucune suspension dans les écritures tenues au Trésor royal, pour l'exécution des transferts de rentes cinq pour cent consolidés et reconnaissances de liquidation nominatives.

Les négociations à la Bourse de Paris, avec jouissance du semestre courant, seront fermées les 6 mars et 6 septembre de chaque année; celles du lendemain 7 seront faites avec jouissance du semestre suivant et exécutées immédiatement, au moyen des dispositions réglementaires qui seront arrêtées, à cet effet, par notre ministre secrétaire d'Etat au département des finances, chargé de l'exécution de la présente ordonnance.

---

30 JANVIER = Pr. 13 FÉVRIER 1822. — Ordonnance du Roi concernant la réorganisation de l'administration des douanes. (7, Bull. 605, n° 12,166.)

Art. 1er. Il y aura près de notre directeur général des douanes quatre administrateurs.

Les places d'inspecteurs généraux sédentaires membres du conseil d'administration, celle de premier inspecteur général divisionnaire, et celle de secrétaire général, sont supprimées.

2. Le directeur général dirige et surveille, sous les ordres de notre ministre des finances, toutes les opérations relatives au service des douanes.

Il travaille seul avec le ministre des finances.

Il correspond seul avec les autorités militaires, administratives et judiciaires, et avec le commerce.

Il a seul le droit de recevoir et d'ouvrir la correspondance.

Il signe seul les ordres généraux de service.

3. Le ministre des finances déterminera les parties de service dont la suite sera attribuée à chaque administrateur, et les objets y relatifs sur lesquels chacun d'eux pourra correspondre avec les directeurs, après avoir pris, dans les cas qui en seront jugés susceptibles, les décisions du directeur général.

4. Les administrateurs forment avec le directeur général un conseil d'administration, dont il a la présidence.

En cas d'empêchement, il la délègue à l'un des administrateurs.

Le ministre des finances appelle près de lui, dans les occasions où il le juge convenable, le conseil d'administration.

En cas d'absence du directeur général, le ministre des finances règle le mode selon lequel il est suppléé dans ses fonctions.

5. Le conseil d'administration délibère, d'après le rapport qui lui est fait par l'un des administrateurs.

1° Sur la formation du budget général des dépenses de l'administration ;

2° Sur toutes les affaires résultant de procès-verbaux de saisies et de contraventions ;

3° Sur le contentieux de la comptabilité, débets des receveurs, contraintes à exercer contre les redevables ;

4° Sur les demandes en remboursement de droits de toute nature ;

5° Sur les demandes en réduction de droits pour cause d'avaries ;

6° Sur les demandes en allocations de primes ;

7° Sur la liquidation des pensions de retraite des employés de tout grade ;

8° Sur les révocations, destitutions et mises à la retraite des employés ;

9° Sur les autres affaires qui lui sont renvoyées par le directeur général, ou sur lesquelles le ministre des finances juge convenable qu'il donne son avis.

6. Les délibérations du conseil d'administration sont prises à la majorité des voix : en cas de partage d'opinions, la voix du directeur général est prépondérante.

Le directeur général peut, lorsqu'il le juge nécessaire, suspendre l'effet d'une délibération, pour en référer au ministre des finances, qui statue.

7. Le directeur général présente à l'approbation du ministre des finances l'état de composition des bureaux de l'administration centrale à Paris, avec l'indication des traitemens attribués à chaque grade.

Il lui soumet, chaque année, le budget général des dépenses de l'administration, revêtu de l'avis motivé du conseil.

Il lui remet, chaque mois, les bordereaux et états de produits et de situation de toutes les recettes et dépenses.

Il soumet à son approbation les délibérations du conseil d'administration, dans tous les cas où cette approbation est nécessaire pour leur exécution. Il lui soumet les questions douteuses en fait d'application des lois, ordonnances et réglemens, et prend ses décisions sur tous les cas non prévus ou non suffisamment définis par lesdites lois, ordonnances ou réglemens.

Il lui rend compte périodiquement de tous les résultats de son administration.

8. Les administrateurs et les inspecteurs généraux chargés de la surveillance et de la vérification du service sur les lignes des douanes sont nommés par nous, sur le rapport de notre ministre des finances.

Notre ministre des finances propose à notre approbation la nomination aux places de directeurs.

Il nomme, sur la présentation du directeur général, aux places d'inspecteurs principaux et d'inspecteurs divisionnaires, et à celles de receveurs principaux des douanes, dont les appointemens sont de quatre mille francs et au-dessus.

Le directeur général nomme à tous les autres emplois, en se conformant à l'ordre hiérarchique des grades et aux règles d'avancement, et sauf la délégation donnée aux directeurs des départemens, de nommer aux emplois de brigade jusqu'au grade de lieutenant inclusivement.

Les changemens de résidence des inspecteurs généraux, et des directeurs dans les départemens, sont ordonnés par le directeur général avec l'approbation du ministre des finances.

9. Le directeur général révoque, destitue et met à la retraite les employés dont la nomination lui est attribuée, après avoir pris l'avis du conseil d'administration, conformément aux articles 5 et 6 ci-dessus.

Il peut aussi suspendre les autres employés, sauf à rendre compte immédiatement au ministre des finances, qui statue.

10. Dans les affaires résultant de procès-verbaux de saisie ou de contravention, les transactions délibérées en conseil d'administration sont définitives.

1° Par l'approbation du directeur général, lorsque lesdites condamnations n'excéderont pas trois mille francs ;

2° Par l'approbation du ministre des finances, lorsqu'il y aura eu dissentiment entre le directeur général et le conseil d'administration, et, dans tous les cas, lorsque le montant des condamnations excédera trois mille francs.

11. Le conseil d'administration arrête, sur le rapport de l'administrateur chargé de la comptabilité, les comptes annuels de l'administration : le directeur général les vise et les transmet au ministre des finances, avec les pièces à l'appui.

12. Notre ministre secrétaire-d'État des finances est chargé de l'exécution de la présente ordonnance.

30 JANVIER 1822 — Ordonnance du Roi qui nomme les administrateurs des douanes. (7, Bull. 505.)

30 JANVIER 1822. — Ordonnance du Roi qui admet les sieurs Fehrenbach et Vial à établir leur domicile en France. (7, Bull. 505.)

30 JANVIER 1822. — Ordonnances du Roi qui accordent des lettres de déclaration de naturalité aux sieurs Piollet, Metz et Paccard. (7, Bull. 538, 551 et 615.)

30 JANVIER 1822. — Ordonnances du Roi qui autorisent l'acceptation de dons et legs. (7, Bull. 513, 514, 515, et 516.)

30 JANVIER 1822. — Ordonnance du Roi qui autorise M. le marquis de Louvois à construire un haut-fourneau dans ses propriétés sur le territoire d'Ancy-le-Franc, au lieu dit *le pré Closeau*, département de l'Yonne. (7, Bull. 516.)

31 JANVIER 1822. — Tableau des prix moyens des grains pour servir de régulateur de l'exportation et de l'importation, conformément aux lois des 16 juillet 1819 et 4 juillet 1821. (7, Bull. 503.)

1er FÉVRIER 1822. — Ordonnance du Roi qui nomme des maîtres des requêtes en service ordinaire. (7, Bull. 505.)

4 FÉVRIER 1822. — Ordonnance du Roi qui nomme le président du collége électoral du

deuxième arrondissement de la Loire. (7, Bull. 505.)

6 = Pr. 17 FÉVRIER 1822. — Ordonnance du Roi concernant un conflit négatif entre diverses autorités qui refusent respectivement de connaître de différens pourvois formés par des gardes nationaux contre des jugemens rendus par les conseils de discipline de la garde nationale (7, Bull. 506, n° 12,184.)

Voy. instruction ministérielle du 15 mars 1822, § III.

Louis, etc., sur le rapport du comité du contentieux ; vu les lettres de notre ministre de l'intérieur, en date des 5 et 10 janvier 1822, adressées à notre garde-des-sceaux, ministre de la justice, et tendant à ce qu'il nous plaise mettre fin à un conflit négatif existant entre le conseil de préfecture du département de la Seine et notre ministre de l'intérieur, d'une part, et le tribunal de police correctionnelle dudit département, d'autre part, qui refusent respectivement de connaître de différens pourvois formés par plusieurs gardes nationaux devant lesdites autorités contre des jugemens rendus par les conseils de discipline de la garde nationale ; vu le jugement du tribunal de police correctionnelle de la Seine, en date du 24 août 1821 ; la décision de notre ministre de l'intérieur, en date du 20 novembre 1821, et l'arrêté du conseil de préfecture du département de la Seine du 24 décembre 1821, par lesquels lesdites autorités ont successivement déclaré leur incompétence pour statuer sur l'appel des décisions des conseils de discipline ; vu notre ordonnance du 30 septembre 1818, qui rappelle les lois sur la garde nationale comprises au nombre de celles qu'a maintenues l'article 68 de la Charte ; vu la loi du 14 octobre 1791, et spécialement les articles 15, 16, 17 et 18 de la section V, qui créent les conseils de discipline, déterminent leur compétence, et renvoient devant les juges ordinaires les délits tant militaires que civils qui excèdent cette compétence ; vu l'arrêté du gouvernement du 13 floréal an 7, et spécialement les dispositions du chapitre 7 sur les oppositions à former contre les décisions des conseils de discipline devant les mêmes conseils ; vu le sénatus-consulte du 2 vendémiaire an 14 ; vu les décrets des 12 novembre 1806 et 5 avril 1813, qui règlent la compétence des conseils de discipline, et portent que leurs décisions seront, au besoin, exécutées par l'autorité administrative ; vu l'article 35 de notre ordonnance du 17 juillet 1816, qui fixe et restreint, sous le rapport des peines, la juridiction des conseils de discipline ; considérant qu'aux termes des lois et réglemens ci-dessus visés, l'autorité adminis trative ne peut intervenir que pour faire, au besoin, exécuter les jugemens rendus par les conseils de discipline de la garde nationale, et qu'aucune disposition de ces lois n'autorise à recourir contre lesdits jugemens, soit devant notre ministre de l'intérieur, soit devant les conseils de préfecture; considérant qu'aucune disposition de ces lois et réglemens n'a ouvert la voie de l'appel devant l'autorité judiciaire contre les jugemens desdits conseils rendus dans les limites de leur compétence, et que ces jugemens ne seraient susceptibles d'être attaqués que pour incompétence ou violation de la loi devant la Cour de cassation; que, par tous ces motifs, le tribunal de police correctionnelle, notre ministre de l'intérieur et le conseil de préfecture se sont avec raison déclarés incompétens; notre Conseil-d'État entendu, nous avons ordonné et ordonnons ce qui suit :

Art. 1er. Il n'y a lieu de réformer aucune des déclarations d'incompétence contenues dans les jugement, arrêté et décision ci-dessus visés.

2. Notre garde-des-sceaux, ministre secrétaire d'État au département de la justice, et notre ministre secrétaire-d'État au département de l'intérieur, sont chargés, chacun en ce qui le concerne, de l'exécution de la présente ordonnance, qui sera insérée au Bulletin des Lois.

6 FÉVRIER = Pr. 14 MARS 1822. — Ordonnance du Roi portant établissement d'un mont-de-piété dans la ville de Dijon. (7, Bull. 509, n° 12316.)

TITRE Ier. Dispositions générales.

Art. 1er. Il sera formé dans notre bonne ville de Dijon un mont-de-piété, qui sera régi, sous la surveillance du préfet de la Côte-d'Or et l'autorité de notre ministre de l'intérieur, par une administration gratuite et charitable, conformément aux dispositions du réglement, qui restera annexé à la présente ordonnance (1).

2. Les délibérations sur les diverses parties d'administration et régie de l'établissement, notamment sur le budget des dépenses à fixer pour chaque année, sur le compte de chaque exercice, sur les droits à percevoir, sur les emprunts à faire, sur les traitemens et cautionnemens à régler, et sur l'application des bénéfices et dépenses des hospices, seront soumises au ministre de l'intérieur par le préfet du département.

3. L'organisation du personnel sera arrêtée par notre ministre de l'intérieur, sur

(1) Il n'est pas au Bulletin.

la proposition du préfet. Lors des vacances des places, il y sera pourvu d'après les dispositions du réglement.

4. Les registres, les reconnaissances, les procès-verbaux de vente, et généralement tous les actes relatifs à l'administration du Mont-de-Piété, seront exempts des droits de timbre et d'enregistrement.

TITRE II. Des fonds de l'établissement.

5. Le capital destiné à fournir aux prêts sur nantissement est provisoirement fixé à cent mille francs; il ne pourra être porté au delà de cent cinquante mille francs sans l'autorisation de notre ministre de l'intérieur.

6. L'administration des hospices de Dijon est autorisée à aliéner neuf maisons appartenant à l'hospice Sainte-Anne, et évaluées cent huit mille six cent quinze francs.

Le produit de cette vente sera joint à celui de l'aliénation de quatre autres maisons appartenant au grand hospice, qui ont été évaluées à vingt-neuf mille deux cents francs, et que l'administration a été autorisée à vendre par notre ordonnance du 23 avril 1817, et la somme provenant de ces ventes sera employée, en tout ou en partie, à former le capital fixé par l'article précédent.

7. Serviront aussi à assurer, en partie, ce capital, les cautionnemens en numéraire auxquels sont assujétis les receveurs, fermiers ou régisseurs intéressés dans l'octroi de la ville, les receveurs des établissemens de charité, tous les adjudicataires d'un service communal ou hospitalier, et les employés de l'établissement. L'intérêt de ces cautionnemens sera payé conformément aux dispositions du décret du 3 mai 1810.

8. Pourront recevoir la même destination, sur la demande des établissemens de charité, les dons, legs et aumônes qui leur seront faits sans destination spéciale, les capitaux de rente dont les remboursemens seront offerts, les capitaux des aliénations autorisées, le produit, à titre de dépôt et à leur profit, des successions à échoir aux enfans trouvés ou abandonnés, placés à l'hospice, et aux insensés qui y sont admis.

9. Le produit des épargnes des particuliers, et le montant des retenues opérées sur les traitemens pour le paiement des pensions des employés des communes, des hospices et des établissemens publics, pourront avoir la même destination.

10. Dans le cas où les opérations de l'établissement nécessiteraient une augmentation de fonds, pour laquelle ces ressources ne suffiraient pas, il pourra y être

pourvu par des emprunts, et le mont-de-piété pourra, en outre, recevoir les fonds qui lui seront offerts, soit en placement, soit en simple dépôt, par des particuliers ou par des établissemens publics, et l'intérêt des uns et des autres sera fixé par le ministre de l'intérieur, sur la proposition de l'administration et l'avis du préfet, sans qu'il puisse excéder le *maximum* de cinq pour cent; mais les simples dépôts ne porteront intérêt que lorsque les propriétaires consentiront à les laisser au moins six mois dans la caisse de l'établissement.

11. Les fonds à emprunter pour les besoins de l'établissement le seront sous l'hypothèque des biens des hospices.

12. Notre ministre de l'intérieur est chargé de l'exécution de la présente ordonnance, qui sera insérée au Bulletin des Lois.

---

6 FÉVRIER == Pr. 10 AOUT 1822. — Ordonnance du Roi relative à la concession faite pour l'exécution des travaux du canal d'arrosage de la Brillanne, dans l'arrondissement de Forcalquier, département des Basses-Alpes. (7, Bull. 547, n° 13195.)

Louis, etc., sur le rapport de notre ministre secrétaire-d'État au département de l'intérieur; vu le décret du 10 mars 1807, qui autorise le sieur Desorgues, propriétaire à Aix, à construire à ses frais, et dans le délai de cinq ans, à peine de déchéance, le canal d'arrosage de la Brillanne dans l'arrondissement de Forcalquier, département des Basses-Alpes; vu l'acte notarié passé le 12 octobre 1810, et par lequel le sieur Desorgues fait cession au sieur Demontigny Dampierre de tous les droits qui lui avaient été concédés par le décret du 10 mars 1807, et ceux dudit 12 octobre 1810, et du 3 novembre suivant, par lesquels le sieur Demontigny Dampierre constitue pour son mandataire, pour la suite de cette affaire, le sieur J.-T. Bruguière du Gard; vu l'ordre donné, sous la date du 3 mai 1811, par le directeur général des ponts-et-chaussées, pour la suspension des travaux, jusqu'à ce qu'il eût été statué définitivement:

1° Sur la concession en faveur de la compagnie Dampierre Demontigny et Bruguière du Gard;

2° Sur un nouveau projet de canal sur une plus grande dimension proposée par cette compagnie, et que l'ingénieur en chef était chargé d'étudier; vu le nouveau projet rédigé par l'ingénieur en chef des Basses-Alpes, sous la date du 12 février 1814, et l'avis du conseil général des ponts-et-chaussées du 19 avril 1815; vu la soumission présentée, sous la date du 5 mars 1821, par les sieurs Beslay, membre de la Chambre des députés, Thuret, banquier, et le baron Tirlet, lieutenant-général d'artillerie; vu le rapport de l'ingénieur en chef du département des Basses-Alpes, en date du 15 mai 1821, sur la susdite soumission, l'avis du préfet du 20 du même mois, et un second avis du conseil général des ponts-et-chaussées du 9 juin suivant; sur le tout, considérant que le sieur Desorgues a depuis long-temps encouru la déchéance prévue par l'article 1er du décret du 10 mars 1807; que le sieur Demontigny Dampierre et le sieur Bruguière du Gard sont morts, l'un en 1818, l'autre en 1819, sans avoir fait aucune disposition pour justifier de leur solvabilité pour la reprise des travaux de ce canal, et sans avoir répondu à la communication qui leur avait été donnée en 1815 du nouveau projet rédigé, en quelque sorte sur leur demande, par l'ingénieur en chef des ponts-et-chaussées; vu les diverses réclamations adressées tant à notre ministre secrétaire d'État de l'intérieur qu'à notre directeur général des ponts-et-chaussées par les sieurs Lombard et Richaud, d'une part, et Bourgeois, de l'autre; vu enfin les avis émis par le comité de l'intérieur de notre Conseil-d'État, les 31 août 1821 et 21 décembre suivant; notre Conseil-d'État entendu, nous avons ordonné et ordonnons ce qui suit:

Art. 1er. La concession faite au sieur Desorgues par décret du 10 mars 1807, pour l'exécution des travaux du canal d'arrosage de la Brillanne, est révoquée.

2. Les sieurs Ch. Beslay, membre de la Chambre des députés et négociant à Dinan, Isaac Thuret, banquier, demeurant à Paris, et le baron Louis Tirlet, lieutenant-général d'artillerie, sont substitués à tous les droits de ladite concession, sauf les modifications résultant des dispositions de la présente ordonnance.

3. Les concessionnaires seront tenus de rembourser aux anciens concessionnaires ou à leurs ayans-cause la valeur des travaux reconnus utiles exécutés, et des terrains acquis tant par le sieur Desorgues que par la compagnie Demontigny-Dampierre, soit de gré à gré, soit sur l'estimation qui sera faite par experts, contradictoirement, de leur valeur actuelle.

4. Le canal sera exécuté conformément au projet du grand canal tracé par l'ingénieur Brun, suivant son mémoire du 10 septembre 1777, depuis la Brillanne jusqu'au ravin de Mathy, sauf les modifications qui seront jugées nécessaires lors de l'exécution, et approuvées par le préfet, sur le rapport de l'ingénieur en chef.

5. Les concessionnaires seront tenus de construire et d'entretenir le canal de manière à recevoir en *minimum* le volume d'eau déterminé par les dimensions suivantes du canal à son ouverture entre la prise d'eau

29.

du rocher de la Brillanne et les premières martellières de distribution d'arrosement, savoir :

Fond du canal. . . . . 3 mètres.
Profondeur, prise à la crète
des berges 2
Ouverture en gueule. 7
Hauteur d'eau. . . . . 1 40 cent.

Pente de 0,m025 pour 100 mètres.

Les pentes et dimensions dans la partie inférieure du canal seront coordonnées à raison des localités et de l'écoulement des martellières, de manière à assurer la jouissance du volume d'eau ci dessus déterminé, et dans l'hypothèse d'une prolongation du canal sur le territoire du département de Vaucluse.

6. Les ouvrages seront exécutés sous la direction d'un ingénieur des ponts-et-chaussées, désigné par la compagnie et accepté par le préfet.

Tous les ans, l'inspecteur divisionnaire en fera la visite et constatera leur bonne exécution.

Les ponts nécessaires pour rétablir les communications interrompues par le canal seront construits dans les dimensions suivantes :

Pour les routes royales (*maximum*). . . . . 8 mètres.
Pour les routes vicinales. . . 6
Pour les chemins de simple communication d'une rive à l'autre. 4

La nécessité des ponts pour rétablir les communications interrompues sera constatée, *pour les chemins publics,* par l'administration, qui prononcera sur le nombre des ponts à établir et sur le point où ils devront être construits.

À l'égard des chemins de simple exploitation qui doivent être considérés comme propriétés privées, le nombre et l'emplacement des ponts à construire pour assurer les communications d'une rive à l'autre seront déterminés ou par l'arrangement à l'amiable de la compagnie avec les parties intéressées, ou par les jugemens qui ordonderont l'expropriation pour cause d'utilité publique.

7. Les concessionnaires seront tenus, sous peine de déchéance, d'exécuter leurs travaux et de mettre l'irrigation en activité jusqu'à Saint-Tulle en quatre années, et jusqu'à Mathy, en cinq années, à partir du 1er janvier 1822.

Dans le cours des années 1825 et 1826, il sera procédé à la visite des travaux. Il sera dressé procès-verbal de cette visite; et si les concessionnaires ne se sont pas mis en mesure d'exécuter leurs engagemens, la déchéance sera immédiatement et de plein droit encourue par eux.

8. Ledit canal est déclaré objet d'utilité publique ; en conséquence, les terrains situés sur la ligne du canal et sur ses grandes dérivations, ceux qui seront nécessaires aux emplacemens des bassins de distribution et des berges, ainsi que pour les lignes de communication du canal avec les terres inférieures à arroser, seront acquis par les concessionnaires et payés par eux, soit conformement aux arrangemens passés de gré à gré entre eux et les propriétaires, soit, en cas de refus de la part des propriétaires, en procédant ainsi qu'il est réglé par la loi du 8 mars 1810, sur les expropriations pour cause d'utilité publique.

La largeur moyenne des terrains à occuper sur la ligne du canal sera de dix-huit mètres, compris les digues latérales, sauf plus grandes largeurs, s'il y a lieu, dans les localités où la base des digues serait jugée, par notre directeur général des ponts-et-chaussées, devoir être plus étendue, et où se trouveraient établis les usines, les logemens des aiguardiers et surveillans.

L'étendue des terrains à acquérir, et dont l'expropriation est autorisée pour cet objet, sera limitée, pour chaque commune, par un plan terrier qui sera soumis à l'approbation de notre directeur général des ponts-et chaussées.

9. La délimitation de la quantité de terres incultes et graviers dont les concessionnaires pourront disposer en toute propriété, en conformité de l'article 2 du décret du 10 mars 1807, sera fixée par notre directeur général des ponts-et-chaussées, de manière à assurer même en cas de nouvel abaissement du lit de la Durance, la faculté de l'établissement du canal d'avant-prise, à donner au cours de la rivière une direction utile à la défense et à l'entretien du canal, et propre à couvrir son flanc jusqu'à Lauzon.

10. Les concessionnaires auront pendant un espace de quinze ans, à partir du 1er janvier 1822, la faculté de prolonger la ligne du canal de la Brillanne, sur la portion du territoire du département de Vaucluse susceptible d'être arrosée par ses eaux.

11. Le Gouvernement s'engage à n'accorder aucune autre concession d'irrigation sur les terrains qui pourront être arrosés par le canal de la Brillanne, qu'autant que les concessionnaires auraient refusé de faire effectuer les travaux nécessaires à l'arrosement des terrains pour lesquels la nouvelle concession serait sollicitée.

12. Le sol du canal et les terrains qu'il arrosera jouiront des avantages, exemptions et modérations d'impôts stipulés par les lois en faveur des entreprises qui auront pour objet des améliorations sensibles dans le mode de culture.

13. Les règles et le tarif du prix de l'arrosement pour les propriétaires qui n'auront pas traité avec les concessionnaires à perpétuité ou pour un temps limité, se

ront déterminés par des réglemens qui seront ultérieurement soumis à notre approbation.

14. Le réglement à intervenir déterminera aussi les époques d'ouverture et de clôture de la saison d'irrigation ;

Le mode d'usage et de distribution des eaux ;

Les amendes et réparations autorisées par les lois en cas de contravention à ces règles ;

La forme dans laquelle seront constatés l'usage des eaux et les contraventions ;

La formation et l'exécution des rôles de perception du droit d'arrosement.

15. Les concessionnaires feront lever, à leurs frais, des plans parcellaires indiquant avec précision la contenance et la nature de culture de chaque parcelle de terrains qu'ils jugeront pouvoir être arrosée.

Ces plans seront déposés à chaque mairie : les intéressés seront invités par publication et affiches, renouvelées trois fois, à venir en prendre connaissance, et à faire, s'il y a lieu, leurs observations pendant le délai d'un mois, passé lequel délai lesdits plans parcellaires seront transmis au préfet pour être homolgués et arrêtés par lui, et serviront de règle dans l'application du tarif qui sera déterminé par les réglemens pour les paiemens à faire aux concessionnaires par les propriétaires qui voudront profiter des eaux du canal pour l'irrigation de leurs terres.

16. Notre ministre secrétaire d'Etat de l'intérieur est chargé de l'exécution de la présente ordonnance.

6 FÉVRIER 1822. — Ordonnance du Roi qui admet les sieurs Lopez, Sedano et Orgeta à établir leur domicile en France. (7, Bull. 505.)

6 FÉVRIER 1822. — Ordonnances du Roi qui autorisent l'acceptation de dons et legs faits au séminaire de Digne et aux fabriques des églises de Montesquieu, de Villiers-sur-Snize, de Roquefort, de Bourg, de Villongue, de la Salanque, du Taillis, de Moutiers et d'Écreteville-sur-Mer. (7, Bull. 519.)

6 FÉVRIER 1822. — Ordonnance du Roi qui autorise M. le maréchal duc de Raguse à construire un patouillet et un bocard sur une dérivation du biez du moulin de Roche, département de la Côte-d'Or. (7, Bull. 519.)

6 FÉVRIER 1822. — Ordonnance du Roi qui autorise la dame veuve du sieur Charlary comte d'Aulnoy à construire un haut-fourneau et un feu d'affinerie, avec un marteau, dans la commune de Rouvres, arrondissement de Langres, département de la Haute-Marne. (7, Bull. 519.)

6 FÉVRIER 1822. — Ordonnance du Roi qui accepte la renonciation du sieur Montigny à la concession des terres pyriteuses de Guiscard, département de l'Oise. (7, Bull. 519.)

6 FÉVRIER 1822. — Ordonnance du Roi qui permet au sieur Forest d'établir une verrerie de verres à vitres dans la commune d'Outre-Furens, département de la Loire. (7, Bull. 519.)

6 FÉVRIER 1822. — Ordonnance du Roi qui concède les mines de houille lignite de Saint-Victor-la-Coste, arrondissement d'Uzès, département du Gard. (7, Bull. 519.)

6 FÉVRIER 1822. — Ordonnance du Roi qui autorise le sieur Loubet-Arnoux à établir une forge et une fonderie à Laffrey, département de l'Isère. (7, Bull. 519.)

6 FÉVRIER 1822. — Ordonnance du Roi qui accordent des lettres de déclaration de naturalité aux sieurs Delmotte dit Delmoth, Luxero, Armann. (7, Bull. 538, 590 et 564.)

10 = Pr. 13 FÉVRIER 1822. — Ordonnance du Roi concernant le remboursement des reconnaissances de liquidations finales 5 et 7. (7, Bull. 505, n° 12163.)

Louis, etc. vu notre ordonnance du 21 novembre 1821, relative au remboursement des reconnaissances de liquidation des quatre derniers cinquièmes restant à échoir ; vu le procès-verbal du tirage général fait en exécution de cette ordonnance le 22 décembre dernier, duquel il résulte que les reconnaissances portant les finales 5 et 7 sont appelées en remboursement pour l'échéance de 1822 ; voulant régler les formes de ce remboursement à l'égard de ceux de ces effets qui ne sont pas au porteur, de manière à garantir les propriétaires de toutes surprises, et assurer entièrement la décharge des agens du Trésor royal ; sur le rapport de notre ministre secrétaire d'Etat des finances, nous avons ordonné et ordonnons ce qui suit :

Art. 1er. Les reconnaissances de liquidation au porteur, finales 5 et 7, seront appelées au remboursement, à compter du 11 mars prochain ; par une affiche unique, indicative des numéros qui seront payés chaque jour, et de manière que la dernière série arrive en ordre de paiement le 22 du même mois.

2. Les reconnaissances de liquidation nominatives de mêmes finales seront également remboursées à tous numéros, à compter du 21 mars 1822 ; les effets remboursables seront portés au crédit, d'un

compte de remboursement qui sera ouvert à cet effet, sur les registres de la dette publique, à compter du 20 courant : le transfert aura lieu sur le rapport des certificats d'inscription, appuyés d'un bordereau contenant quittance signée du propriétaire ou de son fondé de procuration ; cette signature sera, au choix des parties, certifiée par un notaire de Paris ou par un agent de change.

3. Les extraits du compte de remboursement des reconnaissances de liquidation, délivrés (modèle ci joint) en échange des certificats d'inscription rapportés avec les bordereaux quittancés, seront payables, les 21 et 22 mars 1822, par le caissier central du Trésor royal, à l'ordre du signataire de la quittance.

4. Les propriétaires de reconnaissances de liquidation au porteur ou nominatives qui ne se présenteront au remboursement que postérieurement à l'échéance du 22 mars 1822 ne pourront prétendre à aucun intérêt pour raison de ce retard.

5. Notre ministre secrétaire d'État des finances est chargé de l'exécution de la présente ordonnance, qui sera insérée au Bulletin des Lois.

DETTE PUBLIQUE.

Extrait du compte de remboursement des reconnaissances de liquidation nominatives, deuxième cinquième finales 5 et 7 échéant le 22 mars 1822

Capital. . . . .
Arrérages du dernier semestre
  échéant au 22 mars 1822 . . . .

                        TOTAL . . .
Le 21 mars 1822, il sera payé par le caissier central du Trésor royal à M.
ou ordre, la somme de
Paris, le   182

Le directeur du grand-livre,
Vu et vérifié :

*Le directeur des mutations
et transferts,*

---

10 = Pr. 13 FÉVRIER 1822.—Ordonnance du Roi relative au réglement des intérêts sur les cinquièmes échus des créances arriérées de 1810 à 1815. (7, Bull. 505, n° 12164.)

Louis, etc. considérant que l'article 13 de la loi du 28 avril 1816, en statuant que les créances arriérées de 1810 à 1815 porteront intérêt à dater de la publication de ladite loi (5 mai 1816), quelle que soit la date de la liquidation, n'a point fixé l'époque à laquelle ces intérêts cesseront d'être acquis ; considérant que l'intention de la loi du 25 mars 1817, qui a déterminé les époques de remboursement, n'a pu être de faire cesser les intérêts à l'égard des créances dont la liquidation a éprouvé des retards par des causes indépendantes de la volonté des créanciers ; voulant toutefois que les intérêts des sommes non payées aux parties qui ont négligé de les reclamer ne restent pas indéfiniment à la charge de notre Trésor royal ; sur le rapport de notre ministre secrétaire d'État des finances, nous avons ordonné et ordonnons ce qui suit :

Art. 1er. Les intérêts afférens aux cinquièmes devenus remboursables en numéraire, sur les ordonnances délivrées pour l'arriéré de 1810 à 1815, continueront d'être acquittés jusqu'au jour du paiement des ordonnances.

2. Ces intérêts pourront être alloués jusqu'au 22 mars prochain sur les ordonnances portant une date antérieure au 22 décembre 1821.

A partir de la même époque du 22 mars prochain, les intérêts cesseront d'être acquis après trois mois de la date des ordonnances délivrées postérieurement au 22 décembre 1821.

3. Notre ministre secrétaire d'État des finances est chargé de l'exécution de la présente ordonnance.

---

13 FÉVRIER = Pr. 14 MARS 1822. — Ordonnance du Roi qui supprime le dépôt de mendicité créé à Semur, et affecte les bâtimens destinés primitivement à cet établissement, à la création d'un hospice départemental pour la Côte-d'Or. (7, Bull. 509, n° 12217.)

Louis, etc. vu le décret du 11 juillet 1811, qui établit un dépôt de mendicité dans la ville de Semur, département de la Côte-d'Or ; vu les délibérations du conseil général de ce département, en date des 30 juin 1820 et 25 août 1821, relatives à la conversion de ce dépôt de mendicité qui n'a point été mis en activité, en un hospice départemental ; sur le rapport de notre ministre secrétaire d'État au département de l'intérieur ; notre Conseil d'État entendu, nous avons ordonné et ordonnons ce qui suit :

Art. 1er. Le dépôt de mendicité créé à Semur, département de la Côte-d'Or, par le décret du 11 juillet 1811, est supprimé.

2. Les bâtimens destinés primitivement à cet établissement seront affectés à la création d'un hospice départemental, pour la Côte d'Or, dans lequel seront admis les aliénés et les épileptiques, les pauvres infirmes, les individus atteints de maladies cutanées, ou d'autres maux qui ne sont pas traités dans les hôpitaux ordinaires.

3. L'établissement devra contenir au moins vingt cinq loges pour les aliénés furieux, et quarante places pour les aliénés tranquilles.

4. Pour approprier les bâtimens de l'ancien dépôt de mendicité de Semur à leur nouvelle destination, et acquitter les dépenses occasionnées par les nouvelles dispositions, la somme necessaire sera prelevée sur celle de deux cent cinquante-sept mille neuf cent quatre - vingt - quatorze francs trente-trois centimes, existant à la caisse de service du Trésor royal, d'après le compte courant du dépôt de mendicité, arrêté le 31 décembre 1820.

Le restant de cette dernière somme, après ce prélèvement fait, sera employé en acquisition de rente sur l'État, pour le produit annuel en être appliqué aux frais d'entretien de cet établissement, concurremment avec les fonds qui pourront être votés, à cet effet, par le conseil général de la Côte-d'or.

5. La forme de l'administration de cet hospice et les réglemens y relatifs seront déterminés et arrêtés par notre ministre secrétaire d'Etat au département de l'intérieur.

6. Notre ministre secrétaire d'Etat au département de l'intérieur est chargé de l'exécution de la présente ordonnance, qui sera insérée au Bulletin des Lois.

13 FÉVRIER == Pr. 19 MARS 1822. — Ordonnance du Roi portant création d'un emploi d'inspecteur général de l'artillerie, et formation d'un comité de cette arme. (7, Bull. 511, n° 12280.)

Voy. ordonnance du 21 juillet 1815.

Art. 1er. Il sera créé un emploi d'inspecteur général du service central de notre corps royal de l'artillerie.

2. L'inspecteur général du service central sera choisi parmi les lieutenans généraux de cette arme en activité de service, et nommés par nous sur la présentation de notre ministre secretaire d'Etat de la guerre.

3. Il sera formé un comité consultatif de l'artillerie, présidé par l'inspecteur général du service central, et composé de six officiers généraux de l'arme, dont deux lieutenans généraux au moins, tous choisis parmis les généraux en activité dans le corps, et d'un secrétaire, officier supérieur.

Les membres et le secrétaire de ce comité seront désignés, chaque année, par nous, sur la présentation de notre ministre secrétaire d'Etat de la guerre, qui pourra adjoindre audit comité le nombre d'officiers généraux et supérieurs de l'arme qu'il jugera nécessaire, pour l'examen des affaires sur lesquelles ce comité sera consulté.

4. Les fonctions et attributions de l'inspecteur général du service central sont fixées ainsi qu'il suit :

1° Il règle l'ordre du travail des affaires renvoyées à l'examen du comité ;

2° Il remet directement au ministre les rapports de ce comité sur les questions soumises à son examen ;

3° Il a, en outre, sous ses ordres immédiats le service du dépôt central de l'artillerie, créé par notre ordonnance du 31 mars 1820.

5. Les fonctions et attributions du comité sont déterminées ainsi qu'il suit :

Il s'occupe, 1° de tout ce qui est relatif au perfectionnement du matériel et de l'instruction de l'arme, de l'organisation du personnel et du matériel, lorsqu'il y a lieu d'y apporter des modifications, et que notre ministre secrétaire d'Etat de la guerre a donné des ordres exprès à cet égard ;

2° De l'examen des plans et projets relatifs aux diverses parties du service de l'arme, et de tous autres objets qui lui seront renvoyés ;

3° De la vérification du travail de répartition des fonds accordés par le budget pour les divers services, en raison de l'importance de chacun d'eux.

6. Le comité consultatif ne sera réputé complet, et ne pourra donner d'avis sur les objets soumis à son examen par notre ministre secrétaire d'Etat de la guerre, que lorsqu'il s'y trouvera au moins quatre de ses membres, non compris le président.

7. Ainsi sont déterminées les fonctions et attributions de l'inspecteur général du service central et du comité consultatif de l'artillerie : l'un et l'autre ne s'immiscent en rien dans le travail ordinaire du bureau de l'arme au ministère de la guerre.

8. Toutes dispositions contraires à la présente ordonnance sont et demeurent abrogées.

9. Notre ministre secrétaire d'Etat de la guerre est chargé de l'exécution de la présente ordonnance.

13 FÉVRIER == Pr. 19 MARS 1822. — Ordonnance du Roi portant création d'un emploi d'inspecteur général du génie et formation d'un comité de cette arme. (7, Bull, 511 n° 12281.)

Art. 1er. Il sera créé un emploi d'inspecteur général du service central de notre corps royal de génie.

2. L'inspecteur général du service central sera choisi parmi les lieutenans généraux de cette arme en activité de service

et nommé par nous, sur la présentation de notre ministre secrétaire d'Etat de la guerre.

3. Il sera formé un comité consultatif du génie, présidé par l'inspecteur général du service central, et composé de six officiers généraux de l'arme, dont deux lieutenans généraux au moins, tous choisis parmi les généraux en activité dans le corps, et d'un secrétaire, officier supérieur.

Les membres et le secrétaire de ce comité seront désignés, chaque année, par nous, sur la présentation de notre ministre secrétaire d'Etat de la guerre, qui pourra adjoindre audit comité le nombre d'officiers généraux et supérieurs qu'il jugera nécessaire pour l'examen annuel des projets généraux.

4. Les fonctions et attributions de l'inspecteur général du service central sont fixées ainsi qu'il suit :

1° Il règle l'ordre du travail des affaires renvoyées à l'examen du comité;

2° Il remet directement au ministre les rapport de ce comité sur les questions soumises à son examen ;

3° Il a, en outre, sous ses ordres immédiats le service du dépôt central des fortifications, créé par notre ordonnance du 31 mars 1820.

5. Les fonctions et attributions du comité sont déterminées ainsi qu'il suit :

Il s'occupe, 1° de tout ce qui est relatif au perfectionnement du matériel et de l'instruction de l'arme, de l'organisation du personnel et du matériel, lorsqu'il y a lieu d'y apporter des modifications, et que notre ministre secrétaire d'Etat de la guerre a donné des ordres exprès à cet égard;

2° De l'examen des plans et projets relatifs aux diverses parties du service de l'arme, et de tous les autres objets qui lui sont renvoyés ;

3° De la répartition de la partie de fonds que le ministre assigne, chaque année, sur le budget, pour l'exécution des travaux projetés dans les places.

6. Le comité consultatif ne sera réputé complet, et ne pourra donner d'avis sur les objets soumis à son examen par notre ministre secrétaire d'Etat de la guerre, que lorsqu'il s'y trouvera au moins quatre de ses membres, non compris le président.

7. Ainsi sont déterminées les fonctions et attributions de l'inspecteur général du service central et du comité consultatif du génie: l'un et l'autre ne s'immiscent en rien dans le travail ordinaire du bureau de l'arme au ministère de la guerre.

8. Toutes dispositions contraires à la présente ordonnance sont et demeurent abrogées.

9. Notre ministre secrétaire d'Etat de la guerre est chargé de l'exécution de la présente ordonnance.

———

13 FÉVRIER 1822. — Ordonnance du Roi qui crée une place de courtier de marchandises à Périgueux. (7, Bull. 509.)

———

13 FÉVRIER 1822. — Ordonnance du Roi qui nomme M. le lieutenant général comte Valée, inspecteur général de l'artillerie. (7, Bull. 511.)

———

13 FÉVRIER 1822. — Ordonnance du Roi qui nomme M. le lieutenant général baron Rogniat inspecteur général du génie. (7, Bull. 511.)

———

13 FÉVRIER 1822. — Ordonnance du Roi qui admet les sieurs Berdier et Hoff à établir leur domicile en France. (7, Bull. 512.)

———

13 FÉVRIER 1822. — Ordonnances du Roi qui accordent des lettres de déclaration de naturalité aux sieurs Grosso dit Boulogne et Paulin. (7, Bull. 533 et 675.)

———

20 FÉVRIER = Pr. 1er MARS 1822. — Ordonnance du Roi qui ajoute le bureau de douanes de Toulon à ceux déjà désignés pour l'exportation des ouvrages d'or et d'argent. (7, Bull. 507, n° 12195.)

Louis, etc. vu notre ordonnance du 3 mars 1815.

Art. 1er. Le bureau de douanes de Toulon fera désormais partie de ceux désignés en notre ordonnance du 3 mars 1815, pour la sortie des ouvrages d'or et d'argent de fabrique française qui, étant destinés pour l'étranger, doivent jouir de la prime d'exportation, aux termes de la loi du 9 novembre 1797.

2. Notre ministre secrétaire d'Etat des finances est chargé de l'exécution de la présente ordonnance, qui sera insérée au Bulletin des Lois.

———

20 FÉVRIER = 9 MARS 1822. — Ordonnance du Roi qui modifie celles des 21 octobre 1818, 4 octobre 1820 et 1er août 1821, relatives aux primes d'encouragement pour la pêche de la morue. (7, Bull. 508, n° 12212.)

Voy. ordonnances des 21 NOVEMBRE 1821 et 24 FÉVRIER 1815.

Louis, etc., sur le rapport de notre ministre secrétaire d'Etat de l'intérieur; vu nos ordonnances des 21 octobre 1818, 4 octobre 1820, et 1" août 1821 (1), par lesquelles nous avons accordé des primes en faveur de la pêche de la morue ; vu la nécessité de modifier quelques-unes des dispositions de ces ordonnances, et d'en informer le commerce avant le 1" mars 1822, époque des armemens pour la pêche prochaine ; voulant continuer d'encourager cette branche d'industrie, doublement importante dans l'intérêt du service de notre marine, de la subsistance du peuple et de l'activité qu'elle répand dans nos ports de commerce, et surtout que ces encouragemens, qui ont un but si utile, n'éprouvent pas d'interruption ; notre Conseil d'Etat entendu, nous avons ordonné et ordonnons ce qui suit :

Art. 1". Les primes d'encouragement accordées par nos ordonnances des 21 octobre 1818, 4 octobre 1820 et 1" août 1821, continueront d'être payées jusqu'au 1" mars 1825.

2. A partir du 1" septembre 1822, il ne sera plus alloué qu'une prime de trente fr. par cent kilogrammes de morue, pour les exportations de morue de pêche française *importées* aux colonies françaises directement des lieux de pêche, soit par les bâtimens pêcheurs, soit par des navires français expédiés de France à Saint-Pierre et Miquelon, ou aux côtes de Terre-Neuve, pour y charger de la morue avec cette destination.

Il n'est rien innové à la prime de quarante francs par cent kilogrammes de morue de pêche française exportés sur bâtimens français d'un port du royaume, et importés aux colonies françaises.

3. Les importations de draches, ou huile de morue non épurée, jouiront de la prime allouée aux importations d'huile, mais en réduisant les quantités importées au tiers de leur poids.

4. Il ne sera plus alloué de primes.

1° Pour les quantités de morue exportées aux colonies françaises ou à l'étranger, qui seraient moindres,

Pour les colonies, de . . . . . 5,000 kil.
Pour l'étranger, par mer . . . 1,000
Idem, par terre, dans les cas exprimés par notre ordonnance du 23 août dernier 500
2° Pour les qantités d'huile importées qui seraient moindres de 500
Pour les draches, de 1,500
3° Pour les quantités de rognes de morue importées qui seraient moindres de. 300

5. Les navires qui se rendront à Terre-Neuve ou aux îles de Saint-Pierre et Mi-

quelon, pour y charger de la morue et sans y faire la pêche, n'auront pas droit à la prime allouée par nos ordonnances pour les hommes embarqués sur les navires pêcheurs.

Tout armateur qui expédiera, d'un port du royaume, un navire non pêcheur aux côtes de Terre Neuve, ou aux îles de Saint-Pierre et Miquelon, soit en lest, soit avec une cargaison de sel ou de toute autre marchandise, à l'effet d'y acheter ou charger de la morue de pêche française à la destination des colonies françaises ou de l'étranger, devra en faire, avant le départ du navire, la déclaration par-devant le commissaire de la marine du port d'armement ; et, outre les pièces à fournir pour constater ces exportations et avoir droit à la prime accordée en pareil cas, il devra remettre à notre ministre secrétaire d'Etat de l'intérieur un duplicata de cette déclaration.

6. Les pièces à fournir pour obtenir les primes à raison de l'importation de la morue faite directement des lieux de pêche aux colonies françaises ou dans les ports d'Espagne, de Portugal ou d'Italie, sont :

1° Si le chargement a eu lieu aux îles de Saint-Pierre et de Miquelon, un certificat de notre commandant et administrateur dans ces îles ; s'il a lieu sur les côtes de Terre-Neuve, un certificat délivré par l'un de nos capitaines des vaisseaux composant la station dans ces parages, ou, à leur défaut, par trois capitaines de navires pêcheurs appartenant à d'autres armateurs que celui du navire chargeur : ces certificats attesteront que la morue provient de la pêche du navire chargeur ou de celle des autres bâtimens pêcheurs français, son poids au net, sa bonne qualité, le nom de l'armateur, du navire et du capitaine, le port français d'armement, celui de sa destination et la date du départ.

Ces certificats seront délivrés en double expédition aux capitaines, qui en remettront une à nos ordonnateurs de la marine dans les colonies, ou à nos consuls et vice-consuls en pays étranger. Ceux-ci les adresseront directement à notre ministre secrétaire d'Etat de la marine et des colonies, avec les certificats de déchargement ci-après ; ces derniers seront transmises à notre ministre secrétaire d'Etat de l'intérieur.

2° Un certificat de l'ordonnateur de la marine et du directeur des douanes dans les colonies, ou de nos consuls et vice-consuls dans les pays étrangers, constatant, 1° qu'à l'arrivée du navire dans le port de leur résidence, ils ont reçu du capitaine et de trois de ses premiers officiers mariniers ou matelots, la déclaration, appuyée, au besoin,

(1) Elle n'est pas au Bulletin des Lois.

du journal de bord, de la quantité de morue chargée sur son bâtiment aux îles de Saint-Pierre et Miquelon, ou aux côtes de Terre-Neuve, pour compte de son armateur; qu'elle provient de sa pêche, ou de celle d'autres navires pêcheurs qu'il désignera; 2° que par eux-mêmes (ou par un employé de la marine et de la douane aux colonies, le chancelier ou le secrétaire du consul, délégue) ils ont assisté au débarquement de la morue, et ont fait procéder à la vérification de son poids, dont ils spécifieront la quantité au net.

Les huiles transportées des lieux de pêche aux colonies seront soumises aux mêmes formalités.

A l'avenir, la vérification de la bonne qualité de la morue, qui doit être constatée à l'exportation d'un port français par deux courtiers, sera faite en présence d'un préposé de la douane du lieu d'embarquement.

7. N'auront plus droit aux primes accordées par nos ordonnances des 21 octobre 1818, 4 octobre 1820 et 1ᵉʳ août 1821, les armateurs qui n'auront point adressé à notre ministre secrétaire d'État de l'intérieur les pièces nécessaires, dans l'année qui suivra le départ du navire pêcheur; les exportations de morue aux colonies ou à l'étranger, et les importations d'huile, draches et rogues. Pour les exportations faites aux colonies françaises, au-delà du cap de Bonne-Espérance, ce délai sera de deux ans.

8. Pour constater que les primes avancées au départ ont été justement acquises par l'accomplissement de la destination, à l'arrivée dans nos ports des navires revenant de la pêche, les bureaux des douanes recevront les déclarations et affirmations des capitaines des navires pêcheurs, entendront et interrogeront leurs équipages. Ils adresseront à notre directeur général des douanes des extraits sommaires desdites déclarations, indiquant le lieu et la date de l'arrivée, le nom du navire, du capitaine et de l'armateur, le lieu où le capitaine déclarera avoir pêché, et le produit dont la cargaison est composée, en rappelant de plus le port de l'armement et la date du départ. Ils délivreront un extrait desdites déclarations aux capitaines ou armateurs des navires pêcheurs.

Le directeur général des douanes adressera, aussi par mois, le tableau desdits extraits à notre ministre secrétaire d'État de l'intérieur.

Tout armateur d'un navire pêcheur qui aura obtenu une prime au départ sera tenu dans les trois mois qui suivront le retour de son navire dans un port français, de transmettre à notre ministre secrétaire d'État de l'intérieur un extrait de ladite déclaration faite par le capitaine.

Si le capitaine a débarqué sa cargaison de poisson hors de France, ou s'il a été empêché, par naufrage, par prise ou autrement, de parvenir à sa destination ou d'y faire son retour, l'armateur sera tenu d'en rapporter la preuve dans l'année du départ.

Si l'armateur n'a reçu aucune nouvelle du navire à l'expiration du délai fixé en l'article 375 du Code de commerce, il pourra demander la radiation de la soumission passée au départ pour la réception de la prime. Faute par lui de se conformer à ces dispositions, il sera poursuivi pour la restitution de la prime qui lui aura été payée.

9. Les dispositions de nos ordonnances des 21 octobre 1818, 4 octobre 1820 et 1ᵉʳ août 1821, qui ne sont pas rapportées par ces présentes, sont maintenues et continueront de recevoir leur exécution.

10. Nos ministres secrétaires d'État des affaires étrangères, de l'intérieur, des finances, et de la marine et des colonies, sont chargés, chacun en ce qui le concerne, de l'exécution de la présente ordonnance, qui sera insérée au Bulletin des Lois

N° 1ᵉʳ.

Année 18
—

ÎLES DE SAINT-PIERRE ET MIQUELON,
ou Côtes de Terre-Neuve.

—

N° d'ordre.
—

Modèle du certificat à délivrer par le commandant et administrateur du Roi aux îles de Saint-Pierre et Miquelon, ou par l'un des capitaines des vaisseaux du Roi composant la station aux côtes de Terre-Neuve, ou, à leur défaut, par trois capitaines de navires pêcheurs.

Aux capitaines des navires qui prendront auxdits lieux un chargement de morue, pour l'exporter directement aux colonies françaises ou à l'étranger. (Art. 6.)

ÎLES DE SAINT-PIERRE ET MIQUELON,
OU CÔTES DE TERRE-NEUVE.

Nous (noms et grades des fonctionnaires publics ou des capitaines),

Attestons que le sieur   capitaine du navire le   armé à   par le sieur

Nous a déclaré avoir chargé à son bord, pour le compte dudit armateur, la quantité de   quintaux métriques de morue (poids net), provenant de sa pêche ou de celle des navires (indiquer le nom des navires pêcheurs et des armateurs), laquelle quantité de morue, qui a été reconnue de bonne qualité, il exporte directement au port de   (indiquer le port de la colonie ou du pays etranger).

En foi de quoi, nous lui avons délivré le présent certificat en double expédition, afin qu'il en puisse remettre une aux autorités françaises à son arrivée dans le lieu de sa destination, et garder l'autre pardevers lui, pour être remise à son armateur.

Fait à   .   le

Signé

N° II.

Année 18

—

DÉCLARATION DE RETOUR.

Direction des douanes d

Port d

N° D'ORDRE.

Modèle de la déclaration à faire par les capitaines de navires revenant de la pêche à la morue. (Art. 8.)

Par devant M. (noms et titres du fonctionnaire ou préposé) de la douane en ce port, je soussigné capitaine du navire le   armé au port d   par M.   est sorti de ce port le
Déclare avoir été faire la pêche de la morue (indiquer les lieux de pêche), et rapporter dans ce port (ou si le produit de la pêche a été exporté aux colonies ou à l'étranger, indiquer le lieu d'exportation) la quantité de (mentionner la quantité et le poids des differens produit de la pêche) composant ma cargaison, et provenant de la pêche faite par ledit navire, ou de celle faite par (indiquer les autres navires qui auraient contribué à faire ou à compléter la cargaison).

En foi de quoi j'ai signé la présente déclaration, et présenté mon journal de bord à l'appui.

Fait à   le

Signature du capitaine.

Nous (noms et titres du fonctionnaire ou préposé) des douanes au port d après avoir entendu les hommes composant l'équipage du navire le capitaine   et après avoir comparé leurs déclarations à celle du capitaine et à son journal de bord, certifions que ledit armement a rempli les conditions déter-

minées par l'ordonnance du 21 octobre 1818 et celle du 20 février 1822.

Fait à   le   18

Signature de l'officier de la douane.

———

20 FÉVRIER = Pr. 1er AVRIL 1822. — Ordonnance du Roi portant autorisation, conformément aux statuts y annexés, de la société anonyme établie à Paris sous le nom de fabrique d'aiguilles de Laigle. (7, Bull. 517, n° 12507).

Louis, etc., vu les articles 29 à 37, 40 et 45 du Code de commerce; sur le rapport de notre ministre secrétaire d'Etat de l'intérieur, le Conseil-d'Etat entendu, nous avons ordonné et ordonnons ce qui suit :

Art. 1er. La société anonyme établie à Paris sous le nom de Fabrique d'aiguilles de Laigle, est autorisée, et ses statuts sont approuvés ainsi qu'ils sont contenus dans l'acte constitutif de ladite société passé pardevant Noël jeune et son collègue, notaires à Paris, le 4 février 1822; lequel acte demeurera annexé à la présente ordonnance.

2 Nous nous réservons de révoquer notre autorisation en cas de violation ou de non exécution des statuts par nous approuvés; le tout sauf les droits des tiers, et sans préjudice des dommages-intérêts qui seront prononcés par les tribunaux.

3. La société sera tenue de remettre, tous les six mois, copie de son état de situation au préfet de police, au greffe du tribunal de commerce et à la chambre de commerce de Paris.

4. Notre ministre secrétaire d'Etat de l'intérieur est chargé de la présente ordonnance, qui sera publiée au Bulletin des Lois avec l'acte annexé; elle sera pareillement insérée au Moniteur et dans le journal destiné aux annonces judiciaires, tant du département de la Seine que de celui de l'Orne, lieu de situation de la fabrique; le tout sans préjudice des affiches ordonnées par les art. 42 et 45 du Code de commerce.

———

20 FÉVRIER 1822. — Ordonnance du Roi qui autorise le consistoire de l'église de Clairac à acquérir une maison destinée à servir de maison de prière. (7, Bull. 519.)

———

20 FÉVRIER 1822. — Ordonnance du Roi contenant le tableau des foires du département de l'Indre. (7, Bull. 520.)

———

20 FÉVRIER 1822. — Ordonnances du Roi qui autorisent l'acceptation de donations faites à des séminaires, congrégations et fabriques. (7, Bulletins 519; 520, 591 et 592.)

20 FÉVRIER 1822. — Ordonnances du Roi relatives aux foires des communes de Saint-Augustin, de Saint Dolay, de Langonnet, de La Bastide d'Anjou, de Saillans et de Puireaux. (7, Bull. 520.)

20 FÉVRIER 1822. — Ordonnance du Roi qui autorise le marquis Duboulet à maintenir en activité la forge qu'il possède sur la rivière d'Anjou, commune de Maranville, département de la Haute-Marne. (7, Bull. 520.)

20 FÉVRIER 1822. — Ordonnances du Roi qui accordent des lettres de déclaration de naturalité aux sieurs Dumont et Dancourt. (7, Bull. 533 et 668.)

20 FÉVRIER 1822. — Ordonnances du Roi qui accordent des pensions militaires. (7, Bull. 508 bis.)

21 FÉVRIER 1822. — Avis du conseil-d'Etat touchant le droit de pêche dans les rivières flottables. (Sirey, t. 25, 2, 251 et 252, et Répertoire de M. Favard de Langlade, au mot Pêche, sect. Ire, page 165.) (1).

Voy. avis du Conseil-d'Etat du 30 pluviose an 13.

Le Conseil-d'Etat, sur le renvoi qui lui a été fait par M. le garde-des-sceaux, d'un rapport transmis par M. le ministre des finances, relatif au droit de pêche, dans les rivières flottables et non navigables ; vu la lettre de M. le ministre des finances, du 26 décembre 1821, qui propose de soumettre à l'examen du conseil les deux questions suivantes :

1° Le droit de pêche dans les rivières flottables et non navigables appartient-il à l'Etat ?

2° Y a-t-il lieu dans le cas de l'affirmative de reformer l'avis du Conseil-d'Etat du 30 pluviose an 13 ?

Vu la décision du même ministre du 6 novembre 1820, qui prescrit la mise en ferme des parties des rivières de la Meurthe et de la Moselle, qui ne sont pas flottables ; l'avis du conseil des finances du 6 octobre 1820, sur les deux questions ci-dessus, la loi du 14 floréal an 10, l'article 538 du Code civil, l'avis du Conseil-d'Etat du 30 pluviose an 13, relatif à la propriété du droit de pêche dans les ri-

vières non navigables ; considérant que dans l'acception commune, on confond sous la dénomination de *rivières flottables*, deux espèces de cours d'eau très-distincts, savoir :

1° Des rivières navigables *sur trains ou radeaux*, au bord desquelles les propriétaires riverains sont tenus de livrer le marche-pied déterminé par l'article 630 du Code civil, et dont le curage et l'entretien sont à la charge de l'Etat ;

2° Des rivières et ruisseaux flottables *à bûches perdues*, sur le bord desquelles les propriétaires riverains ne sont assujétis qu'à livrer passage, dans le temps du flot, aux ouvriers du commerce de bois chargés de diriger les bûches flottantes et de repêcher les bûches submergées ;

Considérant que les rivières flottables sur trains ou radeaux sont, de leur nature, navigables pour toute embarcation du même tirant d'eau que le train ou radeau flottant ; que les rivières flottables de cette espèce ont été considérées comme rivières navigables, soit par l'ordonnance de 1669, soit par les premières instructions données pour l'exécution de la loi du 14 floréal an 10 ; que dès lors les rivières flottables sur trains ou radeaux, dont l'entretien est à la charge de l'Etat, se trouvent comprises parmi les rivières navigables dont la pêche peut, aux termes de ladite loi, être affermée aux profit de l'Etat ; qu'il est impossible, au contraire, d'appliquer les dispositions de ladite loi aux cours d'eau qui ne sont flottables qu'à bûches perdues, et qui ne peuvent, sous aucun rapport, être considérés comme rivières navigables , est d'avis,

1° Que l'Etat a droit d'affermer, en vertu de la loi du 14 floréal an 10, la pêche des rivières qui sont navigables sur bateaux, trains ou radeaux, et dont l'entretien n'est pas à la charge des propriétaires riverains ;

2° Que ce droit ne peut s'étendre, en aucun cas, aux rivières ou ruisseaux qui ne sont flottables qu'à bûches perdues.

27 FÉVRIER Pr. = 14 MARS 1822. — Ordonnance du Roi qui modifie le décret du 2 juillet 1812 relatif à la plaidoirie. (7, Bull. 509, n° 12,219.)

Voy. décrets des 14 décembre 1810 et 27 juillet 1812 ; ordonnance du 20 novembre 1822.

Louis, etc. nous étant fait rendre compte des réglemens sur la discipline du bar-

---

(1) Un arrêt de la Cour de cassation, en date du 22 août 1823, a décidé dans le même sens que cet avis du Conseil-d'Etat, que les rivières *flottables* sont *domaniales*, et que par consé-

quent le droit de pêche y appartient à l'Etat seulement lorsqu'elles sont *flottables* à trains ou radeaux, et non lorsqu'elles sont simplement *flottables* à bûches perdues (Sirey, 24, 1, 1).

reau, nous avons remarqué que le décret du 14 décembre 1810 déclare incompatibles la profession d'avocat et le ministère d'avoué, et proclame ainsi le principe, qu'il importe de consacrer de nouveau que les officiers ministériels ne sont préposés qu'à l'instruction des procès, et que le droit de les défendre devant nos cours et tribunaux appartient exclusivement aux avocats; qu'il existe cependant deux exceptions à ce principe : l'une en faveur des avoués qui ont obtenu des lettres de licence dans l'intervalle de ventôse an 12 à juillet 1812, et sont autorisés à plaider, concurremment avec les avocats, les affaires qu'ils ont instruites (art. 32 de la loi du 22 ventôse an 12, art. 9 du décret du 2 juillet 1812); que cette faveur accordée à des hommes qui se sont livrés à l'étude du droit dans un temps où elle était négligée, leur est justement acquise, et il n'est pas dans notre intention de les en priver; que la deuxième exception concerne des avoués même non licenciés qui postulent dans plusieurs tribunaux de première instance et à qui les réglemens permettent de plaider toute espèce de cause dans laquelle ils occupent (dernière disposition de l'art. 3 du décret du 2 juillet 1812); que, si la nécessité exige le maintien de cette disposition dans les tribunaux où les avocats, trop peu nombreux, ne peuvent suffire à l'expédition des affaires, elle est abusive, destructive de toute émulation et nuisible à nos sujets, dans les lieux où le barreau composé d'hommes expérimentés et d'une jeunesse studieuse, offre au public des défenseurs éclairés et en nombre suffisant; sur le rapporteur de notre garde-des-sceaux, ministre secrétaire d'État au dé-

partement de la justice; notre Conseil-d'État entendu, nous avons ordonné et ordonnons ce qui suit :

Art. 1ᵉʳ. Les avoués qui, en vertu de la loi du 22 ventôse an 12, jusqu'à la publication du décret du 2 juillet 1812, ont obtenu le grade de licencié, continueront de jouir de la faculté qui leur est accordée par l'art. 9 du susdit décret.

2. Les avoués non licenciés, et ceux qui ne l'ont été que depuis la publication du décret du 2 juillet 1812, ne pourront plaider les causes dans lesquelles ils occuperont, que dans les tribunaux où le nombre des avocats inscrits sur le tableau, ou stagiaires exerçant et résidant dans le chef-lieu, sera jugé insuffisant pour la plaidoirie et l'expédition des affaires.

3. Chaque année, dans la première quinzaine du mois de novembre, nos cours royales arrêteront l'état des tribunaux de première instance de leur ressort où les avoués pourront jouir de la faculté énoncée en l'article précédent (1).

4. Les délibérations de nos cours, en exécution de l'article ci-dessus, seront prises, à la diligence de nos procureurs généraux, sur l'avis motivé des tribunaux de première instance.

Elles seront soumises à l'approbation de notre garde-des sceaux, et recevront provisoirement leur exécution (2).

5. Il n'est pas dérogé par la présente au droit qu'ont les avoués de plaider, dans les affaires où ils occupent devant nos cours ou tribunaux, les demandes incidentes qui sont de nature à être jugées sommairement, et tous les incidens relatifs à la procédure (3).

(1 et 2) *Voyez* notes sur l'art. 5.

(3) De la combinaison de cette ordonnance avec le décret du 12 juillet 1812 est née la question de savoir si les avoués près les tribunaux de première instance, dans les chefs-lieux de Cour royale, de cours d'assises et de département, conservent encore aujourd'hui, comme autrefois, sous l'empire de ce décret, le droit de plaider les causes sommaires dans lesquelles ils occupent, ou bien s'ils ne peuvent plaider que dans les demandes incidentes de nature à être jugées *sommairement* et dans les incidens de procédure.

La cour d'Amiens, par arrêt du 31 déc. 1824, a jugé que l'ordonnance n'avait point enlevé aux avoués le droit que leur conférait le décret du 2 juillet 1812 de plaider dans toutes les causes sommaires où ils occupent (S. 25, 2, 190). — Arrêt de la Cour d'Aix, du 2 août 1825, qui décide de la même manière (S. 26, 2, 237). — Arrêts en sens contraire de la cour royale de Paris, du 15 juillet 1826, et de la cour royale de Metz, du 28 janvier 1826 (S. 26, 2, 238 et 299).

Enfin, trois arrêts de la Cour de cassation, en

date des 11 décembre 1826, du 11 janvier 1827 et 15 janvier 1829 ont également jugé que la faculté de plaider toutes les causes sommaires n'appartenait plus aux avoués des chefs-lieux de cours royales, de cours d'assises et de département (S. 27, 1, 79 et 225. et 29, 1, 174).

Le second de ces arrêts a décidé d'ailleurs que les questions relatives aux droits de plaidoirie des avoués doivent être jugées en audience publique par les cours ou tribunaux auxquels ils appartiennent, et que ce n'est pas le cas d'une délibération en la chambre du conseil, qui doive être ensuite soumise à l'approbation du garde-des-sceaux, en conformité des articles 3 et 4 de la présente ordonnance.

Au surplus, les avoués licenciés, dans l'intervalle du 22 ventôse an 12 au 2 juillet 1812, ont toute la faculté de plaider en police correctionnelle (21 juillet 1826, Paris; S. 26, 2, 239). — *Id.* 15 novembre 1837; Riom, S. 28, 216; D. 128, 2, 134.)

Tout avoué peut plaider devant les cours d'assises, aux termes de l'art. 295 du Code d'instruc-

6. Notre garde-des-sceaux, ministre secrétaire d'Etat au département de la justice, est chargé de l'exécution de la présente ordonnance, qui sera insérée au Bulletin des Lois.

---

27 FÉVRIER =Pr. 29 MARS 1822. — Ordonnance
du Roi portant autorisation de la société anonyme formée a Paris sous la dénomination de
*Société pour l'amélioration des procédés de
vinification.* (7, Bull. 515, n° 12400.)

Louis, etc. sur le rapport de notre ministre secrétaire d'Etat au département de
l'intérieur; vu les articles 29 à 37, 40 et
45 du Code de commerce; notre Conseil-
d'Etat entendu, nous avons ordonné et
ordonnons ce qui suit :

Art. 1er. La société anonyme formée à
Paris sous la dénomination de *Société
pour l'amélioration des procédés de vinification,* ayant pour objet l'exploitation des
brevets d'invention accordés à la demoiselle Gervais, est autorisée, et ses statuts
sont approuvés ainsi qu'ils sont contenus
dans l'acte social passé par-devant Chodron et son collègue, notaires à Paris, les
6 et 7 février 1822, lequel acte demeurera
annexé à notre présente ordonnance : lesdites autorisation et approbation s'entendront neanmoins sous les réserves suivantes.

2. Dans le courant d'une année, à compter de la promulgation de notre présente
ordonnance, la demoiselle Gervais sera
tenue de compléter ou faire compléter,
dans la caisse sociale, tant le versement de
la mise des quatre cents actions dont la
société se compose que le doublement desdites mises dont elle est personnellement
redevable, suivant l'article 3 des statuts, et
en ce sens est entendue et approuvée la disposition finale dudit article 3.

3. Nonobstant l'art. 4 des mêmes statuts
la société serait tenue de procéder à sa liquidation et serait dissoute de droit dans
le cas où son capital se trouverait réduit à
la somme de quinze mille francs par effet
de pertes ou de non réussite.

4. L'article 9 des statuts n'est approuvé
qu'à la charge que, lorsque le conseil d'administration délibérera en nombre moindre de cinq membres présens, les résolutions ne pourront être prises qu'à la pluralité de trois suffrages au moins.

5. Nous nous réservons de révoquer no-

tre autorisation en cas de violation ou de
non-exécution des statuts par nous approuvés; le tout, sauf les droits des tiers
et sans préjudice des dommages-intérêts
qui seront prononcés par les tribunaux.

6. La société sera tenue de remettre,
tous les six mois, copie de son état de situation au préfet de police, au greffe du
tribunal de commerce et à la chambre de
commerce de Paris.

7. Notre ministre secrétaire d'Etat au
département de l'intérieur est chargé de
l'exécution de la présente ordonnance.

---

27 FÉVRIER = Pr. 29 MARS 1822. — Ordonnance
du Roi portant autorisation de la société anonyme provisoirement constituée à Paris sous le
nom de *Société des transports accélérés par
eau.* (7, Bull. 515, n° 12,401.)

Louis, etc., sur le rapport de notre ministre secrétaire d'Etat au département de
l'intérieur; vu les articles 29 à 37, 40 et 45
du Code de commerce; notre Conseil d'Etat
entendu, nous avons ordonné et ordonnons
ce qui suit :

Art. 1er. La société anonyme, provisoirement constituée à Paris sous le nom de
Société des transports accélérés par eau, est
et demeure autorisée, et ses statuts sont
approuvés ainsi qu'ils sont contenus dans
l'acte social passé par-devant Forqueray et
son collègue, notaires à Paris, les 15, 18 et
19 janvier 1822, lequel restera annexé à la
présente ordonnance.

2. La présente autorisation étant accordée à la société, à la charge, par elle, de
se conformer aux lois et aux statuts qui
doivent la régir, nous nous réservons de
révoquer ladite autorisation dans le cas où
les conditions ne seraient pas accomplies,
et sauf les actions à exercer par les particuliers devant les tribunaux, à raison des
infractions commises.

La société sera tenue de remettre, tous
les six mois, copie en forme de son état de
situation au préfet du département de la
Seine, au greffe du tribunal de commerce
et à la chambre de commerce de Paris.

4. Notre ministre secrétaire d'Etat au
département de l'intérieur est chargé de
l'exécution de la présente ordonnance, qui
sera publiée au Bulletin des Lois : pareille
insertion aura lieu dans le Moniteur et
dans le journal des annonces judiciaires

---

tion criminelle, lorsqu'il est choisi pour conseil
par l'accusé. — Il n'appartient pas aux tribunaux
d'étendre à la plaidoirie des affaires criminelles
les incapacités pour la plaidoirie des affaires civiles.
L'avoué à qui la cour d'assises refuse le droit
de plaider est recevable à se pourvoir en cassa-

tion contre cet arrêt, en son nom personnel (23
juin 1827; Cass. S. 27, 1, 521). — On trouve
dans Sirey, à la suite de cet arrêt, un autre arrêt
du 20 février 1824, qui semble décider le contraire: mais, comme le fait remarquer l'arrétiste,
il y a entre les deux espèces une différence qui
permet de concilier les arrêts.

du département de la Seine, conjointement avec l'insertion des statuts ci-annexés, et sans préjudice des affiches prescrites par l'article 45 du Code de commerce.

27 FÉVRIER 1822. — Ordonnance du Roi qui admet les sieurs Bourrec, Garcia, Marquiz, Perez del Corral et Lopez, à établir leur domicile en France. (7, Bull. 512.)

27 FÉVRIER. — Ordonnance du Roi qui autorise le sieur Payssé à construire une usine en fer sur la même tête d'eau que ses hauts-fourneaux de Creutzwald, arrondissement de Thionville. (7, Bull. 520.)

24 FÉVRIER 1822 — Ordonnance du Roi qui autorise le sieur Lallemant à conserver le feu de forge, le martinet et le laminoir ou fonderie, en activité dans les communes d'Usemain, de Larue et de Xertigny, département des Vosges. (7. Bull. 520.)

27 FÉVRIER 1822. — Ordonnances du Roi qui accordent des lettres de déclaration de naturalité aux sieurs Doeserich dit Desserich, Fournier et Weber (7, Bulletins 533 et 667.)

27 FÉVRIER 1822. — Ordonnances du Roi qui accordent des pensions ecclésiastiques. (7, Bull. 508 bis.)

28 FÉVRIER 1822. — Tableau des prix moyens pour servir de régulateurs de l'exportation et de l'importation conformément aux lois des 17 juillet 1810 et 4 juillet 1821. (7, Bull. 505.)

3 = 9 MARS 1822. — Loi relative à la police sanitaire (1). (7, Bull. 508, n°12211.)

Voy. ordonnance du 27 SEPTEMBRE 1821; loi du 1er MAI 1822; ordonnances des 20 MARS et 7 AOUT 1822.

TITRE Ier De la police sanitaire.

Art. 1er. Le Roi détermine par des ordonnances, 1° les pays dont les provenances doivent être habituellement ou temporairement soumises au régime sanitaire; 2° les mesures à observer sur les côtes, dans les ports et rades, dans les lazarets et autres lieux réservés; 3° les mesures extraordinaires que l'invasion ou la crainte d'une maladie pestilentielle rendrait nécessaires sur les frontières de terre ou dans l'intérieur.

Il règle les attributions, la composition et le ressort des autorités et administrations chargées de l'exécution de ces mesures, et leur délègue le pouvoir d'appliquer provisoirement, dans des cas d'urgence, le régime sanitaire aux portions du territoire qui seraient inopinément menacées.

Les ordonnances du Roi ou les actes administratifs qui prescriront l'application des dispositions de la présente loi a une portion du territoire français, seront, ainsi que la loi elle-même, publiés et affichés dans chaque commune qui devra être soumise à ce régime; les dispositions pénales de la loi ne seront applicables qu'après cette publication.

2. Les provenances, par mer, de pays habituellement *sains*, continueront d'être admises à la libre pratique, immédiatement après les visites et les interrogatoires d'usage, à moins d'accidens ou de communication de nature suspecte, survenus depuis leur départ.

3. Les provenances, par la même voie, de pays qui ne sont pas habituellement *sains*, ou qui se trouvent accidentellement infectés, sont, relativement à leur état sanitaire, rangées sous l'un des trois régimes ci-après déterminés :

Sous le régime de la *patente brute*, si elles sont ou ont été, depuis leur départ, infectées d'une maladie réputée pestilentielle, si elles viennent de pays qui en soient infectés, ou si elles ont communiqué avec des lieux, des personnes ou des choses qui auraient pu leur transmettre la contagion;

Sous le régime de la *patente suspecte*, si elles viennent de pays où règne une maladie soupçonnée d'être pestilentielle, ou de pays qui, quoique exempts de soupçon, sont ou viennent d'être en libre relation avec des pays qui s'en trouvent entachés, ou enfin si des communications avec des provenances de ces derniers pays, ou des circonstances quelconques, font suspecter leur état sanitaire;

Sous le régime de la *patente nette*, si aucun soupçon de maladie pestilentielle n'existait dans le pays d'où elles viennent, si ce pays n'était point ou ne venait point d'être en libre relation avec des lieux entachés de ce soupçon, et enfin si aucune communication, aucune circonstance quelconque, ne fait suspecter leur état sanitaire.

4. Les provenances spécifiées en l'article 3 ci-dessus pourront être soumises à des quarantaines plus ou moins longues, selon chaque régime, la durée du voyage et la gra-

---

(1) Proposition à la Chambre des pairs le 27 novembre 1821 (Mon. du 6 décembre). Rapport de M. Chaptal le 7 décembre (Mon. du 13). Discussion les 11, 13 et 14 (Mon. des 19, 24 et 28). Adoption le 14 (Mon. du 28).

Proposition à la Chambre des députés le 24 (Mon. du 25). Rapport de M. Pardessus le 18 février 1822 (Mon. du 19). Discussion le 18 février (Mon. du 19 au 23). Adoption le 22 (Mon. du 23).

vité du péril. Elles pourront même être re-poussées du territoire, si la quarantaine ne peut avoir lieu sans exposer la santé publique.

Les dispositions du présent article et de l'article 3 s'appliqueront aux communications par terre, toutes les fois qu'il aura été jugé nécessaire de les y soumettre.

5. En cas d'impossibilité de purifier, de conserver ou de transporter sans danger des animaux ou des objets matériels susceptibles de transmettre la contagion, ils pourront être sans obligation d'en rembourser la valeur, les animaux tués et enfouis, les objets matériels détruits et brûlés.

La nécessité de ces mesures sera constatée par des procès-verbaux, lesquels feront foi jusqu'à inscription de faux.

6. Tout navire, tout individu, qui tenterait, en infraction aux réglemens de pénétrer en libre pratique, de franchir un cordon sanitaire, ou de passer d'un lieu *infecté* ou *interdit* dans un lieu qui ne le serait point, sera, après due sommation de se retirer, repoussé de vive force, et ce, sans préjudice des peines encourues.

TITRE II. Des peines, délits et contraventions en matière sanitaire.

7. Toute violation des lois et des réglemens sanitaires sera punie :

De la peine de mort, si elle a opéré communication avec des pays dont les provenances sont soumises au régime de la *patente brute*, avec ces provenances, ou avec des lieux, des personnes ou des choses placés sous ce régime;

De la peine de réclusion et d'une amende de deux cents francs à vingt mille francs, si elle a opéré communication avec des pays dont les provenances sont soumises au régime de la *patente suspecte*, avec ces provenances, ou avec des lieux, des personnes ou des choses placées sous ce régime;

De la peine d'un an à dix ans d'emprisonnement et d'une amende de cent francs à dix mille francs, si elle a opéré communication prohibée avec des lieux, des personnes ou des choses qui, sans être dans l'un des cas ci-dessus spécifiés, ne seraient point en libre pratique.

Seront punis de la même peine ceux qui se rendraient coupables de communications interdites entre des personnes ou des choses soumises à des quarantaines de différens termes.

Tout individu qui recevra sciemment des matières ou des personnes en contravention aux réglemens sanitaires sera puni des mêmes peines que celles encourues par le porteur ou le délinquant pris en flagrant délit.

8. Dans le cas où la violation du régime

de la *patente brute*, mentionnée à l'article précédent, n'aurait point occasionné d'invasion pestilentielle, les tribunaux pourront ne prononcer que la réclusion et l'amende portées au second paragraphe dudit article.

9. Lors même que ces crimes ou délits n'auraient point occasioné d'invasion pestilentielle, s'ils ont été accompagnés de rébellion, ou commis avec des armes apparentes ou cachées, ou avec effraction, ou avec escalade.

La peine de mort sera prononcée en cas de violation du régime de la patente brute.

La peine des travaux forcés à temps sera substituée à la peine de réclusion, pour la violation du régime de la patente suspecte; et la peine de réclusion à l'emprisonnement, pour les cas déterminés dans les deux avant-derniers paragraphes de l'article 7.

Le tout indépendamment des amendes portées audit article, et sans préjudice des peines plus fortes qui seraient prononcées par le Code pénal.

10. Tout agent du Gouvernement du dehors, tout fonctionnaire, tout capitaine, officier ou chef quelconque d'un bâtiment de l'État ou de tout autre navire ou embarcation, tout médecin, chirurgien, officier de santé, attaché, soit au service sanitaire, soit à un bâtiment de l'État ou du commerce, qui, officiellement, dans une dépêche, un certificat, un rapport, une déclaration ou une déposition, aurait sciemment altéré ou dissimulé les faits, de manière à exposer la santé publique, sera puni de mort, s'il s'en est suivi une invasion pestilentielle.

Il sera puni des travaux forcés à temps et d'une amende de mille francs à vingt mille francs, lors même que son faux exposé n'aurait point occasioné d'invasion pestilentielle, s'il était de nature à pouvoir y donner lieu en empêchant les précautions nécessaires.

Les mêmes individus seront punis de la la dégradation civique et d'une amende de cinq cents francs à dix mille francs, s'ils ont exposé la santé publique en négligeant sans excuse légitime, d'informer qui de droit de faits à leur connaissance de nature à produire ce danger, ou si, sans s'être rendus complices de l'un des crimes prévus par les articles 7, 8 et 9, ils ont sciemment et par leur faute laissé enfreindre ou enfreint eux-mêmes les dispositions réglementaires qui eussent pu le prévenir.

11. Sera puni de mort tout individu faisant partie d'un cordon sanitaire, ou en faction pour surveiller une quarantaine ou pour empêcher une communication interdite, qui aurait abandonné son poste ou violé sa consigne.

12. Sera puni d'un emprisonnement d'un

à cinq ans, tout commandant de la force publique qui, après avoir été requis par l'autorité compétente, aurait refusé de faire agir pour un service sanitaire la force sous ses ordres.

Seront punis de la même peine et d'une amende de cinquante francs à cinq cents francs, tout individu attaché à un service sanitaire, ou chargé par état de concourir à l'exécution des dispositions prescrites pour ce service, qui aurait, sans excuse légitime, refusé ou négligé de remplir ces fonctions.

Tout citoyen faisant partie de la garde nationale, qui se refuserait à un service de police sanitaire pour lequel il aurait été légalement requis en cette qualité :

Toute personne qui, officiellement chargée de lettres ou paquets pour une autorité ou une agence sanitaire, ne les aurait point remis, ou aurait exposé la santé publique en tardant à les remettre, sans préjudice des réparations civiles qui pourraient être dues aux termes de l'article 10 du Code pénal.

13. Sera puni d'un emprisonnement de quinze jours à trois mois et d'une amende de cinquante francs à cinq cents francs, tout individu qui, n'étant pas dans aucun des cas prévus par les articles précédens, aurait refusé d'obéir à des réquisitions d'urgence pour un service sanitaire, ou qui ayant connaissance d'un symptôme de maladie pestilentielle, aurait négligé d'en informer qui de droit.

Si le prévenu de l'un ou de l'autre de ces délits est médecin, il sera, en outre, puni d'une interdiction d'un à cinq ans.

14. Sera puni d'un emprisonnement de trois à quinze jours et d'une amende de cinq à cinquante francs, quiconque, sans avoir commis aucun des délits qui viennent d'être spécifiés, aurait contrevenu, en matière sanitaire, aux réglemens généraux ou locaux, aux ordres des autorités compétentes.

15. Les infractions en matière sanitaire pourront n'être passibles d'aucune peine, lorsqu'elles n'auront été commises que par force majeure, ou pour porter secours en cas de danger, si la déclaration en a été immédiatement faite à qui de droit.

16. Pourra être exempté de toute poursuite et de toute peine, celui qui, ayant d'abord altéré la vérité ou négligé de la dire dans les cas prévus par l'article 10, réparerait l'omission, ou rétracterait son faux exposé, avant qu'il eût pu en résulter aucun danger pour la santé publique, et avant que les faits eussent été connus par toute autre voie.

TITRE III. Des attributions des autorités sanitaires en matière de police judiciaire et de l'état civil.

17. Les membres des autorités sanitaires exerceront les fonctions d'officiers de police judiciaire exclusivement, et pour tous crimes, délits et contraventions, dans l'enceinte et les parloirs des lazarets et autres lieux réservés. Dans les autres parties du ressort de ces autorités, ils les exerceront concurremment avec les officiers ordinaires, pour les crimes, délits et contraventions en matière sanitaire (1).

18. Les autorités sanitaires connaîtront exclusivement, dans l'enceinte et les parloirs des lazarets et autres lieux réservés, sans appel ni recours en cassation, des contraventions de simple police. Des ordonnances royales régleront la forme de procéder ; les expéditions des jugemens et autres actes de la procédure seront délivrés sur papier libre et sans frais.

19. Les membres desdites autorités exerceront les fonctions d'officiers de l'état civil dans les mêmes lieux réservés. Les actes de naissance et de décès seront dressés en présence de deux témoins et les testamens conformément aux articles 985, 986 et 987 du Code civil. Expédition des actes de naissance et de décès sera adressée, dans les vingt-quatre heures, à l'officier ordinaire de l'état civil de la commune où sera situé l'établissement, lequel en fera la transcription.

TITRE IV. Disposition générale.

20. Les marchandises et autres objets déposés dans les lazarets et autres lieux réservés qui n'auront pas été réclamés dans

---

(1) Les lois sur le régime et la police sanitaire sont des lois spéciales qui emportent, pour tout ce qui concerne leur exécution, dérogation aux lois générales.

Les tribunaux ordinaires sont seuls compétens pour connaître des délits et crimes commis contre les lois sanitaires, et spécialement des violences exercées contre un garde sanitaire par le commandant d'un navire sur lequel ce garde était placé, lorsque par ces violences il y a eu empêchement apporté à l'exercice de la surveillance du garde ; en ce cas, le conseil de guerre

maritime est incompétent pour connaître du fait imputé au commandant du navire. (3 déc. 1831, Cass. S. 32, 1, 349.)

Les violences exercées contre un garde sanitaire par le commandant d'un navire sur lequel le garde est placé, ne constituent qu'une infraction à la police ordinaire à bord des vaisseaux, si d'ailleurs elles n'ont interrompu ou empêché le service du garde, et par suite le délinquant n'est justiciable que du conseil de guerre maritime. (27 sept. 1828 ; Cass. S. 28, 1, 361 ; D. 1828, 2, 427.

le délai de deux ans, seront vendus aux enchères publiques.

Ils pourront, s'ils sont périssables, être vendus avant ce délai en vertu d'une ordonnance du président du tribunal de commerce, ou, à défaut, du juge-de-paix.

Le prix en provenant, déduction faite des frais, sera acquis à l'État, s'il n'a pas été réclamé dans les cinq années qui suivront la vente.

6 — Pr. 14 MARS 1822. — Arrêté du ministre des finances, pris en exécution de l'art. 2 de l'ordonnance royale du 19 septembre 1821, relatif à la création d'un poinçon spécial pour les ouvrages d'horlogerie. (7, Bull. 509, n° 12220.)

Le ministre secrétaire d'État des finances, vu l'article 2 de l'ordonnance du 19 septembre 1821, arrête ce qui suit :

Art. 1er. L'époque à laquelle les poinçons spéciaux de garantie de l'horlogerie doivent être employés exclusivement, aux termes de l'article 2 de l'ordonnance du 19 septembre 1821, pour marquer les boîtes de montres d'or et d'argent et autres ouvrages d'horlogerie, est fixée au 1er avril 1822.

2. Le délai accordé par l'article 2 de ladite ordonnance aux fabricans et marchands de montres et autres ouvrages d'horlogerie pour faire recenser gratuitement lesdites boîtes de montres et autres ouvrages d'horlogerie d'or et d'argent, marqués des poinçons de garantie en usage depuis le 19 août 1819 pour les ouvrages de toute espèce, est fixé à un mois, qui commencera à courir dans l'arrondissement de tous les bureaux de garantie établis en France, à compter du 1er avril 1822, jour auquel lesdits poinçons spéciaux de l'horlogerie seront mis en activité, et expirera le 1er mai suivant.

3. L'administration des monnaies et le directeur-général des contributions indirectes sont chargés, chacun en ce qui le concerne, de l'exécution du présent arrêté, qui sera imprimé au Bulletin des Lois, et publié et affiché dans les préfectures, dans les vingt-quatre heures de la réception du bulletin.

6 — Pr. 19 MARS 1822. — Ordonnance du Roi qui règle les conditions d'admission à la retraite dans la compagnie des gardes à pied ordinaires du corps du Roi. (7, Bull. 511, n° 12284.)

Louis, etc. voulant garantir aux sous-officiers, caporaux, brigadiers ou soldats de notre garde royale qui sont admis, comme gardes, dans notre compagnie des gardes à pied, les avantages pour la retraite qu'ils auraient pu obtenir en vertu de l'ordonnance du 25 octobre 1820, s'ils fussent restés dans la garde; sur le rapport de notre ministre secrétaire d'État de la guerre, nous avons ordonné et ordonnons ce qui suit :

Art. 1er. Nos gardes à pied ordinaires du corps qui auront droit à la retraite, l'obtiendront dans le grade supérieur à celui de sergent dont ils sont pourvus, lorsqu'ils justifieront de six ans de service et de quatre années de grade, tant dans notre garde royale que dans notre compagnie des gardes à pied.

2. Lorsque la retraite sera donnée pour cause de blessures reçues en temps de guerre dans notre compagnie des gardes à pied, elle sera réglée dans le grade supérieur, sans égard aux conditions exigées ci-dessus.

3. Notre ministre secrétaire d'État de la guerre est chargé de l'exécution de la présente ordonnance.

6 MARS 1822. — Ordonnance du Roi qui établit une place de courtier de marchandises au Pont-de-Bordes, commune de Lavardac. (7, Bull. 512.)

6 MARS 1822. — Ordonnances du Roi qui autorisent l'acceptation de donations faites à des fabriques d'églises et autres établissemens, et à des communes (7, Bull. 520, 521, 525, 526 et 527.)

6 MARS 1822. — Ordonnance du Roi contenant le tableau des foires du département de l'Ain. (7, Bull. 525.)

6 MARS 1822. — Ordonnance du Roi qui accorde une pension de six mille francs à M. Roussel, ancien consul général en Égypte. (7, Bull. 518 bis, n° 1.)

13 MARS — Pr. 27 JUILLET 1822. — Ordonnance du Roi qui autorise la ville de Bordeaux à vendre à la chambre de commerce de cette ville un terrain pour y établir un entrepôt réel des marchandises coloniales étrangères. (7, Bull. 543, n° 13119.)

Voy. ordonnance du 26 JUIN 1822.

Art. 1er. Le maire de notre bonne ville de Bordeaux, département de la Gironde, est autorisé à vendre au nom de la ville, moyennant la somme de deux cent cinquante mille francs, à la chambre de commerce, l'îlot n° 21 des terrains du Château Trompette, augmenté d'une surface de sept cents mètres carrés à prendre sur la place

Lainé, conformément au plan annexé à la présente, pour y construire un entrepôt réel des marchandises coloniales étrangères, à la charge par la chambre de commerce de se conformer aux autres clauses et conditions imposées aux adjudicataires des terrains du Château-Trompette par le cahier des charges annexé à notre ordonnance du 26 septembre 1819.

2. Notre ministre secrétaire d'Etat de l'intérieur est chargé de l'exécution de la présente ordonnance.

13 MARS 1822. — Ordonnances du Roi qui accordent des pensions civiles et militaires. (7, Bull. 518 bis.)

13 MARS 1822. — Lettres-patentes relatives à l'institution d'un titre de pairie en faveur de M. le comte Siméon.(7, Bull. 514 et 549.)

13 MARS 1822. — Ordonnances du Roi qui autorisent l'acceptation de dons et legs faits au consistoire réformé de Marseille, etc. (7, Bull. 527.)

13 MARS 1822. — Ordonnance du Roi qui accorde des lettres de déclaration de naturalité au sieur Chiozza. (7, Bull. 538.)

15 MARS 1822. — Instruction du ministre de l'intérieur sur les conseils de discipline de la garde nationale. (Publiée par M. Isambert.)

§ Ier. Législation.

1. Aucune portion de la force publique ne peut subsister sans discipline. L'organisation militaire ne suffit pas pour faire d'une agrégation d'individus un corps mobile à la voix d'un chef, en vertu d'une seule volonté : c'est la discipline qui anime et conserve cette organisation; c'est elle qui donne aux corps militaires une direction toujours utile à l'Etat, qui les empêche de tomber dans le désordre et la sédition, et d'employer à la destruction même de l'ordre social cette vitesse et cette unité d'action qu'ils ont reçues pour le conserver.

Mais si la discipline est pour toute force armée une condition même de son existence, celle de la garde nationale doit être maintenue avec d'autant plus de soin, qu'elle est moins sévère et n'agit que par intervalles sur des citoyens qui sont habituellement soumis à la loi commune.

En effet, lorsqu'en vertu d'un appel, d'un engagement, d'un brevet ou d'une commission, un citoyen passe de la vie civile dans l'armée, il cesse d'être régi, comme militaire, par la loi commune, et demeure habituellement soumis, pour les délits militaires, à la juridiction des conseils de guerre; pour les fautes de discipline, à l'autorité des chefs militaires. Les punitions de discipline lui sont infligées en vertu de cette seule autorité : ce n'est qu'après avoir obéi qu'il peut réclamer auprès du chef supérieur, qui prononce également sans formes et en vertu de son autorité personnelle.

Mais les gardes nationaux ne sont soumis à la discipline de l'armée que dans les cas prévus par les lois, où ils sont appelés à un service d'activité militaire ou de siége, cessent d'agir sous la direction de l'autorité civile, et passent entièrement sous l'autorité militaire du Roi ou des commandans qui l'exercent au nom de sa majesté.

Dans tout autre service que celui d'activité militaire ou de siége, la discipline de la garde nationale n'est pas la même que celle de l'armée. Les gardes nationaux, dans ce service et pendant sa durée, cessent d'être régis par la loi commune, et demeurent soumis aux lois, réglemens et usages militaires communs à toute espèce de force publique. Le chef est investi de toute l'autorité qui lui est nécessaire pour maintenir ses subordonnés dans l'obéissance, et leur faire observer les règles de la subordination et du service : il peut les réprimander, les consigner, les faire arrêter même et traduire devant qui de droit; mais il ne peut leur infliger les peines que les lois et réglemens sur la garde nationale ont mises au rang des punitions de discipline. Il se borne à constater, dans un rapport, les fautes de discipline qui donnent lieu d'appliquer ces punitions. Cette application ne peut être faite que par les conseils de discipline. Enfin, lorsque les infractions aux règles de la discipline ou du service sont graves et de nature à entraîner des peines autres ou plus grandes que les punitions de discipline, ces infractions constituent des délits militaires, et, dans ce cas, les gardes nationaux ne sont justiciables que des tribunaux ordinaires.

2. Telles sont, en général, les règles qui distinguent la discipline de la garde nationale.

Ces règles sont écrites dans une série de lois et de réglemens particuliers.

Exposer l'état actuel de cette législation ; y ramener la composition et l'action des conseils de discipline ; écarter de cette institution tout reproche d'illégalité ou d'arbitraire, et lui donner plus de force réelle avec plus de régularité : tel est l'objet de la présente instruction.

3. Avant la restauration, les gardes nationales étaient régies, 1° par le sénatus-consulte du 2 vendémiaire an 14 (24 septembre 1805), et par les réglemens d'administration publique rendus en vertu de cet acte législa-

30.

tif, qui en avait conféré le pouvoir au chef de l'Etat;

2° Par les lois antérieures à ce sénatus-consulte, dans tout ce à quoi il n'a pas été dérogé par cet acte législatif et par les réglemens auxquels il a servi de base.

La jurisprudence avait été fixée à cet égard par un décret du 29 août 1809, inséré au Bulletin des Lois. Ce décret, rendu dans une instance contentieuse où l'on avait mis en question l'existence des anciennes lois sur la garde nationale, établissait que ces lois, et notamment celle du 14 octobre 1791, subsistaient dans tout ce qui n'était pas contraire au sénatus-consulte et aux réglemens qui en dérivent.

Après la restauration, cette législation continua d'être en vigueur; l'examen qui en fut fait par le conseil du Roi fit reconnaître qu'elle n'avait rien de contraire aux lois et aux institutions de la monarchie constitutionnelle, telles que la Charte venait de les établir ou de les maintenir.

Il appartenait d'ailleurs au Roi de déclarer les lois sur la garde nationale qui devaient être considérées comme maintenues par l'article 68 de la Charte constitutionnelle. Sa majesté l'a fait dans le préambule de son ordonnance du 30 septembre 1818. « Nous « nous sommes convaincu, dit sa majesté, « que les lois des 12 septembre et 12 décem-« bre 1790, 3 août et 14 octobre 1791, mo-« difiées par l'acte législatif du 24 septembre « 1805, avaient servi de base aux divers ré-« glemens qui ont été publiés : que ces lois « subsistaient dans celles de leurs dispositions « qui ne sont point contraires à la Charte et « aux institutions qu'elle a formées; qu'el-« les conservaient spécialement leur force en « ce qui concerne le rang, le service et la « discipline des gardes nationales. »

Par une ordonnance récente, celle du 6 février 1822, intervenue sur un conflit négatif entre l'autorité administrative et l'autorité judiciaire, au sujet de plusieurs jugemens rendus par des conseils de discipline, le Roi, statuant sur le recours légal dont ces jugemens peuvent être susceptibles, se réfère à l'ordonnance du 30 septembre 1818, comme ayant spécifié « les lois sur la garde nationale « comprises au nombre de celles que main-« tient l'art. 68 de la Charte, » vise les dispositions de ces lois relatives aux conseils de discipline, et rappelle en particulier celles qui servent de base à sa décision.

La législation des gardes nationales n'est donc pas moins bien établie que celle des autres institutions civiles et militaires qui ne sont point contraires à la Charte, et sur lesquelles il n'est intervenu, depuis la Charte, aucune loi qui ait dérogé aux lois antérieures.

A la vérité, cette législation, formée et modifiée sous des gouvernemens divers, offre des lacunes et des incohérences qu'une loi nouvelle ferait disparaître; mais, indépendamment des circonstances, une loi nouvelle sur la garde nationale a des difficultés qui lui sont particulières, et qui dérivent de sa nature et de ses rapports avec d'autres lois qui sont également à faire. En attendant, il importe d'appliquer à cette institution la législation qui la régit. Les imperfections qu'elle présente, comme beaucoup d'autres branches de législation, prescrivent seulement d'en bien étudier le sens et l'esprit. C'est un motif pour le Gouvernement de montrer à ceux qui doivent en faire l'application, la chaîne qui rattache l'une à l'autre des dispositions légales ou réglementaires qui la composent.

C'est plus spécialement le but de ce § Ier. Il convient, pour l'atteindre, de rappeler d'abord en peu de mots, et dans l'ordre des dates, l'objet des lois citées dans l'ordonnance du 30 septembre 1818, en indiquant celles qui sont visées dans l'ordonnance du 6 février 1822, et les dispositions qu'elles renferment sur la discipline. Il sera facile ensuite d'extraire de ces lois et de ces réglemens le texte même des dispositions qui ont créé, maintenu ou reconnu les conseils de discipline, et fondé leur juridiction.

4. La loi du 12 septembre 1790 n'est relative à la discipline des gardes nationales que dans la disposition qui leur défend de faire spontanément aucune assemblée fédérative, et cette défense se trouve reproduite, avec plus de généralité, dans la loi du 14 octobre 1791.

La loi du 12 décembre 1790, sur l'organisation de la force publique, la distingue en deux grandes divisions, la garde nationale et l'armée, et pose les bases de leur organisation, de leur service et de leur discipline. C'est là que se trouve cette maxime fondamentale de toute discipline et de tout ordre social : « Nul corps armé ne peut exercer le « droit de délibérer. La force armée est « essentiellement obéissante. » C'est encore dans cette loi que se trouve cette règle, non moins essentielle, qui défend aux citoyens « d'exercer le droit de suffrage dans aucune « des assemblées politiques, s'ils sont armés, « ou seulement vêtus d'un uniforme. » C'est enfin là que se trouve, pour la première fois, cette double défense aux citoyens « d'exercer « aucun acte de la force publique sans en « avoir été requis, et de refuser le service « dont ils seront légalement requis, lorsque « l'ordre public troublé ou la patrie en péril « demanderont l'emploi de la force publique. » Mais cette loi pose des règles applicables dans les jugemens de discipline, et ne détermine pas le mode de cette application.

La loi du 3 août 1791, sur l'action de la force publique contre les attroupemens, indépendamment des dispositions qui la caractérisaient comme loi martiale, contient des règles générales sur le service extraordinaire de la garde nationale, sur la forme des réquisitions relatives à ce service, et sur les peines qu'entraînerait le refus de les exécuter. Mais l'application de ces peines appartiendrait aux tribunaux, parce qu'elles excèdent celles qui peuvent être prononcées par les conseils de discipline.

C'est la *loi du 14 octobre* 1791, sur la garde nationale, qui a, pour la première fois, établi les règles de sa discipline. L'ordonnance du 22 février 1822 vise cette loi, « et spécia-« lement les art. 15, 16, 17 et 18, qui créent « les conseils de discipline, déterminent leur « compétence, et renvoient devant les juges « ordinaires les délits, tant militaires que « civils, qui excèdent cette compétence. »

Une *instruction du 13 floréal an 7* (2 mai 1799), donnée par le Gouvernement directorial « sur la garde nationale sédentaire « et les rapports de l'autorité civile avec la « force publique, » analyse et rapproche les dispositions des lois qui viennent d'être rappelées. L'ordonnance du 6 février 1822 vise cette instruction, « et spécialement les dis-« positions du chapitre VII, sur les opposi-« tions à former contre les décisions des « conseils de discipline devant les mêmes « conseils. »

L'acte législatif du 24 septembre 1805 (*sénatus-consulte du 2 vendémiaire an 14*), aussi visé dans l'ordonnance du 6 février 1822, a donné au chef de l'État, avec la nomination des officiers, le droit de réorganiser les gardes nationales par des décrets rendus en la forme prescrite pour les réglemens *d'administration publique.* Dans le reste de ses dispositions, cette loi mentionne les divers genres de service auxquels les gardes nationales peuvent être appelées, et veut que, lorsqu'elles auront été requises pour un service militaire, il leur soit compté pour tel et leur en assure les avantages et les droits. Mais cet acte ne contient point de règles particulières sur la discipline des gardes nationales dans ces divers services; il faut chercher ces règles dans la législation antérieure ou dans les réglemens donnés en vertu de ce *sénatus-consulte.*

Tels sont les *décrets réglementaires du 12 décembre 1806 et du 5 avril 1813.* L'ordonnance du 6 février 1822 vise plus spécialement ces décrets dans les dispositions qui « règlent la compétence des conseils de dis-« cipline, et portent que leurs décisions se-« ront, au besoin, exécutées par l'interven-« tion de l'autorité administrative. »

Telle est encore *l'ordonnance réglementaire du 17 juillet 1816*, dont celle du 6 février 1822 vise l'article 35, « qui fixe et res-« treint, sous le rapport des peines, la juri-« diction des conseils de discipline. »

S'il s'agissait du service de la garde nationale, il faudrait ajouter à cette nomenclature des lois et réglemens qui la régissent, la loi du 10 juillet 1791, le décret du 24 décembre 1811, et les autres réglemens militaires que ce décret rappelle, et dont il prescrit l'exécution. Ce sont en effet cette loi et ces réglemens qui déterminent le service de la garde nationale dans les places en état de paix, de guerre ou de siège; les rapports de l'autorité militaire, relativement à ce service, et ceux des gardes nationales avec les troupes de ligne, lorsqu'elles sont réunies; mais la loi du 10 juillet 1791, ni le décret du 24 décembre 1811, ne contiennent aucune disposition particulière sur la discipline de la garde nationale.

5. Si, maintenant, on extrait des lois et réglemens qui ont rapport à cette discipline, les dispositions relatives aux conseils de discipline, on trouve que l'institution de ces conseils remonte à la loi du 14 octobre 1791. « Il sera créé pour chaque bataillon un con-« seil de discipline, » dit cette loi, section V, article 15.

Cette institution a subsisté sous l'empire de cette même loi, tant qu'elle a seule régi les gardes nationales. L'instruction du 13 fructidor an 7, après avoir déterminé les points sur lesquels il appartenait à l'autorité municipale ou départementale de prononcer, ajoute : « Ici cesse la compétence de l'auto-« rité administrative et commence celle des « conseils de discipline. »

L'acte législatif du 24 septembre 1805, loin d'abroger, a maintenu l'institution des conseils de discipline, qui se trouve expressément confirmée ou reconnue dans les réglemens d'administration publique donnés en vertu de ce *sénatus-consulte.*

Le décret du 12 novembre 1806, après avoir défini (art. 19) les punitions de discipline applicables dans le service intérieur, ajoute : « Ces punitions seront appliquées « par un *conseil de discipline.* »

Le décret du 5 avril 1813 reproduit (art. 37) la disposition.

Enfin, l'ordonnance royale du 17 juillet 1816 porte (art. 35) : « Les fautes ou délits « des gardes nationaux, à raison du ser-« vice, seront jugés par un *conseil de disci-« pline.* »

Cette courte analyse suffit pour démontrer que les conseils de discipline sont *une institution légale,* et que leur juridiction est fondée sur des lois maintenues par la Charte et sur des réglemens qui ont leur base dans les lois.

Il reste à exposer les règles spéciales de leur *organisation,* de leur *compétence,* de leur *procédure,* et de *l'exécution des juge-*

mens qu'ils ont rendus. Ce sera l'objet des paragraphes suivans.

§ II. Organisation.

6. Examinons d'abord les règles qui déterminent le *ressort* des conseils de discipline, c'est-à-dire le cadre ou le territoire pour lequel ils peuvent être établis.

La loi du 14 octobre 1791 (section V, art. 15) a créé un conseil de discipline pour chaque *bataillon*.

Le décret du 12 novembre 1806 (art. 32) établit un conseil de discipline par *cohorte* ou bataillon.

Le décret du 5 avril 1813, qui formait en *légion* les grenadiers et chasseurs d'un même *département*, et prescrivait de réunir en *cohorte*, autant que possible, les compagnies d'une même *sous-préfecture*, voulait aussi qu'il n'y eût *qu'un conseil* de discipline dans chaque *sous-préfecture*.

Ce même décret (art. 54 à 61) et le décret du 17 décembre 1813 organisaient, dans les places de guerre, ports et villes qu'ils désignaient, des *cohortes urbaines* qui se trouvaient en dehors des cadres de la légion départementale et de la cohorte d'arrondissement. On n'y trouve aucune disposition particulière sur la discipline des cohortes urbaines; mais, dans le décret du 5 avril, l'article 52, en maintenant, dans ce qui ne lui était pas contraire, le décret du 12 novembre 1806, autorisait à former dans chacune de ces cohortes un conseil de discipline.

L'ordonnance royale du 30 septembre 1818, dont l'objet, indiqué dans le préambule, « a été de ramener la garde nationale à son institution municipale, » n'autorise, pour le service habituel et local, que les cadres dont le territoire ne s'étend pas hors des limites de la ville ou commune, quand elle est composée d'un ou de plusieurs cantons, ou des limites du canton, quand il est composé de plusieurs communes. La garde à cheval ne conserve des cadres d'arrondissement que pour le service extraordinaire et les cadres inférieurs, organisés dans les limites de la commune ou du canton, fout, pour le service d'ordre et de police locale, partie de la garde communale ou cantonale. Cette ordonnance modifie, mais ne rapporte point les décrets de 1806 et 1813, et rappelle la loi du 14 octobre 1791 comme maintenue, en ce qui n'est pas contraire à l'acte législatif du 24 septembre 1805. Il en résulte seulement qu'au lieu d'établir un conseil de discipline par sous-préfecture, on ne peut le former que pour la garde nationale d'une commune ou d'un canton au plus, et que rien ne s'oppose à ce qu'il soit formé pour chaque bataillon

un conseil de discipline, quand la garde communale ou cantonale est composée de plusieurs bataillons.

Ainsi l'analyse exacte de la législation autorise également l'une ou l'autre de ces combinaisons.

Les autres combinaisons, et spécialement celles qui établissent, pour une même garde communale ou cantonale, des conseils de discipline de plusieurs degrés, suivant les grades, ou les divisent en conseils de première instance, d'appel et de révision, doivent être abandonnées, soit comme n'ayant point de base dans la législation, soit comme étant contraires à l'ordonnance royale du 6 février 1822, qui ne reconnaît dans les conseils de discipline qu'un seul degré de juridiction, établit que leurs jugemens ne sont pas susceptibles d'appel, et n'admet de révision que celle qui appartient à la Cour de cassation, dans les pourvois pour incompétence ou violation de la loi.

7. Après avoir rappelé l'état de la législation sur le ressort des conseils de discipline, il est nécessaire d'indiquer les règles ou les facultés que cette législation donne pour leur *composition*.

Le décret du 12 novembre 1806 (art. 32) et celui du 5 avril 1813 (art. 39), rendus en vertu de l'acte législatif du 24 septembre 1805, ont modifié, pour les conseils de discipline établis par cohorte ou par sous-préfecture, la composition que la loi du 14 octobre 1791 (section V, article 15) avait assignée aux conseils de discipline établis par bataillon.

En tenant compte, dans l'application de ces décrets, des changemens faits à l'organisation locale par l'ordonnance royale du 30 septembre 1818, on trouve, pour chacune des espèces de conseils dont la législation autorise l'établissement, les règles de composition ci-après:

Le conseil de discipline organisé pour un bataillon peut et doit avoir exactement la composition déterminée par le décret du 12 novembre 1806 (art. 32). En conséquence, il sera composé comme il suit:

Le chef de bataillon, président, un capitaine, un lieutenant, un sous-lieutenant, un sergent ou maréchal-des-logis, un caporal ou un brigadier, un garde national.

Lorsqu'il n'y aura qu'un seul conseil de discipline pour toute la garde communale ou cantonale, il sera présidé par le commandant de cette garde, et l'on adoptera pour les autres membres la règle suivante, qui se trouve également appliquée dans le décret du 12 novembre 1806 (art. 32) et dans le décret du 5 avril 1813 (art. 39): un membre sera pris dans chacun des grades inférieurs à celui du commandant, le garde national compris.

Cette règle est générale, et ne peut offrir que des difficultés faciles à lever dans l'application. En effet, si la garde communale ou cantonale était, par exemple, composée d'une légion, le chef de légion présiderait, et il y aurait un membre de plus, pris parmi les chefs de bataillon. Si cette garde n'était composée, au contraire, que d'une compagnie ou même d'un seul peloton, le capitaine ou le lieutenant présiderait, et il y aurait un ou deux membres de moins que dans le conseil de bataillon.

8. La *désignation* des membres, autres que le président, qui doivent composer les conseils de discipline, a éprouvé beaucoup de variations.

La loi du 14 octobre 1791 (section V, article 15) suivait, pour la désignation des officiers et sous-officiers, l'*ancienneté* d'âge, et pour la désignation des gardes nationaux, cette même ancienneté combinée avec un *tour de service*.

Par le décret du 12 novembre 1806, les membres du conseil autres que le président étaient au *choix* du chef de la légion, dont le territoire embrassait souvent plusieurs cantons et quelquefois tout un arrondissement.

Le décret du 5 avril, en maintenant le *choix*, l'attribuait au sénateur commandant les légions départementales de l'arrondissement où il était chargé (*sénatus-consulte* du 3 avril 1813, art. 16) d'organiser et de commander les gardes nationales.

L'organisation déterminée par ces décrets donnait beaucoup d'étendue aux commandemens territoriaux, et les choix étaient dégagés des influences locales. Les limites assignées au commandement par l'ordonnance du 30 septembre 1818, l'art. 63 de la Charte sur les commissions, la nécessité d'écarter jusqu'au soupçon de l'arbitraire dans la formation des conseils de discipline, tout prescrivait de ramener la désignation des membres aux règles de l'ancienneté et du tour de service déterminées par la loi du 14 octobre 1791.

Mais cette loi ne contient aucune disposition sur le renouvellement des membres du conseil, ni sur le mode d'après lequel ils doivent être suppléés, en cas d'absence ou autre empêchement. Il a fallu, dans l'exécution, appliquer à ces différens cas la règle du *tour de service*, afin de rendre l'action des conseils de discipline indépendante de tout empêchement individuel, et de répartir avec justice, entre tous ceux qui sont admis à les remplir, des fonctions qui peuvent être considérées tout à la fois comme une charge du service et comme une distinction honorable. Les réglemens locaux, que l'ordonnance du 17 juillet 1816 (article 37) maintient, dans ce qui n'est pas contraire aux lois, décrets ou ordonnances, ont rempli ces lacunes, et contiennent, à cet égard, des règles qu'il est utile de généraliser.

D'après ces règles, les membres des conseils de discipline, autres que le président, doivent être désignés, renouvelés et suppléés dans l'*ordre du tableau* dressé par ancienneté d'âge, et, à parité d'âge, par ancienneté de service, pour chacun des grades dans lesquels un membre doit être pris.

Le renouvellement aura lieu par trimestre. Dans le conseil de bataillon, par exemple, le garde national, le sergent et le lieutenant sortiront d'abord; le caporal, le sous-lieutenant et le capitaine seront ensuite remplacés; de manière que chacun des juges ne soit point astreint à siéger plus de trois mois. Il est facile d'appliquer cette règle aux autres formations des conseils de discipline.

Les officiers ou sous-officiers du même grade, dans le cadre pour lequel le conseil de discipline est établi, doivent rouler entre eux, pour ce service, par ordre d'ancienneté.

Pour la désignation du garde national, le tableau doit comprendre les quatre gardes nationaux de chaque compagnie les plus anciens d'âge et de service, à l'exclusion seulement de ceux qui ne feraient pas leur service en personne, ou qui auraient été condamnés à des peines de discipline pour refus de service ou pour fautes graves contre les règles du service et de la subordination. Ce tour de service s'établit conformément à la loi, par compagnie, et, dans chaque compagnie, par ordre d'ancienneté.

Dans les gardes communales ou cantonales formées de plusieurs armes, le roulement s'établit entre tous les officiers et sous-officiers du même grade et les quatre plus anciens gardes nationaux de toutes les compagnies ou demi-compagnies de garde à pied et à cheval, des canonniers et sapeurs pompiers volontaires.

Pour le jugement d'un officier ou d'un sous-officier, les membres du conseil de grades inférieurs se retirent, et sont remplacés par des membres d'un grade égal ou supérieur, de manière qu'il y ait dans le conseil un membre au moins, et deux au plus, du même grade que le prévenu.

On ne doit admettre un ou plusieurs membres du grade inférieur à celui du prévenu, que lorsque cette admission est l'unique moyen de porter le nombre des juges à celui qui est nécessaire, comme il sera dit ci-après, pour que le conseil puisse statuer régulièrement. Dans ce cas, les juges qu'il est indispensable d'appeler doivent être plus élevés en grade et les plus anciens d'âge et de service qui se présentent dans l'ordre du tableau.

Dans les gardes communales ou cantonales composées d'une seule compagnie ou même d'une demi-compagnie, il conviendra, pour rendre plus facile l'application de ces règles, de porter le cadre des officiers ou sous-officiers au *maximum* déterminé par les réglemens d'organisation.

9. Les membres du conseil doivent être au nombre de cinq au moins pour prononcer, par un jugement définitif, la peine de détention pendant plus de vingt quatre heures. Trois membres suffisent lorsque la faute à juger n'entraîne qu'un jour de détention, et, quelle que soit la peine, quand le jugement rendu par défaut est susceptible d'opposition.

10. Les membres du conseil, appelés dans l'ordre du tableau, doivent y siéger, à moins d'empêchement légitime et reconnu tel par le conseil même : dans tout autre cas, ils encourent les peines de discipline prononcées contre le refus de service. Les officiers et sous-officiers peuvent aussi, dans ce même cas, être suspendus et révoqués, si l'exemple rend cette mesure nécessaire.

11. Outre les membres du conseil appelés à remplir les fonctions de juges, des officiers ou sous-officiers peuvent et doivent y être adjoints, pour y remplir les fonctions de rapporteur et de secrétaire.

Enfin, un ou plusieurs tambours peuvent être attachés au conseil pour faire, comme appariteurs, le service des convocations et des citations ou notifications.

Il faut éviter de prendre pour ce service un simple commissionnaire. En chargeant des citations ou notifications un tambour qui appartient à la garde nationale, et, dans les cas où cela est nécessaire, un gendarme requis à cet effet par l'autorité administrative, on se conforme, autant qu'il est possible, à la disposition du droit commun, qui confie les actes de cette espèce aux agens de la force publique. (Article 97 du *Code d'instruction criminelle.*)

Telles sont, dans l'état actuel de la législation, les conditions principales auxquelles doit satisfaire l'organisation des conseils de discipline. Voyons, en les supposant régulièrement organisés, quelles sont les règles et les limites de leur compétence.

§ III. Compétence.

12. La loi du 14 octobre 1791, après avoir créé les conseils de discipline et limité leurs délibérations (sect. V, art. 15 et 16), ajoutait (art. 17) : « Ceux qui croiraient avoir à se « plaindre d'une *punition de discipline* pour- « ront, après avoir obéi, porter leurs plain- « tes à ce conseil; » d'où l'on inférait que les conseils n'étaient institués que pour statuer en cas de réclamation contre les punitions que les chefs, dans cette opinion, auraient eu le droit d'infliger directement.

Mais l'instruction du 13 fructidor an 7, chap. VII, après avoir marqué le point « où

« cesse la compétence de l'autorité adminis- « trative, et où *commence* celle des conseils « de discipline, » ajoute : « Ces conseils sont, « en pareil cas, investis du droit *d'appliquer* « les peines déterminées par les lois. » Elle cite ensuite les art. 16 et 17 de la loi du 14 octobre 1791, et les explique en ces termes : « Les décisions des conseils de discipline « doivent s'exécuter provisoirement, sauf à « ceux qui croiraient avoir à se plaindre de la « punition infligée, à se pourvoir, *vers ce* « *même conseil,* contre le chef qui, par un « *faux rapport,* aurait *provoqué* une punition « imméritée. » Le rapprochement de ces dispositions prouve que la loi du 14 octobre 1791, expliquée par son exécution et par l'instruction du 13 fructidor an 7, réserve aux *conseils de discipline* le jugement immédiat des *fautes de discipline* et l'application des peines que les lois et réglemens spécifient comme *punitions de discipline.*

Cette interprétation est, au reste, pleinement confirmée par le décret du 12 novembre 1806 (art. 19), qui, après avoir déterminé les punitions de discipline pour le service intérieur, ajoute : « Ces punitions seront « *appliquées* par le conseil de discipline; » dispositions textuellement reproduites dans le décret du 5 avril 1813 (art. 37).

Ainsi, dans l'état actuel de la législation, les conseils de discipline sont seuls compétens pour appliquer *les punitions de discipline aux fautes de discipline* commises par des *gardes nationaux.*

Ces conseils ne sont point des tribunaux administratifs, du genre des conseils de préfecture; ils ont une juridiction pénale, et forment une véritable autorité judiciaire : ce sont des tribunaux particuliers qui remplacent les tribunaux de police municipale, dans le jugement des contraventions spéciales que les citoyens commettent, comme gardes nationaux, contre les règles du service ou de la discipline. Ils forment, dans la hiérarchie des cours et des tribunaux chargés de la répression des délits, une première juridiction dans laquelle des juges pris parmi leurs pairs appliquent aux gardes nationaux les punitions de discipline, par des jugemens sans appel, et qui ne peuvent, comme tous les jugemens de cette espèce, être attaqués que devant la Cour de cassation, pour incompétence ou violation de la loi. Ce n'est que quand les infractions aux règles du service et de la discipline emportent des peines plus graves que les punitions de discipline, qu'elles cessent d'être des fautes et deviennent des délits militaires : c'est alors que les gardes nationaux passent sous la juridiction des tribunaux ordinaires. Mais ce passage même de la juridiction inférieure à une juridiction plus élevée, déterminé par la gravité seule de la peine encourue, achève de prouver que les conseils de discipline sont en effet des tribunaux de police spéciaux et restreints dans leur juridiction à cette police militaire qui constitue la discipline de la garde nationale.

Après avoir déterminé les principaux caractères de cette juridiction, il est nécessaire d'exposer les règles particulières qui la fixent et la circonscrivent sous les divers rapports qui régissent toutes les compétences, c'est-à-dire à raison des *personnes*, des *délits* et des *peines*.

13. Examinons d'abord *la compétence à raison des personnes*.

Les gardes nationaux sont les seuls justiciables des conseils de discipline, et la *qualité de garde national* est déterminée par un fait positif : c'est *l'inscription aux contrôles*. L'ordonnance du 17 juillet 1816, maintenue, à cet égard, par celle du 30 septembre 1818, et les mesures prescrites pour l'exécution de ces ordonnances dans l'instruction ministérielle du 31 juillet 1816 et dans la circulaire du 1er octobre 1818, ne peuvent laisser aucun doute sur les règles à suivre, soit par l'autorité administrative dans l'inscription sur les registres-matricules et les contrôles du service ordinaire et de réserve, soit par les conseils de recensement et de préfecture, dans l'application des exceptions, exemptions ou dispenses, et dans le jugement des diverses réclamations auxquelles l'inscription peut donner lieu.

Mais ces attributions sont étrangères au conseil de discipline, qui doit se borner, lorsque le prévenu prétend n'être pas justiciable du conseil, à vérifier les formes extérieures des contrôles, et lorsqu'elles lui paraissent régulières, à constater le fait de l'inscription.

Si de cette vérification il résulte, pour le conseil, que les contrôles sont irréguliers, ou que le prévenu n'y est point inscrit, ou que l'inscription en vertu de laquelle il a été condamné ne lui est point applicable, le conseil doit *s'abstenir*, par le motif que la qualité de garde national n'est point établie par les contrôles, et renvoyer à l'autorité administrative pour leur rectification.

Si le conseil trouve, après vérification, que les contrôles sont réguliers, que le prévenu est inscrit, et, si le nom est mal écrit, que l'inscription lui est applicable d'après toutes les autres qualifications du contrôle, il doit reconnaître et déclarer sa compétence.

Le conseil ne doit surseoir à statuer sur sa compétence, dans le cas de l'inscription, que lorsqu'on lui produit une attestation en règle, du maire ou du préfet, portant que le prévenu réclame contre son inscription devant le conseil de recensement ou devant le conseil de préfecture, et ne peut être jugé que dans tel délai. Le conseil prononce alors le sursis, pour le délai déterminé par l'attestation ; et, à l'expiration du délai, si le prévenu ne produit point un jugement du tribunal administratif, ou une attestation qui constate la nécessité d'un nouveau délai pour l'obtenir, le conseil de discipline doit statuer sur sa compétence, et passer, s'il y a lieu, au jugement de l'affaire.

14. La qualité de garde national ne suffit point pour établir la compétence du conseil de discipline ; il faut de plus qu'il soit compétent *à raison de la matière*, c'est-à-dire des *délits* dont il peut connaître et des *peines* qu'il lui appartient d'appliquer.

La *compétence* des conseils à raison des *délits* est déterminée par la loi du 14 octobre 1791, et par les décrets des 12 novembre 1806 et 5 avril 1813.

La loi du 14 octobre 1791 (section V, article 16) veut que les conseils ne délibèrent que sur les objets de discipline intérieure, et définit, dans plusieurs articles, les infractions qu'ils sont appelés à réprimer.

Ce sont en général celles des gardes nationaux « qui manqueraient, soit à l'*obéis-* « *sance*, soit au *respect dû à la personne* « *des chefs*, soit aux *règles du service* (*ibid.* « art. 6). »

La loi spécifie ensuite, pour l'application graduelle des peines, plusieurs infractions particulières, avec les circonstances qui peuvent les aggraver : tels sont « la désobéissance « simple ou accompagnée soit d'un manque « de respect, soit d'une injure plus ou moins « grave envers les officiers et sous-officiers « (*ibid.* art. 8, 9 et 10) ; le manquement au « service ou à l'ordre (*ibid.* art. 11). » Telles sont encore les infractions plus ou moins répréhensibles que commettent « la senti- « nelle ou le détachement qui abandonne « son poste, le chef qui n'a pas fait tout ce « qu'il a pu pour conserver le poste, ou qui « l'abandonne lui-même (*ibid.* art. 12) ; celui « enfin qui trouble le service par des con- « seils d'insubordination (*ibid.* art. 13). »

Le décret du 12 novembre 1806 attribue en général aux conseils de discipline « *le* « *refus de service*, *les fautes de discipline*, « pour ce qui concerne le service intérieur, « et notamment les fautes énoncées ci-après, « savoir : celles des gardes nationaux qui, « tant qu'ils sont en état de service intérieur, « manqueraient soit à l'*obéissance*, soit au « *respect dû à la personne du chef*, soit aux « *règles de service* (art. 33 et 34). » énonciation littéralement transcrite de la loi du 14 octobre 1791 (section V, art. 6).

Le décret du 5 avril 1813 ne contient aucune spécification particulière des fautes de discipline ; mais, en ordonnant, article 62, que les dispositions non modifiées du décret du 12 novembre 1806 continueront d'être exécutées, il adopte et confirme les définitions de ce décret.

La loi du 14 octobre 1791 et le décret du 12 novembre 1806 sont, comme on vient de le voir, identiques dans l'énonciation des *fautes de discipline* qui dérivent d'une infraction aux règles de la subordination ou du service.

La différence de leurs dispositions consiste uniquement dans le *refus de service*. La loi du 14 octobre 1791 (section Ire, art. 14 et 15, et section V, art. 4) appliquait à ce refus *la taxe de remplacement*, et renvoyait, pour l'application, à l'autorité municipale. En cas de réclamation, l'administration départementale statuait définitivement (*instruction* du 13 fructidor an 7, chap. VII).

Cette règle était applicable aux gardes nationales organisées avant le sénatus-consulte du 2 vendémiaire an 14; c'est ce qu'établit, dans ses motifs, le décret déjà cité du 29 août 1809.

Mais il résulte aussi de ce décret que, dans les gardes nationales organisées en vertu de ce sénatus-consulte, *le refus de service* est et doit être, conformément au décret du 12 novembre 1806, mis au rang des fautes, et réprimé par les punitions de discipline.

Les règles de détail de la subordination et du service ne sont, pour la garde nationale, l'objet d'aucun règlement particulier; mais ces règles sont déterminées par les ordonnances militaires. Un long usage les a consacrées et les rend communes à toutes les portions de la force publique.

Dans tout ce qui n'est pas contraire, soit aux lois et réglemens particuliers de la garde nationale, soit aux réglemens militaires, dans les dispositions applicables à toute force publique, les réglemens locaux de discipline peuvent et doivent, conformément à l'art. 37 de l'ordonnance du 17 juillet 1816, continuer d'être exécutés.

Mais il importe de ramener aux règles générales les dispositions de ces réglemens qui s'en écarteraient.

Ainsi *le manque de respect*, hors du service, ne doit être mis au rang des fautes de discipline qu'autant que l'infraction aurait été commise par un garde national envers un chef revêtu des marques distinctives de son grade.

Les désordres commis, *dans le service*, par un garde national, sur des points étrangers aux règles du service et de la subordination, ne peuvent être jugés et punis, dans l'intérêt de la discipline, et par le conseil de discipline, qu'autant que les tribunaux n'en sont point saisis par le ministère public ou par la partie lésée, lorsque la loi lui accorde l'action directe; et, dans tous les cas, les conseils de discipline doivent statuer, sans préjudice des réparations civiles.

Enfin, il est des actes qui, comme ceux des officiers et sous-officiers, ne se font pas dans le service même, et cependant ont le service pour objet, soit qu'il faille régler les tours de service, le commander ou l'organiser. Les infractions aux réglemens peuvent et doivent être en ce cas réprimées par les conseils de discipline; mais il importe de vérifier que les fautes ont été commises à *raison du service*, et présentent ainsi le caractère déterminé par l'ordonnance royale du 17 juillet 1816 (art. 35).

15. Pour fixer entièrement la compétence des conseils de discipline, à raison de la matière, il ne suffit point de caractériser *la nature des délits* dont ils peuvent connaître; il faut de plus déterminer *la nature et la limite des peines* qu'il leur appartient d'appliquer à ces délits.

La loi du 14 octobre 1791 autorisait les conseils de discipline à prononcer les *arrêts*, depuis deux jusqu'à huit jours (sect. V, articles 8, 9 et 10), la *prison* pour un temps qui n'excédait pas *sept jours* (ibid. art. 9, 10, 12 et 13), *la suspension du service* pendant trois jours (ibid. art. 11), et enfin *la destitution* (ibid. art. 13). Le refus de subir la peine prononcée entraînait *la notation au tableau des gardes nationales et la suspension des droits de citoyen* jusqu'à ce que la peine eût été subie (ibid. art. 14). La loi renvoyait aux tribunaux « tous délits, tant militaires que « civils, qui mériteraient de plus grandes « peines (ibid. art. 18). »

Le décret du 12 novembre 1806 détermine comme il suit les peines applicables par les conseils de discipline : « Pour le service in-« térieur, les peines de discipline seront les « *arrêts* ou la *prison*, pour *un mois au plus*, « suivant l'exigence des cas (art. 19). »

Le décret du 5 avril 1813 a reproduit textuellement (art. 37) la même disposition.

L'ordonnance royale du 17 juillet 1816 (art. 35), après avoir établi la compétence des conseils de discipline pour juger les fautes et délits des gardes nationaux à raison du service, ajoute : « Les peines seront, sui-« vant la gravité des cas, les *arrêts*, qui ne « pourront excéder *cinq jours*; *l'amende*, « qui ne pourra excéder *cinquante francs*; « *la détention*, qui ne pourra excéder *trois* « *jours*. — La peine de *détention* pourra être « *commuée*, à la demande du prévenu, *en* « *une amende* plus ou moins forte, mais qui « ne pourra excéder vingt francs par jour de « détention. Les conseils pourront néan-« moins, suivant la gravité des cas, pronon-« cer la *détention* sans *commutation*. »

Du rapprochement de ces lois, décrets et ordonnances, il résulte que les *arrêts* et la *prison*, ou *détention*, sont des peines établies par la loi du 14 octobre 1791, dont les décrets des 12 novembre 1806 et 5 avril 1813 avaient seulement étendu la durée, et que l'ordonnance royale du 17 juillet 1816 a resserrées en de plus étroites limites. Les conseils de discipline peuvent donc prononcer, comme peines légales, les *arrêts* et la *détention*; mais ils doivent s'abstenir de prononcer les *arrêts* pour plus de *cinq jours*, ou la *détention* pour un temps qui excéderait *trois jours*.

La loi du 14 octobre 1791 et les décrets des 12 novembre 1806 et 5 avril 1813 n'ont pas mis l'*amende* au nombre des peines que les conseils de discipline peuvent infliger. L'ordonnance du 17 juillet 1817 (art. 35), en fixant à cinquante francs la limite de l'amende, n'autorise point expressément les conseils à la prononcer comme peine directe; ils s'abstiendront en conséquence de prononcer l'amende immédiatement et comme peine légale.

Ce n'est que quand le prévenu, condamné à la détention, demandera qu'elle soit commuée en amende, que les conseils de discipline, usant de la faculté que leur en donne l'ordonnance du 17 juillet 1816, pourront autoriser ce rachat volontaire de la peine corporelle.

Les conseils de discipline ne peuvent commuer la détention en amende que sur la demande du prévenu; mais ils ne sont point obligés de déférer à cette demande. C'est une faculté que l'ordonnance royale leur accorde pour les cas seulement où cette indulgence ne peut nuire au service ou à la discipline. Ils peuvent et doivent, quand le bien du service l'exige, et suivant la gravité des cas, prononcer la détention sans commutation.

Lorsque le conseil estime que la commutation peut être admise, il doit prononcer d'abord la détention, en fixer le temps, déterminer l'amende en laquelle la peine sera commuable, si le prévenu le demande. Le conseil est maître de modérer l'amende suivant les moyens du prévenu et les droits qu'il peut avoir à l'indulgence. Le même conseil peut, dans les cas qui exigent plus de sévérité, porter l'amende jusqu'à *vingt francs par jour de détention,* sans néanmoins qu'elle puisse excéder jamais le *maximum* de *cinquante francs* fixé par l'ordonnance.

Ainsi, les *arrêts* pour cinq jours au plus, et trois jours au plus de *détention,* sans commutation ou commuables en une *amende* qui ne peut excéder *vingt francs* par jour de détention, ni *cinquante francs au plus;* voilà, sous le rapport des peines, les limites qu'assignent à la compétence des conseils de discipline le dernier état de la législation et les intentions paternelles de sa majesté, qui n'a fait ici que tempérer la sévérité des lois, soit en diminuant beaucoup le temps pendant lequel la détention peut enlever un garde na-

tional à ses affaires ou au soin de sa famille, soit en permettant de commuer la peine légale en une amende, d'après des règles qui concilient avec la modicité du plus grand nombre des fortunes, la réparation qu'exigent, suivant la gravité des cas, le bien du service et le maintien de la discipline.

16. Après avoir fixé la compétence des conseils de discipline à raison des personnes, des délits et des peines, il ne reste, pour achever de déterminer l'étendue et les limites de leurs pouvoirs, qu'à examiner le genre de *recours* dont leurs jugemens peuvent être susceptibles.

C'est ici que se place plus particulièrement l'explication de l'ordonnance du 6 février 1822.

Avant cette ordonnance, aucune disposition légale ou réglementaire, aucune décision spéciale n'avait statué, directement ou indirectement, sur la question de savoir si les jugemens des conseils de discipline étaient susceptibles d'appel ou de révision, et, dans les cas d'affirmative, devant quelle autorité ce recours pouvait être exercé. Le ministre de l'intérieur s'était borné, dans ses instructions et dans sa correspondance, à recommander de surseoir, en cas d'appel ou de pourvoi, à l'exécution des jugemens, jusqu'à ce qu'il eût été statué définitivement, soit par un arrêt de la Cour de cassation, si le recours était judiciaire; soit par une ordonnance rendue en Conseil-d'État, si un conflit positif ou négatif entre l'autorité judiciaire et l'autorité administrative appelait le Roi à prononcer entre ces autorités.

C'est sur un conflit négatif que l'ordonnance du 6 février 1822 est intervenue, et les formes particulières à ces réglemens de juges exigent, pour l'intelligence de cette décision royale, une courte analyse des actes de l'autorité judiciaire et de l'autorité administrative qui en ont été le sujet.

Les actes de l'*autorité administrative* consistaient dans une décision du ministre de l'intérieur, du 24 novembre 1821, et dans un arrêté du conseil de préfecture de la Seine, du 24 décembre suivant.

La décision du 24 novembre 1821, rendue sur le recours d'un garde national, auprès du *ministre de l'intérieur*, contre un jugement de conseil de discipline, établissait l'incompétence du ministre, sur le motif que le décret du 12 novembre 1806 (art. 35) et celui du 5 avril 1813 (art. 40), en statuant que les décisions des conseils de discipline seraient exécutées, au besoin, par l'intervention de l'autorité administrative, bornaient les pouvoirs de cette autorité à des actes de simple exécution, et ne lui conféraient pas le droit de connaître, sur appel ni en révision, des jugemens rendus par ces conseils.

L'arrêté du 24 décembre, rendu sur l'appel

interjeté par un garde national devant le *conseil de préfecture* de la Seine contre un jugement de discipline, établissait l'incompétence du conseil de préfecture, sur ce qu'aucune loi ne le constituait tribunal d'appel ou de révision à l'égard des conseils de discipline. Le conseil de préfecture n'avait fait que se renfermer dans les pouvoirs qui lui sont conférés, à l'égard de la garde nationale, par les lois et réglemens. En effet, ces conseils remplacent, comme tribunaux administratifs, les administrations centrales de département, et ils ne peuvent connaître que des questions qui étaient soumises à ces administrations par la loi du 14 octobre 1791 et l'instruction du 13 fructidor an 7. Les attributions légales des conseils de préfecture ont été d'ailleurs définies avec précision par l'ordonnance royale du 17 juillet 1816 et par l'instruction du 31 juillet suivant : ces attributions consistent dans le jugement des exceptions, exemptions ou dispenses, et des autres réclamations auxquelles peuvent donner lieu les inscriptions aux contrôles et les radiations ordonnées par les *conseils de recensement*. Dans ce cas, les conseils de préfecture prononcent évidemment sur l'obligation de servir, considérée comme une charge légale et personnelle, et statuent comme en matière de contribution ou autres charges publiques. Mais aucune loi, aucun réglement, aucune décision, ni même aucune analogie, n'autorisent ces tribunaux administratifs à se considérer comme tribunaux d'appel ou de révision à l'égard des *conseils de discipline*.

L'ordonnance royale du 6 février 1822, adoptant et rappelant en peu de mots les motifs qui ont servi de base à la décision ministérielle et à l'arrêté du conseil de préfecture, décide sans aucune restriction qu'il n'y a pas lieu de réformer ces déclarations d'incompétence : d'où il suit que les jugemens des conseils de discipline ne sont susceptibles d'aucun recours en appel ou révision, soit devant le *ministre de l'intérieur*, soit devant les *conseils de préfecture*.

Mais si l'ordonnance du 6 février exclut tout *recours administratif*, elle n'exclut point toute espèce de *recours judiciaire*.

En effet, le *tribunal de police correctionnelle*, par son jugement du 24 août 1821, se bornait à déclarer sa propre incompétence sur l'appel interjeté devant lui, par plusieurs gardes nationaux, de plusieurs jugemens rendus par des conseils de discipline. L'ordonnance du 6 février 1822 se borne aussi, dans le dispositif, à décider qu'il n'y a pas lieu de réformer cette déclaration d'incompétence ; mais, dans les *visa* et motifs qui se rapportent à cette partie du dispositif, l'ordonnance, après avoir rappelé les lois et réglemens en ce qui touche les conseils de discipline, établit en général « qu'aucune « disposition de ces lois et réglemens *n'a* « *ouvert* la voie de *l'appel* devant *l'autorité* « *judiciaire* contre les jugemens desdits con- » seils, rendus dans les limites de leur com- « pétence , et que ces jugemens ne seraient « *susceptibles d'être attaqués* que pour *in-* « *compétence* ou *violation de la loi*, devant « la *Cour de cassation* : » d'où il suit tout à la fois que l'état actuel de la législation *exclut l'appel* devant l'autorité judiciaire comme devant l'autorité administrative, et *n'admet*, comme recours unique, *que le pourvoi en cassation*.

Ainsi se trouvent résolues par le Roi, statuant entre l'autorité judiciaire et l'autorité administrative, comme régulateur suprême des juridictions, toutes les questions qui étaient en suspens sur le recours dont les jugemens des conseils de discipline peuvent être susceptibles.

§ IV. Procédure.

17. Aucune disposition des lois ou réglemens sur la garde nationale ne règle la procédure à suivre devant les conseils de discipline.

En conséquence, on peut et l'on doit exécuter, sur ce point, les réglemens locaux maintenus par l'article 37 de l'ordonnance royale du 17 juillet 1816.

Toutefois il serait nécessaire de les rectifier, s'ils dérogeaient, en des points essentiels, aux règles générales de l'instruction et des jugemens qui s'observent, en matière pénale, même devant les tribunaux militaires.

Il sera facile de les ramener aux réglemens locaux qui sont le plus conformes à ces règles générales, et dont ce paragraphe va rappeler à cet effet les dispositions principales.

18. Les conseils de discipline ne peuvent se saisir eux-mêmes de la connaissance des fautes de discipline ; il faut qu'ils en soient saisis par le renvoi du rapport ou de la pièce qui établit la prévention. Ce renvoi doit être fait par le commandant de la garde nationale, d'office ou en vertu des ordres de l'autorité supérieure. Cette règle est importante à observer : elle empêche de multiplier les jugemens de discipline au-delà des besoins du service ; elle permet de ne pas mettre les gardes nationaux en jugement pour des fautes excusables ou légères que l'avertissement ou la réprimande du chef réprime suffisamment, et dont le jugement, inutile à l'exemple, servirait plus à relâcher qu'à fortifier la discipline.

19. Le prévenu doit être cité devant le conseil. La citation indiquera la faute dont il est accusé et la séance où le conseil de

discipline la jugera : elle sommera le prévenu d'y présenter sa défense de vive voix ou par écrit, sous peine d'être condamné par défaut. Les citations, signées du secrétaire, seront portées au domicile du prévenu par le tambour attaché au service du conseil. Le secrétaire constatera sur un registre la date de la remise à domicile.

20. Si le prévenu ne comparaît pas ou n'envoie pas sa défense par écrit, le conseil de discipline rend un jugement *par défaut*, dont la notification lui est faite et constatée dans les mêmes formes que la citation.

Si, dans les trois jours de notification, il n'est pas formé *opposition* au jugement par défaut, le jugement devient *définitif*.

Si, dans les trois jours, l'*opposition* est formée par la déclaration au secrétariat du conseil, le conseil admet l'opposition et fixe le jour où il sera procédé au *jugement contradictoire*.

21. Dans le jugement contradictoire, le conseil de discipline statue d'abord sur les questions de compétence ou autres questions préjudicielles, s'il s'en élève.

Lorsque le conseil, d'après les règles énoncées dans le § III, se reconnaît incompétent à raison de la personne ou de la matière, il déclare son incompétence par un jugement qui contient les motifs de sa déclaration, et renvoie la personne devant qui de droit.

Si le conseil se reconnaît compétent d'après ces règles, il établit sa compétence par un premier jugement qui contient les motifs de sa décision, et passe ensuite au jugement du fond.

22. Dans le jugement contradictoire et au fond, le rapport ou la pièce qui établit la prévention est lue par le secrétaire.

L'officier rapporteur donne ses conclusions.

Le prévenu est entendu ; si l'officier rapporteur répond, le prévenu est admis à répliquer.

S'il a envoyé sa défense par écrit, le secrétaire en donne lecture.

Le conseil se retire ou fait retirer le prévenu, s'il est présent. Il délibère et forme son jugement, qui doit être signé, à la minute, du président et des juges qui l'ont rendu.

Une expédition du jugement, signée du secrétaire, est signifiée au prévenu, dans les mêmes formes déjà indiquées pour les jugemens par défaut.

23. Lorsque l'affaire ne peut être décidée que sur audition de témoins, ils sont entendus immédiatement après la lecture du rapport ou de la pièce qui établit la prévention.

Mais la preuve par témoins, pour ou contre le prévenu, n'est de nature à être admise dans la juridiction de discipline, que quand les rapports de service ou la défense orale ou écrite du prévenu ne suffisent point pour éclairer la religion du conseil.

24. La publicité des séances est de droit commun, et cette règle n'est l'objet d'aucune exception, même dans la juridiction militaire ; mais la présence effective d'assistans n'est pas indispensable à la validité des jugemens : il suffit que le lieu des séances ne soit point interdit aux gardes nationaux qui voudraient assister au jugement de leurs camarades. Ils ne peuvent y assister qu'en nombre égal à celui des juges. Les assistans doivent se tenir debout, découverts et en silence. Le président est investi du droit d'avertir, d'exclure, de faire arrêter même ceux qui ne garderaient point le silence ou ne se tiendraient pas dans les bornes du respect dû aux chefs et aux juges qui composent le conseil de discipline. Tout garde national assistant peut même, pour cette faute, être traduit devant le conseil et jugé séance tenante.

25. Telles sont les règles les plus essentielles de la procédure devant les conseils de discipline.

Il convient d'y ramener les réglemens locaux, surtout dans les dispositions qui seraient moins favorables à la défense du prévenu.

On peut, au contraire, les maintenir dans les dispositions qui seraient plus favorables à cette défense : ainsi, par exemple, les réglemens qui admettent le prévenu à se faire représenter, dans sa défense, par un garde national de sa compagnie ou porteur de sa procuration, peuvent être observés en ce point, pourvu que cette faculté ne dégénère pas en abus, et ne tende pas à substituer l'esprit de chicane et l'appareil des plaidoiries à une défense simple, loyale, et telle que doit être celle d'un garde national jugé par ses pairs.

Au reste, dans l'application des règles de procédure, l'autorité locale balancera le droit qu'ont les conseils de prononcer jusqu'à trois jours de prison, sans appel et sans autre recours que le pourvoi en cassation ; la garantie que ce pourvoi donne aux prévenus et au Gouvernement contre les excès de pouvoir des conseils ou contre les erreurs graves qu'ils commettraient dans l'application de la loi ; et cette garantie plus spéciale que les gardes nationaux trouvent dans la désignation même des juges de discipline, pris, suivant l'ordre du tableau, parmi leurs chefs et leurs camarades les plus anciens d'âge et de service.

§ V. Exécution des jugemens.

26. Tout jugement définitif des conseils de discipline, soit qu'il ait été contradictoire, soit qu'ayant été rendu par défaut, il

ne soit plus susceptible d'opposition, doit, pour devenir exécutoire, être notifié au garde national condamné, dans les formes ci-dessus indiquées pour les citations et les autres notifications.

27. Il sera sursis à l'exécution, lorsque le garde national condamné justifiera, dans les formes et les délais prescrits par la loi, d'un pourvoi régulièrement formé devant la Cour de cassation.

Il en sera de même si l'officier rapporteur, d'office ou d'après les instructions de l'autorité supérieure, fait, dans l'intérêt du service ou de la discipline, sa déclaration de pourvoi.

Le jugement et les rapports ou autres pièces qui lui ont servi de base doivent être adressés, dans ces différens cas, à M. le garde-des-sceaux, pour être transmis au procureur général près la Cour de cassation.

28. Si le jugement n'est point déféré à la Cour de cassation, ou si le pourvoi est rejeté, le garde national est tenu de l'exécuter; et, s'il ne le fait pas, l'exécution peut et doit, au besoin, avoir lieu par l'intervention de l'autorité administrative.

Le commandant de la garde communale ou cantonale, avant de provoquer cette intervention, et l'autorité administrative, avant de recourir aux moyens de contrainte que les lois ont placés dans sa main, peuvent user de tous les ménagemens qu'ils jugeront propres à ramener le garde national condamné à l'exécution volontaire.

Tous les moyens autorisés par les lois pour assurer l'exécution du jugement peuvent et doivent être employés, soit lorsque les ménagemens de l'autorité ont rendu la résistance plus répréhensible, soit lorsque des fautes graves ou récidivées ajoutent à la nécessité de l'exemple, soit enfin et surtout quand un garde national, par le refus obstiné d'un service que les lois mettent au rang des charges publiques, en rejette le fardeau sur ses concitoyens, et deviendrait, par l'impunité, un sujet de plaintes et de découragement pour ceux qui font leur devoir et le sien.

29. Lorsque l'autorité administrative est obligée d'intervenir pour assurer l'exécution des jugemens rendus par les conseils de discipline, le commandant de la garde communale ou cantonale adresse au maire une expédition en forme exécutoire du jugement qui exige cette intervention.

Le maire, et, dans le cas où il y aurait lieu d'en référer à l'autorité supérieure, le sous-préfet ou le préfet, met au bas de l'expédition sa réquisition écrite et signée dans les formes prescrites par l'instruction du 13 fructidor an 7, chapitre V, et par le réglement sur le service de la gendarmerie.

Le commandant de la gendarmerie, dont cette réquisition devient la garantie, est tenu d'y déférer et de prendre toutes les mesures nécessaires pour assurer l'exécution du jugement. Il peut et doit user d'ailleurs, dans cette exécution, de tous les ménagemens convenables, surtout lorsque le garde national condamné n'oppose aucune résistance, lorsqu'il est père de famille ou chef d'établissement. Les instructions de l'autorité administrative et les circonstances mêmes de l'exécution suffiront pour guider sur ce point le dépositaire sage et intelligent de la force publique.

30. Ce qui précède suppose que le jugement rendu par le conseil de discipline doit être exécuté dans l'intérêt du service.

Il peut arriver qu'un jugement définitif qui n'a pas été déféré à la Cour de cassation, ou qui n'a pas été réformé par cette Cour, offre une erreur de fait, un excès de sévérité ou tout autre vice irrémédiable et assez grave pour rendre l'exécution de ce jugement contraire à l'équité, et même préjudiciable au service.

Dans ce cas, et dans ceux où le garde national condamné aurait personnellement droit à l'indulgence du Roi, l'autorité administrative peut, d'office ou à la demande du commandant de la garde nationale, suspendre l'exécution du jugement, et adresser au ministre de l'intérieur une demande en *remise ou commutation de la peine.*

Dans ce dernier cas, la demande doit être accompagnée d'un tableau, en double expédition, qui contienne les noms et prénoms des gardes nationaux, la date des jugemens, les peines prononcées, et, dans le cas de commutation, celle qu'il convient d'y substituer.

Outre ces demandes spéciales, l'autorité peut aussi profiter d'un événement heureux, ou de l'anniversaire d'un jour mémorable, pour demander la remise générale des peines prononcées avant cette époque, soit que cette remise ait seulement pour motif d'associer tous les gardes nationaux à la joie publique, soit qu'il y ait utilité d'envelopper dans cet acte d'indulgence les jugemens dont l'exécution ne peut avoir lieu sans difficulté ou sans inconvénient.

Mais ces remises ou commutations de peine ne peuvent dans aucun cas, être accordées que par le Roi, en vertu du droit de grace et d'amnistie, qu'il appartient à S. M. seule d'exercer.

—————

17 = Pr. 18 MARS 1822. — Loi relative à

la police des journaux et écrits périodiques (1). (7, Bull. 510, n° 12253)

Voy. notes sur l'art. 8 de la Charte ; lois des 9 JUIN 1819, 31 MARS 1820 et 26 JUILLET 1821.

Art. 1er. Nul journal ou écrit périodique, consacré en tout ou en partie aux nouvelles ou matières politiques, et paraissant soit régulièrement et à jour fixe, soit par livraisons et irrégulièrement, ne pourra être établi et publié sans l'autorisation du Roi (2).

Cette disposition n'est pas applicable aux journaux et écrits périodiques existant le 1er janvier 1822.

2. Le premier exemplaire de chaque feuille ou livraison des écrits périodiques et journaux sera, à l'instant même de son tirage, remis et déposé au parquet du procureur du Roi du lieu de l'impression. Cette remise tiendra lieu de celle qui était prescrite par l'art. 5 de la loi du 9 juin 1819.

3. Dans le cas où l'esprit d'un journal ou écrit périodique, résultant d'une succession d'articles, serait de nature à porter atteinte à la paix publique, au respect dû à la religion de l'Etat ou autres religions légalement reconnues en France, à l'autorité du Roi, à la stabilité des institutions constitutionnelles, à l'inviolabité des ventes des domaines nationaux et à la tranquille possession de ces biens, les cours royales dans le ressort desquelles ils seront établis, pourront, en audience solennelle de deux chambres, et après avoir entendu le procureur général et les parties, prononcer la suspension du journal ou écrit périodique pendant un temps qui ne pourra excéder un mois pour la première fois et trois mois pour la seconde. Après ces deux suspensions, et en cas de nouvelle récidive, la suppression définitive pourra être ordonnée (3).

(1) Proposition à la Chambre des députés le 2 janvier 1822 (Mon. du 3). Rapport de la commission par M. de Martignac le 19 (Mon. du 20). Discussion générale le 7 février (Mon. du 8 au 12). Discussion, article par article, le 10 (Mon. du 12 au 18). Adoption le 16 (Mon. du 18).

Proposition à la Chambre des pairs le 18 (Mon. du 25). Rapport de la commission par M. de Lévis, le 2 mars (Mon. du 9). Discussion générale le 11 (Mon. du 13 mars). Discussion, article par article, le 12 (Mon. du 14). Adoption le 13 (Mon. du 14).

(2) Dans l'intention de la loi, les journaux scientifiques, ou tous autres ouvrages consacrés aux sciences, aux lettres et aux arts, ne sont point assujétis à la nécessité de l'autorisation (*Opinion de M. de Martignac, rapporteur de la commission,* Mon. du 15 février 1822.)

(3) Ce n'est ni manquer au respect dû à la religion de l'Etat, ni abuser de la liberté de la presse, que de discuter et combattre l'introduction et l'établissement dans le royaume de toutes associations non autorisées par les lois ; que de signaler, soit des actes notoirement constans, qui offensent la religion même et les mœurs, soit les dangers et les excès non moins certains d'une doctrine qui menace tout à la fois l'indépendance de la monarchie, la souveraineté du Roi, et les libertés publiques garanties par la Charte constitutionnelle, et par la déclaration du clergé de France en 1682, déclaration toujours reconnue et proclamée *loi de l'Etat* (3 décembre 1825, Paris ; S. 26, 2, 78).

Il n'y a pas lieu de prononcer la suspension d'un journal, lorsque, parmi les articles incriminés, les uns, blâmables quant à la forme, au fond ne sont pas de nature à porter atteinte au respect dû à la religion de l'Etat, et les autres présentent, à la vérité, ce caractère, mais sont peu nombreux, et paraissent avoir été provoqués par certaines circonstances qui peuvent être considérées comme atténuantes, lorsque ces circonstances résultent principalement de l'introduction en France de corporations religieuses défendues par la loi, ainsi que de doctrines ultramontaines hautement professées par une partie du clergé français, et dont la propagation pourrait mettre en péril les libertés civiles et religieuses de la France (5 décembre 1825, Paris ; S. 26, 2, 78).

L'arrêt prononçant la suspension d'un journal est suffisamment motivé s'il se déclare que l'esprit de ce journal, résultant d'une succession d'articles, est de nature à porter atteinte à la paix publique, alors même que certains de ces articles constitueraient des délits dont la poursuite n'appartient pas au ministère public, et que le prévenu aurait formellement conclu à ce que ces articles fussent écartés de l'accusation.

Les arrêts en cette matière doivent être rendus en audience solennelle, composée de la manière accoutumée et dans les formes civiles. Les prévenus ne pourraient se faire un moyen de cassation de ce que les formes criminelles n'ont pas été observées, notamment de ce que le ministère public a parlé le dernier.

Et par cela seul que l'arrêt a été rendu par une chambre civile, dans la forme civile, le pourvoi en cassation doit aussi être fait dans la forme civile, et porté devant la section des requêtes de la Cour de cassation (17 juillet 1823 ; Cass. S. 23, 1, 404.)

Lorsqu'une succession d'articles d'un journal est incriminée, comme manifestant un esprit de nature à porter atteinte à la paix publique, etc., la prescription ne peut courir qu'à compter du dernier article compris dans la succession incriminée ; elle ne court pas contre chaque article pris isolément (17 juillet 1823 ; Cass. S. 23, 1, 404.)

Voyez ordonnances des 15 août et 29 septembre 1824, et du 24 juin 1827.

4. Si, dans l'intervalle des sessions de Chambres, des circonstances graves rendaient momentanément insuffisantes les mesures de garantie et de répression établies, les lois des 31 mars 1820 et 26 juillet 1821 pourront être remises immédiatement en vigueur, en vertu d'une ordonnance du Roi délibérée en Conseil et contre-signée par trois ministres.

Cette disposition cessera de plein droit un mois après l'ouverture de la session des Chambres, si, pendant ce délai, elle n'a pas été convertie en loi.

Elle cessera pareillement de plein droit le jour où serait publiée une ordonnance qui prononcerait la dissolution de la Chambre des députés.

5. Les dispositions des lois antérieures auxquelles il n'est pas dérogé par la présente continueront d'être exécutées.

---

18 ⚌ Pr. 21 MARS 1822. — Ordonnance du Roi portant que les listes électorales des collèges d'arrondissement et de département seront affichées le 3 avril 1822, dans les départemens de la première série. (7, Bull. 512, n° 12331.)

Louis, etc. vu les art. 2 et 3 de la loi du 29 juin 1820 et notre ordonnance du 4 septembre suivant; sur le rapport de notre ministre secrétaire d'État au département de l'intérieur; nous avons ordonné et ordonnons ce qui suit :

Art. 1er. Les listes électorales des collèges d'arrondissement et de département seront affichées, le 3 avril prochain, dans les départemens de la première série.

2. Il sera procédé, pour les rectifications à intervenir pendant la publication, conformément aux art. 2 et 3 de notre ordonnance du 4 septembre 1820.

3. Notre ministre secrétaire d'État de l'intérieur est chargé de l'exécution de la présente ordonnance.

---

20 ⚌ Pr. 23 MARS 1822. — Ordonnance du Roi portant que les dispositions actuellement en vigueur pour prévenir l'invasion des maladies contagieuses continueront d'être exécutées jusqu'à ce qu'il en soit autrement ordonné. (7, Bull. 513, n° 12354.)

Voy. lois des 3 MARS 1822 et 1er MAI 1822; ordonnance du 7 AOUT 1822.

Louis, etc. vu la loi du 3 mars dernier, relative à la police sanitaire; sur le rapport de notre ministre secrétaire d'État au département de l'intérieur, nous avons ordonné et ordonnons ce qui suit :

Art. 1er. Les dispositions actuellement en vigueur pour prévenir l'invasion des maladies contagieuses continueront d'être exécutées jusqu'à ce qu'il en soit autrement ordonné.

2. La présente ordonnance, ainsi que la loi du 3 mars 1822, seront publiées et affichées dans toutes communes des départemens qui forment le littoral de la Méditerranée, des départemens qui sont limitrophes de l'Espagne, de ceux qui forment le littoral de l'Océan et de la Manche, et du département de la Corse, pour recevoir, en tant que de besoin, leur exécution.

3. Notre ministre secrétaire d'État de l'intérieur est chargé de l'exécution de la présente ordonnance, qui sera insérée au Bulletin des Lois.

---

20 ⚌ Pr. 29 MARS 1822. — Ordonnance du Roi qui supprime l'école d'équitation établie à Saumur. (7, Bull. 515, n° 12398.)

Voy. ordonnance des 23 DÉCEMBRE 1814, 5 NOVEMBRE 1823, 4 NOVEMBRE 1824 et 10 MARS 1825.

Art. 1er. L'école d'équitation établie à Saumur est supprimée.

2. Les officiers d'état major de cette école seront mis en congé illimité, en attendant qu'il soit assigné des destinations à ceux qui seront susceptibles d'en recevoir.

3. Les élèves de l'école (officiers et sous-officiers), et les cavaliers qui y sont détachés, seront renvoyés immédiatement à leurs corps.

4. Les employés civils seront réformés, à l'exception de ceux qui pourraient être utiles à l'école spéciale militaire de Saint-Cyr.

5. Notre ministre secrétaire d'État de la guerre prendra les mesures qu'il jugera nécessaires pour utiliser les chevaux de l'école d'équitation, ainsi que effets d'équipement et de harnachement, et pour la conservation des effets mobiliers et autres appartenant à l'établissement. Il fera aussi les dispositions convenables pour utiliser les bâtimens de ladite école.

6. Notre ministre secrétaire d'État de la guerre est chargé de l'exécution de la présente ordonnance.

---

20 MARS 1822. — Ordonnances du Roi qui accordent des lettres de déclaration de naturalité aux sieurs Candidus, Renard, Bottin dit Boutin et Godard. (7, Bull. 538, 551 et 615.)

---

20 MARS 1822. — Ordonnance du Roi qui réintègre le sieur Leradde dans la qualité et les droits de Français. (7, Bull. 519.)

---

20 MARS 1822. — Ordonnance du Roi qui admet

le sieur William Brown à établir son domicile en France. (7, Bull. 519.)

20 MARS 1822. — Ordonnance du Roi qui autorise le sieur Féry-Vallon à transporter dans la rue Crudère, n° 8, à Marseille, la verrerie qu'il possède dans la même ville, boulevard du Musée. (7, Bull. 520.)

20 MARS 1822. — Ordonnance du Roi portant que la commune de Torcy, département de l'Aisne, est distrait du canton de Neuilly Saint-Front, et réunie à la commune de Belleau, canton de Château-Thierry. (7, Bull. 520.)

20 MARS 1822. — Ordonnances du Roi qui autorisent l'acceptation de dons et legs faits aux fabriques des églises de Subligny, de Saint-Amour, d'Arpons, de Lille et de Coupiac ; aux pauvres de Coupiac et au séminaire d'Albi. (7, Bull. 527.)

20 MARS 1822. — Ordonnances du Roi qui accordent des pensions à deux anciens référendaires de la cour des comptes. (7, Bull. 518 bis, n. 6)

20 MARS 1822. — Ordonnances du Roi qui accordent des pensions militaires.(7,Bull.519bis.)

23 MARS 1822.— Ordonnance du Roi qui nomme à cinq préfectures. (7, Bull. 517.)

25 = Pr. 25 MARS 1822. — Loi relative à la répression et à la poursuite des délits commis par la voie de la presse ou par tout autre moyen de publication (1). (7, Bull. 514 n° 12390.)

Voy. art. 8 de la Charte et notes ; lois des 17 et 26 mai 1819.

TITRE Ier. De la répression.

Art. 1er. Quiconque, par l'un des moyens énoncés en l'art. 1er de la loi du 17 mai 1819, aura outragé ou tourné en dérision la religion de l'Etat, sera puni d'un emprisonnement de trois mois à cinq ans et d'une amende de trois cents francs à six mille francs.

Les mêmes peines seront prononcées contre quiconque aura outragé ou tourné en dérision toute autre religion dont l'établissement est légalement reconnu en France (2).

2. Toute attaque, par l'un des mêmes moyens, contre la dignité royale, l'ordre de successibilité au trône, les droits que le Roi tient de sa naissance, ceux en vertu desquels il a donné la Charte, son autorité

(1) Proposition à la Chambre des députés le 2 décembre 1821 (Mon. du 4). Rapport de M. Chifflet le 14 janvier 1822 (Mon. du 16). Discussion générale le 19 (Mon. du 20 au 26). Discussion, article par article, le 25 (Mon. du 26 au 27). Adoption le 6 février (Mon. du 7). Proposition à la Chambre des pairs le 8 février (Mon. du 13). Rapport de M. Portalis le 20 (Mon. du 27). Discussion générale le 25 (Mon. du 3 mars). Discussion, article par article, le 2 mars (Mon. des 9, 13 et 20), Adoption le 7 mars (Mon. du 20).

(2) Il résulterait du rapport de M. Chifflet que nier les dogmes ce serait outrager la religion (Mon. du 16 janvier, p. 64, 3e colonne).— Suivant M. de Serre, il est dans le droit de chaque religion existant en France d'établir ses dogmes spéciaux et de combattre les dogmes spéciaux des autres religions. La question, disait-il, est donc de savoir si ce combat doit être un combat décent, ou un combat à outrance dans lequel l'outrage et la dérision soient tolérés et impunis ; c'est cette dernière condition que le projet de loi exclut (Mon. du 27 janvier, p. 115, 2e colonne). M. de Serre a soutenu que l'art. 1er a pour but, non de remplacer entièrement l'art. 8 de la loi du 17 mai 1819, mais de le développer ; ainsi, a-t-il dit, « on a pensé que les mots *morale religieuse* s'appliquaient simplement à ces sentimens religieux, à ces règles de morale communes à toutes les religions, mais qu'ils ne s'appliquaient pas aux cérémonies, aux rites et

au culte en lui-même : c'était une erreur, sans doute, mais la lettre de la loi ne repoussait pas cette erreur. » Décider que l'enseignement du *piétisme*, ou d'une religion sans ministre, est pas un outrage à la morale publique et religieuse, ce n'est pas violer, soit la loi du 17 mai 1819. soit celle du 25 mars 1822 (3 août 1826 ; Cass S. 26, 1, 338). La publication de la partie historique de l'Evangile, avec suppression des miracles et de tous autres faits qui démontrent la divinité de Jésus-Christ, constitue l'outrage à la religion de l'Etat et aux autres cultes chrétiens (27 mars 1827, Cass S. 27, 1, 257). Nier la révélation des vérités du christianisme, n'admettre en religion d'autres dogmes essentiels que *l'existence de Dieu et l'immortalité de l'âme*, si d'ailleurs l'écrivain est décent et mesuré dans ses expressions, ce n'est pas là *outrager* ou *tourner en dérision la religion de l'Etat* (22 janv. 1828 ; Paris, S. 28, 2,58 ; D.1829, 2, 8.) L'exercice légal de la liberté religieuse peut aller en France jusqu'à prédire l'anéantissement de la religion chrétienne, ou nier publiquement le dogme chrétien de la perpétuité de la foi, pourvu que la négation du dogme chrétien ne dégénère pas, par la manière dont elle est exprimée, en injure et outrage ; soit à cette croyance, soit à ceux qui la professent. Peu importe que la négation du dogme chrétien soit contenue dans un écrit périodique, journal ou gazette ou dans un ouvrage scientifique ; peu importe encore que l'auteur de la négation

constitutionnelle (1), l'inviolabilité de sa personne, les droits ou l'autorité des Chambres, sera punie d'un emprisonnement de trois mois à cinq ans, et d'une amende de trois cents fr. à six mille fr.

3. L'attaque, par l'un de ces moyens, des droits garantis par les art. 5 et 9 de la Charte constitutionnelle, sera puni d'un emprisonnement d'un mois à trois ans et d'une amende de cent francs à quatre mille francs.

4. Quiconque par l'un des mêmes moyens aura excité à la haine ou au mépris du gouvernement du Roi, sera puni d'un emprisonnement d'un mois à quatre ans et d'une amende de cent cinquante francs à cinq mille francs.

La présente disposition ne peut pas porter atteinte au droit de discussion et de censure des actes des ministres (2).

5. La diffamation ou l'injure, par l'un des mêmes moyens, envers les cours, tribunaux, corps constitués, autorités ou administrations publiques, sera punie d'un emprisonnement de quinze jours à deux ans et d'une amende de cent cinquante francs à cinq mille francs (3).

6. L'outrage fait publiquement, d'une manière quelconque, à raison de leurs fonctions ou de leur qualité, soit à un ou plu-

---

du dogme ait émis cette opinion par conviction ou par légèreté au profit d'une religion autre que le christianisme, ou au profit de l'irréligion elle-même (3 déc. 1829; Aix; S. 30, 2, 55: D. 1830, 1, 77.—17 déc. 1829, Paris; S. 30, 2, 49; D. 1830, 2, 17.—15 janv. 1830, Cass.S. 30, 1, 145; D. 1830, 1, 77).

Le même fait qualifié en première instance *outrage* à la religion de l'Etat, peut être par les juges d'appel qualifié *dérision* de la religion de l'Etat, alors même que la plainte du ministère public et les débats, soit en première instance soit en appel, n'ont porté que sur une prévention d'*outrage*. Il n'y a pas là violation de la règle des deux degrés de juridiction et du droit de défense.

De ce qu'un article publié dans un journal est devenu l'objet de poursuites de la part du ministère public, comme constituant un délit, il ne s'ensuit pas qu'il puisse être reproduit par d'autres journaux, soit avec des observations, soit sans observations, si l'article reproduit constitue en réalité un délit, le journal qui l'a reproduit peut être déclaré passible des peines de ce délit pour avoir contribué à la publication d'un écrit coupable (15 janv. 1830; Cass. S. 30, 1, 145; D. 1830, 1, 77).

(1) Le mot *constitutionnelle* n'était pas dans le projet de loi; on proposa à la Chambre des députés de l'ajouter; cette proposition fut repoussée, mais, renouvelée à la Chambre des pairs, elle fut accueillie.

Aucune loi n'ayant défini *l'attaque à l'inviolabilité de la personne du Roi*, l'appréciation des juges, relativement aux faits constitutifs de ce délit, échappe à la censure de la Cour de cassation (15 octobre 1825; Cass. S. 27, 1, 31).

(2) De nombreuses poursuites ont été dirigées contre des écrivains, comme coupables d'avoir excité à la haine ou au mépris du Gouvernement du Roi, et les tribunaux ont souvent reconnu qu'il n'y avait qu'exercice du droit de discussion et de censure des actes des ministres. Le véritable sens de l'article a été manifesté par la discussion; il faut la lire en entier pour se former des idées nettes à cet égard (*Voy.* le Moniteur des 29 et 30 janvier. *Voy.* aussi le rapport de M Portalis à la Chambre des pairs, Mon du 27 février).

Cet article qui punit l'excitation à la haine et au mépris du *gouvernement du Roi* doit s'entendre de l'excitation à la haine et au mépris du *ministère* pris collectivement (27 mars 1830; **Cass. S. 30, 1, 221**; D. 1830, 1, 198).

En matière criminelle, particulièrement de crimes et délits de la presse, il entre dans les attributions de la Cour de cassation de juger les qualifications légales données ou refusées aux faits résultant de l'instruction, par les cours et tribunaux appelés à statuer sur ces crimes ou délits ..; encore qu'il s'agisse de crimes ou délits dont la loi n'a pas déterminé les élémens constitutifs, tels que les délits d'attaque contre la dignité royale et les droits que le roi tient du vœu de la nation, ou d'excitation à la haine et au mépris du gouvernement du Roi, délits prévus et punis par les lois de novembre 1830 et la présente loi (21 octobre 1831; Cass. S. 31, 1. 385; D. 1831, 1, 343).

Un pair de France qui dans un écrit destiné à l'impression, excite à la haine du gouvernement, est punissable comme un autre citoyen; peu importe que cet écrit ait pour objet de justifier son opinion ou sa conduite de pair.

Un imprimeur qui a imprimé un ouvrage excitant à la haine contre le gouvernement est punissable encore que ce soit l'ouvrage d'un pair de France. — Vainement il dirait que la haute dignité de l'auteur a dû éloigner toute défiance (24 novembre 1830; Cour des pairs; S. 30, 2, 382; D 1831, 2, 13).

(3) Des magistrats outragés, et devant lesquels est portée la plainte tendante à la répression de l'injure, ne peuvent être dessaisis, par voie de règlement de juges, pour cause de suspicion légitime : on ne doit pas craindre qu'ils écoutent soit une fausse générosité, soit un ressentiment condamnable (17 décembre 1824; Cass. S. 25, 1, 221).

Les juges n'excèdent pas leurs pouvoirs en recherchant si les actes à l'occasion desquels on prétend qu'il y a eu diffamation envers un corps constitué émanent réellement du corps constitué; mais ils sont incompétens pour rechercher si, lors des actes, le corps constitué était composé d'un nombre suffisant de membres présens, ou si la présence des membres délibérans a été suffisamment constatée. L'outrage fait à un corps constitué est punissable des peines portées par la loi, alors même que l'outrage aurait eu lieu à l'occasion d'un acte susceptible d'annulation ou de réformation. Le rapporteur d'un conseil municipal est un fonctionnaire public. Les outrages qui lui sont faits publiquement à l'occasion de son rapport, doivent donc être punis des peines prononcées contre les outrages envers les fonc-

sieurs membres de l'une des deux Chambres, soit à un fonctionnaire public, soit enfin à un ministre de la religion de l'Etat ou de l'une des religions dont l'établissement est légalement reconnu en France, sera puni d'un emprisonnement de quinze jours à deux ans et d'une amende de cent francs à quatre mille francs (1).

Le même délit envers un juré, à raison de ses fonctions, ou envers un témoin à raison de sa déposition, sera puni d'un emprisonnement de dix jours à un an et d'une amende de cinquante fr. à trois mille fr.

L'outrage fait à un ministre de la religion de l'Etat, ou de l'une des religions légalement reconnues en France, dans l'exercice même de ses fonctions, sera puni des peines portées par l'article 1er de la présente loi.

Si l'outrage, dans les différens cas prévus par le présent article, a été accompagné d'excès ou violences prévus par le premier paragraphe de l'article 228 du Code pénal, il sera puni des peines portées audit paragraphe et à l'art. 229, et, en outre, de l'amende portée au premier paragraphe du présent article.

Si l'outrage est accompagné des excès prévus par le second paragraphe de l'article 228 et par les art. 231, 232 et 233, le coupable sera puni conformément audit Code (2).

7. L'infidélité et la mauvaise foi dans le compte que rendent les journaux et écrits périodiques des séances des Chambres et des audiences des cours et tribunaux, seront punies d'une amende de mille francs à six mille francs.

En cas de récidive, ou lorsque le compte rendu sera offensant pour l'une ou l'autre des Chambres, ou pour l'un des pairs ou des députés, ou injurieux pour la Cour, le tribunal, ou l'un des magistrats, des jurés ou des témoins, les éditeurs du journal seront en outre condamnés à un emprisonnement d'un mois à trois ans.

Dans les mêmes cas, il pourra être interdit pour un temps limité ou pour toujours aux propriétaires et éditeurs du journal ou écrit périodique condamné, de rendre compte des débats législatifs ou judiciaires. La violation de cette défense sera punie de peines doubles de celles portées au présent article (3).

8. Seront punis d'un emprisonnement de six jours à deux ans, et d'une amende de seize francs à quatre mille francs tous cris séditieux publiquement proférés.

9. Seront punis d'un emprisonnement de quinze jours à deux ans, et d'une amende de cent francs à quatre mille francs :

1° L'enlèvement ou la dégradation des signes publics de l'autorité royale, opérés en haine ou mépris de cette autorité;

2° Le port public de tous signes extérieurs de ralliement non autorisés par le Roi ou par des réglemens de police;

3° L'exposition dans les lieux ou réu-

tionnaires publics. — Peu importe que le jour où le rapport a été fait, le conseil municipal n'ait pas été composé du nombre de membres voulu par la loi (28 avril 1826; Cass. S. 27, 1, 174; D. 1826, 1, 354; P. 37, 246).

Il n'y a point diffamation dans le fait de celui qui, se trouvant la nuit dans la maison d'une femme attachée au théâtre descend sur la porte, et y prend le titre de procureur du roi, pour faire retirer des individus qui veulent entrer forcément dans la maison (9 mars 1826; Cass. S. 26, 2, 236; D. 1826, 2, 231).

(1) Lorsqu'un arrêt, statuant sur une plainte d'outrages commis envers un fonctionnaire public à raison de ses fonctions, renvoie le prévenu de la plainte, attendu que le prévenu a tenu, à la vérité, quelques-uns des propos offensans, mais qu'il existe en sa faveur des circonstances atténuantes et des faits justificatifs, cet arrêt n'est pas suffisamment motivé; il faudrait qu'il énonçât et caractérisât les propos offensans avérés et les faits atténuans ou justificatifs (7 octobre 1825; Cass. S. 27, 1, 52).

Un bureau de sous-préfet est un lieu public dans le sens de cet article (en ce que c'est un lieu accessible au public); c'est pourquoi des propos outrageans contre le sous-préfet, tenus dans ses bureaux, sont punissables comme diffa-

mation (4 août 1826; Cass. S. 27, 1, 128; D. 1827, 1, 336).

La dénonciation contre un fonctionnaire public adressée par écrit à l'autorité compétente peut être réputée outrage public, alors même qu'elle n'a pas les caractères positifs de publicité qu'exigent les articles 1 et 16 de la loi du 17 mai 1819; le présent article n'exigeant qu'une publicité quelconque, ainsi que l'article 222 du Code pénal, les juges ont à cet égard une latitude discrétionnaire (18 juillet 1828; Cass. S. 28, 1, 399; D. 1828, 1, 337).

(2) M. de Serre pense que cet article laisse subsister entièrement l'article 20 de la loi du 17 mai 1819.

Voy. notes sur l'article 23 de la loi du 17 mai 1819.

Des paroles outrageantes proférées publiquement par un prévenu contre un témoin à raison de sa déposition, même en son absence, constituent le délit d'outrage public prévu par cet article, et non le délit de diffamation prévu par l'article 18 de la loi du 17 mai 1819; un tel délit peut en conséquence être poursuivi d'office par le ministère public (12 septembre 1828; Cass. S. 28, 1, 365; D. 1828, 1, 414).

(3) Il est bien entendu que les Chambres et les tribunaux ne peuvent interdire de rendre compte que de leurs débats respectifs.

31.

nions publics, la distribution ou la mise en vente de tous signes ou symboles destinés à propager l'esprit de rébellion ou à troubler la paix publique (1).

10. Quiconque, par l'un des moyens énoncés en l'article 1er de la loi du 17 mai 1819, aura cherché à troubler la paix publique en excitant le mépris ou la haine des citoyens contre une ou plusieurs classes de personnes, sera puni des peines portées en l'article précédent (2).

11. Les propriétaires ou éditeurs de tout journal ou écrit périodique seront tenus d'y insérer, dans les trois jours de la réception, ou dans le plus prochain numéro, s'il n'en était pas publié avant l'expiration des trois jours, la réponse de toute personne nommée ou désignée dans le journal ou écrit périodique, sous peine d'une amende de cinquante francs à cinq cents francs, sans préjudice des autres peines et dommages intérêts auxquels l'article incriminé pourrait donner lieu. Cette insertion sera gratuite, et la réponse pourra avoir le double de la longueur de l'article auquel elle sera faite. (3)

12. Toute publication, vente ou mise en vente, exposition, distribution, sans l'autorisation préalable du Gouvernement, de dessins gravés et lithographiés, sera, pour ce seul fait, puni d'un emprisonnement de trois jours à six mois, et d'une amende de dix francs à cinq cents francs, sans préjudice des poursuites auxquelles pourrait donner lieu le sujet du dessin (4).

13. L'article 10 de la loi du 9 juin 1819 est commun à toutes les dispositions du présent titre, en tant qu'elles s'appliquent aux propriétaires ou éditeurs d'un journal ou écrit périodique.

14. Dans les cas de délits correctionnels prévus par les premier, second et quatrième paragraphes de l'art. 6, par l'art. 8 et par le premier paragraphe de l'art. 9 de la présente loi, les tribunaux pourront appliquer, s'il y a lieu, l'article 463 du Code pénal (5).

TITRE II. De la poursuite.

15. Dans le cas d'offense envers les chambres ou l'une d'elles par l'un des moyens énoncés en la loi du 17 mai 1819, la Chambre offensée, sur la simple réclamation d'un de ses membres, pourra, si mieux elle n'aime autoriser les poursuites par la voie ordinaire, ordonner que le prévenu sera traduit à sa barre. Après qu'il aura été entendu ou dûment appelé, elle le condamnera, s'il y a lieu, aux peines portées par les lois. La décision sera exécutée sur l'ordre du président de la Chambre (6).

16. Les Chambres appliqueront elles-mê-

---

(1) M. Mestadier a proposé un article additionnel, prononçant contre toute publication d'un acte de la vie domestique privée d'un citoyen, une peine de 100 à 2000 francs d'amende, bien que cette publication ne présentât ni injure ni diffamation — M. Pardessus a fait remarquer qu'au moyen de cet article un écrivain pourrait être condamné pour avoir dit : *un tel s'est promené au bois de Boulogne;* l'article additionnel a été rejeté.

(2) Cette expression *classe* désigne, selon M de Serre, auteur du projet de loi, toutes personnes prises collectivement, soit qu'on les désigne par le lieu de leur origine, la religion qu'elles professent, les opinions qu'on leur attribue, le rang qu'elles occupent dans la société, les fonctions qu'elles remplissent, la profession qu'elles exercent ou de toute autre manière — Ainsi, selon M. Chiflet, rapporteur, les *nobles*, les *prêtres*, forment des classes; selon M. de Peyronnet, l'expression est applicable aux *journalistes*. M. Bonnet a dit que l'article avait pour but de punir des cris, tels que ceux-ci : *à bas les prêtres! à bas les nobles! à bas les boulangers! à bas les juifs! à bas les protestans! à bas les catholiques!*

Les expressions de riches et de bourgeois peuvent être considérées comme désignant une classe de citoyens dans le sens de cet article (27 février 1832; Cass. S. 32, 1, 162; D. 1832, 1, 93; P. 52, 564).

Voy. notes sur l'art. 4 de la loi du 26 mai 1819.

(3) L'obligation pour les journalistes ou éditeurs d'écrits périodiques, d'insérer la réponse de toute personne qu'ils auraient nommée ou désignée dans leurs journaux, doit être plutôt étendue que restreinte ; elle doit s'étendre notamment au cas où l'article du journal contre lequel la réponse serait dirigée ne contiendrait qu'une simple critique littéraire. Il n'est pas nécessaire pour avoir le droit de répondre à un article de journal dans lequel on a été nommé ou désigné, que cet article soit injurieux ou diffamatoire (11 septembre 1829; Cass S. 29, 1, 413; D.1829; 1, 356).

(4) *Voy.* ordonnance du 1er mai 1822 et les notes, et l'article 8 de la loi du 31 mars 1820.

La vente de dessins non autorisés doit être punie des peines portées par cet article, encore que ces dessins aient été déposés et qu'ils n'aient rien de séditieux ; le dépôt ne peut équivaloir à une autorisation (28 décembre 1827 ; Cass. S. 28, 1, 208; D. 1828, 1, 174).

(5) L'art. 463, code pénal, ne s'applique pas aux délits spéciaux placés en dehors du code pénal ; il est inapplicable aux cas prévus par les articles 188 de la loi du 17 mai 1819; à cet égard, il y a prohibition expresse dans le présent article (13 janvier 1827 ; Cass S 28, 1, 55 ; D. 1827, 1, 372) —5 juin 1829 ; Cass. S. 29, 1, 346 ; D. 1829, 1, 263).

Le délit d'offense envers la personne du Roi et d'attaque contre la dignité royale, n'est pas susceptible de l'atténuation de peine à raison des circonstances atténuantes (11 août 1832 ; Cass. S. 32, 1, 487 ; D 1833, 1, 27).—26 août 1831. Cass S. 31, 1, 372; D. 1831, 1, 287).

(6) On avait demandé que les individus accusés devant les Chambres ne pussent être con-

mes, conformément à l'article précédent, les dispositions de l'art. 7, relatives au compte rendu, par les journaux, de leurs séances.

Les dispositions du même article 7, relatives au compte rendu des audiences des cours et tribunaux, seront appliquées directement par les cours et tribunaux qui auront tenu ces audiences (1).

17. Seront poursuivis devant la police correctionnelle (2) et d'office, les dé-

---

damnés qu'à une majorité des deux tiers; — cette proposition a été rejetée.

On avait proposé de dire que le prévenu pourrait être assisté d'un défenseur et faire défaut.

Cette double proposition a été écartée ; mais, dans la discussion qui a suivi le rejet, on a expliqué qu'on n'entendait pas refuser un défenseur à l'accusé. On a dit que, l'assistance d'un défenseur étant de droit commun, il était inutile d'exprimer cette faculté pour l'accusé. Cependant quelques orateurs, moins favorables aux droits de défense, ont paru croire que les Chambres se réservaient le droit d'accorder ou de refuser un défenseur.

En 1823, l'éditeur du journal le Drapeau blanc a été cité devant la chambre des pairs; il a été décidé qu'il serait assisté d'un défenseur et jugé à huis clos; qu'avant d'entendre le prévenu, il serait procédé à l'appel nominal, afin que ceux-là seuls qui seraient présens aux débats pussent concourir au jugement. La Chambre a accueilli l'offre faite par un pair de se déporter comme ayant été injurié par le même journal.

L'éditeur responsable ayant déclaré qu'il n'était pas l'auteur de l'article incriminé, un mandat a été délivré contre le sieur Martainville, désigné comme auteur, et un délai a été accordé pour se présenter.

Un pair a demandé que la condamnation ne pût être prononcée qu'aux cinq huitièmes des voix. On a répondu que cette règle n'était applicable que lorsque la Chambre se formait en cour judiciaire. L'auteur de la proposition de poursuivre s'est abstenu de voter.

Voy. Mon. de février 1823.

En 1826, l'éditeur du Journal du Commerce a été cité devant la Chambre des députés.

Avant d'introduire le prévenu, on a, sur la proposition de M. Sébastiani, procédé à l'appel nominal, afin que ceux-là seuls qui auraient assisté à la défense pussent concourir au jugement. — MM. Casimir-Perrier et Humann ont cru devoir se récuser, à raison de leur qualité de fondateurs du journal et d'intéressés à l'entreprise ; — Le prévenu a été introduit, assisté de Me Barthe, son avocat il a été interrogé par le président. — Me Barthe a prononcé les premiers mots de son plaidoyer, découvert; il s'est couvert ensuite. — On a voté au scrutin secret, d'abord sur le fait de la culpabilité, et ensuite sur la peine à appliquer. — On a demandé que l'auteur de la proposition, et ceux qui avaient formellement déclaré que le prévenu leur paraissait coupable, et qu'il convenait de lui appliquer la peine la plus sévère, s'abstinssent de voter. — Le Moniteur ne constate pas si ces députés ont voté ; seulement il dit sur trois cent quarante-quatre membres présens, il n'y a eu que trois cent qua-

rante-deux votes (Voy. Moniteurs des 21, 22 février et 2 mars 1826).

(1) La juridiction extraordinaire conférée aux tribunaux pour connaître des délits d'infidélité et de mauvaise foi dans le compte rendu de leurs séances, étant fondée sur ce que les magistrats devant lesquels se sont passés les faits sont les juges nécessaires de la fidélité du récit, cette juridiction doit être restreinte au cas où l'accusation d'infidélité porte sur des faits ou discours qui ont eu lieu ou ont été prononcés en présence des juges.

Quid, si les faits avaient eu lieu en présence du ministère public pendant que la cour délibérait en chambre de conseil (7 décembre 1822; Cass. S. 23, 1, 5.)

Les règles du droit commun sont applicables aux poursuites et au jugement des délits d'infidélité et de mauvaise foi dans le compte rendu par les journaux des audiences des cours et tribunaux. Ainsi, et notamment, il y a obligation pour le ministère public d'indiquer les passages incriminés. — Si les parties ne comparaissaient pas, ou si, en comparaissant, elles se bornent à prendre des conclusions préjudicielles, et déclarent qu'elles veulent faire défaut quant au fond, le jugement qui intervient sur le fond est susceptible d'opposition. — En général, les jugemens rendus en pareille matière peuvent être attaqués par toutes les voies ordinaires. Les juges appelés à statuer peuvent se déterminer par leur seule conviction, et repousser la preuve testimoniale offerte pas les parties; mais ils doivent énoncer et constater les élémens de leur conviction, soit pour l'édification des juges supérieurs, touchant l'application de la peine, soit pour que des juges de renvoi puissent appliquer au besoin les peines prononcées par les lois (7 décembre 1822; Cass. S. 23, 1. 5. Idem 6 mars 1823; S. 25, 1, 113.)

Après l'un de ces arrêts de cassation, il y a eu renvoi devant la cour royale d'Amiens; cette cour n'a pu statuer sur l'application de la peine, faute d'avoir des élémens suffisans de conviction; elle a d'ailleurs exprimé, dans les considérans de son arrêt, cette doctrine contraire à celle de la Cour de cassation, que les jugemens et arrêts des tribunaux sont, en pareille matière, souverains et irrévocables, comme le sont ceux des Chambres législatives (30 octobre 1822, Amiens, S 23, 2, 63).

(2) Un délit de la presse, commis antérieurement à la présente loi du 25 mars 1822, peut être jugé par les tribunaux correctionnels, bien que la loi du 26 mai 1819, en vigueur à l'époque de la perpétration, en attribuât la connaissance aux cours d'assises (10 mai 1822 ; Cass. S. 22, 1, 286).

Le ministère public ne peut poursuivre la ré-

lits commis par la voie de la presse, et les autres délits énoncés en la présente loi et dans celle du 17 mai 1819, sauf les cas prévus par les articles 15 et 16 ci dessus. Néanmoins, la poursuite n'aura lieu d'office, dans le cas prévu par l'article 12 de la loi du 17 mai 1819, et dans celui de diffamation ou d'injure contre tout agent diplomatique étranger, accrédité près du Roi, ou contre tout particulier, que sur la plainte ou à la requête soit du souverain ou du chef du Gouvernement qui se croira offensé, soit de l'agent diplomatique ou du particulier qui se croira diffamé ou injurié.

Les appels des jugemens rendus par les tribunaux correctionnels sur les délits commis par des écrits imprimés par un procédé quelconque seront portés directement, sans distinction de la situation locale desdits tribunaux, aux cours royales pour y être jugés par la première chambre civile et la chambre correctionnelle réunies, dérogeant, quant à ce, aux art. 200 et 201 du Code d'instruction criminelle.

Les appels des jugemens rendus par les mêmes tribunaux sur tous les autres délits prévus par la présente loi et par celle du 17 mai 1819 seront jugés dans la forme ordinaire fixée par le Code pour les délits correctionnels.

18. En aucun cas la preuve par témoins ne sera admise pour établir la réalité des faits injurieux ou diffamatoires (1).

------

27 MARS 1822. — Ordonnance du Roi qui admet les sieurs Gruss, Levavasseur dit Durell, Mazlum et Sadilleck, à établir leur domicile en France (7, Bull. 519.)

------

27 MARS 1822. — Ordonnance du Roi qui autorise le sieur de Bourdeaux à établir une

taillanderie sur le ruisseau qui sépare la commune de Revel de celle d'Uriage, département de l'Isère. (7, Bull. 520.)

------

27 MARS 1822. — Ordonnance du Roi qui autorise le sieur Bellavoine à construire un haut-fourneau et une forge, près de l'étang, commune de Saint-Voir, département de l'Allier. (7, Bull. 520.)

------

27 MARS 1822. — Ordonnance du Roi qui autorise le sieur Pierre Astrié à transformer le moulin à scie qu'il possède au Castelet, commune de Perles, département de l'Ariége, en un martinet à parer le fer. (7, Bull. 520.)

------

27 MARS 1822. — Ordonnance du Roi portant que la commune de La Roque, département du Gard, est distraite du Canton de Lussan, arrondissement d'Uzès, et réunie à celui de Bagnols, et que la commune de Viviers, département des Ardennes, est distraite du canton de Flize, et réunie au canton de Mézières. (7, Bull. 520.)

------

27 MARS 1822. — Ordonnances du Roi qui autorisent l'acceptation de dons et legs faits aux fabriques des églises de Vinnezelle, etc. (7, Bull. 527 et 528.)

------

30 MARS 1822. — Avis des comités de législation et de l'intérieur du Conseil-d'Etat, sur la question de savoir si l'art. 896 du Code civil est applicable aux établissemens ecclésiastiques. (*Almanach officiel du Clergé*, 1823, p. 531.)

Les comités de législation et de l'inté-

------

pression d'injures verbales contre un particulier, que sur la plainte ou à la requête de l'injurié (11 octobre 1827; Cass. S. 28, 1, 66; D. 1827, 1, 511) — 1er juillet 1830; Cass. S. 30, 1408; D. 1830, 1, 349).

La diffamation envers un magistrat est un délit public qui peut être poursuivi d'office encore que le magistrat injurié ne se plaigne pas ; à cet égard, l'article 5 de la loi du 26 mai 1819 a été abrogé par le présent article (2 février 1827 ; Cass. S. 28, 464 ; D. 1827, 1, 379).

Les dispositions des articles 4 et 5 de la loi du 26 mai 1819, sur la nécessité de la plainte ou réquisition préalables des corps constitués ou agens de l'autorité publique, pour mettre en mouvement l'action du ministère public, ont été abrogées par cet article (29 avril 1831 ; Cass. S. 31, 1, 303 ; D. 31, 1, 182).

Dans les affaires relatives aux délits de la presse, pour le jugement desquelles il doit y avoir réunion d'une chambre civile et d'une chambre correctionnelle, il suffit que cette dernière chambre soit composée de cinq juges, comme pour le jugement des affaires correctionnelles ordinaires (29 mai 1830 ; Cass. S. 30, 1, 352; D. 1830, 1, 242).

(1) Lorsque, sur une plainte en diffamation, le ministère public dénonce les faits diffamatoires, le tribunal doit, aux termes de l'art. 25 de la loi du 26 mai 1819, surseoir au jugement sur la diffamation, pour instruire sur les faits dénoncés. — Vainement on dirait que c'est là admettre la preuve testimoniale des faits diffamatoires, et que cette preuve est prohibée d'une manière absolue par l'art. 18 de la loi du 25 mars 1822 (18 juin 1824 ; Cass. S. 25, 1, 16)

rieur du Conseil-d'Etat, réunis, auxquels M. le garde-des-sceaux a renvoyé l'examen d'un rapport à lui transmis par le ministre de l'intérieur, ayant pour objet d'établir que l'art. 896 du Code civil n'est pas applicable aux établissemens ecclésiastiques ;

Considérant que la loi n'admet en faveur des établissemens d'utilité publique aucune exception qui les exempte de la prohibition portée en l'art. 896, et que les exceptions ne se présument pas, ont été d'avis :

1° Que le retour, en cas de suppression de l'établissement ecclésiastique donataire, ne peut être stipulé ni au profit des héritiers du donataire, ni au profit d'un autre établissement d'utilité publique, mais seulement au profit du donateur ;

2° Que la révocation pour inexécution des conditions de la donation peut toujours être stipulée par le donateur à son profit ; qu'elle peut encore être stipulée au profit de ses héritiers ou de tous autres, dans le cas où la condition imposée à l'établissement ecclésiastique donataire serait profitable à l'héritier ou au tiers désigné ; qu'enfin elle ne saurait être stipulée dans le cas où l'héritier ou le tiers désigné n'ont aucun intérêt personnel à ce que la charge imposée à l'établissement soit exécutée, ou ne tirent aucun avantage de son exécution.

---

30 MARS 1822. — Tableau des prix moyens des grains pour servir de régulateur de l'exportation et de l'importation, conformément aux lois des 16 juillet 1819 et 4 juillet 1821. (7, Bull. 517.)

---

31 MARS = Pr. 1er AVRIL 1822. — Loi relative à des supplémens de crédits demandés pour le département des affaires étrangères. (7, Bull. 518, n° 12508.)

Article unique. Il est accordé au ministre secrétaire d'Etat des affaires étrangères, sur les fonds du budget de 1820, par supplément aux crédits qui lui ont été ouverts pour cet exercice par la loi du 19 juillet 1820, un crédit d'un million deux cent quatre-vingt-seize mille cent quatre-vingt-un francs soixante-six centimes (1,296,181 fr. 66 c.), savoir :

Pour clore les dépenses

du service ordinaire. . . .	400,000 f. 00 c.

Pour l'acquisition des hôtels de Wagram, les dépenses de réparation, ameublement, et autres de toute nature, faites à l'occasion de la translation du ministère des affaires étrangères dans ces

hôtels, ci.	896,181 f. 66 c.
Total. . .	1,296,181 66

---

31 MARS = Pr. 1er AVRIL 1822. — Loi relative à des supplémens de crédits demandés pour le département de l'intérieur. (7, Bull. 518, n° 12509.)

Art. 1er. Il est ouvert au ministre de l'intérieur, sur les fonds du budget de 1820, un crédit supplémentaire de dix-huit cent mille francs (1,800,000 francs) pour l'acquittement des dépenses faites sur l'exercice 1820, en exécution de l'ordonnance du Roi du 9 août de cette année, pour la construction de la nouvelle salle de l'Académie royale de musique.

2. Le crédit de trente-six millions cent quarante mille francs fixé par la loi du 19 juillet 1820, pour les dépenses départementales de l'exercice 1820, est augmenté d'une somme de six mille quatre cent cinquante-quatre francs (6,454 fr.), nécessaire pour élever ladite somme de trente-six millions cent quarante mille francs, du produit des centimes spéciaux affectés à ces dépenses par la loi du 23 juillet 1820.

---

31 MARS = Pr. 1er AVRIL 1822. — Loi relative à l'allocation d'un crédit spécial de 100,000 fr. demandé pour le département de la guerre. (7, Bull. 518, n° 12510.)

Article unique. Il est ouvert au ministre de la guerre, sur les fonds du budget de 1820, par supplément au crédit spécial de huit cent mille francs alloué par la loi du 23 avril 1821, un crédit de cent mille francs (100,000 francs) pour l'acquittement des dépenses de 1816, 1817, 1818 et 1819, qui n'ont pu être comprises dans les comptes généraux de ces quatre exercices, en raison des retards que les parties intéressées ont mis à produire leurs réclamations.

31 MARS = 1ᵉʳ AVRIL 1822. — Loi relative à divers supplémens de crédits demandés sur le budget de 1820 pour les départemens de la justice et des finances. (7, Bull. 518, nº 12511.)

ART. 1ᵉʳ. Il est accordé pour supplément aux crédits de 1820, fixés par les lois des 19 et 23 juillet 1820, savoir :

1º Au ministre de la justice, pour complément de frais de justice criminelle. . . . . . 527,625 fr.

2º Au ministre des finances, savoir :

Intérêts de cautionnemens.	146,942
Chambre des députés.	62,680
Cour des comptes.	21,000
Douanes (remises sur l'impôt du sel).	116,912
Contributions indirectes (complément de remises).	622,641
Garantie.	74,130
Poudres à feu.	148,741
Amendes attribuées.	736,250
Loteries remises aux buralistes).	168,614
Complément de remises aux receveurs généraux et particuliers sur les impôts indirects.	421,170

2,522,480

En total, trois millions cinquante mille cent cinq francs, ci. 3,050,105

2. Il est en outre accordé au ministre des finances un crédit d'un million huit cent quatre-vingt-neuf mille cinq cent sept francs pour couvrir un déficit de pareille somme, reconnu, en novembre 1820, dans la caisse centrale du Trésor, et provenant du vol fait par le nommé Mathéo, sous-caissier, duquel déficit le caissier central du Trésor a été déchargé par ordonnance du Roi du 10 octobre 1821. 1,889,507

Total des supplémens de crédits. 4,937,612

---

31 MARS = 1ᵉʳ AVRIL 1822. — Loi relative au règlement définitif du budget de l'exercice 1820 (1). (7, Bull. 518, nº 12,512.)

TITRE 1ᵉʳ. Des annulations de crédits.

ART. 1ᵉʳ. Les crédits ouverts par les lois des 27 juin et 14 juillet 1819 et 28 mai 1820 aux ministères ci-après, pour leur service des exercices 1819 et antérieurs, sont réduits d'une somme totale de sept millions deux cent vingt mille cinq cent vingt-cinq francs (7,220,525 francs), restée sans emploi sur ces crédits, savoir :

---

(1) Proposition à la Chambre des députés le 26 novembre 1821 (Mon. du 27) Rapport de la commission, par M. de la Bouillerie, le 28 janvier 1821 (Mon. du 29). Discussion générale le 23 février (Mon. du 24 au 28). Discussion, article par article, le 27 (Mon. du 28 au 11 mars). Adoption le 9 mars (Mon. du 11).

Proposition à la Chambre des pairs le 13 (Mon. du 14). Rapport de la commission, par M. le comte Mollien, le 26 Mon. du 8 avril) Discussion le 27 (Mon. des 12 et 15 avril). Adoption le 29 (Mon. du 15 avril).

	CRÉDITS SANS EMPLOI annulés sur les exercices.			TOTAL par MINISTÈRE.
	1817 (1).	1818	1819.	
Justice..	5,516	26,012	6,367	37,895
Affaires étrangères.	»	«	30	30
Intérieur. { Services généraux.	28,000	«	«	} 28,019
Ancien ministère de la police générale.	19	«	«	
Guerre... { Service ordinaire.	48,506	1,618	2,240	} 342,572
Armée d'occupation.	285,133	5,075	«	
Marine... Colonies.	365	«	150,000	150,365
Dette publique.	185,000	2,112,000	600,000	
Service ordinaire.	21,497	«	«	
Remboursement des obligations royales.	«	450	«	
Intérêts des obligations royales.	«	2,110	«	
Finances.. { Constructions rue de Rivoli.	«	«	44,127	6,661,644
Frais de { de l'enregistrement et des domaines.	«	«	60	
régie (des forêts.	«	«	101,200	
Remboursemens de cautionnemens.	«	3,595,200	«	
SOMME ÉGALE.	574,036	5,742,465	904,024	7,220,525

Cette somme est affectée et transportée au budget des recettes de l'exercice 1820.

Les crédits ouverts par les lois des 19 et 23 juillet 1820 aux ministères ci-après, pour leur service de l'exercice 1820, sont réduits d'une somme totale de huit millions six cent mille six cent vingt-six francs (8,600,626 francs), restée sans emploi sur ces crédits, savoir :

Justice..... (Service ordinaire).			70,650
Guerre.. { Service actif.	1,674,365	} 1,812,565	
Dépenses temporaires.	138,200		
Marine et colonies			578,854

Finances.
Dépenses générales.
- Dette inscrite (5 pour 100 consolidés). ... 300,000
- Dette viagère et pension. ... 610,000
- Frais de service et négociations. ... 2,394,247
- Crédit spécial pour les intérêts sur les cent millions payés aux étrangers. ... 123,419
- Administrations des monnaies. ... 34,036
- Commission de liquidation française. ... 9,700
- Service administratif du ministère. ... 40,780
- Enregistrement et domaines. ... 302,220
- Forêts. ... 78,400

} 3,412,182

Administrations financières.
- Douanes. { Personnel et matériel. 349,802 / 872,581
  Amendes et confiscations attribuées. 522,779
- Contributions indirectes. { Exploitation des tabacs. 105,587 / Avances à charge de remboursement. 76,134 } 181,721
- Postes... { Personnel et matériel. 50,238 / Remboursemens et restitutions. 39,986 } 90,224
- Loterie... Personnel et matériel. ... 193,862
- Contributions directes. (Frais de perception et non-valeurs).. 1,007,366

} 2,726,375

SOMME ÉGALE. 8,600,626

(1) Lisez 1817 et *antérieurs*, erratum B ull. 526.

TITRE II. Fixation du budget de l'exercice 1820.

3. Au moyen des dispositions précédentes applicables à l'exercice 1820, et des supplémens de crédit accordés sur les fonds de cet exercice par les lois de ce jour, les crédits du budget de 1820 sont fixés à la somme de huit cent soixante-quinze millions trois cent quarante-deux mille deux cent cinquante-deux francs (875,342,252 fr.), et répartis entre les divers ministères et services, conformément à l'état A ci-annexé.

4. Les recettes de toute nature de ce même exercice sont arrêtées, au 1ᵉʳ octobre 1821, à la somme totale de neuf cent treize millions trois cent treize mille huit cent soixante-douze francs (913,313,872 fr.), conformément à l'état B annexé à la présente loi.

5. La somme de trente-sept millions neuf cent soixante-onze mille six cent vingt francs (37,971,620 fr.), formant la différence entre les recettes de 1820, arrêtées par l'article précédent à . . 913,313,872 et les crédits du même exercice définitivement réglés par l'article 3 à 875,342,252

Différence . . . 37,971,620

est affectée et transportée au budget de l'exercice 1822.

TITRE III. Dispositions générales.

6. L'état des paiemens qui seront faits par le Trésor, jusqu'à la concurrence de la somme de vingt-neuf millions six cent soixante-trois mille trente-cinq francs (29,663,035 fr.), restant à payer au 1ᵉʳ octobre 1821, sur les crédits des exercices 1820 et antérieurs, savoir :

Sur 1819 et antérieurs (état n° 4 ci-annexé) . . . . 14,607,409 f
Sur 1820 (état n° 5 ci-annexé) 15,055,626

Somme égale 29,663,035

sera produit au compte annuel des finances jusqu'à ce que les paiemens soient entièrement consommés.

7. Les sommes qui pourraient provenir encore des ressources affectées à l'exercice 1820 seront portées en recette au compte de l'exercice courant, au moment où les recouvremens seront effectués.

8. Il sera établi un compte général des capitaux de cautionnemens : ce compte présentera les soldes inscrits au 1ᵉʳ avril 1814, tant au crédit des agens des départemens formant la France actuelle, qu'au crédit, soit des agens français, soit des agens étrangers des départemens séparés ; il présentera en outre, classé par année, tous les mouvemens du service des cautionnemens jusqu'au 31 décembre 1821.

Il sera également établi un compte général des intérêts de cautionnemens, embrassant la même période.

Ces deux comptes seront distribués aux Chambres dans la prochaine session.

1ᵉʳ = Pr. 1ᵉʳ AVRIL 1822. — Loi relative aux moyens d'assurer provisoirement le service du Trésor royal jusqu'au 1ᵉʳ juillet 1822. (7, Bull. 518, n° 12513.)

Art. 1ᵉʳ. Continuera d'être faite, à partir du 1ᵉʳ avril jusqu'au 1ᵉʳ juillet 1822, conformément aux lois existantes, la perception :

Des droits d'enregistrement, de timbre, de greffe, d'hypothèque, de passeports et permis de ports d'armes ;

Des droits de douanes, y compris celui sur les sels ;

Des contributions indirectes, des postes, des loteries, des monnaies et droits de garantie ;

De la taxe des brevets d'invention ;

Des droits établis sur les journaux ;

Des droits de vérification des poids et mesures ;

Du dixième des billets d'entrée dans les spectacles ;

Du prix des poudres, tel qu'il est fixé par la loi du 16 mars 1819 ;

D'un quart de la recette brute, dans les lieux de réunion et de fête où l'on est admis en payant, et d'un décime pour franc sur ceux de ces droits qui n'en sont point affranchis ;

Des contributions spéciales destinées à subvenir aux dépenses des bourses et chambres de commerce, ainsi que des revenus spéciaux accordés auxdits établissemens et aux établissemens sanitaires.

Des droits établis pour les frais de visite chez les pharmaciens, droguistes et épiciers ;

Des redevances sur les mines ;

Des diverses rétributions imposées en faveur de l'Université sur les établissemens particuliers d'instruction et sur les élèves qui fréquentent les écoles publiques ;

Des taxes imposées avec l'autorisation du Gouvernement pour la conservation et la réparation des digues et autres ouvrages d'art intéressant les communautés de propriétaires et d'habitans, et des taxes pour les travaux de desséchement autorisés par la loi du 16 septembre 1807 ;

Des sommes réparties sur les israélites de chaque circonscription, pour le traitement des rabbins et autres frais de leur culte ;

2. La perception des quatre contributions directes continuera de se faire sur les rôles de 1821, jusqu'à la mise en recouvrement des rôles de 1822.

3. Il est ouvert au ministre des finances un crédit provisoire supplémentaire de cinquante millions à répartir entre les ministères proportionnellement aux be-

soins de leur service respectif, d'après les bases déterminées par la loi de finances de 1821.

---

2 AVRIL 1822. — Extrait de lettres-patentes portant érection d'un majorat en faveur de M. le baron Certain. (7, Bull. 520)

---

3 = Pr. 5 AVRIL 1822. — Loi qui accorde des pensions aux médecins et sœurs envoyés à Barcelone (1). (7, Bull. 519, n° 12514.)

Art. 1er. Il est accordé, sur les fonds généraux des pensions :

1° Une pension annuelle et viagère de deux mille francs au sieur Pariset, docteur en médecine et membre de l'académie royale de médecine ;

2° Une pension annelle et viagère au sieur Bailly, docteur en médecine et membre de l'académie royale de médecine ;

3° Une pension annuelle et viagère de deux mille francs au sieur François, ancien médecin des armées ;

4° Une pension annuelle et viagère de deux mille francs au sieur Audouard, médecin des hôpitaux militaires de Paris ;

En récompense du dévouement dont ils ont fait preuve dans la mission qui leur avait été confiée par le Gouvernement pour aller étudier la maladie qui régnait à Barcelone.

2. Il est également accordé, sur les fonds généraux des pensions :

1° Une pension annuelle et viagère de deux mille francs à la dame Françoise Mazille, veuve Mazet, dont le fils, membre de la commission envoyée à Barcelone, a péri dans cette ville, victime de son dévoûment ;

2° Une pension annuelle et viagère de cinq cents francs au sieur Jouarii, élève interne de l'hôpital de Perpignan, en récompense du zèle avec lequel il a secondé les membres de la commission ;

3° Une pension annuelle et viagère de cinq cents francs à la sœur Joseph Morelle, et une pension annuelle et viagère de la même somme à la sœur Anne Merlin, qui ont partagé les mêmes dangers et le même dévoûment en se rendant à Barcelone pour le service des malades.

3. Ces pensions seront inscrites au grand-livre des pensions, et courront à dater du semestre qui suivra leur inscription.

4. Lesdites pensions ne seront pas soumises aux dispositions de l'article 27 de la loi du 25 mars 1817, relatives au cumul des pensions et traitemens.

3 = Pr, 18 AVRIL 1822. — Ordonnance du Roi portant réglement pour le service des postes aux lettres entre la France et le royaume de Wurtemberg. (7, Bull. 520, n° 12537.)

Louis, etc. vu la loi du 27 frimaire an 8 (18 décembre 1799), celle du 14 floréal an 10 (4 mai 1802), et l'art. 20 du titre V de celle du 24 avril 1806, en ce qui concerne la taxe et les progressions de taxe et de poids des lettres de France ; vu aussi les conventions conclues et signées à Paris, le 20 mai 1818, entre l'office général des postes françaises et l'office général des postes féodales héréditaires de divers états d'Allemagne, dont est partie le royaume de Wurtemberg ; sur le rapport de notre ministre secrétaire d'Etat des finances, nous avons ordonné et ordonnons ce qui suit :

Art. 1er. A dater du premier jour de mai 1822, le public de France sera libre d'affranchir ou de ne point affranchir ses lettres et paquets pour le royaume de Wurtemberg, desservi par l'office féodal héréditaire des postes de S. A. S. le prince de la Tour et Taxis.

2. L'affranchissement volontaire des lettres et paquets de tous les départemens pour le royaume de Wurtemberg sera perçu, jusqu'au point frontière de sortie, selon les prix réglés par les lois concernant les taxes des correspondances de France pour toute lettre d'un poids au-dessous de six grammes, et depuis ce point frontière jusqu'à sa destination, d'après les taxes actuelles du tarif féodal converties en décimes, tarif dont les progressions croissent de sept grammes et demi en sept grammes et demi inclusivement ;

Et proportionnellement au poids des lettres et paquets, d'après les tarifs respectifs des deux offices.

3. Sont applicables aux correspondances de et pour le royaume de Wurtemberg, les dispositions de notre ordonnance du 18 novembre 1818, concernant l'exécution de la convention conclue entre l'office général des postes françaises, et l'office général des postes féodales héréditaires des divers états d'Allemagne.

4. Notre ministre secrétaire d'Etat des finances est chargé de l'exécution de la présente ordonnance, qui sera insérée au Bulletin des Lois.

---

3 = 18 AVRIL 1822. — Ordonnance du Roi portant révocation de l'article 2 de l'ordonnance du 31 mars 1820, relative au nombre et

---

(1) Proposition à la Chambre des députés le 22 février (Mon. du 23). Rapport de la commission par M. Etienne, le 8 mars (Mon. du 9). Discussion et adoption le 11 (Mon. du 12).

Proposition à la Chambre des pairs le 28 mars (Mon. du 12 avril). Adoption, sans rapport ni discussion, le 30.

à la répartition des maréchaux-de-camp employés dans les divisions militaires. (7, Bull. 520, n° 12538.)

Voy. ordonnance du 3 JUILLET 1822.

Art. 1ᵉʳ. L'article 2 de notre ordonnance du 31 mars 1820, qui règle le nombre et la répartition des maréchaux-de-camp employés dans les divisions militaires, est révoqué.

2. La nomination des maréchaux-de-camp au commandement des subdivisions militaires se fera dorénavant comme il était établi antérieurement à ladite ordonnance du 31 mars 1820.

3. Notre ministre secrétaire d'Etat au département de la guerre est chargé de l'exécution de la présente ordonnance.

3 = Pr. 18 AVRIL 1822.— Ordonnance du Roi qui fixe le nombre des sapeurs dans les régimens d'infanterie de ligne ou légère. (7, Bull. 520, n° 12539.)

Art. 1ᵉʳ. Il y aura quatre sapeurs dans chaque bataillon d'infanterie de ligne ou légère.

2. Quel que soit le nombre des sapeurs existant dans un régiment d'après cette fixation, ils seront commandés par un caporal.

3. Le caporal et les sapeurs seront pris dans les compagnies des grenadiers; ils continueront à en faire partie, et n'auront point d'autre solde que celle attribuée aux militaires de ces compagnies.

4. Notre ministre secrétaire d'Etat au département de la guerre est chargé de l'exécution de la présente ordonnance.

3 AVRIL = 22 MAI 1822 — Ordonnance du Roi portant autorisation, conformément aux statuts y annexés de la société anonyme formée à Nantes sous le nom de *Compagnie Nantaise d'assurances maritimes.*(7, Bull. 529, n°12802.)

Art. 1ᵉʳ. La société anonyme formée à Nantes, département de la Loire Inférieure, sous le nom de *Compagnie nantaise d'assurances maritimes*, est et demeure autorisée conformément aux statuts compris dans l'acte passé, le 9 janvier 1822, par-devant Brard et son collègue, notaires royaux, lesquels statuts demeureront annexés à la présente ordonnance et seront affichés avec elle.

2. Nous nous réservons de révoquer la présente autorisation en cas de violation ou de non exécution des statuts par nous approuvés, le tout sauf les droits des tiers et sans préjudice des dommages-intérêts qui seraient prononcés par les tribunaux.

3. La société sera tenue d'adresser, tous les six mois, copie de son état de situation à notre ministre de l'intérieur, au préfet de la Loire-Inférieure, au greffe du tribunal de commerce et à la chambre de commerce de Nantes.

4. Notre ministre secrétaire d'Etat de l'intérieur est chargé de l'exécution de la présente ordonnance, qui sera insérée au Bulletin des Lois avec l'acte annexé. Pareille insertion aura lieu au Moniteur et dans le journal des annonces judiciaires du département de la Loire Inférieure, sans préjudice de toute autre publication requise.

Par-devant Mᵉ Brard et son collègue, notaires royaux à Nantes, soussignés, furent présens, etc.

Lesquels, formant la réunion de quarante actions de dix mille francs chaque, d'après ce qui vient d'être dit ci dessus et le sera ci après, dans l'espoir d'obtenir du Gouvernement l'autorisation de former à Nantes une société anonyme d'assurances maritimes, sont convenus et ont arrêté ce qui suit:

Art. 1ᵉʳ. Après avoir rempli les formalités prescrites par l'art. 37 du Code de commerce, les soussignés déclarent former et forment à Nantes une société anonyme sous la raison de *Compagnie nantaise d'assurances maritimes.*

2. Son capital ne peut être moindre de six cent mille francs, ni excéder un million: il se divise par action de dix mille fr. chacune. Le nombre en sera définitivement arrêté dans le mois qui suivra l'arrivée à Nantes de l'ordonnance royale d'approbation Ces actions seront payables aussitôt la mise en activité de la compagnie, savoir: un dixième en espèces, et le surplus en billets des actionnaires de cinq cents francs par action, payables à l'ordre de la société à un mois de vue. Néanmoins les actionnaires ont la faculté, soit au commencement ou pendant la durée de la compagnie, de verser en espèces le montant de leurs billets: il leur sera tenu compte, dans ce cas, d'intérêts à trois pour cent l'an, sur une somme égale au montant des billets éventuels des autres actionnaires. Nul ne peut posséder plus de quatre actions, à moins qu'il n'acquitte en espèces, et sous l'escompte précité à son profit, payable chaque fin d'année, le montant des autres actions qui lui seraient cédées par la compagnie ou quelques actionnaires; et néanmoins il n'aurait que quatre votes dans les assemblées, dérogeant en cela à l'art. 20.

3. La durée de la compagnie est provisoirement de cinq ans; à partir du jour de sa mise en activité. Pendant ce temps, aucun actionnaire ne peut se retirer, il ne peut non plus céder son intérêt que du consentement de la compagnie, à moins qu'il

n'ait acquitté en espèces le montant de ses billets éventuels, et alors le transport de son ou de ses actions aura lieu de plein droit sur les livres de la compagnie.

4. Après l'expiration de ces cinq années, chaque actionnaire a le droit de se retirer. Néanmoins, les propriétaires de la majorité des actions conserveront la faculté de continuer la compagnie cinq ans encore, en suivant les statuts de cet acte; ils prendront de droit à leur charge les risques qui ne seront pas connus éteints au moment de l'expiration de la société, et devront se charger de son mobilier sur estimation d'experts ou à l'amiable, afin que les comptes des actionnaires sortans soient promptement liquidés. Leurs actions seront cédées ou vendues par les actionnaires restans, aux conditions subséquemment fixées par eux. Le capital de cette nouvelle compagnie sera composé et limité comme il est exprimé à l'art. 2.

5. En survenance d'une guerre maritime pendant la durée de cette compagnie, les actionnaires seront assemblés pour déterminer s'il y a lieu de la continuer : chacun d'eux aura le droit de se retirer ; toutefois, si la majorité veut la continuer, la liquidation s'opérera à l'égard des actionnaires sortans, ainsi qu'il est exprimé à l'article précédent.

6. La compagnie se propose d'assurer les risques maritimes et ceux de la navigation intérieure et de faire des prêts à la grosse.

Elle adoptera, par les soins de ses directeurs, une police d'assurances, conforme, autant que possible, aux us et coutumes de Nantes.

Elle ne pourra signer plus de cinq cents francs de risques par action sur chaque navire ou bateau, soit sans risques de guerre, soit avec augmentation en cas de guerre : cette augmentation sera fixée entre elle et les assurés par trois arbitres nommés à cet effet par le tribunal de commerce de Nantes ; leur décision sera définitive et sans appel. Cette clause sera spécialement rapportée dans la police. Elle pourra néanmoins signer à tous risques, ceux de guerre compris, avec augmentation de prime fixée éventuellement, ou sans augmentation ; mais alors elle ne pourra signer plus de deux cents francs par action.

Elle s'interdit la faculté de signer les risques de réassurance sur tous navires qui n'appartiendraient pas à la place de Nantes, comme aussi de prendre des risques sur navires inconnus.

Elle n'assurera aucune opération qui aurait pour objet un commerce illicite.

7. La compagnie pourra employer en prêts à la grosse la moitié de son fonds numéraire. Dans aucun cas elle ne pourra prêter au-delà de deux cents francs par action, parce qu'elle n'entend jamais être à découvert, à tous risques, ceux de guerre compris, au-delà de cette susdite somme, soit par acte de grosse ou assurance.

8. La compagnie sera gérée par neuf directeurs, et sa gestion surveillée par trois censeurs ; leurs fonctions seront gratuites, et chaque actionnaire s'engage sur son honneur à ne jamais faire aucune proposition qui tendrait à accorder, sous quelque dénomination que ce soit, une indemnité ou salaire à ces fonctionnaires. Ils seront renouvelés par tiers d'année en année. Le sort déterminera quels les sortans pour la première et la seconde année. Les mêmes peuvent être réélus indéfiniment.

9. Les directeurs nommeront parmi eux et annuellement leur président, lequel, en cas d'absence, indiquera son délégué pour la présidence. Tous sont également chargés de diriger les opérations journalières de la compagnie. Cependant pour l'ordre et l'économie de leurs travaux, ils se diviseront en comités de trois directeurs ; chacun de ces comités sera plus spécialement chargé de suivre les opérations de la compagnie sous les rapports qui lui seront indiqués par les directeurs assemblés, les affaires de la compagnie devant être divisées de manière à n'en surcharger aucun.

Il ne sera consenti aucun acte, quel qu'il soit, s'il n'a été adopté dans une délibération à laquelle auront concouru deux directeurs au moins.

Les délibérations des directeurs seront prises à la majorité absolue, et le partage des opinions équivaudra à la négative.

Les polices seront signées par un directeur et contre-signées par le teneur de livres caissier.

Les directeurs nommeront et pourront révoquer tous les employés de la compagnie. Ils fixeront aussi leurs appointemens.

10. Les devoirs et fonctions des censeurs sont de surveiller les employés de la compagnie, d'examiner les livres et de vérifier le portefeuille, chaque fois qu'ils le jugeront à propos, mais au moins une fois par semaine ; ils pourront agir ensemble ou séparément. Ils veilleront à ce que les directeurs ne s'écartent pas des statuts de la compagnie et des devoirs qu'elle leur impose. Ils pourront assister à toutes les délibérations des directeurs, et n'y auront toutefois que voix consultative ; ils pourront convoquer extraordinairement les actionnaires pour proposer telle mesure qu'ils croiront utile, même la révocation d'un ou plusieurs directeurs.

11. Les livres de la compagnie seront tenus en parties doubles.

Le directeur président sera dépositaire d'une clé de la caisse et du portefeuille, et une autre clé du même dépôt sera confiée au caissier teneur de livres.

Le teneur de livres caissier, pour garantie de sa gestion, fournira telle sûreté en cautionnement ou autrement que les directeurs devront juger convenable.

12. L'un des directeurs sera spécialement chargé de visiter ou faire visiter avec soin tous les navires venant au port de Nantes, et d'en dresser ou faire dresser un état par classe ; aucun risque ne sera adopté sans qu'au préalable cet état ait été consulté.

13. A chaque semestre, les directeurs feront dresser et remettre à chaque actionnaire un état des risques souscrits par la compagnie, et de ceux éteints, et enfin des pertes éprouvées pendant le semestre, en désignant les navires qui les auront occasionnées : des copies de cet état seront également remises au greffe du tribunal de commerce, à M. le préfet du département et à la chambre de commerce.

14. Les fonds en numéraires de la compagnie non employés en prêts à la grosse pourront être donnés à l'escompte, en échange de bonnes valeurs négociables, ayant au moins deux signatures notoirement solvables, et ne dépassant pas quatre mois de terme.

15. Les pertes éprouvées par la compagnie seront couvertes par le fonds numéraire, et par les bénéfices, s'il y en a eu : en cas d'insuffisance, les directeurs, après avoir délibéré au nombre de six au moins, et avoir appelé les censeurs à cette délibération, pourront émettre les billets des actionnaires à un mois de vue, jusqu'à concurrence des besoins de la compagnie. Il ne sera émis qu'un nombre égal de billets par chaque action. Les billets émis seront acquittés par le directeur président, l'un des censeurs et le caissier teneur de livres.

16. La compagnie devra cesser ses opérations et liquider, si elle éprouve des pertes telles que les six dixièmes de ses capitaux en soient absorbés.

17. La responsabilité d'un actionnaire ne s'étendra pas au-delà du montant de ses actions. Son intérêt cessera de plein droit, en cas de faillite ou d'insolvabilité notoire, à partir du dernier compte annuel arrêté par les directeurs : cet intérêt sera liquidé en gardant à la charge de la compagnie les risques non éteints à l'époque à laquelle il a cessé, et en prenant pour constantes, et les portant en déduction d'actif, les pertes énoncées connues et dont le règlement ne serait pas encore fait, iraient de droit en compensation les primes échues ou non dues à la compagnie par cet intéressé.

En cas de mort d'un actionnaire, son intérêt cessera de plein droit à la fin de l'année dans laquelle elle aura lieu : cependant les héritiers auront la faculté de le continuer, ou même de le céder en soumettant le nouvel actionnaire à l'approbation de la compagnie, qui pourrait le refuser. A défaut par les héritiers de faire connaître leur intention dans les trois mois qui suivront la mort du défunt, leur compte sera réglé de la même manière que pour l'actionnaire insolvable. Les directeurs pourront céder sans perte les actions qui écherraient de cette manière à la compagnie, ou lui proposer dans l'assemblée annuelle de s'en charger ; dans ce cas, le paiement en serait pris sur ses bénéfices.

18. Dans le mois qui suivra la fin de chaque année sociale, les directeurs assembleront les actionnaires dans le local de la compagnie, à l'effet de leur faire le rapport des opérations générales de la compagnie pendant l'année écoulée, et de leur proposer en conséquence les bénéfices à répartir, s'il y a lieu ; cette répartition des bénéfices se fera par la remise d'un certain nombre de billets des actionnaires à un mois de vue, ou en argent pour ceux qui auraient fourni leur mise sociale tout entière en numéraire. Il ne sera fait de répartition aux actionnaires, à quelque titre que ce soit, que sur l'excédant du capital de dix mile francs par action parce que, dans tous les cas, ce capital est la seule garantie des créanciers de la compagnie qui n'auraient aucune prétention à exercer sur les bénéfices antérieurement répartis et de bonne foi.

19. Dans cette même assemblée annuelle, il sera procédé par les actionnaires au remplacement des directeurs et censeurs dont les fonctions auront cessé. Ne pourront être élus directeurs et censeurs en même temps les associés d'une même maison, ni le père ni le fils : le directeur ou censeur qui cessera d'être actionnaire n'exercera plus ses fonctions.

20. Dans les assemblées extraordinaires convoquées par les censeurs, les actionnaires, après avoir entendu les directeurs et censeurs tour à tour, pourront, sur la proposition positive des uns ou des autres, changer immédiatement un ou plusieurs directeurs et un ou plusieurs censeurs. Pour que ces assemblées soient légales, la présence des trois quarts par action des intéressés sera d'obligation : mais, dans celles annuelles, les actionnaires pourront utilement délibérer, quel que soit leur nombre. Les délibérations dans ces assemblées seront toujours prises à la majorité absolue, et en comptant les voix par nombre d'actions. Les actionnaires pourront se faire représenter en cas d'empêchement légitime. Les convocations des actionnaires se feront par lettres.

21. Six mois avant l'expiration des cinq ans fixés provisoirement pour la durée de la compagnie, les directeurs assembleront les actionnaires pour aviser aux moyens de continuer la société, selon ce qui est établi à l'art. 4, ou bien à ceux d'établir une prompte et économique liquidation de ses affaires.

22. *Article transitoire.* Une commission de trois actionnaires est chargée de solliciter l'ordonnance royale d'approbation, et,

dans le mois qui suivra sa réception, de réunir les intéressés pour accepter ceux qui se présenteront pour prendre part à cette compagnie, nommer les directeurs et censeurs, et enfin mettre la compagnie en activité immédiatement. Cette commission se compose de MM. A. Genevois, Pierson et Peltier.

Fait et passé à Nantes, en l'étude, en la demeure des parties et en l'hôtel de la bourse, l'an 1822, les 9, 10, 11, 12, 14, 15 et 16 janvier.

3 AVRIL 1822. — Ordonnance du Roi qui autorise le sieur Duval de Fraville à établir sur le cours des fontaines de Condes, département de la Haute-Marne, un patouillet destiné au lavage des minerais de fer. (7, Bull. 520.)

3 AVRIL 1822. — Ordonnance du Roi qui autorise le consistoire de l'église réformée de Négrepelisse à acquérir une maison et une grange pour servir à l'exercice du culte protestant. (7, Bull. 528.)

3 AVRIL 1822. — Ordonnances du Roi qui autorisent l'acceptation de dons et legs faits aux communes de Sergines, de Sierck et de Châteauroux ; aux sœurs hospitalières de la Sainte-Trinité de Valence, aux fabriques des églises de St.-Didier, etc. (7, Bull. 528, 530 et 532.)

3 AVRIL 1822 — Ordonnance du Roi qui accorde des lettres de déclaration de naturalité au sieur Archino dit Reynaud, et à Marie-Joséphine Lebrun, veuve du sieur Ruest dit Ruesch et Luechè. (7, Bull. 551.)

3 AVRIL 1822, — Ordonnance du Roi qui accorde une pension à la veuve d'un chef de bureau aux archives du royaume. (7, Bull. 522 *bis.*)

3 AVRIL 1822. — Ordonnance du Roi qui accordent des pensions militaires. (7, Bull. 522 *bis.*)

3 AVRIL 1822. — Ordonnance du Roi qui autorise la commune de Cordesse, arrondissement d'Autun, à établir une assemblée pour la location des domestiques. (7, Bull. 528.)

3 AVRIL 1822. — Ordonnances du Roi qui changent le jour de la tenue des foires des communes de Dauphin et de Chalonnes. (7, Bull. 528.)

3 AVRIL 1822. — Ordonnances du Roi relatives aux foires des communes de Domrémy, des Éparres, des Abrets et de Ruffieu. (7, Bull. 530.)

10 AVRIL 1822 — Ordonnance du Roi qui permet au sieur Balland d'Augustebourg d'ajouter à ses noms celui de Varambon. (7, Bull. 520.)

10 AVRIL 1822. — Ordonnances du Roi qui admet le sieur Leu à établir son domicile en France. (7, Bull. 520.)

10 AVRIL 1822. — Ordonnances du Roi qui autorisent l'acceptation de dons et legs faits aux communes de Fougère, de Tarare, de Saint-Calais, d'Anost de Sotteville, de Joinville et d'Argueil. (7, Bull. 532.)

10 AVRIL 1822. — Ordonnance du Roi qui accorde des lettres de déclaration de naturalité aux sieurs Ponto, Paal, Brusich, Sasserno, Baum et Charpentier. (7, Bull. 351, 616, 619 et 668)

10 AVRIL 1822. — Ordonnances du Roi qui accordent des pensions militaires. (8, Bull. 522 *bis.*)

17 = 23 AVRIL 1822. — Loi relative à la concession des eaux surabondantes du canal de Saint-Maur. (7, Bull. 521, n° 12597.)

Voy. Ordonnance du 14 août 1822.

Art. 1er. Le Gouvernement est autorisé à concéder, pour l'établissement d'usines, 1° l'usage des eaux qui passeront par le canal St.-Maur et qui ne seront pas nécessaires à sa navigation ; et 2° le droit de disposer de la chute qui sera créée par le barrage à établir dans la Marne, pour régler la prise d'eau du canal.

2. La concession sera perpétuelle. Le Gouvernement provoquera la concurrence par la publicité.

3. Les parties de terrain qui ont déjà été acquises par l'établissement des usines feront partie de la concession.

4. Il pourra être stipulé, à titre d'encouragement, que les bâtimens d'habitation et d'exploitation qui seront élevés sur des terrains compris dans le plan des usines ne donneront lieu à aucune augmentation de la contribution foncière à laquelle ces terrains se trouvent assujétis au moment du traité. Cette exemption ne pourra pas excéder la durée de vingt-cinq ans.

17 = 23 AVRIL 1822.— Loi relative à l'achèvement du pont de pierre en construction sur la Seine à Rouen. (7, Bull 521, n° 12590.)

Art. 1er. Les offres faites par la ville de Rouen de fournir neuf cent mille francs, et par le conseil général du département de la Seine-Inférieure de fournir six cent mille francs, pour concourir avec les fonds de l'état à l'achèvement du pont de pierre en construction sur la Seine à Rouen, route royale n. 158, sont acceptées.

2. Conformément à la délibération du conseil municipal en date du 30 août 1821, il sera perçu pendant six années, à dater du 1er janvier 1822, pour former le contingent de la ville, un décime par franc en sus du montant brut des droits déterminés aux tarifs de l'octroi de la ville. Le produit de cette perception extraordinaire ne sera pas soumis à la retenue du dixième au profit du Trésor.

3. Conformément à la délibération prise par le conseil général du département de la Seine Inférieure dans la session de 1821, le contingent du département sera réalisé en sept années consécutives, au moyen du prélèvement annuel d'une somme de quatre-vingt cinq mille sept cent quatorze francs.

4. Le surplus des dépenses nécessaires à l'achèvement du pont et des rampes d'accession qui en dépendent, sera imputé sur le budget du ministère de l'intérieur, chapitre des ponts et chaussées. Ce complément sera fourni dans l'espace de six années, et dans les proportions convenables pour que le passage sur le pont soit livré au public le 1er janvier 1828.

---

17 = Pr. 24 AVRIL 1822. — Ordonnance du Roi qui annulle un arrêté du conseil de préfecture du département de la Seine relatif à une contravention aux lois et réglemens sur la police du roulage. (7, Bull. 522, n° 12621.)

Louis, etc. sur le rapport du comité du contentieux ; vu le pourvoi élevé par notre ministre de l'intérieur contre un arrêté du conseil de prefecture du département de la Seine, du 9 mars 1821, qui déclare que le sieur Jacques Chaland, surpris en contravention aux lois et reglemens sur la police du roulage pour excès de chargement, n'est pas passible d'amende ; ledit pourvoi enregistré au secrétariat général de notre Conseil-d'Etat le 5 décembre 1821, et tendant à l'annulation dudit arrêté, vu le mémoire en défense pour le sieur Chaland, voiturier, demeurant à Paris, rue Saint-Dominique au Gros-Caillou, n° 36, ledit mémoire enregistré audit secrétariat général le 17 janvier 1822, et tendant à ce

que, sans nous arrêter à l'appel interjeté par notredit ministre, lequel appel demeurera comme non avenu, il nous plaise confirmer l'arrêté attaqué, et ordonner en consequence qu'il recevra son execution pleine et entière ; vu la lettre du préfet de police du département de la Seine, du 5 septembre 1821, contenant des observations sur l'objet de la contestation ; vu l'arrêté attaqué du conseil de prefecture du département de la Seine, du 9 mars 1821, qui tend à établir que, lorsqu'un voiturier passe devant un pont à bascule avant de commencer son voyage, on doit supposer qu'il a l'intention de vérifier le poids de sa voiture pour éviter de s'exposer à la contravention ; que d'ailleurs c'est au préposé à avertir le conducteur de la faculté qui lui est accordée de faire vérifier son chargement, et que, s'il ne le fait pas, le voiturier ne peut être en faute ; qu'enfin, n'ayant pas encore emprunté la route, il ne l'a point dégradée, et n'est passible d'aucun dommage ; que seulement il doit decharger l'excédant s'il y en a, et payer au préposé la retribution qui lui est allouée pour le pesage ; vu la loi du 29 floreal an 10, celle du 7 ventose an 12, et le decret du 23 juin 1806 ; vu toutes les pièces produites ; considérant que c'est aux propriétaires de voitures et aux rouliers à déclarer s'ils veulent user de la faculté qui leur est réservée par l'article 12 du décret du 23 juin 1806, de faire peser leurs voitures avant de commencer un voyage ; que les préposés n'ont point été assujetis à les avertir des précautions qu'ils doivent prendre en ce cas, et qu'en effet, quand une voiture passe devant un pont à bascule, le préposé ignore si c'est le commencement ou la continuation d'un voyage ; considérant que les amendes fixées par ledit décret sont encourues par le seul fait de la surcharge, sans qu'il soit nécessaire de faire constater si cette surcharge a plus ou moins dégradé la route ; qu'aux termes dudit décret il est expressément question d'amendes, et non de réparations de dommage ; considérant que le pavé des villes dans le prolongement des routes fait essentiellement partie desdites routes et est compris au budget des ponts-et-chaussées ; qu'ainsi l'on ne peut pas dire qu'une route commence au pont à bascule qui serait placé à la barrière d'une ville ; que d'ailleurs beaucoup de villes n'ont pas même de pont à bascule ; considérant que le conseil de préfecture du département de la Seine a méconnu ces principes dans son arrêté du 9 mars 1821 ; dans l'espèce, considérant que le sieur Chaland a agi de bonne foi ; qu'il ne fait pas profession de roulage, et qu'il est dans un état constaté d'indigence ; notre Conseil-d'Etat entendu, nous avons ordonné et ordonnons ce qui suit :

Art. 1er. L'arrêté du conseil de préfecture du département de la Seine, du 9 mars 1821, est annulé.

2. L'amende encourue par le sieur Chaland est modérée à un franc.

3. Notre garde-des-sceaux, ministre secrétaire d'Etat au département de la justice et notre ministre secrétaire d'Etat au département de l'intérieur, sont chargés de l'exécution de la présente ordonnance, qui sera insérée au Bulletin des Lois.

————

17 AVRIL = Pr. 5 MAI 1822. — Ordonnance du Roi portant convocation des colléges électoraux dans les départemens de la première série. (7, Bull. 525, n° 12641.)

Louis, etc. vu les lois des 5 février 1817 et 29 juin 1820; vu nos ordonnances des 4 septembre, 11 octobre 1820 et 18 mars dernier; sur le rapport de notre ministre secrétaire d'Etat au département de l'intérieur, nous avons ordonné et ordonnons ce qui suit :

Art. 1er. Les réclamations auxquelles peut donner lieu la publication des listes électorales qui ont été affichées le 3 avri présent mois cesseront d'être admises après le 2 mai; et les listes seront closes définitivement le 4 du même mois.

2. Les colléges électoraux d'arrondissement, dans les départemens de la première série portés au tableau ci annexé n° 1er, et les colléges électoraux des départemens de la même série portés au tableau n° 3, où les électeurs ne forment qu'un seul collége, sont convoqués pour le 9 mai prochain.

Les colléges départementaux, dans les départemens de la même série portés au tableau ci joint, n. 2, sont convoqués pour le 16 du même mois.

Ces divers colléges se réuniront dans les villes que désignent lesdits tableaux, et nommeront le nombre de députés qu'ils indiquent.

3. Il sera procédé pour ces élections conformément à nos ordonnances des 4 septembre et 11 octobre 1820.

4. Notre ministre secrétaire d'Etat au département de l'intérieur est chargé de l'exécution de la présente ordonnance.

Tableau N° 1.

DEPARTEMENS.	Arrondissem. électoraux.	VILLES où se réuniront les colléges d'arrondissement	Nombre de députés à nommer.	DEPARTEMENS.	Arrondissem. électoraux.	VILLES où se réuniront les colléges d'arrondissement	Nombre de députés à nommer.
Côte-d'Or.....	1er	Dijon........	1	Meuse......	1er	Bar-le-Duc ...	1
	2e	Beaune	1		2e	Verdun	1
	3e	Châtillon.....	1	Oise........	1er	Beauvais.....	1
Creuse.......	1er	Guéret.......	1		2e	Compiègne...	1
	2e	Aubusson	1		3e	Senlis.......	1
Dordogne.....	1er	Périgueux....	1	Orne.......	1er	Alençon......	1
	2e	Mareuil......	1		2e	Argentan.....	1
	3e	Bergerac.....	1		3e	Domfront	1
	4e	Sarlat........	1		4e	Mortagne.....	1
Gers........	1er	Auch........	1	Rhin (Haut-).	1er	Altkirch......	1
	2e	Condom......	1		2e	Colmar	1
	3e	L'Ile-en-Jour-			3e	Belfort.......	1
		dain.......	1	Rhône......	1er	Lyon	1
Hérault.......	1er	Montpellier...	1		2e	Lyon	1
	2e	Béziers......	1		3e	Villefranche..	1
	3e	Lodève	1	Seine.......	1er	Paris	1
Ille-et-Vilaine.	1er	Saint-Malo ...	1		2e	Paris	1
	2e	Rennes	1		3e	Paris	1
	3e	Fougères.....	1		4e	Paris	1
	4e	Redon	1		5e	Paris	1
Indre-et-Loire	1er	Tours........	1		6e	Paris	1
	2e	Chinon.......	1		7e	Paris	1
Loiret........	1er	Orléans......	1		8e	Paris	1
	2e	Gien.........	1	Sèvres (D)...	1er	Parthenay....	1
	3e	Pithiviers	1		2e	Niort........	1

Tableau N° 2.

DÉPARTEMENS.	VILLES où se réuniront les colléges électoraux du département.	NOMBRE de députés à nommer.	DÉPARTEMENS.	VILLES où se réuniront les colléges électoraux de départemens.	NOMBRE de députés à nommer.
Côte-d'Or	Dijon.......	2	Meuse	Verdun.....	2
Creuse........	Guéret.....	1	Oise.......	Beauvais....	2
Dordogne......	Périgueux...	3	Orne.......	Alençon	3
Gers.........	Auch......	2	Rhin (Haut)..	Colmar	2
Hérault.......	Montpellier ..	2	Rhône......	Lyon......	2
Ille-et-Vilaine..	Rennes.....	3	Seine	Paris......	4
Indre-et-Loire..	Tours......	2	Sèvres (D) ...	Niort......	1
Loiret	Orléans.....	2			

Tableau N° 3.

DEPARTEMENS.	VILLES où se réuniront les colléges.	NOMBRE DE DÉPUTÉS à nommer.
Alpes (Hautes.	Gap..	2
Lozère..	Mende.	2

17 AVRIL = Pr. 13 MAI 1822. — Ordonnance du Roi portant proclamation des brevets d'invention, de perfectionnement et d'importation délivrés, pendant le premier trimestre de 1822, aux actionnaires de la fabrique d'aiguilles établie à Laigle, département de l'Orne, dont le sieur Vanhoutem, attaché à ladite fabrique, est inventeur; aux sieurs Lemare, Bory, Buchère de Lépinois et Siret, Delubel, Honoré et compagnie, Peytavin, Laroche et Monnier, Roth, Pellet, Hars, Labhaye, Quintenz, Roy, Millien, Hobon, Pottel, Rodier fils, Danker, Bonnet de Juigny, Lapérouse frères, Collier, Rieussec, Luscombe, Altanoux, Jesse Bridgman, Pradier, Sargent, Hal fils, Chaussier, dame Chevalier-July, Morin de Guérivière, Andrieux, Klispis, Leblon Dinsette, Derosne, Adam, Rodier, Enault, Mercier, Renaud, Chevalier. (7, Bull. 527, n° 12716.)

17 AVRIL 1822. — Ordonnance du Roi qui permet au sieur Vasse et à ses enfans d'ajouter à leur nom celui de Dusaussay. (7, Bull. 524.)

17 AVRIL 1822. — Ordonnance du Roi qui admet les sieurs Espana, Abadie, Laurenzy et Lundberg, à établir leur domicile en France. (7, Bull. 524.)

17 AVRIL 1822. — Ordonnance du Roi qui réintègre le sieur Duluc dans sa qualité de Français. (7, Bull. 524.)

17 AVRIL 1822. — Ordonnance du Roi portant nomination des présidens des collèges électoraux convoqués dans les départemens de la première série. (7, Bull. 525.)

17 AVRIL 1822. — Ordonnance du Roi qui autorisent l'acceptation de dons et legs faits aux sœurs hospitalières de l'instruction chrétienne, dites de la Providence, de Perceux; aux fabriques des églises de Monceaux, etc. (7, Bull. 532.)

17 AVRIL 1822. — Ordonnances du Roi qui accordent des lettres de déclaration de naturalité aux sieurs Berlier et Buffa. (7, Bull. 551 et 569.)

17 AVRIL 1822 — Ordonnances du Roi qui accordent des pensions civiles et militaires. (7, Bull. 528 bis.)

18 AVRIL 1822. — Ordonnance du Roi portant

que le collége du deuxième arrondissement électoral de la Dordogne se réunira à Riberac et non à Mareuil. (7, Bull. 525.)

20 AVRIL 1822. — Ordonnance du Roi qui nomme MM. Chanu et Jauge vice-présidens du collège électoral du premier arrondissement du département de la Seine. (7, Bull. 525.)

23 = Pr. 24 AVRIL 1822. — Ordonnances du Roi relative aux douanes. (7, Bull. 522, n°12620.)

Voy. notes sur la loi du 17 DÉCEMBRE 1814; loi du 7 JUIN 1820; ordonnances des 31 OCTOBRE et 3 NOVEMBRE 1821, loi du 27 JUILLET 1822; ordonnance du 13 JUILLET 1825, et loi du 17 MAI 1826.

Louis, etc. vu le projet de loi relatif aux douanes que nous avons fait présenter à la Chambre des députés le 19 janvier dernier; vu le rapport de la commission chargée par la Chambre de l'examen de ce projet; vu les documens qui avaient servi à constater la nécessité de chacune des dispositions proposées, ensemble les documens ultérieurs obtenus par les soins réunis de ladite commission et de notre directeur général des douanes; attendu que le cours des choses n'a pas permis que ledit projet de loi fût mis en délibération dans la session qui touche à sa fin; considérant que, parmi les dispositions qui y sont comprises, le plus grand nombre rentre dans la classe de celles à l'égard desquelles l'art. 34 de la loi du 17 décembre 1814 nous autorise à statuer provisoirement par voie d'ordonnance; mais que, pour ces dernières même, il est convenable, une nouvelle convocation des Chambres étant prochaine, de ne recourir à cette voie qu'à l'égard de celles dont l'urgence pour la protection de notre agriculture et de nos fabriques ne saurait être ni méconnue ni contestée; sur le rapport de notre ministre secrétaire d'Etat des finances; notre Conseil entendu, nous avons ordonné et ordonnons ce qui suit:

Art. 1er. Nous confirmons et renouvelons en tant que de besoin:

1° Notre ordonnance du 31 octobre 1821, portant modification des droits d'entrée sur les laines étrangères, et des primes dues à l'exportation des tissus de pure laine ou mélangés de laine et d'autres matières;

2° Notre ordonnance du 3 novembre 1821 portant défense de recevoir autrement qu'en entrepôt les fers *étirés au laminoir* importés de l'étranger.

2. Les dispositions de cette dernière ordonnance sont étendues, 1° aux fers traités

32.

au charbon de terre, lors même qu'ils seraient étirés au marteau ; 2° aux fers introduits par nos frontières de terre, quels que soient le mode et l'élément de leur fabrication.

3. Les produits et marchandises ci-après dénommés, venant de l'étranger, paieront à leur entrée dans notre royaume, les droits suivans :

	fr.	c.	
Bœufs gras et en chair.	50	00	
Bœufs maigres, taureaux, bouvillons, taurillons	15	00	
Vaches grasses et en chair.	25	00	
Vaches maigres et génisses.	6	00	
Veaux.	3	00	
Béliers, brebis et moutons communs.	3	00	
Agneaux communs.	0	30	Par tête.
Boucs et chèvres.	1	50	
Chevraux.	0	25	
Porcs gras	12	00	
Porcs maigres.	2	00	
Cochons de lait au dessous de trois mois.	0	40	
Viandes fraîches.	8	00	
Viandes salées de porc, lard compris.	23	00	Par 100 kilogr.
Viandes salées et autres.	20	00	

Fonte	brute en gueuses, de 400 kilogr. au moins.	Par mer, et depuis la mer jusqu'à Solre-le-Château exclusivement. , ...	9	00	
		De Solre-le-Château à Rocroy inclusivement. . . , ...	4	00	Par 100 kilogr.
		Par les autres frontières de terre. . . .	6	00	
	épurée , dite mazée.		15	00	
Faux.			150	00	

4. Les dispositions de l'art. 3 de la présente ordonnance recevront leur exécution, savoir :

Pour les bestiaux et pour les viandes fraîches et salées, cinq jours après sa promulgation ;

Pour les fontes et les faux, quinze jours après ladite promulgation.

5. Notre ministre secrétaire d'État des finances est chargé de l'exécution de la présente ordonnance, qui sera insérée au Bulletin des Lois.

———

24 AVRIL = Pr. 1er MAI 1822. — Ordonnance du Roi qui crée une escouade d'ouvriers d'état du génie, pour être attachée à l'arsenal du génie établi à Metz. (7, Bull. 523, n° 12635.)

Art. 1er. Il sera créé, à compter du 1er janvier 1823, une escouade d'ouvriers d'état du génie, pour être attachée à l'arsenal du génie établi à Metz.

2. Cette escouade sera composée de un chef ouvrier, un sous-chef, quatre ouvriers d'état : total, six hommes.

3. Les quatre places d'ouvriers d'état seront exclusivement réservées aux sergens de la compagnie d'ouvriers du génie qui, après avoir servi au moins pendant quatre ans dans ce grade, seront reconnus propres à diriger les ateliers de l'arsenal du génie.

4. La place de sous-chef sera accordée comme récompense spéciale, aux ouvriers d'état du génie ayant cinq années de service en cette qualité.

5. Le lieutenant en second ou le sergent-major de la compagnie d'ouvriers du gé-

nie pourront seuls devenir chef-ouvrier d'état.

6. Il sera successivement nommé à ces divers emplois par notre ministre secrétaire d'État au département de la guerre, sur la proposition du commandant de l'arsenal du génie.

7. Le chef, le sous-chef et les ouvriers d'état du génie seront assimilés, pour le traitement et pour la solde de retraite, aux chefs, sous-chefs et ouvriers d'état attachés aux arsenaux de l'artillerie.

8. Nos ministres secrétaires d'État aux départemens de la guerre et des finances sont chargés, chacun en ce qui le concerne, de l'exécution de la présente ordonnance.

———

24 AVRIL 1822 — Ordonnance du Roi qui permet au sieur Ferrere d'ajouter à son nom celui de Laffitte. (7, Bull. 525.)

———

24 AVRIL 1822. — Ordonnance du Roi qui concède les mines de houille dite anthracite, situées dans les départemens de la Sarthe et de la Mayenne. (7, Bull 530).

———

24 AVRIL 1822. — Ordonnance du Roi qui autorise le sieur de Mongin-Fondragon à transférer à Brethnay l'usine établie à Langres. (7, Bull. 530.)

———

24 AVRIL 1822. — Ordonnances du Roi qui autorisent l'acceptation de dons et legs, etc. (7, Bull. 532 et 533.)

24 AVRIL 1822. — Ordonnances du Roi qui accordent des pensions militaires. (7, Bull. 528 bis.)

24 AVRIL 1822. — Ordonnances du Roi qui accordent des lettres de déclaration de naturalité aux sieurs G. M. Margaritis, Jean Margaritis dit Marguerite, Inaudini, Rubini et Cléaz. (7, Bull. 538 et 551.)

24 AVRIL 1822. — Ordonnance du Roi qui érige en succursale l'église d'Ernemont-la-Vilette, et distrait la commune d'Avesne de la paroisse de Gournay, et la réunit, pour le spirituel, à la succursale d'Ernemont. (7, Bull. 532.)

30 AVRIL 1822. — Convention entre la France et l'Espagne, concernant la liquidation et le paiement des créances des Français à la charge de l'Espagne. — Voy. ordonnance du 22 août qui publie cette convention.

30 AVRIL 1822. — Tableau des prix des grains pour servir de régulateur de l'exportation et de l'importation, conformément aux lois des 16 juillet 1819 et 4 juillet 1821. (7, Bull. 523.)

30 AVRIL 1822. — Ordonnance du Roi qui nomme M. le comte Mollien président de la commission de surveillance de la caisse d'amortissement et de celle des dépôts et consignations, et M. le baron Delpierre membre de la même commission. (7, Bull. 526.)

30 AVRIL 1822. — Lettres-patentes portant érection de majorats en faveur de MM. de Chastenet marquis de Puységur et Saillard. (7, Bull. 532.)

30 AVRIL 1822. — Lettres-patentes portant institution de titres de pairie en faveur de MM. de la Villegontier, Decazes, de la Guiche et de Cleron d'Haussonville. (7, Bull. 549.)

1er MAI 1822. — Proclamations du Roi qui prononcent la clôture de la session de 1821 de la Chambre des pairs et de la Chambre des députés. (7, Bull. 526.)

1er MAI 1822. — Ordonnance du Roi portant convocation de la Chambre des pairs et de la Chambre des députés des départemens. (7, Bull. 526.)

1er = Pr. 2 MAI 1822. — Loi contenant le budget de l'exercice 1822 (1) (7, Bull. 524, n° 12637.)

Voy. lois des 31 JUILLET 1821, 17 AOUT 1822, et notes sur la loi du 23 SEPTEMBRE 1814.

TITRE Ier. Fixation des charges et dépenses de l'exercice 1822.

§ Ier. *Budget de la dette consolidée.*

Art. 1er. Il est ouvert au ministre des finances un crédit en rentes, cinq pour cent consolidés, de la somme de trois millions quatre cent dix mille neuf cent cinquante-huit francs, avec jouissance du 22 mars 1822.

Ladite inscription de rentes, représentant, à quatre-vingt-sept francs soixante-quatre centimes trois cinquièmes, cours moyen des cinq pour cent consolidés pendant les six derniers mois de l'année 1821, un capital numéraire de soixante millions, est spécialement affectée au remboursement en numéraire de la deuxième cinquième des reconnaissances de liquidation, évalué à pareille somme de soixante millions.

2. Au moyen du crédit d'inscription ouvert par l'article précédent, les dépenses de la dette consolidée et de l'amortissement sont fixées, pour l'exercice 1822, à la somme de deux cent vingt-huit millions huit cent soixante-quatorze mille trente-neuf francs (228,874,039 francs), conformément à l'état A ci-annexé.

§ II. Fixation des dépenses générales du service.

3. Des crédits sont ouverts jusqu'à concurrence de six cent soixante-dix millions quatre cent soixante-onze mille six cent six francs (670,471,606 fr.) pour les dépenses générales du service de l'exercice 1822, conformément à l'état B, applicables, savoir :

(1) Proposition à la Chambre des députés le 27 novembre 1821 (Mon. du 28). Modification par une ordonnance présentée le 11 janvier 1822 (Mon. du 12) Rapports de MM. Cornet d'Incourt et Olivier le 26 février (Mon. du 27). Discussion générale le 12 mars (Mon. du 13 au 15). Discussion, article par article, le 15 (Mon. du 16) au 20 avril. Adoption le 18 avril (Mon. du 19).

Proposition à la Chambre des pairs le 19 avril (Mon. du 6 mai). Rapport de M. Mollin le 27 (Mon. du 12 mai) Discussion le 29 (Mon des 21 et 23 mai). Adoption le 30 (Mon. du 23 mai).

Aux dépenses générales,
ci. 532,244,726

Aux frais de régie, d'exploitation, de perception et non-valeurs des contributions directes et indirectes,
ci. 131,912,880

Aux remboursemens et restitutions à faire aux contribuables sur les produits bruts desdites contributions,
ci. 6,314,000

Total égal. 670,471,606

§. II. *ispositions nouvelles sur les dépenses d s ministères.*

4. Lorsque, par des réformes d'employés inutiles, des économies auront été obtenues sur les frais d'administration centrale des ministères, il pourra être accordé sur le fonds provenant de la moitié de ces économies, aux employés réformés, des indemnités temporaires, proportionnées à leurs services, et qui ne devront jamais excéder le *maximum* de la pension de retraite affectée à chaque emploi (1).

Le tableau de ces indemnités temporaires sera distribué chaque année aux Chambres.

TITRE II. Produits affectés à l'exercice 1822.

§ 1er. *Divers droits et perceptions.*

5. Continuera d'être faite jusqu'au 1er avril 1823, conformément aux lois existantes, la perception :

Des droits d'enregistrement, de timbre, de greffe, d'hypothèque, de passeports et permis de ports d'armes ;

Des droits de douanes, y compris celui sur les sels ;

Des contributions indirectes, des postes, des loteries, des monnaies et droits de garantie ;

Des taxes des brevets d'invention ;

Des droits établis sur les journaux ;

Des droits de vérification des poids et mesures ;

Du dixième des billets d'entrée dans les spectacles ;

Du prix des poudres, tel qu'il est fixé par la loi du 16 mars 1819 ;

D'un quart de la recette brute dans les lieux de réunion et de fête où l'on est admis en payant, et d'un décime pour franc sur ceux de ces droits qui n'en sont point affranchis ;

Des contributions spéciales destinées à subvenir aux dépenses des bourses et chambres de commerce, ainsi que des revenus spéciaux accordés auxdits établissemens et aux établissemens sanitaires ;

Des droits établis pour les frais de visite chez les pharmaciens, droguistes et épiciers ;

Des redevances sur les mines ;

Des diverses rétributions imposées en faveur de l'Université sur les établissemens particuliers d'instruction, et sur les élèves qui fréquentent les écoles publiques ;

Des taxes imposées, avec l'autorisation du Gouvernement, pour la conservation et la réparation des digues et autres ouvrages d'art intéressant les communautés de propriétaires ou d'habitans, et des taxes pour les travaux de desséchement autorisés par la loi du 16 septembre 1807 ;

Des sommes réparties sur les Israélites de chaque circonscription pour le traitement des rabbins et autres frais de leur culte.

6. Les lettres-de-change tirées par seconde, troisième ou quatrième, pourront, quoique étant écrites sur papier non timbré, être enregistrées, dans le cas de protêt, sans qu'il y ait lieu au droit de timbre et à l'amende, pourvu que la première, écrite sur papier au timbre proportionnel, soit représentée conjointement au receveur de l'enregistrement.

7. Les droits de pêche perçus sur les étangs salés qui communiquent avec la mer et qui appartiennent au Gouvernement sont et demeurent supprimés. Néanmoins ceux de ces droits qui sont aujourd'hui perçus sous forme de licence continueront à l'être jusqu'au 1er janvier 1823 ; et ceux qui sont encore affermés ne cesseront qu'à l'expiration des baux.

Les fermiers seront admis à résilier, dès qu'ils en formeront la demande.

8. Il continuera d'être perçu à la fabrication des bières un droit de trois francs par hectolitre de bière forte, et il n'y aura plus pour la petite bière qu'un droit unique qui est fixé à soixante-quinze centimes.

Il ne pourra être fait application de la taxe sur la petite bière que lorsqu'il aura été préalablement fabriqué un brassin de bière forte avec la même drèche, et pourvu, d'ailleurs, que cette drèche ait subi, pour le premier brassin, au moins deux trempes, qu'il ne soit entré dans le second brassin aucune portion des métiers résultant des trempes données pour le premier, qu'il n'ait été fait aucune addition ni aucun remplacement de drèche, et que le second brassin n'excède point en contenance le brassin de bière forte.

S'il était fabriqué plus de deux brassins avec la même drèche, le dernier seulement sera considéré comme petite bière.

Indépendamment des obligations imposées par l'article 120 de la loi du 28 avril 1816, les brasseurs indiqueront dans leurs déclarations l'heure à laquelle les trempes

---

(1) *Voy.* ordonnance du 2 octobre 1822.

de chaque brassin devront être données.

A défaut d'accomplissement des conditions ci-dessus, tout brassin sera réputé de bière forte et imposé comme tel.

D'après les dispositions qui précèdent, les articles 107 et 108 de la loi du 28 avril 1816 et 86 de la loi du 25 mars 1817 sont abrogés.

9. Le Gouvernement continuera pendant une année d'être autorisé, conformément à la loi du 4 mai 1802 (14 floréal an 10), à établir des droits de péage, dans le cas où ils seront reconnus nécessaires, pour concourir à la construction ou à la réparation des ponts, écluses ou ouvrages d'art à la charge de l'Etat, des départemens ou des communes. Il en fixera les tarifs et le mode de perception, et en déterminera la durée dans la forme usitée pour les réglemens d'administration publique.

10. La fabrication et la distillation des eaux-de-vie et esprits sont prohibées dans la ville de Paris.

Toute contravention à cette disposition sera punie d'une amende de mille à trois mille francs, indépendamment des autres peines portées par l'article 129 de la loi du 28 avril 1816.

Une ordonnance royale fixera l'époque à laquelle les établissemens de cette nature actuellement existans cesseront toute opération, et déterminera les bases de l'indemnité qui devra être préalablement accordée aux propriétaires de ces établissemens (1).

§ II. Contributions directes.

11. Le montant de la contribution foncière mise par des rôles particuliers sur les bois et autres propriétés devenus, à quelque titre que ce soit, imposables, sera ajouté au contingent de chaque département, de chaque arrondissement et de chaque commune.

12. Les bois et autres propriétés qui n'auraient pas été compris dans les rôles, et qui cesseraient ultérieurement de faire partie du domaine de l'Etat, ou deviendraient imposables pour toute autre cause, seront, d'après une matrice particulière, rédigés dans la forme accoutumée, cotisés comme les autres bois et propriétés de même nature, et accroîtront le contingent de chaque département, de chaque arrondissement et de chaque commune (2).

13. A l'égard des propriétés de toute nature qui, ayant appartenu à des particuliers, passent dans le domaine de l'Etat, ou sont entrées dans la dotation de la couronne, et des propriétés non bâties qui, pour toute autre cause, cessent d'être imposables, et deviennent, à ce titre, libres de la contribution foncière, les communes, arrondissemens et départemens où elles sont situées seront dégrevés de la contribution foncière jusqu'à concurrence de la part qu'elles prenaient dans leur matière imposable.

14. La contribution foncière, la contribution personnelle et mobilière, la contribution des portes et fenêtres, et les patentes, seront perçues, pour 1822, en principal et centimes additionnels, conformément à l'état C ci-annexé.

15. Le contingent de chaque département dans les contributions foncière, personnelle et mobilière, et des portes et fenêtres, est fixé aux sommes portées dans les états D, nos 1, 2 et 3, annexés à la présente loi.

16. La perception des quatre contributions directes se fera sur les rôles de 1821 jusqu'à la mise en recouvrement des rôles de 1822.

§ III. Fonds destinés aux dépenses départementales.

17. Sur les centimes additionnels aux contributions foncière, personnelle et mobilière, il sera prélevé dix-neuf centimes pour les dépenses départementales fixes, communes et variables, suivant qu'elles sont spécifiées et déterminées par le troisième paragraphe, article 28, de la loi du 31 juillet 1821.

Ces centimes seront divisés de la manière suivante :

1° Six centimes 1417600rs. seront centralisés au Trésor royal pour être tenus à la disposition du ministre de l'intérieur, et être employés au paiement des dépenses fixes ou communes à plusieurs départemens ;

2° Sept centimes 1917600rs. seront versés dans les caisses des receveurs généraux de départemens, pour être tenus à la disposition des préfets, et être employés, sur leurs mandats, aux dépenses variables ; lesquelles dépenses variables seront établies dans un budget dressé par le préfet, voté par le conseil général, et définitivement approuvé par le ministre de l'intérieur.

Les cinq centimes restans seront versés au Trésor royal, pour, à titre de fonds

____

(1) Voy. ordonnance du 11 mai 1822.
(2) Cet article ne limite pas le nombre des années pour lesquelles les rôles pourront être dressés.
Par analogie avec les lois sur le recouvrement de l'impôt qui ont limité à trois ans le recours des percepteurs contre les contribuables, le ministre des finances est fondé à réclamer le paiement de trois années de contributions dues par les propriétaires de bois (12 mai 1830 ; ord. Mac. 12, 233).

commun, être tenus à la disposition du ministre secrétaire d'État de l'intérieur, et venir au secours des départemens dont les dépenses variables excéderont le produit des sept centimes ci-dessus.

18. Un centime prélevé sur le fonds de non-valeurs des contributions foncière, personnelle et mobilière, continuera, pour 1822, d'être affecté aux secours généraux et réparti entre les départemens, dans les cas de grêle, d'incendie, d'inondation ou autres cas fortuits.

Sera également affecté, pour le même exercice, aux secours généraux, en augmentation du fonds d'un centime, l'excédant du fonds de non-valeurs de la contribution des portes et fenêtres.

Les préfets rendront compte aux conseils généraux de l'emploi du fonds de non-valeurs.

19. Les conseils généraux de département indépendamment des trois centimes sur le principal de la contribution foncière qu'ils sont autorisés à voter par l'article 20 de la loi du 31 juillet 1821 pour les opérations cadastrales, pourront en outre, et sauf l'approbation du Gouvernement, établir, pour les dépenses d'utilité départementale, des impositions dont le montant ne pourra excéder cinq centimes du principal des contributions foncière, personnelle et mobilière de 1822, et dont l'allocation sera toujours conforme au vote du conseil général.

Ces impositions pourront être élevées jusqu'à vingt centimes dans le département de la Corse.

20. A l'avenir, les crédits accordés pour les frais de bureau dans les préfectures et sous-préfectures ne seront que limitatifs, et le compte annuel de la dépense dans chaque administration sera rendu, savoir :

pour les préfectures, au conseil général du département ; et pour les sous préfectures, au conseil d'arrondissement. Les délibérations de ces conseils qui régleront ces comptes ne seront définitives qu'après avoir été approuvées par le ministre de l'intérieur (1).

§ IV. Fixation des recettes de l'exercice 1822.

21. Le budget des recettes est fixé, pour l'exercice 1822, à la somme totale de neuf cent treize millions trois cent vingt-sept mille six cent cinquante-un francs (913,327,651 fr.), conformément à l'état E ci-annexé.

§ V. Disposition générale.

22. Toutes contributions directes ou indirectes, autres que celles autorisées par la présente loi, à quelque titre et sous quelque dénomination qu'elles se perçoivent, sont formellement interdites, à peine, contre les autorités qui les ordonneraient, contre les employés qui confectionneraient les rôles et tarifs, et ceux qui en feraient le recouvrement, d'être poursuivis comme concussionnaires, sans préjudice de l'action en répétition, pendant trois années, contre tous receveurs, percepteurs ou individus qui auraient fait la perception, et sans que, pour exercer cette action devant les tribunaux, il soit besoin d'une autorisation préalable. Il n'est pas néanmoins dérogé à l'exécution des articles 4 et 6 de la loi du 28 avril 1816, relatifs aux contributions extraordinaires pour remboursement des dépenses de l'occupation militaire de 1815, et des articles 39, 40, 41, 42 et 43 de la loi du 15 mai 1818, relatifs aux dépenses extraordinaires des communes.

(1) Voy. art. 21, loi du 17 août 1822.

BUDGET GÉNÉRAL DES DÉPENSES ET SERVICES POUR L'EXERCICE 1822.

ÉTAT A. *Budget de la dette consolidée et de l'amortissement.*

Reconnaissances de liquidation.	delivrés et à délivrer au 1er oct 1821 *distraction faite des 60 millions formant le premier cinquième rem boursé le 22 mars 1821*) en capital dont les intérêts sont à servir le 22 mars 1822	240,000,000		
	dont à déduire pour le 2e 5e à rembourser le 22 mars 1822. .	60,000,000		
	Reste en capital dont les intérêts sont à servir le 22 septembre 1822 .	180,000,000		
	ci, pour les intérêts sur 240 millions du semestre échéant le 22 mars 1822. . . .	6,000,000	10,500,000	
	pour les intérêts sur 180 millions du semestre échéant le 22 septembre 1822.	4,500,000		
Intérêts des 5 p. o/o consolidés.	inscrits au 1er octobre 1821 176,663,215			
	à inscrire ultérieurement, sur les crédits antérieurs 301,345			
	pr remboursem. du deuxième cinquième des reconnaissances de liquidation, évalué à un capital de 60 millions (*à inscrire avec jouissance du 22 mars 1822*) 3,418,958	13,720,303		
	Total des rentes inscrites et à inscrire. 180,383,518			
	ci pour le semestre échéant le 22 mars 1822 88,382,280		178,374,039	
	pour le semestre échéant le 22 septembre 1822. 89,991,759			
Dotation de la caisse d'amortissement.			40,000,000	
		TOTAL.	228,874,039	

ÉTAT B. 1° *Budget général des dépenses générales et services.*

			MONTANT des dépenses présumées.
Liste civile.		25,000,000	34,000,000
Famille royale.		9,000,000	
MINISTÈRES.			
Justice, y compris un crédit provisoire de 2,520,000 francs pour frais de justice. . .			17,904,500
Affaires étrangères.			7,850,000
Service ordinaire.		10,578,800	
Cultes. Clergé	23,900,000	24,475,000	
Cultes non catholiques	575,000		
Travaux publics. Ponts-et-chaussées et mines, y compris les fonds spéciaux.	30,500,000	35,101,526	
Travaux { à Paris.	2,400,000		
d'int. gén. { dans les départemens. . . .	2,201,526		
Dépenses départementales. fixes (6 c. 21). centralisés au Trésor. . . .	12,513,029	36,368,474	12,023,800
variables (11 c. 9/160, dont 5 en fonds communs).	22,037,022		
Secours pour grêle, incendies et autres cas fortuits (1 c. sur le fonds de non-valeurs).	1,818,423		
Plus, l'excéd. du fonds de non-val. de la contrib. des portes et fenêtres. *Mém.*			
Dépenses secrètes et autres sur le produit de la ferme des jeux. .	5,500,000		
	A reporter.		621,301,099

		MONTANT des dépenses présumées.
	A reporter.	68,1,300000
GUERRE. { Service actif. 178,232,526		
{ Dépenses temporaires. 9,070,000		187,302,526
MARINE. { Service général. 54,132,000	}	
{ Colonies. 5,858,000	}	59,990,000
FINANCES { Pensions { Dette viagère. 10,400,000		
civiles. 2 055 000		
militaires. 49,500,000		
ecclésiastiques. 9,500,000	}	64,421,800
Donataires dépo-sédés. 1,800,000		
Supplément au fonds de retenues des divers ministères. 1,566,800		
Intérêts de cautionnemens. 10,000,000		
Frais de service et de négociations. { Frais de service et de trésorerie. . . 3,400,000		
Frais de négociations, escompte, intérêts et dette flottante. 4,700,000	} 8,100,000	
Remises extraordinaires aux receveurs généraux et particuliers sur les anticipations de versemens sur contributions directes. 3,400 000	} 11,500,000	113,173,900
Crédit spécial pour les intérêts sur les cent millions payés aux étrangers	1,500,000	
Chambre des pairs.	2,000,000	
Légion-d'honneur, supplément à sa dotation.	3,400,000	
Chambre des députés.	800,000	
Cour des comptes.	1,256,000	
Administration des monnaies.	599,800	
Reconstruction de la Monnaie de Nantes.	50,000	
Commission de liquidation française.	66,000	
Cadastre. (Fonds commun. Execution de l'article 21 de la loi du 31 juillet 1821).	1,000,000	
Service administratif du ministère.	6,130,000	
Fonds spécial destiné aux frais de l'inventaire des biens mobiliers et immobiliers affectés à la dotation de la couronne. (Loi du 8 novembre 1814, tit. 1er, art. 3.	50,000	
TOTAL. . . .		532,244,726

ÉTAT B. (Suite.)

2° *Frais de régie, de perception, d'exploitation, non-valeurs, etc., et remboursemens et restitutions aux contribuables.* (A ordonnancer par le ministre des finances.)

FRAIS DE RÉGIE, DE PERCEPTION, D'EXPLOITATION, NON-VALEURS, ETC.		MONTANT des dépenses présumées.
Administrations financières.		
Enregistrement et domaine.		11,615,000
Forêts.		3,372,950
Douanes et Sels. { Frais d'administration et de perception. . .	23,096 300	
Remise de 2 pour 100 sur l'impôt du sel. . .	900,000	25,996,300
Produit des amendes et confiscations attribuées.	2,000,000	

ÉTAT B. (Suite.)

				MONTANT des dépenses présumées.
		Report.		000,00,000
Contributions indirectes	Frais d'administration et de perception. . . .	20,926,500		
	Exploitation des tabacs.	24,546,000		
	Exploitation et vente des poudres à feu. . . .	2,144,000	49,636,500	
	Prélèvement sur le produit des amendes.	1,350,000		
	Avances à charge de remboursement. . . .	670,000		
Postes. . . .			11,82,930	
Loterie	Frais d'administration.	1,589,500	4,649,500	131,912,880
	Remise de 6 pour 100 aux receveurs-buralistes.	3,060,000		
Contributions directes.	Non-valeurs des quatre contributions directes.	5,223,570	23,459,700	
	Frais d'assiette et de recouvrement.	18,941,975		
Remises et taxations aux receveurs généraux et particuliers sur l'impôt indirect et les recettes diverses.			1,200,000	

REMBOURSEMENS ET RESTITUTIONS POUR TROP PERÇU.

Ministère des finances.	400,000	
Administrations financières.		6,314,000
Enregistrement, domaines et forêts.	1,350,000	
Douanes et sels (y compris 2,500,000 pour primes à l'exportation) . . .	4,050,000	
Contributions indirectes.	174,000	
Postes.	349,000	
	TOTAL. . . .	138,226,880

RÉCAPITULATION DES DÉPENSES.

ÉTAT A.	Dette consolidée et amortissement.		228,874,03?
ÉTAT B.	1° Service général.	532,244,726	670,471,60?
	2° Frais de régie, de perception, d'exploitation, non-valeurs, etc.	138,226,880	
	Montant des dépenses propres à l'exercice 1822.		899,345,64?
	DÉPENSES POUR ORDRE.		
Instruction publique.		2,424,200	5,572,29?
Direction générale des poudres et salpêtres.		3,148,096	
	TOTAL GÉNÉRAL.		904,917,94?

ETAT C.   TABLEAU DES CONTRIBUTIONS DIRECTES A IMPOSER E

DÉSIGNATION DISTINCTE DES PRODUITS.	MONTANT DE CHAQUE			
	FONCIÈRE.		PERSONNELLE ET MOBILIÈRE.	
	Nombre de centimes additionn.		Nombre de centimes additionn.	
Produits généraux.				
Principal des quatre contributions	«	154,681,351	«	27,161,020
Centimes additionnels { sans affectation spéciale.	19	29,389,457	29	7,876,696
pour dépenses départementales fixes, communes à plusieurs départemens 7				
pour dépenses variables des départemens. 7	19	29,389,457	19	5,160,594
pour fonds communs des mêmes départemens 5				
pour secours en cas de grêle, incendies.	1 (1)	1,546,813	1	271,610
Centimes additionnels facultatifs à voter par les conseils généraux (maximum, 5 cent.) . .	«	Mémoire.	«	Mémoire.
Produits affectés aux non-valeurs, dépenses des communes, réimpositions et frais de perception.				
Centimes additionnels { pour non-valeurs et dégrèvemens.	1	1,546,813	1	271,610
pour non-valeurs et attributions aux communes sur les patentes	«	«	«	»
pour dépenses ordinaires des communes (5 cent)	«	Mémoire.	«	
pour dépenses extraordinaires des communes.	«	«	«	«
pour réimpositions.	«	«	«	«
Totaux (non compris les *pour mémoire*) . . .	40	216,553,892	50	40,741,530
Centimes additionnels sur principal et centimes réunis. . . . . . { Traitemens et taxations des receveurs généraux et particuliers (par évaluation).		1,732,000		295,000
Remises des percept⁽ᵗˢ⁾.	de 2 à 5	9636,200	de 2 à 5	1,500,600
Totaux généraux.	. . . . .	227,921,892	. . . . .	42,556,530

(1) *Voy.* ordonnance du 15 mai 1822.

NCIPAL ET CENTIMES ADDITIONNELS POUR L'EXERCICE 1822.

CONTRIBUTION.				TOTAUX.	OBSERVATIONS.
PORTES ET FENÊTRES.		PATENTES.			
Nombre de centimes additionn.		Nombre de centimes additionn.			
«	12,812,466	«	(A)17,507,600	212,162,437	(A) Le produit annuel des paten-
50	6,406,233	«	«	43,672,386	tes est présumé de. 10,030,000 dont à déduire, pour non-valeurs et attributions aux
«	«	«	«	34,550,051	communes (8 pour 100) 1,522,400
					Reste. . . . 17,507,600
«	«	«	«	1,818,423	
«	«	«	«	Mémoire.	
50	(B)1,281,247	«	«	3,099,671	(B) Y compris environ 350,000 fr. pour frais de con-
«	«	5	(c)951,500 1,522,400	2,473,900	fection de rôles.
«	«	«	«	Mémoire.	(c)Cette somme de 1.522,400 fait partie du principal des
«	«	«	«	Mémoire.	patentes, en a été déduite plus
«	«	«	«	Mémoire.	haut.
50.	20,499,946	5	19,981,500	297,776,868	
«	149,000 770,000	« de 2 à 5	82,000 656,132	2,258,000 2,582,132	
. . .	21,418,946	. . . . .	20,719,632	312,617,000	

ETAT D, n° 1.

CONTRIBUTION FONCIÈRE DE 1822.

Tableau du répartement de la contribution foncière de 1822 entre tous départemens.

DÉPARTEMENS.	PRINCIPAL.	2 CENTIMES pr fonds de non-valeurs grêle, orages et incendies du principal seulement.	19 CENTIMES pour dépenses départementales fixes et variables, du principal seulement.	19 CENTIMES ES pour dépenses générales du principal seulement.	TOTAL.
Ain.	1,123.114 61	24.462 29	232,391 78	232,391 78	1,712,360 46
Aisne.	2 738.535 89	54,770 72	520,321 82	520 321 82	3,833,950 25
Allier.	1,313,938 90	26,279 18	249,652 19	249,652 19	1,839,542 46
Alpes (Basses).	609,595 35	12,191 91	115,826 12	115,823 12	853,433 50
Alpes (Hautes).	500,824 94	10,016 49	95 156 74	95,156 74	701,154 91
Ardèche.	[885,165 00	17 703 30	168,181 35	168,181 35	1,239,231 00
Ardennes.	1,246,338 39	24,966 77	237.184 29	237,184 29	1,747 673 74
Ariége.	593,383 00	11,867 66	112 742 77	112,742 77	830.736 20
Aube.	1,398,401 00	27,968 02	265,696 59	265,696 19	1,957,761 40
Aude.	1,738,700 00	34,774 00	330,353 00	330 353 00	2,434,180 00
Aveyron.	1,438,112 00	28,762 24	273,241 28	273,241 28	2,013.356 80
Bouches-du-Rhône.	1,520,971 00	30,419 42	288,984 49	288,984 49	2,129,359 40
Calvados.	1,740,030 00	74 800 60	710,605 70	710.605 70	5,236,640 00
Cantal.	1 111,333 00	22.226 66	211,153 27	211,153 27	1,555,866 20
Charente.	1,790,657 93	35,813 16	340,225 00	340,225 00	2,506,921 09
Charente-Inférieure.	2,382,784 07	47,655 68	452,728 97	452 728 97	3,335,897 69
Cher.	998.071 37	19,961 43	189,633 56	189,633 56	1,397,299 92
Corrèze.	856,868 08	17.137 36	162,804 94	162,804 94	1,199,615 32
Corse (Ile de).	170 000 00	3,400 00	32,300 00	32,300 00	238 000 00
Côte-d'Or.	2,564,882 43	51,297 65	487,327 66	487,327 66	3,590 835 40
Côtes-du-Nord.	1,683,918 67	33,678 37	319,944 55	319,944 55	2,357,486 14
Creuse.	717,053 00	14,341 06	136,240 07	136 240 07	1,003 874 20
Dordogne.	2,108,652 00	42,173 04	400,643 88	400.643 88	2,952,112 80
Doubs.	1,197,802 77	23,956 06	227,582 53	227,586 53	1,676,923 89
Drôme.	1 204,666 00	24.093 32	228,886 54	228.885 54	1,686,532 40
Eure.	3.132,558 00	62,651 16	595,186 02	595,186 02	4 385,581 20
Eure-et-Loir.	2,157,667 00	43,153 34	409,956 73	409,956 73	3,020 733 80
Finistère.	1,420,796 50	28 415 93	269,951 34	269,951 34	1,989,115 11
Gard.	1,779,682 51	35,593 65	337,139 67	330,139 67	2,491,555 50
Garonne (Haute).	2,244,800 00	44,896 00	426,512 00	426,512 00	3,142,720 00
Gers.	1,641,500 01	32,830 00	311,885 00	311,885 00	2,298,100 01
Gironde.	2,890,000 00	57,800 00	549,100 00	549,100 00	4,046,000 00
Hérault.	2,272,211 00	45,444 22	431,720 09	431,720 09	3 181,095 40
Ille-et-Vilaine.	1,914,147 00	38,282 94	363,687 93	363,687 93	2,679,805 80
Indre.	995,825 00	19,916 51	189,206 85	189,206 85	1,394,155 71
Indre-et-Loire.	1,576,631 00	31,532 62	299,559 89	299,559 89	2,207,283 40
Isère.	2,380,421 00	47,608 43	452,280 06	452,280 06	3 332,589 93
Jura.	1,324 343 00	26,486 86	251,625 17	251,625 17	1,854,080 20
Landes.	753,543 00	15,070 86	143,173 17	143,173 17	1,054,960 20
Loir-et-Cher.	1,302 333 31	26,046 66	247,443 27	247,443 27	1,823,266 20
Loire.	1,436,538 63	28,730 76	272,942 28	272 942 28	2,011,153 63
Loire (Haute).	1,020,379 73	20.407 59	193,872 13	193,872 13	1,222,417 48
Loire-Inférieure.	1,589,622 75	31,792 45	302.028 32	302,028 32	2,225,471 82
Loiret.	1,914,016 97	38,280 34	363,663 18	363,663 18	2,679,623 45
Lot.	1,256,172 52	25,123 46	238,672 86	238,672 86	1,758,642 15
Lot-et-Garonne	2,094,264 00	41,885 29	397,910 26	397,910 26	2,931,970 33
Lozère.	590,400 24	11,808 00	112,176 00	112,176 00	826,560 00
Maine-et-Loire.	2,523,765 00	50,475 30	479,515 40	479,515 40	3,533,271 34
Manche.	3,348,737 40	66,974 74	636,260 03	636,260 03	4,688,232 18
Marne.	1,087,806 50	36,158 13	343,502 22	343,502 22	2,531,068 97
Marne (Haute).	1,373,050 30	27,461 01	260,879 60	260,879 60	1,922,270 71
Mayenne.	1,555,052 62	31,101 05	295,259 94	294,459 94	2,177,073 23
Meurthe.	1,708,171 53	34,163 43	324,552 61	324,552 61	2,391,440 27
Meuse.	1,505,404 25	30,108 09	286,026 86	286,026 86	2,107,566 34
Morbihan.	1,450,092 53	29,001 85	275,517 53	275,517 53	2,030,129 11
Moselle.	1,652,663 27	33,053 27	314 006 07	314,006 07	3,313,728 94
Nièvre.	1,268,543 15	25,370 87	241,023 22	241,023 22	1,775,960 50
Nord.	4,085,336 00	81,706 72	776,213 87	776,213 87	5,719,470 61
Oise.	2,697,313 00	53,946 26	512,489 47	512,489 47	3,776,238 20

DÉPARTEMENS.	PRINCIPAL.	2 centimes pr fonds de non-valeurs grêle, orages et incendies du principal seulement.	19 centimes pour dépenses départementales fixes et variables, du principal seulement.	19 centimes pour dépenses générales du principal seulement.	TOTAL.
Orne	2,326,570 65	46,531 41	442,048 42	442,048 42	3,257,198 90
Pas-de-Calais	2,977,204 22	59,544 08	565,668 80	565,668 80	4,168,085 90
Puy-de-Dôme	2,360,842 03	47,216 84	448,559 98	448,559 98	3,305,178 80
Pyrénées (Basses)	869,985 67	17,399 71	165,297 27	165,297 27	1,217,979 92
Pyrénées (Hautes)	570,499 63	11,409 99	108,394 93	108,394 93	758,698 48
Pyrénées (Orientales)	700,348 00	14,006 96	133,066 12	133,066 12	980,487 20
Rhin (Bas)	1,877,323 76	37,546 48	356,691 51	356,691 51	2,628,253 26
Rhin (Haut)	1,549,793 76	30,995 88	294,460 81	294,460 81	2,169,711 26
Rhône	2,100,000 00	42,000 00	399,000 00	399,000 00	2,940,000 00
Saône (Haute)	1,475,754 00	29,515 08	280,393 26	280,393 26	2,066,055 60
Saône-et-Loire	2,848,493 69	66,969 87	541,213 80	541,213 80	3,987,891 16
Sarthe	2,177,333 00	23,546 66	413,693 27	413,693 27	3,048,266 20
Seine	6,864,750 00	37,295 00	1304,302 50	1304,302 50	9,610,650 00
Seine-Inférieure	4,684,859 43	93,697 19	890,123 29	890,123 29	6,558,803 20
Seine-et-Marne	2,823,218 59	56,464 37	536,411 53	536,411 53	3,952,506 02
Seine-et-Oise	3,367,723 14	67,354 46	637,867 40	639,867 40	4,714,812 40
Sèvres (Deux)	1,458,639 00	29,172 78	277,141 41	277,141 41	2,042,094 60
Somme	3,063,337 58	61,266 75	582,034 14	582,034 14	4,288,672 61
Tarn	1,638,104 99	32,762 10	311,239 95	311,239 95	2,293,346 99
Tarn-et-Garonne	1,642,067 44	32,841 35	311,992 81	311,992 81	2,298,894 41
Var	1,401,609 79	28,032 20	266,305 86	266,305 86	1,962,253 71
Vaucluse	892,352 16	17,847 04	169,546 91	169,546 91	1,249,293 02
Vendée	1,560,700 00	31,214 00	296,533 00	296,533 00	2,184,980 00
Vienne	1,208,526 25	24,170 53	229,610 99	229,619 99	1,691,936 76
Vienne (Haute)	909,828 36	18,196 57	172,867 39	172,867 39	1,273,759 71
Vosges	1,178,667 50	23,573 35	223,946 83	223,946 83	1,650,134 51
Yonne	1,753,110 00	3 5,062 20	333,090 90	333,090 90	1,454,354 00
Totaux . .	154681351 61	3,093,627 03	29389,456 81	29389,456 81	216355892 26

ETAT D, N° 2.

CONTRIBUTION PERSONNELLE ET MOBILIÈRE.

DE 1822.

Tableau du répartement de la contribution personnelle et mobilière de 1822 entre les départemens (1).

ETAD D, N° 3.

CONTRIBUTION DES PORTES ET FENÊTRES

DE 1822.

Répartement d'après les états envoyés par les préfets (2).

(1) Nous supprimons ce tableau. *Voy.* celui relatif au même objet, annexé à la loi du 23 juillet 1820 ; il y a conformité entre eux pour la première colonne, indiquant le *principal* de la contribution ; pour la seconde, indiquant le montant des deux centimes pour fonds de non valeurs, etc. ; la troisième diffère en ce qu'en 1820 il n'y avait que dix-sept centimes et demi additionnels, tandis qu'en 1822 il y a dix-neuf centimes ; la quatrième diffère aussi en ce qu'en 1820 il y avait trente centimes et demi, tandis qu'en 1822 il n'y a que vingt-neuf centimes.—Mais on voit que dans les deux années ces deux colonnes forment également quarante-huit centimes ; en conséquence, la cinquième colonne, présentant le total, offre un résultat identique.

(2) Nous supprimons ce tableau ; il est entièrement semblable à celui de 1821.

ÉTAT E.   *Budget général des revenus de l'État pour l'exercice 1822.*

DÉSIGNATION ET REVENUS DES IMPÔTS.	PRODUITS bruts présumés
1° Produits spécialement affectés à la dette consolidée.	
Enregistrement, timbre et domaine et produits accessoires des forêts.	166,165,000
Coupes de bois de l'ordinaire de 1822. (*Principal des adjudications payables en traites.*)	19,902,000
Douanes et Sels. Droits de douanes et de navigation, et recettes accidentelles. 73,000,000 — 128,000,000 ; Droits sur les sels, 52,000,000 ; Produits présumés des amendes et confiscations attribuées. 2,000,000	130,000,000
TOTAL	316,067,000
2° Produits affectés aux dépenses générales de l'État.	
Excédant éventuel des produits ci-dessus sur le service de la dette consolidée.	Mémoire.
Contributions indirectes. Droits généraux. 122,900,000 ; Vente des tabacs. 64,800,000 ; Vente des poudres à feu. 3,300,000 ; Recouvremens d'avances. 900,000 ; Produits des amendes et confiscations (Portions attribuées). 1,350,000	193,250,000
Postes.	23,900,000
Loterie.	14,000,000
Versement au Trésor par la ville de Paris, en vertu de la loi du 19 juillet 1820.	5,500,000
Produits divers. Salines de l'Est. 2,400,000 ; Produits de l'Inde. 1,000,000 ; Recettes de diverses origines. 1,455,710 ; Arrérages de rentes et intérêts de fonds publics appartenant au Trésor. 867,290 ; Arrérages des rentes affectées au remboursement des deux premiers cinquièmes des reconnaissances de liquidations. 4,229,031	1,022,031
Contributions directes. Principal et centimes additionnels. 297,776,868 ; Centimes de perception. 14,840,132	312,617,000
	559,289,031
Transport au budget de l'exercice 1822, de l'excédant de recette sur l'exercice 1820.	37,971,620
TOTAL.	597,260,651

Récapitulation des recettes.

1° Produits affectés à la dette consolidée. . . . 316,067,000
2° Produits affectés aux dépenses générales de l'État. . . . 597,260,651

Montant présumé des produits propres au budget de l'exercice 1822. . . . 913,327,651

Recettes pour ordre.

Revenu de l'instruction publique. . . . 2,424,200 } 5,572,296
Direction générale des poudres et salpêtres. . . . 3,148,099 }

TOTAL GÉNÉRAL. . . . 918,899,947

Résultat.

Les recettes présumées sont de. . . . 918,899,947
Les dépenses (états A et B) de. . . . 904,917,941

EXCÉDANT de recettes. . . . 13,982,006

Certifié conforme :

1ᵉʳ = Pr. 7 MAI 1822. — Loi qui accorde au ministère de l'intérieur un crédit extraordinaire de quinze cent mille francs pour commencer la création des établissemens sanitaires qu'exige la sûreté de la France. (7, Bull. 526, n° 12666.)

Voy. loi du 3 MARS 1822; ordonnance du 7 AOUT 1822.

Article unique. Il est accordé au ministère de l'intérieur, par supplément au budget de ce ministère, exercice 1822, un crédit extraordinaire de quinze cent mille francs pour commencer la création des établissemens sanitaires qu'exige la sûreté de la France, et pour les dépenses ordinaires du service sanitaire pendant la présente année.

1ᵉʳ = Pr. 7 MAI 1822. — Ordonnance du Roi concernant la prime accordée aux cotons des deux Amériques importés en France. (7, Bull. 526, n° 12669.)

Voy. ordonnance du 21 NOVEMBRE 1821.

Art. 1ᵉʳ. La prime de dix francs par cent kilogrammes, accordée par nos précédentes ordonnances aux cotons des deux Amériques introduits dans nos ports par navires français sera allouée, dans les cas et sous les conditions réglés par lesdites ordonnances, pour toute importation effectuée par des navires qui partiront des ports de notre royaume avant le 1ᵉʳ septembre 1822, quelle que soit l'époque de retour.

2. Notre ministre secrétaire d'État des finances est chargé de l'exécution de la présente ordonnance, qui sera insérée au Bulletin des Lois.

1ᵉʳ = Pr. 7 MAI 1822. — Ordonnance du Roi contenant des dispositions relatives à la publication de tous dessins gravés ou lithographiés. (7, Bull. 526, n° 12970.)

Louis, etc. vu l'article 12 de la loi du 25 mars 1822, qui interdit la publication, vente ou mise en vente, exposition ou distribution de tous dessins gravés ou lithographiés, sans l'autorisation préalable du Gouvernement; voulant pourvoir à l'exécution de cet article, de manière à assurer la répression de toute contravention; sur le rapport de notre ministre secrétaire d'État au département de l'in-

térieur, nous avons ordonné et ordonnons ce qui suit :

Art. 1ᵉʳ. Dans le cas prévu par l'article 12 de la loi du 25 mars 1822, l'autorisation du Gouvernement sera délivrée, à Paris, au bureau de la librairie, et, dans les départemens, au secrétariat de chaque préfecture, en exécution de la loi du 21 octobre 1814 et de notre ordonnance du 24 du même mois. Cette autorisation contiendra la désignation sommaire du dessin gravé ou lithographié, et du titre qui lui aura été donné.

Elle sera inscrite sur une épreuve qui demeurera au pouvoir de l'auteur ou de l'éditeur, et qu'il sera tenu de représenter à toute réquisition.

L'auteur ou l'éditeur, en recevant l'autorisation, déposera au bureau de la librairie, ou au secrétariat de la préfecture, une épreuve destinée à servir de pièce de comparaison ; il certifiera, par une déclaration inscrite sur cette épreuve, sa conformité avec le reste de l'édition pour laquelle l'autorisation lui sera accordée.

2. A l'égard des dessins gravés ou lithographiés qui ont paru avant la publication de la présente ordonnance, il est accordé un délai d'un mois pour se pourvoir de la même autorisation (1).

3. Notre ministre secrétaire d'État au département de l'intérieur est chargé de l'exécution de la présente ordonnance.

1ᵉʳ = 13 MAI 1822. — Ordonnance du Roi portant que les pensionnaires de l'ordre de Malte ne seront plus assujétis à justifier de leur résidence pour obtenir le paiement de leurs pensions. (7, Bull. 527, n° 12717.)

Louis, etc. considérant que la mesure qui avait assujéti les pensionnaires français de l'ordre de Malte à justifier de leur résidence en France pour toucher leurs pensions, est depuis long-temps sans objet, et que son abolition ne peut plus présenter aucun inconvénient; sur le rapport de notre ministre secrétaire d'État des finances, nous avons ordonné et ordonnons ce qui suit :

Art. 1ᵉʳ. A l'avenir, les pensionnaires de l'ordre de Malte ne seront plus assujétis à justifier de leur résidence en France pour obtenir le paiement de leurs pensions.

2. Ils ne pourront néanmoins sortir de notre royaume, résider à l'étranger et y

---

(1) Les lithographies livrées au commerce avant la publication des lois des 31 mars 1820 et 25 mars 1822 ne sont pas soumises à ces lois nouvelles pour l'autorisation nécessaire à leur exposition, mise en vente et distribution, quelque généraux que paraissent les termes de l'ordonnance d'exécution (17 janvier 1823 ; Cass. S. 23, 1, 93).

jouir de leurs pensions, sans en avoir obtenu de nous l'autorisation.

3. Notre ministre secrétaire d'Etat des finances est chargé de l'exécution de la présente ordonnance, qui sera insérée au Bulletin des Lois.

1er = Pr. 13 MAI 1822.—Ordonnance du Roi qui rapporte celle du 31 mars 1820, relative à la suppression des emplois de maréchal-de-camp commandant chacune des écoles d'artillerie de la Fère, Auxonne, Valence et Rennes. (7, Bull. 527, n° 12718)

Voy. ordonnance du 3 JUILLET 1822.

Art 1er. L'ordonnance du 31 mars 1820 qui a supprimé les emplois de maréchal-de-camp commandant chacune des écoles d'artillerie de La Fère, Auxonne, Valence et Rennes, est rapportée.

2. A l'avenir, le commandement de chacune desdites écoles sera confié à un maréchal-de-camp d'artillerie, ainsi que cela avait lieu antérieurement au 31 mars 1820.

3. Notre ministre secrétaire d'Etat de la guerre est chargé de l'exécution de la présente ordonnance.

1er = Pr. 18 MAI 1822.—Ordonnance du Roi qui nomme à l'emploi d'examinateur du corps royal d'artillerie et à celui d'examinateur du corps royal du génie. (7, Bull. 528, n° 12752.)

Art. 1er. Le sieur Poisson, membre de l'académie des sciences, est rétabli dans l'emploi d'examinateur du corps royal d'artillerie, avec un traitement annuel de trois mille francs.

2. Le sieur Arago, membre de l'académie des sciences, est nommé à l'emploi d'examinateur du corps royal du génie, avec un traitement également annuel de trois mille francs.

3. Notre ministre secretaire d'Etat au département de la guerre est chargé de l'exécution de la présente ordonnance.

1er = Pr. 22 MAI 1822.—Ordonnance du Roi portant que l'examen des jeunes gens qui se présenteront pour être admis à l'école militaire sera fait par trois examinateurs spéciaux. (7, Bull, 529, n° 12797.)

Voy. ordonnance du 25 JUIN 1823.

Art. 1er. L'examen des jeunes gens qui se présenteront au concours général d'admission à l'école spéciale militaire, conformément aux dispositions de l'article 2 de notre ordonnance du 31 décembre 1817, sera fait par trois examinateurs spéciaux.

2. Ils seront choisis par notre ministre secrétaire d'Etat de la guerre, qui détermina l'indemnité à leur accorder, et l'ordre de leurs tournées.

3. L'article 30 de notre ordonnance du 10 juin 1818, qui confiait l'examen des candidats pour l'école spéciale aux examinateurs de l'école polytechnique, est rapporté.

4. Notre ministre secrétaire d'Etat au département de la guerre est chargé de l'exécution de la présente ordonnance.

1er = Pr. 22 MAI 1822. = Ordonnance du Roi portant autorisation de la société désignée sous le nom de *Congrégation de l'instruction Chrétienne,* formée par MM Delammenais et Deshayes, dans le but de fournir des maîtres aux écoles primaires des départemens composant l'ancienne province de Bretagne. (7, Bull.529, n° 12798.)

Voy. notes sur les lois des 2 janvier 1817 et 24 mai 1825.

Louis, etc. sur le rapport de notre ministre secrétaire d'Etat au département de l'intérieur, vu les statuts et réglemens d'une association charitable qui désire se consacrer à desservir les écoles primaires des villes et des campagnes dans les départemens qui composent l'ancienne province de Bretagne, sous le titre de *Congrégation de l'Instruction chrétienne ;* vu notre ordonnance du 29 février 1816, qui règle ce qui concerne l'instruction primaire dans tout le royaume; vu la loi du 10 mai 1806, le décret du 17 mars 1808, et nos ordonnances concernant l'Université de France ; vu le mémoire de notre conseil royal de l'instruction publique et l'approbation donnée par ce conseil aux statuts de ladite congrégation; notre Conseil-d'Etat entendu, nous avons ordonné et ordonnons ce qui suit :

Art. 1er. La société formée par les sieurs Delamennais et Deshayes, dans le but de fournir des maîtres aux écoles primaires des départemens composant l'ancienne province de Bretagne, et désignée sous le nom de *Congrégation de l'Instruction chrétienne,* est autorisée, aux termes de l'article 36 de notre ordonnance du 29 février 1816, comme association charitable en faveur de l'instruction primaire. Elle se conformera aux lois et réglemens relatifs à l'instruction publique, et notamment aux articles 10, 11 et 13 de notre susdite ordonnance du 29 février 1816, en ce qui concerne l'obligation imposée à tous les instituteurs primaires d'obtenir du recteur de l'académie où ils veulent exercer, le brevet de capacité et l'autorisation nécessaires.

2. Notre conseil royal de l'instruction publique pourra, en se conformant aux lois et réglemens d'administration publique, recevoir les legs et donations qui

seraient faits en faveur de ladite association et de ses écoles, à charge de faire jouir respectivement, soit l'association en général, soit chacune des écoles tenues par elle, desdits legs et donations, conformément aux intentions des donateurs et testateurs.

3. Le brevet de capacité sera délivré à chaque frère de l'instruction chrétienne sur le vu de la lettre particulière d'obédience qui lui aura été délivrée par le supérieur général de ladite société.

4. Notre ministre secrétaire d'Etat de l'intérieur est chargé de l'exécution de la présente ordonnance.

1er MAI = Pr. 15 JUILLET 1822. — Ordonnance du Roi qui étend aux constructions et terrains y indiqués, l'autorisation d'acquérir les maisons construites à moins de cinquante toises du mur d'enceinte de la ville de Paris. (7, Bull. 539, n° 13079).

Voy. loi du 19 = 23 OCTOBRE 1790; décret du 11 JANVIER 1808.

Louis, etc. vu la délibération du conseil municipal de la ville de Paris du 10 décembre 1821; vu l'avis des comités de législation, de l'intérieur et des finances réunis, en date du 23 février 1822; sur le rapport de notre ministre secrétaire d'Etat au département de l'intérieur, nous avons ordonné et ordonnons ce qui suit :

Art. 1er. L'autorisation d'acquérir les maisons construites à moins de cinquante toises du mur d'enceinte de notre bonne ville de Paris, accordée à ladite ville par le décret du 11 février 1808 (1), est étendue,

1° Aux constructions autorisées ou tolérées dans cette limite postérieurement à ce décret;

2° Aux terrains non bâtis et à ceux qui, depuis la publication de ce décret, auraient été bâtis malgré les défenses des agens de la voirie, auquel cas les contrevenans ne pourront réclamer que les matériaux ou leur valeur.

2. Lesdites acquisitions seront faites, de gré à gré, au prix réglé par voie d'expertise contradictoire, ou soumis, en cas de difficulté, aux dispositions de la loi du 8 mars 1810.

3. Les terrains acquis en exécution des articles précédens et dont la revente délibérée et consentie par le conseil municipal serait par nous ultérieurement autorisée, ne pourront être aliénés que sous la condition que les acquéreurs et leurs successeurs ne pourront élever sur ces terrains aucune des constructions prohibées par le décret susdaté, et que la prohibition leur en sera formellement imposée à titre de servitude (2).

4. Notre garde-des-sceaux, ministre secrétaire d'Etat de la justice, et notre ministre de l'intérieur, sont chargés de l'exécution de la présente ordonnance.

1er MAI 1822 — Proclamations du Roi qui prononcent la clôture de la cession de 1821 de la Chambre des pairs et de la Chambre des députés. (7, Bull. 526.)

1er MAI 1822. — Ordonnance du Roi portant convocation de la Chambre des pairs et de la Chambre des députés des départemens. (7, Bull. 526..)

1er MAI 1822. — Ordonnance du Roi qui nomme M. Couture président du collége électoral du premier arrondissement de la Seine. (7, Bull. 527.)

1er MAI 1822. — Ordonnance du Roi qui permet au sieur Petit d'ajouter à son nom celui de Lhéraule. (7, Bull. 527.)

1er MAI 1822. — Ordonnance du Roi qui admet le sieur Sweeting à établir son domicile en France. (7, Bull. 527.)

1er MAI 1827. — Ordonnance du Roi qui classe parmi les routes départementales de la Meuse les chemins de Saint-Dizier à Bar-le-Duc et de Stenay à Damvillers. (7, Bull. 530.)

1er MAI 1821. — Ordonnance du Roi qui concède les mines de fer des communes d'Urville et Gouvis, département du Calvados, (7, Bull. 530.)

---

(1) *Lisez* 11 janvier 1808.
(2) Les propriétaires de terrains situés à la distance de cinquante toises ont pensé que cette ordonnance devait s'entendre en ce sens que la ville de Paris était obligée de faire l'acquisition; ils ont soutenu qu'on ne pouvait les laisser indéfiniment assujétis à la servitude onéreuse *non ædificandi*; ils ont même obtenu une décision en leur faveur du tribunal de la Seine; mais sur le conflit élevé par M. le préfet, la contestation a été portée devant le Conseil-d'Etat; la ville de Paris soutient que l'ordonnance lui donne seulement une faculté dont elle peut à son gré user, ou ne pas user. (*Voy.* Mon. du 14 mai 1827).

3**2.**

1er MAI 1822. — Ordonnance du Roi qui concède les mines de houille dites de Méjanel, situées commune de Recoules et de Lavernhe, canton de Séverac-le-Château. (7, Bulletin 530.)

1er MAI 1822. — Ordonnance du Roi qui concède le droit ;d'exploiter la mine de pyrites ferrugineuses de La Gravouillière, commune de Thoiras, départ e nent du Gard. (7, Bull. 530.)

1er MAI 1822. — Ordonnance du Roi qui permet au sieur Bouvier-Dumolard d'établir à Walmunster une usine pour la fabrication de l'alun et du sulfate de fer. (7, Bulletin 530.)

1er MAI 1822. — Ordonnance du Roi qui autorise l'acceptation d'un legs fait à la cour royale d'Orléans. (7, Bull. 531.)

1er MAI 1822. — Ordonnances du Roi qui autorisent l'acceptation de dons et legs faits à des communes, hospices et fabriques. (7, Bulletins 533, 534 et 536.)

1er MAI 1822. — Ordonnance du Roi qui change le jour de la tenue des foires de Falavier, de Donnemarie et de Nangis. (7, Bull. 536.)

1er MAI 1822. — Ordonnances du Roi relatives aux foires de Châteaudun, de Rosières-aux-Salines et de Prenouvellon. (7, Bull. 538.)

1er MAI 1822. — Ordonnance du Roi qui accordent des lettres de déclaration de naturalité aux sieurs Borat et Léonard. (7, Bull. 551.)

1er MAI 1827. — Ordonnances du Roi qui accordent des pensions militaires. (7, Bull. 528 bis.)

4 MAI 1822. — Circulaire ministérielle sur le remplacement des préfets, en cas d'absence. (Recueil des circulaires, instructions et autres actes émanés du ministère de l'intérieur, t. 5, p. 47.)

Quelques-uns de vos collègues ont demandé si un conseiller de préfecture ou un secrétaire général qui exerce par délégation les fonctions de préfet, se trouvant lui-même, par quelque cause que ce soit, dans l'impossibilité de remplir ses fonctions, pouvait les subdéléguer à un sup-

pléant de son choix ; ou si, dans ce cas, l'administration ne devait pas être dévolue de droit au conseiller de préfecture le premier inscrit sur le tableau. Cette question ne se trouvant pas explicitement résolue dans l'ordonnance du 29 mars 1821, j'ai considéré, après avoir pris l'avis du comité du Conseil-d'Etat établi près de mon ministère, que la délégation cessait par le fait de l'empêchement du délégué. En conséquence, j'ai décidé qu'en cet état de choses, l'administration passait de droit entre les mains du conseiller de préfecture inscrit le premier dans l'ordre du tableau, conformément à l'article 2 de l'ordonnance du 29 mars dernier.

Je vous invite à donner connaissance de ma décision aux conseillers de préfecture et au secrétaire général.

5 = Pr. 18 MAI 1822. — Ordonnance du Roi qui investit M. le comte Rivaud de la Raffinière, commandant la 15e division militaire, des pouvoirs nécessaires pour disposer, selon l'urgence des besoins, de toutes les troupes qui se trouvent dans l'étendue de cette division. (7, Bull. 528, no 12753.)?

Louis, etc. sur le compte qui nous a été rendu que des incendies désolaient les départemens de l'Oise, de la Somme et de l'Eure, et que ces désordres peuvent être attribués à la malveillance; vu l'insuffisance des mesures administratives ordinaires, et voulant remédier promptement aux désastres qui se succèdent dans ces contrées, nous avons ordonné et ordonnons ce qui suit :

Art. 1er. Le lieutenant général comte Rivaud de la Raffinière, commandant de la 15e division militaire, est investi des pouvoir nécessaires pour disposer, selon l'urgence des besoins, de toutes les troupes qui se trouvent dans l'étendue de la 15e division, y compris la gendarmerie.

2. Les autorités administratives se concerteront avec le lieutenant général comte Rivaud de la Raffinière, et mettront à sa disposition tous les moyens qui sont en leur pouvoir, pour assurer le succès de sa mission.

3. Pendant l'exercice du pouvoir spécial qui lui est attribué par la présente ordonnance, le sieur comte Rivaud de la Raffinière sera remplacé dans la commandement ordinaire de la 15e division militaire par M. le maréchal-de-camp baron Delapointe, employé dans cette division.

4. Nos ministres secrétaires d'Etat aux départemens de la guerre et de l'intérieur sont chargés, chacun en ce qui le concerne, de l'exécution de la présente ordonnance.

6 MAI 1822. — Ordonnance du Roi qui nomme

M. Leroy président du collège électoral du huitième arrondissement de la Seine (7, Bull. 529.)

8 = Pr. |18 MAI 1822. — Ordonnance du Roi relative à l'uniforme des régimens d'infanterie de ligne et d'infanterie légère (7, Bull. 328, n° 12754.)

Art. 1er. La couleur bleu-de-roi restera affectée à l'uniforme de nos régimens d'infanterie de ligne et d'infanterie légère, conformément à notre ordonnance du 27 octobre 1820.

2. Il y aura huit couleurs distinctives pour nos régimens d'infanterie de ligne, savoir :

Le blanc, le cramoisi, le jonquille, le rose foncé, l'aurore, le bleu-de-ciel clair, le chamois, le vert clair.

3. Ces huit couleurs seront divisées en dix sept séries ; chaque série comprendra quatre régimens.

4. Les régimens qui formeront les neuf premières séries auront :

L'habit bleu ; le collet, les contre-épaulettes, les pattes de paremens, les retroussis, les passe-poils, de la couleur distinctive.

Les régimens qui formeront les huit dernières séries auront ;

L'habit, le collet, les contre-épaulettes, bleus, les paremens, les retroussis, les passe-poils, de la couleur distinctive.

Les boutons de l'habit seront jaunes, et porteront le numéro de chaque régiment.

5. Les régimens d'infanterie légère auront pour couleur distinctive le jonquille.

L'habit bleu, le collet, les retroussis, les passe-poils, jonquille ; les contre-épaulettes, vert-clair, avec passe-poil jonquille.

Les boutons seront en métal blanc, et porteront le numéro de chaque régiment.

6. Notre ministre secrétaire d'Etat au département de la guerre prescrira les mesures nécessaires pour que les présentes dispositions soient exécutées dans un court délai.

8 MAI 1822. — Ordonnance du Roi qui attache à chacune des compagnies des gardes-du-corps deux élèves trompettes. (7, Bull. 528.)

8 MAI 1822. — Ordonnance du Roi qui admet les sieurs Heeg et Olivan à établir leur domicile en France. (7, Bull. 528.)

8 MAI 1822. — Ordonnance du Roi qui autorise le sieur de Noyers-Larroque à conserver et tenir en activité la verrerie qu'il possède en

la commune de Luxey, département des Landes. (7, Bull. 530.)

8 MAI 1823. — Ordonnances du Roi qui accordent des lettres de déclaration de naturalité au sieurs Colin, Ansaldo dit Ansaldi et Briffod. (7, Bull. 551.)

8 MAI 1822. — Ordonnances du Roi qui accordent des pensions militaires. (7, Bull. 528 bis et 532 bis.)

8 MAI 1822. Ordonnance du Roi qui autorise l'acceptation de legs faits aux fabriques des églises de Caen, de Rosoy, de Corliamble et de Colmar, et aux séminaires de Bayeux et de Soissons. (7 Bull. 538.)

11 = Pr. 18 MAI 1822. — Ordonnance du Roi relative à l'exécution de l'article 10 de la loi de finances du 1er mai 1822, qui prohibe la fabrication des eaux-de-vie et esprits dans la ville de Paris. (7, Bull. 528, n° 12756.)

Voy. ordonnance du 20 JUILLET 1825.

Louis, etc. vu l'article 10 de la la loi du 1er mai présent mois, portant qu'une ordonnance royale fixera l'époque à laquelle les distilleries actuellement existantes dans Paris cesseront toute opération, et déterminera les bases de l'indemnité qui devra être préalablement accordée aux propriétaires de ces établissemens ; sur le rapport de notre ministre secrétaire d'Etat des finances, nous avons ordonné et ordonnons ce qui suit :

Art. 1er. Les distilleries d'eaux-de-vie et esprits actuellement existantes dans Paris cesseront toute opération à l'époque du 20 juin prochain.

2. Les bases pour la fixation de l'indemnité préalable à distribuer aux propriétaide ces établissemens dont déterminées ainsi qu'il suit :

1° Les frais de démolition des fourneaux, chaudières, alambics, cuves et autres agencemens à l'usage de la distillerie exclusivement, ainsi que le montant des réparations aux bâtimens que ces démolitions pourraient nécessiter :

2° Les frais de reconstruction de ces mêmes objets dans un local supposé propre à cet usage, ainsi que les frais de transport depuis l'emplacement actuel de la fabrique jusqu'aux limites de la banlieue de la capitale ;

3° Les engagemens justifiés par actes autentiques et qui auraient été contractés par les distillateurs envers les propriétaires des maisons, terreins et usines où sont maintenant leurs fabriques ;

4° Enfin une somme égale aux profits que

chaque distillateur eût pu obtenir durant trois mois de fabrication, lesquels profits seront évalués à raison de dix pour cent des produits présumés de sa distillerie, calculés d'après les quantités qu'il a déclaré avoir fabriquées dans le cours du premier trimestre de cette année.

3. Le montant de cette indemnité sera réglé, d'après ces bases, par trois experts, l'un nommé par la régie des contributions indirectes, le second, par chacun des distillateurs, le troisième par le président du tribunal de première instance à Paris. Dans le cas où le propriétaire d'une distillerie n'aurait pas fait connaître à l'administration des contributions indirectes le choix de son expert, dans les trois jours de la notification de la présente ordonnance, il y sera pourvu d'office par le président du tribunal de première instance de Paris.

4. Les procès-verbaux des expertises faites conformément aux articles ci-dessus seront adressés, au plus tard, le 10 juin prochain, par le directeur général de l'administration des contributions indirectes, avec ses observations et son avis, à notre ministre secrétaire d'Etat des finances, qui autorisera le paiement de l'indemnité due à chaque propriétaire, pour ledit paiement être effectué avant l'époque fixée par l'art. 1er de la présente ordonnance (1).

5. Notre ministre secrétaire d'Etat au département des finances est chargé de l'exécution de la présente ordonnance.

———

14 MAI 1822. — Lettres-patentes portant érection d'un majorat en faveur de M. Brochand d'Auferville. (7, Bull. 530.)

———

15 = Pr. 22 MAI 1822 — Ordonnance du Roi qui règle le prix des poudres à livrer, pendant l'année 1822, aux départemens de la guerre, de la marine et des finances. (7, Bull. 529, n° 12800.)

Louis, etc. vu l'art. 2 de notre ordonnance du 25 mars 1818, relatif à la fixation du prix des poudres fournies par la direction générale des poudres aux départemens de la guerre, de la marine et des finances; sur la proposition de notre ministre secrétaire d'Etat au département de la guerre, nous avons ordonné et ordonnons ce qui suit:

Art. 1er. Le prix des poudres qui seront livrées pendant l'année 1822 par la direc-

tion générale du service des poudres aux départemens de la guerre, de la marine et des finances, est réglé ainsi qu'il suit:

Poudre de guerre: pour les arsenaux, 2 fr. 87 cent.; pour le commerce, 2 fr. 85 cent.

Poudre de mine pour le commerce, 2 fr. 65 cent.

Poudre de commerce extérieur: pour les contributions indirectes, 1 fr. 85 cent.; pour la marine 2 fr. 6 cent.

Poudre de chasse ordinaire pour la guerre, 2 fr. 98 cent.

Poudre de chasse ordinaire pliée pour les contributions indirectes, 3 fr. 16 cent.

Poudre de chasse superfine pour les contributions indirectes, 3 fr. 33 cent.

2. Nos ministres secrétaires d'Etat aux départemens de la guerre, de la marine et des finances sont chargés de l'exécution de la présente ordonnance.

———

15 = Pr. 22 MAI 1822. — Ordonnance du Roi qui supprime le tribunal de commerce de Mauriac, département du Cantal. (7, Bull. 529, n° 12801.)

Louis, etc. vu l'article 615 du Code de commerce, qui donne au Gouvernement le droit de déterminer par un règlement d'administration publique le nombre des tribunaux de commerce et les villes qui seront susceptibles d'en recevoir par l'étendue de leur commerce et de leur industrie; vu les art. 618, 619 et 620, sur la composition des tribunaux de commerce; considérant que l'expérience acquise depuis plusieurs années par des essais infructueux a démontré l'impossibilité absolue d'obtenir une composition première et un renouvellement convenables du tribunal de commerce de Mauriac, département du Cantal; sur le rapport de notre garde-des-sceaux, ministre secrétaire d'Etat au département de la justice; notre Conseil-d'Etat entendu, nous avons ordonné et ordonnons ce qui suit:

Art. 1er. Le tribunal de commerce établi dans la ville de Mauriac, département du Cantal, est supprimé.

2. Notre garde-des-sceaux, ministre secrétaire d'Etat au département de la justice, est chargé de l'exécution de la présente ordonnance, qui sera insérée au Bulletin des Lois.

———

15 = Pr. 24 MAI 1822. — Ordonnance du Roi

———

(1) L'administration n'est pas juge des contestations qui peuvent s'élever sur le résultat des expertises.

L'autorisation de paiement et l'ordre de consigner la somme portée dans l'expertise donnés

par le ministre des finances, ne constituent pas une décision contentieuse.

Cette décision ne fait pas obstacle à ce que le fabricant poursuive par les voies de droit la réformation de l'expertise, s'il s'y croit fondé. (4 juillet 1827; ord. Mac. 9, 314).

portant fixation, conformément aux tableaux annexés, des traitemens des préfets et .ees frais d'administration des préfectures. (7 , Bull. 53o, n° 12,8o3.)

Voy. loi du 28 pluviose an 8, article 21 et suiv ; arrêtés des 17 ventose an 8, 25 vende-niaire an 10, et décret du 11 juin 1810.

Art. 1er. Les traitemens des préfets et les frais d'administration des préfectures sont fixés, à dater du 1er juin prochain, conformément aux tableaux ci-annexés aux N°" 1 et 2.

2. Les deux tiers de la somme allouée à chaque préfecture pour les dépenses d'administration demeurent destinés, sous la dénomination spéciale de *frais des bureaux*, à payer les employés et gens de service dont ils se composent ; l'autre tiers, sous la dénomination de *dépenses matérielles*, reste affectée aux frais de tournée, aux impressions, aux fournitures diverses et autres objets classés dans l'abonnement des préfets.

L'allocation affectée aux dépenses matérielles ne sera, pour le préfet de la Seine, que d'un cinquième au lieu du tiers.

,3. A l'avenir, les préfets, sous-préfets et secrétaires généraux en congé n'auront droit qu'à la moitié de leur traitement, à moins que ces congés n'aient été accordés pour des raisons de service, ou pour toute autre cause qui autorise la réduction ou l'abandon de la retenue.

4. Il sera formé un fonds commun des sommes restées libres en vertu de l'article précédent. Ce fonds servira à donner des indemnités, soit auxdits fonctionnaires pour travaux ou dépenses extraordinaires , soit à ceux qui les auront remplacés pendant les congés ou qui auront rempli des *intérim* en cas de vacance.

5. Les traitemens et les frais d'administration des sous-préfets, ainsi que les traitemens des secrétaires généraux et des conseillers de préfecture, resteront tels qu'ils sont actuellement fixés.

Les frais d'administration des sous-préfets se diviseront, comme ceux des préfets, en frais d'employés et en dépenses matérielles, avec cette différence que la division se fera par moitié.

6. Notre ministre secrétaire d'Etat de l'intérieur est chargé de l'exécution de la présente ordonnance.

TABLEAU N° Ier.

DÉPARTEMENS.	TRAITEMENS DES PREFETS.	DÉPARTEMENS.	TRAITEMENS DES PREFETS.
Ain	20,000	Lot.	20,000
Aisne.	20,000	Lot-et-Garonne.	20,000
Allier	20,000	Lozère.	18,000
Alpes (Basses).	18,000	Maine-et-Loire.	25,000
Alpes (Hautes)	18,000	Manche	25,000
Ardèche.	18,000	Marne.	20,000
Ardennes	20,000	Marne (Haute)	20,000
Ariége	20,000	Mayenne	20,000
Aube	20,000	Meurthe.	30,000
Aude	20,000	Meuse	20,000
Aveyron	18,000	Morbihan	20,000
Bouch.-du-Rhône.	45,000	Moselle	30,000
Calvados.	30,000	Nièvre.	20,000
Cantal.	18,000	Nord	40,000
Charente.	20,000	Oise	20,000
Charente-Infér.	25,000	Orne.	20,000
Cher.	20,000	Pas-de-Calais.	30,000
Corrèze	18,000	Puy-de-Dôme	25,000
Corse	20,000	Pyrénées (Basses).	20,000
Côte-d'Or.	30,000	Pyrénées (Hautes).	20,000
Côtes-du-Nord.	20,000	Pyrénées-Orient.	20,000
Creuse.	18,000	Rhin (Bas)	40,000
Dordogne	20,000	Rhin (Haut).	20,000
Doubs.	30,000	Rhône	45,000
Drôme.	20,000	Saône (Haute)	18,000
Eure.	20,000	Saône-et-Loire.	20,000
Eure-et-Loir	20,000	Sarthe.	20,000
Finistère.	20,000	Seine	80,000
Gard.	30,000	Seine-Inférieure	40,000
Garonne (Haute)	30,000	Seine-et-Marne.	20,000
Gers.	20,000	Seine-et-Oise.	35,000
Gironde	45,000	Sèvres (Deux).	20,000
Hérault	30,000	Somme	30,000
Ille-et-Vilaine.	30,000	Tarn.	20,000
Indre.	20,000	Tarn-et-Garonne	20,000
Indre-et-Loire	25,000	Var	18,000
Isère.	30,000	Vaucluse	20,000
Jura.	20,000	Vendée.	18,000
Landes.	18,000	Vienne.	20,000
Loir-et-Cher	20,000	Vienne (Haute).	20,000
Loire.	20,000	Vosges.	18,000
Loire (Haute).	18,000	Yonne.	20,000
Loire-Inférieure.	30,000		
Loiret	30,000	TOTAL. . .	2,072,000

TABLEAU N° II.

DÉPARTEMENS.	FRAIS d'administration des préfectures.	DÉPARTEMENS.	FRAIS d'administration des préfectures.
Ain	25,000	Lot-et-Garonne.	27,000
Aisne	34,000	Lozère.	22,000
Allier	25,000	Maine-et-Loire.	34,000
Alpes (Basses).	22,000	Manche	36,000
Alpes (Hautes).	22,000	Marne.	31,000
Ardèche	22,000	Marne (Haute).	27,000
Ardennes.	27,000	Mayenne	39,000
Ariége.	24,000	Meurthe.	27,000
Aube	27,000	Meuse	27,000
Aude	26,000	Morbihan	27,000
Aveyron.	25,000	Moselle	39,000
Bouches-du-Rhône . . .	48,000	Nièvre.	25,000
Calvados.	44,000	Nord.	53,000
Cantal	22,000	Oise	36,000
Charente	27,000	Orne.	35,000
Charente-Inférieure. . .	39,000	Pas-de-Calais.	40,000
Cher.	27,000	Puy-de-Dôme	39,000
Corrèze	22,000	Pyrénées (Basses). . . .	35,000
Corse	34,000	Pyrénées (Hautes). . . .	24,000
Côte-d'Or.	28,000	Pyrénées (Orientales). . .	26,000
Côtes-du-Nord	32,000	Rhin (Bas).	50,000
Creuse.	22,000	Rhin (Haut).	36,000
Dordogne.	29,000	Rhône.	50,000
Doubs.	33,000	Saône (Haute).	27,000
Drôme.	24,000	Saône-et-Loire	35,000
Eure.	35,000	Sarthe.	33,000
Eure-et-Loir	32,000	Seine	215,000
Finistère	30,000	Seine-Inférieure	52,000
Gard.	38,000	Seine-et-Marne	35,000
Garonne (Haute). . . .	42,000	Seine-et-Oise	50,000
Gers	26,000	Sèvres (Deux).	27,000
Gironde	50,000	Somme	40,000
Hérault.	33,000	Tarn.	25,000
Ille-et-Vilaine	38,000	Tarn-et-Garonne.	26,000
Indre	23,000	Var	27,000
Indre-et-Loire	30,000	Vaucluse.	27,000
Isère	33,000	Vendée	30,000
Jura	25,000	Vienne	30,000
Landes.	24,000	Vienne (Haute).	26,000
Loir-et-Cher	27,000	Vosges.	27,000
Loire	26,000	Yonne.	30,000
Loire (Haute).	25,000		
Loire-Inférieure	47,000		
Loiret..	38,000	Totaux.	2,913,00
Lot.	27,000		

15 = Pr. 24 MAI 1822.—Ordonnance du Roi relative à la répartition du produit du centime du fonds de non-valeurs de l'exercice courant, mis à la disposition du ministre des finances par la loi du 1er mai 1822. (7, Bull. 530, n° 12805.)

Louis, etc. vu l'état C annexé à la loi de finances du 1er de ce mois, duquel il résulte qu'il est imposé additionnellement au principal des contributions foncière, personnelle et mobilière de 1822, deux centimes, dont un à la disposition de notre ministre des finances, pour couvrir les remises, modérations et non-valeurs, et l'autre à celle de notre ministre de l'intérieur, pour secours effectifs à raison de grêle, orages, incendies, etc. ; voulant déterminer la portion du centime mis à la disposition de notre ministre des finances, dont les préfets pourront dès à présent faire jouir les administrés ; sur le rapport de notre ministre secrétaire d'État des finances, nous avons ordonné et ordonnons ce qui suit :

Art. 1er. Le produit du centime du fonds de non-valeurs à la disposition de notre ministre des finances sera réparti de la manière suivante :

Un tiers de ce centime est mis à la disposition des préfets ;

Les deux autres tiers resteront à la disposition du Gouvernement ;

2. Ce centime sera exclusivement employé à couvrir les remises et modérations à accorder sur les contributions foncière, personnelle et mobilière, et les non-valeurs qui existeraient sur ces deux contributions en fin d'exercice.

3. Si, dans un département, la somme mise à la disposition du préfet et celle qui lui serait accordée par le Gouvernement ne se trouvaient pas totalement employées, l'excédant accroîtra le fonds de non-valeurs de l'année suivante.

4. Notre ministre secrétaire d'État des finances est chargé de l'exécution de la présente ordonnance qui sera insérée au Bulletin des Lois.

15 MAI = Pr. 13 JUIN 1822. — Ordonnance du Roi portant que la peine déterminée par l'art. 475 du code pénal sera appliquée aux voituriers et charretiers contrevenans aux dispositions du troisième paragraphe de cet article. (7, Bull. 539, n° 12944.)

Voy. ordonnance du 27 septembre 1827.

Louis, etc. sur le rapport de notre ministre secrétaire d'État au département de l'intérieur ; vu l'art. 16 du décret du 28 août 1808, portant que les voituriers, rouliers et charretiers, sont tenus de céder la moitié du pavé aux voitures des voyageurs, à peine de cinquante francs d'amende ; vu l'art. 12

de notre ordonnance du 4 février 1820, rappelant cette disposition, et l'art. 475 du Code pénal ; notre Conseil-d'État entendu, nous avons ordonné et ordonnons ce qui suit :

Art. 1er. La peine déterminée par l'article 475 du Code pénal sera appliquée aux voituriers et charretiers contrevenant aux dispositions du troisième paragraphe de cet article ; en conséquence, l'art. 12 de notre ordonnance du 4 février 1820, en ce qui concerne la quotité de l'amende, est rapporté.

2. Notre garde-des-sceaux et notre ministre secrétaire d'État de l'intérieur sont chargés de l'exécution de la présente ordonnance, qui sera insérée au Bulletin des Lois.

15 MAI = 15 JUILLET 1822. — Ordonnance du Roi portant autorisation, conformément aux statuts y annexés, de la compagnie des mines de houille de Schenecken, département de la Moselle. (7, Bull, 539, n° 13080.)

Louis, etc. sur le rapport de notre ministre secrétaire d'État au département de l'intérieur, notre Conseil-dEtat entendu ; vu les art. 29 à 37, 40 et 45 du Code de commerce, nous avons ordonné et ordonnons ce qui suit :

Art. 1er. La société anonyme établie à Schœnecken (Moselle), sous le nom de Compagnie des mines de houille de Schœnecken, formée par acte déposé, le 9 juin 1821, chez Villecocq et son confrère, notaires à Paris, est autorisée, et ses statuts sont approuvés ainsi qu'ils sont contenus audit acte, et amendés, quant aux articles 4, 9, 11, 13, 14, 15, 16, 17, 18, 30, 31, et au titre V, par la délibération motivée de la société du 6 avril 1822, lesquels acte et délibération resteront annexés à la présente ordonnance.

2. Cette autorisation étant accordée à la charge par la société de se conformer aux lois et à ses statuts, nous nous réservons de la révoquer en cas de violation ou de non-exécution, sans préjudice des actions à exercer devant les tribunaux par les particuliers à raison des infractions commises à leur préjudice.

3. La société sera tenue de remettre, tous les six mois, copie en forme de son état de situation au préfet de la Moselle, au tribunal de commerce et à la chambre de commerce. de Metz. Pareille expédition en sera dressé à notre ministre secrétaire d'État de l'intérieur.

4. Notre ministre secrétaire d'État de l'intérieur est chargé de l'exécution de la présente ordonnance, qui sera publiée au Bulletin des Lois et insérée au Moniteur, avec l'extrait de la délibération sociale, pareillement annexé, portant le nouveau texte

des articles amendés. Semblable insertion aura lieu dans le journal des annonces judiciaires du département de la Moselle.

———

Prospectus d s statuts de la compagnie des mines de houille de Schenecken, département de la Moselle, dont la concession a été accordée aux sieurs Jean-Nicolas Thieret, Antoine Gangloff et Charles-Jos ph Rupied, par l'ordonnance du Roi du 20 septembre 1820 (1).

TITRE Iᵉʳ. Nom et durée ee l'association.

Art. 1ᵉʳ. La raison sociale de la compagnie aura le nom de *Compagnie des mines de houille de Schœnecken.*

2. La durée de la société sera de quatre-vingt-dix-neuf ans, sauf renouvellement.

TITRE II. Objet de l'association.

3. L'objet de l'entreprise est déterminé par l'ordonnance royale de concession du 20 septembre 1820 ; elle s'exécutera conformément au cahier des charges y annexé ; dont copies seront jointes aux présentes.

TITRE III. Moyens de l'association.

4. Le fonds capital de l'association se compose de cent actions de trois mille fr. chacune, formant un capital de trois cent mille francs. Tout appel de fonds au-delà de ce capital ne pourra avoir lieu que du consentement de l'assemblée générale de la compagnie et avec l'autorisation du Gouvernement. Les engagemens des actionnaires s'étendent à toutes les obligations mentionnées au titre précédent : mais le paiement des actions aura lieu dans la proportion de moitié au moment de la soumission, entre les mains du caissier dont il sera parlé ci-après ; il s'effectuera au comptant, ou en billets à ordre payables à trente jours de date, lesquels seront souscrits et endossés au profit de la compagnie. L'époque du paiement de l'autre moitié sera déterminée par l'assemblée générale à sa première réunion, s'il y a lieu.

5. Dès que le nombre des actions soumissionnées s'élèvera aux deux tiers de la mise capitale, la société sera constituée, et les présens statuts soumis à l'approbation du Gouvernement.

6. Le fonds capital des actions ne portera intérêt au profit des actionnaires que du moment où les produits de l'affaire seront suffisans pour y pourvoir.

7. Il sera prélevé immédiatement sur le fonds capital de la société, et avant toutes dépenses ultérieures, une somme de trente-six mille francs pour couvrir les sieurs Thieret, Gangloff et Rupied, concessionnaires et auteurs de la découverte, de tous frais par eux faits tant pour sondage, recherche des mines de houille dont l'entreprise est l'objet de la présente association, que pour les déboursés occasionnés depuis la découverte, soit pour multiplier les moyens d'exploitation, soit pour acquisition de terrains, bois, outils et ustensiles, frais de voyage relatifs à la demande en concession, surveillance et direction des travaux, et les constructions déjà commencées pour les puits d'extraction.

8. Dans ladite somme de trente-six mille francs à prélever, comme il est dit ci-dessus, au profit des sieurs Thieriet, Gangloff et Rupied, pour toutes dépenses faites jusqu'au 1ᵉʳ janvier 1821, ne sont pas compris, t° les frais de construction de la machine à molette qui sera établie prochainement pour l'approfondissement des puits ; 2° ceux d'acquisition et établissement de la pompe à feu, suivant le traité qui en a été passé à Paris entre les trois concessionnaires et le sieur Saulnier, mécanicien à Paris : il sera rendu compte à la société de la dépense de ces deux objets et de tous autres à faire depuis ce jour.

9. Il est expressément convenu que, si l'un des actionnaires refuse de souscrire des effets pour son contingent, ou de les acquitter à leur échéance, ses actions, quinze jours après un simple acte de mise en demeure qui lui sera signifié à ses frais, à la requête de la compagnie, seront vendues par un agent de change et à ses risques et périls, sans qu'il soit besoin d'aucune formalité : à l'effet de quoi ils seront tenus d'élire domicile, soit à Metz, soit à Paris.

TITRE IV. Organisation de l'association.

10. Les actions seront représentées par une inscription nominale sur les registres à ce destinés, et par un coupon ou certificat d'inscription transmissible et indivisible. Leur transfert s'opérera sur les registres de la compagnie par la signature du propriétaire ou de son fondé de pouvoirs ; néanmoins, aucun transfert ne pourra avoir lieu sans la garantie solidaire du cédant, avant le versement des deux tiers du fonds capital fixé par l'art. 4, titre III des présens statuts. Les transferts ne pourront avoir lieu qu'en faveur d'individus jugés solvables par le conseil d'administration. Survenant le décès ou la faillite d'un

———

(1) Il faut, en consultant ces statuts, tenir compte des modifications qu'ils ont subies par l'effet d'une délibération du 6 avril 1822, qui est placée à la suite.

souscripteur avant le versement intégral de ses actions, ses héritiers ou créanciers devront verser exactement aux échéances les sommes restant à fournir; en cas de retard de leur part, et après un laps de temps de trois mois depuis l'échéance du dernier versement, ils seront passibles des dispositions de l'art. 9 ci-dessus.

11. Le bénéfice des actions sera distribué et réparti tous les ans pendant les deux premières années de la mise en produit de l'exploitation, et postérieurement tous les six mois.

Le bénéfice des actions se compose de la somme nette qui restera du produit de la vente des houilles, déduction faite, 1° des redevances qui seront payées au Gouvernement; 2° des intérêts annuels de chaque action, à raison de six pour cent l'an, et qui seront payés par semestre, à dater de l'époque fixée par l'art. 6, titre III des présentes; 3° des faits de gestion, d'administration, main-d'œuvre, et généralement de toutes les dépenses dûment justifiée, qui seront relatives à l'exploitation, à l'exception toutefois des frais d'approfondissement des puits et galeries, leur boisage; de l'établissement des machines à épuisement ou à extraction, des diverses constructions utiles au service de l'entreprise, et, en un mot, de tout ce qui constitue les travaux d'art proprement dits, comme devant faire partie de l'actif de la compagnie. Néanmoins le quinzième de la valeur de ces travaux d'art sera ajouté chaque année aux dépenses réelles de l'exploitation, pour tenir lieu du dépérissement ou moindre value desdits objets, et pourvoir aux dépenses imprévues, de tout quoi il sera rendu compte, chaque année, à l'assemblée générale.

12. Déduction faite des dépenses ci-dessus mentionnées, il est convenu que sur les bénéfices restans, et avant tout partage, les sieurs Thieriet, Gangloff et Rupied, fondateurs de la compagnie et propriétaires de la concession dont il s'agit, prélèveront à leur profit le dixième de ces bénéfices, pour leur tenir lieu de leur droit d'inventeurs et d'indemnité résultant de la part pour laquelle la compagnie y participera pendant la durée du présent traité.

13. L'assemblée générale des actionnaires, régulièrement formée, entend le compte résumé des opérations de l'année précédente, et arrête le budget de l'année courante. Elle fixe le dividende ou le bénéfice des actions, ainsi que la quotité du fonds de réserve, dont elle règle l'emploi et les limites. Elle approuve, rejette ou modifie définitivement les plans, devis et projets, ainsi que le montant des dépenses qui lui seront proposées pour les divers développemens de l'entreprise. Elle prononce enfin sur tous les cas qui lui seront soumis et sur toutes les interpellations qui pourraient être faites.

14. Pour faire partie de l'assemblée générale, il faut représenter au moins cinq actions : il sera permis de se faire représenter par un sociétaire au moyen d'une procuration ou d'une simple lettre qui en tiendra lieu.

15. Pour que l'assemblée générale soit constituée et que ses délibérations soient valables, il faut, 1° qu'il y ait au moins dix membres votans; 2° qu'ils représentent entre eux comme propriétaires ou comme fondés de pouvoirs, les deux tiers au moins des actions. Dans le cas où ces deux conditions ne seraient pas remplies, il y sera suppléé par l'appel d'autres actionnaires parmi les plus forts de la compagnie : les actionnaires ainsi réunis n'auront chacun qu'une voix délibérative, quel que soit le nombre de leurs actions.

16. Le président de l'assemblée générale est nommé pour l'année; il ne peut être pris parmi les administrateurs.

17. L'assemblée générale procède dans tous les cas par la voie du scrutin et à la majorité absolue, notamment pour les opérations spécifiées à l'article 13 des présentes, pour le renouvellement des membres du conseil d'administration et de leurs suppléans, et pour la nomination du directeur-caissier, lorsqu'il y aura lieu.

18. Le mode de convocation de l'assemblée générale, l'époque de ses réunions, la tenue de ses séances et la forme des délibérations feront l'objet d'un réglement particulier, toutefois, la première assemblée se réunira de droit le 1er mai 1822. Le lieu des séances est provisoirement fixé à Forbach, tant qu'elles ne pourront pas se tenir sur le lieu même de l'exploitation.

19. L'assemblée générale peut être convoquée extraordinairement par la délibération du conseil d'administration; elle pourra l'être également sur la demande des sociétaires représentant au moins la moitié des actions.

20. L'exploitation est administrée par un conseil d'administration, composé de trois membres, et par un directeur-caissier. En cas d'absence ou de maladie, les membres du conseil d'administration se ont remplacés par des suppléans nommés d'avance par l'assemblée générale, et pris parmi les actionnaies résidant le plus près de l'exploitation. Le nombre des suppléans sera toujours de trois, et l'un ou plusieurs d'entre eux pourront se réunir au conseil d'administration toutes les fois qu'ils le jugeront à propos, sans qu'il soit besoin de les y convoquer.

21. Ce conseil, d'ici à la première assemblée générale, sera représenté provisoirement par MM. Thieriet, Gangloff et Rupied, fondateurs de la présente société et concessionnaires de la mine de houille

par eux découverte. La caisse sera administrée, dès ce jour et pendant le même temps, par le sieur Rupied, qui tiendra sa comptabilité en partie double, et ne pourra faire de dépenses que d'après les pièces et états signés par les deux autres membres de l'administration et par le directeur. Il sera ensuite, s'il y a lieu, nommé un autre caissier par l'assemblée générale, qui fixera la quotité de son cautionnement.

22. La nomination du directeur sera faite provisoirement par le conseil d'administration et soumise à la ratification de l'assemblée générale. Ce directeur résidera à Schœnecken, point central de l'exploitation. Son traitement sera provisoirement fixé par le même conseil d'administration ou ses suppléans.

23. Le directeur aura seul la conduite des travaux journaliers; il rend compte de leur éxécution et de leurs résultats : à l'effet de quoi il sera tenu de posséder les connaissances du dessin, du plan linéaire, du cubage, de la comptabilité, de la tenue des livres, et généralement tout ce qui est relatif aux exploitations de ce genre, pour être à même d'entretenir avec l'ingénieur des mines les relations nécessaires à la bonne direction des travaux et à la conservation de la mine; il devra également parler et écrire la langue allemande; il proposera au conseil d'administration et à l'assemblée générale les projets de travaux et ses vue pour améliorer l'entreprise. L'assemblée générale est libre d'étendre les attributions de ce directeur, qui n'aura de voix au conseil qu'autant qu'il possède personnellement le nombre d'actions nécessaire pour faire partie de l'assemblée générale. En cas d'absence ou de maladie, le conseil d'administration lui nomme un suppléant, choisi dans son sein, qui remplira temporairement ses fonctions.

24. Le conseil d'administration réuni au directeur administre l'exploitation et les établissemens qui pourront en dépendre. Il a la direction de l'ensemble et la surveillance des détails de toutes les opérations, sauf à rendre compte à l'assemblée générale; il nomme et destitue les employés subalternes, fixe leurs appointemens, ainsi que le nombre et le salaire des ouvriers; délibère sur les projets de travaux et sur les émissions de fonds, conclut les marchés nécessaires, règle les dépenses, arrête et approuve les comptes, en donne décharge aux divers comptables; fait des réglemens qui sont provisoirement exécutés, jusqu'à ce qu'ils aient été soumis à l'assemblée des actionnaires et approuvés par elle. Le même conseil d'administration rend annuellement à l'assemblée générale un compte de recette et dépense tant en deniers qu'en matières; il propose le budget de la dépense de l'année courante,

et règle provisoirement le dividende des actions, ainsi que la quotité de la réserve

25. Les opérations journalières du commerce relatives à la vente des produits de l'entreprise sont exécutées par le directeur, et enregistrées peur être visées à la prochaine réunion du conseil d'administration.

26. Ce conseil sera tenu de se réunir au moins une fois par mois; il pourra être convoqué extraordinairement par le directeur. Toute opération de commerce étrangère à la vente des produits de l'exploitation est formellement interdite à cet employé.

27. Les délibérations du susdit conseil d'administration seront consignées par procès verbaux sur un registre, rédigées par un des membres qui sera fonction de secrétaire, et ne seront valables qu'à la majorité des membres présens.

28. Les membres titulaires dé conseil d'administration seront renouvelés chaque année par tiers. La sortie aura lieu dans les premières années par la voie du sort, et dans la suite par ordre de nomination. Les fonctions de la totalité des suppléans cessent chaque année, mais les uns et les autres seront rééligibles. Le directeur est nommé pour cinq ans, à moins que le conseil d'administration n'ait jugé à propos de le suspendre pour des causes graves dont il sera rendu compte à l'assemblée générale, à laquelle il est réservé de statuer définitivement

29. Les membres du conseil d'administration et leurs suppléans ne jouiront que d'un droit de présence, qui sera déterminé par l'assemblée générale des actionnaires.

30. La signature sociale de la compagnie des mines de houille de Schœnecken est déférée au directeur; mais il lui est interdit de l'employer pour aucun emprunt, engagement de fonds, ni émission d'effets, sans y avoir été spécialement autorisé par une délibération du conseil d'administration.

31. Toute proposition de changement dans les présens statuts, ou de dissolution de la société avant le terme fixé, ne pourra être faite que par une délibération consentie et signée par un nombre d'actionnaires réunissant en somme les trois quarts du fonds capital de l'association. Cette proposition sera publiée aux termes des articles 42, 43 et 44 du Code de commerce, insérée dans les journaux du département de la Moselle, et copie de la délibération sera légalement signifiée dans le délai d'un mois à chacun des actionnaires non adhérens, à son domicile réel, trois mois après la première délibération. L'assemblée générale des actionnaires sera convoquée pour soumettre la proposition à un nouvel examen, et il ne pourra être donné suite à cette proposition qu'autant qu'elle réunira, dans l'assemblée générale, l'assentiment des actionnaires ayant droit de voter, en même

temps que celui des actionnaires réunissant les trois quarts du fonds capital de l'association. Après cette seconde délibération, le projet sera présenté à l'approbation du Gouvernement, auprès duquel les actionnaires opposans pourront se pourvoir; il y sera statué dans les formes déterminées par les réglemens d'administration publique

TITRE V. Dispositions générales.

Toutes contestations qui pourraient s'élever dans le sein de la société seront jugées par trois arbitres pris parmi les négocians; les deux arbitres choisis par les parties, ou, à défaut, par le tribunal de commerce, choisiront et s'adjoindront immédiatement un troisième arbitre, qui instruira, discutera et jugera la contestation avec eux.

Leurs sentences arbitrales seront en dernier ressort et sans appel pour toutes condamnations de dix mille francs et au-dessous.

Toutes les résolutions qui seront prises en assemblée générale des actionnaires représentans de la société, sur tous les intérêts en dépendans, seront obligatoires pour tous les associés, lesquels s'engagent formellement à y obtempérer comme à un jugement en dernier ressort, renonçant à toutes voies judiciaires quelconques, appels ou recours, quels qu'ils soient.

Ainsi convenu et accepté respectivement. Sarreguemines, le 30 mai 1821.

Extrait de la délibération du conseil d'administration des mines de houille de Schoenecken. (Séance du 6 avril 1822.)

NOUVELLE RÉDACTION DES ARTICLES.

Art. 4. Le fonds capital de l'association se compose de cent actions de trois mille francs chacune, formant un capital de trois cent mille francs : aucun appel de fonds sur les actionnaires au-delà de ce capital ne pourra être fait.

Art. 9. Il est expressément convenu que, si un actionnaire refuse de souscrire des effets en paiement des actions qu'il aura soumissionnées, ou d'acquitter tout ou partie de ces effets à leur échéance, ainsi qu'il est prescrit par l'art. 5 ci-dessus, le conseil d'administration, quinze jours après la signification qu'il aura fait faire à cet actionnaire et aux frais de ce dernier, d'un simple acte de mise en demeure, est autorisé à le poursuivre par voie judiciaire au nom de la compagnie, s'il ne s'est pas mis en mesure de remplir la totalité de son engagement, à moins qu'une autre personne ne se soit subrogée à sa place dans la forme ci-après.

Art. 11. Le bénéfice des actions sera réparti à la fin de chaque année pendant les deux premières années de la mise en produit de l'exploitation, et postérieurement tous les six mois.

Le bénéfice des actions se compose de la somme nette qui restera de la vente des houilles, déduction faite, 1° des redevances qui seront payées au Gouvernement; 2° de celles que la compagnie se sera engagée de payer aux propriétaires du sol dans l'étendue de sa concession; 3° des frais de gestion, d'administration, main-d'œuvre, et généralement de toutes les dépenses courantes effectuées ou à échoir pour l'exercice, dont il sera rendu compte et dûment justifié; 4° des intérêts annuels de chaque action à raison de six pour cent l'an, lesquels seront payés de six mois en six mois, à dater de l'époque fixée par l'article 6, titre III des présentes. Un dixième des bénéfices sera mis en réserve. La portion que l'assemblée générale n'en aura pas affecté aux dépenses imprévues ou à quelque autre destination, entrera en accroissement de chaque action pour devenir, comme elle, la propriété de l'actionnaire.

Le dividende sera définitivement réglé tous les ans par l'assemblée générale d'après le compte qui lui sera rendu par le conseil d'administration, tant en deniers qu'en matières, dont l'inventaire lui sera en même temps présenté. Ne seront point compris dans les dépenses du compte annuel, d'après la distraction desquelles le bénéfice net des actions sera déterminé pour chaque année, les sommes qu'auront coûté les frais résultant de l'ouverture et approfondissement des puits ou galeries, de leur boisage, de l'établissement des machines à épuisement et à extraction, des diverses constructions utiles au service de l'entreprise, et, en un mot, de tout ce qui constitue les travaux d'art proprement dits, comme devant faire partie de l'actif de la compagnie.

Néanmoins, et à cause de leur dépérissement annuel, l'évaluation de tous ces objets sera réduite tous les ans d'un quinzième de leur coût primitif.

Art. 13. L'assemblée générale des actionnaires, régulièrement formée, entend le compte résumé des opérations de l'année précédente, et arrête le budget de l'année courante; elle fixe le dividende ou bénéfice des actions, ainsi qu'il a été dit à l'art. 11 ci-dessus; règle l'emploi du fonds de réserve, modifie, rejette ou approuve définivement les plans, devis et projets et dépenses qui lui seront proposés pour les divers développemens de son entreprise.

L'assemblée générale se réunira tous les ans; la première aura lieu au 1er juillet 1822.

Art. 14. Chaque actionnaire de la compagnie sera convoqué à l'assemblée générale : il pourra s'y faire représenter par un membre de la société, au moyen d'une procuration, ou d'une simple lettre qui en tiendra lieu.

Art. 15. Pour que l'assemblée générale soit constituée, et que ses délibérations soient valables, il faut, 1° qu'il y ait au moins dix membres votans ; 2° qu'ils représentent entre eux, comme propriétaires ou comme fondés de pouvoirs, les deux tiers au moins des actions. Dans le cas où ces deux conditions ne seraient pas remplies, il se fera un nouvel appel des actionnaires qui ne se seraient pas rendus à la première convocation.

En cas d'un second refus, il sera passé outre par les membres présens à l'assemblée. Les actionnaires ainsi réunis n'auront individuellement qu'une voix délibérative, quel que soit le nombre de leurs actions.

Art. 16. Le président de l'assemblée générale est nommé pour l'année : il ne peut être pris parmi les administrateurs.

Art. 17. Dans tous les cas l'assemblée générale procède par la voie du scrutin et à la majorité absolue, notamment pour les opérations spécifiées à l'art. 13 des présentes, pour le renouvellement des membres du conseil d'administration et de leurs suppléans, et enfin pour la nomination du directeur et du caissier, lorsqu'il y aura lieu.

Art. 18. Le mode de convocation de l'assemblée générale, l'époque de ses réunions, la tenue de ses séances et la forme de ses délibérations, feront l'objet d'un réglement particulier. Ses séances se tiendront à Schœnechen, lieu de l'exploitation et domicile légal de la compagnie.

Art. 30. Le directeur est autorisé à signer, pour et au nom de la société, tous les marchés qui concerneront l'entreprise, en se réservant de les faire ratifier par le conseil d'administration, qui devra lui remettre, à cet effet, les pouvoirs particuliers dont il aura besoin ; mais il est interdit au directeur de donner sa signature, au nom de la compagnie pour aucun emprunt, engagement de fonds, ni émission d'effets, sans y avoir été autorisé par une délibération du conseil d'administration.

Art. 31. Toute proposition de changement dans les présens statuts, ou de dissolution de la société avant le terme fixé pour sa durée, ne pourra être faite et adoptée qu'en assemblée générale, à la majorité des trois quarts des actionnaires composant la compagnie. Néanmoins la société sera tenue de s'arrêter et de se liquider de droit si son capital se trouve réduit, par des pertes survenues depuis la mise en produit de l'entreprise, au quinzième de la somme totale qui aura été consacrée à son exploitation. Ne pourra point être considéré comme perte l'emploi intégral du fonds social, s'il se trouve absorbé avant d'avoir obtenu des produits ; mais, ce dernier cas arrivant, le conseil d'administration convoquera extraordinairement les actionnaires, pour prendre, en assemblée générale, les dispositions qu'ils croiront convenables au bien-être de l'entreprise, et il en sera rendu compte au Gouvernement.

Le titre V est supprimé.

———

15 MAI 1822 — Ordonnance du Roi qui admet les sieurs Kreimer, Darm, Hamecher Hermann, His, Steigelmann, Stein, Weis, Wendt et Zerling, à établir leur domicile en France. (7, Bull. 530.)

———

15 MAI 1822. — Ordonnance du Roi relative à la répartition entre neuf communes du département du Bas-Rhin, de la dépense des travaux à faire pour réparer le pont situé sur le ruisseau de Glinbacchel, et en reconstruire un sur la rivière de Moder. (7, Bull. 535.)

———

15 MAI 1822. — Ordonnance du Roi contenant le tableau des foires du département de la Meuse. (7, Bull. 536.)

———

15 MAI 1822. — Ordonnances du Roi qui autorise l'acceptation de dons et legs faits à des églises, etc. (7, Bull. 538, 539, 540, 542, 543, 544.)

———

15 MAI 1822. — Ordonnances du Roi qui accordent des pensions civiles et militaires, (7, Bull. 532 bis.)

———

15 MAI 1822. — Ordonnance du Roi qui accorde une pension à un ancien chevalier de Malte. (7, Bull. 532 bis n° 2.)

———

15 MAI 1822. — Ordonnances du Roi qui accordent des lettres de naturalité aux sieurs Schmidt et Venderbergh. (7, Bull. 551 et 590.)

———

15 MAI 1822. — Ordonnances du Roi qui autorisent le sieur Caplane et la dame veuve Moncaut à tenir en activité les verreries qu'ils possèdent dans les communes de Richei et de Sore, arrondissement de Mont de Marsan. (7, Bull. 544.)

———

17 MAI 1822. — Ordonnance du Roi qui accorde une pension à M. Flury ancien consul général. (7, Bull. 632 bis, n° 8.)

———

22 MAI = 1er JUIN 1822. — Ordonnance du Roi

qui fixe le mode d'avancement dans les compagnies des gardes-du-corps. (7, Bull. 532, n° 12848.)

Louis, etc. voulant faire participer le corps de notre maison militaire aux avantages que nous avons accordés à notre garde royale par notre ordonnance du 25 octobre 1820, et récompenser les bons services des officiers et sous-officiers des autres régimens de l'armée, que notre ordonnance du 30 décembre 1818 appelle seuls à composer ces corps ; sur le rapport de notre ministre secrétaire-d'État au département de la guerre nous avons ordonné et ordonnons ce qui suit :

Art. 1er. Les officiers employés dans les compagnies composant notre maison militaire, depuis le grade de colonel jusqu'à celui de sous-lieutenant inclusivement, auront, à compter du jour où ils accompliront huit années du grade effectif attribué à leur emploi, le rang du grade supérieur, sauf les marques distinctives, qui seront toujours celles de l'emploi.

2. Après huit années consécutives de service dans notre maison militaire, les officiers désignés en l'article précédent qui auront droit à la pension de retraite, l'obtiendront dans le grade dont ils auront eu rang pendant quatre ans, et ils recevront alors le brevet de ce grade.

Lorsque la retraite sera donnée pour causes de blessures reçues en temps de guerre dans notre maison militaire, elle sera réglée sur le grade dont ces officiers auront le rang, sans égard à la condition de quatre années exigée par le paragraphe précédent.

3. Nos capitaines des gardes désigneront, le 1er janvier de chaque année, à notre ministre secrétaire-d'État de la guerre, trois officiers de chacune de leur compagnies respectives pour occuper, avec son approbation, dans les corps de la ligne, les emplois vacans qui pourraient leur y être dévolus : deux de ces officiers devront toujours être pris parmi les vingt premiers pourvus du grade de lieutenant en premier ou lieutenant en second, sur l'ordre du classement, le troisième pourra l'être parmi ceux du grade de capitaine. Les uns et les autres seront choisis par nos capitaines des gardes sur une liste signée par le lieutenant commandant de la compagnie et le lieutenant commandant d'escadron, laquelle comprendra le double du nombre des sujets à proposer en vertu du présent article.

Voulant, en outre, faire participer nos gardes-du-corps aux emplois vacans dans la gendarmerie, un sixième, sur le nombre des emplois de lieutenant dans les compagnies de gendarmerie qui sont dévolus aux lieutenans de l'armée suivant nos ordonnances des 2 août 1818 et 29 octobre 1820, sera réservé aux gardes-du-corps du grade de lieutenant, âgés de vingt-cinq ans révolus ou de quarante ans au plus, et ayant au moins deux ans de service dans ce grade. Dans chaque compagnie, le choix et la présentation des sujets destinés à servir dans la gendarmerie se feront à la même époque et de la même manière qu'il est prescrit ci-dessus relativement aux gardes du-corps à désigner pour les autres corps de la ligne.

Les dispositions de cet article ne sont applicables qu'aux compagnies de nos gardes-du-corps à cheval et à la compagnie faisant le service près de notre bien-aimé frère *Monsieur*.

4. A l'avenir les officiers de la ligne en activité de service ne pourront être admis à des emplois d'officiers supérieurs dans les corps de notre maison militaire qu'avec le grade correspondant aux emplois qu'ils y viendront occuper.

5. La moitié des emplois auxquels sont attribués les grades de chefs d'escadron et de lieutenant colonel, et qui viendront à vaquer, au tour du choix, dans notre maison militaire, est dévolue aux officiers de la ligne pourvus du grade correspondant à ces emplois.

En conséquence, lorsque la présente disposition recevra son exécution, un officier supérieur ou inférieur de la compagnie dans laquelle l'officier venu de la ligne aura été admis se trouve nommé, à titre d'échange, soit par avancement, soit à grade égal, à l'emploi que celui-ci aura laissé vacant.

6. Les officiers qui viendraient à passer dans la ligne avec avancement au grade dont ils n'auraient que le rang seront classés dans ce grade à leur nouveau corps à la date du jour où ils ont accompli huit ans dans le grade inférieur.

Ceux qui ayant le rang du grade supérieur à celui qui correspond à leur emploi, passeraient sans avancement dans la ligne ne pourront être classés que dans le grade effectif dont ils seront pourvus.

7. Les articles 1er et 8 de notre ordonnance du 25 octobre 1820, concernant notre garde royale sont applicables aux sous-officiers, trompettes, tambours et fifres incorporés dans notre maison militaire, suivant les formes voulues par la loi.

8. Notre ministre secrétaire d'État au département de la guerre est chargé de l'exécution de la présente ordonnance.

---

22 MAI == 15 JUIN 1822. — Ordonnance du Roi relative à l'adjudication des réparations, constructions et reconstructions à la charge des départemens. (7, Bull, 535, n° 11954.)

Louis etc., sur le rapport de notre ministre secrétaire d'État au département de l'intérieur ; vu nos ordonnances de 8 août et 31 octobre 1821, d'après lesquelles les préfets peuvent désormais autoriser les réparations, constructions et reconstructions à la charge des hospices et des communes, toutes les fois que la dépense ne doit pas excéder vingt mille francs, nous avons ordonné et ordonnons ce qui suit :

Art. 1er. Pourront désormais être adjugées et exécutées, sur la simple approbation des préfets, les réparations, constructions et reconstructions à la charge des départemens, lorsque la dépense des travaux a entreprendre ne s'élèvera pas au-dessus de vingt mille francs et qu'elle pourra être faite en totalité sur le produit des centimes affectés aux dépenses variables ou facultatives.

2. Il n'est rien changé aux autres règles concernant les travaux et les dépenses des départemens, lesquelles règles continueront à recevoir leur exécution pleine et entière.

3. Notre ministre secrétaire d'État au département de l'intérieur est chargé de l'exécution de la présente ordonnance.

———

22 MAI 1822. — Ordonnance du Roi portant que le cornet sera remplacé dans tous les corps de l'armée, par un nouvel instrument qui portera la dénomination de clairon. (7, Bull. 534.)

———

22 MAI 1822 — Ordonnance du Roi qui admet le sieur Psaila à établir son domicile en France. (7, Bull 532.)

———

22 MAI 1822 — Ordonnance du Roi qui accorde une pension à un inspecteur des poids et mesures. (7, Bull. 536 bis n° 1.)

———

28 MAI = Pr. 9 JUIN 1822.—Ordonnance du Roi qui organise l'administration générale des haras et de l'agriculture, et nomme M. de Castelbejac directeur de cette administration. (7, Bull. 933, n° 12863.)

Voy. décret du 4 JUILLET 1806 et ordonnance du 19 JANVIER 1825.

Louis, etc. nous étant fait rendre compte de l'administration des haras, ainsi que des soins que le Gouvernement doit à l'agriculture, et voulant porter dans l'un et l'autre service les améliorations dont ils sont susceptibles, leur donner une impulsion plus suivie et mieux dirigée; sur le rapport de notre ministre secrétaire d'État de l'intérieur, nous avons ordonné et ordonnons ce qui suit :

Art. 1er. Le conseil des haras sera composé d'un directeur, qui le présidera, des inspecteurs généraux, et d'un secrétaire.

2. Le nombre des inspecteurs généraux sera réduit à quatre; la réduction s'opérera par la première vacance.

3. Le Conseil donnera son avis:

Sur les distributions des fonds destinés soit aux dépenses générales de ce service, soit aux dépenses particulières de chaque établissement.

Sur les projets de règlement, sur les comptes, sur la révocation des officiers des hars, ainsi que sur tous les autres objets qu'il sera jugé utile de lui renvoyer.

4. Le directeur sera seul chargé de l'administration, sous l'autorité de notre ministre secrétaire d'État de l'intérieur ; il signera la correspondance, qui ne comprendra que l'instruction des affaires ou la transmission des décisions.

5. L'administration précédemment établie pour le dépôt de Madrid (bois de Boulogne) est supprimée. La surveillance de ce dépôt, si sa conservation est jugée nécessaire, sera confiée à l'un des inspecteurs généraux.

6. Les officiers compris dans la suppression prononcée par l'article précédent seront replacés, chacun selon son grade, au fur et mesure des vacances ; ils conserveront, en attendant la moitié de leur traitement.

7. Seront réunis à la direction des haras les branches d'administration dépendantes du ministère de l'intérieur qui concernent l'agriculture et qui forment aujourd'hui le bureau connu sous cette dénomination.

8. Le sieur de Castelbajac, membre de la Chambre des députés, est nommé directeur de l'administration générale des haras et de l'agriculture.

9. Notre ministre secrétaire d'État de l'intérieur est chargé de l'exécution de la présente ordonnance.

———

29 MAI = Pr. 9 JUIN 1822 —Ordonnance du Roi qui prescrit la publication de la bulle d'institution canonique de l'évêque d'Hermopolis in partibus. (7, Bull. 533, n° 12895.)

Art. 1er. La bulle donnée à Rome à Sainte-Marie-Majeure, l'année 1822, et le 13e jour avant les calendes de mai, portant institution canonique de M. Denis-Antoine-Luc Frayssinous, notre premier aumônier, en qualité d'évêque d'Hermopolis in partibus, sera publiée dans la forme accoutumée.

2. Ladite bulle d'institution canonique est reçue sans approbation des clauses, formules ou expressions qu'elle renferme et qui sont ou pourraient être contraires à la Charte constitutionnelle, aux lois du royaume, aux franchises, libertés et maximes de l'église gallicane, et sans que lesdites clauses, formules ou expressions puissent nuire ni préjudicier aux droits de notre couronne.

3. Transcription sera faite de ladite bulle en latin et en français sur les registres du

Conseil-d'État; le secrétaire général du Conseil fera mention de cette transcription sur l'original·

4. Notre garde-des-sceaux de France, ministre secrétaire d'État de la justice, et notre ministre secrétaire d'État de l'intérieur, sont chargés de l'exécution de la présente ordonnance, qui sera insérée au Bulletin des Lois.

---

29 MAI=Pr. 9 JUIN 1822.—Ordonnance du Roi qui prescrit la publication des bulles d'institution canonique des évêques d'Evreux et de Mende, (7, Bull. 533, n° 12866)

Art. 1er. Les bulles ci-après désignées savoir :

La première, donnée à Rome, à Sainte-Marie-Majeure, le 13e jour avant les calendes de mai 1822, portant institution canonique de M. Charles-Louis Salmon du Chatellier, précédemment nommé par nous à l'évêché de Mende, et depuis nommé à l'évêché d'Evreux ;

La seconde, donnée à Rome, à Sainte-Marie-Majeure, le 13e jour avant les calendes de mai 1822, portant institution canonique M. Jean-Joseph de la Brunière, précédemment nommé par nous à l'évêché de Pamiers, et depuis nommé à l'évêché de Mende ;

Ensemble le bref adressé sous la date du 19 avril 1822 audit évêque de Mende, et qui lui prescrit d'exercer ses fonctions dans les limites de son diocèse, telles qu'elles étaient déterminées avant le 17 juillet 1817, et de reconnaître le même métropolitain dont son siége était dépendant avant la même époque ; plus, le bref *ad futuram rei memoriam* sous la date du 19 avril 1822, qui prescrit que le diocèse de Mende continuera de faire partie de l'arrondissement métropolitain de Lyon.

Sont reçus et seront publiés dans la forme accoutumée, sans qu'on puisse induire desdites bulles et brefs que la bulle de circonscription donnée à Rome le 27 juillet 1817 est reçue dans le royaume.

2. Lesdites bulles d'institution canonique et lesdits brefs sont reçus sans approbation des clauses, formules et expressions qu'ils renferment et qui sont ou pourraient être

contraires à la Charte constitutionnelle, aux lois du royaume, aux franchises, libertés et maximes de l'église gallicane.

3. Lesdites bulles et lesdits brefs seront transcrits en latin et en français sur les registres de notre Conseil d'État ; mention desdites transcriptions sera faite sur les originaux par le secrétaire général du Conseil.

2. Notre garde-des-sceaux, de France, ministre secrétaire d'État de la justice, et notre ministre secrétaire d'État de l'intérieur, sont chargés de l'exécution de la présente ordonnance, qui sera insérée au Bulletin des Lois.

---

29 MAI 1822. — Ordonnance du Roi qui nomme M. le vicomte de Castelbajac conseiller d'État en service extraordinaire. (7, Bull. 533.)

---

29 MAI 1822. — Ordonnance du Roi qui admet les sieurs Stoerck, Wright Burdett et Sceligmann à établir leur domicile en France. (7, Bull. 533.)

---

29 MAI 1822. — Ordonnances du Roi qui accordent des pensions militaires. (7, Bull. 536 *bis*)

---

29 MAI 1822. — Ordonnance du Roi qui autorisent l'acceptation de dons et legs, etc. (7, Bull. 544.)

---

29 MAI 1822. — Ordonnance du Roi qui concède au sieur Devals les mines de plomb sulfuré de Chabrignac (Corrèze). (7, Bull. 545.)

---

29 MAI 1822. — Ordonnance du Roi qui accorde des lettres de naturalité au sieur Cabay dit Cabet. (7, Bull. 552.)

---

31 MAI 1822. — Tableau des prix des grains pour servir de régulateur de l'exportation et de l'importation, conformément aux lois des 16 juillet 1819 et 4 juillet 1821. (7, Bull. 532.)

FIN DU TOME VINGT-TROISIÈME.

www.ingramcontent.com/pod-product-compliance
Lightning Source LLC
Chambersburg PA
CBHW060908220326
41599CB00020B/2889